村镇建设法律法规政策汇编

住房和城乡建设部村镇建设司 编

中国建筑工业出版社

图书在版编目(CIP)数据

村镇建设法律法规政策汇编/住房和城乡建设部村镇建设司编．—北京：中国建筑工业出版社，2009
ISBN 978-7-112-11179-4

Ⅰ．村… Ⅱ．住… Ⅲ．①乡镇—建设—法规—汇编—中国②乡镇—建设—农村经济政策—汇编—中国 Ⅳ．D922.409 F320

中国版本图书馆 CIP 数据核字(2009)第 151634 号

本书为住房和城乡建设部村镇建设司组织编写，书中收集了 2009 年 5 月之前国家出台的关于村镇规划管理、建设管理、小城镇发展建设、村镇人居环境改善、农村公共设计和公益事业建设、农村建设用地管理、社会主义新农村建设等方面的主要法律法规和政策文件。

本书是从事村镇建设政策理论研究、村镇建设管理和村镇建设行业从业人员系统学习、掌握和研究村镇建设法规政策的重要参考书。

* * *

责任编辑：姚荣华 胡明安 王春能
责任设计：张政纲
责任校对：兰曼利 刘 钰

村镇建设法律法规政策汇编
住房和城乡建设部村镇建设司 编

*

中国建筑工业出版社出版、发行(北京西郊百万庄)
各地新华书店、建筑书店经销
北京天成排版公司制版
北京密东印刷有限公司印刷

*

开本：787×1092 毫米 1/16 印张：47 字数：1144 千字
2009 年 11 月第一版 2009 年 11 月第一次印刷
定价：88.00 元
ISBN 978-7-112-11179-4
(18457)

版权所有 翻印必究
如有印装质量问题，可寄本社退换
(邮政编码 100037)

编 辑 说 明

为便于广大读者系统学习、掌握和研究村镇建设法规政策，住房和城乡建设部村镇建设司组织编辑了《村镇建设法律法规政策汇编》。本书收集了2009年5月之前国家出台的关于村镇规划管理、建设管理、小城镇发展建设、村镇人居环境改善、农村公共设施和公益事业建设、农村建设用地管理、社会主义新农村建设等方面主要法律法规和政策文件。全书内容全面、系统、实用，是从事村镇建设政策理论研究、村镇建设管理和村镇建设行业从业人员学习、掌握村镇建设法规政策的重要参考书。

本书系住房和城乡建设部村镇建设司委托中国政法大学开展"《村庄和集镇规划建设管理条例》与相关部门法律关系"专题研究的成果之一。课题主持人中国政法大学商法研究所所长王涌教授和课题组的全体同志为本书的编辑付出了辛勤劳动。各省住房和城乡建设厅村镇建设处为本书编辑给予了大力协助，在此表示衷心的感谢！

住房和城乡建设部村镇建设司

2009年6月

目 录

一、法　律

中华人民共和国建筑法
（自 1998 年 3 月 1 日起施行）………………………………………… 3

中华人民共和国城市房地产管理法
（自 1995 年 1 月 1 日起施行）………………………………………… 12

中华人民共和国城乡规划法
（自 2008 年 1 月 1 日起施行）………………………………………… 20

中华人民共和国环境保护法
（自 1989 年 12 月 26 日起施行）……………………………………… 29

中华人民共和国文物保护法
（自 2002 年 10 月 28 日起施行）……………………………………… 34

中华人民共和国农业法
（自 2003 年 3 月 1 日起施行）………………………………………… 45

中华人民共和国农村土地承包法
（自 2003 年 3 月 1 日起施行）………………………………………… 58

中华人民共和国土地管理法
（自 2004 年 8 月 28 日起施行）………………………………………… 65

中华人民共和国可再生能源法
（自 2006 年 1 月 1 日起施行）………………………………………… 77

中华人民共和国物权法
（自 2007 年 10 月 1 日起施行）………………………………………… 82

中华人民共和国节约能源法
（自 2008 年 4 月 1 日起施行）………………………………………… 103

中华人民共和国水污染防治法
（自 2008 年 6 月 1 日起施行）………………………………………… 112

中华人民共和国防震减灾法
（自 2009 年 5 月 1 日起施行）………………………………………… 124

中华人民共和国行政处罚法
（自 1996 年 10 月 1 日起施行）………………………………………… 136

中华人民共和国行政复议法
　　（自 1999 年 10 月 1 日起施行）·· 144
中华人民共和国行政许可法
　　（自 2004 年 7 月 1 日起施行）·· 151

二、行　政　法　规

村庄和集镇规划建设管理条例
　　（自 1993 年 11 月 1 日起施行）·· 165
建设项目环境保护管理条例
　　（自 1998 年 11 月 29 日起施行）··· 170
中华人民共和国土地管理法实施条例
　　（自 1999 年 1 月 1 日起施行）··· 175
建设工程质量管理条例
　　（自 2000 年 1 月 30 日起施行）·· 183
建设工程安全生产管理条例
　　（自 2004 年 2 月 1 日起施行）··· 192
风景名胜区条例
　　（自 2006 年 12 月 1 日起施行）·· 202
土地调查条例
　　（自 2008 年 2 月 7 日起施行）··· 209
汶川地震灾后恢复重建条例
　　（自 2008 年 6 月 8 日起施行）··· 213
历史文化名城名镇名村保护条例
　　（自 2008 年 7 月 1 日起施行）··· 223
民用建筑节能条例
　　（自 2008 年 10 月 1 日起施行）·· 230
信访条例
　　（自 2005 年 5 月 1 日起施行）··· 236
中华人民共和国行政复议法实施条例
　　（自 2007 年 8 月 1 日起施行）··· 243

三、中共中央和国务院文件

中共中央、国务院关于促进农民增加收入若干政策的意见
　　（中发〔2004〕1 号）·· 253
中共中央、国务院关于进一步加强农村工作提高农业综合生产能力若干

5

政策的意见

  (中发〔2005〕1号) ……………………………………………………… 260

中共中央、国务院关于推进社会主义新农村建设的若干意见

  (中发〔2006〕1号) ……………………………………………………… 268

中共中央、国务院关于积极发展现代农业扎实推进社会主义新农村建设的
若干意见

  (中发〔2007〕1号) ……………………………………………………… 277

中共中央、国务院关于切实加强农业基础建设进一步促进农业发展农民增
收的若干意见

  (中发〔2008〕1号) ……………………………………………………… 286

中共中央、国务院关于2009年促进农业稳定发展农民持续增收的若干意见

  (中发〔2009〕1号) ……………………………………………………… 296

中共中央关于推进农村改革发展若干重大问题的决定

  (2008年10月12日中国共产党第十七届中央委员会第三次全体会议通过) ……… 304

中共中央、国务院关于促进小城镇健康发展的若干意见

  (中发〔2000〕11号) …………………………………………………… 316

国务院批转公安部《关于推进小城镇户籍管理制度改革的意见》的通知

  (国发〔2001〕6号) ……………………………………………………… 320

国务院关于加强城乡规划监督管理的通知

  (国发〔2002〕13号) …………………………………………………… 322

国务院关于深化改革严格土地管理的决定

  (国发〔2004〕28号) …………………………………………………… 326

国务院关于印发《全国土地利用总体规划纲要(2006~2020年)》的通知

  (国发〔2008〕33号) …………………………………………………… 331

国务院办公厅关于加强和改进城乡规划工作的通知

  (国发办〔2000〕25号) ………………………………………………… 349

国务院办公厅关于深入开展土地市场治理整顿严格土地管理的紧急通知

  (国办发明电〔2004〕20号) …………………………………………… 353

国务院办公厅关于严格执行有关农村集体建设用地法律和政策的通知

  (国办发〔2007〕71号) ………………………………………………… 355

国务院办公厅转发环境保护部等部门《关于实行"以奖促治"加快解决突
出的农村环境问题实施方案》的通知

  (国办发〔2009〕11号) ………………………………………………… 358

四、部 门 规 章

城镇体系规划编制审批办法

（自 1994 年 9 月 1 日起施行） ······ 363

建制镇规划建设管理办法
（自 1995 年 7 月 1 日起施行） ······ 365

建筑工程施工许可管理办法
（自 1999 年 12 月 1 日起施行） ······ 370

房屋建筑工程和市政基础设施工程竣工验收备案管理暂行办法
（自 2000 年 4 月 7 日起施行） ······ 373

实施工程建设强制性标准监督规定
（自 2000 年 8 月 25 日起施行） ······ 375

房产测绘管理办法
（自 2001 年 5 月 1 日起施行） ······ 378

建设领域推广应用新技术管理规定
（自 2001 年 11 月 29 日起施行） ······ 381

建设工程质量检测管理办法
（自 2005 年 11 月 1 日起施行） ······ 384

民用建筑节能管理规定
（自 2006 年 1 月 1 日起施行） ······ 390

建筑业企业资质管理规定
（自 2007 年 9 月 1 日起施行） ······ 393

建设工程勘察设计资质管理规定
（自 2007 年 9 月 1 日起施行） ······ 400

房屋登记办法
（自 2008 年 7 月 1 日起施行） ······ 407

土地登记办法
（自 2008 年 2 月 1 日起施行） ······ 421

城乡建设用地增减挂钩试点管理办法
（国土资发〔2008〕138 号） ······ 430

中华人民共和国农村土地承包经营权证管理办法
（自 2004 年 1 月 1 日起施行） ······ 434

农村土地承包经营权流转管理办法
（自 2005 年 3 月 1 日起施行） ······ 438

五、部 门 文 件

关于发布《村镇规划编制办法》(试行)的通知
（建村〔2000〕36 号） ······ 445

关于贯彻《中共中央、国务院关于促进小城镇健康发展的若干意见》的通知

（建村〔2000〕191号）……………………………………………………… 450
关于公布中国历史文化名镇（村）（第一批）的通知
　　（建村〔2003〕199号）……………………………………………………… 454
关于公布全国重点镇名单的通知
　　（建村〔2004〕23号）………………………………………………………… 458
关于调整和增补全国小城镇建设示范镇的通知
　　（建村〔2004〕273号）……………………………………………………… 469
关于公布新增全国小城镇建设示范镇名单的通知
　　（建村〔2006〕186号）……………………………………………………… 471
关于村庄整治工作的指导意见
　　（建村〔2005〕174号）……………………………………………………… 474
关于加强农民住房建设技术服务和管理的通知
　　（建村〔2006〕303号）……………………………………………………… 477
关于做好损毁倒塌农房灾后恢复重建工作的指导意见
　　（建村〔2008〕44号）………………………………………………………… 479
关于印发《南方雨雪冰冻灾害地区建制镇供水设施灾后恢复重建技术指
导要点》的通知
　　（建村〔2008〕58号）………………………………………………………… 482
关于加强汶川地震灾后农房重建指导工作的通知
　　（建村〔2008〕109号）……………………………………………………… 486
关于推进县域村庄整治联系点工作的指导意见
　　（建村〔2008〕141号）……………………………………………………… 488
关于加强汶川地震灾后恢复重建村镇规划编制工作的通知
　　（建村〔2008〕161号）……………………………………………………… 492
关于印发《汶川地震灾后农房恢复重建技术导则（试行）》的通知
　　（建村函〔2008〕175号）…………………………………………………… 495
关于派遣技术人员指导汶川地震灾后农房重建的通知
　　（建村函〔2008〕290号）…………………………………………………… 540
关于开展全国特色景观旅游名镇（村）示范工作的通知
　　（建村〔2009〕3号）………………………………………………………… 542
关于印发《农村危险房屋鉴定技术导则（试行）》的通知
　　（建村函〔2009〕69号）……………………………………………………… 551
关于开展工程项目带动村镇规划一体化实施试点工作的通知
　　（建村函〔2009〕75号）……………………………………………………… 582
关于2009年扩大农村危房改造试点的指导意见
　　（建村〔2009〕84号）………………………………………………………… 585
关于印发《严寒和寒冷地区农村住房节能技术导则（试行）》的通知

（建村〔2009〕115号） ………………………………………………… 588
关于防范以支持新农村建设和村镇建设等名义进行诈骗活动的通知
　　（建办村函〔2007〕229号） ……………………………………………… 615
关于加强村镇建设抗震防灾工作的通知
　　（建抗〔2000〕18号） …………………………………………………… 617
建筑工程施工图设计文件审查有关问题的指导意见
　　（建设技〔2000〕21号） ………………………………………………… 619
关于印发《建筑工程施工图设计文件审查暂行办法》的通知
　　（建设〔2000〕41号） …………………………………………………… 622
建设部、中央机构编制委员会办公室、国家发展计划委员会、财政部、
监察部、国土资源部、文化部、国家旅游局、国家文物局关于贯彻落实
《国务院关于加强城乡规划监督管理的通知》的通知
　　（建规〔2002〕204号） …………………………………………………… 625
关于开展城乡规划监督检查的通知
　　（建规函〔2004〕5号） …………………………………………………… 631
关于加强城镇污水处理厂运行监管的意见
　　（建城〔2004〕153号） …………………………………………………… 634
关于贯彻《国务院关于深化改革严格土地管理的决定》的通知
　　（建规〔2004〕185号） …………………………………………………… 636
关于加强村镇建设工程质量安全管理的若干意见
　　（建质〔2004〕216号） …………………………………………………… 640
关于公布第二批中国历史文化名镇（村）的通知
　　（建规〔2005〕159号） …………………………………………………… 643
建设部、监察部关于开展城乡规划效能监察的通知
　　（建规〔2005〕161号） …………………………………………………… 646
关于建立派驻城乡规划督察员制度的指导意见
　　（建规〔2005〕81号） …………………………………………………… 649
建设部办公厅关于建立全国村镇建设工程质量联络员制度的通知
　　（建办质函〔2005〕203号） ……………………………………………… 651
建设部、科学技术部关于印发《小城镇建设技术政策》的通知
　　（建科〔2006〕76号） …………………………………………………… 654
关于印发《县域村镇体系规划编制暂行办法》的通知
　　（建规〔2006〕183号） …………………………………………………… 669
关于贯彻《国务院关于加强节能工作的决定》的实施意见
　　（建科〔2006〕231号） …………………………………………………… 674
关于公布第三批中国历史文化名镇（村）的通知
　　（建规〔2007〕137号） …………………………………………………… 679

9

关于印发《建设部关于落实〈国务院关于印发节能减排综合性工作方案的通知〉的实施方案》的通知

（建科［2007］159号） …… 682

关于印发《南方农村房屋灾后重建技术指导要点》的通知

（建质函［2008］48号） …… 689

关于印发《房屋登记簿管理试行办法》的通知

（建住房［2008］84号） …… 697

关于公布第四批中国历史文化名镇（村）的通知

（建规［2008］192号） …… 702

国家环境保护总局、建设部关于印发《小城镇环境规划编制导则（试行）》的通知

（环发［2002］82号） …… 706

城乡建设环境保护部、国务院农村发展研究中心、农牧渔业部、国家科委关于进一步加强集镇建设工作的意见

（1987年11月18日） …… 712

国土资源部关于建立建设用地信息发布制度的通知

（国土资发［1998］222号） …… 714

国土资源部关于加强土地管理促进小城镇健康发展的通知

（国土资发［2000］337号） …… 719

国土资源部关于进一步规范建设用地审查报批工作有关问题的通知

（国土资发［2002］233号） …… 721

国土资源部印发《关于加强农村宅基地管理的意见》的通知

（国土资发［2004］234号） …… 723

国土资源部、财政部、中国人民银行关于印发《土地储备管理办法》的通知

（国土资发［2007］277号） …… 726

国土资源部关于进一步加快宅基地使用权登记发证工作的通知

（国土资发［2008］146号） …… 730

财政部、建设部关于加强可再生能源建筑应用示范管理的通知

（财建［2007］38号） …… 732

财政部关于村级公益事业一事一议中央财政奖补事项的通知

（财预［2009］5号） …… 735

关于加强农村消防工作的通知

（公通字［2004］57号） …… 737

民政部、中央机构编制委员会办公室、国务院经济体制改革办公室、建设部、财政部、国土资源部、农业部关于乡镇行政区划调整工作的指导意见

（民发［2001］196号） …… 740

一、法　　律

中华人民共和国建筑法

(1997年11月1日第八届全国人民代表大会常务委员会第二十八次会议通过
1997年11月1日中华人民共和国主席令第91号公布
自1998年3月1日起施行)

第一章 总 则

第一条 为了加强对建筑活动的监督管理,维护建筑市场秩序,保证建筑工程的质量和安全,促进建筑业健康发展,制定本法。

第二条 在中华人民共和国境内从事建筑活动,实施对建筑活动的监督管理,应当遵守本法。

本法所称建筑活动,是指各类房屋建筑及其附属设施的建造和与其配套的线路、管道、设备的安装活动。

第三条 建筑活动应当确保建筑工程质量和安全,符合国家的建筑工程安全标准。

第四条 国家扶持建筑业的发展,支持建筑科学技术研究,提高房屋建筑设计水平,鼓励节约能源和保护环境,提倡采用先进技术、先进设备、先进工艺、新型建筑材料和现代管理方式。

第五条 从事建筑活动应当遵守法律、法规,不得损害社会公共利益和他人的合法权益。

任何单位和个人都不得妨碍和阻挠依法进行的建筑活动。

第六条 国务院建设行政主管部门对全国的建筑活动实施统一监督管理。

第二章 建 筑 许 可

第一节 建筑工程施工许可

第七条 建筑工程开工前,建设单位应当按照国家有关规定向工程所在地县级以上人民政府建设行政主管部门申请领取施工许可证;但是,国务院建设行政主管部门确定的限额以下的小型工程除外。

按照国务院规定的权限和程序批准开工报告的建筑工程,不再领取施工许可证。

第八条 申请领取施工许可证,应当具备下列条件:

(一)已经办理该建筑工程用地批准手续;

(二)在城市规划区的建筑工程,已经取得规划许可证;

(三)需要拆迁的,其拆迁进度符合施工要求;

（四）已经确定建筑施工企业；
（五）有满足施工需要的施工图纸及技术资料；
（六）有保证工程质量和安全的具体措施；
（七）建设资金已经落实；
（八）法律、行政法规规定的其他条件。

建设行政主管部门应当自收到申请之日起十五日内，对符合条件的申请颁发施工许可证。

第九条 建设单位应当自领取施工许可证之日起三个月内开工。因故不能按期开工的，应当向发证机关申请延期；延期以两次为限，每次不超过三个月。既不开工又不申请延期或者超过延期时限的，施工许可证自行废止。

第十条 在建的建筑工程因故中止施工的，建设单位应当自中止施工之日起一个月内，向发证机关报告，并按照规定做好建筑工程的维护管理工作。

建筑工程恢复施工时，应当向发证机关报告；中止施工满一年的工程恢复施工前，建设单位应当报发证机关核验施工许可证。

第十一条 按照国务院有关规定批准开工报告的建筑工程，因故不能按期开工或者中止施工的，应当及时向批准机关报告情况。因故不能按期开工超过六个月的，应当重新办理开工报告的批准手续。

第二节 从业资格

第十二条 从事建筑活动的建筑施工企业、勘察单位、设计单位和工程监理单位，应当具备下列条件：
（一）有符合国家规定的注册资本；
（二）有与其从事的建筑活动相适应的具有法定执业资格的专业技术人员；
（三）有从事相关建筑活动所应有的技术装备；
（四）法律、行政法规规定的其他条件。

第十三条 从事建筑活动的建筑施工企业、勘察单位、设计单位和工程监理单位，按照其拥有的注册资本、专业技术人员、技术装备和已完成的建筑工程业绩等资质条件，划分为不同的资质等级，经资质审查合格，取得相应等级的资质证书后，方可在其资质等级许可的范围内从事建筑活动。

第十四条 从事建筑活动的专业技术人员，应当依法取得相应的执业资格证书，并在执业资格证书许可的范围内从事建筑活动。

第三章 建筑工程发包与承包

第一节 一般规定

第十五条 建筑工程的发包单位与承包单位应当依法订立书面合同，明确双方的权利和义务。

发包单位和承包单位应当全面履行合同约定的义务。不按照合同约定履行义务的，依法承担违约责任。

第十六条 建筑工程发包与承包的招标投标活动，应当遵循公开、公正、平等竞争的原则，择优选择承包单位。

建筑工程的招标投标，本法没有规定的，适用有关招标投标法律的规定。

第十七条 发包单位及其工作人员在建筑工程发包中不得收受贿赂、回扣或者索取其他好处。

承包单位及其工作人员不得利用向发包单位及其工作人员行贿、提供回扣或者给予其他好处等不正当手段承揽工程。

第十八条 建筑工程造价应当按照国家有关规定，由发包单位与承包单位在合同中约定。公开招标发包的，其造价的约定，须遵守招标投标法律的规定。

发包单位应当按照合同的约定，及时拨付工程款项。

第二节 发 包

第十九条 建筑工程依法实行招标发包，对不适于招标发包的可以直接发包。

第二十条 建筑工程实行公开招标的，发包单位应当依照法定程序和方式，发布招标公告，提供载有招标工程的主要技术要求、主要的合同条款、评标的标准和方法以及开标、评标、定标的程序等内容的招标文件。

开标应当在招标文件规定的时间、地点公开进行。开标后应当按照招标文件规定的评标标准和程序对标书进行评价、比较，在具备相应资质条件的投标者中，择优选定中标者。

第二十一条 建筑工程招标的开标、评标、定标由建设单位依法组织实施，并接受有关行政主管部门的监督。

第二十二条 建筑工程实行招标发包的，发包单位应当将建筑工程发包给依法中标的承包单位。建筑工程实行直接发包的，发包单位应当将建筑工程发包给具有相应资质条件的承包单位。

第二十三条 政府及其所属部门不得滥用行政权力，限定发包单位将招标发包的建筑工程发包给指定的承包单位。

第二十四条 提倡对建筑工程实行总承包，禁止将建筑工程肢解发包。

建筑工程的发包单位可以将建筑工程的勘察、设计、施工、设备采购一并发包给一个工程总承包单位，也可以将建筑工程勘察、设计、施工、设备采购的一项或者多项发包给一个工程总承包单位；但是，不得将应当由一个承包单位完成的建筑工程肢解成若干部分发包给几个承包单位。

第二十五条 按照合同约定，建筑材料、建筑构配件和设备由工程承包单位采购的，发包单位不得指定承包单位购入用于工程的建筑材料、建筑构配件和设备或者指定生产厂、供应商。

第三节 承 包

第二十六条 承包建筑工程的单位应当持有依法取得的资质证书，并在其资质等级许可的业务范围内承揽工程。

禁止建筑施工企业超越本企业资质等级许可的业务范围或者以任何形式用其他建筑施工企业的名义承揽工程。禁止建筑施工企业以任何形式允许其他单位或者个人使用本企业的资质证书、营业执照，以本企业的名义承揽工程。

第二十七条 大型建筑工程或者结构复杂的建筑工程，可以由两个以上的承包单位联合共同承包。共同承包的各方对承包合同的履行承担连带责任。

两个以上不同资质等级的单位实行联合共同承包的，应当按照资质等级低的单位的业务许可范围承揽工程。

第二十八条 禁止承包单位将其承包的全部建筑工程转包给他人，禁止承包单位将其承包的全部建筑工程肢解以后以分包的名义分别转包给他人。

第二十九条 建筑工程总承包单位可以将承包工程中的部分工程发包给具有相应资质条件的分包单位；但是，除总承包合同中约定的分包外，必须经建设单位认可。施工总承包的，建筑工程主体结构的施工必须由总承包单位自行完成。

建筑工程总承包单位按照总承包合同的约定对建设单位负责；分包单位按照分包合同的约定对总承包单位负责。总承包单位和分包单位就分包工程对建设单位承担连带责任。

禁止总承包单位将工程分包给不具备相应资质条件的单位。禁止分包单位将其承包的工程再分包。

第四章 建筑工程监理

第三十条 国家推行建筑工程监理制度。

国务院可以规定实行强制监理的建筑工程的范围。

第三十一条 实行监理的建筑工程，由建设单位委托具有相应资质条件的工程监理单位监理。建设单位与其委托的工程监理单位应当订立书面委托监理合同。

第三十二条 建筑工程监理应当依照法律、行政法规及有关的技术标准、设计文件和建筑工程承包合同，对承包单位在施工质量、建设工期和建设资金使用等方面，代表建设单位实施监督。

工程监理人员认为工程施工不符合工程设计要求、施工技术标准和合同约定的，有权要求建筑施工企业改正。

工程监理人员发现工程设计不符合建筑工程质量标准或者合同约定的质量要求的，应当报告建设单位要求设计单位改正。

第三十三条 实施建筑工程监理前，建设单位应当将委托的工程监理单位、监理的内容及监理权限，书面通知被监理的建筑施工企业。

第三十四条 工程监理单位应当在其资质等级许可的监理范围内，承担工程监理业务。

工程监理单位应当根据建设单位的委托，客观、公正地执行监理任务。

工程监理单位与被监理工程的承包单位以及建筑材料、建筑构配件和设备供应单位不得有隶属关系或者其他利害关系。

工程监理单位不得转让工程监理业务。

第三十五条 工程监理单位不按照委托监理合同的约定履行监理义务，对应当监督检查的项目不检查或者不按照规定检查，给建设单位造成损失的，应当承担相应的赔偿责任。

工程监理单位与承包单位串通，为承包单位谋取非法利益，给建设单位造成损失的，应当与承包单位承担连带赔偿责任。

第五章 建筑安全生产管理

第三十六条 建筑工程安全生产管理必须坚持安全第一、预防为主的方针，建立健全安全生产的责任制度和群防群治制度。

第三十七条 建筑工程设计应当符合按照国家规定制定的建筑安全规程和技术规范，保证工程的安全性能。

第三十八条 建筑施工企业在编制施工组织设计时，应当根据建筑工程的特点制定相应的安全技术措施；对专业性较强的工程项目，应当编制专项安全施工组织设计，并采取安全技术措施。

第三十九条 建筑施工企业应当在施工现场采取维护安全、防范危险、预防火灾等措施；有条件的，应当对施工现场实行封闭管理。

施工现场对毗邻的建筑物、构筑物和特殊作业环境可能造成损害的，建筑施工企业应当采取安全防护措施。

第四十条 建设单位应当向建筑施工企业提供与施工现场相关的地下管线资料，建筑施工企业应当采取措施加以保护。

第四十一条 建筑施工企业应当遵守有关环境保护和安全生产的法律、法规的规定，采取控制和处理施工现场的各种粉尘、废气、废水、固体废物以及噪声、振动对环境的污染和危害的措施。

第四十二条 有下列情形之一的，建设单位应当按照国家有关规定办理申请批准手续：

（一）需要临时占用规划批准范围以外场地的；

（二）可能损坏道路、管线、电力、邮电通讯等公共设施的；

（三）需要临时停水、停电、中断道路交通的；

（四）需要进行爆破作业的；

（五）法律、法规规定需要办理报批手续的其他情形。

第四十三条 建设行政主管部门负责建筑安全生产的管理，并依法接受劳动行政主管部门对建筑安全生产的指导和监督。

第四十四条 建筑施工企业必须依法加强对建筑安全生产的管理，执行安全生产责任制度，采取有效措施，防止伤亡和其他安全生产事故的发生。

建筑施工企业的法定代表人对本企业的安全生产负责。

第四十五条 施工现场安全由建筑施工企业负责。实行施工总承包的，由总承包单位负责。分包单位向总承包单位负责，服从总承包单位对施工现场的安全生产管理。

第四十六条 建筑施工企业应当建立健全劳动安全生产教育培训制度，加强对职工安全生产的教育培训；未经安全生产教育培训的人员，不得上岗作业。

第四十七条 建筑施工企业和作业人员在施工过程中,应当遵守有关安全生产的法律、法规和建筑行业安全规章、规程,不得违章指挥或者违章作业。作业人员有权对影响人身健康的作业程序和作业条件提出改进意见,有权获得安全生产所需的防护用品。作业人员对危及生命安全和人身健康的行为有权提出批评、检举和控告。

第四十八条 建筑施工企业必须为从事危险作业的职工办理意外伤害保险,支付保险费。

第四十九条 涉及建筑主体和承重结构变动的装修工程,建设单位应当在施工前委托原设计单位或者具有相应资质条件的设计单位提出设计方案;没有设计方案的,不得施工。

第五十条 房屋拆除应当由具备保证安全条件的建筑施工单位承担,由建筑施工单位负责人对安全负责。

第五十一条 施工中发生事故时,建筑施工企业应当采取紧急措施减少人员伤亡和事故损失,并按照国家有关规定及时向有关部门报告。

第六章 建筑工程质量管理

第五十二条 建筑工程勘察、设计、施工的质量必须符合国家有关建筑工程安全标准的要求,具体管理办法由国务院规定。

有关建筑工程安全的国家标准不能适应确保建筑安全的要求时,应当及时修订。

第五十三条 国家对从事建筑活动的单位推行质量体系认证制度。从事建筑活动的单位根据自愿原则可以向国务院产品质量监督管理部门或者国务院产品质量监督管理部门授权的部门认可的认证机构申请质量体系认证。经认证合格的,由认证机构颁发质量体系认证证书。

第五十四条 建设单位不得以任何理由,要求建筑设计单位或者建筑施工企业在工程设计或者施工作业中,违反法律、行政法规和建筑工程质量、安全标准,降低工程质量。

建筑设计单位和建筑施工企业对建设单位违反前款规定提出的降低工程质量的要求,应当予以拒绝。

第五十五条 建筑工程实行总承包的,工程质量由工程总承包单位负责,总承包单位将建筑工程分包给其他单位的,应当对分包工程的质量与分包单位承担连带责任。分包单位应当接受总承包单位的质量管理。

第五十六条 建筑工程的勘察、设计单位必须对其勘察、设计的质量负责。勘察、设计文件应当符合有关法律、行政法规的规定和建筑工程质量、安全标准、建筑工程勘察、设计技术规范以及合同的约定。设计文件选用的建筑材料、建筑构配件和设备,应当注明其规格、型号、性能等技术指标,其质量要求必须符合国家规定的标准。

第五十七条 建筑设计单位对设计文件选用的建筑材料、建筑构配件和设备,不得指定生产厂、供应商。

第五十八条 建筑施工企业对工程的施工质量负责。

建筑施工企业必须按照工程设计图纸和施工技术标准施工,不得偷工减料。工程设计的修改由原设计单位负责,建筑施工企业不得擅自修改工程设计。

第五十九条 建筑施工企业必须按照工程设计要求、施工技术标准和合同的约定，对建筑材料、建筑构配件和设备进行检验，不合格的不得使用。

第六十条 建筑物在合理使用寿命内，必须确保地基基础工程和主体结构的质量。

建筑工程竣工时，屋顶、墙面不得留有渗漏、开裂等质量缺陷；对已发现的质量缺陷，建筑施工企业应当修复。

第六十一条 交付竣工验收的建筑工程，必须符合规定的建筑工程质量标准，有完整的工程技术经济资料和经签署的工程保修书，并具备国家规定的其他竣工条件。

建筑工程竣工经验收合格后，方可交付使用；未经验收或者验收不合格的，不得交付使用。

第六十二条 建筑工程实行质量保修制度。

建筑工程的保修范围应当包括地基基础工程、主体结构工程、屋面防水工程和其他土建工程，以及电气管线、上下水管线的安装工程，供热、供冷系统工程等项目；保修的期限应当按照保证建筑物合理寿命年限内正常使用，维护使用者合法权益的原则确定。具体的保修范围和最低保修期限由国务院规定。

第六十三条 任何单位和个人对建筑工程的质量事故、质量缺陷都有权向建设行政主管部门或者其他有关部门进行检举、控告、投诉。

第七章 法 律 责 任

第六十四条 违反本法规定，未取得施工许可证或者开工报告未经批准擅自施工的，责令改正，对不符合开工条件的责令停止施工，可以处以罚款。

第六十五条 发包单位将工程发包给不具有相应资质条件的承包单位的，或者违反本法规定将建筑工程肢解发包的，责令改正，处以罚款。

超越本单位资质等级承揽工程的，责令停止违法行为，处以罚款，可以责令停业整顿，降低资质等级；情节严重的，吊销资质证书；有违法所得的，予以没收。

未取得资质证书承揽工程的，予以取缔，并处罚款；有违法所得的，予以没收。

以欺骗手段取得资质证书的，吊销资质证书，处以罚款；构成犯罪的，依法追究刑事责任。

第六十六条 建筑施工企业转让、出借资质证书或者以其他方式允许他人以本企业的名义承揽工程的，责令改正，没收违法所得，并处罚款，可以责令停业整顿，降低资质等级；情节严重的，吊销资质证书。对因该项承揽工程不符合规定的质量标准造成的损失，建筑施工企业与使用本企业名义的单位或者个人承担连带赔偿责任。

第六十七条 承包单位将承包的工程转包的，或者违反本法规定进行分包的，责令改正，没收违法所得，并处罚款，可以责令停业整顿，降低资质等级；情节严重的，吊销资质证书。

承包单位有前款规定的违法行为的，对因转包工程或者违法分包的工程不符合规定的质量标准造成的损失，与接受转包或者分包的单位承担连带赔偿责任。

第六十八条 在工程发包与承包中索贿、受贿、行贿，构成犯罪的，依法追究刑事责任；不构成犯罪的，分别处以罚款，没收贿赂的财物，对直接负责的主管人员和其他直接责任人员给予处分。

对在工程承包中行贿的承包单位，除依照前款规定处罚外，可以责令停业整顿，降低资质等级或者吊销资质证书。

第六十九条 工程监理单位与建设单位或者建筑施工企业串通，弄虚作假、降低工程质量的，责令改正，处以罚款，降低资质等级或者吊销资质证书；有违法所得的，予以没收；造成损失的，承担连带赔偿责任；构成犯罪的，依法追究刑事责任。

工程监理单位转让监理业务的，责令改正，没收违法所得，可以责令停业整顿，降低资质等级；情节严重的，吊销资质证书。

第七十条 违反本法规定，涉及建筑主体或者承重结构变动的装修工程擅自施工的，责令改正，处以罚款；造成损失的，承担赔偿责任；构成犯罪的，依法追究刑事责任。

第七十一条 建筑施工企业违反本法规定，对建筑安全事故隐患不采取措施予以消除的，责令改正，可以处以罚款；情节严重的，责令停业整顿，降低资质等级或者吊销资质证书；构成犯罪的，依法追究刑事责任。

建筑施工企业的管理人员违章指挥、强令职工冒险作业，因而发生重大伤亡事故或者造成其他严重后果的，依法追究刑事责任。

第七十二条 建设单位违反本法规定，要求建筑设计单位或者建筑施工企业违反建筑工程质量、安全标准，降低工程质量的，责令改正，可以处以罚款；构成犯罪的，依法追究刑事责任。

第七十三条 建筑设计单位不按照建筑工程质量、安全标准进行设计的，责令改正，处以罚款；造成工程质量事故的，责令停业整顿，降低资质等级或者吊销资质证书，没收违法所得，并处罚款；造成损失的，承担赔偿责任；构成犯罪的，依法追究刑事责任。

第七十四条 建筑施工企业在施工中偷工减料的，使用不合格的建筑材料、建筑构配件和设备的，或者有其他不按照工程设计图纸或者施工技术标准施工的行为的，责令改正，处以罚款；情节严重的，责令停业整顿，降低资质等级或者吊销资质证书；造成建筑工程质量不符合规定的质量标准的，负责返工、修理，并赔偿因此造成的损失；构成犯罪的，依法追究刑事责任。

第七十五条 建筑施工企业违反本法规定，不履行保修义务或者拖延履行保修义务的，责令改正，可以处以罚款，并对在保修期内因屋顶、墙面渗漏、开裂等质量缺陷造成的损失，承担赔偿责任。

第七十六条 本法规定的责令停业整顿、降低资质等级和吊销资质证书的行政处罚，由颁发资质证书的机关决定；其他行政处罚，由建设行政主管部门或者有关部门依照法律和国务院规定的职权范围决定。

依照本法规定被吊销资质证书的，由工商行政管理部门吊销其营业执照。

第七十七条 违反本法规定，对不具备相应资质等级条件的单位颁发该等级资质证书的，由其上级机关责令收回所发的资质证书，对直接负责的主管人员和其他直接责任人员给予行政处分；构成犯罪的，依法追究刑事责任。

第七十八条 政府及其所属部门的工作人员违反本法规定，限定发包单位将招标发包的工程发包给指定的承包单位的，由上级机关责令改正；构成犯罪的，依法追究刑事责任。

第七十九条 负责颁发建筑工程施工许可证的部门及其工作人员对不符合施工条件的建筑工程颁发施工许可证的，负责工程质量监督检查或者竣工验收的部门及其工作人员对不合格的建筑工程出具质量合格文件或者按合格工程验收的，由上级机关责令改正，对责任人员给予行政处分；构成犯罪的，依法追究刑事责任；造成损失的，由该部门承担相应的赔偿责任。

第八十条 在建筑物的合理使用寿命内，因建筑工程质量不合格受到损害的，有权向责任者要求赔偿。

第八章 附 则

第八十一条 本法关于施工许可、建筑施工企业资质审查和建筑工程发包、承包、禁止转包，以及建筑工程监理、建筑工程安全和质量管理的规定，适用于其他专业建筑工程的建筑活动，具体办法由国务院规定。

第八十二条 建设行政主管部门和其他有关部门在对建筑活动实施监督管理中，除按照国务院有关规定收取费用外，不得收取其他费用。

第八十三条 省、自治区、直辖市人民政府确定的小型房屋建筑工程的建筑活动，参照本法执行。

依法核定作为文物保护的纪念建筑物和古建筑等的修缮，依照文物保护的有关法律规定执行。

抢险救灾及其他临时性房屋建筑和农民自建低层住宅的建筑活动，不适用本法。

第八十四条 军用房屋建筑工程建筑活动的具体管理办法，由国务院、中央军事委员会依据本法制定。

第八十五条 本法自1998年3月1日起施行。

中华人民共和国城市房地产管理法

(1994年7月5日第八届全国人民代表大会常务委员会第八次会议通过
自1995年1月1日起施行
根据2007年8月30日第十届全国人民代表大会常务委员会第二十九次会议
《关于修改〈中华人民共和国城市房地产管理法〉的决定》修正)

第一章 总 则

第一条 为了加强对城市房地产的管理,维护房地产市场秩序,保障房地产权利人的合法权益,促进房地产业的健康发展,制定本法。

第二条 在中华人民共和国城市规划区国有土地(以下简称国有土地)范围内取得房地产开发用地的土地使用权,从事房地产开发、房地产交易,实施房地产管理,应当遵守本法。

本法所称房屋,是指土地上的房屋等建筑物及构筑物。

本法所称房地产开发,是指在依据本法取得国有土地使用权的土地上进行基础设施、房屋建设的行为。

本法所称房地产交易,包括房地产转让、房地产抵押和房屋租赁。

第三条 国家依法实行国有土地有偿、有限期使用制度。但是,国家在本法规定的范围内划拨国有土地使用权的除外。

第四条 国家根据社会、经济发展水平,扶持发展居民住宅建设,逐步改善居民的居住条件。

第五条 房地产权利人应当遵守法律和行政法规,依法纳税。房地产权利人的合法权益受法律保护,任何单位和个人不得侵犯。

第六条 为了公共利益的需要,国家可以征收国有土地上单位和个人的房屋,并依法给予拆迁补偿,维护被征收人的合法权益;征收个人住宅的,还应当保障被征收人的居住条件。具体办法由国务院规定。

第七条 国务院建设行政主管部门、土地管理部门依照国务院规定的职权划分,各司其职,密切配合,管理全国房地产工作。

县级以上地方人民政府房产管理、土地管理部门的机构设置及其职权由省、自治区、直辖市人民政府确定。

第二章 房地产开发用地

第一节 土地使用权出让

第八条 土地使用权出让,是指国家将国有土地使用权(以下简称土地使用权)在一定年限内出让给土地使用者，由土地使用者向国家支付土地使用权出让金的行为。

第九条　城市规划区内的集体所有的土地，经依法征用转为国有土地后，该幅国有土地的使用权方可有偿出让。

第十条　土地使用权出让，必须符合土地利用总体规划、城市规划和年度建设用地计划。

第十一条　县级以上地方人民政府出让土地使用权用于房地产开发的，须根据省级以上人民政府下达的控制指标拟订年度出让土地使用权总面积方案，按照国务院规定，报国务院或者省级人民政府批准。

第十二条　土地使用权出让，由市、县人民政府有计划、有步骤地进行。出让的每幅地块、用途、年限和其他条件，由市、县人民政府土地管理部门会同城市规划、建设、房产管理部门共同拟定方案，按照国务院规定，报经有批准权的人民政府批准后，由市、县人民政府土地管理部门实施。

直辖市的县人民政府及其有关部门行使前款规定的权限，由直辖市人民政府规定。

第十三条　土地使用权出让，可以采取拍卖、招标或者双方协议的方式。

商业、旅游、娱乐和豪华住宅用地，有条件的，必须采取拍卖、招标方式；没有条件，不能采取拍卖、招标方式的，可以采取双方协议的方式。

采取双方协议方式出让土地使用权的出让金不得低于按国家规定所确定的最低价。

第十四条　土地使用权出让最高年限由国务院规定。

第十五条　土地使用权出让，应当签订书面出让合同。

土地使用权出让合同由市、县人民政府土地管理部门与土地使用者签订。

第十六条　土地使用者必须按照出让合同约定，支付土地使用权出让金；未按照出让合同约定支付土地使用权出让金的，土地管理部门有权解除合同，并可以请求违约赔偿。

第十七条　土地使用者按照出让合同约定支付土地使用权出让金的，市、县人民政府土地管理部门必须按照出让合同约定，提供出让的土地；未按照出让合同约定提供出让的土地的，土地使用者有权解除合同，由土地管理部门返还土地使用权出让金，土地使用者并可以请求违约赔偿。

第十八条　土地使用者需要改变土地使用权出让合同约定的土地用途的，必须取得出让方和市、县人民政府城市规划行政主管部门的同意，签订土地使用权出让合同变更协议或者重新签订土地使用权出让合同，相应调整土地使用权出让金。

第十九条　土地使用权出让金应当全部上缴财政，列入预算，用于城市基础设施建设和土地开发。土地使用权出让金上缴和使用的具体办法由国务院规定。

第二十条　国家对土地使用者依法取得的土地使用权，在出让合同约定的使用年限届满前不收回；在特殊情况下，根据社会公共利益的需要，可以依照法律程序提前收回，并根据土地使用者使用土地的实际年限和开发土地的实际情况给予相应的补偿。

第二十一条　土地使用权因土地灭失而终止。

第二十二条　土地使用权出让合同约定的使用年限届满，土地使用者需要继续使用土地的，应当至迟于届满前一年申请续期，除根据社会公共利益需要收回该幅土地的，应当予以批准。经批准准予续期的，应当重新签订土地使用权出让合同，依照规定支付土地使用权出让金。

土地使用权出让合同约定的使用年限届满，土地使用者未申请续期或者虽申请续期但依照前款规定未获批准的，土地使用权由国家无偿收回。

第二节 土地使用权划拨

第二十三条 土地使用权划拨，是指县级以上人民政府依法批准，在土地使用者缴纳补偿、安置等费用后将该幅土地交付其使用，或者将土地使用权无偿交付给土地使用者使用的行为。

依照本法规定以划拨方式取得土地使用权的，除法律、行政法规另有规定外，没有使用期限的限制。

第二十四条 下列建设用地的土地使用权，确属必需的，可以由县级以上人民政府依法批准划拨：

（一）国家机关用地和军事用地；

（二）城市基础设施用地和公益事业用地；

（三）国家重点扶持的能源、交通、水利等项目用地；

（四）法律、行政法规规定的其他用地。

第三章 房地产开发

第二十五条 房地产开发必须严格执行城市规划，按照经济效益、社会效益、环境效益相统一的原则，实行全面规划、合理布局、综合开发、配套建设。

第二十六条 以出让方式取得土地使用权进行房地产开发的，必须按照土地使用权出让合同约定的土地用途、动工开发期限开发土地。超过出让合同约定的动工开发日期满一年未动工开发的，可以征收相当于土地使用权出让金百分之二十以下的土地闲置费；满二年未动工开发的，可以无偿收回土地使用权；但是，因不可抗力或者政府、政府有关部门的行为或者动工开发必需的前期工作造成动工开发迟延的除外。

第二十七条 房地产开发项目的设计、施工，必须符合国家的有关标准和规范。

房地产开发项目竣工，经验收合格后，方可交付使用。

第二十八条 依法取得的土地使用权，可以依照本法和有关法律、行政法规的规定，作价入股，合资、合作开发经营房地产。

第二十九条 国家采取税收等方面的优惠措施鼓励和扶持房地产开发企业开发建设居民住宅。

第三十条 房地产开发企业是以营利为目的，从事房地产开发和经营的企业。设立房地产开发企业，应当具备下列条件：

（一）有自己的名称和组织机构；

（二）有固定的经营场所；

（三）有符合国务院规定的注册资本；

（四）有足够的专业技术人员；

（五）法律、行政法规规定的其他条件。

设立房地产开发企业，应当向工商行政管理部门申请设立登记。工商行政管理部门对符合本法规定条件的，应当予以登记，发给营业执照；对不符合本法规定条件的，不予登记。

设立有限责任公司、股份有限公司，从事房地产开发经营的，还应当执行公司法的有关规定。

房地产开发企业在领取营业执照后的一个月内，应当到登记机关所在地的县级以上地方人民政府规定的部门备案。

第三十一条　房地产开发企业的注册资本与投资总额的比例应当符合国家有关规定。

房地产开发企业分期开发房地产的，分期投资额应当与项目规模相适应，并按照土地使用权出让合同的约定，按期投入资金，用于项目建设。

第四章　房地产交易

第一节　一般规定

第三十二条　房地产转让、抵押时，房屋的所有权和该房屋占用范围内的土地使用权同时转让、抵押。

第三十三条　基准地价、标定地价和各类房屋的重置价格应当定期确定并公布。具体办法由国务院规定。

第三十四条　国家实行房地产价格评估制度。

房地产价格评估，应当遵循公正、公平、公开的原则，按照国家规定的技术标准和评估程序，以基准地价、标定地价和各类房屋的重置价格为基础，参照当地的市场价格进行评估。

第三十五条　国家实行房地产成交价格申报制度。

房地产权利人转让房地产，应当向县级以上地方人民政府规定的部门如实申报成交价，不得瞒报或者作不实的申报。

第三十六条　房地产转让、抵押，当事人应当依照本法第五章的规定办理权属登记。

第二节　房地产转让

第三十七条　房地产转让，是指房地产权利人通过买卖、赠与或者其他合法方式将其房地产转移给他人的行为。

第三十八条　下列房地产，不得转让：

（一）以出让方式取得土地使用权的，不符合本法第三十九条规定的条件的；

（二）司法机关和行政机关依法裁定、决定查封或者以其他形式限制房地产权利的；

（三）依法收回土地使用权的；

（四）共有房地产，未经其他共有人书面同意的；

（五）权属有争议的；

（六）未依法登记领取权属证书的；

（七）法律、行政法规规定禁止转让的其他情形。

第三十九条　以出让方式取得土地使用权的，转让房地产时，应当符合下列条件：

（一）按照出让合同约定已经支付全部土地使用权出让金，并取得土地使用权证书；

（二）按照出让合同约定进行投资开发，属于房屋建设工程的，完成开发投资总额的百分之二十五以上，属于成片开发土地的，形成工业用地或者其他建设用地条件。

转让房地产时房屋已经建成的，还应当持有房屋所有权证书。

第四十条　以划拨方式取得土地使用权的，转让房地产时，应当按照国务院规定，报有批准权的人民政府审批。有批准权的人民政府准予转让的，应当由受让方办理土地使用权出让手续，并依照国家有关规定缴纳土地使用权出让金。

以划拨方式取得土地使用权的，转让房地产报批时，有批准权的人民政府按照国务院规定决定可以不办理土地使用权出让手续的，转让方应当按照国务院规定将转让房地产所获收益中的土地收益上缴国家或者作其他处理。

第四十一条　房地产转让，应当签订书面转让合同，合同中应当载明土地使用权取得的方式。

第四十二条　房地产转让时，土地使用权出让合同载明的权利、义务随之转移。

第四十三条　以出让方式取得土地使用权的，转让房地产后，其土地使用权的使用年限为原土地使用权出让合同约定的使用年限减去原土地使用者已经使用年限后的剩余年限。

第四十四条　以出让方式取得土地使用权的，转让房地产后，受让人改变原土地使用权出让合同约定的土地用途的，必须取得原出让方和市、县人民政府城市规划行政主管部门的同意，签订土地使用权出让合同变更协议或者重新签订土地使用权出让合同，相应调整土地使用权出让金。

第四十五条　商品房预售，应当符合下列条件：

（一）已交付全部土地使用权出让金，取得土地使用权证书；

（二）持有建设工程规划许可证；

（三）按提供预售的商品房计算，投入开发建设的资金达到工程建设总投资的百分之二十五以上，并已经确定施工进度和竣工交付日期；

（四）向县级以上人民政府房产管理部门办理预售登记，取得商品房预售许可证明。

商品房预售人应当按照国家有关规定将预售合同报县级以上人民政府房产管理部门和土地管理部门登记备案。

商品房预售所得款项，必须用于有关的工程建设。

第四十六条　商品房预售的，商品房预购人将购买的未竣工的预售商品房再行转让的问题，由国务院规定。

第三节　房地产抵押

第四十七条　房地产抵押，是指抵押人以其合法的房地产以不转移占有的方式向抵押权人提供债务履行担保的行为。债务人不履行债务时，抵押权人有权依法以抵押的房地产拍卖所得的价款优先受偿。

第四十八条　依法取得的房屋所有权连同该房屋占用范围内的土地使用权，可以设定抵押权。

以出让方式取得的土地使用权，可以设定抵押权。

第四十九条　房地产抵押，应当凭土地使用权证书、房屋所有权证书办理。

第五十条　房地产抵押，抵押人和抵押权人应当签订书面抵押合同。

第五十一条　设定房地产抵押权的土地使用权是以划拨方式取得的，依法拍卖该房地产后，应当从拍卖所得的价款中缴纳相当于应缴纳的土地使用权出让金的款额后，抵押权人方可优先受偿。

第五十二条　房地产抵押合同签订后，土地上新增的房屋不属于抵押财产。需要拍卖该抵押的房地产时，可以依法将土地上新增的房屋与抵押财产一同拍卖，但对拍卖新增房屋所得，抵押权人无权优先受偿。

第四节　房屋租赁

第五十三条　房屋租赁，是指房屋所有权人作为出租人将其房屋出租给承租人使用，由承租人向出租人支付租金的行为。

第五十四条　房屋租赁，出租人和承租人应当签订书面租赁合同，约定租赁期限、租赁用途、租赁价格、修缮责任等条款，以及双方的其他权利和义务，并向房产管理部门登记备案。

第五十五条　住宅用房的租赁，应当执行国家和房屋所在城市人民政府规定的租赁政策。租用房屋从事生产、经营活动的，由租赁双方协商议定租金和其他租赁条款。

第五十六条　以营利为目的，房屋所有权人将以划拨方式取得使用权的国有土地上建成的房屋出租的，应当将租金中所含土地收益上缴国家。具体办法由国务院规定。

第五节　中介服务机构

第五十七条　房地产中介服务机构包括房地产咨询机构、房地产价格评估机构、房地产经纪机构等。

第五十八条　房地产中介服务机构应当具备下列条件：

（一）有自己的名称和组织机构；

（二）有固定的服务场所；

（三）有必要的财产和经费；

（四）有足够数量的专业人员；

（五）法律、行政法规规定的其他条件。

设立房地产中介服务机构，应当向工商行政管理部门申请设立登记，领取营业执照后，方可开业。

第五十九条　国家实行房地产价格评估人员资格认证制度。

第五章　房地产权属登记管理

第六十条　国家实行土地使用权和房屋所有权登记发证制度。

第六十一条　以出让或者划拨方式取得土地使用权，应当向县级以上地方人民政府土地管理部门申请登记，经县级以上地方人民政府土地管理部门核实，由同级人民政府颁发土地使用权证书。

在依法取得的房地产开发用地上建成房屋的，应当凭土地使用权证书向县级以上地方人民政府房产管理部门申请登记，由县级以上地方人民政府房产管理部门核实并颁发房屋所有权证书。

房地产转让或者变更时，应当向县级以上地方人民政府房产管理部门申请房产变更登记，并凭变更后的房屋所有权证书向同级人民政府土地管理部门申请土地使用权变更登记，经同级人民政府土地管理部门核实，由同级人民政府更换或者更改土地使用权证书。

法律另有规定的，依照有关法律的规定办理。

第六十二条　房地产抵押时，应当向县级以上地方人民政府规定的部门办理抵押登记。

因处分抵押房地产而取得土地使用权和房屋所有权的，应当依照本章规定办理过户登记。

第六十三条　经省、自治区、直辖市人民政府确定，县级以上地方人民政府由一个部门统一负责房产管理和土地管理工作的，可以制作、颁发统一的房地产权证书，依照本法第六十一条的规定，将房屋的所有权和该房屋占用范围内的土地使用权的确认和变更，分别载入房地产权证书。

第六章　法　律　责　任

第六十四条　违反本法第十一条、第十二条的规定，擅自批准出让或者擅自出让土地使用权用于房地产开发的，由上级机关或者所在单位给予有关责任人员行政处分。

第六十五条　违反本法第三十条的规定，未取得营业执照擅自从事房地产开发业务的，由县级以上人民政府工商行政管理部门责令停止房地产开发业务活动，没收违法所得，可以并处罚款。

第六十六条　违反本法第三十九条第一款的规定转让土地使用权的，由县级以上人民政府土地管理部门没收违法所得，可以并处罚款。

第六十七条　违反本法第四十条第一款的规定转让房地产的，由县级以上人民政府土地管理部门责令缴纳土地使用权出让金，没收违法所得，可以并处罚款。

第六十八条　违反本法第四十五条第一款的规定预售商品房的，由县级以上人民政府房产管理部门责令停止预售活动，没收违法所得，可以并处罚款。

第六十九条　违反本法第五十八条的规定，未取得营业执照擅自从事房地产中介服务业务的，由县级以上人民政府工商行政管理部门责令停止房地产中介服务业务活动，没收违法所得，可以并处罚款。

第七十条　没有法律、法规的依据，向房地产开发企业收费的，上级机关应当责令退回所收取的钱款；情节严重的，由上级机关或者所在单位给予直接责任人员行政处分。

第七十一条　房产管理部门、土地管理部门工作人员玩忽职守、滥用职权，构成犯罪的，依法追究刑事责任；不构成犯罪的，给予行政处分。

房产管理部门、土地管理部门工作人员利用职务上的便利，索取他人财物，或者非法收受他人财物为他人谋取利益，构成犯罪的，依照惩治贪污罪贿赂罪的补充规定追究刑事责任；不构成犯罪的，给予行政处分。

第七章 附 则

第七十二条 在城市规划区外的国有土地范围内取得房地产开发用地的土地使用权，从事房地产开发、交易活动以及实施房地产管理，参照本法执行。

第七十三条 本法自 1995 年 1 月 1 日起施行。

中华人民共和国城乡规划法

(2007年10月28日第十届全国人民代表大会常务委员会第三十次会议通过
2007年10月30日中华人民共和国主席令第74号公布
自2008年1月1日起施行)

第一章 总 则

第一条 为了加强城乡规划管理,协调城乡空间布局,改善人居环境,促进城乡经济社会全面协调可持续发展,制定本法。

第二条 制定和实施城乡规划,在规划区内进行建设活动,必须遵守本法。

本法所称城乡规划,包括城镇体系规划、城市规划、镇规划、乡规划和村庄规划。城市规划、镇规划分为总体规划和详细规划。详细规划分为控制性详细规划和修建性详细规划。

本法所称规划区,是指城市、镇和村庄的建成区以及因城乡建设和发展需要,必须实行规划控制的区域。规划区的具体范围由有关人民政府在组织编制的城市总体规划、镇总体规划、乡规划和村庄规划中,根据城乡经济社会发展水平和统筹城乡发展的需要划定。

第三条 城市和镇应当依照本法制定城市规划和镇规划。城市、镇规划区内的建设活动应当符合规划要求。

县级以上地方人民政府根据本地农村经济社会发展水平,按照因地制宜、切实可行的原则,确定应当制定乡规划、村庄规划的区域。在确定区域内的乡、村庄,应当依照本法制定规划,规划区内的乡、村庄建设应当符合规划要求。

县级以上地方人民政府鼓励、指导前款规定以外的区域的乡、村庄制定和实施乡规划、村庄规划。

第四条 制定和实施城乡规划,应当遵循城乡统筹、合理布局、节约土地、集约发展和先规划后建设的原则,改善生态环境,促进资源、能源节约和综合利用,保护耕地等自然资源和历史文化遗产,保持地方特色、民族特色和传统风貌,防止污染和其他公害,并符合区域人口发展、国防建设、防灾减灾和公共卫生、公共安全的需要。

在规划区内进行建设活动,应当遵守土地管理、自然资源和环境保护等法律、法规的规定。

县级以上地方人民政府应当根据当地经济社会发展的实际,在城市总体规划、镇总体规划中合理确定城市、镇的发展规模、步骤和建设标准。

第五条 城市总体规划、镇总体规划以及乡规划和村庄规划的编制,应当依据国民经济和社会发展规划,并与土地利用总体规划相衔接。

第六条 各级人民政府应当将城乡规划的编制和管理经费纳入本级财政预算。

第七条 经依法批准的城乡规划，是城乡建设和规划管理的依据，未经法定程序不得修改。

第八条 城乡规划组织编制机关应当及时公布经依法批准的城乡规划。但是，法律、行政法规规定不得公开的内容除外。

第九条 任何单位和个人都应当遵守经依法批准并公布的城乡规划，服从规划管理，并有权就涉及其利害关系的建设活动是否符合规划的要求向城乡规划主管部门查询。

任何单位和个人都有权向城乡规划主管部门或者其他有关部门举报或者控告违反城乡规划的行为。城乡规划主管部门或者其他有关部门对举报或者控告，应当及时受理并组织核查、处理。

第十条 国家鼓励采用先进的科学技术，增强城乡规划的科学性，提高城乡规划实施及监督管理的效能。

第十一条 国务院城乡规划主管部门负责全国的城乡规划管理工作。

县级以上地方人民政府城乡规划主管部门负责本行政区域内的城乡规划管理工作。

第二章 城乡规划的制定

第十二条 国务院城乡规划主管部门会同国务院有关部门组织编制全国城镇体系规划，用于指导省域城镇体系规划、城市总体规划的编制。

全国城镇体系规划由国务院城乡规划主管部门报国务院审批。

第十三条 省、自治区人民政府组织编制省域城镇体系规划，报国务院审批。

省域城镇体系规划的内容应当包括：城镇空间布局和规模控制，重大基础设施的布局，为保护生态环境、资源等需要严格控制的区域。

第十四条 城市人民政府组织编制城市总体规划。

直辖市的城市总体规划由直辖市人民政府报国务院审批。省、自治区人民政府所在地的城市以及国务院确定的城市的总体规划，由省、自治区人民政府审查同意后，报国务院审批。其他城市的总体规划，由城市人民政府报省、自治区人民政府审批。

第十五条 县人民政府组织编制县人民政府所在地镇的总体规划，报上一级人民政府审批。其他镇的总体规划由镇人民政府组织编制，报上一级人民政府审批。

第十六条 省、自治区人民政府组织编制的省域城镇体系规划，城市、县人民政府组织编制的总体规划，在报上一级人民政府审批前，应当先经本级人民代表大会常务委员会审议，常务委员会组成人员的审议意见交由本级人民政府研究处理。

镇人民政府组织编制的镇总体规划，在报上一级人民政府审批前，应当先经镇人民代表大会审议，代表的审议意见交由本级人民政府研究处理。

规划的组织编制机关报送审批省域城镇体系规划、城市总体规划或者镇总体规划，应当将本级人民代表大会常务委员会组成人员或者镇人民代表大会代表的审议意见和根据审议意见修改规划的情况一并报送。

第十七条 城市总体规划、镇总体规划的内容应当包括：城市、镇的发展布局，功能分区，用地布局，综合交通体系，禁止、限制和适宜建设的地域范围，各类专项规划等。

规划区范围、规划区内建设用地规模、基础设施和公共服务设施用地、水源地和水系、基本农田和绿化用地、环境保护、自然与历史文化遗产保护以及防灾减灾等内容，应当作为城市总体规划、镇总体规划的强制性内容。

城市总体规划、镇总体规划的规划期限一般为二十年。城市总体规划还应当对城市更长远的发展作出预测性安排。

第十八条 乡规划、村庄规划应当从农村实际出发，尊重村民意愿，体现地方和农村特色。

乡规划、村庄规划的内容应当包括：规划区范围，住宅、道路、供水、排水、供电、垃圾收集、畜禽养殖场所等农村生产、生活服务设施、公益事业等各项建设的用地布局、建设要求，以及对耕地等自然资源和历史文化遗产保护、防灾减灾等的具体安排。乡规划还应当包括本行政区域内的村庄发展布局。

第十九条 城市人民政府城乡规划主管部门根据城市总体规划的要求，组织编制城市的控制性详细规划，经本级人民政府批准后，报本级人民代表大会常务委员会和上一级人民政府备案。

第二十条 镇人民政府根据镇总体规划的要求，组织编制镇的控制性详细规划，报上一级人民政府审批。县人民政府所在地镇的控制性详细规划，由县人民政府城乡规划主管部门根据镇总体规划的要求组织编制，经县人民政府批准后，报本级人民代表大会常务委员会和上一级人民政府备案。

第二十一条 城市、县人民政府城乡规划主管部门和镇人民政府可以组织编制重要地块的修建性详细规划。修建性详细规划应当符合控制性详细规划。

第二十二条 乡、镇人民政府组织编制乡规划、村庄规划，报上一级人民政府审批。村庄规划在报送审批前，应当经村民会议或者村民代表会议讨论同意。

第二十三条 首都的总体规划、详细规划应当统筹考虑中央国家机关用地布局和空间安排的需要。

第二十四条 城乡规划组织编制机关应当委托具有相应资质等级的单位承担城乡规划的具体编制工作。

从事城乡规划编制工作应当具备下列条件，并经国务院城乡规划主管部门或者省、自治区、直辖市人民政府城乡规划主管部门依法审查合格，取得相应等级的资质证书后，方可在资质等级许可的范围内从事城乡规划编制工作：

（一）有法人资格；
（二）有规定数量的经国务院城乡规划主管部门注册的规划师；
（三）有规定数量的相关专业技术人员；
（四）有相应的技术装备；
（五）有健全的技术、质量、财务管理制度。

规划师执业资格管理办法，由国务院城乡规划主管部门会同国务院人事行政部门制定。

编制城乡规划必须遵守国家有关标准。

第二十五条 编制城乡规划，应当具备国家规定的勘察、测绘、气象、地震、水文、环境等基础资料。

县级以上地方人民政府有关主管部门应当根据编制城乡规划的需要，及时提供有关基础资料。

第二十六条　城乡规划报送审批前，组织编制机关应当依法将城乡规划草案予以公告，并采取论证会、听证会或者其他方式征求专家和公众的意见。公告的时间不得少于三十日。

组织编制机关应当充分考虑专家和公众的意见，并在报送审批的材料中附具意见采纳情况及理由。

第二十七条　省域城镇体系规划、城市总体规划、镇总体规划批准前，审批机关应当组织专家和有关部门进行审查。

第三章　城乡规划的实施

第二十八条　地方各级人民政府应当根据当地经济社会发展水平，量力而行，尊重群众意愿，有计划、分步骤地组织实施城乡规划。

第二十九条　城市的建设和发展，应当优先安排基础设施以及公共服务设施的建设，妥善处理新区开发与旧区改建的关系，统筹兼顾进城务工人员生活和周边农村经济社会发展、村民生产与生活的需要。

镇的建设和发展，应当结合农村经济社会发展和产业结构调整，优先安排供水、排水、供电、供气、道路、通信、广播电视等基础设施和学校、卫生院、文化站、幼儿园、福利院等公共服务设施的建设，为周边农村提供服务。

乡、村庄的建设和发展，应当因地制宜、节约用地，发挥村民自治组织的作用，引导村民合理进行建设，改善农村生产、生活条件。

第三十条　城市新区的开发和建设，应当合理确定建设规模和时序，充分利用现有市政基础设施和公共服务设施，严格保护自然资源和生态环境，体现地方特色。

在城市总体规划、镇总体规划确定的建设用地范围以外，不得设立各类开发区和城市新区。

第三十一条　旧城区的改建，应当保护历史文化遗产和传统风貌，合理确定拆迁和建设规模，有计划地对危房集中、基础设施落后等地段进行改建。

历史文化名城、名镇、名村的保护以及受保护建筑物的维护和使用，应当遵守有关法律、行政法规和国务院的规定。

第三十二条　城乡建设和发展，应当依法保护和合理利用风景名胜资源，统筹安排风景名胜区及周边乡、镇、村庄的建设。

风景名胜区的规划、建设和管理，应当遵守有关法律、行政法规和国务院的规定。

第三十三条　城市地下空间的开发和利用，应当与经济和技术发展水平相适应，遵循统筹安排、综合开发、合理利用的原则，充分考虑防灾减灾、人民防空和通信等需要，并符合城市规划，履行规划审批手续。

第三十四条　城市、县、镇人民政府应当根据城市总体规划、镇总体规划、土地利用总体规划和年度计划以及国民经济和社会发展规划，制定近期建设规划，报总体规划审批机关备案。

近期建设规划应当以重要基础设施、公共服务设施和中低收入居民住房建设以及生态环境保护为重点内容，明确近期建设的时序、发展方向和空间布局。近期建设规划的规划期限为五年。

第三十五条 城乡规划确定的铁路、公路、港口、机场、道路、绿地、输配电设施及输电线路走廊、通信设施、广播电视设施、管道设施、河道、水库、水源地、自然保护区、防汛通道、消防通道、核电站、垃圾填埋场及焚烧厂、污水处理厂和公共服务设施的用地以及其他需要依法保护的用地，禁止擅自改变用途。

第三十六条 按照国家规定需要有关部门批准或者核准的建设项目，以划拨方式提供国有土地使用权的，建设单位在报送有关部门批准或者核准前，应当向城乡规划主管部门申请核发选址意见书。

前款规定以外的建设项目不需要申请选址意见书。

第三十七条 在城市、镇规划区内以划拨方式提供国有土地使用权的建设项目，经有关部门批准、核准、备案后，建设单位应当向城市、县人民政府城乡规划主管部门提出建设用地规划许可申请，由城市、县人民政府城乡规划主管部门依据控制性详细规划核定建设用地的位置、面积、允许建设的范围，核发建设用地规划许可证。

建设单位在取得建设用地规划许可证后，方可向县级以上地方人民政府土地主管部门申请用地，经县级以上人民政府审批后，由土地主管部门划拨土地。

第三十八条 在城市、镇规划区内以出让方式提供国有土地使用权的，在国有土地使用权出让前，城市、县人民政府城乡规划主管部门应当依据控制性详细规划，提出出让地块的位置、使用性质、开发强度等规划条件，作为国有土地使用权出让合同的组成部分。未确定规划条件的地块，不得出让国有土地使用权。

以出让方式取得国有土地使用权的建设项目，在签订国有土地使用权出让合同后，建设单位应当持建设项目的批准、核准、备案文件和国有土地使用权出让合同，向城市、县人民政府城乡规划主管部门领取建设用地规划许可证。

城市、县人民政府城乡规划主管部门不得在建设用地规划许可证中，擅自改变作为国有土地使用权出让合同组成部分的规划条件。

第三十九条 规划条件未纳入国有土地使用权出让合同的，该国有土地使用权出让合同无效；对未取得建设用地规划许可证的建设单位批准用地的，由县级以上人民政府撤销有关批准文件；占用土地的，应当及时退回；给当事人造成损失的，应当依法给予赔偿。

第四十条 在城市、镇规划区内进行建筑物、构筑物、道路、管线和其他工程建设的，建设单位或者个人应当向城市、县人民政府城乡规划主管部门或者省、自治区、直辖市人民政府确定的镇人民政府申请办理建设工程规划许可证。

申请办理建设工程规划许可证，应当提交使用土地的有关证明文件、建设工程设计方案等材料。需要建设单位编制修建性详细规划的建设项目，还应当提交修建性详细规划。对符合控制性详细规划和规划条件的，由城市、县人民政府城乡规划主管部门或者省、自治区、直辖市人民政府确定的镇人民政府核发建设工程规划许可证。

城市、县人民政府城乡规划主管部门或者省、自治区、直辖市人民政府确定的镇人民政府应当依法将经审定的修建性详细规划、建设工程设计方案的总平面图予以公布。

第四十一条 在乡、村庄规划区内进行乡镇企业、乡村公共设施和公益事业建设的，建设单位或者个人应当向乡、镇人民政府提出申请，由乡、镇人民政府报城市、县人民政府城乡规划主管部门核发乡村建设规划许可证。

在乡、村庄规划区内使用原有宅基地进行农村村民住宅建设的规划管理办法，由省、自治区、直辖市制定。

在乡、村庄规划区内进行乡镇企业、乡村公共设施和公益事业建设以及农村村民住宅建设，不得占用农用地；确需占用农用地的，应当依照《中华人民共和国土地管理法》有关规定办理农用地转用审批手续后，由城市、县人民政府城乡规划主管部门核发乡村建设规划许可证。

建设单位或者个人在取得乡村建设规划许可证后，方可办理用地审批手续。

第四十二条　城乡规划主管部门不得在城乡规划确定的建设用地范围以外作出规划许可。

第四十三条　建设单位应当按照规划条件进行建设；确需变更的，必须向城市、县人民政府城乡规划主管部门提出申请。变更内容不符合控制性详细规划的，城乡规划主管部门不得批准。城市、县人民政府城乡规划主管部门应当及时将依法变更后的规划条件通报同级土地主管部门并公示。

建设单位应当及时将依法变更后的规划条件报有关人民政府土地主管部门备案。

第四十四条　在城市、镇规划区内进行临时建设的，应当经城市、县人民政府城乡规划主管部门批准。临时建设影响近期建设规划或者控制性详细规划的实施以及交通、市容、安全等的，不得批准。

临时建设应当在批准的使用期限内自行拆除。

临时建设和临时用地规划管理的具体办法，由省、自治区、直辖市人民政府制定。

第四十五条　县级以上地方人民政府城乡规划主管部门按照国务院规定对建设工程是否符合规划条件予以核实。未经核实或者经核实不符合规划条件的，建设单位不得组织竣工验收。

建设单位应当在竣工验收后六个月内向城乡规划主管部门报送有关竣工验收资料。

第四章　城乡规划的修改

第四十六条　省域城镇体系规划、城市总体规划、镇总体规划的组织编制机关，应当组织有关部门和专家定期对规划实施情况进行评估，并采取论证会、听证会或者其他方式征求公众意见。组织编制机关应当向本级人民代表大会常务委员会、镇人民代表大会和原审批机关提出评估报告并附具征求意见的情况。

第四十七条　有下列情形之一的，组织编制机关方可按照规定的权限和程序修改省域城镇体系规划、城市总体规划、镇总体规划：

（一）上级人民政府制定的城乡规划发生变更，提出修改规划要求的；

（二）行政区划调整确需修改规划的；

（三）因国务院批准重大建设工程确需修改规划的；

（四）经评估确需修改规划的；

（五）城乡规划的审批机关认为应当修改规划的其他情形。

修改省域城镇体系规划、城市总体规划、镇总体规划前，组织编制机关应当对原规划的实施情况进行总结，并向原审批机关报告；修改涉及城市总体规划、镇总体规划强制性内容的，应当先向原审批机关提出专题报告，经同意后，方可编制修改方案。

修改后的省域城镇体系规划、城市总体规划、镇总体规划，应当依照本法第十三条、第十四条、第十五条和第十六条规定的审批程序报批。

第四十八条　修改控制性详细规划的，组织编制机关应当对修改的必要性进行论证，征求规划地段内利害关系人的意见，并向原审批机关提出专题报告，经原审批机关同意后，方可编制修改方案。修改后的控制性详细规划，应当依照本法第十九条、第二十条规定的审批程序报批。控制性详细规划修改涉及城市总体规划、镇总体规划的强制性内容的，应当先修改总体规划。

修改乡规划、村庄规划的，应当依照本法第二十二条规定的审批程序报批。

第四十九条　城市、县、镇人民政府修改近期建设规划的，应当将修改后的近期建设规划报总体规划审批机关备案。

第五十条　在选址意见书、建设用地规划许可证、建设工程规划许可证或者乡村建设规划许可证发放后，因依法修改城乡规划给被许可人合法权益造成损失的，应当依法给予补偿。

经依法审定的修建性详细规划、建设工程设计方案的总平面图不得随意修改；确需修改的，城乡规划主管部门应当采取听证会等形式，听取利害关系人的意见；因修改给利害关系人合法权益造成损失的，应当依法给予补偿。

第五章　监　督　检　查

第五十一条　县级以上人民政府及其城乡规划主管部门应当加强对城乡规划编制、审批、实施、修改的监督检查。

第五十二条　地方各级人民政府应当向本级人民代表大会常务委员会或者乡、镇人民代表大会报告城乡规划的实施情况，并接受监督。

第五十三条　县级以上人民政府城乡规划主管部门对城乡规划的实施情况进行监督检查，有权采取以下措施：

（一）要求有关单位和人员提供与监督事项有关的文件、资料，并进行复制；

（二）要求有关单位和人员就监督事项涉及的问题作出解释和说明，并根据需要进入现场进行勘测；

（三）责令有关单位和人员停止违反有关城乡规划的法律、法规的行为。

城乡规划主管部门的工作人员履行前款规定的监督检查职责，应当出示执法证件。被监督检查的单位和人员应当予以配合，不得妨碍和阻挠依法进行的监督检查活动。

第五十四条　监督检查情况和处理结果应当依法公开，供公众查阅和监督。

第五十五条　城乡规划主管部门在查处违反本法规定的行为时，发现国家机关工作人员依法应当给予行政处分的，应当向其任免机关或者监察机关提出处分建议。

第五十六条　依照本法规定应当给予行政处罚，而有关城乡规划主管部门不给予行政处罚的，上级人民政府城乡规划主管部门有权责令其作出行政处罚决定或者建议有关人民政府责令其给予行政处罚。

第五十七条 城乡规划主管部门违反本法规定作出行政许可的,上级人民政府城乡规划主管部门有权责令其撤销或者直接撤销该行政许可。因撤销行政许可给当事人合法权益造成损失的,应当依法给予赔偿。

第六章 法 律 责 任

第五十八条 对依法应当编制城乡规划而未组织编制,或者未按法定程序编制、审批、修改城乡规划的,由上级人民政府责令改正,通报批评;对有关人民政府负责人和其他直接责任人员依法给予处分。

第五十九条 城乡规划组织编制机关委托不具有相应资质等级的单位编制城乡规划的,由上级人民政府责令改正,通报批评;对有关人民政府负责人和其他直接责任人员依法给予处分。

第六十条 镇人民政府或者县级以上人民政府城乡规划主管部门有下列行为之一的,由本级人民政府、上级人民政府城乡规划主管部门或者监察机关依据职权责令改正,通报批评;对直接负责的主管人员和其他直接责任人员依法给予处分:

(一)未依法组织编制城市的控制性详细规划、县人民政府所在地镇的控制性详细规划的;

(二)超越职权或者对不符合法定条件的申请人核发选址意见书、建设用地规划许可证、建设工程规划许可证、乡村建设规划许可证的;

(三)对符合法定条件的申请人未在法定期限内核发选址意见书、建设用地规划许可证、建设工程规划许可证、乡村建设规划许可证的;

(四)未依法对经审定的修建性详细规划、建设工程设计方案的总平面图予以公布的;

(五)同意修改修建性详细规划、建设工程设计方案的总平面图前未采取听证会等形式听取利害关系人的意见的;

(六)发现未依法取得规划许可或者违反规划许可的规定在规划区内进行建设的行为,而不予查处或者接到举报后不依法处理的。

第六十一条 县级以上人民政府有关部门有下列行为之一的,由本级人民政府或者上级人民政府有关部门责令改正,通报批评;对直接负责的主管人员和其他直接责任人员依法给予处分:

(一)对未依法取得选址意见书的建设项目核发建设项目批准文件的;

(二)未依法在国有土地使用权出让合同中确定规划条件或者改变国有土地使用权出让合同中依法确定的规划条件的;

(三)对未依法取得建设用地规划许可证的建设单位划拨国有土地使用权的。

第六十二条 城乡规划编制单位有下列行为之一的,由所在地城市、县人民政府城乡规划主管部门责令限期改正,处合同约定的规划编制费一倍以上二倍以下的罚款;情节严重的,责令停业整顿,由原发证机关降低资质等级或者吊销资质证书;造成损失的,依法承担赔偿责任:

(一)超越资质等级许可的范围承揽城乡规划编制工作的;

(二)违反国家有关标准编制城乡规划的。

未依法取得资质证书承揽城乡规划编制工作的,由县级以上地方人民政府城乡规划主管部门责令停止违法行为,依照前款规定处以罚款;造成损失的,依法承担赔偿责任。

以欺骗手段取得资质证书承揽城乡规划编制工作的,由原发证机关吊销资质证书,依照本条第一款规定处以罚款;造成损失的,依法承担赔偿责任。

第六十三条 城乡规划编制单位取得资质证书后,不再符合相应的资质条件的,由原发证机关责令限期改正;逾期不改正的,降低资质等级或者吊销资质证书。

第六十四条 未取得建设工程规划许可证或者未按照建设工程规划许可证的规定进行建设的,由县级以上地方人民政府城乡规划主管部门责令停止建设;尚可采取改正措施消除对规划实施的影响的,限期改正,处建设工程造价百分之五以上百分之十以下的罚款;无法采取改正措施消除影响的,限期拆除,不能拆除的,没收实物或者违法收入,可以并处建设工程造价百分之十以下的罚款。

第六十五条 在乡、村庄规划区内未依法取得乡村建设规划许可证或者未按照乡村建设规划许可证的规定进行建设的,由乡、镇人民政府责令停止建设、限期改正;逾期不改正的,可以拆除。

第六十六条 建设单位或者个人有下列行为之一的,由所在地城市、县人民政府城乡规划主管部门责令限期拆除,可以并处临时建设工程造价一倍以下的罚款:

(一)未经批准进行临时建设的;

(二)未按照批准内容进行临时建设的;

(三)临时建筑物、构筑物超过批准期限不拆除的。

第六十七条 建设单位未在建设工程竣工验收后六个月内向城乡规划主管部门报送有关竣工验收资料的,由所在地城市、县人民政府城乡规划主管部门责令限期补报;逾期不补报的,处一万元以上五万元以下的罚款。

第六十八条 城乡规划主管部门作出责令停止建设或者限期拆除的决定后,当事人不停止建设或者逾期不拆除的,建设工程所在地县级以上地方人民政府可以责成有关部门采取查封施工现场、强制拆除等措施。

第六十九条 违反本法规定,构成犯罪的,依法追究刑事责任。

第七章 附 则

第七十条 本法自2008年1月1日起施行。《中华人民共和国城市规划法》同时废止。

中华人民共和国环境保护法

(1989年12月26日中华人民共和国主席令第22号发布
1989年12月26日中华人民共和国主席令第二十二号公布
自公布之日起施行)

第一章 总 则

第一条 为保护和改善生活环境与生态环境，防治污染和其他公害，保障人体健康，促进社会主义现代业化建设的发展，制定本法。

第二条 本法所称环境，是指影响人类社会生存和发展的确各种天然的和经过人工改造的自然因素总体，包括大气、水、海洋、土地、矿藏、森林、草原、野生动物、自然古迹、人文遗迹、自然保护区、风景名胜区、城市和乡村等。

第三条 本法适用于中华人民共和国领域和中华人民共和国管辖的确其他海域。

第四条 国家制定的环境保护规划必须纳入国民经济和社会发展计划，国家采取有利于环境保护的经济、技术政策和措施。是环境保护工作同经济建设和社会发展相协调。

第五条 国家鼓励环境保护科学教育事业的发展，加强环境保护科学技术的研究和开发，提高保护科学技术水平，普及环境保护的科学知识。

第六条 一切单位和个人都有保护环境的义务，并有权对污染和破坏环境单位和蔼个人进行检举和控告。

第七条 国务院环境保护行政主管部门，对全国环境保护工作实施统一监督管理。

县级以上地方人民政府环境保护行政主管部门，对本辖区的环境保护工作实施统一管理。

国家海洋行政主管部门港务监督、渔政渔港监督、军队环境保护部门和各级公安、交通、铁道、民航管理部门，依照有关法律的规定对环境污染防治实施监督管理。

县级以上人民政府的土地、矿产、林业、水利行政主管部门，依照有关法律的规定对资源的保护实施监督管理。

第八条 对保护和改善环境有显著成绩的单位和个人，有人民政府给予奖励。

第二章 环境监督管理

第九条 国务院环境保护行政主管部门制定国家环境质量标准。

省、自治区、直辖市人民政府对国家环境质量标准中未作规定的项目，可以制定地方环境标准，并报国务院环境保护行政主管部门备案。

第十条 国务院环境保护行政主管部门根据国家环境质量标准和国家经济、技术条件。制定国家污染物排放标准。

省、自治区、直辖市人民政府对国家污染物排放标准中未作规定的项目，可以制定地方污染物排放标准；对国家污染物排放标准中已作规定的项目，可以制定严于国家污染物排放标准。地方污染物排放标准须报国务院环境保护行政主管部门备案。

凡是向已有地方污染物排放标准的区域排放污染物的，应当执行地方污染物排放标准。

第十一条　国务院环境保护行政主管部门建立监测制度，制定监测规范，会同有关部门组织监测网络，加强对环境监测的管理。

国务院和省、自治区、直辖市人民政府的环境保护行政主管部门，应当定期发布环境公报。

第十二条　县级以上人民政府的环境保护行政主管部门，应当会同有关部门对管辖范围内的环境状况进行调查和评价，拟订环境保护计划，经计划部门综合平衡后，报同级人民政府批准实施。

第十三条　建设污染环境项目，必须遵守国家有关建设项目环境保护管理的确规定。

建设项目的环境影响报告书，必须对建设项目产生的污染和对环境的影响作出评价，规定防治措施，经项目主管部门预审并依照规定的程序报环境保护行政主管部门批准。环境影响报告书经批准后，计划部门方可批准建设项目设计书。

第十四条　县级以上人民政府环境保护行政主管部门或者其他依照法律规定行使环境监督管理权的部门，有权对管辖范围内的排污单位进行现场检查。被检查的单位应当如实反映情况，提供必要的确资料。检查机关应为被检查机关保守技术秘密和业务秘密。

第十五条　跨行政区的环境污染和环境破坏的防治工作，由有关地方人民政府协商解决，或者由上级人民政府协调解决，作出决定。

第三章　保护和改善环境

第十六条　地方各级人民政府，应当对本辖区的环境质量负责，采取措施改善环境质量。

第十七条　各级人民政府对具有代表性的各种类型的自然生态系统区域，珍稀、濒危的野生动物自然分布区域，重要的水源涵养区域，具有重大科学文化价值的地质构造、著名的确溶洞和化石分布区、冰川、火山、温泉等自然遗迹，以及人文遗迹、古树名木，应当采取措施加以保护，严禁破坏。

第十八条　在国务院、国务院有关部门和省、自治区、直辖市人民政府规定的风景名胜区、自然保护区和其他需要特别保护的区域内，不得建设污染环境的工业生产设施；建设其他设施，其污染物排放不得超过规定的排放标准。已经建成的设施，其污染物排放超过规定排放标准的，限期治理。

第十九条　开发利用自然资源，必须采取措施保护生态环境。

第二十条　各级人民政府应当加强对农业环境的保护，防治土壤污染、土地沙化、盐渍化、贫瘠化、沼泽化、地面沉降和防治植被破坏、水土流失、水源枯竭、种源灭绝以及其他生态失调现象的发生和发展，推广植物病虫害的综合防治，合理利用化肥、农药及植物生长激素。

第二十一条 国务院和沿海地方人民政府应当加强对海洋环境的确保护。向海洋排放污染物、倾倒废弃物，进行海岸工程建设和海洋石油勘探开发，必须依照法律的规定，防止对海洋环境的污染损害。

第二十二条 制定城市规划，应当确定保护和改善环境的确目标和蓳任务。

第二十三条 城乡建设应当结合当地自然环境的特点，保护植被、水域和自然景观，加强城市园林、绿地和风景名胜区的建设。

第四章 防治环境污染和其他公害

第二十四条 产生环境污染和其他公害的单位，必须把环境保护工作纳入计划，建立环境保护责任制度；采取有效措施，防治在生产建设或者其他活动中产生的废气、废水、废渣、粉尘、恶臭气体、放射性物质以及噪声振动、电磁波辐射等对环境的污染和危害。

第二十五条 新建工业企业、和现有工业企业的技术改造，应当采用资源利用率高、污染物排放量少的设备和工艺，采用经济合理的废弃物综合利用技术和污染物处理技术。

第二十六条 建设项目中防治污染的措施，必须与主体工程同时设计、同时施工、同时投产使用。防治污染的设施必须经原审批环境影响报告书的环境保护行政主管部门验收合格后，该建设项目方可投入生产或者使用。

防治污染的设施不得擅自拆除或者闲置，确有必要拆除或者闲置的，必须征得所在地的环境保护行政主管部门的同意。

第二十七条 排放污染物的企业事业单位，必须依照国务院环境保护行政主管部门的规定申报登记。

第二十八条 排放污染物超过国家或者地方规定的污染物排放标准的企业事业单位，依照国家规定缴纳超标准排污费，并负责治理。水污染防治法另有规定的，依照水污染防治发的规定执行。

征收的超标准排污费必须用语污染的防治，不得挪作他用，具体使用办法由国务院规定。

第二十九条 对造成环境严重污染的企业事业单位，限期治理。

中央或省、自治区、直辖市人民政府直接管辖的企业事业单位的限期治理，有省、自治区、直辖市人民政府决定。市、县或者市、县以下人民政府管辖的企业事业单位的限期治理，由市、县人民政府决定。被限期治理的企业事业单位必须如期完成治理任务。

第三十条 禁止引进不符合我国环境保护规定要求的技术和设备。

第三十一条 因发生事故或者其他突然性事件，造成或者可能造成污染事故的单位，必须立即采取措施处理，及时通报可能受到污染危害的单位和居民，并向当地环境保护行政主管部门和有关部门报告，接受调查处理。

可能发生重大污染事故的企业事业单位，应当采取措施，加强防范。

第三十二条 县级以上人民政府环境保护政主管部门，在环境受到严重污染威胁居民购买力生命财产安全时，必须立即向当地人民政府报告，有人民政府采取有效措施，解除或者减轻危害。

第三十三条 生产、储存、运输、销售、使用有毒化学物品和含有放射性物质的物品，必须遵守国家有关规定，防止污染环境。

第三十四条 任何单位不得将产生严重污染的生产设备转移给没有污染防治能力的单位使用。

第五章 法 律 责 任

第三十五条 违反本法规定，有下列行为之一的，环境保护行政主管部门或者其他依照法律规定行使环境监督管理权的部门可以根据不同情节，给予警告或者处以罚款。

（一）拒绝环境保护行政主管部门或者其他依照法律规定行使环境监督管理权的部门现场检查或者在被检查时弄虚作假的。

（二）据报或者谎报国务院环境保护行政主管部门规定的有关污染物排放申报事项的。

（三）不按国家规定缴纳超标准排污费的。

（四）引进不符合我国环境保护规定要求的技术和设备的。

（五）将产生严重污染的生产设备转移给没有污染防治能力的单位使用的。

第三十六条 建设项目的防止污染设施没有建成或者没有达到国家规定的要求，投入生产或者使用的，由批准该建设项目的环境影响报告书的环境保护行政主管部门责令停止生产或者使用，可以并处罚款。

第三十七条 未经环境保护行政主管部门同意，擅自拆除或者闲置防治污染的设施，污染物排放超过规定的排放标准的，由环境保护行政主管部门责令重新安装使用，并处罚款。

第三十八条 对违反本法规定，造成环境污染事故的企业事业单位，有环境保护行政主管部门或者其他依照法律规定行使环境监督管理权的部门根据所造成的危害后果处以罚款；情节严重的，对有关责任人员由其所在单位或者政府主观机关给予行政处分。

第三十九条 对经限期治理逾期未完成治理任务的企业事业单位，除依照国家规定加收超标准排污费外，可以根据所造成的危害后果处以罚款，或者责令停业、关闭。

前款规定的罚款由环境保护行政主管部门决定。责令停业、关闭，由作出限期治理决定的人民政府决定；责令中央直接管辖的企业事业单位停业、关闭，须报国务院批准。

第四十条 当事人对行政处罚不服的，可以在接到处罚通知之日起 15 日内，向作出处罚决定的机关的上一级机关申请复议；对复议决定不服的，可以在接到复议通知之日起 15 日内，向人民法院起诉。当事人也可以在接到处罚通知之日起 15 日内，直接向人民法院起诉。当事人逾期不申请复议、也不向人民法院起诉、又不履行处罚决定的，由作出处罚决定的机关申请人民法院强制执行。

第四十一条 造成环境污染危害的，有责任排除危害，并对直接受到损害的单位或者个人赔偿损失。

赔偿责任和赔偿金额的纠纷，可以根据当事人的请求，有环境保护行政主管部门或者其他依照法律规定行使环境监督管理权的部门处理，当事人对处理决定不服的，可以向人民法院起诉。当事人也可以直接向人民法院起诉。

完全由于不可抗拒的自然灾害，并经及时采取合理措施，仍然不能避免造成环境污染损害的，免于承担责任。

第四十二条 因环境污染损害赔偿提起诉讼的时效期间为3年，从当事人知道或者应当知道受到污染损害起时计算。

第四十三条 违反本法规定，造成重大环境污染事故，导致公私财产重大损失或者人身伤亡的严重后果的，对直接责任人员依法追究刑事责任。

第四十四条 违反本法规定，造成土地、森林、草原、水、矿产、渔业、野生动物、等资源的破坏的，依照有关法律的规定承担法律责任。

第四十五条 环境保护监督管理人员滥用职权、玩忽职守、徇私舞弊的、由其所在单位或者上级主管机关给予行政处分；构成犯罪的，依法追究刑事责任。

第六章 附 则

第四十六条 中华人民共和国缔结或者参加的与环境保护有关的国际公约，同中华人民共和国的法律有不同规定的，适用国际公约的规定，但中华人民共和国声明保留的条款除外。

第四十七条 本法自发布之日起施行。《中华人民共和国环境保护法（试行）》同时废止。

中华人民共和国文物保护法

(2002年10月28日中华人民共和国主席令第76号公布 自2002年10月28日起施行)

第一章 总 则

第一条 为了加强对文物的保护,继承中华民族优秀的历史文化遗产,促进科学研究工作,进行爱国主义和革命传统教育,建设社会主义精神文明和物质文明,根据宪法,制定本法。

第二条 在中华人民共和国境内,下列文物受国家保护:

(一)具有历史、艺术、科学价值的古文化遗址、古墓葬、古建筑、石窟寺和石刻、壁画;

(二)与重大历史事件、革命运动或者著名人物有关的以及具有重要纪念意义、教育意义或者史料价值的近代现代重要史迹、实物、代表性建筑;

(三)历史上各时代珍贵的艺术品、工艺美术品;

(四)历史上各时代重要的文献资料以及具有历史、艺术、科学价值的手稿和图书资料等;

(五)反映历史上各时代、各民族社会制度、社会生产、社会生活的代表性实物。

文物认定的标准和办法由国务院文物行政部门制定,并报国务院批准。

具有科学价值的古脊椎动物化石和古人类化石同文物一样受国家保护。

第三条 古文化遗址、古墓葬、古建筑、石窟寺、石刻、壁画、近代现代重要史迹和代表性建筑等不可移动文物,根据它们的历史、艺术、科学价值,可以分别确定为全国重点文物保护单位,省级文物保护单位,市、县级文物保护单位。

历史上各时代重要实物、艺术品、文献、手稿、图书资料、代表性实物等可移动文物,分为珍贵文物和一般文物;珍贵文物分为一级文物、二级文物、三级文物。

第四条 文物工作贯彻保护为主、抢救第一、合理利用、加强管理的方针。

第五条 中华人民共和国境内地下、内水和领海中遗存的一切文物,属于国家所有。

古文化遗址、古墓葬、石窟寺属于国家所有。国家指定保护的纪念建筑物、古建筑、石刻、壁画、近代现代代表性建筑等不可移动文物,除国家另有规定的以外,属于国家所有。

国有不可移动文物的所有权不因其所依附的土地所有权或者使用权的改变而改变。

下列可移动文物,属于国家所有:

(一)中国境内出土的文物,国家另有规定的除外;

(二)国有文物收藏单位以及其他国家机关、部队和国有企业、事业组织等收藏、保管的文物;

（三）国家征集、购买的文物；

（四）公民、法人和其他组织捐赠给国家的文物；

（五）法律规定属于国家所有的其他文物。

属于国家所有的可移动文物的所有权不因其保管、收藏单位的终止或者变更而改变。

国有文物所有权受法律保护，不容侵犯。

第六条 属于集体所有和私人所有的纪念建筑物、古建筑和祖传文物以及依法取得的其他文物，其所有权受法律保护。文物的所有者必须遵守国家有关文物保护的法律、法规的规定。

第七条 一切机关、组织和个人都有依法保护文物的义务。

第八条 国务院文物行政部门主管全国文物保护工作。

地方各级人民政府负责本行政区域内的文物保护工作。县级以上地方人民政府承担文物保护工作的部门对本行政区域内的文物保护实施监督管理。

县级以上人民政府有关行政部门在各自的职责范围内，负责有关的文物保护工作。

第九条 各级人民政府应当重视文物保护，正确处理经济建设、社会发展与文物保护的关系，确保文物安全。

基本建设、旅游发展必须遵守文物保护工作的方针，其活动不得对文物造成损害。

公安机关、工商行政管理部门、海关、城乡建设规划部门和其他有关国家机关，应当依法认真履行所承担的保护文物的职责，维护文物管理秩序。

第十条 国家发展文物保护事业。县级以上人民政府应当将文物保护事业纳入本级国民经济和社会发展规划，所需经费列入本级财政预算。

国家用于文物保护的财政拨款随着财政收入增长而增加。

国有博物馆、纪念馆、文物保护单位等的事业性收入，专门用于文物保护，任何单位或者个人不得侵占、挪用。

国家鼓励通过捐赠等方式设立文物保护社会基金，专门用于文物保护，任何单位或者个人不得侵占、挪用。

第十一条 文物是不可再生的文化资源。国家加强文物保护的宣传教育，增强全民文物保护的意识，鼓励文物保护的科学研究，提高文物保护的科学技术水平。

第十二条 有下列事迹的单位或者个人，由国家给予精神鼓励或者物质奖励：

（一）认真执行文物保护法律、法规，保护文物成绩显著的；

（二）为保护文物与违法犯罪行为作坚决斗争的；

（三）将个人收藏的重要文物捐献给国家或者为文物保护事业作出捐赠的；

（四）发现文物及时上报或者上交，使文物得到保护的；

（五）在考古发掘工作中作出重大贡献的；

（六）在文物保护科学技术方面有重要发明创造或者其他重要贡献的；

（七）在文物面临破坏危险时，抢救文物有功的；

（八）长期从事文物工作，作出显著成绩的。

第二章 不可移动文物

第十三条 国务院文物行政部门在省级、市、县级文物保护单位中，选择具有重大历史、艺术、科学价值的确定为全国重点文物保护单位，或者直接确定为全国重点文物保护单位，报国务院核定公布。

省级文物保护单位，由省、自治区、直辖市人民政府核定公布，并报国务院备案。

市级和县级文物保护单位，分别由设区的市、自治州和县级人民政府核定公布，并报省、自治区、直辖市人民政府备案。

尚未核定公布为文物保护单位的不可移动文物，由县级人民政府文物行政部门予以登记并公布。

第十四条　保存文物特别丰富并且具有重大历史价值或者革命纪念意义的城市，由国务院核定公布为历史文化名城。

保存文物特别丰富并且具有重大历史价值或者革命纪念意义的城镇、街道、村庄，由省、自治区、直辖市人民政府核定公布为历史文化街区、村镇，并报国务院备案。

历史文化名城和历史文化街区、村镇所在地的县级以上地方人民政府应当组织编制专门的历史文化名城和历史文化街区、村镇保护规划，并纳入城市总体规划。

历史文化名城和历史文化街区、村镇的保护办法，由国务院制定。

第十五条　各级文物保护单位，分别由省、自治区、直辖市人民政府和市、县级人民政府划定必要的保护范围，作出标志说明，建立记录档案，并区别情况分别设置专门机构或者专人负责管理。全国重点文物保护单位的保护范围和记录档案，由省、自治区、直辖市人民政府文物行政部门报国务院文物行政部门备案。

县级以上地方人民政府文物行政部门应当根据不同文物的保护需要，制定文物保护单位和未核定为文物保护单位的不可移动文物的具体保护措施，并公告施行。

第十六条　各级人民政府制定城乡建设规划，应当根据文物保护的需要，事先由城乡建设规划部门会同文物行政部门商定对本行政区域内各级文物保护单位的保护措施，并纳入规划。

第十七条　文物保护单位的保护范围内不得进行其他建设工程或者爆破、钻探、挖掘等作业。但是，因特殊情况需要在文物保护单位的保护范围内进行其他建设工程或者爆破、钻探、挖掘等作业的，必须保证文物保护单位的安全，并经核定公布该文物保护单位的人民政府批准，在批准前应当征得上一级人民政府文物行政部门同意；在全国重点文物保护单位的保护范围内进行其他建设工程或者爆破、钻探、挖掘等作业的，必须经省、自治区、直辖市人民政府批准，在批准前应当征得国务院文物行政部门同意。

第十八条　根据保护文物的实际需要，经省、自治区、直辖市人民政府批准，可以在文物保护单位的周围划出一定的建设控制地带，并予以公布。

在文物保护单位的建设控制地带内进行建设工程，不得破坏文物保护单位的历史风貌；工程设计方案应当根据文物保护单位的级别，经相应的文物行政部门同意后，报城乡建设规划部门批准。

第十九条　在文物保护单位的保护范围和建设控制地带内，不得建设污染文物保护单位及其环境的设施，不得进行可能影响文物保护单位安全及其环境的活动。对已有的污染文物保护单位及其环境的设施，应当限期治理。

第二十条　建设工程选址，应当尽可能避开不可移动文物；因特殊情况不能避开的，对文物保护单位应当尽可能实施原址保护。

实施原址保护的，建设单位应当事先确定保护措施，根据文物保护单位的级别报相应的文物行政部门批准,并将保护措施列入可行性研究报告或者设计任务书。

无法实施原址保护,必须迁移异地保护或者拆除的,应当报省、自治区、直辖市人民政府批准;迁移或者拆除省级文物保护单位的,批准前须征得国务院文物行政部门同意。全国重点文物保护单位不得拆除;需要迁移的,须由省、自治区、直辖市人民政府报国务院批准。

依照前款规定拆除的国有不可移动文物中具有收藏价值的壁画、雕塑、建筑构件等,由文物行政部门指定的文物收藏单位收藏。

本条规定的原址保护、迁移、拆除所需费用,由建设单位列入建设工程预算。

第二十一条 国有不可移动文物由使用人负责修缮、保养;非国有不可移动文物由所有人负责修缮、保养。非国有不可移动文物有损毁危险,所有人不具备修缮能力的,当地人民政府应当给予帮助;所有人具备修缮能力而拒不依法履行修缮义务的,县级以上人民政府可以给予抢救修缮,所需费用由所有人负担。

对文物保护单位进行修缮,应当根据文物保护单位的级别报相应的文物行政部门批准;对未核定为文物保护单位的不可移动文物进行修缮,应当报登记的县级人民政府文物行政部门批准。

文物保护单位的修缮、迁移、重建,由取得文物保护工程资质证书的单位承担。

对不可移动文物进行修缮、保养、迁移,必须遵守不改变文物原状的原则。

第二十二条 不可移动文物已经全部毁坏的,应当实施遗址保护,不得在原址重建。但是,因特殊情况需要在原址重建的,由省、自治区、直辖市人民政府文物行政部门征得国务院文物行政部门同意后,报省、自治区、直辖市人民政府批准;全国重点文物保护单位需要在原址重建的,由省、自治区、直辖市人民政府报国务院批准。

第二十三条 核定为文物保护单位的属于国家所有的纪念建筑物或者古建筑,除可以建立博物馆、保管所或者辟为参观游览场所外,如果必须作其他用途的,应当经核定公布该文物保护单位的人民政府文物行政部门征得上一级文物行政部门同意后,报核定公布该文物保护单位的人民政府批准;全国重点文物保护单位作其他用途的,应当由省、自治区、直辖市人民政府报国务院批准。国有未核定为文物保护单位的不可移动文物作其他用途的,应当报告县级人民政府文物行政部门。

第二十四条 国有不可移动文物不得转让、抵押。建立博物馆、保管所或者辟为参观游览场所的国有文物保护单位,不得作为企业资产经营。

第二十五条 非国有不可移动文物不得转让、抵押给外国人。

非国有不可移动文物转让、抵押或者改变用途的,应当根据其级别报相应的文物行政部门备案;由当地人民政府出资帮助修缮的,应当报相应的文物行政部门批准。

第二十六条 使用不可移动文物,必须遵守不改变文物原状的原则,负责保护建筑物及其附属文物的安全,不得损毁、改建、添建或者拆除不可移动文物。

对危害文物保护单位安全、破坏文物保护单位历史风貌的建筑物、构筑物,当地人民政府应当及时调查处理,必要时,对该建筑物、构筑物予以拆迁。

第三章 考 古 发 掘

第二十七条 一切考古发掘工作,必须履行报批手续;从事考古发掘的单位,应当经国务院文物行政部门批准。

地下埋藏的文物，任何单位或者个人都不得私自发掘。

第二十八条 从事考古发掘的单位，为了科学研究进行考古发掘，应当提出发掘计划，报国务院文物行政部门批准；对全国重点文物保护单位的考古发掘计划，应当经国务院文物行政部门审核后报国务院批准。国务院文物行政部门在批准或者审核前，应当征求社会科学研究机构及其他科研机构和有关专家的意见。

第二十九条 进行大型基本建设工程，建设单位应当事先报请省、自治区、直辖市人民政府文物行政部门组织从事考古发掘的单位在工程范围内有可能埋藏文物的地方进行考古调查、勘探。

考古调查、勘探中发现文物的，由省、自治区、直辖市人民政府文物行政部门根据文物保护的要求会同建设单位共同商定保护措施；遇有重要发现的，由省、自治区、直辖市人民政府文物行政部门及时报国务院文物行政部门处理。

第三十条 需要配合建设工程进行的考古发掘工作，应当由省、自治区、直辖市文物行政部门在勘探工作的基础上提出发掘计划，报国务院文物行政部门批准。国务院文物行政部门在批准前，应当征求社会科学研究机构及其他科研机构和有关专家的意见。

确因建设工期紧迫或者有自然破坏危险，对古文化遗址、古墓葬急需进行抢救发掘的，由省、自治区、直辖市人民政府文物行政部门组织发掘，并同时补办审批手续。

第三十一条 凡因进行基本建设和生产建设需要的考古调查、勘探、发掘，所需费用由建设单位列入建设工程预算。

第三十二条 在进行建设工程或者在农业生产中，任何单位或个人发现文物，应当保护现场，立即报告当地文物行政部门，文物行政部门接到报告后，如无特殊情况，应当在二十四小时内赶赴现场，并在七日内提出处理意见。文物行政部门可以报请当地人民政府通知公安机关协助保护现场；发现重要文物的，应当立即上报国务院文物行政部门，国务院文物行政部门应当在接到报告后十五日内提出处理意见。

依照前款规定发现的文物属于国家所有，任何单位或者个人不得哄抢、私分、藏匿。

第三十三条 非经国务院文物行政部门报国务院特别许可，任何外国人或者外国团体不得在中华人民共和国境内进行考古调查、勘探、发掘。

第三十四条 考古调查、勘探、发掘的结果，应当报告国务院文物行政部门和省、自治区、直辖市人民政府文物行政部门。

考古发掘的文物，应当登记造册，妥善保管，按照国家有关规定移交给由省、自治区、直辖市人民政府文物行政部门或者国务院文物行政部门指定的国有博物馆、图书馆或者其他国有收藏文物的单位收藏。经省、自治区、直辖市人民政府文物行政部门或者国务院文物行政部门批准，从事考古发掘的单位可以保留少量出土文物作为科研标本。

考古发掘的文物，任何单位或者个人不得侵占。

第三十五条 根据保证文物安全、进行科学研究和充分发挥文物作用的需要，省、自治区、直辖市人民政府文物行政部门经本级人民政府批准，可以调用本行政区域内的出土文物；国务院文物行政部门经国务院批准，可以调用全国的重要出土文物。

第四章 馆藏文物

第三十六条 博物馆、图书馆和其他文物收藏单位对收藏的文物，必须区分文物等级，设置藏品档案，建立严格的管理制度，并报主管的文物行政部门备案。

县级以上地方人民政府文物行政部门应当分别建立本行政区域内的馆藏文物档案；国务院文物行政部门应当建立国家一级文物藏品档案和其主管的国有文物收藏单位馆藏文物档案。

第三十七条 文物收藏单位可以通过下列方式取得文物：

（一）购买；

（二）接受捐赠；

（三）依法交换；

（四）法律、行政法规规定的其他方式。

国有文物收藏单位还可以通过文物行政部门指定保管或者调拨方式取得文物。

第三十八条 文物收藏单位应当根据馆藏文物的保护需要，按照国家有关规定建立、健全管理制度，并报主管的文物行政部门备案。未经批准，任何单位或者个人不得调取馆藏文物。

文物收藏单位的法定代表人对馆藏文物的安全负责。国有文物收藏单位的法定代表人离任时，应当按照馆藏文物档案办理馆藏文物移交手续。

第三十九条 国务院文物行政部门可以调拨全国的国有馆藏文物。省、自治区、直辖市人民政府文物行政部门可以调拨本行政区域内其主管的国有文物收藏单位馆藏文物；调拨国有馆藏一级文物，应当报国务院文物行政部门备案。

国有文物收藏单位可以申请调拨国有馆藏文物。

第四十条 文物收藏单位应当充分发挥馆藏文物的作用，通过举办展览、科学研究等活动，加强对中华民族优秀的历史文化和革命传统的宣传教育。

国有文物收藏单位之间因举办展览、科学研究等需借用馆藏文物的，应当报主管的文物行政部门备案；借用馆藏一级文物，应当经国务院文物行政部门批准。

非国有文物收藏单位和其他单位举办展览需借用国有馆藏文物的，应当报主管的文物行政部门批准；借用国有馆藏一级文物，应当经国务院文物行政部门批准。

文物收藏单位之间借用文物的最长期限不得超过三年。

第四十一条 已经建立馆藏文物档案的国有文物收藏单位，经省、自治区、直辖市人民政府文物行政部门批准，并报国务院文物行政部门备案，其馆藏文物可以在国有文物收藏单位之间交换；交换馆藏一级文物的，必须经国务院文物行政部门批准。

第四十二条 未建立馆藏文物档案的文物收藏单位，不得依照本法第四十条、第四十一条的规定处置其馆藏文物。

第四十三条 依法调拨、交换、借用国有馆藏文物，取得文物的文物收藏单位可以对提供文物的文物收藏单位给予合理补偿，具体管理办法由国务院文物行政部门制定。

国有文物收藏单位调拨、交换、出借文物所得的补偿费用，必须用于改善文物的收藏条件和收集新的文物，不得挪作他用；任何单位或者个人不得侵占。

调拨、交换、借用的文物必须严格保管，不得丢失、损毁。

第四十四条 禁止国有文物收藏单位将馆藏文物赠与、出租或者出售给其他单位、个人。

第四十五条 国有文物收藏单位不再收藏的文物的处置办法，由国务院另行制定。

第四十六条 修复馆藏文物，不得改变馆藏文物的原状；复制、拍摄、拓印馆藏文物，不得对馆藏文物造成损害。具体管理办法由国务院制定。

不可移动文物的单体文物的修复、复制、拍摄、拓印，适用前款规定。

第四十七条 博物馆、图书馆和其他收藏文物的单位应当按照国家有关规定配备防火、防盗、防自然损坏的设施，确保馆藏文物的安全。

第四十八条 馆藏一级文物损毁的，应当报国务院文物行政部门核查处理。其他馆藏文物损毁的，应当报省、自治区、直辖市人民政府文物行政部门核查处理；省、自治区、直辖市人民政府文物行政部门应当将核查处理结果报国务院文物行政部门备案。

馆藏文物被盗、被抢或者丢失的，文物收藏单位应当立即向公安机关报案，并同时向主管的文物行政部门报告。

第四十九条 文物行政部门和国有文物收藏单位的工作人员不得借用国有文物，不得非法侵占国有文物。

第五章 民间收藏文物

第五十条 文物收藏单位以外的公民、法人和其他组织可以收藏通过下列方式取得的文物：

（一）依法继承或者接受赠与；

（二）从文物商店购买；

（三）从经营文物拍卖的拍卖企业购买；

（四）公民个人合法所有的文物相互交换或者依法转让；

（五）国家规定的其他合法方式。

文物收藏单位以外的公民、法人和其他组织收藏的前款文物可以依法流通。

第五十一条 公民、法人和其他组织不得买卖下列文物：

（一）国有文物，但是国家允许的除外；

（二）非国有馆藏珍贵文物；

（三）国有不可移动文物中的壁画、雕塑、建筑构件等，但是依法拆除的国有不可移动文物中的壁画、雕塑、建筑构件等不属于本法第二十条第四款规定的应由文物收藏单位收藏的除外；

（四）来源不符合本法第五十条规定的文物。

第五十二条 国家鼓励文物收藏单位以外的公民、法人和其他组织将其收藏的文物捐赠给国有文物收藏单位或者出借给文物收藏单位展览和研究。

国有文物收藏单位应当尊重并按照捐赠人的意愿，对捐赠的文物妥善收藏、保管和展示。

国家禁止出境的文物，不得转让、出租、质押给外国人。

第五十三条 文物商店应当由国务院文物行政部门或者省、自治区、直辖市人民政府文物行政部门批准设立,依法进行管理。

文物商店不得从事文物拍卖经营活动,不得设立经营文物拍卖的拍卖企业。

第五十四条 依法设立的拍卖企业经营文物拍卖的,应当取得国务院文物行政部门颁发的文物拍卖许可证。

经营文物拍卖的拍卖企业不得从事文物购销经营活动,不得设立文物商店。

第五十五条 文物行政部门的工作人员不得举办或者参与举办文物商店或者经营文物拍卖的拍卖企业。

文物收藏单位不得举办或者参与举办文物商店或者经营文物拍卖的拍卖企业。

禁止设立中外合资、中外合作和外商独资的文物商店或者经营文物拍卖的拍卖企业。

除经批准的文物商店、经营文物拍卖的拍卖企业外,其他单位或者个人不得从事文物的商业经营活动。

第五十六条 文物商店销售的文物,在销售前应当经省、自治区、直辖市人民政府文物行政部门审核;对允许销售的,省、自治区、直辖市人民政府文物行政部门应当作出标识。

拍卖企业拍卖的文物,在拍卖前应当经省、自治区、直辖市人民政府文物行政部门审核,并报国务院文物行政部门备案;省、自治区、直辖市人民政府文物行政部门不能确定是否可以拍卖的,应当报国务院文物行政部门审核。

第五十七条 文物商店购买、销售文物,拍卖企业拍卖文物,应当按照国家有关规定作出记录,并报原审核的文物行政部门备案。

拍卖文物时,委托人、买受人要求对其身份保密的,文物行政部门应当为其保密;但是,法律、行政法规另有规定的除外。

第五十八条 文物行政部门在审核拟拍卖的文物时,可以指定国有文物收藏单位优先购买其中的珍贵文物。购买价格由文物收藏单位的代表与文物的委托人协商确定。

第五十九条 银行、冶炼厂、造纸厂以及废旧物资回收单位,应当与当地文物行政部门共同负责拣选掺杂在金银器和废旧物资中的文物。拣选文物除供银行研究所必需的历史货币可以由人民银行留用外,应当移交当地文物行政部门。移交拣选文物,应当给予合理补偿。

第六章 文物出境进境

第六十条 国有文物、非国有文物中的珍贵文物和国家规定禁止出境的其他文物,不得出境;但是依照本法规定出境展览或者因特殊需要经国务院批准出境的除外。

第六十一条 文物出境,应当经国务院文物行政部门指定的文物进出境审核机构审核。经审核允许出境的文物,由国务院文物行政部门发给文物出境许可证,从国务院文物行政部门指定的口岸出境。

任何单位或者个人运送、邮寄、携带文物出境,应当向海关申报;海关凭文物出境许可证放行。

第六十二条 文物出境展览,应当报国务院文物行政部门批准;一级文物超过国务院规定数量的,应当报国务院批准。

一级文物中的孤品和易损品,禁止出境展览。

出境展览的文物出境,由文物进出境审核机构审核、登记。海关凭国务院文物行政部门或者国务院的批准文件放行。出境展览的文物复进境,由原文物进出境审核机构审核查验。

第六十三条 文物临时进境,应当向海关申报,并报文物进出境审核机构审核、登记。

临时进境的文物复出境,必须经原审核、登记的文物进出境审核机构审核查验;经审核查验无误的,由国务院文物行政部门发给文物出境许可证,海关凭文物出境许可证放行。

第七章 法 律 责 任

第六十四条 违反本法规定,有下列行为之一,构成犯罪的,依法追究刑事责任:

(一)盗掘古文化遗址、古墓葬的;

(二)故意或者过失损毁国家保护的珍贵文物的;

(三)擅自将国有馆藏文物出售或者私自送给非国有单位或者个人的;

(四)将国家禁止出境的珍贵文物私自出售或者送给外国人的;

(五)以牟利为目的倒卖国家禁止经营的文物的;

(六)走私文物的;

(七)盗窃、哄抢、私分或者非法侵占国有文物的;

(八)应当追究刑事责任的其他妨害文物管理行为。

第六十五条 违反本法规定,造成文物灭失、损毁的,依法承担民事责任。

违反本法规定,构成违反治安管理行为的,由公安机关依法给予治安管理处罚。

违反本法规定,构成走私行为,尚不构成犯罪的,由海关依照有关法律、行政法规的规定给予处罚。

第六十六条 有下列行为之一,尚不构成犯罪的,由县级以上人民政府文物主管部门责令改正,造成严重后果的,处五万元以上五十万元以下的罚款;情节严重的,由原发证机关吊销资质证书:

(一)擅自在文物保护单位的保护范围内进行建设工程或者爆破、钻探、挖掘等作业的;

(二)在文物保护单位的建设控制地带内进行建设工程,其工程设计方案未经文物行政部门同意、报城乡建设规划部门批准,对文物保护单位的历史风貌造成破坏的;

(三)擅自迁移、拆除不可移动文物的;

(四)擅自修缮不可移动文物,明显改变文物原状的;

(五)擅自在原址重建已全部毁坏的不可移动文物,造成文物破坏的;

(六)施工单位未取得文物保护工程资质证书,擅自从事文物修缮、迁移、重建的。

刻划、涂污或者损坏文物尚不严重的,或者损毁依照本法第十五条第一款规定设立的文物保护单位标志的,由公安机关或者文物所在单位给予警告,可以并处罚款。

第六十七条 在文物保护单位的保护范围内或者建设控制地带内建设污染文物保护单位及其环境的设施的,或者对已有的污染文物保护单位及其环境的设施未在规定的期限内完成治理的,由环境保护行政部门依照有关法律、法规的规定给予处罚。

第六十八条 有下列行为之一的,由县级以上人民政府文物主管部门责令改正,没收违法所得，违法所得一万元以上的，并处违法所得二倍以上五倍以下的罚款；违法所得不足一万元的，并处五千元以上二万元以下的罚款：

（一）转让或者抵押国有不可移动文物，或者将国有不可移动文物作为企业资产经营的；

（二）将非国有不可移动文物转让或者抵押给外国人的；

（三）擅自改变国有文物保护单位的用途的。

第六十九条 历史文化名城的布局、环境、历史风貌等遭到严重破坏的，由国务院撤销其历史文化名城称号；历史文化城镇、街道、村庄的布局、环境、历史风貌等遭到严重破坏的，由省、自治区、直辖市人民政府撤销其历史文化街区、村镇称号；对负有责任的主管人员和其他直接责任人员依法给予行政处分。

第七十条 有下列行为之一，尚不构成犯罪的，由县级以上人民政府文物主管部门责令改正，可以并处二万元以下的罚款，有违法所得的，没收违法所得：

（一）文物收藏单位未按照国家有关规定配备防火、防盗、防自然损坏的设施的；

（二）国有文物收藏单位法定代表人离任时未按照馆藏文物档案移交馆藏文物，或者所移交的馆藏文物与馆藏文物档案不符的；

（三）将国有馆藏文物赠与、出租或者出售给其他单位、个人的；

（四）违反本法第四十条、第四十一条、第四十五条规定处置国有馆藏文物的；

（五）违反本法第四十三条规定挪用或者侵占依法调拨、交换、出借文物所得补偿费用的。

第七十一条 买卖国家禁止买卖的文物或者将禁止出境的文物转让、出租、质押给外国人，尚不构成犯罪的，由县级以上人民政府文物主管部门责令改正，没收违法所得，违法经营额一万元以上的，并处违法经营额二倍以上五倍以下的罚款；违法经营额不足一万元的，并处五千元以上二万元以下的罚款。

第七十二条 未经许可，擅自设立文物商店、经营文物拍卖的拍卖企业，或者擅自从事文物的商业经营活动，尚不构成犯罪的，由工商行政管理部门依法予以制止，没收违法所得、非法经营的文物，违法经营额五万元以上的，并处违法经营额二倍以上五倍以下的罚款；违法经营额不足五万元的，并处二万元以上十万元以下的罚款。

第七十三条 有下列情形之一的，由工商行政管理部门没收违法所得、非法经营的文物，违法经营额五万元以上的，并处违法经营额一倍以上三倍以下的罚款；违法经营额不足五万元的，并处五千元以上五万元以下的罚款；情节严重的，由原发证机关吊销许可证书：

（一）文物商店从事文物拍卖经营活动的；

（二）经营文物拍卖的拍卖企业从事文物购销经营活动的；

（三）文物商店销售的文物、拍卖企业拍卖的文物，未经审核的；

（四）文物收藏单位从事文物的商业经营活动的。

第七十四条 有下列行为之一，尚不构成犯罪的，由县级以上人民政府文物主管部门会同公安机关追缴文物；情节严重的，处五千元以上五万元以下的罚款：

（一）发现文物隐匿不报或者拒不上交的；

（二）未按照规定移交拣选文物的。

第七十五条 有下列行为之一的，由县级以上人民政府文物主管部门责令改正：

（一）改变国有未核定为文物保护单位的不可移动文物的用途，未依照本法规定报告的；

（二）转让、抵押非国有不可移动文物或者改变其用途，未依照本法规定备案的；

（三）国有不可移动文物的使用人拒不依法履行修缮义务的；

（四）考古发掘单位未经批准擅自进行考古发掘，或者不如实报告考古发掘结果的；

（五）文物收藏单位未按照国家有关规定建立馆藏文物档案、管理制度，或者未将馆藏文物档案、管理制度备案的；

（六）违反本法第三十八条规定，未经批准擅自调取馆藏文物的；

（七）馆藏文物损毁未报文物行政部门核查处理，或者馆藏文物被盗、被抢或者丢失，文物收藏单位未及时向公安机关或者文物行政部门报告的；

（八）文物商店销售文物或者拍卖企业拍卖文物，未按照国家有关规定作出记录或者未将所作记录报文物行政部门备案的。

第七十六条　文物行政部门、文物收藏单位、文物商店、经营文物拍卖的拍卖企业的工作人员，有下列行为之一的，依法给予行政处分，情节严重的，依法开除公职或者吊销其从业资格；构成犯罪，依法追究刑事责任：

（一）文物行政部门的工作人员违反本法规定，滥用审批权限、不履行职责或者发现违法行为不予查处，造成严重后果的；

（二）文物行政部门和国有文物收藏单位的工作人员借用或者非法侵占国有文物的；

（三）文物行政部门的工作人员举办或者参与举办文物商店或者经营文物拍卖的拍卖企业的；

（四）因不负责任造成文物保护单位、珍贵文物损毁或者流失的；

（五）贪污、挪用文物保护经费的。

前款被开除公职或者被吊销从业资格的人员，自被开除公职或者被吊销从业资格之日起十年内不得担任文物管理人员或者从事文物经营活动。

第七十七条　有本法第六十六条、第六十八条、第七十条、第七十一条、第七十四条、第七十五条规定所列行为之一的，负有责任的主管人员和其他直接责任人员是国家工作人员的，依法给予行政处分。

第七十八条　公安机关、工商行政管理部门、海关、城乡建设规划部门和其他国家机关，违反本法规定滥用职权、玩忽职守、徇私舞弊，造成国家保护的珍贵文物损毁或者流失的，对负有责任的主管人员和其他直接责任人员依法给予行政处分；构成犯罪的，依法追究刑事责任。

第七十九条　人民法院、人民检察院、公安机关、海关和工商行政管理部门依法没收的文物应当登记造册，妥善保管，结案后无偿移交文物行政部门，由文物行政部门指定的国有文物收藏单位收藏。

第八章　附　　则

第八十条　本法自公布之日起施行。

中华人民共和国农业法

(1993年7月2日第八届全国人民代表大会常务委员会第二次会议通过
2002年12月28日第九届全国人民代表大会常务委员会第三十一次会议修订
2002年12月28日中华人民共和国主席令第八十一号公布
自2003年3月1日起施行)

第一章 总 则

第一条 为了巩固和加强农业在国民经济中的基础地位,深化农村改革,发展农业生产力,推进农业现代化,维护农民和农业生产经营组织的合法权益,增加农民收入,提高农民科学文化素质,促进农业和农村经济的持续、稳定、健康发展,实现全面建设小康社会的目标,制定本法。

第二条 本法所称农业,是指种植业、林业、畜牧业和渔业等产业,包括与其直接相关的产前、产中、产后服务。

本法所称农业生产经营组织,是指农村集体经济组织、农民专业合作经济组织、农业企业和其他从事农业生产经营的组织。

第三条 国家把农业放在发展国民经济的首位。

农业和农村经济发展的基本目标是:建立适应发展社会主义市场经济要求的农村经济体制,不断解放和发展农村生产力,提高农业的整体素质和效益,确保农产品供应和质量,满足国民经济发展和人口增长、生活改善的需求,提高农民的收入和生活水平,促进农村富余劳动力向非农产业和城镇转移,缩小城乡差别和区域差别,建设富裕、民主、文明的社会主义新农村,逐步实现农业和农村现代化。

第四条 国家采取措施,保障农业更好地发挥在提供食物、工业原料和其他农产品,维护和改善生态环境,促进农村经济社会发展等多方面的作用。

第五条 国家坚持和完善公有制为主体、多种所有制经济共同发展的基本经济制度,振兴农村经济。

国家长期稳定农村以家庭承包经营为基础、统分结合的双层经营体制,发展社会化服务体系,壮大集体经济实力,引导农民走共同富裕的道路。

国家在农村坚持和完善以按劳分配为主体、多种分配方式并存的分配制度。

第六条 国家坚持科教兴农和农业可持续发展的方针。

国家采取措施加强农业和农村基础设施建设,调整、优化农业和农村经济结构,推进农业产业化经营,发展农业科技、教育事业,保护农业生态环境,促进农业机械化和信息化,提高农业综合生产能力。

第七条 国家保护农民和农业生产经营组织的财产及其他合法权益不受侵犯。

各级人民政府及其有关部门应当采取措施增加农民收入,切实减轻农民负担。

第八条 全社会应当高度重视农业,支持农业发展。

国家对发展农业和农村经济有显著成绩的单位和个人,给予奖励。

第九条 各级人民政府对农业和农村经济发展工作统一负责,组织各有关部门和全社会做好发展农业和为发展农业服务的各项工作。

国务院农业行政主管部门主管全国农业和农村经济发展工作,国务院林业行政主管部门和其他有关部门在各自的职责范围内,负责有关的农业和农村经济发展工作。

县级以上地方人民政府各农业行政主管部门负责本行政区域内的种植业、畜牧业、渔业等农业和农村经济发展工作,林业行政主管部门负责本行政区域内的林业工作。县级以上地方人民政府其他有关部门在各自的职责范围内,负责本行政区域内有关的为农业生产经营服务的工作。

第二章 农业生产经营体制

第十条 国家实行农村土地承包经营制度,依法保障农村土地承包关系的长期稳定,保护农民对承包土地的使用权。

农村土地承包经营的方式、期限、发包方和承包方的权利义务、土地承包经营权的保护和流转等,适用《中华人民共和国土地管理法》和《中华人民共和国农村土地承包法》。

农村集体经济组织应当在家庭承包经营的基础上,依法管理集体资产,为其成员提供生产、技术、信息等服务,组织合理开发、利用集体资源,壮大经济实力。

第十一条 国家鼓励农民在家庭承包经营的基础上自愿组成各类专业合作经济组织。

农民专业合作经济组织应当坚持为成员服务的宗旨,按照加入自愿、退出自由、民主管理、盈余返还的原则,依法在其章程规定的范围内开展农业生产经营和服务活动。

农民专业合作经济组织可以有多种形式,依法成立、依法登记。任何组织和个人不得侵犯农民专业合作经济组织的财产和经营自主权。

第十二条 农民和农业生产经营组织可以自愿按照民主管理、按劳分配和按股分红相结合的原则,以资金、技术、实物等入股,依法兴办各类企业。

第十三条 国家采取措施发展多种形式的农业产业化经营,鼓励和支持农民和农业生产经营组织发展生产、加工、销售一体化经营。

国家引导和支持从事农产品生产、加工、流通服务的企业、科研单位和其他组织,通过与农民或者农民专业合作经济组织订立合同或者建立各类企业等形式,形成收益共享、风险共担的利益共同体,推进农业产业化经营,带动农业发展。

第十四条 农民和农业生产经营组织可以按照法律、行政法规成立各种农产品行业协会,为成员提供生产、营销、信息、技术、培训等服务,发挥协调和自律作用,提出农产品贸易救济措施的申请,维护成员和行业的利益。

第三章 农业生产

第十五条 县级以上人民政府根据国民经济和社会发展的中长期规划、农业和农村经济发展的基本目标和农业资源区划，制定农业发展规划。

省级以上人民政府农业行政主管部门根据农业发展规划，采取措施发挥区域优势，促进形成合理的农业生产区域布局，指导和协调农业和农村经济结构调整。

第十六条 国家引导和支持农民和农业生产经营组织结合本地实际按照市场需求，调整和优化农业生产结构，协调发展种植业、林业、畜牧业和渔业，发展优质、高产、高效益的农业，提高农产品国际竞争力。

种植业以优化品种、提高质量、增加效益为中心，调整作物结构、品种结构和品质结构。

加强林业生态建设，实施天然林保护、退耕还林和防沙治沙工程，加强防护林体系建设，加速营造速生丰产林、工业原料林和薪炭林。

加强草原保护和建设，加快发展畜牧业，推广圈养和舍饲，改良畜禽品种，积极发展饲料工业和畜禽产品加工业。

渔业生产应当保护和合理利用渔业资源，调整捕捞结构，积极发展水产养殖业、远洋渔业和水产品加工业。

县级以上人民政府应当制定政策，安排资金，引导和支持农业结构调整。

第十七条 各级人民政府应当采取措施，加强农业综合开发和农田水利、农业生态环境保护、乡村道路、农村能源和电网、农产品仓储和流通、渔港、草原围栏、动植物原种良种基地等农业和农村基础设施建设，改善农业生产条件，保护和提高农业综合生产能力。

第十八条 国家扶持动植物品种的选育、生产、更新和良种的推广使用，鼓励品种选育和生产、经营相结合，实施种子工程和畜禽良种工程。国务院和省、自治区、直辖市人民政府设立专项资金，用于扶持动植物良种的选育和推广工作。

第十九条 各级人民政府和农业生产经营组织应当加强农田水利设施建设，建立健全农田水利设施的管理制度，节约用水，发展节水型农业，严格依法控制非农业建设占用灌溉水源，禁止任何组织和个人非法占用或者毁损农田水利设施。

国家对缺水地区发展节水型农业给予重点扶持。

第二十条 国家鼓励和支持农民和农业生产经营组织使用先进、适用的农业机械，加强农业机械安全管理，提高农业机械化水平。

国家对农民和农业生产经营组织购买先进农业机械给予扶持。

第二十一条 各级人民政府应当支持为农业服务的气象事业的发展，提高对气象灾害的监测和预报水平。

第二十二条 国家采取措施提高农产品的质量，建立健全农产品质量标准体系和质量检验检测监督体系，按照有关技术规范、操作规程和质量卫生安全标准，组织农产品的生产经营，保障农产品质量安全。

第二十三条 国家支持依法建立健全优质农产品认证和标志制度。

国家鼓励和扶持发展优质农产品生产。县级以上地方人民政府应当结合本地情况，按照国家有关规定采取措施，发展优质农产品生产。

符合国家规定标准的优质农产品可以依照法律或者行政法规的规定申请使用有关的标志。符合规定产地及生产规范要求的农产品可以依照有关法律或者行政法规的规定申请使用农产品地理标志。

第二十四条 国家实行动植物防疫、检疫制度，健全动植物防疫、检疫体系，加强对动物疫病和植物病、虫、杂草、鼠害的监测、预警、防治，建立重大动物疫情和植物病虫害的快速扑灭机制，建设动物无规定疫病区，实施植物保护工程。

第二十五条 农药、兽药、饲料和饲料添加剂、肥料、种子、农业机械等可能危害人畜安全的农业生产资料的生产经营，依照相关法律、行政法规的规定实行登记或者许可制度。

各级人民政府应当建立健全农业生产资料的安全使用制度，农民和农业生产经营组织不得使用国家明令淘汰和禁止使用的农药、兽药、饲料添加剂等农业生产资料和其他禁止使用的产品。

农业生产资料的生产者、销售者应当对其生产、销售的产品的质量负责，禁止以次充好、以假充真、以不合格的产品冒充合格的产品；禁止生产和销售国家明令淘汰的农药、兽药、饲料添加剂、农业机械等农业生产资料。

第四章 农产品流通与加工

第二十六条 农产品的购销实行市场调节。国家对关系国计民生的重要农产品的购销活动实行必要的宏观调控，建立中央和地方分级储备调节制度，完善仓储运输体系，做到保证供应，稳定市场。

第二十七条 国家逐步建立统一、开放、竞争、有序的农产品市场体系，制定农产品批发市场发展规划。对农村集体经济组织和农民专业合作经济组织建立农产品批发市场和农产品集贸市场，国家给予扶持。

县级以上人民政府工商行政管理部门和其他有关部门按照各自的职责，依法管理农产品批发市场，规范交易秩序，防止地方保护与不正当竞争。

第二十八条 国家鼓励和支持发展多种形式的农产品流通活动。支持农民和农民专业合作经济组织按照国家有关规定从事农产品收购、批发、贮藏、运输、零售和中介活动。鼓励供销合作社和其他从事农产品购销的农业生产经营组织提供市场信息，开拓农产品流通渠道，为农产品销售服务。

县级以上人民政府应当采取措施，督促有关部门保障农产品运输畅通，降低农产品流通成本。有关行政管理部门应当简化手续，方便鲜活农产品的运输，除法律、行政法规另有规定外，不得扣押鲜活农产品的运输工具。

第二十九条 国家支持发展农产品加工业和食品工业，增加农产品的附加值。县级以上人民政府应当制定农产品加工业和食品工业发展规划，引导农产品加工企业形成合理的区域布局和规模结构，扶持农民专业合作经济组织和乡镇企业从事农产品加工和综合开发利用。

国家建立健全农产品加工制品质量标准，完善检测手段，加强农产品加工过程中的质量安全管理和监督，保障食品安全。

第三十条 国家鼓励发展农产品进出口贸易。

国家采取加强国际市场研究、提供信息和营销服务等措施，促进农产品出口。

为维护农产品产销秩序和公平贸易，建立农产品进口预警制度，当某些进口农产品已经或者可能对国内相关农产品的生产造成重大的不利影响时，国家可以采取必要的措施。

第五章 粮食安全

第三十一条 国家采取措施保护和提高粮食综合生产能力，稳步提高粮食生产水平，保障粮食安全。

国家建立耕地保护制度，对基本农田依法实行特殊保护。

第三十二条 国家在政策、资金、技术等方面对粮食主产区给予重点扶持，建设稳定的商品粮生产基地，改善粮食收贮及加工设施，提高粮食主产区的粮食生产、加工水平和经济效益。

国家支持粮食主产区与主销区建立稳定的购销合作关系。

第三十三条 在粮食的市场价格过低时，国务院可以决定对部分粮食品种实行保护价制度。保护价应当根据有利于保护农民利益、稳定粮食生产的原则确定。

农民按保护价制度出售粮食，国家委托的收购单位不得拒收。

县级以上人民政府应当组织财政、金融等部门以及国家委托的收购单位及时筹足粮食收购资金，任何部门、单位或者个人不得截留或者挪用。

第三十四条 国家建立粮食安全预警制度，采取措施保障粮食供给。国务院应当制定粮食安全保障目标与粮食储备数量指标，并根据需要组织有关主管部门进行耕地、粮食库存情况的核查。

国家对粮食实行中央和地方分级储备调节制度，建设仓储运输体系。承担国家粮食储备任务的企业应当按照国家规定保证储备粮的数量和质量。

第三十五条 国家建立粮食风险基金，用于支持粮食储备、稳定粮食市场和保护农民利益。

第三十六条 国家提倡珍惜和节约粮食，并采取措施改善人民的食物营养结构。

第六章 农业投入与支持保护

第三十七条 国家建立和完善农业支持保护体系，采取财政投入、税收优惠、金融支持等措施，从资金投入、科研与技术推广、教育培训、农业生产资料供应、市场信息、质量标准、检验检疫、社会化服务以及灾害救助等方面扶持农民和农业生产经营组织发展农业生产，提高农民的收入水平。

在不与我国缔结或加入的有关国际条约相抵触的情况下，国家对农民实施收入支持政策，具体办法由国务院制定。

第三十八条 国家逐步提高农业投入的总体水平。中央和县级以上地方财政每年对农业总投入的增长幅度应当高于其财政经常性收入的增长幅度。

各级人民政府在财政预算内安排的各项用于农业的资金应当主要用于：加强农业基础设施建设；支持农业结构调整，促进农业产业化经营；保护粮食综合生产能力，保障国家粮食安全；健全动植物检疫、防疫体系，加强动物疫病和植物病、虫、杂草、鼠害防治；建立健全农产品质量标准和检验检测监督体系、农产品市场及信息服务体系；支持农业科研教育、农业技术推广和农民培训；加强农业生态环境保护建设；扶持贫困地区发展；保障农民收入水平等。

县级以上各级财政用于种植业、林业、畜牧业、渔业、农田水利的农业基本建设投入应当统筹安排，协调增长。

国家为加快西部开发，增加对西部地区农业发展和生态环境保护的投入。

第三十九条 县级以上人民政府每年财政预算内安排的各项用于农业的资金应当及时足额拨付。各级人民政府应当加强对国家各项农业资金分配、使用过程的监督管理，保证资金安全，提高资金的使用效率。

任何单位和个人不得截留、挪用用于农业的财政资金和信贷资金。审计机关应当依法加强对用于农业的财政和信贷等资金的审计监督。

第四十条 国家运用税收、价格、信贷等手段，鼓励和引导农民和农业生产经营组织增加农业生产经营性投入和小型农田水利等基本建设投入。

国家鼓励和支持农民和农业生产经营组织在自愿的基础上依法采取多种形式，筹集农业资金。

第四十一条 国家鼓励社会资金投向农业，鼓励企业事业单位、社会团体和个人捐资设立各种农业建设和农业科技、教育基金。

国家采取措施，促进农业扩大利用外资。

第四十二条 各级人民政府应当鼓励和支持企业事业单位及其他各类经济组织开展农业信息服务。

县级以上人民政府农业行政主管部门及其他有关部门应当建立农业信息搜集、整理和发布制度，及时向农民和农业生产经营组织提供市场信息等服务。

第四十三条 国家鼓励和扶持农用工业的发展。

国家采取税收、信贷等手段鼓励和扶持农业生产资料的生产和贸易，为农业生产稳定增长提供物质保障。

国家采取宏观调控措施，使化肥、农药、农用薄膜、农业机械和农用柴油等主要农业生产资料和农产品之间保持合理的比价。

第四十四条 国家鼓励供销合作社、农村集体经济组织、农民专业合作经济组织、其他组织和个人发展多种形式的农业生产产前、产中、产后的社会化服务事业。县级以上人民政府及其各有关部门应当采取措施对农业社会化服务事业给予支持。

对跨地区从事农业社会化服务的，农业、工商管理、交通运输、公安等有关部门应当采取措施给予支持。

第四十五条 国家建立健全农村金融体系，加强农村信用制度建设，加强农村金融监管。

有关金融机构应当采取措施增加信贷投入，改善农村金融服务，对农民和农业生产经营组织的农业生产经营活动提供信贷支持。

农村信用合作社应当坚持为农业、农民和农村经济发展服务的宗旨，优先为当地农民的生产经营活动提供信贷服务。

国家通过贴息等措施，鼓励金融机构向农民和农业生产经营组织的农业生产经营活动提供贷款。

第四十六条 国家建立和完善农业保险制度。

国家逐步建立和完善政策性农业保险制度。鼓励和扶持农民和农业生产经营组织建立为农业生产经营活动服务的互助合作保险组织，鼓励商业性保险公司开展农业保险业务。

农业保险实行自愿原则。任何组织和个人不得强制农民和农业生产经营组织参加农业保险。

第四十七条 各级人民政府应当采取措施，提高农业防御自然灾害的能力，做好防灾、抗灾和救灾工作，帮助灾民恢复生产，组织生产自救，开展社会互助互济；对没有基本生活保障的灾民给予救济和扶持。

第七章　农业科技与农业教育

第四十八条 国务院和省级人民政府应当制定农业科技、农业教育发展规划，发展农业科技、教育事业。

县级以上人民政府应当按照国家有关规定逐步增加农业科技经费和农业教育经费。

国家鼓励、吸引企业等社会力量增加农业科技投入，鼓励农民、农业生产经营组织、企业事业单位等依法举办农业科技、教育事业。

第四十九条 国家保护植物新品种、农产品地理标志等知识产权，鼓励和引导农业科研、教育单位加强农业科学技术的基础研究和应用研究，传播和普及农业科学技术知识，加速科技成果转化与产业化，促进农业科学技术进步。

国务院有关部门应当组织农业重大关键技术的科技攻关。国家采取措施促进国际农业科技、教育合作与交流，鼓励引进国外先进技术。

第五十条 国家扶持农业技术推广事业，建立政府扶持和市场引导相结合，有偿与无偿服务相结合，国家农业技术推广机构和社会力量相结合的农业技术推广体系，促使先进的农业技术尽快应用于农业生产。

第五十一条 国家设立的农业技术推广机构应当以农业技术试验示范基地为依托，承担公共所需的关键性技术的推广和示范工作，为农民和农业生产经营组织提供公益性农业技术服务。

县级以上人民政府应当根据农业生产发展需要，稳定和加强农业技术推广队伍，保障农业技术推广机构的工作经费。

各级人民政府应当采取措施，按照国家规定保障和改善从事农业技术推广工作的专业科技人员的工作条件、工资待遇和生活条件，鼓励他们为农业服务。

第五十二条 农业科研单位、有关学校、农业技术推广机构以及科技人员，根据农民和农业生产经营组织的需要，可以提供无偿服务，也可以通过技术转让、技术服务、技术承包、技术入股等形式，提供有偿服务，取得合法收益。农业科研单位、有关学校、农业技术推广机构以及科技人员应当提高服务水平，保证服务质量。

对农业科研单位、有关学校、农业技术推广机构举办的为农业服务的企业，国家在税收、信贷等方面给予优惠。

国家鼓励农民、农民专业合作经济组织、供销合作社、企业事业单位等参与农业技术推广工作。

第五十三条 国家建立农业专业技术人员继续教育制度。县级以上人民政府农业行政主管部门会同教育、人事等有关部门制定农业专业技术人员继续教育计划,并组织实施。

第五十四条 国家在农村依法实施义务教育,并保障义务教育经费。国家在农村举办的普通中小学校教职工工资由县级人民政府按照国家规定统一发放,校舍等教学设施的建设和维护经费由县级人民政府按照国家规定统一安排。

第五十五条 国家发展农业职业教育。国务院有关部门按照国家职业资格证书制度的统一规定,开展农业行业的职业分类、职业技能鉴定工作,管理农业行业的职业资格证书。

第五十六条 国家采取措施鼓励农民采用先进的农业技术,支持农民举办各种科技组织,开展农业实用技术培训、农民绿色证书培训和其他就业培训,提高农民的文化技术素质。

第八章 农业资源与农业环境保护

第五十七条 发展农业和农村经济必须合理利用和保护土地、水、森林、草原、野生动植物等自然资源,合理开发和利用水能、沼气、太阳能、风能等可再生能源和清洁能源,发展生态农业,保护和改善生态环境。

县级以上人民政府应当制定农业资源区划或者农业资源合理利用和保护的区划,建立农业资源监测制度。

第五十八条 农民和农业生产经营组织应当保养耕地,合理使用化肥、农药、农用薄膜,增加使用有机肥料,采用先进技术,保护和提高地力,防止农用地的污染、破坏和地力衰退。

县级以上人民政府农业行政主管部门应当采取措施,支持农民和农业生产经营组织加强耕地质量建设,并对耕地质量进行定期监测。

第五十九条 各级人民政府应当采取措施,加强小流域综合治理,预防和治理水土流失。从事可能引起水土流失的生产建设活动的单位和个人,必须采取预防措施,并负责治理因生产建设活动造成的水土流失。

各级人民政府应当采取措施,预防土地沙化,治理沙化土地。国务院和沙化土地所在地区的县级以上地方人民政府应当按照法律规定制定防沙治沙规划,并组织实施。

第六十条 国家实行全民义务植树制度。各级人民政府应当采取措施,组织群众植树造林,保护林地和林木,预防森林火灾,防治森林病虫害,制止滥伐、盗伐林木,提高森林覆盖率。

国家在天然林保护区域实行禁伐或者限伐制度,加强造林护林。

第六十一条 有关地方人民政府,应当加强草原的保护、建设和管理,指导、组织农(牧)民和农(牧)业生产经营组织建设人工草场、饲草饲料基地和改良天然草原,实行以草定畜,控制载畜量,推行划区轮牧、休牧和禁牧制度,保护草原植被,防止草原退化沙化和盐渍化。

第六十二条 禁止毁林毁草开垦、烧山开垦以及开垦国家禁止开垦的陡坡地,已经开垦的应当逐步退耕还林、还草。

禁止围湖造田以及围垦国家禁止围垦的湿地。已经围垦的,应当逐步退耕还湖、还湿地。

对在国务院批准规划范围内实施退耕的农民,应当按照国家规定予以补助。

第六十三条 各级人民政府应当采取措施,依法执行捕捞限额和禁渔、休渔制度,增殖渔业资源,保护渔业水域生态环境。

国家引导、支持从事捕捞业的农(渔)民和农(渔)业生产经营组织从事水产养殖业或者其他职业,对根据当地人民政府统一规划转产转业的农(渔)民,应当按照国家规定予以补助。

第六十四条 国家建立与农业生产有关的生物物种资源保护制度,保护生物多样性,对稀有、濒危、珍贵生物资源及其原生地实行重点保护。从境外引进生物物种资源应当依法进行登记或者审批,并采取相应安全控制措施。

农业转基因生物的研究、试验、生产、加工、经营及其他应用,必须依照国家规定严格实行各项安全控制措施。

第六十五条 各级农业行政主管部门应当引导农民和农业生产经营组织采取生物措施或者使用高效低毒低残留农药、兽药,防治动植物病、虫、杂草、鼠害。

农产品采收后的秸秆及其他剩余物质应当综合利用,妥善处理,防止造成环境污染和生态破坏。

从事畜禽等动物规模养殖的单位和个人应当对粪便、废水及其他废弃物进行无害化处理或者综合利用,从事水产养殖的单位和个人应当合理投饵、施肥、使用药物,防止造成环境污染和生态破坏。

第六十六条 县级以上人民政府应当采取措施,督促有关单位进行治理,防治废水、废气和固体废弃物对农业生态环境的污染。排放废水、废气和固体废弃物造成农业生态环境污染事故的,由环境保护行政主管部门或者农业行政主管部门依法调查处理;给农民和农业生产经营组织造成损失的,有关责任者应当依法赔偿。

第九章 农民权益保护

第六十七条 任何机关或者单位向农民或者农业生产经营组织收取行政、事业性费用必须依据法律、法规的规定。收费的项目、范围和标准应当公布。没有法律、法规依据的收费,农民和农业生产经营组织有权拒绝。

任何机关或者单位对农民或者农业生产经营组织进行罚款处罚必须依据法律、法规、规章的规定。没有法律、法规、规章依据的罚款,农民和农业生产经营组织有权拒绝。

任何机关或者单位不得以任何方式向农民或者农业生产经营组织进行摊派。除法律、法规另有规定外,任何机关或者单位以任何方式要求农民或者农业生产经营组织提供人力、财力、物力的,属于摊派。农民和农业生产经营组织有权拒绝任何方式的摊派。

第六十八条 各级人民政府及其有关部门和所属单位不得以任何方式向农民或者农业生产经营组织集资。

没有法律、法规依据或者未经国务院批准,任何机关或者单位不得在农村进行任何形式的达标、升级、验收活动。

第六十九条 农民和农业生产经营组织依照法律、行政法规的规定承担纳税义务。税务机关及代扣、代收税款的单位应当依法征税,不得违法摊派税款及以其他违法方法征税。

第七十条 农村义务教育除按国务院规定收取的费用外,不得向农民和学生收取其他费用。禁止任何机关或者单位通过农村中小学校向农民收费。

第七十一条 国家依法征用农民集体所有的土地,应当保护农民和农村集体经济组织的合法权益,依法给予农民和农村集体经济组织征地补偿,任何单位和个人不得截留、挪用征地补偿费用。

第七十二条 各级人民政府、农村集体经济组织或者村民委员会在农业和农村经济结构调整、农业产业化经营和土地承包经营权流转等过程中,不得侵犯农民的土地承包经营权,不得干涉农民自主安排的生产经营项目,不得强迫农民购买指定的生产资料或者按指定的渠道销售农产品。

第七十三条 农村集体经济组织或者村民委员会为发展生产或者兴办公益事业,需要向其成员(村民)筹资筹劳的,应当经成员(村民)会议或者成员(村民)代表会议过半数通过后,方可进行。

农村集体经济组织或者村民委员会依照前款规定筹资筹劳的,不得超过省级以上人民政府规定的上限控制标准,禁止强行以资代劳。

农村集体经济组织和村民委员会对涉及农民利益的重要事项,应当向农民公开,并定期公布财务账目,接受农民的监督。

第七十四条 任何单位和个人向农民或者农业生产经营组织提供生产、技术、信息、文化、保险等有偿服务,必须坚持自愿原则,不得强迫农民和农业生产经营组织接受服务。

第七十五条 农产品收购单位在收购农产品时,不得压级压价,不得在支付的价款中扣缴任何费用。法律、行政法规规定代扣、代收税款的,依照法律、行政法规的规定办理。

农产品收购单位与农产品销售者因农产品的质量等级发生争议的,可以委托具有法定资质的农产品质量检验机构检验。

第七十六条 农业生产资料使用者因生产资料质量问题遭受损失的,出售该生产资料的经营者应当予以赔偿,赔偿额包括购货价款、有关费用和可得利益损失。

第七十七条 农民或者农业生产经营组织为维护自身的合法权益,有向各级人民政府及其有关部门反映情况和提出合法要求的权利,人民政府及其有关部门对农民或者农业生产经营组织提出的合理要求,应当按照国家规定及时给予答复。

第七十八条 违反法律规定,侵犯农民权益的,农民或者农业生产经营组织可以依法申请行政复议或者向人民法院提起诉讼,有关人民政府及其有关部门或者人民法院应当依法受理。

人民法院和司法行政主管机关应当依照有关规定为农民提供法律援助。

第十章 农村经济发展

第七十九条 国家坚持城乡协调发展的方针,扶持农村第二、第三产业发展,调整和优化农村经济结构，增加农民收入，促进农村经济全面发展，逐步缩小城乡差别。

第八十条 各级人民政府应当采取措施，发展乡镇企业，支持农业的发展，转移富余的农业劳动力。

国家完善乡镇企业发展的支持措施，引导乡镇企业优化结构，更新技术，提高素质。

第八十一条 县级以上地方人民政府应当根据当地的经济发展水平、区位优势和资源条件，按照合理布局、科学规划、节约用地的原则，有重点地推进农村小城镇建设。

地方各级人民政府应当注重运用市场机制，完善相应政策，吸引农民和社会资金投资小城镇开发建设，发展第二、第三产业，引导乡镇企业相对集中发展。

第八十二条 国家采取措施引导农村富余劳动力在城乡、地区间合理有序流动。地方各级人民政府依法保护进入城镇就业的农村劳动力的合法权益，不得设置不合理限制，已经设置的应当取消。

第八十三条 国家逐步完善农村社会救济制度，保障农村五保户、贫困残疾农民、贫困老年农民和其他丧失劳动能力的农民的基本生活。

第八十四条 国家鼓励、支持农民巩固和发展农村合作医疗和其他医疗保障形式，提高农民健康水平。

第八十五条 国家扶持贫困地区改善经济发展条件，帮助进行经济开发。省级人民政府根据国家关于扶持贫困地区的总体目标和要求，制定扶贫开发规划，并组织实施。

各级人民政府应当坚持开发式扶贫方针，组织贫困地区的农民和农业生产经营组织合理使用扶贫资金，依靠自身力量改变贫穷落后面貌，引导贫困地区的农民调整经济结构、开发当地资源。扶贫开发应当坚持与资源保护、生态建设相结合，促进贫困地区经济、社会的协调发展和全面进步。

第八十六条 中央和省级财政应当把扶贫开发投入列入年度财政预算，并逐年增加，加大对贫困地区的财政转移支付和建设资金投入。

国家鼓励和扶持金融机构、其他企业事业单位和个人投入资金支持贫困地区开发建设。

禁止任何单位和个人截留、挪用扶贫资金。审计机关应当加强扶贫资金的审计监督。

第十一章 执 法 监 督

第八十七条 县级以上人民政府应当采取措施逐步完善适应社会主义市场经济发展要求的农业行政管理体制。

县级以上人民政府农业行政主管部门和有关行政主管部门应当加强规划、指导、管理、协调、监督、服务职责，依法行政，公正执法。

县级以上地方人民政府农业行政主管部门应当在其职责范围内健全行政执法队伍，实行综合执法，提高执法效率和水平。

第八十八条 县级以上人民政府农业行政主管部门及其执法人员履行执法监督检查职责时，有权采取下列措施：

（一）要求被检查单位或者个人说明情况，提供有关文件、证照、资料；

（二）责令被检查单位或者个人停止违反本法的行为，履行法定义务。

农业行政执法人员在履行监督检查职责时,应当向被检查单位或者个人出示行政执法证件,遵守执法程序。有关单位或者个人应当配合农业行政执法人员依法执行职务,不得拒绝和阻碍。

第八十九条 农业行政主管部门与农业生产、经营单位必须在机构、人员、财务上彻底分离。农业行政主管部门及其工作人员不得参与和从事农业生产经营活动。

第十二章 法 律 责 任

第九十条 违反本法规定,侵害农民和农业生产经营组织的土地承包经营权等财产权或者其他合法权益的,应当停止侵害,恢复原状;造成损失、损害的,依法承担赔偿责任。

国家工作人员利用职务便利或者以其他名义侵害农民和农业生产经营组织的合法权益的,应当赔偿损失,并由其所在单位或者上级主管机关给予行政处分。

第九十一条 违反本法第十九条、第二十五条、第六十二条、第七十一条规定的,依照相关法律或者行政法规的规定予以处罚。

第九十二条 有下列行为之一的,由上级主管机关责令限期归还被截留、挪用的资金,没收非法所得,并由上级主管机关或者所在单位给予直接负责的主管人员和其他直接责任人员行政处分;构成犯罪的,依法追究刑事责任:

(一)违反本法第三十三条第三款规定,截留、挪用粮食收购资金的;

(二)违反本法第三十九条第二款规定,截留、挪用用于农业的财政资金和信贷资金的;

(三)违反本法第八十六条第三款规定,截留、挪用扶贫资金的。

第九十三条 违反本法第六十七条规定,向农民或者农业生产经营组织违法收费、罚款、摊派的,上级主管机关应当予以制止,并予公告;已经收取钱款或者已经使用人力、物力的,由上级主管机关责令限期归还已经收取的钱款或者折价偿还已经使用的人力、物力,并由上级主管机关或者所在单位给予直接负责的主管人员和其他直接责任人员行政处分;情节严重,构成犯罪的,依法追究刑事责任。

第九十四条 有下列行为之一的,由上级主管机关责令停止违法行为,并给予直接负责的主管人员和其他直接责任人员行政处分,责令退还违法收取的集资款、税款或者费用:

(一)违反本法第六十八条规定,非法在农村进行集资、达标、升级、验收活动的;

(二)违反本法第六十九条规定,以违法方法向农民征税的;

(三)违反本法第七十条规定,通过农村中小学校向农民超额、超项目收费的。

第九十五条 违反本法第七十三条第二款规定,强迫农民以资代劳的,由乡(镇)人民政府责令改正,并退还违法收取的资金。

第九十六条 违反本法第七十四条规定,强迫农民和农业生产经营组织接受有偿服务的,由有关人民政府责令改正,并返还其违法收取的费用;情节严重的,给予直接负责的主管人员和其他直接责任人员行政处分;造成农民和农业生产经营组织损失的,依法承担赔偿责任。

第九十七条 县级以上人民政府农业行政主管部门的工作人员违反本法规定参与和从事农业生产经营活动的,依法给予行政处分;构成犯罪的,依法追究刑事责任。

第十三章 附 则

第九十八条 本法有关农民的规定,适用于国有农场、牧场、林场、渔场等企业事业单位实行承包经营的职工。

第九十九条 本法自2003年3月1日起施行。

中华人民共和国农村土地承包法

(2002年8月29日第九届全国人民代表大会常务委员会第二十九次会议通过
2002年8月29日中华人民共和国主席令第73号发布
自2003年3月1日起施行)

第一章 总 则

第一条 为稳定和完善以家庭承包经营为基础、统分结合的双层经营体制,赋予农民长期而有保障的土地使用权,维护农村土地承包当事人的合法权益,促进农业、农村经济发展和农村社会稳定,根据宪法,制定本法。

第二条 本法所称农村土地,是指农民集体所有和国家所有依法由农民集体使用的耕地、林地、草地,以及其他依法用于农业的土地。

第三条 国家实行农村土地承包经营制度。

农村土地承包采取农村集体经济组织内部的家庭承包方式,不宜采取家庭承包方式的荒山、荒沟、荒丘、荒滩等农村土地,可以采取招标、拍卖、公开协商等方式承包。

第四条 国家依法保护农村土地承包关系的长期稳定。

农村土地承包后,土地的所有权性质不变。承包地不得买卖。

第五条 农村集体经济组织成员有权依法承包由本集体经济组织发包的农村土地。

任何组织和个人不得剥夺和非法限制农村集体经济组织成员承包土地的权利。

第六条 农村土地承包,妇女与男子享有平等的权利。承包中应当保护妇女的合法权益,任何组织和个人不得剥夺、侵害妇女应当享有的土地承包经营权。

第七条 农村土地承包应当坚持公开、公平、公正的原则,正确处理国家、集体、个人三者的利益关系。

第八条 农村土地承包应当遵守法律、法规,保护土地资源的合理开发和可持续利用。未经依法批准不得将承包地用于非农建设。

国家鼓励农民和农村集体经济组织增加对土地的投入,培肥地力,提高农业生产能力。

第九条 国家保护集体土地所有者的合法权益,保护承包方的土地承包经营权,任何组织和个人不得侵犯。

第十条 国家保护承包方依法、自愿、有偿地进行土地承包经营权流转。

第十一条 国务院农业、林业行政主管部门分别依照国务院规定的职责负责全国农村土地承包及承包合同管理的指导。县级以上地方人民政府农业、林业等行政主管部门分别依照各自职责,负责本行政区域内农村土地承包及承包合同管理。乡(镇)人民政府负责本行政区域内农村土地承包及承包合同管理。

第二章 家庭承包

第一节 发包方和承包方的权利和义务

第十二条 农民集体所有的土地依法属于村农民集体所有的,由村集体经济组织或者村民委员会发包;已经分别属于村内两个以上农村集体经济组织的农民集体所有的,由村内各该农村集体经济组织或者村民小组发包。村集体经济组织或者村民委员会发包的,不得改变村内各集体经济组织农民集体所有的土地的所有权。

国家所有依法由农民集体使用的农村土地,由使用该土地的农村集体经济组织、村民委员会或者村民小组发包。

第十三条 发包方享有下列权利:

(一)发包本集体所有的或者国家所有依法由本集体使用的农村土地;
(二)监督承包方依照承包合同约定的用途合理利用和保护土地;
(三)制止承包方损害承包地和农业资源的行为;
(四)法律、行政法规规定的其他权利。

第十四条 发包方承担下列义务:

(一)维护承包方的土地承包经营权,不得非法变更、解除承包合同;
(二)尊重承包方的生产经营自主权,不得干涉承包方依法进行正常的生产经营活动;
(三)依照承包合同约定为承包方提供生产、技术、信息等服务;
(四)执行县、乡(镇)土地利用总体规划,组织本集体经济组织内的农业基础设施建设;
(五)法律、行政法规规定的其他义务。

第十五条 家庭承包的承包方是本集体经济组织的农户。

第十六条 承包方享有下列权利:

(一)依法享有承包地使用、收益和土地承包经营权流转的权利,有权自主组织生产经营和处置产品;
(二)承包地被依法征用、占用的,有权依法获得相应的补偿;
(三)法律、行政法规规定的其他权利。

第十七条 承包方承担下列义务:

(一)维持土地的农业用途,不得用于非农建设;
(二)依法保护和合理利用土地,不得给土地造成永久性损害;
(三)法律、行政法规规定的其他义务。

第二节 承包的原则和程序

第十八条 土地承包应当遵循以下原则:

(一)按照规定统一组织承包时,本集体经济组织成员依法平等地行使承包土地的权利,也可以自愿放弃承包土地的权利;
(二)民主协商,公平合理;

（三）承包方案应当按照本法第十二条的规定，依法经本集体经济组织成员的村民会议三分之二以上成员或者三分之二以上村民代表的同意；

（四）承包程序合法。

第十九条 土地承包应当按照以下程序进行：

（一）本集体经济组织成员的村民会议选举产生承包工作小组；

（二）承包工作小组依照法律、法规的规定拟订并公布承包方案；

（三）依法召开本集体经济组织成员的村民会议，讨论通过承包方案；

（四）公开组织实施承包方案；

（五）签订承包合同。

第三节 承包期限和承包合同

第二十条 耕地的承包期为三十年。草地的承包期为三十年至五十年。林地的承包期为三十年至七十年；特殊林木的林地承包期，经国务院林业行政主管部门批准可以延长。

第二十一条 发包方应当与承包方签订书面承包合同。

承包合同一般包括以下条款：

（一）发包方、承包方的名称，发包方负责人和承包方代表的姓名、住所；

（二）承包土地的名称、坐落、面积、质量等级；

（三）承包期限和起止日期；

（四）承包土地的用途；

（五）发包方和承包方的权利和义务；

（六）违约责任。

第二十二条 承包合同自成立之日起生效。承包方自承包合同生效时取得土地承包经营权。

第二十三条 县级以上地方人民政府应当向承包方颁发土地承包经营权证或者林权证等证书，并登记造册，确认土地承包经营权。

颁发土地承包经营权证或者林权证等证书，除按规定收取证书工本费外，不得收取其他费用。

第二十四条 承包合同生效后，发包方不得因承办人或者负责人的变动而变更或者解除，也不得因集体经济组织的分立或者合并而变更或者解除。

第二十五条 国家机关及其工作人员不得利用职权干涉农村土地承包或者变更、解除承包合同。

第四节 土地承包经营权的保护

第二十六条 承包期内，发包方不得收回承包地。

承包期内，承包方全家迁入小城镇落户的，应当按照承包方的意愿，保留其土地承包经营权或者允许其依法进行土地承包经营权流转。

承包期内，承包方全家迁入设区的市，转为非农业户口的，应当将承包的耕地和草地交回发包方。承包方不交回的，发包方可以收回承包的耕地和草地。

承包期内，承包方交回承包地或者发包方依法收回承包地时，承包方对其在承包地上投入而提高土地生产能力的,有权获得相应的补偿。

第二十七条 承包期内,发包方不得调整承包地。

承包期内,因自然灾害严重毁损承包地等特殊情形对个别农户之间承包的耕地和草地需要适当调整的,必须经本集体经济组织成员的村民会议三分之二以上成员或者三分之二以上村民代表的同意,并报乡(镇)人民政府和县级人民政府农业等行政主管部门批准。承包合同中约定不得调整的,按照其约定。

第二十八条 下列土地应当用于调整承包土地或者承包给新增人口:

(一)集体经济组织依法预留的机动地;

(二)通过依法开垦等方式增加的;

(三)承包方依法、自愿交回的。

第二十九条 承包期内,承包方可以自愿将承包地交回发包方。承包方自愿交回承包地的,应当提前半年以书面形式通知发包方。承包方在承包期内交回承包地的,在承包期内不得再要求承包土地。

第三十条 承包期内,妇女结婚,在新居住地未取得承包地的,发包方不得收回其原承包地;妇女离婚或者丧偶,仍在原居住地生活或者不在原居住地生活但在新居住地未取得承包地的,发包方不得收回其原承包地。

第三十一条 承包人应得的承包收益,依照继承法的规定继承。

林地承包的承包人死亡,其继承人可以在承包期内继续承包。

第五节 土地承包经营权的流转

第三十二条 通过家庭承包取得的土地承包经营权可以依法采取转包、出租、互换、转让或者其他方式流转。

第三十三条 土地承包经营权流转应当遵循以下原则:

(一)平等协商、自愿、有偿,任何组织和个人不得强迫或者阻碍承包方进行土地承包经营权流转;

(二)不得改变土地所有权的性质和土地的农业用途;

(三)流转的期限不得超过承包期的剩余期限;

(四)受让方须有农业经营能力;

(五)在同等条件下,本集体经济组织成员享有优先权。

第三十四条 土地承包经营权流转的主体是承包方。承包方有权依法自主决定土地承包经营权是否流转和流转的方式。

第三十五条 承包期内,发包方不得单方面解除承包合同,不得假借少数服从多数强迫承包方放弃或者变更土地承包经营权,不得以划分"口粮田"和"责任田"等为由收回承包地搞招标承包,不得将承包地收回抵顶欠款。

第三十六条 土地承包经营权流转的转包费、租金、转让费等,应当由当事人双方协商确定。流转的收益归承包方所有,任何组织和个人不得擅自截留、扣缴。

第三十七条 土地承包经营权采取转包、出租、互换、转让或者其他方式流转,当事人双方应当签订书面合同。采取转让方式流转的,应当经发包方同意;采取转包、出租、互换或者其他方式流转的,应当报发包方备案。

土地承包经营权流转合同一般包括以下条款：
（一）双方当事人的姓名、住所；
（二）流转土地的名称、坐落、面积、质量等级；
（三）流转的期限和起止日期；
（四）流转土地的用途；
（五）双方当事人的权利和义务；
（六）流转价款及支付方式；
（七）违约责任。

第三十八条 土地承包经营权采取互换、转让方式流转，当事人要求登记的，应当向县级以上地方人民政府申请登记。未经登记，不得对抗善意第三人。

第三十九条 承包方可以在一定期限内将部分或者全部土地承包经营权转包或者出租给第三方，承包方与发包方的承包关系不变。

承包方将土地交由他人代耕不超过一年的，可以不签订书面合同。

第四十条 承包方之间为方便耕种或者各自需要，可以对属于同一集体经济组织的土地的土地承包经营权进行互换。

第四十一条 承包方有稳定的非农职业或者有稳定的收入来源的，经发包方同意，可以将全部或者部分土地承包经营权转让给其他从事农业生产经营的农户，由该农户同发包方确立新的承包关系，原承包方与发包方在该土地上的承包关系即行终止。

第四十二条 承包方之间为发展农业经济，可以自愿联合将土地承包经营权入股，从事农业合作生产。

第四十三条 承包方对其在承包地上投入而提高土地生产能力的，土地承包经营权依法流转时有权获得相应的补偿。

第三章 其他方式的承包

第四十四条 不宜采取家庭承包方式的荒山、荒沟、荒丘、荒滩等农村土地，通过招标、拍卖、公开协商等方式承包的，适用本章规定。

第四十五条 以其他方式承包农村土地的，应当签订承包合同。当事人的权利和义务、承包期限等，由双方协商确定。以招标、拍卖方式承包的，承包费通过公开竞标、竞价确定；以公开协商等方式承包的，承包费由双方议定。

第四十六条 荒山、荒沟、荒丘、荒滩等可以直接通过招标、拍卖、公开协商等方式实行承包经营，也可以将土地承包经营权折股分给本集体经济组织成员后，再实行承包经营或者股份合作经营。

承包荒山、荒沟、荒丘、荒滩的，应当遵守有关法律、行政法规的规定，防止水土流失，保护生态环境。

第四十七条 以其他方式承包农村土地，在同等条件下，本集体经济组织成员享有优先承包权。

第四十八条 发包方将农村土地发包给本集体经济组织以外的单位或者个人承包，应当事先经本集体经济组织成员的村民会议三分之二以上成员或者三分之二以上村民代表的同意，并报乡(镇)人民政府批准。

由本集体经济组织以外的单位或者个人承包的，应当对承包方的资信情况和经营能力进行审查后，再签订承包合同。

第四十九条 通过招标、拍卖、公开协商等方式承包农村土地，经依法登记取得土地承包经营权证或者林权证等证书的，其土地承包经营权可以依法采取转让、出租、入股、抵押或者其他方式流转。

第五十条 土地承包经营权通过招标、拍卖、公开协商等方式取得的，该承包人死亡，其应得的承包收益，依照继承法的规定继承；在承包期内，其继承人可以继续承包。

第四章 争议的解决和法律责任

第五十一条 因土地承包经营发生纠纷的，双方当事人可以通过协商解决，也可以请求村民委员会、乡(镇)人民政府等调解解决。

当事人不愿协商、调解或者协商、调解不成的，可以向农村土地承包仲裁机构申请仲裁，也可以直接向人民法院起诉。

第五十二条 当事人对农村土地承包仲裁机构的仲裁裁决不服的，可以在收到裁决书之日起三十日内向人民法院起诉。逾期不起诉的，裁决书即发生法律效力。

第五十三条 任何组织和个人侵害承包方的土地承包经营权的，应当承担民事责任。

第五十四条 发包方有下列行为之一的，应当承担停止侵害、返还原物、恢复原状、排除妨害、消除危险、赔偿损失等民事责任：

（一）干涉承包方依法享有的生产经营自主权；

（二）违反本法规定收回、调整承包地；

（三）强迫或者阻碍承包方进行土地承包经营权流转；

（四）假借少数服从多数强迫承包方放弃或者变更土地承包经营权而进行土地承包经营权流转；

（五）以划分"口粮田"和"责任田"等为由收回承包地搞招标承包；

（六）将承包地收回抵顶欠款；

（七）剥夺、侵害妇女依法享有的土地承包经营权；

（八）其他侵害土地承包经营权的行为。

第五十五条 承包合同中违背承包方意愿或者违反法律、行政法规有关不得收回、调整承包地等强制性规定的约定无效。

第五十六条 当事人一方不履行合同义务或者履行义务不符合约定的，应当依照《中华人民共和国合同法》的规定承担违约责任。

第五十七条 任何组织和个人强迫承包方进行土地承包经营权流转的，该流转无效。

第五十八条 任何组织和个人擅自截留、扣缴土地承包经营权流转收益的，应当退还。

第五十九条 违反土地管理法规，非法征用、占用土地或者贪污、挪用土地征用补偿费用，构成犯罪的，依法追究刑事责任；造成他人损害的，应当承担损害赔偿等责任。

第六十条 承包方违法将承包地用于非农建设的，由县级以上地方人民政府有关行政主管部门依法予以处罚。

承包方给承包地造成永久性损害的,发包方有权制止,并有权要求承包方赔偿由此造成的损失。

第六十一条 国家机关及其工作人员有利用职权干涉农村土地承包,变更、解除承包合同,干涉承包方依法享有的生产经营自主权,或者强迫、阻碍承包方进行土地承包经营权流转等侵害土地承包经营权的行为,给承包方造成损失的,应当承担损害赔偿等责任;情节严重的,由上级机关或者所在单位给予直接责任人员行政处分;构成犯罪的,依法追究刑事责任。

第五章 附 则

第六十二条 本法实施前已经按照国家有关农村土地承包的规定承包,包括承包期限长于本法规定的,本法实施后继续有效,不得重新承包土地。未向承包方颁发土地承包经营权证或者林权证等证书的,应当补发证书。

第六十三条 本法实施前已经预留机动地的,机动地面积不得超过本集体经济组织耕地总面积的百分之五。不足百分之五的,不得再增加机动地。

本法实施前未留机动地的,本法实施后不得再留机动地。

第六十四条 各省、自治区、直辖市人民代表大会常务委员会可以根据本法,结合本行政区域的实际情况,制定实施办法。

第六十五条 本法自2003年3月1日起施行。

中华人民共和国土地管理法

(1986年6月25日第六届全国人民代表大会常务委员会第十六次会议通过
根据1988年12月29日第七届全国人民代表大会常务委员会第五次会议《关于修改
〈中华人民共和国土地管理法〉的决定》第一次修正
1998年8月29日第九届全国人民代表大会常务委员会第四次会议修订
根据2004年8月28日第十届全国人民代表大会常务委员会第十一次会议《关于修改
〈中华人民共和国土地管理法〉的决定》第二次修正
2004年8月28日第十届全国人民代表大会常务委员会第十一次会议通过
2004年8月28日中华人民共和国主席令第91号发布
自2004年8月28日起施行)

第一章 总 则

第一条 为了加强土地管理，维护土地的社会主义公有制，保护、开发土地资源，合理利用土地，切实保护耕地，促进社会经济的可持续发展，根据宪法，制定本法。

第二条 中华人民共和国实行土地的社会主义公有制，即全民所有制和劳动群众集体所有制。

全民所有，即国家所有土地的所有权由国务院代表国家行使。

任何单位和个人不得侵占、买卖或者以其他形式非法转让土地。土地使用权可以依法转让。

国家为了公共利益的需要，可以依法对土地实行征收或者征用并给予补偿。

国家依法实行国有土地有偿使用制度。但是，国家在法律规定的范围内划拨国有土地使用权的除外。

第三条 十分珍惜、合理利用土地和切实保护耕地是我国的基本国策。各级人民政府应当采取措施，全面规划，严格管理，保护、开发土地资源，制止非法占用土地的行为。

第四条 国家实行土地用途管制制度。

国家编制土地利用总体规划，规定土地用途，将土地分为农用地、建设用地和未利用地。严格限制农用地转为建设用地，控制建设用地总量，对耕地实行特殊保护。

前款所称农用地是指直接用于农业生产的土地，包括耕地、林地、草地、农田水利用地、养殖水面等；建设用地是指建造建筑物、构筑物的土地，包括城乡住宅和公共设施用地、工矿用地、交通水利设施用地、旅游用地、军事设施用地等；未利用地是指农用地和建设用地以外的土地。

使用土地的单位和个人必须严格按照土地利用总体规划确定的用途使用土地。

第五条 国务院土地行政主管部门统一负责全国土地的管理和监督工作。

县级以上地方人民政府土地行政主管部门的设置及其职责，由省、自治区、直辖市人民政府根据国务院有关规定确定。

第六条 任何单位和个人都有遵守土地管理法律、法规的义务，并有权对违反土地管理法律、法规的行为提出检举和控告。

第七条 在保护和开发土地资源、合理利用土地以及进行有关的科学研究等方面成绩显著的单位和个人，由人民政府给予奖励。

第二章 土地的所有权和使用权

第八条 城市市区的土地属于国家所有。

农村和城市郊区的土地，除由法律规定属于国家所有的以外，属于农民集体所有；宅基地和自留地、自留山，属于农民集体所有。

第九条 国有土地和农民集体所有的土地，可以依法确定给单位或者个人使用。使用土地的单位和个人，有保护、管理和合理利用土地的义务。

第十条 农民集体所有的土地依法属于村农民集体所有的，由村集体经济组织或者村民委员会经营、管理；已经分别属于村内两个以上农村集体经济组织的农民集体所有的，由村内各该农村集体经济组织或者村民小组经营、管理；已经属于乡(镇)农民集体所有的，由乡(镇)农村集体经济组织经营、管理。

第十一条 农民集体所有的土地，由县级人民政府登记造册，核发证书，确认所有权。

农民集体所有的土地依法用于非农业建设的，由县级人民政府登记造册，核发证书，确认建设用地使用权。

单位和个人依法使用的国有土地，由县级以上人民政府登记造册，核发证书，确认使用权；其中，中央国家机关使用的国有土地的具体登记发证机关，由国务院确定。

确认林地、草原的所有权或者使用权，确认水面、滩涂的养殖使用权，分别依照《中华人民共和国森林法》、《中华人民共和国草原法》和《中华人民共和国渔业法》的有关规定办理。

第十二条 依法改变土地权属和用途的，应当办理土地变更登记手续。

第十三条 依法登记的土地的所有权和使用权受法律保护，任何单位和个人不得侵犯。

第十四条 农民集体所有的土地由本集体经济组织的成员承包经营，从事种植业、林业、畜牧业、渔业生产。土地承包经营期限为三十年。发包方和承包方应当订立承包合同，约定双方的权利和义务。承包经营土地的农民有保护和按照承包合同约定的用途合理利用土地的义务。农民的土地承包经营权受法律保护。

在土地承包经营期限内，对个别承包经营者之间承包的土地进行适当调整的，必须经村民会议三分之二以上成员或者三分之二以上村民代表的同意，并报乡(镇)人民政府和县级人民政府农业行政主管部门批准。

第十五条 国有土地可以由单位或者个人承包经营，从事种植业、林业、畜牧业、渔业生产。农民集体所有的土地，可以由本集体经济组织以外的单位或者个人承包经营，从事种植业、林业、畜牧业、渔业生产。发包方和承包方应当订立承包合同，约定双方的权利和义务。土地承包经营的期限由承包合同约定。承包经营土地的单位和个人，有保护和按照承包合同约定的用途合理利用土地的义务。

农民集体所有的土地由本集体经济组织以外的单位或者个人承包经营的，必须经村民会议三分之二以上成员或者三分之二以上村民代表的同意，并报乡（镇）人民政府批准。

第十六条 土地所有权和使用权争议，由当事人协商解决；协商不成的，由人民政府处理。

单位之间的争议，由县级以上人民政府处理；个人之间、个人与单位之间的争议，由乡级人民政府或者县级以上人民政府处理。

当事人对有关人民政府的处理决定不服的，可以自接到处理决定通知之日起三十日内，向人民法院起诉。

在土地所有权和使用权争议解决前，任何一方不得改变土地利用现状。

第三章 土地利用总体规划

第十七条 各级人民政府应当依据国民经济和社会发展规划、国土整治和资源环境保护的要求、土地供给能力以及各项建设对土地的需求，组织编制土地利用总体规划。

土地利用总体规划的规划期限由国务院规定。

第十八条 下级土地利用总体规划应当依据上一级土地利用总体规划编制。

地方各级人民政府编制的土地利用总体规划中的建设用地总量不得超过上一级土地利用总体规划确定的控制指标，耕地保有量不得低于上一级土地利用总体规划确定的控制指标。

省、自治区、直辖市人民政府编制的土地利用总体规划，应当确保本行政区域内耕地总量不减少。

第十九条 土地利用总体规划按照下列原则编制：

（一）严格保护基本农田，控制非农业建设占用农用地；

（二）提高土地利用率；

（三）统筹安排各类、各区域用地；

（四）保护和改善生态环境，保障土地的可持续利用；

（五）占用耕地与开发复垦耕地相平衡。

第二十条 县级土地利用总体规划应当划分土地利用区，明确土地用途。

乡（镇）土地利用总体规划应当划分土地利用区，根据土地使用条件，确定每一块土地的用途，并予以公告。

第二十一条 土地利用总体规划实行分级审批。

省、自治区、直辖市的土地利用总体规划，报国务院批准。

省、自治区人民政府所在地的市、人口在一百万以上的城市以及国务院指定的城市的土地利用总体规划，经省、自治区人民政府审查同意后，报国务院批准。

本条第二款、第三款规定以外的土地利用总体规划，逐级上报省、自治区、直辖市人民政府批准；其中，乡（镇）土地利用总体规划可以由省级人民政府授权的设区的市、自治州人民政府批准。

土地利用总体规划一经批准，必须严格执行。

第二十二条 城市建设用地规模应当符合国家规定的标准，充分利用现有建设用地，不占或者尽量少占农用地。

城市总体规划、村庄和集镇规划，应当与土地利用总体规划相衔接，城市总体规划、村庄和集镇规划中建设用地规模不得超过土地利用总体规划确定的城市和村庄、集镇建设用地规模。

在城市规划区内、村庄和集镇规划区内，城市和村庄、集镇建设用地应当符合城市规划、村庄和集镇规划。

第二十三条 江河、湖泊综合治理和开发利用规划，应当与土地利用总体规划相衔接。在江河、湖泊、水库的管理和保护范围以及蓄洪滞洪区内，土地利用应当符合江河、湖泊综合治理和开发利用规划，符合河道、湖泊行洪、蓄洪和输水的要求。

第二十四条 各级人民政府应当加强土地利用计划管理，实行建设用地总量控制。

土地利用年度计划，根据国民经济和社会发展计划、国家产业政策、土地利用总体规划以及建设用地和土地利用的实际状况编制。土地利用年度计划的编制审批程序与土地利用总体规划的编制审批程序相同，一经审批下达，必须严格执行。

第二十五条 省、自治区、直辖市人民政府应当将土地利用年度计划的执行情况列为国民经济和社会发展计划执行情况的内容，向同级人民代表大会报告。

第二十六条 经批准的土地利用总体规划的修改，须经原批准机关批准；未经批准，不得改变土地利用总体规划确定的土地用途。

经国务院批准的大型能源、交通、水利等基础设施建设用地，需要改变土地利用总体规划的，根据国务院的批准文件修改土地利用总体规划。

经省、自治区、直辖市人民政府批准的能源、交通、水利等基础设施建设用地，需要改变土地利用总体规划的，属于省级人民政府土地利用总体规划批准权限内的，根据省级人民政府的批准文件修改土地利用总体规划。

第二十七条 国家建立土地调查制度。

县级以上人民政府土地行政主管部门会同同级有关部门进行土地调查。土地所有者或者使用者应当配合调查，并提供有关资料。

第二十八条 县级以上人民政府土地行政主管部门会同同级有关部门根据土地调查成果、规划土地用途和国家制定的统一标准，评定土地等级。

第二十九条 国家建立土地统计制度。

县级以上人民政府土地行政主管部门和同级统计部门共同制定统计调查方案，依法进行土地统计，定期发布土地统计资料。土地所有者或者使用者应当提供有关资料，不得虚报、瞒报、拒报、迟报。

土地行政主管部门和统计部门共同发布的土地面积统计资料是各级人民政府编制土地利用总体规划的依据。

第三十条 国家建立全国土地管理信息系统，对土地利用状况进行动态监测。

第四章 耕地保护

第三十一条 国家保护耕地，严格控制耕地转为非耕地。

国家实行占用耕地补偿制度。非农业建设经批准占用耕地的，按照"占多少，垦多少"的原则，由占用耕地的单位负责开垦与所占用耕地的数量和质量相当的耕地；没有条件开垦或者开垦的耕地不符合要求的，应当按照省、自治区、直辖市的规定缴纳耕地开垦费，专款用于开垦新的耕地。

省、自治区、直辖市人民政府应当制定开垦耕地计划，监督占用耕地的单位按照计划开垦耕地或者按照计划组织开垦耕地，并进行验收。

第三十二条 县级以上地方人民政府可以要求占用耕地的单位将所占用耕地耕作层的土壤用于新开垦耕地、劣质地或者其他耕地的土壤改良。

第三十三条 省、自治区、直辖市人民政府应当严格执行土地利用总体规划和土地利用年度计划，采取措施，确保本行政区域内耕地总量不减少；耕地总量减少的，由国务院责令在规定期限内组织开垦与所减少耕地的数量与质量相当的耕地，并由国务院土地行政主管部门会同农业行政主管部门验收。个别省、直辖市确因土地后备资源匮乏，新增建设用地后，新开垦耕地的数量不足以补偿所占用耕地的数量的，必须报经国务院批准减免本行政区域内开垦耕地的数量，进行易地开垦。

第三十四条 国家实行基本农田保护制度。下列耕地应当根据土地利用总体规划划入基本农田保护区，严格管理：

（一）经国务院有关主管部门或者县级以上地方人民政府批准确定的粮、棉、油生产基地内的耕地；

（二）有良好的水利与水土保持设施的耕地，正在实施改造计划以及可以改造的中、低产田；

（三）蔬菜生产基地；

（四）农业科研、教学试验田；

（五）国务院规定应当划入基本农田保护区的其他耕地。

各省、自治区、直辖市划定的基本农田应当占本行政区域内耕地的百分之八十以上。

基本农田保护区以乡（镇）为单位进行划区定界，由县级人民政府土地行政主管部门会同同级农业行政主管部门组织实施。

第三十五条 各级人民政府应当采取措施，维护排灌工程设施，改良土壤，提高地力，防止土地荒漠化、盐渍化、水土流失和污染土地。

第三十六条 非农业建设必须节约使用土地，可以利用荒地的，不得占用耕地；可以利用劣地的，不得占用好地。

禁止占用耕地建窑、建坟或者擅自在耕地上建房、挖砂、采石、采矿、取土等。

禁止占用基本农田发展林果业和挖塘养鱼。

第三十七条 禁止任何单位和个人闲置、荒芜耕地。已经办理审批手续的非农业建设占用耕地，一年内不用而又可以耕种并收获的，应当由原耕种该幅耕地的集体或者个人恢复耕种，也可以由用地单位组织耕种；一年以上未动工建设的，应当按照省、自治区、直辖市的规定缴纳闲置费；连续二年未使用的，经原批准机关批准，由县级以上人民政府无偿收回用地单位的土地使用权；该幅土地原为农民集体所有的，应当交由原农村集体经济组织恢复耕种。

在城市规划区范围内，以出让方式取得土地使用权进行房地产开发的闲置土地，依照《中华人民共和国城市房地产管理法》的有关规定办理。

承包经营耕地的单位或者个人连续二年弃耕抛荒的，原发包单位应当终止承包合同，收回发包的耕地。

第三十八条 国家鼓励单位和个人按照土地利用总体规划，在保护和改善生态环境、防止水土流失和土地荒漠化的前提下，开发未利用的土地；适宜开发为农用地的，应当优先开发成农用地。

国家依法保护开发者的合法权益。

第三十九条 开垦未利用的土地，必须经过科学论证和评估，在土地利用总体规划划定的可开垦的区域内，经依法批准后进行。禁止毁坏森林、草原开垦耕地，禁止围湖造田和侵占江河滩地。

根据土地利用总体规划，对破坏生态环境开垦、围垦的土地，有计划有步骤地退耕还林、还牧、还湖。

第四十条 开发未确定使用权的国有荒山、荒地、荒滩从事种植业、林业、畜牧业、渔业生产的，经县级以上人民政府依法批准，可以确定给开发单位或者个人长期使用。

第四十一条 国家鼓励土地整理。县、乡（镇）人民政府应当组织农村集体经济组织，按照土地利用总体规划，对田、水、路、林、村综合整治，提高耕地质量，增加有效耕地面积，改善农业生产条件和生态环境。

地方各级人民政府应当采取措施，改造中、低产田，整治闲散地和废弃地。

第四十二条 因挖损、塌陷、压占等造成土地破坏，用地单位和个人应当按照国家有关规定负责复垦；没有条件复垦或者复垦不符合要求的，应当缴纳土地复垦费，专项用于土地复垦。复垦的土地应当优先用于农业。

第五章 建 设 用 地

第四十三条 任何单位和个人进行建设，需要使用土地的，必须依法申请使用国有土地；但是，兴办乡镇企业和村民建设住宅经依法批准使用本集体经济组织农民集体所有的土地的，或者乡（镇）村公共设施和公益事业建设经依法批准使用农民集体所有的土地的除外。

前款所称依法申请使用的国有土地包括国家所有的土地和国家征收的原属于农民集体所有的土地。

第四十四条 建设占用土地，涉及农用地转为建设用地的，应当办理农用地转用审批手续。

省、自治区、直辖市人民政府批准的道路、管线工程和大型基础设施建设项目、国务院批准的建设项目占用土地，涉及农用地转为建设用地的，由国务院批准。

在土地利用总体规划确定的城市和村庄、集镇建设用地规模范围内，为实施该规划而将农用地转为建设用地的，按土地利用年度计划分批次由原批准土地利用总体规划的机关批准。在已批准的农用地转用范围内，具体建设项目用地可以由市、县人民政府批准。

本条第二款、第三款规定以外的建设项目占用土地，涉及农用地转为建设用地的，由省、自治区、直辖市人民政府批准。

第四十五条 征收下列土地的，由国务院批准：

（一）基本农田；

（二）基本农田以外的耕地超过三十五公顷的；

（三）其他土地超过七十公顷的。

征收前款规定以外的土地的，由省、自治区、直辖市人民政府批准，并报国务院备案。

征收农用地的，应当依照本法第四十四条的规定先行办理农用地转用审批。其中，经国务院批准农用地转用的，同时办理征地审批手续，不再另行办理征地审批；经省、自治区、直辖市人民政府在征地批准权限内批准农用地转用的，同时办理征地审批手续，不再另行办理征地审批，超过征地批准权限的，应当依照本条第一款的规定另行办理征地审批。

第四十六条 国家征收土地的，依照法定程序批准后，由县级以上地方人民政府予以公告并组织实施。

被征收土地的所有权人、使用权人应当在公告规定期限内，持土地权属证书到当地人民政府土地行政主管部门办理征地补偿登记。

第四十七条 征收土地的，按照被征收土地的原用途给予补偿。

征收耕地的补偿费用包括土地补偿费、安置补助费以及地上附着物和青苗的补偿费。征收耕地的土地补偿费，为该耕地被征收前三年平均年产值的六至十倍。征收耕地的安置补助费，按照需要安置的农业人口数计算。需要安置的农业人口数，按照被征收的耕地数量除以征地前被征收单位平均每人占有耕地的数量计算。每一个需要安置的农业人口的安置补助费标准，为该耕地被征收前三年平均年产值的四至六倍。但是，每公顷被征收耕地的安置补助费，最高不得超过被征收前三年平均年产值的十五倍。

征收其他土地的土地补偿费和安置补助费标准，由省、自治区、直辖市参照征收耕地的土地补偿费和安置补助费的标准规定。

被征收土地上的附着物和青苗的补偿标准，由省、自治区、直辖市规定。

征收城市郊区的菜地，用地单位应当按照国家有关规定缴纳新菜地开发建设基金。

依照本条第二款的规定支付土地补偿费和安置补助费，尚不能使需要安置的农民保持原有生活水平的，经省、自治区、直辖市人民政府批准，可以增加安置补助费。但是，土地补偿费和安置补助费的总和不得超过土地被征收前三年平均年产值的三十倍。

国务院根据社会、经济发展水平，在特殊情况下，可以提高征收耕地的土地补偿费和安置补助费的标准。

第四十八条 征地补偿安置方案确定后，有关地方人民政府应当公告，并听取被征地的农村集体经济组织和农民的意见。

第四十九条 被征地的农村集体经济组织应当将征收土地的补偿费用的收支状况向本集体经济组织的成员公布，接受监督。

禁止侵占、挪用被征收土地单位的征地补偿费用和其他有关费用。

第五十条 地方各级人民政府应当支持被征地的农村集体经济组织和农民从事开发经营，兴办企业。

第五十一条 大中型水利、水电工程建设征收土地的补偿费标准和移民安置办法，由国务院另行规定。

第五十二条 建设项目可行性研究论证时，土地行政主管部门可以根据土地利用总体规划、土地利用年度计划和建设用地标准，对建设用地有关事项进行审查，并提出意见。

第五十三条 经批准的建设项目需要使用国有建设用地的，建设单位应当持法律、行政法规规定的有关文件，向有批准权的县级以上人民政府土地行政主管部门提出建设用地申请，经土地行政主管部门审查，报本级人民政府批准。

第五十四条 建设单位使用国有土地，应当以出让等有偿使用方式取得；但是，下列建设用地，经县级以上人民政府依法批准，可以以划拨方式取得：

（一）国家机关用地和军事用地；

（二）城市基础设施用地和公益事业用地；

（三）国家重点扶持的能源、交通、水利等基础设施用地；

（四）法律、行政法规规定的其他用地。

第五十五条 以出让等有偿使用方式取得国有土地使用权的建设单位，按照国务院规定的标准和办法，缴纳土地使用权出让金等土地有偿使用费和其他费用后，方可使用土地。

自本法施行之日起，新增建设用地的土地有偿使用费，百分之三十上缴中央财政，百分之七十留给有关地方人民政府，都专项用于耕地开发。

第五十六条 建设单位使用国有土地的，应当按照土地使用权出让等有偿使用合同的约定或者土地使用权划拨批准文件的规定使用土地；确需改变该幅土地建设用途的，应当经有关人民政府土地行政主管部门同意，报原批准用地的人民政府批准。其中，在城市规划区内改变土地用途的，在报批前，应当先经有关城市规划行政主管部门同意。

第五十七条 建设项目施工和地质勘查需要临时使用国有土地或者农民集体所有的土地的，由县级以上人民政府土地行政主管部门批准。其中，在城市规划区内的临时用地，在报批前，应当先经有关城市规划行政主管部门同意。土地使用者应当根据土地权属，与有关土地行政主管部门或者农村集体经济组织、村民委员会签订临时使用土地合同，并按照合同的约定支付临时使用土地补偿费。

临时使用土地的使用者应当按照临时使用土地合同约定的用途使用土地，并不得修建永久性建筑物。

临时使用土地期限一般不超过二年。

第五十八条 有下列情形之一的，由有关人民政府土地行政主管部门报经原批准用地的人民政府或者有批准权的人民政府批准，可以收回国有土地使用权：

（一）为公共利益需要使用土地的；

（二）为实施城市规划进行旧城区改建，需要调整使用土地的；

（三）土地出让等有偿使用合同约定的使用期限届满，土地使用者未申请续期或者申

请续期未获批准的;

（四）因单位撤销、迁移等原因,停止使用原划拨的国有土地的;

（五）公路、铁路、机场、矿场等经核准报废的。

依照前款第(一)项、第(二)项的规定收回国有土地使用权的,对土地使用权人应当给予适当补偿。

第五十九条 乡镇企业、乡(镇)村公共设施、公益事业、农村村民住宅等乡(镇)村建设,应当按照村庄和集镇规划,合理布局,综合开发,配套建设;建设用地,应当符合乡(镇)土地利用总体规划和土地利用年度计划,并依照本法第四十四条、第六十条、第六十一条、第六十二条的规定办理审批手续。

第六十条 农村集体经济组织使用乡(镇)土地利用总体规划确定的建设用地兴办企业或者与其他单位、个人以土地使用权入股、联营等形式共同举办企业的,应当持有关批准文件,向县级以上地方人民政府土地行政主管部门提出申请,按照省、自治区、直辖市规定的批准权限,由县级以上地方人民政府批准;其中,涉及占用农用地的,依照本法第四十四条的规定办理审批手续。

按照前款规定兴办企业的建设用地,必须严格控制。省、自治区、直辖市可以按照乡镇企业的不同行业和经营规模,分别规定用地标准。

第六十一条 乡(镇)村公共设施、公益事业建设,需要使用土地的,经乡(镇)人民政府审核,向县级以上地方人民政府土地行政主管部门提出申请,按照省、自治区、直辖市规定的批准权限,由县级以上地方人民政府批准;其中,涉及占用农用地的,依照本法第四十四条的规定办理审批手续。

第六十二条 农村村民一户只能拥有一处宅基地,其宅基地的面积不得超过省、自治区、直辖市规定的标准。

农村村民建住宅,应当符合乡(镇)土地利用总体规划,并尽量使用原有的宅基地和村内空闲地。

农村村民住宅用地,经乡(镇)人民政府审核,由县级人民政府批准;其中,涉及占用农用地的,依照本法第四十四条的规定办理审批手续。

农村村民出卖、出租住房后,再申请宅基地的,不予批准。

第六十三条 农民集体所有的土地的使用权不得出让、转让或者出租用于非农业建设;但是,符合土地利用总体规划并依法取得建设用地的企业,因破产、兼并等情形致使土地使用权依法发生转移的除外。

第六十四条 在土地利用总体规划制定前已建的不符合土地利用总体规划确定的用途的建筑物、构筑物,不得重建、扩建。

第六十五条 有下列情形之一的,农村集体经济组织报经原批准用地的人民政府批准,可以收回土地使用权:

（一）为乡(镇)村公共设施和公益事业建设,需要使用土地的;

（二）不按照批准的用途使用土地的;

（三）因撤销、迁移等原因而停止使用土地的。

依照前款第(一)项规定收回农民集体所有的土地的,对土地使用权人应当给予适当补偿。

第六章 监督检查

第六十六条 县级以上人民政府土地行政主管部门对违反土地管理法律、法规的行为进行监督检查。

土地管理监督检查人员应当熟悉土地管理法律、法规，忠于职守、秉公执法。

第六十七条 县级以上人民政府土地行政主管部门履行监督检查职责时，有权采取下列措施：

（一）要求被检查的单位或者个人提供有关土地权利的文件和资料，进行查阅或者予以复制；

（二）要求被检查的单位或者个人就有关土地权利的问题作出说明；

（三）进入被检查单位或者个人非法占用的土地现场进行勘测；

（四）责令非法占用土地的单位或者个人停止违反土地管理法律、法规的行为。

第六十八条 土地管理监督检查人员履行职责，需要进入现场进行勘测、要求有关单位或者个人提供文件、资料和作出说明的，应当出示土地管理监督检查证件。

第六十九条 有关单位和个人对县级以上人民政府土地行政主管部门就土地违法行为进行的监督检查应当支持与配合，并提供工作方便，不得拒绝与阻碍土地管理监督检查人员依法执行职务。

第七十条 县级以上人民政府土地行政主管部门在监督检查工作中发现国家工作人员的违法行为，依法应当给予行政处分的，应当依法予以处理；自己无权处理的，应当向同级或者上级人民政府的行政监察机关提出行政处分建议书，有关行政监察机关应当依法予以处理。

第七十一条 县级以上人民政府土地行政主管部门在监督检查工作中发现土地违法行为构成犯罪的，应当将案件移送有关机关，依法追究刑事责任；尚不构成犯罪的，应当依法给予行政处罚。

第七十二条 依照本法规定应当给予行政处罚，而有关土地行政主管部门不给予行政处罚的，上级人民政府土地行政主管部门有权责令有关土地行政主管部门作出行政处罚决定或者直接给予行政处罚，并给予有关土地行政主管部门的负责人行政处分。

第七章 法律责任

第七十三条 买卖或者以其他形式非法转让土地的，由县级以上人民政府土地行政主管部门没收违法所得；对违反土地利用总体规划擅自将农用地改为建设用地的，限期拆除在非法转让的土地上新建的建筑物和其他设施，恢复土地原状，对符合土地利用总体规划的，没收在非法转让的土地上新建的建筑物和其他设施；可以并处罚款；对直接负责的主管人员和其他直接责任人员，依法给予行政处分；构成犯罪的，依法追究刑事责任。

第七十四条 违反本法规定，占用耕地建窑、建坟或者擅自在耕地上建房、挖砂、采石、采矿、取土等，破坏种植条件的，或者因开发土地造成土地荒漠化、盐渍化的，由县级以上人民政府土地行政主管部门责令限期改正或者治理，可以并处罚款；构成犯罪的，依法追究刑事责任。

第七十五条　违反本法规定，拒不履行土地复垦义务的，由县级以上人民政府土地行政主管部门责令限期改正；逾期不改正的，责令缴纳复垦费，专项用于土地复垦，可以处以罚款。

第七十六条　未经批准或者采取欺骗手段骗取批准，非法占用土地的，由县级以上人民政府土地行政主管部门责令退还非法占用的土地，对违反土地利用总体规划擅自将农用地改为建设用地的，限期拆除在非法占用的土地上新建的建筑物和其他设施，恢复土地原状，对符合土地利用总体规划的，没收在非法占用的土地上新建的建筑物和其他设施，可以并处罚款；对非法占用土地单位的直接负责的主管人员和其他直接责任人员，依法给予行政处分；构成犯罪的，依法追究刑事责任。

超过批准的数量占用土地，多占的土地以非法占用土地论处。

第七十七条　农村村民未经批准或者采取欺骗手段骗取批准，非法占用土地建住宅的，由县级以上人民政府土地行政主管部门责令退还非法占用的土地，限期拆除在非法占用的土地上新建的房屋。

超过省、自治区、直辖市规定的标准，多占的土地以非法占用土地论处。

第七十八条　无权批准征收、使用土地的单位或者个人非法批准占用土地的，超越批准权限非法批准占用土地的，不按照土地利用总体规划确定的用途批准用地的，或者违反法律规定的程序批准占用、征收土地的，其批准文件无效，对非法批准征收、使用土地的直接负责的主管人员和其他直接责任人员，依法给予行政处分；构成犯罪的，依法追究刑事责任。非法批准、使用的土地应当收回，有关当事人拒不归还的，以非法占用土地论处。

非法批准征收、使用土地，对当事人造成损失的，依法应当承担赔偿责任。

第七十九条　侵占、挪用被征收土地单位的征地补偿费用和其他有关费用，构成犯罪的，依法追究刑事责任；尚不构成犯罪的，依法给予行政处分。

第八十条　依法收回国有土地使用权当事人拒不交出土地的，临时使用土地期满拒不归还的，或者不按照批准的用途使用国有土地的，由县级以上人民政府土地行政主管部门责令交还土地，处以罚款。

第八十一条　擅自将农民集体所有的土地的使用权出让、转让或者出租用于非农业建设的，由县级以上人民政府土地行政主管部门责令限期改正，没收违法所得，并处罚款。

第八十二条　不依照本法规定办理土地变更登记的，由县级以上人民政府土地行政主管部门责令其限期办理。

第八十三条　依照本法规定，责令限期拆除在非法占用的土地上新建的建筑物和其他设施的，建设单位或者个人必须立即停止施工，自行拆除；对继续施工的，作出处罚决定的机关有权制止。建设单位或者个人对责令限期拆除的行政处罚决定不服的，可以在接到责令限期拆除决定之日起十五日内，向人民法院起诉；期满不起诉又不自行拆除的，由作出处罚决定的机关依法申请人民法院强制执行，费用由违法者承担。

第八十四条　土地行政主管部门的工作人员玩忽职守、滥用职权、徇私舞弊，构成犯罪的，依法追究刑事责任；尚不构成犯罪的，依法给予行政处分。

第八章 附 则

第八十五条 中外合资经营企业、中外合作经营企业、外资企业使用土地的,适用本法;法律另有规定的,从其规定。

第八十六条 本法自1999年1月1日起施行。

中华人民共和国可再生能源法

(2005年2月28日第十届全国人民代表大会常务委员会第十四次会议通过
2005年2月28日中华人民共和国主席令第33号公布
自2006年1月1日起施行)

第一章 总 则

第一条 为了促进可再生能源的开发利用,增加能源供应,改善能源结构,保障能源安全,保护环境,实现经济社会的可持续发展,制定本法。

第二条 本法所称可再生能源,是指风能、太阳能、水能、生物质能、地热能、海洋能等非化石能源。

水力发电对本法的适用,由国务院能源主管部门规定,报国务院批准。

通过低效率炉灶直接燃烧方式利用秸秆、薪柴、粪便等,不适用本法。

第三条 本法适用于中华人民共和国领域和管辖的其他海域。

第四条 国家将可再生能源的开发利用列为能源发展的优先领域,通过制定可再生能源开发利用总量目标和采取相应措施,推动可再生能源市场的建立和发展。

国家鼓励各种所有制经济主体参与可再生能源的开发利用,依法保护可再生能源开发利用者的合法权益。

第五条 国务院能源主管部门对全国可再生能源的开发利用实施统一管理。国务院有关部门在各自的职责范围内负责有关的可再生能源开发利用管理工作。

县级以上地方人民政府管理能源工作的部门负责本行政区域内可再生能源开发利用的管理工作。县级以上地方人民政府有关部门在各自的职责范围内负责有关的可再生能源开发利用管理工作。

第二章 资源调查与发展规划

第六条 国务院能源主管部门负责组织和协调全国可再生能源资源的调查,并会同国务院有关部门组织制定资源调查的技术规范。

国务院有关部门在各自的职责范围内负责相关可再生能源资源的调查,调查结果报国务院能源主管部门汇总。

可再生能源资源的调查结果应当公布;但是,国家规定需要保密的内容除外。

第七条 国务院能源主管部门根据全国能源需求与可再生能源资源实际状况,制定全国可再生能源开发利用中长期总量目标,报国务院批准后执行,并予公布。

国务院能源主管部门根据前款规定的总量目标和省、自治区、直辖市经济发展与可再生能源资源实际状况，会同省、自治区、直辖市人民政府确定各行政区域可再生能源开发利用中长期目标，并予公布。

第八条 国务院能源主管部门根据全国可再生能源开发利用中长期总量目标，会同国务院有关部门，编制全国可再生能源开发利用规划，报国务院批准后实施。

省、自治区、直辖市人民政府管理能源工作的部门根据本行政区域可再生能源开发利用中长期目标，会同本级人民政府有关部门编制本行政区域可再生能源开发利用规划，报本级人民政府批准后实施。

经批准的规划应当公布；但是，国家规定需要保密的内容除外。

经批准的规划需要修改的，须经原批准机关批准。

第九条 编制可再生能源开发利用规划，应当征求有关单位、专家和公众的意见，进行科学论证。

第三章　产业指导与技术支持

第十条 国务院能源主管部门根据全国可再生能源开发利用规划，制定、公布可再生能源产业发展指导目录。

第十一条 国务院标准化行政主管部门应当制定、公布国家可再生能源电力的并网技术标准和其他需要在全国范围内统一技术要求的有关可再生能源技术和产品的国家标准。

对前款规定的国家标准中未作规定的技术要求，国务院有关部门可以制定相关的行业标准，并报国务院标准化行政主管部门备案。

第十二条 国家将可再生能源开发利用的科学技术研究和产业化发展列为科技发展与高技术产业发展的优先领域，纳入国家科技发展规划和高技术产业发展规划，并安排资金支持可再生能源开发利用的科学技术研究、应用示范和产业化发展，促进可再生能源开发利用的技术进步，降低可再生能源产品的生产成本，提高产品质量。

国务院教育行政部门应当将可再生能源知识和技术纳入普通教育、职业教育课程。

第四章　推　广　与　应　用

第十三条 国家鼓励和支持可再生能源并网发电。

建设可再生能源并网发电项目，应当依照法律和国务院的规定取得行政许可或者报送备案。

建设应当取得行政许可的可再生能源并网发电项目，有多人申请同一项目许可的，应当依法通过招标确定被许可人。

第十四条 电网企业应当与依法取得行政许可或者报送备案的可再生能源发电企业签订并网协议，全额收购其电网覆盖范围内可再生能源并网发电项目的上网电量，并为可再生能源发电提供上网服务。

第十五条 国家扶持在电网未覆盖的地区建设可再生能源独立电力系统，为当地生产和生活提供电力服务。

第十六条 国家鼓励清洁、高效地开发利用生物质燃料，鼓励发展能源作物。

利用生物质资源生产的燃气和热力，符合城市燃气管网、热力管网的入网技术标准的，经营燃气管网、热力管网的企业应当接收其入网。

国家鼓励生产和利用生物液体燃料。石油销售企业应当按照国务院能源主管部门或者省级人民政府的规定，将符合国家标准的生物液体燃料纳入其燃料销售体系。

第十七条　国家鼓励单位和个人安装和使用太阳能热水系统、太阳能供热采暖和制冷系统、太阳能光伏发电系统等太阳能利用系统。

国务院建设行政主管部门会同国务院有关部门制定太阳能利用系统与建筑结合的技术经济政策和技术规范。

房地产开发企业应当根据前款规定的技术规范，在建筑物的设计和施工中，为太阳能利用提供必备条件。

对已建成的建筑物，住户可以在不影响其质量与安全的前提下安装符合技术规范和产品标准的太阳能利用系统；但是，当事人另有约定的除外。

第十八条　国家鼓励和支持农村地区的可再生能源开发利用。

县级以上地方人民政府管理能源工作的部门会同有关部门，根据当地经济社会发展、生态保护和卫生综合治理需要等实际情况，制定农村地区可再生能源发展规划，因地制宜地推广应用沼气等生物质资源转化、户用太阳能、小型风能、小型水能等技术。

县级以上人民政府应当对农村地区的可再生能源利用项目提供财政支持。

第五章　价格管理与费用分摊

第十九条　可再生能源发电项目的上网电价，由国务院价格主管部门根据不同类型可再生能源发电的特点和不同地区的情况，按照有利于促进可再生能源开发利用和经济合理的原则确定，并根据可再生能源开发利用技术的发展适时调整。上网电价应当公布。

依照本法第十三条第三款规定实行招标的可再生能源发电项目的上网电价，按照中标确定的价格执行；但是，不得高于依照前款规定确定的同类可再生能源发电项目的上网电价水平。

第二十条　电网企业依照本法第十九条规定确定的上网电价收购可再生能源电量所发生的费用，高于按照常规能源发电平均上网电价计算所发生费用之间的差额，附加在销售电价中分摊。具体办法由国务院价格主管部门制定。

第二十一条　电网企业为收购可再生能源电量而支付的合理的接网费用以及其他合理的相关费用，可以计入电网企业输电成本，并从销售电价中回收。

第二十二条　国家投资或者补贴建设的公共可再生能源独立电力系统的销售电价，执行同一地区分类销售电价，其合理的运行和管理费用超出销售电价的部分，依照本法第二十条规定的办法分摊。

第二十三条　进入城市管网的可再生能源热力和燃气的价格，按照有利于促进可再生能源开发利用和经济合理的原则，根据价格管理权限确定。

第六章　经济激励与监督措施

第二十四条　国家财政设立可再生能源发展专项资金，用于支持以下活动：

（一）可再生能源开发利用的科学技术研究、标准制定和示范工程；
（二）农村、牧区生活用能的可再生能源利用项目；
（三）偏远地区和海岛可再生能源独立电力系统建设；
（四）可再生能源的资源勘查、评价和相关信息系统建设；
（五）促进可再生能源开发利用设备的本地化生产。

第二十五条 对列入国家可再生能源产业发展指导目录、符合信贷条件的可再生能源开发利用项目，金融机构可以提供有财政贴息的优惠贷款。

第二十六条 国家对列入可再生能源产业发展指导目录的项目给予税收优惠。具体办法由国务院规定。

第二十七条 电力企业应当真实、完整地记载和保存可再生能源发电的有关资料，并接受电力监管机构的检查和监督。

电力监管机构进行检查时，应当依照规定的程序进行，并为被检查单位保守商业秘密和其他秘密。

第七章 法 律 责 任

第二十八条 国务院能源主管部门和县级以上地方人民政府管理能源工作的部门和其他有关部门在可再生能源开发利用监督管理工作中，违反本法规定，有下列行为之一的，由本级人民政府或者上级人民政府有关部门责令改正，对负有责任的主管人员和其他直接责任人员依法给予行政处分；构成犯罪的，依法追究刑事责任：
（一）不依法作出行政许可决定的；
（二）发现违法行为不予查处的；
（三）有不依法履行监督管理职责的其他行为的。

第二十九条 违反本法第十四条规定，电网企业未全额收购可再生能源电量，造成可再生能源发电企业经济损失的，应当承担赔偿责任，并由国家电力监管机构责令限期改正；拒不改正的，处以可再生能源发电企业经济损失额一倍以下的罚款。

第三十条 违反本法第十六条第二款规定，经营燃气管网、热力管网的企业不准许符合入网技术标准的燃气、热力入网，造成燃气、热力生产企业经济损失的，应当承担赔偿责任，并由省级人民政府管理能源工作的部门责令限期改正；拒不改正的，处以燃气、热力生产企业经济损失额一倍以下的罚款。

第三十一条 违反本法第十六条第三款规定，石油销售企业未按照规定将符合国家标准的生物液体燃料纳入其燃料销售体系，造成生物液体燃料生产企业经济损失的，应当承担赔偿责任，并由国务院能源主管部门或者省级人民政府管理能源工作的部门责令限期改正；拒不改正的，处以生物液体燃料生产企业经济损失额一倍以下的罚款。

第八章 附 则

第三十二条 本法中下列用语的含义：
（一）生物质能，是指利用自然界的植物、粪便以及城乡有机废物转化成的能源。

（二）可再生能源独立电力系统，是指不与电网连接的单独运行的可再生能源电力系统。

（三）能源作物，是指经专门种植，用以提供能源原料的草本和木本植物。

（四）生物液体燃料，是指利用生物质资源生产的甲醇、乙醇和生物柴油等液体燃料。

第三十三条 本法自 2006 年 1 月 1 日起施行。

中华人民共和国物权法

（2007年3月16日第十届全国人民代表大会第五次会议通过
2007年3月16日中华人民共和国主席令第62号公布
自2007年10月1日起施行）

第一编　总　则

第一章　基　本　原　则

第一条　为了维护国家基本经济制度，维护社会主义市场经济秩序，明确物的归属，发挥物的效用，保护权利人的物权，根据宪法，制定本法。

第二条　因物的归属和利用而产生的民事关系，适用本法。

本法所称物，包括不动产和动产。法律规定权利作为物权客体的，依照其规定。

本法所称物权，是指权利人依法对特定的物享有直接支配和排他的权利，包括所有权、用益物权和担保物权。

第三条　国家在社会主义初级阶段，坚持公有制为主体、多种所有制经济共同发展的基本经济制度。

国家巩固和发展公有制经济，鼓励、支持和引导非公有制经济的发展。

国家实行社会主义市场经济，保障一切市场主体的平等法律地位和发展权利。

第四条　国家、集体、私人的物权和其他权利人的物权受法律保护，任何单位和个人不得侵犯。

第五条　物权的种类和内容，由法律规定。

第六条　不动产物权的设立、变更、转让和消灭，应当依照法律规定登记。动产物权的设立和转让，应当依照法律规定交付。

第七条　物权的取得和行使，应当遵守法律，尊重社会公德，不得损害公共利益和他人合法权益。

第八条　其他相关法律对物权另有特别规定的，依照其规定。

第二章　物权的设立、变更、转让和消灭

第一节　不动产登记

第九条　不动产物权的设立、变更、转让和消灭，经依法登记，发生效力；未经登

记，不发生效力，但法律另有规定的除外。

依法属于国家所有的自然资源，所有权可以不登记。

第十条 不动产登记，由不动产所在地的登记机构办理。

国家对不动产实行统一登记制度。统一登记的范围、登记机构和登记办法，由法律、行政法规规定。

第十一条 当事人申请登记，应当根据不同登记事项提供权属证明和不动产界址、面积等必要材料。

第十二条 登记机构应当履行下列职责：

（一）查验申请人提供的权属证明和其他必要材料；

（二）就有关登记事项询问申请人；

（三）如实、及时登记有关事项；

（四）法律、行政法规规定的其他职责。

申请登记的不动产的有关情况需要进一步证明的，登记机构可以要求申请人补充材料，必要时可以实地查看。

第十三条 登记机构不得有下列行为：

（一）要求对不动产进行评估；

（二）以年检等名义进行重复登记；

（三）超出登记职责范围的其他行为。

第十四条 不动产物权的设立、变更、转让和消灭，依照法律规定应当登记的，自记载于不动产登记簿时发生效力。

第十五条 当事人之间订立有关设立、变更、转让和消灭不动产物权的合同，除法律另有规定或者合同另有约定外，自合同成立时生效；未办理物权登记的，不影响合同效力。

第十六条 不动产登记簿是物权归属和内容的根据。不动产登记簿由登记机构管理。

第十七条 不动产权属证书是权利人享有该不动产物权的证明。不动产权属证书记载的事项，应当与不动产登记簿一致；记载不一致的，除有证据证明不动产登记簿确有错误外，以不动产登记簿为准。

第十八条 权利人、利害关系人可以申请查询、复制登记资料，登记机构应当提供。

第十九条 权利人、利害关系人认为不动产登记簿记载的事项错误的，可以申请更正登记。不动产登记簿记载的权利人书面同意更正或者有证据证明登记确有错误的，登记机构应当予以更正。

不动产登记簿记载的权利人不同意更正的，利害关系人可以申请异议登记。登记机构予以异议登记的，申请人在异议登记之日起十五日内不起诉，异议登记失效。异议登记不当，造成权利人损害的，权利人可以向申请人请求损害赔偿。

第二十条 当事人签订买卖房屋或者其他不动产物权的协议，为保障将来实现物权，按照约定可以向登记机构申请预告登记。预告登记后，未经预告登记的权利人同意，处分该不动产的，不发生物权效力。

预告登记后，债权消灭或者自能够进行不动产登记之日起三个月内未申请登记的，预告登记失效。

第二十一条　当事人提供虚假材料申请登记，给他人造成损害的，应当承担赔偿责任。

因登记错误，给他人造成损害的，登记机构应当承担赔偿责任。登记机构赔偿后，可以向造成登记错误的人追偿。

第二十二条　不动产登记费按件收取，不得按照不动产的面积、体积或者价款的比例收取。具体收费标准由国务院有关部门会同价格主管部门规定。

第二节　动产交付

第二十三条　动产物权的设立和转让，自交付时发生效力，但法律另有规定的除外。

第二十四条　船舶、航空器和机动车等物权的设立、变更、转让和消灭，未经登记，不得对抗善意第三人。

第二十五条　动产物权设立和转让前，权利人已经依法占有该动产的，物权自法律行为生效时发生效力。

第二十六条　动产物权设立和转让前，第三人依法占有该动产的，负有交付义务的人可以通过转让请求第三人返还原物的权利代替交付。

第二十七条　动产物权转让时，双方又约定由出让人继续占有该动产的，物权自该约定生效时发生效力。

第三节　其他规定

第二十八条　因人民法院、仲裁委员会的法律文书或者人民政府的征收决定等，导致物权设立、变更、转让或者消灭的，自法律文书或者人民政府的征收决定等生效时发生效力。

第二十九条　因继承或者受遗赠取得物权的，自继承或者受遗赠开始时发生效力。

第三十条　因合法建造、拆除房屋等事实行为设立或者消灭物权的，自事实行为成就时发生效力。

第三十一条　依照本法第二十八条至第三十条规定享有不动产物权的，处分该物权时，依照法律规定需要办理登记的，未经登记，不发生物权效力。

第三章　物权的保护

第三十二条　物权受到侵害的，权利人可以通过和解、调解、仲裁、诉讼等途径解决。

第三十三条　因物权的归属、内容发生争议的，利害关系人可以请求确认权利。

第三十四条　无权占有不动产或者动产的，权利人可以请求返还原物。

第三十五条　妨害物权或者可能妨害物权的，权利人可以请求排除妨害或者消除危险。

第三十六条　造成不动产或者动产毁损的，权利人可以请求修理、重作、更换或者恢复原状。

第三十七条　侵害物权，造成权利人损害的，权利人可以请求损害赔偿，也可以请求承担其他民事责任。

第三十八条 本章规定的物权保护方式，可以单独适用，也可以根据权利被侵害的情形合并适用。

侵害物权，除承担民事责任外，违反行政管理规定的，依法承担行政责任；构成犯罪的，依法追究刑事责任。

第二编 所 有 权

第四章 一 般 规 定

第三十九条 所有权人对自己的不动产或者动产，依法享有占有、使用、收益和处分的权利。

第四十条 所有权人有权在自己的不动产或者动产上设立用益物权和担保物权。用益物权人、担保物权人行使权利，不得损害所有权人的权益。

第四十一条 法律规定专属于国家所有的不动产和动产，任何单位和个人不能取得所有权。

第四十二条 为了公共利益的需要，依照法律规定的权限和程序可以征收集体所有的土地和单位、个人的房屋及其他不动产。

征收集体所有的土地，应当依法足额支付土地补偿费、安置补助费、地上附着物和青苗的补偿费等费用，安排被征地农民的社会保障费用，保障被征地农民的生活，维护被征地农民的合法权益。

征收单位、个人的房屋及其他不动产，应当依法给予拆迁补偿，维护被征收人的合法权益；征收个人住宅的，还应当保障被征收人的居住条件。

任何单位和个人不得贪污、挪用、私分、截留、拖欠征收补偿费等费用。

第四十三条 国家对耕地实行特殊保护，严格限制农用地转为建设用地，控制建设用地总量。不得违反法律规定的权限和程序征收集体所有的土地。

第四十四条 因抢险、救灾等紧急需要，依照法律规定的权限和程序可以征用单位、个人的不动产或者动产。被征用的不动产或者动产使用后，应当返还被征用人。单位、个人的不动产或者动产被征用或者征用后毁损、灭失的，应当给予补偿。

第五章 国家所有权和集体所有权、私人所有权

第四十五条 法律规定属于国家所有的财产，属于国家所有即全民所有。

国有财产由国务院代表国家行使所有权；法律另有规定的，依照其规定。

第四十六条 矿藏、水流、海域属于国家所有。

第四十七条 城市的土地，属于国家所有。法律规定属于国家所有的农村和城市郊区的土地，属于国家所有。

第四十八条 森林、山岭、草原、荒地、滩涂等自然资源，属于国家所有，但法律规

定属于集体所有的除外。

第四十九条 法律规定属于国家所有的野生动植物资源，属于国家所有。

第五十条 无线电频谱资源属于国家所有。

第五十一条 法律规定属于国家所有的文物，属于国家所有。

第五十二条 国防资产属于国家所有。

铁路、公路、电力设施、电信设施和油气管道等基础设施，依照法律规定为国家所有的，属于国家所有。

第五十三条 国家机关对其直接支配的不动产和动产，享有占有、使用以及依照法律和国务院的有关规定处分的权利。

第五十四条 国家举办的事业单位对其直接支配的不动产和动产，享有占有、使用以及依照法律和国务院的有关规定收益、处分的权利。

第五十五条 国家出资的企业，由国务院、地方人民政府依照法律、行政法规规定分别代表国家履行出资人职责，享有出资人权益。

第五十六条 国家所有的财产受法律保护，禁止任何单位和个人侵占、哄抢、私分、截留、破坏。

第五十七条 履行国有财产管理、监督职责的机构及其工作人员，应当依法加强对国有财产的管理、监督，促进国有财产保值增值，防止国有财产损失；滥用职权，玩忽职守，造成国有财产损失的，应当依法承担法律责任。

违反国有财产管理规定，在企业改制、合并分立、关联交易等过程中，低价转让、合谋私分、擅自担保或者以其他方式造成国有财产损失的，应当依法承担法律责任。

第五十八条 集体所有的不动产和动产包括：

（一）法律规定属于集体所有的土地和森林、山岭、草原、荒地、滩涂；

（二）集体所有的建筑物、生产设施、农田水利设施；

（三）集体所有的教育、科学、文化、卫生、体育等设施；

（四）集体所有的其他不动产和动产。

第五十九条 农民集体所有的不动产和动产，属于本集体成员集体所有。

下列事项应当依照法定程序经本集体成员决定：

（一）土地承包方案以及将土地发包给本集体以外的单位或者个人承包；

（二）个别土地承包经营权人之间承包地的调整；

（三）土地补偿费等费用的使用、分配办法；

（四）集体出资的企业的所有权变动等事项；

（五）法律规定的其他事项。

第六十条 对于集体所有的土地和森林、山岭、草原、荒地、滩涂等，依照下列规定行使所有权：

（一）属于村农民集体所有的，由村集体经济组织或者村民委员会代表集体行使所有权；

（二）分别属于村内两个以上农民集体所有的，由村内各该集体经济组织或者村民小组代表集体行使所有权；

（三）属于乡镇农民集体所有的，由乡镇集体经济组织代表集体行使所有权。

第六十一条 城镇集体所有的不动产和动产，依照法律、行政法规的规定由本集体享有占有、使用、收益和处分的权利。

第六十二条 集体经济组织或者村民委员会、村民小组应当依照法律、行政法规以及章程、村规民约向本集体成员公布集体财产的状况。

第六十三条 集体所有的财产受法律保护，禁止任何单位和个人侵占、哄抢、私分、破坏。

集体经济组织、村民委员会或者其负责人作出的决定侵害集体成员合法权益的，受侵害的集体成员可以请求人民法院予以撤销。

第六十四条 私人对其合法的收入、房屋、生活用品、生产工具、原材料等不动产和动产享有所有权。

第六十五条 私人合法的储蓄、投资及其收益受法律保护。

第六十六条 私人的合法财产受法律保护，禁止任何单位和个人侵占、哄抢、破坏。

第六十七条 国家、集体和私人依法可以出资设立有限责任公司、股份有限公司或者其他企业。国家、集体和私人所有的不动产或者动产，投到企业的，由出资人按照约定或者出资比例享有资产收益、重大决策以及选择经营管理者等权利并履行义务。

第六十八条 企业法人对其不动产和动产依照法律、行政法规以及章程享有占有、使用、收益和处分的权利。

企业法人以外的法人，对其不动产和动产的权利，适用有关法律、行政法规以及章程的规定。

第六十九条 社会团体依法所有的不动产和动产，受法律保护。

第六章 业主的建筑物区分所有权

第七十条 业主对建筑物内的住宅、经营性用房等专有部分享有所有权，对专有部分以外的共有部分享有共有和共同管理的权利。

第七十一条 业主对其建筑物专有部分享有占有、使用、收益和处分的权利。业主行使权利不得危及建筑物的安全，不得损害其他业主的合法权益。

第七十二条 业主对建筑物专有部分以外的共有部分，享有权利，承担义务；不得以放弃权利不履行义务。

业主转让建筑物内的住宅、经营性用房，其对共有部分享有的共有和共同管理的权利一并转让。

第七十三条 建筑区划内的道路，属于业主共有，但属于城镇公共道路的除外。建筑区划内的绿地，属于业主共有，但属于城镇公共绿地或者明示属于个人的除外。建筑区划内的其他公共场所、公用设施和物业服务用房，属于业主共有。

第七十四条 建筑区划内，规划用于停放汽车的车位、车库应当首先满足业主的需要。

建筑区划内，规划用于停放汽车的车位、车库的归属，由当事人通过出售、附赠或者出租等方式约定。

占用业主共有的道路或者其他场地用于停放汽车的车位，属于业主共有。

第七十五条 业主可以设立业主大会，选举业主委员会。

地方人民政府有关部门应当对设立业主大会和选举业主委员会给予指导和协助。

第七十六条 下列事项由业主共同决定：

（一）制定和修改业主大会议事规则；

（二）制定和修改建筑物及其附属设施的管理规约；

（三）选举业主委员会或者更换业主委员会成员；

（四）选聘和解聘物业服务企业或者其他管理人；

（五）筹集和使用建筑物及其附属设施的维修资金；

（六）改建、重建建筑物及其附属设施；

（七）有关共有和共同管理权利的其他重大事项。

决定前款第五项和第六项规定的事项，应当经专有部分占建筑物总面积三分之二以上的业主且占总人数三分之二以上的业主同意。决定前款其他事项，应当经专有部分占建筑物总面积过半数的业主且占总人数过半数的业主同意。

第七十七条 业主不得违反法律、法规以及管理规约，将住宅改变为经营性用房。业主将住宅改变为经营性用房的，除遵守法律、法规以及管理规约外，应当经有利害关系的业主同意。

第七十八条 业主大会或者业主委员会的决定，对业主具有约束力。

业主大会或者业主委员会作出的决定侵害业主合法权益的，受侵害的业主可以请求人民法院予以撤销。

第七十九条 建筑物及其附属设施的维修资金，属于业主共有。经业主共同决定，可以用于电梯、水箱等共有部分的维修。维修资金的筹集、使用情况应当公布。

第八十条 建筑物及其附属设施的费用分摊、收益分配等事项，有约定的，按照约定；没有约定或者约定不明确的，按照业主专有部分占建筑物总面积的比例确定。

第八十一条 业主可以自行管理建筑物及其附属设施，也可以委托物业服务企业或者其他管理人管理。

对建设单位聘请的物业服务企业或者其他管理人，业主有权依法更换。

第八十二条 物业服务企业或者其他管理人根据业主的委托管理建筑区划内的建筑物及其附属设施，并接受业主的监督。

第八十三条 业主应当遵守法律、法规以及管理规约。

业主大会和业主委员会，对任意弃置垃圾、排放污染物或者噪声、违反规定饲养动物、违章搭建、侵占通道、拒付物业费等损害他人合法权益的行为，有权依照法律、法规以及管理规约，要求行为人停止侵害、消除危险、排除妨害、赔偿损失。业主对侵害自己合法权益的行为，可以依法向人民法院提起诉讼。

第七章 相 邻 关 系

第八十四条 不动产的相邻权利人应当按照有利生产、方便生活、团结互助、公平合理的原则，正确处理相邻关系。

第八十五条 法律、法规对处理相邻关系有规定的，依照其规定；法律、法规没有规定的，可以按照当地习惯。

第八十六条 不动产权利人应当为相邻权利人用水、排水提供必要的便利。

对自然流水的利用，应当在不动产的相邻权利人之间合理分配。对自然流水的排放，应当尊重自然流向。

第八十七条 不动产权利人对相邻权利人因通行等必须利用其土地的，应当提供必要的便利。

第八十八条 不动产权利人因建造、修缮建筑物以及铺设电线、电缆、水管、暖气和燃气管线等必须利用相邻土地、建筑物的，该土地、建筑物的权利人应当提供必要的便利。

第八十九条 建造建筑物，不得违反国家有关工程建设标准，妨碍相邻建筑物的通风、采光和日照。

第九十条 不动产权利人不得违反国家规定弃置固体废物，排放大气污染物、水污染物、噪声、光、电磁波辐射等有害物质。

第九十一条 不动产权利人挖掘土地、建造建筑物、铺设管线以及安装设备等，不得危及相邻不动产的安全。

第九十二条 不动产权利人因用水、排水、通行、铺设管线等利用相邻不动产的，应当尽量避免对相邻的不动产权利人造成损害；造成损害的，应当给予赔偿

第八章 共 有

第九十三条 不动产或者动产可以由两个以上单位、个人共有。共有包括按份共有和共同共有。

第九十四条 按份共有人对共有的不动产或者动产按照其份额享有所有权。

第九十五条 共同共有人对共有的不动产或者动产共同享有所有权。

第九十六条 共有人按照约定管理共有的不动产或者动产；没有约定或者约定不明确的，各共有人都有管理的权利和义务。

第九十七条 处分共有的不动产或者动产以及对共有的不动产或者动产作重大修缮的，应当经占份额三分之二以上的按份共有人或者全体共同共有人同意，但共有人之间另有约定的除外。

第九十八条 对共有物的管理费用以及其他负担，有约定的，按照约定；没有约定或者约定不明确的，按份共有人按照其份额负担，共同共有人共同负担。

第九十九条 共有人约定不得分割共有的不动产或者动产，以维持共有关系的，应当按照约定，但共有人有重大理由需要分割的，可以请求分割；没有约定或者约定不明确的，按份共有人可以随时请求分割，共同共有人在共有的基础丧失或者有重大理由需要分割时可以请求分割。因分割对其他共有人造成损害的，应当给予赔偿。

第一百条 共有人可以协商确定分割方式。达不成协议，共有的不动产或者动产可以分割并且不会因分割减损价值的，应当对实物予以分割；难以分割或者因分割会减损价值的，应当对折价或者拍卖、变卖取得的价款予以分割。

共有人分割所得的不动产或者动产有瑕疵的，其他共有人应当分担损失。

第一百零一条 按份共有人可以转让其享有的共有的不动产或者动产份额。其他共有人在同等条件下享有优先购买的权利。

第一百零二条 因共有的不动产或者动产产生的债权债务，在对外关系上，共有人享有连带债权、承担连带债务，但法律另有规定或者第三人知道共有人不具有连带债权债务关系的除外；在共有人内部关系上，除共有人另有约定外，按份共有人按照份额享有债权、承担债务，共同共有人共同享有债权、承担债务。偿还债务超过自己应当承担份额的按份共有人，有权向其他共有人追偿。

第一百零三条 共有人对共有的不动产或者动产没有约定为按份共有或者共同共有，或者约定不明确的，除共有人具有家庭关系等外，视为按份共有。

第一百零四条 按份共有人对共有的不动产或者动产享有的份额，没有约定或者约定不明确的，按照出资额确定；不能确定出资额的，视为等额享有。

第一百零五条 两个以上单位、个人共同享有用益物权、担保物权的，参照本章规定。

第九章 所有权取得的特别规定

第一百零六条 无处分权人将不动产或者动产转让给受让人的，所有权人有权追回；除法律另有规定外，符合下列情形的，受让人取得该不动产或者动产的所有权：

（一）受让人受让该不动产或者动产时是善意的；

（二）以合理的价格转让；

（三）转让的不动产或者动产依照法律规定应当登记的已经登记，不需要登记的已经交付给受让人。

受让人依照前款规定取得不动产或者动产的所有权的，原所有权人有权向无处分权人请求赔偿损失。

当事人善意取得其他物权的，参照前两款规定。

第一百零七条 所有权人或者其他权利人有权追回遗失物。该遗失物通过转让被他人占有的，权利人有权向无处分权人请求损害赔偿，或者自知道或者应当知道受让人之日起二年内向受让人请求返还原物，但受让人通过拍卖或者向具有经营资格的经营者购得该遗失物的，权利人请求返还原物时应当支付受让人所付的费用。权利人向受让人支付所付费用后，有权向无处分权人追偿。

第一百零八条 善意受让人取得动产后，该动产上的原有权利消灭，但善意受让人在受让时知道或者应当知道该权利的除外。

第一百零九条 拾得遗失物，应当返还权利人。拾得人应当及时通知权利人领取，或者送交公安等有关部门。

第一百一十条 有关部门收到遗失物，知道权利人的，应当及时通知其领取；不知道的，应当及时发布招领公告。

第一百一十一条 拾得人在遗失物送交有关部门前，有关部门在遗失物被领取前，应当妥善保管遗失物。因故意或者重大过失致使遗失物毁损、灭失的，应当承担民事责任。

第一百一十二条 权利人领取遗失物时，应当向拾得人或者有关部门支付保管遗失物等支出的必要费用。

权利人悬赏寻找遗失物的，领取遗失物时应当按照承诺履行义务。

拾得人侵占遗失物的，无权请求保管遗失物等支出的费用，也无权请求权利人按照承诺履行义务。

第一百一十三条 遗失物自发布招领公告之日起六个月内无人认领的，归国家所有。

第一百一十四条 拾得漂流物、发现埋藏物或者隐藏物的，参照拾得遗失物的有关规定。文物保护法等法律另有规定的，依照其规定。

第一百一十五条 主物转让的，从物随主物转让，但当事人另有约定的除外。

第一百一十六条 天然孳息，由所有权人取得；既有所有权人又有用益物权人的，由用益物权人取得。当事人另有约定的，按照约定。

法定孳息，当事人有约定的，按照约定取得；没有约定或者约定不明确的，按照交易习惯取得。

第三编 用 益 物 权

第十章 一 般 规 定

第一百一十七条 用益物权人对他人所有的不动产或者动产，依法享有占有、使用和收益的权利。

第一百一十八条 国家所有或者国家所有由集体使用以及法律规定属于集体所有的自然资源，单位、个人依法可以占有、使用和收益。

第一百一十九条 国家实行自然资源有偿使用制度，但法律另有规定的除外。

第一百二十条 用益物权人行使权利，应当遵守法律有关保护和合理开发利用资源的规定。所有权人不得干涉用益物权人行使权利。

第一百二十一条 因不动产或者动产被征收、征用致使用益物权消灭或者影响用益物权行使的，用益物权人有权依照本法第四十二条、第四十四条的规定获得相应补偿。

第一百二十二条 依法取得的海域使用权受法律保护。

第一百二十三条 依法取得的探矿权、采矿权、取水权和使用水域、滩涂从事养殖、捕捞的权利受法律保护。

第十一章 土地承包经营权

第一百二十四条 农村集体经济组织实行家庭承包经营为基础、统分结合的双层经营体制。

农民集体所有和国家所有由农民集体使用的耕地、林地、草地以及其他用于农业的土地，依法实行土地承包经营制度。

第一百二十五条 土地承包经营权人依法对其承包经营的耕地、林地、草地等享有占有、使用和收益的权利,有权从事种植业、林业、畜牧业等农业生产。

  第一百二十六条 耕地的承包期为三十年。草地的承包期为三十年至五十年。林地的承包期为三十年至七十年;特殊林木的林地承包期,经国务院林业行政主管部门批准可以延长。

  前款规定的承包期届满,由土地承包经营权人按照国家有关规定继续承包。

  第一百二十七条 土地承包经营权自土地承包经营权合同生效时设立。

  县级以上地方人民政府应当向土地承包经营权人发放土地承包经营权证、林权证、草原使用权证,并登记造册,确认土地承包经营权。

  第一百二十八条 土地承包经营权人依照农村土地承包法的规定,有权将土地承包经营权采取转包、互换、转让等方式流转。流转的期限不得超过承包期的剩余期限。未经依法批准,不得将承包地用于非农建设。

  第一百二十九条 土地承包经营权人将土地承包经营权互换、转让,当事人要求登记的,应当向县级以上地方人民政府申请土地承包经营权变更登记;未经登记,不得对抗善意第三人。

  第一百三十条 承包期内发包人不得调整承包地。

  因自然灾害严重毁损承包地等特殊情形,需要适当调整承包的耕地和草地的,应当依照农村土地承包法等法律规定办理。

  第一百三十一条 承包期内发包人不得收回承包地。农村土地承包法等法律另有规定的,依照其规定。

  第一百三十二条 承包地被征收的,土地承包经营权人有权依照本法第四十二条第二款的规定获得相应补偿。

  第一百三十三条 通过招标、拍卖、公开协商等方式承包荒地等农村土地,依照农村土地承包法等法律和国务院的有关规定,其土地承包经营权可以转让、入股、抵押或者以其他方式流转。

  第一百三十四条 国家所有的农用地实行承包经营的,参照本法的有关规定。

第十二章 建设用地使用权

  第一百三十五条 建设用地使用权人依法对国家所有的土地享有占有、使用和收益的权利,有权利用该土地建造建筑物、构筑物及其附属设施。

  第一百三十六条 建设用地使用权可以在土地的地表、地上或者地下分别设立。新设立的建设用地使用权,不得损害已设立的用益物权。

  第一百三十七条 设立建设用地使用权,可以采取出让或者划拨等方式。

  工业、商业、旅游、娱乐和商品住宅等经营性用地以及同一土地有两个以上意向用地者的,应当采取招标、拍卖等公开竞价的方式出让。

  严格限制以划拨方式设立建设用地使用权。采取划拨方式的,应当遵守法律、行政法规关于土地用途的规定。

  第一百三十八条 采取招标、拍卖、协议等出让方式设立建设用地使用权的,当事人应当采取书面形式订立建设用地使用权出让合同。

建设用地使用权出让合同一般包括下列条款：

（一）当事人的名称和住所；

（二）土地界址、面积等；

（三）建筑物、构筑物及其附属设施占用的空间；

（四）土地用途；

（五）使用期限；

（六）出让金等费用及其支付方式；

（七）解决争议的方法。

第一百三十九条 设立建设用地使用权的，应当向登记机构申请建设用地使用权登记。建设用地使用权自登记时设立。登记机构应当向建设用地使用权人发放建设用地使用权证书。

第一百四十条 建设用地使用权人应当合理利用土地，不得改变土地用途；需要改变土地用途的，应当依法经有关行政主管部门批准。

第一百四十一条 建设用地使用权人应当依照法律规定以及合同约定支付出让金等费用。

第一百四十二条 建设用地使用权人建造的建筑物、构筑物及其附属设施的所有权属于建设用地使用权人，但有相反证据证明的除外。

第一百四十三条 建设用地使用权人有权将建设用地使用权转让、互换、出资、赠与或者抵押，但法律另有规定的除外。

第一百四十四条 建设用地使用权转让、互换、出资、赠与或者抵押的，当事人应当采取书面形式订立相应的合同。使用期限由当事人约定，但不得超过建设用地使用权的剩余期限。

第一百四十五条 建设用地使用权转让、互换、出资或者赠与的，应当向登记机构申请变更登记。

第一百四十六条 建设用地使用权转让、互换、出资或者赠与的，附着于该土地上的建筑物、构筑物及其附属设施一并处分。

第一百四十七条 建筑物、构筑物及其附属设施转让、互换、出资或者赠与的，该建筑物、构筑物及其附属设施占用范围内的建设用地使用权一并处分。

第一百四十八条 建设用地使用权期间届满前，因公共利益需要提前收回该土地的，应当依照本法第四十二条的规定对该土地上的房屋及其他不动产给予补偿，并退还相应的出让金。

第一百四十九条 住宅建设用地使用权期间届满的，自动续期。

非住宅建设用地使用权期间届满后的续期，依照法律规定办理。该土地上的房屋及其他不动产的归属，有约定的，按照约定；没有约定或者约定不明确的，依照法律、行政法规的规定办理。

第一百五十条 建设用地使用权消灭的，出让人应当及时办理注销登记。登记机构应当收回建设用地使用权证书。

第一百五十一条 集体所有的土地作为建设用地的，应当依照土地管理法等法律规定办理。

第十三章 宅基地使用权

第一百五十二条 宅基地使用权人依法对集体所有的土地享有占有和使用的权利,有权依法利用该土地建造住宅及其附属设施。

第一百五十三条 宅基地使用权的取得、行使和转让,适用土地管理法等法律和国家有关规定。

第一百五十四条 宅基地因自然灾害等原因灭失的,宅基地使用权消灭。对失去宅基地的村民,应当重新分配宅基地。

第一百五十五条 已经登记的宅基地使用权转让或者消灭的,应当及时办理变更登记或者注销登记。

第十四章 地役权

第一百五十六条 地役权人有权按照合同约定,利用他人的不动产,以提高自己的不动产的效益。

前款所称他人的不动产为供役地,自己的不动产为需役地。

第一百五十七条 设立地役权,当事人应当采取书面形式订立地役权合同。

地役权合同一般包括下列条款:

(一) 当事人的姓名或者名称和住所;
(二) 供役地和需役地的位置;
(三) 利用目的和方法;
(四) 利用期限;
(五) 费用及其支付方式;
(六) 解决争议的方法。

第一百五十八条 地役权自地役权合同生效时设立。当事人要求登记的,可以向登记机构申请地役权登记;未经登记,不得对抗善意第三人。

第一百五十九条 供役地权利人应当按照合同约定,允许地役权人利用其土地,不得妨害地役权人行使权利。

第一百六十条 地役权人应当按照合同约定的利用目的和方法利用供役地,尽量减少对供役地权利人物权的限制。

第一百六十一条 地役权的期限由当事人约定,但不得超过土地承包经营权、建设用地使用权等用益物权的剩余期限。

第一百六十二条 土地所有权人享有地役权或者负担地役权的,设立土地承包经营权、宅基地使用权时,该土地承包经营权人、宅基地使用权人继续享有或者负担已设立的地役权。

第一百六十三条 土地上已设立土地承包经营权、建设用地使用权、宅基地使用权等权利的,未经用益物权人同意,土地所有权人不得设立地役权。

第一百六十四条 地役权不得单独转让。土地承包经营权、建设用地使用权等转让的，地役权一并转让，但合同另有约定的除外。

第一百六十五条 地役权不得单独抵押。土地承包经营权、建设用地使用权等抵押的，在实现抵押权时，地役权一并转让。

第一百六十六条 需役地以及需役地上的土地承包经营权、建设用地使用权部分转让时，转让部分涉及地役权的，受让人同时享有地役权。

第一百六十七条 供役地以及供役地上的土地承包经营权、建设用地使用权部分转让时，转让部分涉及地役权的，地役权对受让人具有约束力。

第一百六十八条 地役权人有下列情形之一的，供役地权利人有权解除地役权合同，地役权消灭：

（一）违反法律规定或者合同约定，滥用地役权；

（二）有偿利用供役地，约定的付款期间届满后在合理期限内经两次催告未支付费用。

第一百六十九条 已经登记的地役权变更、转让或者消灭的，应当及时办理变更登记或者注销登记。

第四编 担保物权

第十五章 一般规定

第一百七十条 担保物权人在债务人不履行到期债务或者发生当事人约定的实现担保物权的情形，依法享有就担保财产优先受偿的权利，但法律另有规定的除外。

第一百七十一条 债权人在借贷、买卖等民事活动中，为保障实现其债权，需要担保的，可以依照本法和其他法律的规定设立担保物权。

第三人为债务人向债权人提供担保的，可以要求债务人提供反担保。反担保适用本法和其他法律的规定。

第一百七十二条 设立担保物权，应当依照本法和其他法律的规定订立担保合同。担保合同是主债权债务合同的从合同。主债权债务合同无效，担保合同无效，但法律另有规定的除外。

担保合同被确认无效后，债务人、担保人、债权人有过错的，应当根据其过错各自承担相应的民事责任。

第一百七十三条 担保物权的担保范围包括主债权及其利息、违约金、损害赔偿金、保管担保财产和实现担保物权的费用。当事人另有约定的，按照约定。

第一百七十四条 担保期间，担保财产毁损、灭失或者被征收等，担保物权人可以就获得的保险金、赔偿金或者补偿金等优先受偿。被担保债权的履行期未届满的，也可以提存该保险金、赔偿金或者补偿金等。

第一百七十五条 第三人提供担保，未经其书面同意，债权人允许债务人转移全部或者部分债务的，担保人不再承担相应的担保责任。

第一百七十六条 被担保的债权既有物的担保又有人的担保的，债务人不履行到期债务或者发生当事人约定的实现担保物权的情形，债权人应当按照约定实现债权；没有约定或者约定不明确，债务人自己提供物的担保的，债权人应当先就该物的担保实现债权；第三人提供物的担保的，债权人可以就物的担保实现债权，也可以要求保证人承担保证责任。提供担保的第三人承担担保责任后，有权向债务人追偿。

第一百七十七条 有下列情形之一的，担保物权消灭：

（一）主债权消灭；

（二）担保物权实现；

（三）债权人放弃担保物权；

（四）法律规定担保物权消灭的其他情形。

第一百七十八条 【担保法与本法效力衔接】担保法与本法的规定不一致的，适用本法。

第十六章 抵 押 权

第一节 一般抵押权

第一百七十九条 为担保债务的履行，债务人或者第三人不转移财产的占有，将该财产抵押给债权人的，债务人不履行到期债务或者发生当事人约定的实现抵押权的情形，债权人有权就该财产优先受偿。

前款规定的债务人或者第三人为抵押人，债权人为抵押权人，提供担保的财产为抵押财产。

第一百八十条 债务人或者第三人有权处分的下列财产可以抵押：

（一）建筑物和其他土地附着物；

（二）建设用地使用权；

（三）以招标、拍卖、公开协商等方式取得的荒地等土地承包经营权；

（四）生产设备、原材料、半成品、产品；

（五）正在建造的建筑物、船舶、航空器；

（六）交通运输工具；

（七）法律、行政法规未禁止抵押的其他财产。

抵押人可以将前款所列财产一并抵押。

第一百八十一条 经当事人书面协议，企业、个体工商户、农业生产经营者可以将现有的以及将有的生产设备、原材料、半成品、产品抵押，债务人不履行到期债务或者发生当事人约定的实现抵押权的情形，债权人有权就实现抵押权时的动产优先受偿。

第一百八十二条 以建筑物抵押的，该建筑物占用范围内的建设用地使用权一并抵押。以建设用地使用权抵押的，该土地上的建筑物一并抵押。

抵押人未依照前款规定一并抵押的，未抵押的财产视为一并抵押。

第一百八十三条 乡镇、村企业的建设用地使用权不得单独抵押。以乡镇、村企业的厂房等建筑物抵押的，其占用范围内的建设用地使用权一并抵押。

第一百八十四条 下列财产不得抵押：

（一）土地所有权；

（二）耕地、宅基地、自留地、自留山等集体所有的土地使用权，但法律规定可以抵押的除外；

（三）学校、幼儿园、医院等以公益为目的的事业单位、社会团体的教育设施、医疗卫生设施和其他社会公益设施；

（四）所有权、使用权不明或者有争议的财产；

（五）依法被查封、扣押、监管的财产；

（六）法律、行政法规规定不得抵押的其他财产。

第一百八十五条　设立抵押权，当事人应当采取书面形式订立抵押合同。

抵押合同一般包括下列条款：

（一）被担保债权的种类和数额；

（二）债务人履行债务的期限；

（三）抵押财产的名称、数量、质量、状况、所在地、所有权归属或者使用权归属；

（四）担保的范围。

第一百八十六条　抵押权人在债务履行期届满前，不得与抵押人约定债务人不履行到期债务时抵押财产归债权人所有。

第一百八十七条　以本法第一百八十条第一款第一项至第三项规定的财产或者第五项规定的正在建造的建筑物抵押的，应当办理抵押登记。抵押权自登记时设立。

第一百八十八条　以本法第一百八十条第一款第四项、第六项规定的财产或者第五项规定的正在建造的船舶、航空器抵押的，抵押权自抵押合同生效时设立；未经登记，不得对抗善意第三人。

第一百八十九条　企业、个体工商户、农业生产经营者以本法第一百八十一条规定的动产抵押的，应当向抵押人住所地的工商行政管理部门办理登记。抵押权自抵押合同生效时设立；未经登记，不得对抗善意第三人。

依照本法第一百八十一条规定抵押的，不得对抗正常经营活动中已支付合理价款并取得抵押财产的买受人。

第一百九十条　订立抵押合同前抵押财产已出租的，原租赁关系不受该抵押权的影响。抵押权设立后抵押财产出租的，该租赁关系不得对抗已登记的抵押权。

第一百九十一条　抵押期间，抵押人经抵押权人同意转让抵押财产的，应当将转让所得的价款向抵押权人提前清偿债务或者提存。转让的价款超过债权数额的部分归抵押人所有，不足部分由债务人清偿。

抵押期间，抵押人未经抵押权人同意，不得转让抵押财产，但受让人代为清偿债务消灭抵押权的除外。

第一百九十二条　抵押权不得与债权分离而单独转让或者作为其他债权的担保。债权转让的，担保该债权的抵押权一并转让，但法律另有规定或者当事人另有约定的除外。

第一百九十三条　抵押人的行为足以使抵押财产价值减少的，抵押权人有权要求抵押人停止其行为。抵押财产价值减少的，抵押权人有权要求恢复抵押财产的价值，或者提供与减少的价值相应的担保。抵押人不恢复抵押财产的价值也不提供担保的，抵押权人有权要求债务人提前清偿债务。

第一百九十四条 抵押权人可以放弃抵押权或者抵押权的顺位。抵押权人与抵押人可以协议变更抵押权顺位以及被担保的债权数额等内容，但抵押权的变更，未经其他抵押权人书面同意，不得对其他抵押权人产生不利影响。

债务人以自己的财产设定抵押，抵押权人放弃该抵押权、抵押权顺位或者变更抵押权的，其他担保人在抵押权人丧失优先受偿权益的范围内免除担保责任，但其他担保人承诺仍然提供担保的除外。

第一百九十五条 债务人不履行到期债务或者发生当事人约定的实现抵押权的情形，抵押权人可以与抵押人协议以抵押财产折价或者以拍卖、变卖该抵押财产所得的价款优先受偿。协议损害其他债权人利益的，其他债权人可以在知道或者应当知道撤销事由之日起一年内请求人民法院撤销该协议。

抵押权人与抵押人未就抵押权实现方式达成协议的，抵押权人可以请求人民法院拍卖、变卖抵押财产。

抵押财产折价或者变卖的，应当参照市场价格。

第一百九十六条 依照本法第一百八十一条规定设定抵押的，抵押财产自下列情形之一发生时确定：

（一）债务履行期届满，债权未实现；

（二）抵押人被宣告破产或者被撤销；

（三）当事人约定的实现抵押权的情形；

（四）严重影响债权实现的其他情形。

第一百九十七条 债务人不履行到期债务或者发生当事人约定的实现抵押权的情形，致使抵押财产被人民法院依法扣押的，自扣押之日起抵押权人有权收取该抵押财产的天然孳息或者法定孳息，但抵押权人未通知应当清偿法定孳息的义务人的除外。

前款规定的孳息应当先充抵收取孳息的费用。

第一百九十八条 抵押财产折价或者拍卖、变卖后，其价款超过债权数额的部分归抵押人所有，不足部分由债务人清偿。

第一百九十九条 同一财产向两个以上债权人抵押的，拍卖、变卖抵押财产所得的价款依照下列规定清偿：

（一）抵押权已登记的，按照登记的先后顺序清偿；顺序相同的，按照债权比例清偿；

（二）抵押权已登记的先于未登记的受偿；

（三）抵押权未登记的，按照债权比例清偿。

第二百条 建设用地使用权抵押后，该土地上新增的建筑物不属于抵押财产。该建设用地使用权实现抵押权时，应当将该土地上新增的建筑物与建设用地使用权一并处分，但新增建筑物所得的价款，抵押权人无权优先受偿。

第二百零一条 依照本法第一百八十条第一款第三项规定的土地承包经营权抵押的，或者依照本法第一百八十三条规定以乡镇、村企业的厂房等建筑物占用范围内的建设用地使用权一并抵押的，实现抵押权后，未经法定程序，不得改变土地所有权的性质和土地用途。

第二百零二条 抵押权人应当在主债权诉讼时效期间行使抵押权；未行使的，人民法院不予保护。

第二节 最高额抵押权

第二百零三条 为担保债务的履行，债务人或者第三人对一定期间内将要连续发生的债权提供担保财产的，债务人不履行到期债务或者发生当事人约定的实现抵押权的情形，抵押权人有权在最高债权额限度内就该担保财产优先受偿。

最高额抵押权设立前已经存在的债权，经当事人同意，可以转入最高额抵押担保的债权范围。

第二百零四条 最高额抵押担保的债权确定前，部分债权转让的，最高额抵押权不得转让，但当事人另有约定的除外。

第二百零五条 最高额抵押担保的债权确定前，抵押权人与抵押人可以通过协议变更债权确定的期间、债权范围以及最高债权额，但变更的内容不得对其他抵押权人产生不利影响。

第二百零六条 有下列情形之一的，抵押权人的债权确定：

（一）约定的债权确定期间届满；

（二）没有约定债权确定期间或者约定不明确，抵押权人或者抵押人自最高额抵押权设立之日起满二年后请求确定债权；

（三）新的债权不可能发生；

（四）抵押财产被查封、扣押；

（五）债务人、抵押人被宣告破产或者被撤销；

（六）法律规定债权确定的其他情形。

第二百零七条 最高额抵押权除适用本节规定外，适用本章第一节一般抵押权的规定。

第十七章 质 权

第一节 动 产 质 权

第二百零八条 为担保债务的履行，债务人或者第三人将其动产出质给债权人占有的，债务人不履行到期债务或者发生当事人约定的实现质权的情形，债权人有权就该动产优先受偿。

前款规定的债务人或者第三人为出质人，债权人为质权人，交付的动产为质押财产。

第二百零九条 法律、行政法规禁止转让的动产不得出质。

第二百一十条 设立质权，当事人应当采取书面形式订立质权合同。

质权合同一般包括下列条款：

（一）被担保债权的种类和数额；

（二）债务人履行债务的期限；

（三）质押财产的名称、数量、质量、状况；

（四）担保的范围；

（五）质押财产交付的时间。

第二百一十一条 质权人在债务履行期届满前，不得与出质人约定债务人不履行到期债务时质押财产归债权人所有。

第二百一十二条 质权自出质人交付质押财产时设立。

第二百一十三条 质权人有权收取质押财产的孳息，但合同另有约定的除外。

前款规定的孳息应当先充抵收取孳息的费用。

第二百一十四条 质权人在质权存续期间，未经出质人同意，擅自使用、处分质押财产，给出质人造成损害的，应当承担赔偿责任。

第二百一十五条 质权人负有妥善保管质押财产的义务；因保管不善致使质押财产毁损、灭失的，应当承担赔偿责任。

质权人的行为可能使质押财产毁损、灭失的，出质人可以要求质权人将质押财产提存，或者要求提前清偿债务并返还质押财产。

第二百一十六条 因不能归责于质权人的事由可能使质押财产毁损或者价值明显减少，足以危害质权人权利的，质权人有权要求出质人提供相应的担保；出质人不提供的，质权人可以拍卖、变卖质押财产，并与出质人通过协议将拍卖、变卖所得的价款提前清偿债务或者提存。

第二百一十七条 质权人在质权存续期间，未经出质人同意转质，造成质押财产毁损、灭失的，应当向出质人承担赔偿责任。

第二百一十八条 质权人可以放弃质权。债务人以自己的财产出质，质权人放弃该质权的，其他担保人在质权人丧失优先受偿权益的范围内免除担保责任，但其他担保人承诺仍然提供担保的除外。

第二百一十九条 债务人履行债务或者出质人提前清偿所担保的债权的，质权人应当返还质押财产。

债务人不履行到期债务或者发生当事人约定的实现质权的情形，质权人可以与出质人协议以质押财产折价，也可以就拍卖、变卖质押财产所得的价款优先受偿。

质押财产折价或者变卖的，应当参照市场价格。

第二百二十条 出质人可以请求质权人在债务履行期届满后及时行使质权；质权人不行使的，出质人可以请求人民法院拍卖、变卖质押财产。

出质人请求质权人及时行使质权，因质权人怠于行使权利造成损害的，由质权人承担赔偿责任。

第二百二十一条 质押财产折价或者拍卖、变卖后，其价款超过债权数额的部分归出质人所有，不足部分由债务人清偿。

第二百二十二条 出质人与质权人可以协议设立最高额质权。

最高额质权除适用本节有关规定外，参照本法第十六章第二节最高额抵押权的规定。

第二节 权 利 质 权

第二百二十三条 债务人或者第三人有权处分的下列权利可以出质：

（一）汇票、支票、本票；

（二）债券、存款单；

（三）仓单、提单；

（四）可以转让的基金份额、股权；
（五）可以转让的注册商标专用权、专利权、著作权等知识产权中的财产权；
（六）应收账款；
（七）法律、行政法规规定可以出质的其他财产权利。

第二百二十四条 以汇票、支票、本票、债券、存款单、仓单、提单出质的，当事人应当订立书面合同。质权自权利凭证交付质权人时设立；没有权利凭证的，质权自有关部门办理出质登记时设立。

第二百二十五条 汇票、支票、本票、债券、存款单、仓单、提单的兑现日期或者提货日期先于主债权到期的，质权人可以兑现或者提货，并与出质人协议将兑现的价款或者提取的货物提前清偿债务或者提存。

第二百二十六条 以基金份额、股权出质的，当事人应当订立书面合同。以基金份额、证券登记结算机构登记的股权出质的，质权自证券登记结算机构办理出质登记时设立；以其他股权出质的，质权自工商行政管理部门办理出质登记时设立。

基金份额、股权出质后，不得转让，但经出质人与质权人协商同意的除外。出质人转让基金份额、股权所得的价款，应当向质权人提前清偿债务或者提存。

第二百二十七条 以注册商标专用权、专利权、著作权等知识产权中的财产权出质的，当事人应当订立书面合同。质权自有关主管部门办理出质登记时设立。

知识产权中的财产权出质后，出质人不得转让或者许可他人使用，但经出质人与质权人协商同意的除外。出质人转让或者许可他人使用出质的知识产权中的财产权所得的价款，应当向质权人提前清偿债务或者提存。

第二百二十八条 以应收账款出质的，当事人应当订立书面合同。质权自信贷征信机构办理出质登记时设立。

应收账款出质后，不得转让，但经出质人与质权人协商同意的除外。出质人转让应收账款所得的价款，应当向质权人提前清偿债务或者提存。

第二百二十九条 权利质权除适用本节规定外，适用本章第一节动产质权的规定。

第十八章 留 置 权

第二百三十条 债务人不履行到期债务，债权人可以留置已经合法占有的债务人的动产，并有权就该动产优先受偿。

前款规定的债权人为留置权人，占有的动产为留置财产。

第二百三十一条 债权人留置的动产，应当与债权属于同一法律关系，但企业之间留置的除外。

第二百三十二条 法律规定或者当事人约定不得留置的动产，不得留置。

第二百三十三条 留置财产为可分物的，留置财产的价值应当相当于债务的金额。

第二百三十四条 留置权人负有妥善保管留置财产的义务；因保管不善致使留置财产毁损、灭失的，应当承担赔偿责任。

第二百三十五条 留置权人有权收取留置财产的孳息。

前款规定的孳息应当先充抵收取孳息的费用。

第二百三十六条　留置权人与债务人应当约定留置财产后的债务履行期间；没有约定或者约定不明确的，留置权人应当给债务人两个月以上履行债务的期间，但鲜活易腐等不易保管的动产除外。债务人逾期未履行的，留置权人可以与债务人协议以留置财产折价，也可以就拍卖、变卖留置财产所得的价款优先受偿。

留置财产折价或者变卖的，应当参照市场价格。

第二百三十七条　债务人可以请求留置权人在债务履行期届满后行使留置权；留置权人不行使的，债务人可以请求人民法院拍卖、变卖留置财产。

第二百三十八条　留置财产折价或者拍卖、变卖后，其价款超过债权数额的部分归债务人所有，不足部分由债务人清偿。

第二百三十九条　同一动产上已设立抵押权或者质权，该动产又被留置的，留置权人优先受偿。

第二百四十条　留置权人对留置财产丧失占有或者留置权人接受债务人另行提供担保的，留置权消灭。

第五编　占　　有

第十九章　占　　有

第二百四十一条　基于合同关系等产生的占有，有关不动产或者动产的使用、收益、违约责任等，按照合同约定；合同没有约定或者约定不明确的，依照有关法律规定。

第二百四十二条　占有人因使用占有的不动产或者动产，致使该不动产或者动产受到损害的，恶意占有人应当承担赔偿责任。

第二百四十三条　不动产或者动产被占有人占有的，权利人可以请求返还原物及其孳息，但应当支付善意占有人因维护该不动产或者动产支出的必要费用。

第二百四十四条　占有的不动产或者动产毁损、灭失，该不动产或者动产的权利人请求赔偿的，占有人应当将因毁损、灭失取得的保险金、赔偿金或者补偿金等返还给权利人；权利人的损害未得到足够弥补的，恶意占有人还应当赔偿损失。

第二百四十五条　占有的不动产或者动产被侵占的，占有人有权请求返还原物；对妨害占有的行为，占有人有权请求排除妨害或者消除危险；因侵占或者妨害造成损害的，占有人有权请求损害赔偿。

占有人返还原物的请求权，自侵占发生之日起一年内未行使的，该请求权消灭。

附　　则

第二百四十六条　法律、行政法规对不动产统一登记的范围、登记机构和登记办法作出规定前，地方性法规可以依照本法有关规定作出规定

第二百四十七条　本法自2007年10月1日起施行。

中华人民共和国节约能源法

(1997年11月1日第八届全国人民代表大会常务委员会第二十八次会议通过
2007年10月28日第十届全国人民代表大会常务委员会第三十次会议修订
自2008年4月1日起施行)

第一章 总 则

第一条 为了推动全社会节约能源,提高能源利用效率,保护和改善环境,促进经济社会全面协调可持续发展,制定本法。

第二条 本法所称能源,是指煤炭、石油、天然气、生物质能和电力、热力以及其他直接或者通过加工、转换而取得有用能的各种资源。

第三条 本法所称节约能源(以下简称节能),是指加强用能管理,采取技术上可行、经济上合理以及环境和社会可以承受的措施,从能源生产到消费的各个环节,降低消耗、减少损失和污染物排放、制止浪费,有效、合理地利用能源。

第四条 节约资源是我国的基本国策。国家实施节约与开发并举、把节约放在首位的能源发展战略。

第五条 国务院和县级以上地方各级人民政府应当将节能工作纳入国民经济和社会发展规划、年度计划,并组织编制和实施节能中长期专项规划、年度节能计划。

国务院和县级以上地方各级人民政府每年向本级人民代表大会或者其常务委员会报告节能工作。

第六条 国家实行节能目标责任制和节能考核评价制度,将节能目标完成情况作为对地方人民政府及其负责人考核评价的内容。

省、自治区、直辖市人民政府每年向国务院报告节能目标责任的履行情况。

第七条 国家实行有利于节能和环境保护的产业政策,限制发展高耗能、高污染行业,发展节能环保型产业。

国务院和省、自治区、直辖市人民政府应当加强节能工作,合理调整产业结构、企业结构、产品结构和能源消费结构,推动企业降低单位产值能耗和单位产品能耗,淘汰落后的生产能力,改进能源的开发、加工、转换、输送、储存和供应,提高能源利用效率。

国家鼓励、支持开发和利用新能源、可再生能源。

第八条 国家鼓励、支持节能科学技术的研究、开发、示范和推广,促进节能技术创新与进步。

国家开展节能宣传和教育,将节能知识纳入国民教育和培训体系,普及节能科学知识,增强全民的节能意识,提倡节约型的消费方式。

第九条 任何单位和个人都应当依法履行节能义务,有权检举浪费能源的行为。

新闻媒体应当宣传节能法律、法规和政策，发挥舆论监督作用。

第十条 国务院管理节能工作的部门主管全国的节能监督管理工作。国务院有关部门在各自的职责范围内负责节能监督管理工作，并接受国务院管理节能工作的部门的指导。

县级以上地方各级人民政府管理节能工作的部门负责本行政区域内的节能监督管理工作。县级以上地方各级人民政府有关部门在各自的职责范围内负责节能监督管理工作，并接受同级管理节能工作的部门的指导。

第二章 节 能 管 理

第十一条 国务院和县级以上地方各级人民政府应当加强对节能工作的领导，部署、协调、监督、检查、推动节能工作。

第十二条 县级以上人民政府管理节能工作的部门和有关部门应当在各自的职责范围内，加强对节能法律、法规和节能标准执行情况的监督检查，依法查处违法用能行为。

履行节能监督管理职责不得向监督管理对象收取费用。

第十三条 国务院标准化主管部门和国务院有关部门依法组织制定并适时修订有关节能的国家标准、行业标准，建立健全节能标准体系。

国务院标准化主管部门会同国务院管理节能工作的部门和国务院有关部门制定强制性的用能产品、设备能源效率标准和生产过程中耗能高的产品的单位产品能耗限额标准。

国家鼓励企业制定严于国家标准、行业标准的企业节能标准。

省、自治区、直辖市制定严于强制性国家标准、行业标准的地方节能标准，由省、自治区、直辖市人民政府报经国务院批准；本法另有规定的除外。

第十四条 建筑节能的国家标准、行业标准由国务院建设主管部门组织制定，并依照法定程序发布。

省、自治区、直辖市人民政府建设主管部门可以根据本地实际情况，制定严于国家标准或者行业标准的地方建筑节能标准，并报国务院标准化主管部门和国务院建设主管部门备案。

第十五条 国家实行固定资产投资项目节能评估和审查制度。不符合强制性节能标准的项目，依法负责项目审批或者核准的机关不得批准或者核准建设；建设单位不得开工建设；已经建成的，不得投入生产、使用。具体办法由国务院管理节能工作的部门会同国务院有关部门制定。

第十六条 国家对落后的耗能过高的用能产品、设备和生产工艺实行淘汰制度。淘汰的用能产品、设备、生产工艺的目录和实施办法，由国务院管理节能工作的部门会同国务院有关部门制定并公布。

生产过程中耗能高的产品的生产单位，应当执行单位产品能耗限额标准。对超过单位产品能耗限额标准用能的生产单位，由管理节能工作的部门按照国务院规定的权限责令限期治理。

对高耗能的特种设备，按照国务院的规定实行节能审查和监管。

第十七条 禁止生产、进口、销售国家明令淘汰或者不符合强制性能源效率标准的用能产品、设备；禁止使用国家明令淘汰的用能设备、生产工艺。

第十八条 国家对家用电器等使用面广、耗能量大的用能产品，实行能源效率标识管理。实行能源效率标识管理的产品目录和实施办法，由国务院管理节能工作的部门会同国务院产品质量监督部门制定并公布。

第十九条 生产者和进口商应当对列入国家能源效率标识管理产品目录的用能产品标注能源效率标识，在产品包装物上或者说明书中予以说明，并按照规定报国务院产品质量监督部门和国务院管理节能工作的部门共同授权的机构备案。

生产者和进口商应当对其标注的能源效率标识及相关信息的准确性负责。禁止销售应当标注而未标注能源效率标识的产品。

禁止伪造、冒用能源效率标识或者利用能源效率标识进行虚假宣传。

第二十条 用能产品的生产者、销售者，可以根据自愿原则，按照国家有关节能产品认证的规定，向经国务院认证认可监督管理部门认可的从事节能产品认证的机构提出节能产品认证申请；经认证合格后，取得节能产品认证证书，可以在用能产品或者其包装物上使用节能产品认证标志。

禁止使用伪造的节能产品认证标志或者冒用节能产品认证标志。

第二十一条 县级以上各级人民政府统计部门应当会同同级有关部门，建立健全能源统计制度，完善能源统计指标体系，改进和规范能源统计方法，确保能源统计数据真实、完整。

国务院统计部门会同国务院管理节能工作的部门，定期向社会公布各省、自治区、直辖市以及主要耗能行业的能源消费和节能情况等信息。

第二十二条 国家鼓励节能服务机构的发展，支持节能服务机构开展节能咨询、设计、评估、检测、审计、认证等服务。

国家支持节能服务机构开展节能知识宣传和节能技术培训，提供节能信息、节能示范和其他公益性节能服务。

第二十三条 国家鼓励行业协会在行业节能规划、节能标准的制定和实施、节能技术推广、能源消费统计、节能宣传培训和信息咨询等方面发挥作用。

第三章　合理使用与节约能源

第一节　一般规定

第二十四条 用能单位应当按照合理用能的原则，加强节能管理，制定并实施节能计划和节能技术措施，降低能源消耗。

第二十五条 用能单位应当建立节能目标责任制，对节能工作取得成绩的集体、个人给予奖励。

第二十六条 用能单位应当定期开展节能教育和岗位节能培训。

第二十七条 用能单位应当加强能源计量管理，按照规定配备和使用经依法检定合格的能源计量器具。

用能单位应当建立能源消费统计和能源利用状况分析制度，对各类能源的消费实行分类计量和统计，并确保能源消费统计数据真实、完整。

第二十八条 能源生产经营单位不得向本单位职工无偿提供能源。任何单位不得对能源消费实行包费制。

第二节 工业节能

第二十九条 国务院和省、自治区、直辖市人民政府推进能源资源优化开发利用和合理配置，推进有利于节能的行业结构调整，优化用能结构和企业布局。

第三十条 国务院管理节能工作的部门会同国务院有关部门制定电力、钢铁、有色金属、建材、石油加工、化工、煤炭等主要耗能行业的节能技术政策，推动企业节能技术改造。

第三十一条 国家鼓励工业企业采用高效、节能的电动机、锅炉、窑炉、风机、泵类等设备，采用热电联产、余热余压利用、洁净煤以及先进的用能监测和控制等技术。

第三十二条 电网企业应当按照国务院有关部门制定的节能发电调度管理的规定，安排清洁、高效和符合规定的热电联产、利用余热余压发电的机组以及其他符合资源综合利用规定的发电机组与电网并网运行，上网电价执行国家有关规定。

第三十三条 禁止新建不符合国家规定的燃煤发电机组、燃油发电机组和燃煤热电机组。

第三节 建筑节能

第三十四条 国务院建设主管部门负责全国建筑节能的监督管理工作。

县级以上地方各级人民政府建设主管部门负责本行政区域内建筑节能的监督管理工作。

县级以上地方各级人民政府建设主管部门会同同级管理节能工作的部门编制本行政区域内的建筑节能规划。建筑节能规划应当包括既有建筑节能改造计划。

第三十五条 建筑工程的建设、设计、施工和监理单位应当遵守建筑节能标准。

不符合建筑节能标准的建筑工程，建设主管部门不得批准开工建设；已经开工建设的，应当责令停止施工、限期改正；已经建成的，不得销售或者使用。

建设主管部门应当加强对在建建筑工程执行建筑节能标准情况的监督检查。

第三十六条 房地产开发企业在销售房屋时，应当向购买人明示所售房屋的节能措施、保温工程保修期等信息，在房屋买卖合同、质量保证书和使用说明书中载明，并对其真实性、准确性负责。

第三十七条 使用空调采暖、制冷的公共建筑应当实行室内温度控制制度。具体办法由国务院建设主管部门制定。

第三十八条 国家采取措施，对实行集中供热的建筑分步骤实行供热分户计量、按照用热量收费的制度。新建建筑或者对既有建筑进行节能改造，应当按照规定安装用热计量装置、室内温度调控装置和供热系统调控装置。具体办法由国务院建设主管部门会同国务院有关部门制定。

第三十九条 县级以上地方各级人民政府有关部门应当加强城市节约用电管理，严格控制公用设施和大型建筑物装饰性景观照明的能耗。

第四十条 国家鼓励在新建建筑和既有建筑节能改造中使用新型墙体材料等节能建筑

材料和节能设备,安装和使用太阳能等可再生能源利用系统。

第四节 交通运输节能

第四十一条 国务院有关交通运输主管部门按照各自的职责负责全国交通运输相关领域的节能监督管理工作。

国务院有关交通运输主管部门会同国务院管理节能工作的部门分别制定相关领域的节能规划。

第四十二条 国务院及其有关部门指导、促进各种交通运输方式协调发展和有效衔接,优化交通运输结构,建设节能型综合交通运输体系。

第四十三条 县级以上地方各级人民政府应当优先发展公共交通,加大对公共交通的投入,完善公共交通服务体系,鼓励利用公共交通工具出行;鼓励使用非机动交通工具出行。

第四十四条 国务院有关交通运输主管部门应当加强交通运输组织管理,引导道路、水路、航空运输企业提高运输组织化程度和集约化水平,提高能源利用效率。

第四十五条 国家鼓励开发、生产、使用节能环保型汽车、摩托车、铁路机车车辆、船舶和其他交通运输工具,实行老旧交通运输工具的报废、更新制度。

国家鼓励开发和推广应用交通运输工具使用的清洁燃料、石油替代燃料。

第四十六条 国务院有关部门制定交通运输营运车船的燃料消耗量限值标准;不符合标准的,不得用于营运。

国务院有关交通运输主管部门应当加强对交通运输营运车船燃料消耗检测的监督管理。

第五节 公共机构节能

第四十七条 公共机构应当厉行节约,杜绝浪费,带头使用节能产品、设备,提高能源利用效率。

本法所称公共机构,是指全部或者部分使用财政性资金的国家机关、事业单位和团体组织。

第四十八条 国务院和县级以上地方各级人民政府管理机关事务工作的机构会同同级有关部门制定和组织实施本级公共机构节能规划。公共机构节能规划应当包括公共机构既有建筑节能改造计划。

第四十九条 公共机构应当制定年度节能目标和实施方案,加强能源消费计量和监测管理,向本级人民政府管理机关事务工作的机构报送上年度的能源消费状况报告。

国务院和县级以上地方各级人民政府管理机关事务工作的机构会同同级有关部门按照管理权限,制定本级公共机构的能源消耗定额,财政部门根据该定额制定能源消耗支出标准。

第五十条 公共机构应当加强本单位用能系统管理,保证用能系统的运行符合国家相关标准。

公共机构应当按照规定进行能源审计,并根据能源审计结果采取提高能源利用效率的措施。

第五十一条 公共机构采购用能产品、设备，应当优先采购列入节能产品、设备政府采购名录中的产品、设备。禁止采购国家明令淘汰的用能产品、设备。

节能产品、设备政府采购名录由省级以上人民政府的政府采购监督管理部门会同同级有关部门制定并公布。

第六节 重点用能单位节能

第五十二条 国家加强对重点用能单位的节能管理。

下列用能单位为重点用能单位：

（一）年综合能源消费总量一万吨标准煤以上的用能单位；

（二）国务院有关部门或者省、自治区、直辖市人民政府管理节能工作的部门指定的年综合能源消费总量五千吨以上不满一万吨标准煤的用能单位。

重点用能单位节能管理办法，由国务院管理节能工作的部门会同国务院有关部门制定。

第五十三条 重点用能单位应当每年向管理节能工作的部门报送上年度的能源利用状况报告。能源利用状况包括能源消费情况、能源利用效率、节能目标完成情况和节能效益分析、节能措施等内容。

第五十四条 管理节能工作的部门应当对重点用能单位报送的能源利用状况报告进行审查。对节能管理制度不健全、节能措施不落实、能源利用效率低的重点用能单位，管理节能工作的部门应当开展现场调查，组织实施用能设备能源效率检测，责令实施能源审计，并提出书面整改要求，限期整改。

第五十五条 重点用能单位应当设立能源管理岗位，在具有节能专业知识、实际经验以及中级以上技术职称的人员中聘任能源管理负责人，并报管理节能工作的部门和有关部门备案。

能源管理负责人负责组织对本单位用能状况进行分析、评价，组织编写本单位能源利用状况报告，提出本单位节能工作的改进措施并组织实施。

能源管理负责人应当接受节能培训。

第四章 节能技术进步

第五十六条 国务院管理节能工作的部门会同国务院科技主管部门发布节能技术政策大纲，指导节能技术研究、开发和推广应用。

第五十七条 县级以上各级人民政府应当把节能技术研究开发作为政府科技投入的重点领域，支持科研单位和企业开展节能技术应用研究，制定节能标准，开发节能共性和关键技术，促进节能技术创新与成果转化。

第五十八条 国务院管理节能工作的部门会同国务院有关部门制定并公布节能技术、节能产品的推广目录，引导用能单位和个人使用先进的节能技术、节能产品。

国务院管理节能工作的部门会同国务院有关部门组织实施重大节能科研项目、节能示范项目、重点节能工程。

第五十九条 县级以上各级人民政府应当按照因地制宜、多能互补、综合利用、讲求效益的原则，加强农业和农村节能工作，增加对农业和农村节能技术、节能产品推广应用的资金投入。

农业、科技等有关主管部门应当支持、推广在农业生产、农产品加工储运等方面应用节能技术和节能产品，鼓励更新和淘汰高耗能的农业机械和渔业船舶。

国家鼓励、支持在农村大力发展沼气，推广生物质能、太阳能和风能等可再生能源利用技术，按照科学规划、有序开发的原则发展小型水力发电，推广节能型的农村住宅和炉灶等，鼓励利用非耕地种植能源植物，大力发展薪炭林等能源林。

第五章 激励措施

第六十条 中央财政和省级地方财政安排节能专项资金，支持节能技术研究开发、节能技术和产品的示范与推广、重点节能工程的实施、节能宣传培训、信息服务和表彰奖励等。

第六十一条 国家对生产、使用列入本法第五十八条规定的推广目录的需要支持的节能技术、节能产品，实行税收优惠等扶持政策。

国家通过财政补贴支持节能照明器具等节能产品的推广和使用。

第六十二条 国家实行有利于节约能源资源的税收政策，健全能源矿产资源有偿使用制度，促进能源资源的节约及其开采利用水平的提高。

第六十三条 国家运用税收等政策，鼓励先进节能技术、设备的进口，控制在生产过程中耗能高、污染重的产品的出口。

第六十四条 政府采购监督管理部门会同有关部门制定节能产品、设备政府采购名录，应当优先列入取得节能产品认证证书的产品、设备。

第六十五条 国家引导金融机构增加对节能项目的信贷支持，为符合条件的节能技术研究开发、节能产品生产以及节能技术改造等项目提供优惠贷款。

国家推动和引导社会有关方面加大对节能的资金投入，加快节能技术改造。

第六十六条 国家实行有利于节能的价格政策，引导用能单位和个人节能。

国家运用财税、价格等政策，支持推广电力需求侧管理、合同能源管理、节能自愿协议等节能办法。

国家实行峰谷分时电价、季节性电价、可中断负荷电价制度，鼓励电力用户合理调整用电负荷；对钢铁、有色金属、建材、化工和其他主要耗能行业的企业，分淘汰、限制、允许和鼓励类实行差别电价政策。

第六十七条 各级人民政府对在节能管理、节能科学技术研究和推广应用中有显著成绩以及检举严重浪费能源行为的单位和个人，给予表彰和奖励。

第六章 法律责任

第六十八条 负责审批或者核准固定资产投资项目的机关违反本法规定，对不符合强制性节能标准的项目予以批准或者核准建设的，对直接负责的主管人员和其他直接责任人员依法给予处分。

固定资产投资项目建设单位开工建设不符合强制性节能标准的项目或者将该项目投入生产、使用的，由管理节能工作的部门责令停止建设或者停止生产、使用，限期改造；不能改造或者逾期不改造的生产性项目，由管理节能工作的部门报请本级人民政府按照国务院规定的权限责令关闭。

第六十九条　生产、进口、销售国家明令淘汰的用能产品、设备的，使用伪造的节能产品认证标志或者冒用节能产品认证标志的，依照《中华人民共和国产品质量法》的规定处罚。

第七十条　生产、进口、销售不符合强制性能源效率标准的用能产品、设备的，由产品质量监督部门责令停止生产、进口、销售，没收违法生产、进口、销售的用能产品、设备和违法所得，并处违法所得一倍以上五倍以下罚款；情节严重的，由工商行政管理部门吊销营业执照。

第七十一条　使用国家明令淘汰的用能设备或者生产工艺的，由管理节能工作的部门责令停止使用，没收国家明令淘汰的用能设备；情节严重的，可以由管理节能工作的部门提出意见，报请本级人民政府按照国务院规定的权限责令停业整顿或者关闭。

第七十二条　生产单位超过单位产品能耗限额标准用能，情节严重，经限期治理逾期不治理或者没有达到治理要求的，可以由管理节能工作的部门提出意见，报请本级人民政府按照国务院规定的权限责令停业整顿或者关闭。

第七十三条　违反本法规定，应当标注能源效率标识而未标注的，由产品质量监督部门责令改正，处三万元以上五万元以下罚款。

违反本法规定，未办理能源效率标识备案，或者使用的能源效率标识不符合规定的，由产品质量监督部门责令限期改正；逾期不改正的，处一万元以上三万元以下罚款。

伪造、冒用能源效率标识或者利用能源效率标识进行虚假宣传的，由产品质量监督部门责令改正，处五万元以上十万元以下罚款；情节严重的，由工商行政管理部门吊销营业执照。

第七十四条　用能单位未按照规定配备、使用能源计量器具的，由产品质量监督部门责令限期改正；逾期不改正的，处一万元以上五万元以下罚款。

第七十五条　瞒报、伪造、篡改能源统计资料或者编造虚假能源统计数据的，依照《中华人民共和国统计法》的规定处罚。

第七十六条　从事节能咨询、设计、评估、检测、审计、认证等服务的机构提供虚假信息的，由管理节能工作的部门责令改正，没收违法所得，并处五万元以上十万元以下罚款。

第七十七条　违反本法规定，无偿向本单位职工提供能源或者对能源消费实行包费制的，由管理节能工作的部门责令限期改正；逾期不改正的，处五万元以上二十万元以下罚款。

第七十八条　电网企业未按照本法规定安排符合规定的热电联产和利用余热余压发电的机组与电网并网运行，或者未执行国家有关上网电价规定的，由国家电力监管机构责令改正；造成发电企业经济损失的，依法承担赔偿责任。

第七十九条　建设单位违反建筑节能标准的，由建设主管部门责令改正，处二十万元以上五十万元以下罚款。

设计单位、施工单位、监理单位违反建筑节能标准的，由建设主管部门责令改正，处十万元以上五十万元以下罚款；情节严重的，由颁发资质证书的部门降低资质等级或者吊销资质证书；造成损失的，依法承担赔偿责任。

第八十条　房地产开发企业违反本法规定，在销售房屋时未向购买人明示所售房屋的节能措施、保温工程保修期等信息的，由建设主管部门责令限期改正，逾期不改正的，处三万元以上五万元以下罚款；对以上信息作虚假宣传的，由建设主管部门责令改正，处五万元以上二十万元以下罚款。

第八十一条　公共机构采购用能产品、设备，未优先采购列入节能产品、设备政府采购名录中的产品、设备，或者采购国家明令淘汰的用能产品、设备的，由政府采购监督管理部门给予警告，可以并处罚款；对直接负责的主管人员和其他直接责任人员依法给予处分，并予通报。

第八十二条　重点用能单位未按照本法规定报送能源利用状况报告或者报告内容不实的，由管理节能工作的部门责令限期改正；逾期不改正的，处一万元以上五万元以下罚款。

第八十三条　重点用能单位无正当理由拒不落实本法第五十四条规定的整改要求或者整改没有达到要求的，由管理节能工作的部门处十万元以上三十万元以下罚款。

第八十四条　重点用能单位未按照本法规定设立能源管理岗位，聘任能源管理负责人，并报管理节能工作的部门和有关部门备案的，由管理节能工作的部门责令改正；拒不改正的，处一万元以上三万元以下罚款。

第八十五条　违反本法规定，构成犯罪的，依法追究刑事责任。

第八十六条　国家工作人员在节能管理工作中滥用职权、玩忽职守、徇私舞弊，构成犯罪的，依法追究刑事责任；尚不构成犯罪的，依法给予处分。

第七章　附　　则

第八十七条　本法自 2008 年 4 月 1 日起施行。

中华人民共和国水污染防治法

(1984年5月11日第六届全国人民代表大会常务委员会第五次会议通过
根据1996年5月15日第八届全国人民代表大会常务委员会第十九次会议《关于修改
〈中华人民共和国水污染防治法〉的决定》修正
2008年2月28日第十届全国人民代表大会常务委员会第三十二次会议修订
自2008年6月1日起施行)

第一章 总 则

第一条 为了防治水污染,保护和改善环境,保障饮用水安全,促进经济社会全面协调可持续发展,制定本法。

第二条 本法适用于中华人民共和国领域内的江河、湖泊、运河、渠道、水库等地表水体以及地下水体的污染防治。

海洋污染防治适用《中华人民共和国海洋环境保护法》。

第三条 水污染防治应当坚持预防为主、防治结合、综合治理的原则,优先保护饮用水水源,严格控制工业污染、城镇生活污染,防治农业面源污染,积极推进生态治理工程建设,预防、控制和减少水环境污染和生态破坏。

第四条 县级以上人民政府应当将水环境保护工作纳入国民经济和社会发展规划。

县级以上地方人民政府应当采取防治水污染的对策和措施,对本行政区域的水环境质量负责。

第五条 国家实行水环境保护目标责任制和考核评价制度,将水环境保护目标完成情况作为对地方人民政府及其负责人考核评价的内容。

第六条 国家鼓励、支持水污染防治的科学技术研究和先进适用技术的推广应用,加强水环境保护的宣传教育。

第七条 国家通过财政转移支付等方式,建立健全对位于饮用水水源保护区区域和江河、湖泊、水库上游地区的水环境生态保护补偿机制。

第八条 县级以上人民政府环境保护主管部门对水污染防治实施统一监督管理。

交通主管部门的海事管理机构对船舶污染水域的防治实施监督管理。

县级以上人民政府水行政、国土资源、卫生、建设、农业、渔业等部门以及重要江河、湖泊的流域水资源保护机构,在各自的职责范围内,对有关水污染防治实施监督管理。

第九条 排放水污染物,不得超过国家或者地方规定的水污染物排放标准和重点水污染物排放总量控制指标。

第十条 任何单位和个人都有义务保护水环境,并有权对污染损害水环境的行为进行检举。

县级以上人民政府及其有关主管部门对在水污染防治工作中做出显著成绩的单位和个人给予表彰和奖励。

第二章 水污染防治的标准和规划

第十一条 国务院环境保护主管部门制定国家水环境质量标准。

省、自治区、直辖市人民政府可以对国家水环境质量标准中未作规定的项目，制定地方标准，并报国务院环境保护主管部门备案。

第十二条 国务院环境保护主管部门会同国务院水行政主管部门和有关省、自治区、直辖市人民政府，可以根据国家确定的重要江河、湖泊流域水体的使用功能以及有关地区的经济、技术条件，确定该重要江河、湖泊流域的省界水体适用的水环境质量标准，报国务院批准后施行。

第十三条 国务院环境保护主管部门根据国家水环境质量标准和国家经济、技术条件，制定国家水污染物排放标准。

省、自治区、直辖市人民政府对国家水污染物排放标准中未作规定的项目，可以制定地方水污染物排放标准；对国家水污染物排放标准中已作规定的项目，可以制定严于国家水污染物排放标准的地方水污染物排放标准。地方水污染物排放标准须报国务院环境保护主管部门备案。

向已有地方水污染物排放标准的水体排放污染物的，应当执行地方水污染物排放标准。

第十四条 国务院环境保护主管部门和省、自治区、直辖市人民政府，应当根据水污染防治的要求和国家或者地方的经济、技术条件，适时修订水环境质量标准和水污染物排放标准。

第十五条 防治水污染应当按流域或者按区域进行统一规划。国家确定的重要江河、湖泊的流域水污染防治规划，由国务院环境保护主管部门会同国务院经济综合宏观调控、水行政等部门和有关省、自治区、直辖市人民政府编制，报国务院批准。

前款规定外的其他跨省、自治区、直辖市江河、湖泊的流域水污染防治规划，根据国家确定的重要江河、湖泊的流域水污染防治规划和本地实际情况，由有关省、自治区、直辖市人民政府环境保护主管部门会同同级水行政等部门和有关市、县人民政府编制，经有关省、自治区、直辖市人民政府审核，报国务院批准。

省、自治区、直辖市内跨县江河、湖泊的流域水污染防治规划，根据国家确定的重要江河、湖泊的流域水污染防治规划和本地实际情况，由省、自治区、直辖市人民政府环境保护主管部门会同同级水行政等部门编制，报省、自治区、直辖市人民政府批准，并报国务院备案。

经批准的水污染防治规划是防治水污染的基本依据，规划的修订须经原批准机关批准。

县级以上地方人民政府应当根据依法批准的江河、湖泊的流域水污染防治规划，组织制定本行政区域的水污染防治规划。

第十六条 国务院有关部门和县级以上地方人民政府开发、利用和调节、调度水资源时，应当统筹兼顾，维持江河的合理流量和湖泊、水库以及地下水体的合理水位，维护水体的生态功能。

第三章 水污染防治的监督管理

第十七条 新建、改建、扩建直接或者间接向水体排放污染物的建设项目和其他水上设施，应当依法进行环境影响评价。

建设单位在江河、湖泊新建、改建、扩建排污口的，应当取得水行政主管部门或者流域管理机构同意；涉及通航、渔业水域的，环境保护主管部门在审批环境影响评价文件时，应当征求交通、渔业主管部门的意见。

建设项目的水污染防治设施，应当与主体工程同时设计、同时施工、同时投入使用。水污染防治设施应当经过环境保护主管部门验收，验收不合格的，该建设项目不得投入生产或者使用。

第十八条 国家对重点水污染物排放实施总量控制制度。

省、自治区、直辖市人民政府应当按照国务院的规定削减和控制本行政区域的重点水污染物排放总量，并将重点水污染物排放总量控制指标分解落实到市、县人民政府。市、县人民政府根据本行政区域重点水污染物排放总量控制指标的要求，将重点水污染物排放总量控制指标分解落实到排污单位。具体办法和实施步骤由国务院规定。

省、自治区、直辖市人民政府可以根据本行政区域水环境质量状况和水污染防治工作的需要，确定本行政区域实施总量削减和控制的重点水污染物。

对超过重点水污染物排放总量控制指标的地区，有关人民政府环境保护主管部门应当暂停审批新增重点水污染物排放总量的建设项目的环境影响评价文件。

第十九条 国务院环境保护主管部门对未按照要求完成重点水污染物排放总量控制指标的省、自治区、直辖市予以公布。省、自治区、直辖市人民政府环境保护主管部门对未按照要求完成重点水污染物排放总量控制指标的市、县予以公布。

县级以上人民政府环境保护主管部门对违反本法规定、严重污染水环境的企业予以公布。

第二十条 国家实行排污许可制度。

直接或者间接向水体排放工业废水和医疗污水以及其他按照规定应当取得排污许可证方可排放的废水、污水的企业事业单位，应当取得排污许可证；城镇污水集中处理设施的运营单位，也应当取得排污许可证。排污许可的具体办法和实施步骤由国务院规定。

禁止企业事业单位无排污许可证或者违反排污许可证的规定向水体排放前款规定的废水、污水。

第二十一条 直接或者间接向水体排放污染物的企业事业单位和个体工商户，应当按照国务院环境保护主管部门的规定，向县级以上地方人民政府环境保护主管部门申报登记拥有的水污染物排放设施、处理设施和在正常作业条件下排放水污染物的种类、数量和浓度，并提供防治水污染方面的有关技术资料。

企业事业单位和个体工商户排放水污染物的种类、数量和浓度有重大改变的，应当及时申报登记；其水污染物处理设施应当保持正常使用；拆除或者闲置水污染物处理设施的，应当事先报县级以上地方人民政府环境保护主管部门批准。

第二十二条 向水体排放污染物的企业事业单位和个体工商户，应当按照法律、行政法规和国务院环境保护主管部门的规定设置排污口；在江河、湖泊设置排污口的，还应当遵守国务院水行政主管部门的规定。

禁止私设暗管或者采取其他规避监管的方式排放水污染物。

第二十三条 重点排污单位应当安装水污染物排放自动监测设备，与环境保护主管部门的监控设备联网，并保证监测设备正常运行。排放工业废水的企业，应当对其所排放的工业废水进行监测，并保存原始监测记录。具体办法由国务院环境保护主管部门规定。

应当安装水污染物排放自动监测设备的重点排污单位名录，由设区的市级以上地方人民政府环境保护主管部门根据本行政区域的环境容量、重点水污染物排放总量控制指标的要求以及排污单位排放水污染物的种类、数量和浓度等因素，商同级有关部门确定。

第二十四条 直接向水体排放污染物的企业事业单位和个体工商户，应当按照排放水污染物的种类、数量和排污费征收标准缴纳排污费。

排污费应当用于污染的防治，不得挪作他用。

第二十五条 国家建立水环境质量监测和水污染物排放监测制度。国务院环境保护主管部门负责制定水环境监测规范，统一发布国家水环境状况信息，会同国务院水行政等部门组织监测网络。

第二十六条 国家确定的重要江河、湖泊流域的水资源保护工作机构负责监测其所在流域的省界水体的水环境质量状况，并将监测结果及时报国务院环境保护主管部门和国务院水行政主管部门；有经国务院批准成立的流域水资源保护领导机构的，应当将监测结果及时报告流域水资源保护领导机构。

第二十七条 环境保护主管部门和其他依照本法规定行使监督管理权的部门，有权对管辖范围内的排污单位进行现场检查，被检查的单位应当如实反映情况，提供必要的资料。检查机关有义务为被检查的单位保守在检查中获取的商业秘密。

第二十八条 跨行政区域的水污染纠纷，由有关地方人民政府协商解决，或者由其共同的上级人民政府协调解决。

第四章 水污染防治措施

第一节 一般规定

第二十九条 禁止向水体排放油类、酸液、碱液或者剧毒废液。

禁止在水体清洗装贮过油类或者有毒污染物的车辆和容器。

第三十条 禁止向水体排放、倾倒放射性固体废物或者含有高放射性和中放射性物质的废水。

向水体排放含低放射性物质的废水，应当符合国家有关放射性污染防治的规定和标准。

第三十一条 向水体排放含热废水，应当采取措施，保证水体的水温符合水环境质量标准。

第三十二条 含病原体的污水应当经过消毒处理；符合国家有关标准后，方可排放。

第三十三条 禁止向水体排放、倾倒工业废渣、城镇垃圾和其他废弃物。

禁止将含有汞、镉、砷、铬、铅、氰化物、黄磷等的可溶性剧毒废渣向水体排放、倾倒或者直接埋入地下。

存放可溶性剧毒废渣的场所，应当采取防水、防渗漏、防流失的措施。

第三十四条 禁止在江河、湖泊、运河、渠道、水库最高水位线以下的滩地和岸坡堆放、存贮固体废弃物和其他污染物。

第三十五条 禁止利用渗井、渗坑、裂隙和溶洞排放、倾倒含有毒污染物的废水、含病原体的污水和其他废弃物。

第三十六条 禁止利用无防渗漏措施的沟渠、坑塘等输送或者存贮含有毒污染物的废水、含病原体的污水和其他废弃物。

第三十七条 多层地下水的含水层水质差异大的，应当分层开采；对已受污染的潜水和承压水，不得混合开采。

第三十八条 兴建地下工程设施或者进行地下勘探、采矿等活动，应当采取防护性措施，防止地下水污染。

第三十九条 人工回灌补给地下水，不得恶化地下水质。

第二节 工业水污染防治

第四十条 国务院有关部门和县级以上地方人民政府应当合理规划工业布局，要求造成水污染的企业进行技术改造，采取综合防治措施，提高水的重复利用率，减少废水和污染物排放量。

第四十一条 国家对严重污染水环境的落后工艺和设备实行淘汰制度。

国务院经济综合宏观调控部门会同国务院有关部门，公布限期禁止采用的严重污染水环境的工艺名录和限期禁止生产、销售、进口、使用的严重污染水环境的设备名录。

生产者、销售者、进口者或者使用者应当在规定的期限内停止生产、销售、进口或者使用列入前款规定的设备名录中的设备。工艺的采用者应当在规定的期限内停止采用列入前款规定的工艺名录中的工艺。

依照本条第二款、第三款规定被淘汰的设备，不得转让给他人使用。

第四十二条 国家禁止新建不符合国家产业政策的小型造纸、制革、印染、染料、炼焦、炼硫、炼砷、炼汞、炼油、电镀、农药、石棉、水泥、玻璃、钢铁、火电以及其他严重污染水环境的生产项目。

第四十三条 企业应当采用原材料利用效率高、污染物排放量少的清洁工艺，并加强管理，减少水污染物的产生。

第三节 城镇水污染防治

第四十四条 城镇污水应当集中处理。

县级以上地方人民政府应当通过财政预算和其他渠道筹集资金，统筹安排建设城镇污水集中处理设施及配套管网，提高本行政区域城镇污水的收集率和处理率。

国务院建设主管部门应当会同国务院经济综合宏观调控、环境保护主管部门，根据城乡规划和水污染防治规划，组织编制全国城镇污水处理设施建设规划。县级以上地方人民政府组织建设、经济综合宏观调控、环境保护、水行政等部门编制本行政区域的城镇污水处理设施建设规划。县级以上地方人民政府建设主管部门应当按照城镇污水处理设施建设规划，组织建设城镇污水集中处理设施及配套管网，并加强对城镇污水集中处理设施运营的监督管理。

城镇污水集中处理设施的运营单位按照国家规定向排污者提供污水处理的有偿服务，收取污水处理费用，保证污水集中处理设施的正常运行。向城镇污水集中处理设施排放污水、缴纳污水处理费用的，不再缴纳排污费。收取的污水处理费用应当用于城镇污水集中处理设施的建设和运行，不得挪作他用。

城镇污水集中处理设施的污水处理收费、管理以及使用的具体办法，由国务院规定。

第四十五条 向城镇污水集中处理设施排放水污染物，应当符合国家或者地方规定的水污染物排放标准。

城镇污水集中处理设施的出水水质达到国家或者地方规定的水污染物排放标准的，可以按照国家有关规定免缴排污费。

城镇污水集中处理设施的运营单位，应当对城镇污水集中处理设施的出水水质负责。

环境保护主管部门应当对城镇污水集中处理设施的出水水质和水量进行监督检查。

第四十六条 建设生活垃圾填埋场，应当采取防渗漏等措施，防止造成水污染。

第四节 农业和农村水污染防治

第四十七条 使用农药，应当符合国家有关农药安全使用的规定和标准。

运输、存贮农药和处置过期失效农药，应当加强管理，防止造成水污染。

第四十八条 县级以上地方人民政府农业主管部门和其他有关部门，应当采取措施，指导农业生产者科学、合理地施用化肥和农药，控制化肥和农药的过量使用，防止造成水污染。

第四十九条 国家支持畜禽养殖场、养殖小区建设畜禽粪便、废水的综合利用或者无害化处理设施。

畜禽养殖场、养殖小区应当保证其畜禽粪便、废水的综合利用或者无害化处理设施正常运转，保证污水达标排放，防止污染水环境。

第五十条 从事水产养殖应当保护水域生态环境，科学确定养殖密度，合理投饵和使用药物，防止污染水环境。

第五十一条 向农田灌溉渠道排放工业废水和城镇污水，应当保证其下游最近的灌溉取水点的水质符合农田灌溉水质标准。

利用工业废水和城镇污水进行灌溉，应当防止污染土壤、地下水和农产品。

第五节 船舶水污染防治

第五十二条 船舶排放含油污水、生活污水，应当符合船舶污染物排放标准。从事海洋航运的船舶进入内河和港口的，应当遵守内河的船舶污染物排放标准。

船舶的残油、废油应当回收，禁止排入水体。

禁止向水体倾倒船舶垃圾。

船舶装载运输油类或者有毒货物，应当采取防止溢流和渗漏的措施，防止货物落水造成水污染。

第五十三条 船舶应当按照国家有关规定配置相应的防污设备和器材，并持有合法有效的防止水域环境污染的证书与文书。

船舶进行涉及污染物排放的作业，应当严格遵守操作规程，并在相应的记录簿上如实记载。

第五十四条 港口、码头、装卸站和船舶修造厂应当备有足够的船舶污染物、废弃物的接收设施。从事船舶污染物、废弃物接收作业，或者从事装载油类、污染危害性货物船舱清洗作业的单位，应当具备与其运营规模相适应的接收处理能力。

第五十五条 船舶进行下列活动，应当编制作业方案，采取有效的安全和防污染措施，并报作业地海事管理机构批准：

（一）进行残油、含油污水、污染危害性货物残留物的接收作业，或者进行装载油类、污染危害性货物船舱的清洗作业；

（二）进行散装液体污染危害性货物的过驳作业；

（三）进行船舶水上拆解、打捞或者其他水上、水下船舶施工作业。

在渔港水域进行渔业船舶水上拆解活动，应当报作业地渔业主管部门批准。

第五章 饮用水水源和其他特殊水体保护

第五十六条 国家建立饮用水水源保护区制度。饮用水水源保护区分为一级保护区和二级保护区；必要时，可以在饮用水水源保护区外围划定一定的区域作为准保护区。

饮用水水源保护区的划定，由有关市、县人民政府提出划定方案，报省、自治区、直辖市人民政府批准；跨市、县饮用水水源保护区的划定，由有关市、县人民政府协商提出划定方案，报省、自治区、直辖市人民政府批准；协商不成的，由省、自治区、直辖市人民政府环境保护主管部门会同同级水行政、国土资源、卫生、建设等部门提出划定方案，征求同级有关部门的意见后，报省、自治区、直辖市人民政府批准。

跨省、自治区、直辖市的饮用水水源保护区，由有关省、自治区、直辖市人民政府商有关流域管理机构划定；协商不成的，由国务院环境保护主管部门会同同级水行政、国土资源、卫生、建设等部门提出划定方案，征求国务院有关部门的意见后，报国务院批准。

国务院和省、自治区、直辖市人民政府可以根据保护饮用水水源的实际需要，调整饮用水水源保护区的范围，确保饮用水安全。有关地方人民政府应当在饮用水水源保护区的边界设立明确的地理界标和明显的警示标志。

第五十七条 在饮用水水源保护区内，禁止设置排污口。

第五十八条 禁止在饮用水水源一级保护区内新建、改建、扩建与供水设施和保护水源无关的建设项目；已建成的与供水设施和保护水源无关的建设项目，由县级以上人民政府责令拆除或者关闭。

禁止在饮用水水源一级保护区内从事网箱养殖、旅游、游泳、垂钓或者其他可能污染饮用水水体的活动。

第五十九条 禁止在饮用水水源二级保护区内新建、改建、扩建排放污染物的建设项目；已建成的排放污染物的建设项目，由县级以上人民政府责令拆除或者关闭。

在饮用水水源二级保护区内从事网箱养殖、旅游等活动的，应当按照规定采取措施，防止污染饮用水水体。

第六十条 禁止在饮用水水源准保护区内新建、扩建对水体污染严重的建设项目；改建建设项目，不得增加排污量。

第六十一条 县级以上地方人民政府应当根据保护饮用水水源的实际需要，在准保护区内采取工程措施或者建造湿地、水源涵养林等生态保护措施，防止水污染物直接排入饮用水水体，确保饮用水安全。

第六十二条 饮用水水源受到污染可能威胁供水安全的，环境保护主管部门应当责令有关企业事业单位采取停止或者减少排放水污染物等措施。

第六十三条 国务院和省、自治区、直辖市人民政府根据水环境保护的需要，可以规定在饮用水水源保护区内，采取禁止或者限制使用含磷洗涤剂、化肥、农药以及限制种植养殖等措施。

第六十四条 县级以上人民政府可以对风景名胜区水体、重要渔业水体和其他具有特殊经济文化价值的水体划定保护区，并采取措施，保证保护区的水质符合规定用途的水环境质量标准。

第六十五条 在风景名胜区水体、重要渔业水体和其他具有特殊经济文化价值的水体的保护区内，不得新建排污口。在保护区附近新建排污口，应当保证保护区水体不受污染。

第六章 水污染事故处置

第六十六条 各级人民政府及其有关部门，可能发生水污染事故的企业事业单位，应当依照《中华人民共和国突发事件应对法》的规定，做好突发水污染事故的应急准备、应急处置和事后恢复等工作。

第六十七条 可能发生水污染事故的企业事业单位，应当制定有关水污染事故的应急方案，做好应急准备，并定期进行演练。

生产、储存危险化学品的企业事业单位，应当采取措施，防止在处理安全生产事故过程中产生的可能严重污染水体的消防废水、废液直接排入水体。

第六十八条 企业事业单位发生事故或者其他突发性事件，造成或者可能造成水污染事故的，应当立即启动本单位的应急方案，采取应急措施，并向事故发生地的县级以上地方人民政府或者环境保护主管部门报告。环境保护主管部门接到报告后，应当及时向本级人民政府报告，并抄送有关部门。

造成渔业污染事故或者渔业船舶造成水污染事故的，应当向事故发生地的渔业主管部门报告，接受调查处理。其他船舶造成水污染事故的，应当向事故发生地的海事管理机构报告，接受调查处理；给渔业造成损害的，海事管理机构应当通知渔业主管部门参与调查处理。

第七章 法 律 责 任

第六十九条 环境保护主管部门或者其他依照本法规定行使监督管理权的部门,不依法作出行政许可或者办理批准文件的,发现违法行为或者接到对违法行为的举报后不予查处的,或者有其他未依照本法规定履行职责的行为的,对直接负责的主管人员和其他直接责任人员依法给予处分。

第七十条 拒绝环境保护主管部门或者其他依照本法规定行使监督管理权的部门的监督检查,或者在接受监督检查时弄虚作假的,由县级以上人民政府环境保护主管部门或者其他依照本法规定行使监督管理权的部门责令改正,处一万元以上十万元以下的罚款。

第七十一条 违反本法规定,建设项目的水污染防治设施未建成、未经验收或者验收不合格,主体工程即投入生产或者使用的,由县级以上人民政府环境保护主管部门责令停止生产或者使用,直至验收合格,处五万元以上五十万元以下的罚款。

第七十二条 违反本法规定,有下列行为之一的,由县级以上人民政府环境保护主管部门责令限期改正;逾期不改正的,处一万元以上十万元以下的罚款:

(一)拒报或者谎报国务院环境保护主管部门规定的有关水污染物排放申报登记事项的;

(二)未按照规定安装水污染物排放自动监测设备或者未按照规定与环境保护主管部门的监控设备联网,并保证监测设备正常运行的;

(三)未按照规定对所排放的工业废水进行监测并保存原始监测记录的。

第七十三条 违反本法规定,不正常使用水污染物处理设施,或者未经环境保护主管部门批准拆除、闲置水污染物处理设施的,由县级以上人民政府环境保护主管部门责令限期改正,处应缴纳排污费数额一倍以上三倍以下的罚款。

第七十四条 违反本法规定,排放水污染物超过国家或者地方规定的水污染物排放标准,或者超过重点水污染物排放总量控制指标的,由县级以上人民政府环境保护主管部门按照权限责令限期治理,处应缴纳排污费数额二倍以上五倍以下的罚款。

限期治理期间,由环境保护主管部门责令限制生产、限制排放或者停产整治。限期治理的期限最长不超过一年;逾期未完成治理任务的,报经有批准权的人民政府批准,责令关闭。

第七十五条 在饮用水水源保护区内设置排污口的,由县级以上地方人民政府责令限期拆除,处十万元以上五十万元以下的罚款;逾期不拆除的,强制拆除,所需费用由违法者承担,处五十万元以上一百万元以下的罚款,并可以责令停产整顿。

除前款规定外,违反法律、行政法规和国务院环境保护主管部门的规定设置排污口或者私设暗管的,由县级以上地方人民政府环境保护主管部门责令限期拆除,处二万元以上十万元以下的罚款;逾期不拆除的,强制拆除,所需费用由违法者承担,处十万元以上五十万元以下的罚款;私设暗管或者有其他严重情节的,县级以上地方人民政府环境保护主管部门可以提请县级以上地方人民政府责令停产整顿。

未经水行政主管部门或者流域管理机构同意,在江河、湖泊新建、改建、扩建排污口的,由县级以上人民政府水行政主管部门或者流域管理机构依据职权,依照前款规定采取措施、给予处罚。

第七十六条　有下列行为之一的,由县级以上地方人民政府环境保护主管部门责令停止违法行为,限期采取治理措施,消除污染,处以罚款;逾期不采取治理措施的,环境保护主管部门可以指定有治理能力的单位代为治理,所需费用由违法者承担:

（一）向水体排放油类、酸液、碱液的;

（二）向水体排放剧毒废液,或者将含有汞、镉、砷、铬、铅、氰化物、黄磷等的可溶性剧毒废渣向水体排放、倾倒或者直接埋入地下的;

（三）在水体清洗装贮过油类、有毒污染物的车辆或者容器的;

（四）向水体排放、倾倒工业废渣、城镇垃圾或者其他废弃物,或者在江河、湖泊、运河、渠道、水库最高水位线以下的滩地、岸坡堆放、存贮固体废弃物或者其他污染物的;

（五）向水体排放、倾倒放射性固体废物或者含有高放射性、中放射性物质的废水的;

（六）违反国家有关规定或者标准,向水体排放含低放射性物质的废水、热废水或者含病原体的污水的;

（七）利用渗井、渗坑、裂隙或者溶洞排放、倾倒含有毒污染物的废水、含病原体的污水或者其他废弃物的;

（八）利用无防渗漏措施的沟渠、坑塘等输送或者存贮含有毒污染物的废水、含病原体的污水或者其他废弃物的。

有前款第三项、第六项行为之一的,处一万元以上十万元以下的罚款;有前款第一项、第四项、第八项行为之一的,处二万元以上二十万元以下的罚款;有前款第二项、第五项、第七项行为之一的,处五万元以上五十万元以下的罚款。

第七十七条　违反本法规定,生产、销售、进口或者使用列入禁止生产、销售、进口、使用的严重污染水环境的设备名录中的设备,或者采用列入禁止采用的严重污染水环境的工艺名录中的工艺的,由县级以上人民政府经济综合宏观调控部门责令改正,处五万元以上二十万元以下的罚款;情节严重的,由县级以上人民政府经济综合宏观调控部门提出意见,报请本级人民政府责令停业、关闭。

第七十八条　违反本法规定,建设不符合国家产业政策的小型造纸、制革、印染、染料、炼焦、炼硫、炼砷、炼汞、炼油、电镀、农药、石棉、水泥、玻璃、钢铁、火电以及其他严重污染水环境的生产项目的,由所在地的市、县人民政府责令关闭。

第七十九条　船舶未配置相应的防污染设备和器材,或者未持有合法有效的防止水域环境污染的证书与文书的,由海事管理机构、渔业主管部门按照职责分工责令限期改正,处二千元以上二万元以下的罚款;逾期不改正的,责令船舶临时停航。

船舶进行涉及污染物排放的作业,未遵守操作规程或者未在相应的记录簿上如实记载的,由海事管理机构、渔业主管部门按照职责分工责令改正,处二千元以上二万元以下的罚款。

第八十条　违反本法规定,有下列行为之一的,由海事管理机构、渔业主管部门按照职责分工责令停止违法行为,处以罚款;造成水污染的,责令限期采取治理措施,消除污染;逾期不采取治理措施的,海事管理机构、渔业主管部门按照职责分工可以指定有治理能力的单位代为治理,所需费用由船舶承担:

（一）向水体倾倒船舶垃圾或者排放船舶的残油、废油的；

（二）未经作业地海事管理机构批准，船舶进行残油、含油污水、污染危害性货物残留物的接收作业，或者进行装载油类、污染危害性货物船舱的清洗作业，或者进行散装液体污染危害性货物的过驳作业的；

（三）未经作业地海事管理机构批准，进行船舶水上拆解、打捞或者其他水上、水下船舶施工作业的；

（四）未经作业地渔业主管部门批准，在渔港水域进行渔业船舶水上拆解的。

有前款第一项、第二项、第四项行为之一的，处五千元以上五万元以下的罚款；有前款第三项行为的，处一万元以上十万元以下的罚款。

第八十一条 有下列行为之一的，由县级以上地方人民政府环境保护主管部门责令停止违法行为，处十万元以上五十万元以下的罚款；并报经有批准权的人民政府批准，责令拆除或者关闭：

（一）在饮用水水源一级保护区内新建、改建、扩建与供水设施和保护水源无关的建设项目的；

（二）在饮用水水源二级保护区内新建、改建、扩建排放污染物的建设项目的；

（三）在饮用水水源准保护区内新建、扩建对水体污染严重的建设项目，或者改建建设项目增加排污量的。

在饮用水水源一级保护区内从事网箱养殖或者组织进行旅游、垂钓或者其他可能污染饮用水水体的活动的，由县级以上地方人民政府环境保护主管部门责令停止违法行为，处二万元以上十万元以下的罚款。个人在饮用水水源一级保护区内游泳、垂钓或者从事其他可能污染饮用水水体的活动的，由县级以上地方人民政府环境保护主管部门责令停止违法行为，可以处五百元以下的罚款。

第八十二条 企业事业单位有下列行为之一的，由县级以上人民政府环境保护主管部门责令改正；情节严重的，处二万元以上十万元以下的罚款：

（一）不按照规定制定水污染事故的应急方案的；

（二）水污染事故发生后，未及时启动水污染事故的应急方案，采取有关应急措施的。

第八十三条 企业事业单位违反本法规定，造成水污染事故的，由县级以上人民政府环境保护主管部门依照本条第二款的规定处以罚款，责令限期采取治理措施，消除污染；不按要求采取治理措施或者不具备治理能力的，由环境保护主管部门指定有治理能力的单位代为治理，所需费用由违法者承担；对造成重大或者特大水污染事故的，可以报经有批准权的人民政府批准，责令关闭；对直接负责的主管人员和其他直接责任人员可以处上一年度从本单位取得的收入百分之五十以下的罚款。

对造成一般或者较大水污染事故的，按照水污染事故造成的直接损失的百分之二十计算罚款；对造成重大或者特大水污染事故的，按照水污染事故造成的直接损失的百分之三十计算罚款。

造成渔业污染事故或者渔业船舶造成水污染事故的，由渔业主管部门进行处罚；其他船舶造成水污染事故的，由海事管理机构进行处罚。

第八十四条 当事人对行政处罚决定不服的，可以申请行政复议，也可以在收到通知之日起十五日内向人民法院起诉；期满不申请行政复议或者起诉，又不履行行政处罚决定的，由作出行政处罚决定的机关申请人民法院强制执行。

第八十五条 因水污染受到损害的当事人，有权要求排污方排除危害和赔偿损失。

由于不可抗力造成水污染损害的，排污方不承担赔偿责任；法律另有规定的除外。

水污染损害是由受害人故意造成的，排污方不承担赔偿责任。水污染损害是由受害人重大过失造成的，可以减轻排污方的赔偿责任。

水污染损害是由第三人造成的，排污方承担赔偿责任后，有权向第三人追偿。

第八十六条 因水污染引起的损害赔偿责任和赔偿金额的纠纷，可以根据当事人的请求，由环境保护主管部门或者海事管理机构、渔业主管部门按照职责分工调解处理；调解不成的，当事人可以向人民法院提起诉讼。当事人也可以直接向人民法院提起诉讼。

第八十七条 因水污染引起的损害赔偿诉讼，由排污方就法律规定的免责事由及其行为与损害结果之间不存在因果关系承担举证责任。

第八十八条 因水污染受到损害的当事人人数众多的，可以依法由当事人推选代表人进行共同诉讼。

环境保护主管部门和有关社会团体可以依法支持因水污染受到损害的当事人向人民法院提起诉讼。

国家鼓励法律服务机构和律师为水污染损害诉讼中的受害人提供法律援助。

第八十九条 因水污染引起的损害赔偿责任和赔偿金额的纠纷，当事人可以委托环境监测机构提供监测数据。环境监测机构应当接受委托，如实提供有关监测数据。

第九十条 违反本法规定，构成违反治安管理行为的，依法给予治安管理处罚；构成犯罪的，依法追究刑事责任。

第八章 附　　则

第九十一条 本法中下列用语的含义：

（一）水污染，是指水体因某种物质的介入，而导致其化学、物理、生物或者放射性等方面特性的改变，从而影响水的有效利用，危害人体健康或者破坏生态环境，造成水质恶化的现象。

（二）水污染物，是指直接或者间接向水体排放的，能导致水体污染的物质。

（三）有毒污染物，是指那些直接或者间接被生物摄入体内后，可能导致该生物或者其后代发病、行为反常、遗传异变、生理机能失常、机体变形或者死亡的污染物。

（四）渔业水体，是指划定的鱼虾类的产卵场、索饵场、越冬场、洄游通道和鱼虾贝藻类的养殖场的水体。

第九十二条 本法自 2008 年 6 月 1 日起施行。

中华人民共和国防震减灾法

(1997年12月29日第八届全国人民代表大会常务委员会第二十九次会议通过
2008年12月27日第十一届全国人民代表大会常务委员会第六次会议修订
自2009年5月1日起施行)

第一章 总 则

第一条 为了防御和减轻地震灾害,保护人民生命和财产安全,促进经济社会的可持续发展,制定本法。

第二条 在中华人民共和国领域和中华人民共和国管辖的其他海域从事地震监测预报、地震灾害预防、地震应急救援、地震灾后过渡性安置和恢复重建等防震减灾活动,适用本法。

第三条 防震减灾工作,实行预防为主、防御与救助相结合的方针。

第四条 县级以上人民政府应当加强对防震减灾工作的领导,将防震减灾工作纳入本级国民经济和社会发展规划,所需经费列入财政预算。

第五条 在国务院的领导下,国务院地震工作主管部门和国务院经济综合宏观调控、建设、民政、卫生、公安以及其他有关部门,按照职责分工,各负其责,密切配合,共同做好防震减灾工作。

县级以上地方人民政府负责管理地震工作的部门或者机构和其他有关部门在本级人民政府领导下,按照职责分工,各负其责,密切配合,共同做好本行政区域的防震减灾工作。

第六条 国务院抗震救灾指挥机构负责统一领导、指挥和协调全国抗震救灾工作。县级以上地方人民政府抗震救灾指挥机构负责统一领导、指挥和协调本行政区域的抗震救灾工作。

国务院地震工作主管部门和县级以上地方人民政府负责管理地震工作的部门或者机构,承担本级人民政府抗震救灾指挥机构的日常工作。

第七条 各级人民政府应当组织开展防震减灾知识的宣传教育,增强公民的防震减灾意识,提高全社会的防震减灾能力。

第八条 任何单位和个人都有依法参加防震减灾活动的义务。

国家鼓励、引导社会组织和个人开展地震群测群防活动,对地震进行监测和预防。

国家鼓励、引导志愿者参加防震减灾活动。

第九条 中国人民解放军、中国人民武装警察部队和民兵组织,依照本法以及其他有关法律、行政法规、军事法规的规定和国务院、中央军事委员会的命令,执行抗震救灾任务,保护人民生命和财产安全。

第十条 从事防震减灾活动,应当遵守国家有关防震减灾标准。

第十一条 国家鼓励、支持防震减灾的科学技术研究,逐步提高防震减灾科学技术研究经费投入,推广先进的科学研究成果,加强国际合作与交流,提高防震减灾工作水平。

对在防震减灾工作中做出突出贡献的单位和个人,按照国家有关规定给予表彰和奖励。

第二章 防震减灾规划

第十二条 国务院地震工作主管部门会同国务院有关部门组织编制国家防震减灾规划,报国务院批准后组织实施。

县级以上地方人民政府负责管理地震工作的部门或者机构会同同级有关部门,根据上一级防震减灾规划和本行政区域的实际情况,组织编制本行政区域的防震减灾规划,报本级人民政府批准后组织实施,并报上一级人民政府负责管理地震工作的部门或者机构备案。

第十三条 编制防震减灾规划,应当遵循统筹安排、突出重点、合理布局、全面预防的原则,以震情和震害预测结果为依据,并充分考虑人民生命和财产安全及经济社会发展、资源环境保护等需要。

县级以上地方人民政府有关部门应当根据编制防震减灾规划的需要,及时提供有关资料。

第十四条 防震减灾规划的内容应当包括:震情形势和防震减灾总体目标,地震监测台网建设布局,地震灾害预防措施,地震应急救援措施,以及防震减灾技术、信息、资金、物资等保障措施。

编制防震减灾规划,应当对地震重点监视防御区的地震监测台网建设、震情跟踪、地震灾害预防措施、地震应急准备、防震减灾知识宣传教育等作出具体安排。

第十五条 防震减灾规划报送审批前,组织编制机关应当征求有关部门、单位、专家和公众的意见。

防震减灾规划报送审批文件中应当附具意见采纳情况及理由。

第十六条 防震减灾规划一经批准公布,应当严格执行;因震情形势变化和经济社会发展的需要确需修改的,应当按照原审批程序报送审批。

第三章 地震监测预报

第十七条 国家加强地震监测预报工作,建立多学科地震监测系统,逐步提高地震监测预报水平。

第十八条 国家对地震监测台网实行统一规划,分级、分类管理。

国务院地震工作主管部门和县级以上地方人民政府负责管理地震工作的部门或者机构,按照国务院有关规定,制定地震监测台网规划。

全国地震监测台网由国家级地震监测台网、省级地震监测台网和市、县级地震监测台网组成,其建设资金和运行经费列入财政预算。

第十九条 水库、油田、核电站等重大建设工程的建设单位,应当按照国务院有关规定,建设专用地震监测台网或者强震动监测设施,其建设资金和运行经费由建设单位承担。

第二十条 地震监测台网的建设,应当遵守法律、法规和国家有关标准,保证建设质量。

第二十一条 地震监测台网不得擅自中止或者终止运行。

检测、传递、分析、处理、存贮、报送地震监测信息的单位,应当保证地震监测信息的质量和安全。

县级以上地方人民政府应当组织相关单位为地震监测台网的运行提供通信、交通、电力等保障条件。

第二十二条 沿海县级以上地方人民政府负责管理地震工作的部门或者机构,应当加强海域地震活动监测预测工作。海域地震发生后,县级以上地方人民政府负责管理地震工作的部门或者机构,应当及时向海洋主管部门和当地海事管理机构等通报情况。

火山所在地的县级以上地方人民政府负责管理地震工作的部门或者机构,应当利用地震监测设施和技术手段,加强火山活动监测预测工作。

第二十三条 国家依法保护地震监测设施和地震观测环境。

任何单位和个人不得侵占、毁损、拆除或者擅自移动地震监测设施。地震监测设施遭到破坏的,县级以上地方人民政府负责管理地震工作的部门或者机构应当采取紧急措施组织修复,确保地震监测设施正常运行。

任何单位和个人不得危害地震观测环境。国务院地震工作主管部门和县级以上地方人民政府负责管理地震工作的部门或者机构会同同级有关部门,按照国务院有关规定划定地震观测环境保护范围,并纳入土地利用总体规划和城乡规划。

第二十四条 新建、扩建、改建建设工程,应当避免对地震监测设施和地震观测环境造成危害。建设国家重点工程,确实无法避免对地震监测设施和地震观测环境造成危害的,建设单位应当按照县级以上地方人民政府负责管理地震工作的部门或者机构的要求,增建抗干扰设施;不能增建抗干扰设施的,应当新建地震监测设施。

对地震观测环境保护范围内的建设工程项目,城乡规划主管部门在依法核发选址意见书时,应当征求负责管理地震工作的部门或者机构的意见;不需要核发选址意见书的,城乡规划主管部门在依法核发建设用地规划许可证或者乡村建设规划许可证时,应当征求负责管理地震工作的部门或者机构的意见。

第二十五条 国务院地震工作主管部门建立健全地震监测信息共享平台,为社会提供服务。

县级以上地方人民政府负责管理地震工作的部门或者机构,应当将地震监测信息及时报送上一级人民政府负责管理地震工作的部门或者机构。

专用地震监测台网和强震动监测设施的管理单位,应当将地震监测信息及时报送所在地省、自治区、直辖市人民政府负责管理地震工作的部门或者机构。

第二十六条 国务院地震工作主管部门和县级以上地方人民政府负责管理地震工作的部门或者机构,根据地震监测信息研究结果,对可能发生地震的地点、时间和震级作出预测。

其他单位和个人通过研究提出的地震预测意见，应当向所在地或者所预测地的县级以上地方人民政府负责管理地震工作的部门或者机构书面报告，或者直接向国务院地震工作主管部门书面报告。收到书面报告的部门或者机构应当进行登记并出具接收凭证。

第二十七条 观测到可能与地震有关的异常现象的单位和个人，可以向所在地县级以上地方人民政府负责管理地震工作的部门或者机构报告，也可以直接向国务院地震工作主管部门报告。

国务院地震工作主管部门和县级以上地方人民政府负责管理地震工作的部门或者机构接到报告后，应当进行登记并及时组织调查核实。

第二十八条 国务院地震工作主管部门和省、自治区、直辖市人民政府负责管理地震工作的部门或者机构，应当组织召开震情会商会，必要时邀请有关部门、专家和其他有关人员参加，对地震预测意见和可能与地震有关的异常现象进行综合分析研究，形成震情会商意见，报本级人民政府；经震情会商形成地震预报意见的，在报本级人民政府前，应当进行评审，作出评审结果，并提出对策建议。

第二十九条 国家对地震预报意见实行统一发布制度。

全国范围内的地震长期和中期预报意见，由国务院发布。省、自治区、直辖市行政区域内的地震预报意见，由省、自治区、直辖市人民政府按照国务院规定的程序发布。

除发表本人或者本单位对长期、中期地震活动趋势的研究成果及进行相关学术交流外，任何单位和个人不得向社会散布地震预测意见。任何单位和个人不得向社会散布地震预报意见及其评审结果。

第三十条 国务院地震工作主管部门根据地震活动趋势和震害预测结果，提出确定地震重点监视防御区的意见，报国务院批准。

国务院地震工作主管部门应当加强地震重点监视防御区的震情跟踪，对地震活动趋势进行分析评估，提出年度防震减灾工作意见，报国务院批准后实施。

地震重点监视防御区的县级以上地方人民政府应当根据年度防震减灾工作意见和当地的地震活动趋势，组织有关部门加强防震减灾工作。

地震重点监视防御区的县级以上地方人民政府负责管理地震工作的部门或者机构，应当增加地震监测台网密度，组织做好震情跟踪、流动观测和可能与地震有关的异常现象观测以及群测群防工作，并及时将有关情况报上一级人民政府负责管理地震工作的部门或者机构。

第三十一条 国家支持全国地震烈度速报系统的建设。

地震灾害发生后，国务院地震工作主管部门应当通过全国地震烈度速报系统快速判断致灾程度，为指挥抗震救灾工作提供依据。

第三十二条 国务院地震工作主管部门和县级以上地方人民政府负责管理地震工作的部门或者机构，应当对发生地震灾害的区域加强地震监测，在地震现场设立流动观测点，根据震情的发展变化，及时对地震活动趋势作出分析、判定，为余震防范工作提供依据。

国务院地震工作主管部门和县级以上地方人民政府负责管理地震工作的部门或者机构、地震监测台网的管理单位，应当及时收集、保存有关地震的资料和信息，并建立完整的档案。

第三十三条 外国的组织或者个人在中华人民共和国领域和中华人民共和国管辖的其

他海域从事地震监测活动，必须经国务院地震工作主管部门会同有关部门批准，并采取与中华人民共和国有关部门或者单位合作的形式进行。

第四章 地震灾害预防

第三十四条 国务院地震工作主管部门负责制定全国地震烈度区划图或者地震动参数区划图。

国务院地震工作主管部门和省、自治区、直辖市人民政府负责管理地震工作的部门或者机构，负责审定建设工程的地震安全性评价报告，确定抗震设防要求。

第三十五条 新建、扩建、改建建设工程，应当达到抗震设防要求。

重大建设工程和可能发生严重次生灾害的建设工程，应当按照国务院有关规定进行地震安全性评价，并按照经审定的地震安全性评价报告所确定的抗震设防要求进行抗震设防。建设工程的地震安全性评价单位应当按照国家有关标准进行地震安全性评价，并对地震安全性评价报告的质量负责。

前款规定以外的建设工程，应当按照地震烈度区划图或者地震动参数区划图所确定的抗震设防要求进行抗震设防；对学校、医院等人员密集场所的建设工程，应当按照高于当地房屋建筑的抗震设防要求进行设计和施工，采取有效措施，增强抗震设防能力。

第三十六条 有关建设工程的强制性标准，应当与抗震设防要求相衔接。

第三十七条 国家鼓励城市人民政府组织制定地震小区划图。地震小区划图由国务院地震工作主管部门负责审定。

第三十八条 建设单位对建设工程的抗震设计、施工的全过程负责。

设计单位应当按照抗震设防要求和工程建设强制性标准进行抗震设计，并对抗震设计的质量以及出具的施工图设计文件的准确性负责。

施工单位应当按照施工图设计文件和工程建设强制性标准进行施工，并对施工质量负责。

建设单位、施工单位应当选用符合施工图设计文件和国家有关标准规定的材料、构配件和设备。

工程监理单位应当按照施工图设计文件和工程建设强制性标准实施监理，并对施工质量承担监理责任。

第三十九条 已经建成的下列建设工程，未采取抗震设防措施或者抗震设防措施未达到抗震设防要求的，应当按照国家有关规定进行抗震性能鉴定，并采取必要的抗震加固措施：

（一）重大建设工程；

（二）可能发生严重次生灾害的建设工程；

（三）具有重大历史、科学、艺术价值或者重要纪念意义的建设工程；

（四）学校、医院等人员密集场所的建设工程；

（五）地震重点监视防御区内的建设工程。

第四十条 县级以上地方人民政府应当加强对农村村民住宅和乡村公共设施抗震设防的管理，组织开展农村实用抗震技术的研究和开发，推广达到抗震设防要求、经济适用、具有当地特色的建筑设计和施工技术，培训相关技术人员，建设示范工程，逐步提高农村村民住宅和乡村公共设施的抗震设防水平。

国家对需要抗震设防的农村村民住宅和乡村公共设施给予必要支持。

第四十一条 城乡规划应当根据地震应急避难的需要，合理确定应急疏散通道和应急避难场所，统筹安排地震应急避难所必需的交通、供水、供电、排污等基础设施建设。

第四十二条 地震重点监视防御区的县级以上地方人民政府应当根据实际需要，在本级财政预算和物资储备中安排抗震救灾资金、物资。

第四十三条 国家鼓励、支持研究开发和推广使用符合抗震设防要求、经济实用的新技术、新工艺、新材料。

第四十四条 县级人民政府及其有关部门和乡、镇人民政府、城市街道办事处等基层组织，应当组织开展地震应急知识的宣传普及活动和必要的地震应急救援演练，提高公民在地震灾害中自救互救的能力。

机关、团体、企业、事业等单位，应当按照所在地人民政府的要求，结合各自实际情况，加强对本单位人员的地震应急知识宣传教育，开展地震应急救援演练。

学校应当进行地震应急知识教育，组织开展必要的地震应急救援演练，培养学生的安全意识和自救互救能力。

新闻媒体应当开展地震灾害预防和应急、自救互救知识的公益宣传。

国务院地震工作主管部门和县级以上地方人民政府负责管理地震工作的部门或者机构，应当指导、协助、督促有关单位做好防震减灾知识的宣传教育和地震应急救援演练等工作。

第四十五条 国家发展有财政支持的地震灾害保险事业，鼓励单位和个人参加地震灾害保险。

第五章 地震应急救援

第四十六条 国务院地震工作主管部门会同国务院有关部门制定国家地震应急预案，报国务院批准。国务院有关部门根据国家地震应急预案，制定本部门的地震应急预案，报国务院地震工作主管部门备案。

县级以上地方人民政府及其有关部门和乡、镇人民政府，应当根据有关法律、法规、规章、上级人民政府及其有关部门的地震应急预案和本行政区域的实际情况，制定本行政区域的地震应急预案和本部门的地震应急预案。省、自治区、直辖市和较大的市的地震应急预案，应当报国务院地震工作主管部门备案。

交通、铁路、水利、电力、通信等基础设施和学校、医院等人员密集场所的经营管理单位，以及可能发生次生灾害的核电、矿山、危险物品等生产经营单位，应当制定地震应急预案，并报所在地的县级人民政府负责管理地震工作的部门或者机构备案。

第四十七条 地震应急预案的内容应当包括：组织指挥体系及其职责，预防和预警机制，处置程序，应急响应和应急保障措施等。

地震应急预案应当根据实际情况适时修订。

第四十八条 地震预报意见发布后，有关省、自治区、直辖市人民政府根据预报的震情可以宣布有关区域进入临震应急期；有关地方人民政府应当按照地震应急预案，组织有关部门做好应急防范和抗震救灾准备工作。

第四十九条　按照社会危害程度、影响范围等因素，地震灾害分为一般、较大、重大和特别重大四级。具体分级标准按照国务院规定执行。

一般或者较大地震灾害发生后，地震发生地的市、县人民政府负责组织有关部门启动地震应急预案；重大地震灾害发生后，地震发生地的省、自治区、直辖市人民政府负责组织有关部门启动地震应急预案；特别重大地震灾害发生后，国务院负责组织有关部门启动地震应急预案。

第五十条　地震灾害发生后，抗震救灾指挥机构应当立即组织有关部门和单位迅速查清受灾情况，提出地震应急救援力量的配置方案，并采取以下紧急措施：

（一）迅速组织抢救被压埋人员，并组织有关单位和人员开展自救互救；

（二）迅速组织实施紧急医疗救护，协调伤员转移和接收与救治；

（三）迅速组织抢修毁损的交通、铁路、水利、电力、通信等基础设施；

（四）启用应急避难场所或者设置临时避难场所，设置救济物资供应点，提供救济物品、简易住所和临时住所，及时转移和安置受灾群众，确保饮用水消毒和水质安全，积极开展卫生防疫，妥善安排受灾群众生活；

（五）迅速控制危险源，封锁危险场所，做好次生灾害的排查与监测预警工作，防范地震可能引发的火灾、水灾、爆炸、山体滑坡和崩塌、泥石流、地面塌陷，或者剧毒、强腐蚀性、放射性物质大量泄漏等次生灾害以及传染病疫情的发生；

（六）依法采取维持社会秩序、维护社会治安的必要措施。

第五十一条　特别重大地震灾害发生后，国务院抗震救灾指挥机构在地震灾区成立现场指挥机构，并根据需要设立相应的工作组，统一组织领导、指挥和协调抗震救灾工作。

各级人民政府及有关部门和单位、中国人民解放军、中国人民武装警察部队和民兵组织，应当按照统一部署，分工负责，密切配合，共同做好地震应急救援工作。

第五十二条　地震灾区的县级以上地方人民政府应当及时将地震震情和灾情等信息向上一级人民政府报告，必要时可以越级上报，不得迟报、谎报、瞒报。

地震震情、灾情和抗震救灾等信息按照国务院有关规定实行归口管理，统一、准确、及时发布。

第五十三条　国家鼓励、扶持地震应急救援新技术和装备的研究开发，调运和储备必要的应急救援设施、装备，提高应急救援水平。

第五十四条　国务院建立国家地震灾害紧急救援队伍。

省、自治区、直辖市人民政府和地震重点监视防御区的市、县人民政府可以根据实际需要，充分利用消防等现有队伍，按照一队多用、专职与兼职相结合的原则，建立地震灾害紧急救援队伍。

地震灾害紧急救援队伍应当配备相应的装备、器材，开展培训和演练，提高地震灾害紧急救援能力。

地震灾害紧急救援队伍在实施救援时，应当首先对倒塌建筑物、构筑物压埋人员进行紧急救援。

第五十五条　县级以上人民政府有关部门应当按照职责分工，协调配合，采取有效措施，保障地震灾害紧急救援队伍和医疗救治队伍快速、高效地开展地震灾害紧急救援活动。

第五十六条 县级以上地方人民政府及其有关部门可以建立地震灾害救援志愿者队伍，并组织开展地震应急救援知识培训和演练，使志愿者掌握必要的地震应急救援技能，增强地震灾害应急救援能力。

第五十七条 国务院地震工作主管部门会同有关部门和单位，组织协调外国救援队和医疗队在中华人民共和国开展地震灾害紧急救援活动。

国务院抗震救灾指挥机构负责外国救援队和医疗队的统筹调度，并根据其专业特长，科学、合理地安排紧急救援任务。

地震灾区的地方各级人民政府，应当对外国救援队和医疗队开展紧急救援活动予以支持和配合。

第六章 地震灾后过渡性安置和恢复重建

第五十八条 国务院或者地震灾区的省、自治区、直辖市人民政府应当及时组织对地震灾害损失进行调查评估，为地震应急救援、灾后过渡性安置和恢复重建提供依据。

地震灾害损失调查评估的具体工作，由国务院地震工作主管部门或者地震灾区的省、自治区、直辖市人民政府负责管理地震工作的部门或者机构和财政、建设、民政等有关部门按照国务院的规定承担。

第五十九条 地震灾区受灾群众需要过渡性安置的，应当根据地震灾区的实际情况，在确保安全的前提下，采取灵活多样的方式进行安置。

第六十条 过渡性安置点应当设置在交通条件便利、方便受灾群众恢复生产和生活的区域，并避开地震活动断层和可能发生严重次生灾害的区域。

过渡性安置点的规模应当适度，并采取相应的防灾、防疫措施，配套建设必要的基础设施和公共服务设施，确保受灾群众的安全和基本生活需要。

第六十一条 实施过渡性安置应当尽量保护农用地，并避免对自然保护区、饮用水水源保护区以及生态脆弱区域造成破坏。

过渡性安置用地按照临时用地安排，可以先行使用，事后依法办理有关用地手续；到期未转为永久性用地的，应当复垦后交还原土地使用者。

第六十二条 过渡性安置点所在地的县级人民政府，应当组织有关部门加强对次生灾害、饮用水水质、食品卫生、疫情等的监测，开展流行病学调查，整治环境卫生，避免对土壤、水环境等造成污染。

过渡性安置点所在地的公安机关，应当加强治安管理，依法打击各种违法犯罪行为，维护正常的社会秩序。

第六十三条 地震灾区的县级以上地方人民政府及其有关部门和乡、镇人民政府，应当及时组织修复毁损的农业生产设施，提供农业生产技术指导，尽快恢复农业生产；优先恢复供电、供水、供气等企业的生产，并对大型骨干企业恢复生产提供支持，为全面恢复农业、工业、服务业生产经营提供条件。

第六十四条 各级人民政府应当加强对地震灾后恢复重建工作的领导、组织和协调。

县级以上人民政府有关部门应当在本级人民政府领导下，按照职责分工，密切配合，采取有效措施，共同做好地震灾后恢复重建工作。

第六十五条 国务院有关部门应当组织有关专家开展地震活动对相关建设工程破坏机理的调查评估，为修订完善有关建设工程的强制性标准、采取抗震设防措施提供科学依据。

第六十六条 特别重大地震灾害发生后，国务院经济综合宏观调控部门会同国务院有关部门与地震灾区的省、自治区、直辖市人民政府共同组织编制地震灾后恢复重建规划，报国务院批准后组织实施；重大、较大、一般地震灾害发生后，由地震灾区的省、自治区、直辖市人民政府根据实际需要组织编制地震灾后恢复重建规划。

地震灾害损失调查评估获得的地质、勘察、测绘、土地、气象、水文、环境等基础资料和经国务院地震工作主管部门复核的地震动参数区划图，应当作为编制地震灾后恢复重建规划的依据。

编制地震灾后恢复重建规划，应当征求有关部门、单位、专家和公众特别是地震灾区受灾群众的意见；重大事项应当组织有关专家进行专题论证。

第六十七条 地震灾后恢复重建规划应当根据地质条件和地震活动断层分布以及资源环境承载能力，重点对城镇和乡村的布局、基础设施和公共服务设施的建设、防灾减灾和生态环境以及自然资源和历史文化遗产保护等作出安排。

地震灾区内需要异地新建的城镇和乡村的选址以及地震灾后重建工程的选址，应当符合地震灾后恢复重建规划和抗震设防、防灾减灾要求，避开地震活动断层或者生态脆弱和可能发生洪水、山体滑坡和崩塌、泥石流、地面塌陷等灾害的区域以及传染病自然疫源地。

第六十八条 地震灾区的地方各级人民政府应当根据地震灾后恢复重建规划和当地经济社会发展水平，有计划、分步骤地组织实施地震灾后恢复重建。

第六十九条 地震灾区的县级以上地方人民政府应当组织有关部门和专家，根据地震灾害损失调查评估结果，制定清理保护方案，明确典型地震遗址、遗迹和文物保护单位以及具有历史价值与民族特色的建筑物、构筑物的保护范围和措施。

对地震灾害现场的清理，按照清理保护方案分区、分类进行，并依照法律、行政法规和国家有关规定，妥善清理、转运和处置有关放射性物质、危险废物和有毒化学品，开展防疫工作，防止传染病和重大动物疫情的发生。

第七十条 地震灾后恢复重建，应当统筹安排交通、铁路、水利、电力、通信、供水、供电等基础设施和市政公用设施，学校、医院、文化、商贸服务、防灾减灾、环境保护等公共服务设施，以及住房和无障碍设施的建设，合理确定建设规模和时序。

乡村的地震灾后恢复重建，应当尊重村民意愿，发挥村民自治组织的作用，以群众自建为主，政府补助、社会帮扶、对口支援，因地制宜，节约和集约利用土地，保护耕地。

少数民族聚居的地方的地震灾后恢复重建，应当尊重当地群众的意愿。

第七十一条 地震灾区的县级以上地方人民政府应当组织有关部门和单位，抢救、保护与收集整理有关档案、资料，对因地震灾害遗失、毁损的档案、资料，及时补充和恢复。

第七十二条 地震灾后恢复重建应当坚持政府主导、社会参与和市场运作相结合的原则。

地震灾区的地方各级人民政府应当组织受灾群众和企业开展生产自救、自力更生、艰苦奋斗、勤俭节约，尽快恢复生产。

国家对地震灾后恢复重建给予财政支持、税收优惠和金融扶持，并提供物资、技术和人力等支持。

第七十三条 地震灾区的地方各级人民政府应当组织做好救助、救治、康复、补偿、抚慰、抚恤、安置、心理援助、法律服务、公共文化服务等工作。

各级人民政府及有关部门应当做好受灾群众的就业工作，鼓励企业、事业单位优先吸纳符合条件的受灾群众就业。

第七十四条 对地震灾后恢复重建中需要办理行政审批手续的事项，有审批权的人民政府及有关部门应当按照方便群众、简化手续、提高效率的原则，依法及时予以办理。

第七章 监 督 管 理

第七十五条 县级以上人民政府依法加强对防震减灾规划和地震应急预案的编制与实施、地震应急避难场所的设置与管理、地震灾害紧急救援队伍的培训、防震减灾知识宣传教育和地震应急救援演练等工作的监督检查。

县级以上人民政府有关部门应当加强对地震应急救援、地震灾后过渡性安置和恢复重建的物资的质量安全的监督检查。

第七十六条 县级以上人民政府建设、交通、铁路、水利、电力、地震等有关部门应当按照职责分工，加强对工程建设强制性标准、抗震设防要求执行情况和地震安全性评价工作的监督检查。

第七十七条 禁止侵占、截留、挪用地震应急救援、地震灾后过渡性安置和恢复重建的资金、物资。

县级以上人民政府有关部门对地震应急救援、地震灾后过渡性安置和恢复重建的资金、物资以及社会捐赠款物的使用情况，依法加强管理和监督，予以公布，并对资金、物资的筹集、分配、拨付、使用情况登记造册，建立健全档案。

第七十八条 地震灾区的地方人民政府应当定期公布地震应急救援、地震灾后过渡性安置和恢复重建的资金、物资以及社会捐赠款物的来源、数量、发放和使用情况，接受社会监督。

第七十九条 审计机关应当加强对地震应急救援、地震灾后过渡性安置和恢复重建的资金、物资的筹集、分配、拨付、使用的审计，并及时公布审计结果。

第八十条 监察机关应当加强对参与防震减灾工作的国家行政机关和法律、法规授权的具有管理公共事务职能的组织及其工作人员的监察。

第八十一条 任何单位和个人对防震减灾活动中的违法行为，有权进行举报。

接到举报的人民政府或者有关部门应当进行调查，依法处理，并为举报人保密。

第八章 法 律 责 任

第八十二条 国务院地震工作主管部门、县级以上地方人民政府负责管理地震工作的部门或者机构,以及其他依照本法规定行使监督管理权的部门,不依法作出行政许可或者办理批准文件的,发现违法行为或者接到对违法行为的举报后不予查处的,或者有其他未依照本法规定履行职责的行为的,对直接负责的主管人员和其他直接责任人员,依法给予处分。

第八十三条 未按照法律、法规和国家有关标准进行地震监测台网建设的,由国务院地震工作主管部门或者县级以上地方人民政府负责管理地震工作的部门或者机构责令改正,采取相应的补救措施;对直接负责的主管人员和其他直接责任人员,依法给予处分。

第八十四条 违反本法规定,有下列行为之一的,由国务院地震工作主管部门或者县级以上地方人民政府负责管理地震工作的部门或者机构责令停止违法行为,恢复原状或者采取其他补救措施;造成损失的,依法承担赔偿责任:

(一)侵占、毁损、拆除或者擅自移动地震监测设施的;
(二)危害地震观测环境的;
(三)破坏典型地震遗址、遗迹的。

单位有前款所列违法行为,情节严重的,处二万元以上二十万元以下的罚款;个人有前款所列违法行为,情节严重的,处二千元以下的罚款。构成违反治安管理行为的,由公安机关依法给予处罚。

第八十五条 违反本法规定,未按照要求增建抗干扰设施或者新建地震监测设施的,由国务院地震工作主管部门或者县级以上地方人民政府负责管理地震工作的部门或者机构责令限期改正;逾期不改正的,处二万元以上二十万元以下的罚款;造成损失的,依法承担赔偿责任。

第八十六条 违反本法规定,外国的组织或者个人未经批准,在中华人民共和国领域和中华人民共和国管辖的其他海域从事地震监测活动的,由国务院地震工作主管部门责令停止违法行为,没收监测成果和监测设施,并处一万元以上十万元以下的罚款;情节严重的,并处十万元以上五十万元以下的罚款。

外国人有前款规定行为的,除依照前款规定处罚外,还应当依照外国人入境出境管理法律的规定缩短其在中华人民共和国停留的期限或者取消其在中华人民共和国居留的资格;情节严重的,限期出境或者驱逐出境。

第八十七条 未依法进行地震安全性评价,或者未按照地震安全性评价报告所确定的抗震设防要求进行抗震设防的,由国务院地震工作主管部门或者县级以上地方人民政府负责管理地震工作的部门或者机构责令限期改正;逾期不改正的,处三万元以上三十万元以下的罚款。

第八十八条 违反本法规定,向社会散布地震预测意见、地震预报意见及其评审结果,或者在地震灾后过渡性安置、地震灾后恢复重建中扰乱社会秩序,构成违反治安管理行为的,由公安机关依法给予处罚。

第八十九条 地震灾区的县级以上地方人民政府迟报、谎报、瞒报地震震情、灾情等信息的,由上级人民政府责令改正;对直接负责的主管人员和其他直接责任人员,依法给予处分。

第九十条 侵占、截留、挪用地震应急救援、地震灾后过渡性安置或者地震灾后恢复重建的资金、物资的,由财政部门、审计机关在各自职责范围内,责令改正,追回被侵占、截留、挪用的资金、物资；有违法所得的，没收违法所得；对单位给予警告或者通报批评；对直接负责的主管人员和其他直接责任人员，依法给予处分。

第九十一条 违反本法规定，构成犯罪的，依法追究刑事责任。

第九章 附 则

第九十二条 本法下列用语的含义：

（一）地震监测设施，是指用于地震信息检测、传输和处理的设备、仪器和装置以及配套的监测场地。

（二）地震观测环境，是指按照国家有关标准划定的保障地震监测设施不受干扰、能够正常发挥工作效能的空间范围。

（三）重大建设工程，是指对社会有重大价值或者有重大影响的工程。

（四）可能发生严重次生灾害的建设工程，是指受地震破坏后可能引发水灾、火灾、爆炸，或者剧毒、强腐蚀性、放射性物质大量泄漏，以及其他严重次生灾害的建设工程，包括水库大坝和贮油、贮气设施，贮存易燃易爆或者剧毒、强腐蚀性、放射性物质的设施，以及其他可能发生严重次生灾害的建设工程。

（五）地震烈度区划图，是指以地震烈度（以等级表示的地震影响强弱程度）为指标，将全国划分为不同抗震设防要求区域的图件。

（六）地震动参数区划图，是指以地震动参数（以加速度表示地震作用强弱程度）为指标，将全国划分为不同抗震设防要求区域的图件。

（七）地震小区划图，是指根据某一区域的具体场地条件，对该区域的抗震设防要求进行详细划分的图件。

第九十三条 本法自 2009 年 5 月 1 日起施行。

中华人民共和国行政处罚法

(1996年3月17日中华人民共和国第八届全国人民代表大会第四次会议通过
1996年3月17日中华人民共和国主席令第六十三号公布
自1996年10月1日起施行)

第一章 总 则

第一条 为了规范行政处罚的设定和实施,保障和监督行政机关有效实施行政管理,维护公共利益和社会秩序,保护公民、法人或者其他组织的合法权益,根据宪法,制定本法。

第二条 行政处罚的设定和实施,适用本法。

第三条 公民、法人或者其他组织违反行政管理秩序的行为,应当给予行政处罚的,依照本法由法律、法规或者规章规定,并由行政机关依照本法规定的程序实施。

没有法定依据或者不遵守法定程序的,行政处罚无效。

第四条 行政处罚遵循公正、公开的原则。

设定和实施行政处罚必须以事实为依据,与违法行为的事实、性质、情节以及社会危害程度相当。

对违法行为给予行政处罚的规定必须公布;未经公布的,不得作为行政处罚的依据。

第五条 实施行政处罚,纠正违法行为,应当坚持处罚与教育相结合,教育公民、法人或者其他组织自觉守法。

第六条 公民、法人或者其他组织对行政机关所给予的行政处罚,享有陈述权、申辩权;对行政处罚不服的,有权依法申请行政复议或者提起行政诉讼。

公民、法人或者其他组织因行政机关违法给予行政处罚受到损害的,有权依法提出赔偿要求。

第七条 公民、法人或者其他组织因违法受到行政处罚,其违法行为对他人造成损害的,应当依法承担民事责任。

违法行为构成犯罪,应当依法追究刑事责任,不得以行政处罚代替刑事处罚。

第二章 行政处罚的种类和设定

第八条 行政处罚的种类:
(一)警告;
(二)罚款;
(三)没收违法所得、没收非法财物;

（四）责令停产停业；
（五）暂扣或者吊销许可证、暂扣或者吊销执照；
（六）行政拘留；
（七）法律、行政法规规定的其他行政处罚。

第九条　法律可以设定各种行政处罚。

限制人身自由的行政处罚，只能由法律设定。

第十条　行政法规可以设定除限制人身自由以外的行政处罚。

法律对违法行为已经作出行政处罚规定，行政法规需要作出具体规定的，必须在法律规定的给予行政处罚的行为、种类和幅度的范围内规定。

第十一条　地方性法规可以设定除限制人身自由、吊销企业营业执照以外的行政处罚。

法律、行政法规对违法行为已经作出行政处罚规定，地方性法规需要作出具体规定的，必须在法律、行政法规规定的给予行政处罚的行为、种类和幅度的范围内规定。

第十二条　国务院部、委员会制定的规章可以在法律、行政法规规定的给予行政处罚的行为、种类和幅度的范围内作出具体规定。

尚未制定法律、行政法规的，前款规定的国务院部、委员会制定的规章对违反行政管理秩序的行为，可以设定警告或者一定数量罚款的行政处罚。罚款的限额由国务院规定。

国务院可以授权具有行政处罚权的直属机构依照本条第一款、第二款的规定，规定行政处罚。

第十三条　省、自治区、直辖市人民政府和省、自治区人民政府所在地的市人民政府以及经国务院批准的较大的市人民政府制定的规章可以在法律、法规规定的给予行政处罚的行为、种类和幅度的范围内作出具体规定。

尚未制定法律、法规的，前款规定的人民政府制定的规章对违反行政管理秩序的行为，可以设定警告或者一定数量罚款的行政处罚。罚款的限额由省、自治区、直辖市人民代表大会常务委员会规定。

第十四条　除本法第九条、第十条、第十一条、第十二条以及第十三条的规定外，其他规范性文件不得设定行政处罚。

第三章　行政处罚的实施机关

第十五条　行政处罚由具有行政处罚权的行政机关在法定职权范围内实施。

第十六条　国务院或者经国务院授权的省、自治区、直辖市人民政府可以决定一个行政机关行使有关行政机关的行政处罚权，但限制人身自由的行政处罚权只能由公安机关行使。

第十七条　法律、法规授权的具有管理公共事务职能的组织可以在法定授权范围内实施行政处罚。

第十八条　行政机关依照法律、法规或者规章的规定，可以在其法定权限内委托符合本法第十九条规定条件的组织实施行政处罚。行政机关不得委托其他组织或者个人实施行政处罚。

委托行政机关对受委托的组织实施行政处罚的行为应当负责监督,并对该行为的后果承担法律责任。

受委托组织在委托范围内,以委托行政机关名义实施行政处罚;不得再委托其他任何组织或者个人实施行政处罚。

第十九条 受委托组织必须符合以下条件:

(一)依法成立的管理公共事务的事业组织;

(二)具有熟悉有关法律、法规、规章和业务的工作人员;

(三)对违法行为需要进行技术检查或者技术鉴定的,应当有条件组织进行相应的技术检查或者技术鉴定。

第四章 行政处罚的管辖和适用

第二十条 行政处罚由违法行为发生地的县级以上地方人民政府具有行政处罚权的行政机关管辖。法律、行政法规另有规定的除外。

第二十一条 对管辖发生争议的,报请共同的上一级行政机关指定管辖。

第二十二条 违法行为构成犯罪的,行政机关必须将案件移送司法机关,依法追究刑事责任。

第二十三条 行政机关实施行政处罚时,应当责令当事人改正或者限期改正违法行为。

第二十四条 对当事人的同一个违法行为,不得给予两次以上罚款的行政处罚。

第二十五条 不满十四周岁的人有违法行为的,不予行政处罚,责令监护人加以管教;已满十四周岁不满十八周岁的人有违法行为的,从轻或者减轻行政处罚。

第二十六条 精神病人在不能辨认或者不能控制自己行为时有违法行为的,不予行政处罚,但应当责令其监护人严加看管和治疗。间歇性精神病人在精神正常时有违法行为的,应当给予行政处罚。

第二十七条 当事人有下列情形之一的,应当依法从轻或者减轻行政处罚:

(一)主动消除或者减轻违法行为危害后果的;

(二)受他人胁迫有违法行为的;

(三)配合行政机关查处违法行为有立功表现的;

(四)其他依法从轻或者减轻行政处罚的。

违法行为轻微并及时纠正,没有造成危害后果的,不予行政处罚。

第二十八条 违法行为构成犯罪,人民法院判处拘役或者有期徒刑时,行政机关已经给予当事人行政拘留的,应当依法折抵相应刑期。

违法行为构成犯罪,人民法院判处罚金时,行政机关已经给予当事人罚款的,应当折抵相应罚金。

第二十九条 违法行为在二年内未被发现的,不再给予行政处罚。法律另有规定的除外。

前款规定的期限,从违法行为发生之日起计算;违法行为有连续或者继续状态的,从行为终了之日起计算。

第五章 行政处罚的决定

第三十条 公民、法人或者其他组织违反行政管理秩序的行为，依法应当给予行政处罚的，行政机关必须查明事实；违法事实不清的，不得给予行政处罚。

第三十一条 行政机关在作出行政处罚决定之前，应当告知当事人作出行政处罚决定的事实、理由及依据，并告知当事人依法享有的权利。

第三十二条 当事人有权进行陈述和申辩。行政机关必须充分听取当事人的意见，对当事人提出的事实、理由和证据，应当进行复核；当事人提出的事实、理由或者证据成立的，行政机关应当采纳。

行政机关不得因当事人申辩而加重处罚。

第一节 简易程序

第三十三条 违法事实确凿并有法定依据，对公民处以五十元以下、对法人或者其他组织处以一千元以下罚款或者警告的行政处罚的，可以当场作出行政处罚决定。当事人应当依照本法第四十六条、第四十七条、第四十八条的规定履行行政处罚决定。

第三十四条 执法人员当场作出行政处罚决定的，应当向当事人出示执法身份证件，填写预定格式、编有号码的行政处罚决定书。行政处罚决定书应当当场交付当事人。

前款规定的行政处罚决定书应当载明当事人的违法行为、行政处罚依据、罚款数额、时间、地点以及行政机关名称，并由执法人员签名或者盖章。

执法人员当场作出的行政处罚决定，必须报所属行政机关备案。

第三十五条 当事人对当场作出的行政处罚决定不服的，可以依法申请行政复议或者提起行政诉讼。

第二节 一般程序

第三十六条 除本法第三十三条规定的可以当场作出的行政处罚外，行政机关发现公民、法人或者其他组织有依法应当给予行政处罚的行为的，必须全面、客观、公正地调查，收集有关证据；必要时，依照法律、法规的规定，可以进行检查。

第三十七条 行政机关在调查或者进行检查时，执法人员不得少于两人，并应当向当事人或者有关人员出示证件。当事人或者有关人员应当如实回答询问，并协助调查或者检查，不得阻挠。询问或者检查应当制作笔录。

行政机关在收集证据时，可以采取抽样取证的方法；在证据可能灭失或者以后难以取得的情况下，经行政机关负责人批准，可以先行登记保存，并应当在七日内及时作出处理决定，在此期间，当事人或者有关人员不得销毁或者转移证据。

执法人员与当事人有直接利害关系的，应当回避。

第三十八条 调查终结，行政机关负责人应当对调查结果进行审查，根据不同情况，分别作出如下决定：

（一）确有应受行政处罚的违法行为的，根据情节轻重及具体情况，作出行政处罚决定；

（二）违法行为轻微，依法可以不予行政处罚的，不予行政处罚；

（三）违法事实不能成立的，不得给予行政处罚；

（四）违法行为已构成犯罪的，移送司法机关。

对情节复杂或者重大违法行为给予较重的行政处罚，行政机关的负责人应当集体讨论决定。

第三十九条 行政机关依照本法第三十八条的规定给予行政处罚，应当制作行政处罚决定书。行政处罚决定书应当载明下列事项：

（一）当事人的姓名或者名称、地址；

（二）违反法律、法规或者规章的事实和证据；

（三）行政处罚的种类和依据；

（四）行政处罚的履行方式和期限；

（五）不服行政处罚决定，申请行政复议或者提起行政诉讼的途径和期限；

（六）作出行政处罚决定的行政机关名称和作出决定的日期。

行政处罚决定书必须盖有作出行政处罚决定的行政机关的印章。

第四十条 行政处罚决定书应当在宣告后当场交付当事人；当事人不在场的，行政机关应当在七日内依照民事诉讼法的有关规定，将行政处罚决定书送达当事人。

第四十一条 行政机关及其执法人员在作出行政处罚决定之前，不依照本法第三十一条、第三十二条的规定向当事人告知给予行政处罚的事实、理由和依据，或者拒绝听取当事人的陈述、申辩，行政处罚决定不能成立；当事人放弃陈述或者申辩权利的除外。

第三节 听证程序

第四十二条 行政机关作出责令停产停业、吊销许可证或者执照、较大数额罚款等行政处罚决定之前，应当告知当事人有要求举行听证的权利；当事人要求听证的，行政机关应当组织听证。当事人不承担行政机关组织听证的费用。听证依照以下程序组织：

（一）当事人要求听证的，应当在行政机关告知后三日内提出；

（二）行政机关应当在听证的七日前，通知当事人举行听证的时间、地点；

（三）除涉及国家秘密、商业秘密或者个人隐私外，听证公开举行；

（四）听证由行政机关指定的非本案调查人员主持；当事人认为主持人与本案有直接利害关系的，有权申请回避；

（五）当事人可以亲自参加听证，也可以委托一至二人代理；

（六）举行听证时，调查人员提出当事人违法的事实、证据和行政处罚建议；当事人进行申辩和质证；

（七）听证应当制作笔录；笔录应当交当事人审核无误后签字或者盖章。

当事人对限制人身自由的行政处罚有异议的，依照治安管理处罚条例有关规定执行。

第四十三条 听证结束后，行政机关依照本法第三十八条的规定，作出决定。

第六章 行政处罚的执行

第四十四条 行政处罚决定依法作出后，当事人应当在行政处罚决定的期限内，予以履行。

第四十五条　当事人对行政处罚决定不服申请行政复议或者提起行政诉讼的，行政处罚不停止执行，法律另有规定的除外。

第四十六条　作出罚款决定的行政机关应当与收缴罚款的机构分离。

除依照本法第四十七条、第四十八条的规定当场收缴的罚款外，作出行政处罚决定的行政机关及其执法人员不得自行收缴罚款。

当事人应当自收到行政处罚决定书之日起十五日内，到指定的银行缴纳罚款。银行应当收受罚款，并将罚款直接上缴国库。

第四十七条　依照本法第三十三条的规定当场作出行政处罚决定，有下列情形之一的，执法人员可以当场收缴罚款：

（一）依法给予二十元以下的罚款的；

（二）不当场收缴事后难以执行的。

第四十八条　在边远、水上、交通不便地区，行政机关及其执法人员依照本法第三十三条、第三十八条的规定作出罚款决定后，当事人向指定的银行缴纳罚款确有困难，经当事人提出，行政机关及其执法人员可以当场收缴罚款。

第四十九条　行政机关及其执法人员当场收缴罚款的，必须向当事人出具省、自治区、直辖市财政部门统一制发的罚款收据；不出具财政部门统一制发的罚款收据的，当事人有权拒绝缴纳罚款。

第五十条　执法人员当场收缴的罚款，应当自收缴罚款之日起二日内，交至行政机关；在水上当场收缴的罚款，应当自抵岸之日起二日内交至行政机关；行政机关应当在二日内将罚款缴付指定的银行。

第五十一条　当事人逾期不履行行政处罚决定的，作出行政处罚决定的行政机关可以采取下列措施：

（一）到期不缴纳罚款的，每日按罚款数额的百分之三加处罚款；

（二）根据法律规定，将查封、扣押的财物拍卖或者将冻结的存款划拨抵缴罚款；

（三）申请人民法院强制执行。

第五十二条　当事人确有经济困难，需要延期或者分期缴纳罚款的，经当事人申请和行政机关批准，可以暂缓或者分期缴纳。

第五十三条　除依法应当予以销毁的物品外，依法没收的非法财物必须按照国家规定公开拍卖或者按照国家有关规定处理。

罚款、没收违法所得或者没收非法财物拍卖的款项，必须全部上缴国库，任何行政机关或者个人不得以任何形式截留、私分或者变相私分；财政部门不得以任何形式向作出行政处罚决定的行政机关返还罚款、没收的违法所得或者返还没收非法财物的拍卖款项。

第五十四条　行政机关应当建立健全对行政处罚的监督制度。县级以上人民政府应当加强对行政处罚的监督检查。

公民、法人或者其他组织对行政机关作出的行政处罚，有权申诉或者检举；行政机关应当认真审查，发现行政处罚有错误的，应当主动改正。

第七章 法 律 责 任

第五十五条 行政机关实施行政处罚,有下列情形之一的,由上级行政机关或者有关部门责令改正,可以对直接负责的主管人员和其他直接责任人员依法给予行政处分:

(一)没有法定的行政处罚依据的;

(二)擅自改变行政处罚种类、幅度的;

(三)违反法定的行政处罚程序的;

(四)违反本法第十八条关于委托处罚的规定的。

第五十六条 行政机关对当事人进行处罚不使用罚款、没收财物单据或者使用非法定部门制发的罚款、没收财物单据的,当事人有权拒绝处罚,并有权予以检举。上级行政机关或者有关部门对使用的非法单据予以收缴销毁,对直接负责的主管人员和其他直接责任人员依法给予行政处分。

第五十七条 行政机关违反本法第四十六条的规定自行收缴罚款的,财政部门违反本法第五十三条的规定向行政机关返还罚款或者拍卖款项的,由上级行政机关或者有关部门责令改正,对直接负责的主管人员和其他直接责任人员依法给予行政处分。

第五十八条 行政机关将罚款、没收的违法所得或者财物截留、私分或者变相私分的,由财政部门或者有关部门予以追缴,对直接负责的主管人员和其他直接责任人员依法给予行政处分;情节严重构成犯罪的,依法追究刑事责任。

执法人员利用职务上的便利,索取或者收受他人财物、收缴罚款据为己有,构成犯罪的,依法追究刑事责任;情节轻微不构成犯罪的,依法给予行政处分。

第五十九条 行政机关使用或者损毁扣押的财物,对当事人造成损失的,应当依法予以赔偿,对直接负责的主管人员和其他直接责任人员依法给予行政处分。

第六十条 行政机关违法实行检查措施或者执行措施,给公民人身或者财产造成损害、给法人或者其他组织造成损失的,应当依法予以赔偿,对直接负责的主管人员和其他直接责任人员依法给予行政处分;情节严重构成犯罪的,依法追究刑事责任。

第六十一条 行政机关为牟取本单位私利,对应当依法移交司法机关追究刑事责任的不移交,以行政处罚代替刑罚,由上级行政机关或者有关部门责令纠正;拒不纠正的,对直接负责的主管人员给予行政处分;徇私舞弊、包庇纵容违法行为的,比照刑法第一百八十八条的规定追究刑事责任。

第六十二条 执法人员玩忽职守,对应当予以制止和处罚的违法行为不予制止、处罚,致使公民、法人或者其他组织的合法权益、公共利益和社会秩序遭受损害的,对直接负责的主管人员和其他直接责任人员依法给予行政处分;情节严重构成犯罪的,依法追究刑事责任。

第八章 附 则

第六十三条 本法第四十六条罚款决定与罚款收缴分离的规定,由国务院制定具体实施办法。

第六十四条 本法自 1996 年 10 月 1 日起施行。

本法公布前制定的法规和规章关于行政处罚的规定与本法不符合的，应当自本法公布之日起，依照本法规定予以修订，在 1997 年 12 月 31 日前修订完毕。

附：刑法有关条文

第一百八十八条 司法工作人员徇私舞弊，对明知是无罪的人而使他受追诉、对明知是有罪的人而故意包庇不使他受追诉，或者故意颠倒黑白做枉法裁判的，处五年以下有期徒刑、拘役或者剥夺政治权利；情节特别严重的，处五年以上有期徒刑。

中华人民共和国行政复议法

(1999年4月29日第九届全国人民代表大会常务委员会第九次会议通过
1999年4月29日中华人民共和国主席令第十六号公布
自1999年10月1日起施行)

第一章 总 则

第一条 为了防止和纠正违法的或者不当的具体行政行为,保护公民、法人和其他组织的合法权益,保障和监督行政机关依法行使职权,根据宪法,制定本法。

第二条 公民、法人或者其他组织认为具体行政行为侵犯其合法权益,向行政机关提出行政复议申请,行政机关受理行政复议申请、作出行政复议决定,适用本法。

第三条 依照本法履行行政复议职责的行政机关是行政复议机关。行政复议机关负责法制工作的机构具体办理行政复议事项,履行下列职责:

(一)受理行政复议申请;

(二)向有关组织和人员调查取证,查阅文件和资料;

(三)审查申请行政复议的具体行政行为是否合法与适当,拟订行政复议决定;

(四)处理或者转送对本法第七条所列有关规定的审查申请;

(五)对行政机关违反本法规定的行为依照规定的权限和程序提出处理建议;

(六)办理因不服行政复议决定提起行政诉讼的应诉事项;

(七)法律、法规规定的其他职责。

第四条 行政复议机关履行行政复议职责,应当遵循合法、公正、公开、及时、便民的原则,坚持有错必纠,保障法律、法规的正确实施。

第五条 公民、法人或者其他组织对行政复议决定不服的,可以依照行政诉讼法的规定向人民法院提起行政诉讼,但是法律规定行政复议决定为最终裁决的除外。

第二章 行政复议范围

第六条 有下列情形之一的,公民、法人或者其他组织可以依照本法申请行政复议:

(一)对行政机关作出的警告、罚款、没收违法所得、没收非法财物、责令停产停业、暂扣或者吊销许可证、暂扣或者吊销执照、行政拘留等行政处罚决定不服的;

(二)对行政机关作出的限制人身自由或者查封、扣押、冻结财产等行政强制措施决定不服的;

(三)对行政机关作出的有关许可证、执照、资质证、资格证等证书变更、中止、撤销的决定不服的;

（四）对行政机关作出的关于确认土地、矿藏、水流、森林、山岭、草原、荒地、滩涂、海域等自然资源的所有权或者使用权的决定不服的；

（五）认为行政机关侵犯合法的经营自主权的；

（六）认为行政机关变更或者废止农业承包合同，侵犯其合法权益的；

（七）认为行政机关违法集资、征收财物、摊派费用或者违法要求履行其他义务的；

（八）认为符合法定条件，申请行政机关颁发许可证、执照、资质证、资格证等证书，或者申请行政机关审批、登记有关事项，行政机关没有依法办理的；

（九）申请行政机关履行保护人身权利、财产权利、受教育权利的法定职责，行政机关没有依法履行的；

（十）申请行政机关依法发放抚恤金、社会保险金或者最低生活保障费，行政机关没有依法发放的；

（十一）认为行政机关的其他具体行政行为侵犯其合法权益的。

第七条 公民、法人或者其他组织认为行政机关的具体行政行为所依据的下列规定不合法，在对具体行政行为申请行政复议时，可以一并向行政复议机关提出对该规定的审查申请：

（一）国务院部门的规定；

（二）县级以上地方各级人民政府及其工作部门的规定；

（三）乡、镇人民政府的规定。

前款所列规定不含国务院部、委员会规章和地方人民政府规章。规章的审查依照法律、行政法规办理。

第八条 不服行政机关作出的行政处分或者其他人事处理决定的，依照有关法律、行政法规的规定提出申诉。

不服行政机关对民事纠纷作出的调解或者其他处理，依法申请仲裁或者向人民法院提起诉讼。

第三章 行政复议申请

第九条 公民、法人或者其他组织认为具体行政行为侵犯其合法权益的，可以自知道该具体行政行为之日起六十日内提出行政复议申请；但是法律规定的申请期限超过六十日的除外。

因不可抗力或者其他正当理由耽误法定申请期限的，申请期限自障碍消除之日起继续计算。

第十条 依照本法申请行政复议的公民、法人或者其他组织是申请人。

有权申请行政复议的公民死亡的，其近亲属可以申请行政复议。有权申请行政复议的公民为无民事行为能力人或者限制民事行为能力人的，其法定代理人可以代为申请行政复议。有权申请行政复议的法人或者其他组织终止的，承受其权利的法人或者其他组织可以申请行政复议。

同申请行政复议的具体行政行为有利害关系的其他公民、法人或者其他组织，可以作为第三人参加行政复议。

公民、法人或者其他组织对行政机关的具体行政行为不服申请行政复议的,作出具体行政行为的行政机关是被申请人。

申请人、第三人可以委托代理人代为参加行政复议。

第十一条 申请人申请行政复议,可以书面申请,也可以口头申请;口头申请的,行政复议机关应当当场记录申请人的基本情况、行政复议请求、申请行政复议的主要事实、理由和时间。

第十二条 对县级以上地方各级人民政府工作部门的具体行政行为不服的,由申请人选择,可以向该部门的本级人民政府申请行政复议,也可以向上一级主管部门申请行政复议。

对海关、金融、国税、外汇管理等实行垂直领导的行政机关和国家安全机关的具体行政行为不服的,向上一级主管部门申请行政复议。

第十三条 对地方各级人民政府的具体行政行为不服的,向上一级地方人民政府申请行政复议。

对省、自治区人民政府依法设立的派出机关所属的县级地方人民政府的具体行政行为不服的,向该派出机关申请行政复议。

第十四条 对国务院部门或者省、自治区、直辖市人民政府的具体行政行为不服的,向作出该具体行政行为的国务院部门或者省、自治区、直辖市人民政府申请行政复议。对行政复议决定不服的,可以向人民法院提起行政诉讼;也可以向国务院申请裁决,国务院依照本法的规定作出最终裁决。

第十五条 对本法第十二条、第十三条、第十四条规定以外的其他行政机关、组织的具体行政行为不服的,按照下列规定申请行政复议:

(一)对县级以上地方人民政府依法设立的派出机关的具体行政行为不服的,向设立该派出机关的人民政府申请行政复议;

(二)对政府工作部门依法设立的派出机构依照法律、法规或者规章规定,以自己的名义作出的具体行政行为不服的,向设立该派出机构的部门或者该部门的本级地方人民政府申请行政复议;

(三)对法律、法规授权的组织的具体行政行为不服的,分别向直接管理该组织的地方人民政府、地方人民政府工作部门或者国务院部门申请行政复议;

(四)对两个或者两个以上行政机关以共同的名义作出的具体行政行为不服的,向其共同上一级行政机关申请行政复议;

(五)对被撤销的行政机关在撤销前所作出的具体行政行为不服的,向继续行使其职权的行政机关的上一级行政机关申请行政复议。

有前款所列情形之一的,申请人也可以向具体行政行为发生地的县级地方人民政府提出行政复议申请,由接受申请的县级地方人民政府依照本法第十八条的规定办理。

第十六条 公民、法人或者其他组织申请行政复议,行政复议机关已经依法受理的,或者法律、法规规定应当先向行政复议机关申请行政复议、对行政复议决定不服再向人民法院提起行政诉讼的,在法定行政复议期限内不得向人民法院提起行政诉讼。

公民、法人或者其他组织向人民法院提起行政诉讼,人民法院已经依法受理的,不得申请行政复议。

第四章 行政复议受理

第十七条 行政复议机关收到行政复议申请后,应当在五日内进行审查,对不符合本法规定的行政复议申请,决定不予受理,并书面告知申请人;对符合本法规定,但是不属于本机关受理的行政复议申请,应当告知申请人向有关行政复议机关提出。

除前款规定外,行政复议申请自行政复议机关负责法制工作的机构收到之日起即为受理。

第十八条 依照本法第十五条第二款的规定接受行政复议申请的县级地方人民政府,对依照本法第十五条第一款的规定属于其他行政复议机关受理的行政复议申请,应当自接到该行政复议申请之日起七日内,转送有关行政复议机关,并告知申请人。接受转送的行政复议机关应当依照本法第十七条的规定办理。

第十九条 法律、法规规定应当先向行政复议机关申请行政复议、对行政复议决定不服再向人民法院提起行政诉讼的,行政复议机关决定不予受理或者受理后超过行政复议期限不作答复的,公民、法人或者其他组织可以自收到不予受理决定书之日起或者行政复议期满之日起十五日内,依法向人民法院提起行政诉讼。

第二十条 公民、法人或者其他组织依法提出行政复议申请,行政复议机关无正当理由不予受理的,上级行政机关应当责令其受理;必要时,上级行政机关也可以直接受理。

第二十一条 行政复议期间具体行政行为不停止执行;但是,有下列情形之一的,可以停止执行:

(一)被申请人认为需要停止执行的;
(二)行政复议机关认为需要停止执行的;
(三)申请人申请停止执行,行政复议机关认为其要求合理,决定停止执行的;
(四)法律规定停止执行的。

第五章 行政复议决定

第二十二条 行政复议原则上采取书面审查的办法,但是申请人提出要求或者行政复议机关负责法制工作的机构认为有必要时,可以向有关组织和人员调查情况,听取申请人、被申请人和第三人的意见。

第二十三条 行政复议机关负责法制工作的机构应当自行政复议申请受理之日起七日内,将行政复议申请书副本或者行政复议申请笔录复印件发送被申请人。被申请人应当自收到申请书副本或者申请笔录复印件之日起十日内,提出书面答复,并提交当初作出具体行政行为的证据、依据和其他有关材料。

申请人、第三人可以查阅被申请人提出的书面答复、作出具体行政行为的证据、依据和其他有关材料,除涉及国家秘密、商业秘密或者个人隐私外,行政复议机关不得拒绝。

第二十四条 在行政复议过程中,被申请人不得自行向申请人和其他有关组织或者个人收集证据。

第二十五条 行政复议决定作出前,申请人要求撤回行政复议申请的,经说明理由,可以撤回；撤回行政复议申请的，行政复议终止。

第二十六条　申请人在申请行政复议时，一并提出对本法第七条所列有关规定的审查申请的，行政复议机关对该规定有权处理的，应当在三十日内依法处理；无权处理的，应当在七日内按照法定程序转送有权处理的行政机关依法处理，有权处理的行政机关应当在六十日内依法处理。处理期间，中止对具体行政行为的审查。

第二十七条　行政复议机关在对被申请人作出的具体行政行为进行审查时，认为其依据不合法，本机关有权处理的，应当在三十日内依法处理；无权处理的，应当在七日内按照法定程序转送有权处理的国家机关依法处理。处理期间，中止对具体行政行为的审查。

第二十八条　行政复议机关负责法制工作的机构应当对被申请人作出的具体行政行为进行审查，提出意见，经行政复议机关的负责人同意或者集体讨论通过后，按照下列规定作出行政复议决定：

（一）具体行政行为认定事实清楚，证据确凿，适用依据正确，程序合法，内容适当的，决定维持；

（二）被申请人不履行法定职责的，决定其在一定期限内履行；

（三）具体行政行为有下列情形之一的，决定撤销、变更或者确认该具体行政行为违法；决定撤销或者确认该具体行政行为违法的，可以责令被申请人在一定期限内重新作出具体行政行为：

1. 主要事实不清、证据不足的；
2. 适用依据错误的；
3. 违反法定程序的；
4. 超越或者滥用职权的；
5. 具体行政行为明显不当的。

（四）被申请人不按照本法第二十三条的规定提出书面答复、提交当初作出具体行政行为的证据、依据和其他有关材料的，视为该具体行政行为没有证据、依据，决定撤销该具体行政行为。

行政复议机关责令被申请人重新作出具体行政行为的，被申请人不得以同一的事实和理由作出与原具体行政行为相同或者基本相同的具体行政行为。

第二十九条　申请人在申请行政复议时可以一并提出行政赔偿请求，行政复议机关对符合国家赔偿法的有关规定应当给予赔偿的，在决定撤销、变更具体行政行为或者确认具体行政行为违法时，应当同时决定被申请人依法给予赔偿。

申请人在申请行政复议时没有提出行政赔偿请求的，行政复议机关在依法决定撤销或者变更罚款，撤销违法集资、没收财物、征收财物、摊派费用以及对财产的查封、扣押、冻结等具体行政行为时，应当同时责令被申请人返还财产，解除对财产的查封、扣押、冻结措施，或者赔偿相应的价款。

第三十条　公民、法人或者其他组织认为行政机关的具体行政行为侵犯其已经依法取得的土地、矿藏、水流、森林、山岭、草原、荒地、滩涂、海域等自然资源的所有权或者使用权的，应当先申请行政复议；对行政复议决定不服的，可以依法向人民法院提起行政诉讼。

根据国务院或者省、自治区、直辖市人民政府对行政区划的勘定、调整或者征用土地的决定，省、自治区、直辖市人民政府确认土地、矿藏、水流、森林、山岭、草原、荒地、滩涂、海域等自然资源的所有权或者使用权的行政复议决定为最终裁决。

第三十一条　行政复议机关应当自受理申请之日起六十日内作出行政复议决定；但是法律规定的行政复议期限少于六十日的除外。情况复杂，不能在规定期限内作出行政复议决定的，经行政复议机关的负责人批准，可以适当延长，并告知申请人和被申请人；但是延长期限最多不超过三十日。

行政复议机关作出行政复议决定，应当制作行政复议决定书，并加盖印章。

行政复议决定书一经送达，即发生法律效力。

第三十二条　被申请人应当履行行政复议决定。

被申请人不履行或者无正当理由拖延履行行政复议决定的，行政复议机关或者有关上级行政机关应当责令其限期履行。

第三十三条　申请人逾期不起诉又不履行行政复议决定的，或者不履行最终裁决的行政复议决定的，按照下列规定分别处理：

（一）维持具体行政行为的行政复议决定，由作出具体行政行为的行政机关依法强制执行，或者申请人民法院强制执行；

（二）变更具体行政行为的行政复议决定，由行政复议机关依法强制执行，或者申请人民法院强制执行。

第六章　法　律　责　任

第三十四条　行政复议机关违反本法规定，无正当理由不予受理依法提出的行政复议申请或者不按照规定转送行政复议申请的，或者在法定期限内不作出行政复议决定的，对直接负责的主管人员和其他直接责任人员依法给予警告、记过、记大过的行政处分；经责令受理仍不受理或者不按照规定转送行政复议申请，造成严重后果的，依法给予降级、撤职、开除的行政处分。

第三十五条　行政复议机关工作人员在行政复议活动中，徇私舞弊或者有其他渎职、失职行为的，依法给予警告、记过、记大过的行政处分；情节严重的，依法给予降级、撤职、开除的行政处分；构成犯罪的，依法追究刑事责任。

第三十六条　被申请人违反本法规定，不提出书面答复或者不提交作出具体行政行为的证据、依据和其他有关材料，或者阻挠、变相阻挠公民、法人或者其他组织依法申请行政复议的，对直接负责的主管人员和其他直接责任人员依法给予警告、记过、记大过的行政处分；进行报复陷害的，依法给予降级、撤职、开除 的行政处分；构成犯罪的，依法追究刑事责任。

第三十七条　被申请人不履行或者无正当理由拖延履行行政复议决定的，对直接负责的主管人员和其他直接责任人员依法给予警告、记过、记大过的行政处分；经责令履行仍拒不履行的，依法给予降级、撤职、开除的行政处分。

第三十八条　行政复议机关负责法制工作的机构发现有无正当理由不予受理行政复议申请、不按照规定期限作出行政复议决定、徇私舞弊、对申请人打击报复或者不履行行政复议决定等情形的，应当向有关行政机关提出建议，有关行政机关应当依照本法和有关法律、行政法规的规定作出处理。

第七章 附 则

第三十九条 行政复议机关受理行政复议申请，不得向申请人收取任何费用。行政复议活动所需经费，应当列入本机关的行政经费，由本级财政予以保障。

第四十条 行政复议期间的计算和行政复议文书的送达，依照民事诉讼法关于期间、送达的规定执行。

本法关于行政复议期间有关"五日"、"七日"的规定是指工作日，不含节假日。

第四十一条 外国人、无国籍人、外国组织在中华人民共和国境内申请行政复议，适用本法。

第四十二条 本法施行前公布的法律有关行政复议的规定与本法的规定不一致的，以本法的规定为准。

第四十三条 本法自1999年10月1日起施行。1990年12月24日国务院发布、1994年10月9日国务院修订发布的《行政复议条例》同时废止。

中华人民共和国行政许可法

(2003年8月27日中华人民共和国第十届全国人民代表大会常务委员会第四次会议通过，2003年8月27日中华人民共和国主席令第七号公布
自2004年7月1日起施行)

第一章 总 则

第一条 为了规范行政许可的设定和实施，保护公民、法人和其他组织的合法权益，维护公共利益和社会秩序，保障和监督行政机关有效实施行政管理，根据宪法，制定本法。

第二条 本法所称行政许可，是指行政机关根据公民、法人或者其他组织的申请，经依法审查，准予其从事特定活动的行为。

第三条 行政许可的设定和实施，适用本法。

有关行政机关对其他机关或者对其直接管理的事业单位的人事、财务、外事等事项的审批，不适用本法。

第四条 设定和实施行政许可，应当依照法定的权限、范围、条件和程序。

第五条 设定和实施行政许可，应当遵循公开、公平、公正的原则。

有关行政许可的规定应当公布；未经公布的，不得作为实施行政许可的依据。行政许可的实施和结果，除涉及国家秘密、商业秘密或者个人隐私的外，应当公开。

符合法定条件、标准的，申请人有依法取得行政许可的平等权利，行政机关不得歧视。

第六条 实施行政许可，应当遵循便民的原则，提高办事效率，提供优质服务。

第七条 公民、法人或者其他组织对行政机关实施行政许可，享有陈述权、申辩权；有权依法申请行政复议或者提起行政诉讼；其合法权益因行政机关违法实施行政许可受到损害的，有权依法要求赔偿。

第八条 公民、法人或者其他组织依法取得的行政许可受法律保护，行政机关不得擅自改变已经生效的行政许可。

行政许可所依据的法律、法规、规章修改或者废止，或者准予行政许可所依据的客观情况发生重大变化的，为了公共利益的需要，行政机关可以依法变更或者撤回已经生效的行政许可。由此给公民、法人或者其他组织造成财产损失的，行政机关应当依法给予补偿。

第九条 依法取得的行政许可，除法律、法规规定依照法定条件和程序可以转让的外，不得转让。

第十条 县级以上人民政府应当建立健全对行政机关实施行政许可的监督制度，加强

对行政机关实施行政许可的监督检查。

行政机关应当对公民、法人或者其他组织从事行政许可事项的活动实施有效监督。

第二章　行政许可的设定

第十一条　设定行政许可，应当遵循经济和社会发展规律，有利于发挥公民、法人或者其他组织的积极性、主动性，维护公共利益和社会秩序，促进经济、社会和生态环境协调发展。

第十二条　下列事项可以设定行政许可：

（一）直接涉及国家安全、公共安全、经济宏观调控、生态环境保护以及直接关系人身健康、生命财产安全等特定活动，需要按照法定条件予以批准的事项；

（二）有限自然资源开发利用、公共资源配置以及直接关系公共利益的特定行业的市场准入等，需要赋予特定权利的事项；

（三）提供公众服务并且直接关系公共利益的职业、行业，需要确定具备特殊信誉、特殊条件或者特殊技能等资格、资质的事项；

（四）直接关系公共安全、人身健康、生命财产安全的重要设备、设施、产品、物品，需要按照技术标准、技术规范，通过检验、检测、检疫等方式进行审定的事项；

（五）企业或者其他组织的设立等，需要确定主体资格的事项；

（六）法律、行政法规规定可以设定行政许可的其他事项。

第十三条　本法第十二条所列事项，通过下列方式能够予以规范的，可以不设行政许可：

（一）公民、法人或者其他组织能够自主决定的；

（二）市场竞争机制能够有效调节的；

（三）行业组织或者中介机构能够自律管理的；

（四）行政机关采用事后监督等其他行政管理方式能够解决的。

第十四条　本法第十二条所列事项，法律可以设定行政许可。尚未制定法律的，行政法规可以设定行政许可。

必要时，国务院可以采用发布决定的方式设定行政许可。实施后，除临时性行政许可事项外，国务院应当及时提请全国人民代表大会及其常务委员会制定法律，或者自行制定行政法规。

第十五条　本法第十二条所列事项，尚未制定法律、行政法规的，地方性法规可以设定行政许可；尚未制定法律、行政法规和地方性法规的，因行政管理的需要，确需立即实施行政许可的，省、自治区、直辖市人民政府规章可以设定临时性的行政许可。临时性的行政许可实施满一年需要继续实施的，应当提请本级人民代表大会及其常务委员会制定地方性法规。

地方性法规和省、自治区、直辖市人民政府规章，不得设定应当由国家统一确定的公民、法人或者其他组织的资格、资质的行政许可；不得设定企业或者其他组织的设立登记及其前置性行政许可。其设定的行政许可，不得限制其他地区的个人或者企业到本地区从事生产经营和提供服务，不得限制其他地区的商品进入本地区市场。

第十六条　行政法规可以在法律设定的行政许可事项范围内，对实施该行政许可作出具体规定。

地方性法规可以在法律、行政法规设定的行政许可事项范围内，对实施该行政许可作出具体规定。

规章可以在上位法设定的行政许可事项范围内，对实施该行政许可作出具体规定。

法规、规章对实施上位法设定的行政许可作出的具体规定，不得增设行政许可；对行政许可条件作出的具体规定，不得增设违反上位法的其他条件。

第十七条　除本法第十四条、第十五条规定的外，其他规范性文件一律不得设定行政许可。

第十八条　设定行政许可，应当规定行政许可的实施机关、条件、程序、期限。

第十九条　起草法律草案、法规草案和省、自治区、直辖市人民政府规章草案，拟设定行政许可的，起草单位应当采取听证会、论证会等形式听取意见，并向制定机关说明设定该行政许可的必要性、对经济和社会可能产生的影响以及听取和采纳意见的情况。

第二十条　行政许可的设定机关应当定期对其设定的行政许可进行评价；对已设定的行政许可，认为通过本法第十三条所列方式能够解决的，应当对设定该行政许可的规定及时予以修改或者废止。

行政许可的实施机关可以对已设定的行政许可的实施情况及存在的必要性适时进行评价，并将意见报告该行政许可的设定机关。

公民、法人或者其他组织可以向行政许可的设定机关和实施机关就行政许可的设定和实施提出意见和建议。

第二十一条　省、自治区、直辖市人民政府对行政法规设定的有关经济事务的行政许可，根据本行政区域经济和社会发展情况，认为通过本法第十三条所列方式能够解决的，报国务院批准后，可以在本行政区域内停止实施该行政许可。

第三章　行政许可的实施机关

第二十二条　行政许可由具有行政许可权的行政机关在其法定职权范围内实施。

第二十三条　法律、法规授权的具有管理公共事务职能的组织，在法定授权范围内，以自己的名义实施行政许可。被授权的组织适用本法有关行政机关的规定。

第二十四条　行政机关在其法定职权范围内，依照法律、法规、规章的规定，可以委托其他行政机关实施行政许可。委托机关应当将受委托行政机关和受委托实施行政许可的内容予以公告。

委托行政机关对受委托行政机关实施行政许可的行为应当负责监督，并对该行为的后果承担法律责任。

受委托行政机关在委托范围内，以委托行政机关名义实施行政许可；不得再委托其他组织或者个人实施行政许可。

第二十五条　经国务院批准，省、自治区、直辖市人民政府根据精简、统一、效能的原则，可以决定一个行政机关行使有关行政机关的行政许可权。

第二十六条　行政许可需要行政机关内设的多个机构办理的，该行政机关应当确定一个机构统一受理行政许可申请，统一送达行政许可决定。

行政许可依法由地方人民政府两个以上部门分别实施的，本级人民政府可以确定一个部门受理行政许可申请并转告有关部门分别提出意见后统一办理，或者组织有关部门联合办理、集中办理。

第二十七条 行政机关实施行政许可，不得向申请人提出购买指定商品、接受有偿服务等不正当要求。

行政机关工作人员办理行政许可，不得索取或者收受申请人的财物，不得谋取其他利益。

第二十八条 对直接关系公共安全、人身健康、生命财产安全的设备、设施、产品、物品的检验、检测、检疫，除法律、行政法规规定由行政机关实施的外，应当逐步由符合法定条件的专业技术组织实施。专业技术组织及其有关人员对所实施的检验、检测、检疫结论承担法律责任。

第四章 行政许可的实施程序

第一节 申请与受理

第二十九条 公民、法人或者其他组织从事特定活动，依法需要取得行政许可的，应当向行政机关提出申请。申请书需要采用格式文本的，行政机关应当向申请人提供行政许可申请书格式文本。申请书格式文本中不得包含与申请行政许可事项没有直接关系的内容。

申请人可以委托代理人提出行政许可申请。但是，依法应当由申请人到行政机关办公场所提出行政许可申请的除外。

行政许可申请可以通过信函、电报、电传、传真、电子数据交换和电子邮件等方式提出。

第三十条 行政机关应当将法律、法规、规章规定的有关行政许可的事项、依据、条件、数量、程序、期限以及需要提交的全部材料的目录和申请书示范文本等在办公场所公示。

申请人要求行政机关对公示内容予以说明、解释的，行政机关应当说明、解释，提供准确、可靠的信息。

第三十一条 申请人申请行政许可，应当如实向行政机关提交有关材料和反映真实情况，并对其申请材料实质内容的真实性负责。行政机关不得要求申请人提交与其申请的行政许可事项无关的技术资料和其他材料。

第三十二条 行政机关对申请人提出的行政许可申请，应当根据下列情况分别作出处理：

（一）申请事项依法不需要取得行政许可的，应当即时告知申请人不受理；

（二）申请事项依法不属于本行政机关职权范围的，应当即时作出不予受理的决定，并告知申请人向有关行政机关申请；

（三）申请材料存在可以当场更正的错误的，应当允许申请人当场更正；

（四）申请材料不齐全或者不符合法定形式的，应当当场或者在五日内一次告知申请人需要补正的全部内容，逾期不告知的，自收到申请材料之日起即为受理；

（五）申请事项属于本行政机关职权范围，申请材料齐全、符合法定形式，或者申请人按照本行政机关的要求提交全部补正申请材料的，应当受理行政许可申请。

行政机关受理或者不予受理行政许可申请，应当出具加盖本行政机关专用印章和注明日期的书面凭证。

第三十三条　行政机关应当建立和完善有关制度，推行电子政务，在行政机关的网站上公布行政许可事项，方便申请人采取数据电文等方式提出行政许可申请；应当与其他行政机关共享有关行政许可信息，提高办事效率。

第二节　审查与决定

第三十四条　行政机关应当对申请人提交的申请材料进行审查。

申请人提交的申请材料齐全、符合法定形式，行政机关能够当场作出决定的，应当当场作出书面的行政许可决定。

根据法定条件和程序，需要对申请材料的实质内容进行核实的，行政机关应当指派两名以上工作人员进行核查。

第三十五条　依法应当先经下级行政机关审查后报上级行政机关决定的行政许可，下级行政机关应当在法定期限内将初步审查意见和全部申请材料直接报送上级行政机关。上级行政机关不得要求申请人重复提供申请材料。

第三十六条　行政机关对行政许可申请进行审查时，发现行政许可事项直接关系他人重大利益的，应当告知该利害关系人。申请人、利害关系人有权进行陈述和申辩。行政机关应当听取申请人、利害关系人的意见。

第三十七条　行政机关对行政许可申请进行审查后，除当场作出行政许可决定的外，应当在法定期限内按照规定程序作出行政许可决定。

第三十八条　申请人的申请符合法定条件、标准的，行政机关应当依法作出准予行政许可的书面决定。

行政机关依法作出不予行政许可的书面决定的，应当说明理由，并告知申请人享有依法申请行政复议或者提起行政诉讼的权利。

第三十九条　行政机关作出准予行政许可的决定，需要颁发行政许可证件的，应当向申请人颁发加盖本行政机关印章的下列行政许可证件：

（一）许可证、执照或者其他许可证书；

（二）资格证、资质证或者其他合格证书；

（三）行政机关的批准文件或者证明文件；

（四）法律、法规规定的其他行政许可证件。

行政机关实施检验、检测、检疫的，可以在检验、检测、检疫合格的设备、设施、产品、物品上加贴标签或者加盖检验、检测、检疫印章。

第四十条　行政机关作出的准予行政许可决定，应当予以公开，公众有权查阅。

第四十一条　法律、行政法规设定的行政许可，其适用范围没有地域限制的，申请人取得的行政许可在全国范围内有效。

第三节 期 限

第四十二条 除可以当场作出行政许可决定的外，行政机关应当自受理行政许可申请之日起二十日内作出行政许可决定。二十日内不能作出决定的，经本行政机关负责人批准，可以延长十日，并应当将延长期限的理由告知申请人。但是，法律、法规另有规定的，依照其规定。

依照本法第二十六条的规定，行政许可采取统一办理或者联合办理、集中办理的，办理的时间不得超过四十五日；四十五日内不能办结的，经本级人民政府负责人批准，可以延长十五日，并应当将延长期限的理由告知申请人。

第四十三条 依法应当先经下级行政机关审查后报上级行政机关决定的行政许可，下级行政机关应当自其受理行政许可申请之日起二十日内审查完毕。但是，法律、法规另有规定的，依照其规定。

第四十四条 行政机关作出准予行政许可的决定，应当自作出决定之日起十日内向申请人颁发、送达行政许可证件，或者加贴标签、加盖检验、检测、检疫印章。

第四十五条 行政机关作出行政许可决定，依法需要听证、招标、拍卖、检验、检测、检疫、鉴定和专家评审的，所需时间不计算在本节规定的期限内。行政机关应当将所需时间书面告知申请人。

第四节 听 证

第四十六条 法律、法规、规章规定实施行政许可应当听证的事项，或者行政机关认为需要听证的其他涉及公共利益的重大行政许可事项，行政机关应当向社会公告，并举行听证。

第四十七条 行政许可直接涉及申请人与他人之间重大利益关系的，行政机关在作出行政许可决定前，应当告知申请人、利害关系人享有要求听证的权利；申请人、利害关系人在被告知听证权利之日起五日内提出听证申请的，行政机关应当在二十日内组织听证。

申请人、利害关系人不承担行政机关组织听证的费用。

第四十八条 听证按照下列程序进行：

（一）行政机关应当于举行听证的七日前将举行听证的时间、地点通知申请人、利害关系人，必要时予以公告；

（二）听证应当公开举行；

（三）行政机关应当指定审查该行政许可申请的工作人员以外的人员为听证主持人，申请人、利害关系人认为主持人与该行政许可事项有直接利害关系的，有权申请回避；

（四）举行听证时，审查该行政许可申请的工作人员应当提供审查意见的证据、理由，申请人、利害关系人可以提出证据，并进行申辩和质证；

（五）听证应当制作笔录，听证笔录应当交听证参加人确认无误后签字或者盖章。

行政机关应当根据听证笔录，作出行政许可决定。

第五节 变更与延续

第四十九条 被许可人要求变更行政许可事项的，应当向作出行政许可决定的行政机关提出申请；符合法定条件、标准的，行政机关应当依法办理变更手续。

第五十条 被许可人需要延续依法取得的行政许可的有效期的，应当在该行政许可有效期届满三十日前向作出行政许可决定的行政机关提出申请。但是，法律、法规、规章另有规定的，依照其规定。

行政机关应当根据被许可人的申请，在该行政许可有效期届满前作出是否准予延续的决定；逾期未作决定的，视为准予延续。

第六节 特 别 规 定

第五十一条 实施行政许可的程序，本节有规定的，适用本节规定；本节没有规定的，适用本章其他有关规定。

第五十二条 国务院实施行政许可的程序，适用有关法律、行政法规的规定。

第五十三条 实施本法第十二条第二项所列事项的行政许可的，行政机关应当通过招标、拍卖等公平竞争的方式作出决定。但是，法律、行政法规另有规定的，依照其规定。

行政机关通过招标、拍卖等方式作出行政许可决定的具体程序，依照有关法律、行政法规的规定。

行政机关按照招标、拍卖程序确定中标人、买受人后，应当作出准予行政许可的决定，并依法向中标人、买受人颁发行政许可证件。

行政机关违反本条规定，不采用招标、拍卖方式，或者违反招标、拍卖程序，损害申请人合法权益的，申请人可以依法申请行政复议或者提起行政诉讼。

第五十四条 实施本法第十二条第三项所列事项的行政许可，赋予公民特定资格，依法应当举行国家考试的，行政机关根据考试成绩和其他法定条件作出行政许可决定；赋予法人或者其他组织特定的资格、资质的，行政机关根据申请人的专业人员构成、技术条件、经营业绩和管理水平等的考核结果作出行政许可决定。但是，法律、行政法规另有规定的，依照其规定。

公民特定资格的考试依法由行政机关或者行业组织实施，公开举行。行政机关或者行业组织应当事先公布资格考试的报名条件、报考办法、考试科目以及考试大纲。但是，不得组织强制性的资格考试的考前培训，不得指定教材或者其他助考材料。

第五十五条 实施本法第十二条第四项所列事项的行政许可的，应当按照技术标准、技术规范依法进行检验、检测、检疫，行政机关根据检验、检测、检疫的结果作出行政许可决定。

行政机关实施检验、检测、检疫，应当自受理申请之日起五日内指派两名以上工作人员按照技术标准、技术规范进行检验、检测、检疫。不需要对检验、检测、检疫结果作进一步技术分析即可认定设备、设施、产品、物品是否符合技术标准、技术规范的，行政机关应当当场作出行政许可决定。

行政机关根据检验、检测、检疫结果，作出不予行政许可决定的，应当书面说明不予行政许可所依据的技术标准、技术规范。

第五十六条 实施本法第十二条第五项所列事项的行政许可，申请人提交的申请材料齐全、符合法定形式的，行政机关应当当场予以登记。需要对申请材料的实质内容进行核实的，行政机关依照本法第三十四条第三款的规定办理。

第五十七条 有数量限制的行政许可,两个或者两个以上申请人的申请均符合法定条件、标准的,行政机关应当根据受理行政许可申请的先后顺序作出准予行政许可的决定。但是,法律、行政法规另有规定的,依照其规定。

第五章 行政许可的费用

第五十八条 行政机关实施行政许可和对行政许可事项进行监督检查,不得收取任何费用。但是,法律、行政法规另有规定的,依照其规定。

行政机关提供行政许可申请书格式文本,不得收费。

行政机关实施行政许可所需经费应当列入本行政机关的预算,由本级财政予以保障,按照批准的预算予以核拨。

第五十九条 行政机关实施行政许可,依照法律、行政法规收取费用的,应当按照公布的法定项目和标准收费;所收取的费用必须全部上缴国库,任何机关或者个人不得以任何形式截留、挪用、私分或者变相私分。财政部门不得以任何形式向行政机关返还或者变相返还实施行政许可所收取的费用。

第六章 监督检查

第六十条 上级行政机关应当加强对下级行政机关实施行政许可的监督检查,及时纠正行政许可实施中的违法行为。

第六十一条 行政机关应当建立健全监督制度,通过核查反映被许可人从事行政许可事项活动情况的有关材料,履行监督责任。

行政机关依法对被许可人从事行政许可事项的活动进行监督检查时,应当将监督检查的情况和处理结果予以记录,由监督检查人员签字后归档。公众有权查阅行政机关监督检查记录。

行政机关应当创造条件,实现与被许可人、其他有关行政机关的计算机档案系统互联,核查被许可人从事行政许可事项活动情况。

第六十二条 行政机关可以对被许可人生产经营的产品依法进行抽样检查、检验、检测,对其生产经营场所依法进行实地检查。检查时,行政机关可以依法查阅或者要求被许可人报送有关材料;被许可人应当如实提供有关情况和材料。

行政机关根据法律、行政法规的规定,对直接关系公共安全、人身健康、生命财产安全的重要设备、设施进行定期检验。对检验合格的,行政机关应当发给相应的证明文件。

第六十三条 行政机关实施监督检查,不得妨碍被许可人正常的生产经营活动,不得索取或者收受被许可人的财物,不得谋取其他利益。

第六十四条 被许可人在作出行政许可决定的行政机关管辖区域外违法从事行政许可事项活动的,违法行为发生地的行政机关应当依法将被许可人的违法事实、处理结果抄告作出行政许可决定的行政机关。

第六十五条 个人和组织发现违法从事行政许可事项的活动,有权向行政机关举报,行政机关应当及时核实、处理。

第六十六条 被许可人未依法履行开发利用自然资源义务或者未依法履行利用公共资源义务的，行政机关应当责令限期改正；被许可人在规定期限内不改正的，行政机关应当依照有关法律、行政法规的规定予以处理。

第六十七条 取得直接关系公共利益的特定行业的市场准入行政许可的被许可人，应当按照国家规定的服务标准、资费标准和行政机关依法规定的条件，向用户提供安全、方便、稳定和价格合理的服务，并履行普遍服务的义务；未经作出行政许可决定的行政机关批准，不得擅自停业、歇业。

被许可人不履行前款规定的义务的，行政机关应当责令限期改正，或者依法采取有效措施督促其履行义务。

第六十八条 对直接关系公共安全、人身健康、生命财产安全的重要设备、设施，行政机关应当督促设计、建造、安装和使用单位建立相应的自检制度。

行政机关在监督检查时，发现直接关系公共安全、人身健康、生命财产安全的重要设备、设施存在安全隐患的，应当责令停止建造、安装和使用，并责令设计、建造、安装和使用单位立即改正。

第六十九条 有下列情形之一的，作出行政许可决定的行政机关或者其上级行政机关，根据利害关系人的请求或者依据职权，可以撤销行政许可：

（一）行政机关工作人员滥用职权、玩忽职守作出准予行政许可决定的；
（二）超越法定职权作出准予行政许可决定的；
（三）违反法定程序作出准予行政许可决定的；
（四）对不具备申请资格或者不符合法定条件的申请人准予行政许可的；
（五）依法可以撤销行政许可的其他情形。

被许可人以欺骗、贿赂等不正当手段取得行政许可的，应当予以撤销。

依照前两款的规定撤销行政许可，可能对公共利益造成重大损害的，不予撤销。

依照本条第一款的规定撤销行政许可，被许可人的合法权益受到损害的，行政机关应当依法给予赔偿。依照本条第二款的规定撤销行政许可的，被许可人基于行政许可取得的利益不受保护。

第七十条 有下列情形之一的，行政机关应当依法办理有关行政许可的注销手续：

（一）行政许可有效期届满未延续的；
（二）赋予公民特定资格的行政许可，该公民死亡或者丧失行为能力的；
（三）法人或者其他组织依法终止的；
（四）行政许可依法被撤销、撤回，或者行政许可证件依法被吊销的；
（五）因不可抗力导致行政许可事项无法实施的；
（六）法律、法规规定的应当注销行政许可的其他情形。

第七章 法 律 责 任

第七十一条 违反本法第十七条规定设定的行政许可，有关机关应当责令设定该行政许可的机关改正，或者依法予以撤销。

第七十二条 行政机关及其工作人员违反本法的规定，有下列情形之一的，由其上级行政机关或者监察机关责令改正；情节严重的，对直接负责的主管人员和其他直接责任人员依法给予行政处分：

（一）对符合法定条件的行政许可申请不予受理的；

（二）不在办公场所公示依法应当公示的材料的；

（三）在受理、审查、决定行政许可过程中，未向申请人、利害关系人履行法定告知义务的；

（四）申请人提交的申请材料不齐全、不符合法定形式，不一次告知申请人必须补正的全部内容的；

（五）未依法说明不受理行政许可申请或者不予行政许可的理由的；

（六）依法应当举行听证而不举行听证的。

第七十三条　行政机关工作人员办理行政许可、实施监督检查，索取或者收受他人财物或者谋取其他利益，构成犯罪的，依法追究刑事责任；尚不构成犯罪的，依法给予行政处分。

第七十四条　行政机关实施行政许可，有下列情形之一的，由其上级行政机关或者监察机关责令改正，对直接负责的主管人员和其他直接责任人员依法给予行政处分；构成犯罪的，依法追究刑事责任：

（一）对不符合法定条件的申请人准予行政许可或者超越法定职权作出准予行政许可决定的；

（二）对符合法定条件的申请人不予行政许可或者不在法定期限内作出准予行政许可决定的；

（三）依法应当根据招标、拍卖结果或者考试成绩择优作出准予行政许可决定，未经招标、拍卖或者考试，或者不根据招标、拍卖结果或者考试成绩择优作出准予行政许可决定的。

第七十五条　行政机关实施行政许可，擅自收费或者不按照法定项目和标准收费的，由其上级行政机关或者监察机关责令退还非法收取的费用；对直接负责的主管人员和其他直接责任人员依法给予行政处分。

截留、挪用、私分或者变相私分实施行政许可依法收取的费用的，予以追缴；对直接负责的主管人员和其他直接责任人员依法给予行政处分；构成犯罪的，依法追究刑事责任。

第七十六条　行政机关违法实施行政许可，给当事人的合法权益造成损害的，应当依照国家赔偿法的规定给予赔偿。

第七十七条　行政机关不依法履行监督职责或者监督不力，造成严重后果的，由其上级行政机关或者监察机关责令改正，对直接负责的主管人员和其他直接责任人员依法给予行政处分；构成犯罪的，依法追究刑事责任。

第七十八条　行政许可申请人隐瞒有关情况或者提供虚假材料申请行政许可的，行政机关不予受理或者不予行政许可，并给予警告；行政许可申请属于直接关系公共安全、人身健康、生命财产安全事项的，申请人在一年内不得再次申请该行政许可。

第七十九条　被许可人以欺骗、贿赂等不正当手段取得行政许可的，行政机关应当依法给予行政处罚；取得的行政许可属于直接关系公共安全、人身健康、生命财产安全事项的,申请人在三年内不得再次申请该行政许可;构成犯罪的,依法追究刑事责任。

第八十条 被许可人有下列行为之一的,行政机关应当依法给予行政处罚;构成犯罪的,依法追究刑事责任:

(一)涂改、倒卖、出租、出借行政许可证件,或者以其他形式非法转让行政许可的;

(二)超越行政许可范围进行活动的;

(三)向负责监督检查的行政机关隐瞒有关情况、提供虚假材料或者拒绝提供反映其活动情况的真实材料的;

(四)法律、法规、规章规定的其他违法行为。

第八十一条 公民、法人或者其他组织未经行政许可,擅自从事依法应当取得行政许可的活动的,行政机关应当依法采取措施予以制止,并依法给予行政处罚;构成犯罪的,依法追究刑事责任。

第八章 附 则

第八十二条 本法规定的行政机关实施行政许可的期限以工作日计算,不含法定节假日。

第八十三条 本法自 2004 年 7 月 1 日起施行。

本法施行前有关行政许可的规定,制定机关应当依照本法规定予以清理;不符合本法规定的,自本法施行之日起停止执行。

二、行政法规

村庄和集镇规划建设管理条例

(1993年5月7日国务院第三次常务会议通过
1993年6月29日中华人民共和国国务院令第116号公布
自1993年11月1日起施行)

第一章 总 则

第一条 为加强村庄、集镇的规划建设管理，改善村庄、集镇的生产、生活环境，促进农村经济和社会发展，制定本条例。

第二条 制定和实施村庄、集镇规划，在村庄、集镇规划区内进行居民住宅、乡(镇)村企业、乡(镇)村公共设施和公益事业等的建设，必须遵守本条例。但是，国家征用集体所有的土地进行的建设除外。

在城市规划区内的村庄、集镇规划的制定和实施，依照城市规划法及其实施条例执行。

第三条 本条例所称村庄，是指农村村民居住和从事各种生产的聚居点。

本条例所称集镇，是指乡、民族乡人民政府所在地和经县级人民政府确认由集市发展而成的作为农村一定区域经济、文化和生活服务中心的非建制镇。

本条例所称村庄、集镇规划区，是指村庄、集镇建成区和因村庄、集镇建设及发展需要实行规划控制的区域。村庄、集镇规划区的具体范围，在村庄、集镇总体规划中划定。

第四条 村庄、集镇规划建设管理，应当坚持合理布局、节约用地的原则，全面规划，正确引导，依靠群众，自力更生，因地制宜，量力而行，逐步建设，实现经济效益、社会效益和环境效益的统一。

第五条 地处洪涝、地震、台风、滑坡等自然灾害易发地区的村庄和集镇，应当按照国家和地方的有关规定，在村庄、集镇总体规划中制定防灾措施。

第六条 国务院建设行政主管部门主管全国的村庄、集镇规划建设管理工作。

县级以上地方人民政府建设行政主管部门主管本行政区域的村庄、集镇规划建设管理工作。

乡级人民政府负责本行政区域的村庄、集镇规划建设管理工作。

第七条 国家鼓励村庄、集镇规划建设管理的科学研究，推广先进技术，提倡在村庄和集镇建设中，结合当地特点，采用新工艺、新材料、新结构。

第二章 村庄和集镇规划的制定

第八条 村庄、集镇规划由乡级人民政府负责组织编制，并监督实施。

第九条 村庄、集镇规划的编制,应当遵循下列原则:

(一)根据国民经济和社会发展计划,结合当地经济发展的现状和要求,以及自然环境,资源条件和历史情况等,统筹兼顾,综合部署村庄和集镇的各项建设;

(二)处理好近期建设与远景发展、改造与新建的关系,使村庄、集镇的性质和建设的规模、速度和标准,同经济发展和农民生活水平相适应;

(三)合理用地,节约用地,各项建设应当相对集中,充分利用原有建设用地,新建、扩建工程及住宅应当尽量不占用耕地和林地;

(四)有利生产,方便生活,合理安排住宅、乡(镇)村企业、乡(镇)村公共设施和公益事业等的建设布局,促进农村各项事业协调发展,并适当留有发展余地;

(五)保护和改善生态环境,防治污染和其他公害,加强绿化和村容镇貌、环境卫生建设。

第十条 村庄、集镇规划的编制,应当以县域规划、农业区划、土地利用总体规划为依据,并同有关部门的专业规划相协调。

县级人民政府组织编制的县域规划,应当包括村庄、集镇建设体系规划。

第十一条 编制村庄、集镇规划,一般分为村庄、集镇总体规划和村庄、集镇建设规划两个阶段进行。

第十二条 村庄、集镇总体规划,是乡级行政区域内村庄和集镇布点规划及相应的各项建设的整体部署。

村庄、集镇总体规划的主要内容包括:乡级行政区域的村庄、集镇布点,村庄和集镇的位置、性质、规模和发展方向,村庄和集镇的交通、供水、供电、邮电、商业、绿化等生产和生活服务设施的配置。

第十三条 村庄、集镇建设规划,应当在村庄、集镇总体规划指导下,具体安排村庄、集镇的各项建设。

集镇建设规划的主要内容包括:住宅、乡(镇)村企业、乡(镇)村公共设施、公益事业等各项建设的用地布局、用地规模,有关的技术经济指标,近期建设工程以及重点地段建设具体安排。

村庄建设规划的主要内容,可以根据本地区经济发展水平,参照集镇建设规划的编制内容,主要对住宅和供水、供电、道路、绿化、环境卫生以及生产配套设施作出具体安排。

第十四条 村庄、集镇总体规划和集镇建设规划,须经乡级人民代表大会审查同意,由乡级人民政府报县级人民政府批准。

村庄建设规划,须经村民会议讨论同意,由乡级人民政府报县级人民政府批准。

第十五条 根据社会经济发展需要,依照本条例第十四条的规定,经乡级人民代表大会或者村民会议同意,乡级人民政府可以对村庄、集镇规划进行局部调整,并报县级人民政府备案。涉及村庄、集镇的性质、规模、发展方向和总体布局重大变更的,依照本条例第十四条规定的程序办理。

第十六条 村庄、集镇规划期限,由省、自治区、直辖市人民政府根据本地区实际情况规定。

第十七条 村庄、集镇规划经批准后,由乡级人民政府公布。

第三章 村庄和集镇规划的实施

第十八条 农村村民在村庄、集镇规划区内建住宅的,应当先向村集体经济组织或者村民委员会提出建房申请,经村民会议讨论通过后,按照下列审批程序办理:

(一)需要使用耕地的,经乡级人民政府审核、县级人民政府建设行政主管部门审查同意并出具选址意见书后,方可依照《土地管理法》向县级人民政府土地管理部门申请用地,经县级人民政府批准后,由县级人民政府土地管理部门划拨土地;

(二)使用原有宅基地、村内空闲地和其他土地的,由乡级人民政府根据村庄、集镇规划和土地利用规划批准。

城镇非农业户口居民在村庄、集镇规划区内需要使用集体所有的土地建住宅的,应当经其所在单位或者居民委员会同意后,依照前款第(一)项规定的审批程序办理。

回原籍村庄、集镇落户的职工、退伍军人和离休、退休干部以及回乡定居的华侨、港澳台同胞,在村庄、集镇规划区内需要使用集体所有的土地建住宅的,依照本条第一款第(一)项规定的审批程序办理。

第十九条 兴建乡(镇)村企业,必须持县级以上地方人民政府批准的设计任务书或者其他批准文件,向县级人民政府建设行政主管部门申请选址定点,县级人民政府建设行政主管部门审查同意并出具选址意见书后,建设单位方可依法向县级人民政府土地管理部门申请用地,经县级以上人民政府批准后,由土地管理部门划拨土地。

第二十条 乡(镇)村公共设施、公益事业建设,须经乡级人民政府审核、县级人民政府建设行政主管部门审查同意并出具选址意见书后,建设单位方可依法向县级人民政府土地管理部门申请用地,经县级以上人民政府批准后,由土地管理部门划拨土地。

第四章 村庄和集镇建设的设计、施工管理

第二十一条 在村庄、集镇规划区内,凡建筑跨度、跨径或者高度超出规定范围的乡(镇)村企业、乡(镇)村公共设施和公益事业的建筑工程,以及二层(含二层)以上的住宅,必须由取得相应的设计资质证书的单位进行设计,或者选用通用设计、标准设计。

跨度、跨径和高度的限定,由省、自治区、直辖市人民政府或者其授权的部门规定。

第二十二条 建筑设计应当贯彻适用、经济、安全和美观的原则,符合国家和地方有关节约资源、抗御灾害的规定,保持地方特色和民族风格,并注意与周围环境相协调。

农村居民住宅设计应当符合紧凑、合理、卫生和安全的要求。

第二十三条 承担村庄、集镇规划区内建筑工程施工任务的单位,必须具有相应的施工资质等级证书或者资质审查证书,并按照规定的经营范围承担施工任务。

在村庄、集镇规划区内从事建筑施工的个体工匠,除承担房屋修缮外,须按有关规定办理施工资质审批手续。

第二十四条 施工单位应当按照设计图纸施工。任何单位和个人不得擅自修改设计图纸;确需修改的,须经原设计单位同意,并出具变更设计通知单或者图纸。

第二十五条 施工单位应当确保施工质量,按照有关的技术规定施工,不得使用不符

合工程质量要求的建筑材料和建筑构件。

第二十六条 乡(镇)村企业、乡(镇)村公共设施、公益事业等建设，在开工前，建设单位和个人应当向县级以上人民政府建设行政主管部门提出开工申请，经县级以上人民政府建设行政主管部门对设计、施工条件予以审查批准后，方可开工。

农村居民住宅建设开工的审批程序，由省、自治区、直辖市人民政府规定。

第二十七条 县级人民政府建设行政主管部门，应当对村庄、集镇建设的施工质量进行监督检查。村庄、集镇的建设工程竣工后，应当按照国家的有关规定，经有关部门竣工验收合格后，方可交付使用。

第五章 房屋、公共设施、村容镇貌和环境卫生管理

第二十八条 县级以上人民政府建设行政主管部门，应当加强对村庄、集镇房屋的产权、产籍的管理，依法保护房屋所有人对房屋的所有权。具体办法由国务院建设行政主管部门制定。

第二十九条 任何单位和个人都应当遵守国家和地方有关村庄、集镇的房屋、公共设施的管理规定，保证房屋的使用安全和公共设施的正常使用，不得破坏或者损毁村庄、集镇的道路、桥梁、供水、排水、供电、邮电、绿化等设施。

第三十条 从集镇收取的城市维护建设税，应当用于集镇公共设施的维护和建设，不得挪作他用。

第三十一条 乡级人民政府应当采取措施，保护村庄、集镇饮用水源；有条件的地方，可以集中供水，使水质逐步达到国家规定的生活饮用水卫生标准。

第三十二条 未经乡级人民政府批准，任何单位和个人不得擅自在村庄、集镇规划区内街道、广场、市场和车站等场所修建临时建筑物、构筑物和其他设施。

第三十三条 任何单位和个人都应当维护村容镇貌和环境卫生，妥善处理粪堆、垃圾堆、柴草堆，养护树木花草，美化环境。

第三十四条 任何单位和个人都有义务保护村庄、集镇内的文物古迹、古树名木和风景名胜、军事设施、防汛设施，以及国家邮电、通信、输变电、输油管道等设施，不得损坏。

第三十五条 乡级人民政府应当按照国家有关规定，对村庄、集镇建设中形成的具有保存价值的文件、图纸、资料等及时整理归档。

第六章 罚 则

第三十六条 在村庄、集镇规划区内，未按规划审批程序批准而取得建设用地批准文件，占用土地的，批准文件无效，占用的土地由乡级以上人民政府责令退回。

第三十七条 在村庄、集镇规划区内，未按规划审批程序批准或者违反规划的规定进行建设，严重影响村庄、集镇规划的，由县级人民政府建设行政主管部门责令停止建设，限期拆除或者没收违法建筑物、构筑物和其他设施；影响村庄、集镇规划，尚可采取改正措施的，由县级人民政府建设行政主管部门责令限期改正，处以罚款。

农村居民未经批准或者违反规划的规定建住宅的，乡级人民政府可以依照前款规定

处罚。

第三十八条 有下列行为之一的，由县级人民政府建设行政主管部门责令停止设计或者施工、限期改正，并可处以罚款：

（一）未取得设计资质证书，承担建筑跨度、跨径和高度超出规定范围的工程以及二层以上住宅的设计任务或者未按设计资质证书规定的经营范围，承担设计任务的；

（二）未取得施工资质等级证书或者资质审查证书或者未按规定的经营范围，承担施工任务的；

（三）不按有关技术规定施工或者使用不符合工程质量要求的建筑材料和建筑构件的；

（四）未按设计图纸施工或者擅自修改设计图纸的。

取得设计或者施工资质证书的勘察设计、施工单位，为无证单位提供资质证书，超过规定的经营范围，承担设计、施工任务或者设计、施工的质量不符合要求，情节严重的，由原发证机关吊销设计或者施工的资质证书。

第三十九条 有下列行为之一的，由乡级人民政府责令停止侵害，可以处以罚款；造成损失的，并应当赔偿：

（一）损坏村庄和集镇的房屋、公共设施的；

（二）乱堆粪便、垃圾、柴草，破坏村容镇貌和环境卫生的。

第四十条 擅自在村庄、集镇规划区内的街道、广场、市场和车站等场所修建临时建筑物、构筑物和其他设施的，由乡级人民政府责令限期拆除，并可处以罚款。

第四十一条 损坏村庄、集镇内的文物古迹、古树名木和风景名胜、军事设施、防汛设施，以及国家邮电、通信、输变电、输油管道等设施的，依照有关法律、法规的规定处理。

第四十二条 违反本条例，构成违反治安管理行为的，依照治安管理处罚条例的规定处罚；构成犯罪的，依法追究刑事责任。

第四十三条 村庄、集镇建设管理人员玩忽职守、滥用职权、徇私舞弊的，由所在单位或者上级主管部门给予行政处分；构成犯罪的，依法追究刑事责任。

第四十四条 当事人对行政处罚决定不服的，可以自接到处罚决定通知之日起十五日内，向作出处罚决定机关的上一级机关申请复议；对复议决定不服的，可以自接到复议决定之日起十五日内，向人民法院提起诉讼。当事人也可以自接到处罚决定通知之日起十五日内，直接向人民法院起诉。当事人逾期不申请复议，也不向人民法院提起诉讼，又不履行处罚决定的，作出处罚决定的机关可以申请人民法院强制执行或者依法强制执行。

第七章 附　　则

第四十五条 未设镇建制的国营农场场部、国营林场场部及其基层居民点的规划建设管理，分别由国营农场、国营林场主管部门负责，参照本条例执行。

第四十六条 省、自治区、直辖市人民政府可以根据本条例制定实施办法。

第四十七条 本条例由国务院建设行政主管部门负责解释。

第四十八条 本条例自1993年11月1日起施行。

建设项目环境保护管理条例

(1998年11月18日国务院第10次常务会议通过
1998年11月29日中华人民共和国国务院令第253号发布
自1998年11月29日起施行)

第一章 总 则

第一条 为了防止建设项目产生新的污染、破坏生态环境，制定本条例。

第二条 在中华人民共和国领域和中华人民共和国管辖的其他海域内建设对环境有影响的建设项目，适用本条例。

第三条 建设产生污染的建设项目，必须遵守污染物排放的国家标准和地方标准；在实施重点污染物排放总量控制的区域内，还必须符合重点污染物排放总量控制的要求。

第四条 工业建设项目应当采用能耗物耗小、污染物产生量少的清洁生产工艺，合理利用自然资源，防止环境污染和生态破坏。

第五条 改建、扩建项目和技术改造项目必须采取措施，治理与该项目有关的原有环境污染和生态破坏。

第二章 环境影响评价

第六条 国家实行建设项目环境影响评价制度。

建设项目的环境影响评价工作，由取得相应资格证书的单位承担。

第七条 国家根据建设项目对环境的影响程度，按照下列规定对建设项目的环境保护实行分类管理：

（一）建设项目对环境可能造成重大影响的，应当编制环境影响报告书，对建设项目产生的污染和对环境的影响进行全面、详细的评价；

（二）建设项目对环境可能造成轻度影响的，应当编制环境影响报告表，对建设项目产生的污染和对环境的影响进行分析或者专项评价；

（三）建设项目对环境影响很小，不需要进行环境影响评价的，应当填报环境影响登记表。

建设项目环境保护分类管理名录，由国务院环境保护行政主管部门制订并公布。

第八条 建设项目环境影响报告书，应当包括下列内容：

（一）建设项目概况；

（二）建设项目周围环境现状；

（三）建设项目对环境可能造成影响的分析和预测；
（四）环境保护措施及其经济、技术论证；
（五）环境影响经济损益分析；
（六）对建设项目实施环境监测的建议；
（七）环境影响评价结论。

涉及水土保持的建设项目，还必须有经水行政主管部门审查同意的水土保持方案。

建设项目环境影响报告表、环境影响登记表的内容和格式，由国务院环境保护行政主管部门规定。

第九条 建设单位应当在建设项目可行性研究阶段报批建设项目环境影响报告书、环境影响报告表或者环境影响登记表；但是，铁路、交通等建设项目，经有审批权的环境保护行政主管部门同意，可以在初步设计完成前报批环境影响报告书或者环境影响报告表。

按照国家有关规定，不需要进行可行性研究的建设项目，建设单位应当在建设项目开工前报批建设项目环境影响报告书、环境影响报告表或者环境影响登记表；其中，需要办理营业执照的，建设单位应当在办理营业执照前报批建设项目环境影响报告书、环境影响报告表或者环境影响登记表。

第十条 建设项目环境影响报告书、环境影响报告表或者环境影响登记表，由建设单位报有审批权的环境保护行政主管部门审批；建设项目有行业主管部门的，其环境影响报告书或者环境影响报告表应当经行业主管部门预审后，报有审批权的环境保护行政主管部门审批。

海岸工程建设项目环境影响报告书或者环境影响报告表，经海洋行政主管部门审核并签署意见后，报环境保护行政主管部门审批。

环境保护行政主管部门应当自收到建设项目环境影响报告书之日起60日内、收到环境影响报告表之日起30日内、收到环境影响登记表之日起15日内，分别作出审批决定并书面通知建设单位。

预审、审核、审批建设项目环境影响报告书、环境影响报告表或者环境影响登记表，不得收取任何费用。

第十一条 国务院环境保护行政主管部门负责审批下列建设项目环境影响报告书、环境影响报告表或者环境影响登记表：
（一）核设施、绝密工程等特殊性质的建设项目；
（二）跨省、自治区、直辖市行政区域的建设项目；
（三）国务院审批的或者国务院授权有关部门审批的建设项目。

前款规定以外的建设项目环境影响报告书、环境影响报告表或者环境影响登记表的审批权限，由省、自治区、直辖市人民政府规定。

建设项目造成跨行政区域环境影响，有关环境保护行政主管部门对环境影响评价结论有争议的，其环境影响报告书或者环境影响报告表由共同上一级环境保护行政主管部门审批。

第十二条 建设项目环境影响报告书、环境影响报告表或者环境影响登记表经批准后，建设项目的性质、规模、地点或者采用的生产工艺发生重大变化的，建设单位应当重新报批建设项目环境影响报告书、环境影响报告表或者环境影响登记表。

建设项目环境影响报告书、环境影响报告表或者环境影响登记表自批准之日起满5年，建设项目方开工建设的，其环境影响报告书、环境影响报告表或者环境影响登记表应当报原审批机关重新审核。原审批机关应当自收到建设项目环境影响报告书、环境影响报告表或者环境影响登记表之日起10日内，将审核意见书面通知建设单位；逾期未通知的，视为审核同意。

第十三条 国家对从事建设项目环境影响评价工作的单位实行资格审查制度。

从事建设项目环境影响评价工作的单位，必须取得国务院环境保护行政主管部门颁发的资格证书，按照资格证书规定的等级和范围，从事建设项目环境影响评价工作，并对评价结论负责。

国务院环境保护行政主管部门对已经颁发资格证书的从事建设项目环境影响评价工作的单位名单，应当定期予以公布。具体办法由国务院环境保护行政主管部门制定。

从事建设项目环境影响评价工作的单位，必须严格执行国家规定的收费标准。

第十四条 建设单位可以采取公开招标的方式，选择从事环境影响评价工作的单位，对建设项目进行环境影响评价。

任何行政机关不得为建设单位指定从事环境影响评价工作的单位，进行环境影响评价。

第十五条 建设单位编制环境影响报告书，应当依照有关法律规定，征求建设项目所在地有关单位和居民的意见。

第三章 环境保护设施建设

第十六条 建设项目需要配套建设的环境保护设施，必须与主体工程同时设计、同时施工、同时投产使用。

第十七条 建设项目的初步设计，应当按照环境保护设计规范的要求，编制环境保护篇章，并依据经批准的建设项目环境影响报告书或者环境影响报告表，在环境保护篇章中落实防治环境污染和生态破坏的措施以及环境保护设施投资概算。

第十八条 建设项目的主体工程完工后，需要进行试生产的，其配套建设的环境保护设施必须与主体工程同时投入试运行。

第十九条 建设项目试生产期间，建设单位应当对环境保护设施运行情况和建设项目对环境的影响进行监测。

第二十条 建设项目竣工后，建设单位应当向审批该建设项目环境影响报告书、环境影响报告表或者环境影响登记表的环境保护行政主管部门，申请该建设项目需要配套建设的环境保护设施竣工验收。

环境保护设施竣工验收，应当与主体工程竣工验收同时进行。需要进行试生产的建设项目，建设单位应当自建设项目投入试生产之日起3个月内，向审批该建设项目环境影响报告书、环境影响报告表或者环境影响登记表的环境保护行政主管部门，申请该建设项目需要配套建设的环境保护设施竣工验收。

第二十一条 分期建设、分期投入生产或者使用的建设项目，其相应的环境保护设施应当分期验收。

第二十二条 环境保护行政主管部门应当自收到环境保护设施竣工验收申请之日起30日内，完成验收。

第二十三条 建设项目需要配套建设的环境保护设施经验收合格，该建设项目方可正式投入生产或者使用。

第四章 法 律 责 任

第二十四条 违反本条例规定，有下列行为之一的，由负责审批建设项目环境影响报告书、环境影响报告表或者环境影响登记表的环境保护行政主管部门责令限期补办手续；逾期不补办手续，擅自开工建设的，责令停止建设，可以处10万元以下的罚款：

（一）未报批建设项目环境影响报告书、环境影响报告表或者环境影响登记表的；

（二）建设项目的性质、规模、地点或者采用的生产工艺发生重大变化，未重新报批建设项目环境影响报告书、环境影响报告表或者环境影响登记表的；

（三）建设项目环境影响报告书、环境影响报告表或者环境影响登记表自批准之日起满5年，建设项目方开工建设，其环境影响报告书、环境影响报告表或者环境影响登记表未报原审批机关重新审核的。

第二十五条 建设项目环境影响报告书、环境影响报告表或者环境影响登记表未经批准或者未经原审批机关重新审核同意，擅自开工建设的，由负责审批该建设项目环境影响报告书、环境影响报告表或者环境影响登记表的环境保护行政主管部门责令停止建设，限期恢复原状，可以处10万元以下的罚款。

第二十六条 违反本条例规定，试生产建设项目配套建设的环境保护设施未与主体工程同时投入试运行的，由审批该建设项目环境影响报告书、环境影响报告表或者环境影响登记表的环境保护行政主管部门责令限期改正；逾期不改正的，责令停止试生产，可以处5万元以下的罚款。

第二十七条 违反本条例规定，建设项目投入试生产超过3个月，建设单位未申请环境保护设施竣工验收的，由审批该建设项目环境影响报告书、环境影响报告表或者环境影响登记表的环境保护行政主管部门责令限期办理环境保护设施竣工验收手续；逾期未办理的，责令停止试生产，可以处5万元以下的罚款。

第二十八条 违反本条例规定，建设项目需要配套建设的环境保护设施未建成、未经验收或者经验收不合格，主体工程正式投入生产或者使用的，由审批该建设项目环境影响报告书、环境影响报告表或者环境影响登记表的环境保护行政主管部门责令停止生产或者使用，可以处10万元以下的罚款。

第二十九条 从事建设项目环境影响评价工作的单位，在环境影响评价工作中弄虚作假的，由国务院环境保护行政主管部门吊销资格证书，并处所收费用1倍以上3倍以下的罚款。

第三十条 环境保护行政主管部门的工作人员徇私舞弊、滥用职权、玩忽职守，构成犯罪的，依法追究刑事责任；尚不构成犯罪的，依法给予行政处分。

第五章 附 则

第三十一条 流域开发、开发区建设、城市新区建设和旧区改建等区域性开发，编制建设规划时，应当进行环境影响评价。具体办法由国务院环境保护行政主管部门会同国务院有关部门另行规定。

第三十二条 海洋石油勘探开发建设项目的环境保护管理，按照国务院关于海洋石油勘探开发环境保护管理的规定执行。

第三十三条 军事设施建设项目的环境保护管理，按照中央军事委员会的有关规定执行。

第三十四条 本条例自发布之日起施行。

中华人民共和国土地管理法实施条例

(1998年12月24日国务院第12次常务会议通过
1998年12月27日第256号国务院令公布
自1999年1月1日起施行)

第一章 总 则

第一条 根据《中华人民共和国土地管理法》(以下简称《土地管理法》),制定本条例。

第二章 土地的所有权和使用权

第二条 下列土地属于全民所有即国家所有:
(一)城市市区的土地;
(二)农村和城市郊区中已经依法没收、征收、征购为国有的土地;
(三)国家依法征用的土地;
(四)依法不属于集体所有的林地、草地、荒地、滩涂及其他土地;
(五)农村集体经济组织全部成员转为城镇居民的,原属于其成员集体所有的土地;
(六)因国家组织移民、自然灾害等原因,农民成建制地集体迁移后不再使用的原属于迁移农民集体所有的土地。

第三条 国家依法实行土地登记发证制度。依法登记的土地所有权和土地使用权受法律保护,任何单位和个人不得侵犯。

土地登记内容和土地权属证书式样由国务院土地行政主管部门统一规定。

土地登记资料可以公开查询。

确认林地、草原的所有权或者使用权,确认水面、滩涂的养殖使用权,分别依照《森林法》、《草原法》和《渔业法》的有关规定办理。

第四条 农民集体所有的土地,由土地所有者向土地所在地的县级人民政府土地行政主管部门提出土地登记申请,由县级人民政府登记造册,核发集体土地所有权证书,确认所有权。

农民集体所有的土地依法用于非农业建设的,由土地使用者向土地所在地的县级人民政府土地行政主管部门提出土地登记申请,由县级人民政府登记造册,核发集体土地使用权证书,确认建设用地使用权。

设区的市人民政府可以对市辖区内农民集体所有的土地实行统一登记。

第五条 单位和个人依法使用的国有土地,由土地使用者向土地所在地的县级以上人民政府土地行政主管部门提出土地登记申请，由县级以上人民政府登记造册，核发国有土地使用权证书，确认使用权。其中，中央国家机关使用的国有土地的登记发证，由国务院土地行政主管部门负责，具体登记发证办法由国务院土地行政主管部门会同国务院机关事务管理局等有关部门制定。

未确定使用权的国有土地，由县级以上人民政府登记造册，负责保护管理。

第六条 依法改变土地所有权、使用权的，因依法转让地上建筑物、构筑物等附着物导致土地使用权转移的，必须向土地所在地的县级以上人民政府土地行政主管部门提出土地变更登记申请，由原土地登记机关依法进行土地所有权、使用权变更登记。土地所有权、使用权的变更，自变更登记之日起生效。

依法改变土地用途的，必须持批准文件，向土地所在地的县级以上人民政府土地行政主管部门提出土地变更登记申请，由原土地登记机关依法进行变更登记。

第七条 依照《土地管理法》的有关规定，收回用地单位的土地使用权的，由原土地登记机关注销土地登记。

土地使用权有偿使用合同约定的使用期限届满，土地使用者未申请续期或者虽申请续期未获批准的，由原土地登记机关注销土地登记。

第三章　土地利用总体规划

第八条 全国土地利用总体规划，由国务院土地行政主管部门会同国务院有关部门编制，报国务院批准。

省、自治区、直辖市的土地利用总体规划，由省、自治区、直辖市人民政府组织本级土地行政主管部门和其他有关部门编制，报国务院批准。

省、自治区人民政府所在地的市、人口在100万以上的城市以及国务院指定的城市的土地利用总体规划，由各该市人民政府组织本级土地行政主管部门和其他有关部门编制，经省、自治区人民政府审查同意后，报国务院批准。

本条第一款、第二款、第三款规定以外的土地利用总体规划，由有关人民政府组织本级土地行政主管部门和其他有关部门编制，逐级上报省、自治区、直辖市人民政府批准；其中，乡(镇)土地利用总体规划，由乡(镇)人民政府编制，逐级上报省、自治区、直辖市人民政府或者省、自治区、直辖市人民政府授权的设区的市、自治州人民政府批准。

第九条 土地利用总体规划的规划期限一般为15年。

第十条 依照《土地管理法》规定，土地利用总体规划应当将土地划分为农用地、建设用地和未利用地。

县级和乡(镇)土地利用总体规划应当根据需要，划定基本农田保护区、土地开垦区、建设用地区和禁止开垦区等；其中，乡(镇)土地利用总体规划还应当根据土地使用条件，确定每一块土地的用途。

土地分类和划定土地利用区的具体办法，由国务院土地行政主管部门会同国务院有关部门制定。

第十一条 乡(镇)土地利用总体规划经依法批准后，乡(镇)人民政府应当在本行政区域内予以公告。

公告应当包括下列内容：
（一）规划目标；
（二）规划期限；
（三）规划范围；
（四）地块用途；
（五）批准机关和批准日期。

第十二条 依照《土地管理法》第二十六条第二款、第三款规定修改土地利用总体规划的，由原编制机关根据国务院或者省、自治区、直辖市人民政府的批准文件修改。修改后的土地利用总体规划应当报原批准机关批准。

上一级土地利用总体规划修改后，涉及修改下一级土地利用总体规划的，由上一级人民政府通知下一级人民政府作出相应修改，并报原批准机关备案。

第十三条 各级人民政府应当加强土地利用年度计划管理，实行建设用地总量控制。土地利用年度计划一经批准下达，必须严格执行。

土地利用年度计划应当包括下列内容：
（一）农用地转用计划指标；
（二）耕地保有量计划指标；
（三）土地开发整理计划指标。

第十四条 县级以上人民政府土地行政主管部门应当会同同级有关部门进行土地调查。

土地调查应当包括下列内容：
（一）土地权属；
（二）土地利用现状；
（三）土地条件。

地方土地利用现状调查结果，经本级人民政府审核，报上一级人民政府批准后，应当向社会公布；全国土地利用现状调查结果，报国务院批准后，应当向社会公布。土地调查规程，由国务院土地行政主管部门会同国务院有关部门制定。

第十五条 国务院土地行政主管部门会同国务院有关部门制定土地等级评定标准。

县级以上人民政府土地行政主管部门应当会同同级有关部门根据土地等级评定标准，对土地等级进行评定。地方土地等级评定结果，经本级人民政府审核，报上一级人民政府土地行政主管部门批准后，应当向社会公布。

根据国民经济和社会发展状况，土地等级每6年调整1次。

第四章 耕 地 保 护

第十六条 在土地利用总体规划确定的城市和村庄、集镇建设用地范围内，为实施城市规划和村庄、集镇规划占用耕地，以及在土地利用总体规划确定的城市建设用地范围外的能源、交通、水利、矿山、军事设施等建设项目占用耕地的，分别由市、县人民政府、农村集体经济组织和建设单位依照《土地管理法》第三十一条的规定负责开垦耕地；没有条件开垦或者开垦的耕地不符合要求的，应当按照省、自治区、直辖市的规定缴纳耕地开垦费。

第十七条 禁止单位和个人在土地利用总体规划确定的禁止开垦区内从事土地开发活动。

在土地利用总体规划确定的土地开垦区内，开发未确定土地使用权的国有荒山、荒地、荒滩从事种植业、林业、畜牧业、渔业生产的，应当向土地所在地的县级以上人民政府土地行政主管部门提出申请，报有批准权的人民政府批准。

一次性开发未确定土地使用权的国有荒山、荒地、荒滩600公顷以下的，按照省、自治区、直辖市规定的权限，由县级以上地方人民政府批准；开发600公顷以上的，报国务院批准。

开发未确定土地使用权的国有荒山、荒地、荒滩从事种植业、林业、畜牧业或者渔业生产的，经县级以上人民政府依法批准，可以确定给开发单位或者个人长期使用，使用期限最长不得超过50年。

第十八条 县、乡（镇）人民政府应当按照土地利用总体规划，组织农村集体经济组织制定土地整理方案，并组织实施。

地方各级人民政府应当采取措施，按照土地利用总体规划推进土地整理。土地整理新增耕地面积的百分之六十可以用作折抵建设占用耕地的补偿指标。

土地整理所需费用，按照谁受益谁负担的原则，由农村集体经济组织和土地使用者共同承担。

第五章 建 设 用 地

第十九条 建设占用土地，涉及农用地转为建设用地的，应当符合土地利用总体规划和土地利用年度计划中确定的农用地转用指标；城市和村庄、集镇建设占用土地，涉及农用地转用的，还应当符合城市规划和村庄、集镇规划。不符合规定的，不得批准农用地转为建设用地。

第二十条 在土地利用总体规划确定的城市建设用地范围内，为实施城市规划占用土地的，按照下列规定办理：

（一）市、县人民政府按照土地利用年度计划拟订农用地转用方案、补充耕地方案、征用土地方案，分批次逐级上报有批准权的人民政府。

（二）有批准权的人民政府土地行政主管部门对农用地转用方案、补充耕地方案、征用土地方案进行审查，提出审查意见，报有批准权的人民政府批准；其中，补充耕地方案由批准农用地转用方案的人民政府在批准农用地转用方案时一并批准。

（三）农用地转用方案、补充耕地方案、征用土地方案经批准后，由市、县人民政府组织实施，按具体建设项目分别供地。

在土地利用总体规划确定的村庄、集镇建设用地范围内，为实施村庄、集镇规划占用土地的，由市、县人民政府拟订农用地转用方案、补充耕地方案，依照前款规定的程序办理。

第二十一条 具体建设项目需要使用土地的，建设单位应当根据建设项目的总体设计一次申请，办理建设用地审批手续；分期建设的项目，可以根据可行性研究报告确定的方案分期申请建设用地,分期办理建设用地有关审批手续。

第二十二条 具体建设项目需要占用土地利用总体规划确定的城市建设用地范围内的国有建设用地的,按照下列规定办理:

(一)建设项目可行性研究论证时,由土地行政主管部门对建设项目用地有关事项进行审查,提出建设项目用地预审报告;可行性研究报告报批时,必须附具土地行政主管部门出具的建设项目用地预审报告。

(二)建设单位持建设项目的有关批准文件,向市、县人民政府土地行政主管部门提出建设用地申请,由市、县人民政府土地行政主管部门审查,拟订供地方案,报市、县人民政府批准;需要上级人民政府批准的,应当报上级人民政府批准。

(三)供地方案经批准后,由市、县人民政府向建设单位颁发建设用地批准书。有偿使用国有土地的,由市、县人民政府土地行政主管部门与土地使用者签订国有土地有偿使用合同;划拨使用国有土地的,由市、县人民政府土地行政主管部门向土地使用者核发国有土地划拨决定书。

(四)土地使用者应当依法申请土地登记。

通过招标、拍卖方式提供国有建设用地使用权的,由市、县人民政府土地行政主管部门会同有关部门拟订方案,报市、县人民政府批准后,由市、县人民政府土地行政主管部门组织实施,并与土地使用者签订土地有偿使用合同。土地使用者应当依法申请土地登记。

第二十三条 具体建设项目需要使用土地的,必须依法申请使用土地利用总体规划确定的城市建设用地范围内的国有建设用地。能源、交通、水利、矿山、军事设施等建设项目确需使用土地利用总体规划确定的城市建设用地范围外的土地,涉及农用地的,按照下列规定办理:

(一)建设项目可行性研究论证时,由土地行政主管部门对建设项目用地有关事项进行审查,提出建设项目用地预审报告;可行性研究报告报批时,必须附具土地行政主管部门出具的建设项目用地预审报告。

(二)建设单位持建设项目的有关批准文件,向市、县人民政府土地行政主管部门提出建设用地申请,由市、县人民政府土地行政主管部门审查,拟订农用地转用方案、补充耕地方案、征用土地方案和供地方案(涉及国有农用地的,不拟订征用土地方案),经市、县人民政府审核同意后,逐级上报有批准权的人民政府批准;其中,补充耕地方案由批准农用地转用方案的人民政府在批准农用地转用方案时一并批准;供地方案由批准征用土地的人民政府在批准征用土地方案时一并批准(涉及国有农用地的,供地方案由批准农用地转用的人民政府在批准农用地转用方案时一并批准)。

(三)农用地转用方案、补充耕地方案、征用土地方案和供地方案经批准后,由市、县人民政府组织实施,向建设单位颁发建设用地批准书。有偿使用国有土地的,由市、县人民政府土地行政主管部门与土地使用者签订国有土地有偿使用合同;划拨使用国有土地的,由市、县人民政府土地行政主管部门向土地使用者核发国有土地划拨决定书。

(四)土地使用者应当依法申请土地登记。

建设项目确需使用土地利用总体规划确定的城市建设用地范围外的土地,涉及农民集体所有的未利用地的,只报批征用土地方案和供地方案。

第二十四条 具体建设项目需要占用土地利用总体规划确定的国有未利用地的，按照省、自治区、直辖市的规定办理；但是，国家重点建设项目、军事设施和跨省、自治区、直辖市行政区域的建设项目以及国务院规定的其他建设项目用地，应当报国务院批准。

第二十五条 征用土地方案经依法批准后，由被征用土地所在地的市、县人民政府组织实施，并将批准征地机关、批准文号、征用土地的用途、范围、面积以及征地补偿标准、农业人员安置办法和办理征地补偿的期限等，在被征用土地所在地的乡（镇）、村予以公告。

被征用土地的所有权人、使用权人应当在公告规定的期限内，持土地权属证书到公告指定的人民政府土地行政主管部门办理征地补偿登记。

市、县人民政府土地行政主管部门根据经批准的征用土地方案，会同有关部门拟订征地补偿、安置方案，在被征用土地所在地的乡（镇）、村予以公告，听取被征用土地的农村集体经济组织和农民的意见。征地补偿、安置方案报市、县人民政府批准后，由市、县人民政府土地行政主管部门组织实施。对补偿标准有争议的，由县级以上地方人民政府协调；协调不成的，由批准征用土地的人民政府裁决。征地补偿、安置争议不影响征用土地方案的实施。

征用土地的各项费用应当自征地补偿、安置方案批准之日起3个月内全额支付。

第二十六条 土地补偿费归农村集体经济组织所有；地上附着物及青苗补偿费归地上附着物及青苗的所有者所有。

征用土地的安置补助费必须专款专用，不得挪作他用。需要安置的人员由农村集体经济组织安置的，安置补助费支付给农村集体经济组织，由农村集体经济组织管理和使用；由其他单位安置的，安置补助费支付给安置单位；不需要统一安置的，安置补助费发放给被安置人员个人或者征得被安置人员同意后用于支付被安置人员的保险费用。

市、县和乡（镇）人民政府应当加强对安置补助费使用情况的监督。

第二十七条 抢险救灾等急需使用土地的，可以先行使用土地。其中，属于临时用地的，灾后应当恢复原状并交还原土地使用者使用，不再办理用地审批手续；属于永久性建设用地的，建设单位应当在灾情结束后6个月内申请补办建设用地审批手续。

第二十八条 建设项目施工和地质勘查需要临时占用耕地的，土地使用者应当自临时用地期满之日起1年内恢复种植条件。

第二十九条 国有土地有偿使用的方式包括：

（一）国有土地使用权出让；

（二）国有土地租赁；

（三）国有土地使用权作价出资或者入股。

第三十条 《土地管理法》第五十五条规定的新增建设用地的土地有偿使用费，是指国家在新增建设用地中应取得的平均土地纯收益。

第六章 监 督 检 查

第三十一条 土地管理监督检查人员应当经过培训，经考核合格后，方可从事土地管理监督检查工作。

第三十二条 土地行政主管部门履行监督检查职责，除采取《土地管理法》第六十七条规定的措施外，还可以采取下列措施：

（一）询问违法案件的当事人、嫌疑人和证人；

（二）进入被检查单位或者个人非法占用的土地现场进行拍照、摄像；

（三）责令当事人停止正在进行的土地违法行为；

（四）对涉嫌土地违法的单位或者个人，停止办理有关土地审批、登记手续；

（五）责令违法嫌疑人在调查期间不得变卖、转移与案件有关的财物。

第三十三条 依照《土地管理法》第七十二条规定给予行政处分的，由责令作出行政处罚决定或者直接给予行政处罚决定的上级人民政府土地行政主管部门作出。对于警告、记过、记大过的行政处分决定，上级土地行政主管部门可以直接作出；对于降级、撤职、开除的行政处分决定，上级土地行政主管部门应当按照国家有关人事管理权限和处理程序的规定，向有关机关提出行政处分建议，由有关机关依法处理。

第七章 法　律　责　任

第三十四条 违反本条例第十七条的规定，在土地利用总体规划确定的禁止开垦区内进行开垦的，由县级以上人民政府土地行政主管部门责令限期改正；逾期不改正的，依照《土地管理法》第七十六条的规定处罚。

第三十五条 在临时使用的土地上修建永久性建筑物、构筑物的，由县级以上人民政府土地行政主管部门责令限期拆除；逾期不拆除的，由作出处罚决定的机关依法申请人民法院强制执行。

第三十六条 对在土地利用总体规划制定前已建的不符合土地利用总体规划确定的用途的建筑物、构筑物重建、扩建的，由县级以上人民政府土地行政主管部门责令限期拆除；逾期不拆除的，由作出处罚决定的机关依法申请人民法院强制执行。

第三十七条 阻碍土地行政主管部门的工作人员依法执行职务的，依法给予治安管理处罚或者追究刑事责任。

第三十八条 依照《土地管理法》第七十三条的规定处以罚款的，罚款额为非法所得的百分之五十以下。

第三十九条 依照《土地管理法》第八十一条的规定处以罚款的，罚款额为非法所得的百分之五以上百分之二十以下。

第四十条 依照《土地管理法》第七十四条的规定处以罚款的，罚款额为耕地开垦费的2倍以下。

第四十一条 依照《土地管理法》第七十五条的规定处以罚款的，罚款额为土地复垦费的2倍以下。

第四十二条 依照《土地管理法》第七十六条的规定处以罚款的，罚款额为非法占用土地每平方米30元以下。

第四十三条 依照《土地管理法》第八十条的规定处以罚款的，罚款额为非法占用土地每平方米10元以上30元以下。

第四十四条 违反本条例第二十八条的规定，逾期不恢复种植条件的，由县级以上人民政府土地行政主管部门责令限期改正，可以处耕地复垦费 2 倍以下的罚款。

第四十五条 违反土地管理法律、法规规定，阻挠国家建设征用土地的，由县级以上人民政府土地行政主管部门责令交出土地；拒不交出土地的，申请人民法院强制执行。

第八章　附　　则

第四十六条 本条例自 1999 年 1 月 1 日起施行。1991 年 1 月 4 日国务院发布的《中华人民共和国土地管理法实施条例》同时废止。

建设工程质量管理条例

(2000年1月10日国务院第25次常务会议通过
2000年1月30日中华人民共和国国务院令第279号公布
自2000年1月30日起施行)

第一章 总 则

第一条 为了加强对建设工程质量的管理，保证建设工程质量，保护人民生命和财产安全，根据《中华人民共和国建筑法》，制定本条例。

第二条 凡在中华人民共和国境内从事建设工程的新建、扩建、改建等有关活动及实施对建设工程质量监督管理的，必须遵守本条例。

本条例所称建设工程，是指土木工程、建筑工程、线路管道和设备安装工程及装修工程。

第三条 建设单位、勘察单位、设计单位、施工单位、工程监理单位依法对建设工程质量负责。

第四条 县级以上人民政府建设行政主管部门和其他有关部门应当加强对建设工程质量的监督管理。

第五条 从事建设工程活动，必须严格执行基本建设程序，坚持先勘察、后设计、再施工的原则。

县级以上人民政府及其有关部门不得超越权限审批建设项目或者擅自简化基本建设程序。

第六条 国家鼓励采用先进的科学技术和管理方法，提高建设工程质量。

第二章 建设单位的质量责任和义务

第七条 建设单位应当将工程发包给具有相应资质等级的单位。

建设单位不得将建设工程肢解发包。

第八条 建设单位应当依法对工程建设项目的勘察、设计、施工、监理以及与工程建设有关的重要设备、材料等的采购进行招标。

第九条 建设单位必须向有关的勘察、设计、施工、工程监理等单位提供与建设工程有关的原始资料。

原始资料必须真实、准确、齐全。

第十条 建设工程发包单位不得迫使承包方以低于成本的价格竞标，不得任意压缩合理工期。

建设单位不得明示或者暗示设计单位或者施工单位违反工程建设强制性标准,降低建设工程质量。

第十一条 建设单位应当将施工图设计文件报县级以上人民政府建设行政主管部门或者其他有关部门审查。施工图设计文件审查的具体办法,由国务院建设行政主管部门会同国务院其他有关部门制定。

施工图设计文件未经审查批准的,不得使用。

第十二条 实行监理的建设工程,建设单位应当委托具有相应资质等级的工程监理单位进行监理,也可以委托具有工程监理相应资质等级并与被监理工程的施工承包单位没有隶属关系或者其他利害关系的该工程的设计单位进行监理。

下列建设工程必须实行监理:

(一)国家重点建设工程;

(二)大中型公用事业工程;

(三)成片开发建设的住宅小区工程;

(四)利用外国政府或者国际组织贷款、援助资金的工程;

(五)国家规定必须实行监理的其他工程。

第十三条 建设单位在领取施工许可证或者开工报告前,应当按照国家有关规定办理工程质量监督手续。

第十四条 按照合同约定,由建设单位采购建筑材料、建筑构配件和设备的,建设单位应当保证建筑材料、建筑构配件和设备符合设计文件和合同要求。

建设单位不得明示或者暗示施工单位使用不合格的建筑材料、建筑构配件和设备。

第十五条 涉及建筑主体和承重结构变动的装修工程,建设单位应当在施工前委托原设计单位或者具有相应资质等级的设计单位提出设计方案;没有设计方案的,不得施工。

房屋建筑使用者在装修过程中,不得擅自变动房屋建筑主体和承重结构。

第十六条 建设单位收到建设工程竣工报告后,应当组织设计、施工、工程监理等有关单位进行竣工验收。

建设工程竣工验收应当具备下列条件:

(一)完成建设工程设计和合同约定的各项内容;

(二)有完整的技术档案和施工管理资料;

(三)有工程使用的主要建筑材料、建筑构配件和设备的进场试验报告;

(四)有勘察、设计、施工、工程监理等单位分别签署的质量合格文件;

(五)有施工单位签署的工程保修书。

建设工程经验收合格的,方可交付使用。

第十七条 建设单位应当严格按照国家有关档案管理的规定,及时收集、整理建设项目各环节的文件资料,建立、健全建设项目档案,并在建设工程竣工验收后,及时向建设行政主管部门或者其他有关部门移交建设项目档案。

第三章 勘察、设计单位的质量责任和义务

第十八条 从事建设工程勘察、设计的单位应当依法取得相应等级的资质证书,并在

其资质等级许可的范围内承揽工程。

禁止勘察、设计单位超越其资质等级许可的范围或者以其他勘察、设计单位的名义承揽工程。禁止勘察、设计单位允许其他单位或者个人以本单位的名义承揽工程。

勘察、设计单位不得转包或者违法分包所承揽的工程。

第十九条 勘察、设计单位必须按照工程建设强制性标准进行勘察、设计，并对其勘察、设计的质量负责。

注册建筑师、注册结构工程师等注册执业人员应当在设计文件上签字，对设计文件负责。

第二十条 勘察单位提供的地质、测量、水文等勘察成果必须真实、准确。

第二十一条 设计单位应当根据勘察成果文件进行建设工程设计。

设计文件应当符合国家规定的设计深度要求，注明工程合理使用年限。

第二十二条 设计单位在设计文件中选用的建筑材料、建筑构配件和设备，应当注明规格、型号、性能等技术指标，其质量要求必须符合国家规定的标准。

除有特殊要求的建筑材料、专用设备、工艺生产线等外，设计单位不得指定生产厂、供应商。

第二十三条 设计单位应当就审查合格的施工图设计文件向施工单位作出详细说明。

第二十四条 设计单位应当参与建设工程质量事故分析，并对因设计造成的质量事故，提出相应的技术处理方案。

第四章 施工单位的质量责任和义务

第二十五条 施工单位应当依法取得相应等级的资质证书，并在其资质等级许可的范围内承揽工程。

禁止施工单位超越本单位资质等级许可的业务范围或者以其他施工单位的名义承揽工程。禁止施工单位允许其他单位或者个人以本单位的名义承揽工程。

施工单位不得转包或者违法分包工程。

第二十六条 施工单位对建设工程的施工质量负责。

施工单位应当建立质量责任制，确定工程项目的项目经理、技术负责人和施工管理负责人。

建设工程实行总承包的，总承包单位应当对全部建设工程质量负责；建设工程勘察、设计、施工、设备采购的一项或者多项实行总承包的，总承包单位应当对其承包的建设工程或者采购的设备的质量负责。

第二十七条 总承包单位依法将建设工程分包给其他单位的，分包单位应当按照分包合同的约定对其分包工程的质量向总承包单位负责，总承包单位与分包单位对分包工程的质量承担连带责任。

第二十八条 施工单位必须按照工程设计图纸和施工技术标准施工，不得擅自修改工程设计，不得偷工减料。

施工单位在施工过程中发现设计文件和图纸有差错的，应当及时提出意见和建议。

第二十九条 施工单位必须按照工程设计要求、施工技术标准和合同约定，对建筑材料、建筑构配件、设备和商品混凝土进行检验，检验应当有书面记录和专人签字；未经检验或者检验不合格的，不得使用。

第三十条 施工单位必须建立、健全施工质量的检验制度，严格工序管理，作好隐蔽工程的质量检查和记录。隐蔽工程在隐蔽前，施工单位应当通知建设单位和建设工程质量监督机构。

第三十一条 施工人员对涉及结构安全的试块、试件以及有关材料，应当在建设单位或者工程监理单位监督下现场取样，并送具有相应资质等级的质量检测单位进行检测。

第三十二条 施工单位对施工中出现质量问题的建设工程或者竣工验收不合格的建设工程，应当负责返修。

第三十三条 施工单位应当建立、健全教育培训制度，加强对职工的教育培训；未经教育培训或者考核不合格的人员，不得上岗作业。

第五章 工程监理单位的质量责任和义务

第三十四条 工程监理单位应当依法取得相应等级的资质证书，并在其资质等级许可的范围内承担工程监理业务。

禁止工程监理单位超越本单位资质等级许可的范围或者以其他工程监理单位的名义承担工程监理业务。禁止工程监理单位允许其他单位或者个人以本单位的名义承担工程监理业务。

工程监理单位不得转让工程监理业务。

第三十五条 工程监理单位与被监理工程的施工承包单位以及建筑材料、建筑构配件和设备供应单位有隶属关系或者其他利害关系的，不得承担该项建设工程的监理业务。

第三十六条 工程监理单位应当依照法律、法规以及有关技术标准、设计文件和建设工程承包合同，代表建设单位对施工质量实施监理，并对施工质量承担监理责任。

第三十七条 工程监理单位应当选派具备相应资格的总监理工程师和监理工程师进驻施工现场。

未经监理工程师签字，建筑材料、建筑构配件和设备不得在工程上使用或者安装，施工单位不得进行下一道工序的施工。未经总监理工程师签字，建设单位不拨付工程款，不进行竣工验收。

第三十八条 监理工程师应当按照工程监理规范的要求，采取旁站、巡视和平行检验等形式，对建设工程实施监理。

第六章 建设工程质量保修

第三十九条 建设工程实行质量保修制度。

建设工程承包单位在向建设单位提交工程竣工验收报告时，应当向建设单位出具质量保修书。质量保修书中应当明确建设工程的保修范围、保修期限和保修责任等。

第四十条 在正常使用条件下，建设工程的最低保修期限为：

（一）基础设施工程、房屋建筑的地基基础工程和主体结构工程，为设计文件规定的该工程的合理使用年限；

（二）屋面防水工程、有防水要求的卫生间、房间和外墙面的防渗漏，为5年；

（三）供热与供冷系统，为2个采暖期、供冷期；

（四）电气管线、给排水管道、设备安装和装修工程，为2年。

其他项目的保修期限由发包方与承包方约定。

建设工程的保修期，自竣工验收合格之日起计算。

第四十一条 建设工程在保修范围和保修期限内发生质量问题的，施工单位应当履行保修义务，并对造成的损失承担赔偿责任。

第四十二条 建设工程在超过合理使用年限后需要继续使用的，产权所有人应当委托具有相应资质等级的勘察、设计单位鉴定，并根据鉴定结果采取加固、维修等措施，重新界定使用期。

第七章 监 督 管 理

第四十三条 国家实行建设工程质量监督管理制度。

国务院建设行政主管部门对全国的建设工程质量实施统一监督管理。国务院铁路、交通、水利等有关部门按照国务院规定的职责分工，负责对全国的有关专业建设工程质量的监督管理。

县级以上地方人民政府建设行政主管部门对本行政区域内的建设工程质量实施监督管理。县级以上地方人民政府交通、水利等有关部门在各自的职责范围内，负责对本行政区域内的专业建设工程质量的监督管理。

第四十四条 国务院建设行政主管部门和国务院铁路、交通、水利等有关部门应当加强对有关建设工程质量的法律、法规和强制性标准执行情况的监督检查。

第四十五条 国务院发展计划部门按照国务院规定的职责，组织稽查特派员，对国家出资的重大建设项目实施监督检查。

国务院经济贸易主管部门按照国务院规定的职责，对国家重大技术改造项目实施监督检查。

第四十六条 建设工程质量监督管理，可以由建设行政主管部门或者其他有关部门委托的建设工程质量监督机构具体实施。

从事房屋建筑工程和市政基础设施工程质量监督的机构，必须按照国家有关规定经国务院建设行政主管部门或者省、自治区、直辖市人民政府建设行政主管部门考核；从事专业建设工程质量监督的机构，必须按照国家有关规定经国务院有关部门或者省、自治区、直辖市人民政府有关部门考核。经考核合格后，方可实施质量监督。

第四十七条 县级以上地方人民政府建设行政主管部门和其他有关部门应当加强对有关建设工程质量的法律、法规和强制性标准执行情况的监督检查。

第四十八条 县级以上人民政府建设行政主管部门和其他有关部门履行监督检查职责时，有权采取下列措施：

（一）要求被检查的单位提供有关工程质量的文件和资料；

（二）进入被检查单位的施工现场进行检查；

（三）发现有影响工程质量的问题时，责令改正。

第四十九条　建设单位应当自建设工程竣工验收合格之日起 15 日内，将建设工程竣工验收报告和规划、公安消防、环保等部门出具的认可文件或者准许使用文件报建设行政主管部门或者其他有关部门备案。

建设行政主管部门或者其他有关部门发现建设单位在竣工验收过程中有违反国家有关建设工程质量管理规定行为的，责令停止使用，重新组织竣工验收。

第五十条　有关单位和个人对县级以上人民政府建设行政主管部门和其他有关部门进行的监督检查应当支持与配合，不得拒绝或者阻碍建设工程质量监督检查人员依法执行职务。

第五十一条　供水、供电、供气、公安消防等部门或者单位不得明示或者暗示建设单位、施工单位购买其指定的生产供应单位的建筑材料、建筑构配件和设备。

第五十二条　建设工程发生质量事故，有关单位应当在 24 小时内向当地建设行政主管部门和其他有关部门报告。对重大质量事故，事故发生地的建设行政主管部门和其他有关部门应当按照事故类别和等级向当地人民政府和上级建设行政主管部门和其他有关部门报告。

特别重大质量事故的调查程序按照国务院有关规定办理。

第五十三条　任何单位和个人对建设工程的质量事故、质量缺陷都有权检举、控告、投诉。

第八章　罚　　则

第五十四条　违反本条例规定，建设单位将建设工程发包给不具有相应资质等级的勘察、设计、施工单位或者委托给不具有相应资质等级的工程监理单位的，责令改正，处 50 万元以上 100 万元以下的罚款。

第五十五条　违反本条例规定，建设单位将建设工程肢解发包的，责令改正，处工程合同价款百分之零点五以上百分之一以下的罚款；对全部或者部分使用国有资金的项目，并可以暂停项目执行或者暂停资金拨付。

第五十六条　违反本条例规定，建设单位有下列行为之一的，责令改正，处 20 万元以上 50 万元以下的罚款：

（一）迫使承包方以低于成本的价格竞标的；

（二）任意压缩合理工期的；

（三）明示或者暗示设计单位或者施工单位违反工程建设强制性标准，降低工程质量的；

（四）施工图设计文件未经审查或者审查不合格，擅自施工的；

（五）建设项目必须实行工程监理而未实行工程监理的；

（六）未按照国家规定办理工程质量监督手续的；

（七）明示或者暗示施工单位使用不合格的建筑材料、建筑构配件和设备的；

（八）未按照国家规定将竣工验收报告、有关认可文件或者准许使用文件报送备案的。

第五十七条　违反本条例规定，建设单位未取得施工许可证或者开工报告未经批准，擅自施工的，责令停止施工，限期改正，处工程合同价款百分之一以上百分之二以下的罚款。

第五十八条 违反本条例规定，建设单位有下列行为之一的，责令改正，处工程合同价款百分之二以上百分之四以下的罚款；造成损失的，依法承担赔偿责任；

（一）未组织竣工验收，擅自交付使用的；

（二）验收不合格，擅自交付使用的；

（三）对不合格的建设工程按照合格工程验收的。

第五十九条 违反本条例规定，建设工程竣工验收后，建设单位未向建设行政主管部门或者其他有关部门移交建设项目档案的，责令改正，处1万元以上10万元以下的罚款。

第六十条 违反本条例规定，勘察、设计、施工、工程监理单位超越本单位资质等级承揽工程的，责令停止违法行为，对勘察、设计单位或者工程监理单位处合同约定的勘察费、设计费或者监理酬金1倍以上2倍以下的罚款；对施工单位处工程合同价款百分之二以上百分之四以下的罚款，可以责令停业整顿，降低资质等级；情节严重的，吊销资质证书；有违法所得的，予以没收。

未取得资质证书承揽工程的，予以取缔，依照前款规定处以罚款；有违法所得的，予以没收。

以欺骗手段取得资质证书承揽工程的，吊销资质证书，依照本条第一款规定处以罚款；有违法所得的，予以没收。

第六十一条 违反本条例规定，勘察、设计、施工、工程监理单位允许其他单位或者个人以本单位名义承揽工程的，责令改正，没收违法所得，对勘察、设计单位和工程监理单位处合同约定的勘察费、设计费和监理酬金1倍以上2倍以下的罚款；对施工单位处工程合同价款百分之二以上百分之四以下的罚款；可以责令停业整顿，降低资质等级；情节严重的，吊销资质证书。

第六十二条 违反本条例规定，承包单位将承包的工程转包或者违法分包的，责令改正，没收违法所得，对勘察、设计单位处合同约定的勘察费、设计费百分之二十五以上百分之五十以下的罚款；对施工单位处工程合同价款百分之零点五以上百分之一以下的罚款；可以责令停业整顿，降低资质等级；情节严重的，吊销资质证书。

工程监理单位转让工程监理业务的，责令改正，没收违法所得，处合同约定的监理酬金百分之二十五以上百分之五十以下的罚款；可以责令停业整顿，降低资质等级；情节严重的，吊销资质证书。

第六十三条 违反本条例规定，有下列行为之一的，责令改正，处10万元以上30万元以下的罚款：

（一）勘察单位未按照工程建设强制性标准进行勘察的；

（二）设计单位未根据勘察成果文件进行工程设计的；

（三）设计单位指定建筑材料、建筑构配件的生产厂、供应商的；

（四）设计单位未按照工程建设强制性标准进行设计的。

有前款所列行为，造成工程质量事故的，责令停业整顿，降低资质等级；情节严重的，吊销资质证书；造成损失的，依法承担赔偿责任。

第六十四条 违反本条例规定，施工单位在施工中偷工减料的，使用不合格的建筑材料、建筑构配件和设备的，或者有不按照工程设计图纸或者施工技术标准施工的其他行为的，责令改正，处工程合同价款百分之二以上百分之四以下的罚款；造成建设工程质量不符合规定的质量标准的，负责返工、修理，并赔偿因此造成的损失；情节严重的，责令停业整顿，降低资质等级或者吊销资质证书。

第六十五条　违反本条例规定，施工单位未对建筑材料、建筑构配件、设备和商品混凝土进行检验，或者未对涉及结构安全的试块、试件以及有关材料取样检测的，责令改正，处 10 万元以上 20 万元以下的罚款；情节严重的，责令停业整顿，降低资质等级或者吊销资质证书；造成损失的，依法承担赔偿责任。

第六十六条　违反本条例规定，施工单位不履行保修义务或者拖延履行保修义务的，责令改正，处 10 万元以上 20 万元以下的罚款，并对在保修期内因质量缺陷造成的损失承担赔偿责任。

第六十七条　工程监理单位有下列行为之一的，责令改正，处 50 万元以上 100 万元以下的罚款，降低资质等级或者吊销资质证书；有违法所得的，予以没收；造成损失的，承担连带赔偿责任：

（一）与建设单位或者施工单位串通，弄虚作假、降低工程质量的；

（二）将不合格的建设工程、建筑材料、建筑构配件和设备按照合格签字的。

第六十八条　违反本条例规定，工程监理单位与被监理工程的施工承包单位以及建筑材料、建筑构配件和设备供应单位有隶属关系或者其他利害关系承担该项建设工程的监理业务的，责令改正，处 5 万元以上 10 万元以下的罚款，降低资质等级或者吊销资质证书；有违法所得的，予以没收。

第六十九条　违反本条例规定，涉及建筑主体或者承重结构变动的装修工程，没有设计方案擅自施工的，责令改正，处 50 万元以上 100 万元以下的罚款；房屋建筑使用者在装修过程中擅自变动房屋建筑主体和承重结构的，责令改正，处 5 万元以上 10 万元以下的罚款。

有前款所列行为，造成损失的，依法承担赔偿责任。

第七十条　发生重大工程质量事故隐瞒不报、谎报或者拖延报告期限的，对直接负责的主管人员和其他责任人员依法给予行政处分。

第七十一条　违反本条例规定，供水、供电、供气、公安消防等部门或者单位明示或者暗示建设单位或者施工单位购买其指定的生产供应单位的建筑材料、建筑构配件和设备的，责令改正。

第七十二条　违反本条例规定，注册建筑师、注册结构工程师、监理工程师等注册执业人员因过错造成质量事故的，责令停止执业 1 年；造成重大质量事故的，吊销执业资格证书，5 年以内不予注册；情节特别恶劣的，终身不予注册。

第七十三条　依照本条例规定，给予单位罚款处罚的，对单位直接负责的主管人员和其他直接责任人员处单位罚款数额百分之五以上百分之十以下的罚款。

第七十四条　建设单位、设计单位、施工单位、工程监理单位违反国家规定，降低工程质量标准，造成重大安全事故，构成犯罪的，对直接责任人员依法追究刑事责任。

第七十五条　本条例规定的责令停业整顿，降低资质等级和吊销资质证书的行政处罚，由颁发资质证书的机关决定；其他行政处罚，由建设行政主管部门或者其他有关部门依照法定职权决定。

依照本条例规定被吊销资质证书的，由工商行政管理部门吊销其营业执照。

第七十六条 国家机关工作人员在建设工程质量监督管理工作中玩忽职守、滥用职权、徇私舞弊，构成犯罪的，依法追究刑事责任；尚不构成犯罪的，依法给予行政处分。

第七十七条 建设、勘察、设计、施工、工程监理单位的工作人员因调动工作、退休等原因离开该单位后，被发现在该单位工作期间违反国家有关建设工程质量管理规定，造成重大工程质量事故的，仍应当依法追究法律责任。

第九章 附 则

第七十八条 本条例所称肢解发包，是指建设单位将应当由一个承包单位完成的建设工程分解成若干部分发包给不同的承包单位的行为。

本条例所称违法分包，是指下列行为：

（一）总承包单位将建设工程分包给不具备相应资质条件的单位的；

（二）建设工程总承包合同中未有约定，又未经建设单位认可，承包单位将其承包的部分建设工程交由其他单位完成的；

（三）施工总承包单位将建设工程主体结构的施工分包给其他单位的；

（四）分包单位将其承包的建设工程再分包的。

本条例所称转包，是指承包单位承包建设工程后，不履行合同约定的责任和义务，将其承包的全部建设工程转给他人或者将其承包的全部建设工程肢解以后以分包的名义分别转给其他单位承包的行为。

第七十九条 本条例规定的罚款和没收的违法所得，必须全部上缴国库。

第八十条 抢险救灾及其他临时性房屋建筑和农民自建低层住宅的建设活动，不适用本条例。

第八十一条 军事建设工程的管理，按照中央军事委员会的有关规定执行。

第八十二条 本条例自发布之日起施行。

建设工程安全生产管理条例

(2003年11月12日国务院第28次常务会议通过
2003年11月24日中华人民共和国国务院第393号令公布
自2004年2月1日起施行)

第一章 总 则

第一条 为了加强建设工程安全生产监督管理，保障人民群众生命和财产安全，根据《中华人民共和国建筑法》、《中华人民共和国安全生产法》，制定本条例。

第二条 在中华人民共和国境内从事建设工程的新建、扩建、改建和拆除等有关活动及实施对建设工程安全生产的监督管理，必须遵守本条例。

本条例所称建设工程，是指土木工程、建筑工程、线路管道和设备安装工程及装修工程。

第三条 建设工程安全生产管理，坚持安全第一、预防为主的方针。

第四条 建设单位、勘察单位、设计单位、施工单位、工程监理单位及其他与建设工程安全生产有关的单位，必须遵守安全生产法律、法规的规定，保证建设工程安全生产，依法承担建设工程安全生产责任。

第五条 国家鼓励建设工程安全生产的科学技术研究和先进技术的推广应用，推进建设工程安全生产的科学管理。

第二章 建设单位的安全责任

第六条 建设单位应当向施工单位提供施工现场及毗邻区域内供水、排水、供电、供气、供热、通信、广播电视等地下管线资料，气象和水文观测资料，相邻建筑物和构筑物、地下工程的有关资料，并保证资料的真实、准确、完整。

建设单位因建设工程需要，向有关部门或者单位查询前款规定的资料时，有关部门或者单位应当及时提供。

第七条 建设单位不得对勘察、设计、施工、工程监理等单位提出不符合建设工程安全生产法律、法规和强制性标准规定的要求，不得压缩合同约定的工期。

第八条 建设单位在编制工程概算时，应当确定建设工程安全作业环境及安全施工措施所需费用。

第九条 建设单位不得明示或者暗示施工单位购买、租赁、使用不符合安全施工要求的安全防护用具、机械设备、施工机具及配件、消防设施和器材。

第十条 建设单位在申请领取施工许可证时，应当提供建设工程有关安全施工措施的资料。

依法批准开工报告的建设工程，建设单位应当自开工报告批准之日起 15 日内，将保证安全施工的措施报送建设工程所在地的县级以上地方人民政府建设行政主管部门或者其他有关部门备案。

第十一条　建设单位应当将拆除工程发包给具有相应资质等级的施工单位。

建设单位应当在拆除工程施工 15 日前，将下列资料报送建设工程所在地的县级以上地方人民政府建设行政主管部门或者其他有关部门备案：

（一）施工单位资质等级证明；
（二）拟拆除建筑物、构筑物及可能危及毗邻建筑的说明；
（三）拆除施工组织方案；
（四）堆放、清除废弃物的措施。

实施爆破作业的，应当遵守国家有关民用爆炸物品管理的规定。

第三章　勘察、设计、工程监理及其他有关单位的安全责任

第十二条　勘察单位应当按照法律、法规和工程建设强制性标准进行勘察，提供的勘察文件应当真实、准确，满足建设工程安全生产的需要。

勘察单位在勘察作业时，应当严格执行操作规程，采取措施保证各类管线、设施和周边建筑物、构筑物的安全。

第十三条　设计单位应当按照法律、法规和工程建设强制性标准进行设计，防止因设计不合理导致生产安全事故的发生。

设计单位应当考虑施工安全操作和防护的需要，对涉及施工安全的重点部位和环节在设计文件中注明，并对防范生产安全事故提出指导意见。

采用新结构、新材料、新工艺的建设工程和特殊结构的建设工程，设计单位应当在设计中提出保障施工作业人员安全和预防生产安全事故的措施建议。

设计单位和注册建筑师等注册执业人员应当对其设计负责。

第十四条　工程监理单位应当审查施工组织设计中的安全技术措施或者专项施工方案是否符合工程建设强制性标准。

工程监理单位在实施监理过程中，发现存在安全事故隐患的，应当要求施工单位整改；情况严重的，应当要求施工单位暂时停止施工，并及时报告建设单位。施工单位拒不整改或者不停止施工的，工程监理单位应当及时向有关主管部门报告。

工程监理单位和监理工程师应当按照法律、法规和工程建设强制性标准实施监理，并对建设工程安全生产承担监理责任。

第十五条　为建设工程提供机械设备和配件的单位，应当按照安全施工的要求配备齐全有效的保险、限位等安全设施和装置。

第十六条　出租的机械设备和施工机具及配件，应当具有生产（制造）许可证、产品合格证。

出租单位应当对出租的机械设备和施工机具及配件的安全性能进行检测，在签订租赁协议时，应当出具检测合格证明。

禁止出租检测不合格的机械设备和施工机具及配件。

第十七条 在施工现场安装、拆卸施工起重机械和整体提升脚手架、模板等自升式架设设施，必须由具有相应资质的单位承担。

安装、拆卸施工起重机械和整体提升脚手架、模板等自升式架设设施，应当编制拆装方案、制定安全施工措施，并由专业技术人员现场监督。

施工起重机械和整体提升脚手架、模板等自升式架设设施安装完毕后，安装单位应当自检，出具自检合格证明，并向施工单位进行安全使用说明，办理验收手续并签字。

第十八条 施工起重机械和整体提升脚手架、模板等自升式架设设施的使用达到国家规定的检验检测期限的，必须经具有专业资质的检验检测机构检测。经检测不合格的，不得继续使用。

第十九条 检验检测机构对检测合格的施工起重机械和整体提升脚手架、模板等自升式架设设施，应当出具安全合格证明文件，并对检测结果负责。

第四章 施工单位的安全责任

第二十条 施工单位从事建设工程的新建、扩建、改建和拆除等活动，应当具备国家规定的注册资本、专业技术人员、技术装备和安全生产等条件，依法取得相应等级的资质证书，并在其资质等级许可的范围内承揽工程。

第二十一条 施工单位主要负责人依法对本单位的安全生产工作全面负责。施工单位应当建立健全安全生产责任制度和安全生产教育培训制度，制定安全生产规章制度和操作规程，保证本单位安全生产条件所需资金的投入，对所承担的建设工程进行定期和专项安全检查，并做好安全检查记录。

施工单位的项目负责人应当由取得相应执业资格的人员担任，对建设工程项目的安全施工负责，落实安全生产责任制度、安全生产规章制度和操作规程，确保安全生产费用的有效使用，并根据工程的特点组织制定安全施工措施，消除安全事故隐患，及时、如实报告生产安全事故。

第二十二条 施工单位对列入建设工程概算的安全作业环境及安全施工措施所需费用，应当用于施工安全防护用具及设施的采购和更新、安全施工措施的落实、安全生产条件的改善，不得挪作他用。

第二十三条 施工单位应当设立安全生产管理机构，配备专职安全生产管理人员。

专职安全生产管理人员负责对安全生产进行现场监督检查。发现安全事故隐患，应当及时向项目负责人和安全生产管理机构报告；对违章指挥、违章操作的，应当立即制止。

专职安全生产管理人员的配备办法由国务院建设行政主管部门会同国务院其他有关部门制定。

第二十四条 建设工程实行施工总承包的，由总承包单位对施工现场的安全生产负总责。

总承包单位应当自行完成建设工程主体结构的施工。

总承包单位依法将建设工程分包给其他单位的，分包合同中应当明确各自的安全生产方面的权利、义务。总承包单位和分包单位对分包工程的安全生产承担连带责任。

分包单位应当服从总承包单位的安全生产管理，分包单位不服从管理导致生产安全事故的，由分包单位承担主要责任。

第二十五条　垂直运输机械作业人员、安装拆卸工、爆破作业人员、起重信号工、登高架设作业人员等特种作业人员，必须按照国家有关规定经过专门的安全作业培训，并取得特种作业操作资格证书后，方可上岗作业。

第二十六条　施工单位应当在施工组织设计中编制安全技术措施和施工现场临时用电方案，对下列达到一定规模的危险性较大的分部分项工程编制专项施工方案，并附具安全验算结果，经施工单位技术负责人、总监理工程师签字后实施，由专职安全生产管理人员进行现场监督：

（一）基坑支护与降水工程；

（二）土方开挖工程；

（三）模板工程；

（四）起重吊装工程；

（五）脚手架工程；

（六）拆除、爆破工程；

（七）国务院建设行政主管部门或者其他有关部门规定的其他危险性较大的工程。

对前款所列工程中涉及深基坑、地下暗挖工程、高大模板工程的专项施工方案，施工单位还应当组织专家进行论证、审查。

本条第一款规定的达到一定规模的危险性较大工程的标准，由国务院建设行政主管部门会同国务院其他有关部门制定。

第二十七条　建设工程施工前，施工单位负责项目管理的技术人员应当对有关安全施工的技术要求向施工作业班组、作业人员作出详细说明，并由双方签字确认。

第二十八条　施工单位应当在施工现场入口处、施工起重机械、临时用电设施、脚手架、出入通道口、楼梯口、电梯井口、孔洞口、桥梁口、隧道口、基坑边沿、爆破物及有害危险气体和液体存放处等危险部位，设置明显的安全警示标志。安全警示标志必须符合国家标准。

施工单位应当根据不同施工阶段和周围环境及季节、气候的变化，在施工现场采取相应的安全施工措施。施工现场暂时停止施工的，施工单位应当做好现场防护，所需费用由责任方承担，或者按照合同约定执行。

第二十九条　施工单位应当将施工现场的办公、生活区与作业区分开设置，并保持安全距离；办公、生活区的选址应当符合安全性要求。职工的膳食、饮水、休息场所等应当符合卫生标准。施工单位不得在尚未竣工的建筑物内设置员工集体宿舍。

施工现场临时搭建的建筑物应当符合安全使用要求。施工现场使用的装配式活动房屋应当具有产品合格证。

第三十条　施工单位对因建设工程施工可能造成损害的毗邻建筑物、构筑物和地下管线等，应当采取专项防护措施。

施工单位应当遵守有关环境保护法律、法规的规定，在施工现场采取措施，防止或者减少粉尘、废气、废水、固体废物、噪声、振动和施工照明对人和环境的危害和污染。

在城市市区内的建设工程，施工单位应当对施工现场实行封闭围挡。

第三十一条　施工单位应当在施工现场建立消防安全责任制度，确定消防安全责任人，制定用火、用电、使用易燃易爆材料等各项消防安全管理制度和操作规程，设置消防通道、消防水源，配备消防设施和灭火器材，并在施工现场入口处设置明显标志。

第三十二条　施工单位应当向作业人员提供安全防护用具和安全防护服装，并书面告知危险岗位的操作规程和违章操作的危害。

作业人员有权对施工现场的作业条件、作业程序和作业方式中存在的安全问题提出批评、检举和控告，有权拒绝违章指挥和强令冒险作业。

在施工中发生危及人身安全的紧急情况时，作业人员有权立即停止作业或者在采取必要的应急措施后撤离危险区域。

第三十三条　作业人员应当遵守安全施工的强制性标准、规章制度和操作规程，正确使用安全防护用具、机械设备等。

第三十四条　施工单位采购、租赁的安全防护用具、机械设备、施工机具及配件，应当具有生产（制造）许可证、产品合格证，并在进入施工现场前进行查验。

施工现场的安全防护用具、机械设备、施工机具及配件必须由专人管理，定期进行检查、维修和保养，建立相应的资料档案，并按照国家有关规定及时报废。

第三十五条　施工单位在使用施工起重机械和整体提升脚手架、模板等自升式架设设施前，应当组织有关单位进行验收，也可以委托具有相应资质的检验检测机构进行验收；使用承租的机械设备和施工机具及配件的，由施工总承包单位、分包单位、出租单位和安装单位共同进行验收。验收合格的方可使用。

《特种设备安全监察条例》规定的施工起重机械，在验收前应当经有相应资质的检验检测机构监督检验合格。

施工单位应当自施工起重机械和整体提升脚手架、模板等自升式架设设施验收合格之日起30日内，向建设行政主管部门或者其他有关部门登记。登记标志应当置于或者附着于该设备的显著位置。

第三十六条　施工单位的主要负责人、项目负责人、专职安全生产管理人员应当经建设行政主管部门或者其他有关部门考核合格后方可任职。

施工单位应当对管理人员和作业人员每年至少进行一次安全生产教育培训，其教育培训情况记入个人工作档案。安全生产教育培训考核不合格的人员，不得上岗。

第三十七条　作业人员进入新的岗位或者新的施工现场前，应当接受安全生产教育培训。未经教育培训或者教育培训考核不合格的人员，不得上岗作业。

施工单位在采用新技术、新工艺、新设备、新材料时，应当对作业人员进行相应的安全生产教育培训。

第三十八条　施工单位应当为施工现场从事危险作业的人员办理意外伤害保险。

意外伤害保险费由施工单位支付。实行施工总承包的，由总承包单位支付意外伤害保险费。意外伤害保险期限自建设工程开工之日起至竣工验收合格止。

第五章　监　督　管　理

第三十九条　国务院负责安全生产监督管理的部门依照《中华人民共和国安全生产

法》的规定，对全国建设工程安全生产工作实施综合监督管理。

县级以上地方人民政府负责安全生产监督管理的部门依照《中华人民共和国安全生产法》的规定，对本行政区域内建设工程安全生产工作实施综合监督管理。

第四十条　国务院建设行政主管部门对全国的建设工程安全生产实施监督管理。国务院铁路、交通、水利等有关部门按照国务院规定的职责分工，负责有关专业建设工程安全生产的监督管理。

县级以上地方人民政府建设行政主管部门对本行政区域内的建设工程安全生产实施监督管理。县级以上地方人民政府交通、水利等有关部门在各自的职责范围内，负责本行政区域内的专业建设工程安全生产的监督管理。

第四十一条　建设行政主管部门和其他有关部门应当将本条例第十条、第十一条规定的有关资料的主要内容抄送同级负责安全生产监督管理的部门。

第四十二条　建设行政主管部门在审核发放施工许可证时，应当对建设工程是否有安全施工措施进行审查，对没有安全施工措施的，不得颁发施工许可证。

建设行政主管部门或者其他有关部门对建设工程是否有安全施工措施进行审查时，不得收取费用。

第四十三条　县级以上人民政府负有建设工程安全生产监督管理职责的部门在各自的职责范围内履行安全监督检查职责时，有权采取下列措施：

（一）要求被检查单位提供有关建设工程安全生产的文件和资料；

（二）进入被检查单位施工现场进行检查；

（三）纠正施工中违反安全生产要求的行为；

（四）对检查中发现的安全事故隐患，责令立即排除；重大安全事故隐患排除前或者排除过程中无法保证安全的，责令从危险区域内撤出作业人员或者暂时停止施工。

第四十四条　建设行政主管部门或者其他有关部门可以将施工现场的监督检查委托给建设工程安全监督机构具体实施。

第四十五条　国家对严重危及施工安全的工艺、设备、材料实行淘汰制度。具体目录由国务院建设行政主管部门会同国务院其他有关部门制定并公布。

第四十六条　县级以上人民政府建设行政主管部门和其他有关部门应当及时受理对建设工程生产安全事故及安全事故隐患的检举、控告和投诉。

第六章　生产安全事故的应急救援和调查处理

第四十七条　县级以上地方人民政府建设行政主管部门应当根据本级人民政府的要求，制定本行政区域内建设工程特大生产安全事故应急救援预案。

第四十八条　施工单位应当制定本单位生产安全事故应急救援预案，建立应急救援组织或者配备应急救援人员，配备必要的应急救援器材、设备，并定期组织演练。

第四十九条　施工单位应当根据建设工程施工的特点、范围，对施工现场易发生重大事故的部位、环节进行监控，制定施工现场生产安全事故应急救援预案。实行施工总承包的，由总承包单位统一组织编制建设工程生产安全事故应急救援预案，工程总承包单位和分包单位按照应急救援预案，各自建立应急救援组织或者配备应急救援人员，配备救援器材、设备,并定期组织演练。

第五十条 施工单位发生生产安全事故,应当按照国家有关伤亡事故报告和调查处理的规定,及时、如实地向负责安全生产监督管理的部门、建设行政主管部门或者其他有关部门报告;特种设备发生事故的,还应当同时向特种设备安全监督管理部门报告。接到报告的部门应当按照国家有关规定,如实上报。

实行施工总承包的建设工程,由总承包单位负责上报事故。

第五十一条 发生生产安全事故后,施工单位应当采取措施防止事故扩大,保护事故现场。需要移动现场物品时,应当做出标记和书面记录,妥善保管有关证物。

第五十二条 建设工程生产安全事故的调查、对事故责任单位和责任人的处罚与处理,按照有关法律、法规的规定执行。

第七章 法 律 责 任

第五十三条 违反本条例的规定,县级以上人民政府建设行政主管部门或者其他有关行政管理部门的工作人员,有下列行为之一的,给予降级或者撤职的行政处分;构成犯罪的,依照刑法有关规定追究刑事责任:

(一)对不具备安全生产条件的施工单位颁发资质证书的;

(二)对没有安全施工措施的建设工程颁发施工许可证的;

(三)发现违法行为不予查处的;

(四)不依法履行监督管理职责的其他行为。

第五十四条 违反本条例的规定,建设单位未提供建设工程安全生产作业环境及安全施工措施所需费用的,责令限期改正;逾期未改正的,责令该建设工程停止施工。

建设单位未将保证安全施工的措施或者拆除工程的有关资料报送有关部门备案的,责令限期改正,给予警告。

第五十五条 违反本条例的规定,建设单位有下列行为之一的,责令限期改正,处20万元以上50万元以下的罚款;造成重大安全事故,构成犯罪的,对直接责任人员,依照刑法有关规定追究刑事责任;造成损失的,依法承担赔偿责任:

(一)对勘察、设计、施工、工程监理等单位提出不符合安全生产法律、法规和强制性标准规定的要求的;

(二)要求施工单位压缩合同约定的工期的;

(三)将拆除工程发包给不具有相应资质等级的施工单位的。

第五十六条 违反本条例的规定,勘察单位、设计单位有下列行为之一的,责令限期改正,处10万元以上30万元以下的罚款;情节严重的,责令停业整顿,降低资质等级,直至吊销资质证书;造成重大安全事故,构成犯罪的,对直接责任人员,依照刑法有关规定追究刑事责任;造成损失的,依法承担赔偿责任:

(一)未按照法律、法规和工程建设强制性标准进行勘察、设计的;

(二)采用新结构、新材料、新工艺的建设工程和特殊结构的建设工程,设计单位未在设计中提出保障施工作业人员安全和预防生产安全事故的措施建议的。

第五十七条 违反本条例的规定,工程监理单位有下列行为之一的,责令限期改正;

逾期未改正的，责令停业整顿，并处 10 万元以上 30 万元以下的罚款；情节严重的，降低资质等级，直至吊销资质证书；造成重大安全事故，构成犯罪的，对直接责任人员，依照刑法有关规定追究刑事责任；造成损失的，依法承担赔偿责任：

（一）未对施工组织设计中的安全技术措施或者专项施工方案进行审查的；

（二）发现安全事故隐患未及时要求施工单位整改或者暂时停止施工的；

（三）施工单位拒不整改或者不停止施工，未及时向有关主管部门报告的；

（四）未依照法律、法规和工程建设强制性标准实施监理的。

第五十八条 注册执业人员未执行法律、法规和工程建设强制性标准的，责令停止执业 3 个月以上 1 年以下；情节严重的，吊销执业资格证书，5 年内不予注册；造成重大安全事故的，终身不予注册；构成犯罪的，依照刑法有关规定追究刑事责任。

第五十九条 违反本条例的规定，为建设工程提供机械设备和配件的单位，未按照安全施工的要求配备齐全有效的保险、限位等安全设施和装置的，责令限期改正，处合同价款 1 倍以上 3 倍以下的罚款；造成损失的，依法承担赔偿责任。

第六十条 违反本条例的规定，出租单位出租未经安全性能检测或者经检测不合格的机械设备和施工机具及配件的，责令停业整顿，并处 5 万元以上 10 万元以下的罚款；造成损失的，依法承担赔偿责任。

第六十一条 违反本条例的规定，施工起重机械和整体提升脚手架、模板等自升式架设设施安装、拆卸单位有下列行为之一的，责令限期改正，处 5 万元以上 10 万元以下的罚款；情节严重的，责令停业整顿，降低资质等级，直至吊销资质证书；造成损失的，依法承担赔偿责任：

（一）未编制拆装方案、制定安全施工措施的；

（二）未由专业技术人员现场监督的；

（三）未出具自检合格证明或者出具虚假证明的；

（四）未向施工单位进行安全使用说明，办理移交手续的。

施工起重机械和整体提升脚手架、模板等自升式架设设施安装、拆卸单位有前款规定的第（一）项、第（三）项行为，经有关部门或者单位职工提出后，对事故隐患仍不采取措施，因而发生重大伤亡事故或者造成其他严重后果，构成犯罪的，对直接责任人员，依照刑法有关规定追究刑事责任。

第六十二条 违反本条例的规定，施工单位有下列行为之一的，责令限期改正；逾期未改正的，责令停业整顿，依照《中华人民共和国安全生产法》的有关规定处以罚款；造成重大安全事故，构成犯罪的，对直接责任人员，依照刑法有关规定追究刑事责任：

（一）未设立安全生产管理机构、配备专职安全生产管理人员或者分部分项工程施工时无专职安全生产管理人员现场监督的；

（二）施工单位的主要负责人、项目负责人、专职安全生产管理人员、作业人员或者特种作业人员，未经安全教育培训或者经考核不合格即从事相关工作的；

（三）未在施工现场的危险部位设置明显的安全警示标志，或者未按照国家有关规定在施工现场设置消防通道、消防水源、配备消防设施和灭火器材的；

（四）未向作业人员提供安全防护用具和安全防护服装的；

（五）未按照规定在施工起重机械和整体提升脚手架、模板等自升式架设设施验收合格后登记的；

（六）使用国家明令淘汰、禁止使用的危及施工安全的工艺、设备、材料的。

第六十三条 违反本条例的规定，施工单位挪用列入建设工程概算的安全生产作业环境及安全施工措施所需费用的，责令限期改正，处挪用费用20%以上50%以下的罚款；造成损失的，依法承担赔偿责任。

第六十四条 违反本条例的规定，施工单位有下列行为之一的，责令限期改正；逾期未改正的，责令停业整顿，并处5万元以上10万元以下的罚款；造成重大安全事故，构成犯罪的，对直接责任人员，依照刑法有关规定追究刑事责任：

（一）施工前未对有关安全施工的技术要求作出详细说明的；

（二）未根据不同施工阶段和周围环境及季节、气候的变化，在施工现场采取相应的安全施工措施，或者在城市市区内的建设工程的施工现场未实行封闭围挡的；

（三）在尚未竣工的建筑物内设置员工集体宿舍的；

（四）施工现场临时搭建的建筑物不符合安全使用要求的；

（五）未对因建设工程施工可能造成损害的毗邻建筑物、构筑物和地下管线等采取专项防护措施的。

施工单位有前款规定第（四）项、第（五）项行为，造成损失的，依法承担赔偿责任。

第六十五条 违反本条例的规定，施工单位有下列行为之一的，责令限期改正；逾期未改正的，责令停业整顿，并处10万元以上30万元以下的罚款；情节严重的，降低资质等级，直至吊销资质证书；造成重大安全事故，构成犯罪的，对直接责任人员，依照刑法有关规定追究刑事责任；造成损失的，依法承担赔偿责任：

（一）安全防护用具、机械设备、施工机具及配件在进入施工现场前未经查验或者查验不合格即投入使用的；

（二）使用未经验收或者验收不合格的施工起重机械和整体提升脚手架、模板等自升式架设设施的；

（三）委托不具有相应资质的单位承担施工现场安装、拆卸施工起重机械和整体提升脚手架、模板等自升式架设设施的；

（四）在施工组织设计中未编制安全技术措施、施工现场临时用电方案或者专项施工方案的。

第六十六条 违反本条例的规定，施工单位的主要负责人、项目负责人未履行安全生产管理职责的，责令限期改正；逾期未改正的，责令施工单位停业整顿；造成重大安全事故、重大伤亡事故或者其他严重后果，构成犯罪的，依照刑法有关规定追究刑事责任。

作业人员不服管理、违反规章制度和操作规程冒险作业造成重大伤亡事故或者其他严重后果，构成犯罪的，依照刑法有关规定追究刑事责任。

施工单位的主要负责人、项目负责人有前款违法行为，尚不够刑事处罚的，处2万元以上20万元以下的罚款或者按照管理权限给予撤职处分；自刑罚执行完毕或者受处分之日起，5年内不得担任任何施工单位的主要负责人、项目负责人。

第六十七条 施工单位取得资质证书后，降低安全生产条件的，责令限期改正；经整改仍未达到与其资质等级相适应的安全生产条件的，责令停业整顿，降低其资质等级直至吊销资质证书。

第六十八条 本条例规定的行政处罚，由建设行政主管部门或者其他有关部门依照法定职权决定。

违反消防安全管理规定的行为，由公安消防机构依法处罚。

有关法律、行政法规对建设工程安全生产违法行为的行政处罚决定机关另有规定的，从其规定。

第八章 附 则

第六十九条 抢险救灾和农民自建低层住宅的安全生产管理，不适用本条例。

第七十条 军事建设工程的安全生产管理，按照中央军事委员会的有关规定执行。

第七十一条 本条例自 2004 年 2 月 1 日起施行。

风景名胜区条例

(2006年9月19日中华人民共和国
国务院第474号令公布 自2006年12月1日起施行)

第一章 总 则

第一条 为了加强对风景名胜区的管理，有效保护和合理利用风景名胜资源，制定本条例。

第二条 风景名胜区的设立、规划、保护、利用和管理，适用本条例。

本条例所称风景名胜区，是指具有观赏、文化或者科学价值，自然景观、人文景观比较集中，环境优美，可供人们游览或者进行科学、文化活动的区域。

第三条 国家对风景名胜区实行科学规划、统一管理、严格保护，永续利用的原则。

第四条 风景名胜区所在地县级以上地方人民政府设置的风景名胜区管理机构，负责风景名胜区的保护、利用和统一管理工作。

第五条 国务院建设主管部门负责全国风景名胜区的监督管理工作。国务院其他有关部门按照国务院规定的职责分工，负责风景名胜区的有关监督管理工作。

省、自治区人民政府建设主管部门和直辖市人民政府风景名胜区主管部门，负责本行政区域内风景名胜区的监督管理工作。省、自治区、直辖市人民政府其他有关部门按照规定的职责分工，负责风景名胜区的有关监督管理工作。

第六条 任何单位和个人都有保护风景名胜资源的义务，并有权制止、检举破坏风景名胜资源的行为。

第二章 设 立

第七条 设立风景名胜区，应当有利于保护和合理利用风景名胜资源。

新设立的风景名胜区与自然保护区不得重合或者交叉；已设立的风景名胜区与自然保护区重合或者交叉的，风景名胜区规划与自然保护区规划应当相协调。

第八条 风景名胜区划分为国家级风景名胜区和省级风景名胜区。

自然景观和人文景观能够反映重要自然变化过程和重大历史文化发展过程，基本处于自然状态或者保持历史原貌，具有国家代表性的，可以申请设立国家级风景名胜区；具有区域代表性的，可以申请设立省级风景名胜区。

第九条 申请设立风景名胜区应当提交包含下列内容的有关材料：

（一）风景名胜资源的基本状况；

（二）拟设立风景名胜区的范围以及核心景区的范围；

（三）拟设立风景名胜区的性质和保护目标；
（四）拟设立风景名胜区的游览条件；
（五）与拟设立风景名胜区内的土地、森林等自然资源和房屋等财产的所有权人、使用权人协商的内容和结果。

第十条 设立国家级风景名胜区，由省、自治区、直辖市人民政府提出申请，国务院建设主管部门会同国务院环境保护主管部门、林业主管部门、文物主管部门等有关部门组织论证，提出审查意见，报国务院批准公布。

设立省级风景名胜区，由县级人民政府提出申请，省、自治区人民政府建设主管部门或者直辖市人民政府风景名胜区主管部门，会同其他有关部门组织论证，提出审查意见，报省、自治区、直辖市人民政府批准公布。

第十一条 风景名胜区内的土地、森林等自然资源和房屋等财产的所有权人、使用权人的合法权益受法律保护。

申请设立风景名胜区的人民政府应当在报请审批前，与风景名胜区内的土地、森林等自然资源和房屋等财产的所有权人、使用权人充分协商。

因设立风景名胜区对风景名胜区内的土地、森林等自然资源和房屋等财产的所有权人、使用权人造成损失的，应当依法给予补偿。

第三章 规 划

第十二条 风景名胜区规划分为总体规划和详细规划。

第十三条 风景名胜区总体规划的编制，应当体现人与自然和谐相处、区域协调发展和经济社会全面进步的要求，坚持保护优先、开发服从保护的原则，突出风景名胜资源的自然特性、文化内涵和地方特色。

风景名胜区总体规划应当包括下列内容：
（一）风景资源评价；
（二）生态资源保护措施、重大建设项目布局、开发利用强度；
（三）风景名胜区的功能结构和空间布局；
（四）禁止开发和限制开发的范围；
（五）风景名胜区的游客容量；
（六）有关专项规划。

第十四条 风景名胜区应当自设立之日起2年内编制完成总体规划。总体规划的规划期一般为20年。

第十五条 风景名胜区详细规划应当根据核心景区和其他景区的不同要求编制，确定基础设施、旅游设施、文化设施等建设项目的选址、布局与规模，并明确建设用地范围和规划设计条件。

风景名胜区详细规划，应当符合风景名胜区总体规划。

第十六条 国家级风景名胜区规划由省、自治区人民政府建设主管部门或者直辖市人民政府风景名胜区主管部门组织编制。

省级风景名胜区规划由县级人民政府组织编制。

第十七条 编制风景名胜区规划，应当采用招标等公平竞争的方式选择具有相应资质等级的单位承担。

风景名胜区规划应当按照经审定的风景名胜区范围、性质和保护目标，依照国家有关法律、法规和技术规范编制。

第十八条 编制风景名胜区规划，应当广泛征求有关部门、公众和专家的意见；必要时，应当进行听证。

风景名胜区规划报送审批的材料应当包括社会各界的意见以及意见采纳的情况和未予采纳的理由。

第十九条 国家级风景名胜区的总体规划，由省、自治区、直辖市人民政府审查后，报国务院审批。

国家级风景名胜区的详细规划，由省、自治区人民政府建设主管部门或者直辖市人民政府风景名胜区主管部门报国务院建设主管部门审批。

第二十条 省级风景名胜区的总体规划，由省、自治区、直辖市人民政府审批，报国务院建设主管部门备案。

省级风景名胜区的详细规划，由省、自治区人民政府建设主管部门或者直辖市人民政府风景名胜区主管部门审批。

第二十一条 风景名胜区规划经批准后，应当向社会公布，任何组织和个人有权查阅。

风景名胜区内的单位和个人应当遵守经批准的风景名胜区规划，服从规划管理。

风景名胜区规划未经批准的，不得在风景名胜区内进行各类建设活动。

第二十二条 经批准的风景名胜区规划不得擅自修改。确需对风景名胜区总体规划中的风景名胜区范围、性质、保护目标、生态资源保护措施、重大建设项目布局、开发利用强度以及风景名胜区的功能结构、空间布局、游客容量进行修改的，应当报原审批机关批准；对其他内容进行修改的，应当报原审批机关备案。

风景名胜区详细规划确需修改的，应当报原审批机关批准。

政府或者政府部门修改风景名胜区规划对公民、法人或者其他组织造成财产损失的，应当依法给予补偿。

第二十三条 风景名胜区总体规划的规划期届满前2年，规划的组织编制机关应当组织专家对规划进行评估，作出是否重新编制规划的决定。在新规划批准前，原规划继续有效。

第四章 保　　护

第二十四条 风景名胜区内的景观和自然环境，应当根据可持续发展的原则，严格保护，不得破坏或者随意改变。

风景名胜区管理机构应当建立健全风景名胜资源保护的各项管理制度。

风景名胜区内的居民和游览者应当保护风景名胜区的景物、水体、林草植被、野生动物和各项设施。

第二十五条 风景名胜区管理机构应当对风景名胜区内的重要景观进行调查、鉴定，并制定相应的保护措施。

第二十六条 在风景名胜区内禁止进行下列活动：

（一）开山、采石、开矿、开荒、修坟立碑等破坏景观、植被和地形地貌的活动；

（二）修建储存爆炸性、易燃性、放射性、毒害性、腐蚀性物品的设施；

（三）在景物或者设施上刻划、涂污；

（四）乱扔垃圾。

第二十七条 禁止违反风景名胜区规划，在风景名胜区内设立各类开发区和在核心景区内建设宾馆、招待所、培训中心、疗养院以及与风景名胜资源保护无关的其他建筑物；已经建设的，应当按照风景名胜区规划，逐步迁出。

第二十八条 在风景名胜区内从事本条例第二十六条、第二十七条禁止范围以外的建设活动，应当经风景名胜区管理机构审核后，依照有关法律、法规的规定办理审批手续。

在国家级风景名胜区内修建缆车、索道等重大建设工程，项目的选址方案应当报国务院建设主管部门核准。

第二十九条 在风景名胜区内进行下列活动，应当经风景名胜区管理机构审核后，依照有关法律、法规的规定报有关主管部门批准：

（一）设置、张贴商业广告；

（二）举办大型游乐等活动；

（三）改变水资源、水环境自然状态的活动；

（四）其他影响生态和景观的活动。

第三十条 风景名胜区内的建设项目应当符合风景名胜区规划，并与景观相协调，不得破坏景观、污染环境、妨碍游览。

在风景名胜区内进行建设活动的，建设单位、施工单位应当制定污染防治和水土保持方案，并采取有效措施，保护好周围景物、水体、林草植被、野生动物资源和地形地貌。

第三十一条 国家建立风景名胜区管理信息系统，对风景名胜区规划实施和资源保护情况进行动态监测。

国家级风景名胜区所在地的风景名胜区管理机构应当每年向国务院建设主管部门报送风景名胜区规划实施和土地、森林等自然资源保护的情况；国务院建设主管部门应当将土地、森林等自然资源保护的情况，及时抄送国务院有关部门。

第五章 利用和管理

第三十二条 风景名胜区管理机构应当根据风景名胜区的特点，保护民族民间传统文化，开展健康有益的游览观光和文化娱乐活动，普及历史文化和科学知识。

第三十三条 风景名胜区管理机构应当根据风景名胜区规划，合理利用风景名胜资源，改善交通、服务设施和游览条件。

风景名胜区管理机构应当在风景名胜区内设置风景名胜区标志和路标、安全警示等标牌。

第三十四条 风景名胜区内宗教活动场所的管理，依照国家有关宗教活动场所管理的规定执行。

风景名胜区内涉及自然资源保护、利用、管理和文物保护以及自然保护区管理的，还应当执行国家有关法律、法规的规定。

第三十五条 国务院建设主管部门应当对国家级风景名胜区的规划实施情况、资源保护状况进行监督检查和评估。对发现的问题，应当及时纠正、处理。

第三十六条 风景名胜区管理机构应当建立健全安全保障制度，加强安全管理、保障游览安全，并督促风景名胜区内的经营单位接受有关部门依据法律、法规进行的监督检查。

禁止超过允许容量接纳游客和在没有安全保障的区域开展游览活动。

第三十七条 进入风景名胜区的门票，由风景名胜区管理机构负责出售。门票价格依照有关价格的法律、法规的规定执行。

风景名胜区内的交通、服务等项目，应当由风景名胜区管理机构依照有关法律、法规和风景名胜区规划，采用招标等公平竞争的方式确定经营者。

风景名胜区管理机构应当与经营者签订合同，依法确定各自的权利义务。经营者应当缴纳风景名胜资源有偿使用费。

第三十八条 风景名胜区的门票收入和风景名胜资源有偿使用费，实行收支两条线管理。

风景名胜区的门票收入和风景名胜资源有偿使用费应当专门用于风景名胜资源的保护和管理以及风景名胜区内财产的所有权人、使用权人损失的补偿。具体管理办法，由国务院财政部门、价格主管部门会同国务院建设主管部门等有关部门制定。

第三十九条 风景名胜区管理机构不得从事以营利为目的的经营活动，不得将规划、管理和监督等行政管理职能委托给企业或者个人行使。

风景名胜区管理机构的工作人员，不得在风景名胜区内的企业兼职。

第六章 法 律 责 任

第四十条 违反本条例的规定，有下列行为之一的，由风景名胜区管理机构责令停止违法行为、恢复原状或者限期拆除，没收违法所得，并处50万元以上100万元以下的罚款：

（一）在风景名胜区内进行开山、采石、开矿等破坏景观、植被、地形地貌的活动的；

（二）在风景名胜区内修建储存爆炸性、易燃性、放射性、毒害性、腐蚀性物品的设施的；

（三）在核心景区内建设宾馆、招待所、培训中心、疗养院以及与风景名胜资源保护无关的其他建筑物的。

县级以上地方人民政府及其有关主管部门批准实施本条第一款规定的行为的，对直接负责的主管人员和其他直接责任人员依法给予降级或者撤职的处分；构成犯罪的，依法追究刑事责任。

第四十一条 违反本条例的规定，在风景名胜区内从事禁止范围以外的建设活动，未经风景名胜区管理机构审核的，由风景名胜区管理机构责令停止建设、限期拆除，对个人处2万元以上5万元以下的罚款，对单位处20万元以上50万元以下的罚款。

第四十二条 违反本条例的规定，在国家级风景名胜区内修建缆车、索道等重大建设工程，项目的选址方案未经国务院建设主管部门核准，县级以上地方人民政府有关部门核发选址意见书的，对直接负责的主管人员和其他直接责任人员依法给予处分；构成犯罪的，依法追究刑事责任。

第四十三条 违反本条例的规定，个人在风景名胜区内进行开荒、修坟立碑等破坏景观、植被、地形地貌的活动的，由风景名胜区管理机构责令停止违法行为、限期恢复原状或者采取其他补救措施，没收违法所得，并处1000元以上1万元以下的罚款。

第四十四条 违反本条例的规定，在景物、设施上刻划、涂污或者在风景名胜区内乱扔垃圾的，由风景名胜区管理机构责令恢复原状或者采取其他补救措施，处50元的罚款；刻划、涂污或者以其他方式故意损坏国家保护的文物、名胜古迹的，按照治安管理处罚法的有关规定予以处罚；构成犯罪的，依法追究刑事责任。

第四十五条 违反本条例的规定，未经风景名胜区管理机构审核，在风景名胜区内进行下列活动的，由风景名胜区管理机构责令停止违法行为、限期恢复原状或者采取其他补救措施，没收违法所得，并处5万元以上10万元以下的罚款；情节严重的，并处10万元以上20万元以下的罚款：

（一）设置、张贴商业广告的；
（二）举办大型游乐等活动的；
（三）改变水资源、水环境自然状态的活动的；
（四）其他影响生态和景观的活动。

第四十六条 违反本条例的规定，施工单位在施工过程中，对周围景物、水体、林草植被、野生动物资源和地形地貌造成破坏的，由风景名胜区管理机构责令停止违法行为、限期恢复原状或者采取其他补救措施，并处2万元以上10万元以下的罚款，逾期未恢复原状或者采取有效措施的，由风景名胜区管理机构责令停止施工。

第四十七条 违反本条例的规定，国务院建设主管部门、县级以上地方人民政府及其有关主管部门有下列行为之一的，对直接负责的主管人员和其他直接责任人员依法给予处分；构成犯罪的，依法追究刑事责任：

（一）违反风景名胜区规划在风景名胜区内设立各类开发区的；
（二）风景名胜区自设立之日起未在2年内编制完成风景名胜区总体规划的；
（三）选择不具有相应资质等级的单位编制风景名胜区规划的；
（四）风景名胜区规划批准前批准在风景名胜区内进行建设活动的；
（五）擅自修改风景名胜区规划的；
（六）不依法履行监督管理职责的其他行为。

第四十八条 违反本条例的规定，风景名胜区管理机构有下列行为之一的，由设立该风景名胜区管理机构的县级以上地方人民政府责令改正；情节严重的，对直接负责的主管人员和其他直接责任人员给予降级或者撤职的处分；构成犯罪的，依法追究刑事责任：

（一）超过允许容量接纳游客或者在没有安全保障的区域开展游览活动的；
（二）未设置风景名胜区标志和路标、安全警示等标牌的；
（三）从事以营利为目的的经营活动的；
（四）将规划、管理和监督等行政管理职能委托给企业或者个人行使的；
（五）允许风景名胜区管理机构的工作人员在风景名胜区内的企业兼职的；

（六）审核同意在风景名胜区内进行不符合风景名胜区规划的建设活动的；

（七）发现违法行为不予查处的。

第四十九条 本条例第四十条第一款、第四十一条、第四十三条、第四十四条、第四十五条、第四十六条规定的违法行为，依照有关法律、行政法规的规定，有关部门已经予以处罚的，风景名胜区管理机构不再处罚。

第五十条 本条例第四十条第一款、第四十一条、第四十三条、第四十四条、第四十五条、第四十六条规定的违法行为，侵害国家、集体或者个人的财产的，有关单位或者个人应当依法承担民事责任。

第五十一条 依照本条例的规定，责令限期拆除在风景名胜区内违法建设的建筑物、构筑物或者其他设施的，有关单位或者个人必须立即停止建设活动，自行拆除；对继续进行建设的，作出责令限期拆除决定的机关有权制止。有关单位或者个人对责令限期拆除决定不服的，可以在接到责令限期拆除决定之日起 15 日内，向人民法院起诉；期满不起诉又不自行拆除的，由作出责令限期拆除决定的机关依法申请人民法院强制执行，费用由违法者承担。

第七章 附 则

第五十二条 本条例自 2006 年 12 月 1 日起施行。1985 年 6 月 7 日国务院发布的《风景名胜区管理暂行条例》同时废止。

土地调查条例

(2008年2月7日中华人民共和国国务院
第518号令公布 自公布之日起施行)

第一章 总 则

第一条 为了科学、有效地组织实施土地调查，保障土地调查数据的真实性、准确性和及时性，根据《中华人民共和国土地管理法》和《中华人民共和国统计法》，制定本条例。

第二条 土地调查的目的，是全面查清土地资源和利用状况，掌握真实准确的土地基础数据，为科学规划、合理利用、有效保护土地资源，实施最严格的耕地保护制度，加强和改善宏观调控提供依据，促进经济社会全面协调可持续发展。

第三条 土地调查工作按照全国统一领导、部门分工协作、地方分级负责、各方共同参与的原则组织实施。

第四条 土地调查所需经费，由中央和地方各级人民政府共同负担，列入相应年度的财政预算，按时拨付，确保足额到位。

土地调查经费应当统一管理、专款专用、从严控制支出。

第五条 报刊、广播、电视和互联网等新闻媒体，应当及时开展土地调查工作的宣传报道。

第二章 土地调查的内容和方法

第六条 国家根据国民经济和社会发展需要，每10年进行一次全国土地调查；根据土地管理工作的需要，每年进行土地变更调查。

第七条 土地调查包括下列内容：

（一）土地利用现状及变化情况，包括地类、位置、面积、分布等状况；

（二）土地权属及变化情况，包括土地的所有权和使用权状况；

（三）土地条件，包括土地的自然条件、社会经济条件等状况。

进行土地利用现状及变化情况调查时，应当重点调查基本农田现状及变化情况，包括基本农田的数量、分布和保护状况。

第八条 土地调查采用全面调查的方法，综合运用实地调查统计、遥感监测等手段。

第九条 土地调查采用《土地利用现状分类》国家标准、统一的技术规程和按照国家统一标准制作的调查基础图件。

土地调查技术规程，由国务院国土资源主管部门会同国务院有关部门制定。

第三章 土地调查的组织实施

第十条 县级以上人民政府国土资源主管部门会同同级有关部门进行土地调查。

乡(镇)人民政府、街道办事处和村(居)民委员会应当广泛动员和组织社会力量积极参与土地调查工作。

第十一条 县级以上人民政府有关部门应当积极参与和密切配合土地调查工作,依法提供土地调查需要的相关资料。

社会团体以及与土地调查有关的单位和个人应当依照本条例的规定,配合土地调查工作。

第十二条 全国土地调查总体方案由国务院国土资源主管部门会同国务院有关部门拟订,报国务院批准。县级以上地方人民政府国土资源主管部门会同同级有关部门按照国家统一要求,根据本行政区域的土地利用特点,编制地方土地调查实施方案,报上一级人民政府国土资源主管部门会同同级有关部门核准后施行。

第十三条 在土地调查中,需要面向社会选择专业调查队伍承担的土地调查任务,应当通过招标投标方式组织实施。

承担土地调查任务的单位应当具备以下条件:

(一)具有法人资格;

(二)有与土地调查相关的资质和工作业绩;

(三)有完备的技术和质量管理制度;

(四)有经过培训且考核合格的专业技术人员。

国务院国土资源主管部门应当会同国务院有关部门加强对承担土地调查任务单位的管理,并公布符合本条第二款规定条件的单位名录。

第十四条 土地调查人员应当坚持实事求是,恪守职业道德,具有执行调查任务所需要的专业知识。

土地调查人员应当接受业务培训,经考核合格领取全国统一的土地调查员工作证。

第十五条 土地调查人员应当严格执行全国土地调查总体方案和地方土地调查实施方案、《土地利用现状分类》国家标准和统一的技术规程,不得伪造、篡改调查资料,不得强令、授意调查对象提供虚假的调查资料。

土地调查人员应当对其登记、审核、录入的调查资料与现场调查资料的一致性负责。

第十六条 土地调查人员依法独立行使调查、报告、监督和检查职权,有权根据工作需要进行现场调查,并按照技术规程进行现场作业。

土地调查人员有权就与调查有关的问题询问有关单位和个人,要求有关单位和个人如实提供相关资料。

土地调查人员进行现场调查、现场作业以及询问有关单位和个人时,应当出示土地调查员工作证。

第十七条 接受调查的有关单位和个人应当如实回答询问,履行现场指界义务,按照要求提供相关资料,不得转移、隐匿、篡改、毁弃原始记录和土地登记簿等相关资料。

第十八条　各地方、各部门、各单位的负责人不得擅自修改土地调查资料、数据，不得强令或者授意土地调查人员篡改调查资料、数据或者编造虚假数据，不得对拒绝、抵制篡改调查资料、数据或者编造虚假数据的土地调查人员打击报复。

第四章　调查成果处理和质量控制

第十九条　土地调查形成下列调查成果：
（一）数据成果；
（二）图件成果；
（三）文字成果；
（四）数据库成果。

第二十条　土地调查成果实行逐级汇交、汇总统计制度。
土地调查数据的处理和上报应当按照全国土地调查总体方案和有关标准进行。

第二十一条　县级以上地方人民政府对本行政区域的土地调查成果质量负总责，主要负责人是第一责任人。
县级以上人民政府国土资源主管部门会同同级有关部门对调查的各个环节实行质量控制，建立土地调查成果质量控制岗位责任制，切实保证调查的数据、图件和被调查土地实际状况三者一致，并对其加工、整理、汇总的调查成果的准确性负责。

第二十二条　国务院国土资源主管部门会同国务院有关部门统一组织土地调查成果质量的抽查工作。抽查结果作为评价土地调查成果质量的重要依据。

第二十三条　土地调查成果实行分阶段、分级检查验收制度。前一阶段土地调查成果经检查验收合格后，方可开展下一阶段的调查工作。
土地调查成果检查验收办法，由国务院国土资源主管部门会同国务院有关部门制定。

第五章　调查成果公布和应用

第二十四条　国家建立土地调查成果公布制度。
土地调查成果应当向社会公布，并接受公开查询，但依法应当保密的除外。

第二十五条　全国土地调查成果，报国务院批准后公布。
地方土地调查成果，经本级人民政府审核，报上一级人民政府批准后公布。
全国土地调查成果公布后，县级以上地方人民政府方可逐级依次公布本行政区域的土地调查成果。

第二十六条　县级以上人民政府国土资源主管部门会同同级有关部门做好土地调查成果的保存、管理、开发、应用和为社会公众提供服务等工作。
国家通过土地调查，建立互联共享的土地调查数据库，并做好维护、更新工作。

第二十七条　土地调查成果是编制国民经济和社会发展规划以及从事国土资源规划、管理、保护和利用的重要依据。

第二十八条　土地调查成果应当严格管理和规范使用，不作为依照其他法律、行政法规对调查对象实施行政处罚的依据，不作为划分部门职责分工和管理范围的依据。

第六章 表彰和处罚

第二十九条 对在土地调查工作中做出突出贡献的单位和个人,应当按照国家有关规定给予表彰或者奖励。

第三十条 地方、部门、单位的负责人有下列行为之一的,依法给予处分;构成犯罪的,依法追究刑事责任:

(一)擅自修改调查资料、数据的;

(二)强令、授意土地调查人员篡改调查资料、数据或者编造虚假数据的;

(三)对拒绝、抵制篡改调查资料、数据或者编造虚假数据的土地调查人员打击报复的。

第三十一条 土地调查人员不执行全国土地调查总体方案和地方土地调查实施方案、《土地利用现状分类》国家标准和统一的技术规程,或者伪造、篡改调查资料,或者强令、授意接受调查的有关单位和个人提供虚假调查资料的,依法给予处分,并由县级以上人民政府国土资源主管部门、统计机构予以通报批评。

第三十二条 接受调查的单位和个人有下列行为之一的,由县级以上人民政府国土资源主管部门责令限期改正,可以处5万元以下的罚款;构成违反治安管理行为的,由公安机关依法给予治安管理处罚;构成犯罪的,依法追究刑事责任:

(一)拒绝或者阻挠土地调查人员依法进行调查的;

(二)提供虚假调查资料的;

(三)拒绝提供调查资料的;

(四)转移、隐匿、篡改、毁弃原始记录、土地登记簿等相关资料的。

第三十三条 县级以上地方人民政府有下列行为之一的,由上级人民政府予以通报批评;情节严重的,对直接负责的主管人员和其他直接责任人员依法给予处分:

(一)未按期完成土地调查工作,被责令限期完成,逾期仍未完成的;

(二)提供的土地调查数据失真,被责令限期改正,逾期仍未改正的。

第七章 附 则

第三十四条 军用土地调查,由国务院国土资源主管部门会同军队有关部门按照国家统一规定和要求制定具体办法。

中央单位使用土地的调查数据汇总内容的确定和成果的应用管理,由国务院国土资源主管部门会同国务院管理机关事务工作的机构负责。

第三十五条 县级以上人民政府可以按照全国土地调查总体方案和地方土地调查实施方案成立土地调查领导小组,组织和领导土地调查工作。必要时,可以设立土地调查领导小组办公室负责土地调查日常工作。

第三十六条 本条例自公布之日起施行。

汶川地震灾后恢复重建条例

(2008年6月4日国务院第11次常务会议通过
2008年6月8日中华人民共和国国务院第526号令公布
自公布之日起施行)

第一章 总 则

第一条 为了保障汶川地震灾后恢复重建工作有力、有序、有效地开展，积极、稳妥恢复灾区群众正常的生活、生产、学习、工作条件，促进灾区经济社会的恢复和发展，根据《中华人民共和国突发事件应对法》和《中华人民共和国防震减灾法》，制定本条例。

第二条 地震灾后恢复重建应当坚持以人为本、科学规划、统筹兼顾、分步实施、自力更生、国家支持、社会帮扶的方针。

第三条 地震灾后恢复重建应当遵循以下原则：

（一）受灾地区自力更生、生产自救与国家支持、对口支援相结合；

（二）政府主导与社会参与相结合；

（三）就地恢复重建与异地新建相结合；

（四）确保质量与注重效率相结合；

（五）立足当前与兼顾长远相结合；

（六）经济社会发展与生态环境资源保护相结合。

第四条 各级人民政府应当加强对地震灾后恢复重建工作的领导、组织和协调，必要时成立地震灾后恢复重建协调机构，组织协调地震灾后恢复重建工作。

县级以上人民政府有关部门应当在本级人民政府的统一领导下，按照职责分工，密切配合，采取有效措施，共同做好地震灾后恢复重建工作。

第五条 地震灾区的各级人民政府应当自力更生、艰苦奋斗、勤俭节约，多种渠道筹集资金、物资，开展地震灾后恢复重建。

国家对地震灾后恢复重建给予财政支持、税收优惠和金融扶持，并积极提供物资、技术和人力等方面的支持。

国家鼓励公民、法人和其他组织积极参与地震灾后恢复重建工作，支持在地震灾后恢复重建中采用先进的技术、设备和材料。

国家接受外国政府和国际组织提供的符合地震灾后恢复重建需要的援助。

第六条 对在地震灾后恢复重建工作中做出突出贡献的单位和个人，按照国家有关规定给予表彰和奖励。

第二章 过渡性安置

第七条 对地震灾区的受灾群众进行过渡性安置，应当根据地震灾区的实际情况，采取就地安置与异地安置，集中安置与分散安置，政府安置与投亲靠友、自行安置相结合的方式。

政府对投亲靠友和采取其他方式自行安置的受灾群众给予适当补助。具体办法由省级人民政府制定。

第八条 过渡性安置地点应当选在交通条件便利、方便受灾群众恢复生产和生活的区域，并避开地震活动断层和可能发生洪灾、山体滑坡和崩塌、泥石流、地面塌陷、雷击等灾害的区域以及生产、储存易燃易爆危险品的工厂、仓库。

实施过渡性安置应当占用废弃地、空旷地，尽量不占用或者少占用农田，并避免对自然保护区、饮用水水源保护区以及生态脆弱区域造成破坏。

第九条 地震灾区的各级人民政府根据实际条件，因地制宜，为灾区群众安排临时住所。临时住所可以采用帐篷、篷布房，有条件的也可以采用简易住房、活动板房。安排临时住所确实存在困难的，可以将学校操场和经安全鉴定的体育场馆等作为临时避难场所。

国家鼓励地震灾区农村居民自行筹建符合安全要求的临时住所，并予以补助。具体办法由省级人民政府制定。

第十条 用于过渡性安置的物资应当保证质量安全。生产单位应当确保帐篷、篷布房的产品质量。建设单位、生产单位应当采用质量合格的建筑材料，确保简易住房、活动板房的安全质量和抗震性能。

第十一条 过渡性安置地点应当配套建设水、电、道路等基础设施，并按比例配备学校、医疗点、集中供水点、公共卫生间、垃圾收集点、日常用品供应点、少数民族特需品供应点以及必要的文化宣传设施等配套公共服务设施，确保受灾群众的基本生活需要。

过渡性安置地点的规模应当适度，并安装必要的防雷设施和预留必要的消防应急通道，配备相应的消防设施，防范火灾和雷击灾害发生。

第十二条 临时住所应当具备防火、防风、防雨等功能。

第十三条 活动板房应当优先用于重灾区和需要异地安置的受灾群众，倒塌房屋在短期内难以恢复重建的重灾户特别是遇难者家庭、孕妇、婴幼儿、孤儿、孤老、残疾人员以及学校、医疗点等公共服务设施。

第十四条 临时住所、过渡性安置资金和物资的分配和使用，应当公开透明，定期公布，接受有关部门和社会监督。具体办法由省级人民政府制定。

第十五条 过渡性安置用地按临时用地安排，可以先行使用，事后再依法办理有关用地手续；到期未转为永久性用地的，应当复垦后交还原土地使用者。

第十六条 过渡性安置地点所在地的县级人民政府，应当组织有关部门加强次生灾害、饮用水水质、食品卫生、疫情的监测和流行病学调查以及环境卫生整治。使用的消毒剂、清洗剂应当符合环境保护要求，避免对土壤、水资源、环境等造成污染。

过渡性安置地点所在地的公安机关，应当加强治安管理，及时惩处违法行为，维护正常的社会秩序。

受灾群众应当在过渡性安置地点所在地的县、乡（镇）人民政府组织下，建立治安、消防联队，开展治安、消防巡查等自防自救工作。

第十七条 地震灾区的各级人民政府，应当组织受灾群众和企业开展生产自救，积极恢复生产，并做好受灾群众的心理援助工作。

第十八条 地震灾区的各级人民政府及政府农业行政主管部门应当及时组织修复毁损的农业生产设施,开展抢种抢收,提供农业生产技术指导,保障农业投入品和农业机械设备的供应。

第十九条 地震灾区的各级人民政府及政府有关部门应当优先组织供电、供水、供气等企业恢复生产,并对大型骨干企业恢复生产提供支持,为全面恢复工业、服务业生产经营提供条件。

第三章 调 查 评 估

第二十条 国务院有关部门应当组织开展地震灾害调查评估工作,为编制地震灾后恢复重建规划提供依据。

第二十一条 地震灾害调查评估应当包括下列事项:

(一)城镇和乡村受损程度和数量;

(二)人员伤亡情况,房屋破坏程度和数量,基础设施、公共服务设施、工农业生产设施与商贸流通设施受损程度和数量,农用地毁损程度和数量等;

(三)需要安置人口的数量,需要救助的伤残人员数量,需要帮助的孤寡老人及未成年人的数量,需要提供的房屋数量,需要恢复重建的基础设施和公共服务设施,需要恢复重建的生产设施,需要整理和复垦的农用地等;

(四)环境污染、生态损害以及自然和历史文化遗产毁损等情况;

(五)资源环境承载能力以及地质灾害、地震次生灾害和隐患等情况;

(六)水文地质、工程地质、环境地质、地形地貌以及河势和水文情势、重大水利水电工程的受影响情况;

(七)突发公共卫生事件及其隐患;

(八)编制地震灾后恢复重建规划需要调查评估的其他事项。

第二十二条 县级以上人民政府应当依据各自职责分工组织有关部门和专家,对毁损严重的水利、道路、电力等基础设施,学校等公共服务设施以及其他建设工程进行工程质量和抗震性能鉴定,保存有关资料和样本,并开展地震活动对相关建设工程破坏机理的调查评估,为改进建设工程抗震设计规范和工程建设标准,采取抗震设防措施提供科学依据。

第二十三条 地震灾害调查评估应当采用全面调查评估、实地调查评估、综合评估的方法,确保数据资料的真实性、准确性、及时性和评估结论的可靠性。

地震部门、地震监测台网应当收集、保存地震前、地震中、地震后的所有资料和信息,并建立完整的档案。

开展地震灾害调查评估工作,应当遵守国家法律、法规以及有关技术标准和要求。

第二十四条 地震灾害调查评估报告应当及时上报国务院。

第四章 恢复重建规划

第二十五条 国务院发展改革部门会同国务院有关部门与地震灾区的省级人民政府共

同组织编制地震灾后恢复重建规划，报国务院批准后组织实施。

地震灾后恢复重建规划应当包括地震灾后恢复重建总体规划和城镇体系规划、农村建设规划、城乡住房建设规划、基础设施建设规划、公共服务设施建设规划、生产力布局和产业调整规划、市场服务体系规划、防灾减灾和生态修复规划、土地利用规划等专项规划。

第二十六条　地震灾区的市、县人民政府应当在省级人民政府的指导下，组织编制本行政区域的地震灾后恢复重建实施规划。

第二十七条　编制地震灾后恢复重建规划，应当全面贯彻落实科学发展观，坚持以人为本，优先恢复重建受灾群众基本生活和公共服务设施；尊重科学、尊重自然，充分考虑资源环境承载能力；统筹兼顾，与推进工业化、城镇化、新农村建设、主体功能区建设、产业结构优化升级相结合，并坚持统一部署、分工负责，区分缓急、突出重点，相互衔接、上下协调，规范有序、依法推进的原则。

编制地震灾后恢复重建规划，应当遵守法律、法规和国家有关标准。

第二十八条　地震灾后调查评估获得的地质、勘察、测绘、水文、环境等基础资料，应当作为编制地震灾后恢复重建规划的依据。

地震工作主管部门应当根据地震地质、地震活动特性的研究成果和地震烈度分布情况，对地震动参数区划图进行复核，为编制地震灾后恢复重建规划和进行建设工程抗震设防提供依据。

第二十九条　地震灾后恢复重建规划应当包括地震灾害状况和区域分析，恢复重建原则和目标，恢复重建区域范围，恢复重建空间布局，恢复重建任务和政策措施，有科学价值的地震遗址、遗迹保护，受损文物和具有历史价值与少数民族特色的建筑物、构筑物的修复，实施步骤和阶段等主要内容。

地震灾后恢复重建规划应当重点对城镇和乡村的布局、住房建设、基础设施建设、公共服务设施建设、农业生产设施建设、工业生产设施建设、防灾减灾和生态环境以及自然资源和历史文化遗产保护、土地整理和复垦等做出安排。

第三十条　地震灾区的中央所属企业生产、生活等设施的恢复重建，纳入地震灾后恢复重建规划统筹安排。

第三十一条　编制地震灾后恢复重建规划，应当吸收有关部门、专家参加，并充分听取地震灾区受灾群众的意见；重大事项应当组织有关方面专家进行专题论证。

第三十二条　地震灾区内的城镇和乡村完全毁损，存在重大安全隐患或者人口规模超出环境承载能力，需要异地新建的，重新选址时，应当避开地震活动断层或者生态脆弱和可能发生洪灾、山体滑坡、崩塌、泥石流、地面塌陷等灾害的区域以及传染病自然疫源地。

地震灾区的县级以上地方人民政府应当组织有关部门、专家对新址进行论证，听取公众意见，并报上一级人民政府批准。

第三十三条　国务院批准的地震灾后恢复重建规划，是地震灾后恢复重建的基本依据，应当及时公布。任何单位和个人都应当遵守经依法批准公布的地震灾后恢复重建规划，服从规划管理。

地震灾后恢复重建规划所依据的基础资料修改、其他客观条件发生变化需要修改的，或者因恢复重建工作需要修改的，由规划组织编制机关提出修改意见，报国务院批准。

第五章　恢复重建的实施

第三十四条　地震灾区的省级人民政府，应当根据地震灾后恢复重建规划和当地经济社会发展水平，有计划、分步骤地组织实施地震灾后恢复重建。

国务院有关部门应当支持、协助、指导地震灾区的恢复重建工作。

城镇恢复重建应当充分考虑原有城市、镇总体规划，注重体现原有少数民族建筑风格，合理确定城镇的建设规模和标准，并达到抗震设防要求。

第三十五条　发展改革部门具体负责灾后恢复重建的统筹规划、政策建议、投资计划、组织协调和重大建设项目的安排。

财政部门会同有关部门负责提出资金安排和政策建议，并具体负责灾后恢复重建财政资金的拨付和管理。

交通运输、水利、铁路、电力、通信、广播影视等部门按照职责分工，具体组织实施有关基础设施的灾后恢复重建。

建设部门具体组织实施房屋和市政公用设施的灾后恢复重建。

民政部门具体组织实施受灾群众的临时基本生活保障、生活困难救助、农村毁损房屋恢复重建补助、社会福利设施恢复重建以及对孤儿、孤老、残疾人员的安置、补助、心理援助和伤残康复。

教育、科技、文化、卫生、广播影视、体育、人力资源社会保障、商务、工商等部门按照职责分工，具体组织实施公共服务设施的灾后恢复重建、卫生防疫和医疗救治、就业服务和社会保障、重要生活必需品供应以及维护市场秩序。高等学校、科学技术研究开发机构应当加强对有关问题的专题研究，为地震灾后恢复重建提供科学技术支撑。

农业、林业、水利、国土资源、商务、工业等部门按照职责分工，具体组织实施动物疫情监测、农业生产设施恢复重建和农业生产条件恢复，地震灾后恢复重建用地安排、土地整理和复垦、地质灾害防治，商贸流通、工业生产设施等恢复重建。

环保、林业、民政、水利、科技、安全生产、地震、气象、测绘等部门按照职责分工，具体负责生态环境保护和防灾减灾、安全生产的技术保障及公共服务设施恢复重建。

中国人民银行和银行、证券、保险监督管理机构按照职责分工，具体负责地震灾后恢复重建金融支持和服务政策的制定与落实。

公安部门具体负责维护和稳定地震灾区社会秩序。

海关、出入境检验检疫部门按照职责分工，依法组织实施进口恢复重建物资、境外捐赠物资的验放、检验检疫。

外交部会同有关部门按照职责分工，协调开展地震灾后恢复重建的涉外工作。

第三十六条　国务院地震工作主管部门应当会同文物等有关部门组织专家对地震废墟进行现场调查，对具有典型性、代表性、科学价值和纪念意义的地震遗址、遗迹划定范围，建立地震遗址博物馆。

第三十七条　地震灾区的省级人民政府应当组织民族事务、建设、环保、地震、文物等部门和专家，根据地震灾害调查评估结果，制定清理保护方案，明确地震遗址、遗迹和文物保护单位以及具有历史价值与少数民族特色的建筑物、构筑物等保护对象及其区域范围，报国务院批准后实施。

第三十八条 地震灾害现场的清理保护，应当在确定无人类生命迹象和无重大疫情的情况下，按照统一组织、科学规划、统筹兼顾、注重保护的原则实施。发现地震灾害现场有人类生命迹象的，应当立即实施救援。

第三十九条 对清理保护方案确定的地震遗址、遗迹应当在保护范围内采取有效措施进行保护，抢救、收集具有科学研究价值的技术资料和实物资料，并在不影响整体风貌的情况下，对有倒塌危险的建筑物、构筑物进行必要的加固，对废墟中有毒、有害的废弃物、残留物进行必要的清理。

对文物保护单位应当实施原址保护。对尚可保留的不可移动文物和具有历史价值与少数民族特色的建筑物、构筑物以及历史建筑，应当采取加固等保护措施；对无法保留但将来可能恢复重建的，应当收集整理影像资料。

对馆藏文物、民间收藏文物等可移动文物和非物质文化遗产的物质载体，应当及时抢救、整理、登记，并将清理出的可移动文物和非物质文化遗产的物质载体，运送到安全地点妥善保管。

第四十条 对地震灾害现场的清理，应当按照清理保护方案分区、分类进行。清理出的遇难者遗体处理，应当尊重当地少数民族传统习惯；清理出的财物，应当对其种类、特征、数量、清理时间、地点等情况详细登记造册，妥善保存。有条件的，可以通知遇难者家属和所有权人到场。

对清理出的废弃危险化学品和其他废弃物、残留物，应当实行分类处理，并遵守国家有关规定。

第四十一条 地震灾区的各级人民政府应当做好地震灾区的动物疫情防控工作。对清理出的动物尸体，应当采取消毒、销毁等无害化处理措施，防止重大动物疫情的发生。

第四十二条 对现场清理过程中拆除或者拆解的废旧建筑材料以及过渡安置期结束后不再使用的活动板房等，能回收利用的，应当回收利用。

第四十三条 地震灾后恢复重建，应当统筹安排交通、铁路、通信、供水、供电、住房、学校、医院、社会福利、文化、广播电视、金融等基础设施和公共服务设施建设。

城镇的地震灾后恢复重建，应当统筹安排市政公用设施、公共服务设施和其他设施，合理确定建设规模和时序。

乡村的地震灾后恢复重建，应当尊重农民意愿，发挥村民自治组织的作用，以群众自建为主，政府补助、社会帮扶、对口支援，因地制宜，节约和集约利用土地，保护耕地。地震灾区的县级人民政府应当组织有关部门对村民住宅建设的选址予以指导，并提供能够符合当地实际的多种村民住宅设计图，供村民选择。村民住宅应当达到抗震设防要求，体现原有地方特色、民族特色和传统风貌。

第四十四条 经批准的地震灾后恢复重建项目可以根据土地利用总体规划，先行安排使用土地，实行边建设边报批，并按照有关规定办理用地手续。对因地震灾害毁损的耕地、农田道路、抢险救灾应急用地、过渡性安置用地、废弃的城镇、村庄和工矿旧址，应当依法进行土地整理和复垦，并治理地质灾害。

第四十五条 国务院有关部门应当组织对地震灾区地震动参数、抗震设防要求、工程建设标准进行复审；确有必要修订的，应当及时组织修订。

地震灾区的抗震设防要求和有关工程建设标准应当根据修订后的地震灾区地震动参数，进行相应修订。

第四十六条 对地震灾区尚可使用的建筑物、构筑物和设施，应当按照地震灾区的抗震设防要求进行抗震性能鉴定，并根据鉴定结果采取加固、改造等措施。

第四十七条 地震灾后重建工程的选址，应当符合地震灾后恢复重建规划和抗震设防、防灾减灾要求，避开地震活动断层、生态脆弱地区、可能发生重大灾害的区域和传染病自然疫源地。

第四十八条 设计单位应当严格按照抗震设防要求和工程建设强制性标准进行抗震设计，并对抗震设计的质量以及出具的施工图的准确性负责。

施工单位应当按照施工图设计文件和工程建设强制性标准进行施工，并对施工质量负责。

建设单位、施工单位应当选用施工图设计文件和国家有关标准规定的材料、构配件和设备。

工程监理单位应当依照施工图设计文件和工程建设强制性标准实施监理，并对施工质量承担监理责任。

第四十九条 按照国家有关规定对地震灾后恢复重建工程进行竣工验收时，应当重点对工程是否符合抗震设防要求进行查验；对不符合抗震设防要求的，不得出具竣工验收报告。

第五十条 对学校、医院、体育场馆、博物馆、文化馆、图书馆、影剧院、商场、交通枢纽等人员密集的公共服务设施，应当按照高于当地房屋建筑的抗震设防要求进行设计，增强抗震设防能力。

第五十一条 地震灾后恢复重建中涉及文物保护、自然保护区、野生动植物保护和地震遗址、遗迹保护的，依照国家有关法律、法规的规定执行。

第五十二条 地震灾后恢复重建中，货物、工程和服务的政府采购活动，应当严格依照《中华人民共和国政府采购法》的有关规定执行。

第六章 资金筹集与政策扶持

第五十三条 县级以上人民政府应当通过政府投入、对口支援、社会募集、市场运作等方式筹集地震灾后恢复重建资金。

第五十四条 国家根据地震的强度和损失的实际情况等因素建立地震灾后恢复重建基金，专项用于地震灾后恢复重建。

地震灾后恢复重建基金由预算资金以及其他财政资金构成。

地震灾后恢复重建基金筹集使用管理办法，由国务院财政部门制定。

第五十五条 国家鼓励公民、法人和其他组织为地震灾后恢复重建捐赠款物。捐赠款物的使用应当尊重捐赠人的意愿，并纳入地震灾后恢复重建规划。

县级以上人民政府及其部门作为受赠人的，应当将捐赠款物用于地震灾后恢复重建。公益性社会团体、公益性非营利的事业单位作为受赠人的，应当公开接受捐赠的情况和受赠财产的使用、管理情况，接受政府有关部门、捐赠人和社会的监督。

县级以上人民政府及其部门、公益性社会团体、公益性非营利的事业单位接受捐赠的，应当向捐赠人出具由省级以上财政部门统一印制的捐赠票据。

外国政府和国际组织提供的地震灾后恢复重建资金、物资和人员服务以及安排实施的多双边地震灾后恢复重建项目等，依照国家有关规定执行。

第五十六条 国家鼓励公民、法人和其他组织依法投资地震灾区基础设施和公共服务设施的恢复重建。

第五十七条 国家对地震灾后恢复重建依法实行税收优惠。具体办法由国务院财政部门、国务院税务部门制定。

地震灾区灾后恢复重建期间，县级以上地方人民政府依法实施地方税收优惠措施。

第五十八条 地震灾区的各项行政事业性收费可以适当减免。具体办法由有关主管部门制定。

第五十九条 国家向地震灾区的房屋贷款和公共服务设施恢复重建贷款、工业和服务业恢复生产经营贷款、农业恢复生产贷款等提供财政贴息。具体办法由国务院财政部门会同其他有关部门制定。

第六十条 国家在安排建设资金时，应当优先考虑地震灾区的交通、铁路、能源、农业、水利、通信、金融、市政公用、教育、卫生、文化、广播电视、防灾减灾、环境保护等基础设施和公共服务设施以及关系国家安全的重点工程设施建设。

测绘、气象、地震、水文等设施因地震遭受破坏的，地震灾区的人民政府应当采取紧急措施，组织力量修复，确保正常运行。

第六十一条 各级人民政府及政府有关部门应当加强对受灾群众的职业技能培训、就业服务和就业援助，鼓励企业、事业单位优先吸纳符合条件的受灾群众就业；可以采取以工代赈的方式组织受灾群众参加地震灾后恢复重建。

第六十二条 地震灾区接受义务教育的学生，其监护人因地震灾害死亡或者丧失劳动能力或者因地震灾害导致家庭经济困难的，由国家给予生活费补贴；地震灾区的其他学生，其父母因地震灾害死亡或者丧失劳动能力或者因地震灾害导致家庭经济困难的，在同等情况下其所在的学校可以优先将其纳入国家资助政策体系予以资助。

第六十三条 非地震灾区的县级以上地方人民政府及其有关部门应当按照国家和当地人民政府的安排，采取对口支援等多种形式支持地震灾区恢复重建。

国家鼓励非地震灾区的企业、事业单位通过援建等多种形式支持地震灾区恢复重建。

第六十四条 对地震灾后恢复重建中需要办理行政审批手续的事项，有审批权的人民政府及有关部门应当按照方便群众、简化手续、提高效率的原则，依法及时予以办理。

第七章 监 督 管 理

第六十五条 县级以上人民政府应当加强对下级人民政府地震灾后恢复重建工作的监督检查。

县级以上人民政府有关部门应当加强对地震灾后恢复重建建设工程质量和安全以及产品质量的监督。

第六十六条 地震灾区的各级人民政府在确定地震灾后恢复重建资金和物资分配方案、房屋分配方案前,应当先行调查,经民主评议后予以公布。

第六十七条 地震灾区的各级人民政府应当定期公布地震灾后恢复重建资金和物资的来源、数量、发放和使用情况,接受社会监督。

第六十八条 财政部门应当加强对地震灾后恢复重建资金的拨付和使用的监督管理。发展改革、建设、交通运输、水利、电力、铁路、工业和信息化等部门按照职责分工,组织开展对地震灾后恢复重建项目的监督检查。国务院发展改革部门组织开展对地震灾后恢复重建的重大建设项目的稽察。

第六十九条 审计机关应当加强对地震灾后恢复重建资金和物资的筹集、分配、拨付、使用和效果的全过程跟踪审计,定期公布地震灾后恢复重建资金和物资使用情况,并在审计结束后公布最终的审计结果。

第七十条 地震灾区的各级人民政府及有关部门和单位,应当对建设项目以及地震灾后恢复重建资金和物资的筹集、分配、拨付、使用情况登记造册,建立、健全档案,并在建设工程竣工验收和地震灾后恢复重建结束后,及时向建设主管部门或者其他有关部门移交档案。

第七十一条 监察机关应当加强对参与地震灾后恢复重建工作的国家机关和法律、法规授权的具有管理公共事务职能的组织及其工作人员的监察。

第七十二条 任何单位和个人对地震灾后恢复重建中的违法违纪行为,都有权进行举报。

接到举报的人民政府或者有关部门应当立即调查,依法处理,并为举报人保密。实名举报的,应当将处理结果反馈举报人。社会影响较大的违法违纪行为,处理结果应当向社会公布。

第八章 法 律 责 任

第七十三条 有关地方人民政府及政府部门侵占、截留、挪用地震灾后恢复重建资金或者物资的,由财政部门、审计机关在各自职责范围内,责令改正,追回被侵占、截留、挪用的地震灾后恢复重建资金或者物资,没收违法所得,对单位给予警告或者通报批评;对直接负责的主管人员和其他直接责任人员,由任免机关或者监察机关按照人事管理权限依法给予降级、撤职直至开除的处分;构成犯罪的,依法追究刑事责任。

第七十四条 在地震灾后恢复重建中,有关地方人民政府及政府有关部门拖欠施工单位工程款,或者明示、暗示设计单位、施工单位违反抗震设防要求和工程建设强制性标准,降低建设工程质量,造成重大安全事故,构成犯罪的,依法追究刑事责任;尚不构成犯罪的,对直接负责的主管人员和其他直接责任人员,由任免机关或者监察机关按照人事管理权限依法给予降级、撤职直至开除的处分。

第七十五条 在地震灾后恢复重建中,建设单位、勘察单位、设计单位、施工单位或者工程监理单位,降低建设工程质量,造成重大安全事故,构成犯罪的,依法追究刑事责任;尚不构成犯罪的,由县级以上地方人民政府建设主管部门或者其他有关部门依照《建设工程质量管理条例》的有关规定给予处罚。

第七十六条 对毁损严重的基础设施、公共服务设施和其他建设工程，在调查评估中经鉴定确认工程质量存在重大问题，构成犯罪的，对负有责任的建设单位、设计单位、施工单位、工程监理单位的直接责任人员，依法追究刑事责任；尚不构成犯罪的，由县级以上地方人民政府建设主管部门或者其他有关部门依照《建设工程质量管理条例》的有关规定给予处罚。涉嫌行贿、受贿的，依法追究刑事责任。

第七十七条 在地震灾后恢复重建中，扰乱社会公共秩序，构成违反治安管理行为的，由公安机关依法给予处罚。

第七十八条 国家工作人员在地震灾后恢复重建工作中滥用职权、玩忽职守、徇私舞弊的，依法给予处分；构成犯罪的，依法追究刑事责任。

第九章　附　　则

第七十九条 地震灾后恢复重建中的其他有关法律的适用和有关政策，由国务院依法另行制定，或者由国务院有关部门、省级人民政府在各自职权范围内做出规定。

第八十条 本条例自公布之日起施行。

历史文化名城名镇名村保护条例

(2008年4月2日国务院第3次常务会议通过
2008年4月22日中华人民共和国国务院第524号令公布
自2008年7月1日起施行)

第一章 总 则

第一条 为了加强历史文化名城、名镇、名村的保护与管理,继承中华民族优秀历史文化遗产,制定本条例。

第二条 历史文化名城、名镇、名村的申报、批准、规划、保护,适用本条例。

第三条 历史文化名城、名镇、名村的保护应当遵循科学规划、严格保护的原则,保持和延续其传统格局和历史风貌,维护历史文化遗产的真实性和完整性,继承和弘扬中华民族优秀传统文化,正确处理经济社会发展和历史文化遗产保护的关系。

第四条 国家对历史文化名城、名镇、名村的保护给予必要的资金支持。

历史文化名城、名镇、名村所在地的县级以上地方人民政府,根据本地实际情况安排保护资金,列入本级财政预算。

国家鼓励企业、事业单位、社会团体和个人参与历史文化名城、名镇、名村的保护。

第五条 国务院建设主管部门会同国务院文物主管部门负责全国历史文化名城、名镇、名村的保护和监督管理工作。

地方各级人民政府负责本行政区域历史文化名城、名镇、名村的保护和监督管理工作。

第六条 县级以上人民政府及其有关部门对在历史文化名城、名镇、名村保护工作中做出突出贡献的单位和个人,按照国家有关规定给予表彰和奖励。

第二章 申报与批准

第七条 具备下列条件的城市、镇、村庄,可以申报历史文化名城、名镇、名村:

(一)保存文物特别丰富;
(二)历史建筑集中成片;
(三)保留着传统格局和历史风貌;
(四)历史上曾经作为政治、经济、文化、交通中心或者军事要地,或者发生过重要历史事件,或者其传统产业、历史上建设的重大工程对本地区的发展产生过重要影响,或者能够集中反映本地区建筑的文化特色、民族特色。

申报历史文化名城的,在所申报的历史文化名城保护范围内还应当有2个以上的历史文化街区。

第八条 申报历史文化名城、名镇、名村，应当提交所申报的历史文化名城、名镇、名村的下列材料：

（一）历史沿革、地方特色和历史文化价值的说明；

（二）传统格局和历史风貌的现状；

（三）保护范围；

（四）不可移动文物、历史建筑、历史文化街区的清单；

（五）保护工作情况、保护目标和保护要求。

第九条 申报历史文化名城，由省、自治区、直辖市人民政府提出申请，经国务院建设主管部门会同国务院文物主管部门组织有关部门、专家进行论证，提出审查意见，报国务院批准公布。

申报历史文化名镇、名村，由所在地县级人民政府提出申请，经省、自治区、直辖市人民政府确定的保护主管部门会同同级文物主管部门组织有关部门、专家进行论证，提出审查意见，报省、自治区、直辖市人民政府批准公布。

第十条 对符合本条例第七条规定的条件而没有申报历史文化名城的城市，国务院建设主管部门会同国务院文物主管部门可以向该城市所在地的省、自治区人民政府提出申报建议；仍不申报的，可以直接向国务院提出确定该城市为历史文化名城的建议。

对符合本条例第七条规定的条件而没有申报历史文化名镇、名村的镇、村庄，省、自治区、直辖市人民政府确定的保护主管部门会同同级文物主管部门可以向该镇、村庄所在地的县级人民政府提出申报建议；仍不申报的，可以直接向省、自治区、直辖市人民政府提出确定该镇、村庄为历史文化名镇、名村的建议。

第十一条 国务院建设主管部门会同国务院文物主管部门可以在已批准公布的历史文化名镇、名村中，严格按照国家有关评价标准，选择具有重大历史、艺术、科学价值的历史文化名镇、名村，经专家论证，确定为中国历史文化名镇、名村。

第十二条 已批准公布的历史文化名城、名镇、名村，因保护不力使其历史文化价值受到严重影响的，批准机关应当将其列入濒危名单，予以公布，并责成所在地城市、县人民政府限期采取补救措施，防止情况继续恶化，并完善保护制度，加强保护工作。

第三章 保 护 规 划

第十三条 历史文化名城批准公布后，历史文化名城人民政府应当组织编制历史文化名城保护规划。

历史文化名镇、名村批准公布后，所在地县级人民政府应当组织编制历史文化名镇、名村保护规划。

保护规划应当自历史文化名城、名镇、名村批准公布之日起1年内编制完成。

第十四条 保护规划应当包括下列内容：

（一）保护原则、保护内容和保护范围；

（二）保护措施、开发强度和建设控制要求；

（三）传统格局和历史风貌保护要求；

（四）历史文化街区、名镇、名村的核心保护范围和建设控制地带；

（五）保护规划分期实施方案。

第十五条 历史文化名城、名镇保护规划的规划期限应当与城市、镇总体规划的规划期限相一致；历史文化名村保护规划的规划期限应当与村庄规划的规划期限相一致。

第十六条 保护规划报送审批前，保护规划的组织编制机关应当广泛征求有关部门、专家和公众的意见；必要时，可以举行听证。

保护规划报送审批文件中应当附具意见采纳情况及理由；经听证的，还应当附具听证笔录。

第十七条 保护规划由省、自治区、直辖市人民政府审批。

保护规划的组织编制机关应当将经依法批准的历史文化名城保护规划和中国历史文化名镇、名村保护规划，报国务院建设主管部门和国务院文物主管部门备案。

第十八条 保护规划的组织编制机关应当及时公布经依法批准的保护规划。

第十九条 经依法批准的保护规划，不得擅自修改；确需修改的，保护规划的组织编制机关应当向原审批机关提出专题报告，经同意后，方可编制修改方案。修改后的保护规划，应当按照原审批程序报送审批。

第二十条 国务院建设主管部门会同国务院文物主管部门应当加强对保护规划实施情况的监督检查。

县级以上地方人民政府应当加强对本行政区域保护规划实施情况的监督检查，并对历史文化名城、名镇、名村保护状况进行评估；对发现的问题，应当及时纠正、处理。

第四章 保 护 措 施

第二十一条 历史文化名城、名镇、名村应当整体保护，保持传统格局、历史风貌和空间尺度，不得改变与其相互依存的自然景观和环境。

第二十二条 历史文化名城、名镇、名村所在地县级以上地方人民政府应当根据当地经济社会发展水平，按照保护规划，控制历史文化名城、名镇、名村的人口数量，改善历史文化名城、名镇、名村的基础设施、公共服务设施和居住环境。

第二十三条 在历史文化名城、名镇、名村保护范围内从事建设活动，应当符合保护规划的要求，不得损害历史文化遗产的真实性和完整性，不得对其传统格局和历史风貌构成破坏性影响。

第二十四条 在历史文化名城、名镇、名村保护范围内禁止进行下列活动：

（一）开山、采石、开矿等破坏传统格局和历史风貌的活动；

（二）占用保护规划确定保留的园林绿地、河湖水系、道路等；

（三）修建生产、储存爆炸性、易燃性、放射性、毒害性、腐蚀性物品的工厂、仓库等；

（四）在历史建筑上刻划、涂污。

第二十五条 在历史文化名城、名镇、名村保护范围内进行下列活动，应当保护其传统格局、历史风貌和历史建筑；制订保护方案，经城市、县人民政府城乡规划主管部门会同同级文物主管部门批准，并依照有关法律、法规的规定办理相关手续：

（一）改变园林绿地、河湖水系等自然状态的活动；
（二）在核心保护范围内进行影视摄制、举办大型群众性活动；
（三）其他影响传统格局、历史风貌或者历史建筑的活动。

第二十六条 历史文化街区、名镇、名村建设控制地带内的新建建筑物、构筑物，应当符合保护规划确定的建设控制要求。

第二十七条 对历史文化街区、名镇、名村核心保护范围内的建筑物、构筑物，应当区分不同情况，采取相应措施，实行分类保护。

历史文化街区、名镇、名村核心保护范围内的历史建筑，应当保持原有的高度、体量、外观形象及色彩等。

第二十八条 在历史文化街区、名镇、名村核心保护范围内，不得进行新建、扩建活动。但是，新建、扩建必要的基础设施和公共服务设施除外。

在历史文化街区、名镇、名村核心保护范围内，新建、扩建必要的基础设施和公共服务设施的，城市、县人民政府城乡规划主管部门核发建设工程规划许可证、乡村建设规划许可证前，应当征求同级文物主管部门的意见。

在历史文化街区、名镇、名村核心保护范围内，拆除历史建筑以外的建筑物、构筑物或者其他设施的，应当经城市、县人民政府城乡规划主管部门会同同级文物主管部门批准。

第二十九条 审批本条例第二十八条规定的建设活动，审批机关应当组织专家论证，并将审批事项予以公示，征求公众意见，告知利害关系人有要求举行听证的权利。公示时间不得少于 20 日。

利害关系人要求听证的，应当在公示期间提出，审批机关应当在公示期满后及时举行听证。

第三十条 城市、县人民政府应当在历史文化街区、名镇、名村核心保护范围的主要出入口设置标志牌。

任何单位和个人不得擅自设置、移动、涂改或者损毁标志牌。

第三十一条 历史文化街区、名镇、名村核心保护范围内的消防设施、消防通道，应当按照有关的消防技术标准和规范设置。确因历史文化街区、名镇、名村的保护需要，无法按照标准和规范设置的，由城市、县人民政府公安机关消防机构会同同级城乡规划主管部门制订相应的防火安全保障方案。

第三十二条 城市、县人民政府应当对历史建筑设置保护标志，建立历史建筑档案。

历史建筑档案应当包括下列内容：
（一）建筑艺术特征、历史特征、建设年代及稀有程度；
（二）建筑的有关技术资料；
（三）建筑的使用现状和权属变化情况；
（四）建筑的修缮、装饰装修过程中形成的文字、图纸、图片、影像等资料；
（五）建筑的测绘信息记录和相关资料。

第三十三条 历史建筑的所有权人应当按照保护规划的要求，负责历史建筑的维护和修缮。

县级以上地方人民政府可以从保护资金中对历史建筑的维护和修缮给予补助。

历史建筑有损毁危险，所有权人不具备维护和修缮能力的，当地人民政府应当采取措施进行保护。

任何单位或者个人不得损坏或者擅自迁移、拆除历史建筑。

第三十四条 建设工程选址，应当尽可能避开历史建筑；因特殊情况不能避开的，应当尽可能实施原址保护。

对历史建筑实施原址保护的，建设单位应当事先确定保护措施，报城市、县人民政府城乡规划主管部门会同同级文物主管部门批准。

因公共利益需要进行建设活动，对历史建筑无法实施原址保护、必须迁移异地保护或者拆除的，应当由城市、县人民政府城乡规划主管部门会同同级文物主管部门，报省、自治区、直辖市人民政府确定的保护主管部门会同同级文物主管部门批准。

本条规定的历史建筑原址保护、迁移、拆除所需费用，由建设单位列入建设工程预算。

第三十五条 对历史建筑进行外部修缮装饰、添加设施以及改变历史建筑的结构或者使用性质的，应当经城市、县人民政府城乡规划主管部门会同同级文物主管部门批准，并依照有关法律、法规的规定办理相关手续。

第三十六条 在历史文化名城、名镇、名村保护范围内涉及文物保护的，应当执行文物保护法律、法规的规定。

第五章 法 律 责 任

第三十七条 违反本条例规定，国务院建设主管部门、国务院文物主管部门和县级以上地方人民政府及其有关主管部门的工作人员，不履行监督管理职责，发现违法行为不予查处或者有其他滥用职权、玩忽职守、徇私舞弊行为，构成犯罪的，依法追究刑事责任；尚不构成犯罪的，依法给予处分。

第三十八条 违反本条例规定，地方人民政府有下列行为之一的，由上级人民政府责令改正，对直接负责的主管人员和其他直接责任人员，依法给予处分：

（一）未组织编制保护规划的；

（二）未按照法定程序组织编制保护规划的；

（三）擅自修改保护规划的；

（四）未将批准的保护规划予以公布的。

第三十九条 违反本条例规定，省、自治区、直辖市人民政府确定的保护主管部门或者城市、县人民政府城乡规划主管部门，未按照保护规划的要求或者未按照法定程序履行本条例第二十五条、第二十八条、第三十四条、第三十五条规定的审批职责的，由本级人民政府或者上级人民政府有关部门责令改正，通报批评；对直接负责的主管人员和其他直接责任人员，依法给予处分。

第四十条 违反本条例规定，城市、县人民政府因保护不力，导致已批准公布的历史文化名城、名镇、名村被列入濒危名单的，由上级人民政府通报批评；对直接负责的主管人员和其他直接责任人员，依法给予处分。

第四十一条 违反本条例规定，在历史文化名城、名镇、名村保护范围内有下列行为之一的，由城市、县人民政府城乡规划主管部门责令停止违法行为、限期恢复原状或者采取其他补救措施；有违法所得的，没收违法所得；逾期不恢复原状或者不采取其他补救措施的，城乡规划主管部门可以指定有能力的单位代为恢复原状或者采取其他补救措施，所需费用由违法者承担；造成严重后果的，对单位并处 50 万元以上 100 万元以下的罚款，对个人并处 5 万元以上 10 万元以下的罚款；造成损失的，依法承担赔偿责任：

（一）开山、采石、开矿等破坏传统格局和历史风貌的；
（二）占用保护规划确定保留的园林绿地、河湖水系、道路等的；
（三）修建生产、储存爆炸性、易燃性、放射性、毒害性、腐蚀性物品的工厂、仓库等的。

第四十二条 违反本条例规定，在历史建筑上刻划、涂污的，由城市、县人民政府城乡规划主管部门责令恢复原状或者采取其他补救措施，处 50 元的罚款。

第四十三条 违反本条例规定，未经城乡规划主管部门会同同级文物主管部门批准，有下列行为之一的，由城市、县人民政府城乡规划主管部门责令停止违法行为、限期恢复原状或者采取其他补救措施；有违法所得的，没收违法所得；逾期不恢复原状或者不采取其他补救措施的，城乡规划主管部门可以指定有能力的单位代为恢复原状或者采取其他补救措施，所需费用由违法者承担；造成严重后果的，对单位并处 5 万元以上 10 万元以下的罚款，对个人并处 1 万元以上 5 万元以下的罚款；造成损失的，依法承担赔偿责任：

（一）改变园林绿地、河湖水系等自然状态的；
（二）进行影视摄制、举办大型群众性活动的；
（三）拆除历史建筑以外的建筑物、构筑物或者其他设施的；
（四）对历史建筑进行外部修缮装饰、添加设施以及改变历史建筑的结构或者使用性质的；
（五）其他影响传统格局、历史风貌或者历史建筑的。

有关单位或者个人经批准进行上述活动，但是在活动过程中对传统格局、历史风貌或者历史建筑构成破坏性影响的，依照本条第一款规定予以处罚。

第四十四条 违反本条例规定，损坏或者擅自迁移、拆除历史建筑的，由城市、县人民政府城乡规划主管部门责令停止违法行为、限期恢复原状或者采取其他补救措施；有违法所得的，没收违法所得；逾期不恢复原状或者不采取其他补救措施的，城乡规划主管部门可以指定有能力的单位代为恢复原状或者采取其他补救措施，所需费用由违法者承担；造成严重后果的，对单位并处 20 万元以上 50 万元以下的罚款，对个人并处 10 万元以上 20 万元以下的罚款；造成损失的，依法承担赔偿责任。

第四十五条 违反本条例规定，擅自设置、移动、涂改或者损毁历史文化街区、名镇、名村标志牌的，由城市、县人民政府城乡规划主管部门责令限期改正；逾期不改正的，对单位处 1 万元以上 5 万元以下的罚款，对个人处 1000 元以上 1 万元以下的罚款。

第四十六条 违反本条例规定，对历史文化名城、名镇、名村中的文物造成损毁的，依照文物保护法律、法规的规定给予处罚；构成犯罪的，依法追究刑事责任。

第六章 附　则

第四十七条 本条例下列用语的含义：

（一）历史建筑，是指经城市、县人民政府确定公布的具有一定保护价值，能够反映历史风貌和地方特色，未公布为文物保护单位，也未登记为不可移动文物的建筑物、构筑物。

（二）历史文化街区，是指经省、自治区、直辖市人民政府核定公布的保存文物特别丰富、历史建筑集中成片、能够较完整和真实地体现传统格局和历史风貌，并具有一定规模的区域。

历史文化街区保护的具体实施办法，由国务院建设主管部门会同国务院文物主管部门制定。

第四十八条 本条例自 2008 年 7 月 1 日起施行。

民用建筑节能条例

(2008年7月23日国务院第18次常务会议通过
2008年8月1日中华人民共和国国务院第530号令公布
自2008年10月1日起施行)

第一章 总 则

第一条 为了加强民用建筑节能管理,降低民用建筑使用过程中的能源消耗,提高能源利用效率,制定本条例。

第二条 本条例所称民用建筑节能,是指在保证民用建筑使用功能和室内热环境质量的前提下,降低其使用过程中能源消耗的活动。

本条例所称民用建筑,是指居住建筑、国家机关办公建筑和商业、服务业、教育、卫生等其他公共建筑。

第三条 各级人民政府应当加强对民用建筑节能工作的领导,积极培育民用建筑节能服务市场,健全民用建筑节能服务体系,推动民用建筑节能技术的开发应用,做好民用建筑节能知识的宣传教育工作。

第四条 国家鼓励和扶持在新建建筑和既有建筑节能改造中采用太阳能、地热能等可再生能源。

在具备太阳能利用条件的地区,有关地方人民政府及其部门应当采取有效措施,鼓励和扶持单位、个人安装使用太阳能热水系统、照明系统、供热系统、采暖制冷系统等太阳能利用系统。

第五条 国务院建设主管部门负责全国民用建筑节能的监督管理工作。县级以上地方人民政府建设主管部门负责本行政区域民用建筑节能的监督管理工作。

县级以上人民政府有关部门应当依照本条例的规定以及本级人民政府规定的职责分工,负责民用建筑节能的有关工作。

第六条 国务院建设主管部门应当在国家节能中长期专项规划指导下,编制全国民用建筑节能规划,并与相关规划相衔接。

县级以上地方人民政府建设主管部门应当组织编制本行政区域的民用建筑节能规划,报本级人民政府批准后实施。

第七条 国家建立健全民用建筑节能标准体系。国家民用建筑节能标准由国务院建设主管部门负责组织制定,并依照法定程序发布。

国家鼓励制定、采用优于国家民用建筑节能标准的地方民用建筑节能标准。

第八条 县级以上人民政府应当安排民用建筑节能资金,用于支持民用建筑节能的科学技术研究和标准制定、既有建筑围护结构和供热系统的节能改造、可再生能源的应用,以及民用建筑节能示范工程、节能项目的推广。

政府引导金融机构对既有建筑节能改造、可再生能源的应用，以及民用建筑节能示范工程等项目提供支持。

民用建筑节能项目依法享受税收优惠。

第九条 国家积极推进供热体制改革，完善供热价格形成机制，鼓励发展集中供热，逐步实行按照用热量收费制度。

第十条 对在民用建筑节能工作中做出显著成绩的单位和个人，按照国家有关规定给予表彰和奖励。

第二章　新建建筑节能

第十一条 国家推广使用民用建筑节能的新技术、新工艺、新材料和新设备，限制使用或者禁止使用能源消耗高的技术、工艺、材料和设备。国务院节能工作主管部门、建设主管部门应当制定、公布并及时更新推广使用、限制使用、禁止使用目录。

国家限制进口或者禁止进口能源消耗高的技术、材料和设备。

建设单位、设计单位、施工单位不得在建筑活动中使用列入禁止使用目录的技术、工艺、材料和设备。

第十二条 编制城市详细规划、镇详细规划，应当按照民用建筑节能的要求，确定建筑的布局、形状和朝向。

城乡规划主管部门依法对民用建筑进行规划审查，应当就设计方案是否符合民用建筑节能强制性标准征求同级建设主管部门的意见；建设主管部门应当自收到征求意见材料之日起10日内提出意见。征求意见时间不计算在规划许可的期限内。

对不符合民用建筑节能强制性标准的，不得颁发建设工程规划许可证。

第十三条 施工图设计文件审查机构应当按照民用建筑节能强制性标准对施工图设计文件进行审查；经审查不符合民用建筑节能强制性标准的，县级以上地方人民政府建设主管部门不得颁发施工许可证。

第十四条 建设单位不得明示或者暗示设计单位、施工单位违反民用建筑节能强制性标准进行设计、施工，不得明示或者暗示施工单位使用不符合施工图设计文件要求的墙体材料、保温材料、门窗、采暖制冷系统和照明设备。

按照合同约定由建设单位采购墙体材料、保温材料、门窗、采暖制冷系统和照明设备的，建设单位应当保证其符合施工图设计文件要求。

第十五条 设计单位、施工单位、工程监理单位及其注册执业人员，应当按照民用建筑节能强制性标准进行设计、施工、监理。

第十六条 施工单位应当对进入施工现场的墙体材料、保温材料、门窗、采暖制冷系统和照明设备进行查验；不符合施工图设计文件要求的，不得使用。

工程监理单位发现施工单位不按照民用建筑节能强制性标准施工的，应当要求施工单位改正；施工单位拒不改正的，工程监理单位应当及时报告建设单位，并向有关主管部门报告。

墙体、屋面的保温工程施工时，监理工程师应当按照工程监理规范的要求，采取旁站、巡视和平行检验等形式实施监理。

未经监理工程师签字，墙体材料、保温材料、门窗、采暖制冷系统和照明设备不得在建筑上使用或者安装，施工单位不得进行下一道工序的施工。

第十七条 建设单位组织竣工验收，应当对民用建筑是否符合民用建筑节能强制性标准进行查验；对不符合民用建筑节能强制性标准的，不得出具竣工验收合格报告。

第十八条 实行集中供热的建筑应当安装供热系统调控装置、用热计量装置和室内温度调控装置；公共建筑还应当安装用电分项计量装置。居住建筑安装的用热计量装置应当满足分户计量的要求。

计量装置应当依法检定合格。

第十九条 建筑的公共走廊、楼梯等部位，应当安装、使用节能灯具和电气控制装置。

第二十条 对具备可再生能源利用条件的建筑，建设单位应当选择合适的可再生能源，用于采暖、制冷、照明和热水供应等；设计单位应当按照有关可再生能源利用的标准进行设计。

建设可再生能源利用设施，应当与建筑主体工程同步设计、同步施工、同步验收。

第二十一条 国家机关办公建筑和大型公共建筑的所有权人应当对建筑的能源利用效率进行测评和标识，并按照国家有关规定将测评结果予以公示，接受社会监督。

国家机关办公建筑应当安装、使用节能设备。

本条例所称大型公共建筑，是指单体建筑面积2万平方米以上的公共建筑。

第二十二条 房地产开发企业销售商品房，应当向购买人明示所售商品房的能源消耗指标、节能措施和保护要求、保温工程保修期等信息，并在商品房买卖合同和住宅质量保证书、住宅使用说明书中载明。

第二十三条 在正常使用条件下，保温工程的最低保修期限为5年。保温工程的保修期，自竣工验收合格之日起计算。

保温工程在保修范围和保修期内发生质量问题的，施工单位应当履行保修义务，并对造成的损失依法承担赔偿责任。

第三章 既有建筑节能

第二十四条 既有建筑节能改造应当根据当地经济、社会发展水平和地理气候条件等实际情况，有计划、分步骤地实施分类改造。

本条例所称既有建筑节能改造，是指对不符合民用建筑节能强制性标准的既有建筑的围护结构、供热系统、采暖制冷系统、照明设备和热水供应设施等实施节能改造的活动。

第二十五条 县级以上地方人民政府建设主管部门应当对本行政区域内既有建筑的建设年代、结构形式、用能系统、能源消耗指标、寿命周期等组织调查统计和分析，制定既有建筑节能改造计划，明确节能改造的目标、范围和要求，报本级人民政府批准后组织实施。

中央国家机关既有建筑的节能改造，由有关管理机关事务工作的机构制定节能改造计划，并组织实施。

第二十六条 国家机关办公建筑、政府投资和以政府投资为主的公共建筑的节能改造，应当制定节能改造方案，经充分论证，并按照国家有关规定办理相关审批手续方可进行。

各级人民政府及其有关部门、单位不得违反国家有关规定和标准，以节能改造的名义对前款规定的既有建筑进行扩建、改建。

第二十七条 居住建筑和本条例第二十六条规定以外的其他公共建筑不符合民用建筑节能强制性标准的，在尊重建筑所有权人意愿的基础上，可以结合扩建、改建，逐步实施节能改造。

第二十八条 实施既有建筑节能改造，应当符合民用建筑节能强制性标准，优先采用遮阳、改善通风等低成本改造措施。

既有建筑围护结构的改造和供热系统的改造，应当同步进行。

第二十九条 对实行集中供热的建筑进行节能改造，应当安装供热系统调控装置和用热计量装置；对公共建筑进行节能改造，还应当安装室内温度调控装置和用电分项计量装置。

第三十条 国家机关办公建筑的节能改造费用，由县级以上人民政府纳入本级财政预算。

居住建筑和教育、科学、文化、卫生、体育等公益事业使用的公共建筑节能改造费用，由政府、建筑所有权人共同负担。

国家鼓励社会资金投资既有建筑节能改造。

第四章 建筑用能系统运行节能

第三十一条 建筑所有权人或者使用权人应当保证建筑用能系统的正常运行，不得人为损坏建筑围护结构和用能系统。

国家机关办公建筑和大型公共建筑的所有权人或者使用权人应当建立健全民用建筑节能管理制度和操作规程，对建筑用能系统进行监测、维护，并定期将分项用电量报县级以上地方人民政府建设主管部门。

第三十二条 县级以上地方人民政府节能工作主管部门应当会同同级建设主管部门确定本行政区域内公共建筑重点用电单位及其年度用电限额。

县级以上地方人民政府建设主管部门应当对本行政区域内国家机关办公建筑和公共建筑用电情况进行调查统计和评价分析。国家机关办公建筑和大型公共建筑采暖、制冷、照明的能源消耗情况应当依照法律、行政法规和国家其他有关规定向社会公布。

国家机关办公建筑和公共建筑的所有权人或者使用权人应当对县级以上地方人民政府建设主管部门的调查统计工作予以配合。

第三十三条 供热单位应当建立健全相关制度，加强对专业技术人员的教育和培训。

供热单位应当改进技术装备，实施计量管理，并对供热系统进行监测、维护，提高供热系统的效率，保证供热系统的运行符合民用建筑节能强制性标准。

第三十四条 县级以上地方人民政府建设主管部门应当对本行政区域内供热单位的能源消耗情况进行调查统计和分析，并制定供热单位能源消耗指标；对超过能源消耗指标的，应当要求供热单位制定相应的改进措施，并监督实施。

第五章 法 律 责 任

第三十五条 违反本条例规定，县级以上人民政府有关部门有下列行为之一的，对负有责任的主管人员和其他直接责任人员依法给予处分；构成犯罪的，依法追究刑事责任：

（一）对设计方案不符合民用建筑节能强制性标准的民用建筑项目颁发建设工程规划许可证的；

（二）对不符合民用建筑节能强制性标准的设计方案出具合格意见的；

（三）对施工图设计文件不符合民用建筑节能强制性标准的民用建筑项目颁发施工许可证的；

（四）不依法履行监督管理职责的其他行为。

第三十六条 违反本条例规定，各级人民政府及其有关部门、单位违反国家有关规定和标准，以节能改造的名义对既有建筑进行扩建、改建的，对负有责任的主管人员和其他直接责任人员，依法给予处分。

第三十七条 违反本条例规定，建设单位有下列行为之一的，由县级以上地方人民政府建设主管部门责令改正，处20万元以上50万元以下的罚款：

（一）明示或者暗示设计单位、施工单位违反民用建筑节能强制性标准进行设计、施工的；

（二）明示或者暗示施工单位使用不符合施工图设计文件要求的墙体材料、保温材料、门窗、采暖制冷系统和照明设备的；

（三）采购不符合施工图设计文件要求的墙体材料、保温材料、门窗、采暖制冷系统和照明设备的；

（四）使用列入禁止使用目录的技术、工艺、材料和设备的。

第三十八条 违反本条例规定，建设单位对不符合民用建筑节能强制性标准的民用建筑项目出具竣工验收合格报告的，由县级以上地方人民政府建设主管部门责令改正，处民用建筑项目合同价款2%以上4%以下的罚款；造成损失的，依法承担赔偿责任。

第三十九条 违反本条例规定，设计单位未按照民用建筑节能强制性标准进行设计，或者使用列入禁止使用目录的技术、工艺、材料和设备的，由县级以上地方人民政府建设主管部门责令改正，处10万元以上30万元以下的罚款；情节严重的，由颁发资质证书的部门责令停业整顿，降低资质等级或者吊销资质证书；造成损失的，依法承担赔偿责任。

第四十条 违反本条例规定，施工单位未按照民用建筑节能强制性标准进行施工的，由县级以上地方人民政府建设主管部门责令改正，处民用建筑项目合同价款2%以上4%以下的罚款；情节严重的，由颁发资质证书的部门责令停业整顿，降低资质等级或者吊销资质证书；造成损失的，依法承担赔偿责任。

第四十一条 违反本条例规定，施工单位有下列行为之一的，由县级以上地方人民政府建设主管部门责令改正，处10万元以上20万元以下的罚款；情节严重的，由颁发资质证书的部门责令停业整顿，降低资质等级或者吊销资质证书；造成损失的，依法承担赔偿责任：

（一）未对进入施工现场的墙体材料、保温材料、门窗、采暖制冷系统和照明设备进行查验的；

（二）使用不符合施工图设计文件要求的墙体材料、保温材料、门窗、采暖制冷系统和照明设备的；

（三）使用列入禁止使用目录的技术、工艺、材料和设备的。

第四十二条　违反本条例规定，工程监理单位有下列行为之一的，由县级以上地方人民政府建设主管部门责令限期改正；逾期未改正的，处10万元以上30万元以下的罚款；情节严重的，由颁发资质证书的部门责令停业整顿，降低资质等级或者吊销资质证书；造成损失的，依法承担赔偿责任：

（一）未按照民用建筑节能强制性标准实施监理的；

（二）墙体、屋面的保温工程施工时，未采取旁站、巡视和平行检验等形式实施监理的。

对不符合施工图设计文件要求的墙体材料、保温材料、门窗、采暖制冷系统和照明设备，按照符合施工图设计文件要求签字的，依照《建设工程质量管理条例》第六十七条的规定处罚。

第四十三条　违反本条例规定，房地产开发企业销售商品房，未向购买人明示所售商品房的能源消耗指标、节能措施和保护要求、保温工程保修期等信息，或者向购买人明示的所售商品房能源消耗指标与实际能源消耗不符的，依法承担民事责任；由县级以上地方人民政府建设主管部门责令限期改正；逾期未改正的，处交付使用的房屋销售总额2％以下的罚款；情节严重的，由颁发资质证书的部门降低资质等级或者吊销资质证书。

第四十四条　违反本条例规定，注册执业人员未执行民用建筑节能强制性标准的，由县级以上人民政府建设主管部门责令停止执业3个月以上1年以下；情节严重的，由颁发资格证书的部门吊销执业资格证书，5年内不予注册。

第六章　附　　则

第四十五条　本条例自2008年10月1日起施行。

信 访 条 例

(2005年1月5日国务院第76次常务会议通过
2005年1月10日中华人民共和国国务院第431号令公布
自2005年5月1日起施行)

第一章 总 则

第一条 为了保持各级人民政府同人民群众的密切联系,保护信访人的合法权益,维护信访秩序,制定本条例。

第二条 本条例所称信访,是指公民、法人或者其他组织采用书信、电子邮件、传真、电话、走访等形式,向各级人民政府、县级以上人民政府工作部门反映情况,提出建议、意见或者投诉请求,依法由有关行政机关处理的活动。

采用前款规定的形式,反映情况,提出建议、意见或者投诉请求的公民、法人或者其他组织,称信访人。

第三条 各级人民政府、县级以上人民政府工作部门应当做好信访工作,认真处理来信、接待来访,倾听人民群众的意见、建议和要求,接受人民群众的监督,努力为人民群众服务。

各级人民政府、县级以上人民政府工作部门应当畅通信访渠道,为信访人采用本条例规定的形式反映情况,提出建议、意见或者投诉请求提供便利条件。

任何组织和个人不得打击报复信访人。

第四条 信访工作应当在各级人民政府领导下,坚持属地管理、分级负责,谁主管、谁负责,依法、及时、就地解决问题与疏导教育相结合的原则。

第五条 各级人民政府、县级以上人民政府工作部门应当科学、民主决策,依法履行职责,从源头上预防导致信访事项的矛盾和纠纷。

县级以上人民政府应当建立统一领导、部门协调,统筹兼顾、标本兼治,各负其责、齐抓共管的信访工作格局,通过联席会议、建立排查调处机制、建立信访督查工作制度等方式,及时化解矛盾和纠纷。

各级人民政府、县级以上人民政府各工作部门的负责人应当阅批重要来信、接待重要来访、听取信访工作汇报,研究解决信访工作中的突出问题。

第六条 县级以上人民政府应当设立信访工作机构;县级以上人民政府工作部门及乡、镇人民政府应当按照有利工作、方便信访人的原则,确定负责信访工作的机构(以下简称信访工作机构)或者人员,具体负责信访工作。

县级以上人民政府信访工作机构是本级人民政府负责信访工作的行政机构,履行下列职责:

（一）受理、交办、转送信访人提出的信访事项；
（二）承办上级和本级人民政府交由处理的信访事项；
（三）协调处理重要信访事项；
（四）督促检查信访事项的处理；
（五）研究、分析信访情况，开展调查研究，及时向本级人民政府提出完善政策和改进工作的建议；
（六）对本级人民政府其他工作部门和下级人民政府信访工作机构的信访工作进行指导。

第七条 各级人民政府应当建立健全信访工作责任制，对信访工作中的失职、渎职行为，严格依照有关法律、行政法规和本条例的规定，追究有关责任人员的责任，并在一定范围内予以通报。

各级人民政府应当将信访工作绩效纳入公务员考核体系。

第八条 信访人反映的情况，提出的建议、意见，对国民经济和社会发展或者对改进国家机关工作以及保护社会公共利益有贡献的，由有关行政机关或者单位给予奖励。

对在信访工作中做出优异成绩的单位或者个人，由有关行政机关给予奖励。

第二章 信 访 渠 道

第九条 各级人民政府、县级以上人民政府工作部门应当向社会公布信访工作机构的通信地址、电子信箱、投诉电话、信访接待的时间和地点、查询信访事项处理进展及结果的方式等相关事项。

各级人民政府、县级以上人民政府工作部门应当在其信访接待场所或者网站公布与信访工作有关的法律、法规、规章，信访事项的处理程序，以及其他为信访人提供便利的相关事项。

第十条 设区的市级、县级人民政府及其工作部门，乡、镇人民政府应当建立行政机关负责人信访接待日制度，由行政机关负责人协调处理信访事项。信访人可以在公布的接待日和接待地点向有关行政机关负责人当面反映信访事项。

县级以上人民政府及其工作部门负责人或者其指定的人员，可以就信访人反映突出的问题到信访人居住地与信访人面谈沟通。

第十一条 国家信访工作机构充分利用现有政务信息网络资源，建立全国信访信息系统，为信访人在当地提出信访事项、查询信访事项办理情况提供便利。

县级以上地方人民政府应当充分利用现有政务信息网络资源，建立或者确定本行政区域的信访信息系统，并与上级人民政府、政府有关部门、下级人民政府的信访信息系统实现互联互通。

第十二条 县级以上各级人民政府的信访工作机构或者有关工作部门应当及时将信访人的投诉请求输入信访信息系统，信访人可以持行政机关出具的投诉请求受理凭证到当地人民政府的信访工作机构或者有关工作部门的接待场所查询其所提出的投诉请求的办理情况。具体实施办法和步骤由省、自治区、直辖市人民政府规定。

第十三条 设区的市、县两级人民政府可以根据信访工作的实际需要，建立政府主导、社会参与、有利于迅速解决纠纷的工作机制。

信访工作机构应当组织相关社会团体、法律援助机构、相关专业人员、社会志愿者等共同参与，运用咨询、教育、协商、调解、听证等方法，依法、及时、合理处理信访人的投诉请求。

第三章 信访事项的提出

第十四条 信访人对下列组织、人员的职务行为反映情况，提出建议、意见，或者不服下列组织、人员的职务行为，可以向有关行政机关提出信访事项：

（一）行政机关及其工作人员；
（二）法律、法规授权的具有管理公共事务职能的组织及其工作人员；
（三）提供公共服务的企业、事业单位及其工作人员；
（四）社会团体或者其他企业、事业单位中由国家行政机关任命、派出的人员；
（五）村民委员会、居民委员会及其成员。

对依法应当通过诉讼、仲裁、行政复议等法定途径解决的投诉请求，信访人应当依照有关法律、行政法规规定的程序向有关机关提出。

第十五条 信访人对各级人民代表大会以及县级以上各级人民代表大会常务委员会、人民法院、人民检察院职权范围内的信访事项，应当分别向有关的人民代表大会及其常务委员会、人民法院、人民检察院提出，并遵守本条例第十六条、第十七条、第十八条、第十九条、第二十条的规定。

第十六条 信访人采用走访形式提出信访事项，应当向依法有权处理的本级或者上一级机关提出；信访事项已经受理或者正在办理的，信访人在规定期限内向受理、办理机关的上级机关再提出同一信访事项的，该上级机关不予受理。

第十七条 信访人提出信访事项，一般应当采用书信、电子邮件、传真等书面形式；信访人提出投诉请求的，还应当载明信访人的姓名（名称）、住址和请求、事实、理由。

有关机关对采用口头形式提出的投诉请求，应当记录信访人的姓名（名称）、住址和请求、事实、理由。

第十八条 信访人采用走访形式提出信访事项的，应当到有关机关设立或者指定的接待场所提出。

多人采用走访形式提出共同的信访事项的，应当推选代表，代表人数不得超过5人。

第十九条 信访人提出信访事项，应当客观真实，对其所提供材料内容的真实性负责，不得捏造、歪曲事实，不得诬告、陷害他人。

第二十条 信访人在信访过程中应当遵守法律、法规，不得损害国家、社会、集体的利益和其他公民的合法权利，自觉维护社会公共秩序和信访秩序，不得有下列行为：

（一）在国家机关办公场所周围、公共场所非法聚集，围堵、冲击国家机关，拦截公务车辆，或者堵塞、阻断交通的；
（二）携带危险物品、管制器具的；
（三）侮辱、殴打、威胁国家机关工作人员，或者非法限制他人人身自由的；
（四）在信访接待场所滞留、滋事，或者将生活不能自理的人弃留在信访接待场所的；

（五）煽动、串联、胁迫、以财物诱使、幕后操纵他人信访或者以信访为名借机敛财的；

（六）扰乱公共秩序、妨害国家和公共安全的其他行为。

第四章 信访事项的受理

第二十一条 县级以上人民政府信访工作机构收到信访事项，应当予以登记，并区分情况，在15日内分别按下列方式处理：

（一）对本条例第十五条规定的信访事项，应当告知信访人分别向有关的人民代表大会及其常务委员会、人民法院、人民检察院提出。对已经或者依法应当通过诉讼、仲裁、行政复议等法定途径解决的，不予受理，但应当告知信访人依照有关法律、行政法规规定程序向有关机关提出。

（二）对依照法定职责属于本级人民政府或者其工作部门处理决定的信访事项，应当转送有权处理的行政机关；情况重大、紧急的，应当及时提出建议，报请本级人民政府决定。

（三）信访事项涉及下级行政机关或者其工作人员的，按照"属地管理、分级负责，谁主管、谁负责"的原则，直接转送有权处理的行政机关，并抄送下一级人民政府信访工作机构。

县级以上人民政府信访工作机构要定期向下一级人民政府信访工作机构通报转送情况，下级人民政府信访工作机构要定期向上一级人民政府信访工作机构报告转送信访事项的办理情况。

（四）对转送信访事项中的重要情况需要反馈办理结果的，可以直接交由有权处理的行政机关办理，要求其在指定办理期限内反馈结果，提交办结报告。

按照前款第（二）项至第（四）项规定，有关行政机关应当自收到转送、交办的信访事项之日起15日内决定是否受理并书面告知信访人，并按要求通报信访工作机构。

第二十二条 信访人按照本条例规定直接向各级人民政府信访工作机构以外的行政机关提出的信访事项，有关行政机关应当予以登记；对符合本条例第十四条第一款规定并属于本机关法定职权范围的信访事项，应当受理，不得推诿、敷衍、拖延；对不属于本机关职权范围的信访事项，应当告知信访人向有权的机关提出。

有关行政机关收到信访事项后，能够当场答复是否受理的，应当当场书面答复；不能当场答复的，应当自收到信访事项之日起15日内书面告知信访人。但是，信访人的姓名（名称）、住址不清的除外。

有关行政机关应当相互通报信访事项的受理情况。

第二十三条 行政机关及其工作人员不得将信访人的检举、揭发材料及有关情况透露或者转给被检举、揭发的人员或者单位。

第二十四条 涉及两个或者两个以上行政机关的信访事项，由所涉及的行政机关协商受理；受理有争议的，由其共同的上一级行政机关决定受理机关。

第二十五条 应当对信访事项作出处理的行政机关分立、合并、撤销的，由继续行使其职权的行政机关受理；职责不清的，由本级人民政府或者其指定的机关受理。

第二十六条 公民、法人或者其他组织发现可能造成社会影响的重大、紧急信访事项和信访信息时，可以就近向有关行政机关报告。地方各级人民政府接到报告后，应当立即报告上一级人民政府；必要时，通报有关主管部门。县级以上地方人民政府有关部门接到报告后，应当立即报告本级人民政府和上一级主管部门；必要时，通报有关主管部门。国务院有关部门接到报告后，应当立即报告国务院；必要时，通报有关主管部门。

行政机关对重大、紧急信访事项和信访信息不得隐瞒、谎报、缓报，或者授意他人隐瞒、谎报、缓报。

第二十七条 对于可能造成社会影响的重大、紧急信访事项和信访信息，有关行政机关应当在职责范围内依法及时采取措施，防止不良影响的产生、扩大。

第五章 信访事项的办理和督办

第二十八条 行政机关及其工作人员办理信访事项，应当恪尽职守、秉公办事，查明事实、分清责任，宣传法制、教育疏导，及时妥善处理，不得推诿、敷衍、拖延。

第二十九条 信访人反映的情况，提出的建议、意见，有利于行政机关改进工作、促进国民经济和社会发展的，有关行政机关应当认真研究论证并积极采纳。

第三十条 行政机关工作人员与信访事项或者信访人有直接利害关系的，应当回避。

第三十一条 对信访事项有权处理的行政机关办理信访事项，应当听取信访人陈述事实和理由；必要时可以要求信访人、有关组织和人员说明情况；需要进一步核实有关情况的，可以向其他组织和人员调查。

对重大、复杂、疑难的信访事项，可以举行听证。听证应当公开举行，通过质询、辩论、评议、合议等方式，查明事实，分清责任。听证范围、主持人、参加人、程序等由省、自治区、直辖市人民政府规定。

第三十二条 对信访事项有权处理的行政机关经调查核实，应当依照有关法律、法规、规章及其他有关规定，分别作出以下处理，并书面答复信访人：

（一）请求事实清楚，符合法律、法规、规章或者其他有关规定的，予以支持；

（二）请求事由合理但缺乏法律依据的，应当对信访人做好解释工作；

（三）请求缺乏事实根据或者不符合法律、法规、规章或者其他有关规定的，不予支持。

有权处理的行政机关依照前款第（一）项规定作出支持信访请求意见的，应当督促有关机关或者单位执行。

第三十三条 信访事项应当自受理之日起60日内办结；情况复杂的，经本行政机关负责人批准，可以适当延长办理期限，但延长期限不得超过30日，并告知信访人延期理由。法律、行政法规另有规定的，从其规定。

第三十四条 信访人对行政机关作出的信访事项处理意见不服的，可以自收到书面答复之日起30日内请求原办理行政机关的上一级行政机关复查。收到复查请求的行政机关应当自收到复查请求之日起30日内提出复查意见，并予以书面答复。

第三十五条 信访人对复查意见不服的，可以自收到书面答复之日起30日内向复查机关的上一级行政机关请求复核。收到复核请求的行政机关应当自收到复核请求之日起

30日内提出复核意见。

复核机关可以按照本条例第三十一条第二款的规定举行听证，经过听证的复核意见可以依法向社会公示。听证所需时间不计算在前款规定的期限内。

信访人对复核意见不服，仍然以同一事实和理由提出投诉请求的，各级人民政府信访工作机构和其他行政机关不再受理。

第三十六条　县级以上人民政府信访工作机构发现有关行政机关有下列情形之一的，应当及时督办，并提出改进建议：

（一）无正当理由未按规定的办理期限办结信访事项的；

（二）未按规定反馈信访事项办理结果的；

（三）未按规定程序办理信访事项的；

（四）办理信访事项推诿、敷衍、拖延的；

（五）不执行信访处理意见的；

（六）其他需要督办的情形。

收到改进建议的行政机关应当在30日内书面反馈情况；未采纳改进建议的，应当说明理由。

第三十七条　县级以上人民政府信访工作机构对于信访人反映的有关政策性问题，应当及时向本级人民政府报告，并提出完善政策、解决问题的建议。

第三十八条　县级以上人民政府信访工作机构对在信访工作中推诿、敷衍、拖延、弄虚作假造成严重后果的行政机关工作人员，可以向有关行政机关提出给予行政处分的建议。

第三十九条　县级以上人民政府信访工作机构应当就以下事项向本级人民政府定期提交信访情况分析报告：

（一）受理信访事项的数据统计、信访事项涉及领域以及被投诉较多的机关；

（二）转送、督办情况以及各部门采纳改进建议的情况；

（三）提出的政策性建议及其被采纳情况。

第六章　法　律　责　任

第四十条　因下列情形之一导致信访事项发生，造成严重后果的，对直接负责的主管人员和其他直接责任人员，依照有关法律、行政法规的规定给予行政处分；构成犯罪的，依法追究刑事责任：

（一）超越或者滥用职权，侵害信访人合法权益的；

（二）行政机关应当作为而不作为，侵害信访人合法权益的；

（三）适用法律、法规错误或者违反法定程序，侵害信访人合法权益的；

（四）拒不执行有权处理的行政机关作出的支持信访请求意见的。

第四十一条　县级以上人民政府信访工作机构对收到的信访事项应当登记、转送、交办而未按规定登记、转送、交办，或者应当履行督办职责而未履行的，由其上级行政机关责令改正；造成严重后果的，对直接负责的主管人员和其他直接责任人员依法给予行政处分。

第四十二条 负有受理信访事项职责的行政机关在受理信访事项过程中违反本条例的规定,有下列情形之一的,由其上级行政机关责令改正;造成严重后果的,对直接负责的主管人员和其他直接责任人员依法给予行政处分:

(一)对收到的信访事项不按规定登记的;

(二)对属于其法定职权范围的信访事项不予受理的;

(三)行政机关未在规定期限内书面告知信访人是否受理信访事项的。

第四十三条 对信访事项有权处理的行政机关在办理信访事项过程中,有下列行为之一的,由其上级行政机关责令改正;造成严重后果的,对直接负责的主管人员和其他直接责任人员依法给予行政处分:

(一)推诿、敷衍、拖延信访事项办理或者未在法定期限内办结信访事项的;

(二)对事实清楚,符合法律、法规、规章或者其他有关规定的投诉请求未予支持的。

第四十四条 行政机关工作人员违反本条例规定,将信访人的检举、揭发材料或者有关情况透露、转给被检举、揭发的人员或者单位的,依法给予行政处分。

行政机关工作人员在处理信访事项过程中,作风粗暴,激化矛盾并造成严重后果的,依法给予行政处分。

第四十五条 行政机关及其工作人员违反本条例第二十六条规定,对可能造成社会影响的重大、紧急信访事项和信访信息,隐瞒、谎报、缓报,或者授意他人隐瞒、谎报、缓报,造成严重后果的,对直接负责的主管人员和其他直接责任人员依法给予行政处分;构成犯罪的,依法追究刑事责任。

第四十六条 打击报复信访人,构成犯罪的,依法追究刑事责任;尚不构成犯罪的,依法给予行政处分或者纪律处分。

第四十七条 违反本条例第十八条、第二十条规定的,有关国家机关工作人员应当对信访人进行劝阻、批评或者教育。

经劝阻、批评和教育无效的,由公安机关予以警告、训诫或者制止;违反集会游行示威的法律、行政法规,或者构成违反治安管理行为的,由公安机关依法采取必要的现场处置措施、给予治安管理处罚;构成犯罪的,依法追究刑事责任。

第四十八条 信访人捏造歪曲事实、诬告陷害他人,构成犯罪的,依法追究刑事责任;尚不构成犯罪的,由公安机关依法给予治安管理处罚。

第七章　附　　则

第四十九条 社会团体、企业事业单位的信访工作参照本条例执行。

第五十条 对外国人、无国籍人、外国组织信访事项的处理,参照本条例执行。

第五十一条 本条例自 2005 年 5 月 1 日起施行。1995 年 10 月 28 日国务院发布的《信访条例》同时废止。

中华人民共和国行政复议法实施条例

(2007年5月23日国务院第177次常务会议通过
2007年5月29日中华人民共和国国务院第499号令公布)

第一章 总 则

第一条 为了进一步发挥行政复议制度在解决行政争议、建设法治政府、构建社会主义和谐社会中的作用,根据《中华人民共和国行政复议法》(以下简称行政复议法),制定本条例。

第二条 各级行政复议机关应当认真履行行政复议职责,领导并支持本机关负责法制工作的机构(以下简称行政复议机构)依法办理行政复议事项,并依照有关规定配备、充实、调剂专职行政复议人员,保证行政复议机构的办案能力与工作任务相适应。

第三条 行政复议机构除应当依照行政复议法第三条的规定履行职责外,还应当履行下列职责:

(一)依照行政复议法第十八条的规定转送有关行政复议申请;

(二)办理行政复议法第二十九条规定的行政赔偿等事项;

(三)按照职责权限,督促行政复议申请的受理和行政复议决定的履行;

(四)办理行政复议、行政应诉案件统计和重大行政复议决定备案事项;

(五)办理或者组织办理未经行政复议直接提起行政诉讼的行政应诉事项;

(六)研究行政复议工作中发现的问题,及时向有关机关提出改进建议,重大问题及时向行政复议机关报告。

第四条 专职行政复议人员应当具备与履行行政复议职责相适应的品行、专业知识和业务能力,并取得相应资格。具体办法由国务院法制机构会同国务院有关部门规定。

第二章 行政复议申请

第一节 申 请 人

第五条 依照行政复议法和本条例的规定申请行政复议的公民、法人或者其他组织为申请人。

第六条 合伙企业申请行政复议的,应当以核准登记的企业为申请人,由执行合伙事务的合伙人代表该企业参加行政复议;其他合伙组织申请行政复议的,由合伙人共同申请行政复议。

前款规定以外的不具备法人资格的其他组织申请行政复议的,由该组织的主要负责人代表该组织参加行政复议；没有主要负责人的，由共同推选的其他成员代表该组织参加行政复议。

第七条 股份制企业的股东大会、股东代表大会、董事会认为行政机关作出的具体行政行为侵犯企业合法权益的，可以以企业的名义申请行政复议。

第八条 同一行政复议案件申请人超过5人的，推选1至5名代表参加行政复议。

第九条 行政复议期间，行政复议机构认为申请人以外的公民、法人或者其他组织与被审查的具体行政行为有利害关系的，可以通知其作为第三人参加行政复议。

行政复议期间，申请人以外的公民、法人或者其他组织与被审查的具体行政行为有利害关系的，可以向行政复议机构申请作为第三人参加行政复议。

第三人不参加行政复议，不影响行政复议案件的审理。

第十条 申请人、第三人可以委托1至2名代理人参加行政复议。申请人、第三人委托代理人的，应当向行政复议机构提交授权委托书。授权委托书应当载明委托事项、权限和期限。公民在特殊情况下无法书面委托的，可以口头委托。口头委托的，行政复议机构应当核实并记录在卷。申请人、第三人解除或者变更委托的，应当书面报告行政复议机构。

第二节 被申请人

第十一条 公民、法人或者其他组织对行政机关的具体行政行为不服，依照行政复议法和本条例的规定申请行政复议的，作出该具体行政行为的行政机关为被申请人。

第十二条 行政机关与法律、法规授权的组织以共同的名义作出具体行政行为的，行政机关和法律、法规授权的组织为共同被申请人。

行政机关与其他组织以共同名义作出具体行政行为的，行政机关为被申请人。

第十三条 下级行政机关依照法律、法规、规章规定，经上级行政机关批准作出具体行政行为的，批准机关为被申请人。

第十四条 行政机关设立的派出机构、内设机构或者其他组织，未经法律、法规授权，对外以自己名义作出具体行政行为的，该行政机关为被申请人。

第三节 行政复议申请期限

第十五条 行政复议法第九条第一款规定的行政复议申请期限的计算，依照下列规定办理：

（一）当场作出具体行政行为的，自具体行政行为作出之日起计算；

（二）载明具体行政行为的法律文书直接送达的，自受送达人签收之日起计算；

（三）载明具体行政行为的法律文书邮寄送达的，自受送达人在邮件签收单上签收之日起计算；没有邮件签收单的，自受送达人在送达回执上签名之日起计算；

（四）具体行政行为依法通过公告形式告知受送达人的，自公告规定的期限届满之日起计算；

（五）行政机关作出具体行政行为时未告知公民、法人或者其他组织，事后补充告知的，自该公民、法人或者其他组织收到行政机关补充告知的通知之日起计算；

（六）被申请人能够证明公民、法人或者其他组织知道具体行政行为的，自证据材料证明其知道具体行政行为之日起计算。

行政机关作出具体行政行为，依法应当向有关公民、法人或者其他组织送达法律文书而未送达的，视为该公民、法人或者其他组织不知道该具体行政行为。

第十六条 公民、法人或者其他组织依照行政复议法第六条第（八）项、第（九）项、第（十）项的规定申请行政机关履行法定职责，行政机关未履行的，行政复议申请期限依照下列规定计算：

（一）有履行期限规定的，自履行期限届满之日起计算；

（二）没有履行期限规定的，自行政机关收到申请满60日起计算。

公民、法人或者其他组织在紧急情况下请求行政机关履行保护人身权、财产权的法定职责，行政机关不履行的，行政复议申请期限不受前款规定的限制。

第十七条 行政机关作出的具体行政行为对公民、法人或者其他组织的权利、义务可能产生不利影响的，应当告知其申请行政复议的权利、行政复议机关和行政复议申请期限。

第四节 行政复议申请的提出

第十八条 申请人书面申请行政复议的，可以采取当面递交、邮寄或者传真等方式提出行政复议申请。

有条件的行政复议机构可以接受以电子邮件形式提出的行政复议申请。

第十九条 申请人书面申请行政复议的，应当在行政复议申请书中载明下列事项：

（一）申请人的基本情况，包括：公民的姓名、性别、年龄、身份证号码、工作单位、住所、邮政编码；法人或者其他组织的名称、住所、邮政编码和法定代表人或者主要负责人的姓名、职务；

（二）被申请人的名称；

（三）行政复议请求、申请行政复议的主要事实和理由；

（四）申请人的签名或者盖章；

（五）申请行政复议的日期。

第二十条 申请人口头申请行政复议的，行政复议机构应当依照本条例第十九条规定的事项，当场制作行政复议申请笔录交申请人核对或者向申请人宣读，并由申请人签字确认。

第二十一条 有下列情形之一的，申请人应当提供证明材料：

（一）认为被申请人不履行法定职责的，提供曾经要求被申请人履行法定职责而被申请人未履行的证明材料；

（二）申请行政复议时一并提出行政赔偿请求的，提供受具体行政行为侵害而造成损害的证明材料；

（三）法律、法规规定需要申请人提供证据材料的其他情形。

第二十二条 申请人提出行政复议申请时错列被申请人的，行政复议机构应当告知申请人变更被申请人。

第二十三条 申请人对两个以上国务院部门共同作出的具体行政行为不服的，依照行政复议法第十四条的规定，可以向其任何一个国务院部门提出行政复议申请，由作出具体行政行为的国务院部门共同作出行政复议决定。

第二十四条 申请人对经国务院批准实行省以下垂直领导的部门作出的具体行政行为

不服的，可以选择向该部门的本级人民政府或者上一级主管部门申请行政复议；省、自治区、直辖市另有规定的，依照省、自治区、直辖市的规定办理。

第二十五条 申请人依照行政复议法第三十条第二款的规定申请行政复议的，应当向省、自治区、直辖市人民政府提出行政复议申请。

第二十六条 依照行政复议法第七条的规定，申请人认为具体行政行为所依据的规定不合法的，可以在对具体行政行为申请行政复议的同时一并提出对该规定的审查申请；申请人在对具体行政行为提出行政复议申请时尚不知道该具体行政行为所依据的规定的，可以在行政复议机关作出行政复议决定前向行政复议机关提出对该规定的审查申请。

第三章 行政复议受理

第二十七条 公民、法人或者其他组织认为行政机关的具体行政行为侵犯其合法权益提出行政复议申请，除不符合行政复议法和本条例规定的申请条件的，行政复议机关必须受理。

第二十八条 行政复议申请符合下列规定的，应当予以受理：

（一）有明确的申请人和符合规定的被申请人；
（二）申请人与具体行政行为有利害关系；
（三）有具体的行政复议请求和理由；
（四）在法定申请期限内提出；
（五）属于行政复议法规定的行政复议范围；
（六）属于收到行政复议申请的行政复议机构的职责范围；
（七）其他行政复议机关尚未受理同一行政复议申请，人民法院尚未受理同一主体就同一事实提起的行政诉讼。

第二十九条 行政复议申请材料不齐全或者表述不清楚的，行政复议机构可以自收到该行政复议申请之日起5日内书面通知申请人补正。补正通知应当载明需要补正的事项和合理的补正期限。无正当理由逾期不补正的，视为申请人放弃行政复议申请。补正申请材料所用时间不计入行政复议审理期限。

第三十条 申请人就同一事项向两个或者两个以上有权受理的行政机关申请行政复议的，由最先收到行政复议申请的行政机关受理；同时收到行政复议申请的，由收到行政复议申请的行政机关在10日内协商确定；协商不成的，由其共同上一级行政机关在10日内指定受理机关。协商确定或者指定受理机关所用时间不计入行政复议审理期限。

第三十一条 依照行政复议法第二十条的规定，上级行政机关认为行政复议机关不予受理行政复议申请的理由不成立的，可以先行督促其受理；经督促仍不受理的，应当责令其限期受理，必要时也可以直接受理；认为行政复议申请不符合法定受理条件的，应当告知申请人。

第四章 行政复议决定

第三十二条 行政复议机构审理行政复议案件，应当由2名以上行政复议人员参加。

第三十三条　行政复议机构认为必要时，可以实地调查核实证据；对重大、复杂的案件，申请人提出要求或者行政复议机构认为必要时，可以采取听证的方式审理。

第三十四条　行政复议人员向有关组织和人员调查取证时，可以查阅、复制、调取有关文件和资料，向有关人员进行询问。

调查取证时，行政复议人员不得少于2人，并应当向当事人或者有关人员出示证件。被调查单位和人员应当配合行政复议人员的工作，不得拒绝或者阻挠。

需要现场勘验的，现场勘验所用时间不计入行政复议审理期限。

第三十五条　行政复议机关应当为申请人、第三人查阅有关材料提供必要条件。

第三十六条　依照行政复议法第十四条的规定申请原级行政复议的案件，由原承办具体行政行为有关事项的部门或者机构提出书面答复，并提交作出具体行政行为的证据、依据和其他有关材料。

第三十七条　行政复议期间涉及专门事项需要鉴定的，当事人可以自行委托鉴定机构进行鉴定，也可以申请行政复议机构委托鉴定机构进行鉴定。鉴定费用由当事人承担。鉴定所用时间不计入行政复议审理期限。

第三十八条　申请人在行政复议决定作出前自愿撤回行政复议申请的，经行政复议机构同意，可以撤回。

申请人撤回行政复议申请的，不得再以同一事实和理由提出行政复议申请。但是，申请人能够证明撤回行政复议申请违背其真实意思表示的除外。

第三十九条　行政复议期间被申请人改变原具体行政行为的，不影响行政复议案件的审理。但是，申请人依法撤回行政复议申请的除外。

第四十条　公民、法人或者其他组织对行政机关行使法律、法规规定的自由裁量权作出的具体行政行为不服申请行政复议，申请人与被申请人在行政复议决定作出前自愿达成和解的，应当向行政复议机构提交书面和解协议；和解内容不损害社会公共利益和他人合法权益的，行政复议机构应当准许。

第四十一条　行政复议期间有下列情形之一，影响行政复议案件审理的，行政复议中止：

（一）作为申请人的自然人死亡，其近亲属尚未确定是否参加行政复议的；

（二）作为申请人的自然人丧失参加行政复议的能力，尚未确定法定代理人参加行政复议的；

（三）作为申请人的法人或者其他组织终止，尚未确定权利义务承受人的；

（四）作为申请人的自然人下落不明或者被宣告失踪的；

（五）申请人、被申请人因不可抗力，不能参加行政复议的；

（六）案件涉及法律适用问题，需要有权机关作出解释或者确认的；

（七）案件审理需要以其他案件的审理结果为依据，而其他案件尚未审结的；

（八）其他需要中止行政复议的情形。

行政复议中止的原因消除后，应当及时恢复行政复议案件的审理。

行政复议机构中止、恢复行政复议案件的审理，应当告知有关当事人。

第四十二条　行政复议期间有下列情形之一的，行政复议终止：

（一）申请人要求撤回行政复议申请，行政复议机构准予撤回的；

（二）作为申请人的自然人死亡，没有近亲属或者其近亲属放弃行政复议权利的；

（三）作为申请人的法人或者其他组织终止，其权利义务的承受人放弃行政复议权利的；

（四）申请人与被申请人依照本条例第四十条的规定，经行政复议机构准许达成和解的；

（五）申请人对行政拘留或者限制人身自由的行政强制措施不服申请行政复议后，因申请人同一违法行为涉嫌犯罪，该行政拘留或者限制人身自由的行政强制措施变更为刑事拘留的。

依照本条例第四十一条第一款第（一）项、第（二）项、第（三）项规定中止行政复议，满60日行政复议中止的原因仍未消除的，行政复议终止。

第四十三条　依照行政复议法第二十八条第一款第（一）项规定，具体行政行为认定事实清楚，证据确凿，适用依据正确，程序合法，内容适当的，行政复议机关应当决定维持。

第四十四条　依照行政复议法第二十八条第一款第（二）项规定，被申请人不履行法定职责的，行政复议机关应当决定其在一定期限内履行法定职责。

第四十五条　具体行政行为有行政复议法第二十八条第一款第（三）项规定情形之一的，行政复议机关应当决定撤销、变更该具体行政行为或者确认该具体行政行为违法；决定撤销该具体行政行为或者确认该具体行政行为违法的，可以责令被申请人在一定期限内重新作出具体行政行为。

第四十六条　被申请人未依照行政复议法第二十三条的规定提出书面答复、提交当初作出具体行政行为的证据、依据和其他有关材料的，视为该具体行政行为没有证据、依据，行政复议机关应当决定撤销该具体行政行为。

第四十七条　具体行政行为有下列情形之一，行政复议机关可以决定变更：

（一）认定事实清楚，证据确凿，程序合法，但是明显不当或者适用依据错误的；

（二）认定事实不清，证据不足，但是经行政复议机关审理查明事实清楚，证据确凿的。

第四十八条　有下列情形之一的，行政复议机关应当决定驳回行政复议申请：

（一）申请人认为行政机关不履行法定职责申请行政复议，行政复议机关受理后发现该行政机关没有相应法定职责或者在受理前已经履行法定职责的；

（二）受理行政复议申请后，发现该行政复议申请不符合行政复议法和本条例规定的受理条件的。

上级行政机关认为行政复议机关驳回行政复议申请的理由不成立的，应当责令其恢复审理。

第四十九条　行政复议机关依照行政复议法第二十八条的规定责令被申请人重新作出具体行政行为的，被申请人应当在法律、法规、规章规定的期限内重新作出具体行政行为；法律、法规、规章未规定期限的，重新作出具体行政行为的期限为60日。

公民、法人或者其他组织对被申请人重新作出的具体行政行为不服，可以依法申请行政复议或者提起行政诉讼。

第五十条　有下列情形之一的，行政复议机关可以按照自愿、合法的原则进行调解：

（一）公民、法人或者其他组织对行政机关行使法律、法规规定的自由裁量权作出的具体行政行为不服申请行政复议的；

（二）当事人之间的行政赔偿或者行政补偿纠纷。

当事人经调解达成协议的，行政复议机关应当制作行政复议调解书。调解书应当载明行政复议请求、事实、理由和调解结果，并加盖行政复议机关印章。行政复议调解书经双方当事人签字，即具有法律效力。

调解未达成协议或者调解书生效前一方反悔的，行政复议机关应当及时作出行政复议决定。

第五十一条 行政复议机关在申请人的行政复议请求范围内，不得作出对申请人更为不利的行政复议决定。

第五十二条 第三人逾期不起诉又不履行行政复议决定的，依照行政复议法第三十三条的规定处理。

第五章　行政复议指导和监督

第五十三条 行政复议机关应当加强对行政复议工作的领导。

行政复议机构在本级行政复议机关的领导下，按照职责权限对行政复议工作进行督促、指导。

第五十四条 县级以上各级人民政府应当加强对所属工作部门和下级人民政府履行行政复议职责的监督。

行政复议机关应当加强对其行政复议机构履行行政复议职责的监督。

第五十五条 县级以上地方各级人民政府应当建立健全行政复议工作责任制，将行政复议工作纳入本级政府目标责任制。

第五十六条 县级以上地方各级人民政府应当按照职责权限，通过定期组织检查、抽查等方式，对所属工作部门和下级人民政府行政复议工作进行检查，并及时向有关方面反馈检查结果。

第五十七条 行政复议期间行政复议机关发现被申请人或者其他下级行政机关的相关行政行为违法或者需要做好善后工作的，可以制作行政复议意见书。有关机关应当自收到行政复议意见书之日起60日内将纠正相关行政违法行为或者做好善后工作的情况通报行政复议机构。

行政复议期间行政复议机构发现法律、法规、规章实施中带有普遍性的问题，可以制作行政复议建议书，向有关机关提出完善制度和改进行政执法的建议。

第五十八条 县级以上各级人民政府行政复议机构应当定期向本级人民政府提交行政复议工作状况分析报告。

第五十九条 下级行政复议机关应当及时将重大行政复议决定报上级行政复议机关备案。

第六十条 各级行政复议机构应当定期组织对行政复议人员进行业务培训，提高行政复议人员的专业素质。

第六十一条 各级行政复议机关应当定期总结行政复议工作，对在行政复议工作中做出显著成绩的单位和个人，依照有关规定给予表彰和奖励。

第六章　法　律　责　任

第六十二条　被申请人在规定期限内未按照行政复议决定的要求重新作出具体行政行为，或者违反规定重新作出具体行政行为的，依照行政复议法第三十七条的规定追究法律责任。

第六十三条　拒绝或者阻挠行政复议人员调查取证、查阅、复制、调取有关文件和资料的，对有关责任人员依法给予处分或者治安处罚；构成犯罪的，依法追究刑事责任。

第六十四条　行政复议机关或者行政复议机构不履行行政复议法和本条例规定的行政复议职责，经有权监督的行政机关督促仍不改正的，对直接负责的主管人员和其他直接责任人员依法给予警告、记过、记大过的处分；造成严重后果的，依法给予降级、撤职、开除的处分。

第六十五条　行政机关及其工作人员违反行政复议法和本条例规定的，行政复议机构可以向人事、监察部门提出对有关责任人员的处分建议，也可以将有关人员违法的事实材料直接转送人事、监察部门处理；接受转送的人事、监察部门应当依法处理，并将处理结果通报转送的行政复议机构。

第七章　附　　则

第六十六条　本条例自2007年8月1日起施行。

三、中共中央和国务院文件

三、中共中央和国务院文件

中共中央、国务院关于促进农民增加收入若干政策的意见

(中发〔2004〕1号)

在党的十六大精神指引下，2003年各地区各部门按照中央的要求，加大了解决"三农"问题的力度，抵御住了突如其来非典疫情的严重冲击，克服了多种自然灾害频繁发生的严重影响，实现了农业结构稳步调整，农村经济稳步发展，农村改革稳步推进，农民收入稳步增加，农村社会继续保持稳定。

同时，应当清醒地看到，当前农业和农村发展中还存在着许多矛盾和问题，突出的是农民增收困难。全国农民人均纯收入连续多年增长缓慢，粮食主产区农民收入增长幅度低于全国平均水平，许多纯农户的收入持续徘徊甚至下降，城乡居民收入差距仍在不断扩大。农民收入长期上不去，不仅影响农民生活水平提高，而且影响粮食生产和农产品供给；不仅制约农村经济发展，而且制约整个国民经济增长；不仅关系农村社会进步，而且关系全面建设小康社会目标的实现；不仅是重大的经济问题，而且是重大的政治问题。全党必须从贯彻"三个代表"重要思想，实现好、维护好、发展好广大农民群众根本利益的高度，进一步增强做好农民增收工作的紧迫感和主动性。

现阶段农民增收困难，是农业和农村内外部环境发生深刻变化的现实反映，也是城乡二元结构长期积累的各种深层次矛盾的集中反映。在农产品市场约束日益增强、农民收入来源日趋多元化的背景下，促进农民增收必须有新思路，采取综合性措施，在发展战略、经济体制、政策措施和工作机制上有一个大的转变。

当前和今后一个时期做好农民增收工作的总体要求是：各级党委和政府要认真贯彻十六大和十六届三中全会精神，牢固树立科学发展观，按照统筹城乡经济社会发展的要求，坚持"多予、少取、放活"的方针，调整农业结构，扩大农民就业，加快科技进步，深化农村改革，增加农业投入，强化对农业支持保护，力争实现农民收入较快增长，尽快扭转城乡居民收入差距不断扩大的趋势。

一、集中力量支持粮食主产区发展粮食产业，促进种粮农民增加收入

（一）加强主产区粮食生产能力建设。当前种粮效益低、主产区农民增收困难的问题尤为突出，必须采取切实有力的措施，尽快加以解决。抓住了种粮农民的增收问题，就抓住了农民增收的重点；调动了农民的种粮积极性，就抓住了粮食生产的根本；保护和提高了主产区的粮食生产能力，就稳住了全国粮食的大局。从2004年起，国家将实施优质粮食产业工程，选择一部分有基础、有潜力的粮食大县和国有农场，集中力量建设一批国家优质专用粮食基地。要着力支持主产区特别是中部粮食产区重点建设旱涝保收、稳产高产基本农田。扩大沃土工程实施规模，不断提高耕地质量。加强大宗粮食作物良种繁育、病虫害防治工程建设，强化技术集成能力，优先支持主产区推广一批有重大影响的优良品种

和先进适用技术。围绕农田基本建设,加快中小型水利设施建设,扩大农田有效灌溉面积,提高排涝和抗旱能力。提高农业机械化水平,对农民个人、农场职工、农机专业户和直接从事农业生产的农机服务组织购置和更新大型农机具给予一定补贴。

(二)支持主产区进行粮食转化和加工。主产区要立足粮食优势促进农民增加收入、发展区域经济,并按照市场需求,把粮食产业做大做强。充分利用主产区丰富的饲料资源,积极发展农区畜牧业,通过小额贷款、贴息补助、提供保险服务等形式,支持农民和企业购买优良畜禽、繁育良种,通过发展养殖业带动粮食增值。按照国家产业政策要求,引导农产品加工业合理布局,扶持主产区发展以粮食为主要原料的农产品加工业,重点是发展精深加工。国家通过技改贷款贴息、投资参股、税收政策等措施,支持主产区建立和改造一批大型农产品加工、种子营销和农业科技型企业。

(三)增加对粮食主产区的投入。现有农业固定资产投资、农业综合开发资金、土地复垦基金等要相对集中使用,向主产区倾斜。继续增加农业综合开发资金,新增部分主要用于主产区。为切实支持粮食主产区振兴经济、促进农民增收,要开辟新的资金来源渠道。从2004年起,确定一定比例的国有土地出让金,用于支持农业土地开发,建设高标准基本农田,提高粮食综合生产能力。主销区和产销平衡区也要加强粮食生产能力建设。进一步密切产销区的关系。粮食销区的经营主体到产区建立粮食生产基地、仓储设施和加工企业,应享受国家对主产区的有关扶持政策。产区粮食企业到销区建立仓储、加工等设施,开拓粮食市场,销区政府应予以支持并实行必要的优惠政策。

二、继续推进农业结构调整,挖掘农业内部增收潜力

(四)全面提高农产品质量安全水平。近几年,农业结构调整迈出较大步伐,方向正确,成效明显,要坚定不移地继续推进。要在保护和提高粮食综合生产能力的前提下,按照高产、优质、高效、生态、安全的要求,走精细化、集约化、产业化的道路,向农业发展的广度和深度进军,不断开拓农业增效增收的空间。要加快实施优势农产品区域布局规划,充分发挥各地的比较优势,继续调整农业区域布局。农产品市场和加工布局、技术推广和质量安全检验等服务体系的建设,都要着眼和有利于促进优势产业带的形成。2004年要增加资金规模,在小麦、大豆等粮食优势产区扩大良种补贴范围。进一步加强农业标准化工作,深入开展农业标准化示范区建设。要进一步完善农产品的检验检测、安全监测及质量认证体系,推行农产品原产地标记制度,开展农业投入品强制性产品认证试点,扩大无公害食品、绿色食品、有机食品等优质农产品的生产和供应。加强动物防疫体系建设,实施重点区域动物疫病应急防治工程,鼓励乡村建立畜禽养殖小区,2004年要启动兽医管理体制改革试点。加快实行法定检验和商业检验分开的制度,对法定检验要减少项目并给予财政补贴,对商业检验要控制收费标准并加强监管。

(五)加快发展农业产业化经营。各级财政要安排支持农业产业化发展的专项资金,较大幅度地增加对龙头企业的投入。对符合条件的龙头企业的技改贷款,可给予财政贴息。对龙头企业为农户提供培训、营销服务,以及研发引进新品种新技术、开展基地建设和污染治理等,可给予财政补助。创造条件,完善农产品加工的增值税政策。对新办的中小型农副产品加工企业,要加强创业扶持和服务。不管哪种所有制和经营形式的龙头企业,只要能带动农户,与农民建立起合理的利益联结机制,给农民带来实惠,都要在财政、税收、金融等方面一视同仁地给予支持。

（六）加强农业科研和技术推广。要围绕增强我国农业科技的创新能力、储备能力和转化能力，改革农业科技体制，较大幅度地增加预算内农业科研投入。继续安排引进国外先进农业科技成果的资金。增加农业科技成果转化资金。支持已有科研成果的中试和大面积示范推广。引导和推动企业成为农业技术创新主体，允许各类农业企业和民营农业科技组织申请使用国家有关农业科技的研发、引进和推广等资金。深化农业科技推广体制改革，加快形成国家推广机构和其他所有制推广组织共同发展、优势互补的农业技术推广体系。积极发挥农业科技示范场、科技园区、龙头企业和农民专业合作组织在农业科技推广中的作用。建立与农业产业带相适应的跨区域、专业性的新型农业科技推广服务组织。支持农业大中专院校参与农业技术的研究、推广。

三、发展农村二、三产业，拓宽农民增收渠道

（七）推进乡镇企业改革和调整。发展乡镇企业是充分利用农村各种资源和生产要素，全面发展农村经济、拓展农村内部就业空间的重要途径。要适应市场需求变化、产业结构升级和增长方式转变的要求，调整乡镇企业发展战略和发展模式，加快技术进步，加快体制和机制创新，重点发展农产品加工业、服务业和劳动密集型企业。加大对规模以上乡镇企业技术改造的支持力度，促进产品更新换代和产业优化升级。引导农村集体企业改制成股份制和股份合作制等混合所有制企业，鼓励有条件的乡镇企业建立现代企业制度。农村中小企业对增加农民就业作用明显，只要符合安全生产标准和环境保护要求，有利于资源的合理利用，都应当允许其存在和发展。有关部门要根据乡镇企业发展的新形势新情况，加强调查研究，尽快制定促进乡镇企业改革和发展的指导性意见。

（八）大力发展农村个体私营等非公有制经济。法律法规未禁入的基础设施、公用事业及其他行业和领域，农村个体工商户和私营企业都可以进入。要在税收、投融资、资源使用、人才政策等方面，对农村个体工商户和私营企业给予支持。对合法经营的农村流动性小商小贩，除国家另有规定外，免于工商登记和收取有关税费。

（九）繁荣小城镇经济。小城镇建设要同壮大县域经济、发展乡镇企业、推进农业产业化经营、移民搬迁结合起来，引导更多的农民进入小城镇，逐步形成产业发展、人口聚集、市场扩大的良性互动机制，增强小城镇吸纳农村人口、带动农村发展的能力。国家固定资产投资要继续支持小城镇建设，引导金融机构按市场经济规律支持小城镇发展。重点渔区渔港、林区和垦区场部建设要与小城镇发展结合起来。有条件的地方，要加快推进村庄建设与环境整治。

四、改善农民进城就业环境，增加外出务工收入

（十）保障进城就业农民的合法权益。进一步清理和取消针对农民进城就业的歧视性规定和不合理收费，简化农民跨地区就业和进城务工的各种手续，防止变换手法向进城就业农民及用工单位乱收费。进城就业的农民工已经成为产业工人的重要组成部分，为城市创造了财富、提供了税收。城市政府要切实把对进城农民工的职业培训、子女教育、劳动保障及其他服务和管理经费，纳入正常的财政预算，已经落实的要完善政策，没有落实的要加快落实。对及时兑现进城就业农民工资、改善劳动条件、解决子女入学等问题，国家已有明确政策，各地区和有关部门要采取更得力的措施，明确牵头部门，落实管理责任，加强督促检查。健全有关法律法规，依法保障进城就业农民的各项权益。推进大中城市户籍制度改革，放宽农民进城就业和定居的条件。

（十一）加强对农村劳动力的职业技能培训。这是提高农民就业能力、增强我国产业竞争力的一项重要的基础性工作，各地区和有关部门要作为一件大事抓紧抓好。要根据市场和企业的需求，按照不同行业、不同工种对从业人员基本技能的要求，安排培训内容，实行定向培训，提高培训的针对性和适用性。要调动社会各方面参与农民职业技能培训的积极性，鼓励各类教育培训机构、用人单位开展对农民的职业技能培训。各级财政都要安排专门用于农民职业技能培训的资金。为提高培训资金的使用效率和培训效果，应由农民自主选择培训机构、培训内容和培训时间，政府对接受培训的农民给予一定的补贴和资助。要防止和纠正各种强制农民参加有偿培训和职业资格鉴定的错误做法。

五、发挥市场机制作用，搞活农产品流通

（十二）培育农产品营销主体。鼓励发展各类农产品专业合作组织、购销大户和农民经纪人。积极推进有关农民专业合作组织的立法工作。从2004年起，中央和地方要安排专门资金，支持农民专业合作组织开展信息、技术、培训、质量标准与认证、市场营销等服务。有关金融机构支持农民专业合作组织建设标准化生产基地、兴办仓储设施和加工企业、购置农产品运销设备，财政可适当给予贴息。深化供销社改革，发挥其带动农民进入市场的作用。加快发展农产品连锁、超市、配送经营，鼓励有条件的地方将城市农贸市场改建成超市，支持农业龙头企业到城市开办农产品超市，逐步把网络延伸到城市社区。进一步加强产地和销地批发市场建设，创造条件发展现代物流业。加强农业生产资料市场管理，有关部门要保证货源充足、价格基本稳定，严厉打击制售假冒伪劣农资等坑农伤农行为。支持鲜活农产品运销，在全国建立高效率的绿色通道，各地要从实际出发进一步改善农产品的流通环境。

（十三）扩大优势农产品出口。要进一步完善促进我国优势农产品出口的政策措施。外贸发展基金要向促进农产品出口倾斜，主要用于支持企业研发新产品新技术、开拓国际市场、参与国际认证等，扶持出口生产基地。鼓励和引导农产品出口加工企业进入出口加工贸易区。抓紧启动园艺产品非疫区建设。完善农产品出口政策性信用保险制度。有关部门要密切跟踪监测和及时通报国内外市场供需、政策法规和疫病疫情、检验检疫标准等动态，为农产品出口企业提供信息服务。加强对外谈判交涉，签订我国与重点市场国家和地区的双边检验检疫和优惠贸易协定，为我国农产品出口创造有利环境。适应农产品国际贸易的新形势，加快建立健全禽肉、蔬菜、水果等重点出口农产品的行业和商品协会。

六、加强农村基础设施建设，为农民增收创造条件

（十四）继续增加财政对农业和农村发展的投入。加强农业基础建设、解决"三农"问题，必须进一步调整国民收入分配结构和财政支出结构。各级政府要依法安排并落实对农业和农村的预算支出，严格执行预算，建立健全财政支农资金的稳定增长机制。按照统一规划、明确分工、统筹安排的要求，整合现有各项支农投资，集中财力，突出重点，提高资金使用效率。积极运用税收、贴息、补助等多种经济杠杆，鼓励和引导各种社会资本投向农业和农村。各地区和有关部门要切实把发展农村社会事业作为工作重点，落实好新增教育、卫生、文化等事业经费主要用于农村的政策规定，今后每年要对执行情况进行专项检查。

（十五）进一步加强农业和农村基础设施建设。国家固定资产投资用于农业和农村的比例要保持稳定,并逐步提高。适当调整对农业和农村的投资结构,增加支持农业结构调整和农村中小型基础设施建设的投入。节水灌溉、人畜饮水、乡村道路、农村沼气、农村水电、草场围栏等"六小工程",对改善农民生产生活条件、带动农民就业、增加农民收入发挥着积极作用,要进一步增加投资规模,充实建设内容,扩大建设范围。各地要从实际出发,因地制宜地开展雨水集蓄、河渠整治、牧区水利、小流域治理、改水改厕和秸秆气化等各种小型设施建设。创新和完善农村基础设施建设的管理体制和运营机制。继续搞好生态建设,对天然林保护、退耕还林还草和湿地保护等生态工程,要统筹安排,因地制宜,巩固成果,注重实效。

七、深化农村改革,为农民增收减负提供体制保障

(十六)加快土地征用制度改革。各级政府要切实落实最严格的耕地保护制度,按照保障农民权益、控制征地规模的原则,严格遵守对非农占地的审批权限和审批程序,严格执行土地利用总体规划。要严格区分公益性用地和经营性用地,明确界定政府土地征用权和征用范围。完善土地征用程序和补偿机制,提高补偿标准,改进分配办法,妥善安置失地农民,并为他们提供社会保障。积极探索集体非农建设用地进入市场的途径和办法。

(十七)深化粮食流通体制改革。从2004年开始,国家将全面放开粮食收购和销售市场,实行购销多渠道经营。有关部门要抓紧清理和修改不利于粮食自由流通的政策法规。加快国有粮食购销企业改革步伐,转变企业经营机制,完善粮食现货和期货市场,严禁地区封锁,搞好产销区协作,优化储备布局,加强粮食市场管理和宏观调控。当前,粮食主产区要注意发挥国有及国有控股粮食购销企业的主渠道作用。为保护种粮农民利益,要建立对农民的直接补贴制度。2004年,国家从粮食风险基金中拿出部分资金,用于主产区种粮农民的直接补贴。其他地区也要对本省(区、市)粮食主产县(市)的种粮农民实行直接补贴。要本着调动农民种粮积极性的原则,制定便于操作和监督的实施办法,确保补贴资金真正落实到农民手中。

(十八)继续推进农村税费改革。要巩固和发展税费改革的成果,进一步减轻农民的税费负担,为最终实现城乡税制的统一创造条件。逐步降低农业税税率,2004年农业税税率总体上降低1个百分点,同时取消除烟叶外的农业特产税。降低税率后减少的地方财政收入,沿海发达地区原则上由自己消化,粮食主产区和中西部地区由中央财政通过转移支付解决。有条件的地方,可以进一步降低农业税税率或免征农业税。各地要严格按照减税比例调减到户,真正让农民得到实惠;确保各级转移支付资金专款专用,及时足额下拨到位。要据实核减合法征占耕地而减少的计税面积。要加快推进配套改革,继续加强农民负担监督管理,防止农民负担反弹,巩固农村税费改革成果。进一步精简乡镇机构和财政供养人员,积极稳妥地调整乡镇建制,有条件的可实行并村,提倡干部交叉任职。优化农村学校布局和教师队伍。进一步清理和规范涉农行政事业性收费。巩固治理利用职权发行报刊的成果。积极探索化解乡村债务的有效途径。尽快制定农业税的征管办法。

(十九)改革和创新农村金融体制。要从农村实际和农民需要出发,按照有利于增加农户和企业贷款,有利于改善农村金融服务的要求,加快改革和创新农村金融体制。建立金融机构对农村社区服务的机制,明确县域内各金融机构为"三农"服务的义务。扩大农村贷款利率浮动幅度。进一步完善邮政储蓄的有关政策，加大农村信用社改革的力度，缓解农村资金外流。农业银行等商业银行要创新金融产品和服务方式，拓宽信贷资金支农渠道。农业发展银行等政策性银行要调整职能，合理分工，扩大对农业、农村的服务范围。要总结农村信用社改革试点经验，创造条件，在全国逐步推开。继续扩大农户小额信用贷款和农户联保贷款。鼓励有条件的地方，在严格监管、有效防范金融风险的前提下，通过吸引社会资本和外资，积极兴办直接为"三农"服务的多种所有制的金融组织。有关部门要针对农户和农村中小企业的实际情况，研究提出多种担保办法，探索实行动产抵押、仓单质押、权益质押等担保形式。鼓励政府出资的各类信用担保机构积极拓展符合农村特点的担保业务，有条件的地方可设立农业担保机构，鼓励现有商业性担保机构开展农村担保业务。加快建立政策性农业保险制度，选择部分产品和部分地区率先试点，有条件的地方可对参加种养业保险的农户给予一定的保费补贴。

八、继续做好扶贫开发工作，解决农村贫困人口和受灾群众的生产生活困难

（二十）完善扶贫开发机制。各级党委和政府要进一步加大扶贫开发力度，强化扶贫工作责任制，提高扶贫成效。2004年国家继续增加扶贫资金投入。要在认真总结经验、切实摸清底数的基础上，对尚未解决温饱的贫困人口，进一步采取更有针对性的扶贫措施，切实做到扶贫到村到户。对丧失劳动能力的特困人口，要实行社会救济，适当提高救济标准。对缺乏基本生存条件地区的贫困人口，要积极稳妥地进行生态移民和易地扶贫。对低收入贫困人口，要着力帮助改善生产生活条件，发展特色产业，开辟增收渠道，减少和防止返贫。健全扶贫投入机制，加强资金管理，提高使用效益，所有扶贫资金的使用都要实行公示、公告和报账制度，严格监督和审计，确保资金及时足额到位，真正使贫困户受益。

（二十一）认真安排好灾区和困难农户的生产生活。2003年不少地方遭受了严重的自然灾害，一些农民生产生活遇到严重困难。各级党委和政府要切实负起责任，组织干部深入灾区和贫困地区，摸底排查，核实灾情，及时把救济款物发放到户，按规定减免有关税费，组织和引导灾区群众开展生产自救。有条件的地方要探索建立农民最低生活保障制度。落实好农垦企业参加企业职工基本养老保险的政策。

九、加强党对促进农民增收工作的领导，确保各项增收政策落到实处

（二十二）要把解决好农业、农村、农民问题作为全党工作的重中之重。全党同志特别是各级领导干部要始终重视农业的基础地位，始终重视严格保护耕地和保护、提高粮食综合生产能力，始终重视维护粮食主产区和种粮农民的利益，始终重视增加农民特别是种粮农民的收入。对"三农"问题，不仅分管领导要直接抓，而且党政一把手要亲自抓，地、县两级领导要把主要精力放在农业和农村工作上。要树立科学发展观和正确的政绩观，把增加农民收入作为事关全局的大事，放在更加突出的位置。要切实转变工作作风，深入基层，深入群众，落实各项增收措施，为农民增收出主意、想办法、办实事、多服务，力戒浮夸和做表面文章，把增加农民收入作为衡量工作成效的一个重要标准。要加强对农村基层干部的培训，增强宗旨意识和法制、政策观念，增进与农民群众的感情，提高他们带领农民增收致富的自觉性和本领。各行各业都要树立全局观念，为农民增收贡献力量，在全社会形成有利于农民增收的良好氛围。要激发广大农民群众艰苦创业的积极性，发扬自强不息的精神，通过辛勤劳动走上富裕之路。同时，要按照中央的部署和要求，加强农村基层组织建设、精神文明建设和民主法制建设，做好农村其他各项工作，为农民增收提供有力的组织保障、智力支持和安定的社会环境。

做好新阶段的农业和农村工作，努力增加农民收入，意义重大，任重道远。我们要紧密团结在以胡锦涛同志为总书记的党中央周围，高举邓小平理论伟大旗帜，认真实践"三个代表"重要思想，坚定信心，奋力开拓，扎实工作，为全面建设小康社会作出新的贡献。

中共中央、国务院关于进一步加强农村工作提高农业综合生产能力若干政策的意见

(中发〔2005〕1号)

党中央、国务院历来高度重视农业、农村和农民工作。2004年,在宏观调控中注重加强农业,实行一系列更直接、更有力的政策措施。各地区各部门认真贯彻落实中央决策,保护和调动了农民积极性,农村呈现出良好的发展局面。粮食生产出现重要转机,农民收入实现较快增长,农村改革迈出重大步伐,农村社会事业取得新的进展。这对促进国民经济发展和保持社会稳定发挥了至关重要的作用。但必须清醒地看到,农业依然是国民经济发展的薄弱环节,投入不足、基础脆弱的状况并没有改变,粮食增产、农民增收的长效机制并没有建立,制约农业和农村发展的深层次矛盾并没有消除,农村经济社会发展明显滞后的局面并没有根本改观,农村改革和发展仍然处在艰难的爬坡和攻坚阶段,保持农村发展好势头的任务非常艰巨。

2005年农业和农村工作的总体要求是:认真贯彻党的十六大和十六届三中、四中全会精神,全面落实科学发展观,坚持统筹城乡发展的方略,坚持"多予少取放活"的方针,稳定、完善和强化各项支农政策,切实加强农业综合生产能力建设,继续调整农业和农村经济结构,进一步深化农村改革,努力实现粮食稳定增产、农民持续增收,促进农村经济社会全面发展。

加强农业基础,繁荣农村经济,必须继续采取综合措施。当前和今后一个时期,要把加强农业基础设施建设,加快农业科技进步,提高农业综合生产能力,作为一项重大而紧迫的战略任务,切实抓紧抓好。这既是确保国家粮食安全的物质基础,又是促进农民增收的必要条件;既是解决当前农业发展突出矛盾的迫切需要,又是增强农业发展后劲的战略选择;既是推动农村经济发展的重大举措,又是实现农村社会进步的重要保障。抓住了这个重点,就抓住了农业发展的关键;把握了这个环节,就把握了农业现代化的根本;做好了这项工作,就为农村全面建设小康社会打下了坚实的基础。要进一步调动农民群众务农种粮的积极性和地方政府重农抓粮的积极性,以严格保护耕地为基础,以加强农田水利建设为重点,以推进科技进步为支撑,以健全服务体系为保障,力争经过几年的努力,使农业的物质技术条件明显改善,土地产出率和劳动生产率明显提高,农业综合效益和竞争力明显增强。

一、稳定、完善和强化扶持农业发展的政策,进一步调动农民的积极性

(一)继续加大"两减免、三补贴"等政策实施力度。减免农业税、取消除烟叶以外的农业特产税,对种粮农民实行直接补贴,对部分地区农民实行良种补贴和农机具购置补贴,是党中央、国务院为加强农业和粮食生产采取的重大措施,对调动农民种粮积极性、

保护和提高粮食生产能力意义重大。这些行之有效的政策不能改变，给农民的实惠不能减少，支农的力度要不断加大。进一步扩大农业税免征范围，加大农业税减征力度。2005年，在国家扶贫开发工作重点县实行免征农业税试点，在其他地区进一步降低农业税税率。在牧区开展取消牧业税试点。国有农垦企业执行与所在地同等的农业税减免政策。因减免农（牧）业税而减少的地方财政收入，由中央财政安排专项转移支付给予适当补助。有条件的地方，可自主决定进行农业税免征试点。继续对种粮农民实行直接补贴，有条件的地方可进一步加大补贴力度。中央财政继续增加良种补贴和农机具购置补贴资金，地方财政也要根据当地财力和农业发展实际安排一定的良种补贴和农机具购置补贴资金。继续对短缺的重点粮食品种在主产区实行最低收购价政策，逐步建立和完善稳定粮食市场价格、保护种粮农民利益的制度和机制。搞好农业生产资料供应和市场管理，继续实行化肥出厂限价政策，通过税收等手段合理调节化肥进出口，控制农资价格过快上涨，严厉打击制售假冒伪劣农业生产资料等各种坑农害农行为。

（二）切实加强对粮食主产区的支持。为调动地方政府发展粮食生产的积极性，缓解中西部地区特别是粮食主产区县乡的财政困难，中央财政要采取有效措施，根据粮食播种面积、产量和商品量等因素，对粮食主产县通过转移支付给予奖励和补助。建立粮食主产区与主销区之间的利益协调机制，调整中央财政对粮食风险基金的补助比例，并通过其他经济手段筹集一定资金，支持粮食主产区加强生产能力建设，有关部门要抓紧研究提出具体实施方案。

（三）建立稳定增长的支农资金渠道。要下决心调整国民收入分配结构，在稳定现有各项农业投入的基础上，新增财政支出和固定资产投资要切实向农业、农村、农民倾斜，逐步建立稳定的农业投入增长机制。针对当前农田水利设施薄弱、亟待加强的状况，从2005年起，要在继续搞好大中型农田水利基础设施建设的同时，不断加大对小型农田水利基础设施建设的投入力度。中央和省级财政要在整合有关专项资金的基础上，从预算内新增财政收入中安排一部分资金，设立小型农田水利设施建设补助专项资金，对农户投工投劳开展小型农田水利设施建设予以支持。预算内经常性固定资产投资和国债资金要增加安排小型农田水利基础设施建设项目。土地出让金用于农业土地开发部分和新增建设用地有偿使用费，要结合土地开发整理安排一定资金用于小型农田水利建设。市、县两级政府也要切实增加对小型农田水利建设的投入。要尽快立法，把国家的重大支农政策制度化、规范化。

二、坚决实行最严格的耕地保护制度，切实提高耕地质量

（四）严格保护耕地。控制非农建设占用耕地，确保基本农田总量不减少、质量不下降、用途不改变，并落实到地块和农户。严禁占用基本农田挖塘养鱼、种树造林或进行其他破坏耕作层的活动。修订耕地占用税暂行条例，提高耕地占用税税率，严格控制减免。搞好乡镇土地利用总体规划和村庄、集镇规划，引导农户和农村集约用地。加强集体建设用地和农民宅基地管理，鼓励农村开展土地整理和村庄整治，推动新办乡村工业向镇区集中，提高农村各类用地的利用率。加快推进农村土地征收、征用制度改革。

（五）认真落实农村土地承包政策。针对一些地方存在的随意收回农户承包地、强迫农户流转承包地等问题，各地要对土地二轮承包政策落实情况进行全面检查，对违反法律和政策的要坚决予以纠正，并追究责任。要妥善处理土地承包纠纷，及时化解矛盾，维护农民合法权益。尊重和保障农户拥有承包地和从事农业生产的权利，尊重和保障外出务工农民的土地承包权和经营自主权。承包经营权流转和发展适度规模经营，必须在农户自愿、有偿的前提下依法进行，防止片面追求土地集中。各省、自治区、直辖市要尽快制定农村土地承包法实施办法。

（六）努力培肥地力。中央和省级财政要较大幅度增加农业综合开发投入，新增资金主要安排在粮食主产区集中用于中低产田改造，建设高标准基本农田。搞好"沃土工程"建设，增加投入，加大土壤肥力调查和监测工作力度，尽快建立全国耕地质量动态监测和预警系统，为农民科学种田提供指导和服务。改革传统耕作方法，发展保护性耕作。推广测土配方施肥，推行有机肥综合利用与无害化处理，引导农民多施农家肥，增加土壤有机质。

三、加强农田水利和生态建设，提高农业抗御自然灾害的能力

（七）加快实施以节水改造为中心的大型灌区续建配套。新增固定资产投资要把大型灌区续建配套作为重点，并不断加大投入力度，着力搞好田间工程建设，更新改造老化机电设备，完善灌排体系。开展续建配套灌区的末级渠系建设试点。继续推进节水灌溉示范，在粮食主产区进行规模化建设试点。有条件的地区要加快农村水利现代化步伐。水源条件较好的地区要结合重点水利枢纽建设，扩大灌溉面积。干旱缺水地区要积极发展节水旱作农业，继续建设旱作农业示范区。各地要加强灌溉用水计量，积极实行用水总量控制和定额管理。从2005年起，选择部分地区开展对农民购买节水设备实行补助的试点。继续搞好病险水库除险加固。抓好地方中型水源、中小河流治理等工程建设。

（八）狠抓小型农田水利建设。重点建设田间灌排工程、小型灌区、非灌区抗旱水源工程。加大粮食主产区中低产田盐碱和渍害治理力度。加快丘陵山区和其他干旱缺水地区雨水集蓄利用工程建设。地方政府要切实承担起搞好小型农田水利建设的责任。在坚决按时取消劳动积累工和义务工制度的同时，各地要积极探索新形势下开展农田水利基本建设的新机制、新办法。要严格区分加重农民负担与农民自愿投工投劳改善自己生产生活条件的政策界限，发扬农民自力更生的好传统，在切实加强民主决策和民主管理的前提下，本着自愿互利、注重实效、控制标准、严格规范的原则，引导农民对直接受益的小型农田水利设施建设投工投劳，国家对农民兴建小微型水利设施所需材料给予适当补助，有关部门要抓紧研究制定具体办法。

（九）坚持不懈搞好生态重点工程建设。继续实施天然林保护等工程，完善相关政策。退耕还林工作要科学规划，突出重点，注重实效，稳步推进。要采取有效措施，在退耕还林地区建设好基本口粮田，培育后续产业，切实解决农民的长期生计问题，进一步巩固退耕还林成果。抓好防护林体系和农田林网建设，为建设高标准农田营造良好的生态屏障。切实搞好京津风沙源治理等防沙治沙工程。继续推进山区综合开发。进一步加强草原建设和保护，加快实施退牧还草工程，搞好牧区水利建设，加强森林草原防火和草原鼠虫害防治工作。继续搞好长江、黄河等重点流域的水土保持工作，采取淤地坝等多种措施推进小流域综合治理，加强南方丘陵红土区、东北黑土漫岗区和西南石漠化区的水土流失综合治理。切实防治耕地和水污染。

四、加快农业科技创新，提高农业科技含量

（十）加强农业科技创新能力建设。要大幅度增加对农业科研的投入，加快建立以政

府为主导、社会力量广泛参与的多元化农业科研投入体系，形成稳定的投入增长机制。要不断提高国家科技投入用于农业科研的比重，有关重大科技项目和攻关计划要较大幅度增加农业科研投资的规模。深化农业科研体制改革，抓紧建立国家农业科技创新体系。加强国家基地的创新能力建设，搞好农业基础研究和关键技术的研究开发，加快生物技术和信息技术等高新技术的研究。根据全国农业综合区划，在整合现有资源基础上，依托具有明显优势的省级农业科研单位和高等学校，建设区域性的农业科研中心，负责推进区域农业科技创新，开展重大应用技术攻关和试验研究。加强农业领域的国家实验室、改良中心、工程中心和重点实验室建设，改善农业科研机构设施条件和装备水平，加快建设国家农业科研高级人才培养基地。

（十一）加大良种良法的推广力度。继续实施"种子工程"、"畜禽水产良种工程"，搞好大宗农作物、畜禽良种繁育基地建设和扩繁推广。从2005年起，国家设立超级稻推广项目。扩大重大农业技术推广项目专项补贴规模，优先扶持优质高产、节本增效的组装集成与配套技术开发。加强农作物重大病虫害防治。认真组织实施"科技入户工程"，扶持科技示范户，提高他们的辐射带动能力。继续安排农业科技成果转化资金和国外先进农业技术引进资金。

（十二）加快改革农业技术推广体系。要按照强化公益性职能、放活经营性服务的要求，加大农业技术推广体系的改革力度。国家的公益性农技推广机构主要承担关键技术的引进、试验、示范，农作物病虫害、动物疫病及农业灾害的监测、预报、防治和处置，农产品生产过程中的质量安全检测、监测和强制性检验，农业资源、农业生态环境和农业投入品使用监测，水资源管理和防汛抗旱，农业公共信息和培训教育服务等职能。对公益性技术推广工作，各级财政要在经费上予以保证。同时，积极稳妥地将一般性技术推广和经营性服务分离出去，按照市场化方式运作。发挥农业院校在农业技术推广中的作用。积极培育农民专业技术协会和农业科技型企业。探索农业技术推广的新机制和新办法，对农技推广项目实行招投标制度，鼓励各类农技推广组织、人员及有关企业公平参与申报。在总结试点经验基础上，有关部门要抓紧提出加强农业技术推广体系建设的指导意见。

五、加强农村基础设施建设，改善农业发展环境

（十三）加大农村小型基础设施建设力度。要继续增加农村"六小工程"的投资规模，扩大建设范围，提高工程质量。在巩固人畜饮水解困成果的基础上，高度重视农村饮水安全，解决好高氟水、高砷水、苦咸水、血吸虫病等地区的饮水安全问题，有关部门要抓紧制定规划。调整公路建设投资结构，加大农村公路建设力度，统筹考虑农村公路建设的技术标准、质量管理和养护等问题，合理确定农村公路投资补助标准。加快农村能源建设步伐，继续推进农村沼气建设，积极发展太阳能、风能等新型洁净能源和可再生能源。扩大"小水电代燃料"工程建设规模和实施范围，搞好农村电网改造工程的后续建设和经营管理。增加扶贫开发投入，加强贫困地区农村基础设施建设，引导农民治水改土修路，实施整村推进扶贫规划，完善扶贫开发机制，加快脱贫致富步伐。

（十四）加快农产品流通和检验检测设施建设。在继续搞好集贸市场和批发市场建设的同时，注重发挥期货市场的引导作用，鼓励发展现代物流、连锁经营、电子商务等新型业态和流通方式。改造现有农产品批发市场，发展经纪人代理、农产品拍卖、网上交易等方式，增强交易功能。加快建设以冷藏和低温仓储运输为主的农产品冷链系统，对农产品仓储设施建设用地按工业用地对待。重视发挥供销合作社在农产品流通和生产资料供应等方面的作用。鼓励邮政系统开展直接为农民生产生活服务的连锁配送业务。加强农业信息化建设。气象工作要加强对农业的服务。各省、自治区、直辖市要加快开通整车运输鲜活农产品的绿色通道，抓紧落实降低或免交车辆通行费的有关规定，并尽快实现省际互通。积极推进农业标准化。要加强农产品检验检测基础设施建设，提高进出境检验检疫装备和检测技术水平，增强防范和处理外来有害生物入侵的能力。加强农产品质量安全工作，实施农产品认证认可，禁止生产、销售和使用高毒、高残留农药，加快农产品质量安全立法。

（十五）加强农业发展的综合配套体系建设。搞好种养业良种体系、农业科技创新与应用体系、动植物保护体系、农产品质量安全体系、农产品市场信息体系、农业资源与生态保护体系、农业社会化服务与管理体系等"七大体系"建设。有关部门要抓紧制定建设规划，加强政策引导，明确职责分工，多渠道增加投入，加快建设步伐。

六、继续推进农业和农村经济结构调整，提高农业竞争力

（十六）进一步抓好粮食生产。要坚持立足国内实现粮食基本自给的方针，以市场需求为导向，改善品种结构，优化区域布局，着力提高单产，努力保持粮食供求总量大体平衡。稳定和增加粮食播种面积，改革种植制度，提高复种指数。实施优质粮食产业工程，建设商品粮生产基地，推进优质粮食产业带建设。加强粮食生产技术、农机、信息和产销等服务，搞好良种培育和供应，促进粮食生产节本增效。完善和落实粮食省长负责制，粮食主销区和产销平衡区也要认真抓好粮食生产，保证必要的粮食储备，维护粮食市场的稳定。

（十七）大力发展特色农业。要发挥区域比较优势，建设农产品产业带，发展特色农业。各地要立足资源优势，选择具有地域特色和市场前景的品种作为开发重点，尽快形成有竞争力的产业体系。各地和有关部门要专门制定规划，明确相关政策，加快发展特色农业。建设特色农业标准化示范基地，筛选、繁育优良品种，把传统生产方式与现代技术结合起来，提升特色农产品的品质和生产水平。加大对特色农产品的保护力度，加快推行原产地等标识制度，维护原产地生产经营者的合法权益。整合特色农产品品牌，支持做大做强名牌产品。提高农产品国际竞争力，促进优势农产品出口，扩大农业对外开放。

（十八）加快发展畜牧业。增强农业综合生产能力必须培育发达的畜牧业。牧区要加快推行围栏放牧、轮牧休牧等生产方式，搞好饲草料地建设，改良牲畜品种，进一步减轻草场过牧的压力。农区要充分发挥作物秸秆和劳动力资源丰富的优势，积极发展节粮型畜牧业，提高规模化、集约化饲养水平。通过小额信贷、财政贴息等方式，引导有条件的地方发展养殖小区。要增加投入，支持养殖小区建设畜禽粪便和污水无害化处理设施。从2005年起，实施奶牛良种繁育项目补贴。加快建立安全优质高效的饲料生产体系。搞好动物防疫是确保畜牧业稳定发展的根本保障，事关人民群众的身体健康和社会公共安全，要下决心增加投入，加强建设，完善制度，健全体系。要抓紧制定动物防疫体系建设规划，加快建设重大动物疫病监测预警、动物疫病预防控制、动物防疫检疫监督、兽药质量监察和残留监控、动物防疫技术支撑、动物防疫物质保障等系统。加快重点兽用生物制品生产企业的技术改造。尽快建立健全动物疫病防治队伍，动物检疫监督机构的人员经费和工作经费全额纳入各级财政预算。

（十九）重点支持粮食主产区发展农产品加工业。大力扶持食品加工业特别是粮食主产区以粮食为主要原料的加工业。粮食主产区要立足本地优势，以发展农产品加工业为突破口，走新型工业化道路，促进农业增效、农民增收和地区经济发展。采取财政贴息等方式，支持粮食主产区农产品加工企业进行技术引进和技术改造，建设仓储设施。尽快完善农产品加工业增值税政策。按照增值税转型改革的统一部署，加快食品等农产品加工业增值税转型的步伐。

（二十）发展农业产业化经营。继续加大对多种所有制、多种经营形式的农业产业化龙头企业的支持力度。鼓励龙头企业以多种利益联结方式，带动基地和农户发展。农业银行和其他国有商业银行要按照有关规定，加快改进对龙头企业的信贷服务，切实解决龙头企业收购资金紧张的问题。农业发展银行对符合条件的以粮棉油生产、流通或加工转化为主业的龙头企业，可以提供贷款。积极探索龙头企业和专业合作组织为农户承贷承还、提供贷款担保等有效办法。支持农民专业合作组织发展，对专业合作组织及其所办加工、流通实体适当减免有关税费。集体经济组织要增强实力，搞好服务，同其他专业合作组织一起发挥联结龙头企业和农户的桥梁和纽带作用。乡镇企业要加快结构调整、技术进步和体制创新，积极参与农业产业化经营。

七、改革和完善农村投融资体制，健全农业投入机制

（二十一）完善农业投资管理体制。进一步放宽农业和农村基础设施投资领域，采取贴息、补助、税收等措施，发挥国家农业资金投入的导向作用，鼓励社会资本积极投资开发农业和建设农村基础设施。逐步降低中西部地区对涉农固定资产投资的资金配套比例，不得采取加重农民负担的方式进行资金配套。继续加大国家农业资金投入的整合力度，鼓励以县为单位，通过规划引导、统筹安排、明确职责、项目带动等方式整合投资，提高资金使用效率。对国家投资和补助的乡村建设项目，要加快实行公示制度，通过招投标、资金跟踪监督和项目后评估等办法，确保管好用好资金，保证项目质量。

（二十二）加快农村小型基础设施产权制度改革。要在总结经验的基础上，加大改革力度，明晰产权，明确责任，充分调动各方面投资建设和管好农村小型基础设施的积极性。农户自建或自用为主的小微型工程，产权归个人所有，由乡镇人民政府核发产权证。对受益户较多的工程，可组建合作管理组织，国家补助形成的资产归合作组织所有。对经营性工程，可组建法人实体，实行企业化运作，也可拍卖给个人经营。对业主开发建设的农村基础设施，地方人民政府要给予扶持，并规范其收费标准和服务行为。加快小型农村水利工程管理体制改革步伐。推进农村小型基础设施产权制度改革，要充分尊重农民意愿，维护工程原受益者的合法权益。

（二十三）推进农村金融改革和创新。要针对农村金融需求的特点，加快构建功能完善、分工合理、产权明晰、监管有力的农村金融体系。抓紧研究制定农村金融总体改革方案。继续深化农村信用社改革，要在完善治理结构、强化约束机制、增强支农服务能力等方面取得成效，进一步发挥其农村金融的主力军作用。抓紧制定县域内各金融机构承担支持"三农"义务的政策措施，明确金融机构在县及县以下机构、网点新增存款用于支持当地农业和农村经济发展的比例。采取有效办法，引导县及县以下吸收的邮政储蓄资金回流农村。加大政策性金融支农力度，增加支持农业和农村发展的中长期贷款，在完善运行机制基础上强化农业发展银行的支农作用，拓宽业务范围。农业银行要继续发挥支持农业、

服务农村的作用。培育竞争性的农村金融市场,有关部门要抓紧制定农村新办多种所有制金融机构的准入条件和监管办法,在有效防范金融风险的前提下,尽快启动试点工作。有条件的地方,可以探索建立更加贴近农民和农村需要、由自然人或企业发起的小额信贷组织。加快落实对农户和农村中小企业实行多种抵押担保形式的有关规定。扩大农业政策性保险的试点范围,鼓励商业性保险机构开展农业保险业务。

八、提高农村劳动者素质,促进农民和农村社会全面发展

(二十四)全面开展农民职业技能培训工作。要结合农业结构调整、发展特色农业和生产实际的需要,开展针对性强、务实有效、通俗易懂的农业科技培训。农村中学也要加强农业先进实用技术教育。适应产业结构升级和提高竞争力的需要,进一步搞好农民转业转岗培训工作,扩大"农村劳动力转移培训阳光工程"实施规模,加快农村劳动力转移。各级财政要大幅度增加农民职业技能培训投入,采取补助、培训券、报账制等方式,努力提高培训的实用性和资金的使用效率。广泛调动社会各方面力量参与农民职业技能培训的积极性。

(二十五)进一步发展农村教育、卫生、文化等社会事业。要落实新增教育、卫生、文化、计划生育等事业经费主要用于农村的规定,用于县以下的比例不低于70%。到2007年,争取全国农村义务教育阶段贫困家庭学生都能享受到免书本费、免杂费、补助寄宿生生活费,国家扶贫开发工作重点县要加快实施步伐。坚持以农村为重点的卫生工作方针,积极稳妥推进新型农村合作医疗试点和农村医疗救助工作,实施农村医疗卫生基础设施建设规划,加快农村医疗卫生人才培养,提高农村医疗服务水平和应对突发公共卫生事件的能力。加强艾滋病、血吸虫病等重点疾病的防治工作,推动改水改厕等农村环境卫生综合治理。搞好农村计划生育,对农村部分计划生育家庭实行奖励扶助制度,抓好"少生快富扶贫工程"试点。有条件的地方可以探索建立农村社会保障制度。加大农村重大文化建设项目实施力度,完善农村公共文化服务体系,鼓励社会力量参与农村文化建设。巩固农村宣传文化阵地,加强农村文化市场管理。切实提高农村广播电视"村村通"水平,做好送书下乡、电影放映、文化信息资源共享等工作。

九、加强和改善党对农村工作的领导

(二十六)坚持把解决好"三农"问题作为全党工作的重中之重。这是推进工业化、城镇化和现代化历史进程中必须长期坚持的一个重大方针。全党同志特别是各级领导干部要深刻认识"三农"工作的长期性、复杂性和艰巨性。在当前粮食增产、农民增收的好形势下,要始终保持清醒认识,对农业和农村工作不能有丝毫松懈。要适应我国工业化发展阶段和政策趋向的变化,按照工业反哺农业、城市支持农村的要求,切实把农业和农村经济发展放到国民经济全局中统筹安排,更加自觉地调整国民收入分配结构,更加主动地加强农业基础地位,进一步加大农村改革力度,加大对农业的支持力度,加大对"三农"工作的领导力度。

(二十七)进一步加强农村党建工作。要认真贯彻党的十六届四中全会精神,按照开展保持共产党员先进性教育活动的要求,深入开展农村党的建设"三级联创"活动,增强农村基层党组织的创造力、凝聚力和战斗力,充分发挥农村基层党组织的领导核心作用,进一步巩固党在农村的执政基础。加大农村党员干部的教育培训力度,扩大农村党员干部远程教育试点,增强他们为民服务、廉洁自律的意识,转变作风,提高执行政策、依法办事、发展经济、维护稳定的能力，树立基层干部的良好形象。要关心农村基层干部，帮助他们解决工作和生活上的困难。扩大农村基层民主，完善村务公开、政务公开和民主管理，建立健全村党组织领导的充满活力的村民自治机制，切实维护农民的民主权利。推进农村法制建设，加强农村普法教育，搞好农业综合执法。做好新形势下的农村群众工作，妥善处理各种社会矛盾，关心农村困难群众生产生活，营造和谐的社会氛围。搞好农村社会治安综合治理，依法打击各种犯罪活动。深入推进群众性精神文明创建活动，引导广大农民群众艰苦奋斗、自强不息，加快全面建设小康社会的步伐。

进一步加强农村工作，提高农业综合生产能力，实现粮食增产、农业增效、农民增收，意义重大，任务艰巨。我们要紧密团结在以胡锦涛同志为总书记的党中央周围，高举邓小平理论和"三个代表"重要思想伟大旗帜，坚定信心，奋力开拓，扎实工作，为全面完成农业和农村工作各项任务而努力奋斗。

中共中央、国务院关于推进社会主义新农村建设的若干意见

(中发〔2006〕1号)

党的十六届五中全会通过的《中共中央关于制定国民经济和社会发展第十一个五年规划的建议》，明确了今后5年我国经济社会发展的奋斗目标和行动纲领，提出了建设社会主义新农村的重大历史任务，为做好当前和今后一个时期的"三农"工作指明了方向。

近几年，党中央、国务院以科学发展观统领经济社会发展全局，按照统筹城乡发展的要求，采取了一系列支农惠农的重大政策。各地区各部门认真落实中央部署，切实加强"三农"工作，农业和农村发展出现了积极变化，迎来了新的发展机遇。粮食连续两年较大幅度增产，农业结构调整向纵深推进，农民收入较快增长，农村税费改革取得重大成果，社会事业进一步发展，农村基层组织建设得到加强，干群关系明显改善。农业和农村发展的好形势，对保持国民经济平稳较快增长和社会稳定，发挥了重要的支撑作用。但必须看到，当前农业和农村发展仍然处在艰难的爬坡阶段，农业基础设施脆弱、农村社会事业发展滞后、城乡居民收入差距扩大的矛盾依然突出，解决好"三农"问题仍然是工业化、城镇化进程中重大而艰巨的历史任务。各级党委和政府必须按照党的十六届五中全会的战略部署，始终把"三农"工作放在重中之重，切实把建设社会主义新农村的各项任务落到实处，加快农村全面小康和现代化建设步伐。

一、统筹城乡经济社会发展，扎实推进社会主义新农村建设

(1) 建设社会主义新农村是我国现代化进程中的重大历史任务。全面建设小康社会，最艰巨最繁重的任务在农村。加速推进现代化，必须妥善处理工农城乡关系。构建社会主义和谐社会，必须促进农村经济社会全面进步。农村人口众多是我国的国情，只有发展好农村经济，建设好农民的家园，让农民过上宽裕的生活，才能保障全体人民共享经济社会发展成果，才能不断扩大内需和促进国民经济持续发展。当前，我国总体上已进入以工促农、以城带乡的发展阶段，初步具备了加大力度扶持"三农"的能力和条件。"十一五"时期，必须抓住机遇，加快改变农村经济社会发展滞后的局面，扎实稳步推进社会主义新农村建设。

(2) 围绕社会主义新农村建设做好农业和农村工作。"十一五"时期是社会主义新农村建设打下坚实基础的关键时期，是推进现代农业建设迈出重大步伐的关键时期，是构建新型工农城乡关系取得突破进展的关键时期，也是农村全面建设小康加速推进的关键时期。"十一五"时期要高举邓小平理论和"三个代表"重要思想伟大旗帜，全面贯彻落实科学发展观，统筹城乡经济社会发展，实行工业反哺农业、城市支持农村和"多予少取放活"的方针，按照"生产发展、生活宽裕、乡风文明、村容整洁、管理民主"的要求，协调推进农村经济建设、政治建设、文化建设、社会建设和党的建设。当前，要完善强化支

农政策，建设现代农业，稳定发展粮食生产，积极调整农业结构，加强基础设施建设，加强农村民主政治建设和精神文明建设，加快社会事业发展，推进农村综合改革，促进农民持续增收，确保社会主义新农村建设有良好开局。

（3）扎实稳步推进社会主义新农村建设。推进新农村建设是一项长期而繁重的历史任务，必须坚持以发展农村经济为中心，进一步解放和发展农村生产力，促进粮食稳定发展、农民持续增收；必须坚持农村基本经营制度，尊重农民的主体地位，不断创新农村体制机制；必须坚持以人为本，着力解决农民生产生活中最迫切的实际问题，切实让农民得到实惠；必须坚持科学规划，实行因地制宜、分类指导，有计划有步骤有重点地逐步推进；必须坚持发挥各方面积极性，依靠农民辛勤劳动、国家扶持和社会力量的广泛参与，使新农村建设成为全党全社会的共同行动。在推进新农村建设工作中，要注重实效，不搞形式主义；要量力而行，不盲目攀比；要民主商议，不强迫命令；要突出特色，不强求一律；要引导扶持，不包办代替。

（4）加快建立以工促农、以城带乡的长效机制。顺应经济社会发展阶段性变化和建设社会主义新农村的要求，坚持"多予少取放活"的方针，重点在"多予"上下功夫。调整国民收入分配格局，国家财政支出、预算内固定资产投资和信贷投放，要按照存量适度调整、增量重点倾斜的原则，不断增加对农业和农村的投入。扩大公共财政覆盖农村的范围，建立健全财政支农资金稳定增长机制。2006年，国家财政支农资金增量要高于上年，国债和预算内资金用于农村建设的比重要高于上年，其中直接用于改善农村生产生活条件的资金要高于上年，并逐步形成新农村建设稳定的资金来源。要把国家对基础设施建设投入的重点转向农村。提高耕地占用税税率，新增税收应主要用于"三农"。抓紧制定将土地出让金一部分收入用于农业土地开发的管理和监督办法，依法严格收缴土地出让金和新增建设用地有偿使用费，土地出让金用于农业土地开发的部分和新增建设用地有偿使用费安排的土地开发整理项目，都要将小型农田水利设施建设作为重要内容，建设标准农田。进一步加大支农资金整合力度，提高资金使用效率。金融机构要不断改善服务，加强对"三农"的支持。要加快建立有利于逐步改变城乡二元结构的体制，实行城乡劳动者平等就业的制度，建立健全与经济发展水平相适应的多种形式的农村社会保障制度。充分发挥市场配置资源的基础性作用，推进征地、户籍等制度改革，逐步形成城乡统一的要素市场，增强农村经济发展活力。

二、推进现代农业建设，强化社会主义新农村建设的产业支撑

（5）大力提高农业科技创新和转化能力。深化农业科研体制改革，加快建设国家创新基地和区域性农业科研中心，在机构设置、人员聘任和投资建设等方面实行新的运行机制。鼓励企业建立农业科技研发中心，国家在财税、金融和技术改造等方面给予扶持。改善农业技术创新的投资环境，发展农业科技创新风险投资。加强农业高技术研究，继续实施现代农业高技术产业化项目，尽快取得一批具有自主知识产权的重大农业科技成果。针对农业生产的迫切需要，加快农作物和畜禽良种繁育、动植物疫病防控、节约资源和防治污染技术的研发、推广。把农业科研投入放在公共财政支持的优先位置，提高农业科技在国家科技投入中的比重。继续安排农业科技成果转化资金和国外先进农业技术引进资金。加强种质资源和知识产权保护。要加快农业技术推广体系改革和建设，积极探索对公益性职能与经营性服务实行分类管理的办法，完善农技推广的社会化服务机制。深入实施农业

科技入户工程，扩大重大农业技术推广项目专项补贴规模。鼓励各类农科教机构和社会力量参与多元化的农技推广服务。加强气象为农业服务，保障农业生产和农民生命财产安全。大力推进农业机械化，提高重要农时、重点作物、关键生产环节和粮食主产区的机械化作业水平。

（6）加强农村现代流通体系建设。积极推进农产品批发市场升级改造，促进入市农产品质量等级化、包装规格化。鼓励商贸企业、邮政系统和其他各类投资主体通过新建、兼并、联合、加盟等方式，在农村发展现代流通业。积极发展农产品、农业生产资料和消费品连锁经营，建立以集中采购、统一配送为核心的新型营销体系，改善农村市场环境。继续实施"万村千乡市场工程"，建设连锁化"农家店"。培育和发展农村经纪人队伍。加快农业标准化工作，健全检验检测体系，强化农业生产资料和饲料质量管理，进一步提高农产品质量安全水平。供销合作社要创新服务方式，广泛开展联合、合作经营，加快现代经营网络建设，为农产品流通和农民生产生活资料供应提供服务。2006年要完善全国鲜活农产品"绿色通道"网络，实现省际互通。

（7）稳定发展粮食生产。确保国家粮食安全是保持国民经济平稳较快增长和社会稳定的重要基础。必须坚持立足国内实现粮食基本自给的方针，稳定发展粮食生产，持续增加种粮收益，不断提高生产能力，适度利用国际市场，积极保持供求平衡。坚决落实最严格的耕地保护制度，切实保护基本农田，保护农民的土地承包经营权。继续实施优质粮食产业工程和粮食丰产科技工程，加快建设大型商品粮生产基地和粮食产业带，稳定粮食播种面积，不断提高粮食单产、品质和生产效益。坚持和完善重点粮食品种最低收购价政策，保持合理的粮价水平，加强农业生产资料价格调控，保护种粮农民利益。继续执行对粮食主产县的奖励政策，增加中央财政对粮食主产县的奖励资金。

（8）积极推进农业结构调整。按照高产、优质、高效、生态、安全的要求，调整优化农业结构。加快建设优势农产品产业带，积极发展特色农业、绿色食品和生态农业，保护农产品知名品牌，培育壮大主导产业。继续实施种子工程。大力发展畜牧业，扩大畜禽良种补贴规模，推广健康养殖方式，安排专项投入支持标准化畜禽养殖小区建设试点。要加强动物疫病特别是禽流感等重大疫病防控的基础设施建设，完善突发疫情应急机制，加快推进兽医管理体制改革，稳定基层兽医队伍。积极发展水产业，扩大优质水产品养殖，发展远洋渔业，保护渔业资源，继续做好渔民转产转业工作。提高农产品国际竞争力，扩大园艺、畜牧、水产等优势农产品出口，加强农产品对外贸易磋商，提高我国农业应对国际贸易争端的能力。

（9）发展农业产业化经营。要着力培育一批竞争力、带动力强的龙头企业和企业集群示范基地，推广龙头企业、合作组织与农户有机结合的组织形式，让农民从产业化经营中得到更多的实惠。各级财政要增加扶持农业产业化发展资金，支持龙头企业发展，并可通过龙头企业资助农户参加农业保险。发展大宗农产品期货市场和"订单农业"。通过创新信贷担保手段和担保办法，切实解决龙头企业收购农产品资金不足的问题。开展农产品精深加工增值税改革试点。积极引导和支持农民发展各类专业合作经济组织，加快立法进程，加大扶持力度，建立有利于农民合作经济组织发展的信贷、财税和登记等制度。

（10）加快发展循环农业。要大力开发节约资源和保护环境的农业技术，重点推广废弃物综合利用技术、相关产业链接技术和可再生能源开发利用技术。制定相应的财税鼓励政策，组织实施生物质工程，推广秸秆气化、固化成型、发电、养畜等技术，开发生物质能源和生物基材料，培育生物质产业。积极发展节地、节水、节肥、节药、节种的节约型农业，鼓励生产和使用节电、节油农业机械和农产品加工设备，努力提高农业投入品的利用效率。加大力度防治农业面源污染。

三、促进农民持续增收，夯实社会主义新农村建设的经济基础

（11）拓宽农民增收渠道。要充分挖掘农业内部增收潜力，按照国内外市场需求，积极发展品质优良、特色明显、附加值高的优势农产品，推进"一村一品"，实现增值增效。要加快转移农村劳动力，不断增加农民的务工收入。鼓励和支持符合产业政策的乡镇企业发展，特别是劳动密集型企业和服务业。着力发展县城和在建制的重点镇，从财政、金融、税收和公共品投入等方面为小城镇发展创造有利条件，外来人口较多的城镇要从实际出发，完善社会管理职能。要着眼兴县富民，着力培育产业支撑，大力发展民营经济，引导企业和要素集聚，改善金融服务，增强县级管理能力，发展壮大县域经济。

（12）保障务工农民的合法权益。进一步清理和取消各种针对务工农民流动和进城就业的歧视性规定和不合理限制。建立健全城乡就业公共服务网络，为外出务工农民免费提供法律政策咨询、就业信息、就业指导和职业介绍。严格执行最低工资制度，建立工资保障金等制度，切实解决务工农民工资偏低和拖欠问题。完善劳动合同制度，加强务工农民的职业安全卫生保护。逐步建立务工农民社会保障制度，依法将务工农民全部纳入工伤保险范围，探索适合务工农民特点的大病医疗保障和养老保险办法。认真解决务工农民的子女上学问题。

（13）稳定、完善、强化对农业和农民的直接补贴政策。要加强国家对农业和农民的支持保护体系。对农民实行的"三减免、三补贴"和退耕还林补贴等政策，深受欢迎，效果明显，要继续稳定、完善和强化。2006年，粮食主产区要将种粮直接补贴的资金规模提高到粮食风险基金的50%以上，其他地区也要根据实际情况加大对种粮农民的补贴力度。增加良种补贴和农机具购置补贴。适应农业生产和市场变化的需要，建立和完善对种粮农民的支持保护制度。

（14）加强扶贫开发工作。要因地制宜地实行整村推进的扶贫开发方式，加大力度改善贫困地区的生产生活条件，抓好贫困地区劳动力的转移培训，扶持龙头企业带动贫困地区调整结构，拓宽贫困农户增收渠道。对缺乏生存条件地区的贫困人口实行易地扶贫。继续增加扶贫投入，完善管理机制，提高使用效益。继续动员中央和国家机关、沿海发达地区和社会各界参与扶贫开发事业。切实做好贫困缺粮地区的粮食供应工作。

四、加强农村基础设施建设，改善社会主义新农村建设的物质条件

（15）大力加强农田水利、耕地质量和生态建设。在搞好重大水利工程建设的同时，不断加强农田水利建设。加快发展节水灌溉，继续把大型灌区续建配套和节水改造作为农业固定资产投资的重点。加大大型排涝泵站技术改造力度，配套建设田间工程。大力推广节水技术。实行中央和地方共同负责，逐步扩大中央和省级小型农田水利补助专项资金规模。切实抓好以小型灌区节水改造、雨水集蓄利用为重点的小型农田水利工程建设和管理。继续搞好病险水库除险加固，加强中小河流治理。要大力加强耕地质量建设，实施新一轮沃土工程，科学施用化肥，引导增施有机肥，全面提升地力。增加测土配方施肥补贴，继续实施保护性耕作示范工程和土壤有机质提升补贴试点。农业综合开发要重点支持粮食主产区改造中低产田和中型灌区节水改造。按照建设环境友好型社会的要求，继续推进生态建设，切实搞好退耕还林、天然林保护等重点生态工程，稳定完善政策，培育后续产业，巩固生态建设成果。继续推进退牧还草、山区综合开发。建立和完善生态补偿机制。做好重大病虫害防治工作，采取有效措施防止外来有害生物入侵。加强荒漠化治理，积极实施石漠化地区和东北黑土区等水土流失综合防治工程。建立和完善水电、采矿等企业的环境恢复治理责任机制，从水电、矿产等资源的开发收益中，安排一定的资金用于企业所在地环境的恢复治理，防止水土流失。

（16）加快乡村基础设施建设。要着力加强农民最急需的生活基础设施建设。在巩固人畜饮水解困成果基础上，加快农村饮水安全工程建设，优先解决高氟、高砷、苦咸、污染水及血吸虫病区的饮水安全问题。有条件的地方，可发展集中式供水，提倡饮用水和其他生活用水分质供水。要加快农村能源建设步伐，在适宜地区积极推广沼气、秸秆气化、小水电、太阳能、风力发电等清洁能源技术。从2006年起，大幅度增加农村沼气建设投资规模，有条件的地方，要加快普及户用沼气，支持养殖场建设大中型沼气。以沼气池建设带动农村改圈、改厕、改厨。尽快完成农村电网改造的续建配套工程。加强小水电开发规划和管理，扩大小水电代燃料试点规模。要进一步加强农村公路建设，到"十一五"期末基本实现全国所有乡镇通油（水泥）路，东、中部地区所有具备条件的建制村通油（水泥）路，西部地区基本实现具备条件的建制村通公路。要积极推进农业信息化建设，充分利用和整合涉农信息资源，强化面向农村的广播电视电信等信息服务，重点抓好"金农"工程和农业综合信息服务平台建设工程。引导农民自愿出资出劳，开展农村小型基础设施建设，有条件的地方可采取以奖代补、项目补助等办法给予支持。按照建管并重的原则，逐步把农村公路等公益性基础设施的管护纳入国家支持范围。

（17）加强村庄规划和人居环境治理。随着生活水平提高和全面建设小康社会的推进，农民迫切要求改善农村生活环境和村容村貌。各级政府要切实加强村庄规划工作，安排资金支持编制村庄规划和开展村庄治理试点；可从各地实际出发制定村庄建设和人居环境治理的指导性目录，重点解决农民在饮水、行路、用电和燃料等方面的困难，凡符合目录的项目，可给予资金、实物等方面的引导和扶持。加强宅基地规划和管理，大力节约村庄建设用地，向农民免费提供经济安全适用、节地节能节材的住宅设计图样。引导和帮助农民切实解决住宅与畜禽圈舍混杂问题，搞好农村污水、垃圾治理，改善农村环境卫生。注重村庄安全建设，防止山洪、泥石流等灾害对村庄的危害，加强农村消防工作。村庄治理要突出乡村特色、地方特色和民族特色，保护有历史文化价值的古村落和古民宅。要本着节约原则，充分立足现有基础进行房屋和设施改造，防止大拆大建，防止加重农民负担，扎实稳步地推进村庄治理。

五、加快发展农村社会事业，培养推进社会主义新农村建设的新型农民

（18）加快发展农村义务教育。着力普及和巩固农村九年制义务教育。2006年对西部地区农村义务教育阶段学生全部免除学杂费，对其中的贫困家庭学生免费提供课本和补助寄宿生生活费，2007年在全国农村普遍实行这一政策。继续实施国家西部地区"两基攻坚"工程和农村中小学现代远程教育工程。建立健全农村义务教育经费保障机制，进一步改善农村办学条件，逐步提高农村中小学公用经费的保障水平。加强农村教师队伍建设，加大城镇教师支援农村教育的力度，促进城乡义务教育均衡发展。加大力度监管和规范农村学校收费，进一步减轻农民的教育负担。

（19）大规模开展农村劳动力技能培训。提高农民整体素质，培养造就有文化、懂技术、会经营的新型农民，是建设社会主义新农村的迫切需要。继续支持新型农民科技培训，提高农民务农技能，促进科学种田。扩大农村劳动力转移培训阳光工程实施规模，提高补助标准，增强农民转产转岗就业的能力。加快建立政府扶助、面向市场、多元办学的培训机制。各级财政要将农村劳动力培训经费纳入预算，不断增加投入。整合农村各种教育资源，发展农村职业教育和成人教育。

（20）积极发展农村卫生事业。积极推进新型农村合作医疗制度试点工作，从2006年起，中央和地方财政较大幅度提高补助标准，到2008年在全国农村基本普及新型农村合作医疗制度。各级政府要不断增加投入，加强以乡镇卫生院为重点的农村卫生基础设施建设，健全农村三级医疗卫生服务和医疗救助体系。有条件的地方，可对乡村医生实行补助制度。建立与农民收入水平相适应的农村药品供应和监管体系，规范农村医疗服务。加大农村地方病、传染病和人畜共患疾病的防治力度。增加农村卫生人才培养的经费预算，组织城镇医疗机构和人员对口支持农村，鼓励各种社会力量参与发展农村卫生事业。加强农村计划生育服务设施建设，继续稳定农村低生育水平。

（21）繁荣农村文化事业。各级财政要增加对农村文化发展的投入，加强县文化馆、图书馆和乡镇文化站、村文化室等公共文化设施建设，继续实施广播电视"村村通"和农村电影放映工程，发展文化信息资源共享工程农村基层服务点，构建农村公共文化服务体系。推动实施农民体育健身工程。积极开展多种形式的群众喜闻乐见、寓教于乐的文体活动，保护和发展有地方和民族特色的优秀传统文化，创新农村文化生活的载体和手段，引导文化工作者深入乡村，满足农民群众多层次、多方面的精神文化需求。扶持农村业余文化队伍，鼓励农民兴办文化产业。加强农村文化市场管理，抵制腐朽落后文化。

（22）逐步建立农村社会保障制度。按照城乡统筹发展的要求，逐步加大公共财政对农村社会保障制度建设的投入。进一步完善农村"五保户"供养、特困户生活救助、灾民补助等社会救助体系。探索建立与农村经济发展水平相适应、与其他保障措施相配套的农村社会养老保险制度。落实军烈属优抚政策。积极扩大对农村部分计划生育家庭实行奖励扶助制度试点和西部地区计划生育"少生快富"扶贫工程实施范围。有条件的地方，要积极探索建立农村最低生活保障制度。

（23）倡导健康文明新风尚。大力弘扬以爱国主义为核心的民族精神和以改革创新为核心的时代精神，激发农民群众发扬艰苦奋斗、自力更生的传统美德，为建设社会主义新农村提供强大的精神动力和思想保证。加强思想政治工作，深入开展农村形势和政策教育，认真实施公民道德建设工程，积极推动群众性精神文明创建活动，开展和谐家庭、和谐村组、和谐村镇创建活动。引导农民崇尚科学，抵制迷信，移风易俗，破除陋习，树立先进的思想观念和良好的道德风尚，提倡科学健康的生活方式，在农村形成文明向上的社会风貌。

六、全面深化农村改革，健全社会主义新农村建设的体制保障

（24）进一步深化以农村税费改革为主要内容的农村综合改革。2006年，在全国范围取消农业税。通过试点、总结经验，积极稳妥地推进乡镇机构改革，切实转变乡镇政府职能，创新乡镇事业站所运行机制，精简机构和人员，5年内乡镇机构编制只减不增。妥善安置分流人员，确保社会稳定。要按照强化公共服务、严格依法办事和提高行政效率的要求，认真解决机构和人员臃肿的问题，切实加强政府社会管理和公共服务的职能。加快农村义务教育体制改革，建立和完善各级政府责任明确、财政分级投入、经费稳定增长、管理以县为主的农村义务教育管理体制，中央和省级政府要更多地承担发展农村义务教育的责任，深化农村学校人事和财务等制度改革。有条件的地方可加快推进"省直管县"财政管理体制和"乡财县管乡用"财政管理方式的改革。各地要对乡村债务进行清理核实，2006年选择部分县(市)开展化解乡村债务试点工作，妥善处理历年农业税尾欠，完善涉农税收优惠方式，确保农民直接受益。深化国有农场税费改革，将农业职工土地承包费中类似农村"乡镇五项统筹"的费用全部减除，农场由此减少的收入由中央和省级财政给予适当补助。国有农场要逐步剥离办社会的职能，转变经营机制，在现代农业建设中发挥示范作用。

(25)加快推进农村金融改革。巩固和发展农村信用社改革试点成果，进一步完善治理结构和运行机制。县域内各金融机构在保证资金安全的前提下，将一定比例的新增存款投放当地，支持农业和农村经济发展，有关部门要抓紧制定管理办法。扩大邮政储蓄资金的自主运用范围，引导邮政储蓄资金返还农村。调整农业发展银行职能定位，拓宽业务范围和资金来源。国家开发银行要支持农村基础设施建设和农业资源开发。继续发挥农业银行支持农业和农村经济发展的作用。在保证资本金充足、严格金融监管和建立合理有效的退出机制的前提下，鼓励在县域内设立多种所有制的社区金融机构，允许私有资本、外资等参股。大力培育由自然人、企业法人或社团法人发起的小额贷款组织，有关部门要抓紧制定管理办法。引导农户发展资金互助组织。规范民间借贷。稳步推进农业政策性保险试点工作，加快发展多种形式、多种渠道的农业保险。各地可通过建立担保基金或担保机构等办法，解决农户和农村中小企业贷款抵押担保难问题，有条件的地方政府可给予适当扶持。

(26)统筹推进农村其他改革。稳定和完善以家庭承包经营为基础、统分结合的双层经营体制，健全在依法、自愿、有偿基础上的土地承包经营权流转机制，有条件的地方可发展多种形式的适度规模经营。加快集体林权制度改革，促进林业健康发展。完善粮食流通体制，深化国有粮食企业改革，建立产销区稳定的购销关系，加强国家对粮食市场的宏观调控。加快征地制度改革步伐，按照缩小征地范围、完善补偿办法、拓展安置途径、规范征地程序的要求，进一步探索改革经验。完善对被征地农民的合理补偿机制，加强对被征地农民的就业培训，拓宽就业安置渠道，健全对被征地农民的社会保障。推进小型农田水利设施产权制度改革。

七、加强农村民主政治建设，完善建设社会主义新农村的乡村治理机制

(27)不断增强农村基层党组织的战斗力、凝聚力和创造力。充分发挥农村基层党组织的领导核心作用，为建设社会主义新农村提供坚强的政治和组织保障。要以建设社会主义新农村为主题，在全国农村深入开展保持共产党员先进性教育活动，引导广大农村党员学习贯彻党章，坚定理想信念，坚持党的宗旨。要结合农村实际，有针对性地开展正面教育，解决党组织和党员队伍中存在的突出问题，解决影响改革发展稳定的主要问题，解决群众最关心的重点问题，务求取得实效。加强农村基层组织的阵地建设，继续搞好农村党员干部现代远程教育，加大政策理论、法律法规和实用技术培训力度，引导农村基层干部发扬求真务实、踏实苦干的工作作风，广泛联系群众，增强带领群众增收致富的能力。关心和爱护农村基层干部，继续开展农村党的建设"三级联创"活动，加强基层党风廉政建设，巩固党在农村的执政基础。充分发挥农村共青团和妇联组织的作用。

（28）切实维护农民的民主权利。健全村党组织领导的充满活力的村民自治机制，进一步完善村务公开和民主议事制度，让农民群众真正享有知情权、参与权、管理权、监督权。完善村民"一事一议"制度，健全农民自主筹资筹劳的机制和办法，引导农民自主开展农村公益性设施建设。开展村务公开民主管理示范活动，推动农村基层志愿服务活动。加强农村法制建设，深入开展农村普法教育，增强农民的法制观念，提高农民依法行使权利和履行义务的自觉性。妥善处理农村各种社会矛盾，加强农村社会治安综合治理，打击"黄赌毒"等社会丑恶现象，建设平安乡村，创造农民安居乐业的社会环境。

（29）培育农村新型社会化服务组织。在继续增强农村集体组织经济实力和服务功能、发挥国家基层经济技术服务部门作用的同时，要鼓励、引导和支持农村发展各种新型的社会化服务组织。推动农产品行业协会发展，引导农业生产者和农产品加工、出口企业加强行业自律，搞好信息服务，维护成员权益。鼓励发展农村法律、财务等中介组织，为农民发展生产经营和维护合法权益提供有效服务。

八、切实加强领导，动员全党全社会关心、支持和参与社会主义新农村建设

（30）加强对社会主义新农村建设工作的领导。推进社会主义新农村建设事关我国农业和农村的长远发展，事关改革开放和现代化建设的大局，各级党委和政府要从战略和全局的高度出发，把建设社会主义新农村作为一件大事，真正列入议事日程，切实加强领导，明确工作重点，每年为农民办几件实事。各级党委和政府的工作部门都要明确自身在新农村建设中的职责和任务，特别是宏观管理、基础产业和公共服务部门，在制定发展规划、安排建设投资和事业经费时，要充分考虑统筹城乡发展的要求，更多地向农村倾斜。各地区各部门要建立推进新农村建设的工作协调机制，加强统一领导，明确职责分工，搞好配合协作。各级领导干部要深入农村调查研究，总结实践经验，加强指导服务，帮助基层解决新农村建设中遇到的各种矛盾和问题。

（31）科学制定社会主义新农村建设规划。新农村建设涉及经济、政治、文化和社会各个方面，是一项十分复杂的系统工程，必须切实加强规划工作。各地要按照统筹城乡经济社会发展的要求，把新农村建设纳入当地经济和社会发展的总体规划。要明确推进新农村建设的思路、目标和工作措施，统筹安排各项建设任务。做好第二次全国农业普查工作，为制定规划提供科学依据。要充分考虑农民的切身利益和发展要求，在促进农村经济发展的基础上，区分轻重缓急，突出建设重点，加强饮水安全、农田水利、乡村道路、农村能源等基础设施建设，加快教育、卫生等公共事业发展。要尊重自然规律、经济规律和社会发展规律，广泛听取基层和农民群众的意见和建议，提高规划的科学性、民主性、可行性，确保新农村建设扎实稳步推进。

（32）动员全社会力量关心、支持和参与社会主义新农村建设。建设社会主义新农村是全社会的事业，需要动员各方面力量广泛参与。各行各业都要关心支持新农村建设，为新农村建设作出贡献。充分发挥城市带动农村发展的作用，加大城市经济对农村的辐射，加大城市人才、智力资源对农村的支持，加大城市科技、教育、医疗等方面对农民的服务。要形成全社会参与新农村建设的激励机制，鼓励各种社会力量投身社会主义新农村建

设，引导党政机关、人民团体、企事业单位和社会知名人士、志愿者对乡村进行结对帮扶，加强舆论宣传，努力营造全社会关心、支持、参与建设社会主义新农村的浓厚氛围。

做好2006年和"十一五"时期的农业和农村工作，任务艰巨，意义重大。我们要紧密团结在以胡锦涛同志为总书记的党中央周围，高举邓小平理论和"三个代表"重要思想伟大旗帜，全面贯彻落实科学发展观，解放思想，振奋精神，开拓进取，扎实工作，为建设社会主义新农村而努力奋斗。

中共中央、国务院关于积极发展现代农业扎实推进社会主义新农村建设的若干意见

(中发〔2007〕1号)

农业丰则基础强,农民富则国家盛,农村稳则社会安。加强"三农"工作,积极发展现代农业,扎实推进社会主义新农村建设,是全面落实科学发展观、构建社会主义和谐社会的必然要求,是加快社会主义现代化建设的重大任务。

2006年以来,各地区各部门认真贯彻中央部署,社会主义新农村建设开局良好。在自然灾害较重的情况下,粮食继续增产,农民持续增收,农村综合改革稳步推进,农村公共事业明显加强,农村社会更加稳定。但当前农村发展仍存在许多突出矛盾和问题,农业基础设施依然薄弱,农民稳定增收依然困难,农村社会事业发展依然滞后,改变农村落后面貌、缩小城乡差距仍需付出艰苦努力。要增强危机感,坚持解决好"三农"问题是全党工作重中之重的战略思想丝毫不能动摇,促进农业稳定发展、农民持续增收的重要任务丝毫不能放松,支农惠农的政策力度丝毫不能减弱,扎实推进新农村建设的各项工作丝毫不能松懈。

发展现代农业是社会主义新农村建设的首要任务,是以科学发展观统领农村工作的必然要求。推进现代农业建设,顺应我国经济发展的客观趋势,符合当今世界农业发展的一般规律,是促进农民增加收入的基本途径,是提高农业综合生产能力的重要举措,是建设社会主义新农村的产业基础。要用现代物质条件装备农业,用现代科学技术改造农业,用现代产业体系提升农业,用现代经营形式推进农业,用现代发展理念引领农业,用培养新型农民发展农业,提高农业水利化、机械化和信息化水平,提高土地产出率、资源利用率和农业劳动生产率,提高农业素质、效益和竞争力。建设现代农业的过程,就是改造传统农业、不断发展农村生产力的过程,就是转变农业增长方式、促进农业又好又快发展的过程。必须把建设现代农业作为贯穿新农村建设和现代化全过程的一项长期艰巨任务,切实抓紧抓好。

2007年农业和农村工作的总体要求是:以邓小平理论和"三个代表"重要思想为指导,全面落实科学发展观,坚持把解决好"三农"问题作为全党工作的重中之重,统筹城乡经济社会发展,实行工业反哺农业、城市支持农村和多予少取放活的方针,巩固、完善、加强支农惠农政策,切实加大农业投入,积极推进现代农业建设,强化农村公共服务,深化农村综合改革,促进粮食稳定发展、农民持续增收、农村更加和谐,确保新农村建设取得新的进展,巩固和发展农业农村的好形势。

一、加大对"三农"的投入力度,建立促进现代农业建设的投入保障机制

增加农业投入,是建设现代农业、强化农业基础的迫切需要。必须不断开辟新的农业

投入渠道，逐步形成农民积极筹资投劳、政府持续加大投入、社会力量广泛参与的多元化投入机制。特别要抓住当前经济发展较快和财政增收较多的时机，继续巩固、完善、加强支农惠农政策，切实加大对"三农"的投入，实实在在为农民办一些实事。

（一）大幅度增加对"三农"的投入。各级政府要切实把基础设施建设和社会事业发展的重点转向农村，国家财政新增教育、卫生、文化等事业经费和固定资产投资增量主要用于农村，逐步加大政府土地出让收入用于农村的比重。要建立"三农"投入稳定增长机制，积极调整财政支出结构、固定资产投资结构和信贷投放结构，中央和县级以上地方财政每年对农业总投入的增长幅度应当高于其财政经常性收入的增长幅度，尽快形成新农村建设稳定的资金来源。2007年，财政支农投入的增量要继续高于上年，国家固定资产投资用于农村的增量要继续高于上年，土地出让收入用于农村建设的增量要继续高于上年。建设用地税费提高后新增收入主要用于"三农"。加快制定农村金融整体改革方案，努力形成商业金融、合作金融、政策性金融和小额贷款组织互为补充、功能齐备的农村金融体系，探索建立多种形式的担保机制，引导金融机构增加对"三农"的信贷投放。加大支农资金整合力度，抓紧建立支农投资规划、计划衔接和部门信息沟通工作机制，完善投入管理办法，集中用于重点地区、重点项目，提高支农资金使用效益。要注重发挥政府资金的带动作用，引导农民和社会各方面资金投入农村建设。加快农业投入立法进程，加强执法检查。

（二）健全农业支持补贴制度。近几年实行的各项补贴政策，深受基层和农民欢迎，要不断巩固、完善和加强，逐步形成目标清晰、受益直接、类型多样、操作简便的农业补贴制度。各地用于种粮农民直接补贴的资金要达到粮食风险基金的50%以上。加大良种补贴力度，扩大补贴范围和品种。扩大农机具购置补贴规模、补贴机型和范围。加大农业生产资料综合补贴力度。中央财政要加大对产粮大县的奖励力度，增加对财政困难县乡增收节支的补助。同时，继续对重点地区、重点粮食品种实行最低收购价政策，并逐步完善办法、健全制度。

（三）建立农业风险防范机制。要加强自然灾害和重大动植物病虫害预测预报和预警应急体系建设，提高农业防灾减灾能力。积极发展农业保险，按照政府引导、政策支持、市场运作、农民自愿的原则，建立完善农业保险体系。扩大农业政策性保险试点范围，各级财政对农户参加农业保险给予保费补贴，完善农业巨灾风险转移分摊机制，探索建立中央、地方财政支持的农业再保险体系。鼓励龙头企业、中介组织帮助农户参加农业保险。

（四）鼓励农民和社会力量投资现代农业。充分发挥农民在建设新农村和发展现代农业中的主体作用，引导农民发扬自力更生精神，增加生产投入和智力投入，提高科学种田和集约经营水平。完善农村"一事一议"筹资筹劳办法，支持各地对"一事一议"建设公益设施实行奖励补助制度。对农户投资投劳兴建直接受益的生产生活设施，可给予适当补助。综合运用税收、补助、参股、贴息、担保等手段，为社会力量投资建设现代农业创造良好环境。企业捐款和投资建设农村公益设施，可以按规定享受相应的税收优惠政策。

二、加快农业基础建设，提高现代农业的设施装备水平

改善农业设施装备，是建设现代农业的重要内容。必须下决心增加投入，加强基础设施建设，加快改变农村生产生活条件落后的局面。

（一）大力抓好农田水利建设。要把加强农田水利设施建设作为现代农业建设的一件

大事来抓。加快大型灌区续建配套和节水改造，搞好末级渠系建设，推行灌溉用水总量控制和定额管理。扩大大型泵站技术改造实施范围和规模。农业综合开发要增加对中型灌区节水改造投入。加强丘陵山区抗旱水源建设，加快西南地区中小型水源工程建设。增加小型农田水利工程建设补助专项资金规模。加大病险水库除险加固力度，加强中小河流治理，改善农村水环境。引导农民开展直接受益的农田水利工程建设，推广农民用水户参与灌溉管理的有效做法。

（二）切实提高耕地质量。强化和落实耕地保护责任制，切实控制农用地转为建设用地的规模。合理引导农村节约集约用地，切实防止破坏耕作层的农业生产行为。加大土地复垦、整理力度。按照田地平整、土壤肥沃、路渠配套的要求，加快建设旱涝保收、高产稳产的高标准农田。加快实施沃土工程，重点支持有机肥积造和水肥一体化设施建设，鼓励农民发展绿肥、秸秆还田和施用农家肥。扩大土壤有机质提升补贴项目试点规模和范围。增加农业综合开发投入，积极支持高标准农田建设。

（三）加快发展农村清洁能源。继续增加农村沼气建设投入，支持有条件的地方开展养殖场大中型沼气建设。在适宜地区积极发展秸秆气化和太阳能、风能等清洁能源，加快绿色能源示范县建设，实施西北地区百万户太阳灶建设工程。加快实施乡村清洁工程，推进人畜粪便、农作物秸秆、生活垃圾和污水的综合治理和转化利用。加强农村水能资源开发规划和管理，扩大小水电代燃料工程实施范围和规模，加大对贫困地区农村水电开发的投入和信贷支持。

（四）加大乡村基础设施建设力度。"十一五"时期，要解决1.6亿农村人口的饮水安全问题，优先解决人口较少民族、水库移民、血吸虫病区和农村学校的安全饮水，争取到2015年基本实现农村人口安全饮水目标，有条件的地方可加快步伐。加大农村公路建设力度，加强农村公路养护和管理，完善农村公路筹资建设和养护机制。继续推进农村电网改造和建设，落实城乡同网同价政策，加快户户通电工程建设，实施新农村电气化建设"百千万"工程。鼓励农民在政府支持下，自愿筹资筹劳开展农村小型基础设施建设。治理农村人居环境，搞好村庄治理规划和试点，节约农村建设用地。继续发展小城镇和县域经济，充分发挥辐射周边农村的功能，带动现代农业发展，促进基础设施和公共服务向农村延伸。

（五）发展新型农用工业。农用工业是增强农业物质装备的重要依托。积极发展新型肥料、低毒高效农药、多功能农业机械及可降解农膜等新型农业投入品。优化肥料结构，加快发展适合不同土壤、不同作物特点的专用肥、缓释肥。加大对新农药创制工程支持力度，推进农药产品更新换代。加快农机行业技术创新和结构调整，重点发展大中型拖拉机、多功能通用型高效联合收割机及各种专用农机产品。尽快制定有利于农用工业发展的支持政策。

（六）提高农业可持续发展能力。鼓励发展循环农业、生态农业，有条件的地方可加快发展有机农业。继续推进天然林保护、退耕还林等重大生态工程建设，进一步完善政策、巩固成果。启动石漠化综合治理工程，继续实施沿海防护林工程。完善森林生态效益补偿基金制度，探索建立草原生态补偿机制。加快实施退牧还草工程。加强森林草原防火工作。加快长江、黄河上中游和西南石灰岩等地区水土流失治理，启动坡耕地水土流失综合整治工程。加强农村环境保护，减少农业面源污染，搞好江河湖海的水污染治理。

三、推进农业科技创新,强化建设现代农业的科技支撑

科技进步是突破资源和市场对我国农业双重制约的根本出路。必须着眼增强农业科技自主创新能力,加快农业科技成果转化应用,提高科技对农业增长的贡献率,促进农业集约生产、清洁生产、安全生产和可持续发展。

(一)加强农业科技创新体系建设。大幅度增加农业科研投入,加强国家基地、区域性农业科研中心创新能力建设。启动农业行业科研专项,支持农业科技项目。着力扶持对现代农业建设有重要支撑作用的技术研发。继续安排农业科技成果转化资金和国外先进农业技术引进资金。加快推进农业技术成果的集成创新和中试熟化。深化农业科研院所改革,开展稳定支持农业科研院所的试点工作,逐步提高农业科研院所的人均事业费水平。建立鼓励科研人员科技创新的激励机制。充分发挥大专院校在农业科技研究中的作用。引导涉农企业开展技术创新活动,企业与科研单位进行农业技术合作、向基地农户推广农业新品种新技术所发生的有关费用,享受企业所得税的相关优惠政策。对于涉农企业符合国家产业政策和有关规定引进的加工生产设备,允许免征进口关税和进口环节增值税。

(二)推进农业科技进村入户。积极探索农业科技成果进村入户的有效机制和办法,形成以技术指导员为纽带,以示范户为核心,连接周边农户的技术传播网络。继续加强基层农业技术推广体系建设,健全公益性职能经费保障机制,改善推广条件,提高人员素质。推进农科教结合,发挥农业院校在农业技术推广中的积极作用。增大国家富民强县科技专项资金规模,提高基层农业科技成果转化能力。继续支持重大农业技术推广,加快实施科技入户工程。着力培育科技大户,发挥对农民的示范带动作用。

(三)大力推广资源节约型农业技术。要积极开发运用各种节约型农业技术,提高农业资源和投入品使用效率。大力普及节水灌溉技术,启动旱作节水农业示范工程。扩大测土配方施肥的实施范围和补贴规模,进一步推广诊断施肥、精准施肥等先进施肥技术。改革农业耕作制度和种植方式,开展免耕栽培技术推广补贴试点,加快普及农作物精量半精量播种技术。积极推广集约、高效、生态畜禽水产养殖技术,降低饲料和能源消耗。

(四)积极发展农业机械化。要改善农机装备结构,提升农机装备水平,走符合国情、符合各地实际的农业机械化发展道路。加快粮食生产机械化进程,因地制宜地拓展农业机械化的作业和服务领域,在重点农时季节组织开展跨区域的机耕、机播、机收作业服务。建设农机化试验示范基地,大力推广水稻插秧、土地深松、化肥深施、秸秆粉碎还田等农机化技术。鼓励农业生产经营者共同使用、合作经营农业机械,积极培育和发展农机大户和农机专业服务组织,推进农机服务市场化、产业化。加强农机安全监理工作。

(五)加快农业信息化建设。用信息技术装备农业,对于加速改造传统农业具有重要意义。健全农业信息收集和发布制度,整合涉农信息资源,推动农业信息数据收集整理规范化、标准化。加强信息服务平台建设,深入实施"金农"工程,建立国家、省、市、县四级农业信息网络互联中心。加快建设一批标准统一、实用性强的公用农业数据库。加强农村一体化的信息基础设施建设,创新服务模式,启动农村信息化示范工程。积极发挥气象为农业生产和农民生活服务的作用。鼓励有条件的地方在农业生产中积极采用全球卫星定位系统、地理信息系统、遥感和管理信息系统等技术。

四、开发农业多种功能,健全发展现代农业的产业体系

农业不仅具有食品保障功能,而且具有原料供给、就业增收、生态保护、观光休闲、

文化传承等功能。建设现代农业，必须注重开发农业的多种功能，向农业的广度和深度进军，促进农业结构不断优化升级。

（一）促进粮食稳定发展。继续坚持立足国内保障粮食基本自给的方针，逐步构建供给稳定、调控有力、运转高效的粮食安全保障体系。2007年，要努力稳定粮食播种面积，提高单产、优化品种、改善品质。继续实施优质粮食产业、种子、植保和粮食丰产科技等工程。推进粮食优势产业带建设，鼓励有条件的地方适度发展连片种植，加大对粮食加工转化的扶持力度。支持粮食主产区发展粮食生产和促进经济增长，水利建设、中低产田改造和农产品加工转化等资金和项目安排，要向粮食主产区倾斜。加强对粮食生产、消费、库存及进出口的监测和调控，建立和完善粮食安全预警系统，维护国内粮食市场稳定。

（二）发展健康养殖业。健康养殖直接关系人民群众的生命安全。转变养殖观念，调整养殖模式，做大做强畜牧产业。按照预防为主、关口前移的要求，积极推行健康养殖方式，加强饲料安全管理，从源头上把好养殖产品质量安全关。牧区要积极推广舍饲半舍饲饲养，农区有条件的要发展规模养殖和畜禽养殖小区。扩大对养殖小区的补贴规模，继续安排奶牛良种补贴资金。加大动物疫病防控投入力度，加强基层兽医队伍建设，健全重大动物疫情监测和应急处置机制，建立和完善动物标识及疫病可追溯体系。水产养殖业要推广优良品种，加强水产养殖品种病害防治，提高健康养殖水平。

（三）大力发展特色农业。要立足当地自然和人文优势，培育主导产品，优化区域布局。适应人们日益多样化的物质文化需求，因地制宜地发展特而专、新而奇、精而美的各种物质、非物质产品和产业，特别要重视发展园艺业、特种养殖业和乡村旅游业。通过规划引导、政策支持、示范带动等办法，支持"一村一品"发展。加快培育一批特色明显、类型多样、竞争力强的专业村、专业乡镇。

（四）扶持农业产业化龙头企业发展。龙头企业是引导农民发展现代农业的重要带动力量。通过贴息补助、投资参股和税收优惠等政策，支持农产品加工业发展。中央和省级财政要专门安排扶持农产品加工的补助资金，支持龙头企业开展技术引进和技术改造。完善农产品加工业增值税政策，减轻农产品加工企业税负。落实扶持农业产业化经营的各项政策，各级财政要逐步增加对农业产业化的资金投入。农业综合开发资金要积极支持农业产业化发展。金融机构要加大对龙头企业的信贷支持，重点解决农产品收购资金困难问题。有关部门要加强对龙头企业的指导和服务。

（五）推进生物质产业发展。以生物能源、生物基产品和生物质原料为主要内容的生物质产业，是拓展农业功能、促进资源高效利用的朝阳产业。加快开发以农作物秸秆等为主要原料的生物质燃料、肥料、饲料，启动农作物秸秆生物气化和固化成型燃料试点项目，支持秸秆饲料化利用。加强生物质产业技术研发、示范、储备和推广，组织实施农林生物质科技工程。鼓励有条件的地方利用荒山、荒地等资源，发展生物质原料作物种植。加快制定有利于生物质产业发展的扶持政策。

五、健全农村市场体系，发展适应现代农业要求的物流产业

发达的物流产业和完善的市场体系，是现代农业的重要保障。必须强化农村流通基础设施建设，发展现代流通方式和新型流通业态，培育多元化、多层次的市场流通主体，构建开放统一、竞争有序的市场体系。

（一）建设农产品流通设施和发展新型流通业态。采取优惠财税措施，支持农村流通基础设施建设和物流企业发展。要合理布局，加快建设一批设施先进、功能完善、交易规范的鲜活农产品批发市场。大力发展农村连锁经营、电子商务等现代流通方式。加快建设"万村千乡市场"、"双百市场"、"新农村现代流通网络"和"农村商务信息服务"等工程。支持龙头企业、农民专业合作组织等直接向城市超市、社区菜市场和便利店配送农产品。积极支持农资超市和农家店建设，对农资和农村日用消费品连锁经营，实行企业总部统一办理工商注册登记和经营审批手续。切实落实鲜活农产品运输绿色通道政策。改善农民进城销售农产品的市场环境。进一步规范和完善农产品期货市场，充分发挥引导生产、稳定市场、规避风险的作用。

（二）加强农产品质量安全监管和市场服务。认真贯彻农产品质量安全法，提高农产品质量安全监管能力。加快完善农产品质量安全标准体系，建立农产品质量可追溯制度。在重点地区、品种、环节和企业，加快推行标准化生产和管理。实行农药、兽药专营和添加剂规范使用制度，实施良好农业操作规范试点。继续加强农产品生产环境和产品质量检验检测，搞好无公害农产品、绿色食品、有机食品认证，依法保护农产品注册商标、地理标志和知名品牌。严格执行转基因食品、液态奶等农产品标识制度。加强农业领域知识产权保护。启动实施农产品质量安全检验检测体系建设规划。加强对农资生产经营和农村食品药品质量安全监管，探索建立农资流通企业信用档案制度和质量保障赔偿机制。

（三）加强农产品进出口调控。加快实施农业"走出去"战略。加强农产品出口基地建设，实行企业出口产品卫生注册制度和国际认证，推进农产品检测结果国际互认。支持农产品出口企业在国外市场注册品牌，开展海外市场研究、营销策划、产品推介活动。有关部门和行业协会要积极开展农产品技术标准、国际市场促销等培训服务。搞好对农产品出口的信贷和保险服务。减免出口农产品检验检疫费用，简化检验检疫程序，加快农产品特别是鲜活产品出口的通关速度。加强对大宗农产品进口的调控和管理，保护农民利益，维护国内生产和市场稳定。

（四）积极发展多元化市场流通主体。加快培育农村经纪人、农产品运销专业户和农村各类流通中介组织。采取财税、金融等措施，鼓励各类工商企业通过收购、兼并、参股和特许经营等方式，参与农村市场建设和农产品、农资经营，培育一批大型涉农商贸企业集团。供销合作社要推进开放办社，发展联合与合作，提高经营活力和市场竞争力。邮政系统要发挥邮递物流网络的优势，拓展为农服务领域。国有粮食企业要加快改革步伐，发挥衔接产销、稳定市场的作用。商贸、医药、通信、文化等企业要积极开拓农村市场。

六、培养新型农民，造就建设现代农业的人才队伍

建设现代农业，最终要靠有文化、懂技术、会经营的新型农民。必须发挥农村的人力资源优势，大幅度增加人力资源开发投入，全面提高农村劳动者素质，为推进新农村建设提供强大的人才智力支持。

（一）培育现代农业经营主体。普遍开展农业生产技能培训，扩大新型农民科技培训工程和科普惠农兴村计划规模，组织实施新农村实用人才培训工程，努力把广大农户培养成有较强市场意识、有较高生产技能、有一定管理能力的现代农业经营者。积极发展种养专业大户、农民专业合作组织、龙头企业和集体经济组织等各类适应现代农业发展要求的经营主体。采取各类支持政策，鼓励外出务工农民带技术、带资金回乡创业，成为建设现代农业的带头人。支持工商企业、大专院校和中等职业学校毕业生、乡土人才创办现代农业企业。

（二）加强农民转移就业培训和权益保护。加大"阳光工程"等农村劳动力转移就业培训支持力度，进一步提高补贴标准，充实培训内容，创新培训方式，完善培训机制。适应制造业发展需要，从农民工中培育一批中高级技工。鼓励用工企业和培训机构开展定向、订单培训。组织动员社会力量广泛参与农民转移就业培训。按照城乡统一、公平就业的要求，进一步完善农民外出就业的制度保障。做好农民工就业的公共服务工作，加快解决农民工的子女上学、工伤、医疗和养老保障等问题，切实提高农民工的生活质量和社会地位。

（三）加快发展农村社会事业。这是增强农民综合素质的必然要求，也是构建社会主义和谐社会的重要内容。继续改善农村办学条件，促进城乡义务教育均衡发展。2007年全国农村义务教育阶段学生全部免除学杂费，对家庭经济困难学生免费提供教科书并补助寄宿生生活费，有条件的地方可扩大免、补实施范围。加快发展农村职业技术教育和农村成人教育，扩大职业教育面向农村的招生规模。加大对大专院校和中等职业学校农林类专业学生的助学力度，有条件的地方可减免种植、养殖专业学生的学费。努力扫除农村青壮年文盲。继续扩大新型农村合作医疗制度试点范围，加强规范管理，扩大农民受益面，并不断完善农村医疗救助制度。加强农村计划生育工作，全面推行农村计划生育家庭奖励扶助政策，加大少生快富工程实施力度。增加农村文化事业投入，加强农村公共文化服务体系建设，加快广播电视"村村通"和农村文化信息资源共享工程建设步伐。

（四）提高农村公共服务人员能力。建立农村基层干部、农村教师、乡村医生、计划生育工作者、基层农技推广人员及其他与农民生产生活相关服务人员的培训制度，加强在岗培训，提高服务能力。进一步转换乡镇事业单位用人机制，积极探索由受益农民参与基层服务人员业绩考核评定的相关办法。加大城市教师、医务人员、文化工作者支援农村的力度，完善鼓励大专院校和中等职业学校毕业生到农村服务的有关办法，引导他们到农村创业。有条件的地方，可选拔大专院校和中等职业学校毕业生到乡村任职，改善农村基层干部队伍结构。

七、深化农村综合改革，创新推动现代农业发展的体制机制

深化农村综合改革，是巩固农村税费改革成果、推进现代农业建设的客观要求。必须加快改革步伐，为建设现代农业提供体制机制保障。

（一）深化农村综合改革。有条件的地方要在全省范围内开展乡镇机构改革试点，暂不具备条件的省份要进一步扩大市、县试点范围，从乡村实际出发转变乡镇政府职能，完善农村基层行政管理体制和工作机制，提高农村公共服务水平。认真落实农村义务教育经费保障机制改革措施，搞好教育人事制度改革，加强农村教师队伍建设。建立健全财力与事权相匹配的省以下财政管理体制，进一步完善财政转移支付制度，增强基层政府公共产品和公共服务的供给能力。中央和省级财政要安排一定资金，对地方推进农村综合改革给予奖励补助。

（二）统筹推进农村其他改革。进一步发挥中国农业银行、中国农业发展银行在农村金融中的骨干和支柱作用，继续深化农村信用社改革，尽快明确县域内各金融机构新增存款投放当地的比例，引导邮政储蓄等资金返还农村，大力发展农村小额贷款，在贫困地区先行开展发育农村多种所有制金融组织的试点。坚持农村基本经营制度，稳定土地承包关系，规范土地承包经营权流转，加快征地制度改革。稳定渔民的水域滩涂养殖使用权。加快推进农村集体林权制度改革，明晰林地使用权和林木所有权，放活经营权，落实处置权，继续搞好国有林区林权制度改革试点。积极搞好水权制度改革，探索建立水权分配、登记、转让等各项管理制度。继续推进农垦体制改革，转换企业经营机制，发挥农垦企业在现代农业建设中的示范带动作用。

（三）清理化解乡村债务。全面清理核实乡村债务，摸清底数，锁定旧债，制止发生新债，积极探索化解债务的措施和办法，优先化解农村义务教育、基础设施建设和社会公益事业发展等方面的债务。各地要妥善处理好历年农业税尾欠，在严格把握政策和加强审核的前提下，该减免的要坚决减免，能豁免的应予以豁免。中央和省级财政要安排一定奖励资金，鼓励地方主动化解乡村债务。

（四）大力发展农民专业合作组织。认真贯彻农民专业合作社法，支持农民专业合作组织加快发展。各地要加快制定推动农民专业合作社发展的实施细则，有关部门要抓紧出台具体登记办法、财务会计制度和配套支持措施。要采取有利于农民专业合作组织发展的税收和金融政策，增大农民专业合作社建设示范项目资金规模，着力支持农民专业合作组织开展市场营销、信息服务、技术培训、农产品加工储藏和农资采购经营。

八、加强党对农村工作的领导，确保现代农业建设取得实效

党管农村工作是我们党的一个传统和重大原则，也是建设现代农业、推进社会主义新农村建设的根本保证。全党要高度重视"三农"工作，把建设现代农业作为一件大事列入重要议事日程，切实抓紧抓好。要适应农村经济社会深刻变化的新形势，调整工作思路，转变工作作风，改进工作方法。

（一）各级党委和政府要坚持不懈抓好"三农"工作。各级党政主要领导要亲自抓"三农"工作，省、市、县党委要有负责同志分管"三农"工作。充实和加强"三农"工作综合机构，贯彻落实好党的支农惠农政策。各部门要树立全局观念，强化服务意识，更加积极主动地支持现代农业建设。各级领导干部要转变作风，深入乡村、深入群众，帮助基层解决实际问题。要进一步细分地域类型，细化工作措施，更有针对性地搞好分类指导。加强农村基层组织建设，巩固和发展农村保持共产党员先进性教育活动成果。继续开展农村党的建设"三级联创"活动，选好配强乡村党组织领导班子，加强以村党组织为核心的村级组织配套建设。加快推进农村党员干部现代远程教育工程，大力推进村级组织活动场所建设。积极探索从优秀村干部中考录乡镇公务员、选任乡镇领导干部的有效途径，关心村干部的工作和生活，合理提高村干部的待遇和保障水平。加强农村基层党风廉政建设，增强农村基层党组织的创造力、凝聚力、战斗力。

（二）加强和改进农村社会管理。针对农村经济社会发展的新变化，要创新农村社会管理体制机制，切实加强维护农村社会稳定工作。拓宽农村社情民意表达渠道，建立健全矛盾纠纷的排查调处机制，综合运用多种手段和办法，妥善解决农村社会的苗头性、倾向性问题。深入开展平安农村建设，加强农村警务建设，搞好农村社会治安综合治理，保持农村安定有序。在农村广泛开展法制宣传教育，增强群众的法律意识，引导农民以理性合法的方式表达利益诉求，依法行使权利、履行义务。建立农村应急管理体制，提高危机处置能力。

（三）促进农村和谐发展。健全村党组织领导的充满活力的村民自治机制，完善村务公开制度，促进农村基层民主健康发展。加强农村精神文明建设，开展以"八荣八耻"为主要内容的社会主义荣辱观教育，推进群众性精神文明创建活动，引导农民崇尚科学、抵制迷信、移风易俗。加大对中西部地区特别是老少边穷地区发展社会事业、改善生产生活条件的支持力度。继续搞好开发式扶贫，实行整村推进扶贫方式，分户制定更有针对性的扶贫措施，提高扶贫开发成效。在全国范围建立农村最低生活保障制度，各地应根据当地经济发展水平和财力状况，确定低保对象范围、标准，鼓励已建立制度的地区完善制度，支持未建立制度的地区建立制度，中央财政对财政困难地区给予适当补助。有条件的地方，可探索建立多种形式的农村养老保险制度。高度重视农村残疾人事业，妥善解决外出务工农民家庭的实际困难。做好农村消防及其他安全工作，坚决制止污染企业向农村扩散，强化对各类地质灾害的监控，做好救灾救济工作，切实增强群众安全感。

加快建设现代农业，推进社会主义新农村建设，意义重大，任务艰巨。我们要紧密团结在以胡锦涛同志为总书记的党中央周围，高举邓小平理论和"三个代表"重要思想伟大旗帜，全面落实科学发展观，坚定信心，扎实苦干，奋力开拓，为构建社会主义和谐社会作出新的贡献。

中共中央、国务院关于切实加强农业基础建设进一步促进农业发展农民增收的若干意见

(中发［2008］1号)

党的十七大高举中国特色社会主义伟大旗帜，对继续推进改革开放和社会主义现代化建设、实现全面建设小康社会的宏伟目标作出了全面部署。推动科学发展，促进社会和谐，夺取全面建设小康社会新胜利，必须加强农业基础地位，走中国特色农业现代化道路，建立以工促农、以城带乡长效机制，形成城乡经济社会发展一体化新格局。

党的十六大以来，党中央、国务院顺应时代要求，遵循发展规律，与时俱进加强"三农"工作，作出了一系列意义重大、影响深远的战略部署。坚持把解决好"三农"问题作为全党工作的重中之重，不断强化对农业和农村工作的领导；坚持统筹城乡发展，不断加大工业反哺农业、城市支持农村的力度；坚持多予少取放活，不断完善农业支持保护体系；坚持市场取向改革，不断解放和发展农村生产力；坚持改善民生，不断解决农民生产生活最迫切的实际问题。经过全党全国人民的共同努力，农业和农村发展呈现出难得的好局面。粮食连续4年增产，农业生产全面发展。农民收入持续较快增长，生活水平明显提高。农村基础设施加快改善，社会事业发展和扶贫开发迈出重大步伐。农村改革取得历史性突破，发展活力不断增强。农村党群干群关系明显改善，农村社会稳定和谐。农业和农村形势好，为改革发展稳定全局作出了重大贡献。实践证明，中央关于"三农"工作的方针政策是完全正确的。

当前，工业化、信息化、城镇化、市场化、国际化深入发展，农业和农村正经历着深刻变化。农业资源环境和市场约束增强，保障农产品供求平衡难度加大，要求加速转变农业发展方式。农产品贸易竞争加剧，促进优势农产品出口和适时适度调控进口难度加大，要求加快提升农业竞争力。农业比较效益下降，保持粮食稳定发展、农民持续增收难度加大，要求健全农业支持保护体系。农村生产要素外流加剧，缩小城乡差距难度加大，要求加大统筹城乡发展力度。农村社会结构深刻转型，兼顾各方利益和搞好社会管理难度加大，要求进一步完善乡村治理机制。全党必须深刻认识"三农"工作面临的新形势新任务，全面把握新机遇新挑战，增强做好"三农"工作的紧迫感，粮食安全的警钟要始终长鸣，巩固农业基础的弦要始终绷紧，解决好"三农"问题作为全党工作重中之重的要求要始终坚持。

2008年和今后一个时期，农业和农村工作的总体要求是：全面贯彻党的十七大精神，高举中国特色社会主义伟大旗帜，以邓小平理论和"三个代表"重要思想为指导，深入贯彻落实科学发展观，按照形成城乡经济社会发展一体化新格局的要求，突出加强农业基础建设，积极促进农业稳定发展、农民持续增收，努力保障主要农产品基本供给，切实解决

农村民生问题，扎实推进社会主义新农村建设。

一、加快构建强化农业基础的长效机制

在经济社会发展新阶段，农业的多种功能日益凸现，农业的基础作用日益彰显。必须更加自觉地加强农业基础地位，不断加大强农惠农政策力度。

（一）按照统筹城乡发展要求切实加大"三农"投入力度。强化农业基础，必须引导要素资源合理配置，推动国民收入分配切实向"三农"倾斜，大幅度增加对农业和农村投入。要坚持并落实工业反哺农业、城市支持农村和多予少取放活的方针，坚持做到县级以上各级财政每年对农业总投入增长幅度高于其财政经常性收入增长幅度，坚持把国家基础设施建设和社会事业发展的重点转向农村。2008年，财政支农投入的增量要明显高于上年，国家固定资产投资用于农村的增量要明显高于上年，政府土地出让收入用于农村建设的增量要明显高于上年。耕地占用税新增收入主要用于"三农"，重点加强农田水利、农业综合开发和农村基础设施建设。完善城市维护建设税政策，各地预算安排的城市维护建设支出要确定部分资金用于乡村规划、基础设施建设和维护。从2008年起，国家在国家扶贫开发工作重点县新安排的病险水库除险加固、生态建设等公益性强的基本建设项目，根据不同情况，逐步减少或取消县及县以下配套。加强农业投入管理，提高资金使用效益。加快农业投入立法。

（二）巩固、完善、强化强农惠农政策。按照适合国情、着眼长远、逐步增加、健全机制的原则，坚持和完善农业补贴制度，不断强化对农业的支持保护。继续加大对农民的直接补贴力度，增加粮食直补、良种补贴、农机具购置补贴和农资综合直补。扩大良种补贴范围。增加农机具购置补贴种类，提高补贴标准，将农机具购置补贴覆盖到所有农业县。认真总结各地开展政策性农业保险试点的经验和做法，稳步扩大试点范围，科学确定补贴品种。全面落实对粮食、油料、生猪和奶牛生产的各项扶持政策，加大对生产大县的奖励补助，逐步形成稳定规范的制度。根据保障农产品供给和调动农民积极性的需要，统筹研究重要农产品的补贴政策。强农惠农政策要向重点产区倾斜，向提高生产能力倾斜。继续对重点地区、重点粮食品种实行最低收购价政策。

（三）形成农业增效、农民增收良性互动格局。要通过结构优化增收，继续搞好农产品优势区域布局规划和建设，支持优质农产品生产和特色农业发展，推进农产品精深加工。要通过降低成本增收，大力发展节约型农业，促进秸秆等副产品和生活废弃物资源化利用，提高农业生产效益。要通过非农就业增收，提高乡镇企业、家庭工业和乡村旅游发展水平，增强县域经济发展活力，改善农民工进城就业和返乡创业环境。要通过政策支持增收，加大惠农力度，防止农民负担反弹，合理调控重要农产品和农业生产资料价格。进一步明确农民家庭财产的法律地位，保障农民对集体财产的收益权，创造条件让更多农民获得财产性收入。

（四）探索建立促进城乡一体化发展的体制机制。着眼于改变农村落后面貌，加快破除城乡二元体制，努力形成城乡发展规划、产业布局、基础设施、公共服务、劳动就业和社会管理一体化新格局。健全城乡统一的生产要素市场，引导资金、技术、人才等资源向农业和农村流动，逐步实现城乡基础设施共建共享、产业发展互动互促。切实按照城乡一体化发展的要求，完善各级行政管理机构和职能设置，逐步实现城乡社会统筹管理和基本公共服务均等化。

二、切实保障主要农产品基本供给

确保农产品有效供给是促进经济发展和社会稳定的重要物质基础。必须立足发展国内生产，深入推进农业结构战略性调整，保障农产品供求总量平衡、结构平衡和质量安全。

（一）高度重视发展粮食生产。切实稳定粮食播种面积，优化品种结构，提高单产水平，确保粮食生产稳定发展。积极发展稻谷生产，扩大专用小麦播种面积，合理引导玉米消费。继续实施粮食生产各项工程。根据粮食产销格局的变化，进一步完善粮食风险基金政策，加大对粮食主产区的扶持力度，完善产粮大县奖励政策。实施粮食战略工程，集中力量建设一批基础条件好、生产水平高和调出量大的粮食核心产区；在保护生态前提下，着手开发一批资源有优势、增产有潜力的粮食后备产区。扩大西部退耕地区基本口粮田建设。落实粮食省长负责制，主销区和产销平衡区要稳定粮食自给水平。支持发展主要粮食作物的政策性保险。大力发展油料生产，鼓励优势区域发展棉花、糖料生产，着力提高品质和单产。积极应对全球气候变化，加强防灾减灾工作。支持农垦企业建设大型粮食和农产品生产基地，充分发挥其在现代农业建设中的示范带动作用。

（二）切实抓好"菜篮子"产品生产。继续强化"菜篮子"市长负责制，确保"菜篮子"产品生产稳定发展。积极推动蔬菜等园艺产品的规模化种植。加快转变畜禽养殖方式，对规模养殖实行"以奖代补"，落实规模养殖用地政策，继续实行对畜禽养殖业的各项补贴政策。完善原料奶价格形成机制，严格执行液态奶标识制度。推行水产健康养殖，强化水生生物资源养护，落实禁渔休渔制度，加强渔业安全基础设施建设，支持发展远洋渔业。有条件的地方要积极发展设施农业和精细农业。建立健全生猪、奶牛等政策性保险制度。

（三）加强农业标准化和农产品质量安全工作。加快农业标准修订制定工作。继续实施农业标准化示范项目，扶持龙头企业、农民专业合作组织、科技示范户和种养大户率先实行标准化生产。实施农产品质量安全检验检测体系建设规划，依法开展质量安全监测和检查，巩固农产品质量安全专项整治成果。深入实施无公害农产品行动计划，建立农产品质量安全风险评估机制，健全农产品标识和可追溯制度。强化农业投入品监管，启动实施"放心农资下乡进村"示范工程。积极发展绿色食品和有机食品，培育名牌农产品，加强农产品地理标志保护。

（四）支持农业产业化发展。继续实施农业产业化提升行动，培育壮大一批成长性好、带动力强的龙头企业，支持龙头企业跨区域经营，促进优势产业集群发展。中央和地方财政要增加农业产业化专项资金，支持龙头企业开展技术研发、节能减排和基地建设等。探索采取建立担保基金、担保公司等方式，解决龙头企业融资难问题。抓紧研究完善农产品加工税收政策，促进农产品精深加工健康发展。允许符合条件的龙头企业向社会发行企业债券。龙头企业要增强社会责任，与农民结成更紧密的利益共同体，让农民更多地分享产业化经营成果。健全国家和省级重点龙头企业动态管理机制。引导各类市场主体参与农业产业化经营。鼓励农民专业合作社兴办农产品加工企业或参股龙头企业。支持发展"一村一品"。

（五）加强和改善农产品市场调控。适应生产方式、产销格局和资源环境的变化，统筹利用两个市场、两种资源，保障国内农产品供给和生产发展。兼顾生产者和消费者利益，运用经济杠杆引导农产品价格保持合理水平。加强粮食等重要农产品储备体系建设，完善吞吐调节机制，引导企业建立商业性储备。抓紧建立健全重要农产品供求和价格监测预警体系。鼓励优势农产品出口，推进出口农产品质量追溯体系建设，支持发展农产品出口信贷和信用保险。完善大宗农产品进口管理和贸易救济预警制度。探索采取符合国际惯例的有效手段，调节农产品进出口。驻外机构特别是我驻农产品主要贸易国使领馆要加强国际农产品市场信息服务和农业合作交流。

三、突出抓好农业基础设施建设

加强以农田水利为重点的农业基础设施建设是强化农业基础的紧迫任务。必须切实加大投入力度，加快建设步伐，努力提高农业综合生产能力，尽快改变农业基础设施长期薄弱的局面。

（一）狠抓小型农田水利建设。抓紧编制和完善县级农田水利建设规划，整体推进农田水利工程建设和管理。大幅度增加中央和省级小型农田水利工程建设补助专项资金，将大中型灌区末级渠系改造和小型排涝设施建设纳入补助范围。以雨水集蓄利用为重点，兴建山区小型抗旱水源工程。采取奖励、补助等形式，调动农民建设小型农田水利工程的积极性。推进小型农田水利工程产权制度改革，探索非经营性农村水利工程管理体制改革办法，明确建设主体和管护责任。支持农民用水合作组织发展，提高服务能力。

（二）大力发展节水灌溉。继续把大型灌区节水改造作为农业固定资产投资的重点，力争到2020年基本完成大型灌区续建配套与节水改造任务。农业综合开发要增加中型灌区骨干工程和大中型灌区田间节水改造资金投入。搞好节水灌溉示范，引导农民积极采用节水设备和技术。扩大大型灌溉排水泵站技术改造规模和范围，实施重点涝区治理。对农业灌排用电给予优惠。

（三）抓紧实施病险水库除险加固。大幅度增加病险水库除险加固资金投入，健全责任制，加快完成大中型和重点小型病险水库除险加固任务。各地要加快编制重点地区中小河流治理规划，增加建设投入，中央对中西部地区给予适当补助。引导地方搞好河道疏浚。深化水利工程管理体制改革，进一步落实库区移民政策。加快西南地区中小型水源工程建设。扩大实施山洪灾害防治试点，加强地质灾害防治工作。

（四）加强耕地保护和土壤改良。严格执行土地利用总体规划和年度计划，全面落实耕地保护责任制，建立和完善土地违法违规案件查处协调机制，切实控制建设占用耕地和林地。土地出让收入用于农村的投入，要重点支持基本农田整理、灾毁复垦和耕地质量建设。继续增加投入，加大力度改造中低产田。加快沃土工程实施步伐，扩大测土配方施肥规模。支持农民秸秆还田、种植绿肥、增施有机肥。加快实施旱作农业示范工程，建设一批旱作节水示范区。

（五）加快推进农业机械化。推进农业机械化是转变农业生产方式的迫切需要，也为振兴农机工业提供了重要机遇。加快推进粮食作物生产全程机械化，稳步发展经济作物和养殖业机械化。加强先进适用、生产急需农业机械的研发，重点在粮食主产区、南方丘陵区和血吸虫疫区加快推广应用。完善农业机械化税费优惠政策，对农机作业服务实行减免税，对从事田间作业的拖拉机免征养路费，继续落实农机跨区作业免费通行政策。继续实施保护性耕作项目。扶持发展农机大户、农机合作社和农机专业服务公司。加强农机安全监理工作。

（六）继续加强生态建设。深入实施天然林保护、退耕还林等重点生态工程。建立健全森林、草原和水土保持生态效益补偿制度，多渠道筹集补偿资金，增强生态功能。继续推进山区综合开发，促进林业产业发展。落实草畜平衡制度，推进退牧还草，发展牧区水利，兴建人工草场。加强森林草原火灾监测预警体系和防火基础设施建设。继续搞好长江、黄河、东北黑土区等重点流域、区域水土保持工作。加强荒漠化、石漠化治理，加大坡改梯、黄土高原淤地坝和南方崩岗治理工程建设力度，加强湿地保护，促进生态自我修复。加强农村节能减排工作，鼓励发展循环农业，推进以非粮油作物为主要原料的生物质能源研究和开发。加大农业面源污染防治力度，抓紧制定规划，切实增加投入，落实治理责任，加快重点区域治理步伐。

四、着力强化农业科技和服务体系基本支撑

加强农业科技和服务体系建设是加快发展现代农业的客观需要。必须推动农业科技创新取得新突破，农业社会化服务迈出新步伐，农业素质、效益和竞争力实现新提高。

（一）加快推进农业科技研发和推广应用。切实增加农业科研投入，重点支持公益性农业科研机构和高等学校开展基础性、前沿性研究，加强先进实用技术集成配套。加强产学研密切结合，推进农业科技创新活动。推动现代农业产业技术体系建设，提升农业区域创新能力。启动转基因生物新品种培育科技重大专项，加快实施种子工程和畜禽水产良种工程。继续安排农业科技成果转化资金。深入实施科技入户工程，加大重大技术推广支持力度，继续探索农业科技成果进村入户的有效机制和办法。切实加强公益性农业技术推广服务，对国家政策规定必须确保的各项公益性服务，要抓紧健全相关机构和队伍，确保必要的经费。通过3到5年的建设，力争使基层公益性农技推广机构具备必要的办公场所、仪器设备和试验示范基地。国家可采取委托、招标等形式，调动各方面力量参与农业技术推广，形成多元化农技推广网络。充分发挥气象为农业生产服务的职能和作用。

（二）建立健全动植物疫病防控体系。加快构建网络健全、队伍稳定、保障有力、处置高效的动物疫病防控体系。抓紧落实官方兽医和执业兽医制度，继续加大动物防疫体系建设投入力度，扩大无规定动物疫病区建设范围。对重大动物疫病实施免费强制免疫，完善重大动物疫病扑杀补偿机制。加快研制高效安全农药、兽药。加强动物疫病防控基础工作，健全村级动物防疫员队伍，并给予必要的经费补助。继续实施植保工程，探索建立专业化防治队伍，推进重大植物病虫害统防统治。

（三）大力培养农村实用人才。组织实施新农村实用人才培训工程，重点培训种养业能手、科技带头人、农村经纪人和专业合作组织领办人等。加快提高农民素质和创业能力，以创业带动就业，实现创业富民、创新强农。继续加大外出务工农民职业技能培训力度。加快构建县域农村职业教育和培训网络，发展城乡一体化的中等职业教育。支持高等学校设置和强化农林水类专业。国家励志奖学金和助学金对在高等学校农林水类专业就读的学生给予倾斜，对毕业后到农村基层从事农林水专业工作达到一定年限的毕业生，实行国家助学贷款代偿政策，落实中等职业教育助学金政策，对农林水类专业学生给予倾斜。

（四）积极发展农民专业合作社和农村服务组织。全面贯彻落实农民专业合作社法，抓紧出台配套法规政策，尽快制定税收优惠办法，清理取消不合理收费。各级财政要继续加大对农民专业合作社的扶持，农民专业合作社可以申请承担国家的有关涉农项目。支持发展农业生产经营服务组织，为农民提供代耕代种、用水管理和仓储运输等服务。鼓励发展农村综合服务组织，具备条件的地方可建立便民利民的农村社区服务中心和公益服务站。

（五）加强农村市场体系建设。建立健全适应现代农业发展要求的大市场、大流通。继续实施"万村千乡"、"双百市场"和"农产品批发市场升级改造"等工程，落实农产品批发市场用地按工业用地对待的政策。加强粮食现代物流体系建设，开展鲜活农产品冷链物流试点。供销合作社要加快组织创新和经营创新，推进新农村现代流通网络工程建设。通过实施财税、信贷、保险等政策，鼓励商贸、邮政、医药、文化等企业在农村发展现代流通业。完善农产品期货市场，积极稳妥发展农产品期货品种。加快落实鲜活农产品绿色通道省内外车辆无差别减免通行费政策。

（六）积极推进农村信息化。按照求实效、重服务、广覆盖、多模式的要求，整合资源，共建平台，健全农村信息服务体系。推进"金农"、"三电合一"、农村信息化示范和农村商务信息服务等工程建设，积极探索信息服务进村入户的途径和办法。在全国推广资费优惠的农业公益性服务电话。健全农业信息收集和发布制度，为农民和企业提供及时有效的信息服务。

五、逐步提高农村基本公共服务水平

推进城乡基本公共服务均等化是构建社会主义和谐社会的必然要求。必须加快发展农村公共事业，提高农村公共产品供给水平。

（一）提高农村义务教育水平。对全部农村义务教育阶段学生免费提供教科书，提高农村义务教育阶段家庭经济困难寄宿生生活费补助标准，扩大覆盖面，提高农村中小学公用经费和校舍维修经费补助标准，加大农村薄弱学校改造力度。加强农村教育经费使用的规范管理。努力提高农村中小学教师素质，实施中西部农村和边疆地区骨干教师远程培训计划，选派和组织城市教师到农村交流任教，鼓励和组织大学毕业生到农村学校任教。

（二）增强农村基本医疗服务能力。2008年在全国普遍建立新型农村合作医疗制度，提高国家补助标准，适当增加农民个人缴费，规范基金管理，完善补偿机制，扩大农民受益面。完善农村医疗救助制度。加强农村卫生服务网络建设和药品监管，规范农村医疗卫生服务。加大农村传染病和地方病防治力度。优先在农村落实扩大免费预防接种范围的政策。

（三）稳定农村低生育水平。推进新农村新家庭计划，继续实施农村计划生育家庭奖励制度、少生快富工程和特别扶助制度。稳定农村人口和计划生育工作队伍，加强农村计划生育服务体系建设。加强农村流动人口的计划生育工作。

（四）繁荣农村公共文化。加强农村精神文明建设，用社会主义荣辱观引领农村社会风尚。深入实施广播电视"村村通"、农村电影放映、乡镇综合文化站和农民书屋工程，建设文化信息资源共享工程农村基层服务点。大力创作和生产农民喜闻乐见的优秀文化产品，积极开展健康向上的农村群众文化活动，着力丰富偏远地区和进城务工人员的精神文化生活。广泛开展农村体育健身活动。引导和鼓励社会力量投入农村文化建设。

（五）建立健全农村社会保障体系。完善农村最低生活保障制度，在健全政策法规和运行机制基础上，将符合条件的农村贫困家庭全部纳入低保范围。中央和地方各级财政要逐步增加农村低保补助资金，提高保障标准和补助水平。落实农村五保供养政策，保障五保供养对象权益。探索建立农村养老保险制度，鼓励各地开展农村社会养老保险试点。

（六）不断提高扶贫开发水平。继续坚持开发式扶贫的方针，增加扶贫开发投入，逐步提高扶贫标准，加大对农村贫困人口和贫困地区的扶持力度。继续做好整村推进、培训转移和产业化扶贫工作。加大移民扶贫力度。集中力量解决革命老区、民族地区、边疆地区和特殊类型地区贫困问题。动员社会力量参与扶贫开发事业。

（七）大力发展农村公共交通。加大中央和地方财政性资金、国债资金投入力度，继续加强农村公路建设。强化农村公路建设质量监管，推进农村公路管理养护体制改革。加快实施渡改桥及渡口渡船改造等工程。完善扶持农村公共交通发展的政策措施，改善农村公共交通服务，推进农村客运网络化和线路公交化改造，推动城乡客运协调发展。

（八）继续改善农村人居环境。增加农村饮水安全工程建设投入，加快实施进度，加强饮水水源地保护，对供水成本较高的可给予政策优惠或补助，让农民尽快喝上放心水。加强农村水能资源规划和管理，推进水电农村电气化建设，扩大小水电代燃料建设规模。继续实施农村电网改造。增加农村沼气投入，积极发展户用沼气，组织实施大中型沼气工程，加强沼气服务体系建设。支持有条件的农牧区发展太阳能、风能。有序推进村庄治理，继续实施乡村清洁工程，开展创建"绿色家园"行动。完善小城镇规划，加强小城镇基础设施建设。重视解决农村困难群众住房安全问题。

六、稳定完善农村基本经营制度和深化农村改革

以家庭承包经营为基础、统分结合的双层经营体制是农村改革最重要的制度性成果。深化农村改革是强化农业基础、促进城乡一体化发展的动力源泉。必须稳定完善农村基本经营制度，不断深化农村改革，激发亿万农民的创造活力，为农村经济社会发展提供强大动力。

（一）坚持和完善以家庭承包经营为基础、统分结合的双层经营体制。这是宪法规定的农村基本经营制度，必须毫不动摇地长期坚持，在实践中加以完善。各地要切实稳定农村土地承包关系，认真开展延包后续完善工作，确保农村土地承包经营权证到户。加强农村土地承包规范管理，加快建立土地承包经营权登记制度。继续推进农村土地承包纠纷仲裁试点。严格执行土地承包期内不得调整、收回农户承包地的法律规定。按照依法自愿有偿原则，健全土地承包经营权流转市场。农村土地承包合同管理部门要加强土地流转中介服务，完善土地流转合同、登记、备案等制度，在有条件的地方培育发展多种形式适度规模经营的市场环境。坚决防止和纠正强迫农民流转、通过流转改变土地农业用途等问题，依法制止乡、村组织通过"反租倒包"等形式侵犯农户土地承包经营权等行为。稳步推进草原家庭承包经营，稳定渔民的水域滩涂养殖使用权。

（二）切实保障农民土地权益。继续推进征地制度改革试点，规范征地程序，提高补偿标准，健全对被征地农民的社会保障制度，建立征地纠纷调处裁决机制。对未履行征地报批程序、征地补偿标准偏低、补偿不及时足额到位、社会保障不落实的，坚决不予报批用地。对违法违规占地批地的，坚决依法查处。严格农村集体建设用地管理，严禁通过"以租代征"等方式提供建设用地。城镇居民不得到农村购买宅基地、农民住宅或"小产权房"。开展城镇建设用地增加与农村建设用地减少挂钩的试点，必须严格控制在国家批准的范围之内。依法规范农民宅基地整理工作。

（三）积极推进乡镇机构和县乡财政管理体制改革。深化乡镇机构改革，加强基层政权建设。加快转变乡镇政府职能，着力强化公共服务和社会管理，为农村经济社会发展创造有利环境。从不同地区实际出发，明确乡镇工作任务和工作重点，严格控制对乡镇党政领导的"一票否决"事项。完善县乡财政体制,增强基层财政实力,建立健全村级组织运转经费保障机制。探索建立农村公益事业建设新机制,支持建立村级公益事业建设"一事一议"财政奖补制度试点。进一步加强农民负担监管工作,推进减轻农民水费负担综合改革试点,继续开展重点领域农村乱收费专项治理工作。

(四)全面推进集体林权制度改革。在坚持集体林地所有权不变的前提下,将林地使用权和林木所有权落实到户。在不改变林地用途前提下,承包人有权依法处置林地使用权和林木所有权,可依法自主经营商品林。积极推进林木采伐管理、公益林补偿、林权抵押、政策性森林保险等配套改革。切实加强对集体林权制度改革的组织领导,加大财政支持力度,确保集体林权制度改革顺利进行。稳步推进国有林场和重点国有林区林权制度改革试点。

(五)加快农村金融体制改革和创新。加快推进调整放宽农村地区银行业金融机构准入政策试点工作。加大农业发展银行支持"三农"的力度。推进农业银行改革。继续深化农村信用社改革,加大支持力度,完善治理结构,维护和保持县级联社的独立法人地位。邮政储蓄银行要通过多种方式积极扩大涉农业务范围。积极培育小额信贷组织,鼓励发展信用贷款和联保贷款。通过批发或转贷等方式,解决部分农村信用社及新型农村金融机构资金来源不足的问题。加快落实县域内银行业金融机构将一定比例新增存款投放当地的政策。推进农村担保方式创新,扩大有效抵押品范围,探索建立政府支持、企业和银行多方参与的农村信贷担保机制。制定符合农村信贷业务特点的监管制度。加强财税、货币政策的协调和支持,引导各类金融机构到农村开展业务。完善政策性农业保险经营机制和发展模式。建立健全农业再保险体系,逐步形成农业巨灾风险转移分担机制。

(六)妥善处置乡村债务。各地要抓紧清理乡村债务,在锁定旧债、制止新债前提下,分类进行处置。对公益性债务的化解,县级以上各级人民政府要予以支持;对生产经营性债务,应按照市场原则协商解决。当前,要重点推进农村义务教育历史债务化解试点工作,有条件的要以省为单位试点,暂不具备条件的也要进行局部试点。主要通过增加中央和省级财政投入,用3年左右时间,基本化解农村义务教育的历史债务。

(七)全面加强农民工权益保障。建立统一规范的人力资源市场,形成城乡劳动者平等就业的制度。加快大中城市户籍制度改革,探索在城镇有稳定职业和固定居所的农民登记为城市居民的办法。各地和有关部门要切实加强对农民工的就业指导和服务。采取强有力的措施,建立农民工工资正常增长和支付保障机制。健全农民工社会保障制度,加快制定低费率、广覆盖、可转移、与现行制度相衔接的农民工养老保险办法,扩大工伤、医疗保险覆盖范围。鼓励有条件的地方和企业通过多种形式,提供符合农民工特点的低租金房屋,改善农民工居住条件。农民工输入地要坚持以公办学校为主接收农民工子女就学,收费与当地学生平等对待。农民工输出地要为留守儿童创造良好的学习、寄宿和监护条件。深入开展"共享蓝天"关爱农村留守、流动儿童行动。

七、扎实推进农村基层组织建设

农村基层组织是落实农村政策、做好"三农"工作的重要组织基础。必须以改革创新精神全面加强农村基层组织建设,增强基层组织带领群众发展生产、共建和谐的能力。

(一)加强村级党组织建设。巩固和发展保持共产党员先进性教育活动成果,坚持和完善基层组织建设的有效经验和做法,深入推进农村党的建设"三级联创"活动,加强以村党组织为核心的村级组织配套建设,充分发挥基层党组织的战斗堡垒作用。创新农村基层党组织设置和活动方式,加强和改进对流动党员的服务和管理。进一步规范和完善党员推荐、群众推荐、党内选举"两推一选"的办法,选好配齐配强村党组织领导班子。加强村级组织活动场所建设,建立城乡党的基层组织互帮互助机制。广泛开展农村党员设岗定责、依岗承诺等活动,健全农村党员联系和服务群众的工作体系。

(二)完善村民自治制度。健全基层党组织领导的充满活力的基层群众自治制度。进一步规范和完善民主选举,依法保障农民群众的推选权、直接提名权、投票权、罢免权。完善村民民主决策、民主管理、民主监督制度,充分发挥农民群众在村级治理中的主体作用。有条件的地方村党支部书记和村委会主任可交叉任职。坚决制止利用宗教、宗族、家族势力干预基层经济社会事务管理的行为。坚持和完善"一事一议"制度。切实推行村务公开,建立答疑纠错的监督制度。深入开展农村普法教育,增强农村基层干部和群众的法制观念。

(三)加强农村基层干部队伍建设。按照办事公道、作风正派、能带领群众致富的要求,注重从农村知识青年、退伍军人、外出务工返乡农民、农村致富带头人中培养选拔村级组织骨干力量。制定鼓励政策,引导高等学校毕业生和选派县乡年轻干部到乡村任职。继续加大从优秀村干部中考录乡镇公务员、选任乡镇领导干部的工作力度。推广农村基层党组织领导班子成员由党员和群众公开推荐与上级党组织推荐相结合的办法,逐步扩大农村基层党组织领导班子直接选举范围。普遍开展农村党员干部现代远程教育。稳定农村基层干部队伍,探索建立农村基层干部激励保障机制,逐步健全并落实村干部报酬待遇和相应的社会保障制度。

(四)探索乡村有效治理机制。引导共青团、妇联等人民团体更好地发挥党联系群众的桥梁和纽带作用。在党组织领导下,培育和发展服务"三农"的社会组织,发挥在扩大群众参与、反映群众诉求方面的积极作用,实现政府行政管理和基层群众自治有效良性互动。鼓励有条件的村建立与农民生产生活密切相关的公益服务员制度。支持和帮助乡镇企业建立工会基层组织。发挥民兵组织在新农村建设中的作用。不断增强社会自治功能,创新农村社区管理和服务模式,优先在城市郊区开展农村社区建设实验工作,加强农村警务和消防工作,搞好农村社会治安综合治理,努力把农村社区建设成管理有序、服务完善、文明祥和的社会生活共同体。

八、加强和改善党对"三农"工作的领导

做好农业和农村工作,是我们党领导科学发展、促进社会和谐的重大历史任务。必须始终坚持把解决好"三农"问题作为全党工作的重中之重,牢牢把握"三农"工作主动权。

(一)毫不松懈地抓好农业和农村工作。全党同志特别是各级领导干部要站在政治和战略的高度,充分认识新时期"三农"工作的艰巨性和紧迫性,切实增强做好"三农"工作的自觉性和主动性。当前和今后一个时期,各级党委、政府要把发展农业生产、促进农民增收、保障农产品供给、稳定市场物价作为关系全局的大事来抓,认真落实中央各项强农惠农政策,在工作安排、财力分配、干部配备上,切实体现重中之重的要求。充分发挥各级党委农村工作领导机构的协调作用,加强农村工作综合部门。各级领导干部要切实转变工作作风,深入调查研究,努力把握"三农"工作规律,不断提高领导"三农"工作的

水平。

（二）统筹规划、突出重点加强农业基础建设。各地和有关部门要站在改革发展新的历史起点，研究谋划关系全局的重大战略问题。2008年和今后一段时间，要利用财政增收形势较好的有利时机，针对农业发展的薄弱环节，集中力量办成几件大事，力争在农田水利建设、病险水库除险加固、安全饮水、动物疫病防控、农业科技研发推广、农村现代流通体系建设等方面取得重大进展和明显成效。要科学制定规划，明确工作目标，确定时间步骤，建立保障机制，确保如期完成。

（三）努力营造全社会参与支持社会主义新农村建设的氛围。巩固农业基础、加快农村发展是全社会的共同责任。各行各业要结合自身特点，发挥各自优势，积极参与支持社会主义新农村建设。要采取政策支持、舆论宣传、荣誉激励等形式，引导社会各方面力量对农业和农村进行结对帮扶、捐资捐助和智力支持，营造强农惠农的浓厚社会氛围。

加强农业基础，做好"三农"工作，对稳定经济社会发展大局具有特殊重要的意义。我们要紧密团结在以胡锦涛同志为总书记的党中央周围，高举中国特色社会主义伟大旗帜，以邓小平理论和"三个代表"重要思想为指导，深入贯彻落实科学发展观，开拓进取，锐意创新，扎实工作，为夺取全面建设小康社会新胜利作出新的贡献。

中共中央、国务院关于 2009 年促进农业稳定发展农民持续增收的若干意见

(中发〔2009〕1号)

党的十七届三中全会从中国特色社会主义事业总体布局和全面建设小康社会战略全局出发，描绘了我国农村全面小康建设的宏伟蓝图，制定了新形势下推进农村改革发展的行动纲领。各地区各部门要认真学习、深刻领会全会精神，坚定不移推进社会主义新农村建设，坚定不移走中国特色农业现代化道路，坚定不移加快形成城乡经济社会发展一体化新格局，切实把《中共中央关于推进农村改革发展若干重大问题的决定》提出的大政方针落到实处。

2008 年，各地区各部门认真贯彻中央决策部署，战胜了重大自然灾害，克服了多种困难风险，农业农村继续保持良好发展局面。农业生产再获丰收，粮食总产再创新高，农民收入较快增长，农村公共事业加速发展，农村党群干群关系继续改善。农业农村的好形势，为党和国家成功办好大事、妥善应对难事奠定了坚实基础，为保持经济平稳较快发展、维护社会和谐稳定作出了重大贡献。

当前，国际金融危机持续蔓延、世界经济增长明显减速，对我国经济的负面影响日益加深，对农业农村发展的冲击不断显现。2009 年可能是新世纪以来我国经济发展最为困难的一年，也是巩固发展农业农村好形势极为艰巨的一年。在农业连续 5 年增产的高基数上，保持粮食稳定发展的任务更加繁重；在国内外资源性产品价格普遍下行的态势中，保持农产品价格合理水平的难度更加凸显；在全社会高度关注食品质量安全的氛围里，保持农产品质量进一步提升和规避经营风险的要求更加迫切；在当前农民工就业形势严峻的情况下，保持农民收入较快增长的制约更加突出。必须切实增强危机意识，充分估计困难，紧紧抓住机遇，果断采取措施，坚决防止粮食生产滑坡，坚决防止农民收入徘徊，确保农业稳定发展，确保农村社会安定。

做好 2009 年农业农村工作，具有特殊重要的意义。扩大国内需求，最大潜力在农村；实现经济平稳较快发展，基础支撑在农业；保障和改善民生，重点难点在农民。2009 年农业农村工作的总体要求是：全面贯彻党的十七大、十七届三中全会和中央经济工作会议精神，高举中国特色社会主义伟大旗帜，以邓小平理论和"三个代表"重要思想为指导，深入贯彻落实科学发展观，把保持农业农村经济平稳较快发展作为首要任务，围绕稳粮、增收、强基础、重民生，进一步强化惠农政策，增强科技支撑，加大投入力度，优化产业结构，推进改革创新，千方百计保证国家粮食安全和主要农产品有效供给，千方百计促进农民收入持续增长，为经济社会又好又快发展继续提供有力保障。

一、加大对农业的支持保护力度

1. 进一步增加农业农村投入。扩大内需、实施积极财政政策，要把"三农"作为投

入重点。大幅度增加国家对农村基础设施建设和社会事业发展的投入，提高预算内固定资产投资用于农业农村的比重，新增国债使用向"三农"倾斜。大幅度提高政府土地出让收益、耕地占用税新增收入用于农业的比例，耕地占用税税率提高后新增收入全部用于农业，土地出让收入重点支持农业土地开发和农村基础设施建设。大幅度增加对中西部地区农村公益性建设项目的投入，2009年起国家在中西部地区安排的病险水库除险加固、生态建设、农村饮水安全、大中型灌区配套改造等公益性建设项目，取消县及县以下资金配套。城市维护建设税新增部分主要用于乡村建设规划、农村基础设施建设和维护。有条件的地方可成立政策性农业投资公司和农业产业发展基金。

2. 较大幅度增加农业补贴。2009年要在上年较大幅度增加补贴的基础上，进一步增加补贴资金。增加对种粮农民直接补贴。加大良种补贴力度，提高补贴标准，实现水稻、小麦、玉米、棉花全覆盖，扩大油菜和大豆良种补贴范围。大规模增加农机具购置补贴，将先进适用、技术成熟、安全可靠、节能环保、服务到位的农机具纳入补贴目录，补贴范围覆盖全国所有农牧业县（场），带动农机普及应用和农机工业发展。加大农资综合补贴力度，完善补贴动态调整机制，加强农业生产成本收益监测，根据农资价格上涨幅度和农作物实际播种面积，及时增加补贴。按照目标清晰、简便高效、有利于鼓励粮食生产的要求，完善农业补贴办法。根据新增农业补贴的实际情况，逐步加大对专业大户、家庭农场种粮补贴力度。

3. 保持农产品价格合理水平。密切跟踪国内外农产品市场变化，适时加强政府调控，灵活运用多种手段，努力避免农产品价格下行，防止谷贱伤农，保障农业经营收入稳定增长。2009年继续提高粮食最低收购价。扩大国家粮食、棉花、食用植物油、猪肉储备，2009年地方粮油储备要按规定规模全部落实到位，适时启动主要农产品临时收储，鼓励企业增加商业收储。加强"北粮南运"、新疆棉花外运协调，继续实行相关运费补贴和减免政策，支持销区企业到产区采购。把握好主要农产品进出口时机和节奏，支持优势农产品出口，防止部分品种过度进口冲击国内市场。

4. 增强农村金融服务能力。抓紧制定鼓励县域内银行业金融机构新吸收的存款主要用于当地发放贷款的实施办法，建立独立考核机制。在加强监管、防范风险的前提下，加快发展多种形式新型农村金融组织和以服务农村为主的地区性中小银行。鼓励和支持金融机构创新农村金融产品和金融服务，大力发展小额信贷和微型金融服务，农村微小型金融组织可通过多种方式从金融机构融入资金。积极扩大农村消费信贷市场。依法开展权属清晰、风险可控的大型农用生产设备、林权、四荒地使用权等抵押贷款和应收账款、仓单、可转让股权、专利权、商标专用权等权利质押贷款。抓紧出台对涉农贷款定向实行税收减免和费用补贴、政策性金融对农业中长期信贷支持、农民专业合作社开展信用合作试点的具体办法。放宽金融机构对涉农贷款的呆账核销条件。加快发展政策性农业保险，扩大试点范围、增加险种，加大中央财政对中西部地区保费补贴力度，加快建立农业再保险体系和财政支持的巨灾风险分散机制，鼓励在农村发展互助合作保险和商业保险业务。探索建立农村信贷与农业保险相结合的银保互动机制。

二、稳定发展农业生产

5. 加大力度扶持粮食生产。稳定粮食播种面积，优化品种结构，提高单产水平，不断增强综合生产能力。建立健全粮食主产区利益补偿制度，根据主产区对国家粮食安全的贡献，增加一般性转移支付和产粮大县奖励补助等资金，优先安排农业基础设施建设投资和农业综合开发等资金，扶持粮食产业和龙头企业发展，引导产销区建立利益衔接机制，促进主产区经济社会加快发展，确保主产区得到合理利益补偿，确保种粮农民得到合理经济收益。加快取消主产区粮食风险基金资金配套。推进全国新增千亿斤粮食生产能力建设，以主产区重点县（场）为单位，集中投入、整体开发。进一步强化"米袋子"省长负责制，各地区都要承担本地耕地和水资源保护、粮食产销和市场调控责任，逐级建立有效的粮食安全监督检查和绩效考核机制。结合振兴东北地区等老工业基地，加快推进现代农业建设。发挥国有农场在建设现代农业、保障国家粮食安全等方面的积极作用。

6. 支持优势产区集中发展油料等经济作物生产。加快实施新一轮优势农产品区域布局规划。落实国家扶持油料生产的各项政策措施，加强东北和内蒙古优质大豆、长江流域"双低"油菜生产基地建设。尽快制定实施全国木本油料产业发展规划，重点支持适宜地区发展油茶等木本油料产业，加快培育推广高产优良品种。稳定发展棉花生产，启动长江流域、黄淮海地区棉花生产基地建设。支持优势产区发展糖料、马铃薯、天然橡胶等作物，积极推进蔬菜、水果、茶叶、花卉等园艺产品设施化生产。

7. 加快发展畜牧水产规模化标准化健康养殖。采取市场预警、储备调节、增加险种、期货交易等措施，稳定发展生猪产业。继续落实生猪良种补贴和能繁母猪补贴政策，扩大生猪调出大县奖励政策实施范围。继续落实奶牛良种补贴、优质后备奶牛饲养补贴等政策，实施奶牛生产大县财政奖励政策，着力扶持企业建设标准化奶站，确保奶源质量。增加畜禽标准化规模养殖场（小区）项目投资，加大信贷支持力度，落实养殖场用地等政策。加大畜禽水产良种工程实施力度，充实动物防疫体系建设内容，加快推进动物标识及疫病可追溯体系建设，落实村级防疫员补助经费。扩大水产健康养殖示范区（场）建设，继续实行休渔、禁渔制度，强化增殖放流等水生生物资源养护措施。扩大渔港、渔船航标、渔船安全设施等建设规模，扶持和壮大远洋渔业。

8. 严格农产品质量安全全程监控。抓紧出台食品安全法，制定和完善农产品质量安全法配套规章制度，健全部门分工合作的监管工作机制，进一步探索更有效的食品安全监管体制，实行严格的食品质量安全追溯制度、召回制度、市场准入和退出制度。加快农产品质量安全检验检测体系建设，完善农产品质量安全标准，加强检验检测机构资质认证。扩大农产品和食品例行监测范围，逐步清理并降低强制性检验检疫费用。健全饲料安全监管体系，促进饲料产业健康发展。强化企业质量安全责任，对上市产品实行批批自检。建立农产品和食品生产经营质量安全征信体系。开展专项整治，坚决制止违法使用农药、兽（渔）药行为。加快农业标准化示范区建设，推动龙头企业、农民专业合作社、专业大户等率先实行标准化生产，支持建设绿色和有机农产品生产基地。

9. 加强农产品进出口调控。健全高效灵活的农产品进出口调控机制，协调内外贸易，密切政府、协会、企业之间的沟通磋商。扩大农产品出口信用保险承保范围，探索出口信用保险与农业保险、出口信贷相结合的风险防范机制。对劳动密集型和技术密集型农产品出口实行优惠信贷政策。培育农业跨国经营企业。按照世界贸易组织规则，健全外商经营农产品和农资准入制度，明确外资并购境内涉农企业安全审查范围和程序，建立联席会议制度。

三、强化现代农业物质支撑和服务体系

10. 加快农业科技创新步伐。加大农业科技投入，多渠道筹集资金，建立农业科技创新基金，重点支持关键领域、重要产品、核心技术的科学研究。加快推进转基因生物新品种培育科技重大专项，整合科研资源，加大研发力度，尽快培育一批抗病虫、抗逆、高产、优质、高效的转基因新品种，并促进产业化。实施主要农作物强杂交优势技术研发重大项目，强化农业知识产权保护，支持龙头企业承担国家科技计划项目。加强和完善现代农业产业技术体系。深入推进粮棉油高产创建活动，支持科技人员和大学毕业生到农技推广一线工作。开展农业科技培训，培养新型农民。采取委托、招标等形式，引导农民专业技术协会等社会力量承担公益性农技推广服务项目。

11. 加快高标准农田建设。大力推进土地整治，搞好规划，统筹安排土地整理复垦开发、农业综合开发等各类建设资金，集中连片推进农村土地整治，实行田、水、路、林综合治理，大规模开展中低产田改造，提高高标准农田比重。继续推进"沃土工程"，扩大测土配方施肥实施范围。开展鼓励农民增施有机肥、种植绿肥、秸秆还田奖补试点。大力开展保护性耕作，加快实施旱作农业示范工程。

12. 加强水利基础设施建设。加强大江大河和重点中小河流治理，建成一批大中型水利骨干工程。加快大中型和重点小型病险水库除险加固进度，确保工程建设质量。增加投资规模，重点加快大型灌区续建配套和节水改造。扩大大型排灌泵站更新改造规模和范围，启动西北沿黄高扬程提水灌溉泵站、东北涝区排水泵站等更新改造建设。继续加大农业综合开发中型灌区骨干工程节水改造力度。增加中央和省级财政小型农田水利工程建设补助专项资金，依据规划整合投资，推进大中型灌区田间工程和小型灌区节水改造，推广高效节水灌溉技术，因地制宜修建小微型抗旱水源工程，发展牧区水利。加强重要水源工程及配套灌区建设。推进水利工程管理和农村水利体制改革，探索农业灌溉工程运行管理财政补贴机制，启动减轻农业用水负担综合改革试点。

13. 加快推进农业机械化。启动农业机械化推进工程，重点加强示范基地、机耕道建设，提高农机推广服务和安全监理能力。普及主要粮油作物播种、收获等环节机械化，加快研发适合丘陵山区使用的轻便农业机械和适合大面积作业的大型农业机械。支持农机工业技术改造，提高农机产品适用性和耐用性，切实加强售后服务。实行重点环节农机作业补贴试点。对农机大户、种粮大户和农机服务组织购置大中型农机具，给予信贷支持。完善农用燃油供应保障机制，建立高能耗农业机械更新报废经济补偿制度。

14. 推进生态重点工程建设。巩固退耕还林成果，继续推进京津风沙源治理等重点工程，增加天然林保护投资，抓紧研究延长天然林保护工程实施期限有关政策，完善三北防护林工程投入和建设机制。建设现代林业，发展山区林特产品、生态旅游业和碳汇林业。扩大退牧还草工程实施范围，加强人工饲草地和灌溉草场建设。加强森林草原火灾监测预警体系和防火基础设施建设。加快重点区域荒漠化和小流域综合治理，启动坡耕地水土流失综合整治工程，加强山洪和泥石流等地质灾害防治。提高中央财政森林生态效益补偿标准，启动草原、湿地、水土保持等生态效益补偿试点。安排专门资金，实行以奖促治，支持农业农村污染治理。

15. 加强农产品市场体系建设。加大力度支持重点产区和集散地农产品批发市场、集贸市场等流通基础设施建设。推进大型粮食物流节点、农产品冷链系统和生鲜农产品配送

中心建设。落实停止收取个体工商户管理费和集贸市场管理费政策。支持大型连锁超市和农产品流通企业开展农超对接，建设农产品直接采购基地。发挥农村经纪人作用。长期实行并逐步完善鲜活农产品运销绿色通道政策，推进在全国范围内免收整车合法装载鲜活农产品的车辆通行费。

16. 推进基层农业公共服务机构建设。按照3年内在全国普遍健全乡镇或区域性农业技术推广、动植物疫病防控、农产品质量监管等公共服务机构的要求，尽快明确职责、健全队伍、完善机制、保障经费，切实增强服务能力。创新管理体制和运行机制，采取公开招聘、竞聘上岗等方式择优聘用专业技术人员。改革考评、分配制度，将服务人员收入与岗位职责、工作业绩挂钩。农业公共服务机构履行职责所需经费纳入地方各级财政预算。逐步推进村级服务站点建设试点。

四、稳定完善农村基本经营制度

17. 稳定农村土地承包关系。抓紧修订、完善相关法律法规和政策，赋予农民更加充分而有保障的土地承包经营权，现有土地承包关系保持稳定并长久不变。强化对土地承包经营权的物权保护，做好集体土地所有权确权登记颁证工作，将权属落实到法定行使所有权的集体组织；稳步开展土地承包经营权登记试点，把承包地块的面积、空间位置和权属证书落实到农户，严禁借机调整土地承包关系，坚决禁止和纠正违法收回农民承包土地的行为。加快落实草原承包经营制度。

18. 建立健全土地承包经营权流转市场。土地承包经营权流转，不得改变土地集体所有性质，不得改变土地用途，不得损害农民土地承包权益。坚持依法自愿有偿原则，尊重农民的土地流转主体地位，任何组织和个人不得强迫流转，也不能妨碍自主流转。按照完善管理、加强服务的要求，规范土地承包经营权流转。鼓励有条件的地方发展流转服务组织，为流转双方提供信息沟通、法规咨询、价格评估、合同签订、纠纷调处等服务。

19. 实行最严格的耕地保护制度和最严格的节约用地制度。基本农田必须落实到地块、标注在土地承包经营权登记证书上，并设立统一的永久基本农田保护标志，严禁地方擅自调整规划改变基本农田区位。严格地方政府耕地保护责任目标考核，实行耕地和基本农田保护领导干部离任审计制度。尽快出台基本农田保护补偿具体办法。从严控制城乡建设用地总规模，从规划、标准、市场配置、评价考核等方面全面建立和落实节约用地制度。抓紧编制乡镇土地利用规划和乡村建设规划，科学合理安排村庄建设用地和宅基地，根据区域资源条件修订宅基地使用标准。农村宅基地和村庄整理所节约的土地，首先要复垦为耕地，用作折抵建设占用耕地补偿指标必须依法进行，必须符合土地利用总体规划，纳入土地计划管理。农村土地管理制度改革要在完善相关法律法规、出台具体配套政策后，规范有序地推进。

20. 全面推进集体林权制度改革。用5年左右时间基本完成明晰产权、承包到户的集体林权制度改革任务。集体林地经营权和林木所有权已经落实到户的地方，要尽快建立健全产权交易平台，加快林地、林木流转制度建设，完善林木采伐管理制度。尚未落实到户的地方，要在加强宣传、做好培训和搞好勘界发证基础上，加快集体林权制度改革步伐。加大财政对集体林权制度改革的支持力度，开展政策性森林保险试点。引导森林资源资产评估、森林经营方案编制等中介服务健康发展。进一步扩大国有林场和重点国有林区林权制度改革试点。

21. 扶持农民专业合作社和龙头企业发展。加快发展农民专业合作社,开展示范社建设行动。加强合作社人员培训,各级财政给予经费支持。将合作社纳入税务登记系统,免收税务登记工本费。尽快制定金融支持合作社、有条件的合作社承担国家涉农项目的具体办法。扶持农业产业化经营,鼓励发展农产品加工,让农民更多分享加工流通增值收益。中央和地方财政增加农业产业化专项资金规模,重点支持对农户带动力强的龙头企业开展技术研发、基地建设、质量检测。鼓励龙头企业在财政支持下参与担保体系建设。采取有效措施帮助龙头企业解决贷款难问题。

五、推进城乡经济社会发展一体化

22. 加快农村社会事业发展。建立稳定的农村文化投入保障机制,尽快形成完备的农村公共文化服务体系。推进广播电视村村通、文化信息资源共享、乡镇综合文化站和村文化室建设、农村电影放映、农家书屋等重点文化惠民工程。巩固农村义务教育普及成果,提高农村学校公用经费和家庭经济困难寄宿生补助标准,改善农村教师待遇,推进农村中小学校舍安全排查、加固和改造。加快发展农村中等职业教育,2009年起对中等职业学校农村家庭经济困难学生和涉农专业学生实行免费。国家新增助学金要向农村生源学生倾斜。巩固发展新型农村合作医疗,坚持大病住院保障为主、兼顾门诊医疗保障,开展门诊统筹试点,有条件的地方可提高财政补助标准和水平。进一步增加投入,加强县、乡、村医疗卫生公共服务体系建设。抓紧制定指导性意见,建立个人缴费、集体补助、政府补贴的新型农村社会养老保险制度。加大中央和省级财政对农村最低生活保障补助力度,提高农村低保标准和补助水平。加快研究解决农垦职工社会保障问题。

23. 加快农村基础设施建设。调整农村饮水安全工程建设规划,加大投资和建设力度,把农村学校、国有农(林)场纳入建设范围。扩大电网供电人口覆盖率,加快推进城乡同网同价。加大农村水电建设投入,扩大小水电代燃料建设规模。加快农村公路建设,2010年底基本实现全国乡镇和东中部地区具备条件的建制村通油(水泥)路,西部地区具备条件的建制村通公路,加大中央财政对中西部地区农村公路建设投资力度,建立农村客运政策性补贴制度。增加农村沼气工程建设投资,扩大秸秆固化气化试点示范。发展农村信息化。加快国有林区、垦区棚户区改造,实施游牧民定居工程,扩大农村危房改造试点。

24. 积极扩大农村劳动力就业。对当前农民工就业困难和工资下降等问题,各地区和有关部门要高度重视,采取有力措施,最大限度安置好农民工,努力增加农民的务工收入。引导企业履行社会责任,支持企业多留用农民工,督促企业及时足额发放工资,妥善解决劳资纠纷。对生产经营遇到暂时困难的企业,引导其采取灵活用工、弹性工时、在岗培训等多种措施稳定就业岗位。城乡基础设施建设和新增公益性就业岗位,要尽量多使用农民工。采取以工代赈等方式引导农民参与农业农村基础设施建设。输出地、输入地政府和企业都要加大投入,大规模开展针对性、实用性强的农民工技能培训。有条件的地方可将失去工作的农民工纳入相关就业政策支持范围。落实农民工返乡创业扶持政策,在贷款发放、税费减免、工商登记、信息咨询等方面提供支持。保障返乡农民工的合法土地承包权益,对生活无着的返乡农民工要提供临时救助或纳入农村低保。同时,充分挖掘农业内部就业潜力,拓展农村非农就业空间,鼓励农民就近就地创业。抓紧制定适合农民工特点的养老保险办法,解决养老保险关系跨社保统筹地区转移接续问题。建立农民工统计监测制度。

25. 推进农村综合改革。按照着力增强社会管理和公共服务职能、到2012年基本完成改革任务的要求，继续推进乡镇机构改革。推进"乡财县管"改革，加强县乡财政对涉农资金的监管。力争用3年左右时间，逐步建立资金稳定、管理规范、保障有力的村级组织运转经费保障机制。总结试点经验，完善相关政策，扩大农村公益事业一事一议财政奖补试点范围，中央和试点地区省级财政要增加试点投入。积极稳妥化解乡村债务，2010年基本完成全国农村义务教育债务化解，继续选择与农民利益直接相关的农村公益事业建设形成的乡村债务进行化解试点。

26. 增强县域经济发展活力。调整财政收入分配格局，增加对县乡财政的一般性转移支付，逐步提高县级财政在省以下财力分配中的比重，探索建立县乡财政基本财力保障制度。推进省直接管理县(市)财政体制改革，将粮食、油料、棉花和生猪生产大县全部纳入改革范围。稳步推进扩权强县改革试点，鼓励有条件的省份率先减少行政层次，依法探索省直接管理县(市)的体制。依法赋予经济发展快、人口吸纳能力强的小城镇在投资审批、工商管理、社会治安等方面的行政管理权限。支持发展乡镇企业，加大技术改造投入，促进产业集聚和升级。

27. 积极开拓农村市场。支持流通企业与生产企业合作建立区域性农村商品采购联盟，用现代流通方式建设和改造农村日用消费品流通网络，扩大"农家店"覆盖范围，重点提高配送率和统一结算率，改善农村消费环境。鼓励设计开发适合农村特点的生活消费品和建筑材料。2009年在全国范围实施"家电下乡"，对农民购买彩电、电冰箱、手机、洗衣机等指定家电品种，国家按产品销售价格一定比例给予直接补贴，并根据需要增加新的补贴品种。保证下乡家电质量，搞好售后服务。加强农资产销调控，扶持化肥生产，增加淡季储备，保障市场供应。支持供销合作社、邮政、商贸企业和农民专业合作社等加快发展农资连锁经营，推行农资信用销售。鼓励有条件的地方改造建设农村综合服务中心。加强农村市场监管，严厉查处坑农害农行为。

28. 完善国家扶贫战略和政策体系。坚持开发式扶贫方针，制定农村最低生活保障制度与扶贫开发有效衔接办法。实行新的扶贫标准，对农村没有解决温饱的贫困人口、低收入人口全面实施扶贫政策，尽快稳定解决温饱并实现脱贫致富，重点提高农村贫困人口的自我发展能力。继续增加扶贫资金投入，加大整村推进力度，提高劳动力转移培训质量，提升产业化扶贫水平。优先支持革命老区、民族地区、边疆地区扶贫开发，积极稳妥实行移民扶贫，对特殊类型贫困地区进行综合治理。充分发挥行业扶贫作用，继续动员社会各界参与扶贫事业，积极开展反贫困领域国际交流合作。

各级党委和政府要坚持把解决好农业、农村、农民问题作为全党工作和政府全部工作的重中之重，切实加强和改善党对农村工作的领导，确保把党的各项农村政策落到实处。扎实开展农村基层深入学习实践科学发展观活动，按照科学发展观和正确政绩观要求，把粮食生产、农民增收、耕地保护、环境治理、和谐稳定作为考核地方特别是县(市)领导班子绩效的重要内容，尽快制定指标，严格监督检查。抓好以村党组织为核心的村级组织配套建设，深化农村党的建设三级联创活动，创新农村党组织设置方式，扩大党在农村的组织覆盖和工作覆盖。建立健全城乡一体党员动态管理机制，加强农民工党员教育管理。广泛开展创先争优活动。完善党员设岗定责、依岗承诺等活动载体。加强农村党风廉政建设，抓好党的农村政策贯彻落实情况的监督检查，认真解决损害农民利益的突出问题。完善村党组织两推一选、村委会直选的制度和办法，着力拓宽农村干部来源，稳步推进高校毕业生到村任职工作，实施一村一名大学生计划，完善长效机制和政策措施。创新培养选拔机制，选优配强村党组织书记。按照定职责目标和工作有合理待遇、干好有发展前途、退岗有一定保障的要求，以不低于当地农村劳动力平均收入水平确定村干部基本报酬，并根据实际情况建立业绩考核奖励制度，逐步解决好村干部养老保障问题，加大从优秀村干部中选任乡镇领导干部、考录乡镇公务员、招聘乡镇事业编制人员的力度。积极推进农村党员干部现代远程教育和村级组织活动场所建设。加强农村民主法制建设和精神文明建设，深入推进政务公开、村务公开和党务公开。高度重视农村社会稳定工作，妥善解决农村征地、环境污染、移民搬迁、集体资产处置等引发的突出矛盾和问题，做好农村信访工作，搞好农村社会治安综合治理，推进农村警务建设，反对和制止利用宗教、宗族势力干预农村公共事务，严密防范境外敌对势力对农村的渗透，保持农村社会和谐稳定。

做好2009年农业农村工作意义十分重大。我们要紧密团结在以胡锦涛同志为总书记的党中央周围，开拓进取，扎实工作，迎难而上，奋力开创农村改革发展新局面！

中共中央关于推进农村改革发展
若干重大问题的决定

(2008年10月12日中国共产党第十七届中央委员会第三次全体会议通过)

中国共产党第十七届中央委员会第三次全体会议全面分析了形势和任务，认为在改革开放三十周年之际，系统回顾总结我国农村改革发展的光辉历程和宝贵经验，进一步统一全党全社会认识，加快推进社会主义新农村建设，大力推动城乡统筹发展，对于全面贯彻党的十七大精神，深入贯彻落实科学发展观，夺取全面建设小康社会新胜利、开创中国特色社会主义事业新局面，具有重大而深远的意义。全会研究了新形势下推进农村改革发展的若干重大问题，作出如下决定。

一、新形势下推进农村改革发展的重大意义

农业、农村、农民问题关系党和国家事业发展全局。在革命、建设、改革各个历史时期，我们党坚持把马克思主义基本原理同我国具体实际相结合，始终高度重视、认真对待、着力解决农业、农村、农民问题，成功开辟了新民主主义革命胜利道路和社会主义事业发展道路。

一九七八年，党的十一届三中全会作出把党和国家工作中心转移到经济建设上来、实行改革开放的历史性决策。我们党全面把握国内外发展大局，尊重农民首创精神，率先在农村发起改革，并以磅礴之势推向全国，领导人民谱写了改革发展的壮丽史诗。在波澜壮阔的改革开放进程中，我们党坚持以马克思列宁主义、毛泽东思想、邓小平理论和"三个代表"重要思想为指导，深入贯彻落实科学发展观，解放思想、实事求是、与时俱进，不断推进农村改革发展，使我国农村发生了翻天覆地的巨大变化。废除人民公社，确立以家庭承包经营为基础、统分结合的双层经营体制，全面放开农产品市场，取消农业税，对农民实行直接补贴，初步形成了适合我国国情和社会生产力发展要求的农村经济体制；粮食生产不断跃上新台阶，农产品供应日益丰富，农民收入大幅增加，扶贫开发成效显著，依靠自己力量稳定解决了十三亿人口吃饭问题；乡镇企业异军突起，小城镇蓬勃发展，农村市场兴旺繁荣，农村劳动力大规模转移就业，亿万农民工成为产业工人重要组成部分，中国特色工业化、城镇化、农业现代化加快推进，切实巩固了新时期工农联盟；农村社会主义民主政治建设和精神文明建设不断加强，社会事业加速发展，显著提高了广大农民思想道德素质、科学文化素质和健康素质；农村党的建设不断加强，以村党组织为核心的村级组织配套建设全面推进，有效夯实了党在农村的执政基础。农村改革发展的伟大实践，极大调动了亿万农民积极性，极大解放和发展了农村社会生产力，极大改善了广大农民物质文化生活。更为重要的是，农村改革发展的伟大实践，为建立和完善我国社会主义初级阶段基本经济制度和社会主义市场经济体制进行了创造性探索，为实现人民生活从温饱不足到总体小康的历史性跨越、推进社会主义现代化作出了巨大贡献，为战胜各种困难和风险、保持社会大局稳定奠定了坚实基础，为成功开辟中国特色社会主义道路、形成中国特色社会主义理论体系积累了宝贵经验。

实践充分证明，只有坚持把解决好农业、农村、农民问题作为全党工作重中之重，坚持农业基础地位，坚持社会主义市场经济改革方向，坚持走中国特色农业现代化道路，坚持保障农民物质利益和民主权利，才能不断解放和发展农村社会生产力，推动农村经济社会全面发展。

当前，国际形势继续发生深刻变化，我国改革发展进入关键阶段。我们要抓住和用好重要战略机遇期，胜利实现全面建设小康社会的宏伟目标，加快推进社会主义现代化，就要更加自觉地把继续解放思想落实到坚持改革开放、推动科学发展、促进社会和谐上来，毫不动摇地推进农村改革发展。继续解放思想，必须结合农村改革发展这个伟大实践，大胆探索、勇于开拓，以新的理念和思路破解农村发展难题，为推动党的理论创新、实践创新提供不竭源泉。坚持改革开放，必须把握农村改革这个重点，在统筹城乡改革上取得重大突破，给农村发展注入新的动力，为整个经济社会发展增添新的活力。推动科学发展，必须加强农业发展这个基础，确保国家粮食安全和主要农产品有效供给，促进农业增产、农民增收、农村繁荣，为经济社会全面协调可持续发展提供有力支撑。促进社会和谐，必须抓住农村稳定这个大局，完善农村社会管理，促进社会公平正义，保证农民安居乐业，为实现国家长治久安打下坚实基础。

我国农村正在发生新的变革，我国农业参与国际合作和竞争正面临新的局面，推进农村改革发展具备许多有利条件，也面对不少困难和挑战，特别是城乡二元结构造成的深层次矛盾突出。农村经济体制尚不完善，农业生产经营组织化程度低，农产品市场体系、农业社会化服务体系、国家农业支持保护体系不健全，构建城乡经济社会发展一体化体制机制要求紧迫；农业发展方式依然粗放，农业基础设施和技术装备落后，耕地大量减少，人口资源环境约束增强，气候变化影响加剧，自然灾害频发，国际粮食供求矛盾突出，保障国家粮食安全和主要农产品供求平衡压力增大；农村社会事业和公共服务水平较低，区域发展和城乡居民收入差距扩大，改变农村落后面貌任务艰巨；农村社会利益格局深刻变化，一些地方农村基层组织软弱涣散，加强农村民主法制建设、基层组织建设、社会管理任务繁重。总之，农业基础仍然薄弱，最需要加强；农村发展仍然滞后，最需要扶持；农民增收仍然困难，最需要加快。我们必须居安思危、加倍努力，不断巩固和发展农村好形势。

全党必须深刻认识到，农业是安天下、稳民心的战略产业，没有农业现代化就没有国家现代化，没有农村繁荣稳定就没有全国繁荣稳定，没有农民全面小康就没有全国人民全面小康。我国总体上已进入以工促农、以城带乡的发展阶段，进入加快改造传统农业、走中国特色农业现代化道路的关键时刻，进入着力破除城乡二元结构、形成城乡经济社会发展一体化新格局的重要时期。我们要牢牢把握我国社会主义初级阶段的基本国情和当前发展的阶段性特征，适应农村改革发展新形势，顺应亿万农民过上美好生活新期待，抓住时机、乘势而上，努力开辟中国特色农业现代化的广阔道路，奋力开创社会主义新农村建设的崭新局面。

二、推进农村改革发展的指导思想、目标任务、重大原则

新形势下推进农村改革发展，要全面贯彻党的十七大精神，高举中国特色社会主义伟大旗帜,以邓小平理论和"三个代表"重要思想为指导,深入贯彻落实科学发展观,把建设社会主义新农村作为战略任务,把走中国特色农业现代化道路作为基本方向,把加快形成城乡经济社会发展一体化新格局作为根本要求,坚持工业反哺农业、城市支持农村和多予少取放活方针,创新体制机制,加强农业基础,增加农民收入,保障农民权益,促进农村和谐,充分调动广大农民的积极性、主动性、创造性,推动农村经济社会又好又快发展。

根据党的十七大提出的实现全面建设小康社会奋斗目标的新要求和建设生产发展、生活宽裕、乡风文明、村容整洁、管理民主的社会主义新农村要求,到二〇二〇年,农村改革发展基本目标任务是:农村经济体制更加健全,城乡经济社会发展一体化体制机制基本建立;现代农业建设取得显著进展,农业综合生产能力明显提高,国家粮食安全和主要农产品供给得到有效保障;农民人均纯收入比二〇〇八年翻一番,消费水平大幅提升,绝对贫困现象基本消除;农村基层组织建设进一步加强,村民自治制度更加完善,农民民主权利得到切实保障;城乡基本公共服务均等化明显推进,农村文化进一步繁荣,农民基本文化权益得到更好落实,农村人人享有接受良好教育的机会,农村基本生活保障、基本医疗卫生制度更加健全,农村社会管理体系进一步完善;资源节约型、环境友好型农业生产体系基本形成,农村人居和生态环境明显改善,可持续发展能力不断增强。

实现上述目标任务,要遵循以下重大原则。

——必须巩固和加强农业基础地位,始终把解决好十几亿人口吃饭问题作为治国安邦的头等大事。坚持立足国内实现粮食基本自给方针,加大国家对农业支持保护力度,深入实施科教兴农战略,加快现代农业建设,实现农业全面稳定发展,为推动经济发展、促进社会和谐、维护国家安全奠定坚实基础。

——必须切实保障农民权益,始终把实现好、维护好、发展好广大农民根本利益作为农村一切工作的出发点和落脚点。坚持以人为本,尊重农民意愿,着力解决农民最关心最直接最现实的利益问题,保障农民政治、经济、文化、社会权益,提高农民综合素质,促进农民全面发展,充分发挥农民主体作用和首创精神,紧紧依靠亿万农民建设社会主义新农村。

——必须不断解放和发展农村社会生产力,始终把改革创新作为农村发展的根本动力。坚持不懈推进农村改革和制度创新,提高改革决策的科学性,增强改革措施的协调性,充分发挥市场在资源配置中的基础性作用,加强和改善国家对农业农村发展的调控和引导,健全符合社会主义市场经济要求的农村经济体制,调整不适应农村社会生产力发展要求的生产关系和上层建筑,使农村经济社会发展充满活力。

——必须统筹城乡经济社会发展,始终把着力构建新型工农、城乡关系作为加快推进现代化的重大战略。统筹工业化、城镇化、农业现代化建设,加快建立健全以工促农、以城带乡长效机制,调整国民收入分配格局,巩固和完善强农惠农政策,把国家基础设施建设和社会事业发展重点放在农村,推进城乡基本公共服务均等化,实现城乡、区域协调发展,使广大农民平等参与现代化进程、共享改革发展成果。

——必须坚持党管农村工作,始终把加强和改善党对农村工作的领导作为推进农村改革发展的政治保证。坚持一切从实际出发,坚持党在农村的基本政策,加强农村基层组织和基层政权建设,完善党管农村工作体制机制和方式方法,保持党同农民群众的血肉联系,巩固党在农村的执政基础,形成推进农村改革发展强大合力。

三、大力推进改革创新,加强农村制度建设

实现农村发展战略目标,推进中国特色农业现代化,必须按照统筹城乡发展要求,抓紧在农村体制改革关键环节上取得突破,进一步放开搞活农村经济,优化农村发展外部环境,强化农村发展制度保障。

(一)稳定和完善农村基本经营制度。以家庭承包经营为基础、统分结合的双层经营体制,是适应社会主义市场经济体制、符合农业生产特点的农村基本经营制度,是党的农村政策的基石,必须毫不动摇地坚持。赋予农民更加充分而有保障的土地承包经营权,现有土地承包关系要保持稳定并长久不变。推进农业经营体制机制创新,加快农业经营方式转变。家庭经营要向采用先进科技和生产手段的方向转变,增加技术、资本等生产要素投入,着力提高集约化水平;统一经营要向发展农户联合与合作,形成多元化、多层次、多形式经营服务体系的方向转变,发展集体经济、增强集体组织服务功能,培育农民新型合作组织,发展各种农业社会化服务组织,鼓励龙头企业与农民建立紧密型利益联结机制,着力提高组织化程度。按照服务农民、进退自由、权利平等、管理民主的要求,扶持农民专业合作社加快发展,使之成为引领农民参与国内外市场竞争的现代农业经营组织。全面推进集体林权制度改革,扩大国有林场和重点国有林区林权制度改革试点。推进国有农场体制改革。稳定和完善草原承包经营制度。

(二)健全严格规范的农村土地管理制度。土地制度是农村的基础制度。按照产权明晰、用途管制、节约集约、严格管理的原则,进一步完善农村土地管理制度。坚持最严格的耕地保护制度,层层落实责任,坚决守住十八亿亩耕地红线。划定永久基本农田,建立保护补偿机制,确保基本农田总量不减少、用途不改变、质量有提高。继续推进土地整理复垦开发,耕地实行先补后占,不得跨省区市进行占补平衡。搞好农村土地确权、登记、颁证工作。完善土地承包经营权权能,依法保障农民对承包土地的占有、使用、收益等权利。加强土地承包经营权流转管理和服务,建立健全土地承包经营权流转市场,按照依法自愿有偿原则,允许农民以转包、出租、互换、转让、股份合作等形式流转土地承包经营权,发展多种形式的适度规模经营。有条件的地方可以发展专业大户、家庭农场、农民专业合作社等规模经营主体。土地承包经营权流转,不得改变土地集体所有性质,不得改变土地用途,不得损害农民土地承包权益。实行最严格的节约用地制度,从严控制城乡建设用地总规模。完善农村宅基地制度,严格宅基地管理,依法保障农户宅基地用益物权。农村宅基地和村庄整理所节约的土地,首先要复垦为耕地,调剂为建设用地的必须符合土地利用规划、纳入年度建设用地计划,并优先满足集体建设用地。改革征地制度,严格界定公益性和经营性建设用地,逐步缩小征地范围,完善征地补偿机制。依法征收农村集体土地,按照同地同价原则及时足额给农村集体组织和农民合理补偿,解决好被征地农民就业、住房、社会保障。在土地利用规划确定的城镇建设用地范围外,经批准占用农村集体土地建设非公益性项目,允许农民依法通过多种方式参与开发经营并保障农民合法权益。逐步建立城乡统一的建设用地市场,对依法取得的农村集体经营性建设用地,必须通过统一有形的土地市场、以公开规范的方式转让土地使用权,在符合规划的前提下与国有土地享有平等权益。抓紧完善相关法律法规和配套政策,规范推进农村土地管理制度改革。

(三)完善农业支持保护制度。健全农业投入保障制度,调整财政支出、固定资产投资、信贷投放结构，保证各级财政对农业投入增长幅度高于经常性收入增长幅度，大幅度增加国家对农村基础设施建设和社会事业发展的投入，大幅度提高政府土地出让收益、耕地占用税新增收入用于农业的比例，大幅度增加对中西部地区农村公益性建设项目的投入。国家在中西部地区安排的病险水库除险加固、生态建设等公益性建设项目，逐步取消县及县以下资金配套。拓宽农业投入来源渠道，整合投资项目，加强投资监管，提高资金使用效益。健全农业补贴制度，扩大范围，提高标准，完善办法，特别要支持增粮增收，逐年较大幅度增加农民种粮补贴。完善与农业生产资料价格上涨挂钩的农资综合补贴动态调整机制。健全农产品价格保护制度，完善农产品市场调控体系，稳步提高粮食最低收购价，改善其他主要农产品价格保护办法，充实主要农产品储备，优化农产品进出口和吞吐调节机制，保持农产品价格合理水平。完善粮食等主要农产品价格形成机制，理顺比价关系，充分发挥市场价格对增产增收的促进作用。健全农业生态环境补偿制度，形成有利于保护耕地、水域、森林、草原、湿地等自然资源和农业物种资源的激励机制。

（四）建立现代农村金融制度。农村金融是现代农村经济的核心。创新农村金融体制，放宽农村金融准入政策，加快建立商业性金融、合作性金融、政策性金融相结合，资本充足、功能健全、服务完善、运行安全的农村金融体系。加大对农村金融政策支持力度，拓宽融资渠道，综合运用财税杠杆和货币政策工具，定向实行税收减免和费用补贴，引导更多信贷资金和社会资金投向农村。各类金融机构都要积极支持农村改革发展。坚持农业银行为农服务的方向，强化职能、落实责任，稳定和发展农村服务网络。拓展农业发展银行支农领域，加大政策性金融对农业开发和农村基础设施建设中长期信贷支持。扩大邮政储蓄银行涉农业务范围。县域内银行业金融机构新吸收的存款，主要用于当地发放贷款。改善农村信用社法人治理结构，保持县(市)社法人地位稳定，发挥为农民服务主力军作用。规范发展多种形式的新型农村金融机构和以服务农村为主的地区性中小银行。加强监管，大力发展小额信贷，鼓励发展适合农村特点和需要的各种微型金融服务。允许农村小型金融组织从金融机构融入资金。允许有条件的农民专业合作社开展信用合作。规范和引导民间借贷健康发展。加快农村信用体系建设。建立政府扶持、多方参与、市场运作的农村信贷担保机制。扩大农村有效担保物范围。发展农村保险事业，健全政策性农业保险制度，加快建立农业再保险和巨灾风险分散机制。加强农产品期货市场建设。

（五）建立促进城乡经济社会发展一体化制度。尽快在城乡规划、产业布局、基础设施建设、公共服务一体化等方面取得突破，促进公共资源在城乡之间均衡配置、生产要素在城乡之间自由流动，推动城乡经济社会发展融合。统筹土地利用和城乡规划，合理安排市县域城镇建设、农田保护、产业聚集、村落分布、生态涵养等空间布局。统筹城乡产业发展，优化农村产业结构，发展农村服务业和乡镇企业，引导城市资金、技术、人才、管理等生产要素向农村流动。统筹城乡基础设施建设和公共服务，全面提高财政保障农村公共事业水平，逐步建立城乡统一的公共服务制度。统筹城乡劳动就业，加快建立城乡统一的人力资源市场，引导农民有序外出就业，鼓励农民就近转移就业，扶持农民工返乡创业。加强农民工权益保护，逐步实现农民工劳动报酬、子女就学、公共卫生、住房租购等与城镇居民享有同等待遇，改善农民工劳动条件，保障生产安全，扩大农民工工伤、医疗、养老保险覆盖面，尽快制定和实施农民工养老保险关系转移接续办法。统筹城乡社会管理，推进户籍制度改革，放宽中小城市落户条件，使在城镇稳定就业和居住的农民有序转变为城镇居民。推动流动人口服务和管理体制创新。扩大县域发展自主权，增加对县的一般性转移支付、促进财力与事权相匹配，增强县域经济活力和实力。推进省直接管理县（市）财政体制改革，优先将农业大县纳入改革范围。有条件的地方可依法探索省直接管理县（市）的体制。坚持走中国特色城镇化道路，发挥好大中城市对农村的辐射带动作用，依法赋予经济发展快、人口吸纳能力强的小城镇相应行政管理权限，促进大中小城市和小城镇协调发展，形成城镇化和新农村建设互促共进机制。积极推进统筹城乡综合配套改革试验。

（六）健全农村民主管理制度。坚持党的领导、人民当家作主、依法治国有机统一，发展农村基层民主，以扩大有序参与、推进信息公开、健全议事协商、强化权力监督为重点，加强基层政权建设，扩大村民自治范围，保障农民享有更多更切实的民主权利。逐步实行城乡按相同人口比例选举人大代表，扩大农民在县乡人大代表中的比例，密切人大代表同农民的联系。继续推进农村综合改革，二〇一二年基本完成乡镇机构改革任务，着力增强乡镇政府社会管理和公共服务职能。完善与农民政治参与积极性不断提高相适应的乡镇治理机制，实行政务公开，依法保障农民知情权、参与权、表达权、监督权。健全村党组织领导的充满活力的村民自治机制，深入开展以直接选举、公正有序为基本要求的民主选举实践，以村民会议、村民代表会议、村民议事为主要形式的民主决策实践，以自我教育、自我管理、自我服务为主要目的的民主管理实践，以村务公开、财务监督、群众评议为主要内容的民主监督实践，推进村民自治制度化、规范化、程序化。加强农村法制建设，完善涉农法律法规，增强依法行政能力，强化涉农执法监督和司法保护。加强农村法制宣传教育，搞好法律服务，提高农民法律意识，推进农村依法治理。培育农村服务性、公益性、互助性社会组织，完善社会自治功能。采取多种措施增强基层财力，逐步解决一些行政村运转困难问题，积极稳妥化解乡村债务。继续做好农民负担监督管理工作，完善村民一事一议筹资筹劳办法，健全农村公益事业建设机制。

四、积极发展现代农业，提高农业综合生产能力

发展现代农业，必须按照高产、优质、高效、生态、安全的要求，加快转变农业发展方式，推进农业科技进步和创新，加强农业物质技术装备，健全农业产业体系，提高土地产出率、资源利用率、劳动生产率，增强农业抗风险能力、国际竞争能力、可持续发展能力。要明确目标、制定规划、加大投入，集中力量办好关系全局、影响长远的大事。

（一）确保国家粮食安全。粮食安全任何时候都不能放松，必须长抓不懈。加快构建供给稳定、储备充足、调控有力、运转高效的粮食安全保障体系。把发展粮食生产放在现代农业建设的首位，稳定播种面积，优化品种结构，提高单产水平，不断增强综合生产能力。各地区都要明确和落实粮食发展目标，强化扶持政策，落实储备任务，分担国家粮食安全责任。抓紧实施粮食战略工程，推进国家粮食核心产区和后备产区建设，加快落实全国新增千亿斤粮食生产能力建设规划，以县为单位集中投入、整体开发，今年起组织实施。支持粮食生产的政策措施向主产区倾斜，建立主产区利益补偿制度，加大对产粮大县财政奖励和粮食产业建设项目扶持力度，加快实现粮食增产、农民增收、财力增强相协调，充分调动农民种粮、地方抓粮的积极性。完善粮食风险基金政策，逐步取消主产区资金配套。产销平衡区和主销区要加强产粮大县建设，确保区域内粮田面积不减少、粮食自给水平不下降。坚持放开市场，积极搞活流通，完善产销衔接。提高全社会节粮意识，强化从生产到消费全过程节粮措施。加强粮食领域国际交流合作,为改善全球粮食供给作出贡献。

(二)推进农业结构战略性调整。以市场需求为导向、科技创新为手段、质量效益为目标,构建现代农业产业体系。搞好产业布局规划,科学确定区域农业发展重点,形成优势突出和特色鲜明的产业带,引导加工、流通、储运设施建设向优势产区聚集。采取有力措施支持发展油料生产,提高食用植物油自给水平。鼓励和支持优势产区集中发展棉花、糖料、马铃薯等大宗产品,推进蔬菜、水果、茶叶、花卉等园艺产品集约化、设施化生产,因地制宜发展特色产业和乡村旅游业。加快发展畜牧业,支持规模化饲养,加强品种改良和疫病防控。推进水产健康养殖,扶持和壮大远洋渔业。发展林业产业,繁荣山区经济。发展农业产业化经营,促进农产品加工业结构升级,扶持壮大龙头企业,培育知名品牌。强化主要农产品生产大县财政奖励政策,完善农产品加工业发展税收支持政策。加强农业标准化和农产品质量安全工作,严格产地环境、投入品使用、生产过程、产品质量全程监控,切实落实农产品生产、收购、储运、加工、销售各环节的质量安全监管责任,杜绝不合格产品进入市场。支持发展绿色食品和有机食品,加大农产品注册商标和地理标志保护力度。加强海峡两岸农业合作。

(三)加快农业科技创新。农业发展的根本出路在科技进步。顺应世界科技发展潮流,着眼于建设现代农业,大力推进农业科技自主创新,加强原始创新、集成创新和引进消化吸收再创新,不断促进农业技术集成化、劳动过程机械化、生产经营信息化。加大农业科技投入,建立农业科技创新基金,支持农业基础性、前沿性科学研究,力争在关键领域和核心技术上实现重大突破。加强农业技术研发和集成,重点支持生物技术、良种培育、丰产栽培、农业节水、疫病防控、防灾减灾等领域科技创新,实施转基因生物新品种培育科技重大专项,尽快获得一批具有重要应用价值的优良品种。适应农业规模化、精准化、设施化等要求,加快开发多功能、智能化、经济型农业装备设施,重点在田间作业、设施栽培、健康养殖、精深加工、储运保鲜等环节取得新进展。推进农业信息服务技术发展,重点开发信息采集、精准作业和管理信息、农村远程数字化和可视化、气象预测预报和灾害预警等技术。深化科技体制改革,加快农业科技创新体系和现代农业产业技术体系建设,加强对公益性农业科研机构和农业院校的支持。依托重大农业科研项目、重点学科、科研基地,加强农业科技创新团队建设,培育农业科技高层次人才特别是领军人才。稳定和壮大农业科技人才队伍,加强农业技术推广普及,开展农民技术培训。加快农业科技成果转化,促进产学研、农科教结合,支持高等学校、科研院所同农民专业合作社、龙头企业、农户开展多种形式技术合作。继续办好国家农业高新技术产业示范区。发挥国有农场运用先进技术和建设现代农业的示范作用。

(四)加强农业基础设施建设。以农田水利为重点的农业基础设施是现代农业的重要物质条件。大规模实施土地整治,搞好规划、统筹安排、连片推进,加快中低产田改造,鼓励农民开展土壤改良,推广测土配方施肥和保护性耕作,提高耕地质量,大幅度增加高产稳产农田比重。搞好水利基础设施建设,加强大江大河大湖治理,集中建成一批大中型水利骨干工程,加快大中型灌区、排灌泵站配套改造、水源工程建设,力争二〇二〇年基本完成大型灌区续建配套和节水改造任务。加快病险水库除险加固,确保二〇一〇年底完成大中型和重点小型水库除险加固任务。创新投资机制,采取以奖代补等形式,鼓励和支持农民广泛开展小型农田水利设施、小流域综合治理等项目建设。推广节水灌溉,搞好旱作农业示范工程。支持农用工业发展,加快推进农业机械化。按照现代化水平高、覆盖范围广的要求,加强良种繁育体系和农产品批发市场网络建设,加快建设现代粮食物流体系和鲜活农产品冷链物流系统。

(五)建立新型农业社会化服务体系。建设覆盖全程、综合配套、便捷高效的社会化服务体系,是发展现代农业的必然要求。加快构建以公共服务机构为依托、合作经济组织为基础、龙头企业为骨干、其他社会力量为补充,公益性服务和经营性服务相结合、专项服务和综合服务相协调的新型农业社会化服务体系。加强农业公共服务能力建设,创新管理体制,提高人员素质,力争三年内在全国普遍健全乡镇或区域性农业技术推广、动植物疫病防控、农产品质量监管等公共服务机构,逐步建立村级服务站点。支持供销合作社、农民专业合作社、专业服务公司、专业技术协会、农民经纪人、龙头企业等提供多种形式的生产经营服务。开拓农村市场,推进农村流通现代化。健全农产品市场体系,完善农业信息收集和发布制度,发展农产品现代流通方式,减免运销环节收费,长期实行绿色通道政策,加快形成流通成本低、运行效率高的农产品营销网络。保障农用生产资料供应,整顿和规范农村市场秩序,严厉惩治坑农害农行为。

(六)促进农业可持续发展。按照建设生态文明的要求,发展节约型农业、循环农业、生态农业,加强生态环境保护。继续推进林业重点工程建设,延长天然林保护工程实施期限,完善政策、巩固退耕还林成果,开展植树造林,提高森林覆盖率。实施草原建设和保护工程,推进退牧还草,发展灌溉草场,恢复草原生态植被。强化水资源保护。加强水生生物资源养护,加大增殖放流力度。推进重点流域和区域水土流失综合防治,加快荒漠化石漠化治理,加强自然保护区建设。保护珍稀物种和种质资源,防范外来动植物疫病和有害物种入侵。多渠道筹集森林、草原、水土保持等生态效益补偿资金,逐步提高补偿标准。积极培育以非粮油作物为原料的生物质产业,推进农林副产品和废弃物能源化、资源化利用。推广节能减排技术,加强农村工业、生活污染和农业面源污染防治。

(七)扩大农业对外开放。坚持"引进来"和"走出去"相结合,提高统筹利用国际国内两个市场、两种资源能力,拓展农业对外开放广度和深度。按照鼓励出口劳动密集型和技术密集型产品、适度进口结构性短缺产品的原则,完善农产品进出口战略规划和调控机制,加强国际市场研究和信息服务。强化农产品进出口检验检疫和监管,提高出口优势产品附加值和质量安全水平。引导外商投资发展现代农业。健全符合世界贸易组织规则的外商经营农产品和农业生产资料准入制度,建立外资并购境内涉农企业安全审查机制。统筹开展对外农业合作,培育农业跨国经营企业,逐步建立农产品国际产销加工储运体系。积极参与国际农产品贸易规则和标准制定,促进形成公平合理的贸易秩序。

五、加快发展农村公共事业,促进农村社会全面进步

建设社会主义新农村,形成城乡经济社会发展一体化新格局,必须扩大公共财政覆盖农村范围,发展农村公共事业,使广大农民学有所教、劳有所得、病有所医、老有所养、住有所居。

(一)繁荣发展农村文化。社会主义文化建设是社会主义新农村建设的重要内容和重要保证。坚持用社会主义先进文化占领农村阵地,满足农民日益增长的精神文化需求,提高农民思想道德素质。扎实开展社会主义核心价值体系建设,坚持用中国特色社会主义理论体系武装农村党员、教育农民群众，引导农民牢固树立爱国主义、集体主义、社会主义思想。推进广播电视村村通、文化信息资源共享、乡镇综合文化站和村文化室建设、农村电影放映、农家书屋等重点文化惠民工程，建立稳定的农村文化投入保障机制，尽快形成完备的农村公共文化服务体系。扶持农村题材文化产品创作生产，开展农民乐于参与、便于参与的文化活动，建立文化科技卫生"三下乡"长效机制，支持农民兴办演出团体和其他文化团体，引导城市文化机构到农村拓展服务。重视丰富农民工文化生活，帮助他们提高素质。广泛开展文明村镇、文明集市、文明户、志愿服务等群众性精神文明创建活动，倡导农民崇尚科学、诚信守法、抵制迷信、移风易俗，遵守公民基本道德规范，养成健康文明生活方式，形成男女平等、尊老爱幼、邻里和睦、勤劳致富、扶贫济困的社会风尚。加强农村文物、非物质文化遗产、历史文化名镇名村保护。发展农村体育事业，开展农民健身活动。

（二）大力办好农村教育事业。发展农村教育，促进教育公平，提高农民科学文化素质，培育有文化、懂技术、会经营的新型农民。巩固农村义务教育普及成果，提高义务教育质量，完善义务教育免费政策和经费保障机制，保障经济困难家庭儿童、留守儿童特别是女童平等就学、完成学业，改善农村学生营养状况，促进城乡义务教育均衡发展。加快普及农村高中阶段教育，重点加快发展农村中等职业教育并逐步实行免费。健全县域职业教育培训网络，加强农民技能培训，广泛培养农村实用人才。大力扶持贫困地区、民族地区农村教育。增强高校为农输送人才和服务能力，办好涉农学科专业，鼓励人才到农村第一线工作，对到农村履行服务期的毕业生代偿学费和助学贷款，在研究生招录和教师选聘时优先。保障和改善农村教师工资待遇和工作条件，健全农村教师培养培训制度，提高教师素质。健全城乡教师交流机制，继续选派城市教师下乡支教。发展农村学前教育、特殊教育、继续教育。加强远程教育，及时把优质教育资源送到农村。

（三）促进农村医疗卫生事业发展。基本医疗卫生服务关系广大农民幸福安康，必须尽快惠及全体农民。巩固和发展新型农村合作医疗制度，提高筹资标准和财政补助水平，坚持大病住院保障为主、兼顾门诊医疗保障。完善农村医疗救助制度。坚持政府主导，整合城乡卫生资源，建立健全农村三级医疗卫生服务网络，重点办好县级医院并在每个乡镇办好一所卫生院，支持村卫生室建设，向农民提供安全价廉的基本医疗服务。加强农村卫生人才队伍建设，定向免费培养培训农村卫生人才，妥善解决乡村医生补贴，完善城市医师支援农村制度。坚持预防为主，扩大农村免费公共卫生服务和免费免疫范围，加大地方病、传染病及人畜共患病防治力度。加强农村药品配送和监管。积极发展中医药和民族医药服务。广泛开展爱国卫生运动，重视健康教育。加强农村妇幼保健，逐步推行住院分娩补助政策。坚持计划生育的基本国策，推进优生优育，稳定农村低生育水平，完善和落实计划生育奖励扶助制度，有效治理出生人口性别比偏高问题。

（四）健全农村社会保障体系。贯彻广覆盖、保基本、多层次、可持续原则，加快健全农村社会保障体系。按照个人缴费、集体补助、政府补贴相结合的要求，建立新型农村社会养老保险制度。创造条件探索城乡养老保险制度有效衔接办法。做好被征地农民社会保障，做到先保后征，使被征地农民基本生活长期有保障。完善农村最低生活保障制度，加大中央和省级财政补助力度，做到应保尽保，不断提高保障标准和补助水平。全面落实农村五保供养政策，确保供养水平达到当地村民平均生活水平。完善农村受灾群众救助制度。落实好军烈属和伤残病退伍军人等优抚政策。发展以扶老、助残、救孤、济困、赈灾为重点的社会福利和慈善事业。发展农村老龄服务。加强农村残疾预防和残疾人康复工作，促进农村残疾人事业发展。

（五）加强农村基础设施和环境建设。把农村建设成为广大农民的美好家园，必须切实改善农民生产生活条件。科学制定乡镇村庄建设规划。加快农村饮水安全工程建设，五年内解决农村饮水安全问题。加强农村公路建设，确保"十一五"期末基本实现乡镇通油（水泥）路，进而普遍实现行政村通油（水泥）路，逐步形成城乡公交资源相互衔接、方便快捷的客运网络。推进农村能源建设，扩大电网供电人口覆盖率，推广沼气、秸秆利用、小水电、风能、太阳能等可再生能源技术，形成清洁、经济的农村能源体系。实施农村清洁工程，加快改水、改厨、改厕、改圈，开展垃圾集中处理，不断改善农村卫生条件和人居环境。推进广电网、电信网、互联网"三网融合"，积极发挥信息化为农服务作用。发展农村邮政服务。健全农村公共设施维护机制，提高综合利用效能。

（六）推进农村扶贫开发。搞好新阶段扶贫开发，对确保全体人民共享改革发展成果具有重大意义，必须作为长期历史任务持之以恒抓紧抓好。完善国家扶贫战略和政策体系，坚持开发式扶贫方针，实现农村最低生活保障制度和扶贫开发政策有效衔接。实行新的扶贫标准，对农村低收入人口全面实施扶贫政策，把尽快稳定解决扶贫对象温饱并实现脱贫致富作为新阶段扶贫开发的首要任务。重点提高农村贫困人口自我发展能力，对没有劳动力或劳动能力丧失的贫困人口实行社会救助。加大对革命老区、民族地区、边疆地区、贫困地区发展扶持力度。继续开展党政机关定点扶贫和东西扶贫协作，充分发挥企业、学校、科研院所、军队和社会各界在扶贫开发中的积极作用。加强反贫困领域国际交流合作。

（七）加强农村防灾减灾能力建设。我国农村自然灾害多、受灾地域广、防灾抗灾力量弱，必须切实加强农村防灾减灾工作。加强灾害性天气、地质灾害、地震监测预警，提高监测水平，完善处置预案，加强专业力量建设，提高应急救援能力，宣传普及防灾减灾知识，提高灾害处置能力和农民避灾自救能力。加强防洪排涝抗旱设施和监测预警能力建设，加快农村危房改造，提高农村道路、供电、供水、通信设施抗灾保障能力，提高农村学校、医院等公共设施建筑质量，落实安全标准和责任。全力做好汶川地震灾区农村恢复重建工作，加大投入，对口支援，发动群众，加快受灾农户住房重建，搞好农业生产设施重建，尽早恢复农业生产和农村经济。采取综合措施，促进灾区生态环境尽快修复并不断改善。

（八）强化农村社会管理。坚持服务农民、依靠农民，完善农村社会管理体制机制，加强农村社区建设，保持农村社会和谐稳定。健全党和政府主导的维护农民权益机制，拓宽农村社情民意表达渠道，做好农村信访工作，加强人民调解，及时排查化解矛盾纠纷。农村广大干部要进村入户做好下访工作，切实把矛盾和问题解决在基层、化解在萌芽状态。深入开展平安创建活动，加强农村政法工作，推进农村警务建设，实行群防群治，搞好社会治安综合治理。建立健全农村应急管理体制，提高危机处置能力。巩固和发展平等团结互助和谐的社会主义民族关系。全面贯彻党的宗教工作基本方针，依法管理宗教事务。反对和制止利用宗教、宗族势力干预农村公共事务，坚决取缔邪教组织，严厉打击黑恶势力。

六、加强和改善党的领导，为推进农村改革发展提供坚强政治保证

推进农村改革发展，关键在党。要把党的执政能力建设和先进性建设作为主线，以改革创新精神全面推进农村党的建设，认真开展深入学习实践科学发展观活动，增强各级党组织的创造力、凝聚力、战斗力，不断提高党领导农村工作水平。

（一）完善党领导农村工作体制机制。强化党委统一领导、党政齐抓共管、农村工作综合部门组织协调、有关部门各负其责的农村工作领导体制和工作机制。各级党委和政府要坚持把农村工作摆上重要议事日程，在政策制定、工作部署、财力投放、干部配备上切实体现全党工作重中之重的战略思想，加强对农村改革发展理论和实践问题的调查研究，坚持因地制宜、分类指导，创造性地开展工作。党委和政府主要领导要亲自抓农村工作，省市县党委要有负责同志分管农村工作，县（市）党委要把工作重心和主要精力放在农村工作上。加强党委农村工作综合部门建设，建立职能明确、权责一致、运转协调的农业行政管理体制。注重选好配强县乡党政领导班子特别是主要负责人。坚持和完善"米袋子"省长负责制、"菜篮子"市长负责制。完善体现科学发展观和正确政绩观要求的干部考核评价体系，把粮食生产、农民增收、耕地保护、环境治理、和谐稳定作为考核地方特别是县（市）领导班子绩效的重要内容。支持人大、政协履行职能，发挥民主党派、人民团体和社会组织积极作用，共同推进农村改革发展。

（二）加强农村基层组织建设。党的农村基层组织是党在农村工作的基础。以领导班子建设为重点、健全党组织为保证、三级联创活动为载体，把党组织建设成为推动科学发展、带领农民致富、密切联系群众、维护农村稳定的坚强领导核心。改革和完善农村基层组织领导班子选举办法，抓好以党组织为核心的村级组织配套建设，领导和支持村委会、集体经济组织、共青团、妇代会、民兵等组织和乡镇企业工会组织依照法律法规和章程开展工作。创新农村党的基层组织设置形式，推广在农村社区、农民专业合作社、专业协会和产业链上建立党组织的做法。加强农民工中党的工作。健全城乡党的基层组织互帮互助机制，构建城乡统筹的基层党建新格局。抓紧村级组织活动场所建设，两年内覆盖全部行政村。

（三）加强农村基层干部队伍建设。建设一支守信念、讲奉献、有本领、重品行的农村基层干部队伍，对做好农村工作至关重要。着力拓宽农村基层干部来源，提高他们的素质，解除他们的后顾之忧，调动他们的工作积极性。注重从农村致富能手、退伍军人、外出务工返乡农民中选拔村干部。引导高校毕业生到村任职，实施一村一名大学生计划。鼓励党政机关和企事业单位优秀年轻干部到村帮助工作。加大从优秀村干部中考录乡镇公务员和选任乡镇领导干部力度。探索村党组织书记跨村任职。通过财政转移支付和党费补助等途径，形成农村基层组织建设、村干部报酬和养老保险、党员干部培训资金保障机制。整合培训资源，广泛培训农村基层干部，增强他们带领农民建设社会主义新农村的本领。扎实推进农村党员干部现代远程教育，两年内实现全国乡村网络基本覆盖。

（四）加强农村党员队伍建设。巩固和发展先进性教育活动成果，做好发展党员工作，改进党员教育管理，增强党员意识，建设高素质农村党员队伍。扩大党内基层民主，尊重党员主体地位，保证党员按照党章规定履行义务、行使权利。组织农村党员学习党的理论和路线方针政策、法律法规、实用技术。广泛开展党员设岗定责、依岗承诺、创先争优等活动。关心爱护党员，建立健全党内激励、关怀、帮扶机制，增强党组织的亲和力。加强和改进流动党员管理，建立健全城乡一体党员动态管理机制。加大在优秀青年农民中发展党员力度。探索发展党员新机制，不断提高发展党员质量。

（五）加强农村党风廉政建设。大力发扬党的优良传统和作风，密切党群干群关系，是做好农村改革发展工作的重要保证。坚持教育、制度、监督、改革、纠风、惩治相结合，推进农村惩治和预防腐败体系建设。以树立理想信念和加强思想道德建设为基础，深入开展反腐倡廉教育，弘扬求真务实、公道正派、艰苦奋斗的作风，筑牢党员、干部服务群众、廉洁自律的思想基础。以规范和制约权力运行为核心，全面推进政务公开、村务公开、党务公开，健全农村集体资金、资产、资源管理制度，做到用制度管权、管事、管人。以维护农民权益为重点，围绕党的农村政策落实情况加强监督检查，切实纠正损害农民利益的突出问题，严肃查处涉农违纪违法案件。广大党员、干部要坚持权为民所用、情为民所系、利为民所谋，关心群众疾苦，倾听群众呼声，集中群众智慧，讲实话、办实事、求实效，坚决反对形式主义、官僚主义，努力创造实实在在的业绩。

实现全面建设小康社会的宏伟目标，最艰巨最繁重的任务在农村，最广泛最深厚的基础也在农村。全党同志要紧密团结在以胡锦涛同志为总书记的党中央周围，锐意改革，加快发展，在推进中国特色社会主义伟大事业进程中努力开创农村工作新局面！

中共中央、国务院关于促进小城镇健康发展的若干意见

(中发〔2000〕11号)

党的十五届三中全会通过的《中共中央关于农业和农村工作若干重大问题的决定》指出："发展小城镇，是带动农村经济和社会发展的一个大战略"。当前，各地积极贯彻落实中央精神，小城镇的发展形势总的是好的。但也存在着一些不容忽视的问题：一些地方缺乏长远、科学的规划，小城镇布局不合理；有些地方存在不顾客观条件和经济社会发展规律，盲目攀比、盲目扩大的倾向；多数小城镇基础设施不配套，影响城镇整体功能的发挥；小城镇自身管理体制不适应社会主义市场经济的要求。为促进小城镇健康发展，特提出如下意见。

一、充分认识发展小城镇的重大战略意义

对农业和农村经济结构进行战略性调整，全面提高农业和农村经济的整体素质和效益，增加农民收入，提高农业生活水平，是当前和今后一个时期我国农业和农村工作的首要任务。发展小城镇，可以加快农业富余劳动力的转移，是提高农业劳动生产率和综合经济效益的重要途径，可以促进乡镇企业适当集中和结构调整，带动农村第三产业特别服务业的迅速发展，为农民创造更多的就业岗位。这对解决现阶段农村一系列深层次矛盾，优化农业和农村经济结构，增加农民收入，具有十分重要作用。

扩大国内需求，开拓国内市场特别是农村市场，是我国经济发展的基本立足点和长期战略方针。发展小城镇，可以有效带动农村基础设施建设和房地产业的发展，扩大投资需求尤其是吸引民间投资，可以明显提高农民消费的商品化程度，扩大对住宅、农产品、耐用消费品和服务业的需求。这不仅有利于缓解当前国内需求不足和农产品阶段性过剩状况，而且也为整个工业和服务业的长远发展拓展新的市场空间。

加快我国城镇化进程，实现城镇化与工业化协调发展，小城镇占有重要的地位。发展小城镇，可以吸纳众多的农村人口，降低农村人口盲目涌入大中城市的风险和成本，缓解现有大中城市的就业压力，走出一条适合我国国情的大中小城市和小城镇协调发展的城镇化道路。

发展小城镇，是实现我国农村现代化的必由之路。农村人口进城定居，有利于广大农民逐步改变传统的生活方式和思想观念；有利于从整体上提高我国人口素质，缩小工农差别和城乡差别；有利于实现城乡经济社会协调发展，全面提高广大农民的物质文化生活水平。

当前，加快城镇化进程的时机和条件已经成熟。抓住机遇，适时引导小城镇健康发展，应当作为当前和今后较长时期农村改革与发展的一项重要任务。

二、发展小城镇必须坚持的指导原则

发展小城镇要以党的十五届三中全会确定的基本方针为指导，遵循以下原则。

——尊重规律，循序渐进。小城镇是经济社会发展到一定阶段的产物，必须尊重客观规律，尊重农民意愿，量力而行。要优先发展已经具有一定规模、基础条件较好的小城镇，防止不顾客观条件，一哄而起，遍地开花，搞低水平分散建设。不允许以小城镇建设为名，乱集资、乱摊派，加重农民和企业负担。

——因地制宜，科学规划。我国幅员辽阔，经济发展不平衡，发展小城镇的条件也各不相同。各地要从实际出发，根据当地经济发展水平、区位特点和资源条件，搞好小城镇的规划和布局，突出重点，注重实效，防止不切实际，盲目攀比。

——深化改革，创新机制。小城镇建设和管理要按照社会主义市场经济的要求，改革创新，广泛开辟投融资渠道，促进基础设施建设和公益事业发展，走出一条在政府引导下，主要通过市场机制建设小城镇的路子。要转变政府职能，从根本上降低管理成本，提高管理效率。

——统筹兼顾，协调发展。发展小城镇，不能削弱农业的基础地位。要利用小城镇连接城乡的区位优势，促进农村劳动力、资金、技术等生产要素优化配置，推动一、二、三产业协调发展。要坚持物质文明和精神文明一起抓，在搞好小城镇经济建设的同时，大力推进教育、科技、文化、卫生以及环保等事业的发展，实现城乡经济社会和生态环境的可持续发展。

城镇化水平的提高是一个渐进的过程。发展小城镇既要积极，又要稳妥。力争经过10年左右的努力，将一部分基础较好的小城镇建设成为规模适度、规划科学、功能健全、环境整治、具有较强辐射能力的农村区域性经济文化中心，其中少数具备条件的小城镇要发展成为带动能力更强的小城市，使全国城镇化水平有一个明显的提高。

三、发展小城镇要统一规划和合理布局

各级政府要按照统一规划、合理布局的要求，抓紧编制小城镇发展规划，并将其列入国民经济和社会发展计划。重点发展现有基础较好的建制镇，搞好规划，逐步发展。在大城市周边地区，要按照产业和人口的合理分布，适当发展一批卫星城镇。在沿海发达地区，要适应经济发展较快的要求，完善城镇功能，提高城镇建设水平，更多地吸纳农村人口。在中西部地区，应结合西部大开发战略，重点支持区位优势和发展潜力比较明显的小城镇加快发展。要严格限制新建制镇的审批。

在小城镇的规划中，要注重经济社会和环境的全面发展，合理确定人口规模与用地规模，既要坚持建设标准，又要防止贪大求洋和乱铺摊子。规划的编制要严格执行有关法律法规，切实做好与土地利用总体规划以及交通网络、环境保护、社会发展等各方面规划的衔接和协调。规划的调整要按法定程序办理。小城镇建设要各具特色，切忌千篇一律，特别要注意保护文物古迹以及具有民族和地方特点的文化自然景观。

四、积极培育小城镇的经济基础

充满活力的经济是小城镇繁荣和发展的基础。要根据小城镇的特点，以市场为导向，以产业为依托，大力发展特色经济，着力培育各类农业产业化经营的龙头企业，形成农副产品的生产、加工和销售基地。要发挥小城镇功能和连接大中城市的区位优势，兴办各种服务行业，因地制宜地发展各类综合性或专业性商品批发市场。要充分利用风景名胜及人文景观，发展观光旅游业。

要通过完善基础设施建设，加强服务，减轻企业负担等措施，吸引乡镇企业进镇。要

鼓励农村新办企业向镇区集中，要抓住国有企业战略改组的机遇，吸引技术、人才和相关产业向小城镇转移。鼓励大中城市的工商企业到小城镇开展产品开发、商业连锁、物质配送、旧货调剂、农副产品批发等经营活动。鼓励商业保险机构拓宽服务范围，到小城镇开展各类商业保险业务。

五、充分运用市场机制搞好小城镇建设

各地要制定相应的优惠政策，吸引企业、个人及外商以多种方式参与小城镇基础设施的投资、建设和经营，多渠道投资小城镇教育、文化、卫生等公用事业，走出一条在政府引导下主要依靠社会资金建设小城镇的路子。对有收益的基础设施，可合理确定服务价格，实行有偿使用。鼓励相邻的小城镇共建、共享某些基础设施，提高投资效益

金融机构要拓宽服务领域，积极参与和支持小城镇建设。国有商业银行要采取多种形式，增加对小城镇建设的贷款数额，逐步开展对有稳定收入的进镇农民在购房、购车和其他消费方面的信贷业务。

为促进小城镇健康发展，国家要在农村电网改造、公路、广播电视、通信等基础设施建设方面给予支持。地方各级政府要根据自身财力状况，重点支持小城镇镇区道路、供排水、环境整治、信息网络等公用设施和公益事业建设。要严格建设项目审批程序，严禁以小城镇建设为名，铺张浪费，大搞楼堂馆所。

六、妥善解决小城镇建设用地

发展小城镇要统一规划，集中用地，做到集约用地和保护耕地。要通过挖潜，改造旧镇区，积极开展迁村并点，土地整理，开发利用荒地和废弃地，解决小城镇的建设用地。要采取严格保护耕地的措施，防止乱占耕地。

小城镇建设用地要纳入省（自治区、直辖市）、市（地）、县（市）土地利用总体规划和土地利用年度计划。对重点小城镇的建设用地指标，由省级土地管理部门优先安排。对以迁村并点和土地整理等方式进行小城镇建设的，可在建设用地计划中予以适当支持。要严格限制分散建房的宅基地审批，鼓励农民进镇购房或按规划集中建房，节约的宅基地可用于小城镇建设用地。

小城镇建设用地，除法律规定可以划拨的以外，一律实行有偿使用。小城镇现有建设用地的有偿使用收益，留给镇级财政，统一用于小城镇的开发和建设。小城镇新增建设用地的有偿使用收益，要优先用于重点小城镇补充耕地，实现耕地占补平衡。

七、改革小城镇户籍管理制度

为鼓励农民进入小城镇，从2000年起，凡在县级市市区、县人民政府驻地镇及县以下小城镇有合法固定住所、稳定职业或生活来源的农民，均可根据本人意愿转为城镇户口，并在子女入学、参军、就业等方面享受与城镇居民同等待遇，不得实行歧视性政策。对在小城镇落户的农民，各地区、各部门不得收取城镇增容费或其他类似费用。

要积极探索适合小城镇特点的社会保障制度。对进镇落户的农民，可根据本人意愿，保留其承包土地的经营权，也允许依法有偿转让。农村集体经济组织要严格承包合同管理，防止进镇农民的耕地撂荒和非法改变用途。对进镇农户的宅基地，要适时置换出来，防止闲置浪费。

小城镇户籍制度改革，要高度重视进镇人口的就业问题。各省、自治区、直辖市人民政府要按照国家有关规定和当地实际情况，制定小城镇户籍制度改革的具体办法。

八、完善小城镇政府的经济和社会管理职能

要积极探索适合小城镇特点的新型城镇管理体制，大力精简人员，把小城镇政府建成职能明确、结构合理、精干高效的政府。镇政府要集中精力管理公共行政和公益性事业，创造良好的投资环境和社会环境，避免包揽具体经济事务。在规定的机构编制限额内，镇政府可根据实际需要设置机构和配备人员，不要求上下对口。小城镇政府的行政开支要严格实行预决算制度，不得向社会摊派。

理顺县、镇两级财政关系，完善小城镇的财政管理体制。具备条件的小城镇，应按照有关法律的要求，设立独立的一级财税机构和镇级金库，做到"一级政府，一级财政"。根据财权与事权相统一和调动县(市)、镇两个积极性的原则，明确小城镇政府的事权和财权，合理划分收支范围，逐步建立稳定、规范、有利于小城镇长远发展的分税制财政体制。对尚不具备实行分税制条件的小城镇，要在协调县(市)、镇两级财政关系的基础上，合理确定小城镇的收支基数。对重点发展的小城镇，在实行分税制财政体制之前，其地方财政超收部分的全部或大部分留于镇级财政。

九、搞好小城镇的民主法制建设和精神文明建设

在小城镇的建设和管理中，要加强民主和法制建设，健全民主监督机制，依法行政。根据户籍管理制度改革的新特点，搞好小城镇的社会治安综合治理，依法严厉打击各种刑事犯罪行为，严厉打击邪教和利用宗教形式进行的非法活动，建立良好的社会秩序。

要大力提高镇区居民和进镇农民的思想道德水平和科学文化素质，采用各种行之有效的形式，宣传有中国特色社会主义理论和党的各项方针、政策，普及科学文化知识，教育和引导农民移风易俗，破除迷信，革除陋习，逐步形成适应城镇要求的生活方式和生育观念，用社会主义精神文明占领小城镇的思想文化阵地。

进一步加强小城镇的干部队伍建设。结合机构改革，选调一批政治素质高、年富力强、懂经济、会管理的同志，充实到小城镇的领导岗位。加强对镇政府主要负责人的培训，提高他们的民主法制观念、政策水平和管理能力。

十、加强对发展小城镇工作的领导

发展小城镇的规划和组织实施工作主要由地方负责。各省、自治区、直辖市党委和人民政府，要根据本意见的精神，认真研究制定促进小城镇健康发展的具体政策措施，分级负责，扎实做好工作。

中央和国务院各有关部门要通力协作，各司其职，加强对发展小城镇的政策指导和协调，可选择一些基础较好、具有较大发展潜力的建制镇作为试点，作好服务工作。使这些小城镇在规划布局、体制创新、城镇建设、可持续发展和精神文明建设等方面，为其他小城镇提供示范和经验。

国务院批转公安部《关于推进小城镇户籍管理制度改革的意见》的通知

(国发〔2001〕6号)

各省、自治区、直辖市人民政府，国务院各部委、各直属机构：

国务院同意公安部《关于推进小城镇户籍管理制度改革的意见》，现转发给你们，请认真贯彻执行。

中华人民共和国国务院
二〇〇一年三月三十日

关于推进小城镇户籍管理制度改革的意见

近年来，各有关地区和部门认真贯彻落实《国务院批转公安部小城镇户籍管理制度改革试点方案和关于完善农村户籍管理制度意见的通知》（国发〔1997〕20号）的精神，积极稳妥、有步骤有秩序地开展小城镇户籍管理制度改革试点工作，取得明显成效。在总结试点工作经验的基础上，全面推进小城镇户籍管理制度的改革，既是贯彻党的十五届三中、五中全会和《中共中央、国务院关于促进小城镇健康发展的若干意见》（中发〔2000〕11号）有关精神的具体步骤，也是解决当前户籍管理工作中群众反映强烈的突出问题，密切党和政府与人民群众的关系，探索建立适应社会主义市场经济体制的新型户籍管理制度的迫切需要，对于加快我国城镇化进程，促进城乡经济协调发展和社会稳定具有积极的作用。为此，现就推进小城镇户籍管理制度改革提出如下意见。

一、目标和原则

通过改革小城镇户籍管理制度引导农村人口向小城镇有序转移，促进小城镇健康发展，加快我国城镇化进程。同时，为户籍管理制度的总体改革奠定基础。

小城镇户籍管理制度改革应当坚持以下原则：

（一）既要积极，又要稳妥。小城镇户籍管理制度改革要有利于小城镇健康发展，加快农村富余劳动力的转移，带动农村经济和社会全面发展。同时，要充分考虑小城镇经济和社会发展的实际需要和承受能力，充分尊重群众的意愿，不搞"长官意志"、不搞"一刀切"。

（二）总体把握，政策配套。小城镇户籍管理制度改革要符合社会主义市场经济发展的要求，符合户籍管理制度总体改革的方向，并与在小城镇进行的其他各项改革政策相衔接。要统筹考虑农村人口转移与就业安置、社会保障等问题，逐步把小城镇的户籍管理纳入法制化、科学化、规范化、现代化的轨道。

（三）因地制宜，协调发展。各地区要结合本地经济和社会发展水平的实际，研究制定具体实施办法，使小城镇的人口增长与经济和基础设施建设、就业和社会保障以及各项公益事业的发展相协调，防止在发展小城镇过程中不切实际地"一哄而起"，盲目扩大规模，大量占用耕地，削弱农业的基础地位。

二、范围和内容

小城镇户籍管理制度改革的实施范围是县级市市区、县人民政府驻地镇及其他建制镇。

凡在上述范围内有合法固定的住所、稳定的职业或生活来源有人员及与其共同居住生活的直系亲属，均可根据本人意愿办理城镇常住户口。

已在小城镇办理的蓝印户口、地方城镇居民户口、自理口粮户口等，符合上述条件的，统一登记为城镇常住户口。

对经批准在小城镇落户的人员，不再办理粮油供应关系手续；根据本人意愿，可保留其承包土地的经营权，也允许依法有偿转让。农村集体经济组织要严格执行承包合同，防止进城农民的耕地撂荒和非法改变用途。对进城农户的宅基地，要适时置换，防止闲置浪费。

三、工作要求

（一）加强领导，确保小城镇户籍管理制度改革工作顺利进行。小城镇户籍管理制度改革工作涉及面广，政策性强，关系到群众的切身利益。各地区、各有关部门要从改革、发展和稳定的大局出发，进一步提高认识，解放思想，加强领导，扎实有效地做好小城镇户籍管理制度改革工作。地方各级人民政府要产负起责任，及时了解掌握改革进展情况，协调解决工作中遇到的问题。同时，要加强舆论引导，做好宣传工作，保证这项改革顺利、平衡地进行。县（市）人民政府要提出当地改革小城镇户籍管理工作的具体实施意见，报上一级人民政府审核批准后组织实施，并报省、自治区、直辖市人民政府备案。

到2001年10月1日前，各地区应按本《意见》精神全面部署开展小城镇户籍管理制度改革工作。公安部要会同有关部门加强对地方改革工作的指导和监督，并适时督促检查各地区贯彻落实情况。

（二）严格办理小城镇常住户口的审批工作。对办理小城镇常住户口的人员，不再实行计划指标管理。地方公安机关要做好具体组织实施工作，严格按照办理城镇常住户口的具体条件，统一行使户口审批权。申请在小城镇落户的人员，必须由本人持有关证明材料向迁入地户口登记机关提出申请；迁入地户口登记机关经严格审查，确认符合条件的，报县（市）公安机关审批。公安机关要切实负起责任，严格按照群众自愿申报、居住地登记户口、人户一致等原则审核把关，并严格按照户口迁移程序办理落户手续。凡不符合在小城镇落户条件的，一律不予办理；对弄虚作假，违法违纪的要追究责任，严肃处理。

（三）切实保障在小城镇落户人员的合法权利。经批准在小城镇落户的人员，在入学、参军、就业等方面与当地原有城镇居民享有同等权利，履行同等义务，不得对其实行歧视性政策。各地区、有关部门均不得借户籍管理制度改革之机收取城镇增容费或其他类似费用。各省、自治区、直辖市人民政府要加大检查和处理力度，对违法规定的，要坚决追究有关人员的责任。

国务院关于加强城乡规划监督管理的通知

(国发［2002］13号)

各省、自治区、直辖市人民政府,国务院各部委、各直属机构:

改革开放以来,我国城乡建设发展很快,城乡面貌发生显著变化。但近年来,在城市规划和建设中出现了一些不容忽视的问题,一些地方不顾当地经济发展水平和实际需要,盲目扩大城市建设规模;在城市建设中互相攀比,急功近利,贪大求洋,搞脱离实际、劳民伤财的所谓"形象工程"、"政绩工程";对历史文化名城和风景名胜区重开发、轻保护;在建设管理方面违反城乡规划管理有关规定,擅自批准开发建设等。这些问题严重影响了城乡建设的健康发展。城乡规划和建设是社会主义现代化建设的重要组成部分,关系到国民经济持续快速健康发展的全局。为进一步强化城乡规划对城乡建设的引导和调控作用,健全城乡规划建设的监督管理制度,促进城乡建设健康有序发展,现就有关问题通知如下:

一、端正城乡建设指导思想,明确城乡建设和发展重点

城乡规划建设是一项长期而艰巨的任务,各地一定要认真贯彻江泽民同志"三个代表"重要思想,坚持以经济建设为中心,坚持为最广大人民群众服务,实施可持续发展战略;要实事求是,讲求实效,量力而行,逐步推进。

当前城市建设的重点,是面向中低收入家庭的住房建设、危旧房改造和城市生活污水、垃圾处理等必要的市政基础设施建设以及文化设施建设,改善人居环境,完善城市综合服务功能。要充分考虑财力、物力的可能,从不同地区的经济、社会发展水平和资源、环境、文化条件出发,确定合理的建设规模和发展速度,提高城乡建设投资的社会效益。要坚持走内涵与外延相结合、以内涵为主的发展道路,严格控制土地供应总量,优化用地结构和城市布局,促进经济结构的合理调整,注重保护并改善生态环境和人文环境。

发展小城镇,首先要做好规划,要以现有布局为基础,重点发展县城和规模较大的建制镇,防止遍地开花。地方各级人民政府要积极支持与小城镇发展密切相关的区域基础设施建设,为小城镇发展创造良好的区域条件和投资环境。

二、大力加强对城乡规划的综合调控

城乡规划是政府指导、调控城乡建设和发展的基本手段。各类专门性规划必须服从城乡规划的统一要求,体现城乡规划的基本原则。区域重大基础设施建设,必须符合省域城镇体系规划确定的布局和原则。市一级规划的行政管理权不得下放,擅自下放的要立即纠正。行政区划调整的城市,应当及时修编城市总体规划和近期建设规划。

城市规划由城市人民政府统一组织实施。在城市规划和建设中,要坚持建设项目选址意见审查制度。各类重大项目的选址,都必须依据经批准的省域城镇体系规划和城市总体规划。因特殊情况,选址与省域城镇体系规划和城市总体规划不一致的,必须经专门论证;如论证后认为确需按所选地址建设的,必须先按法定程序调整规划,并将建设项目纳入规划中，一并报规划原批准机关审定。要严格控制设立各类开发区以及大学城、科技园、度假区等，城市规划区及其边缘地带的各类开发区以及大学城、科技园、度假区等的规划建设，必须纳入城市的统一规划和管理。要发挥规划对资源，特别是对水资源、土地资源的配置作用，注意对环境和生态的保护。建设部、国土资源部等有关部门，要按照《中共中央关于做好农户承包地使用权流转工作的通知》（中发［2001］18号）精神，研究制定加强城乡结合部规划建设和土地管理的具体政策措施。

三、严格控制建设项目的建设规模和占地规模

各地区在当前城市规划和建设中，要严格依照城市总体规划，确定具体的建设项目。要严格控制建设项目规模，坚决纠正贪大浮夸、盲目扩大城市占地规模和建设规模，特别是占用基本农田的不良倾向。特别要严格控制超高层建筑、超大广场和别墅等建设项目，不得超过规定标准建设办公楼。各级政府在审批城乡规划时，以及各级计划部门在审批建设项目时，要严格掌握尺度。凡拖欠公务员、教师、离退休人员工资，不能及时发放最低生活保障金的城市，不得用财政资金新上脱离实际的各类楼堂馆所和不求效益的基础设施项目。

城市规划区内的建设项目，都必须严格执行《中华人民共和国城市规划法》。各项建设的用地必须控制在国家批准的用地标准和年度土地利用计划的范围内。凡不符合上述要求的近期建设规划，必须重新修订。城市建设项目报计划部门审批前，必须首先由规划部门就项目选址提出审查意见；没有规划部门的"建设用地规划许可证"，土地部门不得提供土地；没有规划部门的"建设工程规划许可证"，有关商业银行不得提供建设资金贷款。

四、严格执行城乡规划和风景名胜区规划编制和调整程序

地方各级人民政府必须加强对各类规划制定的组织和领导，按照政务公开、民主决策的原则，履行组织编制城乡规划和风景名胜区规划的职能。规划方案应通过媒体广泛征求专家和群众意见。规划审批前，必须组织论证。审批城乡规划，必须严格执行有关法律、法规规定的程序。

总体规划和详细规划，必须明确规定强制性内容。任何单位和个人都不得擅自调整已经批准的城市总体规划和详细规划的强制性内容。确需调整的，必须先对原规划的实施情况进行总结，就调整的必要性进行论证，并提出专题报告，经上级政府认定后方可编制调整方案；调整后的总体规划和详细规划，必须按照规定的程序重新审批。调整规划的非强制性内容，应当由规划编制单位对规划的实施情况进行总结，提出调整的技术依据，并报规划原审批机关备案。

各地要高度重视历史文化名城保护工作，抓紧编制保护规划，划定历史文化保护区界线，明确保护规则，并纳入城市总体规划。历史文化保护区要依据总体规划确定的保护原则制定控制性详细规划。城市建设必须与历史文化名城的整体风貌相协调、在历史文化保护区范围内严禁随意拆建，不得破坏原有的风貌和环境，各项建设必须充分论证，并报历史文化名城审批机关备案。

风景名胜资源是不可再生的国家资源，严禁以任何名义和方式出让或变相出让风景名胜区资源及其景区土地，也不得在风景名胜区内设立各类开发区、度假区等。要按照"严格保护、统一管理、合理开发、永续利用"的原则，认真组织编制风景名胜区规划，并严格按规划实施。规划未经批准的，一律不得进行各类项目建设。在各级风景名胜区内应严

格限制建设各类建筑物、构筑物。确需建设保护性基础设施的，必须依据风景名胜区规划编制专门的建设方案，组织论证，进行环境影响评价，并严格依据法定程序审批。要正确处理风景名胜资源保护与开发利用的关系，切实解决当前存在的破坏性开发建设等问题。

五、健全机构，加强培训，明确责任

各级人民政府要健全城乡规划管理机构，把城乡规划编制和管理经费纳入公共财政预算，切实予以保证。设区城市的市辖区原则上不设区级规划管理机构，如确有必要，可由市级规划部门在市辖区设置派出机构。

要加强城乡规划知识培训工作，重点是教育广大干部特别是领导干部要增强城市规划意识，依法行政。全国设市城市市长和分管城市建设工作的副市长，都应当分期、分批参加中组部、建设部和中国科协举办的市长研究班、专题班。未参加过培训的市长要优先安排。各省（区、市）也应当建立相应的培训制度，各级城乡规划行政主管部门的领导更要加强学习，不断更新城乡规划业务知识，提高管理水平。

城乡规划工作是各级人民政府的重要职责。市长、县长要对城乡规划的实施负行政领导责任。各地区、各部门都要维护城乡规划的严肃性，严格执行已经批准的城乡规划和风景名胜区规划。对于地方人民政府及有关行政主管部门违反规定调整规划、违反规划批准使用土地和项目建设的行政行为，除应予以纠正外，还应按照干部管理权限和有关规定对直接责任人给予行政处分。对于造成严重损失和不良影响的，除追究直接责任人责任外，还应追究有关领导的责任，必要时可给予负有责任的主管领导撤职以下行政处分；触犯刑律的，依法移交司法机关查处。城乡规划行政主管部门工作人员受到降级以上处分者和触犯刑律者，不得再从事城乡规划行政管理工作，其中已取得城市规划师执业资格者，取消其注册城市规划师执业资格。对因地方人民政府有关部门违法行政行为而给建设单位（业主）和个人造成损失的，地方人民政府要依法承担赔偿责任。

对建设单位、个人未取得建设用地规划许可证、建设工程规划许可证进行用地和项目建设，以及擅自改变规划用地性质、建设项目或扩大建设规模的，城市规划行政主管部门要采取措施坚决制止，并依法给予处罚；触犯刑律的，依法移交司法机关查处。

六、加强城乡规划管理监督检查

要加强和完善城乡规划的法制建设，建立和完善城乡规划管理监督制度，形成完善的行政检查、行政纠正和行政责任追究机制，强化对城乡规划实施情况的督查工作。

建设部要对国务院审批的城市总体规划、国家重点风景名胜区总体规划的实施情况进行经常性的监督检查，要会同国家文物局对国家历史文化名城保护规划实施情况进行监督检查；对检查中发现的问题要及时纠正，对有关责任人要追究行政责任，并向国务院报告。要抓紧建立全国城乡规划和风景名胜区规划管理动态信息系统，采用现代技术手段，加强对全国城乡规划建设情况的动态监测。

各省（区、市）人民政府也要采取相应措施，对本行政区域内的城乡规划实施情况进行严格监督。地方各级人民政府都要采取切实有效的措施，充实监督检查力量，强化城乡规划行政主管部门的监督检查职能，支持规划管理部门依法行政。要建立规划公示制度，经法定程序批准的总体规划和详细规划要依法向社会公布。城市人民政府应当每年向同级人民代表大会或其常务委员会报告城乡规划实施情况。要加强社会监督和舆论监督，建立违法案件举报制度，充分发挥宣传舆论工具的作用，增强全民的参与意识和监督意识。

近期，建设部要会同监察部、国土资源部等有关部门，组织联合检查组，对地方的城乡规划和风景名胜区规划检查工作情况进行监督。对严重违反城乡规划、破坏环境、铺张浪费和弄虚作假的，要公开曝光。对规划管理混乱、自然和历史文化遗产破坏严重的历史文化名城和风景名胜区，要给予公开警告直至取消相应名称。各省（区、市）人民政府要按照本通知要求，对本行政区域内城乡规划和风景名胜区规划执行情况进行一次全面检查。对发现的问题，要依法处理。检查工作要在2002年10月底之前完成，并将检查结果及查处情况向国务院报告。

中华人民共和国国务院
二〇〇二年五月十五日

国务院关于深化改革严格土地管理的决定

(国发〔2004〕28号)

各省、自治区、直辖市人民政府,国务院各部委、各直属机构:

实行最严格的土地管理制度,是由我国人多地少的国情决定的,也是贯彻落实科学发展观,保证经济社会可持续发展的必然要求。去年以来,各地区、各部门认真贯彻党中央、国务院部署,全面清理各类开发区,切实落实暂停审批农用地转用的决定,土地市场治理整顿取得了积极进展,有力地促进了宏观调控政策的落实。但是,土地市场治理整顿的成效还是初步的、阶段性的,盲目投资、低水平重复建设,圈占土地、乱占滥用耕地等问题尚未根本解决。因此,必须正确处理保障经济社会发展与保护土地资源的关系,严格控制建设用地增量,努力盘活土地存量,强化节约利用土地,深化改革,健全法制,统筹兼顾,标本兼治,进一步完善符合我国国情的最严格的土地管理制度。现决定如下:

一、严格执行土地管理法律法规

(一)牢固树立遵守土地法律法规的意识。各地区、各有关部门要深入持久地开展土地法律法规的学习教育活动,深刻认识我国国情和保护耕地的极端重要性,本着对人民、对历史负责的精神,严格依法管理土地,积极推进经济增长方式的转变,实现土地利用方式的转变,走符合中国国情的新型工业化、城市化道路。进一步提高依法管地用地的意识,要在法律法规允许的范围内合理用地。对违反法律法规批地、占地的,必须承担法律责任。

(二)严格依照法定权限审批土地。农用地转用和土地征收的审批权在国务院和省、自治区、直辖市人民政府,各省、自治区、直辖市人民政府不得违反法律和行政法规的规定下放土地审批权。严禁规避法定审批权限,将单个建设项目用地拆分审批。

(三)严格执行占用耕地补偿制度。各类非农业建设经批准占用耕地的,建设单位必须补充数量、质量相当的耕地,补充耕地的数量、质量实行按等级折算,防止占多补少、占优补劣。不能自行补充的,必须按照各省、自治区、直辖市的规定缴纳耕地开垦费。耕地开垦费要列入专户管理,不得减免和挪作他用。政府投资的建设项目也必须将补充耕地费用列入工程概算。

(四)禁止非法压低地价招商。省、自治区、直辖市人民政府要依照基准地价制定并公布协议出让土地最低价标准。协议出让土地除必须严格执行规定程序外,出让价格不得低于最低价标准。违反规定出让土地造成国有土地资产流失的,要依法追究责任;情节严重的,依照《中华人民共和国刑法》的规定,以非法低价出让国有土地使用权罪追究刑事责任。

(五)严格依法查处违反土地管理法律法规的行为。当前要着重解决有法不依、执法不严、违法不究和滥用行政权力侵犯农民合法权益的问题。要加大土地管理执法力度,严肃查处非法批地、占地等违法案件。建立国土资源与监察等部门联合办案和案件移送制度,既查处土地违法行为,又查处违法责任人。典型案件,要公开处理。对非法批准占用土地、征收土地和非法低价出让国有土地使用权的国家机关工作人员,依照《监察部国土资源部关于违反土地管理规定行为行政处分暂行办法》给予行政处分;构成犯罪的,依照《中华人民共和国刑法》、《中华人民共和国土地管理法》、《最高人民法院关于审理破坏土地资源刑事案件具体应用法律若干问题的解释》和最高人民检察院关于渎职犯罪案件立案标准的规定,追究刑事责任。对非法批准征收、使用土地,给当事人造成损失的,还必须依法承担赔偿责任。

二、加强土地利用总体规划、城市总体规划、村庄和集镇规划实施管理

(六)严格土地利用总体规划、城市总体规划、村庄和集镇规划修改的管理。在土地利用总体规划和城市总体规划确定的建设用地范围外,不得设立各类开发区(园区)和城市新区(小区)。对清理后拟保留的开发区,必须依据土地利用总体规划和城市总体规划,按照布局集中、用地集约和产业集聚的原则严格审核。严格土地利用总体规划的修改,凡涉及改变土地利用方向、规模、重大布局等原则性修改,必须报原批准机关批准。城市总体规划、村庄和集镇规划也不得擅自修改。

(七)加强土地利用计划管理。农用地转用的年度计划实行指令性管理,跨年度结转使用计划指标必须严格规范。改进农用地转用年度计划下达和考核办法,对国家批准的能源、交通、水利、矿山、军事设施等重点建设项目用地和城、镇、村的建设用地实行分类下达,并按照定额指标、利用效益等分别考核。

(八)从严从紧控制农用地转为建设用地的总量和速度。加强农用地转用审批的规划和计划审查,强化土地利用总体规划和土地利用年度计划对农用地转用的控制和引导,凡不符合规划、没有农用地转用年度计划指标的,不得批准用地。为巩固土地市场治理整顿成果,2004年农用地转用计划指标不再追加;对过去拖欠农民的征地补偿安置费在2004年年底前不能足额偿还的地方,暂缓下达该地区2005年农用地转用计划。

(九)加强建设项目用地预审管理。凡不符合土地利用总体规划、没有农用地转用计划指标的建设项目,不得通过项目用地预审。发展改革等部门要通过适当方式告知项目单位开展前期工作,项目单位提出用地预审申请后,国土资源部门要依法对建设项目用地进行审查。项目建设单位向发展改革等部门申报核准或审批建设项目时,必须附国土资源部门预审意见;没有预审意见或预审未通过的,不得核准或批准建设项目。

(十)加强村镇建设用地的管理。要按照控制总量、合理布局、节约用地、保护耕地的原则,编制乡(镇)土地利用总体规划、村庄和集镇规划,明确小城镇和农村居民点的数量、布局和规模。鼓励农村建设用地整理,城镇建设用地增加要与农村建设用地减少相挂钩。农村集体建设用地,必须符合土地利用总体规划、村庄和集镇规划,并纳入土地利用年度计划,凡占用农用地的必须依法办理审批手续。禁止擅自通过"村改居"等方式将农民集体所有土地转为国有土地。禁止农村集体经济组织非法出让、出租集体土地用于非农业建设。改革和完善宅基地审批制度,加强农村宅基地管理,禁止城镇居民在农村购置宅基地。引导新办乡村工业向建制镇和规划确定的小城镇集中。在符合规划的前提下,村庄、集镇、建制镇中的农民集体所有建设用地使用权可以依法流转。

(十一)严格保护基本农田。基本农田是确保国家粮食安全的基础。土地利用总体规划修编,必须保证现有基本农田总量不减少,质量不降低。基本农田要落实到地块和农户，并在土地所有权证书和农村土地承包经营权证书中注明。基本农田保护图件备案工作，应在新一轮土地利用总体规划修编后三个月内完成。基本农田一经划定，任何单位和个人不得擅自占用，或者擅自改变用途，这是不可逾越的"红线"。符合法定条件，确需改变和占用基本农田的，必须报国务院批准；经批准占用基本农田的，征地补偿按法定最高标准执行，对以缴纳耕地开垦费方式补充耕地的，缴纳标准按当地最高标准执行。禁止占用基本农田挖鱼塘、种树和其他破坏耕作层的活动，禁止以建设"现代农业园区"或者"设施农业"等任何名义，占用基本农田变相从事房地产开发。

三、完善征地补偿和安置制度

（十二）完善征地补偿办法。县级以上地方人民政府要采取切实措施，使被征地农民生活水平不因征地而降低。要保证依法足额和及时支付土地补偿费、安置补助费以及地上附着物和青苗补偿费。依照现行法律规定支付土地补偿费和安置补助费，尚不能使被征地农民保持原有生活水平的，不足以支付因征地而导致无地农民社会保障费用的，省、自治区、直辖市人民政府应当批准增加安置补助费。土地补偿费和安置补助费的总和达到法定上限，尚不足以使被征地农民保持原有生活水平的，当地人民政府可以用国有土地有偿使用收入予以补贴。省、自治区、直辖市人民政府要制订并公布各市县征地的统一年产值标准或区片综合地价，征地补偿做到同地同价，国家重点建设项目必须将征地费用足额列入概算。大中型水利、水电工程建设征地的补偿费标准和移民安置办法，由国务院另行规定。

（十三）妥善安置被征地农民。县级以上地方人民政府应当制定具体办法，使被征地农民的长远生计有保障。对有稳定收益的项目，农民可以经依法批准的建设用地土地使用权入股。在城市规划区内，当地人民政府应当将因征地而导致无地的农民，纳入城镇就业体系，并建立社会保障制度；在城市规划区外，征收农民集体所有土地时，当地人民政府要在本行政区域内为被征地农民留有必要的耕作土地或安排相应的工作岗位；对不具备基本生产生活条件的无地农民，应当异地移民安置。劳动和社会保障部门要会同有关部门尽快提出建立被征地农民的就业培训和社会保障制度的指导性意见。

（十四）健全征地程序。在征地过程中，要维护农民集体土地所有权和农民土地承包经营权的权益。在征地依法报批前，要将拟征地的用途、位置、补偿标准、安置途径告知被征地农民；对拟征土地现状的调查结果须经被征地农村集体经济组织和农户确认；确有必要的，国土资源部门应当依照有关规定组织听证。要将被征地农民知情、确认的有关材料作为征地报批的必备材料。要加快建立和完善征地补偿安置争议的协调和裁决机制，维护被征地农民和用地者的合法权益。经批准的征地事项，除特殊情况外，应予以公示。

（十五）加强对征地实施过程监管。征地补偿安置不落实的，不得强行使用被征土地。省、自治区、直辖市人民政府应当根据土地补偿费主要用于被征地农户的原则，制订土地补偿费在农村集体经济组织内部的分配办法。被征地的农村集体经济组织应当将征地补偿费用的收支和分配情况，向本集体经济组织成员公布，接受监督。农业、民政等部门要加强对农村集体经济组织内部征地补偿费用分配和使用的监督。

四、健全土地节约利用和收益分配机制

（十六）实行强化节约和集约用地政策。建设用地要严格控制增量，积极盘活存量，把节约用地放在首位，重点在盘活存量上下功夫。新上建设项目首先要利用现有建设用

地,严格控制建设占用耕地、林地、草原和湿地。开展对存量建设用地资源的普查,研究制定鼓励盘活存量的政策措施。各地区、各有关部门要按照集约用地的原则,调整有关厂区绿化率的规定,不得圈占土地搞"花园式工厂"。在开发区(园区)推广多层标准厂房。对工业用地在符合规划、不改变原用途的前提下,提高土地利用率和增加容积率的,原则上不再收取或调整土地有偿使用费。基础设施和公益性建设项目,也要节约合理用地。今后,供地时要将土地用途、容积率等使用条件的约定写入土地使用合同。对工业项目用地必须有投资强度、开发进度等控制性要求。土地使用权人不按照约定条件使用土地的,要承担相应的违约责任。在加强耕地占用税、城镇土地使用税、土地增值税征收管理的同时,进一步调整和完善相关税制,加大对建设用地取得和保有环节的税收调节力度。

(十七)推进土地资源的市场化配置。严格控制划拨用地范围,经营性基础设施用地要逐步实行有偿使用。运用价格机制抑制多占、滥占和浪费土地。除按现行规定必须实行招标、拍卖、挂牌出让的用地外,工业用地也要创造条件逐步实行招标、拍卖、挂牌出让。经依法批准利用原有划拨土地进行经营性开发建设的,应当按照市场价补缴土地出让金。经依法批准转让原划拨土地使用权的,应当在土地有形市场公开交易,按照市场价补缴土地出让金;低于市场价交易的,政府应当行使优先购买权。

(十八)制订和实施新的土地使用标准。依照国家产业政策,国土资源部门对淘汰类、限制类项目分别实行禁止和限制用地,并会同有关部门制订工程项目建设用地定额标准,省、自治区、直辖市人民政府可以根据实际情况制订具体实施办法。继续停止高档别墅类房地产、高尔夫球场等用地的审批。

(十九)严禁闲置土地。农用地转用批准后,满两年未实施具体征地或用地行为的,批准文件自动失效;已实施征地,满两年未供地的,在下达下一年度的农用地转用计划时扣减相应指标,对具备耕作条件的土地,应当交原土地使用者继续耕种,也可以由当地人民政府组织耕种。对用地单位闲置的土地,严格依照《中华人民共和国土地管理法》的有关规定处理。

(二十)完善新增建设用地土地有偿使用费收缴办法。新增建设用地土地有偿使用费实行先缴后分,按规定的标准就地全额缴入国库,不得减免,并由国库按规定的比例就地分成划缴。审计部门要加强对新增建设用地土地有偿使用费征收和使用的监督检查。对减免和欠缴的,要依法追缴。财政部、国土资源部要适时调整新增建设用地土地有偿使用费收取标准。新增建设用地土地有偿使用费要严格按法定用途使用,由中央支配的部分,要向粮食主产区倾斜。探索建立国有土地收益基金,遏制片面追求土地收益的短期行为。

五、建立完善耕地保护和土地管理的责任制度

(二十一)明确土地管理的权力和责任。调控新增建设用地总量的权力和责任在中央,盘活存量建设用地的权力和利益在地方,保护和合理利用土地的责任在地方各级人民政府,省、自治区、直辖市人民政府应负主要责任。在确保严格实施土地利用总体规划,不突破土地利用年度计划的前提下,省、自治区、直辖市人民政府可以统筹本行政区域内的用地安排,依照法定权限对农用地转用和土地征收进行审批,按规定用途决定新增建设用地土地有偿使用费地方分成部分的分配和使用,组织本行政区域内耕地占补平衡,并对土地管理法律法规执行情况进行监督检查。地方各级人民政府要对土地利用总体规划确定的本行政区域内的耕地保有量和基本农田保护面积负责,政府主要领导是第一责任人。地方各级人民政府都要建立相应的工作制度，采取多种形式，确保耕地保护目标落实到基层。

（二十二）建立耕地保护责任的考核体系。国务院定期向各省、自治区、直辖市下达耕地保护责任考核目标。各省、自治区、直辖市人民政府每年要向国务院报告耕地保护责任目标的履行情况。实行耕地保护责任考核的动态监测和预警制度。国土资源部会同农业部、监察部、审计署、统计局等部门定期对各省、自治区、直辖市耕地保护责任目标履行情况进行检查和考核，并向国务院报告。对认真履行责任目标，成效突出的，要给予表彰，并在安排中央支配的新增建设用地土地有偿使用费时予以倾斜。对没有达到责任目标的，要在全国通报，并责令限期补充耕地和补划基本农田。对土地开发整理补充耕地的情况也要定期考核。

（二十三）严格土地管理责任追究制。对违反法律规定擅自修改土地利用总体规划的、发生非法占用基本农田的、未完成耕地保护责任考核目标的、征地侵害农民合法权益引发群体性事件且未能及时解决的、减免和欠缴新增建设用地土地有偿使用费的、未按期完成基本农田图件备案工作的，要严肃追究责任，对有关责任人员由上级主管部门或监察机关依法定权限给予行政处分。同时，上级政府要责令限期整改，整改期间暂停农用地转用和征地审批。具体办法由国土资源部会同有关部门另行制订。实行补充耕地监督的责任追究制，国土资源部门和农业部门负责对补充耕地的数量和质量进行验收，并对验收结果承担责任。省、自治区、直辖市国土资源部门和农业部门要加强监督检查。

（二十四）强化对土地执法行为的监督。建立公开的土地违法立案标准。对有案不查、执法不严的，上级国土资源部门要责令其作出行政处罚决定或直接给予行政处罚。坚决纠正违法用地只通过罚款就补办合法手续的行为。对违法用地及其建筑物和其他设施，按法律规定应当拆除或没收的，不得以罚款、补办手续取代；确需补办手续的，依法处罚后，从新从高进行征地补偿和收取土地出让金及有关规费。完善土地执法监察体制，建立国家土地督察制度，设立国家土地总督察，向地方派驻土地督察专员，监督土地执法行为。

（二十五）加强土地管理行政能力建设。2004年年底以前要完成省级以下国土资源管理体制改革，理顺领导干部管理体制、工作机制和加强基层队伍建设。市、县人民政府要保证基层国土资源管理所机构、编制、经费到位，切实发挥基层国土资源管理所在土地管理执法中的作用。国土资源部要会同有关部门抓紧建立和完善统一的土地分类、调查、登记和统计制度，启动新一轮土地调查，保证土地数据的真实性。组织实施"金土工程"。充分利用现代高新技术加强土地利用动态监测，建立土地利用总体规划实施、耕地保护、土地市场的动态监测网络。

各地区、各有关部门要以"三个代表"重要思想为指导，牢固树立科学发展观和正确的政绩观，把落实好最严格的土地管理制度作为对执政能力和依法行政能力的检验。高度重视土地的保护和合理利用，认真总结经验，积极推进土地管理体制改革，不断完善土地法制，建立严格、科学、有效的土地管理制度，维护好广大人民群众的根本利益，确保经济社会的可持续发展。

国务院

二〇〇四年十月二十一日

国务院关于印发《全国土地利用总体规划纲要(2006～2020年)》的通知

(国发[2008]33号)

各省、自治区、直辖市人民政府,国务院各部委、各直属机构:

国务院同意国土资源部会同有关部门编制的《全国土地利用总体规划纲要(2006～2020年)》(以下简称《纲要》),现印发给你们,请认真贯彻执行。

当前和今后一个时期,我国工业化、城镇化仍处于快速发展阶段,建设用地供需矛盾更加突出,保护农用地特别是耕地的形势日趋严峻,统筹协调土地利用的任务相当艰巨。为实现全面建设小康社会的宏伟目标,必须从我国国情出发,以科学发展观为统领,坚持保护耕地和节约集约用地的根本方针,统筹土地利用与经济社会发展,不断提高土地资源对经济社会全面协调可持续发展的保障能力。

土地利用总体规划是指导土地管理的纲领性文件,是落实土地宏观调控和土地用途管制、规划城乡建设的重要依据。各省、自治区、直辖市人民政府要按照《中华人民共和国土地管理法》的要求,科学分解并层层落实《纲要》确定的土地利用主要指标,尽快组织完成地方各级土地利用总体规划的修编工作,并依照法定程序报批。地方各级土地利用总体规划中的主要用地指标和用地布局安排必须服从上一级土地利用总体规划。各部门、各行业编制相关规划,也必须符合土地利用总体规划确定的用地规模和总体布局安排。要强化土地利用总体规划的整体控制作用,严格依据土地利用总体规划,从严审查各类建设规划中的用地规模和标准,不符合土地利用总体规划的,必须及时调整和修改,核减用地规模,调整用地布局。

各地区、各有关部门要切实加强组织领导,注重协调配合,认真落实《纲要》提出的各项任务和措施,确保土地利用总体规划顺利实施,确保规划目标的实现。地方各级人民政府主要负责人要对本行政区域内的土地利用总体规划和年度计划执行情况负总责,严格落实保护耕地目标责任制,确保《纲要》确定的耕地保有量和基本农田保护面积不减少、质量有提高。

国务院
二〇〇八年十月六日

全国土地利用总体规划纲要(2006～2020年)

前 言

为了深入贯彻科学发展观,切实落实十分珍惜、合理利用土地和切实保护耕地的基本国策，更好地统筹土地资源的开发、利用和保护，促进国民经济又好又快发展，依据《中华人民共和国土地管理法》等法律法规和国家有关土地利用的方针、政策，在《全国土地利用总体规划纲要(1997～2010年)》基础上，制定《全国土地利用总体规划纲要(2006～2020年)》(以下简称《纲要》)。

《纲要》主要阐明规划期内国家土地利用战略，明确政府土地利用管理的主要目标、任务和政策，引导全社会保护和合理利用土地资源，是实行最严格土地管理制度的纲领性文件，是落实土地宏观调控和土地用途管制、规划城乡建设和各项建设的重要依据。

《纲要》以2005年为基期，以2020年为规划期末年。《纲要》的规划范围未包括香港特别行政区、澳门特别行政区和台湾省。

第一章 土地利用面临的形势

第一节 土地利用现状

根据全国土地利用变更调查，到2005年底，全国农用地面积为65704.74万公顷(985571万亩)，建设用地面积为3192.24万公顷(47884万亩)，其他为未利用地。在农用地中，耕地面积为12208.27万公顷(183124万亩)，园地面积为1154.9万公顷(17323万亩)，林地面积为23574.11万公顷(353612万亩)，牧草地面积为26214.38万公顷(393216万亩)，其他农用地面积为2553.09万公顷(38296万亩)。在建设用地中，居民点及工矿用地面积为2601.51万公顷(39023万亩)，交通运输用地面积为230.85万公顷(3463万亩)，水利设施用地面积为359.87万公顷(5398万亩)。

党中央、国务院高度重视土地利用和管理。自《全国土地利用总体规划纲要(1997～2010年)》批准实施以来，通过制定和实施一系列加强土地宏观调控和管理的政策措施，土地用途管制制度逐步得到落实，控制和引导土地利用的成效日益显现：

农用地特别是耕地保护得到强化，非农建设占用耕地规模逐步下降。1997～2005年，全国非农建设年均占用耕地20.35万公顷(305万亩)，与1991～1996年年均占用29.37万公顷(441万亩)相比降低了31%。

建设用地节约集约利用水平逐步提高，保障了经济社会各项事业发展的必要用地。2005年与1996年相比，单位建设用地二、三产业产值从19.63万元/公顷(1.31万元/亩)增加到50万元/公顷(3.33万元/亩)，增长了1.5倍。

土地整理复垦开发力度加大，总体上实现了建设占用耕地的占补平衡。1997～2005年，国家投资土地开发整理重点项目2259个，各省、自治区、直辖市累计安排土地开发整理项目近2万个，全国累计补充耕地227.6万公顷(3414万亩)，年均补充耕地25.29万公顷(379万亩)。

国土综合整治稳步推进，土地生态环境逐步改善。1997～2005年，全国累计实现生态退耕686.25万公顷(10294万亩)，沙地面积减少19.52万公顷(293万亩)，裸土地面积减少5.01万公顷(75万亩)。

土地利用总体规划的有效实施，促进了国家粮食安全和国民经济平稳较快发展，缓解了生态环境破坏加剧的趋势。但是，必须清醒地认识到，我国人口众多，人地关系紧张的基本格局没有改变，土地利用和管理还面临一些突出问题：

人均耕地少、优质耕地少、后备耕地资源少。2005年全国人均耕地1.4亩，不到世界平均水平的40%。优质耕地只占全部耕地的1/3。耕地后备资源潜力1333万公顷（2亿亩）左右，60%以上分布在水源不足和生态脆弱地区，开发利用的制约因素较多。

优质耕地减少和工业用地增长过快。1997～2005年，全国灌溉水田和水浇地分别减少93.13万公顷（1397万亩）和29.93万公顷（449万亩），而同期补充的耕地有排灌设施的比例不足40%。新增建设用地中工矿用地比例占到40%，部分地区高达60%，改善城镇居民生活条件的居住、休闲等用地供应相对不足。

建设用地粗放浪费较为突出。据调查，全国城镇规划范围内共有闲置、空闲和批而未供的土地近26.67万公顷（400万亩）。全国工业项目用地容积率0.3～0.6，工业用地平均产出率远低于发达国家水平。1997～2005年，乡村人口减少9633万人，而农村居民点用地却增加了近11.75万公顷（170万亩），农村建设用地利用效率普遍较低。

局部地区土地退化和破坏严重。2005年全国水土流失面积达35600万公顷，退化、沙化、碱化草地面积达13500万公顷。一些地区产业用地布局混乱，土地污染严重，城市周边和部分交通主干道以及江河沿岸耕地的重金属与有机污染物严重超标。

违规违法用地现象屡禁不止。2007年开展的全国土地执法"百日行动"清查结果显示，全国"以租代征"涉及用地2.20万公顷（33万亩），违规新设和扩大各类开发区涉及用地6.07万公顷（91万亩），未批先用涉及土地面积15万公顷（225万亩）。总体上，违规违法用地的形势依然严峻。

第二节 机遇与挑战

本世纪头20年，是我国经济社会发展的重要战略机遇期，也是资源环境约束加剧的矛盾凸显期。必须科学分析全面建设小康社会和全面参与经济全球化的新形势，深刻把握工业化、信息化、城镇化、市场化、国际化深入发展的新要求，充分认识我国土地利用和管理面临的挑战：

农用地特别是耕地保护的形势日趋严峻。到2010年和2020年，我国人口总量预期将分别达到13.6亿和14.5亿，2033年前后达到高峰值15亿左右，为保障国家粮食安全，必须保有一定数量的耕地；保障国家生态安全，也需要大力加强对具有生态功能的农用地特别是耕地的保护。同时，城镇化、工业化的推进将不可避免地占用部分耕地，现代农业发展和生态建设也需要调整一些耕地。但是，耕地后备资源少，生态环境约束大，制约了我国耕地资源补充的能力，农用地特别是耕地保护面临更加严峻的形势。

建设用地的供需矛盾更加突出。我国正处于城镇化、工业化快速发展阶段，到2010年和2020年，城镇化率将分别达到48%和58%，城镇工矿用地需求量将在相当长时期内保持较高水平；推进城乡统筹和区域一体化发展，将拉动区域性基础设施用地的进一步增长；建设社会主义新农村，还需要一定规模的新增建设用地周转支撑。但是，随着耕地保护和生态建设力度的加大，我国可用作新增建设用地的土地资源十分有限，各项建设用地的供给面临前所未有的压力。

统筹协调土地利用的任务相当艰巨。随着国际化、信息化、市场化的深入发展，经济发展方式转变的步伐不断加快，亟待转变土地利用模式和方式，优化行业土地利用结构；实施国家区域发展战略，实现城乡统筹和区域协调，促进国土开发新格局的形成，对调整区域土地利用提出了更高要求。但是，地区间经济社会发展的不平衡以及各行业、各区域土地利用目标的多元化，加大了调整和优化行业、区域土地利用结构与布局的难度，统筹协调行业、区域土地利用的任务日益繁重。

同时，我们也要看到解决当前和今后一个时期土地利用问题的有利条件。从土地利用状况看，我国建设用地利用总体粗放，节约集约利用空间较大，为统筹保障科学发展与保护耕地资源提供了基础条件。从国际背景看，经济全球化、科技革命和产业结构升级，有利于我国转变经济发展方式，建设资源节约型社会。从国内环境看，科学发展观的深入贯彻落实，社会主义市场经济体制改革的不断深化，民主法治和政治文明的不断发展，国家综合实力的不断增强，党中央、国务院对土地管理工作的高度重视，有利于加强土地宏观调控，进一步发挥市场在土地资源配置中的基础作用，有利于促进土地利用和管理方式的转变，实现人地关系的和谐发展。

展望未来，我国土地利用和管理的挑战与机遇并存。必须从我国仍处于并将长期处于社会主义初级阶段的基本国情没有变、人民日益增长的物质文化需要同落后的社会生产之间矛盾这一社会主要矛盾没有变出发，正确把握科学发展与资源配置的密切联系和内在规律，本着对人民、对子孙后代高度负责的态度，立足保障科学发展，增强土地资源危机意识，树立全民节地观念，妥善处理保障发展与保护耕地的关系，统筹土地资源的开发、利用和保护，积极探索土地利用新模式，促进土地资源可持续利用。

第二章 指导原则与目标任务

第一节 指 导 原 则

以邓小平理论和"三个代表"重要思想为指导，深入贯彻落实科学发展观，坚持节约资源和保护环境的基本国策，坚持保护耕地和节约集约用地的根本指导方针，实行最严格的土地管理制度。按照全面建设小康社会的目标和转变经济发展方式的要求，统筹土地利用与经济社会协调发展，充分发挥市场在土地资源配置中的基础性作用，加强宏观调控，落实共同责任，注重开源节流，推进科技创新和国际合作，构建保障和促进科学发展新机制，不断提高土地资源对经济社会全面协调可持续发展的保障能力。要遵循以下基本原则：

严格保护耕地。按照稳定和提高农业基础地位的要求，立足解决农村民生问题，严格保护耕地特别是基本农田，加大土地整理复垦开发补充耕地力度，提高农业综合生产能力，保障国家粮食安全。

节约集约用地。按照建设资源节约型社会的要求，立足保障和促进科学发展，合理控制建设规模，积极拓展建设用地新空间，努力转变用地方式，加快由外延扩张向内涵挖潜、由粗放低效向集约高效转变，防止用地浪费，推动产业结构优化升级，促进经济发展方式转变。

统筹各业各类用地。按照落实国家区域发展总体战略的要求，立足形成国土开发新格局，优化配置各业各类用地，引导人口、产业和生产要素合理流动，促进城乡统筹和区域协调发展。

加强土地生态建设。按照建设环境友好型社会的要求，立足构建良好的人居环境，统筹安排生活、生态和生产用地，优先保护自然生态空间，促进生态文明发展。

强化土地宏观调控。按照促进国民经济又好又快发展的要求，立足构建保障和促进科学发展新机制，加强和改进规划实施保障措施，增强土地管理参与宏观调控的针对性和有效性。

第二节 规 划 目 标

根据全面建设小康社会的总体要求和"十一五"经济社会发展的目标任务，规划期内努力实现以下土地利用目标：

守住18亿亩耕地红线。全国耕地保有量到2010年和2020年分别保持在12120万公顷（18.18亿亩）和12033.33万公顷（18.05亿亩）。规划期内，确保10400万公顷（15.6亿亩）基本农田数量不减少、质量有提高。

保障科学发展的建设用地。新增建设用地规模得到有效控制，闲置和低效建设用地得到充分利用，建设用地空间不断扩展，节约集约用地水平不断提高，有效保障科学发展的用地需求。规划期间，单位建设用地二、三产业产值年均提高6%以上，其中，"十一五"期间年均提高10%以上。到2010年和2020年，全国新增建设用地分别为195万公顷（2925万亩）和585万公顷（8775万亩）。通过引导开发未利用地形成新增建设用地125万公顷（1875万亩）以上，其中，"十一五"期间达到38万公顷（570万亩）以上。

土地利用结构得到优化。农用地保持基本稳定，建设用地得到有效控制，未利用地得到合理开发；城乡用地结构不断优化，城镇建设用地的增加与农村建设用地的减少相挂钩。到2010年和2020年，农用地稳定在66177.09万公顷（992656万亩）和66883.55万公顷（1003253万亩），建设用地总面积分别控制在3374万公顷（50610万亩）和3724万公顷（55860万亩）以内；城镇工矿用地在城乡建设用地总量中的比例由2005年的30%调整到2020年的40%左右，但要从严控制城镇工矿用地中工业用地的比例。

土地整理复垦开发全面推进。田水路林村综合整治和建设用地整理取得明显成效，新增工矿废弃地实现全面复垦，后备耕地资源得到适度开发。到2010年和2020年，全国通过土地整理复垦开发补充耕地不低于114万公顷（1710万亩）和367万公顷（5500万亩）。

土地生态保护和建设取得积极成效。退耕还林还草成果得到进一步巩固，水土流失、土地荒漠化和"三化"（退化、沙化、碱化）草地治理取得明显进展，农用地特别是耕地污染的防治工作得到加强。

土地管理在宏观调控中的作用明显增强。土地法制建设不断加强，市场机制逐步健全，土地管理的法律、经济、行政和技术等手段不断完善，土地管理效率和服务水平不断提高。

第三节 主 要 任 务

围绕规划目标，明确以下主要任务：

以严格保护耕地为前提，统筹安排农用地。实行耕地数量、质量、生态全面管护，严格控制非农建设占用耕地特别是基本农田，加强基本农田建设；加大土地整理复垦开发补充耕地力度，确保补充耕地质量；统筹安排各类农用地，合理调整农用地结构和布局。

以推进节约集约用地为重点，提高建设用地保障能力。坚持需求引导与供给调节，合理确定新增建设用地规模、结构和时序，从严控制建设用地总规模；加强建设用地空间管制，严格划定城乡建设用地扩展边界，控制建设用地无序扩张；积极盘活存量建设用地，鼓励深度开发地上地下空间，充分利用未利用地和工矿废弃地拓展建设用地空间。

以加强国土综合整治为手段，协调土地利用与生态建设。充分发挥各类农用地和未利用地的生态功能，保护基础性生态用地；积极推进以土地整理复垦为重点的国土综合整治，统筹土地利用与生态环境建设；制定不同区域环境保护的用地政策，因地制宜改善土地生态环境。

以优化结构布局为途径，统筹区域土地利用。加强区域土地利用调控和引导，明确区域土地利用方向；制定和实施差别化的土地利用政策，促进主体功能区的形成；强化省级土地利用调控，落实土地利用规划目标和空间管制措施。

以落实共同责任为基础，完善规划实施保障措施。严格执行保护耕地和节约集约用地目标责任制，强化土地利用总体规划的整体控制作用，落实差别化的土地利用计划政策，健全保护耕地和节约集约用地的市场调节机制，建立土地利用规划动态调整机制，确保土地利用规划目标的实现。

第三章　保护和合理利用农用地

围绕守住18亿亩耕地红线，严格控制耕地流失，加大补充耕地力度，加强基本农田建设和保护，强化耕地质量建设，统筹安排其他农用地，努力提高农用地综合生产能力和利用效益。

第一节　严格控制耕地流失

严格控制非农建设占用耕地。强化对非农建设占用耕地的控制和引导，建设项目选址必须贯彻不占或少占耕地的原则，确需占用耕地的，应尽量占用等级较低的耕地，扭转优质耕地过快减少的趋势。到2010和2020年，新增建设占用耕地分别控制在100万公顷（1500万亩）和300万公顷（4500万亩）以内。

严格禁止擅自实施生态退耕。切实落实国家生态退耕政策，凡不符合国家生态退耕规划和政策、未纳入生态退耕计划自行退耕的，限期恢复耕作条件或补充数量质量相当的耕地。

加强对农用地结构调整的引导。合理引导种植业内部结构调整，确保不因农业结构调整降低耕地保有量。各类防护林、绿化带等生态建设应尽量避免占用耕地，确需占用的，必须按照数量质量相当的原则履行补充耕地义务。通过经济补偿机制、市场手段引导农业结构调整向有利于增加耕地的方向进行。

加大灾毁耕地防治力度。加强耕地抗灾能力建设，减少自然灾害损毁耕地数量，及时复垦灾毁耕地。规划期间力争将因灾损毁减少的耕地控制在73.33万公顷（1100万亩）以内。

第二节　加大补充耕地力度

严格执行建设占用耕地补偿制度。切实落实建设占用补充耕地法人责任制。按照建设占用耕地占补平衡的要求，严格落实省、自治区、直辖市补充耕地义务；支持有条件的地区在完成补充耕地义务的基础上，增加补充耕地任务，确保耕地保护目标实现。对国家重大工程建设项目的补充耕地任务，经国务院批准，通过实施土地整理复垦开发重大工程，在全国范围内统筹安排。积极推进土地整理复垦开发补充耕地，努力拓宽资金渠道，探索市场化运作模式。

大力加强农村土地整理。积极稳妥地开展田水路林村综合整治，在改善农村生产生活条件和生态环境的同时，增加有效耕地面积，提高耕地质量。组织实施土地整理重大工程。到2010年和2020年，通过土地整理补充耕地63万公顷（945万亩）和182万公顷（2730万亩）。

积极开展工矿废弃地复垦。加快闭坑矿山、采煤塌陷、挖损压占等废弃土地的复垦，立足优先农业利用、鼓励多用途使用和改善生态环境，合理安排复垦土地的利用方向、规模和时序。组织实施土地复垦重大工程。到2010年和2020年，通过工矿废弃地复垦补充耕地17万公顷（255万亩）和46万公顷（690万亩）。

适度开发宜耕后备土地。在保护和改善生态环境的前提下，依据土地利用条件，有计划、有步骤地推进后备土地资源开发利用，组织实施土地开发重大工程。到2010年和2020年，通过开发未利用地补充耕地34万公顷（510万亩）和139万公顷（2080万亩）。

第三节　加强基本农田保护

稳定基本农田数量和质量。严格按照土地利用总体规划确定的保护目标，依据基本农田划定的有关规定和标准，参照农用地分等定级成果，在规定期限内调整划定基本农田，并落实到地块和农户，调整划定后的基本农田平均质量等级不得低于原有质量等级。严格落实基本农田保护制度，除法律规定的情形外，其他各类建设严禁占用基本农田；确需占用的，须经国务院批准，并按照"先补后占"的原则，补划数量、质量相当的基本农田。

加强基本农田建设。建立基本农田建设集中投入制度，加大公共财政对粮食主产区和基本农田保护区建设的扶持力度，大力开展基本农田整理，改善基本农田生产条件，提高基本农田质量。综合运用经济、行政等手段，积极推进基本农田保护示范区建设。

第四节　强化耕地质量建设

加大耕地管护力度。按照数量、质量和生态全面管护的要求，依据耕地等级实施差别化管护，对水田等优质耕地实行特殊保护。建立耕地保护台账管理制度，明确保护耕地的责任人、面积、耕地等级等基本情况。加大中低产田改造力度，积极开展农田水利建设，加强坡改梯等水土保持工程建设，推广节水抗旱技术，大力实施"沃土工程"、"移土培肥"等重大工程，提高耕地综合生产能力。

确保补充耕地质量。依据农用地分等定级成果，加强对占用和补充耕地的评价，从数量和产能两方面严格考核耕地占补平衡，对补充耕地质量未达到被占耕地质量的，按照质量折算增加补充耕地面积。积极实施耕作层剥离工程，鼓励剥离建设占用耕地的耕作层，并在符合水土保持要求前提下，用于新开垦耕地的建设。

第五节　统筹安排其他农用地

提高园地利用效益。重点发展优质果园，建设优势果产品基地，促进品种结构调整和产品质量提高。调整园地布局，引导新建园地向立地条件适宜的丘陵、台地和荒坡地集中发展。加强对中低产园地的改造和管理，稳步提高园地单产和效益。

严格保护林地。加强林地征占用管理，禁止毁林开垦和非法占用林地，严格控制各项建设工程征占国家重点公益林、天然林、自然保护区、森林公园以及大江大河源头等生态脆弱地区的林地。管好、用好现有林地，加强低效林地的改造，加快迹地更新及受损林地的恢复和重建。充分利用宜林荒山荒坡造林，扩大有林地面积。

推进牧草地综合整治。合理利用草场资源，防止超载过牧，严禁滥挖、滥采、滥搂、滥垦。坚持用养结合，科学合理地控制载畜量。加强天然草原改良，培育、提高草地生产力。牧区逐步改变依赖天然草原放牧的生产方式，建设高产人工草地和饲草饲料地。半农半牧区发展人工种草，实行草田轮作。支持退化草场治理、退牧还草、草地生态系统恢复重建等工程的实施。

合理安排畜禽养殖用地。加强畜禽养殖用地调查与规划，鼓励规模化畜禽养殖。引导新建畜禽场（小区）利用废弃地和荒山荒坡等未利用地，发展畜禽养殖。

第四章　节约集约利用建设用地

围绕提高建设用地保障科学发展的能力，严格控制建设用地规模，科学配置城镇工矿用地，整合规范农村建设用地，保障必要基础设施用地，优化建设用地结构和布局，加强建设用地空间管制，促进国民经济又好又快发展。

第一节　严格控制建设用地规模

严格控制新增建设用地规模。以需求引导和供给调节合理确定新增建设用地规模，强化土地利用总体规划和年度计划对新增建设用地规模、结构和时序安排的调控。以控制新增建设用地规模特别是建设占用耕地规模，来控制建设用地的低效扩张，促进土地利用模式创新和土地利用效率提高，以土地供应的硬约束来促进经济发展方式的根本转变。

加大存量建设用地挖潜力度。积极盘活存量建设用地，加强城镇闲散用地整合，鼓励低效用地增容改造和深度开发；积极推行节地型城、镇、村更新改造，重点加快城中村改造，研究和推广各类建设节地技术和模式，促进各项建设节约集约用地，提高现有建设用地对经济社会发展的支撑能力。

积极拓展建设用地新空间。加强规划统筹和政策引导，在不破坏生态环境的前提下，优先开发缓坡丘陵地、盐碱地、荒草地、裸土地等未利用地和废弃地，积极引导城乡建设向地上、地下发展，拓展建设用地新空间。

第二节　优化配置城镇工矿用地

控制城镇工矿用地过快扩张。合理调控城镇工矿用地增长规模和时序，引导大中小城市和小城镇协调发展，防止城镇工矿用地过度扩张。严格执行国家工业项目建设用地控制指标，防止工业用地低效扩张，从严控制城镇工矿用地中工业用地比例。从严从紧控制独立选址项目的数量和用地规模，除矿山、军事等用地外，新增工矿用地必须纳入城镇建设用地规划范围。严格按照土地利用总体规划和节约集约用地指标审核开发区用地，对不符合要求的，不得扩区、升级。

优化工矿用地结构和布局。依据国家产业发展政策和土地资源环境条件，合理制定产业用地政策，优先保障技术含量高、社会经济效益好的产业发展用地，重点保障与地区资源环境条件相适应的主导产业用地。科学配置不同类型和不同规模的企业用地，提高工业用地综合效益，促进地区产业链的形成。鼓励利用原有工业用地发展新兴产业，降低用地成本，促进工业产业升级。调整优化工矿用地布局，改变布局分散、粗放低效的现状。

引导城镇用地内部结构调整。控制生产用地，保障生活用地，提高生态用地比例，促进城镇和谐发展。严格限定开发区内非生产性建设用地的比例，提升开发区用地效率和效益。合理调整城镇用地供应结构，优先保障基础设施、公共服务设施、廉租住房、经济适用住房及普通住宅建设用地，增加中小套型住房用地，切实保障民生用地。

第三节　整合规范农村建设用地

积极支持新农村建设。按照新农村建设的要求，切实搞好乡级土地利用总体规划和镇规划、乡规划、村庄规划，合理引导农民住宅相对集中建设，促进自然村落适度撤并。重点保障农业生产、农民生活必需的建设用地，支持农村道路、水利等基础设施建设和教育、卫生、人口计生等社会事业发展。

加强农村宅基地管理。合理安排农村宅基地，禁止超标准占地建房，逐步解决现有住宅用地超标准问题。农民新建住宅应优先安排利用村内空闲地、闲置宅基地和未利用地，村内有空闲地、原有宅基地已达标的，不再安排新增宅基地。引导和规范农村闲置宅基地合理流转，提高农村宅基地的利用效率。

稳步推进农村建设用地整治。按照尊重民意、改善民生、因地制宜、循序渐进的原则，开展田水路林村综合整治，加强对"空心村"用地的改造。到2020年，完成农村建设用地整理90万公顷（1350万亩），其中，"十一五"期间完成30万公顷（450万亩）。

第四节　保障必要基础设施用地

保障能源产业用地。按照有序发展煤炭、积极发展电力、加快发展石油天然气、大力发展可再生能源的要求，统筹安排能源产业用地，优化用地布局，严格项目用地管理，重点保障国家大型煤炭、油气基地和电源、电网建设用地。2006～2020年安排新增能源建设用地50万公顷（750万亩），其中，"十一五"期间安排新增能源重点建设项目建设用地20万公顷（300万亩）。

统筹安排交通用地。按照统筹规划、合理布局、集约高效的要求，优化各类交通用地规模、结构与布局，严格工程项目建设用地标准，大力推广节地技术，促进便捷、通畅、高效、安全综合交通网络的形成和完善。2006～2020年，新增铁路用地26万公顷（390万亩），其中，"十一五"期间安排11.5万公顷（172.5万亩）。新增公路用地145万公顷（2175万亩），其中，农村公路用地30万公顷（450万亩）；"十一五"期间安排新增公路用地 55 万公顷(825 万亩)，其中农村公路用地 12 万公顷(180 万亩)。新增港口码头用地 3 万公顷(45 万亩)，其中,"十一五"期间安排 1 万公顷(15 万亩)。新增民用机场用地 5 万公顷(75 万亩)，其中,"十一五"期间新增民用机场用地 1.5 公顷(22.5 万亩)。

合理安排水利设施用地。按照水资源可持续利用和节水型社会建设的要求，加强水利设施的规划选址和用地论证，优先保障具有全国和区域战略意义的重点水利设施用地。推动农村水利设施建设，保障以灌区续建配套节水改造、雨水集蓄利用和农村饮水安全为重点的农村水利设施用地，促进农业生产和农村生活条件的改善。规划期间，安排新增水利设施用地 45 万公顷(675 万亩)，其中,"十一五"期间安排 22 万公顷(330 万亩)。南水北调东线和中线工程安排 8.70 万公顷(131 万亩)。

加强矿产资源勘查开发用地管理。按照全国矿产资源规划的要求，完善矿产资源开发用地政策，支持矿业经济区建设，加大采矿用地监督和管理力度。按照全国地质勘查规划的要求，依法保障矿产资源勘查临时用地，支持矿产资源保障工程的实施。

第五节 加强建设用地空间管制

实行城乡建设用地扩展边界控制。各地要按照分解下达的城乡建设用地指标，严格划定城镇工矿和农村居民点用地的扩展边界，明确管制规则和监管措施，综合运用经济、行政和法律手段，控制城乡建设用地盲目无序扩张。

落实城乡建设用地空间管制制度。城乡建设用地扩展边界内的农用地转用，要简化用地许可程序，完善备案制度，强化跟踪监管；城乡建设用地扩展边界外的农用地转用，只能安排能源、交通、水利、军事等必需单独选址的建设项目，提高土地规划许可条件，严格许可程序，强化项目选址和用地论证，确保科学选址和合理用地。

完善建设项目用地前期论证制度。加强建设项目用地前期论证，强化土地利用总体规划、土地利用年度计划和土地供应政策等对建设用地的控制和引导；建设项目选址应按照节约集约用地原则进行多方案比较，优先采用占地少特别是占用耕地少的选址方案。

第五章 协调土地利用与生态建设

围绕加强土地生态保护与建设，保护基础性生态用地，加大土地生态环境整治力度，因地制宜改善土地生态环境，促进环境友好型社会建设。

第一节 加强基础性生态用地保护

严格保护基础性生态用地。严格控制对天然林、天然草场和湿地等基础性生态用地的开发利用，对沼泽、滩涂等土地的开发，必须在保护和改善生态功能的前提下，严格依据规划统筹安排。规划期内，具有重要生态功能的耕地、园地、林地、牧草地、水域和部分未利用地占全国土地面积的比例保持在 75% 以上。

构建生态良好的土地利用格局。因地制宜调整各类用地布局，逐渐形成结构合理、功能互补的空间格局。支持天然林保护、自然保护区建设、基本农田建设等重大工程，加快建设以大面积、集中连片的森林、草地和基本农田等为主体的国土生态安全屏障。在城乡用地布局中，将大面积连片基本农田、优质耕地作为绿心、绿带的重要组成部分，构建景观优美、人与自然和谐的宜居环境。

第二节 加大土地生态环境整治力度

巩固生态退耕成果。切实做好已退耕地的监管，巩固退耕还林成果，促进退耕地区生态改善、农民增收和经济社会可持续发展。在调查研究和总结经验基础上，严格界定生态退耕标准，科学制订和实施退耕还林工程建设规划，切实提高退耕还林的生态效益。

恢复工矿废弃地生态功能。推进矿山生态环境恢复治理，加强对采矿废弃地的复垦利用，有计划、分步骤地复垦历史上形成的采矿废弃地，及时、全面复垦新增工矿废弃地。推广先进生物技术，提高土地生态系统自我修复能力。加强对持久性有机污染物和重金属污染超标耕地的综合治理。

加强退化土地防治。积极运用工程措施、生物措施和耕作措施，综合整治水土流失；加快风蚀沙化土地防治，合理安排防沙治沙项目用地，大力支持沙区生态防护体系建设；综合运用水利、农业、生物以及化学措施，集中连片改良盐碱化土地；建立土壤环境质量评价和监测制度，严格禁止用未达标污水灌溉农田，综合整治土壤环境，积极防治土地污染。

第三节 因地制宜改善土地生态环境

快速城镇化地区，要遏制城镇建设用地盲目扩张，鼓励城镇组团式发展，实行组团间农田与绿色隔离带有机结合，发挥耕地的生产、生态功能。严格保护农用地特别是耕地，合理调整农用地结构，大力发展城郊农业。促进产业结构升级，严格限制高耗能、高污染企业用地。

平原农业地区，要把严格保护耕地特别是基本农田放在土地利用的优先地位，加强基本农田建设，大力发展生态农业。在保护生态环境前提下，重点优化交通、水利等基础设施用地结构，鼓励发展城镇集群和产业集聚。严格控制工业对土地的污染，防治农田面源污染。

山地丘陵地区，要大力推进国土综合整治，严格控制非农建设活动，积极防治地质灾害。因地制宜加强植被建设，稳步推进陡坡耕地的退耕还林还草，发挥生态系统自我修复功能。以小流域为单元，积极防治水土流失。建立山区立体复合型土地利用模式，充分利用缓坡土地开展多种经营，促进山区特色产业发展。

能源矿产资源开发地区，要坚持资源开发与环境保护相协调，禁止向严重污染环境的开发项目提供用地。加强对能源、矿山资源开发中土地复垦的监管，建立健全矿山生态环境恢复保证金制度，强化矿区生态环境保护监督。

第六章 统筹区域土地利用

围绕优化国土开发格局，科学划分土地利用区，明确区域土地利用方向，实施差别化的土地利用政策，加强对省、自治区、直辖市土地利用的调控，促进国家区域发展战略的落实。

第一节 明确区域土地利用方向

根据各地资源条件、土地利用现状、经济社会发展阶段和区域发展战略定位的差异，把全国划分为九个土地利用区，明确各区域土地利用管理的重点，指导各区域土地利用调控。

西部地区。稳定耕地面积，提高耕地质量，确保基本口粮田。统筹安排基础设施、生态环境建设、特色优势产业发展和承接产业转移用地，重点支持依托中心城市和交通干线的开发，逐步提高集约用地水平。

西北区：保障油气和优势固体矿产资源开发、出境和跨区铁路、西煤东运和交通通道的建设用地，逐步提高基础设施用地比重，适当降低人均城乡建设用地面积。支持水利建设和节水农业发展，加强平原、旱塬和绿洲的耕地保护和基本农田建设，适度开发耕地后备资源。严格生态用地的用途管制，重点加强农牧交错带、干旱和荒漠草原区、沙漠绿洲等地区的土地生态保护和建设，积极开展小流域综合治理和土地荒漠化防治。

西南区：保障国道、省际公路、电源基地和西电东送工程建设用地，适当增加城镇建设用地，合理安排防治地质灾害和避让搬迁用地。加强对重庆和成都市统筹城乡综合配套改革试验区用地的政策指导。加强平原、坝区耕地的保护，加大对基本农田建设的支持力度。大力开展石漠化综合治理，支持天然林及水源涵养林保护、防护林营造等工程，限制生态用地改变用途，促进生物多样性保护和以自然修复为主的生态建设。

青藏区：保障基础设施和生态移民搬迁的建设用地需求，适当增加农牧区城乡建设用地面积，支持少数民族地区和边疆地区的发展。加大西藏"一江两河"（雅鲁藏布江，拉萨河、年楚河）和青海海东等地区土地整理的支持力度，加强对青海柴达木循环经济试验区的用地政策指导。加强天然植被和高原湿地保护，支持退化草场治理、"三江源"自然保护区保护等生态环境建设。

东北地区。保障先进装备、精品钢材、石化、汽车和农副产品深加工、高新技术、能源等产业发展和加强基础设施建设等用地，促进现代农业发展和资源枯竭城市转型，提高土地资源综合效益。适度增加年均新增建设用地规模，加快城镇工矿建设用地整合，盘活利用存量建设用地。重点保障东部铁路通道和跨省区公路运输通道等建设用地。开展土地利用政策与机制创新，为阜新、大庆、伊春、辽源、白山、盘锦等资源型城市经济转型和发展接续替代产业提供用地保障。加强基本农田整理和建设，强化粮食基地建设的支持力度。加强天然林、牧草地和湿地的保护，积极支持黑土地水土流失治理、东北西部荒漠化综合治理。加大工矿废弃地再利用力度，加强采煤沉陷区治理，改善矿区土地生态环境。

中部地区。加大耕地整理力度，促进粮食生产基地建设。合理安排装备制造业、高新技术产业、新型建筑材料、农产品深加工等产业和大型煤炭能源基地、综合交通运输体系建设的用地，适度增加年均新增建设用地规模，促进中部地区崛起。

晋豫区：合理安排基础设施用地，重点保障山西、河南大型煤电基地建设和骨干通道建设的用地。适当增加城镇工矿用地，加强农村建设用地整理，逐步降低人均城乡建设用地。加强工矿废弃地复垦、污染防治和采煤沉陷区治理，积极推进农用地整理。引导农业结构合理调整，支持商品粮棉基地建设，增强大宗农产品生产能力，促进农产品加工转化增值。有序开展山西黄土山地丘陵和豫西山地生态退耕，加强豫东黄河故道沙化土地治理，大力改善区域生态环境。

湘鄂皖赣区：支持沿江铁路、主要城市间的快速交通通道等基础设施和淮北、淮南煤炭基地建设。适应城镇化和工业化加快的进程，适当提高建设用地比重。加强对武汉城市圈和长株潭城市群资源节约型和环境友好型社会建设综合配套改革试验区用地的政策指导。实施基本农田整理工程，促进稳产高产商品粮棉油基地建设。统筹协调长江、淮河及洞庭湖、鄱阳湖洪涝、污染综合治理，保障南水北调水源保护工程、长江防护林体系工程建设的用地。加强洞庭湖、鄱阳湖等地区湿地保护，禁止围湖造田。

东部地区。严格保护现有耕地和基本农田，加强水田等优质耕地的保护和建设，促进现代农业发展。优化整合建设用地，降低年均新增建设用地规模，控制城镇和工业用地外延扩张，积极盘活存量土地，提高土地利用效率。

京津冀鲁区：统筹安排产业用地，控制城镇工矿建设用地低成本扩张，降低人均城镇工矿用地水平。调整区域土地利用布局，重点支持天津滨海新区开发开放、曹妃甸钢铁基地和以首都为中心的综合交通体系建设。支持发展都市农业、观光农业和平原生态农业，促进现代农业发展。加强重要水源地保护和水土资源协调利用，支持京津风沙源治理区的生态退耕、长城沿线风沙带治理和黄河故道沙化治理等生态环境建设。保护和合理利用沿海滩涂资源，防止非农建设盲目侵占滩涂资源。

苏浙沪区：创新土地利用模式，形成工业集聚、居住集中、城乡协调的建设用地空间格局。控制建设用地总量，适度降低人均城镇工矿用地面积，提高集约用地水平，促进产业结构升级。统筹安排区域性基础设施用地，防止重复建设。积极防治上海及苏锡常地区地面沉降、地裂缝等缓变性地质灾害。严格保护水田等优质耕地，加强太湖、杭州湾等地区污染土地治理，加大湿地保护力度，合理开发沿海滩涂资源。

闽粤琼区：加速建设用地的内涵挖潜和优化整合，从严控制珠江三角洲等城市密集地区新增建设用地规模，防止城乡建设用地无序蔓延。适当提高基础设施配套程度。严格保护现有耕地和基本农田。统筹安排产业和生态建设用地，保障海峡西岸经济区和海南及其他海岛生态旅游建设的用地。加强珠江三角洲、福建沿海等地区污染土地的治理，支持河口湿地、红树林和滩涂等生态用地的保护。

第二节 实施差别化的区域土地利用政策

根据资源环境承载能力、土地利用现状和开发潜力，统筹考虑未来我国人口分布、经济产业布局和国土开发格局，按照不同主体功能区的功能定位和发展方向，实施差别化的土地利用政策。

大力推进优化开发区域土地利用转型。严控建设用地增量，积极盘活建设用地存量，鼓励土地利用模式和方式创新，促进优化开发区域经济发展方式转变和产业结构升级，促进国家竞争力的提升。严格控制建设用地特别是城镇工矿用地规模扩大，逐步降低人均城镇工矿用地面积，适度增加城镇居住用地；整合优化交通、能源、水利等基础设施用地，支持环保设施建设；限制占地多、消耗高的工业用地，支持高新技术、循环经济和现代服务业发展；探索实施城镇建设用地增加与农村建设用地减少相挂钩的政策，推进农村建设用地整理。严格保护耕地，加强区内集中连片、高标准基本农田的建设，切实加大耕地污染的防治力度。保留城市间开敞的绿色空间,保护好水系、林网、自然文化遗产等用地,促进区域生态环境改善。

有效保障重点开发区域集聚人口及经济的用地需求。适当扩大建设用地供给,提高存量建设用地利用强度,拓展建设用地新空间,促进重点开发区域支柱产业的培育和经济总量的提升,促进人口和经济集聚能力的进一步提高。合理安排中心城市的建设用地,提高城市综合承载能力,促进城市人口和经济集聚效益的发挥;加强城镇建设用地扩展边界控制,鼓励城市存量用地深度开发;统筹安排基础设施建设用地,促进公路、铁路、航运等交通网的完善,推动和加快基础设施建设;优先保障承接优化开发区域产业转移的用地需求,支持资金密集型、劳动密集型产业发展用地,促进主导产业的培育和发展,积极引导产业集群发展和用地的集中布局。积极推进农用地和农村建设用地的整理,加大基本农田建设力度,严格保护生态用地,切实发挥耕地特别是基本农田在优化城镇、产业用地结构中的生态支撑作用,促进人口、经济的集聚与资源、环境的统筹协调。

切实发挥限制开发区域土地对国家生态安全的基础屏障作用。严格土地用途管制,加强农用地特别是耕地保护,坚持土地资源保护性开发,统筹土地资源开发与土地生态建设,促进限制开发区域生态功能的恢复和提高,切实维护国家生态安全。禁止可能威胁生态系统稳定的各类土地利用活动,严禁改变生态用地用途;积极支持区域内各类生态建设工程,促进区域生态环境的修复与改良。按照区域资源环境承载能力,严格核定区域建设用地规模,严格限制增加建设用地;新增建设用地主要用于发展特色产业以及基础设施、公共设施等的建设,严格禁止对破坏生态、污染环境的产业供地,引导与主体功能定位相悖的产业向区外有序转移。严格保护农用地特别是耕地、林地、草地,构建耕地、林草、水系、绿带等生态廊道,加强各生态用地之间的有机联系。

严格禁止在自然文化遗产保护区域土地的开发建设。按照法律法规规定和相关规划,对依法设立的国家级自然保护区、世界文化自然遗产、国家级风景名胜区、国家森林公园、国家地质公园等禁止开发区域,必须实行强制性保护,严禁任何不符合主体功能定位的各类土地利用活动,确保生态功能的稳定发挥。

第三节 加强省级土地利用调控

根据各土地利用分区的调控方向和差别化的区域土地利用政策,综合经济社会发展水平、发展趋势、资源环境条件、土地利用现状和潜力等因素,分别确定各省、自治区、直辖市的耕地保有量、基本农田保护面积、城乡建设用地规模、人均城镇工矿用地、新增建设占用耕地规模等土地利用约束性指标,以及园地面积、林地面积、牧草地面积等预期性指标[详见附表1-6略],强化省级政府的土地利用调控责任。

《纲要》确定的主要目标和指标,纳入国民经济和社会发展规划,严格执行。将耕地保有量、基本农田保护面积等约束性指标分解下达到各省、自治区、直辖市,严格落实,不得突破,预期性指标通过经济、法律和必要的行政手段加以引导,力争实现。

各省、自治区、直辖市要在《纲要》确定的原则、目标和主要任务指导下,积极配合国家区域发展战略的实施,切实落实所属区域的土地利用政策,加强对本行政区域范围内土地利用的统筹协调,搞好国家与省级主体功能区的空间落实和用地政策上的相互衔接,促进形成统筹协调的土地利用秩序。

第七章　规划实施保障措施

加强规划对土地利用的整体控制，健全规划实施管理制度，强化经济激励约束措施，完善规划基础建设，确保规划目标的实现。

第一节　加强规划对土地利用的整体控制

落实耕地保护和节约集约用地责任制。按照《纲要》确定的目标和任务，明确各省、自治区、直辖市耕地保护和节约集约用地责任，建立和完善耕地保护和节约集约用地责任的考核体系，将实际耕地保有量、基本农田保护面积、补充耕地的面积和质量、新增建设用地面积作为耕地保护责任和节约集约用地目标考核的重要内容。建立土地利用规划实施问责制，地方各级政府主要负责人要对本行政区域内的土地管理和耕地保护负总责。把严格保护耕地、节约集约用地作为地方经济社会发展评价和干部实绩考核的重要因素，完善相关评价和考核办法。

做好相关规划与土地利用总体规划的相互衔接。各地区、各部门、各行业编制的城市、村镇、交通、水利、能源、旅游、生态建设等相关规划，应当与土地利用总体规划相互衔接，必须符合保护耕地和节约集约用地要求，必须符合土地利用总体规划确定的用地规模和总体布局安排。严格依据土地利用总体规划，从严审查各类规划的用地规模和标准，切实落实土地用途管制制度。凡不符合土地利用总体规划的，必须及时调整和修改，核减用地规模，调整用地布局。

强化土地利用总体规划自上而下的控制。地方各级人民政府应按照下级规划服从上级规划的原则，组织修编土地利用总体规划，落实《纲要》确定的各项目标和任务。省级土地利用总体规划要强化战略性和政策性，重点确定本行政区域土地利用的目标、指标和任务。地级和县级土地利用总体规划要突出空间性和结构性，合理调整土地利用结构和布局，重点明确中心城区和城镇建设用地区的范围。乡级土地利用总体规划要提高针对性和操作性，重点将土地用途落实到地块。各地应在土地利用总体规划的控制和指导下，编制土地整理复垦开发等专项规划，落实总体规划。

第二节　健全规划实施管理制度

强化近期规划和年度计划控制。依据土地利用总体规划、国民经济与社会发展规划和国家宏观调控要求，编制和实施土地利用五年近期规划，明确各项用地规模、布局和时序安排。按照土地利用总体规划和近期规划，编制和实施土地利用年度计划，不断完善用地计划分类编制和管理，加强计划执行情况的评估和考核。落实差别化的计划管理政策。严格以实际用地考核计划的执行，实际用地超过计划的，扣减下一年度用地计划指标，防止超计划批地用地，切实维护土地利用计划的严肃性。

严格建设项目用地预审。加强和改进建设项目用地预审，强化建设项目批准（核准）前的土地规划审查和许可，凡不符合土地利用总体规划的，不得通过建设项目用地预审。建立和完善建设项目审批部门协调联动机制与信息共享机制，项目建设单位申报审批或核准需要申请使用土地的建设项目时，必须附具土地预审意见，没有预审意见或预审未通过的，不得审批或核准建设项目。

加强农用地转用管理。土地利用总体规划一经批准，具有法定效力，任何单位和个人不得违反。各级人民政府批准、核准各类建设项目，必须符合土地利用总体规划。不断完善以土地利用总体规划为基础的土地用途管制制度，城乡建设、土地开发等各项土地利用活动，必须符合土地利用总体规划确定的土地用途，涉及农用地转用的，必须严格依据土地利用总体规划和年度计划进行审查，必须取得农用地转用许可。

严格土地利用总体规划修改。建立土地利用总体规划实施动态评价机制，规划实施评价报告经规划审批机关的同级国土资源管理部门认定后，方可开展规划的修改。对土地利用总体规划的修改，必须就修改的必要性、合理性和合法性等进行评估，组织专家论证，依法组织听证，并向社会公示。凡涉及改变土地利用方向、规模、重大布局等原则性修改，必须报原批准机关批准。严禁擅自修改下级土地利用总体规划，扩大建设用地规模和改变建设用地布局，降低耕地保有量和基本农田保护面积。符合法定条件，确需改变和占用基本农田的，必须报国务院批准。

加强规划实施动态监管。建立健全监督检查制度，实行专项检查与经常性的监督检查相结合，采用卫星遥感等技术手段扩大规划实施情况的监测范围，及时发现、制止违反土地利用总体规划行为，定期公布各地规划执行情况。加大执法力度，对违法修改土地利用总体规划的行为要严肃查处，限期改正，并依法查处相关责任人的行政责任；对违反规划批地用地的行为，坚决依法查处，责令限期拆除违法占地新建建筑物，拒不执行的，依法申请人民法院强制执行。

第三节　完善规划实施的利益调节机制

健全耕地保护的经济激励和制约机制。加大非农建设占用耕地特别是基本农田的成本，鼓励各类建设利用存量土地和未利用地。加大对耕地特别是基本农田保护的财政补贴力度，将耕地保有量和基本农田保护面积作为国家确定一般性财政转移支付规模的重要依据，实行保护责任与财政补贴相挂钩，充分调动基层政府保护耕地的积极性。探索建立耕地保护基金，落实对农户保护耕地的直接补贴，充分调动农民保护耕地的积极性与主动性。

加大对补充耕地的资金支持力度。进一步完善新增建设用地土地有偿使用费的使用和管理，确保该项收入全部用于基本农田建设和保护、土地整理、耕地开发等支出；由省、自治区、直辖市和计划单列市集中土地出让收入中用于农业土地开发的部分，要向粮食主产区和土地开发整理重点区域倾斜，支持土地整理和复垦、宜农未利用地的开发、基本农田建设以及改善农业生产条件的土地开发。充分运用市场手段，积极拓宽资金渠道，鼓励和引导社会资金用于补充耕地。

强化节约集约用地的价格调节机制。积极推进征地制度改革，合理确定土地征收补偿标准，逐步建立有利于节约集约用地的征地价格形成机制；健全和完善土地协议出让和招标拍卖挂牌出让制度，发挥地价杠杆调控作用，规范经营性基础设施用地地价管理，提高工业用地出让最低价标准，规范土地出让价格；严格执行闲置土地处置政策，对闲置土地特别是闲置房地产用地征缴增值地价，促进闲置土地盘活利用。

逐步形成促进节约集约用地的税费调节机制。实行有利于有效保护耕地、合理利用土地资源、最大限度地利用城市现有土地的税收政策。加大闲置和低效用地的税费调节力度，引导建设用地整合，提高用地效益；加大建设用地保有环节税收调节力度，提高土地保有成本，促进土地向集约高效方向流转；加大对土地深度开发等的税收支持力度，鼓励挖掘存量建设用地潜力，鼓励工业企业在符合规划、不改变用途的前提下提高土地利用率，促进节约集约用地。

第四节 加强规划实施的基础建设

不断提高土地规划的法律地位。积极推进土地利用规划立法工作，严格和规范土地利用规划的编制和审批，巩固土地利用规划的法制基础。依据公正、公开和便民原则，完善土地规划管理听证制度，明确违反规划处罚办法，增强土地规划执法力度。

加强土地调查统计和监测评价。按照国家统一的土地分类标准，认真做好土地利用现状调查、统计和变更调查。全面完成农用地分等定级与估价，加强土地适宜性评价和城镇、开发区用地的集约利用潜力调查评价。加强土地利用和土地市场动态监测，建立覆盖全国的土地利用动态遥感监测系统，结合年度土地利用变更调查，构建土地利用规划、计划实施监测体系。

从严制定用地标准和供地政策。按照节约集约用地的原则，完善能源、交通和公用设施、公共设施等各类建设用地标准，严格按标准审核各类建设项目用地。适时调整划拨用地目录，控制并减少划拨供地数量，除军事、社会保障性住房和特殊用地外，对其他土地要加快实行有偿使用。

提高土地规划信息服务水平。加快推进"金土工程"建设，建立涵盖土地利用现状、土地利用规划、土地权属、土地市场、土地整理复垦开发等基础数据的统一地政管理数据库。加快土地管理审批、供应、使用、补充耕地各环节的统一信息平台建设，强化建设用地监管，确保规划目标落实。加快信息资源的开发利用，提高基础性和公益性信息的社会服务水平。

推进规划科技创新与队伍建设。加强土地规划理论、方法和技术手段研究，促进土地利用规划学科发展；加快制定或修订各级土地利用规划编制规程、各类用地规划标准和规划成果质量规范。建立土地利用和管理国际合作交流平台，借鉴国外土地利用管理的先进经验和方式。加强土地管理专业教育和继续教育，健全完善规划从业人员上岗认证和机构资质认证制度，切实提高土地规划技术和管理人才的专业素养。

第五节 推进规划民主决策

改进规划工作方式。修编各级土地利用总体规划，要坚持政府组织、专家领衔、部门合作、公众参与、科学决策的工作方针，科学系统地安排各项工作，切实提高规划决策水平。建立和完善规划修编的专家咨询制度和部门协调机制，成立有广泛代表性的规划专家委员会，加强规划的协调、咨询和论证等工作，提高规划决策的科学化和民主化水平。

建立健全公众参与制度。修编各级土地利用总体规划要扩大公众参与，切实增强规划的公开性和透明度。对于县级和乡级土地利用总体规划，在具体安排土地利用和土地整理复垦开发方面应当广泛听取公众意见。经批准的土地利用总体规划应当依法予以公告，接受公众监督。

加强规划宣传。充分利用各种媒体，对规划的主要内容进行广泛宣传，提高全社会依法依规用地意识，增强全民对科学用地、节约用地、保护资源重要性的认识，使遵守土地利用法律、规划、政策成为全社会的自觉行为。

土地问题始终是我国现代化进程中一个全局性、战略性重大问题，土地利用总体规划的编制和实施事关国家和人民长远利益，各级人民政府必须高度重视，把土地利用总体规划实施工作纳入政府重要议事日程，切实加强组织领导。地方政府主要负责人应对本行政区域内土地利用总体规划和年度计划执行情况负总责。各有关部门要各负其责、密切配合，扎实推进各项工作，保障规划顺利实施。

国务院办公厅关于加强和改进城乡规划工作的通知

(国发办[2000]25号)

各省、自治区、直辖市人民政府，国务院各部委、各直属机构：

为了实现党的十五大提出的我国跨世纪发展战略目标，促进城乡经济、社会和环境协调发展，进一步提高城乡规划工作水平，经国务院同意，现就加强和改进城乡规划工作有关问题通知如下：

一、充分认识城乡规划的重要性，进一步明确城乡规划工作的基本原则

（一）城乡规划是政府指导和调控城乡建设和发展的基本手段，是关系我国社会主义现代化建设事业全局的重要工作。加强城乡规划工作，对于实现城乡经济、社会和环境协调发展具有重要意义。改革开放以来，我国的城乡规划工作取得显著成绩，人居环境得到明显改善，城乡面貌发生巨大变化。但是，目前仍存在一些不容忽视的问题：有些地方不顾城乡建设和发展的客观规律，有法不依，执法不严，随意违反城乡规划，盲目建设，导致土地资源浪费和城乡建设布局失调；相当多的城镇没有制定切合实际的详细规划，随意批租土地进行建设；小城镇和乡村的规划与管理薄弱，不少地方建设混乱；规划实施缺乏监督机制，违法建设屡禁不止。当前，社会主义市场经济体制正在逐步建立和完善，经济结构在进行战略性调整，城镇化进程逐步加快。各地区、各部门要充分认识城乡规划的重要性，高度重视城乡规划工作，切实发挥城乡规划对城乡土地和空间资源利用的指导和调控作用，促进城乡经济、社会和环境协调发展。

（二）城乡规划工作，必须遵循城乡建设和发展的客观规律，立足国情，面对现实，面向未来，因地制宜，统筹兼顾，综合部署；必须坚持以经济建设为中心，科学确定城市和村镇的性质、发展方向、规模和布局，统筹安排各项基础设施建设；必须坚持可持续发展战略，合理和节约利用土地资源，正确处理近期建设与长远发展、局部利益与整体利益、经济发展与环境保护、现代化建设与历史文化保护等关系；必须坚持依法管理，逐步实现城乡规划的法制化。

二、切实加强和改进规划编制工作，严格规范审批和修改程序

（一）抓紧城镇体系规划编制工作。省域城镇体系规划是指导本省（自治区）城镇发展的依据。编制省域城镇体系规划，要从区域整体出发，妥善处理城镇建设和区域发展的关系，综合评价本行政区域城镇的发展条件，统筹安排区域基础设施，避免重复建设，限制不符合区域整体利益和长远利益的开发活动，引导城镇合理布局和城乡协调发展，并为城市总体规划和县域城镇体系规划的编制提供依据。各省、自治区省域城镇体系规划的编制工作原则上要在2002年底前完成。建设部要会同有关部门严格按照《省域城镇体系规划审查办法》做好审查工作。

(二)重点编制好县域(包括县级市,下同)城镇体系规划。县域城镇体系规划要在省域城镇体系规划指导下,合理确定城镇的数量和布局,明确发展重点,选定中心镇,统筹安排城乡居民点与基础设施的建设,严格控制国道、省道两侧的建设,尽快改变村镇建设散乱状况,促进小城镇健康发展。县域城镇体系规划报省级人民政府审批,经济比较发达地区应在2001年底前完成,其他地区原则上应在2002年底前完成。建设部要通过试点,加强对县域城镇体系规划编制与审批工作的指导。

(三)改进城市规划的编制工作,加快制定城市详细规划。对须报国务院审批的城市总体规划,要严格按照《城市总体规划审查工作规则》进行审查,充分发挥有关部门和专家的作用,确保规划质量,提高工作效率。由国务院审批总体规划的城市必须在2000年底前完成本期规划的修编工作。地方人民政府要参照上述审查规划,进一步规范规划的审查、报批工作,严格把关,切实提高规划的法定地位。设市城市要按照批准的总体规划,抓紧制定城市详细规划,特别是要认真做好重点开发建设地区、重点保护地区和重要地段详细规划的制定工作。在城市规划编制和实施过程中,要根据本城市的功能和特点,开展城市设计,把民族传统、地方特色和时代精神有机结合起来,精心塑造富有特色的城市形象。

(四)加强小城镇和村庄规划的编制工作。小城镇和村庄的规划要在县域城镇体系规划指导下,合理确定规模,统筹配置基础设施和公共建筑,集中规划乡镇企业建设用地。小城镇和村庄规划要注意同经济发展和居民生活水平相适应,因地制宜,紧凑布局,节约用地,保护环境,注重实效。中心镇规划要达到详细规划深度。小城镇和村庄的规划须报县级人民政府批准。

(五)认真编制和完善历史文化名城保护规划。历史文化名城保护规划,要在充分研究城市发展历史和传统风貌基础上,正确处理现代化建设与历史文化保护的关系,明确保护原则和工作重点,划定历史街区和文物古迹保护范围及建设控制地带,制定严格的保护措施和控制要求,并纳入城市总体规划。

(六)科学编制风景名胜区规划。风景名胜区规划必须认真贯彻严格保护、永续利用的方针。要根据国家有关规定和风景名胜区的特点,按照生态保护和环境容量的要求,严格控制开发利用活动。在风景名胜区景区内不准规划建设宾馆、招待所、各类培训中心及休、疗养院所。各地区、各部门不得以任何名义和方式出让或变相出让风景名胜资源及其景区土地,不准在风景名胜区内设立各类开发区、度假区等;擅自进行开发建设的,要坚决予以纠正。国家重点风景名胜区内的重大建设项目规划和近期建设详细规划,由省级主管部门审查,报建设部批准后,方可实施。国家重点风景名胜区尚未编制规划的,应在2002年底前完成规划编制工作。

(七)地方人民政府在修改规划时,凡涉及城市总体规划中确定的性质、规模、发展方向、布局等主要内容的,必须报原审批机关审批。

三、加强城镇规划实施的监督管理,推进城乡规划法制化

(一)坚持把城乡规划作为城乡建设和管理的基本依据。城乡规划区、村庄和集镇规划区内的一切建设用地和建设活动必须遵守批准的规划。要充分发挥城市详细规划对于优化城市土地资源配置和利用的调控作用。凡建设项目所在地段没有编制详细规划或者建设项目不符合详细规划的,不得办理规划许可证。擅自修改规划、违反规划的,要依法从严

查处。

（二）统一组织实施城乡规划。省域和县域城镇体系规划分别由省级和县级人民政府统一组织实施，各有关部门要密切配合，加强协调，采取有效措施，确保城镇体系规划的顺利实施。城市规划由城市人民政府统一组织实施。市一级规划管理权不得下放，擅自下放的要立即纠正。城市行政区域内的各类开发区和旅游度假区的规划建设，都要纳入城市的统一规划管理。

（三）严格规划许可制度。城市规划区内的各项建设要依法办理建设项目选址意见书、建设用地规划许可证和建设工程规划许可证。村庄和集镇规划区内的各项建设要依法办理建设项目选址意见书，并按照有关规定取得开工许可，未取得规划许可证件，不得批准用地和进行建设。

（四）坚持建设项目选址意见书审查制度。国家审批的大中型建设项目选址，由项目所在地的市、县人民政府城乡规划行政主管部门提出审查意见，报省、自治区、直辖市及计划单列市人民政府城乡规划行政主管部门核发建设项目选址意见书，并报建设部备案。对于不符合规划要求的，建设部要予以纠正。

（五）加强建设工程实施过程中的规划管理。城乡规划行政主管部门要加强对规划实施的经常性管理，对建设工程性质变更和新建、改建、扩建中违反规划要求的，应及时查处、限期纠正。工程竣工后，城乡规划行政主管部门未出具认可文件的，有关部门不得发给房屋产权证明等有关文件。

（六）建立健全城乡规划的监督检查制度。各级人民政府要对其审批规划的实施情况进行监督检查，认真查处和纠正各种违法违规行为。地方人民政府特别是城市人民政府每年要对规划实施情况，向同级人民代表大会常务委员会作出报告，同时报上级城乡规划行政主管部门备案。建设部要着重对经国务院批准的省域城镇体系规划、城市总体规划、国家重点风景名胜区规划的实施情况进行检查，查处违反规划的行为。

（七）加强城乡规划的法制建设。建设部要会同有关部门抓紧城乡规划制定和修改工作，加快制定和修订城乡规划技术标准和规范，进一步完善城乡规划法规体系；各地人民政府特别是城市人民政府要结合本地实际，制定和完善地方城乡规划法规，把城乡规划工作逐步纳入标准化、规范化、法制化轨道。

四、加强对城乡规划工作的领导

（一）城乡规划工作是各级人民政府的重要职责。各级人民政府要把城乡规划纳入国民经济和社会发展规划，把城乡规划工作列入政府的重要议事日程，及时协调解决城乡规划中的矛盾和问题。城市人民政府的主要职责是抓好城市的规划、建设和管理。地方人民政府的主要领导，特别是市长、县长，要对城乡规划负总责。对城乡规划工作领导或监管不力，造成重大失误的，要追究主要领导和有关责任人的责任。

（二）健全管理机构，加强队伍建设。各级人民政府要稳定城乡规划管理机构和专业队伍，要根据规划编制和研究工作需要，配备相应专业技术人员；要把城乡规划工作经费纳入财政预算，切实予以保证。城乡规划行政主管部门要加强自身队伍建设，不断提高工作人员的政治素质和业务素质。要积极开展基础理论研究和政策研究，充分利用现代技术和手段，提高城乡规划工作水平。要做到政务公开，依法行政，自觉接受社会和公众的监督。城乡规划行政主管部门的工作人员要敢于坚持原则，不怕得罪人。对玩忽职守、滥用职权、徇私舞弊的，由其所在单位或者上级主管部门给予行政处分；构成犯罪的，要依法追究刑事责任。

（三）加强教育、培训和宣传工作，大力普及城乡规划知识。各级领导要带头学习城乡规划知识。国家行政学院、地方行政学院要把城乡规划列为国家公务员必修课。要加强对市长、分管副市长、县长、分管副县长和乡镇长的培训，并对其掌握城乡规划知识的情况进行严格考核。建设部要进一步办好市长培训班。要向社会各界普及城乡规划知识，电视、广播、报刊等新闻媒体要加强宣传，提高全民的规划意识。

（四）各地区、各部门要积极支持城乡规划行政主管部门的工作，各级领导要以身作则，维护规划的权威性。

加强和改进城乡规划工作是一项功在当代、利在千秋的大事。各级人民政府及其城乡规划行政主管部门一定要加强领导，狠抓落实。国务院责成建设部会同监察部督促检查本通知的贯彻执行情况，每年向国务院作出书面报告。

国务院办公厅关于深入开展土地市场治理整顿严格土地管理的紧急通知

(国办发明电〔2004〕20号)

各省、自治区、直辖市人民政府,国务院各部委、各直属机构:

为制止乱占滥用土地,防止突击批地,抑制一些行业、地区固定资产投资过快增长,保证国民经济平稳运行,牢固树立和落实科学发展观,切实落实最严格的耕地保护制度,推进国土资源管理体制改革,国务院决定在全国范围内继续深入开展土地市场治理整顿。现将有关问题通知如下。

一、继续深入开展土地市场治理整顿

各省、自治区、直辖市人民政府要依据《中华人民共和国土地管理法》及有关法律法规的规定,从现在开始,集中半年左右的时间,继续深入开展土地市场治理整顿。治理整顿的主要内容包括:

(一)清理检查去年以来的土地占用情况,整顿未批先用、征而未用、乱占滥用和随意改变土地用途等问题;

(二)清理检查去年以来的土地审批情况,重点是新上项目的用地情况,整顿违反国家产业政策、超规划、超计划、越权和分拆批地等问题;

(三)清理检查耕地占补平衡数量和质量的情况,整顿占优补劣,占多补少甚至不补等问题;

(四)清理检查新增建设用地土地有偿使用费的征收和使用情况,整顿随意减免和侵占、挪用土地有偿使用费等问题;

(五)清理检查征用农民集体土地的补偿、安置情况,继续整顿降低补偿标准,挪用、截留和拖欠被征地农民补偿费等问题;

(六)清理整顿经营性土地使用权招标、拍卖、挂牌出让中存在的问题。

上述治理整顿工作,由各省、自治区、直辖市人民政府负责,结合正在进行的清理开发区、治理整顿土地市场的有关工作认真组织清理检查,对清理检查出来的问题,要限期进行整改,并依法严肃处理。国土资源部要会同发展改革委、财政部、农业部、建设部、监察部、审计署等部门对治理整顿工作进行督导、抽查和验收。

二、严格建设用地审批管理

治理整顿期间,全国暂停审批农用地转非农建设用地;治理整顿结束后,对因检查和整改不力,经验收不合格的地方,报经国务院同意后,继续暂停审批农用地转非农建设用地,直至达到规定的整改要求。

能源、交通、水利、城市重大公共设施等重点建设项目用地,确属急需的,报国务院批准;对已经国家批准且在规划范围内的卫生、教育等项目建设用地,按有关规定从严审批。暂停涉及基本农田保护区调整的各类规划修改。对新批的县改市（区）和乡改镇，要暂停修改涉及土地利用的各类规划。

三、切实保护基本农田

十分珍惜、合理利用土地和切实保护耕地是我国的一项基本国策，是维护国家粮食安全和社会稳定十分重要的内容。要认真贯彻《基本农田保护条例》，坚决守住基本农田这条"红线"，任何单位和个人不得突破。国土资源部和农业部要把开展基本农田保护检查作为土地市场清理整顿的重点，着重检查基本农田保护制度的建立和执行情况。通过检查和整改，切实纠正擅自调整基本农田保护区、违法违规占用基本农田、随意变更土地用途等突出问题，依法严肃查处违法违规占用基本农田行为；摸清基本农田现状，完善基本农田保护制度；进一步明确地方政府在基本农田保护方面的责任，将基本农田落实到村组、农户和地块。不得进行跨市、县的基本农田易地代保，对已发生的要坚决纠正。

四、严格执行土地利用总体规划和年度计划

土地利用总体规划和年度计划，是《中华人民共和国土地管理法》赋予政府调控土地供需的重要手段，必须依法维护规划和计划的严肃性。要加强对土地利用总体规划和年度计划执行情况的监督检查，对擅自修改土地利用总体规划的，要追究有关地方、部门及其领导人的责任；对擅自突破年度用地计划的，也要追究责任并扣减下一年度用地指标。各类开发区新增建设用地属于农用地的，要纳入当地土地利用年度计划统一管理。

五、严格执行耕地占补平衡制度

耕地占补平衡制度是严格保护耕地的法定内容，各地区、各有关部门必须不折不扣地贯彻执行。建设单位必须按照《中华人民共和国土地管理法》的规定，履行补充耕地的义务，不能自行补充耕地的，要依照地方有关标准，足额缴纳耕地开垦费；各地要严格按照建设项目占地的数量，进行耕地占补平衡，补充的耕地要在数量和质量上与原有耕地相当；严格控制易地占补平衡，未经国务院批准，不许跨省域进行耕地占补平衡。国土资源部门要把上述要求列入考核和检查的内容，切实做好把关工作。

六、积极推进国土资源管理体制改革

完善土地管理体制，是严格土地管理的重要举措。要坚决贯彻党中央、国务院关于国土资源管理体制改革的重大决策，认真执行《国务院关于做好省级以下国土资源管理体制改革有关问题的通知》（国发〔2004〕12号），积极推进国土资源管理体制改革。要加强省级人民政府对实施土地利用总体规划和年度计划管理、基本农田保护、农用地转用和征地审批管理及批后核查、执法监督的责任。抓紧研究改革征地制度和土地有偿使用费使用办法，制定限制和禁止供地项目目录，完善用地定额标准，严格建设项目的审批和管理。

继续深入开展土地市场治理整顿，严格土地管理，是今年加强宏观调控、实现国民经济平稳较快发展、防止经济大起大落的一项重要措施。各地区、各部门要切实把思想和行动统一到中央的决策部署上来，明确责任，加强配合，认真组织贯彻落实，坚决维护中央宏观调控的统一性、权威性和有效性。对有令不行、有禁不止，特别是顶风违法违纪的行为要坚决查处。

国务院办公厅

二〇〇四年四月二十九日

国务院办公厅关于严格执行有关农村集体建设用地法律和政策的通知

(国办发〔2007〕71号)

各省、自治区、直辖市人民政府，国务院各部委、各直属机构：

近年来，党中央、国务院连续下发严格土地管理、加强土地调控的政策文件，有力地促进了各地区、各部门贯彻落实科学发展观，坚决执行宏观调控政策。但是，一些地方仍存在违反农村集体建设用地管理的法律和政策规定，将农用地转为建设用地，非法批准建设用地等问题，并且有蔓延上升之势。为严格执行有关农村集体建设用地法律和政策，坚决遏制并依法纠正乱占农用地进行非农业建设，经国务院同意，现就有关问题通知如下：

一、严格执行土地用途管制制度

土地利用涉及全民族的根本利益，必须服从国家的统一管理。我国人多地少，为保证经济社会可持续发展，必须实行最严格的土地管理制度。土地用途管制制度是最严格土地管理制度的核心。但是，一些地方在土地利用中没有严格执行土地用途管制制度，未经依法批准，擅自将农用地转为建设用地。《中华人民共和国土地管理法》规定："国家实行土地用途管制制度"，"使用土地的单位和个人必须严格按照土地利用总体规划确定的用途使用土地"。违反土地利用总体规划和不依法经过批准改变土地用途都是违法行为。任何涉及土地管理制度的试验和探索，都不能违反国家的土地用途管制制度。地方各级人民政府既要加强土地征收或征用管理，更要重点加强土地用途管制。

二、严格规范使用农民集体所有土地进行建设

当前一些地方在使用农民集体所有土地进行建设的过程中，擅自扩大农民集体所有土地的使用范围，违法提供建设用地的问题比较严重。《中华人民共和国土地管理法》规定，乡镇企业、乡(镇)村公共设施和公益事业建设、农村村民住宅等三类乡(镇)村建设可以使用农民集体所有土地。对这三类用地的范围，法律和政策都有准确界定，必须严格执行。按照《中华人民共和国乡镇企业法》规定，乡镇企业必须是农村集体经济组织或者农民投资为主，在乡镇(包括所辖村)举办的承担支援农业义务的企业。要严禁以兴办"乡镇企业"、"乡(镇)村公共设施和公益事业建设"为名，非法占用(租用)农民集体所有土地进行非农业建设。

按照《中华人民共和国土地管理法》等法律法规的规定，任何建设需要将农用地和未利用地转为建设用地的，都必须依法经过批准。兴办乡镇企业、乡(镇)村公共设施和公益事业建设、村民建住宅需要使用本集体经济组织农民集体所有土地的，必须符合乡(镇)土地利用总体规划和镇规划、乡规划、村庄规划(以下简称乡(镇)、村规划)，纳入土地利用年度计划，并依法办理规划建设许可及农用地转用和建设项目用地审批手续。农村集体经济组织使用乡(镇)土地利用总体规划确定的建设用地，兴办企业或与其他单位、个人以土地使用权入股、联营等形式共同兴办企业的，必须符合土地利用总体规划和乡（镇）、村规划，并纳入建设用地年度计划管理；涉及占用农用地的，必须先依法办理农用地转用审批手续，用地规模必须符合有关企业用地标准。

农村住宅用地只能分配给本村村民，城镇居民不得到农村购买宅基地、农民住宅或"小产权房"。单位和个人不得非法租用、占用农民集体所有土地搞房地产开发。农村村民一户只能拥有一处宅基地，其面积不得超过省、自治区、直辖市规定的标准。农村村民出卖、出租住房后，再申请宅基地的，不予批准。

其他任何单位和个人进行非农业建设，需要使用土地的，必须依法申请使用国有土地。不符合土地利用总体规划和乡（镇）、村规划，没有土地利用年度计划指标的，不得批准用地。任何单位和个人不得自行与农村集体经济组织或个人签订协议将农用地和未利用地转为建设用地。非法占用耕地改作他用，数量较大，造成耕地大量毁坏的，要依法追究刑事责任。

三、严格控制农村集体建设用地规模

一些地方借农民集体所有建设用地使用权流转、土地整理折抵和城乡建设用地增减挂钩等名义，擅自扩大建设用地的规模。地方各级人民政府要依据土地利用总体规划和乡（镇）、村规划，对农村集体建设用地实行总量控制。严禁以各种名义，擅自扩大农村集体建设用地规模，以及通过"村改居"等方式，非法将农民集体所有土地转为国有土地。

严格控制农民集体所有建设用地使用权流转范围。农民集体所有的土地使用权不得出让、转让或者出租用于非农业建设。符合土地利用总体规划并依法取得建设用地的企业发生破产、兼并等情形时，所涉及的农民集体所有建设用地使用权方可依法转移。其他农民集体所有建设用地使用权流转，必须是符合规划、依法取得的建设用地，并不得用于商品住宅开发。

依照《中华人民共和国土地管理法实施条例》，土地整理新增耕地面积只能折抵用于建设占用耕地的补偿，不得折抵为建设用地指标，扩大建设用地规模。城乡建设用地增减挂钩试点，必须严格控制在国家已经批准的试点范围内。试点必须符合土地利用总体规划、城市规划和乡（镇）、村规划，必须确保城乡建设用地总量不增加，农用地和耕地面积不减少。不得以试点为名违背农民意愿大拆大建、强制搬迁，侵害农民权益。

四、严格禁止和严肃查处"以租代征"转用农用地的违法违规行为

近年来，一些地方出现了违反土地利用总体规划和土地利用年度计划，规避农用地转用和土地征收审批，通过出租（承租）、承包等"以租代征"方式非法使用农民集体所有土地进行非农业项目建设的行为。对此，必须严格禁止，并予以严肃查处。国土资源管理部门要对"以租代征"的违法违规问题进行全面清查，并严格依法依纪处理。严肃追究瞒案不报、压案不查的责任。严肃处理以罚代法、处罚不到位的行为。国家机关工作人员批准"以租代征"占地建设的，要追究其非法批地的法律责任，涉嫌犯罪的要及时移送司法机关依法处理；应给予政纪处分的，依据《行政机关公务员处分条例》等规定办理。单位和个人擅自通过"以租代征"占地建设的，要追究其非法占地的法律责任，涉嫌犯罪的要及时移送司法机关依法处理。对纠正、整改土地违法违规行为不力的地区和土地违法违规行为大量发生、造成严重后果的地区，实行问责制，由国家土地总督察责令限期整改，限期整改期间暂停该地区农用地转用和土地征收审批。

五、严格土地执法监管

国土资源部要会同发展改革、监察、农业、建设等部门,依据土地管理的法律法规和有关规定,严格土地执法监管,坚决制止乱占农用地进行非农业建设的违法违规行为。各有关部门要依据本部门职责,切实加强监管,形成执法合力。对未取得合法用地手续的建设项目,发展改革部门不得办理项目审批、核准手续,规划部门不得办理建设规划许可,建设部门不得发放施工许可证,电力和市政公用企业不得通电、通水、通气,国土资源管理部门不得受理土地登记申请,房产部门不得办理房屋所有权登记手续,金融机构不得发放贷款。未依法办理农用地转用审批手续占用农用地设立企业的,工商部门不得登记。同时,国土资源部要会同有关部门,根据农村经济社会发展变化的新情况,深入研究在依照土地利用总体规划、加强用途管制的前提下,完善对乡镇企业、农民住宅等农村集体建设用地管理和流转的政策措施。

地方各级人民政府及其国土资源管理部门要采用通俗易懂的方式,广泛深入地开展土地管理法律法规特别是农村集体建设用地管理法律法规的宣传教育和培训,使乡(镇)村干部、农民和城镇居民、企业法人真正知晓并且自觉遵守土地管理法律法规的规定。

各地区、各部门特别是主要领导干部,要充分认识制止乱占农用地进行非农业建设的重要性和紧迫性,增强责任感和紧迫感,把思想统一到贯彻落实科学发展观和中央宏观调控政策的要求上来,从实际出发,加强领导,制订有力措施,认真清理查处农民集体所有土地使用中的违法违规问题,严格控制建设用地供应总量,建立严格的管理制度和长效机制,坚决刹住乱占滥用农用地之风。

各省、自治区、直辖市人民政府和国务院各有关部门要于 2008 年 3 月底前,将贯彻执行本通知的情况,向国务院专题报告。

国务院

二〇〇七年十二月三十日

国务院办公厅转发环境保护部等部门《关于实行"以奖促治"加快解决突出的农村环境问题实施方案》的通知

(国办发〔2009〕11号)

各省、自治区、直辖市人民政府，国务院各部委、各直属机构：

环境保护部、财政部、发展改革委《关于实行"以奖促治"加快解决突出的农村环境问题的实施方案》已经国务院同意，现转发给你们，请认真贯彻执行。

国务院办公厅
二〇〇九年二月二十七日

关于实行"以奖促治"加快解决突出的农村环境问题的实施方案

(环境保护部、财政部、发展改革委)

根据全国农村环境保护工作电视电话会议精神，自2008年下半年以来，对采取有力措施使严重危害农村居民健康、群众反映强烈的突出污染问题得到解决的村镇，国家实行了"以奖促治"政策，以激励和促进地方人民政府及社会各界加大农村环境保护投入，稳步推进农村环境综合整治。为进一步落实"以奖促治"政策，加快解决突出的农村环境问题，制定本实施方案。

一、总体要求、基本原则和工作目标

（一）总体要求。以科学发展观为指导，统筹规划、突出重点，因地制宜、分类指导，通过"以奖促治"，推动污染防治的重点流域、区域和问题严重地区开展农村环境集中整治，着力解决危害群众身体健康、威胁城乡居民食品安全、影响农村可持续发展的突出环境问题。

（二）基本原则。注重实效，农民受益。有针对性地实施农村环境综合整治，切实改善农民的生产和生活环境，保证农民得到实惠。政府引导，多元投入。充分发挥财政资金的引导作用，促进地方各级人民政府加大投入，吸引社会资金，鼓励农民出资出劳。规范管理，公开透明。整治项目的确定、成效考核和奖励资金的使用要向社会公布，尊重群众意愿，接受群众监督。

（三）工作目标。到 2010 年，集中整治一批环境问题最为突出、当地群众反映最为强烈的村庄，使危害群众健康的环境污染得到有效控制，环境监管能力得到加强，环保意识得到增强。到 2015 年，环境问题突出、严重危害群众健康的村镇基本得到治理，环境监管能力明显加强，环保意识明显增强。

二、实施范围、整治内容和成效要求

（一）实施范围。"以奖促治"政策的实施，原则上以建制村为基本治理单元。优先治理淮河、海河、辽河、太湖、巢湖、滇池、松花江、三峡库区及其上游、南水北调水源地及沿线等水污染防治重点流域、区域，以及国家扶贫开发工作重点县范围内，群众反映强烈、环境问题突出的村庄。在重点整治的基础上，可逐步扩大治理范围。

（二）整治内容。"以奖促治"政策重点支持农村饮用水水源地保护、生活污水和垃圾处理、畜禽养殖污染和历史遗留的农村工矿污染治理、农业面源污染和土壤污染防治等与村庄环境质量改善密切相关的整治措施。

（三）成效要求。农村集中式饮用水水源地划定了水源保护区，在分散式饮用水水源地建设了截污设施，水质监测得到加强，依法取缔了保护区内的排污口，无污染事件发生。采取集中和分散相结合的方式，妥善处理了农村生活垃圾和生活污水，并确保治理设施长期稳定运行和达标排放。通过生产有机肥、还田等方式，有效治理了规模化畜禽养殖污染，对分散养殖户进行人畜分离，养殖废弃物得到集中处理；对历史遗留农村工矿污染采取工程治理措施，消除了隐患。推广化肥、农药污染小的生产方式，建立了有机食品基地；在污灌区、基本农田等区域，开展了污染土壤修复示范工程，保障食品安全。

三、实施程序和监督考核

（一）申报程序。每年上半年，由环境保护部、财政部根据有关规划和年度预算安排原则及重点，发布年度"以奖促治"资金申报指南，提出具体要求。"以奖促治"资金由县级人民政府申请，经市（地）级环境保护、财政部门审核，省级环境保护、财政部门审查汇总后，联合报送环境保护部和财政部。环境保护部会同财政部组织审查。已有投资渠道的农村环境治理项目，按现行工作程序进行。

（二）资金管理。"以奖促治"资金是财政奖励资金，专项用于农村环境综合整治。省级财政部门应在中央财政下达资金的 20 个工作日内，及时下达资金预算。资金使用实行县级财政报账制，县级财政、环境保护部门要加强资金审核和管理，确保专款专用、专项核算，不得截留、挤占和挪用。资金使用和整治进展情况要在当地张榜公布，实行村务公开。财政部会同环境保护部对资金使用情况进行监督检查。对违反规定，截留、挤占和挪用资金或有其他违规行为的，将相应扣减或取消安排下一年度资金，并按规定追究相关人员责任。

（三）监督考核。省级环境保护、财政部门要加强"以奖促治"政策实施进展和成效、资金使用、污染治理设施运行、群众满意程度等情况的考核验收，于每年 2 月底之前将上年度实施情况报送环境保护部和财政部。2008 年已安排的"以奖促治"项目应于 2009 年 6 月底前完成，省级环境保护、财政部门要于 2009 年 8 月底前将实施情况报送环境保护部和财政部。环境保护部会同财政部对"以奖促治"政策的落实情况进行抽查并考核，考核的重点是"以奖促治"工作机制、责任制落实、治理目标完成、资金管理等情况。对按时完成治理目标、考核情况较好的地区，优先安排"以奖促治"资金；对未按时完成治理目标，考核情况较差的地区，将通报批评并取消申报资格、停止资金安排或追缴已拨付资金。

四、组织领导

（一）地方责任。各省、自治区、直辖市人民政府要切实加强农村环境保护"以奖促治"政策实施工作的组织领导，合理规划本行政区域综合整治的目标和任务，建立工作制度，完善政策措施，制订具体实施方案，逐级明确责任，层层抓好落实。县级人民政府作为政策落实的责任主体，要抓紧建立农村环境综合整治目标责任制，通过签订责任书等形式，明确具体承担单位的任务和要求，并确保污染治理设施稳定达标排放。地方各级人民政府要参照国家"以奖促治"政策，结合当地实际，安排本级农村环境保护专项补助资金。

（二）部门分工。环境保护部要做好"以奖促治"政策实施的统筹规划，加强对治理工作的指导、协调、监督和考核，会同有关部门尽快编制全国农村环境综合整治规划，确定"以奖促治"政策支持的范围、目标、内容和资金需求，为年度资金安排提供依据。财政部要制定有关政策措施，加大资金投入，会同环境保护部抓紧制定出台"以奖促治"资金管理办法。发展改革委要制定综合性政策措施，加大解决农村环境问题的支持力度。其他有关部门要按照职能分工，加强协调配合，形成工作合力。

四、部门规章

四 階 口 殺 章

城镇体系规划编制审批办法

(1994年8月11日经第14次建设部常务会议通过
1994年8月15日建设部令第36号发布
自1994年9月1日起施行)

第一条 为推动城镇体系规划编制和审批工作,根据《中华人民共和国城市规划法》,制定本办法。

第二条 本办法所称城镇体系是指一定区域范围内在经济社会和空间发展上具有有机联系的城镇群体。

第三条 城镇体系规划的任务是:综合评价城镇发展条件;制订区域城镇发展战略;预测区域人口增长和城市化水平;拟定各相关城镇的发展方向与规模;协调城镇发展与产业配置的时空关系;统筹安排区域基础设施和社会设施;引导和控制区域城镇的合理发展与布局;指导城市总体规划的编制。

第四条 城镇体系规划一般分为全国城镇体系规划,省域(或自治区域)城镇体系规划,市域(包括直辖市、市和有中心城市依托的地区、自治州、盟域)城镇体系规划,县域(包括县、自治县、旗域)城镇体系规划四个基本层次。

城镇体系规划区域范围一般按行政区域划定。根据国家和地方发展的需要,可以编制跨行政地域的城镇体系规划。

第五条 城镇体系规划应同相应区域的国民经济和社会发展长远计划、国土规划、区域规划及上一层次的城镇体系规划相协调。

第六条 城镇体系规划的期限一般为20年。

第七条 全国城镇体系规划,由国务院城市规划行政主管部门组织编制。

省域城镇体系规划,由省或自治区人民政府组织编制。

市域城镇体系规划,由城市人民政府或地区行署、自治州、盟人民政府组织编制。

县域城镇体系规划,由县或自治县、旗、自治旗人民政府组织编制。

跨行政区域的城镇体系规划,由有关地区的共同上一级人民政府城市规划行政主管部门组织编制。

第八条 编制城镇体系规划应具备区域城镇的历史、现状和经济社会发展基础资料以及必要的勘察测量资料。资料由承担编制任务的单位负责收集,有关城市和部门协助提供。

第九条 承担编制城镇体系规划任务的单位,应当符合国家有关规划设计单位资格的规定。

第十条 城镇体系规划上报审批前应进行技术经济论证,并征求有关单位的意见。

第十一条 全国城镇体系规划,由国务院城市规划行政主管部门报国务院审批。

省域城镇体系规划,由省或自治区人民政府报经国务院同意后,由国务院城市规划行政主管部门批复。

市域、县域城镇体系规划纳入城市和县级人民政府驻地镇的总体规划，依据《中华人民共和国城市规划法》实行分级审批。

跨行政区域的城镇体系规划，报有关地区的共同上一级人民政府审批。

第十二条 全国城镇体系规划涉及的城镇应包括设市城市和重要的县城。

省域（或自治区区域）城镇体系规划涉及的城镇应包括市、县城和其他重要的建制镇、独立工矿区。

市域城镇体系规划涉及的城镇应包括建制镇和独立工矿区。

县域城镇体系规划涉及的城镇应包括建制镇、独立工矿区和集镇。

第十三条 城镇体系规划一般应当包括下列内容：

1. 综合评价区域与城市的发展和开发建设条件；
2. 预测区域人口增长，确定城市化目标；
3. 确定本区域的城镇发展战略，划分城市经济区；
4. 提出城镇体系的功能结构和城镇分工；
5. 确定城镇体系的等级和规模结构；
6. 确定城镇体系的空间布局；
7. 统筹安排区域基础设施、社会设施；
8. 确定保护区域生态环境、自然和人文景观以及历史文化遗产的原则和措施；
9. 确定各时期重点发展的城镇，提出近期重点发展城镇的规划建议；
10. 提出实施规划的政策和措施。

第十四条 跨行政区域城镇体系规划的内容和深度，由组织编制机关参照本《办法》第十二条、第十三条规定，根据规划区域的实际情况确定。

第十五条 城镇体系规划的成果包括城镇体系规划文件和主要图纸。

1. 城镇体系规划文件包括规划文本和附件。

规划文本是对规划的目标、原则和内容提出规定性和指导性要求的文件。

附件是对规划文本的具体解释，包括综合规划报告、专题规划报告和其他资料汇编。

2. 城镇体系规划主要图纸：

(1) 城镇现状建设和发展条件综合评价图；
(2) 城镇体系规划图；
(3) 区域社会及工程基础设施配置图；
(4) 重点地区城镇发展规划示意图。

图纸比例：全国用 1：250 万，省域用 1：100 万～1：50 万，市域、县域用 1：50 万～1：10 万。重点地区城镇发展规划示意图用 1：5 万～1：1 万。

第十六条 本办法由建设部负责解释。

第十七条 本办法自 1994 年 9 月 1 日起施行。

建制镇规划建设管理办法

(1995年4月8日经第四次部常务会议通过
1995年6月29日中华人民共和国建设部令第44号发布
自1995年7月1日起施行)

第一章 总 则

第一条 为了加强建制镇规划建设管理,根据《城市规划法》、《城市房地产管理法》等法律、行政法规的规定,制定本办法。

第二条 制定和实施建制镇规划,在建制镇规划区内进行建设和房地产、市政公用设施、镇容环境卫生等管理,必须遵守本办法。

第三条 本办法所称建制镇,是指国家按行政建制设立的镇,不含县城关镇。

本办法所称建制镇规划区,是指镇政府驻地的建成区和因建设及发展需要实行规划控制的区域。建制镇规划区的具体范围,在建制镇总体规划中划定。

第四条 建制镇规划建设要适应农村经济和社会发展的需要,为促进乡镇企业的适当集中建设、农村富余劳动力向非农产业转移,加快农村城市化进程服务。

第五条 建制镇建设应当坚持合理布局、节约用地的原则,全面规划、正确引导、依靠群众、自力更生、因地制宜、逐步建设,实现经济效益、社会效益和环境效益的统一。

第六条 地处洪涝、地震、台风、滑坡等自然灾害容易发生地区的建制镇,应当按照国家和地方的有关规定,在建制镇总体规划中制定防灾措施。

第七条 国务院建设行政主管部门主管全国建制镇规划建设管理工作。

县级以上地方人民政府建设行政主管部门主管本行政区域内建制镇规划建设管理工作。

建制镇人民政府的建设行政主管部门负责建制镇的规划建设管理工作。

第八条 建制镇建设行政主管部门主要职责是:

(一)贯彻和执行国家及地方有关法律、行政法规、规章;

(二)负责编制建制镇的规划,并负责组织和监督规划的实施;

(三)负责县级建设行政主管部门授权的建设工程项目的设计管理与施工管理;

(四)负责县级建设行政主管部门授权的房地产管理;

(五)负责建制镇镇容和环境卫生、园林、绿化管理、市政公用设施的维护与管理;

(六)负责建筑市场、建筑队伍和个体工匠的管理;

(七)负责技术服务和技术咨询;

(八)负责建设统计、建设档案管理及法律、法规规定的其他职责。

第二章 规　划　管　理

第九条　在县级以上地方人民政府城市规划行政主管部门指导下，建制镇规划由建制镇人民政府负责组织编制。

建制镇在设市城市规划区内的，其规划应服从设市城市的总体规划。

编制建制镇规划应当依照《村镇规划标准》进行。

第十条　建制镇的总体规划报县级人民政府审批，详细规划报建制镇人民政府审批。建制镇人民政府在向县级人民政府报请审批建制镇总体规划前，须经建制镇人民代表大会审查同意。

第十一条　任何组织和个人不得擅自改变已经批准的建制镇规划。确需修改时，由建制镇人民政府根据当地经济和社会发展需要进行调整，并报原审批机关审批。

第十二条　建制镇规划区内的土地利用各项建设必须符合建制镇规划，服从规划管理。

任何单位和个人必须服从建制镇人民政府根据建制镇规划作出的调整用地决定。

第十三条　建制镇规划区内的建设工程项目在报请计划部门批准时，必须附有县级以上建设行政主管部门的选址意见书。

第十四条　在建制镇规划区内进行建设需要申请用地的，必须持建设项目的批准文件，向建制镇建设行政主管部门申请定点，由建制镇建设行政主管部门根据规划核定其用地位置和界限，并提出规划设计条件的意见，报县级人民政府建设行政主管部门审批。县级人民政府建设行政主管部门审核批准的，发给建设用地规划许可证。建设单位和个人在取得建设用地规划许可证后，方可依法申请办理用地批准手续。

第十五条　建设规划用地批准后，任何单位和个人不得随意改变土地使用性质和范围。如需改变土地使用性质和范围，必须重新履行规划审批手续。

第十六条　在建制镇规划区内新建、扩建和改建建筑物、构筑物、道路、管线和其他工程设施，必须持有关批准文件向建制镇建设行政主管部门提出建设工程规划许可证的申请，由建制镇建设行政主管部门对工程项目施工图进行审查，并提出是否发给建设工程规划许可证的意见，报县级人民政府建设行政主管部门审批。县级人民政府建设行政主管部门审核批准的，发给建设工程规划许可证。建设单位和个人在取得建设工程规划许可证和其他有关批准文件后，方可申请办理开工手续。

第十七条　在建制镇规划区内建临时建筑，必须经建制镇建设行政主管部门批准。临时建筑必须在批准的使用期限内拆除。如国家或集体需要用地，必须在规定期限内拆除。

禁止在批准临时使用的土地上建设永久性建筑物、构筑物和其他设施。

第十八条　建制镇建设行政主管部门有权对建制镇规划区内的建设工程是否符合规划要求进行检查。被检查者应当如实提供情况和资料，检查者有责任为被检查者保守技术秘密和业务秘密。

第三章　设计管理与施工管理

第十九条　在建制镇规划区内，凡建筑跨度、跨径或者高度超出规定范围的生产建筑、公共建筑、市政公用设施，以及二层以上的住宅（以下简称建设工程），必须由取得相应设计资格证书的单位进行设计，或者选用通用设计、标准设计。

跨度、跨径和高度的限定，由省、自治区、直辖市人民政府建设行政主管部门规定。

第二十条 建制镇规划区内的建设工程的设计，应当符合建制镇规划的要求，与建设工程所在地的周围环境相协调，保持地方特色和民族风格，体现时代特点。

第二十一条 建设工程设计应当贯彻适用、安全、经济、美观的原则，并应当符合国家和地方有关节约土地、能源、材料及抗御灾害的规定。

第二十二条 经过审查批准的设计文件，不得擅自更改。确需更改的，必须征得审批机关的同意。

第二十三条 建制镇规划区内的建设工程开工实行施工许可证制度。建设单位和个人应当根据《建设工程施工现场管理规定》的规定，取得施工许可证，并由建设行政主管部门派专人到现场定位放线或验线后，方可开工。

第二十四条 凡在建制镇规划区内承建工程项目的施工企业，必须持有《施工企业资质等级证书》或者《资质审查证书》，并到当地镇建设管理机构登记后，方可按照规定的经营范围承建工程。严禁无证或者越级承建工程。

在建制镇规划区内从事建筑施工的个体工匠应当到建制镇建设行政主管部门办理登记手续。

第二十五条 施工企业和个体工匠必须保证施工质量，按照有关的技术规定进行施工，使用符合工程质量要求的建筑构件和建筑材料。

第二十六条 县级人民政府建设行政主管部门应当对施工质量进行监督检查，并督促有关部门或建设单位对建设项目进行竣工验收。凡验收不合格的，不得交付使用。

第四章 房地产管理

第二十七条 在建制镇规划区国有土地范围内从事房地产开发、交易，按照《城市房地产管理法》执行。

第二十八条 房屋所有人应当向房屋所在地建制镇建设行政主管部门申请登记，由县级人民政府建设行政主管部门或者其委托的机构核实并颁发房屋所有权证书或者房地产权证书。

房产转让或者变更时，应当向房屋所在地建制镇建设行政主管部门申请变更登记，由县级人民政府建设行政主管部门或者委托的机构核实并换发房屋所有权证书。

第二十九条 房屋所有人申请登记，应当提交房屋土地使用权证和下列证件：

（一）新建、扩建和改建的房屋，提交房屋所在地建设行政主管部门颁发的建设用地规划许可证、建设工程规划许可证；

（二）购买的房屋，提交原房屋所有权证或者房地产权属证书（以下简称房屋所有权证）、买卖合同和契证；

（三）受赠的房屋，提交原房屋所有权证、赠与书和契证；

（四）交换的房屋，提交双方的房屋所有权证、双方签订的交换协议书和契证；

（五）继承的房屋，提交原房屋所有权证、遗产继承证件和契证；

（六）分家析产分割的房屋，提交原房屋所有权证，分家析产单和契证。

第三十条　房产转让时，房屋的所有权和该房屋占用范围内的土地使用权同时转让。

第三十一条　房屋租赁，出租人和承租人应当签订书面租赁合同，约定租赁期限、租赁用途、租赁价格、修缮责任、双方的权利和义务等条款，并向建制镇建设行政主管部门登记备案。

第三十二条　建制镇规划区内的房屋因建制镇建设需要征用拆迁时，建设单位应当给予房屋所有人合理补偿，并对房屋使用人予以妥善安置。

被征用拆迁房屋的所有人或者使用人应当服从建制镇建设的需要，按期搬迁，不得借故拖延。

第五章　市政公用设施、环境卫生管理

第三十三条　从建制镇收取的城市维护建设税，必须用于建制镇市政公用设施的维护和建设，任何单位不得截留、挪用。

第三十四条　建制镇的市政公用设施应当逐步实行有偿使用制度。建制镇人民政府可以根据本地区经济发展情况，制定市政公用设施有偿使用办法。

第三十五条　建制镇人民政府可以根据谁投资谁受益的原则，组织有关单位和个人投资兴建市政公用设施。

国家依法保护投资人的合法权益。

第三十六条　任何单位和个人都应当遵守国家和地方有关建制镇市政公用设施的管理规定，合理使用市政公用设施。

严禁损毁建制镇规划区内的市政公用设施和集贸市场。

第三十七条　任何单位和个人都应当遵守国家有关风景名胜、文物保护的法规，不得损坏、擅自占用建制镇内园林绿地、绿化设施和树木花草，破坏文物古迹和风景名胜。

第三十八条　建制镇建设行政主管部门应当加强建制镇镇容和环境卫生管理，保持建制镇容貌整齐，环境清洁卫生。

第六章　罚　　则

第三十九条　在建制镇规划区内，未取得建设用地规划许可证而取得建设用地批准文件，占用土地的，批准文件无效，占用的土地由县级以上人民政府责令退回。

第四十条　在建制镇规划区内，未取得建设工程规划许可证件或者违反建设工程规划许可证的规定进行建设，严重影响建制镇规划的，由县级人民政府建设行政主管部门责令停止建设，限期拆除或者没收违法建筑物、构筑物及其他设施；虽影响建制镇规划，但尚可采取改正措施的，由县级人民政府建设行政主管部门责令限期改正，可以并处罚款。

第四十一条　有下列行为之一的，由县级人民政府建设行政主管部门责令停止设计或者施工、限期改正，可以并处罚款；情节严重的，提请原发证机关吊销设计或者施工的资格证书：

（一）未取得相应的设计资质证书，承担建筑跨度、跨径和高度超出规定范围的工程

以及二层以上住宅的设计任务的；

（二）未取得施工《资质等级证书》或者《资质审查证书》，或者未按规定的经营范围承担施工任务的；

（三）未取得施工许可证而擅自开工的；

（四）未按设计图纸施工或者擅自修改设计图纸的；

（五）不按有关技术规定施工或者使用不符合工程质量要求的建筑材料和建筑构配件的。

第四十二条　损坏房屋、市政公用设施的，由建制镇人民政府建设行政主管部门责令停止侵害、恢复原状、赔偿损失，可以并处罚款。

第四十三条　擅自在建制镇规划区内修建临时建筑物、构筑物和其他设施的，或者在批准临时使用的土地上建设永久性建筑物、构筑物或其他设施的，由建制镇人民政府建设行政主管部门责令限期拆除，可以并处罚款。

第四十四条　破坏建制镇镇容和环境卫生的，由建制镇人民政府建设行政主管部门依据《城市市容和环境卫生管理条例》的规定进行处罚。

第四十五条　占用、损坏建制镇园林绿地、绿化设施和树木花草的，由建制镇人民政府建设行政主管部门依据《城市绿化条例》的规定进行处罚。

第四十六条　损坏建制镇规划区内的文物古迹、古树名木和风景名胜的，依照有关法律、法规的规定处罚。

第四十七条　违反本办法，构成违反治安管理的行为，依照治安管理处罚条例的规定处罚；构成犯罪的，依法追究刑事责任。

第四十八条　建制镇建设行政主管部门应当执行有关城建监察的规定，确定执法人员，对建制镇规划、市政公用设施、园林绿化和环境卫生、风景名胜的实施情况进行执法检查。

第七章　附　　则

第四十九条　省、自治区、直辖市人民政府建设行政主管部门可以根据办法制定实施细则。

第五十条　本办法由国务院建设行政主管部门负责解释。

第五十一条　本办法自1995年7月1日起施行。

建筑工程施工许可管理办法

(1999年10月15日建设部令第71号发布　自1999年12月1日起施行
根据2001年7月4日《建设部发布关于修改〈建筑工程施工许可管理办法〉的决定》修正)

第一条 为了加强对建筑活动的监督管理，维护建筑市场秩序，保证建筑工程的质量和安全，根据《中华人民共和国建筑法》，制定本办法。

第二条 在中华人民共和国境内从事各类房屋建筑及其附属设施的建造、装修装饰和与其配套的线路、管道、设备的安装，以及城镇市政基础设施工程的施工，建设单位在开工前应当依照本办法的规定，向工程所在地的县级以上人民政府建设行政主管部门（以下简称发证机关）申请领取施工许可证。

工程投资额在30万元以下或者建筑面积在300平方米以下的建筑工程，可以不申请办理施工许可证。省、自治区、直辖市人民政府建设行政主管部门可以根据当地的实际情况，对限额进行调整，并报国务院建设行政主管部门备案。

按照国务院规定的权限和程序批准开工报告的建筑工程，不再领取施工许可证。

第三条 本办法规定必须申请领取施工许可证的建筑工程未取得施工许可证的，一律不得开工。

任何单位和个人不得将应该申请领取施工许可证的工程项目分解为若干限额以下的工程项目，规避申请领取施工许可证。

第四条 建设单位申请领取施工许可证，应当具备下列条件，并提交相应的证明文件：

（一）已经办理该建筑工程用地批准手续。

（二）在城市规划区的建筑工程，已经取得建设工程规划许可证。

（三）施工场地已经基本具备施工条件，需要拆迁的，其拆迁进度符合施工要求。

（四）已经确定施工企业。按照规定应该招标的工程没有招标，应该公开招标的工程没有公开招标，或者肢解发包工程，以及将工程发包给不具备相应资质条件的，所确定的施工企业无效。

（五）已满足施工需要的施工图纸及技术资料，施工图设计文件已按规定进行了审查。

（六）有保证工程质量和安全的具体措施。施工企业编制的施工组织设计中有根据建筑工程特点制定的相应质量、安全技术措施，专业性较强的工程项目编制的专项质量、安全施工组织设计，并按照规定办理了工程质量、安全监督手续。

（七）按照规定应该委托监理的工程已委托监理。

（八）建设资金已经落实。建设工期不足一年的，到位资金原则上不得少于工程合同价的50%，建设工期超过一年的，到位资金原则上不得少于工程合同价的30%。建设单位应当提供银行出具的到位资金证明，有条件的可以实行银行付款保函或者其他第三方担保。

（九）法律、行政法规规定的其他条件。

第五条 申请办理施工许可证，应当按照下列程序进行：

（一）建设单位向发证机关领取《建筑工程施工许可证申请表》。

（二）建设单位持加盖单位及法定代表人印鉴的《建筑工程施工许可证申请表》，并附本办法第四条规定的证明文件，向发证机关提出申请。

（三）发证机关在收到建设单位报送的《建筑工程施工许可证申请表》和所附证明文件后，对于符合条件的，应当自收到申请之日起十五日内颁发施工许可证；对于证明文件不齐全或者失效的，应当限期要求建设单位补正，审批时间可以自证明文件补正齐全后作相应顺延；对于不符合条件的，应当自收到申请之日起十五日内书面通知建设单位，并说明理由。

建筑工程在施工过程中，建设单位或者施工单位发生变更的，应当重新申请领取施工许可证。

第六条 建设单位申请领取施工许可证的工程名称、地点、规模，应当与依法签订的施工承包合同一致。

施工许可证应当放置在施工现场备查。

第七条 施工许可证不得伪造和涂改。

第八条 建设单位应当自领取施工许可证之日起三个月内开工。因故不能按期开工的，应当在期满前向发证机关申请延期，并说明理由；延期以两次为限，每次不超过三个月。既不开工又不申请延期或者超过延期次数、时限的，施工许可证自行废止。

第九条 在建的建筑工程因故中止施工的，建设单位应当自中止施工之日起二个月内向发证机关报告，报告内容包括中止施工的时间、原因、在施部位、维修管理措施等，并按照规定做好建筑工程的维护管理工作。

建筑工程恢复施工时，应当向发证机关报告；中止施工满一年的工程恢复施工前，建设单位应当报发证机关核验施工许可证。

第十条 对于未取得施工许可证或者为规避办理施工许可证将工程项目分解后擅自施工的，由有管辖权的发证机关责令改正，对于不符合开工条件的，责令停止施工，并对建设单位和施工单位分别处以罚款。

第十一条 对于采用虚假证明文件骗取施工许可证的，由原发证机关收回施工许可证，责令停止施工，并对责任单位处以罚款；构成犯罪的，依法追究刑事责任。

第十二条 对于伪造施工许可证的，该施工许可证无效，由发证机关责令停止施工，并对责任单位处以罚款；构成犯罪的，依法追究刑事责任。

对于涂改施工许可证的，由原发证机关责令改正，并对责任单位处以罚款；构成犯罪的，依法追究刑事责任。

第十三条 本办法中的罚款，法律法规有幅度规定的从其规定，无幅度规定的为5000元以上30000元以下。

第十四条 发证机关及其工作人员对不符合施工条件的建筑工程颁发施工许可证的，由其上级机关责令改正，对责任人员给予行政处分；徇私舞弊、滥用职权的，不得继续从事施工许可管理工作；构成犯罪的，依法追究刑事责任。

对于符合条件、证明文件齐全有效的建筑工程，发证机关在规定时间内不予颁发施工许可证的，建设单位可以依法申请行政复议或者提起行政诉讼。

第十五条 建筑工程施工许可证由国务院建设行政主管部门制定格式，由各省、自治区、直辖市人民政府建设行政主管部门统一印制。

施工许可证分为正本和副本，正本和副本具有同等法律效力。复印的施工许可证无效。

第十六条 本办法关于施工许可管理的规定适用于其他专业建筑工程。有关法律、行政法规有明确规定的，从其规定。

抢险救灾工程、临时性建筑工程、农民自建两层以下（含两层）住宅工程，不适用本办法。军事房屋建筑工程施工许可的管理，按国务院、中央军事委员会制定的办法执行。

第十七条 省、自治区、直辖市人民政府建设行政主管部门可以根据本办法制定实施细则。

第十八条 本办法由国务院建设行政主管部门负责解释。

第十九条 本办法自1999年12月1日起施行。

房屋建筑工程和市政基础设施工程竣工验收备案管理暂行办法

(2000年4月4日经第二十二次建设部常务会议通过
2000年4月7日中华人民共和国建设部令第78号发布
自2000年4月7日起施行)

第一条 为了加强房屋建筑工程和市政基础设施工程质量的管理,根据《建设工程质量管理条件》,制定本办法。

第二条 在中华人民共和国境内新建、扩建、改建各类房屋建筑工程和市政基础设施工程的竣工验收备案,适用本办法。

第三条 国务院建设行政主管部门负责全国房屋建筑工程和市政基础设施工程(以下统称工程)的竣工验收备案管理工作。县级以上地方人民政府建设行政主管部门负责本行政区域内工程的竣工验收备案管理工作。

第四条 建设单位应当自工程竣工验收合格之日起15日内,依照本办法规定,向工程所在地的县级以上地方人民政府建设行政主管部门(以下简称备案机关)备案。

第五条 建设单位办理工程竣工验收备案应当提交下列文件:

(一)工程竣工验收备案表。

(二)工程竣工验收报告。竣工验收报告应当包括工程报建日期,施工许可证号,施工图设计文件审查意见,勘察、设计、施工、工程监理等单位分别签署的质量合格文件及验收人员签署的竣工验收原始文件,市政基础设施的有关质量检测和功能性试验资料以及备案机关认为需要提供的有关资料。

(三)法律、行政法规规定应当由规划、公安消防、环保等部门出具的认可文件或者准许使用文件。

(四)施工单位签署的工程质量保修书。

(五)法规、规章规定必须提供的其他文件。商品住宅还应当提交《住宅质量保证书》和《住宅使用说明书》。

第六条 备案机关收到建设单位报送的竣工验收备案文件,验证文件齐全后,应当在工程竣工验收备案表上签署文件收讫。工程竣工验收备案表一式二份,一份由建设单位保存,一份留备案机关存档。

第七条 工程质量监督机构应当在工程竣工验收之日起5日内,向备案机关提交工程质量监督报告。

第八条 备案机关发现建设单位在竣工验收过程中有违反国家有关建设工程质量管理规定行为的,应当在收讫竣工验收备案文件15日内,责令停止使用,重新组织竣工验收。

第九条 建设单位在工程竣工验收合格之日起15日内未办理工程竣工验收备案的,

备案机关责令限期改正，处 20 万元以上 30 万元以下罚款。

第十条 建设单位将备案机关决定重新组织竣工验收的工程，在重新组织竣工验收前，擅自使用的，备案机关责令停止使用，处工程合同价款 2％以上 4％以下罚款。

第十一条 建设单位采用虚假证明文件办理工程竣工验收备案的，工程竣工验收无效，备案机关责令停止使用，重新组织竣工验收，处 20 万元以上 50 万元以下罚款；构成犯罪的，依法追究刑事责任。

第十二条 备案机关决定重新组织竣工验收并责令停止使用的工程，建设单位在备案之前已投入使用或者建设单位擅自继续使用造成使用人损失的，由建设单位依法承担赔偿责任。

第十三条 竣工验收备案文件齐全，备案机关及其工作人员不办理备案手续的，由有关机关责令改正，对直接责任人员给予行政处分。

第十四条 抢险救灾工程、临时性房屋建筑工程和农民自建低层住宅工程，不适用本办法。

第十五条 军用房屋建筑工程竣工验收备案，按照中央军事委员会的有关规定执行。

第十六条 省、自治区、直辖市人民政府建设行政主管部门可以根据本办法制定实施细则。

第十七条 本办法由国务院建设行政主管部门负责解释。

第十八条 本办法自发布之日起施行。

实施工程建设强制性标准监督规定

(2000年8月21日经第27次建设部常务会议通过
2000年8月25日建设部第81号令发布
自2000年8月25日起施行)

第一条 为加强工程建设强制性标准实施的监督工作,保证建设工程质量,保障人民的生命、财产安全,维护社会公共利益,根据《中华人民共和国标准化法》、《中华人民共和国标准化法实施条例》和《建设工程质量管理条例》,制定本规定。

第二条 在中华人民共和国境内从事新建、扩建、改建等工程建设活动,必须执行工程建设强制性标准。

第三条 本规定所称工程建设强制性标准是指直接涉及工程质量、安全、卫生及环境保护等方面的工程建设标准强制性条文。

国家工程建设标准强制性条文由国务院建设行政主管部门会同国务院有关行政主管部门确定。

第四条 国务院建设行政主管部门负责全国实施工程建设强制性标准的监督管理工作。

国务院有关行政主管部门按照国务院的职能分工负责实施工程建设强制性标准的监督管理工作。

县级以上地方人民政府建设行政主管部门负责本行政区域内实施工程建设强制性标准的监督管理工作。

第五条 工程建设中拟采用的新技术、新工艺、新材料,不符合现行强制性标准规定的,应当由拟采用单位提请建设单位组织专题技术论证,报批准标准的建设行政主管部门或者国务院有关主管部门审定。

工程建设中采用国际标准或者国外标准,现行强制性标准未作规定的,建设单位应当向国务院建设行政主管部门或者国务院有关行政主管部门备案。

第六条 建设项目规划审查机构应当对工程建设规划阶段执行强制性标准的情况实施监督。

施工图设计文件审查单位应当对工程建设勘察、设计阶段执行强制性标准的情况实施监督。

建筑安全监督管理机构应当对工程建设施工阶段执行施工安全强制性标准的情况实施监督。

工程质量监督机构应当对工程建设施工、监理、验收等阶段执行强制性标准的情况实施监督。

第七条 建设项目规划审查机关、施工设计图设计文件审查单位、建筑安全监督管理机构、工程质量监督机构的技术人员必须熟悉、掌握工程建设强制性标准。

第八条 工程建设标准批准部门应当定期对建设项目规划审查机关、施工图设计文件审查单位、建筑安全监督管理机构、工程质量监督机构实施强制性标准的监督进行检查，对监督不力的单位和个人，给予通报批评，建议有关部门处理。

第九条 工程建设标准批准部门应当对工程项目执行强制性标准情况进行监督检查。监督检查可以采取重点检查、抽查和专项检查的方式。

第十条 强制性标准监督检查的内容包括：

（一）有关工程技术人员是否熟悉、掌握强制性标准；

（二）工程项目的规划、勘察、设计、施工、验收等是否符合强制性标准的规定；

（三）工程项目采用的材料、设备是否符合强制性标准的规定；

（四）工程项目的安全、质量是否符合强制性标准的规定；

（五）工程中采用的导则、指南、手册、计算机软件的内容是否符合强制性标准的规定。

第十一条 工程建设标准批准部门应当将强制性标准监督检查结果在一定范围内公告。

第十二条 工程建设强制性标准的解释由工程建设标准批准部门负责。

有关标准具体技术内容的解释，工程建设标准批准部门可以委托该标准的编制管理单位负责。

第十三条 工程技术人员应当参加有关工程建设强制性标准的培训，并可以计入继续教育学时。

第十四条 建设行政主管部门或者有关行政主管部门在处理重大工程事故时，应当有工程建设标准方面的专家参加；工程事故报告应当包括是否符合工程建设强制性标准的意见。

第十五条 任何单位和个人对违反工程建设强制性标准的行为有权向建设行政主管部门或者有关部门检举、控告、投诉。

第十六条 建设单位有下列行为之一的，责令改正，并处以20万元以上50万元以下的罚款：

（一）明示或者暗示施工单位使用不合格的建筑材料、建筑构配件和设备的；

（二）明示或者暗示设计单位或者施工单位违反工程建设强制性标准，降低工程质量的。

第十七条 勘察、设计单位违反工程建设强制性标准进行勘察、设计的，责令改正，并处以10万元以上30万元以下的罚款。

有前款行为，造成工程质量事故的，责令停业整顿，降低资质等级；情节严重的，吊销资质证书；造成损失的，依法承担赔偿责任。

第十八条 施工单位违反工程建设强制性标准的，责令改正，处工程合同价款2%以上4%以下的罚款；造成建设工程质量不符合规定的质量标准的，负责返工、修理，并赔偿因此造成的损失；情节严重的，责令停业整顿，降低资质等级或者吊销资质证书。

第十九条 工程监理单位违反强制性标准规定，将不合格的建设工程以及建筑材料、建筑构配件和设备按照合格签字的，责令改正，处50万元以上100万元以下的罚款，降低资质等级或者吊销资质证书；有违法所得的，予以没收；造成损失的，承担连带赔偿责任。

第二十条 违反工程建设强制性标准造成工程质量、安全隐患或者工程事故的，按照《建设工程质量管理条例》有关规定，对事故责任单位和责任人进行处罚。

第二十一条 有关责令停业整顿、降低资质等级和吊销资质证书的行政处罚，由颁发资质证书的机关决定；其他行政处罚，由建设行政主管部门或者有关部门依照法定职权决定。

第二十二条 建设行政主管部门和有关行政部门工作人员，玩忽职守、滥用职权、徇私舞弊的，给予行政处分；构成犯罪的，依法追究刑事责任。

第二十三条 本规定由国务院建设行政主管部门负责解释。

第二十四条 本规定自发布之日起施行。

房产测绘管理办法

(2000年10月8日建设部第31次部常务会议、2000年10月26日国家测绘局常务会议审议通过 中华人民共和国建设部国家测绘局第83号令发布 自2001年5月1日起施行)

第一章 总 则

第一条 为加强房产测绘管理,规范房产测绘行为,保护房屋权利人的合法权益,根据《中华人民共和国测绘法》和《中华人民共和国城市房地产管理法》,制定本办法。

第二条 在中华人民共和国境内从事房产测绘活动,实施房产测绘管理,应当遵守本办法。

第三条 房产测绘单位应当严格遵守国家有关法律、法规,执行国家房产测量规范和有关技术标准、规定,对其完成的房产测绘成果质量负责。

房产测绘单位应当采用先进技术和设备,提高测绘技术水平,接受房地产行政主管部门和测绘行政主管部门的技术指导和业务监督。

第四条 房产测绘从业人员应当保证测绘成果的完整、准确,不得违规测绘、弄虚作假,不得损害国家利益、社会公共利益和他人合法权益。

第五条 国务院测绘行政主管部门和国务院建设行政主管部门根据国务院确定的职责分工负责房产测绘及成果应用的监督管理。

省、自治区、直辖市人民政府测绘行政主管部门(以下简称省级测绘行政主管部门)和省、自治区人民政府建设行政主管部门、直辖市人民政府房地产行政主管部门(以下简称省级房地产行政主管部门)根据省、自治区、直辖市人民政府确定的职责分工负责房产测绘及成果应用的监督管理。

第二章 房产测绘的委托

第六条 有下列情形之一的,房屋权利申请人、房屋权利人或者其他利害关系人应当委托房产测绘单位进行房产测绘:

(一)申请产权初始登记的房屋;

(二)自然状况发生变化的房屋;

(三)房屋权利人或者其他利害关系人要求测绘的房屋。

房产管理中需要的房产测绘,由房地产行政主管部门委托房产测绘单位进行。

第七条 房产测绘成果资料应当与房产自然状况保持一致。房产自然状况发生变化时,应当及时实施房产变更测量。

第八条 委托房产测绘的，委托人与房产测绘单位应当签订书面房产测绘合同。

第九条 房产测绘单位应当是独立的经济实体，与委托人不得有利害关系。

第十条 房产测绘所需费用由委托人支付。

房产测绘收费标准按照国家有关规定执行。

第三章 资格管理

第十一条 国家实行房产测绘单位资格审查认证制度。

第十二条 房产测绘单位应当依照《中华人民共和国测绘法》和本办法的规定，取得省级以上人民政府测绘行政主管部门颁发的载明房产测绘业务的《测绘资格证书》。

第十三条 除本办法另有规定外，房产测绘资格审查、分级标准、作业限额、年度检验等按照国家有关规定执行。

第十四条 申请房产测绘资格的单位应当向所在地省级测绘行政主管部门提出书面申请，并按照测绘资格审查管理的要求提交有关材料。

省级测绘行政主管部门在决定受理之日起5日内，转省级房地产行政主管部门初审。省级房地产行政主管部门应当在15日内，提出书面初审意见，并反馈省级测绘行政主管部门；其中，对申请甲级房产测绘资格的初审意见应当同时报国务院建设行政主管部门备案。

申请甲级房产测绘资格的，由省级测绘行政主管部门报国务院测绘行政主管部门审批发证；申请乙级以下房产测绘资格的，由省级测绘行政主管部门审批发证。

取得甲级房产测绘资格的单位，由国务院测绘行政主管部门和国务院建设行政主管部门联合向社会公告。取得乙级以下房产测绘资格的单位，由省级测绘行政主管部门和省级房地产行政主管部门联合向社会公告。

第十五条 《测绘资格证书》有效期为5年，期满3个月前，由持证单位提请复审，发证机关负责审查和换证。对有房产测绘项目的，发证机关在审查和换证时，应当征求同级房地产行政主管部门的意见。

在《测绘资格证书》有效期内，房产测绘资格由测绘行政主管部门进行年检。年检时，测绘行政主管部门应当征求同级房地产行政主管部门的意见。对年检中被降级或者取消房产测绘资格的单位，由年检的测绘行政主管部门和同级房地产行政主管部门联合向社会公告。

在《测绘资格证书》有效期内申请房产测绘资格升级的，依照本办法第十四条的规定重新办理资格审查手续。

第四章 成果管理

第十六条 房产测绘成果包括：房产簿册、房产数据和房产图集等。

第十七条 当事人对房产测绘成果有异议的，可以委托国家认定的房产测绘成果鉴定机构鉴定。

第十八条 用于房屋权属登记等房产管理的房产测绘成果，房地产行政主管部门应当对施测单位的资格、测绘成果的适用性、界址点准确性、面积测算依据与方法等内容进行审核。审核后的房产测绘成果纳入房产档案统一管理。

第十九条 向国（境）外团体和个人提供、赠送、出售未公开的房产测绘成果资料，委托国（境）外机构印制房产测绘图件，应当按照《中华人民共和国测绘法》和《中华人民共和国测绘成果管理规定》以及国家安全、保密等有关规定办理。

第五章 法 律 责 任

第二十条 未取得载明房产测绘业务的《测绘资格证书》从事房产测绘业务以及承担房产测绘任务超出《测绘资格证书》所规定的房产测绘业务范围、作业限额的，依照《中华人民共和国测绘法》和《测绘资格审查认证管理规定》的规定处罚。

第二十一条 房产测绘单位有下列情形之一的，由县级以上人民政府房地产行政主管部门给予警告并责令限期改正，并可处以1万元以上3万元以下的罚款；情节严重的，由发证机关予以降级或者取消其房产测绘资格：

（一）在房产面积测算中不执行国家标准、规范和规定的；

（二）在房产面积测算中弄虚作假、欺骗房屋权利人的；

（三）房产面积测算失误，造成重大损失的。

第二十二条 违反本办法第十九条规定的，根据《中华人民共和国测绘法》、《中华人民共和国测绘成果管理规定》及国家安全、保密法律法规的规定处理。

第二十三条 房产测绘管理人员、工作人员在工作中玩忽职守、滥用职权、徇私舞弊的，给予行政处分；构成犯罪的，依法追究刑事责任。

第六章 附 则

第二十四条 省级房地产行政主管部门和测绘行政主管部门可以根据本办法制定实施细则。

第二十五条 本办法由国务院建设行政主管部门和国务院测绘行政主管部门共同解释。

第二十六条 本办法自2001年5月1日起施行。

建设领域推广应用新技术管理规定

(2001年11月2日建设部第50次常务会议审议通过
2001年11月29日建设部第109号令发布
自2001年11月29日起施行)

第一条 为了促进建设科技成果推广转化，调整产业、产品结构，推动产业技术升级，提高建设工程质量，节约资源，保护和改善环境，根据《中华人民共和国促进科技成果转化法》、《建设工程质量管理条例》和有关法律、法规，制定本规定。

第二条 在建设领域推广应用新技术和限制、禁止使用落后技术的活动，适用本规定。

第三条 本规定所称的新技术，是指经过鉴定、评估的先进、成熟、适用的技术、材料、工艺、产品。

本规定所称限制、禁止使用的落后技术，是指已无法满足工程建设、城市建设、村镇建设等领域的使用要求，阻碍技术进步与行业发展，且已有替代技术，需要对其应用范围加以限制或者禁止使用的技术、材料、工艺和产品。

第四条 推广应用新技术和限制、禁止使用落后技术应当遵循有利于可持续发展、有利于行业科技进步和科技成果产业化、有利于产业技术升级以及有利于提高经济效益、社会效益和环境效益的原则。

推广应用新技术应当遵循自愿、互利、公平、诚实信用原则，依法或者依照合同的约定，享受利益，承担风险。

第五条 国务院建设行政主管部门负责管理全国建设领域推广应用新技术和限制、禁止使用落后技术工作。

县级以上地方人民政府建设行政主管部门负责管理本行政区域内建设领域推广应用新技术和限制、禁止使用落后技术工作。

第六条 推广应用新技术和限制、禁止使用落后技术的发布采取以下方式：

(一)《建设部重点实施技术》(以下简称《重点实施技术》)。由国务院建设行政主管部门根据产业优化升级的要求，选择技术成熟可靠，使用范围广，对建设行业技术进步有显著促进作用，需重点组织技术推广的技术领域，定期发布。

《重点实施技术》主要发布需重点组织技术推广的技术领域名称。

(二)《推广应用新技术和限制、禁止使用落后技术公告》(以下简称《技术公告》)。根据《重点实施技术》确定的技术领域和行业发展的需要，由国务院建设行政主管部门和省、自治区、直辖市人民政府建设行政主管部门分别组织编制，定期发布。

《技术公告》主要发布推广应用和限制、禁止使用的技术类别、主要技术指标和适用范围。

限制和禁止使用落后技术的内容，涉及国家发布的工程建设强制性标准的，应由国务院建设行政主管部门发布。

（三）《科技成果推广项目》（以下简称《推广项目》）。根据《技术公告》推广应用新技术的要求，由国务院建设行政主管部门和省、自治区、直辖市人民政府建设行政主管部门分别组织专家评选具有良好推广应用前景的科技成果，定期发布。

《推广项目》主要发布科技成果名称、适用范围和技术依托单位。其中，产品类科技成果发布其生产技术或者应用技术。

第七条　国务院建设行政主管部门发布的《重点实施技术》、《技术公告》和《推广项目》适用于全国或者规定的范围；省、自治区、直辖市人民政府建设行政主管部门发布的《技术公告》和《推广项目》适用于本行政区域或者本行政区域内规定的范围。

第八条　发布《技术公告》的建设行政主管部门，对于限制或者禁止使用的落后技术，应当及时修订有关的标准、定额，组织修编相应的标准图和相关计算机软件等，对该类技术及相关工作实施规范化管理。

第九条　国务院建设行政主管部门和省、自治区、直辖市人民政府建设行政主管部门应当制定推广应用新技术的政策措施和规划，组织重点实施技术示范工程，制定相应的标准规范，建立新技术产业化基地，培育建设技术市场，促进新技术的推广应用。

第十条　国家鼓励使用《推广项目》中的新技术，保护和支持各种合法形式的新技术推广应用活动。

第十一条　市、县人民政府建设行政主管部门应当制定相应的政策措施，选择适宜的工程项目，协助或者组织实施建设部和省、自治区、直辖市人民政府建设行政主管部门重点实施技术示范工程。

重点实施技术示范工程选用的新技术应当是《推广项目》发布的推广技术。

第十二条　县级以上人民政府建设行政主管部门应当积极鼓励和扶持建设科技中介服务机构从事新技术推广应用工作，充分发挥行业协会、学会的作用，开展新技术推广应用工作。

第十三条　城市规划、公用事业、工程勘察、工程设计、建筑施工、工程监理和房地产开发等单位，应当积极采用和支持应用发布的新技术，其应用新技术的业绩应当作为衡量企业技术进步的重要内容。

第十四条　县级以上人民政府建设行政主管部门，应当确定相应的机构和人员，负责新技术的推广应用、限制和禁止使用落后技术工作。

第十五条　从事新技术推广应用的有关人员应当具有一定的专业知识，或者接受相应的专业技术培训，掌握相关的知识和技能，具有较丰富的工程实践经验。

第十六条　对在推广应用新技术工作中作出突出贡献的单位和个人，其主管部门应当予以奖励。

第十七条　新技术的技术依托单位在推广应用过程中，应当提供配套的技术文件，采取有效措施做好技术服务，并在合同中约定质量指标。

第十八条　任何单位和个人不得超越范围应用限制使用的技术，不得应用禁止使用的技术。

第十九条　县级以上人民政府建设行政主管部门应当加强对有关单位执行《技术公告》的监督管理，对明令限制或者禁止使用的内容，应当采取有效措施限制或者禁止使用。

第二十条 违反本规定应用限制或者禁止使用的落后技术并违反工程建设强制性标准的，依据《建设工程质量管理条例》进行处罚。

第二十一条 省、自治区、直辖市人民政府建设行政主管部门可以依据本规定制定实施细则。

第二十二条 本规定由国务院建设行政主管部门负责解释。

第二十三条 本规定自发布之日起施行。

建设工程质量检测管理办法

(2005 年 8 月 23 日经第 71 次常务会议讨论通过
2005 年 8 月 28 日建设部第 141 号令发布
自 2005 年 11 月 1 日施行)

第一条 为了加强对建设工程质量检测的管理,根据《中华人民共和国建筑法》、《建设工程质量管理条例》,制定本办法。

第二条 申请从事对涉及建筑物、构筑物结构安全的试块、试件以及有关材料检测的工程质量检测机构资质,实施对建设工程质量检测活动的监督管理,应当遵守本办法。

本办法所称建设工程质量检测(以下简称质量检测),是指工程质量检测机构(以下简称检测机构)接受委托,依据国家有关法律、法规和工程建设强制性标准,对涉及结构安全项目的抽样检测和对进入施工现场的建筑材料、构配件的见证取样检测。

第三条 国务院建设主管部门负责对全国质量检测活动实施监督管理,并负责制定检测机构资质标准。

省、自治区、直辖市人民政府建设主管部门负责对本行政区域内的质量检测活动实施监督管理,并负责检测机构的资质审批。

市、县人民政府建设主管部门负责对本行政区域内的质量检测活动实施监督管理。

第四条 检测机构是具有独立法人资格的中介机构。检测机构从事本办法附件一规定的质量检测业务,应当依据本办法取得相应的资质证书。

检测机构资质按照其承担的检测业务内容分为专项检测机构资质和见证取样检测机构资质。检测机构资质标准由附件二规定。

检测机构未取得相应的资质证书,不得承担本办法规定的质量检测业务。

第五条 申请检测资质的机构应当向省、自治区、直辖市人民政府建设主管部门提交下列申请材料:

(一)《检测机构资质申请表》一式三份;
(二)工商营业执照原件及复印件;
(三)与所申请检测资质范围相对应的计量认证证书原件及复印件;
(四)主要检测仪器、设备清单;
(五)技术人员的职称证书、身份证和社会保险合同的原件及复印件;
(六)检测机构管理制度及质量控制措施。

《检测机构资质申请表》由国务院建设主管部门制定式样。

第六条 省、自治区、直辖市人民政府建设主管部门在收到申请人的申请材料后,应当即时作出是否受理的决定,并向申请人出具书面凭证;申请材料不齐全或者不符合法定形式的,应当在 5 日内一次性告知申请人需要补正的全部内容。逾期不告知的,自收到申请材料之日起即为受理。

省、自治区、直辖市建设主管部门受理资质申请后,应当对申报材料进行审查,自受理之日起 20 个工作日内审批完毕并作出书面决定。对符合资质标准的,自作出决定之日起 10 个工作日内颁发《检测机构资质证书》,并报国务院建设主管部门备案。

第七条 《检测机构资质证书》应当注明检测业务范围,分为正本和副本,由国务院建设主管部门制定式样,正、副本具有同等法律效力。

第八条 检测机构资质证书有效期为 3 年。资质证书有效期满需要延期的,检测机构应当在资质证书有效期满 30 个工作日前申请办理延期手续。

检测机构在资质证书有效期内没有下列行为的,资质证书有效期届满时,经原审批机关同意,不再审查,资质证书有效期延期 3 年,由原审批机关在其资质证书副本上加盖延期专用章;检测机构在资质证书有效期内有下列行为之一的,原审批机关不予延期:

(一)超出资质范围从事检测活动的;

(二)转包检测业务的;

(三)涂改、倒卖、出租、出借或者以其他形式非法转让资质证书的;

(四)未按照国家有关工程建设强制性标准进行检测,造成质量安全事故或致使事故损失扩大的;

(五)伪造检测数据,出具虚假检测报告或者鉴定结论的。

第九条 检测机构取得检测机构资质后,不再符合相应资质标准的,省、自治区、直辖市人民政府建设主管部门根据利害关系人的请求或者依据职权,可以责令其限期改正;逾期不改的,可以撤回相应的资质证书。

第十条 任何单位和个人不得涂改、倒卖、出租、出借或者以其他形式非法转让资质证书。

第十一条 检测机构变更名称、地址、法定代表人、技术负责人,应当在 3 个月内到原审批机关办理变更手续。

第十二条 本办法规定的质量检测业务,由工程项目建设单位委托具有相应资质的检测机构进行检测。委托方与被委托方应当签订书面合同。

检测结果利害关系人对检测结果发生争议的,由双方共同认可的检测机构复检,复检结果由提出复检方报当地建设主管部门备案。

第十三条 质量检测试样的取样应当严格执行有关工程建设标准和国家有关规定,在建设单位或者工程监理单位监督下现场取样。提供质量检测试样的单位和个人,应当对试样的真实性负责。

第十四条 检测机构完成检测业务后,应当及时出具检测报告。检测报告经检测人员签字、检测机构法定代表人或者其授权的签字人签署,并加盖检测机构公章或者检测专用章后方可生效。检测报告经建设单位或者工程监理单位确认后,由施工单位归档。

见证取样检测的检测报告中应当注明见证人单位及姓名。

第十五条 任何单位和个人不得明示或者暗示检测机构出具虚假检测报告,不得篡改或者伪造检测报告。

第十六条 检测人员不得同时受聘于两个或者两个以上的检测机构。

检测机构和检测人员不得推荐或者监制建筑材料、构配件和设备。

检测机构不得与行政机关,法律、法规授权的具有管理公共事务职能的组织以及所检测工程项目相关的设计单位、施工单位、监理单位有隶属关系或者其他利害关系。

第十七条 检测机构不得转包检测业务。

检测机构跨省、自治区、直辖市承担检测业务的，应当向工程所在地的省、自治区、直辖市人民政府建设主管部门备案。

第十八条 检测机构应当对其检测数据和检测报告的真实性和准确性负责。

检测机构违反法律、法规和工程建设强制性标准，给他人造成损失的，应当依法承担相应的赔偿责任。

第十九条 检测机构应当将检测过程中发现的建设单位、监理单位、施工单位违反有关法律、法规和工程建设强制性标准的情况，以及涉及结构安全检测结果的不合格情况，及时报告工程所在地建设主管部门。

第二十条 检测机构应当建立档案管理制度。检测合同、委托单、原始记录、检测报告应当按年度统一编号，编号应当连续，不得随意抽撤、涂改。

检测机构应当单独建立检测结果不合格项目台账。

第二十一条 县级以上地方人民政府建设主管部门应当加强对检测机构的监督检查，主要检查下列内容：

（一）是否符合本办法规定的资质标准；

（二）是否超出资质范围从事质量检测活动；

（三）是否有涂改、倒卖、出租、出借或者以其他形式非法转让资质证书的行为；

（四）是否按规定在检测报告上签字盖章，检测报告是否真实；

（五）检测机构是否按有关技术标准和规定进行检测；

（六）仪器设备及环境条件是否符合计量认证要求；

（七）法律、法规规定的其他事项。

第二十二条 建设主管部门实施监督检查时，有权采取下列措施：

（一）要求检测机构或者委托方提供相关的文件和资料；

（二）进入检测机构的工作场地（包括施工现场）进行抽查；

（三）组织进行比对试验以验证检测机构的检测能力；

（四）发现有不符合国家有关法律、法规和工程建设标准要求的检测行为时，责令改正。

第二十三条 建设主管部门在监督检查中为收集证据的需要，可以对有关试样和检测资料采取抽样取证的方法；在证据可能灭失或者以后难以取得的情况下，经部门负责人批准，可以先行登记保存有关试样和检测资料，并应当在 7 日内及时作出处理决定，在此期间，当事人或者有关人员不得销毁或者转移有关试样和检测资料。

第二十四条 县级以上地方人民政府建设主管部门，对监督检查中发现的问题应当按规定权限进行处理，并及时报告资质审批机关。

第二十五条 建设主管部门应当建立投诉受理和处理制度，公开投诉电话号码、通讯地址和电子邮件信箱。

检测机构违反国家有关法律、法规和工程建设标准规定进行检测的，任何单位和个人都有权向建设主管部门投诉。建设主管部门收到投诉后，应当及时核实并依据本办法对检测机构作出相应的处理决定，于 30 日内将处理意见答复投诉人。

第二十六条 违反本办法规定，未取得相应的资质，擅自承担本办法规定的检测业务的，其检测报告无效，由县级以上地方人民政府建设主管部门责令改正，并处1万元以上3万元以下的罚款。

第二十七条 检测机构隐瞒有关情况或者提供虚假材料申请资质的，省、自治区、直辖市人民政府建设主管部门不予受理或者不予行政许可，并给予警告，1年之内不得再次申请资质。

第二十八条 以欺骗、贿赂等不正当手段取得资质证书的，由省、自治区、直辖市人民政府建设主管部门撤销其资质证书，3年内不得再次申请资质证书；并由县级以上地方人民政府建设主管部门处以1万元以上3万元以下的罚款；构成犯罪的，依法追究刑事责任。

第二十九条 检测机构违反本办法规定，有下列行为之一的，由县级以上地方人民政府建设主管部门责令改正，可并处1万元以上3万元以下的罚款；构成犯罪的，依法追究刑事责任：

（一）超出资质范围从事检测活动的；
（二）涂改、倒卖、出租、出借、转让资质证书的；
（三）使用不符合条件的检测人员的；
（四）未按规定上报发现的违法违规行为和检测不合格事项的；
（五）未按规定在检测报告上签字盖章的；
（六）未按照国家有关工程建设强制性标准进行检测的；
（七）档案资料管理混乱，造成检测数据无法追溯的；
（八）转包检测业务的。

第三十条 检测机构伪造检测数据，出具虚假检测报告或者鉴定结论的，县级以上地方人民政府建设主管部门给予警告，并处3万元罚款；给他人造成损失的，依法承担赔偿责任；构成犯罪的，依法追究其刑事责任。

第三十一条 违反本办法规定，委托方有下列行为之一的，由县级以上地方人民政府建设主管部门责令改正，处1万元以上3万元以下的罚款：

（一）委托未取得相应资质的检测机构进行检测的；
（二）明示或暗示检测机构出具虚假检测报告，篡改或伪造检测报告的；
（三）弄虚作假送检试样的。

第三十二条 依照本办法规定，给予检测机构罚款处罚的，对检测机构的法定代表人和其他直接责任人员处罚款数额5%以上10%以下的罚款。

第三十三条 县级以上人民政府建设主管部门工作人员在质量检测管理工作中，有下列情形之一的，依法给予行政处分；构成犯罪的，依法追究刑事责任：

（一）对不符合法定条件的申请人颁发资质证书的；
（二）对符合法定条件的申请人不予颁发资质证书的；
（三）对符合法定条件的申请人未在法定期限内颁发资质证书的；
（四）利用职务上的便利，收受他人财物或者其他好处的；
（五）不依法履行监督管理职责，或者发现违法行为不予查处的。

第三十四条 检测机构和委托方应当按照有关规定收取、支付检测费用。没有收费标准的项目由双方协商收取费用。

第三十五条 水利工程、铁道工程、公路工程等工程中涉及结构安全的试块、试件及有关材料的检测按照有关规定，可以参照本办法执行。节能检测按照国家有关规定执行。

第三十六条 本规定自2005年11月1日起施行。

附件一：

质量检测的业务内容

一、专项检测

（一）地基基础工程检测

1. 地基及复合地基承载力静载检测；
2. 桩的承载力检测；
3. 桩身完整性检测；
4. 锚杆锁定力检测。

（二）主体结构工程现场检测

1. 混凝土、砂浆、砌体强度现场检测；
2. 钢筋保护层厚度检测；
3. 混凝土预制构件结构性能检测；
4. 后置埋件的力学性能检测。

（三）建筑幕墙工程检测

1. 建筑幕墙的气密性、水密性、风压变形性能、层间变位性能检测；
2. 硅酮结构胶相容性检测。

（四）钢结构工程检测

1. 钢结构焊接质量无损检测；
2. 钢结构防腐及防火涂装检测；
3. 钢结构节点、机械连接用紧固标准件及高强度螺栓力学性能检测；
4. 钢网架结构的变形检测。

二、见证取样检测

1. 水泥物理力学性能检验；
2. 钢筋（含焊接与机械连接）力学性能检验；
3. 砂、石常规检验；
4. 混凝土、砂浆强度检验；
5. 简易土工试验；
6. 混凝土掺加剂检验；
7. 预应力钢绞线、锚夹具检验；
8. 沥青、沥青混合料检验。

附件二：

检测机构资质标准

一、专项检测机构和见证取样检测机构应满足下列基本条件

（一）专项检测机构的注册资本不少于 100 万元人民币，见证取样检测机构不少于 80 万元人民币；

（二）所申请检测资质对应的项目应通过计量认证；

（三）有质量检测、施工、监理或设计经历，并接受了相关检测技术培训的专业技术人员不少于 10 人；边远的县（区）的专业技术人员可不少于 6 人；

（四）有符合开展检测工作所需的仪器、设备和工作场所；其中，使用属于强制检定的计量器具，要经过计量检定合格后，方可使用；

（五）有健全的技术管理和质量保证体系。

二、专项检测机构除应满足基本条件外，还需满足下列条件

（一）地基基础工程检测类

专业技术人员中从事工程桩检测工作 3 年以上并具有高级或者中级职称的不得少于 4 名，其中 1 人应当具备注册岩土工程师资格。

（二）主体结构工程检测类

专业技术人员中从事结构工程检测工作 3 年以上并具有高级或者中级职称的不得少于 4 名，其中 1 人应当具备二级注册结构工程师资格。

（三）建筑幕墙工程检测类

专业技术人员中从事建筑幕墙检测工作 3 年以上并具有高级或者中级职称的不得少于 4 名。

（四）钢结构工程检测类

专业技术人员中从事钢结构机械连接检测、钢网架结构变形检测工作 3 年以上并具有高级或者中级职称的不得少于 4 名，其中 1 人应当具备二级注册结构工程师资格。

三、见证取样检测机构除应满足基本条件外，专业技术人员中从事检测工作 3 年以上并具有高级或者中级职称的不得少于 3 名；边远的县（区）可不少于 2 人

民用建筑节能管理规定

(2005年10月28日经第76次建设部常务会议讨论通过
2005年11月10日建设部第143号令发布
自2006年1月1日起施行)

第一条 为了加强民用建筑节能管理，提高能源利用效率，改善室内热环境质量，根据《中华人民共和国节约能源法》、《中华人民共和国建筑法》、《建设工程质量管理条例》，制定本规定。

第二条 本规定所称民用建筑，是指居住建筑和公共建筑。

本规定所称民用建筑节能，是指民用建筑在规划、设计、建造和使用过程中，通过采用新型墙体材料，执行建筑节能标准，加强建筑物用能设备的运行管理，合理设计建筑围护结构的热工性能，提高采暖、制冷、照明、通风、给排水和通道系统的运行效率，以及利用可再生能源，在保证建筑物使用功能和室内热环境质量的前提下，降低建筑能源消耗，合理、有效地利用能源的活动。

第三条 国务院建设行政主管部门负责全国民用建筑节能的监督管理工作。

县级以上地方人民政府建设行政主管部门负责本行政区域内民用建筑节能的监督管理工作。

第四条 国务院建设行政主管部门根据国家节能规划，制定国家建筑节能专项规划；省、自治区、直辖市以及设区城市人民政府建设行政主管部门应当根据本地节能规划，制定本地建筑节能专项规划，并组织实施。

第五条 编制城乡规划应当充分考虑能源、资源的综合利用和节约，对城镇布局、功能区设置、建筑特征，基础设施配置的影响进行研究论证。

第六条 国务院建设行政主管部门根据建筑节能发展状况和技术先进、经济合理的原则，组织制定建筑节能相关标准，建立和完善建筑节能标准体系；省、自治区、直辖市人民政府建设行政主管部门应当严格执行国家民用建筑节能有关规定，可以制定严于国家民用建筑节能标准的地方标准或者实施细则。

第七条 鼓励民用建筑节能的科学研究和技术开发，推广应用节能型的建筑、结构、材料、用能设备和附属设施及相应的施工工艺、应用技术和管理技术，促进可再生能源的开发利用。

第八条 鼓励发展下列建筑节能技术和产品：

（一）新型节能墙体和屋面的保温、隔热技术与材料；

（二）节能门窗的保温隔热和密闭技术；

（三）集中供热和热、电、冷联产联供技术；

（四）供热采暖系统温度调控和分户热量计量技术与装置；

（五）太阳能、地热等可再生能源应用技术及设备；

（六）建筑照明节能技术与产品；

（七）空调制冷节能技术与产品；

（八）其他技术成熟、效果显著的节能技术和节能管理技术。

鼓励推广应用和淘汰的建筑节能部品及技术的目录，由国务院建设行政主管部门制定；省、自治区、直辖市建设行政主管部门可以结合该目录，制定适合本区域的鼓励推广应用和淘汰的建筑节能部品及技术的目录。

第九条 国家鼓励多元化、多渠道投资既有建筑的节能改造，投资人可以按照协议分享节能改造的收益；鼓励研究制定本地区既有建筑节能改造资金筹措办法和相关激励政策。

第十条 建筑工程施工过程中，县级以上地方人民政府建设行政主管部门应当加强对建筑物的围护结构(含墙体、屋面、门窗、玻璃幕墙等)、供热采暖和制冷系统、照明和通风等电器设备是否符合节能要求的监督检查。

第十一条 新建民用建筑应当严格执行建筑节能标准要求，民用建筑工程扩建和改建时，应当对原建筑进行节能改造。

既有建筑节能改造应当考虑建筑物的寿命周期，对改造的必要性、可行性以及投入收益比进行科学论证。节能改造要符合建筑节能标准要求，确保结构安全，优化建筑物使用功能。

寒冷地区和严寒地区既有建筑节能改造应当与供热系统节能改造同步进行。

第十二条 采用集中采暖制冷方式的新建民用建筑应当安设建筑物室内温度控制和用能计量设施，逐步实行基本冷热价和计量冷热价共同构成的两部制用能价格制度。

第十三条 供热单位、公共建筑所有权人或者其委托的物业管理单位应当制定相应的节能建筑运行管理制度，明确节能建筑运行状态各项性能指标、节能工作诸环节的岗位目标责任等事项。

第十四条 公共建筑的所有权人或者委托的物业管理单位应当建立用能档案，在供热或者制冷间歇期委托相关检测机构对用能设备和系统的性能进行综合检测评价，定期进行维护、维修、保养及更新置换，保证设备和系统的正常运行。

第十五条 供热单位、房屋产权单位或者其委托的物业管理等有关单位，应当记录并按有关规定上报能源消耗资料。

鼓励新建民用建筑和既有建筑实施建筑能效测评。

第十六条 从事建筑节能及相关管理活动的单位，应当对其从业人员进行建筑节能标准与技术等专业知识的培训。

建筑节能标准和节能技术应当作为注册城市规划师、注册建筑师、勘察设计注册工程师、注册监理工程师、注册建造师等继续教育的必修内容。

第十七条 建设单位应当按照建筑节能政策要求和建筑节能标准委托工程项目的设计。

建设单位不得以任何理由要求设计单位、施工单位擅自修改经审查合格的节能设计文件，降低建筑节能标准。

第十八条 房地产开发企业应当将所售商品住房的节能措施、围护结构保温隔热性能指标等基本信息在销售现场显著位置予以公示，并在《住宅使用说明书》中予以载明。

第十九条 设计单位应当依据建筑节能标准的要求进行设计，保证建筑节能设计质量。

施工图设计文件审查机构在进行审查时，应当审查节能设计的内容，在审查报告中单列节能审查章节；不符合建筑节能强制性标准的，施工图设计文件审查结论应当定为不合格。

第二十条 施工单位应当按照审查合格的设计文件和建筑节能施工标准的要求进行施工，保证工程施工质量。

第二十一条 监理单位应当依照法律、法规以及建筑节能标准、节能设计文件、建设工程承包合同及监理合同对节能工程建设实施监理。

第二十二条 对超过能源消耗指标的供热单位、公共建筑的所有权人或者其委托的物业管理单位，责令限期达标。

第二十三条 对擅自改变建筑围护结构节能措施，并影响公共利益和他人合法权益的，责令责任人及时予以修复，并承担相应的费用。

第二十四条 建设单位在竣工验收过程中，有违反建筑节能强制性标准行为的，按照《建设工程质量管理条例》的有关规定，重新组织竣工验收。

第二十五条 建设单位未按照建筑节能强制性标准委托设计，擅自修改节能设计文件，明示或暗示设计单位、施工单位违反建筑节能设计强制性标准，降低工程建设质量的，处20万元以上50万元以下的罚款。

第二十六条 设计单位未按照建筑节能强制性标准进行设计的，应当修改设计。未进行修改的，给予警告，处10万元以上30万元以下罚款；造成损失的，依法承担赔偿责任；两年内，累计三项工程未按照建筑节能强制性标准设计的，责令停业整顿，降低资质等级或者吊销资质证书。

第二十七条 对未按照节能设计进行施工的施工单位，责令改正；整改所发生的工程费用，由施工单位负责；可以给予警告，情节严重的，处工程合同价款2%以上4%以下的罚款；两年内，累计三项工程未按照符合节能标准要求的设计进行施工的，责令停业整顿，降低资质等级或者吊销资质证书。

第二十八条 本规定的责令停业整顿、降低资质等级和吊销资质证书的行政处罚，由颁发资质证书的机关决定；其他行政处罚，由建设行政主管部门依照法定职权决定。

第二十九条 农民自建低层住宅不适用本规定。

第三十条 本规定自2006年1月1日起施行。原《民用建筑节能管理规定》（建设部令第76号）同时废止。

建筑业企业资质管理规定

(2006年12月30日经建设部第114次常务会议讨论通过

2007年6月26日建设部第159号令发布

自2007年9月1日起施行)

第一章 总 则

第一条 为了加强对建筑活动的监督管理，维护公共利益和建筑市场秩序，保证建设工程质量安全，根据《中华人民共和国建筑法》、《中华人民共和国行政许可法》、《建设工程质量管理条例》、《建设工程安全生产管理条例》等法律、行政法规，制定本规定。

第二条 在中华人民共和国境内申请建筑业企业资质，实施对建筑业企业资质监督管理，适用本规定。

本规定所称建筑业企业，是指从事土木工程、建筑工程、线路管道设备安装工程、装修工程的新建、扩建、改建等活动的企业。

第三条 建筑业企业应当按照其拥有的注册资本、专业技术人员、技术装备和已完成的建筑工程业绩等条件申请资质，经审查合格，取得建筑业企业资质证书后，方可在资质许可的范围内从事建筑施工活动。

第四条 国务院建设主管部门负责全国建筑业企业资质的统一监督管理。国务院铁路、交通、水利、信息产业、民航等有关部门配合国务院建设主管部门实施相关资质类别建筑业企业资质的管理工作。

省、自治区、直辖市人民政府建设主管部门负责本行政区域内建筑业企业资质的统一监督管理。省、自治区、直辖市人民政府交通、水利、信息产业等有关部门配合同级建设主管部门实施本行政区域内相关资质类别建筑业企业资质的管理工作。

第二章 资质序列、类别和等级

第五条 建筑业企业资质分为施工总承包、专业承包和劳务分包三个序列。

第六条 取得施工总承包资质的企业(以下简称施工总承包企业)，可以承接施工总承包工程。施工总承包企业可以对所承接的施工总承包工程内各专业工程全部自行施工，也可以将专业工程或劳务作业依法分包给具有相应资质的专业承包企业或劳务分包企业。

取得专业承包资质的企业(以下简称专业承包企业)，可以承接施工总承包企业分包的专业工程和建设单位依法发包的专业工程。专业承包企业可以对所承接的专业工程全部自行施工，也可以将劳务作业依法分包给具有相应资质的劳务分包企业。

取得劳务分包资质的企业(以下简称劳务分包企业)，可以承接施工总承包企业或专业承包企业分包的劳务作业。

第七条 施工总承包资质、专业承包资质、劳务分包资质序列按照工程性质和技术特点分别划分为若干资质类别。各资质类别按照规定的条件划分为若干资质等级。

第八条 建筑业企业资质等级标准和各类别等级资质企业承担工程的具体范围，由国务院建设主管部门会同国务院有关部门制定。

第三章 资 质 许 可

第九条 下列建筑业企业资质的许可，由国务院建设主管部门实施：

（一）施工总承包序列特级资质、一级资质；

（二）国务院国有资产管理部门直接监管的企业及其下属一层级的企业的施工总承包二级资质、三级资质；

（三）水利、交通、信息产业方面的专业承包序列一级资质；

（四）铁路、民航方面的专业承包序列一级、二级资质；

（五）公路交通工程专业承包不分等级资质、城市轨道交通专业承包不分等级资质。

申请前款所列资质的，应当向企业工商注册所在地省、自治区、直辖市人民政府建设主管部门提出申请。其中，国务院国有资产管理部门直接监管的企业及其下属一层级的企业，应当由国务院国有资产管理部门直接监管的企业向国务院建设主管部门提出申请。

省、自治区、直辖市人民政府建设主管部门应当自受理申请之日起 20 日内初审完毕并将初审意见和申请材料报国务院建设主管部门。

国务院建设主管部门应当自省、自治区、直辖市人民政府建设主管部门受理申请材料之日起 60 日内完成审查，公示审查意见，公示时间为 10 日。其中，涉及铁路、交通、水利、信息产业、民航等方面的建筑业企业资质，由国务院建设主管部门送国务院有关部门审核，国务院有关部门在 20 日内审核完毕，并将审核意见送国务院建设主管部门。

第十条 下列建筑业企业资质许可，由企业工商注册所在地省、自治区、直辖市人民政府建设主管部门实施：

（一）施工总承包序列二级资质（不含国务院国有资产管理部门直接监管的企业及其下属一层级的企业的施工总承包序列二级资质）；

（二）专业承包序列一级资质（不含铁路、交通、水利、信息产业、民航方面的专业承包序列一级资质）；

（三）专业承包序列二级资质（不含民航、铁路方面的专业承包序列二级资质）；

（四）专业承包序列不分等级资质（不含公路交通工程专业承包序列和城市轨道交通专业承包序列的不分等级资质）。

前款规定的建筑业企业资质许可的实施程序由省、自治区、直辖市人民政府建设主管部门依法确定。

省、自治区、直辖市人民政府建设主管部门应当自作出决定之日起 30 日内，将准予资质许可的决定报国务院建设主管部门备案。

第十一条 下列建筑业企业资质许可，由企业工商注册所在地设区的市人民政府建设主管部门实施：

（一）施工总承包序列三级资质（不含国务院国有资产管理部门直接监管的企业及其下属一层级的企业的施工总承包三级资质）；

（二）专业承包序列三级资质；

（三）劳务分包序列资质；

（四）燃气燃烧器具安装、维修企业资质。

前款规定的建筑业企业资质许可的实施程序由省、自治区、直辖市人民政府建设主管部门依法确定。

企业工商注册所在地设区的市人民政府建设主管部门应当自作出决定之日起30日内，将准予资质许可的决定通过省、自治区、直辖市人民政府建设主管部门，报国务院建设主管部门备案。

第十二条 建筑业企业资质证书分为正本和副本，正本一份，副本若干份，由国务院建设主管部门统一印制，正、副本具备同等法律效力。资质证书有效期为5年。

第十三条 建筑业企业可以申请一项或多项建筑业企业资质；申请多项建筑业企业资质的，应当选择等级最高的一项资质为企业主项资质。

第十四条 首次申请或者增项申请建筑业企业资质，应当提交以下材料：

（一）建筑业企业资质申请表及相应的电子文档；

（二）企业法人营业执照副本；

（三）企业章程；

（四）企业负责人和技术、财务负责人的身份证明、职称证书、任职文件及相关资质标准要求提供的材料；

（五）建筑业企业资质申请表中所列注册执业人员的身份证明、注册执业证书；

（六）建筑业企业资质标准要求的非注册的专业技术人员的职称证书、身份证明及养老保险凭证；

（七）部分资质标准要求企业必须具备的特殊专业技术人员的职称证书、身份证明及养老保险凭证；

（八）建筑业企业资质标准要求的企业设备、厂房的相应证明；

（九）建筑业企业安全生产条件有关材料；

（十）资质标准要求的其他有关材料。

第十五条 建筑业企业申请资质升级的，应当提交以下材料：

（一）本规定第十四条第（一）、（二）、（四）、（五）、（六）、（八）、（十）项所列资料；

（二）企业原资质证书副本复印件；

（三）企业年度财务、统计报表；

（四）企业安全生产许可证副本；

（五）满足资质标准要求的企业工程业绩的相关证明材料。

第十六条 资质有效期届满，企业需要延续资质证书有效期的，应当在资质证书有效期届满60日前，申请办理资质延续手续。

对在资质有效期内遵守有关法律、法规、规章、技术标准，信用档案中无不良行为记录，且注册资本、专业技术人员满足资质标准要求的企业，经资质许可机关同意，有效期延续5年。

第十七条　建筑业企业在资质证书有效期内名称、地址、注册资本、法定代表人等发生变更的，应当在工商部门办理变更手续后 30 日内办理资质证书变更手续。

由国务院建设主管部门颁发的建筑业企业资质证书，涉及企业名称变更的，应当向企业工商注册所在地省、自治区、直辖市人民政府建设主管部门提出变更申请，省、自治区、直辖市人民政府建设主管部门应当自受理申请之日起 2 日内将有关变更证明材料报国务院建设主管部门，由国务院建设主管部门在 2 日内办理变更手续。

前款规定以外的资质证书变更手续，由企业工商注册所在地的省、自治区、直辖市人民政府建设主管部门或者设区的市人民政府建设主管部门负责办理。省、自治区、直辖市人民政府建设主管部门或者设区的市人民政府建设主管部门应当自受理申请之日起 2 日内办理变更手续，并在办理资质证书变更手续后 15 日内将变更结果报国务院建设主管部门备案。

涉及铁路、交通、水利、信息产业、民航等方面的建筑业企业资质证书的变更，办理变更手续的建设主管部门应当将企业资质变更情况告知同级有关部门。

第十八条　申请资质证书变更，应当提交以下材料：

（一）资质证书变更申请；

（二）企业法人营业执照复印件；

（三）建筑业企业资质证书正、副本原件；

（四）与资质变更事项有关的证明材料。

企业改制的，除提供前款规定资料外，还应当提供改制重组方案、上级资产管理部门或者股东大会的批准决定、企业职工代表大会同意改制重组的决议。

第十九条　企业首次申请、增项申请建筑业企业资质，不考核企业工程业绩，其资质等级按照最低资质等级核定。

已取得工程设计资质的企业首次申请同类别或相近类别的建筑业企业资质的，可以将相应规模的工程总承包业绩作为工程业绩予以申报，但申请资质等级最高不超过其现有工程设计资质等级。

第二十条　企业合并的，合并后存续或者新设立的建筑业企业可以承继合并前各方中较高的资质等级，但应当符合相应的资质等级条件。

企业分立的，分立后企业的资质等级，根据实际达到的资质条件，按照本规定的审批程序核定。

企业改制的，改制后不再符合资质标准的，应按其实际达到的资质标准及本规定申请重新核定；资质条件不发生变化的，按本规定第十八条办理。

第二十一条　取得建筑业企业资质的企业，申请资质升级、资质增项，在申请之日起前一年内有下列情形之一的，资质许可机关不予批准企业的资质升级申请和增项申请：

（一）超越本企业资质等级或以其他企业的名义承揽工程，或允许其他企业或个人以本企业的名义承揽工程的；

（二）与建设单位或企业之间相互串通投标，或以行贿等不正当手段谋取中标的；

（三）未取得施工许可证擅自施工的；

（四）将承包的工程转包或违法分包的；

（五）违反国家工程建设强制性标准的；

（六）发生过较大生产安全事故或者发生过两起以上一般生产安全事故的；

（七）恶意拖欠分包企业工程款或者农民工工资的；

（八）隐瞒或谎报、拖延报告工程质量安全事故或破坏事故现场、阻碍对事故调查的；

（九）按照国家法律、法规和标准规定需要持证上岗的技术工种的作业人员未取得证书上岗，情节严重的；

（十）未依法履行工程质量保修义务或拖延履行保修义务，造成严重后果的；

（十一）涂改、倒卖、出租、出借或者以其他形式非法转让建筑业企业资质证书；

（十二）其他违反法律、法规的行为。

第二十二条 企业领取新的建筑业企业资质证书时，应当将原资质证书交回原发证机关予以注销。

企业需增补（含增加、更换、遗失补办）建筑业企业资质证书的，应当持资质证书增补申请等材料向资质许可机关申请办理。遗失资质证书的，在申请补办前应当在公众媒体上刊登遗失声明。资质许可机关应当在2日内办理完毕。

第四章 监督管理

第二十三条 县级以上人民政府建设主管部门和其他有关部门应当依照有关法律、法规和本规定，加强对建筑业企业资质的监督管理。

上级建设主管部门应当加强对下级建设主管部门资质管理工作的监督检查，及时纠正资质管理中的违法行为。

第二十四条 建设主管部门、其他有关部门履行监督检查职责时，有权采取下列措施：

（一）要求被检查单位提供建筑业企业资质证书、注册执业人员的注册执业证书，有关施工业务的文档，有关质量管理、安全生产管理、档案管理、财务管理等企业内部管理制度的文件；

（二）进入被检查单位进行检查，查阅相关资料；

（三）纠正违反有关法律、法规和本规定及有关规范和标准的行为。

建设主管部门、其他有关部门依法对企业从事行政许可事项的活动进行监督检查时，应当将监督检查情况和处理结果予以记录，由监督检查人员签字后归档。

第二十五条 建设主管部门、其他有关部门在实施监督检查时，应当有两名以上监督检查人员参加，并出示执法证件，不得妨碍企业正常的生产经营活动，不得索取或者收受企业的财物，不得谋取其他利益。

有关单位和个人对依法进行的监督检查应当协助与配合，不得拒绝或者阻挠。

监督检查机关应当将监督检查的处理结果向社会公布。

第二十六条 建筑业企业违法从事建筑活动的，违法行为发生地的县级以上地方人民政府建设主管部门或者其他有关部门应当依法查处，并将违法事实、处理结果或处理建议及时告知该建筑业企业的资质许可机关。

第二十七条 企业取得建筑业企业资质后不再符合相应资质条件的，建设主管部门、其他有关部门根据利害关系人的请求或者依据职权，可以责令其限期改正；逾期不改的，资质许可机关可以撤回其资质。被撤回建筑业企业资质的企业，可以申请资质许可机关按照其实际达到的资质标准，重新核定资质。

第二十八条　有下列情形之一的，资质许可机关或者其上级机关，根据利害关系人的请求或者依据职权，可以撤销建筑业企业资质：

（一）资质许可机关工作人员滥用职权、玩忽职守作出准予建筑业企业资质许可的；

（二）超越法定职权作出准予建筑业企业资质许可的；

（三）违反法定程序作出准予建筑业企业资质许可的；

（四）对不符合许可条件的申请人作出准予建筑业企业资质许可的；

（五）依法可以撤销资质证书的其他情形。

以欺骗、贿赂等不正当手段取得建筑业企业资质证书的，应当予以撤销。

第二十九条　有下列情形之一的，资质许可机关应当依法注销建筑业企业资质，并公告其资质证书作废，建筑业企业应当及时将资质证书交回资质许可机关：

（一）资质证书有效期届满，未依法申请延续的；

（二）建筑业企业依法终止的；

（三）建筑业企业资质依法被撤销、撤回或吊销的；

（四）法律、法规规定的应当注销资质的其他情形。

第三十条　有关部门应当将监督检查情况和处理意见及时告知资质许可机关。资质许可机关应当将涉及有关铁路、交通、水利、信息产业、民航等方面的建筑业企业资质被撤回、撤销和注销的情况告知同级有关部门。

第三十一条　企业应当按照有关规定，向资质许可机关提供真实、准确、完整的企业信用档案信息。

企业的信用档案应当包括企业基本情况、业绩、工程质量和安全、合同履约等情况。被投诉举报和处理、行政处罚等情况应当作为不良行为记入其信用档案。

企业的信用档案信息按照有关规定向社会公示。

第五章　法　律　责　任

第三十二条　申请人隐瞒有关情况或者提供虚假材料申请建筑业企业资质的，不予受理或者不予行政许可，并给予警告，申请人在1年内不得再次申请建筑业企业资质。

第三十三条　以欺骗、贿赂等不正当手段取得建筑业企业资质证书的，由县级以上地方人民政府建设主管部门或者有关部门给予警告，并依法处以罚款，申请人3年内不得再次申请建筑业企业资质。

第三十四条　建筑业企业有本规定第二十一条行为之一，《中华人民共和国建筑法》、《建设工程质量管理条例》和其他有关法律、法规对处罚机关和处罚方式有规定的，依照法律、法规的规定执行；法律、法规未作规定的，由县级以上地方人民政府建设主管部门或者其他有关部门给予警告，责令改正，并处1万元以上3万元以下的罚款。

第三十五条　建筑业企业未按照本规定及时办理资质证书变更手续的，由县级以上地方人民政府建设主管部门责令限期办理；逾期不办理的，可处以1000元以上1万元以下的罚款。

第三十六条　建筑业企业未按照本规定要求提供建筑业企业信用档案信息的，由县级以上地方人民政府建设主管部门或者其他有关部门给予警告，责令限期改正；逾期未改正的，可处以1000元以上1万元以下的罚款。

第三十七条 县级以上地方人民政府建设主管部门依法给予建筑业企业行政处罚的，应当将行政处罚决定以及给予行政处罚的事实、理由和依据，报国务院建设主管部门备案。

第三十八条 建设主管部门及其工作人员，违反本规定，有下列情形之一的，由其上级行政机关或者监察机关责令改正；情节严重的，对直接负责的主管人员和其他直接责任人员，依法给予行政处分：

（一）对不符合条件的申请人准予建筑业企业资质许可的；

（二）对符合条件的申请人不予建筑业企业资质许可或者不在法定期限内作出准予许可决定的；

（三）对符合条件的申请不予受理或者未在法定期限内初审完毕的；

（四）利用职务上的便利，收受他人财物或者其他好处的；

（五）不依法履行监督管理职责或者监督不力，造成严重后果的。

第六章 附 则

第三十九条 取得建筑业企业资质证书的企业，可以从事资质许可范围相应等级的建设工程总承包业务，可以从事项目管理和相关的技术与管理服务。

第四十条 本规定自2007年9月1日起施行。2001年4月18日建设部颁布的《建筑业企业资质管理规定》（建设部令第87号）同时废止。

建设工程勘察设计资质管理规定

(2006年12月30日经建设部第114次常务会议讨论通过
2007年6月26日建设部第160号令发布
自2007年9月1日起施行)

第一章 总 则

第一条 为了加强对建设工程勘察、设计活动的监督管理，保证建设工程勘察、设计质量，根据《中华人民共和国行政许可法》、《中华人民共和国建筑法》、《建设工程质量管理条例》和《建设工程勘察设计管理条例》等法律、行政法规，制定本规定。

第二条 在中华人民共和国境内申请建设工程勘察、工程设计资质，实施对建设工程勘察、工程设计资质的监督管理，适用本规定。

第三条 从事建设工程勘察、工程设计活动的企业，应当按照其拥有的注册资本、专业技术人员、技术装备和勘察设计业绩等条件申请资质，经审查合格，取得建设工程勘察、工程设计资质证书后，方可在资质许可的范围内从事建设工程勘察、工程设计活动。

第四条 国务院建设主管部门负责全国建设工程勘察、工程设计资质的统一监督管理。国务院铁路、交通、水利、信息产业、民航等有关部门配合国务院建设主管部门实施相应行业的建设工程勘察、工程设计资质管理工作。

省、自治区、直辖市人民政府建设主管部门负责本行政区域内建设工程勘察、工程设计资质的统一监督管理。省、自治区、直辖市人民政府交通、水利、信息产业等有关部门配合同级建设主管部门实施本行政区域内相应行业的建设工程勘察、工程设计资质管理工作。

第二章 资质分类和分级

第五条 工程勘察资质分为工程勘察综合资质、工程勘察专业资质、工程勘察劳务资质。

工程勘察综合资质只设甲级；工程勘察专业资质设甲级、乙级，根据工程性质和技术特点，部分专业可以设丙级；工程勘察劳务资质不分等级。

取得工程勘察综合资质的企业，可以承接各专业（海洋工程勘察除外）、各等级工程勘察业务；取得工程勘察专业资质的企业，可以承接相应等级相应专业的工程勘察业务；取得工程勘察劳务资质的企业，可以承接岩土工程治理、工程钻探、凿井等工程勘察劳务业务。

第六条 工程设计资质分为工程设计综合资质、工程设计行业资质、工程设计专业资质和工程设计专项资质。

工程设计综合资质只设甲级；工程设计行业资质、工程设计专业资质、工程设计专项资质设甲级、乙级。

根据工程性质和技术特点，个别行业、专业、专项资质可以设丙级，建筑工程专业资质可以设丁级。

取得工程设计综合资质的企业，可以承接各行业、各等级的建设工程设计业务；取得工程设计行业资质的企业，可以承接相应行业相应等级的工程设计业务及本行业范围内同级别的相应专业、专项（设计施工一体化资质除外）工程设计业务；取得工程设计专业资质的企业，可以承接本专业相应等级的专业工程设计业务及同级别的相应专项工程设计业务（设计施工一体化资质除外）；取得工程设计专项资质的企业，可以承接本专项相应等级的专项工程设计业务。

第七条 建设工程勘察、工程设计资质标准和各资质类别、级别企业承担工程的具体范围由国务院建设主管部门商国务院有关部门制定。

第三章 资质申请和审批

第八条 申请工程勘察甲级资质、工程设计甲级资质，以及涉及铁路、交通、水利、信息产业、民航等方面的工程设计乙级资质的，应当向企业工商注册所在地的省、自治区、直辖市人民政府建设主管部门提出申请。其中，国务院国资委管理的企业应当向国务院建设主管部门提出申请；国务院国资委管理的企业下属一层级的企业申请资质，应当由国务院国资委管理的企业向国务院建设主管部门提出申请。

省、自治区、直辖市人民政府建设主管部门应当自受理申请之日起 20 日内初审完毕，并将初审意见和申请材料报国务院建设主管部门。

国务院建设主管部门应当自省、自治区、直辖市人民政府建设主管部门受理申请材料之日起 60 日内完成审查，公示审查意见，公示时间为 10 日。其中，涉及铁路、交通、水利、信息产业、民航等方面的工程设计资质，由国务院建设主管部门送国务院有关部门审核，国务院有关部门在 20 日内审核完毕，并将审核意见送国务院建设主管部门。

第九条 工程勘察乙级及以下资质、劳务资质、工程设计乙级（涉及铁路、交通、水利、信息产业、民航等方面的工程设计乙级资质除外）及以下资质许可由省、自治区、直辖市人民政府建设主管部门实施。具体实施程序由省、自治区、直辖市人民政府建设主管部门依法确定。

省、自治区、直辖市人民政府建设主管部门应当自作出决定之日起 30 日内，将准予资质许可的决定报国务院建设主管部门备案。

第十条 工程勘察、工程设计资质证书分为正本和副本，正本一份，副本六份，由国务院建设主管部门统一印制，正、副本具备同等法律效力。资质证书有效期为 5 年。

第十一条 企业首次申请工程勘察、工程设计资质，应当提供以下材料：

（一）工程勘察、工程设计资质申请表；

（二）企业法人、合伙企业营业执照副本复印件；

（三）企业章程或合伙人协议；

（四）企业法定代表人、合伙人的身份证明；

（五）企业负责人、技术负责人的身份证明、任职文件、毕业证书、职称证书及相关资质标准要求提供的材料；

（六）工程勘察、工程设计资质申请表中所列注册执业人员的身份证明、注册执业证书；

（七）工程勘察、工程设计资质标准要求的非注册专业技术人员的职称证书、毕业证书、身份证明及个人业绩材料；

（八）工程勘察、工程设计资质标准要求的注册执业人员、其他专业技术人员与原聘用单位解除聘用劳动合同的证明及新单位的聘用劳动合同；

（九）资质标准要求的其他有关材料。

第十二条　企业申请资质升级应当提交以下材料：

（一）本规定第十一条第（一）、（二）、（五）、（六）、（七）、（九）项所列资料；

（二）工程勘察、工程设计资质标准要求的非注册专业技术人员与本单位签订的劳动合同及社保证明；

（三）原工程勘察、工程设计资质证书副本复印件；

（四）满足资质标准要求的企业工程业绩和个人工程业绩。

第十三条　企业增项申请工程勘察、工程设计资质，应当提交下列材料：

（一）本规定第十一条所列（一）、（二）、（五）、（六）、（七）、（九）的资料；

（二）工程勘察、工程设计资质标准要求的非注册专业技术人员与本单位签订的劳动合同及社保证明；

（三）原资质证书正、副本复印件；

（四）满足相应资质标准要求的个人工程业绩证明。

第十四条　资质有效期届满，企业需要延续资质证书有效期的，应当在资质证书有效期届满60日前，向原资质许可机关提出资质延续申请。

对在资质有效期内遵守有关法律、法规、规章、技术标准，信用档案中无不良行为记录，且专业技术人员满足资质标准要求的企业，经资质许可机关同意，有效期延续5年。

第十五条　企业在资质证书有效期内名称、地址、注册资本、法定代表人等发生变更的，应当在工商部门办理变更手续后30日内办理资质证书变更手续。

取得工程勘察甲级资质、工程设计甲级资质，以及涉及铁路、交通、水利、信息产业、民航等方面的工程设计乙级资质的企业，在资质证书有效期内发生企业名称变更的，应当向企业工商注册所在地省、自治区、直辖市人民政府建设主管部门提出变更申请，省、自治区、直辖市人民政府建设主管部门应当自受理申请之日起2日内将有关变更证明材料报国务院建设主管部门，由国务院建设主管部门在2日内办理变更手续。

前款规定以外的资质证书变更手续，由企业工商注册所在地的省、自治区、直辖市人民政府建设主管部门负责办理。省、自治区、直辖市人民政府建设主管部门应当自受理申请之日起2日内办理变更手续，并在办理资质证书变更手续后15日内将变更结果报国务院建设主管部门备案。

涉及铁路、交通、水利、信息产业、民航等方面的工程设计资质的变更,国务院建设主管部门应当将企业资质变更情况告知国务院有关部门。

第十六条 企业申请资质证书变更,应当提交以下材料:

(一)资质证书变更申请;

(二)企业法人、合伙企业营业执照副本复印件;

(三)资质证书正、副本原件;

(四)与资质变更事项有关的证明材料。

企业改制的,除提供前款规定资料外,还应当提供改制重组方案、上级资产管理部门或者股东大会的批准决定、企业职工代表大会同意改制重组的决议。

第十七条 企业首次申请、增项申请工程勘察、工程设计资质,其申请资质等级最高不超过乙级,且不考核企业工程勘察、工程设计业绩。

已具备施工资质的企业首次申请同类别或相近类别的工程勘察、工程设计资质的,可以将相应规模的工程总承包业绩作为工程业绩予以申报。其申请资质等级最高不超过其现有施工资质等级。

第十八条 企业合并的,合并后存续或者新设立的企业可以承继合并前各方中较高的资质等级,但应当符合相应的资质标准条件。

企业分立的,分立后企业的资质按照资质标准及本规定的审批程序核定。

企业改制的,改制后不再符合资质标准的,应按其实际达到的资质标准及本规定重新核定;资质条件不发生变化的,按本规定第十六条办理。

第十九条 从事建设工程勘察、设计活动的企业,申请资质升级、资质增项,在申请之日起前一年内有下列情形之一的,资质许可机关不予批准企业的资质升级申请和增项申请:

(一)企业相互串通投标或者与招标人串通投标承揽工程勘察、工程设计业务的;

(二)将承揽的工程勘察、工程设计业务转包或违法分包的;

(三)注册执业人员未按照规定在勘察设计文件上签字的;

(四)违反国家工程建设强制性标准的;

(五)因勘察设计原因造成重大生产安全事故的;

(六)设计单位未根据勘察成果文件进行工程设计的;

(七)设计单位违反规定指定建筑材料、建筑构配件的生产厂、供应商的;

(八)无工程勘察、工程设计资质或者超越资质等级范围承揽工程勘察、工程设计业务的;

(九)涂改、倒卖、出租、出借或者以其他形式非法转让资质证书的;

(十)允许其他单位、个人以本单位名义承揽建设工程勘察、设计业务的;

(十一)其他违反法律、法规行为的。

第二十条 企业在领取新的工程勘察、工程设计资质证书的同时,应当将原资质证书交回原发证机关予以注销。

企业需增补(含增加、更换、遗失补办)工程勘察、工程设计资质证书的,应当持资质证书增补申请等材料向资质许可机关申请办理。遗失资质证书的,在申请补办前应当在公众媒体上刊登遗失声明。资质许可机关应当在2日内办理完毕。

第四章 监督与管理

第二十一条 国务院建设主管部门对全国的建设工程勘察、设计资质实施统一的监督管理。国务院铁路、交通、水利、信息产业、民航等有关部门配合国务院建设主管部门对相应的行业资质进行监督管理。

县级以上地方人民政府建设主管部门负责对本行政区域内的建设工程勘察、设计资质实施监督管理。县级以上人民政府交通、水利、信息产业等有关部门配合同级建设主管部门对相应的行业资质进行监督管理。

上级建设主管部门应当加强对下级建设主管部门资质管理工作的监督检查,及时纠正资质管理中的违法行为。

第二十二条 建设主管部门、有关部门履行监督检查职责时,有权采取下列措施:

(一)要求被检查单位提供工程勘察、设计资质证书、注册执业人员的注册执业证书,有关工程勘察、设计业务的文档,有关质量管理、安全生产管理、档案管理、财务管理等企业内部管理制度的文件;

(二)进入被检查单位进行检查,查阅相关资料;

(三)纠正违反有关法律、法规和本规定及有关规范和标准的行为。

建设主管部门、有关部门依法对企业从事行政许可事项的活动进行监督检查时,应当将监督检查情况和处理结果予以记录,由监督检查人员签字后归档。

第二十三条 建设主管部门、有关部门在实施监督检查时,应当有两名以上监督检查人员参加,并出示执法证件,不得妨碍企业正常的生产经营活动,不得索取或者收受企业的财物,不得谋取其他利益。

有关单位和个人对依法进行的监督检查应当协助与配合,不得拒绝或者阻挠。

监督检查机关应当将监督检查的处理结果向社会公布。

第二十四条 企业违法从事工程勘察、工程设计活动的,其违法行为发生地的建设主管部门应当依法将企业的违法事实、处理结果或处理建议告知该企业的资质许可机关。

第二十五条 企业取得工程勘察、设计资质后,不再符合相应资质条件的,建设主管部门、有关部门根据利害关系人的请求或者依据职权,可以责令其限期改正;逾期不改的,资质许可机关可以撤回其资质。

第二十六条 有下列情形之一的,资质许可机关或者其上级机关,根据利害关系人的请求或者依据职权,可以撤销工程勘察、工程设计资质:

(一)资质许可机关工作人员滥用职权、玩忽职守作出准予工程勘察、工程设计资质许可的;

(二)超越法定职权作出准予工程勘察、工程设计资质许可的;

(三)违反资质审批程序作出准予工程勘察、工程设计资质许可的;

(四)对不符合许可条件的申请人作出工程勘察、工程设计资质许可的;

(五)依法可以撤销资质证书的其他情形。

以欺骗、贿赂等不正当手段取得工程勘察、工程设计资质证书的,应当予以撤销。

第二十七条 有下列情形之一的,企业应当及时向资质许可机关提出注销资质的申请，交回资质证书，资质许可机关应当办理注销手续，公告其资质证书作废：

（一）资质证书有效期届满未依法申请延续的；

（二）企业依法终止的；

（三）资质证书依法被撤销、撤回，或者吊销的；

（四）法律、法规规定的应当注销资质的其他情形。

第二十八条 有关部门应当将监督检查情况和处理意见及时告知建设主管部门。资质许可机关应当将涉及铁路、交通、水利、信息产业、民航等方面的资质被撤回、撤销和注销的情况及时告知有关部门。

第二十九条 企业应当按照有关规定，向资质许可机关提供真实、准确、完整的企业信用档案信息。

企业的信用档案应当包括企业基本情况、业绩、工程质量和安全、合同违约等情况。被投诉举报和处理、行政处罚等情况应当作为不良行为记入其信用档案。

企业的信用档案信息按照有关规定向社会公示。

第五章 法 律 责 任

第三十条 企业隐瞒有关情况或者提供虚假材料申请资质的，资质许可机关不予受理或者不予行政许可，并给予警告，该企业在1年内不得再次申请该资质。

第三十一条 企业以欺骗、贿赂等不正当手段取得资质证书的，由县级以上地方人民政府建设主管部门或者有关部门给予警告，并依法处以罚款；该企业在3年内不得再次申请该资质。

第三十二条 企业不及时办理资质证书变更手续的，由资质许可机关责令限期办理；逾期不办理的，可处以1000元以上1万元以下的罚款。

第三十三条 企业未按照规定提供信用档案信息的，由县级以上地方人民政府建设主管部门给予警告，责令限期改正；逾期未改正的，可处以1000元以上1万元以下的罚款。

第三十四条 涂改、倒卖、出租、出借或者以其他形式非法转让资质证书的，由县级以上地方人民政府建设主管部门或者有关部门给予警告，责令改正，并处以1万元以上3万元以下的罚款；造成损失的，依法承担赔偿责任；构成犯罪的，依法追究刑事责任。

第三十五条 县级以上地方人民政府建设主管部门依法给予工程勘察、设计企业行政处罚的，应当将行政处罚决定以及给予行政处罚的事实、理由和依据，报国务院建设主管部门备案。

第三十六条 建设主管部门及其工作人员，违反本规定，有下列情形之一的，由其上级行政机关或者监察机关责令改正；情节严重的，对直接负责的主管人员和其他直接责任人员，依法给予行政处分：

（一）对不符合条件的申请人准予工程勘察、设计资质许可的；

（二）对符合条件的申请人不予工程勘察、设计资质许可或者未在法定期限内作出许可决定的；

（三）对符合条件的申请不予受理或者未在法定期限内初审完毕的；

（四）利用职务上的便利，收受他人财物或者其他好处的；

（五）不依法履行监督职责或者监督不力，造成严重后果的。

第六章 附 则

第三十七条 本规定所称建设工程勘察包括建设工程项目的岩土工程、水文地质、工程测量、海洋工程勘察等。

第三十八条 本规定所称建设工程设计是指：

（一）建设工程项目的主体工程和配套工程（含厂（矿）区内的自备电站、道路、专用铁路、通信、各种管网管线和配套的建筑物等全部配套工程）以及与主体工程、配套工程相关的工艺、土木、建筑、环境保护、水土保持、消防、安全、卫生、节能、防雷、抗震、照明工程等的设计。

（二）建筑工程建设用地规划许可证范围内的室外工程设计、建筑物构筑物设计、民用建筑修建的地下工程设计及住宅小区、工厂厂前区、工厂生活区、小区规划设计及单体设计等，以及上述建筑工程所包含的相关专业的设计内容（包括总平面布置、竖向设计、各类管网管线设计、景观设计、室内外环境设计及建筑装饰、道路、消防、安保、通信、防雷、人防、供配电、照明、废水治理、空调设施、抗震加固等）。

第三十九条 取得工程勘察、工程设计资质证书的企业，可以从事资质证书许可范围内相应的建设工程总承包业务，可以从事工程项目管理和相关的技术与管理服务。

第四十条 本规定自2007年9月1日起实施。2001年7月25日建设部颁布的《建设工程勘察设计企业资质管理规定》（建设部令第93号）同时废止。

房屋登记办法

(2008年1月22日建设部第147次常务会议讨论通过
2008年2月15日建设部第168号令发布
自2008年7月1日起施行)

第一章 总 则

第一条 为了规范房屋登记行为，维护房地产交易安全，保护权利人的合法权益，依据《中华人民共和国物权法》、《中华人民共和国城市房地产管理法》、《村庄和集镇规划建设管理条例》等法律、行政法规，制定本办法。

第二条 本办法所称房屋登记，是指房屋登记机构依法将房屋权利和其他应当记载的事项在房屋登记簿上予以记载的行为。

第三条 国务院建设主管部门负责指导、监督全国的房屋登记工作。

省、自治区、直辖市人民政府建设（房地产）主管部门负责指导、监督本行政区域内的房屋登记工作。

第四条 房屋登记，由房屋所在地的房屋登记机构办理。

本办法所称房屋登记机构，是指直辖市、市、县人民政府建设（房地产）主管部门或者其设置的负责房屋登记工作的机构。

第五条 房屋登记机构应当建立本行政区域内统一的房屋登记簿。

房屋登记簿是房屋权利归属和内容的根据，由房屋登记机构管理。

第六条 房屋登记人员应当具备与其岗位相适应的专业知识。

从事房屋登记审核工作的人员，应当取得国务院建设主管部门颁发的房屋登记上岗证书，持证上岗。

第二章 一 般 规 定

第七条 办理房屋登记，一般依照下列程序进行：
（一）申请；
（二）受理；
（三）审核；
（四）记载于登记簿；
（五）发证。

房屋登记机构认为必要时，可以就登记事项进行公告。

第八条 办理房屋登记，应当遵循房屋所有权和房屋占用范围内的土地使用权权利主体一致的原则。

第九条 房屋登记机构应当依照法律、法规和本办法规定，确定申请房屋登记需要提交的材料，并将申请登记材料目录公示。

第十条 房屋应当按照基本单元进行登记。房屋基本单元是指有固定界限、可以独立使用并且有明确、唯一的编号（幢号、室号等）的房屋或者特定空间。

国有土地范围内成套住房，以套为基本单元进行登记；非成套住房，以房屋的幢、层、间等有固定界限的部分为基本单元进行登记。集体土地范围内村民住房，以宅基地上独立建筑为基本单元进行登记；在共有宅基地上建造的村民住房，以套、间等有固定界限的部分为基本单元进行登记。

非住房以房屋的幢、层、套、间等有固定界限的部分为基本单元进行登记。

第十一条 申请房屋登记，申请人应当向房屋所在地的房屋登记机构提出申请，并提交申请登记材料。

申请登记材料应当提供原件。不能提供原件的，应当提交经有关机关确认与原件一致的复印件。

申请人应当对申请登记材料的真实性、合法性、有效性负责，不得隐瞒真实情况或者提供虚假材料申请房屋登记。

第十二条 申请房屋登记，应当由有关当事人双方共同申请，但本办法另有规定的除外。

有下列情形之一，申请房屋登记的，可以由当事人单方申请：

（一）因合法建造房屋取得房屋权利；

（二）因人民法院、仲裁委员会的生效法律文书取得房屋权利；

（三）因继承、受遗赠取得房屋权利；

（四）有本办法所列变更登记情形之一；

（五）房屋灭失；

（六）权利人放弃房屋权利；

（七）法律、法规规定的其他情形。

第十三条 共有房屋，应当由共有人共同申请登记。

共有房屋所有权变更登记，可以由相关的共有人申请，但因共有性质或者共有人份额变更申请房屋登记的，应当由共有人共同申请。

第十四条 未成年人的房屋，应当由其监护人代为申请登记。监护人代为申请未成年人房屋登记的，应当提交证明监护人身份的材料；因处分未成年人房屋申请登记的，还应当提供为未成年人利益的书面保证。

第十五条 申请房屋登记的，申请人应当使用中文名称或者姓名。申请人提交的证明文件原件是外文的，应当提供中文译本。

委托代理人申请房屋登记的，代理人应当提交授权委托书和身份证明。境外申请人委托代理人申请房屋登记的，其授权委托书应当按照国家有关规定办理公证或者认证。

第十六条 申请房屋登记的，申请人应当按照国家有关规定缴纳登记费。

第十七条 申请人提交的申请登记材料齐全且符合法定形式的，应当予以受理，并出具书面凭证。

申请人提交的申请登记材料不齐全或者不符合法定形式的，应当不予受理，并告知申请人需要补正的内容。

第十八条 房屋登记机构应当查验申请登记材料，并根据不同登记申请就申请登记事项是否是申请人的真实意思表示、申请登记房屋是否为共有房屋、房屋登记簿记载的权利人是否同意更正，以及申请登记材料中需进一步明确的其他有关事项询问申请人。询问结果应当经申请人签字确认，并归档保留。

房屋登记机构认为申请登记房屋的有关情况需要进一步证明的，可以要求申请人补充材料。

第十九条 办理下列房屋登记，房屋登记机构应当实地查看：

（一）房屋所有权初始登记；

（二）在建工程抵押权登记；

（三）因房屋灭失导致的房屋所有权注销登记；

（四）法律、法规规定的应当实地查看的其他房屋登记。

房屋登记机构实地查看时，申请人应当予以配合。

第二十条 登记申请符合下列条件的，房屋登记机构应当予以登记，将申请登记事项记载于房屋登记簿：

（一）申请人与依法提交的材料记载的主体一致；

（二）申请初始登记的房屋与申请人提交的规划证明材料记载一致，申请其他登记的房屋与房屋登记簿记载一致；

（三）申请登记的内容与有关材料证明的事实一致；

（四）申请登记的事项与房屋登记簿记载的房屋权利不冲突；

（五）不存在本办法规定的不予登记的情形。

登记申请不符合前款所列条件的，房屋登记机构应当不予登记，并书面告知申请人不予登记的原因。

第二十一条 房屋登记机构将申请登记事项记载于房屋登记簿之前，申请人可以撤回登记申请。

第二十二条 有下列情形之一的，房屋登记机构应当不予登记：

（一）未依法取得规划许可、施工许可或者未按照规划许可的面积等内容建造的建筑申请登记的；

（二）申请人不能提供合法、有效的权利来源证明文件或者申请登记的房屋权利与权利来源证明文件不一致的；

（三）申请登记事项与房屋登记簿记载冲突的；

（四）申请登记房屋不能特定或者不具有独立利用价值的；

（五）房屋已被依法征收、没收，原权利人申请登记的；

（六）房屋被依法查封期间，权利人申请登记的；

（七）法律、法规和本办法规定的其他不予登记的情形。

第二十三条 自受理登记申请之日起，房屋登记机构应当在下列时限内，将申请登记事项记载于房屋登记簿或者作出不予登记的决定：

（一）国有土地范围内房屋所有权登记，30个工作日，集体土地范围内房屋所有权登记，60个工作日；

（二）抵押权、地役权登记，10个工作日；
（三）预告登记、更正登记，10个工作日；
（四）异议登记，1个工作日。

公告时间不计入前款规定时限。因特殊原因需要延长登记时限的，经房屋登记机构负责人批准可以延长，但最长不得超过原时限的一倍。

法律、法规对登记时限另有规定的，从其规定。

第二十四条 房屋登记簿应当记载房屋自然状况、权利状况以及其他依法应当登记的事项。

房屋登记簿可以采用纸介质，也可以采用电子介质。采用电子介质的，应当有唯一、确定的纸介质转化形式，并应当定期异地备份。

第二十五条 房屋登记机构应当根据房屋登记簿的记载，缮写并向权利人发放房屋权属证书。

房屋权属证书是权利人享有房屋权利的证明，包括《房屋所有权证》、《房屋他项权证》等。申请登记房屋为共有房屋的，房屋登记机构应当在房屋所有权证上注明"共有"字样。

预告登记、在建工程抵押权登记以及法律、法规规定的其他事项在房屋登记簿上予以记载后，由房屋登记机构发放登记证明。

第二十六条 房屋权属证书、登记证明与房屋登记簿记载不一致的，除有证据证明房屋登记簿确有错误外，以房屋登记簿为准。

第二十七条 房屋权属证书、登记证明破损的，权利人可以向房屋登记机构申请换发。房屋登记机构换发前，应当收回原房屋权属证书、登记证明，并将有关事项记载于房屋登记簿。

房屋权属证书、登记证明遗失、灭失的，权利人在当地公开发行的报刊上刊登遗失声明后，可以申请补发。房屋登记机构予以补发的，应当将有关事项在房屋登记簿上予以记载。补发的房屋权属证书、登记证明上应当注明"补发"字样。

在补发集体土地范围内村民住房的房屋权属证书、登记证明前，房屋登记机构应当就补发事项在房屋所在地农村集体经济组织内公告。

第二十八条 房屋登记机构应当将房屋登记资料及时归档并妥善管理。

申请查询、复制房屋登记资料的，应当按照规定的权限和程序办理。

第二十九条 县级以上人民政府建设（房地产）主管部门应当加强房屋登记信息系统建设，逐步实现全国房屋登记簿信息共享和异地查询。

第三章 国有土地范围内房屋登记

第一节 所有权登记

第三十条 因合法建造房屋申请房屋所有权初始登记的，应当提交下列材料：
（一）登记申请书；
（二）申请人身份证明；

（三）建设用地使用权证明；
（四）建设工程符合规划的证明；
（五）房屋已竣工的证明；
（六）房屋测绘报告；
（七）其他必要材料。

第三十一条 房地产开发企业申请房屋所有权初始登记时，应当对建筑区划内依法属于全体业主共有的公共场所、公用设施和物业服务用房等房屋一并申请登记，由房屋登记机构在房屋登记簿上予以记载，不颁发房屋权属证书。

第三十二条 发生下列情形之一的，当事人应当在有关法律文件生效或者事实发生后申请房屋所有权转移登记：
（一）买卖；
（二）互换；
（三）赠与；
（四）继承、受遗赠；
（五）房屋分割、合并，导致所有权发生转移的；
（六）以房屋出资入股；
（七）法人或者其他组织分立、合并，导致房屋所有权发生转移的；
（八）法律、法规规定的其他情形。

第三十三条 申请房屋所有权转移登记，应当提交下列材料：
（一）登记申请书；
（二）申请人身份证明；
（三）房屋所有权证书或者房地产权证书；
（四）证明房屋所有权发生转移的材料；
（五）其他必要材料。
前款第（四）项材料，可以是买卖合同、互换合同、赠与合同、受遗赠证明、继承证明、分割协议、合并协议、人民法院或者仲裁委员会生效的法律文书，或者其他证明房屋所有权发生转移的材料。

第三十四条 抵押期间，抵押人转让抵押房屋的所有权，申请房屋所有权转移登记的，除提供本办法第三十三条规定材料外，还应当提交抵押权人的身份证明、抵押权人同意抵押房屋转让的书面文件、他项权利证书。

第三十五条 因人民法院或者仲裁委员会生效的法律文书、合法建造房屋、继承或者受遗赠取得房屋所有权，权利人转让该房屋所有权或者以该房屋设定抵押权时，应当将房屋登记到权利人名下后，再办理房屋所有权转移登记或者房屋抵押权设立登记。

因人民法院或者仲裁委员会生效的法律文书取得房屋所有权，人民法院协助执行通知书要求房屋登记机构予以登记的，房屋登记机构应当予以办理。房屋登记机构予以登记的，应当在房屋登记簿上记载基于人民法院或者仲裁委员会生效的法律文书予以登记的事实。

第三十六条 发生下列情形之一的，权利人应当在有关法律文件生效或者事实发生后申请房屋所有权变更登记：

（一）房屋所有权人的姓名或者名称变更的；
（二）房屋坐落的街道、门牌号或者房屋名称变更的；
（三）房屋面积增加或者减少的；
（四）同一所有权人分割、合并房屋的；
（五）法律、法规规定的其他情形。

第三十七条 申请房屋所有权变更登记，应当提交下列材料：
（一）登记申请书；
（二）申请人身份证明；
（三）房屋所有权证书或者房地产权证书；
（四）证明发生变更事实的材料；
（五）其他必要材料。

第三十八条 经依法登记的房屋发生下列情形之一的，房屋登记簿记载的所有权人应当自事实发生后申请房屋所有权注销登记：
（一）房屋灭失的；
（二）放弃所有权的；
（三）法律、法规规定的其他情形。

第三十九条 申请房屋所有权注销登记的，应当提交下列材料：
（一）登记申请书；
（二）申请人身份证明；
（三）房屋所有权证书或者房地产权证书；
（四）证明房屋所有权消灭的材料；
（五）其他必要材料。

第四十条 经依法登记的房屋上存在他项权利时，所有权人放弃房屋所有权申请注销登记的，应当提供他项权利人的书面同意文件。

第四十一条 经登记的房屋所有权消灭后，原权利人未申请注销登记的，房屋登记机构可以依据人民法院、仲裁委员会的生效法律文书或者人民政府的生效征收决定办理注销登记，将注销事项记载于房屋登记簿，原房屋所有权证收回或者公告作废。

第二节 抵押权登记

第四十二条 以房屋设定抵押的，当事人应当申请抵押权登记。

第四十三条 申请抵押权登记，应当提交下列文件：
（一）登记申请书；
（二）申请人的身份证明；
（三）房屋所有权证书或者房地产权证书；
（四）抵押合同；
（五）主债权合同；
（六）其他必要材料。

第四十四条 对符合规定条件的抵押权设立登记，房屋登记机构应当将下列事项记载于房屋登记簿：

（一）抵押当事人、债务人的姓名或者名称；
（二）被担保债权的数额；
（三）登记时间。

第四十五条 本办法第四十四条所列事项发生变化或者发生法律、法规规定变更抵押权的其他情形的，当事人应当申请抵押权变更登记。

第四十六条 申请抵押权变更登记，应当提交下列材料：
（一）登记申请书；
（二）申请人的身份证明；
（三）房屋他项权证书；
（四）抵押人与抵押权人变更抵押权的书面协议；
（五）其他必要材料。

因抵押当事人姓名或者名称发生变更，或者抵押房屋坐落的街道、门牌号发生变更申请变更登记的，无需提交前款第（四）项材料。

因被担保债权的数额发生变更申请抵押权变更登记的，还应当提交其他抵押权人的书面同意文件。

第四十七条 经依法登记的房屋抵押权因主债权转让而转让，申请抵押权转移登记的，主债权的转让人和受让人应当提交下列材料：
（一）登记申请书；
（二）申请人的身份证明；
（三）房屋他项权证书；
（四）房屋抵押权发生转移的证明材料；
（五）其他必要材料。

第四十八条 经依法登记的房屋抵押权发生下列情形之一的，权利人应当申请抵押权注销登记：
（一）主债权消灭；
（二）抵押权已经实现；
（三）抵押权人放弃抵押权；
（四）法律、法规规定抵押权消灭的其他情形。

第四十九条 申请抵押权注销登记的，应当提交下列材料：
（一）登记申请书；
（二）申请人的身份证明；
（三）房屋他项权证书；
（四）证明房屋抵押权消灭的材料；
（五）其他必要材料。

第五十条 以房屋设定最高额抵押的，当事人应当申请最高额抵押权设立登记。

第五十一条 申请最高额抵押权设立登记，应当提交下列材料：
（一）登记申请书；
（二）申请人的身份证明；
（三）房屋所有权证书或房地产权证书；

（四）最高额抵押合同；

（五）一定期间内将要连续发生的债权的合同或者其他登记原因证明材料；

（六）其他必要材料。

第五十二条 当事人将最高额抵押权设立前已存在债权转入最高额抵押担保的债权范围，申请登记的，应当提交下列材料：

（一）已存在债权的合同或者其他登记原因证明材料；

（二）抵押人与抵押权人同意将该债权纳入最高额抵押权担保范围的书面材料。

第五十三条 对符合规定条件的最高额抵押权设立登记，除本办法第四十四条所列事项外，登记机构还应当将最高债权额、债权确定的期间记载于房屋登记簿，并明确记载其为最高额抵押权。

第五十四条 变更最高额抵押权登记事项或者发生法律、法规规定变更最高额抵押权的其他情形，当事人应当申请最高额抵押权变更登记。

第五十五条 申请最高额抵押权变更登记，应当提交下列材料：

（一）登记申请书；

（二）申请人的身份证明；

（三）房屋他项权证书；

（四）最高额抵押权担保的债权尚未确定的证明材料；

（五）最高额抵押权发生变更的证明材料；

（六）其他必要材料。

因最高债权额、债权确定的期间发生变更而申请变更登记的，还应当提交其他抵押权人的书面同意文件。

第五十六条 最高额抵押权担保的债权确定前，最高额抵押权发生转移，申请最高额抵押权转移登记的，转让人和受让人应当提交下列材料：

（一）登记申请书；

（二）申请人的身份证明；

（三）房屋他项权证书；

（四）最高额抵押权担保的债权尚未确定的证明材料；

（五）最高额抵押权发生转移的证明材料；

（六）其他必要材料。

最高额抵押权担保的债权确定前，债权人转让部分债权的，除当事人另有约定外，房屋登记机构不得办理最高额抵押权转移登记。当事人约定最高额抵押权随同部分债权的转让而转移的，应当在办理最高额抵押权确定登记之后，依据本办法第四十七条的规定办理抵押权转移登记。

第五十七条 经依法登记的最高额抵押权担保的债权确定，申请最高额抵押权确定登记的，应当提交下列材料：

（一）登记申请书；

（二）申请人的身份证明；

（三）房屋他项权证书；

（四）最高额抵押权担保的债权已确定的证明材料；

（五）其他必要材料。

第五十八条 对符合规定条件的最高额抵押权确定登记，登记机构应当将最高额抵押权担保的债权已经确定的事实记载于房屋登记簿。

当事人协议确定或者人民法院、仲裁委员会生效的法律文书确定了债权数额的，房屋登记机构可以依照当事人一方的申请将债权数额确定的事实记载于房屋登记簿。

第五十九条 以在建工程设定抵押的，当事人应当申请在建工程抵押权设立登记。

第六十条 申请在建工程抵押权设立登记的，应当提交下列材料：

（一）登记申请书；
（二）申请人的身份证明；
（三）抵押合同；
（四）主债权合同；
（五）建设用地使用权证书或者记载土地使用权状况的房地产权证书；
（六）建设工程规划许可证；
（七）其他必要材料。

第六十一条 已经登记在建工程抵押权变更、转让或者消灭的，当事人应当提交下列材料，申请变更登记、转移登记、注销登记：

（一）登记申请书；
（二）申请人的身份证明；
（三）登记证明；
（四）证明在建工程抵押权发生变更、转移或者消灭的材料；
（五）其他必要材料。

第六十二条 在建工程竣工并经房屋所有权初始登记后，当事人应当申请将在建工程抵押权登记转为房屋抵押权登记。

第三节 地役权登记

第六十三条 在房屋上设立地役权的，当事人可以申请地役权设立登记。

第六十四条 申请地役权设立登记，应当提交下列材料：

（一）登记申请书；
（二）申请人的身份证明；
（三）地役权合同；
（四）房屋所有权证书或者房地产权证书；
（五）其他必要材料。

第六十五条 对符合规定条件的地役权设立登记，房屋登记机构应当将有关事项记载于需役地和供役地房屋登记簿，并可将地役权合同附于供役地和需役地房屋登记簿。

第六十六条 已经登记的地役权变更、转让或者消灭的，当事人应当提交下列材料，申请变更登记、转移登记、注销登记：

（一）登记申请书；
（二）申请人的身份证明；
（三）登记证明；

（四）证明地役权发生变更、转移或者消灭的材料；

（五）其他必要材料。

第四节 预告登记

第六十七条 有下列情形之一的，当事人可以申请预告登记：

（一）预购商品房；

（二）以预购商品房设定抵押；

（三）房屋所有权转让、抵押；

（四）法律、法规规定的其他情形。

第六十八条 预告登记后，未经预告登记的权利人书面同意，处分该房屋申请登记的，房屋登记机构应当不予办理。

预告登记后，债权消灭或者自能够进行相应的房屋登记之日起三个月内，当事人申请房屋登记的，房屋登记机构应当按照预告登记事项办理相应的登记。

第六十九条 预售人和预购人订立商品房买卖合同后，预售人未按照约定与预购人申请预告登记，预购人可以单方申请预告登记。

第七十条 申请预购商品房预告登记，应当提交下列材料：

（一）登记申请书；

（二）申请人的身份证明；

（三）已登记备案的商品房预售合同；

（四）当事人关于预告登记的约定；

（五）其他必要材料。

预购人单方申请预购商品房预告登记，预售人与预购人在商品房预售合同中对预告登记附有条件和期限的，预购人应当提交相应的证明材料。

第七十一条 申请预购商品房抵押权预告登记，应当提交下列材料：

（一）登记申请书；

（二）申请人的身份证明；

（三）抵押合同；

（四）主债权合同；

（五）预购商品房预告登记证明；

（六）当事人关于预告登记的约定；

（七）其他必要材料。

第七十二条 申请房屋所有权转移预告登记，应当提交下列材料：

（一）登记申请书；

（二）申请人的身份证明；

（三）房屋所有权转让合同；

（四）转让方的房屋所有权证书或者房地产权证书；

（五）当事人关于预告登记的约定；

（六）其他必要材料。

第七十三条 申请房屋抵押权预告登记的，应当提交下列材料：

（一）登记申请书；
（二）申请人的身份证明；
（三）抵押合同；
（四）主债权合同；
（五）房屋所有权证书或房地产权证书，或者房屋所有权转移登记的预告证明；
（六）当事人关于预告登记的约定；
（七）其他必要材料。

第五节 其他登记

第七十四条 权利人、利害关系人认为房屋登记簿记载的事项有错误的，可以提交下列材料，申请更正登记：
（一）登记申请书；
（二）申请人的身份证明；
（三）证明房屋登记簿记载错误的材料。

利害关系人申请更正登记的，还应当提供权利人同意更正的证明材料。

房屋登记簿记载确有错误的，应当予以更正；需要更正房屋权属证书内容的，应当书面通知权利人换领房屋权属证书；房屋登记簿记载无误的，应当不予更正，并书面通知申请人。

第七十五条 房屋登记机构发现房屋登记簿的记载错误，不涉及房屋权利归属和内容的，应当书面通知有关权利人在规定期限内办理更正登记；当事人无正当理由逾期不办理更正登记的，房屋登记机构可以依据申请登记材料或者有效的法律文件对房屋登记簿的记载予以更正，并书面通知当事人。

对于涉及房屋权利归属和内容的房屋登记簿的记载错误，房屋登记机构应当书面通知有关权利人在规定期限内办理更正登记；办理更正登记期间，权利人因处分其房屋权利申请登记的，房屋登记机构应当暂缓办理。

第七十六条 利害关系人认为房屋登记簿记载的事项错误，而权利人不同意更正的，利害关系人可以持登记申请书、申请人的身份证明、房屋登记簿记载错误的证明文件等材料申请异议登记。

第七十七条 房屋登记机构受理异议登记的，应当将异议事项记载于房屋登记簿。

第七十八条 异议登记期间，房屋登记簿记载的权利人处分房屋申请登记的，房屋登记机构应当暂缓办理。

权利人处分房屋申请登记，房屋登记机构受理登记申请但尚未将申请登记事项记载于房屋登记簿之前，第三人申请异议登记的，房屋登记机构应当中止办理原登记申请，并书面通知申请人。

第七十九条 异议登记期间，异议登记申请人起诉，人民法院不予受理或者驳回其诉讼请求的，异议登记申请人或者房屋登记簿记载的权利人可以持登记申请书、申请人的身份证明、相应的证明文件等材料申请注销异议登记。

第八十条 人民法院、仲裁委员会的生效法律文书确定的房屋权利归属或者权利内容与房屋登记簿记载的权利状况不一致的，房屋登记机构应当按照当事人的申请或者有关法律文书，办理相应的登记。

第八十一条　司法机关、行政机关、仲裁委员会发生法律效力的文件证明当事人以隐瞒真实情况、提交虚假材料等非法手段获取房屋登记的，房屋登记机构可以撤销原房屋登记，收回房屋权属证书、登记证明或者公告作废，但房屋权利为他人善意取得的除外。

第四章　集体土地范围内房屋登记

第八十二条　依法利用宅基地建造的村民住房和依法利用其他集体所有建设用地建造的房屋，可以依照本办法的规定申请房屋登记。

法律、法规对集体土地范围内房屋登记另有规定的，从其规定。

第八十三条　因合法建造房屋申请房屋所有权初始登记的，应当提交下列材料：

（一）登记申请书；
（二）申请人的身份证明；
（三）宅基地使用权证明或者集体所有建设用地使用权证明；
（四）申请登记房屋符合城乡规划的证明；
（五）房屋测绘报告或者村民住房平面图；
（六）其他必要材料。

申请村民住房所有权初始登记的，还应当提交申请人属于房屋所在地农村集体经济组织成员的证明。

农村集体经济组织申请房屋所有权初始登记的，还应当提交经村民会议同意或者由村民会议授权经村民代表会议同意的证明材料。

第八十四条　办理村民住房所有权初始登记、农村集体经济组织所有房屋所有权初始登记，房屋登记机构受理登记申请后，应当将申请登记事项在房屋所在地农村集体经济组织内进行公告。经公告无异议或者异议不成立的，方可予以登记。

第八十五条　发生下列情形之一的，权利人应当在有关法律文件生效或者事实发生后申请房屋所有权变更登记：

（一）房屋所有权人的姓名或者名称变更的；
（二）房屋坐落变更的；
（三）房屋面积增加或者减少的；
（四）同一所有权人分割、合并房屋的；
（五）法律、法规规定的其他情形。

第八十六条　房屋所有权依法发生转移，申请房屋所有权转移登记的，应当提交下列材料：

（一）登记申请书；
（二）申请人的身份证明；
（三）房屋所有权证书；
（四）宅基地使用权证明或者集体所有建设用地使用权证明；
（五）证明房屋所有权发生转移的材料；
（六）其他必要材料。

申请村民住房所有权转移登记的,还应当提交农村集体经济组织同意转移的证明材料。

农村集体经济组织申请房屋所有权转移登记的,还应当提交经村民会议同意或者由村民会议授权经村民代表会议同意的证明材料。

第八十七条 申请农村村民住房所有权转移登记,受让人不属于房屋所在地农村集体经济组织成员的,除法律、法规另有规定外,房屋登记机构应当不予办理。

第八十八条 依法以乡镇、村企业的厂房等建筑物设立抵押,申请抵押权登记的,应当提交下列材料:
(一)登记申请书;
(二)申请人的身份证明;
(三)房屋所有权证书;
(四)集体所有建设用地使用权证明;
(五)主债权合同和抵押合同;
(六)其他必要材料。

第八十九条 房屋登记机构对集体土地范围内的房屋予以登记的,应当在房屋登记簿和房屋权属证书上注明"集体土地"字样。

第九十条 办理集体土地范围内房屋的地役权登记、预告登记、更正登记、异议登记等房屋登记,可以参照适用国有土地范围内房屋登记的有关规定。

第五章 法 律 责 任

第九十一条 非法印制、伪造、变造房屋权属证书或者登记证明,或者使用非法印制、伪造、变造的房屋权属证书或者登记证明的,由房屋登记机构予以收缴;构成犯罪的,依法追究刑事责任。

第九十二条 申请人提交错误、虚假的材料申请房屋登记,给他人造成损害的,应当承担相应的法律责任。

房屋登记机构及其工作人员违反本办法规定办理房屋登记,给他人造成损害的,由房屋登记机构承担相应的法律责任。房屋登记机构承担赔偿责任后,对故意或者重大过失造成登记错误的工作人员,有权追偿。

第九十三条 房屋登记机构工作人员有下列行为之一的,依法给予处分;构成犯罪的,依法追究刑事责任:
(一)擅自涂改、毁损、伪造房屋登记簿;
(二)对不符合登记条件的登记申请予以登记,或者对符合登记条件的登记申请不予登记;
(三)玩忽职守、滥用职权、徇私舞弊。

第六章 附 则

第九十四条 房屋登记簿的内容和管理规范,由国务院建设主管部门另行制定。

第九十五条 房屋权属证书、登记证明，由国务院建设主管部门统一制定式样，统一监制，统一编号规则。

县级以上地方人民政府由一个部门统一负责房屋和土地登记工作的，可以制作、颁发统一的房地产权证书。房地产权证书的式样应当报国务院建设主管部门备案。

第九十六条 具有独立利用价值的特定空间以及码头、油库等其他建筑物、构筑物的登记，可以参照本办法执行。

第九十七条 省、自治区、直辖市人民政府建设（房地产）主管部门可以根据法律、法规和本办法的规定，结合本地实际情况，制定房屋登记实施细则。

第九十八条 本办法自 2008 年 7 月 1 日起施行。《城市房屋权属登记管理办法》（建设部令第 57 号）、《建设部关于修改〈城市房屋权属登记管理办法〉的决定》（建设部令第 99 号）同时废止。

土地登记办法

(2007年11月28日国土资源部第5次部务会议审议通过
2007年12月30日国土资源部第40号令公布
自2008年2月1日起施行)

第一章 总 则

第一条 为规范土地登记行为,保护土地权利人的合法权益,根据《中华人民共和国物权法》、《中华人民共和国土地管理法》、《中华人民共和国城市房地产管理法》和《中华人民共和国土地管理法实施条例》,制定本办法。

第二条 本办法所称土地登记,是指将国有土地使用权、集体土地所有权、集体土地使用权和土地抵押权、地役权以及依照法律法规规定需要登记的其他土地权利记载于土地登记簿公示的行为。

前款规定的国有土地使用权,包括国有建设用地使用权和国有农用地使用权;集体土地使用权,包括集体建设用地使用权、宅基地使用权和集体农用地使用权(不含土地承包经营权)。

第三条 土地登记实行属地登记原则。

申请人应当依照本办法向土地所在地的县级以上人民政府国土资源行政主管部门提出土地登记申请,依法报县级以上人民政府登记造册,核发土地权利证书。但土地抵押权、地役权由县级以上人民政府国土资源行政主管部门登记,核发土地他项权利证明书。

跨县级行政区域使用的土地,应当报土地所跨区域各县级以上人民政府分别办理土地登记。

在京中央国家机关使用的土地,按照《在京中央国家机关用地土地登记办法》的规定执行。

第四条 国家实行土地登记人员持证上岗制度。从事土地权属审核和登记审查的工作人员,应当取得国务院国土资源行政主管部门颁发的土地登记上岗证书。

第二章 一 般 规 定

第五条 土地以宗地为单位进行登记。

宗地是指土地权属界线封闭的地块或者空间。

第六条 土地登记应当依照申请进行,但法律、法规和本办法另有规定的除外。

第七条 土地登记应当由当事人共同申请,但有下列情形之一的,可以单方申请:

(一)土地总登记;

(二)国有土地使用权、集体土地所有权、集体土地使用权的初始登记;

（三）因继承或者遗赠取得土地权利的登记；

（四）因人民政府已经发生法律效力的土地权属争议处理决定而取得土地权利的登记；

（五）因人民法院、仲裁机构已经发生法律效力的法律文书而取得土地权利的登记；

（六）更正登记或者异议登记；

（七）名称、地址或者用途变更登记；

（八）土地权利证书的补发或者换发；

（九）其他依照规定可以由当事人单方申请的情形。

第八条 两个以上土地使用权人共同使用一宗土地的，可以分别申请土地登记。

第九条 申请人申请土地登记，应当根据不同的登记事项提交下列材料：

（一）土地登记申请书；

（二）申请人身份证明材料；

（三）土地权属来源证明；

（四）地籍调查表、宗地图及宗地界址坐标；

（五）地上附着物权属证明；

（六）法律法规规定的完税或者减免税凭证；

（七）本办法规定的其他证明材料。

前款第（四）项规定的地籍调查表、宗地图及宗地界址坐标，可以委托有资质的专业技术单位进行地籍调查获得。

申请人申请土地登记，应当如实向国土资源行政主管部门提交有关材料和反映真实情况，并对申请材料实质内容的真实性负责。

第十条 未成年人的土地权利，应当由其监护人代为申请登记。申请办理未成年人土地登记的，除提交本办法第九条规定的材料外，还应当提交监护人身份证明材料。

第十一条 委托代理人申请土地登记的，除提交本办法第九条规定的材料外，还应当提交授权委托书和代理人身份证明。

代理境外申请人申请土地登记的，授权委托书和被代理人身份证明应当经依法公证或者认证。

第十二条 对当事人提出的土地登记申请，国土资源行政主管部门应当根据下列情况分别作出处理：

（一）申请登记的土地不在本登记辖区的，应当当场作出不予受理的决定，并告知申请人向有管辖权的国土资源行政主管部门申请；

（二）申请材料存在可以当场更正的错误的，应当允许申请人当场更正；

（三）申请材料不齐全或者不符合法定形式的，应当当场或者在五日内一次告知申请人需要补正的全部内容；

（四）申请材料齐全、符合法定形式，或者申请人按照要求提交全部补正申请材料的，应当受理土地登记申请。

第十三条 国土资源行政主管部门受理土地登记申请后，认为必要的，可以就有关登记事项向申请人询问，也可以对申请登记的土地进行实地查看。

第十四条 国土资源行政主管部门应当对受理的土地登记申请进行审查，并按照下列规定办理登记手续：

（一）根据对土地登记申请的审核结果，以宗地为单位填写土地登记簿；

（二）根据土地登记簿的相关内容，以权利人为单位填写土地归户卡；

（三）根据土地登记簿的相关内容，以宗地为单位填写土地权利证书。对共有一宗土地的，应当为两个以上土地权利人分别填写土地权利证书。

国土资源行政主管部门在办理土地所有权和土地使用权登记手续前，应当报经同级人民政府批准。

第十五条　土地登记簿是土地权利归属和内容的根据。土地登记簿应当载明下列内容：

（一）土地权利人的姓名或者名称、地址；

（二）土地的权属性质、使用权类型、取得时间和使用期限、权利以及内容变化情况；

（三）土地的坐落、界址、面积、宗地号、用途和取得价格；

（四）地上附着物情况。

土地登记簿应当加盖人民政府印章。

土地登记簿采用电子介质的，应当每天进行异地备份。

第十六条　土地权利证书是土地权利人享有土地权利的证明。

土地权利证书记载的事项，应当与土地登记簿一致；记载不一致的，除有证据证明土地登记簿确有错误外，以土地登记簿为准。

第十七条　土地权利证书包括：

（一）国有土地使用证；

（二）集体土地所有证；

（三）集体土地使用证；

（四）土地他项权利证明书。

国有建设用地使用权和国有农用地使用权在国有土地使用证上载明；集体建设用地使用权、宅基地使用权和集体农用地使用权在集体土地使用证上载明；土地抵押权和地役权可以在土地他项权利证明书上载明。

土地权利证书由国务院国土资源行政主管部门统一监制。

第十八条　有下列情形之一的，不予登记：

（一）土地权属有争议的；

（二）土地违法违规行为尚未处理或者正在处理的；

（三）未依法足额缴纳土地有偿使用费和其他税费的；

（四）申请登记的土地权利超过规定期限的；

（五）其他依法不予登记的。

不予登记的，应当书面告知申请人不予登记的理由。

第十九条　国土资源行政主管部门应当自受理土地登记申请之日起二十日内，办结土地登记审查手续。特殊情况需要延期的，经国土资源行政主管部门负责人批准后，可以延长十日。

第二十条　土地登记形成的文件资料，由国土资源行政主管部门负责管理。

土地登记申请书、土地登记审批表、土地登记归户卡和土地登记簿的式样，由国务院国土资源行政主管部门规定。

第三章 土地总登记

第二十一条 本办法所称土地总登记，是指在一定时间内对辖区内全部土地或者特定区域内土地进行的全面登记。

第二十二条 土地总登记应当发布通告。通告的主要内容包括：

（一）土地登记区的划分；

（二）土地登记的期限；

（三）土地登记收件地点；

（四）土地登记申请人应当提交的相关文件材料；

（五）需要通告的其他事项。

第二十三条 对符合总登记要求的宗地，由国土资源行政主管部门予以公告。公告的主要内容包括：

（一）土地权利人的姓名或者名称、地址；

（二）准予登记的土地坐落、面积、用途、权属性质、使用权类型和使用期限；

（三）土地权利人及其他利害关系人提出异议的期限、方式和受理机构；

（四）需要公告的其他事项。

第二十四条 公告期满，当事人对土地总登记审核结果无异议或者异议不成立的，由国土资源行政主管部门报经人民政府批准后办理登记。

第四章 初 始 登 记

第二十五条 本办法所称初始登记，是指土地总登记之外对设立的土地权利进行的登记。

第二十六条 依法以划拨方式取得国有建设用地使用权的，当事人应当持县级以上人民政府的批准用地文件和国有土地划拨决定书等相关证明材料，申请划拨国有建设用地使用权初始登记。

新开工的大中型建设项目使用划拨国有土地的，还应当提供建设项目竣工验收报告。

第二十七条 依法以出让方式取得国有建设用地使用权的，当事人应当在付清全部国有土地出让价款后，持国有建设用地使用权出让合同和土地出让价款缴纳凭证等相关证明材料，申请出让国有建设用地使用权初始登记。

第二十八条 划拨国有建设用地使用权已依法转为出让国有建设用地使用权的，当事人应当持原国有土地使用证、出让合同及土地出让价款缴纳凭证等相关证明材料，申请出让国有建设用地使用权初始登记。

第二十九条 依法以国有土地租赁方式取得国有建设用地使用权的，当事人应当持租赁合同和土地租金缴纳凭证等相关证明材料，申请租赁国有建设用地使用权初始登记。

第三十条 依法以国有土地使用权作价出资或者入股方式取得国有建设用地使用权的，当事人应当持原国有土地使用证、土地使用权出资或者入股批准文件和其他相关证明材料，申请作价出资或者入股国有建设用地使用权初始登记。

第三十一条 以国家授权经营方式取得国有建设用地使用权的,当事人应当持原国有土地使用证、土地资产处置批准文件和其他相关证明材料,申请授权经营国有建设用地使用权初始登记。

第三十二条 农民集体土地所有权人应当持集体土地所有权证明材料,申请集体土地所有权初始登记。

第三十三条 依法使用本集体土地进行建设的,当事人应当持有批准权的人民政府的批准用地文件,申请集体建设用地使用权初始登记。

第三十四条 集体土地所有权人依法以集体建设用地使用权入股、联营等形式兴办企业的,当事人应当持有批准权的人民政府的批准文件和相关合同,申请集体建设用地使用权初始登记。

第三十五条 依法使用本集体土地进行农业生产的,当事人应当持农用地使用合同,申请集体农用地使用权初始登记。

第三十六条 依法抵押土地使用权的,抵押权人和抵押人应当持土地权利证书、主债权债务合同、抵押合同以及相关证明材料,申请土地使用权抵押登记。

同一宗地多次抵押的,以抵押登记申请先后为序办理抵押登记。

符合抵押登记条件的,国土资源行政主管部门应当将抵押合同约定的有关事项在土地登记簿和土地权利证书上加以记载,并向抵押权人颁发土地他项权利证明书。申请登记的抵押为最高额抵押的,应当记载所担保的最高债权额、最高额抵押的期间等内容。

第三十七条 在土地上设定地役权后,当事人申请地役权登记的,供役地权利人和需役地权利人应当向国土资源行政主管部门提交土地权利证书和地役权合同等相关证明材料。

符合地役权登记条件的,国土资源行政主管部门应当将地役权合同约定的有关事项分别记载于供役地和需役地的土地登记簿和土地权利证书,并将地役权合同保存于供役地和需役地的宗地档案中。

供役地、需役地分属不同国土资源行政主管部门管辖的,当事人可以向负责供役地登记的国土资源行政主管部门申请地役权登记。负责供役地登记的国土资源行政主管部门完成登记后,应当通知负责需役地登记的国土资源行政主管部门,由其记载于需役地的土地登记簿。

第五章 变 更 登 记

第三十八条 本办法所称变更登记,是指因土地权利人发生改变,或者因土地权利人姓名或者名称、地址和土地用途等内容发生变更而进行的登记。

第三十九条 依法以出让、国有土地租赁、作价出资或者入股方式取得的国有建设用地使用权转让的,当事人应当持原国有土地使用证和土地权利发生转移的相关证明材料,申请国有建设用地使用权变更登记。

第四十条 因依法买卖、交换、赠与地上建筑物、构筑物及其附属设施涉及建设用地使用权转移的,当事人应当持原土地权利证书、变更后的房屋所有权证书及土地使用权发生转移的相关证明材料,申请建设用地使用权变更登记。涉及划拨土地使用权转移的,当事人还应当提供有批准权人民政府的批准文件。

第四十一条　因法人或者其他组织合并、分立、兼并、破产等原因致使土地使用权发生转移的，当事人应当持相关协议及有关部门的批准文件、原土地权利证书等相关证明材料，申请土地使用权变更登记。

第四十二条　因处分抵押财产而取得土地使用权的，当事人应当在抵押财产处分后，持相关证明文件，申请土地使用权变更登记。

第四十三条　土地使用权抵押期间，土地使用权依法发生转让的，当事人应当持抵押权人同意转让的书面证明、转让合同及其他相关证明材料，申请土地使用权变更登记。

已经抵押的土地使用权转让后，当事人应当持土地权利证书和他项权利证明书，办理土地抵押权变更登记。

第四十四条　经依法登记的土地抵押权因主债权被转让而转让的，主债权的转让人和受让人可以持原土地他项权利证明书、转让协议、已经通知债务人的证明等相关证明材料，申请土地抵押权变更登记。

第四十五条　因人民法院、仲裁机构生效的法律文书或者因继承、受遗赠取得土地使用权，当事人申请登记的，应当持生效的法律文书或者死亡证明、遗嘱等相关证明材料，申请土地使用权变更登记。

权利人在办理登记之前先行转让该土地使用权或者设定土地抵押权的，应当依照本办法先将土地权利申请登记到其名下后，再申请办理土地权利变更登记。

第四十六条　已经设定地役权的土地使用权转移后，当事人申请登记的，供役地权利人和需役地权利人应当持变更后的地役权合同及土地权利证书等相关证明材料，申请办理地役权变更登记。

第四十七条　土地权利人姓名或名称、地址发生变化的，当事人应当持原土地权利证书等相关证明材料，申请姓名或者名称、地址变更登记。

第四十八条　土地的用途发生变更的，当事人应当持有关批准文件和原土地权利证书，申请土地用途变更登记。

土地用途变更依法需要补交土地出让价款的，当事人还应当提交已补交土地出让价款的缴纳凭证。

第六章　注　销　登　记

第四十九条　本办法所称注销登记，是指因土地权利的消灭等而进行的登记。

第五十条　有下列情形之一的，可直接办理注销登记：

（一）依法收回的国有土地；

（二）依法征收的农民集体土地；

（三）因人民法院、仲裁机构的生效法律文书致使原土地权利消灭，当事人未办理注销登记的。

第五十一条　因自然灾害等原因造成土地权利消灭的，原土地权利人应当持原土地权利证书及相关证明材料，申请注销登记。

第五十二条 非住宅国有建设用地使用权期限届满，国有建设用地使用权人未申请续期或者申请续期未获批准的，当事人应当在期限届满前十五日内，持原土地权利证书，申请注销登记。

第五十三条 已经登记的土地抵押权、地役权终止的，当事人应当在该土地抵押权、地役权终止之日起十五日内，持相关证明文件，申请土地抵押权、地役权注销登记。

第五十四条 当事人未按照本办法第五十一条、第五十二条和第五十三条的规定申请注销登记的，国土资源行政主管部门应当责令当事人限期办理；逾期不办理的，进行注销公告，公告期满后可直接办理注销登记。

第五十五条 土地抵押期限届满，当事人未申请土地使用权抵押注销登记的，除设定抵押权的土地使用权期限届满外，国土资源行政主管部门不得直接注销土地使用权抵押登记。

第五十六条 土地登记注销后，土地权利证书应当收回；确实无法收回的，应当在土地登记簿上注明，并经公告后废止。

第七章 其他登记

第五十七条 本办法所称其他登记，包括更正登记、异议登记、预告登记和查封登记。

第五十八条 国土资源行政主管部门发现土地登记簿记载的事项确有错误的，应当报经人民政府批准后进行更正登记，并书面通知当事人在规定期限内办理更换或者注销原土地权利证书的手续。当事人逾期不办理的，国土资源行政主管部门报经人民政府批准并公告后，原土地权利证书废止。

更正登记涉及土地权利归属的，应当对更正登记结果进行公告。

第五十九条 土地权利人认为土地登记簿记载的事项错误的，可以持原土地权利证书和证明登记错误的相关材料，申请更正登记。

利害关系人认为土地登记簿记载的事项错误的，可以持土地权利人书面同意更正的证明文件，申请更正登记。

第六十条 土地登记簿记载的权利人不同意更正的，利害关系人可以申请异议登记。

对符合异议登记条件的，国土资源行政主管部门应当将相关事项记载于土地登记簿，并向申请人颁发异议登记证明，同时书面通知土地登记簿记载的土地权利人。

异议登记期间，未经异议登记权利人同意，不得办理土地权利的变更登记或者设定土地抵押权。

第六十一条 有下列情形之一的，异议登记申请人或者土地登记簿记载的土地权利人可以持相关材料申请注销异议登记：

（一）异议登记申请人在异议登记之日起十五日内没有起诉的；

（二）人民法院对异议登记申请人的起诉不予受理的；

（三）人民法院对异议登记申请人的诉讼请求不予支持的。

异议登记失效后，原申请人就同一事项再次申请异议登记的，国土资源行政主管部门不予受理。

第六十二条 当事人签订土地权利转让的协议后，可以按照约定持转让协议申请预告登记。

对符合预告登记条件的，国土资源行政主管部门应当将相关事项记载于土地登记簿，并向申请人颁发预告登记证明。

预告登记后，债权消灭或者自能够进行土地登记之日起三个月内当事人未申请土地登记的，预告登记失效。

预告登记期间，未经预告登记权利人同意，不得办理土地权利的变更登记或者土地抵押权、地役权登记。

第六十三条 国土资源行政主管部门应当根据人民法院提供的查封裁定书和协助执行通知书，报经人民政府批准后将查封或者预查封的情况在土地登记簿上加以记载。

第六十四条 国土资源行政主管部门在协助人民法院执行土地使用权时，不对生效法律文书和协助执行通知书进行实体审查。国土资源行政主管部门认为人民法院的查封、预查封裁定书或者其他生效法律文书错误的，可以向人民法院提出审查建议，但不得停止办理协助执行事项。

第六十五条 对被执行人因继承、判决或者强制执行取得，但尚未办理变更登记的土地使用权的查封，国土资源行政主管部门依照执行查封的人民法院提交的被执行人取得财产所依据的继承证明、生效判决书或者执行裁定书及协助执行通知书等，先办理变更登记手续后，再行办理查封登记。

第六十六条 土地使用权在预查封期间登记在被执行人名下的，预查封登记自动转为查封登记。

第六十七条 两个以上人民法院对同一宗土地进行查封的，国土资源行政主管部门应当为先送达协助执行通知书的人民法院办理查封登记手续，对后送达协助执行通知书的人民法院办理轮候查封登记，并书面告知其该土地使用权已被其他人民法院查封的事实及查封的有关情况。

轮候查封登记的顺序按照人民法院送达协助执行通知书的时间先后进行排列。查封法院依法解除查封的，排列在先的轮候查封自动转为查封；查封法院对查封的土地使用权全部处理的，排列在后的轮候查封自动失效；查封法院对查封的土地使用权部分处理的，对剩余部分，排列在后的轮候查封自动转为查封。

预查封的轮候登记参照本条第一款和第二款的规定办理。

第六十八条 查封、预查封期限届满或者人民法院解除查封的，查封、预查封登记失效，国土资源行政主管部门应当注销查封、预查封登记。

第六十九条 对被人民法院依法查封、预查封的土地使用权，在查封、预查封期间，不得办理土地权利的变更登记或者土地抵押权、地役权登记。

第八章 土地权利保护

第七十条 依法登记的国有土地使用权、集体土地所有权、集体土地使用权和土地抵押权、地役权受法律保护，任何单位和个人不得侵犯。

第七十一条 县级以上人民政府国土资源行政主管部门应当加强土地登记结果的信息

系统和数据库建设，实现国家和地方土地登记结果的信息共享和异地查询。

第七十二条　国家实行土地登记资料公开查询制度。土地权利人、利害关系人可以申请查询土地登记资料，国土资源行政主管部门应当提供。

土地登记资料的公开查询，依照《土地登记资料公开查询办法》的规定执行。

第九章　法　律　责　任

第七十三条　当事人伪造土地权利证书的，由县级以上人民政府国土资源行政主管部门依法没收伪造的土地权利证书；情节严重构成犯罪的，依法追究刑事责任。

第七十四条　国土资源行政主管部门工作人员在土地登记工作中玩忽职守、滥用职权、徇私舞弊的，依法给予行政处分；构成犯罪的，依法追究刑事责任。

第十章　附　则

第七十五条　经省、自治区、直辖市人民政府确定，县级以上地方人民政府由一个部门统一负责土地和房屋登记工作的，其房地产登记中有关土地登记的内容应当符合本办法的规定，其房地产权证书的内容和式样应当报国务院国土资源行政主管部门核准。

第七十六条　土地登记中依照本办法需要公告的，应当在人民政府或者国土资源行政主管部门的门户网站上进行公告。

第七十七条　土地权利证书灭失、遗失的，土地权利人应当在指定媒体上刊登灭失、遗失声明后，方可申请补发。补发的土地权利证书应当注明"补发"字样。

第七十八条　本办法自2008年2月1日起施行。

城乡建设用地增减挂钩试点管理办法

(国土资发〔2008〕138号)

第一条 为进一步加强和规范城乡建设用地增减挂钩试点工作，根据《国务院关于深化改革严格土地管理的决定》(国发〔2004〕28号)的规定，制定本办法。

第二条 本办法所称城乡建设用地增减挂钩(以下简称挂钩)是指依据土地利用总体规划，将若干拟整理复垦为耕地的农村建设用地地块(即拆旧地块)和拟用于城镇建设的地块(即建新地块)等面积共同组成建新拆旧项目区(以下简称项目区)，通过建新拆旧和土地整理复垦等措施，在保证项目区内各类土地面积平衡的基础上，最终实现增加耕地有效面积，提高耕地质量，节约集约利用建设用地，城乡用地布局更合理的目标。

第三条 挂钩试点工作应以落实科学发展观为统领，以保护耕地、保障农民土地权益为出发点，以改善农村生产生活条件，统筹城乡发展为目标，以优化用地结构和节约集约用地为重点。具体遵循以下原则：

(一)以规划统筹试点工作，引导城乡用地结构调整和布局优化，推进土地节约集约利用，促进城乡协调发展；

(二)以挂钩周转指标安排项目区建新拆旧规模，调控实施进度，考核计划目标；

(三)以项目区实施为核心，实行行政辖区和项目区建新拆旧双层审批、考核和管理，确保项目区实施后，增加耕地有效面积，提高耕地质量，建设用地总量不突破原有规模；

(四)因地制宜，统筹安排，零拆整建，先易后难，突出重点，分步实施；

(五)尊重群众意愿，维护集体和农户土地合法权益；

(六)以城带乡、以工促农，通过挂钩试点工作，改善农民生产、生活条件，促进农业适度规模经营和农村集体经济发展。

第四条 国土资源部负责对全国挂钩试点工作的政策指导、规模调控和监督检查；试点省(区、市)省级国土资源部门负责辖区内试点工作的总体部署和组织管理；试点市、县国土资源部门负责本行政区域内试点工作的具体组织实施。

挂钩试点工作应当由市、县人民政府组织协调，相关部门协同配合，共同推进。

第五条 挂钩试点工作实行行政区域和项目区双层管理，以项目区为主体组织实施。项目区应在试点市、县行政辖区内设置，优先考虑城乡结合部地区；项目区内建新和拆旧地块要相对接近，便于实施和管理，并避让基本农田。

项目区内建新地块总面积必须小于拆旧地块总面积，拆旧地块整理复垦耕地的数量、质量，应比建新占用耕地的数量有增加、质量有提高。

项目区内拆旧地块整理的耕地面积，大于建新占用的耕地的，可用于建设占用耕地占补平衡。

第六条 挂钩试点通过下达城乡建设用地增减挂钩周转指标(以下简称挂钩周转指标)进行。挂钩周转指标专项用于控制项目区内建新地块的规模,同时作为拆旧地块整理复垦耕地面积的标准。不得作为年度新增建设用地计划指标使用。

挂钩周转指标应在规定时间内用拆旧地块整理复垦的耕地面积归还,面积不得少于下达的挂钩周转指标。

第七条 挂钩试点市、县应当开展专项调查,查清试点地区土地利用现状、权属、等级,分析试点地区农村建设用地整理复垦潜力和城镇建设用地需求,了解当地群众的生产生活条件和建新拆旧意愿。

第八条 挂钩试点市、县应当依据土地利用总体规划和专项调查,编制挂钩试点专项规划,统筹安排挂钩试点项目区规模布局,做好与城市、村镇规划等的衔接。

第九条 挂钩试点县(区、市)应依据专项调查和挂钩试点专项规划,编制项目区实施规划,统筹确定城镇建设用地增加和农村建设用地撤并的规模、范围和布局,合理安排建新区城镇村建设用地的比例,优先保证被拆迁农民安置和农村公共设施建设用地,并为当地农村集体经济发展预留空间。

项目区实施规划内容主要包括农村建设用地整理复垦潜力分析,项目区规模与范围,土地利用结构调整等情况;项目区实施时序,周转指标规模及使用、归还计划;拆旧区整理复垦和安置补偿方案;资金预算与筹措等,以及项目区土地利用现状图和项目区实施规划图。

第十条 挂钩试点工作必须经国土资源部批准,未经批准不得自行开展试点工作。

省级国土资源部门制定试点工作总体方案,向国土资源部提出开展挂钩试点工作申请。国土资源部对省级国土资源部门上报的试点工作总体方案进行审查,并批准挂钩试点省份。

经批准的试点省级国土资源部门,依据试点工作总体方案,组织市、县国土资源部门编制项目区实施规划,并进行审查,建立项目区备选库;根据项目区入库情况,向国土资源部提出周转指标申请。

国土资源部在对项目区备选库进行核查的基础上,按照总量控制的原则,批准下达挂钩周转指标规模。

第十一条 挂钩试点应当具备以下条件:

(一)建设用地供需矛盾突出,农村建设用地整理复垦潜力较大;

(二)当地政府重视,群众积极性较高;

(三)经济发展较快,具备较强的经济实力,能确保建新安置和拆旧整理所需资金;

(四)土地管理严格规范,各项基础业务扎实,具有较强制度创新和探索能力。

第十二条 试点省(区、市)应根据国土资源部批准下达的挂钩周转指标规模,在项目区备选库中择优确定试点项目区,对项目区实施规划和建新拆旧进行整体审批,不再单独办理农用地转用审批手续。整体审批结果报国土资源部备案。

项目区经整体审批后方可实施,未经整体审批的项目区,不得使用挂钩周转指标;未纳入项目区、无挂钩周转指标的地块,不得改变土地用途,涉及农用地改变为新增建设用地的应依法办理农用地转用手续。

第十三条 项目区实施前,应当对建新拟占用的农用地和耕地,进行面积测量和等级评定，并登记入册。

第十四条 挂钩试点实施过程中，项目区拆旧地块整理要严格执行土地整理复垦的有关规定，涉及工程建设的，应当执行项目法人制、招投标制、工程监理制、公告制等制度。

第十五条 挂钩周转指标分别以行政区域和项目区为考核单位，两者建新地块的面积规模都不得突破下达的挂钩周转指标规模。对各项目区挂钩周转指标的使用情况，要独立进行考核和管理；对试点市、县挂钩周转指标的使用情况，要综合行政辖区内的所有项目区进行整体考核和管理。

试点市、县国土资源部门应按照"总量控制、封闭运行、定期考核、到期归还"的原则，制定建立挂钩周转指标管理台账，对挂钩周转指标的下达、使用和归还进行全程监管。

挂钩周转指标从项目区整体审批实施至指标归还的期限一般不超过三年。项目区要制定分年度指标归还计划，试点市、县国土资源部门督促落实指标归还进度；试点省级国土资源部门每年应依据指标归还计划，对各试点市、县挂钩周转指标归还情况进行考核验收。

第十六条 项目区建新地块要按照国家供地政策和节约集约用地要求供地和用地。确需征收的集体土地，应依法办理土地征收手续。

通过开展土地评估、界定土地权属，按照同类土地等价交换的原则，合理进行土地调整、互换和补偿。根据"依法、自愿、有偿、规范"的要求，探索集体建设用地流转，创新机制，促进挂钩试点工作。

第十七条 项目区选点布局应当举行听证、论证，充分吸收当地农民和公众意见，严禁违背农民意愿，大拆大建；项目区实施过程中，涉及农用地或建设用地调整、互换，要得到集体经济组织和农民确认。涉及集体土地征收的，要实行告知、听证和确认，对集体和农民妥善给予补偿和安置。

建新地块实行有偿供地所得收益，要用于项目区内农村和基础设施建设，并按照城市反哺农村、工业反哺农业的要求，优先用于支持农村集体发展生产和农民改善生活条件。

第十八条 市、县国土资源部门对挂钩试点工作要实行动态监管，每半年将试点进展情况向上级国土资源部门报告；省级国土资源部门应定期对本行政辖区试点工作进行检查指导，并于每年年底组织开展年度考核，考核情况报国土资源部备案。

第十九条 项目区实施完成后，由试点县级国土资源部门进行初验。初验合格后，向上一级国土资源部门申请，由省级国土资源部门组织正式验收，并将验收结果报部备案。

项目区验收时，需提供1∶1万或更大比例尺的项目区土地利用现状图和必要的遥感影像资料，与项目区实施前的图件资料进行比对和核查。

第二十条 项目区竣工验收后，要在规定的时间内完成地籍调查和土地变更调查，明确地块界址，并依法办理土地变更登记手续。

第二十一条 试点各级国土资源部门应运用计算机等手段，对建新拆旧面积、周转指标、土地权属等进行登记、汇总，建立项目区数据库，加强信息化管理。

第二十二条 国土资源部定期对试点工作进行检查，对未能按计划及时归还指标的省

(区、市)，要限期整改，情节严重的，暂停挂钩试点工作；对于擅自扩大试点范围，突破下达周转指标规模，停止该省(区、市)的挂钩试点工作，并相应扣减土地利用年度计划指标。

第二十三条 试点省(区、市)可结合本地区实际情况，参照本办法，制定具体实施办法。

第二十四条 本办法自颁布之日起实施。

中华人民共和国农村土地承包经营权证管理办法

(2003年11月14日农业部第33号令发布

自2004年1月1日起施行)

第一条 为稳定和完善农村土地承包关系，维护承包方依法取得的土地承包经营权，加强农村土地承包经营权证管理，根据《中华人民共和国农村土地承包法》，制定本办法。

第二条 农村土地承包经营权证是农村土地承包合同生效后，国家依法确认承包方享有土地承包经营权的法律凭证。

农村土地承包经营权证只限承包方使用。

第三条 承包耕地、园地、荒山、荒沟、荒丘、荒滩等农村土地从事种植业生产活动，承包方依法取得农村土地承包经营权后，应颁发农村土地承包经营权证予以确认。

承包草原、水面、滩涂从事养殖业生产活动的，依照《中华人民共和国草原法》、《中华人民共和国渔业法》等有关规定确权发证。

第四条 实行家庭承包经营的承包方，由县级以上地方人民政府颁发农村土地承包经营权证。

实行其他方式承包经营的承包方，经依法登记，由县级以上地方人民政府颁发农村土地承包经营权证。

县级以上地方人民政府农业行政主管部门负责农村土地承包经营权证的备案、登记、发放等具体工作。

第五条 农村土地承包经营权证所载明的权利有效期限，应与依法签订的土地承包合同约定的承包期一致。

第六条 农村土地承包经营权证应包括以下内容：

（一）名称和编号；

（二）发证机关及日期；

（三）承包期限和起止日期；

（四）承包土地名称、坐落、面积、用途；

（五）农村土地承包经营权变动情况；

（六）其他应当注明的事项。

第七条 实行家庭承包的，按下列程序颁发农村土地承包经营权证：

（一）土地承包合同生效后，发包方应在30个工作日内，将土地承包方案、承包方及承包土地的详细情况、土地承包合同等材料一式两份报乡(镇)人民政府农村经营管理部门。

（二）乡(镇)人民政府农村经营管理部门对发包方报送的材料予以初审。材料符合规定的，及时登记造册，由乡(镇)人民政府向县级以上地方人民政府提出颁发农村土地承包经营权证的书面申请；材料不符合规定的，应在15个工作日内补正。

（三）县级以上地方人民政府农业行政主管部门对乡(镇)人民政府报送的申请材料予以审核。申请材料符合规定的，编制农村土地承包经营权证登记簿，报同级人民政府颁发农村土地承包经营权证；申请材料不符合规定的，书面通知乡(镇)人民政府补正。

第八条　实行招标、拍卖、公开协商等方式承包农村土地的，按下列程序办理农村土地承包经营权证：

（一）土地承包合同生效后，承包方填写农村土地承包经营权证登记申请书，报承包土地所在乡(镇)人民政府农村经营管理部门。

（二）乡(镇)人民政府农村经营管理部门对发包方和承包方的资格、发包程序、承包期限、承包地用途等予以初审，并在农村土地承包经营权证登记申请书上签署初审意见。

（三）承包方持乡(镇)人民政府初审通过的农村土地承包经营权登记申请书，向县级以上地方人民政府申请农村土地承包经营权证登记。

（四）县级以上地方人民政府农业行政主管部门对登记申请予以审核。申请材料符合规定的，编制农村土地承包经营权证登记簿，报请同级人民政府颁发农村土地承包经营权证；申请材料不符合规定的，书面通知申请人补正。

第九条　农村土地承包经营权证登记簿记载农村土地承包经营权的基本内容。农村土地承包经营权证、农村土地承包合同、农村土地承包经营权证登记簿记载的事项应一致。

第十条　农村土地承包经营权证登记簿、承包合同登记及其他登记材料，由县级以上地方农业行政主管部门管理。

农村土地承包方有权查阅、复制农村土地承包经营权证登记簿和其他登记材料。县级以上农业行政主管部门不得限制和阻挠。

第十一条　农村土地承包当事人认为农村土地承包经营权证和登记簿记载错误的，有权申请更正。

第十二条　乡(镇)农村经营管理部门和县级以上地方人民政府农业行政主管部门在办理农村土地承包经营权证过程中应当履行下列职责：

（一）查验申请人提交的有关材料；

（二）就有关登记事项询问申请人；

（三）如实、及时地登记有关事项；

（四）需要实地查看的，应进行查验。在实地查验过程中，申请人有义务给予协助。

第十三条　乡(镇)人民政府农村经营管理部门领取农村土地承包经营权证后，应在30个工作日内将农村土地承包经营权证发给承包方。发包方不得为承包方保存农村土地承包经营权证。

第十四条　承包期内，承包方采取转包、出租、入股方式流转土地承包经营权的，不须办理农村土地承包经营权证变更。

采取转让、互换方式流转土地承包经营权的，当事人可以要求办理农村土地承包经营权证变更登记。

因转让、互换以外的其他方式导致农村土地承包经营权分立、合并的，应当办理农村土地承包经营权证变更。

第十五条 办理农村土地承包经营权变更申请应提交以下材料：
（一）变更的书面请求；
（二）已变更的农村土地承包合同或其他证明材料；
（三）农村土地承包经营权证原件。

第十六条 乡（镇）人民政府农村经营管理部门受理变更申请后，应及时对申请材料进行审核。符合规定的，报请原发证机关办理变更手续，并在农村土地承包经营权证登记簿上记载。

第十七条 农村土地承包经营权证严重污损、毁坏、遗失的，承包方应向乡（镇）人民政府农村经营管理部门申请换发、补发。

经乡（镇）人民政府农村经营管理部门审核后，报请原发证机关办理换发、补发手续。

第十八条 办理农村土地承包经营权证换发、补发手续，应以农村土地经营权证登记簿记载的内容为准。

第十九条 农村土地承包经营权证换发、补发，应当在农村土地承包经营权证上注明"换发"、"补发"字样。

第二十条 承包期内，发生下列情形之一的，应依法收回农村土地承包经营权证：
（一）承包期内，承包方全家迁入设区的市，转为非农业户口的。
（二）承包期内，承包方提出书面申请，自愿放弃全部承包土地的。
（三）承包土地被依法征用、占用，导致农村土地承包经营权全部丧失的。
（四）其他收回土地承包经营权证的情形。

第二十一条 符合本办法第二十条规定，承包方无正当理由拒绝交回农村土地承包经营权证的，由原发证机关注销该证（包括编号），并予以公告。

第二十二条 收回的农村土地承包经营权证，应退回原发证机关，加盖"作废"章。

第二十三条 县级人民政府农业行政主管部门和乡（镇）人民政府要完善农村土地承包方案、农村土地承包合同、农村土地承包经营权证及其相关文件档案的管理制度，建立健全农村土地承包信息化管理系统。

第二十四条 地方各级人民政府农业行政主管部门要加强对农村土地承包经营权证的发放管理，确保农村土地承包经营权证全部落实到户。

第二十五条 对不按规定及时发放农村土地承包经营权证的责任人，予以批评教育；造成严重后果的，应追究行政责任。

第二十六条 颁发农村土地承包经营权证，除工本费外，不得向承包方收取任何费用。

农村土地承包经营权证工本费的支出要严格执行国家有关财务管理的规定。

第二十七条 本办法实施以前颁发的农村土地承包经营权证，符合《农村土地承包法》有关规定，并已加盖县级以上地方人民政府印章的，继续有效。个别条款如承包期限、承包方承担义务等违反《农村土地承包法》规定的，该条款无效，是否换发新证，由承包方决定。

未加盖县级以上地方人民政府印章的，应按本《办法》规定重新颁发。重新颁发农村土地承包经营权证，土地承包期限应符合《农村土地承包法》的有关规定，不得借机调整土地。

第二十八条 农村土地承包经营权证由农业部监制，由省级人民政府农业行政主管部门统一组织印制，加盖县级以上地方人民政府印章。

第二十九条 本办法由农业部负责解释。

第三十条 本办法自 2004 年 1 月 1 日起正式施行。

农村土地承包经营权流转管理办法

(2005年1月7日经农业部第2次常务会议审议通过
2005年1月19日农业部第47号令公布
自2005年3月1日起施行)

第一章 总 则

第一条 为规范农村土地承包经营权流转行为,维护流转双方当事人合法权益,促进农业和农村经济发展,根据《农村土地承包法》及有关规定制定本办法。

第二条 农村土地承包经营权流转应当在坚持农户家庭承包经营制度和稳定农村土地承包关系的基础上,遵循平等协商、依法、自愿、有偿的原则。

第三条 农村土地承包经营权流转不得改变承包土地的农业用途,流转期限不得超过承包期的剩余期限,不得损害利害关系人和农村集体经济组织的合法权益。

第四条 农村土地承包经营权流转应当规范有序。依法形成的流转关系应当受到保护。

第五条 县级以上人民政府农业行政主管(或农村经营管理)部门依照同级人民政府规定的职责负责本行政区域内的农村土地承包经营权流转及合同管理的指导。

第二章 流转当事人

第六条 承包方有权依法自主决定承包土地是否流转、流转的对象和方式。任何单位和个人不得强迫或者阻碍承包方依法流转其承包土地。

第七条 农村土地承包经营权流转收益归承包方所有,任何组织和个人不得侵占、截留、扣缴。

第八条 承包方自愿委托发包方或中介组织流转其承包土地的,应当由承包方出具土地流转委托书。委托书应当载明委托的事项、权限和期限等,并有委托人的签名或盖章。

没有承包方的书面委托,任何组织和个人无权以任何方式决定流转农户的承包土地。

第九条 农村土地承包经营权流转的受让方可以是承包农户,也可以是其他按有关法律及有关规定允许从事农业生产经营的组织和个人。在同等条件下,本集体经济组织成员享有优先权。

受让方应当具有农业经营能力。

第十条 农村土地承包经营权流转方式、期限和具体条件,由流转双方平等协商确定。

第十一条 承包方与受让方达成流转意向后,以转包、出租、互换或者其他方式流转的,承包方应当及时向发包方备案;以转让方式流转的,应当事先向发包方提出转让申请。

第十二条 受让方应当依照有关法律、法规的规定保护土地，禁止改变流转土地的农业用途。

第十三条 受让方将承包方以转包、出租方式流转的土地实行再流转，应当取得原承包方的同意。

第十四条 受让方在流转期间因投入而提高土地生产能力的，土地流转合同到期或者未到期由承包方依法收回承包土地时，受让方有权获得相应的补偿。具体补偿办法可以在土地流转合同中约定或双方通过协商解决。

第三章 流转方式

第十五条 承包方依法取得的农村土地承包经营权可以采取转包、出租、互换、转让或者其他符合有关法律和国家政策规定的方式流转。

第十六条 承包方依法采取转包、出租、入股方式将农村土地承包经营权部分或者全部流转的，承包方与发包方的承包关系不变，双方享有的权利和承担的义务不变。

第十七条 同一集体经济组织的承包方之间自愿将土地承包经营权进行互换，双方对互换土地原享有的承包权利和承担的义务也相应互换，当事人可以要求办理农村土地承包经营权证变更登记手续。

第十八条 承包方采取转让方式流转农村土地承包经营权的，经发包方同意后，当事人可以要求及时办理农村土地承包经营权证变更、注销或重发手续。

第十九条 承包方之间可以自愿将承包土地入股发展农业合作生产，但股份合作解散时入股土地应当退回原承包农户。

第二十条 通过转让、互换方式取得的土地承包经营权经依法登记获得土地承包经营权证后，可以依法采取转包、出租、互换、转让或者其他符合法律和国家政策规定的方式流转。

第四章 流转合同

第二十一条 承包方流转农村土地承包经营权，应当与受让方在协商一致的基础上签订书面流转合同。

农村土地承包经营权流转合同一式四份，流转双方各执一份，发包方和乡（镇）人民政府农村土地承包管理部门各备案一份。

承包方将土地交由他人代耕不超过一年的，可以不签订书面合同。

第二十二条 承包方委托发包方或者中介服务组织流转其承包土地的，流转合同应当由承包方或其书面委托的代理人签订。

第二十三条 农村土地承包经营权流转合同一般包括以下内容：

（一）双方当事人的姓名、住所；

（二）流转土地的四至、坐落、面积、质量等级；

（三）流转的期限和起止日期；

（四）流转方式；

（五）流转土地的用途；

（六）双方当事人的权利和义务；

（七）流转价款及支付方式；

（八）流转合同到期后地上附着物及相关设施的处理；

（九）违约责任。

农村土地承包经营权流转合同文本格式由省级人民政府农业行政主管部门确定。

第二十四条　农村土地承包经营权流转当事人可以向乡（镇）人民政府农村土地承包管理部门申请合同鉴证。

乡（镇）人民政府农村土地承包管理部门不得强迫土地承包经营权流转当事人接受鉴证。

第五章　流转管理

第二十五条　发包方对承包方提出的转包、出租、互换或者其他方式流转承包土地的要求，应当及时办理备案，并报告乡（镇）人民政府农村土地承包管理部门。

承包方转让承包土地，发包方同意转让的，应当及时向乡（镇）人民政府农村土地承包管理部门报告，并配合办理有关变更手续；发包方不同意转让的，应当于七日内向承包方书面说明理由。

第二十六条　乡（镇）人民政府农村土地承包管理部门应当及时向达成流转意向的承包方提供统一文本格式的流转合同，并指导签订。

第二十七条　乡（镇）人民政府农村土地承包管理部门应当建立农村土地承包经营权流转情况登记册，及时准确记载农村土地承包经营权流转情况。以转包、出租或者其他方式流转承包土地的，及时办理相关登记；以转让、互换方式流转承包土地的，及时办理有关承包合同和土地承包经营权证变更等手续。

第二十八条　乡（镇）人民政府农村土地承包管理部门应当对农村土地承包经营权流转合同及有关文件、文本、资料等进行归档并妥善保管。

第二十九条　采取互换、转让方式流转土地承包经营权，当事人申请办理土地承包经营权流转登记的，县级人民政府农业行政（或农村经营管理）主管部门应当予以受理，并依照《农村土地承包经营权证管理办法》的规定办理。

第三十条　从事农村土地承包经营权流转服务的中介组织应当向县级以上地方人民政府农业行政（或农村经营管理）主管部门备案并接受其指导，依照法律和有关规定提供流转中介服务。

第三十一条　乡（镇）人民政府农村土地承包管理部门在指导流转合同签订或流转合同鉴证中，发现流转双方有违反法律法规的约定，要及时予以纠正。

第三十二条　县级以上地方人民政府农业行政（或农村经营管理）主管部门应当加强对乡（镇）人民政府农村土地承包管理部门工作的指导。乡（镇）人民政府农村土地承包管理部门应当依法开展农村土地承包经营权流转的指导和管理工作，正确履行职责。

第三十三条　农村土地承包经营权流转发生争议或者纠纷，当事人应当依法协商解决。

当事人协商不成的，可以请求村民委员会、乡（镇）人民政府调解。

当事人不愿协商或者调解不成的，可以向农村土地承包仲裁机构申请仲裁，也可以直接向人民法院起诉。

第六章 附 则

第三十四条 通过招标、拍卖和公开协商等方式承包荒山、荒沟、荒丘、荒滩等农村土地，经依法登记取得农村土地承包经营权证的，可以采取转让、出租、入股、抵押或者其他方式流转，其流转管理参照本办法执行。

第三十五条 本办法所称转让是指承包方有稳定的非农职业或者有稳定的收入来源，经承包方申请和发包方同意，将部分或全部土地承包经营权让渡给其他从事农业生产经营的农户，由其履行相应土地承包合同的权利和义务。转让后原土地承包关系自行终止，原承包方承包期内的土地承包经营权部分或全部灭失。

转包是指承包方将部分或全部土地承包经营权以一定期限转给同一集体经济组织的其他农户从事农业生产经营。转包后原土地承包关系不变，原承包方继续履行原土地承包合同规定的权利和义务。接包方按转包时约定的条件对转包方负责。承包方将土地交他人代耕不足一年的除外。

互换是指承包方之间为方便耕作或者各自需要，对属于同一集体经济组织的承包地块进行交换，同时交换相应的土地承包经营权。

入股是指实行家庭承包方式的承包方之间为发展农业经济，将土地承包经营权作为股权，自愿联合从事农业合作生产经营；其他承包方式的承包方将土地承包经营权量化为股权，入股组成股份公司或者合作社等，从事农业生产经营。

出租是指承包方将部分或全部土地承包经营权以一定期限租赁给他人从事农业生产经营。出租后原土地承包关系不变，原承包方继续履行原土地承包合同规定的权利和义务。承租方按出租时约定的条件对承包方负责。

本办法所称受让方包括接包方、承租方等。

第三十六条 本办法自 2005 年 3 月 1 日起正式施行。

五、部门文件

正 誤 文 件

关于发布《村镇规划编制办法》(试行)的通知

(建村[2000]36号)

各省、自治区、直辖市建委(建设厅),计划单列市建委,新疆生产建设兵团:

为贯彻党的十五届三中全会精神,促进小城镇健康发展,规范村镇规划编制工作,现将《村镇规划编制办法》(试行)印发给你们,请结合当地情况认真执行。执行中的问题及建议,请及时告我部城乡规划司。

建设部
二〇〇〇年二月十四日

附件:《村镇规划编制办法》(试行)

村镇规划编制办法(试行)

第一章 总 则

第一条 为规范村镇规划的编制,提高村镇规划的质量,根据《中华人民共和国城市规划法》和《村庄和集镇规划建设管理条例》,制定本办法。

第二条 本办法适用于村庄、集镇,县城以外的建制镇可以按照本办法执行。

第三条 编制村镇规划一般分为村镇总体规划和村镇建设规划两个阶段。

第四条 村镇规划由乡(镇)人民政府负责组织编制。

第五条 承担编制村镇规划任务的单位,应当具有国家规定的资格。

第六条 编制村镇规划应当遵循《中华人民共和国城市规划法》和《村庄和集镇规划建设管理条例》确定的规划原则,符合《村镇规划标准》等有关技术规定。

第二章 现状分析图的绘制

第七条 现状分析图是用图的形式表示规划范围内村镇建设的现状,分为乡(镇)域、镇区和村庄现状分析图。

绘制现状分析图应当以适当比例的地形图为底图。

第八条 规划人员在绘制现状分析图前,应当进行调查研究,取得准确的基础资料。

乡(镇)人民政府应当支持规划编制单位进行调查研究,并组织有关部门提供编制村镇规划所需要的基础资料。

调查研究的范围应当包括自然条件、经济社会情况、用地和各类设施现状、生态环境以及历史沿革等。

第九条 乡(镇)域现状分析图应当包括下列内容:

1. 乡(镇)域行政辖区内的土地利用情况,包括农业、水利设施、工矿生产基地、仓储用地以及河湖水系、绿化等的分布;
2. 行政区划,各居民点的位置及其用地范围和人口规模;
3. 道路交通组织、给排水、电力电讯等基础设施的管线、走向,以及客货车站、码头、水源、水厂、变电所、邮政所等的位置;
4. 主要公共建筑的位置、规模及其服务范围;
5. 防洪设施、环保设施的现状情况;
6. 其他需要在现状分析图上表示的内容。

现状分析图上还应当附有存在的问题。

第十条 镇区现状分析图应当包括下列内容:

1. 行政区和建成区界线,各类建设用地的规模与布局;
2. 各类建筑的分布和质量分析;
3. 道路走向、宽度,对外交通以及客货站、码头等的位置;
4. 水厂、给排水系统,水源地位置及保护范围;
5. 电力、电讯及其他基础设施;
6. 主要公共建筑的位置与规模;
7. 固体废弃物、污水处理设施的位置、占地范围;
8. 其他对建设规划有影响的,需要在图纸上表示的内容。

现状分析图上还应当附有存在的问题。

第十一条 村庄现状分析图的内容可参照第十条,适当简化。

第三章 村镇总体规划的编制

第十二条 村镇总体规划是对乡(镇)域范围内村镇体系及重要建设项目的整体布署。

第十三条 在编制村镇总体规划前可以先制定村镇总体规划纲要,作为编制村镇总体规划的依据。

第十四条 村镇总体规划纲要应当包括下列内容:

1. 根据县(市)域规划,特别是县(市)域城镇体系规划所提出的要求,确定乡(镇)的性质和发展方向;
2. 根据对乡(镇)本身发展优势、潜力与局限性的分析,评价其发展条件,明确长远发展目标;
3. 根据农业现代化建设的需要,提出调整村庄布局的建议,原则确定村镇体系的结构与布局;

4. 预测人口的规模与结构变化,重点是农业富余劳动力空间转移的速度、流向与城镇化水平;

5. 提出各项基础设施与主要公共建筑的配置建议;

6. 原则确定建设用地标准与主要用地指标,选择建设发展用地,提出镇区的规划范围和用地的大体布局。

第十五条 村镇总体规划纲要应当经乡(镇)人民政府批准后,方可作为编制村镇总体规划的依据。

第十六条 村镇总体规划的主要任务是:综合评价乡(镇)发展条件;确定乡(镇)的性质和发展方向;预测乡(镇)行政区域内的人口规模和结构;拟定所辖各村镇的性质与规模;布置基础设施和主要公共建筑;指导镇区和村庄建设规划的编制。

第十七条 村镇总体规划应当包括下列内容:

1. 对现有居民点与生产基地进行布局调整,明确各自在村镇体系中的地位;

2. 确定各个主要居民点与生产基地的性质和发展方向,明确它们在村镇体系中的职能分工;

3. 确定乡(镇)域及规划范围内主要居民点的人口发展规模和建设用地规模;

人口发展规模的确定:用人口的自然增长加机械增长的方法计算出规划期末乡(镇)域的总人口。在计算人口的机械增长时,应当根据产业结构调整的需要,分别计算出从事一、二、三产业所需要的人口数,估算规划期内有可能进入和迁出规划范围的人口数,预测人口的空间分布。

建设用地规模的确定:根据现状用地分析,土地资源总量以及建设发展的需要,按照《村镇规划标准》确定人均建设用地标准。结合人口的空间分布,确定各主要居民点与生产基地的用地规模和大致范围。

4. 安排交通、供水、排水、供电、电讯等基础设施,确定工程管网走向和技术选型等;

5. 安排卫生院、学校、文化站、商店、农业生产服务中心等对全乡(镇)域有重要影响的主要公共建筑;

6. 提出实施规划的政策措施。

第十八条 村镇总体规划的期限一般为十年至二十年。

第十九条 村镇总体规划的成果应当包括图纸与文字资料两部分。

图纸应当包括:

(1) 乡(镇)域现状分析图(比例尺1∶10000,根据规模大小可在1∶5000~1∶25000之间选择);

(2) 村镇总体规划图(比例尺必须与乡(镇)域现状分析图一致)。

文字资料应当包括:

(1) 规划文本,主要对规划的各项目标和内容提出规定性要求;

(2) 经批准的规划纲要;

(3) 规划说明书,主要说明规划的指导思想、内容、重要指标选取的依据,以及在实施中要注意的事项;

(4) 基础资料汇编。

第四章 村镇建设规划的编制

第二十条 村镇建设规划是在村镇总体规划的指导下对镇区或村庄建设进行的具体安排，分为镇区建设规划和村庄建设规划。

第二十一条 村镇建设规划的任务是：以村镇总体规划为依据，确定镇区或村庄的性质和发展方向，预测人口和用地规模、结构，进行用地布局，合理配置各项基础设施和主要公共建筑，安排主要建设项目的时间顺序，并具体落实近期建设项目。

第二十二条 镇区建设规划应当包括下列内容：

1. 在分析土地资源状况、建设用地现状和经济社会发展需要的基础上，根据《村镇规划标准》确定人均建设用地指标，计算用地总量，再确定各项用地的构成比例和具体数量；

2. 进行用地布局，确定居住、公共建筑，生产、公用工程、道路交通系统、仓储、绿地等建筑与设施建设用地的空间布局，做到联系方便、分工明确，划清各项不同使用性质用地的界线；

3. 根据村镇总体规划提出的原则要求，对规划范围的供水、排水、供热、供电、电讯、燃气等设施及其工程管线进行具体安排，按照各专业标准规定，确定空中线路、地下管线的走向与布置，并进行综合协调；

4. 确定旧镇区改造和用地调整的原则、方法和步骤；

5. 对中心地区和其他重要地段的建筑体量、体型、色彩提出原则性要求；

6. 确定道路红线宽度、断面形式和控制点坐标标高，进行竖向设计，保证地面排水顺利，尽量减少土石方量；

7. 综合安排环保和防灾等方面的设施；

8. 编制镇区近期建设规划。

第二十三条 镇区近期建设规划要达到直接指导建设或工程设计的深度。建设项目应当落实到指定范围，有四角坐标、控制标高，示意性平面；道路或公用工程设施要标有控制点坐标、标高，并说明各项目的规划要求。

近期建设项目较集中时，可以采用较大比例尺编制详细规划图。近期建设项目较分散时，可以将近期建设项目表示在建设规划图上，不另画图纸。

第二十四条 村镇建设规划的期限一般为十年至二十年，宜与总体规划一致。村镇近期建设规划的期限一般为三年至五年。

第二十五条 镇区建设规划的成果应当包括图纸与文字资料两部分。

图纸应当包括：

（1）镇区现状分析图（比例尺1：2000，根据规模大小可在1：1000～1：5000之间选择）；

（2）镇区建设规划图（比例尺必须与现状分析图一致）；

（3）镇区工程规划图（比例尺必须与现状分析图一致）；

（4）镇区近期建设规划图（可与建设规划图合并，单独绘制时比例尺采用1：200～1：1000）。

文字资料应当包括规划文本、说明书、基础资料三部分。镇区建设规划与村镇总体规划同时报批时，其文字资料可以合并。

第二十六条 村庄建设规划的内容和成果可以分别参照第二十二条、第二十五条的规定根据实际需要适当简化。

村庄建设规划可以在村镇总体规划和镇区建设规划批准后逐步编制。

第五章 附 则

第二十七条 农场、林场的各基层居民点的规划亦可以参照本办法编制。
第二十八条 本办法由建设部负责解释。
第二十九条 本办法自发布之日起施行。

关于贯彻《中共中央、国务院关于促进小城镇健康发展的若干意见》的通知

(建村[2000]191号)

各省、自治区、直辖市建委(建设厅),计划单列市建委,新疆生产建设兵团建设局:

中共中央2000年6月13日下发的中发(2000)11号文件,即中共中央、国务院《关于促进小城镇健康发展的若干意见》(以下简称《意见》),是促进我国小城镇健康发展的纲领性文件。《意见》对进一步搞好小城镇建设工作做出了全面部署,必将推动全国小城镇快速健康发展。为认真贯彻落实《意见》精神,切实搞好小城镇建设工作,特作如下通知:

一、认真学习领会《意见》精神,深化认识,增强责任感

《意见》全面、深刻地分析了当前小城镇发展的形势和存在的主要问题,阐述了发展小城镇的重大战略意义、指导原则和政策措施,为促进小城镇健康发展指明了方向。各级建设行政主管部门要认真组织学习,全面深刻领会《意见》精神,进一步提高对发展小城镇重大战略意义的认识,增强历史责任感和紧迫感。要充分认识搞好小城镇规划建设管理,促进小城镇健康发展,是建设部门的重要职责和重要任务。要按照《意见》的要求,认真分析本地区小城镇发展的情况,针对存在的问题,尽快提出符合本地实际的具体措施,并认真组织实施。

二、进一步明确小城镇规划建设管理工作的指导思想、指导原则和发展目标

根据《意见》精神,当前和"十五"期间,全国小城镇规划建设管理工作总的指导思想是,以邓小平理论为指导,认真贯彻党的十五届三中全会和《意见》精神,以促进国民经济和社会发展为目标,以提高水平和效益为中心,因地制宜,突出重点,以点带面,积极稳妥地推进小城镇建设。

小城镇规划建设管理工作的指导原则是:第一,因地制宜,突出重点,注重实效,量力而行。从本地经济社会发展的实际情况出发,尊重经济社会发展规律和农民意愿,科学规划,合理布局,逐步实施,重点支持具有发展优势的小城镇。避免一哄而起,遍地开花。第二,以促进经济社会发展为目标。通过加快小城镇建设,推动农村一、二、三产业协调发展。第三,充分运用市场机制。转变"等""靠""要"的思想观念,走政府引导下、依靠市场机制建设小城镇的路子。第四,坚持可持续发展战略。保护资源和生态环境,加强环境污染的治理,努力改善小城镇环境。特别是要把合理用地、节约用地、保护耕地置于首位。第五,坚持以提高质量和水平为中心。从单纯追求数量增长转变到提高质量和水平上来。科学决策,精心指导,严格管理。

当前和"十五"期间,小城镇规划建设管理工作的主要任务和发展目标是:优化小城镇发展布局;加强基础设施和公共设施建设,完善小城镇功能;大力改善住区环境;把

15％的建制镇建设成为规模适度、经济繁荣、布局合理、设施配套、功能健全、环境整洁、具有较强辐射能力的农村区域性经济文化中心，其中少数具备条件的小城镇发展成为带动能力更强的小城市。小城镇的自来水普及率达到90％以上，道路铺装率达到80％以上；电力、电讯建设基本满足小城镇发展需要；人均公共绿地达到3.5平方米。

各地要根据《意见》精神，结合本地区的具体情况，尽快明确本地区当前和"十五"期间或更长时期的小城镇规划建设管理工作的指导思想和原则，确定主要任务和发展目标。

三、科学规划，合理布局，努力提高小城镇的规划水平

各级建设行政主管部门要按照《意见》要求，切实加强规划工作的组织和管理。各级领导特别是县(市)长、乡镇长，要进一步增强规划意识，加大规划编制经费的投入，保证编制规划的需要。

各地要按照《意见》提出的小城镇发展总体布局要求，结合省域城镇体系规划的编制，尽快明确本地区小城镇发展的思路和空间格局，确定中心镇的选取标准和数量。

各地要迅速组织力量，按照《城镇体系规划编制和审批办法》和《县域城镇体系规划编制要点》，对县(市)域城镇体系规划编制情况进行一次全面检查。没有编制城镇体系规划的县(市)，要尽快组织编制；规划深度达不到要求的，要调整完善；规划已经不适应发展需要的，要重新编制。发达地区必须在2001年底前完成，其他地区原则上应在2002年底前完成。

在县(市)域城镇体系规划的指导下，严格按照《村镇规划编制办法》和《村镇规划标准》，认真搞好小城镇规划编制和调整完善工作，力争2001年底前完成。要严把小城镇规划审批关，规划报批前要组织专家评审，加强技术指导，确保规划质量。

四、突出重点，积极推进中心镇建设

小城镇建设工作的重点是抓好中心镇的建设。各级建设行政主管部门要依据当地经济社会发展规划，科学确定一批具有区位优势、产业优势、规模优势的中心镇，置于优先发展建设的地位。中心镇的数量不宜太多，一般每县(市)1～2个为宜。各地要把中心镇的发展建设作为主要任务，切实抓好，从领导班子配备建设，到建设管理机构设置以及各项扶持政策上给以必要的倾斜，以适应小城镇建设发展的需要。

中心镇建设，首要任务是认真做好规划，科学确定镇的性质、规模和发展方向，明确功能分区，统筹布置好各项建设。中心镇规划的编制和调整完善工作，应在被确定为中心镇之后一年内完成，并由乙级以上资质等级的规划单位编制，以确保规划设计水平。要依据经过批准的总体规划，对需要开发建设的地区编制详细规划，详细规划要经过县级建设行政主管部门批准后实施。没有编制详细规划的，不得安排和批准各项建设。要认真做好重点地段、重点建筑的规划和设计。

中心镇建设要着力其规模的扩大和功能的完善，以充分发挥其规模聚集效益。要根据实际需要，结合行政区划调整，扩大规模，增强其辐射能力。对所辖分散、零乱的村庄，要根据有利生产，方便生活，群众自愿的原则，进行迁村并点的试验工作。要优化、配套基础设施和公共设施的建设，提高设施建设的品位和档次；积极引导乡镇企业向工业小区集中、住宅向居住小区集中。中心镇所辖村庄新建工厂原则上停止规划审批，停止镇区居民分散建住宅宅基地的规划审批。要加大综合开发、配套建设的力度。

全面提高中心镇的建设质量和水平。中心镇的工程合格率要保证达到100%。要控制分散建设，大力推进统一组织、综合建设和综合开发的建设方式。要切实加强小城镇的规划设计、施工和房地产开发力量。各个县（市）要尽快创造条件，成立具有丁级以上资质的规划设计单位。中心镇一般要有具有一定资质的施工企业和房地产开发企业。

五、充分运用市场机制，认真抓好基础设施、公共设施的建设

要加大对小城镇基础设施和公共设施的资金投入。在小城镇收取的城市维护建设税，要按有关规定全额返还，不得克扣、截留和挪用。其他城市维护建设税也要根据实际情况确定一定比例，用于小城镇基础设施和公共设施建设。

要充分运用市场机制，打破行业、区域和所有制界限，采取股份合作或股份制、租赁制、独资、合资经营等多种形式，鼓励单位和个人投资经营。要制定优惠政策，扩大招商引资，多渠道筹集小城镇基础设施和公共设施建设资金。小城镇公用事业的建设与管理，除必须由政府管理的（如水质、水价等）以外，都要放开经营，允许公平竞争，实行合理计价，有偿使用。地方政府要制定具体办法，依法维护投资人、受益人的合法权益。

要重点解决好供水、供电、道路和通讯等设施的配套建设，努力提高设施的现代化水平。要注意安排好文化、娱乐、广播电视、体育场馆、学校、医院和市场等社会服务设施的建设，为农村精神文明建设创造良好的条件。基础设施和公共设施建设要提倡和鼓励区域内共建共享，避免重复建设和资源、财力的浪费。

六、认真抓好试点和示范镇建设

各级建设行政主管部门要继续抓好不同形式、不同内容、不同层次的试点，积累经验，分类指导。全国小城镇建设试点镇工作主要委托各省、自治区、直辖市建设行政主管部门具体抓。各地要根据试点工作方案的要求，进一步完善工作措施，认真抓好，及时总结推广经验。建设部将于明年适当时候召开试点工作经验交流会，推动全国试点工作的健康发展。

根据《意见》要求和国务院领导同志的指示精神，建设部将重点抓好乡村城市化试点和小城镇示范镇的建设，并在规划编制、供水等设施建设方面给予一定的技术、政策、资金上的支持。试点县（市）和示范镇要尽快提出切实可行的工作实施方案，经省、自治区、直辖市建设部门同意后，报建设部审批。实施方案应主要包括2000～2005年发展目标、任务和工作措施。要建立健全相关工作制度，如联系汇报制度、档案制度及技术培训制度等，定期研究解决工作中的重大问题，切实加强管理。建设部将通过座谈讨论、现场交流、组织培训及考察交流等形式，加强地方间的相互学习和促进。

引入激励机制，对试点和示范镇实行动态管理，定期进行检查考评，对不适宜作为试点或示范的将取消其试点、示范资格。

七、健全机构，壮大队伍，依法管理

要建立健全各级村镇建设管理机构。各级建设行政主管部门都应当设置专门的机构或配备专门的人员从事村镇建设管理工作，特别要加强乡镇一级村镇建设管理机构的建设。要建立健全村镇建设社会化服务体系，为村镇建设提供技术服务，并根据村镇建设管理部门的委托承担部分村镇建设管理职能。

要加强村镇建设管理人员、技术人员的培训。尽快制订培训计划，分期、分批对小城镇的镇长、建设助理员、部分技术人员，尤其是中心镇、示范镇建设管理和技术人员进行培训，并进行严格考核。应适当组织对县(市)长的培训。要继续推行村镇建设助理员持证上岗制度，有计划地录用一定数量的大中专毕业生到村镇建设管理部门和技术服务机构工作。

要逐步完善小城镇建设的法规，修订完善小城镇建设的技术标准、规范，规范管理制度和程序。要加强建设法规知识的普及，逐步提高小城镇干部、居民的法律意识，增强遵纪守法的自觉性。要严格办事程序，积极推进依法行政。县级建设行政主管部门和小城镇政府要公开建设审批的办理条件和程序，增强服务意识，提高办事效率。加强执法力度，及时查处违法建设行为。

要规范规划设计和建筑市场，逐步建立备案和市场准入制度。地方建设行政主管部门和小城镇政府要组织对进入小城镇的规划设计和施工队伍进行监督审查，严禁无证、越级承担规划设计和施工任务。对不符合规划要求的建设项目，不得办理规划批准手续。对于建筑设计、施工力量不符合有关规定的，不得办理开工批准手续。要推行专家评审规划制度和规划公示制度，有条件的地方要成立工程质量监督站，以确保规划设计和工程质量。

在促进小城镇健康发展的进程中，各级建设行政主管部门要不断加强调查研究，积极探索和试验，主动协助政府，加强与相关部门协调，制定和完善相关配套政策，为小城镇的健康发展创造良好的政策环境。

各地要将贯彻落实中发(2000)11号文件和本通知的情况，及时上报建设部村镇建设指导委员会办公室。

建设部
二〇〇〇年八月三十日

关于公布中国历史文化名镇(村) (第一批)的通知

(建村 [2003] 199 号)

各省、自治区、直辖市建设厅(建委)、文物局：

为更好地保护、继承和发展我国优秀建筑历史文化遗产，弘扬民族传统和地方特色，建设部、国家文物局决定，从今年起在全国选择一些保存文物特别丰富并且具有重大历史价值或革命纪念意义，能较完整地反映一些历史时期的传统风貌和地方民族特色的镇(村)，分期分批公布为中国历史文化名镇和中国历史文化名村，并制定了《中国历史文化名镇(村)评选办法》(见附件3)。根据各地评选推荐，建设部、国家文物局决定公布山西省灵石县静升镇等10个镇为第一批中国历史文化名镇(见附件1)、北京市门头沟区斋堂镇爨底下村等12个村为第一批中国历史文化名村(见附件2)。

请你们加强对中国历史文化名镇(村)规划建设工作的指导，认真编制和完善保护规划，制定严格的保护措施，及时协调解决工作中的困难和问题，切实做好中国历史文化名镇(村)的保护和管理工作。建设部、国家文物局将对已经公布为中国历史文化名镇(村)的镇(村)的保护工作进行不定期检查和监督；对由于人为因素或自然原因，致使历史文化名镇(村)已经不符合规定条件的，建设部、国家文物局将撤销其中国历史文化名镇(村)的称号。

附件：1. 中国历史文化名镇(第一批)名单
2. 中国历史文化名村(第一批)名单
3. 中国历史文化名镇(村)评选办法
4. 中国历史文化名镇(村)申报表

中华人民共和国建设部
国家文物局
二〇〇三年十月八日

附件 1

中国历史文化名镇(第一批)名单

1. 山西省灵石县静升镇
2. 江苏省昆山市周庄镇
3. 江苏省吴江市同里镇

4. 江苏省苏州市吴中区甪直镇
5. 浙江省嘉善县西塘镇
6. 浙江省桐乡市乌镇
7. 福建省上杭县古田镇
8. 重庆市合川县涞滩镇
9. 重庆市石柱县西沱镇
10. 重庆市潼南县双江镇

附件 2

中国历史文化名村(第一批)名单

1. 北京市门头沟区斋堂镇爨底下村
2. 山西省临县碛口镇西湾村
3. 浙江省武义县俞源乡俞源村
4. 浙江省武义县武阳镇郭洞村
5. 安徽省黟县西递镇西递村
6. 安徽省黟县宏村镇宏村
7. 江西省乐安县牛田镇流坑村
8. 福建省南靖县书洋镇田螺坑村
9. 湖南省岳阳县张谷英镇张谷英村
10. 广东省佛山市三水区乐平镇大旗头村
11. 广东省深圳市龙岗区大鹏镇鹏城村
12. 陕西省韩城市西庄镇党家村

附件 3

中国历史文化名镇(村)评选办法

一、评选目的

为更好地保护、继承和发扬我国优秀建筑历史文化遗产，弘扬民族传统和地方特色，建设部和国家文物局决定，在各省、自治区、直辖市核定公布的历史文化村镇的基础上，评选中国历史文化名镇和中国历史文化名村。

二、评选的基本条件与评价标准

(一) 历史价值与风貌特色

历史文化名镇(村)应当具备下列条件之一：

在一定历史时期内对推动全国或某一地区的社会经济发展起过重要作用，具有全国或地区范围的影响；或系当地水陆交通中心，成为闻名遐迩的客流、货流、物流集散地；在一定历史时期内建设过重大工程,并对保障当地人民生命财产安全、保护和改善生态环境有过显著效益且延续至今;在革命历史上发生过重大事件,或曾为革命政权机关驻地而闻名于世;历史上发生过抗击外来侵略或经历过改变战局的重大战役、以及曾为著名战役军事指挥机关驻地;能体现我国传统的选址和规划布局经典理论,或反映经典营造法式和精湛的建造技艺;或能集中反映某一地区特色和风情,民族特色传统建造技术。

建筑遗产、文物古迹和传统文化比较集中,能较完整地反映某一历史时期的传统风貌、地方特色和民族风情,具有较高的历史、文化、艺术和科学价值,现存有清代以前建造或在中国革命历史中有重大影响的成片历史传统建筑群、纪念物、遗址等,基本风貌保持完好。

(二) 原状保存程度

镇(村)内历史传统建筑群、建筑物及其建筑细部乃至周边环境基本上原貌保存完好;或因年代久远,原建筑群、建筑物及其周边环境虽曾倒塌破坏,但已按原貌整修恢复;或原建筑群及其周边环境虽部分倒塌破坏,但"骨架"尚存,部分建筑细部亦保存完好,依据保存实物的结构、构造和样式可以整体修复原貌。

(三) 现状具有一定规模

凡符合上述(一)、(二)项条件,镇的总现存历史传统建筑的建筑面积须在 5000 平方米以上,村的现存历史传统建筑的建筑面积须在 2500 平方米以上。

(四) 已编制了科学合理的村镇总体规划;设置了有效的管理机构,配备了专业人员,有专门的保护资金。

三、评选办法

(一) 申报及评选程序

评选中国历史文化名镇(村)应在省(自治区、直辖市)人民政府公布的历史文化名镇(村)的基础上进行,由省级建设行政主管部门会同文物行政部门组织专家进行审查,符合条件的报建设部和国家文物局。建设部会同国家文物局将组成专家委员会,根据评价标准对各地上报的材料进行评议,从中评选出符合条件的镇(村),通过实地考察后,对认定的镇(村)提出评议意见,报建设部和国家文物局组成的部际联席会议审定。

(二) 上报材料要求

1. 中国历史文化名镇(村)申报表(见附件4)。

2. 申请报告。报告除概述申报镇(村)的地理位置、环境条件、村镇规模、水陆交通以及社会经济和建设等状况外,应着重说明其历史传统建筑群及其环境的历史年代、原貌保存情况、现状规模、空间分布以及价值特色等情况。

3. 经省级建设行政主管部门批准的保护规划,包括规划文本及位置图、现状图、规划图(比例尺 1/500 至 1/2000,视保护区面积大小及保护规划深度的具体需要确定)。

4. 保护措施。包括对原貌保存、古建筑的修缮、环境整治等方面所制定的规章制度及具体办法。

5. 能反映传统建筑群风貌的照片集、VCD 或多媒体光盘、电子幻灯片(Powerpoint)等。

电子幻灯片(Powerpoint)包括以下内容:

(1) 概况及历史沿革。

(2) 历史文化特色。

(3) 能反映镇(村)古建筑群历史风貌照片(不少于10张,要注明照片的名称)。
(4) 保护规划及保护措施。

四、称号的公布与撤销

（一）称号的公布

中国历史文化名镇(村)的评选与公布工作，以不定期的方式进行。建设部和国家文物局以部际联席会议形式对专家委员会的评议意见进行审定后，以建设部、国家文物局的名义进行公布。

（二）称号的撤销

中国历史文化名镇(村)实行动态管理。省级建设行政主管部门负责本省(自治区、直辖市)已获中国历史文化名镇(村)称号的村镇保护规划的实施情况进行监督，对违反保护规划进行建设的行为要及时查处。建设部会同国家文物局将不定期组织专家对已经取得中国历史文化名镇(村)称号的镇(村)进行检查。对于已经不具备条件者，将取消中国历史文化名镇(村)称号。

附件4

中国历史文化名镇(村)申报表

镇(村)名称		所在省(自治区、直辖市)		所在县(市)		所在镇(乡)
现存建筑最早建造年代		传统建筑完好程序(%)				
传统建筑规模(平方米)		镇(村)占地面积(公顷)				
主要传统街巷基本情况	名称	长度(米)		形成年代		主要特点
传统建筑主要特点						
省级建设行政主管部门、文物行政部门推荐意见	(签章)					
备注						

关于公布全国重点镇名单的通知

(建村〔2004〕23号)

各省、自治区、直辖市建设厅(建委)、发展改革委(计委)、民政厅(局)、国土资源厅(局)、农业厅(局)、科技厅(局)：

按照《中共中央、国务院关于做好农业和农村工作的意见》(中发〔2003〕3号)和《国务院办公厅关于落实中共中央、国务院做好农业和农村工作意见有关政策措施的通知》(国办函〔2003〕15号)的要求，建设部会同国家发展改革委、民政部、国土资源部、农业部、科技部开展了确定全国重点镇工作。经六部委研究，决定将北京市昌平区小汤山镇等1887个镇列为全国重点镇，现予以公布(名单见附件)。

全国重点镇是当地县域经济的中心，承担着加快城镇化进程和带动周围农村地区发展的任务。各地要按照党的十六大提出的"全面繁荣农村经济、加快城镇化进程"的要求，坚持城乡经济社会统筹发展的原则，将全国重点镇健康发展作为农村全面建设小康社会的重要任务，努力把全国重点镇建设成为促进农业现代化、加快农村经济社会发展和增加农民收入的重要基地。各地区、各部门要加强科学规划，指导和监督全国重点镇严格按规划进行建设，推进制度创新，积极消除不利于城镇化发展的体制和政策障碍，及时研究解决实践中遇到的问题。六部委对全国重点镇实施动态管理，通过定期或不定期检查和跟踪监测评估，及时对全国重点镇名单进行调整。

全国重点镇要结合本镇中长期社会经济发展规划，实事求是地制定推进本镇建设与发展的工作方案，并报省级建设行政主管部门备案。要立足于完善城镇功能、繁荣农村经济和增加农民收入，充分运用市场机制多渠道筹措资金，加快建设与发展步伐。要编制科学合理的城镇规划和土地利用总体规划，严格按规划进行建设。坚持节约用地，严格保护耕地。力争经过五到十年的努力，将全国重点镇建设成为规模适度、布局合理、功能健全、环境整洁、具有较强辐射能力的农村区域性经济文化中心，其中少数具备条件的要发展成为带动能力更强的小城市，使全国城镇化水平有一个明显的提高。

中华人民共和国建设部
中华人民共和国国家发展和改革委员会
中华人民共和国民政部
中华人民共和国国土资源部
中华人民共和国农业部
中华人民共和国科学技术部
二〇〇四年二月四日

附件

全国重点镇名单

北京市(14个)

    昌平区小汤山镇,大兴区西红门镇、榆垡镇,房山区长沟镇、窦店镇,怀柔区北房镇,门头沟区潭柘寺镇,密云县溪翁庄镇,平谷区峪口镇,顺义区北小营镇、后沙峪镇,通州区漷县镇、马驹桥镇,延庆县康庄镇。

天津市(13个)

    塘沽区新城镇,东丽区华明镇,西青区大寺镇,津南区双港镇,北辰区双街镇,武清区王庆坨镇,宝坻区周良庄镇,宁河县芦台镇、七里海镇,静海县静海镇、大邱庄镇,蓟县城关镇、上仓镇。

河北省(98个)

    石家庄市长安区西兆通镇,石家庄市井陉矿区贾庄镇,井陉县微水镇,正定县正定镇、诸福屯镇,栾城县栾城镇,深泽县深泽镇,赞皇县赞皇镇,无极县无极镇,平山县平山镇、西柏坡镇,元氏县槐阳镇,赵县赵州镇,辛集市位伯镇,藁城市岗上镇,鹿泉市铜冶镇、上庄镇,唐山市开平区栗园镇,唐山市丰南区黄各庄镇,唐山市丰润区新军屯镇、沙流河镇,滦县滦州镇,滦南县倴城镇,乐亭县乐亭镇,迁西县兴城镇,玉田县玉田镇、鸦鸿桥镇,芦台农场海北镇,昌黎县昌黎镇,抚宁县抚宁镇、留守营镇,卢龙县卢龙镇,邯郸市邯山区马头镇,邯郸市峰峰矿区和村镇,大名县大名镇,涉县涉城镇、井店镇,磁县磁州镇,永年县临洺关镇,魏县魏城镇,武安市磁山镇,临城县临城镇,内丘县内丘镇,隆尧县隆尧镇,宁晋县凤凰镇、大陆村镇,巨鹿县巨鹿镇,新河县新河镇,威县洺州镇,清河县葛仙庄镇,沙河市白塔镇,满城县满城镇,阜平县阜平镇,徐水县安肃镇,定兴县定兴镇,高阳县高阳镇,容城县容城镇,安新县安新镇,易县易州镇,蠡县蠡吾镇、留史镇,顺平县蒲阳镇,博野县博野镇,雄县雄州镇,高碑店市白沟镇,张北县张北镇,蔚县蔚州镇,怀安县柴沟堡镇、左卫镇,怀来县沙城镇,涿鹿县涿鹿镇,承德县下板城镇,兴隆县兴隆镇,平泉县平泉镇,隆化县隆化镇,丰宁满族自治县大阁镇,宽城满族自治县宽城镇,围场满族蒙古族自治县围场镇、四合永镇,青县清州镇,肃宁县肃宁镇,吴桥县桑园镇,泊头市交河镇,任丘市苟各庄镇,黄骅市吕桥镇,固安县固安镇,香河县淑阳镇,大城县平舒镇,文安县文安镇、左各庄镇,大厂回族自治县大厂镇、夏垫镇,霸州市胜芳镇,三河市燕郊镇,枣强县枣强镇,武邑县武邑镇,安平县安平镇,景县景州镇。

山西省(62个)

    太原市晋源区姚村镇,清徐县清源镇、徐沟镇、东于镇,古交市马兰镇,大同市南郊区古店镇,灵丘县武灵镇,浑源县永安镇,平定县冠山镇,盂县秀水镇、南娄镇,长治县韩店镇、荫城镇,襄垣县古韩镇,黎城县黎侯镇,壶关县龙泉镇,沁源县沁河镇,潞城市店上镇,晋城市城区北石店镇,沁水县龙港镇、嘉峰镇,阳城县凤城镇、北留镇,陵川县崇文镇,泽州县南村镇、巴公镇,高平市马村镇,应县金城镇,怀仁县云中镇,左权县辽阳镇,太谷县明星镇、胡村镇,祁县昭余镇、东观镇,平遥县古陶镇,灵石县翠峰镇、静升镇,介休市义安镇,运城市盐湖区解州镇,临猗县猗氏镇、临晋镇,闻喜县桐城镇、东镇镇,稷山县稷峰镇、翟店镇,垣曲县新城镇,夏县瑶峰镇,芮城县古魏镇,定襄县晋昌镇,宁武县凤凰镇,原平市轩岗镇,临汾市尧都区金殿镇,曲沃县乐昌镇,翼城县唐兴镇,襄汾县新城镇,洪洞县大槐树镇,浮山县天坛镇,乡宁县昌宁镇,孝义市梧桐镇,汾阳市杏花村镇,文水县凤城镇,交城县天宁镇。

内蒙古自治区(50个)

和林格尔县城关镇,清水河县城关镇,包头市九原区兴盛镇,土默特右旗萨拉齐镇,达尔罕茂明安联合旗百灵庙镇、希拉穆仁镇,赤峰市元宝山区建昌营镇,巴林左旗林东镇,林西县林西镇,克什克腾旗经棚镇,翁牛特旗乌丹镇、乌敦套海镇,宁城县天义镇、热水镇,敖汉旗新惠镇,科尔沁左翼后旗甘旗卡镇、金宝屯镇,开鲁县开鲁镇,奈曼旗大沁他拉镇、八仙筒镇,扎鲁特旗鲁北镇,达拉特旗树林召镇,准格尔旗沙圪堵镇、薛家湾镇,鄂托克前旗敖勒召其镇、棋盘井镇,鄂托克旗乌兰镇,杭锦旗锡尼镇、巴拉贡镇,乌审旗达布察克镇,伊金霍洛旗乌兰木伦镇、阿勒腾席热镇,扎兰屯市成吉思汗镇,阿荣旗那吉镇,鄂伦春自治旗阿里河镇、大杨树镇,鄂温克族自治旗伊敏河镇、巴彦托海镇,科尔沁右翼中旗白音胡硕镇,突泉县突泉镇,苏尼特左旗满都拉图镇,东乌珠穆沁旗乌里雅斯太镇,兴和县城关镇,临河市新华镇,磴口县巴彦高勒镇,乌拉特中旗海流图镇,杭锦后旗陕坝镇,阿拉善左旗巴彦浩特镇、吉兰太镇,乌海市海南区公乌素镇。

辽宁省(61个)

沈阳市苏家屯区陈相屯镇,沈阳市东陵区白塔镇,沈阳市新城子区虎石台镇,辽中县辽中镇,康平县康平镇,法库县法库镇,新民市胡台镇,长海县大长山岛镇、獐子岛镇,瓦房店市复州城镇、炮台镇,普兰店市皮口镇,台安县台安镇,岫岩满族自治县岫岩镇、偏岭镇,海城市西柳镇、南台镇、腾鳌镇,抚顺县章党镇,新宾满族自治县新宾镇、南杂木镇、永陵镇,清原满族自治县清原镇、红透山镇,本溪满族自治县小市镇、田师傅镇,桓仁满族自治县桓仁镇,宽甸县宽甸镇、永甸镇,东港市孤山镇、前阳镇,凤城市通远堡镇,黑山县黑山镇,义县义州镇,凌海市双羊镇,北宁市沟帮子镇,营口市老边区路南镇,盖州市熊岳镇,大石桥市水源镇、高坎镇,阜新蒙古族自治县阜新镇,彰武县彰武镇,辽阳县首山镇、刘二堡镇,灯塔市佟二堡镇,大洼县大洼镇,盘山县高升镇、太平镇,铁岭县新台子镇,西丰县西丰镇,昌图县昌图镇、八面城镇,调兵山市晓南镇,朝阳县柳城镇,建平县叶柏寿镇,喀喇沁左翼蒙古族自治县大城子镇,凌源市杨杖子镇,葫芦岛市连山区高桥镇,绥中县绥中镇,建昌县建昌镇,兴城市沙后所镇。

吉林省(43个)

长春市宽城区兴隆山镇,长春市朝阳区富锋镇,长春市绿园区合心镇,农安县农安镇、合隆镇,九台市卡伦镇,榆树市五棵树镇,吉林市龙潭区乌拉街满族镇,永吉县口前镇、岔路河镇,蛟河市白石山镇,桦甸市红石砬子镇,磐石市烟筒山镇,梨树县梨树镇、郭家店镇,伊通满族自治县伊通镇,公主岭市范家屯镇,东丰县东丰镇,东辽县白泉镇,通化县快大茂镇,辉南县朝阳镇、辉南镇,柳河县柳河镇,梅河口市山城镇,抚松县抚松镇、松江河镇、泉阳镇,靖宇县靖宇镇,长白朝鲜族自治县长白镇,江源县孙家堡子镇,前郭尔罗斯蒙古族自治县长山镇,长岭县长岭镇、太平川镇,乾安县乾安镇,扶余县三岔河镇,镇赉县镇赉镇,通榆县开通镇,大安市安广镇,敦化市黄泥河镇,龙井市朝阳川镇，汪清县汪清镇，安图县明月镇、二道白河镇。

黑龙江省(56个)

哈尔滨市道里区新发镇，哈尔滨市南岗区王岗镇，呼兰县康金镇、呼兰镇，依兰县依兰镇，方正县方正镇，宾县宾州镇，巴彦县兴隆镇、巴彦镇，木兰县木兰镇，通河县通河镇，延寿县延寿镇，阿城市平山镇、玉泉镇，双城市周家镇，尚志市亚布力镇，五常市山河镇，龙江县龙江镇，依安县依安镇，泰来县泰来镇，富裕县富裕镇，克山县克山镇，拜泉县拜泉镇，讷河市拉哈镇，鸡东县鸡东镇，虎林市迎春镇、东方红镇，密山市连珠山镇，萝北县名山镇，集贤县集贤镇、福利镇，大庆市让胡路区喇嘛甸镇，肇源县肇源镇，杜尔伯特蒙古族自治县泰康镇，铁力市朗乡镇、双丰镇，桦南县桦南镇，汤原县汤原镇，勃利县勃利镇，东宁县绥阳镇、东宁镇，林口县林口镇，绥芬河市阜宁镇，海林市横道河子镇、柴河镇，宁安市东京城镇，穆棱市兴源镇、穆棱镇，嫩江县嫩江镇，北安市赵光镇、通北镇，绥化市北林区秦家镇，庆安县庆安镇，安达市任民镇，肇东市宋站镇，呼玛县呼玛镇。

上海市(14个)

闵行区浦江镇，宝山区罗店镇，嘉定区南翔镇、安亭镇，浦东新区高桥镇，金山区朱泾镇、枫泾镇，松江区泗泾镇，青浦区朱家角镇、华新镇，南汇区周浦镇、航头镇，奉贤区奉城镇，崇明县陈家镇镇。

江苏省(94个)

南京市浦口区汤泉镇，南京市江宁区禄口镇、汤山镇，南京市六合区八百桥镇、横梁镇，溧水县东屏镇、永阳镇，高淳县淳溪镇、桠溪镇，无锡市锡山区安镇镇、东港镇，无锡市惠山区洛社镇、玉祁镇，江阴市华士镇、周庄镇，宜兴市官林镇、和桥镇，徐州市贾汪区大吴镇，丰县凤城镇，沛县沛城镇，铜山县铜山镇，睢宁县睢城镇，新沂市王庄镇，邳州市官湖镇，常州市新北区孟河镇，常州市武进区横山桥镇、洛阳镇，溧阳市南渡镇，金坛市薛埠镇，苏州市吴中区甪直镇，常熟市海虞镇、沙家浜镇，张家港市锦丰镇、塘桥镇，昆山市张浦镇、周庄镇，吴江市芦墟镇、同里镇，太仓市浏河镇，海安县海安镇、李堡镇，如东县岔河镇、掘港镇，启东市吕四港镇，如皋市长江镇，通州市二甲镇、平潮镇，海门市包场镇、三星镇，赣榆县青口镇，东海县牛山镇，灌云县板浦镇、伊山镇，灌南县新安镇，涟水县高沟镇、涟城镇，洪泽县高良涧镇，盱眙县马坝镇、盱城镇，金湖县黎城镇，响水县响水镇，滨海县东坎镇，阜宁县阜城镇、益林镇，射阳县合德镇、临海镇，建湖县近湖镇、上冈镇，盐都县秦南镇，东台市三仓镇，大丰市刘庄镇，扬州市邗江区李典镇，宝应县安宜镇、范水镇，仪征市大仪镇，江都市邵伯镇，镇江市丹徒区高资镇，丹阳市皇塘镇、新桥镇，扬中市新坝镇、油坊镇，句容市茅山镇、下蜀镇，兴化市戴南镇，靖江市新桥镇，泰兴市黄桥镇，姜堰市娄庄镇、溱潼镇，宿豫县大兴镇，沭阳县华冲镇、沭城镇，泗阳县王集镇、众兴镇，泗洪县青阳镇。

浙江省(87个)

杭州市萧山区义蓬镇、瓜沥镇，杭州市余杭区瓶窑镇、余杭镇，桐庐县富春江镇、桐庐镇，淳安县汾口镇、千岛湖镇，建德市乾潭镇，富阳市大源镇、新登镇，临安市於潜镇，宁波市江北区慈城镇，宁波市鄞州区集士港镇、邱隘镇，象山县石浦镇，宁海县西店镇，余姚市泗门镇，慈溪市周巷镇、观海卫镇，奉化市溪口镇，洞头县北岙镇，永嘉县瓯北镇、上塘镇，平阳县鳌江镇、昆阳镇，苍南县灵溪镇、龙港镇，文成县大峃镇，泰顺县罗阳镇，瑞安市马屿镇、塘下镇，乐清市柳市镇、虹桥镇，嘉兴市秀洲区王江泾镇，嘉善县西塘镇、魏塘镇，海盐县武原镇，海宁市盐官镇、长安镇，平湖市新仓镇，桐乡市崇福镇、濮院镇，湖州市织里镇，德清县新市镇、武康镇，长兴县雉城镇，安吉县高禹镇、递铺镇，绍兴县钱清镇、齐贤镇，新昌县城关镇，诸暨市枫桥镇、店口镇，上虞市崧厦镇、丰惠镇，嵊州市长乐镇，浦江县郑家坞镇，磐安县安文镇，兰溪市游埠镇，东阳市巍山镇、横店镇，义乌市苏溪镇、佛堂镇，常山县天马镇，开化县华埠镇、城关镇，龙游县湖镇镇、龙游镇，岱山县高亭镇，嵊泗县菜园镇，台州市路桥区金清镇，玉环县楚门镇、珠港镇，三门县海游镇，仙居县白塔镇，温岭市大溪镇、泽国镇，丽水市莲都区大港头镇，青田县温溪镇、鹤城镇，缙云县五云镇，遂昌县妙高镇，松阳县西屏镇，云和县云和镇，庆元县松源镇，景宁畲族自治县鹤溪镇。

安徽省(91个)

合肥市包河区义城镇，长丰县水湖镇、双墩镇，肥东县店埠镇、撮镇镇，肥西县上派镇、三河镇，芜湖县湾沚镇、清水镇，繁昌县城关镇、荻港镇，南陵县籍山镇、弋江镇，怀远县城关镇、常坟镇，五河县城关镇，固镇县城关镇，淮南市大通区上窑镇，淮南市毛集区毛集镇，当涂县城关镇、博望镇，濉溪县濉溪镇，铜陵县城关镇、大通镇，怀宁县石牌镇、高河镇，枞阳县枞阳镇、横埠镇，潜山县梅城镇，太湖县晋熙镇、徐桥镇，宿松县孚玉镇，望江县雷阳镇，岳西县天堂镇，桐城市新渡镇，黄山市黄山区汤口镇，歙县徽城镇、深渡镇，休宁县海阳镇，黟县碧阳镇，祁门县祁山镇，来安县新安镇，全椒县襄河镇，定远县定城镇，凤阳县府城镇、门台子镇，天长市秦栏镇，明光市管店镇，临泉县城关镇、太和县城关镇，阜南县城关镇，界首市光武镇，宿州市埇桥区符离镇，砀山县城关镇，萧县张庄寨镇、龙城镇，灵璧县灵城镇，泗县泗城镇，巢湖市居巢区柘皋镇，庐江县城关镇，无为县无城镇、二坝镇，含山县环峰镇、林头镇，和县历阳镇、沈巷镇，六安市金安区张店镇，六安市裕安区苏埠镇，寿县寿春镇，霍邱县城关镇，舒城县城关镇，金寨县梅山镇，霍山县诸佛庵镇、恒山镇，六安市叶集区叶集镇，亳州市谯城区古井镇，涡阳县城关镇，蒙城县城关镇，利辛县城关镇，池州市贵池区殷汇镇，东至县尧渡镇、东流镇，石台县七里镇，青阳县蓉城镇，宁国市港口镇，郎溪县建平镇，广德县桃州镇、新杭镇，泾县泾川镇，绩溪县华阳镇，旌德县旌阳镇。

福建省(68个)

福州市马尾区琅岐镇，闽侯县甘蔗镇、青口镇，连江县凤城镇、琯头镇，罗源县凤山镇，闽清县梅城镇、坂东镇，永泰县樟城镇，平潭县潭城镇，福清市海口镇、龙田镇，长乐市金峰镇，厦门市集美区灌口镇，厦门市同安区马巷镇，厦门市翔安区大嶝镇，莆田市荔城区西天尾镇，莆田市秀屿区笏石镇，仙游县鲤城镇，明溪县雪峰镇，清流县龙津镇，宁化县翠江镇，大田县均溪镇，尤溪县城关镇、西城镇，沙县凤岗镇，将乐县古镛镇、水南镇，泰宁县杉城镇，建宁县濉城镇、溪口镇，永安市曹远镇，惠安县螺城镇、崇武镇，安溪县凤城镇，永春县桃城镇，德化县浔中镇，石狮市祥芝镇，南安市水头镇，漳州市芗城区芝山镇，云霄县云陵镇，漳浦县绥安镇，诏安县南诏镇、桥东镇，长泰县武安镇，东山县西埔镇，南靖县山城镇，平和县小溪镇、坂仔镇，华安县华丰镇，龙海市角美镇，浦城县南浦镇，光泽县杭川镇，松溪县松源镇，政和县熊山镇，龙岩市新罗区适中镇，长汀县汀州镇，永定县凤城镇、坎市镇，上杭县临江镇，武平县平川镇，连城县莲峰镇，霞浦县松城镇，古田县新城镇、黄田镇，柘荣县双城镇，福安市穆阳镇，福鼎市白琳镇。

江西省(82个)

南昌县莲塘镇、向塘镇，新建县长陵镇，进贤县民和镇、李渡镇、文港镇，浮梁县洪源镇，乐平市涌山镇，萍乡市安源区安源镇，萍乡市湘东区下埠镇，莲花县琴亭镇，上栗县上栗镇、桐木镇，芦溪县芦溪镇，九江市庐山区姑塘镇，武宁县新宁镇，修水县义宁镇、渣津镇，永修县涂埠镇、柘林镇，德安县蒲亭镇，星子县南康镇，湖口县双钟镇，彭泽县龙城镇，瑞昌市码头镇，新余市渝水区良山镇，分宜县分宜镇，余江县邓埠镇、锦江镇，鹰潭市龙虎山管委会上清镇，赣州市章贡区沙河镇，赣县梅林镇、江口镇，信丰县嘉定镇、铁石口镇，上犹县东山镇，安远县欣山镇，龙南县龙南镇，全南县城厢镇，宁都县梅江镇，于都县贡江镇，兴国县潋江镇，南康市唐江镇、潭口镇，吉安县敦厚镇，吉水县文峰镇、八都镇，峡江县水边镇、巴邱镇，新干县金川镇、大洋洲镇，永丰县恩江镇，泰和县澄江镇，遂川县泉江镇，安福县平都镇，永新县禾川镇，井冈山市龙市镇，宜春市袁州区温汤镇，奉新县冯川镇，万载县康乐镇、株潭镇，宜丰县新昌镇、潭山镇，靖安县双溪镇，樟树市临江镇，高安市八景镇，抚州市临川区腾桥镇，南城县建昌镇，崇仁县巴山镇，乐安县鳌溪镇，金溪县秀谷镇，资溪县鹤城镇，东乡县孝岗镇，上饶县旭日镇，广丰县永丰镇、洋口镇，玉山县冰溪镇，铅山县河口镇、永平镇，波阳县鄱阳镇，婺源县紫阳镇，德兴市泗洲镇。

山东省(96个)

济南市历城区遥墙镇，济南市长清区万德镇，平阴县平阴镇、东阿镇，商河县商河镇、玉皇庙镇，章丘市刁镇，胶州市李哥庄镇、铺集镇，即墨市鳌山卫镇、华山镇、蓝村镇，平度市南村镇、蓼兰镇、灰埠镇，胶南市隐珠镇、王台镇，莱西市姜山镇，淄博市淄川区昆仑镇、双沟镇，淄博市张店区中埠镇，淄博市博山区源泉镇，淄博市临淄区朱台镇，淄博市周村区王村镇，桓台县索镇、马桥镇，枣庄市薛城区陶庄镇，滕州市西岗镇，东营市河口区仙河镇、孤岛镇，垦利县垦利镇、胜坨镇，利津县利津镇，广饶县广饶镇、大王镇，烟台市莱山区莱山镇，长岛县南长山镇，龙口市东江镇，莱州市沙河镇，招远市玲珑镇，栖霞市桃村镇，海阳市徐家店镇，潍坊市寒亭区央子镇，潍坊市坊子区眉村镇，临朐县临朐镇、辛寨镇，昌乐县昌乐镇，青州市庙子镇，诸城市昌城镇，寿光市羊口镇，安丘市景芝镇，高密市夏庄镇，昌邑市柳疃镇，微山县夏镇，金乡县金乡镇，泗水县泗水镇，曲阜市姚村镇，兖州市新兖镇，宁阳县宁阳镇、华丰镇，新泰市翟镇，肥城市石横镇，威海市环翠区温泉镇，文登市宋村镇、苘山镇，荣成市石岛镇，日照市东港区河山镇，莱芜市莱城区口镇，莱芜市钢城区颜庄镇，临沂市兰山区义堂镇，沂南县界湖镇，郯城县郯城镇，沂水县沂水镇，苍山县卞庄镇，费县费城镇，平邑县平邑镇、地方镇，临沭县临沭镇，德州市德城区二屯镇，陵县陵城镇，宁津县宁津镇、时集镇，平原县平原镇、王凤楼镇，乐陵市朱集镇，阳谷县阳谷镇，莘县城关镇，高唐县琉璃寺镇，临清市烟店镇，惠民县惠民镇，博兴县博兴镇，邹平县魏桥镇，曹县庄寨镇，郓城县郓城镇，定陶县定陶镇，单县黄岗镇。

河南省(115个)

郑州市二七区马寨镇，郑州市金水区柳林镇，郑州市邙山区花园口镇，中牟县城关

463

镇，巩义市米河镇、竹林镇，荥阳市崔庙镇，新密市超化镇，登封市卢店镇，杞县城关镇，通许县城关镇，尉氏县城关镇，开封县城关镇，兰考县城关镇，孟津县城关镇、会盟镇，新安县城关镇、铁门镇，栾川县城关镇，嵩县城关镇，汝阳县城关镇，宜阳县城关镇，洛宁县城关镇，伊川县城关镇，偃师市顾县镇，宝丰县城关镇，叶县昆阳镇，鲁山县鲁阳镇，安阳县水冶镇，汤阴县城关镇，滑县道口镇，内黄县城关镇，林州市姚村镇，浚县城关镇，淇县朝歌镇、高村镇，新乡县七里营镇，获嘉县城关镇，延津县城关镇，封丘县城关镇，长垣县城关镇、丁栾镇，卫辉市唐庄镇，辉县市孟庄镇，焦作市马村区待王镇，博爱县清化镇、月山镇，武陟县木城镇、西陶镇，温县温泉镇、番田镇，孟州市南庄镇，清丰县城关镇、马庄桥镇，南乐县城关镇，范县城关镇，濮阳县城关镇、文留镇，鄢陵县安陵镇，襄城县城关镇，禹州市神垕镇，长葛市大周镇，舞阳县舞泉镇，临颍县城关镇，郾城县城关镇、召陵镇，渑池县城关镇、张村镇，卢氏县城关镇，义马市常村镇，灵宝市豫灵镇，南召县城关镇，方城县城关镇，西峡县城关镇，镇平县城关镇、石佛寺镇、贾宋镇，内乡县城关镇，淅川县城关镇、荆紫关镇，社旗县社旗镇，唐河县城关镇，新野县城关镇，桐柏县城关镇、大河镇，邓州市穰东镇，商丘市梁园区谢集镇，睢县城关镇，宁陵县城关镇，柘城县城关镇，虞城县城关镇，夏邑县城关镇，罗山县城关镇，光山县城关镇，新县新集镇，商城县城关镇、余集镇，固始县城关镇，潢川县城关镇，扶沟县城关镇，西华县城关镇，沈丘县槐店镇，郸城县城关镇，太康县城关镇，鹿邑县城关镇，项城市秣陵镇，西平县柏城镇，平舆县古槐镇，正阳县真阳镇，确山县盘龙镇，泌阳县泌水镇，汝南县汝宁镇，遂平县瀍阳镇，新蔡县古吕镇，济源市克井镇。

湖北省(74个)

武汉市蔡甸区军山镇，武汉市江夏区五里界镇，武汉市新洲区辛冲镇，武汉市洪山区左岭镇，武汉市东西湖区新沟镇，大冶市陈贵镇、灵乡镇、还地桥镇，阳新县富池镇、兴国镇，丹江口习家店镇，郧县城关镇，郧西县城关镇，竹溪县城关镇，荆州市荆州区川店镇，江陵县郝穴镇，松滋市刘家场镇，公安县斗湖堤镇，监利县容城镇，洪湖市府场镇、瞿家湾镇，宜都市枝城镇，枝江市安福寺镇，当阳市半月镇，远安县鸣凤镇，秭归县茅坪镇，长阳土家族自治县龙舟坪镇，襄樊市樊城区太平店镇，老河口市仙人渡镇，襄樊市襄阳区双沟镇，枣阳市太平镇、吴店镇，南漳县城关镇，谷城县城关镇、石花镇，鄂州市葛店镇、沼山镇，荆门市漳河镇，沙洋县沙洋镇，钟祥市胡集镇，京山县新市镇、宋河镇，孝昌县花园镇，大悟县城关镇，云梦县城关镇，应城市汤池镇，汉川市马口镇，红安县城关镇、七里坪镇，麻城市宋埠镇，罗田县凤山镇、三里畈镇，英山县温泉镇，浠水县清泉镇，蕲春县漕河镇、蕲州镇，武穴市梅川镇，黄梅县黄梅镇、小池镇，嘉鱼县鱼岳镇、潘家湾镇，通城县隽水镇，崇阳县天城镇，恩施市龙凤坝镇，巴东县信陵镇，随州市曾都区殷店镇、洪山镇，仙桃市毛嘴镇、彭场镇，天门市皂市镇，潜江市浩口镇、张金镇，神农架林区松柏镇、木鱼镇。

湖南省(98个)

长沙县黄兴镇、江背镇，浏阳市大瑶镇、永安镇，宁乡县花明楼镇、双凫铺镇、玉潭镇，望城县丁字镇、高塘岭镇，茶陵县城关镇，醴陵市白兔潭镇，炎陵县霞阳镇，攸县城关镇、皇图岭镇，韶山市清溪镇，湘潭县花石镇、易俗河镇，湘乡市棋梓镇，常宁市松柏镇，衡东县城关镇、新塘镇，衡南县三塘镇，衡山县开云镇，衡阳县西渡镇，祁东县白地市镇、洪桥镇，城步苗族自治县儒林镇，洞口县洞口镇、高沙镇，隆回县六都寨镇、桃洪镇，邵东县两市镇，邵阳县塘渡口镇，绥宁县长铺镇，新宁县金石镇，新邵县酿溪镇，汨罗市长乐镇，华容县城关镇，临湘市羊楼司镇，平江县汉昌镇，湘阴县文星镇，岳阳县荣家湾镇、新墙镇，安乡县城关镇，常德市鼎城区蒿子港镇，汉寿县城关镇，澧县澧阳镇，临澧县城关镇、合口镇，石门县楚江镇、新关镇，桃源县漳江镇、陬市镇，慈利县零阳镇，桑植县澧源镇，安化县东坪镇、梅城镇，南县茅草街镇、南洲镇，桃江县灰山港镇、桃花江镇，沅江市南大膳镇，安仁县城关镇，桂阳县城关镇，嘉禾县城关镇、塘村镇，临武县城关镇，汝城县城关镇，郴州市苏仙区良田镇，宜章县城关镇、梅田镇，永兴县城关镇，道县道江镇，东安县白牙市镇，江永县潇浦镇，蓝山县塔峰镇，宁远县舜陵镇，祁阳县黎家坪镇、浯溪镇，黔阳县安江镇，会同县林城镇，靖州苗族侗族自治县渠阳镇，麻阳苗族自治县高村镇，通道侗族自治县双江镇，新晃侗族自治县新晃镇，溆浦县低庄镇，沅陵县沅陵镇，芷江侗族自治县芷江镇，涟源市七星街镇，双峰县三塘铺镇、永丰镇，新化县上梅镇，保靖县迁陵镇，凤凰县沱江镇，古丈县古阳镇，龙山县里耶镇、民安镇，泸溪县白沙镇。

广东省(119个)

广州市白云区太和镇、江高镇，广州市番禺区榄核镇、大岗镇，广州市花都区狮岭镇、炭步镇，增城市新塘镇、中新镇，从化市鳌头镇，曲江县马坝镇，始兴县太平镇，仁化县仁化镇，翁源县龙仙镇，乐昌市坪石镇，珠海市斗门区斗门镇、白蕉镇，珠海市金湾区平沙镇、红旗镇，汕头市潮南区陈店镇，汕头市澄海区莲下镇、东里镇，佛山市南海区西樵镇、里水镇，佛山市顺德区北滘镇、龙江镇，佛山市三水区乐平镇、芦苞镇，佛山市高明区明城镇、杨梅镇，江门市新会区司前镇、荷塘镇，台山市斗山镇、广海镇，开平市水口镇、赤坎镇，鹤山市共和镇、址山镇，恩平市沙湖镇，遂溪县遂城镇，徐闻县徐城镇，廉江市安铺镇，电白县沙朗镇、水东镇，高州市分界镇、石鼓镇，信宜市镇隆镇，肇庆市鼎湖区永安镇、莲花镇，广宁县石涧镇、南街镇，怀集县怀城镇，封开县江口镇，德庆县德城镇、悦城镇，高要市新桥镇、白土镇，四会市地豆镇、大沙镇，惠州市惠城区小金口镇，博罗县罗阳镇、石湾镇，惠东县吉隆镇、平山镇，龙门县龙城镇，梅县雁洋镇、松源镇，大埔县湖寮镇，丰顺县汤坑镇，五华县水寨镇，平远县大柘镇，兴宁市罗浮镇，海丰县海城镇、可塘镇，陆河县河田镇，陆丰市碣石镇，紫金县紫城镇，龙川县老隆镇，和平县阳明镇，东源县仙塘镇，阳西县织贡镇、沙扒镇，阳东县东城镇、合山镇，清远市清城区源潭镇、龙塘镇、石角镇，佛冈县石角镇，阳山县阳城镇，连山壮族瑶族自治县吉田镇，清新县太和镇、三坑镇，英德市洽洸镇，连州市星子镇，东莞市虎门镇、长安镇、塘厦镇、常平镇，中山市沙溪镇、小榄镇，潮安县古巷镇、庵埠镇，饶平县黄冈镇、钱东镇，揭阳市榕城区渔湖镇，揭东县炮台镇、曲溪镇，揭西县河婆镇，惠来县惠城镇、葵潭镇，普宁市洪阳镇、占陇镇，云浮市云城区腰古镇，新兴县新城镇、天堂镇，郁南县都城镇、连滩镇，云安县六都镇、镇安镇，罗定市罗镜镇。

广西壮族自治区(61个)

武鸣县城厢镇，柳江县拉堡镇、穿山镇，阳朔县阳朔镇，全州县全州镇、黄沙河镇，兴安县溶江镇、兴安镇，平乐县平乐镇，荔浦县荔城镇，恭城瑶族自治县恭城镇，蒙山县蒙山镇，苍梧县石桥镇、龙圩镇，藤县藤城镇、太平镇，北海市铁山港区南康镇，合浦县廉州镇、山口镇,防城港市港口区企沙镇,东兴市江平镇,钦州市钦南区犀牛脚镇,钦州市钦北区小董镇,浦北县小江镇,灵山县灵城镇,贵港市港南区桥圩镇,平南县平南镇、大安镇,容县容城镇,陆川县陆城镇,兴业县石南镇,北流市隆盛镇,平果县马头镇,田阳县田州镇、头塘镇,田东县平马镇、祥周镇,靖西县新靖镇,贺州市八步区信都镇,昭平县昭平镇,钟山县钟山镇,都安瑶族自治县安阳镇,大化瑶族自治县大化镇,宜州市德胜镇,横县峦城镇、六景镇,宾阳县芦圩镇、黎塘镇,上林县大丰镇,扶绥县新宁镇、东门镇,大新县桃城镇,天等县天等镇,宁明县城中镇、海渊镇,鹿寨县雒容镇、鹿寨镇,武宣县武宣镇,来宾市兴宾区凤凰镇,三江侗族自治县古宜镇,融水苗族自治县融水镇。

海南省(21个)

海口市美兰区大致坡镇,三亚市海棠湾镇、田独镇,五指山市毛阳镇,琼海市中原镇、博鳌镇,儋州市白马井镇,文昌市会文镇、锦山镇,万宁市和乐镇,东方市大田镇,定安县定城镇,屯昌县屯城镇,澄迈县金江镇,临高县临城镇,白沙黎族自治县牙叉镇,昌江黎族自治县石碌镇,乐东黎族自治县九所镇,陵水黎族自治县椰林镇,保亭黎族苗族自治县保城镇,琼中黎族苗族自治县营根镇。

重庆市(56个)

巴南区花溪镇,北碚区静观镇,大渡口区八桥镇,涪陵区珍溪镇,江北区鱼嘴镇,九龙坡区西彭镇,南岸区黄桷垭镇,沙坪坝区陈家桥镇,万州区分水镇,渝北区统景镇,璧山县璧城镇、丁家镇,长寿区葛兰镇,城口县葛城镇,大足县龙岗镇、龙水镇,垫江县澄溪镇、桂溪镇,丰都县高家镇、三合镇,奉节县兴隆镇、永安镇,开县汉丰镇、临江镇,梁平县梁山镇、屏锦镇,彭水苗族土家族自治县保家镇、汉葭镇,綦江县古南镇、三江镇,荣昌县安富镇、昌元镇,石柱土家族自治县南宾镇、西沱镇,铜梁县安居镇、巴川镇,潼南县双江镇、梓潼镇,巫山县巫峡镇,巫溪县城厢镇,武隆县江口镇、巷口镇,秀山土家族苗族自治县清溪场镇、中和镇,酉阳土家族自治县龙潭镇、钟多镇,云阳县双江镇,忠县石宝镇、忠州镇,合川市三汇镇、太和镇,江津市白沙镇、珞璜镇,南川市水江镇,永川市三教镇、双竹镇。

四川省(124个)

成都市龙泉驿区洛带镇,成都市青白江区祥福镇,金堂县赵镇、淮口镇,双流县东升镇、黄水镇,成都市温江区永宁镇,郫县郫筒镇、古城镇,成都市新都区新繁镇,大邑县晋原镇、安仁镇,蒲江县鹤山镇、寿安镇,新津县五津镇,都江堰市青城山镇,彭州市濛阳镇,邛崃市平乐镇,崇州市羊马镇、街子镇,成都市金牛区天回镇,荣县旭阳镇、长山镇,富顺县富世镇,米易县攀莲镇,泸州市龙马潭区特兴镇,泸县福集镇、玄滩镇,合江县合江镇,叙永县叙永镇,古蔺县古蔺镇,德阳市旌阳区孝泉镇,中江县凯江镇,罗江县罗江镇,广汉市向阳镇,什邡市民主镇,绵竹市汉旺镇,绵阳市游仙区魏城镇、松垭镇,三台县北坝镇,梓潼县文昌镇,平武县豆叩镇,江油市武都镇,广元市市中区宝轮镇,剑阁县下寺镇,苍溪县陵江镇,蓬溪县赤城镇,射洪县太和镇、柳树镇,大英县蓬莱镇,威远县严陵镇、连界镇,资中县水南镇,隆昌县金鹅镇,乐山市沙湾区嘉农镇,乐山市五通桥区牛华镇,犍为县玉津镇,井研县研城镇,夹江县漹城镇,峨边彝族自治县沙坪镇,峨眉山市桂花桥镇,南充市顺庆区潆溪镇,南充市高坪区龙门镇,南充市嘉陵区李渡镇,南部县南隆镇、伏虎镇,营山县朗池镇,仪陇县新政镇,西充县晋城镇,阆中市河溪镇,眉山市东坡区永寿镇,彭山县凤鸣镇,洪雅县洪川镇,丹棱县丹棱镇,青神县城厢镇,南溪县南溪镇,江安县江安镇,长宁县长宁镇,高县庆符镇,珙县巡场镇,筠连县筠连镇,兴文县中城镇,广安市广安区协兴镇,岳池县九龙镇,武胜县沿口镇,邻水县鼎屏镇,达州市通川区复兴镇,达县南外镇、石桥镇,宣汉县东乡镇、胡家镇,开江县新宁镇,大竹县竹阳镇、石桥铺镇,渠县渠江镇,名山县蒙阳镇,荥经县严道镇、花滩镇,汉源县富林镇,石棉县新棉镇,天全县城厢镇,芦山县芦阳镇,巴中市巴州区恩阳镇,南江县南江镇,平昌县江口镇,安岳县岳阳镇、龙台镇,乐至县天池镇,简阳市贾家镇,汶川县威州镇,松潘县进安镇,九寨沟县永乐镇,壤塘县壤柯镇,阿坝县阿坝镇,红原县邛溪镇,丹巴县章谷镇,炉霍县新都镇,白玉县建设镇,德昌县德州镇,会理县城关镇,会东县会东镇,冕宁县城厢镇、泸沽镇,美姑县巴普镇。

贵州省(61个)

贵阳市花溪区青岩镇,贵阳市乌当区东风镇,贵阳市白云区麦架镇,开阳县城关镇、双流镇,息烽县永靖镇、小寨坝镇,修文县龙场镇、扎佐镇,清镇市站街镇,六盘水市六枝特区平寨镇,盘县响水镇、红果镇,遵义县南白镇、鸭溪镇,桐梓县娄山关镇、松坎镇,绥阳县洋川镇,正安县凤仪镇、安场镇,道真仡佬族苗族自治县玉溪镇,凤冈县龙泉镇、琊川镇,湄潭县湄江镇,余庆县白泥镇,安顺市西秀区幺铺镇,平坝县城关镇、夏云镇,普定县城关镇,关岭布依族苗族自治县关索镇,玉屏侗族自治县平溪镇、大龙镇,思南县塘头镇,印江土家族苗族自治县峨岭镇,德江县青龙镇,松桃苗族自治县蓼皋镇,兴义市威舍镇,望谟县复兴镇,安龙县新安镇,金沙县城关镇,织金县城关镇,纳雍县雍熙镇,威宁彝族回族苗族自治县草海镇,施秉县城关镇,三穗县八号镇,镇远县舞阳镇、青溪镇,天柱县凤城镇,锦屏县三江镇,剑河县革东镇,黎平县德风镇,从江县丙妹镇,福泉市牛场镇,荔波县玉屏镇,贵定县城关镇,平塘县平湖镇,罗甸县龙坪镇,长顺县长寨镇,龙里县龙山镇,惠水县和平镇,三都水族自治县三合镇。

云南省(59个)

昆明市官渡区官渡镇,昆明市西山区海口镇,呈贡县龙城镇,晋宁县昆阳镇、晋城镇,富民县永定镇,宜良县匡远镇,石林彝族自治县鹿阜镇,寻甸回族彝族自治县仁德镇,安宁市八街镇,曲靖市麒麟区越洲镇,陆良县中枢镇,玉溪市红塔区北城镇,江川县大街镇、江城镇,澄江县凤麓镇,通海县秀山镇,华宁县宁州镇、盘溪镇,易门县龙泉镇,新平彝族傣族自治县桂山镇、戛洒镇,保山市隆阳区板桥镇,腾冲县腾越镇,龙陵县龙山镇、勐糯镇,鲁甸县文屏镇,水富县云富镇,牟定县共和镇,姚安县栋川镇,永仁县永定镇,元谋县元马镇、黄瓜园镇,禄丰县金山镇,个旧市大屯镇,建水县临安镇,曲江镇,石屏县异龙镇,弥勒县弥阳镇、竹园镇,泸西县中枢镇,红河县迤萨镇,河口瑶族自治县河口镇,文山县开化镇,富宁县剥隘镇,景谷傣族彝族自治县威远镇、永平镇,江城哈尼族彝族自治县勐烈镇,勐腊县勐腊镇、磨憨镇,大理市喜洲镇,宾川县牛井镇,巍山彝族回族自治县文华镇,潞西市遮放镇,梁河县遮岛镇,盈江县平原镇,云县爱华镇,耿马傣族佤族自治县耿马镇、孟定镇。

西藏自治区(11个)

当雄县当曲卡镇,昌都县城关镇,贡嘎县甲竹林镇,亚东县帕里镇,定日县协格尔镇,比如县夏曲卡镇,安多县帕那镇,噶尔县狮泉河镇,日土县日土镇,林芝县八一镇,米林县米林镇。

陕西省(68个)

西安市灞桥区新筑镇,西安市临潼区相桥镇,蓝田县蓝关镇,周至县二曲镇、哑柏镇,户县甘亭镇、余下镇,高陵县鹿苑镇、泾渭镇,铜川市王益区黄堡镇,铜川市耀州区董家河镇、孙塬镇,宝鸡市陈仓区阳平镇,凤翔县城关镇,岐山县凤鸣镇、蔡家坡镇,扶风县城关镇、法门镇,眉县首善镇、常兴镇,咸阳市秦都区渭滨镇,咸阳市杨凌区五泉镇,咸阳市渭城区底张镇,三原县城关镇,泾阳县泾干镇、永乐镇,乾县城关镇,礼泉县城关镇,彬县城关镇,武功县普集镇,渭南市临渭区故市镇,潼关县城关镇,大荔县城关镇,合阳县城关镇,蒲城县城关镇,富平县窦村镇,韩城市龙门镇,延川县永坪镇,子长县瓦窑堡镇,安塞县真武洞镇,志丹县保安镇,吴旗县吴旗镇,富县富城镇,洛川县凤栖镇、交口河镇,汉中市汉台区铺镇镇,南郑县城关镇,城固县博望镇,西乡县城关镇,略阳县城关镇,留坝县城关镇,榆林市榆阳区镇川镇,神木县神木镇、大柳塔镇,府谷县府谷镇,靖边县张家畔镇,定边县定边镇,清涧县宽洲镇,安康市汉滨区恒口镇,汉阴县城关镇,旬阳县城关镇,白河县城关镇,洛南县城关镇,丹凤县龙驹寨镇,山阳县城关镇、漫川关镇,镇安县永乐镇,柞水县乾佑镇。

甘肃省(42个)

永登县城关镇,皋兰县城关镇、什川镇,榆中县城关镇、和平镇,永昌县城关镇、河西堡镇,白银市白银区水川镇,靖远县城关镇,会宁县会师镇,景泰县一条山镇,秦安县兴国镇,武山县城关镇,武威市凉州区黄羊镇,民勤县城关镇,张掖市甘州区大满镇,民乐县城关镇,临泽县城关镇,高台县城关镇、南华镇,山丹县城关镇,平凉市崆峒区四十里铺镇,泾川县城关镇,华亭县东华镇、安口镇,庄浪县水洛城镇,静宁县城关镇,酒泉市肃州区总寨镇,金塔县鼎新镇、金塔镇,安西县渊泉镇、柳园镇,阿克塞哈萨克族自治县红柳湾镇,敦煌市七里镇,庆阳市西峰区肖金镇,庆城县庆城镇,临洮县洮阳镇,成县城关镇、黄渚镇,礼县城关镇,徽县城关镇、柳林镇。

青海省(12个)

湟中县鲁沙尔镇、多巴镇,平安县平安镇,民和回族土族自治县川口镇,乐都县碾伯镇,循化撒拉族自治县积石镇,海晏县西海镇,同仁县隆务镇,共和县恰卜恰镇,贵德县河阴镇,玛沁县大武镇,玉树藏族自治县结古镇。

宁夏回族自治区(11个)

永宁县杨和镇,贺兰县习岗镇,平罗县城关镇、宝丰镇,惠农县红果子镇,中卫县城关镇、宣和镇,中宁县城关镇、石空镇,盐池县花马池镇,同心县豫海镇。

新疆维吾尔自治区(26个)

乌鲁木齐县安宁渠镇,鄯善县鄯善镇,哈密市二堡镇,巴里坤哈萨克自治县巴里坤镇,玛纳斯县玛纳斯镇,博乐市小营盘镇,精河县精河镇,且末县且末镇,焉耆回族自治县焉耆镇、和静县和静镇、巴润哈尔莫墩镇,库车县库车镇,新和县新和镇,乌恰县乌恰镇,莎车县莎车镇,叶城县喀格勒克镇,洛浦县洛浦镇,伊宁县吉里于孜镇,霍城县清水河镇、水定镇,巩留县巩留镇,额敏县额敏镇,沙湾县三道河子镇,和布克赛尔蒙古自治县和布克赛尔镇、和什托洛盖镇,布尔津县布尔津镇。

关于调整和增补全国小城镇
建设示范镇的通知

(建村〔2004〕273号)

各省、自治区建设厅，直辖市建委，北京市农委，计划单列市建委：

为促进和带动小城镇的健康发展，我部先后以建村〔1997〕201号、建村〔1999〕289号文件公布命名了75个全国小城镇建设示范镇(见附件)，作为各地学习和借鉴的典型样板。近年来，这些示范镇的成功经验与做法，带动了当地小城镇的建设与发展。为进一步提升示范镇的带动力，增强对全国重点镇发展的引导，按照我部2004年工作要点的安排，现决定对已公布的75个示范镇进行一次全面检查；在此基础上，做好拟增补示范镇的评估和申报工作。现就有关事项通知如下：

一、认真组织全面检查

各省、自治区、直辖市要组织专门力量对本地区所有示范镇进行全面检查和评估，总结成功经验与做法，找出存在的问题与差距。在检查中，要着重考察以下三种情况：一是镇行政建制已经或即将撤销，如改街道办事处、并入其他行政区等；二是未能列入全国重点镇名单(参见建村〔2004〕23号文件)；三是已不符合全国小城镇建设示范镇的要求(参照建村〔1999〕128号文件)，典型性和示范性不强。凡具有以上情况之一的示范镇，都要进行调整。此外，对于因行政区划调整，示范镇名称出现变化的(包括所在地、市、县、区以及镇名等)，要在检查总结报告中予以说明。各省、自治区、直辖市的检查总结报告，请于2005年4月30日之前报我部村镇建设办公室。

二、做好拟增补示范镇的评估和申报工作

各省、自治区、直辖市要结合全国重点镇工作情况，参照《全国小城镇建设示范镇评选标准》(建村〔1999〕128号)的有关要求，对拟增补的示范镇进行综合评估。在具体评估工作中，要充分体现城乡统筹与科学发展观，坚持为解决"三农"问题服务、为全面建设小康社会服务、为建设和谐社会服务的小城镇特色；对于在保护生态环境、合理利用资源、维护群众利益、工程质量安全等方面存在严重问题的，要予以一票否决。在此基础上，做出综合评估报告，提出相应数量的拟增补示范镇名单。有关增补申报程序与材料要求，请参照建村〔1999〕128号文件。各省、自治区、直辖市的综合评估报告，以及拟增补示范镇提交的申报材料，请于2005年9月30日之前报我部村镇建设办公室。我部将在组织专家对各地上报的有关材料进行评估和审核后，公布全国小城镇建设示范镇名单。

联系人：欧阳湘、白正盛，电话：010-68393318，传真：010-68393414。

附件：1997年、1999年公布命名的全国小城镇建设示范镇名单

建设部

二○○四年十一月八日

附件

1997年、1999年公布命名的全国小城镇建设示范镇名单(共75个)

1. 第一批(17个,参见建村[1997]201号文件)

北京市怀柔县杨宋镇,天津市大港区中塘镇,内蒙古自治区鄂温克自治旗大雁镇,辽宁省海城市南台镇,上海市奉贤县洪庙镇,江苏省张家港市塘桥镇、昆山市淀山湖镇,浙江省绍兴县柯桥镇、宁波市鄞县邱隘镇、奉化市溪口镇,福建省龙海市角美镇,山东省文登市苘山镇、青岛市平度市同和镇,河南省内乡县马山口镇,广东省中山市小榄镇、东莞市长安镇,四川省绵阳市魏城镇。

2. 第二批(58个,参见建村[1999]289号文件)

天津市静海县大邱庄镇,河北省农垦局芦台农场场部、高碑店市白沟镇,山西省阳泉市郊区荫营镇,内蒙古自治区赤峰市元宝山区建昌营镇,辽宁省灯塔市佟二堡镇、海城市西柳镇,吉林省辉南县辉南镇,黑龙江省农垦总局建三江农垦城、阿城市玉泉镇,上海市嘉定区南翔镇、松江区小昆山镇、嘉定区安亭镇,江苏省宜兴市和桥镇、昆山市周庄镇、锡山市华庄镇、江阴市华士镇、常熟市大义镇、吴江市黎里镇,浙江省平阳县鳌江镇、乐清市柳市镇、苍南县龙港镇、东阳市横店镇,安徽省凤台县毛集镇、霍邱县姚李镇,福建省南安市水头镇,江西省德兴市泗洲镇,山东省广饶县大王镇、安丘市景芝镇、文登市宋村镇,河南省巩义市米河镇、许昌市尚集镇、林州市姚村镇,湖北省当阳市半月镇、谷城县石花镇、蕲春县蕲州镇、仙桃市沔城镇,湖南省浏阳市大瑶镇、临澧县合口镇,广东省顺德市北滘镇、番禺市榄核镇,广西壮族自治区北海市铁山港区南康镇、平南县大安镇,重庆市大足县龙水镇、荣昌县广顺镇,四川省珙县巡场镇、郫县犀浦镇、广元市中区宝轮镇,贵州省仁怀市茅台镇,西藏自治区林芝地区八一镇,陕西省渭南市庄里镇,甘肃省张掖市大满镇、酒泉市总寨镇,宁夏回族自治区吴忠市利通区金积镇,新疆维吾尔自治区乌苏市哈图布呼镇,青岛市胶南市隐珠镇,宁波慈溪市周巷镇,深圳市龙岗区大鹏镇。

关于公布新增全国小城镇建设示范镇名单的通知

(建村〔2006〕186号)

各省、自治区建设厅，直辖市建委，北京市农委，计划单列市建委(建设局)：

根据《关于调整和增补全国小城镇建设示范镇的通知》(建村函〔2004〕273号)要求，各地组织了新增全国小城镇建设示范镇的评选申报工作。按照全国小城镇建设示范镇评选标准，经各地评选推荐，我部组织专家进行了评选审核。经研究，决定增补北京市昌平区小汤山镇等58个镇为全国小城镇建设示范镇。

希望新增补的全国小城镇建设示范镇戒骄戒躁、开拓进取、努力工作，为全国小城镇建设与发展工作起到表率作用。各地的小城镇要以示范镇为榜样，结合实际，努力工作，促进小城镇的建设与发展，为社会主义新农村建设做出贡献。

请各地加强对示范镇工作的指导和督促检查，及时总结推广先进经验，协调解决遇到的困难和问题，促进示范镇和小城镇的建设与发展。

建设部将对已经公布为全国小城镇建设示范镇的规划建设管理工作进行不定期检查。对已经不符合规定条件的，建设部将撤销其全国小城镇建设示范镇称号。

附件：全国小城镇建设示范镇(增补)名单

建设部
二〇〇六年七月十九日

附件

全国小城镇建设示范镇(增补)名单

北京市
　　昌平区小汤山镇、大兴区庞各庄镇
河北省
　　唐山市丰润区沙流河镇、三河市燕郊镇
山西省
　　曲沃县乐昌镇
内蒙古自治区
　　西乌珠穆沁旗巴拉格尔高勒镇、杭锦后旗陕坝镇
辽宁省

　　　　沈阳市新城子区虎石台镇
吉林省
　　　　榆树市五棵树镇、大安市安广镇
上海市
　　　　松江区泗泾镇、青浦区朱家角镇、青浦区华新镇
江苏省
　　　　无锡市惠山区玉祁镇、宜兴市官林镇、常州市武进区洛阳镇、金坛市薛埠镇、常熟市海虞镇、昆山市张浦镇、泰兴市黄桥镇、姜堰市溱潼镇
浙江省
　　　　杭州市余杭区瓶窑镇、桐庐县富春江镇、桐乡市濮院镇、东阳市巍山镇、龙游县湖镇镇、江山市贺村镇
安徽省
　　　　当涂县博望镇、黄山市黄山区汤口镇、天长市秦栏镇
江西省
　　　　进贤县李渡镇、萍乡市安源区安源镇
山东省
　　　　章丘市刁镇、淄博市周村区王村镇、兖州市新兖镇、邹平县魏桥镇
河南省
　　　　禹州市神垕镇
湖北省
　　　　武汉市蔡甸区军山镇、大冶市还地桥镇
湖南省
　　　　醴陵市白兔潭镇、隆回县六都寨镇
广东省
　　　　鹤山市共和镇
广西壮族自治区
　　　　贺州市八步区信都镇
海南省
　　　　万宁市和乐镇
重庆市
　　　　垫江县澄溪镇、江津市白沙镇
四川省
　　　　成都市新都区新繁镇、泸县玄滩镇、宣汉县胡家镇
贵州省
　　　　贵阳市白云区麦架镇、镇远县青溪镇
云南省
　　　　宾川县鸡足山镇
新疆维吾尔自治区
　　　　霍城县清水河镇、霍尔果斯口岸

青岛市
　　即墨市华山镇
宁波市
　　象山县石浦镇、余姚市泗门镇、慈溪市观海卫镇

关于村庄整治工作的指导意见

(建村［2005］174号)

各省、自治区建设厅，直辖市建委(农委)，新疆生产建设兵团建设局，计划单列市建委：

为贯彻落实中央关于建设社会主义新农村的战略部署，做好新时期村庄整治工作，搞好村庄规划建设，改善农民居住条件，改变农村面貌，我部对村庄整治工作提出以下指导意见。

一、充分认识村庄整治工作的重要意义

建设社会主义新农村是新形势下促进农村经济社会全面发展的重大战略部署，是实现全面建设小康社会目标的必然要求，是贯彻落实科学发展观和构建和谐社会的重大举措，是改变我国农村落后面貌的根本途径，是系统解决"三农"问题的综合性措施。村庄整治是社会主义新农村建设的核心内容之一，是惠及农村千家万户的德政工程，是立足于现实条件缩小城乡差别、促进农村全面发展的必由之路。加强村庄整治工作，有利于提升农村人居环境和农村社会文明，有利于改善农村生产条件、提高广大农民生活质量、焕发农村社会活力，有利于改变农村传统的农业生产生活方式。

村庄整治工作是新时期党中央、国务院赋予建设部门的重要战略任务。各地建设行政主管部门要认清形势，振奋精神，充分认识建设社会主义新农村的重要意义，增强做好村庄整治工作的自觉性、责任感、使命感和紧迫感，求真务实，与时俱进，改革创新，勇挑重担，发挥传统工作优势，积极探索新思路和新方法，扎实工作，完成党和国家交给我们的历史重任。要在各级党委、政府的统一领导下，把村庄整治工作列入重要议事日程，制定切实可行的工作方案和实施计划，协调各有关部门有计划、有步骤、创造性地推动村庄整治工作，及时研究新情况，解决新问题，总结推广新经验。

二、村庄整治工作的指导思想和基本要求

村庄整治工作要紧紧围绕全面建设小康社会目标，坚持以邓小平理论和"三个代表"重要思想为指导，牢固树立和落实科学发展观，一切从农村实际出发，尊重农民意愿，按照构建和谐社会和建设节约型社会的要求，组织动员和支持引导农民自主投工投劳，改善农村最基本的生产生活条件和人居环境，促进农村经济社会全面进步。村庄整治要充分利用已有条件，整合各方资源，坚持政府引导与农民自力更生相结合，完善村庄最基本的公共设施，改变农村落后面貌。

村庄整治工作要因地制宜，可采取新社区建设，空心村整理，城中村改造，历史文化名村保护性整治等有效形式；以村容村貌整治，废旧坑(水)塘和露天粪坑整理，村内闲置宅基地和私搭乱建清理，打通乡村连通道路和硬化村内主要道路，配套建设供水设施、排水沟渠及垃圾集中堆放点、集中场院、农村基层组织与村民活动场所、公共消防通道及设施等为主要内容进行整村整治；使整治后的村庄村容村貌整洁优美，硬化路面符合规划、饮用水质达到标准，厕所卫生符合要求，排水沟渠和新旧水塘明暗有序，垃圾收集和转运场所无害化处理，农村住宅安全经济美观、富有地方特色，面源污染得到有效控制，医疗文化教育等基本得到保障，农民素质得到明显提高，农村风尚得到有效改善。

三、因地制宜、试点引路、稳步推进村庄整治工作

村庄整治工作要认真做好两个规划。一是适应农村人口和村庄数量逐步减少的趋势，编制县域村庄整治布点规划，科学预测和确定需要撤并及保留的村庄，明确将拟保留的村庄作为整治候选对象。二是编制村庄整治规划和行动计划，合理确定整治项目和规模，提出具体实施方案和要求，规范运作程序，明确监督检查的内容与形式。

村庄整治工作要坚持试点引路，量力而行，稳步推进。根据地方经济发展水平，科学制定村庄整治的计划，确定分批分期整治方案。村庄整治是一项政策性很强的工作，各地要积极探索，先试点总结经验，然后逐步推开，以点带面，防止不顾当地财力，超越集体经济和农民的承受能力，违背群众意愿、侵害群众利益，一哄而起、盲目铺开。

村庄整治工作要因地制宜，分类指导。要尊重农村建设的客观规律，以满足农民的实际需要为前提，坚决防止盲目照抄照搬城镇建设模式。要充分利用现有条件和设施，凡是能用的和经改造后能用的都不要盲目拆除，不搞不切实际的大拆大建，坚决防止以基本建设和行政命令的方式强行推进。坚持以改善农村最迫切需要的生产生活条件为中心，以中心村整治为重点，完善各类基础设施和公共服务设施，突出地方特色，体现农村风貌。

村庄整治工作要坚持政府管理与引导相结合。要通过村庄整治，引导农民逐步集中建房，解决农民建房占地过多问题，实现集约节约使用土地，降低人均公共设施配套成本。一方面，要加强建设管理，防止农民不按规划分散建房；另一方面，要搞好中心村规划，完善公共设施，引导独立农户和散居农户集中建房。

四、改革创新，明确责任，建立村庄整治工作的推进机制

建立分级责任制，将村庄整治任务落到实处。省区市负责提出本地区村庄整治的引导性项目、阶段性目标与实施方案；县乡负责指导与实施组织。村庄自治组织负责组织具体项目的建设，村民自主投工投劳参与项目建设及管理。建设行政主管部门要按照统一部署，从农村工作大局出发，履行工作职责，加强部门协调，密切配合，整合资源，加大村庄整治工作的技术服务和项目实施的技术指导。

建立农民参与机制，动员组织农民广泛参与。村庄整治改善农民生产生活环境，广大农民非常欢迎，参与积极性高。要为农民参与村镇建设提供制度性保障，加强政府引导与支持，确立农民在村庄整治中的主体地位，尊重农民意愿和对项目的选择，充分调动农民自力更生建设家园的积极性，激发农民自主、自强、勤勉、互助、奉献精神，让农民得到实际利益。凡是农民不认可的项目，不能强行推进；凡是农民一时不接受的项目，要先试点示范让农民逐步理解接受。

建立村庄公共设施管理的长效机制。村庄公共设施建设是手段，使用是目的，运营维护管理比建设更复杂、更具长期性。要创新体制和机制，探索村民自主管理的途径，组织引导农村干部群众参与公共设施运营维护与管理，通过村民缴费或村集体经济解决管理资金来源问题。逐步完善和推广村民理事会制度，在党支部领导下参与决策，直接听取村民的建议与诉求，畅通上情下达与下情上达渠道，密切基层组织与广大村民的联系，凝聚全体村民的力量搞好人居环境。凡能市场化运作的公共设施，均要积极利用市场机制。

建立公推民选的村庄整治驻村指导员制度。各地要根据实际情况，与县乡机构改革和

公务员分流安置相结合，建立基层公推民选的村庄整治驻村指导员工作制度，鼓励公务员特别是县乡公务员参与村庄整治。驻村指导员要切实负责对村庄整治的组织与技术指导，接受村镇建设助理员的业务指导和监督。要加强对村庄整治指导员的全面培训和资金与技术支持。

建立村庄整治的培训制度。要分期、分批培训新农村建设的村镇领导干部和驻村指导员。加强对农民建设新农村基本技能的培训，提高农民的参与能力。要有计划地组织各种形式的观摩学习，总结交流各地的经验，充分发挥各地示范点、示范村、示范镇的引导、带动和辐射作用，取长补短、相互借鉴。

建立村庄整治的督促检查制度。各地要加强对村庄整治实施过程中资金与实物使用的监管，防止挪用、滥用。建立上级对下级的督察机制，鼓励社会各界、新闻媒体和广大农民对村庄整治进行监督。要接受各级人大、政协和有关部门的定期或不定期督察。建设部将会同有关部门对村庄整治工作进行指导和监督。

五、组织动员各方面力量，形成合力，共同推进村庄整治工作

村庄整治工作要与当地农村的中心工作结合起来，与村务公开民主管理工作结合起来，与基层党建工作结合起来，与保持共产党员先进性教育活动结合起来，与增加农民收入、减轻农民负担的各项改革措施结合起来，使村庄整治切实成为为农民解决实际问题，为农民群众办好事做实事的工作平台。

农村和城市是一个有机统一的整体，农业发展是整个国民经济发展中的重要一环。要建立城乡一体互动的体制和机制，通过村庄整治促进城乡经济社会协调发展和城乡二元结构的逐步改变。要争取税收、补助、贴息等政策，鼓励和引导社会资本特别是工商资本参与村庄整治，建立和增加为村庄整治服务的金融产品。动员全社会力量，鼓励社会团体、志愿者积极参与村庄整治活动，改善农村人居环境。

各地要根据本地实际情况，制定村庄整治工作的实施意见。执行中的问题与建议，请及时告我部村镇建设办公室。

中华人民共和国建设部
二〇〇五年九月三十日

关于加强农民住房建设技术服务和管理的通知

(建村[2006]303号)

各省、自治区建设厅,直辖市建委(农委),计划单列市建委(建设局),新疆生产建设兵团建设局:

为提高农民住房质量,保护农民生命财产安全,改善农民居住条件,根据《村庄和集镇规划建设管理条例》,现就加强对二层(含二层)以下农民住房建设的技术服务和管理通知如下:

一、加强农民住房建设的技术服务和管理工作要尊重农民的生活习惯与生产方式,坚持安全、经济、适用、美观的原则,落实节能节地节材的要求,体现乡村特色、地方特色和民族特色。

二、完善选址意见书和开工许可证制度(即"一书一证"制度),确保农民住房建设选址与设计安全。严格执行选址意见书制度,加强对农民住房建设选址的安全把关,防止农民在地震断裂带及滑坡、泥石流易发地段建房。严格执行开工许可证制度,落实先设计后施工原则,切实加强对地震、台风多发区的农民住房设计安全审查。

三、充实和加强农民住房设计技术力量,提高农民住房设计水平。允许并支持注册建筑师、注册结构工程师等具有工程建设执业资格的人员以个人身份从事农民住房设计。指导有条件的县(市、区)逐步组建农村建设技术服务单位,多渠道吸引专业技术人员参与农民住房设计与建设、监理工作。省级建设行政主管部门可根据实际需要制定农村建设技术服务单位的具体管理办法。各地建设行政主管部门要结合本地实际,组织编印农民住房通用图集、建房知识读本(挂图),免费向建房农户提供;加大宣传力度,向农民普及住房建设技术与质量安全知识。

四、建立农民住房建筑工匠资格认证制度,大力推进农村建筑工匠队伍建设。按照自愿参加、适当补贴的原则,加强农民住房建筑工匠的业务技术培训。对经考核符合条件的工匠个人,颁发农民住房建筑工匠资格证书。省级建设行政主管部门可根据实际需要制定农民住房建筑工匠资格认证的具体管理办法。各地要积极引导取得农民住房建筑工匠资格认证的工匠个人或由其组成的农民住房建筑施工队伍优先承接农民住房建设工程。

五、加强对农民住房建设技术服务和管理的监督检查。各省级建设行政主管部门要加大督察力度,督促地方尽快建立和完善农民住房建设"一书一证"制度,大力推进农村建设技术服务单位和农民住房建筑工匠资格认证制度建设。对于不执行"一书一证"制度的,要责令限期整改;对于在执行"一书一证"制度中因玩忽职守造成安全事故的,要追究当事人的责任;对于不符合要求的农村建设技术服务单位和农民住房建筑工匠,要坚决取消相应资格。

六、三层(含三层)以上的农民住房建设管理要严格执行《建筑法》、《建筑工程质量管理条例》等法律法规的有关规定。

中华人民共和国建设部
二〇〇六年十二月十四日

关于做好损毁倒塌农房灾后恢复重建工作的指导意见

(建村〔2008〕44号)

江苏省、浙江省、安徽省、江西省、河南省、湖北省、湖南省、广东省、广西壮族自治区、四川省、贵州省、云南省、陕西省、甘肃省、青海省、宁夏回族自治区、新疆维吾尔自治区建设厅，上海市建设交通委、重庆市建委，新疆生产建设兵团建设局：

根据《国务院批转煤电油运和抢险抗灾应急指挥中心关于抢险抗灾工作及灾后重建安排报告的通知》(国发〔2008〕6号)要求，为做好农村损毁倒塌房屋的灾后加固和重建工作，尽快改善受灾农户居住条件，现提出以下指导意见。

一、充分认识做好灾后农房恢复重建工作的重要意义

党中央、国务院高度重视灾后恢复重建工作，要求各地区、各部门加强领导，精心组织，早谋划、早部署、早启动，统筹人力、物力、财力，尽快安排好受灾群众生活，尽早恢复正常的生产生活秩序，努力把灾害造成的损失减少到最低程度，奋力夺取抗灾救灾斗争的全面胜利，确保社会和谐稳定。各级建设部门一定要充分认识做好农房灾后重建工作的必要性和重要性，增强工作责任感和使命感，统一思想，抓住时机，认真履责，在各级政府的统一领导下，做好农村地区受灾群众住房的恢复重建工作。

二、灾后农房恢复重建工作的指导思想和基本要求

农房灾后恢复重建工作要认真贯彻落实党中央、国务院关于灾后全面恢复重建工作的总体部署的要求，切实加强领导，整合各方资源，坚持政府支持引导与农民自力更生相结合，强化规划指导和技术服务，整合各方力量开展农房加固和重建，全面推进农房灾后重建工作。

坚持统筹安排、规划先行原则。要在全面掌握核实灾损情况的基础上，科学制订灾后重建规划方案。要明确重建目标，落实分解责任，提出工作措施，统筹调度规划、设计、管理、质量等方面力量，确保重建任务在2008年6月底前完成。

坚持政府主导，农民主体原则。灾后重建要充分尊重农民意愿，以保障群众基本生产生活条件为重点，处理好灾后恢复重建与解决历史欠账及正常建设的关系，合理安排、分步实施，重点关注农村全倒户的重建和困难家庭损毁房屋的加固。

坚持利于安居、利于发展原则。农房加固和重建工作要与新农村和小城镇建设相结合、与村庄整治和人居环境改善相结合、与解决困难群众住房安全工作相结合，努力为受灾群众的生产和生活提供良好的发展环境，为受灾地区的经济社会发展创造条件。

坚持质量安全、好中求快的原则。要强化质量意识，把"百年大计、质量第一"贯穿灾后重建工作的全过程，严把工程质量关。要注重综合防灾和安全工作，确保农房加固和

建设符合国家和地方的标准规范，符合防灾抗灾要求，好中求快，确保安全。

三、深入排查，实事求是做好灾情评估

各级建设部门要立即开展农村地区受灾群众住房损毁和倒塌的调查摸底工作（包括：数量、地点、结构形式、损毁状态、损毁部位等），认真做好农房损毁和倒塌的统计工作，建立受灾农房档案，2008年2月底前摸清底数，核对灾情，准确掌握灾害所造成的损失，认真做好农房灾损评估工作。要在前一阶段工作基础上，重点核查冰雪冻融影响、存在安全隐患的农房，采取切实措施防止灾后倒房伤人，做到实事求是核查。

四、科学规划，精心指导灾后恢复重建工作

各地建设部门要在政府的统一领导下，按照先规划、后建设的原则，科学制定重建规划，2008年3月底前编制完成重建方案。

此次倒房多是分散、零星的土草房、危旧房，原则上应在原址重建。凡处于地质灾害隐患地带的全倒户，一律不得原址建设，应按国家规定的审批程序选址新建。

要统筹做好基础设施和公共服务设施建设，按照有利生产、方便生活的原则，科学安排道路、给排水、环卫及绿化等公用设施。要将农房重建与村庄整治结合起来，立足当前，着眼未来，推进农村人居环境的改善。

五、强化责任，认真做好技术指导与服务

灾后重建工作要量力而行，实事求是。要充分尊重群众意愿，积极调动受灾群众的积极性，组织动员和支持引导受灾群众建设自己的家园。要根据受灾群众的实际情况，提供危房加固技术方案和倒塌房屋重建方案，引导受灾群众建设节能、节材、省地、抗震的新型实用住宅，并在规划选址、建房标准、建筑结构设计、建筑材料选择、施工工程监督等方面提供服务和技术指导，切实推进灾后重建工作。

各地建设部门要组织编制实用性、地方性强的农民自建住宅标准和通用设计图集，免费供农民使用；要提供施工技术和工法指导，提高施工质量和安全。要做好技术指导下乡服务，加强巡回指导和检查，建立巡检档案。要组织行业内的技术单位、大专院校和行业组织，开展包镇、包村、包户活动，提高村镇建设水平。

在灾后恢复重建过程中，要加强对农村工匠的管理，注重发挥农村工匠等"土专家"吃苦耐劳、行动迅速、应变能力强以及对农村房屋建筑情况清楚、与居民熟悉的优势，提供一定的经济、设备、人力等便利条件和技术指导，积极组织农村工匠牵头开展房屋维修加固和重建工作。

各地建设部门要采取多种形式加强质量和安全监督，对灾民建房统一管理，统一技术指导，确保灾民建房质量。

六、明确职责，加强灾后重建工作的组织领导

各地建设部门要在当地政府的统一领导下，把灾后重建作为一项重点工作，切实履行职能，加强组织管理，健全领导机制，共同推动工作的开展。各地要确立工作目标，制定实施方案，层层落实工作责任，扎实推进灾后重建工作的开展。

受灾严重的省级建设主管部门要加强组织领导，统筹做好灾损核准和督促检查工作。各县人民政府是农民倒塌房屋重建工作的第一责任人，要切实承担起组织实施工作；县级建设部门要根据部门职责认真做好规划设计、技术指导和检查验收工作，并负责建筑材料的统筹和核检，防止不合格材料的流入。

各地要按照国务院的要求，建立农房灾后重建工作进度报告制度，及时向建设部报送有关情况。

中华人民共和国建设部
二〇〇八年二月二十二日

关于印发《南方雨雪冰冻灾害地区建制镇供水设施灾后恢复重建技术指导要点》的通知

(建村[2008]58号)

江苏省、浙江省、安徽省、江西省、河南省、湖北省、湖南省、广东省、广西壮族自治区、四川省、贵州省、云南省、陕西省、甘肃省、青海省、宁夏回族自治区、新疆维吾尔自治区建设厅，上海市建设交通委、重庆市建委，新疆生产建设兵团建设局：

根据《国务院批转煤电油运和抢险抗灾应急指挥中心关于抢险抗灾工作及灾后重建安排报告的通知》(国发[2008]6号)，我部组织专家对有关省建制镇供水设施损害与抢修情况进行了调查，结合相关技术规范、标准，编制了《南方雨雪冰冻灾害地区建制镇供水设施灾后恢复重建技术指导要点》，现印发给你们，请尽快转发到基层建设主管部门和有关水厂及设计施工单位，指导建制镇供水设施的恢复重建。

中华人民共和国建设部
二〇〇八年三月六日

南方雨雪冰冻灾害地区建制镇供水设施灾后恢复重建技术指导要点

1. 指导思想

1.1 认真贯彻落实国务院关于灾后恢复重建工作的总体部署和要求，以对人民群众高度负责的精神，切实加强领导，统筹安排，调度一切力量，全力以赴，突出重点，尽快恢复建制镇正常供水，保障人民群众的生活生产需要。

1.2 立足当前、兼顾长远、统筹规划，各部门紧密配合，按轻重缓急，分步实施。各地政府要充分发挥灾后恢复重建工作的主导作用，以供水单位为主体，积极利用国家支持政策，组织多方力量进行建制镇供水设施的恢复重建。

1.3 要进一步核实供水设施受灾情况，加强对灾害安全隐患的排查工作，及时发现和解决问题。

1.4 要根据当地的经济社会发展水平，因地制宜，首先恢复现有供水设施供水能力，适当提高供水设施新建的建设标准，增强抵御雨雪冰冻等极端自然灾害和各种风险的能力。

1.5 按照《建筑法》、《建设工程质量管理条例》等法律法规和国家基本建设程序的要求，对设计、施工、验收等各方面加强管理，保障供水设施恢复重建的工程质量。

2. 取水工程

2.1 饮用水源应按国家现行有关规定采取保护措施，设置水源保护范围。保护区范围内严禁建设任何可能危害水源水质的设施和一切有碍水源水质的行为。以地下水做为饮用水源时，应建立取水泵房，设置围墙、大门、标识牌。

2.2 因冰雪融化产生的山体滑坡、矿液外渗等问题，严重影响原有水源质量的，应尽快启用或寻找替代水源。

2.3 取水设施的恢复应采取相应措施，便于取水输水管路和水泵的放空。

3. 处理设施

3.1 水厂的灾后恢复重建应根据原水水质、设计生产能力、处理后的水质要求及运行经验，对原有工艺流程进行评估论证。原处理工艺不合理的，应先改进处理工艺后再实施重建。

3.2 生活饮用水必须消毒。抢修期间由于消毒设备损坏时，可采用漂白粉消毒，漂白粉的储存要防止受潮失效。采用二氧化氯、液氯等消毒方式的消毒间，重建时应预留临时保温或取暖的设施，如采用散热器等无明火方式取暖。

3.3 使用库存较长的设施及器材时，应对外观、尺寸、性能等方面进行评估后，再确定是否使用。需要新购的设施及器材应根据安全供水、抗冻性能、施工维护管理、经济造价等经过技术经济比较后采购。

3.4 构筑物间的连接管道应采用埋地、保温包裹等措施，闸阀应采用修建闸阀井等措施，构筑物的恢复重建宜考虑设置放空措施，成套供水处理设施应在设备制造厂的指导下安装。

3.5 恢复重建后水厂宜根据经济水平，配备有效的水质化验设备，出水水质应达到国家饮用水水质标准。

4. 输配设施

4.1 根据建制镇的特点，因灾受损供水管网应以尽快恢复供水为首要目标。对已经毁坏的管材、管件、闸阀、仪表等供水器材宜先因地制宜的进行局部检修、更换，供水管网严重损坏的可明敷临时的供水管网，先行恢复供水。

4.2 供水管网重建工作要科学、务实，根据当地经济水平，兼顾增强抗灾能力，经过综合评估后，因地制宜地提出输配设施全面修整或重建方案。加强对管线设计方案、施工图的审查工作，重点审查建设规模与管线布局的合理性，管道连接方式及主要工程材料的选型是否科学、经济，管道转弯处的处理方式与管道埋设深度等是否合理。

4.3 埋地管道优先采用 PE 塑料管、柔性接口的 PVC-U 塑料管或柔性接口的球墨铸铁管。一户一表的进户管道优先采用 PP-R 塑料管。$DN800$ 以上的管道，可选用球墨铸铁管、PCCP 管、钢管等，优先选用 PCCP 管；$DN200\sim DN800$ 的，可选用球墨铸铁管、钢管、优质 PE 管及 $DN400$ 以上的预应力水泥管等，优先选用球墨铸铁管及球墨铸铁配件；$DN200\sim DN100$ 的，可选用优质 PE 管、钢管、钢塑复合管等，优先选用优质 PE 管，高一等级的 PE 配件；$DN100$ 以下的，可选用钢塑复合管、优质塑料管等，优先选用钢塑复合管，钢塑配件。

4.4 供水器材选购要符合相关产品的国家、行业标准，宜优先选用规模企业的合格产品。对原来库存期较长的物资、器材要对外观、尺寸、性能等方面先行评估再行确定是否使用。

4.5 供水管网及器材安装与施工要符合《室外给水设计规范》GB 50013—2006、《给水排水管道工程施工及验收规范》GB 50269—97 等相关标准、规程、规范的要求。

4.5.1 供水管道应埋地敷设。原则上，在道路、绿化带、人行道等下的，要按规范要求考虑车辆荷载；有防冻要求的，应埋设在冰冻线以下，否则需做防冻处理。当在岩石、架空等不宜埋地敷设时，应采用相应的防冻和防护措施，如上埋覆土、保温包裹、外表防护等。

4.5.2 PE塑料管道的焊接应按照生产企业提供的操作规程、规范进行，并根据天气条件适当调整，要加强施工培训，加强过程控制，保证管道系统的安全，施工条件恶劣地方可采用柔性接口方式或电熔管件连接方式。

4.5.3 管道敷设时，其转弯半径不得超过其有关要求，并根据所选用管材的有关要求，在适当位置加支撑处理。

4.5.4 金属管道施工时要进行内外防腐处理。

4.5.5 水表、水表箱宜暗埋设置或设置在室内、避风处等位置，并有防冻保护措施。水表以容易排净表内积水的方式安装，如立式安装，设置泄水阀。

4.6 供水管网须设置空气阀，并在管网最低处以及各段的最低处宜设置泄水阀。

5. 运行管理

5.1 受灾停电停水期间，应尽快将取水管道与取水设施、水厂构筑物与连接管、供水管网与配水管路等整个供水系统内的水放空，防止冰冻损坏。

5.2 供水设施受灾抢修期间，各级加压设备应采用"负荷由低逐步提高"的原则进行运行，防止恢复供水后水压过高引起供水设施二次损害。

5.3 长时间断电的水厂恢复供电后，应按照水厂操作规程对各供水机电设施进行检查和试运行；对主要输水管线进行检查，特别是进气排气阀门应能正常动作；在各主要系统均能正常使用后再投入带负荷运行。

5.4 供水设施恢复运行后，要加强检查更新输配设施。

5.4.1 阀门出现拉裂现象的，除更换优质阀门外，可在适当位置加装伸缩器；DN300以上的，必须在阀门井内加装伸缩器。

5.4.2 管道埋设较浅的，可适当增加覆土深度。

5.4.3 管道埋设时间长，管道质量差，已出现或易出现漏水事件的，且管道本身质量已影响管网的安全运行，可根据当地经济情况，制定年度更换或改造计划，有目的地进行更新改造。

5.4.4 水表出现故障的，需集中采购国家认可、质量过关的优质水表进行更换。

5.5 供水设施恢复运行后，要排查受损管道，加强检漏工作，并及时修复漏点。

5.6 供水设施全面恢复重建后，各地加强日常运营管理，建立保障安全供水的长效机制。应根据当地受灾与重建情况，修改和完善运行管理技术规程，进行运行管理人员培训，增强职工防冻抗冻意识，提高应急处理能力。

6. 应急预案

6.1 建立健全有关应急管理制度，建立灾害应急领导小组，确立应急预案责任人，确保应急处理反应及时，信息畅通，措施得力。

6.2 取水泵房和水厂的供电宜采用双回路电源，有条件的地区，应按照最大单位设备用电负荷设置柴油发动机等备用动力设施。经天气预报得知将要发生极端低温天气时，应检查备用电源或柴油发动机的运行状况及柴油的储备量。

6.3 备用应急水源。考察确定符合水源要求的1~2个应急备用水源，并采取相应保护措施。制定应急水源在灾害时临时启用的供水方案。

6.4 储备应急物资。确保储备足够的混凝剂、消毒剂、柴油等应急物资，尽可能增加清水池的蓄水量。

关于加强汶川地震灾后农房重建指导工作的通知

(建村［2008］109号)

四川省、甘肃省、陕西省建设厅：

当前汶川地震受灾地区正在积极开展灾后农房重建，但是由于长期以来农房建设管理体制不健全，管理和服务力量薄弱，重建农房的质量安全引起了各方面的高度关注。为了加强对农房重建的指导，提高农房质量和抗震性能，现通知如下：

一、加强村镇规划对农房重建的指导

各地建设部门要组织力量科学编制镇、乡、村庄规划，保障农房选址安全。农房选址应避开地震活动断层或者生态脆弱和可能发生洪灾、山体滑坡、崩塌、泥石流、地面塌陷等灾害的区域以及传染病自然疫源地。农房用地布局要符合消防安全要求，保证对外疏散道路通畅。

按照《城乡规划法》的要求，根据各地灾后重建的具体情况，落实乡村建设规划许可制度，制定对农房选址安全、建筑抗震性能等进行许可审查的实施细则，充分发挥乡村建设规划许可在保障农房建筑质量安全方面的作用。

二、加强农房设计服务

各地建设部门要结合本地实际情况，组织编制、修订本行政区域内农房通用设计图或标准设计图集，供建房农民推荐选择使用。农房通用设计图或标准设计图集要符合《镇（乡）村建筑抗震技术规程》（JGJ 161—2008，住房和城乡建设部第49号公告)、《汶川地震灾后农房恢复重建技术导则》（建村函［2008］175号）和《农村民宅抗震构造详图》（国家建筑标准设计图集 SG 618—1～4，建质［2008］112号）的规定。

各地要充分考虑当地的建材供应、习惯做法以及运输的实际情况，传统的砖结构、木结构、生土结构、石结构等做法在满足国家建筑标准和抗震设防要求的前提下，均可使用。各地不得限制或禁止农民自主选择房屋结构类型。

三、开展农村建筑工匠培训

各级建设主管部门要重视推进农村建筑工匠的培训和管理工作，抓紧开展。农村建筑工匠资格可承包农村两层以下（含两层）住房及设施的建设、修缮和维护工程，可组建工匠劳务队伍，参与农村基础设施和公共设施以及乡镇企业的建设、修缮和维护工程。

省级建设主管部门应制定农村建筑工匠管理办法。农村建筑工匠的资格认定，由建筑工匠向当地有关部门提出申请，县级建设行政主管部门组织审查或考核，对审查或考核通过的颁发农村建筑工匠资格证书。农村建筑工匠资格证书可由省级建设主管部门统一印制。

县级以上建设行政主管部门应灵活采取多种方式，对农村建筑工匠进行集中培训或现场培训。灾区每一个行政村要保证在今年 11 月底前拥有两名以上农村建筑工匠。同时要加强宣传，引导农户优先选择有资格的农村建筑工匠承包农房建设工程。

四、组织建设系统对口支援

四川、甘肃、陕西三省建设厅要组织本省内未受灾地区的设计、施工、监理单位和工程质量检测机构、建筑工匠等对口支援灾区的农房重建，开展多种形式的设计、施工、监理咨询、验收指导等工作。

国务院确定对口支援的 19 个省、市的建设厅（建委、规划委）等部门要成立农房重建支援专家小组，赴灾区开展调查，提出建议，巡查指导。要组织本省规划、设计、施工、监理、工程质量检测等单位开展多种形式的农房重建支援工作。组织、鼓励本省农村建筑工匠和劳务队赴灾区承揽农房建设工程。

五、建立咨询窗口和巡查服务

各县（市、区）建设部门要结合本地情况开设农房建设咨询服务中心等窗口，组织系统内人员、社会建设专业的志愿者，为自建住房的农民提供抗震设计咨询、建材咨询、工匠介绍和设计单位介绍等服务。要通过电视和报纸等手段，及时将咨询服务窗口的联系方式告知农村居民。

县级建设部门要建立巡查服务制度，加强农房重建的质量指导与服务。要组织县级建设部门人员以及乡镇农房建设管理人员，赴农房施工现场巡查，帮助农民做好基础、结构、施工及建材等农房建设工作。

六、协助农户做好农房质量验收

农房重建工程竣工后，凡政府组织集中建设的，由业主负责验收，凡农民自建的，由农户自行验收。农民可向县级建设部门提出协助安排竣工验收的申请要求，县级建设部门或委托的乡镇农房建设管理站应做好协助竣工验收的工作，对符合规划、符合农房设计导则和抗震规程、建材合格、施工质量合格的农房，按有关规定办理有关备案手续。不合格的农房应提示农户及时整修，使其符合相关标准。各地可设专款支持农房质量检测工作。

七、推进农房登记

对依法利用宅基地建造的村民住房和依法利用其他集体所有建设用地建造的房屋，农民自愿提出申请房屋登记的，各地要依据《房屋登记办法》的规定进行登记。

八、加强组织领导

做好灾后农房重建工作时间紧、任务重，要按照国务院要求，制定农房重建规划，千方百计推进农房重建。县级建设部门按照《汶川地震灾后恢复重建条例》的规定，具体负责组织实施农房重建，要成立农房重建的专门领导机构，完善工作机制，配备专业人员，落实责任。要加强村镇建设、规划、住房、工程质量监督、培训等部门和机构的协调和配合，明确各方责任。有条件的地方，可在乡镇设立农房建设管理站等，负责农房重建的管理、指导和登记业务等。

中华人民共和国住房和城乡建设部
二〇〇八年十月十五日

关于推进县域村庄整治联系点工作的指导意见

(建村〔2008〕141号)

各省、自治区建设厅,直辖市建委(农委),新疆生产建设兵团建设局,计划单列市建委(建设局):

为深入贯彻落实中共中央关于社会主义新农村建设的部署和要求,2006年我部确定了46个县域村庄整治联系点,要求联系点各县结合当地实际,积极探索推进村庄整治的有效途径,切实搞好村庄规划建设管理,逐步改善农村人居生态环境。两年来,各地以配建基础设施和公共服务设施,改造危旧的农村住房,整治公共环境,治理垃圾、污水等为重点,开展了各具特色的村庄整治工作,村庄面貌发生了可喜变化。为进一步推进县域村庄整治联系点工作,增强示范带动能力,及时总结推广好的经验和做法,现提出以下指导意见:

一、充分认识做好县域村庄整治联系点工作的重要意义

县域村庄整治联系点是以县域为单位,有序推进村庄整治、有效改善农村人居环境和实现"村容整洁"的一项重要基础性工作。做好县域村庄整治联系点工作,是践行科学发展观和强化政府改善农村民生责任的具体举措;是促进城乡基本公共服务均等化,全面构建和谐社会的重要内容;是服务现代农业发展、促进农民增收,形成城乡协调发展局面的重要途径;是推动村庄整治规范化和制度化建设,持续改善农村人居生态环境的积极探索。各有关单位要进一步统一思想、提高认识,在建立健全村庄整治有序推进、防偏纠偏、长效维护、经费保障的体制机制方面大胆探索,将县域村庄整治联系点工作深入下去。

二、深入推进县域村庄整治联系点工作的基本要求

县域村庄整治联系点工作要按照城乡统筹、以城带乡,政府引导、农民主体、社会参与,科学规划、分步实施,分类指导、务求实效的原则,充分依托县域小城镇的经济社会发展优势,改善农民最基本的生产生活条件,逐步提高农村人居环境质量,促进县域城乡经济社会文化和谐发展。

(一)科学制定县域村庄整治规划

各县要立足县域实际,充分认识农村人居生态环境治理的长期性和艰巨性,结合县域村庄现状特征及未来十至二十年内村庄空间变化趋势,科学编制县域村庄整治布点规划,提出分期分批予以整治的村庄,纳入县(市)域村镇体系规划中组织实施。对于具备一定规模、有较强发展潜力、将长期保留的村庄,须确定为村庄整治候选对象;对于传统农业地区、生态环境保护地区和城郊地区规模较大的、村民整治意愿较统一的村庄,应列为优先整治对象;对于确实需要撤并的、人口持续减少的村庄,也要妥善解决留守村民的基本公共服务需求。

（二）深入指导实施方案编制

村庄整治实施方案是推进村庄人居环境改善的基本依据。各联系点要指导拟整治的村庄，依据现有经济实力、发展水平及村民的实际需要，合理编制村庄整治实施方案；在尊重村庄现状格局的基础上，充分利用已有建筑、设施和自然人文环境，完善和改造村庄的基础设施，逐步改善村庄公共环境；立足当地实际，统筹考虑村域及居民点范围邻近的山、水、林、田、路等生产生活要素，反映村庄规划的综合性和地域性、民族性、乡土性；合理规范农民建房行为，防止农民住房依河靠路蔓延建设、无序发展，制止违法占用耕地建房、违反规划随意建房行为；积极指导整治村庄开展废弃宅基地和房屋的复垦、整理工作，推进农村建设用地的集约节约利用。要指导拟整治的村庄，正确把握村庄整治的工作方向和重点，按照公益性、急需性和可承受性的原则，科学确定村庄整治的项目和时序；按照2008年8月1日起实施的《村庄整治技术规范》GB 50445—2008要求，确定整治项目，提高整治资金使用效率。

（三）有序推进重点项目整治

持续改善农村人居公共环境。要在村内道路、村庄供水建设和沟渠池塘、人畜分离治理的基础上，重点推进农村生活污水和垃圾的治理。推行"户分类、村收集、乡运输、县处理"的农村生活垃圾处理方式，实施生活垃圾的分类收集和就地回收利用，减少转运量和集中处理量。要做好粪便无害化处理，发达地区规模较大的村庄可因地制宜推行集中收集与处理。位于重要流域和水资源保护区的整治村庄，要建设符合要求的污水处理设施。

提高村庄的安全与防灾水平。村庄整治要高度关注农民住房的质量安全，加强农民住房建设安全选址，避开地震活动断层和可能发生洪灾、山体滑坡和崩塌、泥石流、地面塌陷、雷击等灾害的区域。对存在安全隐患的现状农民住宅和公共建筑，要在尊重相关利益主体意愿的基础上组织加固、拆除和迁建。完善村内消防设施，确保整治村庄有消防水源和必要的消防设施。

保护村庄的乡土、地域和民族特色。村庄房屋和公共环境的整治，基础设施和公共服务设施的配置，要突出地方特色，体现农村风貌。要尊重传统村落的规划布局特点和历史文化风貌，兼顾当代农村生活生产方式和建造方式的改变，使整治后的村庄特色鲜明、总体协调。防止随意填埋村内池塘河流、盲目取直和拓宽村内道路。

（四）切实维护农民合法权益

要完善农民自主参与的决策制度、投工投劳制度、账目公开制度、监督检查制度、项目验收制度等，保障农民群众的知情权、参与权和监督权，防止包办代替和盲目决策。严格保护农民的合法宅基地权利，保障农民的基本住房需求。坚决防止以新农村建设名义，在村庄整治中搞违背农民意愿的大拆大建、随意拆迁农民住房。各县要在尊重农民权益、征得农民同意的基础上，适度有序合理开展对严重影响村庄交通、安全、环境的个别农户的宅基地、房屋的整治。村集体组织制定村庄整治实施方案凡涉及农宅拆迁的，必须征得相关农户的书面同意；拆迁农宅必须坚持公开、公正、公平的原则，科学评估、合理补偿、签订协议，及时公示拆迁补偿标准与安置方案；凡未经农户同意，未落实新建择址和未得到妥善安置的"五保户"、特困户，一律不得拆除其房屋。

（五）充分发挥社会力量的积极作用

村庄整治必须坚持发挥各方面积极性。要畅通社会参与村庄整治的渠道，鼓励社会各界以多种形式参与和支持农村人居环境治理。要积极开展县直单位挂钩帮扶和驻县企事业结对帮扶活动，广泛动员社会参与，引导各方面社会力量支持村庄整治。积极开展骨干人员培训，帮助他们掌握村庄整治的有关知识、标准和方法。充分利用广播、电视、报刊、网络等媒体宣传村庄整治工作，向农民普及村庄整治相关知识与适用技术。

（六）努力构建多部门协调的工作机制

建设部门要在当地政府统一领导下，主动联系和协调发改、财政、农业等部门，建立村庄整治的部门协调工作机制。村庄建设规划和村庄整治实施方案的编制，要注重与土地利用规划、产业发展规划相衔接。要通过部门协调机制对村庄整治推进情况进行定期或不定期会商与联合督察，及时纠正基层工作的偏差，解决出现的问题。

三、深化县域村庄整治工作的体制机制改革与创新

深化村镇规划管理机制改革。要按照《城乡规划法》的基本要求，根据社会主义新农村建设的实际进展，科学编制县（市）域村镇体系规划、镇总体规划、乡规划、村庄建设规划，在实践中不断深化和完善村镇规划编制内容。要不断完善村镇规划管理制度，规范乡村建设规划许可证发放，方便农民办事。要通过村庄建设规划，有序引导有条件地区农民相对集中建房，逐步解决农民建房占地过多问题，推进宅基地的集约节约利用。加强旧村改造、空心村治理、城中村改造的政策引导与利益协调。

积极完善县乡村镇建设管理体制。根据社会主义新农村建设需要，改革农村建设管理和服务机制，探索建立村庄建设管理派出机构，完善乡村建设管理员制度，真正做到"有钱办事、有章理事、有人做事"。积极发展为农村服务的县级设计单位、有执业资格的从业者和为农房建设服务的个体工匠。依托现有县、乡质检站、安监站的组织体系，建立农房建设服务与监管的组织机构。按照城乡有别、依法自愿的原则稳步推进农民住房登记发证工作，在"一户一宅"的政策框架下，研究建立相对集中建设公寓的农民住房财产权益保护模式。要采取多种措施有步骤、有区别地逐步解决农村困难群众的安全住房，研究国家住房制度框架下长期稳定的农民住房发展政策。

完善村庄整治的资金筹措和投入机制。要按照社会主义市场经济条件下公共财政的原则和要求，加大公共财政对村庄整治的支持力度，在年度预算中安排专项资金用于农村人居环境治理。明确县乡两级政府、村集体组织及村民在村内基础设施和公共服务设施建设中的责任，建立资金筹措与分摊机制，防止产生新的乡村债务和加重农民负担。要多渠道协调筹集扶持资金，整合现有的交通、土地、农业、水利、林业、扶贫等专项资金，充分发挥政府性资金的引导作用。有条件的地区，可按照"谁投资、谁受益，谁建设、谁管理"的原则，鼓励国有资本、集体资本和民营资本参与村庄整治，切实保护其产权利益。积极探索建立垃圾、污水处理收费制度。按照城乡统筹思路，县城及中心镇应逐步将周边村庄纳入城镇市政配建及管护系统。探索引入市场运作方式，建立村内基础设施和公共服务设施投入和管护的长效机制。

不断创新多种形式的农民参与机制。要坚持农民自愿、注重实效、民主决策的原则，按照"一事一议"的方式，引导农民群众参与村庄整治。可采取特许经营和奖励、补助等形式，鼓励农民通过投工投劳、入股合作、自建自营等多种形式参与村庄公共设施的建设和管理。逐步建立农民自愿参与、集体经济组织自主管理、政府协调服务的组织形式，保

护农民参与的积极性。对于农户自用为主的项目，应遵循"自建、自有、自管、自用"原则，政府以"民办公助"的方式给予补助；并允许按照平等协商、互利互惠、有偿服务的原则，向其他农户延伸服务，保障经营者的合法收益。

四、加强组织领导、确保试点工作落到实处

县域村庄整治联系点工作，涉及面广、政策性强，任务十分艰巨和紧迫。各联系点必须从全局出发充分认识推进县域村庄整治工作的意义，周密部署、统筹安排，把各项工作落实到位。

（一）明确各级责任。省级建设部门要加强对本地区联系点工作的组织领导，指导开展工作，组织督查。县级人民政府要切实履行村镇建设职能，制定县域村庄整治实施方案，把改善农村人居环境的工作纳入政府工作考核体系中，加强对基层的督促检查。镇、乡政府负责组织辖域内村庄整治实施方案的编制，并经县级人民政府核准后实施。村集体经济组织负责整治项目实施。

（二）抓好落实工作。要建立技术支持、驻村指导、骨干培训、以奖代补等政府帮扶制度，逐步形成村庄整治有序推进、防偏纠偏和持续改善的长效工作机制。各县要在深入调查研究、广泛听取各方面意见的基础上，按照本意见要求，抓紧落实县域村庄整治工作方案。制定的方案要经省级建设部门审查后报送我部。各县要力争经过5至8年的艰苦努力，全面完成县域内选定村庄的整治任务。

（三）强化监督检查。要严格执行村庄整治实施方案分级审查制度和农宅拆迁管理制度。村庄整治方案经村民会议讨论同意并公示后，经县级有关部门审查后方可实施。各级村镇建设行政主管部门要加强对县域村庄整治联系点的指导和督促，及时发现和解决工作中遇到的新情况、新问题。我部将对县域村庄整治联系点实行动态管理，组织开展不定期检查，凡工作不力的将取消联系点资格；对于工作成效显著的将给予表彰和补助。

各省、市的村庄整治联系点、示范点可参照本意见开展工作。省级建设部门可结合本地实际制定实施细则，并注意保持政策的连续性。要及时总结工作中的经验与教训，有关典型材料要及时报我部，以便推广借鉴。

中华人民共和国住房和城乡建设部
二〇〇八年八月十五日

关于加强汶川地震灾后恢复重建村镇规划编制工作的通知

(建村〔2008〕161号)

四川、甘肃、陕西省建设厅：

按照党中央、国务院关于汶川地震灾后恢复重建工作的部署和要求，为充分发挥村镇规划对灾区农村恢复重建工作的指导协调作用，推进灾区农村科学有序、扎实稳步做好恢复重建工作，现就加强灾后恢复重建村镇规划编制工作通知如下：

一、明确规划编制的指导思想

灾后恢复重建村镇规划是指导灾区农村有序开展恢复重建工作的重要依据，是灾区广大农村群众重建家园的蓝图。汶川地震灾害破坏大、影响范围广、受灾人口多，灾区农村恢复重建任务重、时间紧、难度大。做好灾后恢复重建村镇规划编制工作，不仅关系到灾区农村重建工作的有序推进，更关系到灾区农民的切身利益和灾区农村经济社会的稳定发展。各级建设主管部门要深刻认识做好灾后恢复重建村镇规划编制工作的重要性、艰巨性和紧迫性，切实增强工作责任感和使命感，坚定信心，精心组织，统筹安排，克服困难，按期保质完成灾后恢复重建村镇规划编制任务。

编制灾后恢复重建村镇规划要按照党中央、国务院的统一部署和要求，严格执行《城乡规划法》、《汶川地震灾后恢复重建条例》以及《国家汶川地震灾后恢复重建总体规划》等有关规定，全面贯彻落实科学发展观，坚持以人为本、民生优先、城乡统筹、科学重建的方针，立足资源环境承载能力，保障安全与生计，注重灾后重建与社会主义新农村建设、扶贫开发、村庄整治相结合，积极推进现代农业和农村公共事业发展，努力改善农村人居环境，为保障农民安居乐业、农产品有效供给、农民持续增收、农村经济社会又好又快发展奠定基础。

二、坚持规划编制的基本原则

编制灾后恢复重建村镇规划要充分考虑时间紧、任务重以及灾区农村地形复杂、地质安全隐患较多、人口分布散、建设用地紧张、基础设施和经济条件较差等实际情况，严格遵循以下基本原则：

（一）民生优先、保障安全。从推进灾区农村尽快恢复正常生活生产的实际需要出发，着力解决与群众生活生产密切相关的基本问题，优先恢复灾区农民最急需的基本生活生产设施。同时，严格依据国家相关规范和防灾减灾要求，确保居民点建设场地与建筑选址安全可靠，提高抗震减灾能力。

（二）因地制宜、分类指导。坚持以原址重建为主、异地新建为辅，要在全面调研、科学评估、充分论证的基础上审慎确定重建方式。充分尊重当地农民生产生活习惯，尊重当地因适应地形地貌特点长期历史形成的农村居民点格局，保持当地民族风格与传统风貌，突出地方特色和乡土特色，防止不顾条件盲目推行集中和简单照搬其他地区的做法。

（三）保护生态、保障生计。坚持经济社会发展与生态环境资源保护相结合，落实耕地、自然资源与生态环境保护，注重"节水、节地、节能、节材"的建设要求。广泛借鉴国内外灾后重建的有益经验，调整优化农村居民点布局、人口分布、产业结构和生产力布局，促进人口资源环境协调、可持续发展。对于耕地、林地等农业生产资料严重损毁且难以恢复，已不具备基本生存发展条件的农村居民点，要对农民长远生计做好统筹安排。

（四）弘扬传统、突出特色。充分结合当地自然条件、经济水平、风俗民情，在总体规划、建筑设计、技术应用等方面突出地方特色和民族特色，弘扬传统文化，体现民族风格。在注重引入低成本适用新技术的同时，优先采用传统技术和地方工艺，继承、发扬传统有效的抗震构造技术和建造工艺，提出适应当地情况的农村恢复重建实施组织方案，引导灾民自力更生重建家园。

（五）农民主体、自下而上。坚持农民的灾后重建主体地位，保障农民对规划编制的参与权，广泛征求农民对规划的意愿和建议，并将合理化建议纳入规划内容。要充分调动和保护当地干部群众的积极性、主动性和创造性，采取自下而上的方法，坚持农民意愿与村民组织、县乡政府意见相结合，提出可实施性、可操作性强的村镇规划方案。

（六）立足当前、谋划长远。既要满足当前指导灾区农村恢复重建工作的需要，又要充分考虑推进当地新农村建设与工业化、城镇化和农业产业结构优化升级的长远发展需要。要在推进灾区农村尽快恢复正常生活生产、保证农民生命财产安全的同时，依据自然和经济发展规律，结合当地自然条件、资源环境承载能力，加强基础设施、生产生活服务设施建设，全面提升可持续发展的综合能力。

三、按期保质完成规划编制任务

灾后恢复重建村镇规划包括县域村镇体系规划和镇、乡、村庄规划。编制灾后恢复重建村镇规划要以灾前原有相应规划为基础，结合地震灾损评估和资源环境承载能力评价，对居民点布局、主要基础设施、资源环境等方面受地震破坏较大的进行规划修编或重编；对于受地震影响较小的，可按近期建设规划的要求编制。

（一）县域村镇体系规划。县域村镇体系规划是统筹协调县域农村居民点、基础设施及公共服务设施布局与建设的基础性规划，是编制下一层次村镇规划的重要依据。要优先抓紧编制县域村镇体系规划，国家安排了对口支援省市的19个受灾县（市、区）2008年10月底前完成，其他32个受灾县（市、区）原则上2009年3月底之前完成。编制县域村镇体系规划要以已编制的灾后农村建设专项规划为基础，重点突出四方面内容。一是明确适宜重建区、适度重建区、不宜重建区的恢复重建目标与策略，提出居民点异地新建的要求和标准。二是原则上将全县域明确为应当编制乡、村规划的范围，论证提出需整体异地新建的镇、乡、村方案建议。三是明确主要农村居民点的布局与规模，提出县域农村灾民的安置总体方案，以及需跨县域安置的灾民数量与安置方式建议。四是统筹安排县域主要基础设施和公共服务设施项目及布局和规模，估算投资需求并提出建设时序与资金筹措建议。

（二）镇、乡规划。镇乡规划包括镇乡政府驻地（镇区）规划和镇乡行政区域内的村庄发展布局规划两部分。各地要抓紧编制镇乡规划，原则上2009年6月底之前全部完成，个别情况特殊的镇乡2009年底之前完成。编制镇乡规划要重点突出以下内容。一是依据灾情和县域村镇体系规划，科学确定镇乡性质、发展方向和人口规模。二是明确主要农村居民点的布局与规模，提出本镇乡内农村灾民的安置方案，以及确需在本镇乡外安置的灾民数量与安置方式建议。三是统筹安排本镇乡主要基础设施和公共服务设施项目及布局和规模，估算投资需求并提出建设时序与资金筹措建议。此外，对于因安全、用地等原因镇乡政府驻地（镇区）确需整体搬迁的，要进行充分调研和科学论证，并严格按标准和程序报批；恢复重建规划期内（2008~2011年），原则上不考虑规划实施单纯的镇乡政府驻地（镇区）搬迁。

（三）村庄规划。编制村庄规划要因地制宜，在山区应坚持"就地、就近、分散"的原则。编制深度上也应因村制宜，对于布局高度分散、无30户以上聚居点的，可只达到示意图的深度；对于布局相对集中、有30户以上聚居点的，应按法定要求编制。各地要抓紧编制村庄规划，原则上2009年底之前全部完成。编制村庄规划要重点突出以下内容。一是明确主要居民点的布局与规模，提出灾民安置方案，以及需在本村外安置的灾民数量与安置方式建议。二是落实受灾农户安全可靠的建房宅基地选址，确有必要的，同时提出地质灾害防治措施。三是统筹安排主要基础设施、公共服务设施以及农业生产设施项目及布局和规模，估算投资需求并提出建设时序与资金筹措建议。此外，对于因安全、生计、用地等原因村庄确需整体搬迁的，要进行充分调研和科学论证，并严格按标准和程序报批。

四、加强规划编制的组织领导

灾后恢复重建村镇规划编制工作要以县域为单位加强组织领导和监督检查。灾区各县级建设部门要在当地党委政府的统一领导下，制定实施方案，明确工作目标，积极承担推进灾后恢复重建村镇规划编制的任务。省和市、州建设部门要加强对灾后恢复重建村镇规划编制工作的支持、协调、指导和监督，及时帮助解决规划编制中可能遇到的基础资料不全、技术要求把握不准、技术力量不足等问题，督促各县（市、区）按进度完成规划编制任务。各对口支援省（市）要将支持灾区农村恢复重建作为工作重点，优先安排技术力量帮助受援地区编制灾后恢复重建村镇规划，加强对村庄配套设施及农村示范房建设的支持。

四川、甘肃、陕西省建设部门要结合本省实际情况，按照本通知要求，制定灾后恢复重建村镇规划编制工作方案。积极与有关部门沟通协调，密切配合，积极争取各方对灾后恢复重建村镇规划编制工作的支持。加强技术指导和督促检查，及时发现和解决工作中遇到的新情况、新问题。要建立规划编制工作月进度报告制度，并从2008年9月起每月末将进度情况报我部。

中华人民共和国住房和城乡建设部
二〇〇八年九月四日

关于印发《汶川地震灾后农房恢复重建技术导则(试行)》的通知

(建村函[2008]175号)

四川省、甘肃省、陕西省建设厅：

　　为指导汶川地震灾区建设安全、经济、实用、易施工的农房，我部编制了《汶川地震灾后农房恢复重建技术导则(试行)》(以下简称《导则》)，现印发给你们。

　　灾区各级建设行政主管部门和农村恢复重建专家组要认真学习掌握《导则》，着力做好农村建筑工匠的培训，使农村建筑工匠尽快掌握和运用《导则》。建设工程质量监督部门要以《导则》为基本要求，指导和监督农房建设质量。

　　在执行过程中有何意见和建议，请尽快反馈给我部。

　　联系人：部村镇建设办公室　牛大刚　盛宏伟
　　电　话：010-58933318
　　传　真：010-58933123
　　邮　箱：niudg@mail.cin.gov.cn
　　附件：汶川地震灾后农房恢复重建技术导则(试行)

中华人民共和国住房和城乡建设部
二〇〇八年六月十八日

汶川地震灾后农房恢复重建技术导则

(试行)

目　录

1　总则　…………………………………………………………………………… 496
2　村庄用地布局　………………………………………………………………… 496
3　农房户型设计　………………………………………………………………… 497
4　抗震设防烈度和设防目标　…………………………………………………… 498
5　抗震设计和加固基本要求　…………………………………………………… 498

6	地基和基础	500
7	砖木结构房屋	502
8	木结构房屋	505
9	生土结构房屋	510
10	石木结构房屋	514
11	村庄基础设施和公共设施	518
附录 A	墙体截面抗震受剪极限承载力验算方法	520
附录 B	砖木结构房屋抗震横墙间距 L 和房屋宽度 B 限值	522
附录 C	木结构房屋抗震横墙间距 L 和房屋宽度 B 限值	526
附录 D	生土结构房屋抗震横墙间距 L 和房屋宽度 B 限值	532
附录 E	石结构房屋抗震横墙间距 L 和房屋宽度 B 限值	534
附录 F	砂浆配合比参考表	538

1 总 则

1.0.1 为加强汶川地震灾后农房恢复重建的技术指导，建设安全、经济、实用的农房，改善村庄人居环境，制定本导则。

1.0.2 农房建筑结构质量应符合抗震要求。抗震设防烈度必须根据国家颁发的文件确定。

1.0.3 农房功能应实用，满足村民基本生活及健康条件，符合村民生产和生活习惯。

1.0.4 农房设计应因地制宜，体现民族及地方的传统文化，节约用地，兼顾建筑节能。

1.0.5 农房施工应安全可靠，切实可行，易于施工。以建筑工匠为骨干，村民参与，政府督导，充分发挥村民自治组织的作用。

1.0.6 农房材料应尽量使用当地资源，充分利用震损房屋可回收的建筑材料，厉行节约。凡能通过维修加固处理的房屋，尽可能不予拆除，使群众和国家在经济上少受损失，并减少建筑垃圾的处理量。

1.0.7 农房建设应尊重村民意愿，自力更生，政府帮扶。

1.0.8 农房恢复重建应分类指导、分步实施。以原址恢复重建为主，地质条件、基础条件和交通条件较好、震后损失不大的村庄应优先并加快恢复重建。

1.0.9 农房恢复建设应与村庄人居环境改善相结合，因地制宜，进行必要的村庄用地布局调整和基础设施及公用设施配套建设。

2 村庄用地布局

2.1 农房恢复重建，其村庄用地布局分为下列三种情况

2.1.1 可按原村庄用地布局进行农房恢复重建的村庄。

2.1.2 需要适度调整原村庄用地布局后进行农房恢复重建的村庄。

2.1.3 需要制定村庄规划后进行农房恢复重建的村庄。

2.2 下列村庄可按原村庄用地布局进行农房恢复重建

2.2.1 地震前已经制定村庄规划，并根据规划基本完成建设或整治的村庄。

2.2.2 未制定村庄规划，但村庄用地布局基本合理、具备基本基础设施的村庄。

2.2.3 国家及省级历史文化名村。

上述 2.2.2 款中，村庄布局和基础设施的具体标准由县级及以上人民政府根据当地实际情况予以确定。

2.3 下列村庄需要调整原村庄用地布局后，再进行农房恢复重建

2.3.1 村内道路狭窄或道路不畅，没有对外疏散道路。

2.3.2 原村内建筑物布局过密，不能满足消防安全要求。

2.3.3 山区村庄内部分农房处于可能发生滑坡、崩塌和泥石流灾害影响范围内。

2.3.4 村内无排水沟渠，无垃圾收集、转运设施而可能造成卫生防疫安全隐患。

2.3.5 村庄用地布局影响和有碍农业生产发展。

2.3.6 其他村庄用地布局不合理的情况。

2.4 村庄用地布局形式

2.4.1 平原地区村庄用地布局宜成组成团集中布局。

2.4.2 山地村庄用地布局宜结合地形成线状或点状布局。

2.4.3 农房布置宜简洁大方、错落有致，农房类型宜采用多种形式，避免过于单调。

2.4.4 村庄用地布局规划及村庄用地布局调整应严格保护历史文化遗产和乡土特色。

2.5 村庄用地布局调整的决策和实施

2.5.1 村庄用地布局调整的决策和实施程序应符合灾后农村恢复重建的实际情况，简便而高效。

2.5.2 村庄用地布局调整应由村民自治组织经民主程序进行决定并组织实施。

2.5.3 村庄用地布局需要进行宅基地调整时，应征求被调整人的意见。

2.6 下列村庄需先制定村庄规划后，再进行农房恢复重建

2.6.1 根据镇（乡）村庄布局规划，实施易地迁建的村庄或实施合并的村庄。

2.6.2 村庄原址上重建，原布局不合理，且规模较大的村庄。

上述 2.6.2 款中的村庄规模的具体标准由县级及以上人民政府根据当地实际情况予以确定。

2.7 村庄规划应根据《城乡规划法》进行编制、审批和实施

农房建设应遵守村庄规划的布局和建设等要求。

3 农房户型设计

3.1 农房设计应遵循经济性原则，节约村民建房成本和生活支出

3.1.1 根据生产、生活需求，科学确定农房建设用地和建筑面积标准。

3.1.2 农房应户型平面方正，功能紧凑。优先保障厅堂、居室等主要房间。厨卫、储藏、交通等次要空间可充分利用院落、厢房及侧房等安置解决。

3.2 农房设计应遵循适用性原则，功能布局应符合当地村民需求

3.2.1 主要居室宜形状方正，比例合宜，朝向良好。

3.2.2 厨卫宜具备自然通风、采光条件，保障清洁卫生。

3.2.3 要提供储藏空间，利于粮食及生产工具存放。

3.3 农房设计应遵循利于生产原则

3.3.1 重视生产功能，为发展庭院经济、恢复生产创造条件。

3.3.2 可结合居室空间，直接供农家乐旅游接待等活动所用，或为其他类型家庭生

产、经营提供辅助空间。

3.4 农房设计应遵循可持续发展性原则

3.4.1 农房建设应留有余地,为将来住宅局部扩建,水电等配套设备更新改造等提供便利。

3.4.2 空间组织宜灵活可变,适合生产发展和家庭结构变化的需求。

3.5 农房设计应注重节能设计

3.5.1 应选用当地热工性能好的建筑材料,提高建筑热工性能,降低能耗。

3.5.2 充分利用太阳能、地热、沼气等当地便利和成熟的节能技术。

3.5.3 农房设计要充分利用当地自然环境、历史文化的条件,借景自然,尊重历史,体现简单大方、朴素自然的地方乡村特色。

3.6 农房设计应体现当地羌、藏族民居特色

3.6.1 在建筑形式、细部设计及装饰装修上应延续传统建筑风格,建设具有地域、民族特色的农村住宅。

3.7 农房设计应优先选用当地建筑材料和做法

3.7.1 农房设计应探索适合当地建筑材料的建筑艺术造型和表现手法,体现农房浓郁的乡土气息和生活气息。

4 抗震设防烈度和设防目标

4.1 本导则适用于抗震设防烈度为 6、7、8 和 9 度地区村镇低造价农居的抗震设计、修复加固与施工。

注:本导则 "6、7、8、9 度" 为 "抗震设防烈度为 6、7、8、9 度" 的简称,下同。

4.2 本导则农房系指农村与乡镇中层数为一、二层,采用木楼(屋)盖的一般民用居住房屋。包括砖木结构房屋、木结构房屋、生土结构房屋和石木结构房屋。

4.3 本导则以行业标准《镇(乡)村建筑抗震技术规程》JGJ 161 为主要依据,重建和加固的抗震设防目标是,当遭受低于本地区抗震设防烈度的多遇地震影响时,一般不需修理可继续使用;当遭受相当于本地区抗震设防烈度的地震影响时,主体结构不致严重破坏,围护结构不发生大面积倒塌。

4.4 一般情况下,抗震设防烈度可采用中国地震动参数区划图的地震基本烈度,当震后其地震基本烈度进行调整时,应按调整后的烈度采用;已编制抗震防灾规划的村镇,可按批准的抗震设防烈度进行抗震设防。

4.5 轻微受损的农房需要继续使用时,应先委托具有相应资质的机构鉴定,并根据鉴定结论进行处理。

4.6 本导则与图集配合使用,各种结构类型有关构造措施详细做法见 SG 618—1~4《农村民宅抗震构造详图》。

5 抗震设计和加固基本要求

5.1 建筑设计和结构体系

5.1.1 房屋体型应简单、规整,平面不宜局部突出或凹进,立面不宜高度不一。

5.1.2 房屋的结构体系应符合下列要求:

(1) 纵横墙布置宜均匀对称,在平面内应闭合;
(2) 抗震墙层高的1/2处门窗洞口所占的水平横截面面积与总水平截面面积的比率,对承重横墙不应大于25%,对承重纵墙不应大于50%;
(3) 烟道、风道不应削弱承重墙体;
(4) 二层房屋的楼层不应错层,不宜设置悬挑楼梯;
(5) 木屋架应采用有下弦的三角形屋架。

5.1.3 新建房屋应注意结构体系的明确性,不应在同一房屋采用木柱与砖柱、木柱与石柱混合承重的结构体系,也不应在同一层中采用砖墙、石墙、土坯墙、夯土墙等不同材料墙体混合承重的结构体系。在加固过程中如遇此类混合承重的情况,应在加固同时予以局部改建。

5.2 整体性连接构造一般规定

5.2.1 楼、屋盖构件的支撑长度不应小于表5.2.1的规定,当不满足时应取加固措施。

楼、屋盖构件的最小支撑长度(mm)　　　　表5.2.1

构件名称	木屋架、木梁	对接木龙骨、木檩条		搭接木龙骨、木檩条
位置	墙上	屋架上	墙上	屋架上、墙上
支撑长度与连接方式	240(木垫板)	60(木夹板与螺栓)	120(砂浆垫层、木夹板与螺栓)	满搭

5.2.2 突出屋面无锚固的烟囱、女儿墙等易倒塌构件的出屋面高度,8度及8度以下时不应大于500mm;9度时不应大于400mm。当超出时,应采取拉接措施或拆矮。

5.2.3 横墙和内纵墙上的洞口宽度不宜大于1.5m;外纵墙上的洞口宽度不宜大于1.8m或开间尺寸的一半。

5.2.4 门窗洞口过梁的支撑长度,6~8度时不应小于240mm,9度时不应小于360mm。

5.2.5 墙体门窗洞口的侧面应均匀分布预埋木砖,门洞每侧宜埋置3块,窗洞每侧宜埋置2块,门、窗框应采用圆钉与预埋木砖钉牢。

5.2.6 当采用冷摊瓦(小青瓦)屋面时,底瓦的弧边两角应设置钉孔,可采用铁钉与椽条钉牢;盖瓦与底瓦宜采用石灰或水泥砂浆压垄等做法与底瓦黏结牢固。

5.2.7 当采用硬山搁檩屋盖时,山尖墙墙顶处应采用砂浆顺坡塞实找平。

5.2.8 屋檐外挑梁上不得砌筑砌体。

5.3 结构材料和施工要求

5.3.1 结构材料性能指标,应符合下列要求:

(1) 实心砖的强度等级:烧结普通砖不应低于MU7.5;蒸压灰砂砖、蒸压粉煤灰砖不应低于MU15;
(2) 砌筑砂浆强度等级:烧结普通砖、料石和平毛石砌体不应低于M2.5。蒸压灰砂砖、蒸压粉煤灰砖不应低于M5。用于修复及抗震加固时,应不低于M5,且应比原砌筑砂浆强度等级提高一级;
(3) 钢筋宜采用HPB235(Ⅰ级)和HRB335(Ⅱ级)热轧钢筋;
(4) 铁件、扒钉等连接件宜采用Q235钢材;
(5) 木构件应选用干燥、纹理直、节疤少、无腐朽的木材;

(6) 生土墙体土料应选用杂质少的黏性土；

(7) 石材应质地坚实，无风化、剥落和裂纹。

5.3.2 拆除的震损房屋的建筑材料如砖、木材、石材等，基本完好并且满足上述要求时，可清理干净后用于重建房屋，以降低成本；倒塌的生土墙体可将土料打碎后还田，也可用于制作土坯或用做夯土墙土料。

5.3.3 加固用材料的强度等级应满足5.3.1条的规定并不应低于原房屋的材料强度等级。

5.3.4 施工除各章要求外，还应符合以下要求：

(1) HPB235(光圆)钢筋端头应设置180°弯钩；

(2) 外露铁件应做防锈处理；

(3) 嵌在墙内的木柱宜采取防腐措施；木柱伸入基础内部分必须采取防腐和防潮措施；

(4) 配筋砖圈梁和配筋砂浆带中的钢筋应完全包裹在砂浆中，不得露筋；砂浆层应密实。

6 地基和基础

6.1 建筑场地和地基

6.1.1 易地重建选择建筑场地时，宜根据规划要求选择对建筑抗震有利的地段，避开不利地段，当无法避开时应采取有效措施；不应在危险地段建造房屋。

6.1.2 同一房屋的基础不宜设置在性质明显不同的地基土上。

6.1.3 当地基有淤泥、可液化土或严重不均匀土层时，应采取垫层换填方法进行处理，换填材料和垫层厚度、处理宽度应符合下列要求：

(1) 垫层换填可选用砂石、黏性土、灰土或质地坚硬的工业废渣等材料，并应分层夯实；

(2) 换填材料砂石级配应良好，黏性土中有机物含量不得超过5%；灰土体积配合比宜为2∶8或3∶7，灰土宜用新鲜的消石灰，颗粒粒径不得大于5mm；

(3) 垫层的底面宜至老土层，垫层厚度不宜大于3m；

(4) 垫层在基础底面以外的处理宽度：垫层底面每边应超过垫层厚度的1/2且不小于基础宽度的1/5；垫层顶面宽度可从垫层底面两侧向上，按基坑开挖期间保持边坡稳定的当地经验放坡确定，垫层顶面每边超出基础底边不宜小于300mm。

6.1.4 当地基土为湿陷性黄土或膨胀土时，宜分别按《湿陷性黄土地区建筑规范》(GB 50025)或《膨胀土地区建筑技术规范》(GBJ 112)中的有关规定处理。

6.2 基础

6.2.1 基础材料可采用砖、石、灰土或三合土等；砖基础应采用实心砖砌筑，灰土或三合土应夯实。

6.2.2 基础的埋置深度应综合考虑下列条件确定：

(1) 除岩石地基外，基础埋置深度不宜小于500mm；

(2) 当为季节性冻土时，宜埋置在冻土层以下或采取其他防冻措施；

(3) 基础宜埋置在地下水位以上，当地下水位较高，基础不能埋置在地下水位以上时，宜将基础底面设置在最低地下水位200mm以下，施工时还应考虑基坑排水。

6.2.3 石砌基础应符合下列要求：

(1) 基础放脚及刚性角要求

1) 石砌基础的高度应符合下式要求：

$$H_0 \geqslant (b-b_1)/3 \qquad (6.2.3\text{-}1)$$

式中 H_0——基础的高度；
　　　b——基础底面的宽度；
　　　b_1——墙体的厚度。

2）阶梯形石基础的每阶放出宽度，平毛石不宜大于100mm，每阶应不少于两层；毛料石采用一阶两皮时，不宜大于200mm，采用一阶一皮时，不宜大于120mm。基础阶梯应满足下式要求：

$$H_i/b_i \geqslant 1.5 \qquad (6.2.3\text{-}2)$$

式中 H_i——基础阶梯的高度；
　　　b_i——基础阶梯收进宽度。

（2）平毛石基础砌体的第一皮块石应坐浆，并将大面朝下；阶梯形平毛石基础，上阶平毛石压砌下阶平毛石长度不应小于下阶平毛石长度的2/3；相邻阶梯的毛石应相互错缝搭砌。

（3）料石基础砌体的第一皮应坐浆丁砌；阶梯形料石基础，上阶石块与下阶石块搭接长度不应小于下阶石块长度的1/2。

（4）当采用卵石砌筑基础时，应凿开使用。

6.2.4　实心砖或灰土（三合土）基础应符合下列要求：

（1）砌筑基础的材料应不低于上部墙体的砂浆和砖的强度等级。砂浆强度等级不应低于M2.5；

（2）灰土（三合土）基础厚度不宜小于300mm，宽度不宜小于700mm。

6.2.5　当上部墙体为生土墙时，基础砖（石）墙砌筑高度应取室外地坪以上500mm和室内地面以上200mm中的较大者。

6.2.6　基础的防潮层宜采用1:2.5的水泥砂浆内掺5%的防水剂铺设，厚度不宜小于20mm，并应设置在室内地面以下60mm标高处；当该标高处设置配筋砖圈梁或配筋砂浆带时，防潮层可与配筋砖圈梁或配筋砂浆带合并设置。

6.3　加固

6.3.1　原址重建时，应将上部结构拆除清理至基础上皮，并检查地基土和基础震害情况。当无明显震害、基础现状完好且上部结构基本按原状恢复时可直接进行上部结构的重建。

6.3.2　地基基础完好但上部结构重建后荷载明显增加时，应对基础承载力进行核算，根据核算结果，可做如下处理：

（1）地基承载力满足要求时直接重建上部结构；

（2）基础底面压应力设计值超过地基承载力设计值并在10%以内时，可采用提高上部结构抵抗不均匀沉降能力的措施，如加强上部结构的整体性连接、提高承重结构承载力和刚度等；

（3）基础底面压应力设计值超过地基承载力设计值10%及以上时，可采取扩大基础底面积加固或减少上部荷载的措施。农居基础形式简单，埋深浅，造价相对较低，当加固难度较大或不易保证新旧基础共同工作时，也可拆除后重做。

6.3.3　地基土出现砂土液化、震陷等，导致上部结构和基础有明显震害，或基础有腐蚀、酥碱、松散和剥落现象时，应拆除原上部结构和基础后对地基土进行换填或夯实处理，然后按6.2节的要求重做基础。

7 砖木结构房屋

7.1 适用范围

7.1.1 本章适用于6～9度地区的砖木结构房屋的新建和抗震加固,包括竖向承重构件为烧结普通砖、蒸压灰砂砖和蒸压粉煤灰砖,楼面采用木梁承重,屋盖采用木梁或木屋架承重的房屋。

7.1.2 本章7.2、7.3、7.4节为新建砖木结构房屋的设计、构造与施工要求;7.5节为既有砖木结构房屋的震损修复与加固技术要求。

7.2 一般规定

7.2.1 砖木结构房屋的层数、高度和层高应符合下列要求:
(1) 房屋的层数和总高度不应超过表7.2.1的规定;
(2) 房屋的层高:单层房屋不应超过4.0m;两层房屋不应超过3.6m。

房屋层数和总高度限值(m)　　　　　　　　　表7.2.1

墙体类别	最小墙厚(mm)	烈度							
		6		7		8		9	
		高度	层数	高度	层数	高度	层数	高度	层数
实心砖墙	240	7.2	2	7.2	2	6.6	2	3.3	1
蒸压砖墙	240	7.2	2	6.6	2	6.0	2	3.0	1

注:房屋总高度指室外地面到主要屋面板板顶或檐口的高度。

7.2.2 房屋抗震横墙间距,不应超过表7.2.2的要求。

房屋抗震横墙最大间距(m)　　　　　　　　　表7.2.2

墙体类别	最小墙厚(mm)	房屋层数	楼层	烈度		
				6、7	8	9
实心砖墙	240	一层	1	11.0	9.0	5.0
		二层	2	11.0	9.0	—
			1	9.0	7.0	—
蒸压砖墙	240	一层	1	9.0	7.0	5.0
		二层	2	9.0	7.0	—
			1	7.0	5.0	—

7.2.3 砖木结构房屋的局部尺寸限值,宜符合表7.2.3的要求。

房屋局部尺寸限值(m)　　　　　　　　　表7.2.3

部位	6、7度	8度	9度
承重窗间墙最小宽度	0.8	1.0	1.3
承重外墙尽端至门窗洞边的最小距离	0.8	1.0	1.3
非承重外墙尽端至门窗洞边的最小距离	0.8	0.8	1.0
内墙阳角至门窗洞边的最小距离	0.8	1.2	1.8

7.2.4 砖木结构房屋的结构体系应符合下列要求：
(1) 应优先采用横墙承重或纵横墙共同承重的结构体系；
(2) 屋盖结构宜采用双坡轻质材料屋面；
(3) 8、9度时不应采用硬山搁檩屋盖。

7.2.5 砖木结构房屋应在下列部位设置配筋砖圈梁：
(1) 所有纵横墙的基础顶部、每层楼、屋盖(墙顶)标高处；
(2) 9度时尚应在层高的中部设置一道。

注：配筋砖圈梁是为加强结构整体性和提高墙体的抗倒塌能力，在承重墙体的底部或顶部，在两皮砖之间砌筑砂浆中配置水平钢筋所构成的水平约束构件。

7.2.6 木楼、屋盖砖木结构房屋应在下列部位采取拉接措施：
(1) 两端开间和中间隔开间的屋架间或硬山搁檩屋盖的山尖墙之间应设置竖向剪刀撑；
(2) 山墙、山尖墙应采用墙揽与木屋架或檩条拉接；
(3) 内隔墙墙顶应与梁或屋架下弦拉接。

7.2.7 承重(抗震)墙厚度：实心砖墙、蒸压砖墙不应小于240mm。

7.2.8 当屋架或梁的跨度大于或等于6m时，支撑处宜加设壁柱，或采取其他加强措施。

7.2.9 砖木结构房屋的抗震设计计算可按本导则附录A的方法进行，也可按本导则附录B确定抗震横墙间距L和房屋宽度B。

7.3 抗震构造措施

7.3.1 配筋砖圈梁的构造应满足下列要求：
(1) 砂浆强度等级：6、7度时不应低于M5，8、9度时不应低于M7.5；
(2) 砂浆层的厚度不宜小于30mm；
(3) 纵向钢筋配置不应少于$2\phi6$；
(4) 配筋砖圈梁交接(转角)处的钢筋应搭接。

7.3.2 开间或进深大于7.2m的大房间，及8度和9度时，外墙转角及纵横墙交接处，应沿墙高每隔750mm设置$2\phi6$拉接钢筋或$\phi4@200$拉接钢丝网片，拉接钢筋或网片每边伸入墙内的长度不宜小于750mm或伸至门窗洞边。

7.3.3 后砌非承重隔墙应沿墙高每隔750mm设置$2\phi6$拉接钢筋或$\phi4@200$钢丝网片与承重墙拉接，拉接钢筋或钢丝网片每边伸入墙内的长度不宜小于500mm，在砌筑承重墙时预留甩出；长度大于5m的后砌隔墙，墙顶应与木梁、或木檩条连接，连接做法应符合本导则第8章的有关规定。

7.3.4 门窗洞口可采用预制钢筋混凝土过梁或钢筋砖过梁。当门窗洞口采用钢筋砖过梁时，构造应符合下列规定：
(1) 钢筋砖过梁底面砂浆层中的纵向钢筋配筋量不应低于表7.3.4的要求，间距不宜大于100mm；钢筋伸入支座砌体内的长度不宜小于240mm；

钢筋砖过梁底面砂浆层最小配筋　　　　表7.3.4

过梁上墙体高度h_w(m)	门窗洞口宽度b(m)	
	$b \leqslant 1.5$	$1.5 < b \leqslant 1.8$
$h_w \geqslant b/3$	$3\phi6$	$3\phi6$
$0.3 < h_w < b/3$	$4\phi6$	$3\phi8$

(2) 钢筋砖过梁底面砂浆层的厚度不宜小于30mm，砂浆层的强度等级不应低于M5；

(3) 钢筋砖过梁截面高度内的砌筑砂浆强度等级不宜低于M5。

7.3.5 木屋架、木梁在外墙上的支撑部位应符合下列要求：

(1) 搁置在砖墙上的木屋架或木梁下应设置木垫板，木垫板的长度和厚度分别不宜小于500mm、60mm，宽度不宜小于240mm或墙厚；

(2) 木垫板下应铺设砂浆垫层；木垫板与木屋架、木梁之间应采用铁钉或扒钉连接。

7.3.6 木楼盖应符合下列构造要求：

(1) 搁置在砖墙上的木龙骨下应铺设砂浆垫层；

(2) 内墙上木龙骨应满搭、采用木夹板对接或采用燕尾榫、扒钉连接；

(3) 木龙骨与搁栅、木板等木构件之间应采用圆钉、扒钉等相互连接。

7.3.7 应在房屋中部屋檐高度处设置纵向水平系杆，系杆应采用墙揽与各道横墙连接或与屋架下弦杆钉牢。

7.3.8 当6、7度采用硬山搁檩屋盖时，应符合下列构造要求：

(1) 坡屋面时，应采用双坡屋面；

(2) 檩条支撑处应设垫木，垫木下应铺设砂浆垫层；垫木的长度和厚度分别不宜小于300mm、30mm，宽度同墙厚；

(3) 端檩应出檐，内墙上檩条应满搭、采用夹板对接或采用燕尾榫、扒钉连接；

(4) 木屋盖各构件应采用圆钉、扒钉或铅丝等相互连接；

(5) 竖向剪刀撑宜设置在中间檩条和中间系杆处；剪刀撑与檩条、系杆之间及剪刀撑中部宜采用螺栓连接；剪刀撑两端与檩条、系杆应顶紧不留空隙；

(6) 木檩条宜采用8号铅丝与配筋砖圈梁中的预埋件拉接。

7.3.9 当采用木屋架屋盖时，应符合下列构造要求：

(1) 木屋架上檩条应满搭、采用夹板对接或燕尾榫、扒钉连接；

(2) 屋架上弦檩条搁置处应设置檩托，檩托与屋架钉牢，檩条与屋架应采用扒钉或铅丝等相互连接；

(3) 檩条与其上面的椽子或木望板应采用圆钉、铅丝等相互连接；

(4) 屋架间竖向剪刀撑的构造做法应符合本导则8.3.10条的规定。

7.4 施工要求

7.4.1 砖砌体施工应符合下列要求：

(1) 砌筑前，砖应提前1～2天浇水润湿；

(2) 砖砌体的灰缝应横平竖直，厚薄均匀；水平灰缝的厚度宜为10mm，不应小于8mm，也不应大于12mm；水平灰缝砂浆应饱满，竖向灰缝不得出现透明缝、瞎缝和假缝；

(3) 砖砌体应上下错缝，内外搭砌；砖柱不得采用包心砌法；

(4) 砖砌体在转角和内外墙交接处应同时砌筑。对不能同时砌筑而又必须留置的临时间断处，应砌成斜槎，斜槎的水平长度不应小于高度的2/3；严禁砌成直槎；

(5) 砌筑钢筋砖过梁时，应设置砂浆层底模板和临时支撑；钢筋砖过梁的钢筋应埋入砂浆层中，过梁端部钢筋伸入支座内的长度应符合本导则第5.2.4条的要求，并设90°弯钩埋入墙体的竖缝中，竖缝应用砂浆填塞密实；

(6) 埋入砖砌体中的拉接筋，应位置准确、平直，其外露部分在施工中不得任意弯折；设有拉接筋的水平灰缝应密实，不得露筋；

(7) 砖砌体每日砌筑高度不宜超过 1.5m。

7.5 抗震加固

7.5.1 砖墙体裂缝，可根据裂缝开裂程度和开展范围采用下列方法进行修补：

(1) 压力灌浆修复法。适用于裂缝宽度在 1~2mm 之间的开裂墙体，且为满丁满条、满铺满挤法砌筑的黏土砖、蒸压砖等砌体。对于 1mm 以下的裂缝，对裂缝进行清理后采用简单抹灰处理即可。

(2) 灌浆、沿裂缝区带状抹灰。适用于缝宽为 3~4mm 之间的墙体裂缝，灌浆后可在墙体表面裂缝处（剔除装饰层）铺一层钢丝网，抹高标号水泥砂浆（M10），宽度应超过裂缝两侧各 200~300mm。

(3) 钢筋网水泥砂浆面层。当原墙体砌筑砂浆强度低，或墙体开裂严重（最大裂缝宽度在 4mm 以上），当有加固价值时，应采用钢丝网水泥砂浆面层（单面或双面）加固，面层砂浆强度等级应采用 M10。

7.5.2 墙体裂缝宽度较大（缝宽多数在 5mm 以上）并有错动或外闪，当有加固价值时，可将裂缝严重的部位局部或大部分拆除，采用高强度砂浆重新补砌；拆除前要先做好拆砌范围内上部结构的支托，设置支撑结构。

7.5.3 纵横墙连接处出现裂缝的墙体，应在进行裂缝修补后，采用钢拉杆加强纵横向墙体的连接。

7.5.4 横墙间距超过附录 B 中限值时，应增设横墙，并与纵墙及屋盖构件可靠连接，新增横墙应设基础；新增墙体的施工应满足第 7.4 节的有关要求。

7.5.5 房屋整体性差导致墙体开裂严重，当有加固价值时，应在外墙的楼、屋盖（墙顶）标高处墙体外部增设型钢（如角钢等）圈梁，内横墙增设钢拉杆。

7.5.6 应采取措施加强墙体与楼（屋）盖系统的连接：

(1) 木屋架和硬山搁檩房屋，在山墙、山尖墙处增设墙揽与木屋架或檩条拉接，墙揽可采用木块、木方、角铁等材料；

(2) 内横墙墙顶可采用 8 号铅丝与屋架下弦或檩条拉接，或增设铁件、木夹板护墙。

8 木结构房屋

8.1 适用范围

8.1.1 本章适用于 6~9 度地区的木结构承重房屋的新建和抗震加固，包括穿斗木构架、木柱木屋架、木柱木梁承重，实心砖（包括烧结普通砖、蒸压灰砂砖和蒸压粉煤灰砖）围护墙、生土围护墙和石围护墙木楼（屋）盖房屋。

8.1.2 本章 8.2、8.3、8.4 节为新建木结构房屋的设计、构造与施工要求；8.5 节为既有木结构房屋的震损修复与加固技术要求。

8.2 一般规定

8.2.1 木结构房屋的层数、高度和层高应符合下列要求：

(1) 房屋的层数和总高度不应超过表 8.2.1 的规定；

(2) 房屋的层高：单层房屋不应超过 4.0m；两层房屋不应超过 3.6m。

房屋层数和总高度限值(m) 表 8.2.1

结构类型	围护墙种类（墙厚 mm）		烈度						
			6度		7度		8度		9度	
			高度	层数	高度	层数	高度	层数	高度	层数
穿斗木构架和木柱木屋架	砖墙	实心砖(240)	7.2	2	7.2	2	6.6	2	3.3	1
		蒸压砖(240)	7.2	2	6.6	2	6.0	2	3.0	1
	生土墙(≥250)		6.0	2	4.0	1	3.3	1	—	—
	石墙	细料石(240)	7.0	2	7.0	2	6.0	2	—	—
		粗料石(240)	7.0	2	6.6	2	3.6	1	—	—
		平毛石(400)	4.0	1	3.6	1	—	—	—	—
木柱木梁	砖墙	实心砖(240)	4.0	1	4.0	1	3.6	1	3.3	1
		蒸压砖(240)	4.0	1	4.0	1	3.6	1	3.0	1
	生土墙(≥250)		4.0	1	4.0	1	3.3	1	—	—
	石墙	细料石(240)	4.0	1	4.0	1	3.6	1	—	—
		粗料石(240)	4.0	1	4.0	1	3.6	1	—	—
		平毛石(400)	4.0	1	3.6	1	—	—	—	—

注：1. 房屋总高度指室外地面到主要屋面板板顶或檐口的高度；
2. 坡屋面应算到山尖墙的 1/2 高度处。

8.2.2 抗震横墙间距，不应超过表 8.2.2 要求。

房屋抗震横墙最大间距(m) 表 8.2.2

结构类型	围护墙种类（最小墙厚 mm）		房屋层数	楼层	烈度			
					6度	7度	8度	9度
穿斗木构架和木柱木屋架	砖墙	实心砖(240)	一层	1	11.0	9.0	7.0	5.0
			二层	2	11.0	9.0	7.0	—
				1	9.0	7.0	6.0	—
		蒸压砖(240)	一层	1	9.0	7.0	6.0	—
			二层	2	9.0	7.0	6.0	—
				1	7.0	6.0	5.0	—
	生土墙(250)		一层	1	6.0	4.5	3.3	—
			二层	2	6.0	—	—	—
				1	4.5	—	—	—
	石墙	细、半细料石(240)	一层	1	11.0	9.0	6.0	—
			二层	2	11.0	9.0	6.0	—
				1	7.0	6.0	5.0	—
		粗料、毛料石(240)	一层	1	11.0	9.0	6.0	—
			二层	2	11.0	9.0	—	—
				1	7.0	6.0	—	—
		平毛石(400)	一层	1	11.0	9.0	6.0	—

续表

结构类型	围护墙种类(最小墙厚mm)		房屋层数	楼层	烈 度			
					6度	7度	8度	9度
木柱木梁	砖墙	实心砖(240)	一层	1	11.0	9.0	7.0	5.0
		多孔砖(190)	一层	1	9.0	7.0	6.0	5.0
	生土墙(250)		一层	1	6.0	4.5	3.3	—
	石墙(240、400)		一层	1	11.0	9.0	6.0	—

注：400mm厚平毛石房屋仅限6、7度。

8.2.3 木结构房屋围护墙的局部尺寸限值，宜符合表8.2.3的要求。

房屋围护墙局部尺寸限值(m) 表8.2.3

部 位	6度	7度	8度	9度
窗间墙最小宽度	0.8	1.0	1.2	1.5
外墙尽端至门窗洞边的最小距离	0.8	1.0	1.0	1.0
内墙阳角至门窗洞边的最小距离	0.8	1.0	1.5	2.0

8.2.4 木柱木屋架和穿斗木屋架房屋宜采用双坡屋盖，且坡度不宜大于30°；屋面宜采用轻质材料(瓦屋面)。

8.2.5 生土围护墙的勒脚部分，应采用砖、石砌筑，并采取有效的排水防潮措施。

8.2.6 围护墙应砌筑在木柱外侧，不宜将木柱全部包入墙体中；木柱下应设置柱脚石，不应将未做防腐、防潮处理的木柱直接埋入地基土中。

8.2.7 木结构房屋的围护墙，沿高度应设置配筋砖圈梁、配筋砂浆带或木圈梁，设置位置应符合本导则第7章、第9章和第10章"一般规定"中的有关要求。

8.2.8 木结构房屋应在下列部位采取加强整体性连接的措施：

（1）三角形木屋架和木柱木梁房屋应在屋架（木梁）与柱的连接处设置斜撑；

（2）两端开间屋架和中间隔开间屋架应设置竖向剪刀撑；

（3）穿斗木构架应在屋盖中间柱列两端开间和中间隔开间设置竖向剪刀撑，并应在每一柱列两端开间和中间隔开间的柱与龙骨之间设置斜撑；

（4）山墙、山尖墙应采用墙揽与木构架（屋架）拉接；

（5）内隔墙墙顶应与梁或屋架下弦拉接。

8.2.9 木结构房屋应设置端屋架（木梁），不得采用硬山搁檩。

8.2.10 砖抗震墙厚度不应小于180mm，生土抗震墙厚度不应小于250mm，石抗震墙厚度不应小于240mm。

8.2.11 承重木柱梢径不宜小于150mm。

8.2.12 各类围护墙木结构房屋的抗震设计计算可按本导则附录A的方法进行，也可按本导则附录C确定抗震横墙间距L和房屋宽度B。

8.3 抗震构造措施

8.3.1 柱脚与柱脚石之间宜采用石销键或石榫连接；柱脚石埋入地面以下的深度不应小于200mm。

8.3.2 砖围护墙、生土围护墙和石围护墙的抗震构造措施和配筋砖圈梁、配筋砂浆带的纵向钢筋配置和构造应分别符合本导则第 7 章、第 9 章和第 10 章"抗震构造措施"中的有关规定。

8.3.3 配筋砖圈梁、配筋砂浆带和木圈梁与木柱的连接应符合下列要求：

（1）配筋砖圈梁、配筋砂浆带与木柱应采用不小于 $\phi 6$ 的钢筋拉接；

（2）木圈梁应加强接头处的连接，可采用平接、圆钉或扒钉连接，并应与木柱之间采用铅丝或扒钉等可靠连接。

8.3.4 内隔墙墙顶与梁或屋架下弦应每隔 1000mm 采用木夹板或铁件连接。

8.3.5 山墙、山尖墙墙揽的设置与构造应符合下列要求：

（1）6、7 度时，山墙设置的墙揽数不宜少于 3 个，8、9 度或山墙高度大于 3.6m 时墙揽数不宜少于 5 个；

（2）墙揽可采用角铁、梭形铁件、木条或木板等制作；条形墙揽的长度应不小于 300mm，并应竖向放置；长方形（或梯形）木板墙揽应沿长向竖向布置；

（3）檩条不出山墙时宜采用铁件（如角铁、梭形铁件等）墙揽，铁件墙揽可根据设置位置与檩条、屋架腹杆、下弦或柱固定；

（4）檩条出山墙时可采用木板墙揽，木板墙揽可用木销或铁钉固定在檩条上，并与山墙卡紧；

（5）墙揽应靠近山尖墙面布置，最高的一个应设置在脊檩正下方，纵向水平系杆位置应设置一个，其余的可设置在其他檩条的正下方或屋架腹杆、下弦及柱的对应位置处。

8.3.6 穿斗木构架房屋的构件设置及节点连接构造应符合下列要求：

（1）木柱横向应采用穿枋连接，穿枋应贯通木构架各柱，在木柱的上、下端及二层房屋的楼板处均应设置；

（2）榫接节点宜采用燕尾榫、扒钉连接；采用平榫时应在对接处两侧加设厚度不小于 2mm 的扁铁，扁铁两端用两根直径不小于 12mm 的螺栓夹紧；

（3）穿枋应采用透榫贯穿木柱，穿枋端部应设木销钉，梁柱节点处应采用燕尾榫；

（4）当穿枋的长度不足时，可采用两根穿枋在木柱中对接，并应在对接处柱两侧沿水平方向加设扁铁；扁铁厚度不宜小于 2mm、宽度不宜小于 60mm，与木柱和穿枋贴紧，两端用两根直径不小于 12mm 的螺栓夹紧；

（5）立柱开槽宽度和深度应符合表 8.3.6 的要求。

穿斗木构架立柱开槽宽度和深度　　　　　表 8.3.6

榫类型	柱类型	圆 柱	方 柱
透榫宽度	最小值	$D/4$	$B/4$
	最大值	$D'/3$	$3B/10$
半榫深度	最小值	$D'/6$	$B/6$
	最大值	$D'/3$	$3B/10$

注：D—圆柱直径；D'—圆柱开榫一端直径；B—方柱宽度。

8.3.7 三角形木屋架的跨中处应设置纵向水平系杆，系杆应与屋架下弦杆钉牢；屋架腹杆与弦杆除用暗榫连接外，还应采用双面扒钉钉牢。

8.3.8 三角形木屋架或木梁与柱之间的斜撑宜采用木夹板,并采用螺栓连接木柱与屋架上、下弦(木梁);木柱柱顶应设置暗榫插入柱顶下弦(木梁)或附木中,木柱、附木及屋架下弦(木梁)宜采用"U"形扁铁和螺栓连接。

8.3.9 穿斗木构架纵向柱列间的剪刀撑或柱与龙骨之间的斜撑,上端与柱顶或龙骨、下端与柱身应采用螺栓连接。

8.3.10 三角形木屋架的剪刀撑宜设置在靠近上弦屋脊节点和下弦中间节点处;剪刀撑与屋架上、下弦之间及剪刀撑中部宜采用螺栓连接;剪刀撑两端与屋架上、下弦应顶紧不留空隙。

8.3.11 檩条与屋架(梁)的连接及檩条之间的连接应符合下列要求:

(1) 连接用的扒钉直径,6、7度时宜采用$\phi 8$,8度时宜采用$\phi 10$,9度时宜采用$\phi 12$;

(2) 搁置在梁、屋架上弦上的檩条宜采用搭接,搭接长度不应小于梁或屋架上弦的宽度(直径),檩条与梁、屋架上弦以及檩条与檩条之间应采用扒钉钉牢或8号铅丝缠绕连接;

(3) 当檩条在梁、屋架、穿斗木构架柱头上采用对接时,应采用燕尾榫对接方式,且檩条与梁、屋架上弦、穿斗木构架柱头应采用扒钉连接;檩条与檩条之间应采用木夹板、扁铁或扒钉连接;

(4) 三角形屋架在檩条斜下方一侧(脊檩两侧)应设置檩托支托檩条;

(5) 双脊檩与屋架上弦的连接除应符合以上要求外,双脊檩之间尚应采用木条或螺栓连接。

8.3.12 椽子或木望板应采用圆钉与檩条钉牢。

8.3.13 砖围护墙、生土围护墙和石围护墙的门窗洞口过梁形式、设置及构造要求应分别符合本导则第7章、第9章和第10章的有关规定;过梁底面砂浆层中的配筋及木过梁截面尺寸应符合下列要求:

(1) 墙厚为180mm、240mm的砖墙,钢筋砖过梁配筋应采用$2\phi 6$;墙厚为370mm、490mm时,应采用$3\phi 6$;

(2) 墙厚为240mm的石墙,钢筋石过梁配筋应采用$2\phi 6$;墙厚为400mm时,应采用$3\phi 6$;

(3) 木过梁截面尺寸不应小于表8.3.13的要求,其中矩形截面木过梁的宽度宜与墙厚相同;

木过梁截面尺寸(mm) 表8.3.13

墙厚(mm)	门窗洞口宽度b(m)					
	$b \leqslant 1.2$			$1.2 < b \leqslant 1.5$		
	矩形截面	圆形截面		矩形截面	圆形截面	
	高度h	根数	直径d	高度h	根数	直径d
240	35	5	45	45	4	60
370	35	8	45	45	6	60
500	35	10	45	45	8	60
700	35	12	45	45	10	60

注:d为每一根圆形截面木过梁的直径。

（4）当一个洞口采用多根木杆组成过梁时，木杆上表面宜采用木板、扒钉、铅丝等将各根木杆连接成整体。

8.4 施工要求

8.4.1 木柱的施工应符合下列要求：

（1）木柱不宜有接头；当接头不可避免时，接头处应采用拍巴掌榫搭接，并应采用铁套或铁件将接头处连接牢固，接头处的强度和刚度不得低于柱的其他部位；

（2）应避免在木柱同一高度处纵横向同时开槽；

（3）在同一截面处开槽面积不应超过截面总面积的1/2。

8.4.2 砖围护墙、生土围护墙和石围护墙的施工要求应分别符合本导则第7章、第9章和第10章的有关规定。

8.5 抗震加固

8.5.1 对构造不合理的木构架，应采取增设杆件的方法加固；无下弦人字木屋架应增设下弦。

8.5.2 对于明显歪斜的木构架，应先打戗拨正，后用铁件加固，或增砌抗震墙并加强节点连接。

8.5.3 木构件的截面薄弱导致严重开裂时，应更换或增设构件，并与原构件可靠连接。

8.5.4 对松动的木构架节点，可采用加设铁件连接的方法加固。

8.5.5 未按抗震构造措施要求设置斜撑的三角形木屋架和木柱木梁屋架应增设斜撑。

8.5.6 未按抗震构造措施要求设置剪刀撑的三角形木屋架和穿斗木构架应增设竖向剪刀撑。

8.5.7 围护墙的修复加固，应符合下列要求：

（1）对开裂墙体可参照本导则第7.5节的方法采用灌浆填缝、拆砌或用砂浆面层等方法修复加固；

（2）破坏严重的围护墙应拆除后重砌，或改用轻质隔墙；重砌时应按本导则第7章、第9章和第10章的有关要求采取拉接措施；

（3）墙体外闪时，应增设扶墙垛，对于较高的山墙，应按抗震构造措施要求增设墙揽；

（4）围护墙与木构架间松动、脱开时，可采用加设墙揽等方法加强两者的拉接。

9 生土结构房屋

9.1 适用范围

9.1.1 本章适用于6～8度地区的生土结构房屋的新建和抗震加固，包括土坯墙、夯土墙承重的一、二层木楼（屋）盖房屋。

9.1.2 本章9.2、9.3、9.4节为新建木结构房屋的设计、构造与施工要求；9.5节为既有木结构房屋的震损修复与加固技术要求。

9.2 一般规定

9.2.1 生土结构房屋的层数和高度应符合下列要求：

（1）房屋的层数和总高度不应超过表9.2.1的规定；

（2）房屋的层高：单层房屋不应超过4.0m；两层房屋不应超过3.0m。

房屋层数和高度限值(m)　　　　　　　　　　　　　　　　表 9.2.1

烈　度					
6度		7度		8度	
高度	层数	高度	层数	高度	层数
6.0	2	4.0	1	3.3	1

注：房屋总高度指室外地面到平屋面屋面板板顶或坡屋面檐口的高度。

9.2.2　房屋抗震横墙间距，不应超过表9.2.2的要求。

房屋抗震横墙最大间距(m)　　　　　　　　　　　　　　　表 9.2.2

房屋层数	楼　层	烈　度		
		6度	7度	8度
一层	1	6.6	4.8	3.3
二层	2	6.6	—	—
	1	4.8	—	—

注：抗震横墙指厚度不小于250mm的土坯墙或夯土墙。

9.2.3　生土结构房屋的局部尺寸限值，宜符合表9.2.3的要求：

房屋局部尺寸限值(m)　　　　　　　　　　　　　　　　表 9.2.3

部　位	6度	7度	8度
承重窗间墙最小宽度	1.0	1.2	1.4
承重外墙尽端至门窗洞边的最小距离	1.0	1.2	1.4
非承重外墙尽端至门窗洞边的最小距离	1.0	1.0	1.0
内墙阳角至门窗洞边的最小距离	1.0	1.2	1.5

9.2.4　生土结构房屋门窗洞口的宽度，6、7度时不应大于1.5m，8度时不应大于1.2m。

9.2.5　生土结构房屋的结构体系应符合下列要求：

（1）应优先采用横墙承重或纵横墙共同承重的结构体系；

（2）8度时不应采用硬山搁檩屋盖。

9.2.6　生土结构房屋不宜采用单坡屋盖；坡屋顶的坡度不宜大于30°；屋面宜采用轻质材料（瓦屋面）。

9.2.7　生土墙应采用平毛石、毛料石、凿开的卵石、黏土实心砖或灰土（三合土）基础，基础墙应采用混合砂浆或水泥砂浆砌筑。

9.2.8　生土结构房屋的配筋砖圈梁、配筋砂浆带或木圈梁的设置应符合下列规定：

（1）所有纵横墙基础顶面处应设置配筋砖圈梁；各层墙顶标高处应分别设一道配筋砖圈梁或木圈梁，夯土墙应采用木圈梁，土坯墙应采用配筋砖圈梁或木圈梁；

（2）8度时，夯土墙房屋尚应在墙高中部设置一道木圈梁；土坯墙房屋尚应在墙高中部设置一道配筋砂浆带或木圈梁。

9.2.9　生土结构房屋应在下列部位采取拉接措施：

（1）每道横墙在屋檐高度处应设置不少于三道的纵向通长水平系杆；并应在横墙两侧设置墙揽与纵向系杆连接牢固，墙揽可采用方木、角铁等材料；

(2) 两端开间和中间隔开间山尖墙应设置竖向剪刀撑；

(3) 山墙、山尖墙应采用墙揽与木檩条和系杆等屋架构件拉接。

9.2.10 生土承重墙体厚度：外墙不宜小于400mm，内墙不宜小于250mm。

9.2.11 生土结构房屋的抗震设计计算可按本导则附录A的方法进行，也可按本导则附录D确定抗震横墙间距L和房屋宽度B。

9.3 抗震构造措施

9.3.1 8度时生土结构房屋应按下列要求设置木构造柱：

(1) 在外墙转角及内外墙交接处设置；

(2) 木构造柱的梢径不应小于120mm；

(3) 木构造柱应伸入墙体基础内，并应采取防腐和防潮措施。

9.3.2 生土结构房屋配筋砖圈梁、配筋砂浆带和木圈梁的构造应符合下列要求：

(1) 配筋砖圈梁和配筋砂浆带的砂浆强度等级6、7度时不应低于M5，8度时不应低于M7.5；

(2) 配筋砖圈梁和配筋砂浆带的纵向钢筋配置不应低于表9.3.2的要求；

土坯墙、夯土墙房屋配筋砖圈梁与配筋砂浆带最小纵向配筋　　　表9.3.2

墙体厚度 t(mm) \ 设防烈度	6度	7度	8度
$t \leqslant 400$	$2\phi6$	$2\phi6$	$2\phi6$
$400 < t \leqslant 600$	$2\phi6$	$2\phi6$	$3\phi6$
$t > 600$	$2\phi6$	$3\phi6$	$4\phi6$

(3) 配筋砖圈梁的砂浆层厚度不宜小于30mm；

(4) 配筋砂浆带厚度不应小于50mm；

(5) 木圈梁的横截面尺寸不应小于(高×宽)40mm×120mm。

9.3.3 生土墙应在纵横墙交接处沿高度每隔500mm左右设一层荆条、竹片、树条等编制的拉接网片，每边伸入墙体应不小于1000mm或至门窗洞边，拉接网片在相交处应绑扎，当墙中设有木构造柱时，拉接材料与木构造柱之间应采用8号铅丝连接。

9.3.4 生土结构房屋门窗洞口宜采用木过梁，过梁构造应符合下列要求：

(1) 木过梁截面尺寸不应小于表9.3.4的要求，其中矩形截面木过梁的宽度与墙厚相同；木过梁支撑处应设置垫木；

木过梁截面尺寸(mm)　　　表9.3.4

墙厚(mm)	门窗洞口宽度 b(m)					
	$b \leqslant 1.2$			$1.2 < b \leqslant 1.5$		
	矩形截面	圆形截面		矩形截面	圆形截面	
	高度 h	根数	直径 d	高度 h	根数	直径 d
250	90	2	120	110	—	—
370	75	3	105	95	3	120
500	65	5	90	85	4	115
700	60	8	80	75	6	100

注：d为每一根圆形截面木过梁(木杆)的直径。

（2）当一个洞口采用多根木杆组成过梁时，木杆上表面宜采用木板、扒钉、铅丝等将各根木杆连接成整体。

9.3.5 生土墙门窗洞口两侧宜设木柱（板）；夯土墙门窗洞口两侧宜沿墙体高度每隔500mm左右加入水平荆条、竹片、树枝等编制的拉接网片，每边伸入墙体应不小于1000mm或至门窗洞边。

9.3.6 木屋架、木梁在外墙上的支撑部位应符合下列要求：

（1）搁置在生土墙上的木屋架或木梁在外墙上的支撑长度不应小于370mm，且宜满搭，支撑处应设置木垫板，墙体厚度不足370mm时应在支撑处设置壁柱。木垫板的长度、宽度和厚度分别不宜小于500mm、370mm和60mm；

（2）木垫板下应铺设砂浆垫层；木垫板与木屋架、木梁之间应采用铁钉或扒钉连接。

9.3.7 硬山搁檩房屋檩条的设置与构造应符合下列要求：

（1）檩条支撑处应设置不小于400mm×200mm×60mm的木垫板或砖垫；

（2）内墙檩条应满搭并用扒钉钉牢，不能满搭时应采用木夹板对接或燕尾榫扒钉连接；

（3）檐口处椽条应伸出墙外做挑檐，并应在纵墙墙顶两侧设置双檐檩夹紧墙顶，檐檩宜嵌入墙内；

（4）硬山搁檩房屋的端檩应出檐，山墙两侧应采用方木墙揽与檩条连接；

（5）山尖墙顶宜沿斜面放置木卧梁支撑檩条；

（6）木檩条宜采用8号铅丝与山墙配筋砂浆带或配筋砖圈梁中的预埋件拉接。

9.3.8 硬山山墙高厚比大于10时应设置扶壁墙垛。

9.3.9 7度及7度以上地区，夯土墙在上下层接缝处应设置木杆、竹杆（片）等竖向销键，沿墙长度方向间距宜取500mm左右，长度可取400mm左右。

9.3.10 竖向剪刀撑的设置，当采用硬山搁檩屋盖时，应符合本导则第7.3.8条第5款的规定；当采用木屋架屋盖时，应符合本导则第8.3.10条的规定。

9.3.11 山墙与木屋架及檩条的连接、山墙（山尖墙）墙揽的设置与构造、自承重墙与屋架下弦的连接、木屋架（盖）之间的连接等均应符合本导则第8章的有关规定和要求。

9.4 施工要求

9.4.1 夯土墙土料含水量宜按最优含水量控制。村镇地区条件限制，一般可按经验取用，现场检验方法是"手握成团，落地开花"。

9.4.2 生土墙土料中的掺料宜满足下列要求：

（1）宜在土料中掺入0.5%（重量比）左右的碎麦秸、稻草等拉接材料；

（2）夯土墙土料中可掺入碎石、瓦砾等，其重量不宜超过25%（重量比）；

（3）夯土墙土料中掺入熟石灰时，熟石灰含量宜在5～10%（重量比）之间。

9.4.3 土坯墙砌筑泥浆内宜掺入0.5%（重量比）左右的碎草，泥浆不宜过稀，应随拌随用。泥浆在使用过程中出现泌水现象时，应重新拌和。

9.4.4 土坯墙的砌筑应符合下列要求：

（1）土坯墙墙体的转角处和交接处应同时咬槎砌筑，对不能同时砌筑而又必须留置的临时间断处，应砌成斜槎，斜槎的水平长度不应小于高度的2/3；严禁砌成直槎；

(2) 土坯墙每天砌筑高度不宜超过1.2m。临时间断处的高度差不得超过一步脚手架的高度；

(3) 土坯的大小、厚薄应均匀，墙体转角和纵横墙交接处应采取拉接措施；

(4) 土坯墙砌筑应采用错缝卧砌，泥浆应饱满；土坯墙接槎时，应将接槎处的表面清理干净，并填实泥浆，保持泥缝平直；

(5) 土坯墙在砌筑时应采用铺浆法，不得采用灌浆法。严禁使用碎砖石填充土坯墙的缝隙；

(6) 水平泥浆缝厚度应在12～18mm之间。

9.4.5 夯土墙的夯筑应符合下列要求：

(1) 夯土墙应分层交错夯筑，夯筑应均匀密实，不应出现竖向通缝。纵横墙应同时咬槎夯筑，不能同时夯筑时应留踏步槎；

(2) 夯土墙每层夯筑虚铺厚度不应大于300mm，每层夯击不得少于3遍。

9.4.6 房屋室外应做散水，散水面层可采用砖、片石及碎石三合土等。

9.5 抗震加固

9.5.1 开裂墙体应采取灌浆填缝的方法修复加固，表面局部剥落的应补全截面。

9.5.2 墙体外闪或内外墙无咬砌时，应增设扶墙垛，对于较高的山墙，应增设墙揽。

9.5.3 横墙间距超过附录D中限值时，应增设横墙，并与纵墙及屋盖可靠连接，新增横墙应设基础；新增墙体的施工应满足第9.4节的有关要求。

9.5.4 房屋整体性差时，可用角钢圈梁、木圈梁及拉杆加固，拉杆可采用钢筋或木杆。

9.5.5 硬山搁檩土墙承重房屋，应在檩条下增设木垫板。

9.5.6 木构件支撑长度不满足要求时，应增设支托加大支撑长度，支托应与原构件之间木夹板、扒钉等连接。

9.5.7 应采取措施加强墙体与楼(屋)盖系统的连接

(1) 木屋架和硬山搁檩房屋，在山墙、山尖墙处增设墙揽与木屋架或檩条拉接，墙揽可采用木块、木方、角铁等材料；

(2) 内横墙墙顶可采用8号镀锌钢丝与屋架下弦或檩条拉接，或增设铁件、木夹板护墙。

10 石木结构房屋

10.1 适用范围

10.1.1 本章适用于6～8度地区的石木结构房屋的新建和抗震加固，包括料石、平毛石砌体承重的一、二层木楼(屋)盖房屋。

10.1.2 本章10.2、10.3、10.4节为新建石木结构房屋的设计、构造与施工要求；10.5节为既有石木结构房屋的震损修复与加固技术要求。

10.2 一般规定

10.2.1 石木结构房屋的层数和高度应符合下列要求

(1) 房屋的层数和总高度不应超过表10.2.1的规定；

(2) 房屋的层高：单层房屋6度不应超过4.0m；两层房屋不应超过3.5m。

房屋层数和总高度限值(m) 表 10.2.1

墙体类别		最小墙厚(mm)	烈 度					
			6度		7度		8度	
			高度	层数	高度	层数	高度	层数
料石砌体	细、半细料石砌体(无垫片)	240	7.0	2	7.0	2	6.6	2
	粗料、毛料石砌体(有垫片)	240	7.0	2	6.6	2	3.6	1
平毛石砌体		400	3.6	1	3.6	1	—	—

注：1. 屋总高度指室外地面到檐口的高度；对带阁楼的坡屋面应算到山尖墙的1/2高度处；
　　2. 平毛石指形状不规则，但有两个平面大致平行、且该两平面的尺寸远大于另一个方向尺寸的块石。

10.2.2 房屋抗震横墙间距不应超过表10.2.2的要求。

房屋抗震横墙最大间距(m) 表 10.2.2

房屋层数	楼层	烈 度	
		6度、7度	8度
一层	1	11.0	7.0
二层	2	11.0	7.0
	1	7.0	5.0

注：抗震横墙指厚度不小于240mm的料石墙或厚度不小于400mm的毛石墙。

10.2.3 石木结构房屋的局部尺寸限值，宜符合表10.2.3的要求。

房屋局部尺寸限值(m) 表 10.2.3

部 位	烈 度	
	6度、7度	8度
承重窗间墙最小宽度	1.0	1.0
承重外墙尽端至门窗洞边的最小距离	1.0	1.2
非承重外墙尽端至门窗洞边的最小距离	1.0	1.0
内墙阳角至门窗洞边的最小距离	1.0	1.2

注：出入口处的女儿墙应有锚固。

10.2.4 石木结构房屋的结构体系应符合下列要求：
（1）应优先采用横墙承重或纵横墙共同承重的结构体系；
（2）8度时不应采用硬山搁檩屋盖；
（3）严禁采用石板、石梁及独立料石柱作为承重构件；
（4）严禁采用悬挑踏步板式楼梯。

10.2.5 石木结构房屋应在下列部位设置配筋砂浆带：
（1）所有纵横墙的基础顶部、每层楼、屋盖(墙顶)标高处；
（2）8度时尚应在墙高中部增设一道。

10.2.6 石木结构房屋应在下列部位采取拉接措施：
（1）两端开间屋架和中间隔开间屋架应设置竖向剪刀撑；
（2）山墙、山尖墙应采用墙揽与木屋架或檩条拉接；

(3) 内隔墙墙顶应与梁或屋架下弦拉接。

10.2.7 石材规格应符合下列要求：

(1) 料石的宽度、高度分别不宜小于240mm和220mm；长度宜为高度的2～3倍且不宜大于高度的4倍。料石加工面的平整度应符合表10.2.7的要求；

料石加工平整度(mm)　　　　　　　　　　表10.2.7

料石种类	外露面及相接周边的表面凹入深度	上、下叠砌面及左右接砌面的表面凹入深度	尺寸允许偏差	
			宽度及高度	长度
细料石	不大于2	不大于10	±3	±5
半细料石	不大于10	不大于15	±3	±5
粗料石	不大于20	不大于20	±5	±7
毛料石	稍加修整	不大于25	±10	±15

(2) 平毛石应呈扁平块状，其厚度不宜小于150mm。

10.2.8 承重石墙厚度，料石墙不宜小于240mm，平毛石墙不宜小于400mm。

10.2.9 当屋架或梁的跨度大于4.8m时，支撑处宜加设壁柱或采取其他加强措施，壁柱宽度不宜小于400mm，厚度不宜小于200mm，壁柱应采用料石砌筑。

10.2.10 石木结构的抗震设计计算可按本导则附录A的方法进行，也可按本导则附录E确定抗震横墙间距L和房屋宽度B。

10.3 抗震构造措施

10.3.1 配筋砂浆带的构造应符合下列要求：

(1) 砂浆强度等级6、7度时不应低于M5，8度时不应低于M7.5；
(2) 配筋砂浆带的厚度不宜小于50mm；
(3) 配筋砂浆带的纵向钢筋配置不应低于表10.3.1的要求；

配筋砂浆带最小纵向配筋　　　　　　　　　　表10.3.1

墙体厚度t(mm)	6、7度	8度
≤300	2ϕ8	2ϕ10
>300	3ϕ8	3ϕ10

(4) 配筋砂浆带交接（转角）处钢筋应搭接。

10.3.2 纵横墙交接处应符合下列要求：

(1) 料石砌体应采用无垫片砌筑，平毛石砌体应每皮设置拉接石；
(2) 7、8度时应沿墙高每隔500～700mm设置2ϕ6拉接钢筋，每边伸入墙内不宜小于1000mm或伸至门窗洞边。

10.3.3 门窗洞口可采用预制钢筋混凝土过梁或钢筋石过梁。当门窗洞口采用钢筋石过梁时，钢筋石过梁的构造应符合下列规定：

(1) 钢筋石过梁底面砂浆层中的钢筋配筋量应不低于表10.3.3的规定，间距不宜大于100mm；
(2) 钢筋石过梁底面砂浆层的厚度不宜小于40mm，砂浆层的强度等级不应低于M5，钢筋伸入支座长度不宜小于300mm；

(3) 钢筋石过梁截面高度内的砌筑砂浆强度等级不宜低于 M5。

钢筋石过梁底面砂浆层中的钢筋配筋量　　　表 10.3.3

过梁上墙体高度 h_w(m)	门窗洞口宽度 b(m)	
	$b \leqslant 1.5$	$1.5 < b \leqslant 1.8$
$h_w \geqslant b/2$	$4\phi 6$	$4\phi 6$
$0.3 \leqslant h_w < b/2$	$4\phi 6$	$4\phi 8$

10.3.4 木屋架、木梁在外墙上的支撑部位应符合下列要求：

(1) 搁置在石墙上的木屋架或木梁下应设置木垫板，木垫板的长度和厚度分别不宜小于 500mm、60mm，宽度不宜小于 240mm 或墙厚；

(2) 木垫板下应铺设砂浆垫层；木垫板与木屋架、木梁之间应采用铁钉或扒钉连接。

10.3.5 应在跨中屋檐高度处设置纵向水平系杆，系杆应采用墙揽与各道横墙连接或与屋架下弦杆钉牢。

10.3.6 当采用硬山搁檩木屋盖时，屋盖木构件拉接措施应符合下列要求：

(1) 檩条应在内墙满搭并用扒钉钉牢，不能满搭时应采用木夹板对接或燕尾榫扒钉连接；

(2) 木檩条应用 8 号铅丝与山墙配筋砂浆带中的预埋件拉接；

(3) 木屋盖各构件应采用圆钉、扒钉或铅丝等相互连接。

10.3.7 当采用木屋架屋盖时，屋架的构造措施、山墙与木屋架及檩条的连接、山墙（山尖墙）墙揽的设置与构造以及屋架构件之间的连接措施等均应符合本导则第 8 章的有关规定和要求。

10.3.8 内隔墙墙顶与梁或屋架下弦应每隔 1000mm 采用木夹板或铁件连接。

10.4 施工要求

10.4.1 石木结构的砌筑砂浆稠度、灰缝厚度、每日砌筑高度等应符合下列要求：

(1) 石砌体砌筑前应清除石材表面的泥垢、水锈等杂质；

(2) 砌筑砂浆稠度（塌落度）：无垫片为 10～30mm，有垫片为 40～50mm，并可根据气候变化情况进行适当调整；

(3) 石砌体的灰缝厚度：细料石砌体不宜大于 5mm；半细料石砌体不宜大于 10mm；无垫片粗料石砌体不宜大于 20mm；有垫片粗料石、毛料石、平毛石砌体不宜大于 30mm；

(4) 无垫片料石和平毛石砌体每日砌筑高度不宜超过 1.2m；有垫片料石砌体每日砌筑高度不宜超过 1.5m；

(5) 已砌好的石块不应移位、顶高；当必须移动时，应将石块移开，将已铺砂浆清理干净，重新铺浆。

10.4.2 料石砌体施工应符合下列要求：

(1) 料石砌筑时，应放置平稳；砂浆铺设厚度应略高于规定灰缝厚度，其高出厚度：细料石、半细料石宜为 3～5mm，粗料石、毛料石宜为 6～8mm；

(2) 料石墙体上下皮应错缝搭砌，错缝长度不宜小于料石长度的 1/3；

(3) 有垫片料石砌体砌筑时，应先满铺砂浆，并在其四角安置主垫，砂浆应高出主垫

10mm，待上皮料石安装调平后，再沿灰缝两侧均匀塞入副垫。主垫不得采用双垫，副垫不得用锤击入；

（4）料石砌体的竖缝应在料石安装调平后，用同样强度等级的砂浆灌注密实，竖缝不得透空；

（5）石砌墙体在转角和内外墙交接处应同时砌筑。对不能同时砌筑而又必须留置的临时间断处，应砌成斜槎，斜槎的水平长度不应小于高度的 2/3；严禁砌成直槎。

10.4.3　平毛石砌体施工应符合下列要求：

（1）平毛石砌体宜分皮卧砌，各皮石块间应利用自然形状敲打修整，使之与先砌石块基本吻合、搭砌紧密；应上下错缝，内外搭砌，不得采用外面侧立石块中间填心的砌筑方法；中间不得夹砌过桥石（仅在两端搭砌的石块）、铲口石（尖角倾斜向外的石块）和斧刃石；

（2）平毛石砌体的灰缝厚度宜为 20～30mm，石块间不得直接接触；石块间空隙较大时应先填塞砂浆后用碎石块嵌实，不得采用先摆碎石后塞砂浆或干填碎石块的砌法；

（3）平毛石砌体的第一皮和最后一皮，墙体转角和洞口处，应采用较大的平毛石砌筑；

（4）平毛石砌体必须设置拉接石，拉接石应均匀分布，互相错开；拉接石宜每 $0.7m^2$ 墙面设置一块，且同皮内拉接石的中距不应大于 2m；

拉接石的长度，当墙厚等于或小于 400mm 时，应与墙厚相等；当墙厚大于 400mm 时，可用两块拉接石内外搭接，搭接长度不应小于 150mm，且其中一块的长度不应小于墙厚的 2/3。

10.5　抗震加固

10.5.1　对料石砌体房屋墙体的裂缝，可参照本导则第 7.5 节的方法加固处理。

10.5.2　墙体裂缝宽度较大（缝宽多数在 5mm 以上）并有错动或外闪时，可将裂缝严重的部位局部或大部分拆除，采用高强度砂浆重新补砌。拆除前要先做好拆砌范围内上部结构荷载的支托，设置支撑结构。

10.5.3　纵横墙连接较差的墙体，应采用钢拉杆加强纵横向墙体的连接。

10.5.4　木屋架或梁的跨度较大时，支撑处宜加设料石砌筑的壁柱。

10.5.5　横墙间距超过附录 E 中限值时，应增设横墙，并与纵墙及屋盖构件可靠连接，新增横墙应设基础；新增墙体的施工应满足第 10.4 节的有关要求。

10.5.6　整体性差的房屋，应在外墙的楼、屋盖（墙顶）标高处墙体外部增设型钢（如角钢等）圈梁，内横墙增设钢拉杆。

10.5.7　应采取措施加强墙体与楼（屋）盖系统的连接：

（1）木屋架和硬山搁檩房屋，在山墙、山尖墙处增设墙揽与木屋架或檩条拉接，墙揽可采用木块、木方、角铁等材料；

（2）内横墙墙顶可采用 8 号铅丝与屋架下弦或檩条拉接，或增设铁件、木夹板护墙。

11　村庄基础设施和公共设施

11.1　道路

11.1.1　恢复重建应合理保留原有路网形态和结构，改善道路的功能；打通断头路，设置消防通道和对外疏散通道。

11.1.2 道路应通畅，保证有效联系，可按三级设置：主要道路路面宽度不得小于4m，宜有照明设施；次要道路路面宽度不得小于2.5m；宅间道路路面宽度不宜大于2.5m；尽端式道路应设置回车场地。

11.1.3 主要道路应与对外路网连通。道路两侧与建筑物之间应有满足消防要求的安全间距。

11.1.4 村内道路标高应低于两侧建筑场地标高，并考虑各类工程管线埋设和改造的要求；路边应设置排水沟渠，并根据当地降雨量大小确定排水沟渠宽度及深度。

11.1.5 村庄道路纵坡应大于0.3%，山丘、重丘区一般不大于5%，当纵坡坡度大于4%时，连续坡长不宜大于500m，且应采取相应的防滑措施；村庄道路横坡坡度大小在1%～3%之间，干旱地区取低值，多雨地区取高值。

11.1.6 道路路面铺装材料应因地制宜，可采用沥青混凝土路面、水泥混凝土路面、块石路面、预制混凝土方砖、砂石路面等形式；道路施工宜就地取材，包括路基施工、路面施工及排水沟渠施工等阶段。

11.1.7 村庄道路路堤边坡坡面应采取适当形式进行防护。宜采用干砌片石护坡、浆砌片石护坡、植草护坡等多种形式。

11.2 供水

11.2.1 供水设施应实现水质达标、水量满足用水需求。生活饮用水水量不宜低于40～60升/(人·天)。

11.2.2 供水方式分为集中式、分散式两类。村庄邻近城市或镇区时，应优先选择城镇配水管网延伸供水；人口居住集中的村庄，有条件时，应建设适度规模的联片集中式供水工程；无条件时，可建造单村集中式供水工程；无好水源，需经特殊净化处理的村庄，可采用分质供水；分散的山区村庄，可建井、池、窖等单户或联户供水。

11.2.3 应选择水量充足，水质符合使用要求的水源地。

11.2.4 应建立水源保护区，保护区内严禁一切有碍水源水质的行为和建设任何可能危害水源水质的设施。

11.2.5 结合供水方式设置消火栓或消防水池，满足村庄消防用水需求。

11.3 供电、电信

11.3.1 供电工程应包括预测用电负荷，确定供电电源、电压等级、供电线路、供电设施。结合地区特点，可充分利用小型水力、风力和太阳能等可再生能源。架空电力线路应根据地形、地貌特点和网络规划，沿道路、河渠架设。

11.3.2 通信线路敷设宜设在电力线走向道路的另一侧。

11.4 垃圾、粪便、污水处理

11.4.1 村庄垃圾应及时收集、清运，保持村庄整洁。垃圾收集点的服务半径不宜超过70m。

11.4.2 在有条件的地方，村庄垃圾宜推行"村收集、乡镇转运、县处理"。

11.4.3 垃圾收集点应规范卫生保护措施，防止二次污染。应定时喷洒消毒、灭蚊蝇药物。

11.4.4 应实现户厕粪便无害化处理，预防疾病，保障村民身体健康，防止粪便污染环境。应按实际需要选择厕所类型，其改造和建设应符合国家有关疾病防控的规定。

11.4.5 人、畜粪便应在无害化处理后用于农田施肥或发生沼气，避免对水体与环境的污染。

11.4.6 污水排放应符合国家有关规定。村庄应根据自身条件，采用雨污分流或雨污合流方式排水。

11.4.7 污水可先采用化粪池、沼气池等方法进行预处理，之后通过管道或暗渠排放；地理环境适合且技术条件允许时可考虑采用坑塘、洼地等稳定塘处理系统。

11.5 集体活动用房

11.5.1 村庄应有集体活动用房。集体活动用房在规定的设计使用年限内必须安全、可靠。平时可结合村委会、卫生室、文体活动等设施联合使用，灾时为临时避难用房，指挥救灾。

11.5.2 集体活动用房应选在交通和通讯方便的地段、独立选址，同时与易燃易爆物品场所和产生噪声、尘烟、散发有害气体等污染源的距离，并应符合安全、卫生和环境保护有关标准的规定。

11.5.3 集体活动用房应提倡多用途综合利用，节约用地和建设资金。

11.5.4 重建的公共场所应兼顾村民生产生活与避灾疏散的需求。可根据村民使用需要，与打谷场、晒场、小型运动场地及避灾疏散场地等合并设置。

11.5.5 公共场所宜靠近村委会、卫生室等公共活动集中的地段，场地平整、雨天无积水、淤泥，宜有照明设施；禁止以侵占农田、毁林填塘等方式大面积新建公共活动场所。

附录 A 墙体截面抗震受剪极限承载力验算方法

A.1 水平地震作用标准值计算

A.1.1 基本烈度地震作用下结构的水平地震作用标准值可按下式确定（见图 A.1.1）：

$$F_{Ekb} = \alpha_{maxb} G_{eq} \quad (A.1.1-1)$$

1 对于单层房屋：

$$F_{11} = F_{Ekb} \quad (A.1.1-2)$$

2 对于两层房屋：

$$F_{21} = \frac{G_1 H_1}{G_1 H_1 + G_2 H_2} F_{Ekb} \quad (A.1.1-3)$$

$$F_{22} = \frac{G_2 H_2}{G_1 H_1 + G_2 H_2} F_{Ekb} \quad (A.1.1-4)$$

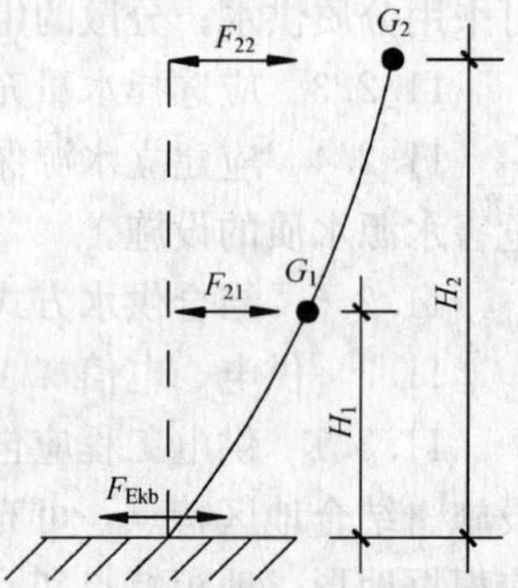

图 A.1.1 结构水平地震作用计算简图

式中 F_{Ekb}——基本烈度地震作用下的结构总水平地震作用标准值，kN；

α_{maxb}——基本烈度地震作用下的水平地震影响系数最大值，可按表 A.1.1 采用。

F_{11}——单层房屋的水平地震作用标准值，kN；

F_{21}——两层房屋质点 1 的水平地震作用标准值，kN；

F_{22}——两层房屋质点 2 的水平地震作用标准值，kN；

G_{eq}——结构等效总重力荷载（kN），单层房屋应取总重力荷载代表值，两层房屋可取总重力荷载代表值的95%；

G_1、G_2——为集中于质点1和质点2的重力荷载代表值(kN)，应分别取结构和构件自重标准值与0.5倍的楼面活荷载、0.5倍的屋面雪荷载之和；

H_1、H_2——分别为质点1和质点2的计算高度，m。

基本烈度水平地震影响系数最大值 α_{maxb}　　　　表 A.1.1

烈度	6度	7度	7度(0.15g)	8度	8度(0.30g)	9度
α_{maxb}	0.12	0.23	0.36	0.45	0.68	0.90

注：7度(0.15g)指《建筑抗震设计规范》附录A中抗震设防烈度为7度，设计基本地震加速度为0.15g的地区；8度(0.30g)指《建筑抗震设计规范》附录A中抗震设防烈度为8度，设计基本地震加速度为0.30g的地区。

A.1.2　木楼盖、木屋盖等柔性楼、屋盖房屋，其水平地震剪力V可按抗侧力构件（即抗震墙）从属面积上重力荷载代表值的比例分配，从属面积按左右两侧相邻抗震墙间距的一半计算。

A.2　墙体截面抗震受剪极限承载力验算

A.2.1　墙体的截面抗震受剪极限承载力，可按下列方法进行验算：

$$V_b \leqslant \gamma_{bE} \zeta_N f_{v,m} A \quad (A.2.1-1)$$

$$\zeta_v = \frac{1}{1.2}\sqrt{1+0.45\sigma_0/f_v} \quad (A.2.1-2)$$

$$\zeta_N = \begin{cases} 1+0.25\sigma_0/f_v & (\sigma_0/f_v \leqslant 5) \\ 2.25+0.17(\sigma_0/f_v-5) & (\sigma_0/f_v > 5) \end{cases} \quad (A.2.1-3)$$

式中　V_b——基本烈度地震作用下墙体剪力标准值，kN，可按本附录第A.1.2条确定；

γ_{bE}——极限承载力抗震调整系数，承重墙可取0.85，非承重墙(围护墙)可取0.95；

$f_{v,m}$——非抗震设计的砌体抗剪强度平均值，N/mm²；

A——抗震墙墙体横截面面积，mm²；

ζ_N——砌体抗震抗剪强度的正应力影响系数；除混凝土小砌块砌体以外的砌体可按式(A.2.1-2)计算，混凝土小砌块砌体可按式(A.2.1-3)计算；

σ_0——对应于重力荷载代表值的砌体截面平均压应力，N/mm²。

A.2.2　砌体抗剪强度平均值 $f_{v,m}$，可按下列方法计算：

（1）对于砖砌体

$$f_{v,m} = 2.38 f_v \quad (A.2.2-1)$$

（2）对于毛石砌体

$$f_{v,m} = 2.70 f_v \quad (A.2.2-2)$$

（3）对于生土墙体

$$f_{v,m} = 0.125\sqrt{f_2} \quad (A.2.2-3)$$

式中　f_v——非抗震设计的砌体抗剪强度设计值，N/mm²，砖和石砌体可按表A.2.2-1采用，土坯墙体可按表A.2.2-2采用；

f_2——砌筑泥浆的抗压强度平均值，N/mm²。

非抗震设计的砌体抗剪强度设计值 f_v(N/mm²)　　　　表 A.2.2-1

砌体种类	砌体砂浆强度等级					
	M10	M7.5	M5	M2.5	M1	M0.4
普通砖、多孔砖	0.17	0.14	0.11	0.08	0.05	0.03
小砌块	0.09	0.08	0.06			
蒸压砖	0.12	0.10	0.08	0.06		
料石、平毛石	0.21	0.19	0.16	0.11	0.07	0.04

非抗震设计的土坯墙抗剪强度设计值 f_v(N/mm²)　　　　表 A.2.2-2

砌筑泥浆抗压强度平均值 f_2	3.0	2.5	2.0	1.5	1.0(M1)	0.7(M0.7)	0.5
抗剪强度设计值 f_v	0.09	0.08	0.07	0.06	0.05	0.04	0.04

注：土坯的抗压强度平均值不应低于对应的砌筑泥浆的抗压强度平均值。

附录 B　砖木结构房屋抗震横墙间距 L 和房屋宽度 B 限值

B.0.1　当砖墙厚度满足本导则第 7.2.7 条规定、墙体洞口水平截面面积满足第 5.1.2 条规定、层高不大于本附录下列表中对应值时，各类墙体房屋的抗震横墙间距 L 和对应的房屋宽度 B 的限值宜分别按表 B.0.1-1～表 B.0.1-2 采用。抗震横墙间距和对应的房屋宽度满足表中对应限值要求时，房屋墙体的抗震承载力满足对应的设防烈度地震作用的要求。

（1）对横墙间距不同的木楼、屋盖房屋，最大横墙间距应小于表中的抗震横墙间距限值。表中分别给出房屋宽度的下限值和上限值，对确定的抗震横墙间距，房屋宽度应在下限值和上限值之间选取确定；抗震横墙间距取其他值时，可内插求得对应的房屋宽度限值；

（2）表中为"—"者，表示采用该强度等级砂浆砌筑墙体的房屋，其墙体抗震承载力不能满足对应的设防烈度地震作用的要求，应提高砌筑砂浆强度等级；

（3）当两层房屋 1、2 层墙体采用相同强度等级的砂浆砌筑时，实际房屋宽度应按第 1 层限值采用；

（4）当两层房屋 1、2 层墙体采用不同强度等级的砂浆砌筑时，实际房屋宽度应同时满足表中 1、2 层限值要求；

（5）墙厚为 240mm 的实心黏土砖墙木楼(屋)盖房屋，与抗震横墙间距 L 对应的房屋宽度 B 的限值宜按表 B.0.1-1 采用；

抗震横墙间距和房屋宽度限值（240mm 实心黏土砖墙）(m)　　　　表 B.0.1-1

烈度	层数	层号	层高	抗震横墙间距	与砂浆强度等级对应的房屋宽度限值							
					M2.5		M5		M7.5		M10	
					下限	上限	下限	上限	下限	上限	下限	上限
6 度	一	1	4.0	3～11	4	11	4	11	4	11	4	11
7 度	一	1	4.0	3～11	4	11	4	11	4	11	4	11
7 度 (0.15g)	一	1	4.0	3 3.6～11	4 4	9.9 11	4 4	11 11	4 4	11 11	4 4	11 11

续表

烈度	层数	层号	层高	抗震横墙间距	与砂浆强度等级对应的房屋宽度限值							
					M2.5		M5		M7.5		M10	
					下限	上限	下限	上限	下限	上限	下限	上限
8度	一	1	3.6	3	4	8.1	4	9	4	9	4	9
				3.6~8.4	4	9	4	9	4	9	4	9
				9	4.3	9	4	9	4	9	4	9
8度(0.30g)	一	1	3.6	3	4	4.7	4	6.9	4	9	4	9
				3.6	4	5.3	4	7.7	4	9	4	9
				4.2	4	5.8	4	7.7	4	9	4	9
				4.8	4.8	6.2	4	9	4	9	4	9
				5.4	5.4	6.6	4	9	4	9	4	9
				6	7	7	4	9	4	9	4	9
				6.6	—	—	4.1	9	4	9	4	9
				7.2	—	—	4.7	9	4	9	4	9
				7.8	—	—	5.3	9	4	9	4	9
				8.4	—	—	6	9	4	9	4	9
				9	—	—	6.8	9	4	9	4	9
9度	一	1	3.3	3	—	—	4	5.1	4	6	4	6
				3.6	—	—	4	5.7	4	6	4	6
				4.2	—	—	4	6	4	6	4	6
				4.8	—	—	4.4	6	4	6	4	6
				5	—	—	4.7	6	4	6	4	6
			3.0	3	—	—	4	5.6	4	6	4	6
				3.6~5	—	—	4	6	4	6	4	6
6度	二	2	3.6	3~11	4	11	4	11	4	11	4	11
		1	3.6	3~9	4	11	4	11	4	11	4	11
7度	二	2	3.6	3~11	4	11	4	11	4	11	4	11
		1	3.6	3	4	8	4	10.8	4	11	4	11
				3.6	4	9.2	4	11	4	11	4	11
				4.2	4	10.3	4	11	4	11	4	11
				4.8~8.4	4	11	4	11	4	11	4	11
				9	4.2	11	4	11	4	11	4	11
7度(0.15g)	二	2	3.6	3	4	7.2	4	10.2	4	11	4	11
				3.6	4	8.2	4	11	4	11	4	11
				4.2	4	9	4	11	4	11	4	11
				4.8	4	9.7	4	11	4	11	4	11
				5.4	4	10.3	4	11	4	11	4	11
				6	4	10.9	4	11	4	11	4	11
				6.6~7.2	4	11	4	11	4	11	4	11
				7.8	4.3	11	4	11	4	11	4	11
				8.4	4.7	11	4	11	4	11	4	11
				9	5.1	11	4	11	4	11	4	11
				9.6	5.6	11	4	11	4	11	4	11
				10.2	6.1	11	4	11	4	11	4	11
				11	6.8	11	4	11	4	11	4	11

续表

烈度	层数	层号	层高	抗震横墙间距	与砂浆强度等级对应的房屋宽度限值							
					M2.5		M5		M7.5		M10	
					下限	上限	下限	上限	下限	上限	下限	上限
7度 (0.15g)	二	1	3.6	3	4	4.3	4	6.1	4	7.9	4	9.6
				3.6	4	4.9	4	7	4	9	4	11
				4.2	4.5	5.5	4	7.8	4	10.1	4	11
				4.8	5.3	6	4	8.6	4	11	4	11
				5.4	—	—	4	9.3	4	11	4	11
				6	—	—	4.2	9.9	4	11	4	11
				6.6	—	—	4.6	10.5	4	11	4	11
				7.2	—	—	5.1	11	4	11	4	11
				7.8	—	—	5.6	11	4	11	4	11
				8.4	—	—	6.1	11	4	11	4	11
				9	—	—	6.7	11	4	11	4	11
8度	二	2	3.3	3	4	5.8	4	8.4	4	9	4	9
				3.6	4	6.5	4	9	4	9	4	9
				4.2	4	7.2	4	9	4	9	4	9
				4.8	4	7.7	4	9	4	9	4	9
				5.4	4	8.2	4	9	4	9	4	9
				6	4.4	8.6	4	9	4	9	4	9
				6.6	5	9	4	9	4	9	4	9
				7.2	5.7	9	4	9	4	9	4	9
				7.8	6.4	9	4	9	4	9	4	9
				8.4	7.3	9	4	9	4	9	4	9
				9	8.2	9	4	9	4	9	4	9
		1	3.3	3	—	—	4	4.8	4	6.3	4	7.8
				3.6	—	—	4	5.5	4	7.2	4	9
				4.2	—	—	4	6.1	4	8.1	4	9
				4.8	—	—	4.5	6.7	4	8.8	4	9
				5.4	—	—	5.2	7.2	4	9	4	9
				6	—	—	6	7.7	4	9	4	9
				6.6	—	—	6.8	8.1	4	9	4	9
				7	—	—	7.3	8.4	4	9	4	9
8度 (0.30g)	二	2	3.3	3	—	—	4	4.9	4	6.6	4	8.3
				3.6	—	—	4	5.5	4	7.4	4	9
				4.2	—	—	4	6	4	8.1	4	9
				4.8	—	—	4.7	6.5	4	8.7	4	9
				5.4	—	—	5.7	6.9	4	9	4	9
				6	—	—	6.8	7.2	4	9	4	9
				6.6	—	—	—	—	4.6	9	4	9
				7.2	—	—	—	—	5.3	9	4	9
				7.8	—	—	—	—	6.1	9	4	9
				8.4	—	—	—	—	6.9	9	4	9
				9	—	—	—	—	7.9	9	4	9
		1	3.3	3	—	—	—	—	—	—	4	4.4
				3.6	—	—	—	—	—	—	4	5.1
				4.2	—	—	—	—	—	—	4.6	5.7
				4.8	—	—	—	—	—	—	5.5	6.2
				5.4	—	—	—	—	—	—	6.4	6.7
				6~7	—	—	—	—	—	—	—	—

(6) 墙厚为240mm的蒸压砖墙木楼(屋)盖房屋，与抗震横墙间距 L 对应的房屋宽度 B 的限值宜按表 B.0.1-2 采用。

抗震横墙间距和房屋宽度限值(240mm 蒸压砖墙)(m)　　　表 B.0.1-2

烈度	层数	层号	层高	抗震横墙间距	与砂浆强度等级对应的房屋宽度限值					
					M5		M7.5		M10	
					下限	上限	下限	上限	下限	上限
6度	一	1	4.0	3～9	4	9	4	9	4	9
7度	一	1	4.0	3～9	4	9	4	9	4	9
7度(0.15g)	一	1	4.0	3～9	4	9	4	9	4	9
8度	一	1	3.6	3～7	4	7	4	7	4	7
8度(0.30g)	一	1	3.6	3	4	5	4	6.4	4	7
				3.6	4	5.5	4	7	4	7
				4.2	4	6	4	7	4	7
				4.8	4.6	6.5	4	7	4	7
				5.4	5.5	6.8	4	7	4	7
				6	6.7	7	4.1	7	4	7
				6.6	—	—	4.8	7	4	7
				7	—	—	5.2	7	4	7
9度	一	1	3.0	3	—	—	4	5.2	4	6
				3.6	—	—	4	5.7	4	6
				4.2	—	—	4	6	4	6
				4.8	—	—	4.4	6	4	6
				5	—	—	4.7	6	4	6
6度	二	2	3.6	3～9	4	9	4	9	4	9
		1	3.6	3～7	4	9	4	9	4	9
7度	二	2	3.3	3～9	4	9	4	9	4	9
		1	3.3	3～7	4	9	4	9	4	9
7度(0.15g)	二	2	3.3	3	4	8.1	4	9	4	9
				3.6～8.4	4.2	9	4	9	4	9
				3	4	4.9	4	6.2	4	7.5
				3.6	4	5.6	4	7.1	4	8.6
				4.2	4	6.2	4	7.9	4	9
				4.8	4.2	6.7	4	8.6	4	9
				5.4	4.9	7.3	4	9	4	9
				6	5.5	7.7	4	9	4	9
				6.6	6.2	8.2	4.4	9	4	9
				7	6.7	8.4	4.7	9	4	9

续表

烈度	层数	层号	层高	抗震横墙间距	与砂浆强度等级对应的房屋宽度限值					
					M5		M7.5		M10	
					下限	上限	下限	上限	下限	上限
8度	二	2	3.0	3	4	6.6	4	7	4	7
				3.6	4	7	4	7	4	7
				4.2	4	7	4	7	4	7
				4.8	4	7	4	7	4	7
				5.4	4	7	4	7	4	7
				6	4	7	4	7	4	7
				6.6	4	7	4	7	4	7
				7	4.3	7	4	7	4	7
		1	3.0	3	—	—	4	4.9	4	6.1
				3.6	—	—	4	5.6	4	6.9
				4.2	—	—	4	6.2	4	7
				4.8	—	—	4.2	6.8	4	7
				5	—	—	4.4	6.9	4	7

附录C 木结构房屋抗震横墙间距 L 和房屋宽度 B 限值

C.0.1 当围护墙厚度满足本导则第8.2.10条规定、墙体洞口水平截面面积满足第5.1.2条规定、层高不大于本附录下列表中对应值时，各类围护墙木结构房屋的抗震横墙间距 L 和对应的房屋宽度 B 的限值宜分别按表C.0.1-1～表C.0.1-4采用。抗震横墙间距和对应的房屋宽度满足表中对应限值要求时，房屋墙体的抗震承载力满足对应的设防烈度地震作用的要求。

（1）对横墙间距不同的木楼、屋盖房屋，最大横墙间距应小于表中的抗震横墙间距限值。表中分别给出房屋宽度的下限值和上限值，对确定的抗震横墙间距，房屋宽度应在下限值和上限值之间选取确定；抗震横墙间距取其他值时，可内插求得对应的房屋宽度限值。

（2）表中为"—"者，表示采用该强度等级砂浆（泥浆）砌筑墙体的房屋，其纵、横向墙体抗震承载力不能满足对应的设防烈度地震作用的要求，应提高砌筑砂浆（泥浆）强度等级。

（3）当两层房屋1、2层墙体采用相同强度等级的砂浆（泥浆）砌筑时，实际房屋宽度应按第1层限值采用。

（4）当两层房屋1、2层墙体采用不同强度等级的砂浆（泥浆）砌筑时，实际房屋宽度应同时满足表中1、2层限值要求。

（5）表中一层房屋适用于穿斗木构架、木柱木屋架和木柱木梁房屋，两层房屋适用于穿斗木构架和木柱木屋架房屋。

（6）墙厚为240mm的实心黏土砖围护墙房屋，与抗震横墙间距 L 对应的房屋宽度 B 的限值宜按表C.0.1-1采用。

抗震横墙间距和房屋宽度限值(240mm实心黏土砖墙)(m)　　表 C.0.1-1

烈度	层数	层号	层高	抗震横墙间距	与砂浆强度等级对应的房屋宽度限值							
					M2.5		M5		M7.5		M10	
					下限	上限	下限	上限	下限	上限	下限	上限
6度	一	1	4.0	3〜11	4	11	4	11	4	11	4	11
7度	一	1	4.0	3〜8.4	4	9	4	9	4	9	4	9
				9	—	—	4	9	4	9	4	9
7度(0.15g)	一	1	4.0	3〜8.4	4	9	4	9	4	9	4	9
				9	4.5	9	4	9	4	9	4	9
8度	一	1	3.6	3〜6.6	4	7	4	7	4	7	4	7
				7	4.1	7	4	7	4	7	4	7
8度(0.30g)	一	1	3.6	3	4	5.5	4	7	4	7	4	7
				3.6	4	6.1	4	7	4	7	4	7
				4.2	4.4	6.6	4	7	4	7	4	7
				4.8	5.8	7	4	7	4	7	4	7
				5.4	—	—	4	7	4	7	4	7
				6	—	—	4.1	7	4	7	4	7
				6.6	—	—	4.9	7	4	7	4	7
				7	—	—	5.6	7	4	7	4	7
9度	一	1	3.3	3〜4.2	—	—	4	6	4	6	4	6
				4.8	—	—	4.8	6	4	6	4	6
				5	—	—	5.2	6	4	6	4	6
6度	二	2	3.6	3〜11	4	11	4	11	4	11	4	11
		1	3.6	3〜9	4	11	4	11	4	11	4	11
7度	二	2	3.6	3〜9	4	9	4	9	4	9	4	9
		1	3.6	3〜6.6	4	9	4	9	4	9	4	9
				4.2	9		4	9	4	9	4	9
7度(0.15g)	二	2	3.6	3	4	8.6	4	9	4	9	4	9
				3.6〜6	4	9	4	9	4	9	4	9
				6.6	4.4	9	4	9	4	9	4	9
				7.2	5.2	9	4	9	4	9	4	9
				7.8	6	9	4	9	4	9	4	9
				8.4	7	9	4	9	4	9	4	9
				9	8.2	9	4	9	4	9	4	9
		1	3.6	3	4	5.2	4	7.4	4	9	4	9
				3.6	4.2	5.9	4	8.2	4	9	4	9
				4.2	5.2	6.6	4	9	4	9	4	9
				4.8	6.5	7.2	4	9	4	9	4	9
				5.4	—	—	4.3	9	4	9	4	9
				6	—	—	5	9	4	9	4	9
				6.6	—	—	5.8	9	4	9	4	9
				7	—	—	6.3	9	4.2	9	4	9

续表

烈度	层数	层号	层高	抗震横墙间距	与砂浆强度等级对应的房屋宽度限值							
					M2.5		M5		M7.5		M10	
					下限	上限	下限	上限	下限	上限	下限	上限
8度	二	2	3.3	3	4	6.8	4	7	4	7	4	7
				3.6~4.8	4	7	4	7	4	7	4	7
				5.4	4.6	7	4	7	4	7	4	7
				6	5.7	7	4	7	4	7	4	7
				6.6	7	7	4	7	4	7	4	7
				7	—	—	4	7	4	7	4	7
		1	3.3	3	—	—	4	5.8	4	7	4	7
				3.6	—	—	4	6.6	4	7	4	7
				4.2	—	—	4.2	7	4	7	4	7
				4.8	—	—	5.2	7	4	7	4	7
				5.4	—	—	6.3	7	4	7	4	7
				6	—	—	—	—	4.6	7	4	7
8度 (0.30g)	二	2	3.3	3	—	—	4	5.8	4	7	4	7
				3.6	—	—	4	6.4	4	7	4	7
				4.2	—	—	4	6.9	4	7	4	7
				4.8	—	—	5.1	7	4	7	4	7
				5.4	—	—	6.5	7	4	7	4	7
				6	—	—	—	—	4.3	7	4	7
				6.6	—	—	—	—	5.2	7	4	7
				7	—	—	—	—	5.8	7	4	7
		1	3.3	3	—	—	—	—	4.2	4.2	4	5.4
				3.6	—	—	—	—	—	—	4	6.1
				4.2	—	—	—	—	—	—	4.6	6.7
				4.8	—	—	—	—	—	—	5.7	7
				5.4	—	—	—	—	—	—	7	7
				6	—	—	—	—	—	—	—	—

(7) 墙厚为240mm的蒸压砖围护墙房屋,与抗震横墙间距 L 对应的房屋宽度 B 的限值宜按表C.0.1-2采用。

抗震横墙间距和房屋宽度限值(240mm蒸压砖墙)(m)　　表 C.0.1-2

烈度	层数	层号	层高	抗震横墙间距	与砂浆强度等级对应的房屋宽度限值					
					M5		M7.5		M10	
					下限	上限	下限	上限	下限	上限
6度	一	1	4.0	3~9	4	9	4	9	4	9
7度	一	1	4.0	3~7	4	7	4	7	4	7
7度 (0.15g)	一	1	4.0	3~7	4	7	4	7	4	7

续表

烈度	层数	层号	层高	抗震横墙间距	与砂浆强度等级对应的房屋宽度限值					
					M5		M7.5		M10	
					下限	上限	下限	上限	下限	上限
8度	一	1	3.6	3~6	4	6	4	6	4	6
8度(0.30g)	一	1	3.6	3	4	5.8	4	6	4	6
				3.6~4.2	4	6	4	6	4	6
				4.8	5.3	6	4	6	4	6
				5.4	—	—	4	6	4	6
				6	—	—	4.7	6	4	6
9度	一	1	3.0	3	4	4.5	4	6	4	6
				3.6	4.9	4.9	4	6	4	6
				4.2	—	—	4	6	4	6
				4.8	—	—	4.8	6	4	6
				5	—	—	5.3	6	4	6
6度	二	2	3.6	3~9	4	9	4	9	4	9
		1	3.6	3~7	4	9	4	9	4	9
7度	二	2	3.3	3~7	4	7	4	7	4	7
		1	3.3	3~6	4	7	4	7	4	7
7度(0.15g)	二	2	3.3	3~6.6	4	7	4	7	4	7
				7	4.1	7	4	7	4	7
		1	3.3	3	4	5.9	4	7	4	7
				3.6	4	6.6	4	7	4	7
				4.2	4.3	7	4	7	4	7
				4.8	5.3	7	4	7	4	7
				5.4	6.4	7	4.2	7	4	7
				6	—	—	4.9	7	4	7
8度	二	2	3.0	3	4	6	4	6	4	6
				3.6	4	6	4	6	4	6
				4.2	4	6	4	6	4	6
				4.8	4	6	4	6	4	6
				5.4	4	6	4	6	4	6
				6	4.5	6	4	6	4	6
		1	3.0	3	4	4.5	4	5.9	4	6
				3.6	5.1	5.1	4	6	4	6
				4.2	—	—	4.1	6	4	6
				4.8	—	—	5	6	4	6
				5	—	—	5.4	6	4	6

(8) 墙厚不小于表中对应值的生土围护墙房屋，与抗震横墙间距 L 对应的房屋宽度 B 的限值宜按表 C.0.1-3 采用。

抗震横墙间距和房屋宽度限值(生土墙)(m)　　表 C.0.1-3

烈度	层数	层号	层高	房屋墙体厚度类别	抗震横墙间距	与砌筑泥浆强度等级对应的房屋宽度限值			
						M0.7		M1	
						下限	上限	下限	上限
6度	一	1	4.0	①②③④	3~6	4	6	4	6
	二	2	3.0	①②③④	3~6	4	6	4	6
		1	3.0		3~4.5	4	6	4	6
7度	一	1	4.0	①②③④	3~4.5	4	6	4	6
7度 (0.15g)	一	1	4.0	①	3	4.1	6	4	6
					3.3	4.7	6	4	6
					3.6	5.4	6	4	6
					3.9	—	—	4.3	6
					4.2	—	—	4.8	6
					4.5	—	—	5.3	6
				②	3	4.1	6	4	6
					3.3	4.6	6	4	6
					3.6	5.3	6	4	6
					3.9	5.9	6	4.2	6
					4.2	—	—	4.6	6
					4.5	—	—	5.1	6
				③	3~4.2	4	6	4	6
					4.5	4.4	6	4	6
				④	3~4.5	4	6	4	6
8度	一	1	3.3	①	3	5.3	6	4	6
					3.3	—	—	4.1	6
				②	3	5.1	6	4	6
					3.3	5.9	6	4	6
				③④	3~3.3	4	6	4	6
8度 (0.30g)	一	1	3.0	①②	3~3.3	—	—	—	—
				③	3	—	—	4.6	6
					3.3	—	—	5.3	6
				④	3	—	—	4	5.1
					3.3	—	—	4	5.5

注：墙体厚度分别指：①外墙400mm，内横墙250mm；②外墙500mm，内横墙300mm；③外墙700mm，内横墙500mm；④内外墙均为400mm。

(9) 对料石围护墙房屋和毛石围护墙房屋，与抗震横墙间距 L 对应的房屋宽度 B 的限值宜按表 C.0.1-4 采用。

抗震横墙间距和房屋宽度限值(石墙)(m) 表C.0.1-4

烈度	层数	层号	层高	房屋墙体类别	抗震横墙间距	与砂浆强度等级对应的房屋宽度限值							
						M2.5		M5		M7.5		M10	
						下限	上限	下限	上限	下限	上限	下限	上限
6度	一	1	4.0	①②③	3~11	4	11	4	11	4	11	4	11
7度	一	1	4.0	①②③	3~9	4	9	4	9	4	9	4	9
7度(0.15g)	一	1	4.0	①②	3~9	4	9	4	9	4	9	4	9
			3.6	③	3~9	4	9	4	9	4	9	4	9
8度	一	1	3.6	①②	3~6	4	6	4	6	4	6	4	6
8度(0.30g)	一	1	3.6	①②	3~6	4	6	4	6	4	6	4	6
6度	二	2	3.5	①②	3~11	4	11	4	11	4	11	4	11
		1	3.5		3~7	4	11	4	11	4	11	4	11
7度	二	2	3.5	①	3~9	4	9	4	9	4	9	4	9
		1	3.5		3~6	4	9	4	9	4	9	4	9
	二	2	3.3	②	3~9	4	9	4	9	4	9	4	9
		1	3.3		3~6	4	9	4	9	4	9	4	9
7度(0.15g)	二	2	3.5		3~9	4	9	4	9	4	9	4	9
		1	3.5	①	3	4	7.8	4	9	4	9	4	9
					3.6	4	8.9	4	9	4	9	4	9
					4.2~5.4	4	9	4	9	4	9	4	9
					6	4.6	9	4	9	4	9	4	9
	二	2	3.3		3~9	4	9	4	9	4	9	4	9
		1	3.3	②	3	4	8.2	4	9	4	9	4	9
					3.6~5.4	4	9	4	9	4	9	4	9
					6	4.3	9	4	9	4	9	4	9
8度	二	2	3.3		3~6	4	6	4	6	4	6	4	6
		1	3.3	①	3~3.6	4	6	4	6	4	6	4	6
					4.2	4.1	6	4	6	4	6	4	6
					4.8	5	6	4	6	4	6	4	6
					5	5.3	6	4	6	4	6	4	6
8度(0.30g)	二	2	3.3		3	4	5.9	4	6	4	6	4	6
					3.6~4.2	4	6	4	6	4	6	4	6
					4.8	4.9	6	4	6	4	6	4	6
					5.4	6	6	4	6	4	6	4	6
					6	—	—	4	5	4	6	4	6
		1	3.3	①	3	—	—	4.1	5.7	4	6	4	6
					3.6	—	—	5.2	6	4	6	4	6
					4.2	—	—	—	—	4	6	4	6
					4.8	—	—	—	—	4.5	6	4	6
					5	—	—	—	—	4.7	6	4	6

注：表中墙体类别指：①240mm厚细、半细料石砌体；②240mm厚粗料、毛料石砌体；③400mm厚平毛石墙。

附录 D 生土结构房屋抗震横墙间距 L 和房屋宽度 B 限值

D.0.1 当生土墙厚度满足本导则第 9.2.10 条规定、墙体洞口水平截面面积满足第 5.1.2 条规定、层高不大于本附录下列表中对应值时，生土结构房屋的抗震横墙间距 L 和对应的房屋宽度 B 的限值宜分别按表 D.0.1-1～表 D.0.1-2 采用。抗震横墙间距和对应的房屋宽度满足表中对应限值要求时，房屋墙体的抗震承载力满足对应的设防烈度地震作用的要求。

（1）对横墙间距不同的木楼、屋盖房屋，最大横墙间距应小于表中的抗震横墙间距限值。表中分别给出房屋宽度的下限值和上限值，对确定的抗震横墙间距，房屋宽度应在下限值和上限值之间选取确定；抗震横墙间距取其他值时，可内插求得对应的房屋宽度限值。

（2）表中为"—"者，表示采用该强度等级泥浆砌筑墙体的房屋，其墙体抗震承载力不能满足对应的设防烈度地震作用的要求，应提高砌筑泥浆强度等级。

（3）当两层房屋 1、2 层墙体采用相同强度等级的泥浆砌筑时，实际房屋宽度应按第 1 层限值采用。

（4）当两层房屋 1、2 层墙体采用不同强度等级的泥浆砌筑时，实际房屋宽度应同时满足表中 1、2 层限值要求。

（5）多开间生土结构房屋，与抗震横墙间距 L 对应的房屋宽度 B 的限值宜按表 D.0.1-1 采用。

抗震横墙间距和房屋宽度限值（多开间生土结构房屋）(m)　　　表 D.0.1-1

烈度	层数	层号	层高	房屋墙体厚度类别	抗震横墙间距	与砌筑泥浆强度等级对应的房屋宽度限值			
						M0.7		M1	
						下限	上限	下限	上限
6度	一	1	4.0	①②③④	3～6.6	4	6.6	4	6.6
	二	2	3.0	①②③④	3～6.6	4	6.6	4	6.6
		1	3.0		3～4.8	4	6.6	4	6.6
7度	一	1	4.0	①②③④	3～4.8	4	6.6	4	6.6
7度 (0.15g)	一	1	4.0	①	3	4	6.6	4	6.6
					3.3	4	6.6	4	6.6
					3.6	4.4	6.6	4	6.6
					3.9	4.9	6.6	4	6.6
					4.2	5.3	6.6	4	6.6
					4.5	5.8	6.6	4.3	6.6
					4.8	6.2	6.6	4.6	6.6
				②	3	4	6.6	4	6.6
					3.3	4.2	6.6	4	6.6
					3.6	4.6	6.6	4	6.6
					3.9	5.1	6.6	4	6.6
					4.2	5.5	6.6	4.1	6.6
					4.5	6	6.6	4.4	6.6
					4.8	6.4	6.6	4.6	6.6
				③	3～4.2	4	6.6	4	6.6
					4.5	4.3	6.6	4	6.6
					4.8	4.6	6.6	4	6.6
				④	3～4.8	4	6.6	4	6.6

续表

烈度	层数	层号	层高	房屋墙体厚度类别	抗震横墙间距	与砌筑泥浆强度等级对应的房屋宽度限值			
						M0.7		M1	
						下限	上限	下限	上限
8度	一	1	3.3	①	3	4.4	6	4	6
					3.3	5	6	4	6
				②	3～3.3	4	6	4	6
				③	3～3.3	4	6	4	6
				④	3～3.3	4	6	4	6
8度(0.30g)	一	1	3.0	①②	3～3.3	—	—	—	—
				③	3	—	—	4.9	6
					3.3	—	—	5.6	6
				④	3	—	—	4	5.1
					3.3	—	—	4	5.5

注：墙体厚度分别指：①外墙400mm，内横墙250mm；②外墙500mm，内横墙300mm；③外墙700mm，内横墙500mm；④内外墙均为400mm。

(6) 单开间生土结构房屋，与抗震横墙间距L对应的房屋宽度B的限值宜按表D.0.1-2采用。

抗震横墙间距和房屋宽度限值（单开间生土结构房屋）(m) 表D.0.1-2

烈度	层数	层号	层高	房屋墙体厚度类别	抗震横墙间距	与砌筑泥浆强度等级对应的房屋宽度限值			
						M0.7		M1	
						下限	上限	下限	上限
6度	一	1	4.0	①②③④	3～6.6	4	6.6	4	6.6
	二	2	3.0	①②③④	3～6.6	4	6.6	4	6.6
		1	3.0	①②③④	3～4.8	4	6.6	4	6.6
7度	一	1	4.0	①②③④	3～4.8	4	6.6	4	6.6
7度(0.15g)	一	1	4.0	①②③④	3～4.8	4	6.6	4	6.6
8度	一	1	3.3	①	3	4	5.2	4	6
					3.3	4	5.6	4	6
				②	3	4	6	4	6
					3.3	4	5.8	4	6
				③	3～3.3	4	6	4	6
				④	3～3.3	4	6	4	6
8度(0.30g)	一	1	3.0	①	3	—	—	4	4.2
					3.3	—	—	4	4.2
				②	3	—	—	4	4.3
					3.3	—	—	4	4.6
				③	3	—	—	4	4.7
					3.3	4	4	4	5
				④	3	—	—	4	4.9
					3.3	4	4.2	4	5.2

注：墙体厚度分别指：①墙厚为300mm；②墙厚为400mm；③墙厚为500mm；④墙厚为600mm。

附录 E 石结构房屋抗震横墙间距 L 和房屋宽度 B 限值

E.0.1 当石墙厚度满足本导则第 10.2.8 条规定、墙体洞口水平截面面积满足第 5.1.2 条规定、层高不大于本附录下列表中对应值时，石结构房屋的抗震横墙间距 L 和对应的房屋宽度 B 的限值宜分别按表 E.0.1-1～表 E.0.1-4 采用。抗震横墙间距和对应的房屋宽度满足表中对应限值要求时，房屋墙体的抗震承载力满足对应的设防烈度地震作用的要求。

（1）对横墙间距不同的木楼、屋盖房屋，最大横墙间距应小于表中的抗震横墙间距限值。表中分别给出房屋宽度的下限值和上限值，对确定的抗震横墙间距，房屋宽度应在下限值和上限值之间选取确定；抗震横墙间距取其他值时，可内插求得对应的房屋宽度限值。

（2）表中为"—"者，表示采用该强度等级泥浆砌筑墙体的房屋，其墙体抗震承载力不能满足对应的设防烈度地震作用的要求，应提高砌筑泥浆强度等级。

（3）当两层房屋 1、2 层墙体采用相同强度等级的砂浆砌筑时，实际房屋宽度应按第 1 层限值采用。

（4）当两层房屋 1、2 层墙体采用不同强度等级的砂浆砌筑或 1、2 层采用不同形式的楼（屋）盖时，实际房屋宽度应同时满足表中 1、2 层限值要求。

（5）表中墙体类别指：①240mm 厚细、半细料石砌体；②240mm 厚粗料、毛料石砌体；③400mm 厚平毛石墙。

（6）多开间石结构木楼（屋盖）房屋，与抗震横墙间距 L 对应的房屋宽度 B 的限值宜按表 E.0.1-1 采用。

抗震横墙间距和房屋宽度限值（多开间石结构木楼屋盖）(m)　　　　表 E.0.1-1

烈度	层数	层号	层高	房屋墙体类别	抗震横墙间距	与砂浆强度等级对应的房屋宽度限值							
						M2.5		M5		M7.5		M10	
						下限	上限	下限	上限	下限	上限	下限	上限
6度	一	1	4.0	①②	3～11	4	11	4	11	4	11	4	11
			3.6	③	3～11	4	11	4	11	4	11	4	11
7度	一	1	4.0	①②	3～11	4	11	4	11	4	11	4	11
			3.6	③	3～11	4	11	4	11	4	11	4	11
7度(0.15g)	一	1	4.0	①②	3～11	4	11	4	11	4	11	4	11
			3.6	③	3～11	4	11	4	11	4	11	4	11
8度	一	1	3.6	①②	3～7	4	7	4	7	4	7	4	7
8度(0.30g)	一	1	3.6	①②	3～6.6	4	7	4	7	4	7	4	7
					7	4.3	7						
6度	二	2	3.5	①②	3～11	4	11	4	11	4	11	4	11
		1	3.5		3～7	4	11	4	11	4	11	4	11
7度	二	2	3.5	①	3～11	4	11	4	11	4	11	4	11
		1	3.5		3～7	4	11	4	11	4	11	4	11
	二	2	3.3	②	3～11	4	11	4	11	4	11	4	11
		1	3.3		3～7	4	11	4	11	4	11	4	11

续表

烈度	层数	层号	层高	房屋墙体类别	抗震横墙间距	与砂浆强度等级对应的房屋宽度限值							
						M2.5		M5		M7.5		M10	
						下限	上限	下限	上限	下限	上限	下限	上限
7度(0.15g)	二	2	3.5	①	3~11	4	11	4	11	4	11	4	11
		1	3.5		3	4	7.8	4	11	4	11	4	11
					3.6	4	8.9	4	11	4	11	4	11
					4.2	4	9.9	4	11	4	11	4	11
					4.8	4	10.8	4	11	4	11	4	11
					5.4	4	11	4	11	4	11	4	11
					6	4	11	4	11	4	11	4	11
					6.6	4.4	11	4	11	4	11	4	11
					7	4.7	11	4	11	4	11	4	11
	二	2	3.3	②	3~11	4	11	4	11	4	11	4	11
		1	3.3		3	4	8.2	4	11	4	11	4	11
					3.6	4	9.3	4	11	4	11	4	11
					4.2	4	10.3	4	11	4	11	4	11
					4.8~6	4	11	4	11	4	11	4	11
					6.6	4.1	11	4	11	4	11	4	11
					7	4.3	11	4	11	4	11	4	11
8度	二	2	3.3	①	3~7	4	7	4	7	4	7	4	7
		1	3.3		3	4	6	4	7	4	7	4	7
					3.6	4	6.8	4	7	4	7	4	7
					4.2	4	7	4	7	4	7	4	7
					4.8	4.5	7	4	7	4	7	4	7
					5	4.7	7	4	7	4	7	4	7
8度(0.30g)	二	2	3.3	①	3	4	5.9	4	7	4	7	4	7
					3.6	4	6.6	4	7	4	7	4	7
					4.2	4	7	4	7	4	7	4	7
					4.8	4.6	7	4	7	4	7	4	7
					5.4	5.4	7	4	7	4	7	4	7
					6	6.3	7	4	7	4	7	4	7
					6.6~7	—	—	4	7	4	7	4	7
		1	3.3		3	—	—	4	5	4	6.2	4	7
					3.6	—	—	4.3	5.7	4	7	4	7
					4.2	—	—	5.1	6.4	4	7	4	7
					4.8	—	—	6.1	7	4.4	7	4	7
					5	—	—	6.4	7	4.7	7	4	7

（7）单开间石结构木楼（屋盖）房屋，与抗震横墙间距 L 对应的房屋宽度 B 的限值宜按表 E.0.1-2 采用。

抗震横墙间距和房屋宽度限值(单开间石结构木楼屋盖)(m) 表 E.0.1-2

烈度	层数	层号	层高	房屋墙体类别	抗震横墙间距	与砂浆强度等级对应的房屋宽度限值									
						M1		M2.5		M5		M7.5		M10	
						下限	上限	下限	上限	下限	上限	下限	上限	下限	上限
6度	一	1	4.0	①②	3~11	4	11	4	11	4	11	4	11	4	11
			3.6	③	3~11	4	11	4	11	4	11	4	11	4	11
7度	一	1	4.0	①②	3~11	4	11	4	11	4	11	4	11	4	11
			3.6	③	3~11	4	11	4	11	4	11	4	11	4	11
7度(0.15g)	一	1	4.0	①②	3	4	8.8	4	11	4	11	4	11	4	11
					3.6	4	10	4	11	4	11	4	11	4	11
					4.2~11	4	11	4	11	4	11	4	11	4	11
			3.6	③	3~11	4	11	4	11	4	11	4	11	4	11
8度	一	1	3.6	①②	3~7	4	7	4	7	4	7	4	7	4	7
8度(0.30g)	一	1	3.6	①②	3	4	4.1	4	7	4	7	4	7	4	7
					3.6	4	4.6	4	7	4	7	4	7	4	7
					4.2	4	5.1	4	7	4	7	4	7	4	7
					4.8	4	5.5	4	7	4	7	4	7	4	7
					5.4	4	5.6	4	7	4	7	4	7	4	7
					6	4	6.2	4	7	4	7	4	7	4	7
					6.6	4	6.5	4	7	4	7	4	7	4	7
					7	4	6.7	4.3	7	4	7	4	7	4	7
6度	二	2	3.5	①②	3~11	4	11	4	11	4	11	4	11	4	11
		1	3.5		3~7	4	11	4	11	4	11	4	11	4	11
7度	二	2	3.5	①	3~11	4	11	4	11	4	11	4	11	4	11
		1	3.5		3	4	7.5	4	11	4	11	4	11	4	11
					3.6	4	8.6	4	11	4	11	4	11	4	11
					4.2	4	9.6	4	11	4	11	4	11	4	11
					4.8	4	10.6	4	11	4	11	4	11	4	11
					5.4~7	4	11	4	11	4	11	4	11	4	11
	二	2	3.3	②	3~11	4	11	4	11	4	11	4	11	4	11
		1	3.3		3	4	7.8	4	11	4	11	4	11	4	11
					3.6	4	8.9	4	11	4	11	4	11	4	11
					4.2	4	10	4	11	4	11	4	11	4	11
					4.8~7	4	11	4	11	4	11	4	11	4	11
7度(0.15g)	二	2	3.5	①	3	4	6.5	4	10.6	4	11	4	11	4	11
					3.6	4	7.4	4	11	4	11	4	11	4	11
					4.2	4	8.2	4	11	4	11	4	11	4	11
					4.8	4	8.9	4	11	4	11	4	11	4	11
					5.4	4	9.5	4	11	4	11	4	11	4	11
					6	4	10	4	11	4	11	4	11	4	11
					6.6	4	10.6	4	11	4	11	4	11	4	11
					7.2~11	4	11	4	11	4	11	4	11	4	11

续表

烈度	层数	层号	层高	房屋墙体类别	抗震横墙间距	与砂浆强度等级对应的房屋宽度限值									
						M1		M2.5		M5		M7.5		M10	
						下限	上限	下限	上限	下限	上限	下限	上限	下限	上限
7度 (0.15g)	二	1	3.5	①	3	—	—	4	6.4	4	9.4	4	11	4	11
					3.6	4	4.5	4	7.4	4	10.8	4	11	4	11
					4.2	4	5.1	4	8.3	4	11	4	11	4	11
					4.8	4	5.6	4	9.1	4	11	4	11	4	11
					5.4	4	6.1	4	9.9	4	11	4	11	4	11
					6	4	6.5	4	10.6	4	11	4	11	4	11
					6.6	4	6.9	4	11	4	11	4	11	4	11
					7	4	7.2	4	11	4	11	4	11	4	11
		2	3.3		3	4	6.9	4	11	4	11	4	11	4	11
					3.6	4	7.7	4	11	4	11	4	11	4	11
					4.2	4	8.5	4	11	4	11	4	11	4	11
					4.8	4	9.2	4	11	4	11	4	11	4	11
					5.4	4	9.9	4	11	4	11	4	11	4	11
					6	4	10.4	4	11	4	11	4	11	4	11
					6.6～11	4	11	4	11	4	11	4	11	4	11
	二	1	3.3	②	3	4	4.1	4	6.7	4	9.8	4	11	4	11
					3.6	4	4.8	4	7.7	4	11	4	11	4	11
					4.2	4	5.3	4	8.6	4	11	4	11	4	11
					4.8	4	5.9	4	9.5	4	11	4	11	4	11
					5.4	4	6.3	4	10.3	4	11	4	11	4	11
					6	4	6.8	4	11	4	11	4	11	4	11
					6.6	4	7.2	4	11	4	11	4	11	4	11
					7	4	7.5	4	11	4	11	4	11	4	11
8度	二	2	3.3	①	3	4	5.1	4	7	4	7	4	7	4	7
					3.6	4	5.7	4	7	4	7	4	7	4	7
					4.2	4	6.3	4	7	4	7	4	7	4	7
					4.8	4	6.8	4	7	4	7	4	7	4	7
					5.4～7	4	7	4	7	4	7	4	7	4	7
		1	3.3		3	—	—	4	4.9	4	7	4	7	4	7
					3.6	—	—	4	5.7	4	7	4	7	4	7
					4.2	—	—	4	6.3	4	7	4	7	4	7
					4.8	4	4	4	7	4	7	4	7	4	7
					5	4	4.2	4	7	4	7	4	7	4	7
8度 (0.30g)	二	2	3.3	①	3	—	—	4	4.9	4	7	4	7	4	7
					3.6	—	—	4	5.6	4	7	4	7	4	7
					4.2	—	—	4	6.2	4	7	4	7	4	7
					4.8	—	—	4	6.7	4	7	4	7	4	7
					5.4～7	—	—	4	7	4	7	4	7	4	7
		1	3.3		3	—	—	—	—	4	4.1	4	5.1	4	5.8
					3.6	—	—	—	—	4	4.8	4	5.9	4	6.6
					4.2	—	—	—	—	4	5.3	4	6.6	4	7
					4.8	—	—	—	—	4	5.9	4	7	4	7
					5	—	—	—	—	4	6	4	7	4	7

附录 F 砂浆配合比参考表

水泥砂浆配合比参考表（32.5级水泥）　　表 F1

砂浆强度等级	用量(kg/m³)与比例	粗砂			中砂			细砂		
		水泥	砂子	水	水泥	砂子	水	水泥	砂子	水
M1	用量	195	1500	270	200	1450	300	205	1400	330
	比例	1	7.69	1.38	1	7.25	1.50	1	6.83	1.61
M2.5	用量	207	1500	270	213	1450	300	220	1400	330
	比例	1	7.25	1.30	1	6.81	1.41	1	6.36	1.50
M5	用量	253	1500	270	260	1450	300	268	1400	330
	比例	1	5.93	1.07	1	5.58	1.15	1	5.22	1.23
M7.5	用量	276	1500	270	285	1450	300	294	1400	330
	比例	1	5.43	0.98	1	5.09	1.05	1	4.76	1.12
M10	用量	305	1500	270	315	1450	300	325	1400	330
	比例	1	4.92	0.89	1	4.60	0.95	1	4.31	1.02
M15	用量	359	1500	270	370	1450	300	381	1400	330
	比例	1	4.18	0.75	1	3.92	0.81	1	3.67	0.87

混合砂浆配合比参考表（32.5级水泥）　　表 F2

砂浆等级	用量(kg/m³)与比例	粗砂			中砂			细砂		
		水泥	石灰	砂子	水泥	石灰	砂子	水泥	石灰	砂子
M1	用量	157	173	1500	163	167	1450	169	161	1400
	比例	1	1.10	9.53	1	1.02	8.87	1	0.95	8.26
M2.5	用量	176	154	1500	183	147	1450	190	140	1400
	比例	1	0.88	8.52	1	0.80	7.92	1	0.74	7.40
M5	用量	204	126	1500	212	118	1450	220	110	1400
	比例	1	0.62	7.35	1	0.56	6.84	1	0.50	6.36
M7.5	用量	233	97	1500	242	88	1450	251	79	1400
	比例	1	0.42	6.44	1	0.36	5.99	1	0.31	5.58
M10	用量	261	69	1500	271	59	1450	281	49	1400
	比例	1	0.26	5.75	1	0.22	5.35	1	0.17	4.98

混合砂浆配合比参考表(42.5级水泥)　　　表 F3

砂浆等级	用量(kg/m³)与比例	配比								
		粗砂			中砂			细砂		
		水泥	石灰	砂子	水泥	石灰	砂子	水泥	石灰	砂子
M1	用量	121	209	1500	125	205	1450	129	201	1400
	比例	1	1.73	12.40	1	1.64	11.60	1	1.56	10.86
M2.5	用量	135	195	1500	140	190	1450	145	185	1400
	比例	1	1.44	11.11	1	1.36	10.36	1	1.28	9.66
M5	用量	156	174	1500	162	168	1450	168	162	1400
	比例	1	1.12	9.62	1	1.04	8.95	1	0.96	8.33
M7.5	用量	178	152	1500	185	145	1450	192	138	1400
	比例	1	0.85	8.43	1	0.78	7.84	1	0.72	7.29
M10	用量	199	131	1500	207	123	1450	215	115	1400
	比例	1	0.66	7.54	1	0.59	7.00	1	0.53	6.51

关于派遣技术人员指导汶川
地震灾后农房重建的通知

(建村函 [2008] 290 号)

山东、广东、浙江、江苏、北京、上海、河北、辽宁、河南、福建、山西、湖南、吉林、安徽、江西、湖北、重庆、黑龙江、天津、四川、甘肃、陕西省(直辖市)建设厅(建委):

  当前,汶川地震受灾地区以农民自建为主要方式的农房重建规模日益扩大,但是多数农民缺乏农房建筑抗震知识和技能,当地指导监督农房重建的技术人员严重不足。为提高重建农房的抗震性能和质量,保护人民群众生命和财产安全,现就对口支援省(市)建设厅(委)组织派遣技术人员指导灾区农房重建的工作提出以下意见:

  一、技术人员的组织派遣

  (一)派遣技术人员的来源。对口支援省(市)建设厅(委)应从住房城乡建设主管部门、设计施工监理企业等组织派遣技术人员,包括施工企业和建筑劳务企业的熟练工匠。

  (二)派遣技术人员的数量。应保证对口支援地区每个乡镇有一名以上技术人员,对农房重建数量较多的乡镇应增加技术人员。

  (三)派遣技术人员的时间。应保证在今年10月底前派遣技术人员到位,今明两年是重点,农房重建基本完成时撤回派遣人员。可采取轮流派遣的方式。

  (四)派遣技术人员的经费。应在对口支援资金中列出专项经费,对派遣经费给予补贴。鼓励企事业单位支持派遣工作,承担所派遣技术人员的经费。

  二、技术人员的主要任务

  (一)参与县(市、区)农房重建指导监督的组织工作。根据当地政府和住房城乡建设主管部门安排,参与县(市、区)农房重建指导监督的组织工作,提出建议,完成所分配的任务。

  (二)现场指导检查农房重建。派往每个乡镇的技术人员,要进村入户,现场指导检查农房重建。发现房屋结构达不到抗震要求、施工质量低劣、材料不符合标准等,要及时告知农户和建筑工匠,并提出改进建议。必要时要通过村委会或乡镇政府协调解决。要做好现场指导检查记录和总结月报。

  指导检查的标准可参照《汶川地震灾后农房恢复重建技术导则》(建村函 [2008] 175号)、《农村民宅抗震构造详图》(国家建筑标准设计图集 SG618-1～4,建质 [2008] 112号)和《镇(乡)村建筑抗震技术规程》(JGJ 161—2008,住房和城乡建设部公告第49号)以及当地住房城乡建设主管部门制定的标准和通用或推荐农房设计图。

  (三)培训农村建筑工匠。参与当地住房城乡建设主管部门组织的农村建筑工匠培训,也可以自行组织小规模、多种形式的工匠培训。

  (四)开展针对农户的建筑抗震宣传教育。针对农民传统意识强,不易接受新结构、新工法、新材料的问题，要深入村庄农户，积极开展对建房农户的建筑抗震知识的宣传教育活动，根据当地实际，介绍安全、经济、适用的农房结构和材料。

三、领导和协调工作

（一）领导和协调。加强农房重建指导、保证农房质量是灾区农村恢复重建的重点工作，是当务之急，各有关住房城乡建设主管部门要高度重视，加强领导。对口支援双方要加强协调配合，共同制定派遣技术人员工作计划。被支援县（市、区）要做好派遣技术人员的工作和生活安排，明确派遣技术人员的工作职责和权限以及当地的配合措施。派遣技术人员要在当地住房城乡建设主管部门和援建地区住房城乡建设主管部门的领导下开展工作。派遣技术人员可持证进行农房指导检查。

（二）派遣情况的月报。各对口支援省（市）建设厅（委）自今年10月起，每月底将派遣技术人员情况、指导检查情况、农房建设质量总体情况等报我部村镇建设司。

中华人民共和国住房和城乡建设部
二〇〇八年十月十四日

关于开展全国特色景观旅游名镇（村）示范工作的通知

（建村［2009］3号）

各省、自治区、直辖市建设厅（建委、农委）、旅游局（委），计划单列市建委、旅游局，新疆生产建设兵团建设局、旅游局：

为贯彻党的十七届三中全会关于推进农村改革发展决定的精神，积极发展旅游村镇，保护和利用村镇特色景观资源，推进新农村建设，住房和城乡建设部、国家旅游局决定开展全国特色景观旅游名镇（村）示范工作，现通知如下：

一、指导思想

发展全国特色景观旅游示范镇（村），有利于保护村镇的自然环境、田园景观、传统文化、民族特色、特色产业等资源，促进城乡统筹协调发展，促进城乡交流，增加农民收入，扩大内需，促进农村经济社会的全面发展。此项工作重在以旅游为突破口，带动新农村建设。通过政策扶持等手段，重点支持和引导这些地方发展旅游经济，并从中总结经验教训，为全国的镇（村）经济规范化发展提供样板。

发展全国特色景观旅游示范名镇（村），应坚持保护优先，规划优先；充分挖掘利用原有资源，不搞大拆大建；突出农村特色，实现城乡差别化发展；促进农民就地就近就业，保护农民合法开发权和收益权；节地节水节能，实现可持续发展；重管理，重服务，建设安心、安逸、安全的村镇旅游环境。

二、总体工作安排

为推进特色景观旅游名镇（村）的健康发展，指导和规范其规划建设管理，住房和城乡建设部和国家旅游局将研究制定《全国特色景观旅游名镇（村）标准》。该标准颁布后，将根据标准对全国特色景观旅游镇（村）进行考核。

为稳妥推进，试点先行，住房和城乡建设部和国家旅游局决定先建立一批全国特色景观旅游名镇（村）的示范，并制订了《全国特色景观旅游名镇（村）示范导则》和《全国特色景观旅游名镇（村）示范考核办法》。示范工作进行一段时期后，将总结经验，完善并颁布《全国特色景观旅游名镇（村）标准》及考核办法。

三、示范的申报和考核

（一）申报条件

根据当地村镇特色景观和旅游发展的实际情况，坚持因地制宜、择优申报、重在引导、稳步推进的原则，优先组织景观特色明显、旅游资源丰富并已形成一定旅游规模、人居环境较好的建制镇、集镇、村庄参加申报。有关具体条件，请参照《全国特色景观旅游名镇（村）示范导则》（在建设部网站 www.cin.gov.cn 或中国旅游网 www.cnta.gov.cn 下载）和《全国特色景观旅游名镇（村）示范考核办法》。

（二）申报和考核程序

特色景观旅游名镇（村）的评定工作分为省级推荐和全国综合考核两个阶段。

各地接到本通知后，要加强部门沟通和协调，共同组织做好本地区的初评工作。推荐工作要严格执行《全国特色景观旅游名镇（村）示范导则》和《全国特色景观旅游名镇（村）示范考核办法》的规定，坚持公平、公正、公开的原则，严明纪律作风，确保规范运作。初评结果要以网络或其他形式进行公示。各省（自治区、直辖市）在初选结果的基础上推荐不超过10个条件较好的镇（村）参加全国综合考核。

全国综合考核由住房和城乡建设部村镇建设司和国家旅游局政策法规司共同组织专家组负责。专家组提出评审结果后将予以公示，必要时还将组织实地抽查。经全国综合考核符合要求的，由住房和城乡建设部和国家旅游局予以确认。

全国特色景观旅游名镇（村）示范由县级建设和旅游行政管理部门负责组织申报，经县级人民政府审核同意后，向省级建设和旅游行政管理部门推荐，初选合格后，由两部门联合推荐参加全国综合考核。

（三）申报材料

全国特色景观旅游名镇（村）示范申报表（见附件1）；镇（村）基本情况（1500字左右文字材料）；反映镇（村）概况和主要特色的音像资料（15分钟以内）；镇（村）总体规划及旅游业发展规划（说明书和图纸）；省级建设和旅游行政管理部门的推荐意见。

请将上述材料于2009年6月30日前报送中国建筑设计研究院小城镇发展研究中心（地址：北京市西城区车公庄大街19号，邮编：100044）。

四、联系方式

住房和城乡建设部村镇建设司欧阳湘，电话：010-58933609；

国家旅游局政策法规司周久才、路梦西，电话：010-65201643；

中国建筑设计研究院小城镇发展研究中心

联系人：冯新刚

电话：010-68302716，13910197859

附件1：全国特色景观旅游名镇（村）示范申报表

中华人民共和国住房和城乡建设部
中华人民共和国国家旅游局
二〇〇九年一月四日

全国特色景观旅游名镇(村)示范申报表

镇(村)名称	所在省(自治区、直辖市)	所在县(市)
基本情况		
说明：主要包括人口、规模、景观资源、旅游接待、公共设施、综合管理等情况。		
县级人民政府推荐意见	（签名） 年 月 日	
省级建设部门和旅游部门初评意见	（签名） 年 月 日	
专家组评审意见	（签名） 年 月 日	

附件2：

全国特色景观旅游名镇（村）示范导则

本导则的制定旨在贯彻落实科学发展观，促进我国广大农村地区丰富的旅游资源开发、利用和环境保护；引导各种生产要素合理地向旅游示范镇（村）集聚，提高农村地区的旅游接待服务质量，解决农民就地就业，促进农民增收，建设社会主义新农村；实现旅游示范镇（村）的可持续发展。

1. 范围

本导则规定了全国特色景观旅游镇（村）示范的考核条件及其依据。

2. 规范性引用文件

下列文件中的条款通过本导则的引用而成为本导则的条款。凡是注日期的引用文件，其随后所有的修改单（不包括勘误的内容）或修订版均不适用于本导则，然而，鼓励根据本导则达成协议的各方研究可使用这些文件的最新版本。凡是不注日期的引用文件，其最新版本适用于本导则。

GB 50188—93 村镇规划标准

GB/T 18971—2003 旅游规划通则

GB/T 17775—2003 旅游区（点）质量等级的划分与考核

GB 3095—1996 环境空气质量标准

GB 3838 地表水环境质量标准

GB 8978 污水综合排放标准

GB 9664 文化娱乐场所卫生标准

GB 1688—1997 生活垃圾填埋污染控制

GB 18485—2001 生活垃圾焚烧污染控制标准

GB 2894—1996 安全标志

GB/T 18973—2003 旅游厕所质量等级的划分与考核标准

GB/T 10001.1 标志用公共信息图形符号 第1部分：通用符号＜GB/T 10001.1—2000，neq ISO 7001：1990）

GB/T 10001.2—2002 标志用公共信息图形符号 第2部分：旅游设施与服务符号

GB/T 15971—1995 导游服务质量

GB 16153 饭馆（餐厅）卫生标准

GB/T 16767 游乐园（场）安全和服务质量标准

3. 术语和定义

3.1 镇 town

经省级人民政府批准设镇建制的行政地域。

3.2 集镇 market town

乡人民政府驻地和经县级人民政府确认由集市发展而成的作为农村一定区域经济、文化和服务中心。

3.3 村庄 village

农村居民生活和生产的聚居点。

3.4 旅游示范镇(村) tourist town or village

具有较为丰富旅游资源和一定旅游接待能力的镇(村)。

4. 全国特色景观示范镇(村)标志

全国特色景观示范镇(村)标牌、证书由考核机构统一规定。

5. 全国特色景观示范镇(村)示范考核条件

5.1 资源与景观

5.1.1 景观资源

5.1.1.1 有一定规模或独特的自然、人文景观，适宜开展旅游活动。

5.1.1.2 资源类型丰富，景点数量众多，并且组合关系良好。

5.1.1.3 自然、人文景观基本保存完整，人为干扰较小，且不构成明显影响。

5.1.2 特色价值

5.1.2.1 在科学研究、科学普及和历史文化方面具有学术价值和教育意义。

5.1.2.2 在观光游览和休闲度假方面具有较高的开发利用价值，具有较大影响力。

5.1.2.3 能够较完整真实地体现地方、民族特色、民俗风情和传统乡村特色、自然风貌。

5.1.2.4 有文化传承载体，有文化活动队伍，形成独特的文化形象。

5.1.3 市场吸引力

5.1.3.1 在周边省市知名，美誉度较高，具有一定的市场辐射力。

5.1.3.2 有一定特色，并能形成一定的旅游主题。

5.1.3.3 观赏游憩价值较高。

5.2 旅游经济

5.2.1 年接待旅游者达到一定规模。

5.2.2 旅游经济效益良好。

5.2.3 吸纳本地劳动力就业明显。

5.3 规划与建设

5.3.1 镇(村)总体规划、旅游规划应为近期编制或修编，近期建设的主要地段应编制详细规划，并符合《村镇规划编制办法》、《村镇规划标准》及《旅游规划通则》的要求。

5.3.2 基本农田保护区及生态保护区划定合理；旅游产业布局及村镇体系空间布局合理；对镇(村)在区域经济社会发展中的地位、职能、规模做出科学的预测并提出其实施计划及阶段目标。

5.3.3 确定生态环境、土地和水资源、能源、自然和历史文化遗产保护等方面的综合目标和保护要求，提出空间管制原则，明确禁建区、限建区、适建区范围。

5.3.4 用地布局紧凑，统筹安排居住、公共、生产建筑、公用工程、道路交通系统、仓储、绿地等各类建筑与设施用地，并明确界定不同性质用地的范围，做到功能合理，有利生产，方便生活。

5.3.5 规划对镇区、村庄整治，用地调整，土地整理、挖潜等措施节约用地有成效；

人均建设用地指标符合《村镇规划标准》的规定，各类用地比例适宜；镇区、村庄各项建设用地的建筑密度、容积率、绿地率达标。

5.3.6 镇(村)各类项目建设符合规划，村容镇貌整洁有序，无乱搭、乱建现象。

5.3.7 镇(村)公共建筑及居住建筑设施配套完善，建筑风格简洁大方，体现地方及民族特色。

5.3.8 传统风貌区、历史街区得到有效保护，新建建筑与原有风貌协调统一。

5.4 基础设施

5.4.1 道路、给排水、供电、通讯、供热、燃气、垃圾、防灾减灾等基础设施项目，均有合理的配置和具体安排。

5.4.2 道路交通组织合理，对外交通不干扰镇区、村庄，内外交通顺畅便捷；路网布局合理；道路宽度、纵横坡、转弯半径等数据符合有关规定。

5.4.3 主次干道路面硬化率达到较高水平，交通标志、路灯、停车场等交通设施完备，进出便捷，或具有旅游专线。

5.4.4 配有场地平整的专用停车场、船舶码头布局合理，河道畅通，与景观环境相协调，容量满足需求，标志规范、醒目。

5.4.5 使用低排放和利用清洁能源的交通工具，或使用具有地方特色的传统交通工具。

5.4.6 自来水入户普及率达到90%以上，供水设施运行良好，水质、水量符合标准，满足生产、生活、旅游服务需求。

5.4.7 镇区、村庄主次道路、公共场所和集中居住区有排水管渠设施，排水管渠通畅，雨水及时快捷排放；生活污水进行无害化处理后排放；工业废水处理达标后排放。

5.4.8 供电设施完备，布局合理，满足生产、生活、旅游服务需求。

5.4.9 设立邮电服务网点，提供邮政及邮政纪念服务；能提供相应的电信服务，且通讯设施布局合理，通讯方便，线路畅通，标志规范、醒目。

5.4.10 供热、燃气设施可采用多种能源并举，镇区、村庄及景点鼓励使用太阳能、沼气、生物制气等天然能源和再生能源。

5.4.11 对垃圾进行分类收集，及时清运并统一处理。垃圾站(箱、筒)的数量适当、设施完好、分布合理、标识清楚。

5.4.12 公厕布点合理、完好，管理规范、卫生状况良好，粪便进行无害化处理；公厕便池能及时冲洗，做到干净整洁。

5.4.13 镇(村)消防、防洪排涝等各类防灾设施符合标准，满足旅游方面需求，并有专人负责、定期检修。

5.5 资源保护

5.5.1 各类历史文化遗产(包括古建筑、古树名木等)得到科学、妥善的保护，有保护记录和档案；地方传统特色文化(包括地方戏剧、传统工艺、饮食、民俗等)得到较好保护。

5.5.2 森林、湿地和生态脆弱区等特殊生态系统得到有效保护；没有破坏自然景观和人文景观、违章建设、乱砍树木、捕猎珍稀动物等行为发生。

5.5.3 对于具有旅游价值的保护区，制定相应的游客管理措施，并注意避免由旅游引发的对居民传统生活方式产生的不良影响。

5.5.4 在政府财政资金及旅游经济收入中，有一定比例用于自然和文化资源的保护。

5.6 人居环境

5.6.1 环境

5.6.1.1 村容镇貌整洁，建筑、街道与绿化、水体等自然环境有机结合，采取多种措施优化人居环境。

5.6.1.2 河、湖、渠已全面整治改造，水体环境质量达到相应标准；水体沿岸绿化良好、具有特色，已形成绿化景观。

5.6.1.3 水、大气、噪声等污染得到有效控制并达到规定标准。其中：空气质量达 GB 3095—1996 的一级标准；噪声质量达到 GB 3096—1993 的一类标准；地面水环境质量达到 GB 3838 的规定；污水排放达到 GB 8978 的规定。

5.6.1.4 植树造林，退耕还林种草，保土固水，减少水土流失；实施绿色工程计划，提高森林植被覆盖率。

5.6.1.5 注重水资源的可持续利用，有效促进水资源的节约和优化配置；保护水源地，开展计划用水和节约用水工作。

5.6.2 卫生

5.6.2.1 卫浴设备和设施完好、无缺损，不滴漏，公厕便池能及时冲洗，做到干净、无污垢、无异味，达到 GB/T 18973—2003 规定的卫生标准。

5.6.2.2 公共场所卫生良好，餐饮场所能达到 GB 16153—1996 规定的卫生标准。

5.6.2.3 有严格的定期检查和抽查制度，并有严格的管理制度和奖惩机制。

5.6.2.4 有严格的卫生消毒设施与消毒制度，并有消除老鼠、蟑螂、苍蝇及其他有害昆虫的措施。

5.6.3 文化娱乐

5.6.3.1 有反映地方历史文化和民俗风情的公共文化娱乐场所。

5.6.3.2 餐饮、住宿场所设置丰富的晚间娱乐活动。

5.6.4 精神文明

5.6.4.1 当地居民移风易俗，破除迷信，革除陋习。

5.6.4.2 当地居民讲文明、有礼貌，不欺生、不敲诈，热情诚实，乐于帮助旅游者。

5.7 综合管理

5.7.1 社会治安

5.7.1.1 社会治安综合管理队伍完整、措施得当、保障有力。

5.7.1.2 无重大刑事犯罪案件和邪教、聚众赌博等非法活动。

5.7.2 旅游管理

5.7.2.1 具有健全的管理机构和相应的管理职权，专业技术人员和管理人员配备合理。

5.7.2.2 旅游质量、旅游安全、旅游统计、旅游培训等各项管理制度健全有效，措施得力，有定期监督检查制度，有完整的书面记录和总结。

5.7.2.3 有能为特定人群（老年人、儿童、残疾人等）提供特殊服务的基本设施和服务流程。

5.7.2.4 在游客中心或游客出口处设置意见(卡、箱),公布旅游质量投诉监督电话号码。投诉处理及时,做到投诉必复,投诉处理档案记录完整。
5.7.2.5 定期收集分析游客意见和建议,提高接待质量,改进旅游服务。
5.8 旅游服务
5.8.1 住宿
5.8.1.1 鼓励发展(民俗)家庭旅馆和经济型旅店。
5.8.1.2 住宿设施内配备有满足需要的冷暖及换气设备。
5.8.1.3 客房和公共活动空间干净整洁、卫生舒适。
5.8.1.4 客房内配套设施满足需要,被褥、枕巾和卫生用具一客一换。
5.8.2 餐饮
5.8.2.1 餐饮设施建设与周边的整体环境相协调。
5.8.2.2 餐饮服务设施规模与游客数量相适应,且能满足要求。
5.8.2.3 能提供地方特色或民族特色风味的菜肴,且品种丰富。
5.8.3 游览
5.8.3.1 游客中心位置合理,规模适度,设施、功能齐备,配有专职服务人员,业务熟练,服务热情。
5.8.3.2 游览(参观)路线或航道布局合理、顺畅,视野开阔,赏心悦目。
5.8.3.3 各种引导标识(包括导游全景图、导览图、标识牌、景物介绍牌等)规范标准,设置合理,与景观环境相协调。
5.8.3.4 公众信息资料(如综合画册、音像制品、导游图和导游材料等)有特色,品种全,内容丰富,制作良好。
5.8.3.5 导游员(讲解员)持证上岗,人数及语种能满足游客需要。普通话达标率100%。
5.8.3.6 导游(讲解)词科学、生动、趣味性强,导游服务质量达到 GB/T 15971—1995 中 4.5.3 和第 5 章要求。
5.8.3.7 公共信息图形符号的设置合理,设计有特色,符合 GB/T 10001.1 的规定。
5.8.3.8 游客公共休息设施布局合理,设计有特色,数量满足需要。
5.8.4 购物
5.8.4.1 购物场所布局合理,建筑造型、色彩、材质与环境协调。
5.8.4.2 对购物场所进行集中管理,环境整洁,秩序良好,无围追兜售、强买强卖现象。
5.8.4.3 有能充分体现当地物产和文化的农副土特产品、民间工艺品和旅游纪念品等。
5.9 旅游安全
5.9.1 重视安全工作,主要领导为安全第一责任人。
5.9.2 建立健全安全规章制度,建立有定期和不定期的安全检查、预演、监督和及时报告制度,明确各岗位的安全职责,相关责任人经常参加安全培训和安全教育活动。
5.9.3 各项安全设施完善,有应急预案,能及时采取防灾、减灾措施。
5.9.4 山地、水域等危险地段和道路事故多发地段有明显警示标志。

5.9.5 游客较为集中的区域配有足够的保安人员,以保证秩序和游客安全。
5.9.6 有相应的医疗急救措施,并配备医务人员和游客常备药品。

6. 发生以下问题之一的,不得申报示范。
6.1 近期内发生过建设工程重大安全事故;
6.2 近期内出现过重大环境污染事故;
6.3 近期内出现过重大旅游安全事故;
6.4 国家级历史文化示范镇(村)的历史文化资源发生重大破坏、造成严重后果的;
6.5 国家级风景名胜区核心景区内规划撤销的镇(村)。

7. 全国特色景观示范镇(村)示范考核等级
7.1 五星级:90分以上;
7.2 四星级:80~90分;
7.3 三星级:70~80分。

关于印发《农村危险房屋鉴定技术导则(试行)》的通知

(建村函[2009]69号)

各省、自治区建设厅,直辖市建委(农委),新疆生产建设兵团建设局:

根据农村危房改造工作需要,我部组织编制了《农村危险房屋鉴定技术导则(试行)》,现印发给你们,请结合本地区实际参照执行。执行中有何问题和建议,请及时反馈住房和城乡建设部村镇建设司。

联系人:刘李峰、顾宇新
电话:010-58933318,010-58933122
传真:010-58933123(自动)
邮箱:Liulf@mail.cin.gov.cn

中华人民共和国住房和城乡建设部
二〇〇九年三月二十六日

附件:

农村危险房屋鉴定技术导则(试行)

1 总则

1.0.1 为确保既有农村房屋的安全使用,正确判断农村房屋结构危险程度,及时治理危险房屋,制定本技术导则。

1.0.2 本技术导则适用于既有农村房屋的危险性鉴定。

1.0.3 本技术导则在农村房屋的危险性鉴定中考虑场地的影响。

1.0.4 对常见农村房屋类型给出定性及定量鉴定方法。首先采用定性鉴定方法,对于鉴定结果为D级房屋,再进行定量鉴定。对定性鉴定结果为C级房屋,可根据实际情况再进行定量鉴定。对于定量鉴定方法没有包含的房屋结构类型,可直接采用定性鉴定结果。

1.0.5 本技术导则以房屋使用阶段危险性鉴定为主,鉴定手段主要通过量测结构或结构构件的位移、变形、裂缝等参数,在统计分析的基础上评估,间接实现对承载力的判断。

1.0.6 危险房屋(简称危房)为结构已严重损坏,或承重构件已属危险构件,随时可能丧失稳定和承载能力,不能保证居住和使用安全的房屋。危房以幢为鉴定单位。

1.0.7 鉴定人员应具有专业知识或经过培训上岗。

1.0.8 对于有特殊要求的建筑或保护性建筑的鉴定，除应符合本技术导则规定外，尚应符合国家现行有关标准的规定。

2. 术语和符号

2.1 术语

2.1.1 构件 member

基本鉴定单位。它可以是单件、组合件或一个片段。

2.1.2 主要构件 primary member

其自身失效将导致相关构件失效，并危及承重结构系统工作的构件。

2.1.3 次要构件 secondary member

其自身失效不会导致主要构件失效的构件。

2.1.4 一种构件 kindred member

一个鉴定单位中，同类材料、同种结构型式的全部构件的集合。

2.1.5 相关构件 interrelated member

与被鉴定构件相连接或以被鉴定构件为承托的构件。

2.1.6 场地 site

被鉴定房屋所在地，具有相似的工程地质条件。其范围相当于自然村或不小于一平方公里的平面面积。

2.1.7 混凝土结构 concrete structure

由混凝土构件作为主要承重构件的结构，包括素混凝土结构，钢筋混凝土结构和预应力混凝土结构等。

2.1.8 砌体结构 masonry structure

由块材和砂浆砌筑而成的墙、柱作为建筑物主要受力构件的结构。是砖砌体、砌块结构的统称。

2.1.9 生土结构房屋 immature soil structure

由原生土、生土墙(土坯墙或夯土墙)作为主要承重构件的房屋。

2.1.10 石结构房屋 stone structure

由石砌体作为主要承重构件的房屋。

2.1.11 木结构房屋 timber structure

由木柱作为主要承重构件，生土墙(土坯墙或夯土墙)、砌体墙和石墙作为围护墙的房屋。主要包括穿斗木构架、木柱木屋架、木柱木梁房屋。

2.2 主要符号

2.2.1 房屋危险性鉴定使用符号及其意义，应符合下列规定：

L_0——计算跨度；

h——计算高度；

n——构件数；

n_{dc}——危险柱数；

n_{dw}——危险墙段数；

n_{dmb}——危险主梁数；

n_{dsb}——危险次梁数；

n_{ds}——危险板数；

n_c——柱数；

n_{mb}——主梁数；

n_{sb}——次梁数；

n_w——墙段数；

n_s——板数；

n_d——危险构件数；

n_{rt}——屋架榀数；

n_{drt}——危险屋架构件榀数；

P——危险构件（危险点）百分数；

P_{dfm}——地基基础中危险构件（危险点）百分数；

P_{sdm}——承重结构中危险构件（危险点）百分数；

P_{esdm}——围护结构中危险构件（危险点）百分数；

R——结构构件抗力；

S——结构构件作用效应；

μ——隶属度；

μ_A——房屋 A 级的隶属度；

μ_B——房屋 B 级的隶属度；

μ_C——房屋 C 级的隶属度；

μ_D——房屋 D 级的隶属度；

μ_a——房屋组成部分 a 级的隶属度；

μ_b——房屋组成部分 b 级的隶属度；

μ_c——房屋组成部分 c 级的隶属度；

μ_d——房屋组成部分 d 级的隶属度；

μ_{af}——地基基础 a 级隶属度；

μ_{bf}——地基基础 b 级隶属度；

μ_{cf}——地基基础 c 级隶属度；

μ_{ad}——地基基础 d 级隶属度；

μ_{as}——上部承重结构 a 级的隶属度；

μ_{bs}——上部承重结构 b 级的隶属度；

μ_{cs}——上部承重结构 c 级的隶属度；

μ_{ds}——上部承重结构 d 级的隶属度；

μ_{aes}——围护结构 a 级的隶属度；

μ_{bes}——围护结构 b 级的隶属度；

μ_{ces}——围护结构 c 级的隶属度；

μ_{des}——围护结构 d 级的隶属度；

γ_0——结构构件重要性系数；

ρ——斜率。

2.3 代号

2.3.1 房屋危险性鉴定使用的代号及其意义，应符合下列规定：

a、b、c、d——房屋组成部分危险性鉴定等级；

A、B、C、D——房屋危险性鉴定等级；

F_d——非危险构件；

T_d——危险构件。

3. 鉴定程序与评定方法

3.1 鉴定程序

3.1.1 房屋危险性鉴定应按图3.1.1规定的程序进行。

(1) 受理委托：根据委托人要求，确定房屋危险性鉴定内容和范围；

(2) 初始调查：收集调查和分析房屋原始资料，并进行现场查勘；

(3) 场地危险性鉴定：收集调查和分析房屋所处场地地质情况，进行危险性鉴定；

(4) 检查检测：对房屋现状进行现场检测，必要时，宜采用仪器量测和进行结构验算；

(5) 鉴定评级：对调查、查勘、检测、验算的数据资料进行全面分析，综合评定，确定其危险等级，包括定性与定量鉴定；

(6) 处理建议：对被鉴定的房屋，提出原则性的处理建议；

(7) 出具报告：报告式样应符合本导则附录的规定。

3.2 评定方法

3.2.1 房屋危险性场地鉴定：按房屋所处场地，评定其是否为危险场地。

3.2.2 房屋危险性定性评定：在现场查勘的基础上，根据房屋损害情况进行综合评定，房屋危险性等级可分为A、B、C、D四个等级。

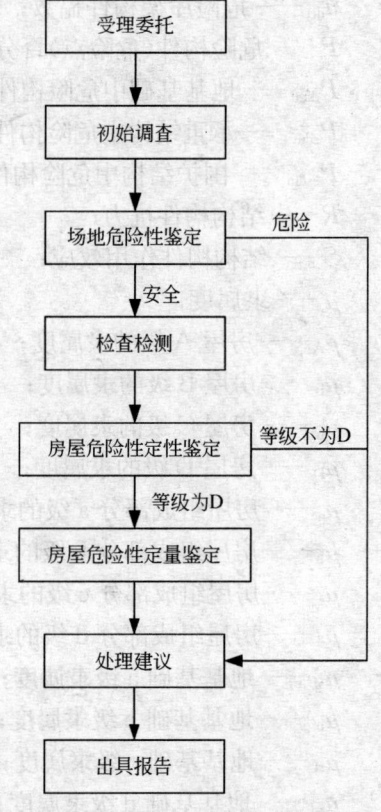

图3.1.1 房屋危险性鉴定程序

3.2.3 房屋危险性定量鉴定：采用综合评定，综合评定应按三层次进行：第一层次应为构件危险性鉴定，其等级评定可为危险构件(T_d)和非危险构件(F_d)两类；第二层次应为房屋组成部分危险性鉴定，其等级可分为a、b、c、d四等级；第三层次应为房屋危险性鉴定，其等级可分为A、B、C、D四等级。

3.3 等级划分

3.3.1 房屋可分为地基基础、上部承重结构和围护结构三个组成部分。

3.3.2 房屋各组成部分危险性鉴定，应按下列等级划分：

(1) a级：无危险点；

(2) b级：有危险点；

(3) c级：局部危险；
(4) d级：整体危险。

3.3.3 房屋危险性鉴定，应按下列等级划分：
(1) A级：结构能满足正常使用要求，未发现危险点，房屋结构安全。
(2) B级：结构基本满足正常使用要求，个别结构构件处于危险状态，但不影响主体结构安全，基本满足正常使用要求。
(3) C级：部分承重结构不能满足正常使用要求，局部出现险情，构成局部危房。
(4) D级：承重结构已不能满足正常使用要求，房屋整体出现险情，构成整幢危房。

4. 场地危险性鉴定

4.1.1 下列情况应判定房屋场地为危险场地：
(1) 对建筑物有潜在威胁或直接危害的滑坡、地裂、地陷、泥石流、崩塌以及岩溶、土洞强烈发育地段；
(2) 暗坡边缘；浅层故河道及暗埋的塘、浜、沟等场地；
(3) 已经有明显变形下陷趋势的采空区。

5. 房屋危险性定性鉴定

5.1 一般规定

5.1.1 定性鉴定现场检查的顺序宜为先房屋外部，后房屋内部。破坏程度严重或濒危的房屋，若其破坏状态显而易见，可不再对房屋内部进行检查。

5.1.2 房屋外部检查的重点宜为：
(1) 房屋的结构体系及其高度、宽度和层数；
(2) 房屋的倾斜、变形；
(3) 地基基础的变形情况；
(4) 房屋外观损伤和破坏情况；
(5) 房屋附属物的设置情况及其损伤与破坏现状；
(6) 房屋局部坍塌情况及其相邻部分已外露的结构、构件损伤情况。

根据以上检查结果，应对房屋内部可能有危险的区域和可能出现的安全问题做出鉴定。

5.1.3 房屋内部检查时，应对所有可见的构件进行外观损伤及破坏情况的检查；对承重构件，可剔除其表面装饰层进行核查。对各类结构的检查要点如下：
(1) 着重检查承重墙、柱、梁、楼板、屋盖及其连接构造；
(2) 检查非承重墙和容易倒塌的附属构件，检查时，应着重区分抹灰层等装饰层的损坏与结构的损坏。

5.1.4 现场检查人员应有可靠的安全防护措施。

5.2 房屋评定方法

5.2.1 A级
(1) 地基基础：地基基础保持稳定，无明显不均匀沉降；
(2) 墙体：承重墙体完好，无明显受力裂缝和变形；墙体转角处和纵、横墙交接处无松动、脱闪现象。非承重墙体可有轻微裂缝；

(3) 梁、柱：梁、柱完好，无明显受力裂缝和变形，梁、柱节点无破损，无裂缝；
(4) 楼、屋盖：楼、屋盖板无明显受力裂缝和变形，板与梁搭接处无松动和裂缝。

5.2.2　B级

(1) 地基基础：地基基础保持稳定，无明显不均匀沉降；
(2) 墙体：承重墙体基本完好，无明显受力裂缝和变形；墙体转角处和纵、横墙交接处无松动、脱闪现象；
(3) 梁、柱：梁、柱有轻微裂缝；梁、柱节点无破损、无裂缝；
(4) 楼、屋盖：楼、屋盖有轻微裂缝，但无明显变形；板与墙、梁搭接处有松动和轻微裂缝；屋架无倾斜，屋架与柱连接处无明显位移；
(5) 次要构件：非承重墙体、出屋面楼梯间墙体等有轻微裂缝；抹灰层等饰面层可有裂缝或局部散落；个别构件处于危险状态。

5.2.3　C级

(1) 地基基础：地基基础尚保持稳定，基础出现少量损坏；
(2) 墙体：承重的墙体多数轻微裂缝或部分非承重墙墙体明显开裂，部分承重墙体明显位移和歪闪；非承重墙体普遍明显裂缝；部分山墙转角处和纵、横墙交接处有明显松动、脱闪现象；
(3) 梁、柱：梁、柱出现裂缝，但未达到承载能力极限状态；个别梁柱节点破损和开裂明显；
(4) 楼、屋盖：楼、屋盖显著开裂；楼、屋盖板与墙、梁搭接处有松动和明显裂缝，个别屋面板塌落。

5.2.4　D级

(1) 地基基础：地基基本失去稳定，基础出现局部或整体坍塌；
(2) 墙体：承重墙有明显歪闪、局部酥碎或倒塌；墙角处和纵、横墙交接处普遍松动和开裂；非承重墙、女儿墙局部倒塌或严重开裂；
(3) 梁、柱：梁、柱节点破坏严重；梁、柱普遍开裂；梁、柱有明显变形和位移；部分柱基座滑移严重，有歪闪和局部倒塌；
(4) 楼、屋盖：楼、屋盖板普遍开裂，且部分严重开裂；楼、屋盖板与墙、梁搭接处有松动和严重裂缝，部分屋面板塌落；屋架歪闪，部分屋盖塌落。

6. 房屋危险性定量鉴定

6.1　一般规定

6.1.1　危险构件是指其损伤、裂缝和变形不能满足正常使用要求的结构构件。

6.1.2　结构构件的危险性鉴定应包括构造与连接、裂缝和变形等内容。

6.1.3　单个构件的划分应符合下列规定：

(1) 基础

1) 独立柱基：以一根柱的单个基础为一构件；
2) 条形基础：以一个自然间一轴线单面长度为一构件；

(2) 墙体：以一个计算高度、一个自然间的一面为一构件；

(3) 柱：以一个计算高度、一根为一构件；

(4) 梁、檩条、搁栅等：以一个跨度、一根为一构件；

(5) 板：以一个自然间面积为一构件；预制板以一块为一构件；

(6) 屋架、桁架等：以一榀为一构件。

6.2 房屋危险性综合评定原则与方法

6.2.1 房屋危险性鉴定应以整幢房屋的地基基础、结构构件危险程度的严重性鉴定为基础，结合历史、环境影响以及发展趋势，全面分析，综合判断。

6.2.2 在地基基础或结构构件危险性判定时，应考虑其危险性是孤立的还是相关的。当构件危险性孤立时，不构成结构系统的危险；否则，应联系结构危险性判定其范围。

6.2.3 全面分析、综合判断时，应考虑下列因素：

(1) 各构件的破损程度；

(2) 破损构件在整幢房屋结构中的重要性；

(3) 破损构件在整幢房屋结构中所占数量和比例；

(4) 结构整体周围环境的影响；

(5) 有损结构安全的人为因素和危险状况；

(6) 结构破损后的可修复性；

(7) 破损构件带来的经济损失。

6.2.4 根据本导则划分的房屋组成部分，确定构件的总量，并分别确定其危险构件的数量。房屋危险性综合评定方法见附录A。

6.3 地基基础危险性鉴定

6.3.1 地基基础危险性鉴定应包括地基和基础两部分。

6.3.2 地基基础应重点检查基础与承重构件连接处的斜向阶梯形裂缝、水平裂缝、竖向裂缝状况，基础与上部结构连接处的水平裂缝状况，房屋的倾斜位移状况，地基稳定、特殊土质变形和开裂等状况。

6.3.3 当地基部分有下列现象之一者，应评定为危险状态：

(1) 地基沉降速度连续2个月大于4mm/月，并且短期内无终止趋向；

(2) 地基产生不均匀沉降，上部墙体产生裂缝宽度大于10mm，且房屋局部倾斜率大于1‰；

(3) 地基不稳定产生滑移，水平位移量大于10mm，并对上部结构有显著影响，且仍有继续滑动的迹象。

6.3.4 当房屋基础有下列现象之一者，应评定为危险点：

(1) 基础腐蚀、酥碎、折断，导致结构明显倾斜、位移、裂缝、扭曲等；

(2) 基础已有滑动，水平位移速度连续2个月大于2mm/月，并在短期内无终止趋向；

(3) 基础已产生通裂且最大裂缝宽度大于10mm，上部墙体多处出现裂缝且最大裂缝宽度达10mm以上。

6.4 砌体结构构件危险性鉴定

6.4.1 砌体结构构件应重点检查砌体的构造连接部位，纵横墙交接处的斜向或竖向裂缝状况，砌体承重墙体的变形和裂缝状况以及拱脚的裂缝和位移状况。注意量测其裂缝宽度、长度、深度、走向、数量及其分布，并观测其发展趋势。

6.4.2 砌体结构构件有下列现象之一者，应评定为危险点：

（1）受压墙、柱沿受力方向产生缝宽大于2mm、缝长超过层高1/2的竖向裂缝，或产生缝长超过层高1/3的多条竖向裂缝；

（2）受压墙、柱表面风化、剥落，砂浆粉化，有效截面削弱达1/4以上；

（3）支撑梁或屋架端部的墙体或柱截面因局部受压产生多条竖向裂缝，或最大裂缝宽度已超过1mm；

（4）墙、柱因偏心受压产生水平裂缝，最大裂缝宽度大于0.5mm；

（5）墙、柱产生倾斜，其倾斜率大于0.7%，或相邻墙体连接处断裂成通缝；

（6）墙、柱刚度不足，出现挠曲鼓闪，且在挠曲部位出现水平或交叉裂缝；

（7）砖过梁中部产生的竖向裂缝宽度达2mm以上，或端部产生斜裂缝，最大裂缝宽度达1mm以上且缝长裂到窗间墙的2/3部位，或支撑过梁的墙体产生水平裂缝，或产生明显的弯曲、下沉变形；

（8）砖筒拱、扁壳、波形筒拱、拱顶沿母线通裂或沿母线裂缝宽度大于2mm或缝长超过总长1/2，或拱曲面明显变形，或拱脚明显位移，或拱体拉杆锈蚀严重，且拉杆体系失效；

（9）砌体墙高厚比：单层大于24，二层大于18，且墙体自由长度大于6m。

6.5 木结构构件危险性鉴定

6.5.1 木结构构件应重点检查腐朽、虫蛀、木材缺陷、构造缺陷、结构构件变形、失稳状况，木屋架端节点受剪面裂缝状况，屋架出平面变形及屋盖支撑系统稳定状况。

6.5.2 木结构构件有下列现象之一者，应评定为危险点：

（1）木柱圆截面直径小于110mm，木大梁截面尺寸小于110mm×240mm；

（2）连接方式不当，构造有严重缺陷，已导致节点松动、变形、滑移、沿剪切面开裂、剪坏和铁件严重锈蚀、松动致使连接失效等损坏；

（3）主梁产生大于$L_0/120$的挠度，或受拉区伴有较严重的材质缺陷；

（4）屋架产生大于$L_0/120$的挠度，且顶部或端部节点产生腐朽或劈裂，或出平面倾斜量超过屋架高度的$h/120$；

（5）木柱侧弯变形，其矢高大于$h/150$，或柱顶劈裂，柱身断裂。柱脚腐朽，其腐朽面积大于原截面面积1/5以上；

（6）受拉、受弯、偏心受压和轴心受压构件，其斜纹理或斜裂缝的斜率分别大于7%、10%、15%和20%；

（7）存在任何心腐缺陷的木质构件；

（8）木柱的梢径小于150mm；在柱的同一高度处纵横向同时开槽，且在柱的同一截面开槽面积超过总截面面积的1/2；

（9）柱子有接头；

（10）木桁架高跨比h/l大于1/5；

（11）楼屋盖木梁在梁或墙上的支撑长度小于100mm。

6.6 石结构构件危险性鉴定

6.6.1 石结构构件应重点检查石砌墙、柱、梁、板的构造连接部位，纵横墙交接处的斜向或竖向裂缝状况，石砌体承重墙体的变形和裂缝状况以及拱脚的裂缝和位移状况。注意量测其裂缝宽度、长度、深度、走向、数量及其分布，并观测其发展趋势。

6.6.2 石结构构件有下列现象之一者，应评定为危险点：

（1）承重墙或门窗间墙出现阶梯形斜向裂缝，且最大裂缝宽度大于 10mm；

（2）承重墙整体沿水平灰缝滑移大于 3mm；

（3）承重墙、柱产生倾斜，其倾斜率大于 1/200；

（4）纵横墙连接处竖向裂缝的最大裂缝宽度大于 2mm；

（5）梁端在柱顶搭接处出现错位，错位长度大于柱沿梁支撑方向上的截面高度 h（当柱为圆柱时，h 为柱截面的直径）的 1/25；

（6）料石楼板或梁与承重墙体错位后，错位长度大于原搭接长度的 1/25；

（7）石楼板净跨超过 4m，或悬挑超过 0.5m；

（8）石柱、石梁或石楼板出现断裂；

（9）支撑梁或屋架端部的承重墙体个别石块断裂或垫块压碎；

（10）墙柱因偏心受压产生水平裂缝，缝宽大于 0.5mm；墙体竖向通缝长度超过 1000mm；

（11）墙、柱刚度不足，出现挠曲鼓闪，且在挠曲部位出现水平或交叉裂缝；

（12）石砌墙高厚比：单层大于 18，二层大于 15，且墙体自由长度大于 6m；

（13）墙体的偏心距达墙厚的 1/6；

（14）石结构房屋横墙洞口的水平截面面积，大于全截面面积的 1/3；

（15）受压墙、柱表面风化、剥落，砂浆粉化，有效截面削弱达 1/5 以上；

（16）其他显著影响结构整体性的裂缝、变形、错位等情况；

（17）墙体因缺少拉结石而出现局部坍塌。

6.7 生土结构构件危险性鉴定

6.7.1 生土结构构件应重点检查连接部位、纵横墙交接处的斜向或竖向裂缝状况，生土承重墙体变形和裂缝状况。注意量测其裂缝宽度、长度、深度、走向、数量及其分布，并观测其发展趋势。

6.7.2 生土结构构件有下列现象之一者，应评定为危险点：

（1）受压墙沿受力方向产生缝宽大于 20mm、缝长超过层高 1/2 的竖向裂缝，或产生缝长超过层高 1/3 的多条竖向裂缝；

（2）长期受自然环境风化侵蚀与屋面漏雨受潮及干燥的反复作用，受压墙表面风化、剥落，泥浆粉化，有效截面面积削弱达 1/4 以上；

（3）支撑梁或屋架端部的墙体或柱截面因局部受压产生多条竖向裂缝，或最大裂缝宽度已超过 10mm；

（4）墙因偏心受压产生水平裂缝，缝宽大于 1mm；

（5）墙产生倾斜，其倾斜率大于 0.5%，或相邻墙体连接处断裂成通缝；

（6）墙出现挠曲鼓闪；

（7）生土房屋开间未设横墙；

（8）单层生土房屋的檐口高度大于 2.5m，开间大于 3.3m；窑洞净跨大于 2.5m；

（9）生土墙高厚比：大于 12，且墙体自由长度大于 6m。

6.8 混凝土结构构件危险性鉴定

6.8.1 混凝土结构构件应重点检查柱、梁、板及屋架的受力裂缝和主筋锈蚀状况，柱的根部和顶部的水平裂缝，屋架倾斜以及支撑系统稳定等。

6.8.2 混凝土构件有下列现象之一者，应评定为危险点：

（1）梁、板产生超过 $L_0/150$ 的挠度，且受拉区最大裂缝宽度大于 1mm；

（2）简支梁、连续梁跨中部受拉区产生竖向裂缝，其一侧向上延伸达梁高的 2/3 以上，且缝宽大于 0.5mm，或在支座附近出现剪切斜裂缝，缝宽大于 0.4mm；

（3）梁、板受力主筋处产生横向水平裂缝和斜裂缝，缝宽大于 1mm，板产生宽度大于 0.4mm 的受拉裂缝；

（4）梁、板因主筋锈蚀，产生沿主筋方向的裂缝，缝宽大于 1mm，或构件混凝土严重缺损，或混凝土保护层严重脱落、露筋，钢筋锈蚀后有效截面小于 4/5；

（5）受压柱产生竖向裂缝，保护层剥落，主筋外露锈蚀；或一侧产生水平裂缝，缝宽大于 1mm，另一侧混凝土被压碎，主筋外露锈蚀；

（6）柱、墙产生倾斜、位移，其倾斜率超过高度的 1%，其侧向位移量大于 $h/500$；

（7）柱、墙混凝土酥裂、碳化、起鼓，其破坏面大于全截面的 1/3，且主筋外露，锈蚀严重，截面减小；

（8）柱、墙侧向变形大于 $h/250$，或大于 30mm；

（9）屋架产生大于 $L_0/200$ 的挠度，且下弦产生横断裂缝，缝宽大于 1mm；

（10）屋架支撑系统失效导致倾斜，其倾斜率大于屋架高度的 2%；

（11）端节点连接松动，且伴有明显的变形裂缝；

（12）梁、板有效搁置长度小于规定值的 70%。

6.9 钢结构构件危险性鉴定

6.9.1 钢结构构件应重点检查各连接节点的焊缝、螺栓、铆钉等情况；应注意钢柱与梁的连接形式、支撑杆件、柱脚与基础连接损坏情况，钢屋架杆件弯曲、截面扭曲、节点板弯折状况和钢屋架挠度、侧向倾斜等偏差状况。

6.9.2 钢结构构件有下列现象之一者，应评定为危险点：

（1）构件或连接件有裂缝或锐角切口；焊缝、螺栓或铆接有拉开、变形、滑移、松动、剪坏等严重损坏；

（2）连接方式不当，构造有严重缺陷；

（3）受拉构件因锈蚀，截面减少大于原截面的 10%；

（4）梁、板等构件挠度大于 $L_0/250$，或大于 45mm；

（5）实腹梁侧弯矢高大于 $L_0/600$，且有发展迹象；

（6）钢柱顶位移，平面内大于 $h/150$，平面外大于 $h/500$，或大于 40mm；

（7）屋架产生大于 $L_0/250$ 或大于 40mm 的挠度；屋架支撑系统松动失稳，导致屋架倾斜，倾斜量超过 $h/150$。

附录 A 定量综合评定方法

A.1 地基基础危险构件的百分数应按下式计算：

$$P_{fdm} = n_d/n \times 100\% \tag{A.1}$$

P_{dfm}——地基基础危险构件的（危险点）百分数；

n_d——危险构件数；

n——构件数。

A.2 承重结构危险构件的百分数应按下式计算：

$$p_{sdm} = [2.4n_{dc} + 2.4n_{dw} + 1.9(n_{dmb} + n_{drt}) + 1.4n_{dsb} + n_{ds}] / [2.4n_c + 2.4n_w + 1.9(n_{mb} + n_{rt}) + 1.4n_{sb} + n_s] \times 100\% \quad (A.2)$$

p_{sdm}——承重结构中危险构件（危险点）百分数；

n_{dc}——危险柱数；

n_{dw}——危险墙段数；

n_{dmb}——危险主梁数；

n_{drt}——危险屋架构件榀数；

n_{dsb}——危险次梁数；

n_{ds}——危险板数；

n_c——柱数；

n_w——墙段数；

n_{mb}——主梁数；

n_{rt}——屋架榀数；

n_s——板数；

n_{sb}——次梁数。

A.3 围护结构危险构件的百分数应按下式计算：

$$P_{esdm} = n_d / n \times 100\% \quad (A.3)$$

式中 p_{esdm}——围护结构中危险构件（危险点）百分数；

n_d——危险构件数；

n——构件数。

A.4 房屋组成部分 a 级的隶属函数应按下式计算：

$$\mu_a = \begin{cases} 1 & (p = 0\%) \\ 0 & (p \neq 0\%) \end{cases} \quad (A.4)$$

μ_a——房屋组成部分 a 级的隶属度；

p——危险构件（危险点）百分数。

A.5 房屋组成部分 b 级的隶属度函数应按下式计算：

$$\mu_b = \begin{cases} 1 & (0\% < p \leq 5\%) \\ (30\% - p)/25\% & (5\% < p < 30\%) \\ 0 & (p \geq 30\%) \end{cases} \quad (A.5)$$

μ_b——房屋组成部分 b 级的隶属度；

p——危险构件（危险点）百分数。

A.6 房屋组成部分 c 级的隶属度函数应按下式计算：

$$\mu_c = \begin{cases} 0 & (p \leq 5\%) \\ (p - 5\%)/25\% & (5\% < p < 30) \\ (100\% - p)/70\% & (30\% \leq p \leq 100\%) \end{cases} \quad (A.6)$$

μ_c——房屋组成部分 c 级的隶属度；

p——危险构件(危险点)百分数。

A.7 房屋组成部分 d 级的隶属度函数应按下式计算：

$$\mu_d = \begin{cases} 0 & (p \leqslant 30\%) \\ (p-30\%)/70\% & (30\% < p < 100\%) \\ 1 & (p = 100\%) \end{cases} \quad (A.7)$$

μ_d——房屋组成部分 d 级的隶属度；

p——危险构件(危险点)百分数。

A.8 房屋 A 级的隶属函数应按下式计算：

$$\mu_A = \max[\min(0.3, \mu_{af}), \min(0.6, \mu_{as}), \min(0.1, \mu_{aes})] \quad (A.8)$$

式中 μ_A——房屋 A 级的隶属度；

μ_{af}——地基基础 a 级隶属度；

μ_{as}——上部承重结构 a 级的隶属度；

μ_{aes}——围护结构 a 级的隶属度。

A.9 房屋 B 级的隶属函数应按下式计算：

$$\mu_B = \max[\min(0.3, \mu_{bf}), \min(0.6, \mu_{bs}), \min(0.1, \mu_{bes})] \quad (A.9)$$

μ_B——房屋 B 级的隶属度；

μ_{bf}——地基基础 b 级隶属度；

μ_{bs}——上部承重结构 b 级的隶属度；

μ_{bes}——围护结构 b 级的隶属度。

A.10 房屋 C 级的隶属函数应按下式计算：

$$\mu_C = \max[\min(0.3, \mu_{cf}), \min(0.6, \mu_{cs}), \min(0.1, \mu_{ces})] \quad (A.10)$$

μ_C——房屋 C 级的隶属度；

μ_{cf}——地基基础 c 级隶属度；

μ_{cs}——上部承重结构 c 级的隶属度；

μ_{ces}——围护结构 c 级的隶属度。

A.11 房屋 D 级的隶属函数应按下式计算：

$$\mu_D = \max[\min(0.3, \mu_{df}), \min(0.6, \mu_{ds}), \min(0.1, \mu_{des})] \quad (A.11)$$

μ_D——房屋 D 级的隶属度；

μ_{df}——地基基础 d 级隶属度；

μ_{ds}——上部承重结构 d 级的隶属度；

μ_{des}——围护结构 d 级的隶属度。

A.12 当隶属度为下列值时：

1. $\mu_{df} \geqslant 0.75$，则为 D 级(整幢危房)。
2. $\mu_{ds} \geqslant 0.75$，则为 D 级(整幢危房)。
3. $\max(\mu_A, \mu_B, \mu_C, \mu_D) = \mu_A$，则综合判断结果为 A 级(非危房)。
4. $\max(\mu_A, \mu_B, \mu_C, \mu_D) = \mu_B$，则综合判断结果为 B 级(危险点房)。
5. $\max(\mu_A, \mu_B, \mu_C, \mu_D) = \mu_C$，则综合判断结果为 C 级(局部危房)。
6. $\max(\mu_A, \mu_B, \mu_C, \mu_D) = \mu_D$，则综合判断结果为 D 级(整幢危房)。

附录 B 农村房屋安全鉴定报告

鉴定编号：_____

1. 基本资料					
房屋名称				建成时间	
鉴定人员		鉴定机构		时间	
房屋地址					
联系人		电话			
用途	住宅　其他				
规模	总长___m　总宽___m　总高___m　共___层				
结构形式	混凝土结构　砌体结构　木结构　钢结构　石结构 生土结构　其他(　　　)				

2. 结构组成部分检查结果　a 完好　b 轻微　c 中等　d 严重	
(1) 场地安全程度	(　)
(2) 地基基础	(　)
(3) 房屋整体倾斜	(　)
(4) 上部承重结构	(　)
(5) 围护结构	(　)

3. 房屋综合评定				
评定等级	A	B	C	D
处理建议				

审核：　　　　　　　　　　　　　　鉴定人员：

附录C 农村房屋危险性鉴定用表

砌体结构—木屋架房屋危险性鉴定用表   附录C.1

房屋名称		地址		建造时间	
用途	住宅（ ）其他（ ）	规模	总长___m 总宽___m 总高___m 共___层	结构形式	砌体结构

房屋场地危险性鉴定	
危险场地判定方法	是否为危险场地
（1）对建筑物有潜在威胁或直接危害的滑坡、地裂、地陷、泥石流、崩塌以及岩溶、土洞强烈发育地段； （2）暗坡边缘；浅层故河道及暗埋的塘、浜、沟等场地； （3）已经有明显变形下陷趋势的采空区	是（ ） 否（ ）

房屋组成构件危险点判定				
构件名称	构件判定方法	构件总数	危险构件数	构件百分数
地基	（1）地基沉降速度连续2个月大于4mm/月，并且短期内无终止趋向； （2）地基产生不均匀沉降，上部墙体产生裂缝宽度大于10mm，且房屋局部倾斜率大于1%； （3）地基不稳定产生滑移，水平位移量大于10mm，并对上部结构有显著影响，且仍有继续滑动的迹象	$n=$	$n_d=$	地基基础危险构件百分数 $P_{fdm}=n_d/n \times 100\%=$
基础	（1）基础腐蚀、酥碎、折断，导致结构明显倾斜、位移、裂缝、扭曲等； （2）基础已有滑动，水平位移速度连续2个月大于2mm/月，并在短期内无终止趋向； （3）基础已产生通裂裂缝大于10mm，上部墙体多处出现裂缝且最大裂缝宽度达10mm以上	$n=$	$n_d=$	
砌体墙	（1）受压墙沿受力方向产生缝宽大于2mm、缝长超过层高1/2的竖向裂缝，或产生缝长超过层高1/3的多条竖向裂缝； （2）受压墙表面风化、剥落，砂浆粉化，有效截面削弱达1/4以上； （3）支撑梁或屋架端部的墙体截面因局部受压产生多条竖向裂缝，或裂缝宽度已超过1mm； （4）墙因偏心受压产生水平裂缝，缝宽大于0.5mm； （5）墙产生倾斜，其倾斜率大于0.7%，或相邻墙体连接处断裂成通缝； （6）墙刚度不足，出现挠曲鼓闪，且在挠曲部位出现水平或交叉裂缝； （7）砌体墙高厚比：单层大于24，二层大于18，且墙体自由长度大于6m	$n_w=$	$n_{dw}=$	承重结构危险构件百分数 $P_{sdn}=(2.4n_{dc}+2.4n_{dw}+1.9n_{drt})/(2.4n_c+2.4n_w+1.9n_{rt})\times 100\%=$
木屋架	（1）木大梁截面尺寸小于110mm×240mm； （2）连接方式不当，构造有严重缺陷，已导致节点松动、变形、滑移、沿剪切面开裂、剪坏和铁件严重锈蚀、松动致使连接失效等损坏； （3）主梁产生大于$L_0/120$的挠度，或受拉区伴有较严重的材质缺陷； （4）屋架产生大于$L_0/120$的挠度，且顶部或端部节点产生腐朽或劈裂，或出平面倾斜量超过屋架高度的$h/120$； （5）受拉、受弯、偏心受压和轴心受压构件，其斜纹理或斜裂缝的斜率分别大于7%、10%、15%和20%； （6）存在任何腐缺陷的木质构件； （7）木桁架高跨比h/l大于1/5； （8）楼屋盖木梁在梁或墙上的支撑长度小于100mm	$n_{rt}=$	$n_{drt}=$	

续表

房屋组成部分评定						
房屋组成部分隶属函数	$\mu_a = \begin{cases} 1 & (p=0\%) \\ 0 & (p \neq 0\%) \end{cases}$ $\mu_b = \begin{cases} 1 & (0\% < p \leq 5\%) \\ (30\%-p)/25\% & (5\% < p < 30\%) \\ 0 & (p \geq 30\%) \end{cases}$ $\mu_c = \begin{cases} 0 & (p \leq 5\%) \\ (p-5\%)/25\% & (5\% < p < 30\%) \\ (100\%-p)/70\% & (30\% \leq p \leq 100\%) \end{cases}$ $\mu_d = \begin{cases} 0 & (p \leq 30\%) \\ (p-30\%)/70\% & (30\% < p < 100\%) \\ 1 & (p=100\%) \end{cases}$		房屋组成部分等级	地基基础	上部结构	围护结构
			a	$\mu_{af}=$	$\mu_{as}=$	$\mu_{aes}=$
			b	$\mu_{bf}=$	$\mu_{bs}=$	$\mu_{bes}=$
			c	$\mu_{cf}=$	$\mu_{cs}=$	$\mu_{ces}=$
			d	$\mu_{df}=$	$\mu_{ds}=$	$\mu_{des}=$
房屋综合评定						
房屋隶属函数	A	$\mu_A = \max[\min(0.3, \mu_{af}), \min(0.6, \mu_{as}), \min(0.1, \mu_{aes})] =$		评定等级为:A( ) B( ) C( ) D( )		
	B	$\mu_B = \max[\min(0.3, \mu_{bf}), \min(0.6, \mu_{bs}), \min(0.1, \mu_{bes})] =$				
	C	$\mu_C = \max[\min(0.3, \mu_{cf}), \min(0.6, \mu_{cs}), \min(0.1, \mu_{ces})] =$				
	D	$\mu_D = \max[\min(0.3, \mu_{df}), \min(0.6, \mu_{ds}), \min(0.1, \mu_{des})] =$				

评定方法

(1) $\mu_{df} \geq 0.75$,为 D 级(整幢危房);
(2) $\mu_{ds} \geq 0.75$,为 D 级(整幢危房);
(3) $\max(\mu_A, \mu_B, \mu_C, \mu_D) = \mu_A$,综合判断结果为 A 级(非危房);
(4) $\max(\mu_A, \mu_B, \mu_C, \mu_D) = \mu_B$,综合判断结果为 B 级(危险点房);
(5) $\max(\mu_A, \mu_B, \mu_C, \mu_D) = \mu_C$,综合判断结果为 C 级(局部危房);
(6) $\max(\mu_A, \mu_B, \mu_C, \mu_D) = \mu_D$,综合判断结果为 D 级(整幢危房)

木结构房屋危险性鉴定用表　　　　　　　　　　　　　　　附录 C.2

房屋名称		地址		建造时间		
用途	住宅( )其他( )	规模	总长___m 总宽___m 总高___m 共___层	结构形式	木结构	
房屋场地危险性鉴定						
危险场地判定方法				是否为危险场地		
(1) 对建筑物有潜在威胁或直接危害的滑坡、地裂、地陷、泥石流、崩塌以及岩溶、土洞强烈发育地段; (2) 暗坡边缘;浅层故河道及暗埋的塘、浜、沟等场地; (3) 已经有明显变形下陷趋势的采空区				是( ) 否( )		
房屋组成构件危险点判定						
构件名称	构件判定方法		构件总数	危险构件数	构件百分数	
地基	(1) 地基沉降速度连续 2 个月大于 4mm/月,并且短期内无终止趋向; (2) 地基产生不均匀沉降,上部墙体产生裂缝宽度大于 10mm,且房屋局部倾斜率大于 1%; (3) 地基不稳定产生滑移,水平位移量大于 10mm,并对上部结构有显著影响,且仍有继续滑动的迹象		$n=$	$n_d=$	地基基础危险构件百分数 $P_{fdm} = n_d/n \times 100\% =$	

续表

房屋组成构件危险点判定				
构件名称	构件判定方法	构件总数	危险构件数	构件百分数
基础	(1) 基础腐蚀、酥碎、折断，导致结构明显倾斜、位移、裂缝、扭曲等； (2) 基础已有滑动，水平位移速度连续 2 个月大于 2mm/月，并在短期内无终止趋向； (3) 基础已产生通裂裂缝大于 10mm，上部墙体多处出现裂缝且最大裂缝宽度达 10mm 以上	$n_d=$	$n_{dd}=$	地基基础危险构件百分数 $P_{fdm}=n_d/n \times 100\%=$
木柱	(1) 木柱圆截面尺寸小于 110mm； (2) 连接方式不当，构造有严重缺陷，已导致节点松动、变形、滑移、沿剪切面开裂、剪坏和铁件严重锈蚀、松动致使连接失效等损坏； (3) 木柱侧弯变形，其矢高大于 $h/150$，或柱顶劈裂，柱身断裂。柱脚腐朽，腐朽面积大于原截面积 $1/5$； (4) 受拉、受弯、偏心受压和轴心受压构件，其斜纹理或斜裂缝的斜率分别大于 7%、10%、15% 和 20%； (5) 存在任何心腐缺陷的木质构件； (6) 木柱的梢径小于 150mm；在柱的同一高度处纵横向同时开槽，且在柱的同一截面开槽面积超过截面总面积的 $1/2$； (7) 柱子有接头	$n_c=$	$n_{dc}=$	承重结构危险构件百分数 $P_{sdm}=(2.4n_{dc}+2.4n_{dw}+1.9n_{drt})/(2.4n_c+2.4n_w+1.9n_{rt})\times100\%=$
木屋架	(1) 木大梁截面尺寸小于 110mm×240mm； (2) 连接方式不当，构造有严重缺陷，已导致节点松动、变形、滑移、沿剪切面开裂、剪坏和铁件严重锈蚀、松动致使连接失效等损坏； (3) 主梁产生大于 $L_0/120$ 的挠度，或受拉区伴有较严重的材质缺陷； (4) 屋架产生大于 $L_0/120$ 的挠度，且顶部或端部节点产生腐朽或劈裂，或出平面倾斜量超过屋架高度的 $h/120$； (5) 受拉、受弯、偏心受压和轴心受压构件，其斜纹理或斜裂缝的斜率分别大于 7%、10%、15% 和 20%； (6) 存在任何心腐缺陷的木质构件； (7) 木桁架高跨比 h/l 大于 $1/5$； (8) 楼屋盖木梁在梁或墙上的支撑长度小于 100mm	$n_{rt}=$	$n_{drt}=$	
生土墙	(1) 长期受自然环境风化侵蚀与屋面漏雨受潮又干燥的反复作用，受压墙表面风化、剥落，泥浆粉化，有效截面面积削弱达 $1/4$ 以上； (2) 墙产生倾斜，其倾斜率大于 0.5%，或相邻墙体连接处断裂成通缝； (3) 墙出现挠曲鼓闪； (4) 生土墙高厚比：大于 12，且墙体自由长度大于 6m	$n_w=$	$n_{dw}=$	围护结构危险构件百分数 $P_{esdm}=n_{dw}/n_w \times 100\%=$

房屋组成部分评定					
房屋组成部分隶属函数	$\mu_a=\begin{cases}1 & (p=0\%)\\0 & (p\neq0\%)\end{cases}$ $\mu_b=\begin{cases}1 & (0\%<p\leq5\%)\\(30\%-p)/25\% & (5\%<p<30\%)\\0 & (p\geq30\%)\end{cases}$ $\mu_c=\begin{cases}0 & (p\leq5\%)\\(p-5\%)/25\% & (5\%<p<30\%)\\(100\%-p)/70\% & (30\%\leq p\leq100\%)\end{cases}$ $\mu_d=\begin{cases}0 & (p\leq30\%)\\(p-30\%)/70\% & (30\%<p<100\%)\\1 & (p=100\%)\end{cases}$	房屋组成部分等级	地基基础	上部结构	围护结构
		a	$\mu_{af}=$	$\mu_{as}=$	$\mu_{aes}=$
		b	$\mu_{bf}=$	$\mu_{bs}=$	$\mu_{bes}=$
		c	$\mu_{cf}=$	$\mu_{cs}=$	$\mu_{ces}=$
		d	$\mu_{df}=$	$\mu_{ds}=$	$\mu_{des}=$

续表

房屋综合评定		
房屋隶属函数	A μ_A=max[min(0.3, μ_{af}), min(0.6, μ_{as}), min(0.1, μ_{aes})]=	评定等级为：A( )
	B μ_B=max[min(0.3, μ_{bf}), min(0.6, μ_{bs}), min(0.1, μ_{bes})]=	B( )
	C μ_C=max[min(0.3, μ_{cf}), min(0.6, μ_{cs}), min(0.1, μ_{ces})]=	C( )
	D μ_D=max[min(0.3, μ_{df}), min(0.6, μ_{ds}), min(0.1, μ_{des})]=	D( )

评定方法

(1) $\mu_{df} \geqslant 0.75$，为 D 级（整幢危房）；
(2) $\mu_{ds} \geqslant 0.75$，为 D 级（整幢危房）；
(3) max(μ_A, μ_B, μ_C, μ_D)=μ_A，综合判断结果为 A 级（非危房）；
(4) max(μ_A, μ_B, μ_C, μ_D)=μ_B，综合判断结果为 B 级（危险点房）；
(5) max(μ_A, μ_B, μ_C, μ_D)=μ_C，综合判断结果为 C 级（局部危房）；
(6) max(μ_A, μ_B, μ_C, μ_D)=μ_D，综合判断结果为 D 级（整幢危房）

石结构—木屋架房屋危险性鉴定用表   附录C.3

房屋名称		地址		建造时间	
用途	住宅( )其他( )	规模	总长___m 总宽___m 总高___m 共___层	结构形式	石结构

房屋场地危险性鉴定	
危险场地判定方法	是否为危险场地
(1) 对建筑物有潜在威胁或直接危害的滑坡、地裂、地陷、泥石流、崩塌以及岩溶、土洞强烈发育地段； (2) 暗坡边缘；浅层故河道及暗埋的塘、浜、沟等场地； (3) 已经有明显变形下陷趋势的采空区	是( ) 否( )

房屋组成构件危险点判定				
构件名称	构件判定方法	构件总数	危险构件数	构件百分数
地基	(1) 地基沉降速度连续2个月大于4mm/月，并且短期内无终止趋向； (2) 地基产生不均匀沉降，上部墙体产生裂缝宽度大于10mm，且房屋局部倾斜率大于1‰； (3) 地基不稳定产生滑移，水平位移量大于10mm，并对上部结构有显著影响，且仍有继续滑动的迹象	n=	n_d=	地基基础危险构件百分数 $P_{fdm} = n_d/n \times 100\%$=
基础	(1) 基础腐蚀、酥碎、折断，导致结构明显倾斜、位移、裂缝、扭曲等； (2) 基础已有滑动，水平位移速度连续2个月大于2mm/月，并在短期内无终止趋向； (3) 基础已产生通裂裂缝大于10mm，上部墙体多处出现裂缝且最大裂缝宽度达10mm以上	n=	n_d=	
石结构墙	(1) 承重墙或门窗间墙出现阶梯形斜向裂缝，且最大裂缝宽度大于10mm； (2) 承重墙整体沿某水平灰缝滑移大于3mm； (3) 承重墙、柱产生倾斜，其倾斜率大于1/200； (4) 纵横墙连接处竖向裂缝最大宽度大于2mm； (5) 料石楼板或梁与承重墙体错位后，错位长度大于原搭接长度的1/25； (6) 支撑梁或屋架端部的承重墙体个别石块断裂或垫块压碎；	n_w=	n_{dw}=	承重结构危险构件百分数 $P_{sdm} = (2.4n_{dc} + 2.4n_{dw} + 1.9n_{drt})/(2.4n_c + 2.4n_w + 1.9n_{rt}) \times 100\%$=

续表

房屋组成构件危险点判定				
构件名称	构件判定方法	构件总数	危险构件数	构件百分数
石结构墙	(7) 墙因偏心受压产生水平裂缝，缝宽大于 0.5mm；墙体竖向通缝长度超过 1000mm； (8) 墙刚度不足，出现挠曲鼓闪，且在挠曲部位出现水平或交叉裂缝； (9) 石砌墙高厚比：单层大于 18，二层大于 15，且墙体自由长度大于 6m； (10) 墙体的偏心距达墙厚的 1/6； (11) 石结构房屋横墙洞口的水平截面面积，大于全截面面积的 1/3； (12) 受压墙表面风化、剥落，砂浆粉化，有效截面削弱达 1/5 以上； (13) 其他显著影响结构整体性的裂缝、变形、错位等情况； (14) 墙体因缺少拉结石而出现局部坍塌	$n_w=$	$n_{dw}=$	承重结构危险构件百分数 $P_{sdm}=(2.4n_{dc}+2.4n_{dw}+1.9n_{drt})/(2.4n_c+2.4n_w+1.9n_{rt})\times 100\%=$
木屋架	(1) 木大梁截面尺寸小于 110mm×240mm； (2) 连接方式不当，构造有严重缺陷，已致使节点松动、变形、滑移、沿剪切面开裂、剪坏和铁件严重锈蚀、松动致使连接失效等损坏； (3) 主梁产生大于 $L_0/120$ 的挠度，或受拉区伴有较严重的材质缺陷； (4) 屋架产生大于 $L_0/120$ 的挠度，且顶部或端部节点产生腐朽或劈裂，或出平面倾斜量超过屋架高度的 $h/120$； (5) 受拉、受弯、偏心受压和轴心受压构件，其斜纹理或斜裂缝的斜率分别大于 7%、10%、15% 和 20%； (6) 存在任何心腐缺陷的木质构件； (7) 木桁架高跨比 h/l 大于 1/5； (8) 楼屋盖木梁在梁或墙上的支撑长度小于 100mm	$n_{rt}=$	$n_{drt}=$	

房屋组成部分评定					
房屋组成部分隶属函数	$\mu_a=\begin{cases}1 & (p=0\%)\\0 & (p\neq 0\%)\end{cases}$ $\mu_b=\begin{cases}1 & (0\%<p\leqslant 5\%)\\(30\%-p)/25\% & (5\%<p<30\%)\\0 & (p\geqslant 30\%)\end{cases}$ $\mu_c=\begin{cases}0 & (p\leqslant 5\%)\\(p-5\%)/25\% & (5\%<p<30\%)\\(100\%-p)/70\% & (300\leqslant p\leqslant 100\%)\end{cases}$ $\mu_d=\begin{cases}0 & (p\leqslant 30)\\(p-30\%)/70\% & (30\%<p<100\%)\\1 & (p=100\%)\end{cases}$	房屋组成部分等级	地基基础	上部结构	围护结构
		a	$\mu_{af}=$	$\mu_{as}=$	$\mu_{aes}=$
		b	$\mu_{bf}=$	$\mu_{bs}=$	$\mu_{bes}=$
		c	$\mu_{cf}=$	$\mu_{cs}=$	$\mu_{ces}=$
		d	$\mu_{df}=$	$\mu_{ds}=$	$\mu_{des}=$

房屋综合评定		
房屋隶属函数	A $\mu_A=\max[\min(0.3,\mu_{af}),\min(0.6,\mu_{as}),\min(0.1,\mu_{aes})]=$ B $\mu_B=\max[\min(0.3,\mu_{bf}),\min(0.6,\mu_{bs}),\min(0.1,\mu_{bes})]=$ C $\mu_C=\max[\min(0.3,\mu_{cf}),\min(0.6,\mu_{cs}),\min(0.1,\mu_{ces})]=$ D $\mu_D=\max[\min(0.3,\mu_{df}),\min(0.6,\mu_{ds}),\min(0.1,\mu_{des})]=$	评定等级为：A( ) B( ) C( ) D( )

评定方法

(1) $\mu_{df}\geqslant 0.75$，为 D 级(整幢危房)；
(2) $\mu_{ds}\geqslant 0.75$，为 D 级(整幢危房)；
(3) $\max(\mu_A,\mu_B,\mu_C,\mu_D)=\mu_A$，综合判断结果为 A 级(非危房)；
(4) $\max(\mu_A,\mu_B,\mu_C,\mu_D)=\mu_B$，综合判断结果为 B 级(危险点房)；
(5) $\max(\mu_A,\mu_B,\mu_C,\mu_D)=\mu_C$，综合判断结果为 C 级(局部危房)；
(6) $\max(\mu_A,\mu_B,\mu_C,\mu_D)=\mu_D$，综合判断结果为 D 级(整幢危房)

生土结构—木屋架房屋危险性鉴定用表   附录 C.4

房屋名称		地址		建造时间	
用途	住宅（ ）其他（ ）	规模	总长____m 总宽____m 总高____m 共____层	结构形式	生土结构

房屋场地危险性鉴定

危险场地判定方法	是否为危险场地
（1）对建筑物有潜在威胁或直接危害的滑坡、地裂、地陷、泥石流、崩塌以及岩溶、土洞强烈发育地段； （2）暗坡边缘；浅层故河道及暗埋的塘、浜、沟等场地； （3）已经有明显变形下陷趋势的采空区	是（ ） 否（ ）

房屋组成构件危险点判定

构件名称	构件判定方法	构件总数	危险构件数	构件百分数
地基	（1）地基沉降速度连续 2 个月大于 4mm/月，并且短期内无终止趋向； （2）地基产生不均匀沉降，上部墙体产生裂缝宽度大于 10mm，且房屋局部倾斜率大于 1‰； （3）地基不稳定产生滑移，水平位移量大于 10mm，并对上部结构有显著影响，且仍有继续滑动的迹象	$n=$	$n_d=$	地基基础危险构件百分数 $P_{fdm}=n_d/n \times 100\%=$
基础	（1）基础腐蚀、酥碎、折断，导致结构明显倾斜、位移、裂缝、扭曲等； （2）基础已有滑动，水平位移速度连续 2 个月大于 2mm/月，并在短期内无终止趋向； （3）基础已产生通裂裂缝大于 10mm，上部墙体多处出现裂缝且最大裂缝宽度达 10mm 以上			
生土墙	（1）受压墙沿受力方向产生缝宽大于 20mm、缝长超过层高 1/2 的竖向裂缝，或产生缝长超过层高 1/3 的多条竖向裂缝； （2）长期受自然环境风化侵蚀与屋面漏雨受潮又干燥的反复作用，受压墙表面风化、剥落，泥浆粉化，有效截面面积削弱达 1/4 以上； （3）支撑梁或屋架端部的墙体或柱截面因局部受压产生多条竖向裂缝，或裂缝宽度已超过 10mm； （4）墙因偏心受压产生水平裂缝，缝宽大于 1mm； （5）墙产生倾斜，其倾斜率大于 0.5%，或相邻墙体连接处断裂成通缝； （6）墙出现挠曲鼓闪； （7）生土房屋开间均应设横墙，采用土搁梁结构，同一房屋不得采用不同材料的承重墙体； （8）单层生土房屋的檐口高度大于 2.5m，开间大于 3.3m；窑洞净跨大于 2.5m； （9）生土墙高厚比：大于 12，且墙体自由长度大于 6m	$n_w=$	$n_{dw}=$	承重结构危险构件百分数 $P_{sdm}=(2.4n_{dc}+2.4n_{dw}+1.9n_{drt})/(2.4n_c+2.4n_w+1.9n_{rt}) \times 100\%=$
木屋架	（1）木大梁截面尺寸小于 110mm×240mm； （2）连接方式不当，构造有严重缺陷，已导致节点松动、变形、滑移、沿剪切面开裂、剪坏和铁件严重锈蚀、松动致使连接失效等损坏； （3）主梁产生大于 $L_0/120$ 的挠度，或受拉区伴有较严重的材质缺陷； （4）屋架产生大于 $L_0/120$ 的挠度，且顶部或端部节点产生腐朽或劈裂，或出平面倾斜量超过屋架高度的 $h/120$； （5）受拉、受弯、偏心受压和轴心受压构件，其斜纹理或斜裂缝的斜率分别大于 7%、10%、15% 和 20%； （6）存在任何心腐缺陷的木质构件； （7）木桁架高跨比 h/l 大于 1/5； （8）楼屋盖木梁在梁或墙上的支撑长度小于 100mm	$n_{rt}=$	$n_{drt}=$	

续表

房屋组成部分评定						
房屋组成部分隶属函数	$\mu_a = \begin{cases} 1 & (p=0\%) \\ 0 & (p\neq 0\%) \end{cases}$ $\mu_b = \begin{cases} 1 & (0\%<p\leqslant 5\%) \\ (30\%-p)/25\% & (5\%<p<30\%) \\ 0 & (p\geqslant 30\%) \end{cases}$ $\mu_c = \begin{cases} 0 & (p\leqslant 5\%) \\ (p-5\%)/25\% & (5\%<p<30\%) \\ (100\%-p)/70\% & (30\%\leqslant p\leqslant 100\%) \end{cases}$ $\mu_d = \begin{cases} 0 & (p\leqslant 30\%) \\ (p-30\%)/70\% & (30\%<p<100\%) \\ 1 & (p=100\%) \end{cases}$			房屋组成部分等级	地基基础	上部结构	围护结构
				a	$\mu_{af}=$	$\mu_{as}=$	$\mu_{aes}=$
				b	$\mu_{bf}=$	$\mu_{bs}=$	$\mu_{bes}=$
				c	$\mu_{cf}=$	$\mu_{cs}=$	$\mu_{ces}=$
				d	$\mu_{df}=$	$\mu_{ds}=$	$\mu_{des}=$

房屋综合评定		
房屋隶属函数	A $\mu_A=\max[\min(0.3,\mu_{af}),\min(0.6,\mu_{as}),\min(0.1,\mu_{aes})]=$ B $\mu_B=\max[\min(0.3,\mu_{bf}),\min(0.6,\mu_{bs}),\min(0.1,\mu_{bes})]=$ C $\mu_C=\max[\min(0.3,\mu_{cf}),\min(0.6,\mu_{cs}),\min(0.1,\mu_{ces})]=$ D $\mu_D=\max[\min(0.3,\mu_{df}),\min(0.6,\mu_{ds}),\min(0.1,\mu_{des})]=$	评定等级为：A(　) B(　) C(　) D(　)

评定方法
(1) $\mu_{df}\geqslant 0.75$，为 D 级（整幢危房）；   (2) $\mu_{ds}\geqslant 0.75$，为 D 级（整幢危房）；   (3) $\max(\mu_A,\mu_B,\mu_C,\mu_D)=\mu_A$，综合判断结果为 A 级（非危房）；   (4) $\max(\mu_A,\mu_B,\mu_C,\mu_D)=\mu_B$，综合判断结果为 B 级（危险点房）；   (5) $\max(\mu_A,\mu_B,\mu_C,\mu_D)=\mu_C$，综合判断结果为 C 级（局部危房）；   (6) $\max(\mu_A,\mu_B,\mu_C,\mu_D)=\mu_D$，综合判断结果为 D 级（整幢危房）

砌体结构—混凝土板房屋危险性鉴定用表　　　　附录 C.5

房屋名称		地址		建造时间	
用途	住宅(　)其他(　)	规模	总长＿＿m 总宽＿＿m 总高＿＿m 共＿＿层	结构形式	砌体结构

房屋场地危险性鉴定	
危险场地判定方法	是否为危险场地
(1) 对建筑物有潜在威胁或直接危害的滑坡、地裂、地陷、泥石流、崩塌以及岩溶、土洞强烈发育地段； (2) 暗坡边缘；浅层故河道及暗埋的塘、浜、沟等场地； (3) 已经有明显变形下陷趋势的采空区	是(　) 否(　)

房屋组成构件危险点判定				
构件名称	构件判定方法	构件总数	危险构件数	构件百分数
地基	(1) 地基沉降速度连续 2 个月大于 4mm/月，并且短期内无终止趋向； (2) 地基产生不均匀沉降，上部墙体产生裂缝宽度大于 10mm，且房屋局部倾斜率大于 1%； (3) 地基不稳定产生滑移，水平位移量大于 10mm，并对上部结构有显著影响，且仍有继续滑动的迹象	$n=$	$n_d=$	地基基础危险构件百分数 $P_{fdm}=n_d/n\times 100\%=$
基础	(1) 基础腐蚀、酥碎、折断，导致结构明显倾斜、位移、裂缝、扭曲等； (2) 基础已有滑动，水平位移速度连续 2 个月大于 2mm/月，并在短期内无终止趋向； (3) 基础已产生通裂裂缝大于 10mm，上部墙体多处出现裂缝且最大裂缝宽度达 10mm 以上	$n=$	$n_d=$	

续表

房屋组成构件危险点判定				
构件名称	构件判定方法	构件总数	危险构件数	构件百分数
砌体墙	(1) 受压墙沿受力方向产生缝宽大于2mm、缝长超过层高1/2的竖向裂缝，或产生缝长超过层高1/3的多条竖向裂缝； (2) 受压墙表面风化、剥落，砂浆粉化，有效截面削弱达1/4以上； (3) 支撑梁或屋架端部的墙体截面因局部受压产生多条竖向裂缝，或裂缝宽度已超过1mm； (4) 墙因偏心受压产生水平裂缝，缝宽大于0.5mm； (5) 墙产生倾斜，其倾斜率大于0.7%，或相邻墙体连接处断裂成通缝； (6) 墙刚度不足，出现挠曲鼓闪，且在挠曲部位出现水平或交叉裂缝； (7) 砌体墙高厚比：单层大于24，二层大于18，且墙体自由长度大于6m	$n_w=$	$n_{dw}=$	承重结构危险构件百分数 $P_{sdm}=(2.4n_{dc}+2.4n_{dw}+n_{ds})/(2.4n_c+2.4n_w+n_s)\times100\%=$
混凝土板	(1) 板产生超过$L_0/150$的挠度，且受拉区的裂缝宽度大于1mm； (2) 板受力主筋处产生横向水平裂缝和斜裂缝，缝宽大于1mm，板产生宽度大于0.4mm的受拉裂缝； (3) 板因主筋锈蚀，产生沿主筋方向的裂缝，缝宽大于1mm，或构件混凝土严重缺损，或混凝土保护层严重脱落、露筋，钢筋锈蚀后有效截面小于4/5； (4) 板有效搁置长度小于规定值的70%	$n_s=$	$n_{ds}=$	

房屋组成部分评定					
房屋组成部分隶属函数	$\mu_a=\begin{cases}1 & (p=0\%)\\0 & (p\neq0\%)\end{cases}$ $\mu_b=\begin{cases}1 & (0\%<p\leq5\%)\\(30\%-p)/25\% & (5\%<p<30\%)\\0 & (p\geq30\%)\end{cases}$ $\mu_c=\begin{cases}0 & (p\leq5\%)\\(p-5\%)/25\% & (5\%<p<30\%)\\(100\%-p)/70\% & (30\%\leq p\leq100\%)\end{cases}$ $\mu_d=\begin{cases}0 & (p\leq30\%)\\(p-30\%)/70\% & (30\%<p<100\%)\\1 & (p=100\%)\end{cases}$	房屋组成部分等级	地基基础	上部结构	围护结构
		a	$\mu_{af}=$	$\mu_{as}=$	$\mu_{aes}=$
		b	$\mu_{bf}=$	$\mu_{bs}=$	$\mu_{bes}=$
		c	$\mu_{cf}=$	$\mu_{cs}=$	$\mu_{ces}=$
		d	$\mu_{df}=$	$\mu_{ds}=$	$\mu_{des}=$

房屋综合评定		
房屋隶属函数	A $\mu_A=\max[\min(0.3,\mu_{af}),\min(0.6,\mu_{as}),\min(0.1,\mu_{aes})]=$ B $\mu_B=\max[\min(0.3,\mu_{bf}),\min(0.6,\mu_{bs}),\min(0.1,\mu_{bes})]=$ C $\mu_C=\max[\min(0.3,\mu_{cf}),\min(0.6,\mu_{cs}),\min(0.1,\mu_{ces})]=$ D $\mu_D=\max[\min(0.3,\mu_{df}),\min(0.6,\mu_{ds}),\min(0.1,\mu_{des})]=$	评定等级为：A(　) B(　) C(　) D(　)

评定方法

(1) $\mu_{df}\geq0.75$，为D级（整幢危房）；
(2) $\mu_{ds}\geq0.75$，为D级（整幢危房）；
(3) $\max(\mu_A,\mu_B,\mu_C,\mu_D)=\mu_A$，综合判断结果为A级（非危房）；
(4) $\max(\mu_A,\mu_B,\mu_C,\mu_D)=\mu_B$，综合判断结果为B级（危险点房）；
(5) $\max(\mu_A,\mu_B,\mu_C,\mu_D)=\mu_C$，综合判断结果为C级（局部危房）；
(6) $\max(\mu_A,\mu_B,\mu_C,\mu_D)=\mu_D$，综合判断结果为D级（整幢危房）

石结构—混凝土板房屋危险性鉴定用表   附录 C.6

房屋名称		地址		建造时间	
用途	住宅( ) 其他( )	规模	总长___m 总宽___m 总高___m 共___层	结构形式	石结构

房屋场地危险性鉴定	
危险场地判定方法	是否为危险场地
(1) 对建筑物有潜在威胁或直接危害的滑坡、地裂、地陷、泥石流、崩塌以及岩溶、土洞强烈发育地段； (2) 暗坡边缘；浅层故河道及暗埋的塘、浜、沟等场地； (3) 已经有明显变形下陷趋势的采空区	是( ) 否( )

房屋组成构件危险点判定				
构件名称	构件判定方法	构件总数	危险构件数	构件百分数
地基	(1) 地基沉降速度连续 2 个月大于 4mm/月，并且短期内无终止趋向； (2) 地基产生不均匀沉降，上部墙体产生裂缝宽度大于 10mm，且房屋局部倾斜率大于 1%； (3) 地基不稳定产生滑移，水平位移量大于 10mm，并对上部结构有显著影响，且仍有继续滑动的迹象	$n=$	$n_d=$	地基基础危险构件百分数 $P_{fdm}=n_d/n \times 100\%=$
基础	(1) 基础腐蚀、酥碎、折断，导致结构明显倾斜、位移、裂缝、扭曲等； (2) 基础已有滑动，水平位移速度连续 2 个月大于 2mm/月，并在短期内无终止趋向； (3) 基础已产生通裂缝大于 10mm，上部墙体多处出现裂缝且最大裂缝宽度达 10mm 以上	$n=$	$n_d=$	
石结构墙	(1) 承重墙或门窗间墙出现阶梯形斜向裂缝，且最大裂缝宽度大于 10mm； (2) 承重墙整体沿某水平灰缝滑移大于 3mm； (3) 承重墙、柱产生倾斜，其倾斜率大于 1/200； (4) 纵横墙连接处竖向裂缝最大宽度大于 2mm； (5) 料石楼板或梁与承重墙体错位后，错位长度大于原搭接长度的 1/25； (6) 支撑梁或屋架端部的承重墙体个别石块断裂或垫块压碎； (7) 墙因偏心受压产生水平裂缝，缝宽大于 0.5mm；墙体竖向通缝长度超过 1000mm； (8) 墙刚度不足，出现挠曲鼓闪，且在挠曲部位出现水平或交叉裂缝； (9) 石砌墙高厚比：单层大于 18，二层大于 15，且墙体自由长度大于 6m； (10) 墙体的偏心距达墙厚的 1/6； (11) 石结构房屋横墙洞口的水平截面面积，大于全截面面积的 1/3； (12) 受压墙表面风化、剥落，砂浆粉化，有效截面削弱达 1/5 以上； (13) 其他显著影响结构整体性的裂缝、变形、错位等情况； (14) 墙体因缺少拉结石而出现局部坍塌	$n_w=$	$n_{dw}=$	承重结构危险构件百分数 $P_{sdm}=(2.4n_{dc}+2.4n_{dw}+n_{ds})/(2.4n_c+2.4n_w+n_s)\times 100\%=$
混凝土板	(1) 板产生超过 $L_0/150$ 的挠度，且受拉区的裂缝宽度大于 1mm； (2) 板受力主筋处产生横向水平裂缝和斜裂缝，缝宽大于 1mm，板产生宽度大于 0.4mm 的受拉裂缝； (3) 板因主筋锈蚀，产生沿主筋方向的裂缝，缝宽大于 1mm，或构件混凝土严重缺损，或混凝土保护层严重脱落、露筋，钢筋锈蚀后有效截面小于 4/5； (4) 板有效搁置长度小于规定值的 70%	$n_s=$	$n_{ds}=$	

续表

房屋组成部分评定				
房屋组成部分隶属函数	$\mu_a = \begin{cases} 1 & (p=0\%) \\ 0 & (p \neq 0\%) \end{cases}$ $\mu_b = \begin{cases} 1 & (0\% < p \leq 5\%) \\ (30\% - p)/25\% & (5\% < p < 30\%) \\ 0 & (p \geq 30\%) \end{cases}$ $\mu_c = \begin{cases} 0 & (p \leq 5\%) \\ (p-5\%)/25\% & (5\% < p < 30\%) \\ (100\% - p)/70\% & (30\% \leq p \leq 100\%) \end{cases}$ $\mu_d = \begin{cases} 0 & (p \geq 30\%) \\ (p-30\%)/70\% & (30\% < p < 100\%) \\ 1 & (p=100\%) \end{cases}$	房屋组成部分等级	地基基础	上部结构	围护结构
		a	$\mu_{af}=$	$\mu_{as}=$	$\mu_{aes}=$
		b	$\mu_{bf}=$	$\mu_{bs}=$	$\mu_{bes}=$
		c	$\mu_{cf}=$	$\mu_{cs}=$	$\mu_{ces}=$
		d	$\mu_{df}=$	$\mu_{ds}=$	$\mu_{des}=$

房屋综合评定		
房屋隶属函数	A $\mu_A = \max[\min(0.3, \mu_{af}), \min(0.6, \mu_{as}), \min(0.1, \mu_{aes})]=$ B $\mu_B = \max[\min(0.3, \mu_{bf}), \min(0.6, \mu_{bs}), \min(0.1, \mu_{bes})]=$ C $\mu_C = \max[\min(0.3, \mu_{cf}), \min(0.6, \mu_{cs}), \min(0.1, \mu_{ces})]=$ D $\mu_D = \max[\min(0.3, \mu_{df}), \min(0.6, \mu_{ds}), \min(0.1, \mu_{des})]=$	评定等级为：A( ) B( ) C( ) D( )

评定方法

(1) $\mu_{df} \geq 0.75$，为 D 级（整幢危房）；
(2) $\mu_{ds} \geq 0.75$，为 D 级（整幢危房）；
(3) $\max(\mu_A, \mu_B, \mu_C, \mu_D) = \mu_A$，综合判断结果为 A 级（非危房）；
(4) $\max(\mu_A, \mu_B, \mu_C, \mu_D) = \mu_B$，综合判断结果为 B 级（危险点房）；
(5) $\max(\mu_A, \mu_B, \mu_C, \mu_D) = \mu_C$，综合判断结果为 C 级（局部危房）；
(6) $\max(\mu_A, \mu_B, \mu_C, \mu_D) = \mu_D$，综合判断结果为 D 级（整幢危房）。

砌体结构—钢屋架房屋危险性鉴定用表　　　　附录 C.7

房屋名称		地址		建造时间	
用途	住宅( )其他( )	规模	总长____m 总宽____m 总高____m 共____层	结构形式	砌体结构

房屋场地危险性鉴定	
危险场地判定方法	是否为危险场地
(1) 对建筑物有潜在威胁或直接危害的滑坡、地裂、地陷、泥石流、崩塌以及岩溶、土洞强烈发育地段； (2) 暗坡边缘；浅层故河道及暗埋的塘、浜、沟等场地； (3) 已经有明显变形下陷趋势的采空区	是( ) 否( )

房屋组成构件危险点判定				
构件名称	构件判定方法	构件总数	危险构件数	构件百分数
地基	(1) 地基沉降速度连续 2 个月大于 4mm/月，并且短期内无终止趋向； (2) 地基产生不均匀沉降，上部墙体产生裂缝宽度大于 10mm，且房屋局部倾斜率大于 1‰； (3) 地基不稳定产生滑移，水平位移量大于 10mm，并对上部结构有显著影响，且仍有继续滑动的迹象	$n=$	$n_d=$	地基基础危险构件百分数 $P_{fdm} = n_d/n \times 100\% =$
基础	(1) 基础腐蚀、酥碎、折断，导致结构明显倾斜、位移、裂缝、扭曲等； (2) 基础已有滑动，水平位移速度连续 2 个月大于 2mm/月，并在短期内无终止趋向； (3) 基础已产生通裂裂缝大于 10mm，上部墙体多处出现裂缝且最大裂缝宽度达 10mm 以上	$n=$	$n_d=$	

续表

房屋组成构件危险点判定				
构件名称	构件判定方法	构件总数	危险构件数	构件百分数
砌体墙	(1) 受压墙沿受力方向产生缝宽大于 2mm、缝长超过层高 1/2 的竖向裂缝，或产生缝长超过层高 1/3 的多条竖向裂缝； (2) 受压墙表面风化、剥落，砂浆粉化，有效截面削弱达 1/4 以上； (3) 支撑梁或屋架端部的墙体截面因局部受压产生多条竖向裂缝，或裂缝宽度已超过 1mm； (4) 墙因偏心受压产生水平裂缝，缝宽大于 0.5mm； (5) 墙产生倾斜，其倾斜率大于 0.7%，或相邻墙体连接处断裂成通缝； (6) 墙刚度不足，出现挠曲鼓闪，且在挠曲部位出现水平或交叉裂缝； (7) 砌体墙高厚比：单层大于 24，二层大于 18，且墙体自由长度大于 6m	$n_w=$	$n_{dw}=$	承重结构危险构件百分数 $(2.4n_{dc}+2.4n_{dw}+1.9n_{drt})/(2.4n_c+2.4n_w+1.9n_{rt})$ $\times 100\%=$
钢屋架	(1) 构件或连接件有裂缝或锐角切口；焊缝、螺栓或铆接有拉开、变形、滑移、松动、剪坏等严重损坏； (2) 连接方式不当，构造有严重缺陷； (3) 受拉构件因锈蚀，截面减少大于原截面的 10%； (4) 梁、板等构件挠度大于 $L_0/250$，或大于 45mm； (5) 实腹梁侧弯矢高大于 $L_0/600$，且有发展迹象； (6) 屋架产生大于 $L_0/250$ 或大于 40mm 的挠度；屋架支撑系统松动失稳，导致屋架倾斜，倾斜量超过 $h/150$	$n_{rt}=$	$n_{drt}=$	

房屋组成部分评定						
房屋组成部分隶属函数	$\mu_a = \begin{cases} 1 & (p=0\%) \\ 0 & (p\neq 0\%) \end{cases}$ $\mu_b = \begin{cases} 1 & (0\%<p\leq 5\%) \\ (30\%-p)/25\% & (5\%<p<30\%) \\ 0 & (p\geq 30\%) \end{cases}$ $\mu_c = \begin{cases} 0 & (p\leq 5\%) \\ (p-5\%)/25\% & (5\%<p<30\%) \\ (100\%-p)/70\% & (30\%\leq p\leq 100\%) \end{cases}$ $\mu_d = \begin{cases} 0 & (p\leq 30\%) \\ (p-30\%)/70\% & (30\%<p<100\%) \\ 1 & (p=100\%) \end{cases}$		房屋组成部分等级	地基基础	上部结构	围护结构
			a	$\mu_{af}=$	$\mu_{as}=$	$\mu_{aes}=$
			b	$\mu_{bf}=$	$\mu_{bs}=$	$\mu_{bes}=$
			c	$\mu_{cf}=$	$\mu_{cs}=$	$\mu_{ces}=$
			d	$\mu_{df}=$	$\mu_{ds}=$	$\mu_{des}=$

房屋综合评定		
房屋隶属函数	A $\mu_A = \max[\min(0.3, \mu_{af}), \min(0.6, \mu_{as}), \min(0.1, \mu_{aes})]=$ B $\mu_B = \max[\min(0.3, \mu_{bf}), \min(0.6, \mu_{bs}), \min(0.1, \mu_{bes})]=$ C $\mu_C = \max[\min(0.3, \mu_{cf}), \min(0.6, \mu_{cs}), \min(0.1, \mu_{ces})]=$ D $\mu_D = \max[\min(0.3, \mu_{df}), \min(0.6, \mu_{ds}), \min(0.1, \mu_{des})]=$	评定等级为：A( ) B( ) C( ) D( )

评定方法

(1) $\mu_{df} \geq 0.75$，为 D 级（整幢危房）；
(2) $\mu_{ds} \geq 0.75$，为 D 级（整幢危房）；
(3) $\max(\mu_A, \mu_B, \mu_C, \mu_D) = \mu_A$，综合判断结果为 A 级（非危房）；
(4) $\max(\mu_A, \mu_B, \mu_C, \mu_D) = \mu_B$，综合判断结果为 B 级（危险点房）；
(5) $\max(\mu_A, \mu_B, \mu_C, \mu_D) = \mu_C$，综合判断结果为 C 级（局部危房）；
(6) $\max(\mu_A, \mu_B, \mu_C, \mu_D) = \mu_D$，综合判断结果为 D 级（整幢危房）

石结构—钢屋架房屋危险性鉴定用表　　　　附录 C.8

房屋名称		地址		建造时间	
用途	住宅( )其他( )	规模	总长___m 总宽___m 总高___m 共___层	结构形式	石结构

房屋场地危险性鉴定	
危险场地判定方法	是否为危险场地
(1)对建筑物有潜在威胁或直接危害的滑坡、地裂、地陷、泥石流、崩塌以及岩溶、土洞强烈发育地段； (2)暗坡边缘；浅层故河道及暗埋的塘、浜、沟等场地； (3)已经有明显变形下陷趋势的采空区	是( ) 否( )

房屋组成构件危险点判定				
构件名称	构件判定方法	构件总数	危险构件数	构件百分数
地基	(1)地基沉降速度连续 2 个月大于 4mm/月，并且短期内无终止趋向； (2)地基产生不均匀沉降，上部墙体产生裂缝宽度大于 10mm，且房屋局部倾斜率大于 1%； (3)地基不稳定产生滑移，水平位移量大于 10mm，并对上部结构有显著影响，且仍有继续滑动的迹象	$n=$	$n_d=$	地基基础危险构件百分数 $P_{fdm}=n_d/n \times 100\%=$
基础	(1)基础腐蚀、酥碎、折断，导致结构明显倾斜、位移、裂缝、扭曲等； (2)基础已有滑动，水平位移速度连续 2 个月大于 2mm/月，并在短期内无终止趋向； (3)基础已产生通裂裂缝大于 10mm，上部墙体多处出现裂缝且最大裂缝宽度达 10mm 以上	$n=$	$n_d=$	
石结构墙	(1)承重墙或门窗间墙出现阶梯形斜向裂缝，且最大裂缝宽度大于 10mm； (2)承重墙整体沿某水平灰缝滑移大于 3mm； (3)承重墙、柱产生倾斜，其倾斜率大于 1/200； (4)纵横墙连接处竖向裂缝最大宽度大于 2mm； (5)料石楼板或梁与承重墙体错位后，错位长度大于原搭接长度的 1/25； (6)支撑梁或屋架端部的承重墙体个别石块断裂或垫块压碎； (7)墙因偏心受压产生水平裂缝，缝宽大于 0.5mm；墙体竖向通缝长度超过 1000mm； (8)墙刚度不足，出现挠曲鼓闪，且在挠曲部位出现水平或交叉裂缝； (9)石砌墙高厚比：单层大于 18，二层大于 15，且墙体自由长度大于 6m； (10)墙体的偏心距达墙厚的 1/6； (11)石结构房屋横墙洞口的水平截面面积，大于全截面面积的 1/3； (12)受压墙表面风化、剥落，砂浆粉化，有效截面削弱达 1/5 以上； (13)其他显著影响结构整体性的裂缝、变形、错位等情况； (14)墙体因缺少拉结石而出现局部坍塌	$n_w=$	$n_{dw}=$	承重结构危险构件百分数 $(2.4n_{dc}+2.4n_{dw}+1.9n_{drt})/(2.4n_c+2.4n_w+1.9n_{rt}) \times 100\%=$
钢屋架	(1)构件或连接件有裂缝或锐角切口；焊缝、螺栓或铆接有拉开、变形、滑移、松动、剪坏等严重损坏； (2)连接方式不当，构造有严重缺陷； (3)受拉构件因锈蚀，截面减少大于原截面的 10%； (4)梁、板等构件挠度大于 $L_0/250$，或大于 45mm； (5)实腹梁侧弯矢高大于 $L_0/600$，且有发展迹象； (6)屋架产生大于 $L_0/250$ 或大于 40mm 的挠度；屋架支撑系统松动失稳，导致屋架倾斜，倾斜量超过 $h/150$	$n_{rt}=$	$n_{drt}=$	

续表

房屋组成部分评定						
房屋组成部分隶属函数	$\mu_a = \begin{cases} 1 & (p=0\%) \\ 0 & (p\neq 0\%) \end{cases}$ $\mu_b = \begin{cases} 1 & (0\% < p \leq 5\%) \\ (30\%-p)/25\% & (5\% < p < 30\%) \\ & (p \geq 30\%) \end{cases}$ $\mu_c = \begin{cases} 0 & (p \leq 5\%) \\ (p-5\%)/25\% & (5\% < p < 30\%) \\ (100\%-p)/70\% & (30\% \leq p \leq 100\%) \end{cases}$ $\mu_d = \begin{cases} 0 & (p \leq 30\%) \\ (p-30\%)/70\% & (30\% < p < 100\%) \\ 1 & (p=100\%) \end{cases}$		房屋组成部分等级	地基基础	上部结构	围护结构
			a	$\mu_{af}=$	$\mu_{as}=$	$\mu_{aes}=$
			b	$\mu_{bf}=$	$\mu_{bs}=$	$\mu_{bes}=$
			c	$\mu_{cf}=$	$\mu_{cs}=$	$\mu_{ces}=$
			d	$\mu_{df}=$	$\mu_{ds}=$	$\mu_{des}=$

房屋综合评定		
房屋隶属函数	A $\mu_A = \max[\min(0.3, \mu_{af}), \min(0.6, \mu_{as}), \min(0.1, \mu_{aes})]=$	评定等级为：A( )
	B $\mu_B = \max[\min(0.3, \mu_{bf}), \min(0.6, \mu_{bs}), \min(0.1, \mu_{bes})]=$	B( )
	C $\mu_C = \max[\min(0.3, \mu_{cf}), \min(0.6, \mu_{cs}), \min(0.1, \mu_{ces})]=$	C( )
	D $\mu_D = \max[\min(0.3, \mu_{df}), \min(0.6, \mu_{ds}), \min(0.1, \mu_{des})]=$	D( )

评定方法
(1) $\mu_{df} \geq 0.75$，为 D 级（整幢危房）； (2) $\mu_{ds} \geq 0.75$，为 D 级（整幢危房）； (3) $\max(\mu_A, \mu_B, \mu_C, \mu_D) = \mu_A$，综合判断结果为 A 级（非危房）； (4) $\max(\mu_A, \mu_B, \mu_C, \mu_D) = \mu_B$，综合判断结果为 B 级（危险点房）； (5) $\max(\mu_A, \mu_B, \mu_C, \mu_D) = \mu_C$，综合判断结果为 C 级（局部危房）； (6) $\max(\mu_A, \mu_B, \mu_C, \mu_D) = \mu_D$，综合判断结果为 D 级（整幢危房）

石结构—石楼盖房屋危险性鉴定用表   附录 C.9

房屋名称		地址		建造时间	
用途	住宅( )其他( )	规模	总长___m 总宽___m 总高___m 共___层	结构形式	石结构

房屋场地危险性鉴定	
危险场地判定方法	是否为危险场地
(1) 对建筑物有潜在威胁或直接危害的滑坡、地裂、地陷、泥石流、崩塌以及岩溶、土洞强烈发育地段； (2) 暗坡边缘；浅层故河道及暗埋的塘、浜、沟等场地； (3) 已经有明显变形下陷趋势的采空区	是( ) 否( )

房屋组成构件危险点判定				
构件名称	构件判定方法	构件总数	危险构件数	构件百分数
地基	(1) 地基沉降速度连续 2 个月大于 4mm/月，并且短期内无终止趋向； (2) 地基产生不均匀沉降，上部墙体产生裂缝宽度大于 10mm，且房屋局部倾斜率大于 1‰； (3) 地基不稳定产生滑移，水平位移量大于 10mm，并对上部结构有显著影响，且仍有继续滑动的迹象	$n=$	$n_d=$	地基基础危险构件百分数 $P_{fdm} = n_d/n \times 100\% =$
基础	(1) 基础腐蚀、酥碎、折断，导致结构明显倾斜、位移、裂缝、扭曲等； (2) 基础已有滑动，水平位移速度连续 2 个月大于 2mm/月，并在短期内无终止趋向； (3) 基础已产生通裂裂缝大于 10mm，上部墙体多处出现裂缝且最大裂缝宽度达 10mm 以上	$n=$	$n_d=$	

续表

房屋组成构件危险点判定				
构件名称	构件判定方法	构件总数	危险构件数	构件百分数
石结构墙	(1) 承重墙或门窗间墙出现阶梯形斜向裂缝，且最大裂缝宽度大于 10mm； (2) 重墙整体沿某水平灰缝滑移大于 3mm； (3) 承重墙、柱产生倾斜，其倾斜率大于 1/200； (4) 纵横墙连接处竖向裂缝最大宽度大于 2mm； (5) 料石楼板或梁与承重墙体错位后，错位长度大于原搭接长度的 1/25； (6) 支撑梁或屋架端部的承重墙体个别石块断裂或垫块压碎； (7) 墙因偏心受压产生水平裂缝，缝宽大于 0.5mm；墙体竖向通缝长度超过 1000mm； (8) 墙刚度不足，出现挠曲鼓闪，且在挠曲部位出现水平或交叉裂缝； (9) 石砌墙高厚比：单层大于 18，二层大于 15，且墙体自由长度大于 6m；墙体的偏心距达墙厚的 1/6； (10) 石结构房屋横墙洞口的水平截面面积，大于全截面面积的 1/3； (11) 受压墙表面风化、剥落，砂浆粉化，有效截面削弱达 1/5 以上； (12) 其他显著影响结构整体性的裂缝、变形、错位等情况； (13) 墙体因缺少拉结石而出现局部坍塌	$n_w=$	$n_{dw}=$	承重结构危险构件百分数 $P_{sdm}=(2.4n_{dc}+2.4n_{dw}+n_{ds})/(2.4n_c+2.4n_w+n_s)\times 100\%=$
石楼盖	(1) 石楼板净跨超过 4m 或悬挑石梁； (2) 石梁或石楼板出现断裂； (3) 梁端在柱顶搭接处出现错位，错位长度大于柱沿梁支撑方向上的截面高度 h（当柱为圆柱时，h 为柱截面的直径）的 1/25； (4) 料石楼板或梁与承重墙体错位后，错位长度大于原搭接长度的 1/25	$n_s=$	$n_{ds}=$	

房屋组成部分评定

房屋组成部分隶属函数		房屋组成部分等级	地基基础	上部结构	围护结构
$\mu_a=\begin{cases}1 & (p=0\%)\\0 & (p\neq 0\%)\end{cases}$ $\mu_b=\begin{cases}1 & (0\%<p\leq 5\%)\\(30\%-p)/25\% & (5\%<p<30\%)\\0 & (p\geq 30\%)\end{cases}$ $\mu_c=\begin{cases}0 & (p\leq 5\%)\\(p-5\%)/25\% & (5\%<p<30\%)\\(100\%-p)/70\% & (30\%\leq p\leq 100\%)\end{cases}$ $\mu_d=\begin{cases}0 & (p\leq 30\%)\\(p-30\%)/70\% & (30\%<p<100\%)\\1 & (p=100\%)\end{cases}$		a	$\mu_{af}=$	$\mu_{as}=$	$\mu_{aes}=$
		b	$\mu_{bf}=$	$\mu_{bs}=$	$\mu_{bes}=$
		c	$\mu_{cf}=$	$\mu_{cs}=$	$\mu_{ces}=$
		d	$\mu_{df}=$	$\mu_{ds}=$	$\mu_{des}=$

房屋综合评定

房屋隶属函数		
A	$\mu_A=\max[\min(0.3,\mu_{af}),\min(0.6,\mu_{as}),\min(0.1,\mu_{aes})]=$	评定等级为：A( ) B( ) C( ) D( )
B	$\mu_B=\max[\min(0.3,\mu_{bf}),\min(0.6,\mu_{bs}),\min(0.1,\mu_{bes})]=$	
C	$\mu_C=\max[\min(0.3,\mu_{cf}),\min(0.6,\mu_{cs}),\min(0.1,\mu_{ces})]=$	
D	$\mu_D=\max[\min(0.3,\mu_{df}),\min(0.6,\mu_{ds}),\min(0.1,\mu_{des})]=$	

评定方法

(1) $\mu_{df}\geq 0.75$，为 D 级（整幢危房）；
(2) $\mu_{ds}\geq 0.75$，为 D 级（整幢危房）；
(3) $\max(\mu_A,\mu_B,\mu_C,\mu_D)=\mu_A$，综合判断结果为 A 级（非危房）；
(4) $\max(\mu_A,\mu_B,\mu_C,\mu_D)=\mu_B$，综合判断结果为 B 级（危险点房）；
(5) $\max(\mu_A,\mu_B,\mu_C,\mu_D)=\mu_C$，综合判断结果为 C 级（局部危房）；
(6) $\max(\mu_A,\mu_B,\mu_C,\mu_D)=\mu_D$，综合判断结果为 D 级（整幢危房）

本导则用词用语说明

1. 为了便于在执行本导则条文时区别对待，对要求严格程度不同的用词说明如下：

1) 表示很严格，非这样做不可的用词：

正面词采用"必须"；反面词采用"严禁"。

2) 表示严格，在正常情况下均应这样做的用词：

正面词采用"应"；反面词采用"不应"或"不得"。

3) 表示允许稍有选择，在条件许可时首先应这样做的用词：

正面词采用"宜"或"可"；反面词采用"不宜"。

2. 条文中指明应按其他有关标准、规范执行时，写法为："应按……执行"或"应符合……要求（或规定）"。

农村危险房屋鉴定技术导则条文说明

1. 总则

1.0.1 农村建筑系指农村与乡镇中层数为一、二层的一般民用房屋。相对于城市建筑，我国农村建筑具有单体规模矮小、造价低廉、安全度水平偏低等特点。由于农村建筑存在主体结构材料强度低（如土木、砖木、石木结构）、结构整体性差、房屋各构件之间连接薄弱等问题，多数房屋都在不同程度上存在安全隐患。

1.0.2 "既有"房屋应是指已投入使用的房屋。

房屋概念可作如下表述：房屋是指固定在土地上，有屋面和围护结构，可供人们直接地在其内部进行生产、工作、生活、学习、储藏或其他活动的建筑物，房屋一般都以平方米面积计算。根据这一表述，《导则》鉴定的对象应该明确以下两条：

(1) 不包括其他构筑物在内，如道路、桥梁、隧道、码头等，甚至排除与房屋极其近似或密切相关的构筑物，如宝塔、亭台、烟囱、碉堡、基穴、假山等。

(2) 凡正在建造的工程，即使是房屋，由于它处于形成阶段，不属于完成了的房屋，所以理应排除在外。这就区别："工程验收"和"房屋鉴定"两类标准的分界线。

1.0.3 由于农村房屋类型较多，为了实现房屋类型的基本覆盖，并考虑到农村的技术水平及可操作性等因素，本导则推荐采用以定性鉴定为主、定量鉴定为辅的鉴定方法。对于常见结构类型房屋，一般情况下可直接采用定性鉴定结果，必要时才采用定量鉴定方法进行再判。

1.0.4 本导则依据房屋所在场地对房屋作出鉴定，如房屋处于危险场地，则无论房屋上部结构如何，即可直接判定为危险房屋。

1.0.5 由于对房屋承载力计算、房屋传力体系的调查、房屋荷载调查、结构验算的成本太高，农村专业技术力量和技术装备有限，且绝大多数房屋都没有经过设计，难以有效实施。所以规范条文将承载力验算仅作为有条件的少数地区进行，大多数地区不考虑承载力验算，而通过房屋表象评估来实现对承载力的判断。这样提高本导则在农村地区的可操作性。

1.0.6 根据主要承重构件使用性能及承载力和稳定性等方面来定义危险房屋的概念。

1.0.7 因农村地域广阔，标准对鉴定人员提出基本的资格要求。有专业知识人员是指土木工程专业大专以上学历者。

1.0.8 规定了农村危险房屋、各类有特殊要求的建筑危险性鉴定尚需参照有关专业技术标准和规范进行。条文中"有特殊要求的建筑"系指高温、高湿、强振、腐蚀等特殊环境下的农村房屋。鉴定的是"危险房屋"而不是"危险环境"，也就是说，本导则只能从房屋导致危险的自身原因去作出判断，而不包括各种自然灾害(地震、风暴等)对房屋可能造成危害的预测，但若在自然灾害后，其影响所及，使一些房屋产生危险时，则仍应从房屋本身作出鉴定。

2. 术语和符号

术语主要是根据现行国家标准《工程结构设计基本术语和通用符号》GBJ 132、《建筑结构设计术语和符号标准》GB/T 50083、《建筑结构可靠度设计统一标准》GB 50068 给出的。对农村各类房屋的结构类型进行界定，明确各结构类型的定义及所包含的基本形式，解释本导则所采用的主要符号的意义。

3. 鉴定程序与评定方法

3.1 鉴定程序

根据我国的房屋危险鉴定的实践，并参考国外的有关资料，制订了本导则的房屋危险性鉴定程序。

3.2 评定方法

本导则规定，房屋危险性鉴定时，先对房屋所在场地进行鉴定。当房屋所在场地鉴定为非危险场地时，再采用定性鉴定或定量鉴定的方法对房屋的危险性进行鉴定。

房屋危险性定性鉴定采取综合评定，本导则规定了综合评定应遵循的基本原则，在总结大量鉴定实践的基础上，把危险房屋评定按三个层次进行，使评定更加科学、合理和便于操作，满足实际工作需要。最大限度发挥专业技术人员的丰富实践经验和综合分析能力。

参照针对汶川地震制定的《地震灾后建筑鉴定与加固技术指南》，本导则定性鉴定划分为四个等级，以弥补有些村镇房屋无法定量鉴定的缺陷。

3.3 等级划分

定性鉴定的结果，应以统一划分的房屋破坏等级表示。本导则按下列原则划分为四个等级：

A级

其宏观表征为：地基基础保持稳定；承重构件完好；结构构造及连接保持完好；结构未发生倾斜和超过规定的变形。

B级

其宏观表征为：地基基础保持稳定；个别承重构件出现轻微裂缝；个别部位的结构构造及连接可能受到轻度损伤，尚不影响结构共同工作和构件受力；个别非承重构件可能有明显损坏，结构未发生影响使用安全的倾斜或变形；附属构、配件或其固定连接件可能有不同程度损坏，经一般修理后可继续使用。

C级

其宏观表征为：地基基础尚保持稳定；多数承重构件或抗侧向作用构件出现裂缝，部分存在明显裂缝；不少部位构造的连接受到损伤，部分非承重构件严重破坏；经鉴定加固后可继续使用。

D级

其宏观表征为：地基基础出现损害；多数承重构件严重破坏，结构构造及连接受到严重损坏；结构整体牢固性受到威胁，局部结构濒临坍塌。

4. 场地危险性鉴定

4.1.1 滑坡是黄土地区、丘陵地区及河、湖岸边等常见的灾害，尤其黄土地区的滑坡，在历史上有多次记录，危害极大。软弱土的塌陷也是常见的灾害现象，地基失稳引起的不均匀沉降对于结构整体性较差的农村房屋更易造成严重破坏，使得墙体裂缝或错位，这种破坏往往贯通到基础，房屋损害后难以修复；上部结构和基础整体性较好时地基不均匀沉降则会造成建筑物倾斜。

5. 房屋危险性定性鉴定

5.1 一般规定

5.1.1～5.1.4

（1）定性鉴定应以房屋结构体系中每一独立部分为对象进行；

（2）定性鉴定应由本地区建设行政主管部门统一组织有关专业机构和高等院校的专家和技术人员，经短期培训后进行；

（3）定性鉴定应以目测建筑损坏情况和经验判断为主，必要时，应查阅尚存的建筑档案或辅以仪器检测。定性鉴定应采用统一编制的检查检测记录表格。

5.2 房屋评定方法

5.2.1～5.2.4 对各类结构的检查要点如下：

对砖混房屋的检查，应着重检查承重墙、楼、屋盖及墙体交接处的连接构造。并检查非承重墙和容易倒塌的附属构件。检查时，应着重区分：抹灰层等装饰层的损坏与结构的损坏，自承重构件的损坏与非承重构件的损坏，以及沿灰缝发展的裂缝与沿块材断裂、贯通的裂缝等。

对钢筋混凝土房屋的检查，应着重检查柱、梁和楼板以及围护墙。检查时，应着重区分抹灰层、饰面砖等装饰层的损坏与结构损坏；主要承重构件及抗侧向作用构件的损坏与非承重构件及非抗侧向作用构件的损坏；一般裂缝与剪切裂缝、有剥落、压碎前兆的裂缝、粘结滑移的裂缝及搭接区的劈裂裂缝等。

对传统结构房屋的检查，应着重检查木柱，砖、石柱，砖、石过梁，承重砖、石墙和木屋盖，以及其相互间锚固、拉结情况，并检查非承重墙和附属构件。

6. 房屋危险性定量鉴定

6.1 一般规定

6.1.1 本条在房屋危险性鉴定实践经验总结和广泛征求意见的基础上对危险性构件进行了重新定义。

6.1.2 条文中的"自然间"是指按结构计算单元的划分确定，具体地讲是指房屋结构平面中，承重墙或梁围成的闭合体。

6.3 地基基础危险性鉴定

6.3.1～6.3.3 地基基础的检测鉴定是房屋危险性鉴定中的难点，本节根据有关标准规定和长期试验研究成果，确定了其鉴定内容和危险限值。

6.4 砌体结构构件危险性鉴定

6.4.1 本条规定砌体结构构件应进行的必要检验工作。

6.4.2 这些条款具体规定了砌体结构危险限值。

6.5 木结构构件危险性鉴定

6.5.1 本条规定木结构构件应进行的必要检验工作。

6.5.2 这些条款具体规定了木结构危险限值。

斜率 ρ 值和材质心腐缺陷，是参照现行国家标准《古建筑木结构维护与加固技术规范》GB 50165 确定。

6.6 石结构构件危险性鉴定

6.6.1 本条规定石结构构件应进行的必要检验工作。

6.6.2 这些条款具体规定了石结构构件危险限值。

6.7 生土结构构件危险性鉴定

6.7.1 本条规定生土结构构件应进行的必要检验工作。

6.7.2 这些条款具体规定了生土结构构件危险限值。

6.8 混凝土结构构件危险性鉴定

6.8.1 本条规定混凝土结构构件应进行的必要检验工作。

6.8.2 这些条款具体规定了混凝土结构构件危险限值。

本导则规定了柱墙侧向变形值 $h/250$ 或 30mm 内容，并规定墙柱倾斜率 1‰和位移量为 $h/500$。

6.9 钢结构构件危险性鉴定

6.9.1 本条规定钢结构构件应进行的必要检验工作。

6.9.2 这些条款具体规定了钢结构构件危险限值，梁、板等变形位移值 $L_0/250$ 侧弯矢高 $L_0/600$，平面外倾斜值 $h/500$，以上限制参照了现行国家标准《工业建筑可靠性鉴定标准》GB 50144。

关于开展工程项目带动村镇规划一体化实施试点工作的通知

(建村函 [2009] 75 号)

各省、自治区住房和城乡建设厅，北京市规划委、农委，天津市农委、规划局，上海市建设交通委，重庆市建委、规划局：

为贯彻落实党的十七届三中全会精神，推动乡镇村庄规划的编制和实施，我部决定从 2009 年起开展"工程项目带动村镇规划一体化实施试点"工作。现将《关于开展工程项目带动村镇规划一体化实施试点的工作要求》（以下简称《要求》）印发给你们，并要求如下：

请各地按《要求》精心选择推荐试点村镇，原则上每个省（区、市）选择 2~3 个试点村镇（一镇一村或一镇二村），可优先选择我部县域村庄整治联系点的村镇。请于 2009 年 4 月底前，将试点村镇名单与试点工作方案报我部村镇建设司。试点村镇名单经审核同意后，各地应立即组织调研，并将调研报告于今年 6 月底前送部村镇建设司。

请各地将负责试点工作的人员名单和联系方式告我部村镇建设司。试点工作中的经验和问题，请及时与我部联系。

联系人及联系电话：

周 达 010-58934144，010-58934144（传真）

电子邮件：zhouda@mail.cin.gov.cn

卫 琳 010-58933122，010-58933123（传真）

电子邮件：weilin@mail.cin.gov.cn

附件：《关于开展工程项目带动村镇规划一体化实施试点的工作要求》

中华人民共和国住房和城乡建设部
二〇〇九年四月九日

附件：

关于开展工程项目带动村镇规划一体化实施试点的工作要求

一、试点工作目的

为贯彻落实党的十七届三中全会精神，科学制定乡镇村庄建设规划，推动村镇规划的编制和实施，住房和城乡建设部决定从 2009 年起开展"工程项目带动村镇规划一体化实施试点"工作。通过规划整合各类工程项目和资金，以工程项目带动村镇规划的实施。试点工作要在总结基层依靠自身力量，改善农村人居环境经验的基础上，提出创新村镇规划制定和实施的方法和机制。

二、试点主要内容

（一）统筹选择试点单位。每个省要在现有工作基础上，通过调研，选取2~3个点（一镇一村或一镇二村），作为部级试点。试点选定采取自主申报、定向选取、统一下达的方式。所选村、镇应有较强的经济实力和产业支撑，地方政府重视村镇建设工作，部门支农资金投资比较集中，村民参与积极性较高，村镇已开展基础设施如村路、供水、污水、垃圾、北方地区农房节能改造以及农村危房改造等各类项目建设。试点村、镇已有规划或正在编制规划。

（二）编制试点村、镇规划。试点村镇规划编制的深度应达到工程项目立项的要求。规划编制要贯彻落实上位规划，与现有土地利用总体规划等相关规划做好协调与衔接。规划内容上要突出产业发展、村镇内道路、供水、排水、垃圾等基础设施建设与整治以及农房建设等内容。试点村、镇规划要编制工程项目表，估算工程投资，明确资金渠道，编制近期建设规划和年度实施计划。

（三）落实项目实施路径。首先按工程项目性质分类。主要为基础设施类、公共服务设施类、农村危房改造类、生态环保类等。即(1)基础设施类。包括户户通道路工程(村镇内道路)、便民沟工程(房前屋后排水沟)、村镇内沟塘治理工程、便民桥工程(南方水网密布区)、村镇污水处理设施工程、村镇垃圾处理工程等。(2)公共服务设施类。包括村镇综合服务中心工程、便民健身活动工程、敬老养老设施工程、义务教育工程、文化建设工程(图书室)、便民超市等。(3)村镇农村危房改造类。(4)生态环保类。包括绿化及生态建设工程、环保治理工程、空心村治理工程等。其次，列出工程项目库。要根据当地农村急需解决的实际问题、资金能力、农民诉求等，确定工程建设项目。要对列出的小项目进行打捆整合，形成与各级政府支持帮扶资金对应的项目包。第三，提出项目实施的资金来源建议。要明确每个项目包可能的资金来源——各级政府的公共财政、银行贷款、社会资金、村级集体经济组织，农民自主投工投劳等。规划要为各有关部门在农村涉农资金的整合提供平台。

（四）推动项目规划实施。要按照有关法律法规，依据经批准的规划，加强建设项目立项与规划管理。围绕建设项目(村镇内道路、污水、排水、垃圾和农房建设等)选址、建设用地及建设工程规划管理，通过核发项目选址意见书和规划许可证，规范规划的实施管理。要从注重目标的蓝图导向转向注重问题的过程协调，组织农民参与规划实施。要建立健全监督检查制度，及时发现和纠正规划编制和实施过程中存在的各种问题。

三、进度安排与基本要求

4月底前，各省确定试点单位。试点所在县(市)要根据经济、社会发展的需要制定切实可行的试点工作方案，包括试点目标、内容、步骤、项目情况、资金来源、政策措施以及检查验收的工作计划等。试点工作方案要报省住房城乡建设厅批准并报住房城乡建设部村镇建设司备案。

6月底前，完成规划编制和试点调研。省住房城乡建设厅组织试点规划审查和试点调研。调研报告内容包括所选试点村镇经济社会概况、试点村镇基础设施和农房等建设情况、建设资金来源、规划工程项目库及其实施等，以及地方通过项目带动村镇规划实施方面的实践、存在的问题和措施建议。调研报告6月底前报部。

8~12月，按规划组织实施。

12月底前，上报年度试点工作总结，形成阶段性成果。

四、试点工作保障措施

（一）部省共同指导试点。住房城乡建设部确定的试点，同时也是省、地（市）、县的试点。各级政府主管部门要加强组织领导，认真部署试点工作，及时总结交流经验，协调解决遇到的困难和问题，加强指导和协调。

试点所在县（市）政府要统筹协调、督促检查工作进展，指导规划实施。试点所在县（市）要建立健全村镇规划管理机构，指派专人落实试点工作。

试点所在乡镇政府的主要领导要亲自抓。要制定切实可行的试点工作规划和年度计划，经审定后认真组织实施。

（二）健全工程项目带动规划一体化实施试点工作机制。试点所在县（市）建设规划行政主管部门要加强规划的持续跟踪研究，定期对工程项目带动村镇规划实施一体化的工作情况进行评估，根据评估结果，提出修改完善试点工作的建议，推动试点自我完善。

（三）加大资金投入。地方各级财政要支持试点规划编制，多方筹措试点建设项目实施资金。村镇规划建设部门要配合有关部门做好"城市维护建设税新增部分主要用于乡村建设规划、农村基础设施建设和维护"的落实，优先用于试点村镇的项目建设，吸纳和引导各类建设资金有序投入村镇规划建设。

（四）建立联系、汇报、奖惩等试点工作制度。试点所在县（市）要加强与各级主管部门的联系，及时汇报试点工作进展情况和下一步工作计划。省住房城乡建设厅要组织对试点工作的检查。住房城乡建设部将适时召开试点工作经验交流会。

关于2009年扩大农村危房改造试点的指导意见

(建村[2009]84号)

各有关省、自治区、直辖市住房城乡建设厅(建委)、发展改革委、财政厅(局),新疆生产建设兵团建设局、发展改革委、财务局:

为贯彻落实党中央、国务院关于加快农村危房改造和扩大试点的要求,做实做好扩大农村危房改造试点工作,提出以下指导意见。

一、明确指导思想、目标任务与基本原则

(一)指导思想。深入贯彻落实科学发展观,按照中央保民生、保增长、保稳定的总体要求,以解决农村困难群众的基本居住安全问题为目标,开展农村危房改造试点,改善农村困难群众生活条件,推动农村基本住房安全保障制度建设。

(二)目标任务。2009年扩大农村危房改造试点的任务是完成陆地边境县、西部地区民族自治地方的县、国家扶贫开发工作重点县、贵州省全部县和新疆生产建设兵团边境一线团场约80万农村贫困户的危房改造。其中,东北、西北和华北等三北地区试点范围内1.5万农户,结合农村危房改造开展建筑节能示范。在今年扩大试点的基础上,总结经验,完善制度,制定中长期规划,逐步解决农村贫困户的危房问题。

(三)基本原则。开展农村危房改造,要因地制宜,量力而行,从当地经济社会发展水平出发,科学合理编制农村危房改造规划和年度计划;要突出重点,厉行节约,帮助贫困危房户改造建设最基本的安全、经济、适用、节能、节地、卫生的农房,防止大拆大建和形象工程;要坚持农民自主、自愿,政府引导、扶持,落实地方责任,中央适当补助;要整合资源,规划先行,加强相关惠农支农政策衔接;要规范程序,严格管理,坚持公开、公平、公正。

二、加强规划编制与资金筹集

(四)编制规划。各地要按照《农村危险房屋鉴定技术导则(试行)》,组织专业人员开展农村危房调查。省级住房城乡建设、发展改革、财政等部门要按照本指导意见和有关文件要求,组织编制农村危房改造规划和实施方案,将改造任务细化分解落实到市、县、乡,并报住房城乡建设部、国家发展改革委、财政部备案。

(五)资金筹集。农村危房改造资金以农民自筹为主,中央和地方政府补助为辅,并通过银行信贷和社会捐赠等多渠道筹集。地方各级财政要将农村危房改造资金纳入年度预算计划,调整支出结构,增加扩大农村危房改造试点所需资金。各试点县要整合资源、统筹规划,将抗震安居、游牧民定居、自然灾害倒损农房恢复重建、贫困残疾人危房改造、扶贫安居等与农村危房改造有机衔接,提高政策效应和资金使用效益。要鼓励和引导社会力量为农村危房改造提供捐赠和资助。要通过制定贴息、担保等政策措施,促进金融机构

为农户提供危房改造贷款。2009年中央将安排40亿元补助资金，并根据试点地区农村农户数、农村危房数、地区财力差别等因素进行分配，由财政部会同国家发展改革委、住房城乡建设部联合下达。

三、合理确定补助标准和补助对象

（六）补助标准。各地要从当地农村经济社会发展水平和财力状况的实际出发，参考农村危房改造方式、成本需求和补助对象自筹资金能力，合理确定补助标准。中央补助标准为每户平均5000元，在此基础上，对东北、西北和华北等三北地区试点范围内农村危房改造建筑节能示范户每户再增加2000元补助。各地可在确保完成改造任务的前提下，结合翻建新建、修缮加固等不同情况自行确定不同地区、不同类型的分类补助标准。

（七）补助对象。扩大农村危房改造试点补助对象重点是居住在危房中的分散供养五保户、低保户和其他农村贫困农户。危房是指依据《农村危险房屋鉴定技术导则（试行）》鉴定属于整栋危房（D级）或局部危险（C级）的房屋。

（八）审核程序。按照公开、公平、公正原则，规范补助对象和补助标准的审核、审批程序，实行农户自愿申请、村民会议或村民代表会议民主评议、乡（镇）审核、县级审批。建立健全公示制度，补助对象基本信息和各审查环节的结果要在村务公开栏公示。县级政府要组织做好与经批准的危房改造农户签订合同或协议工作。

四、落实农村危房改造建设的基本要求

（九）改造方式。拟改造农村危房属整栋危房（D级）的应拆除重建，属局部危险（C级）的应修缮加固。重建房屋原则上以农户自建为主，农户自建确有困难且有统建意愿的，地方政府要发挥组织、协调作用，帮助农户选择有资质的施工队伍统建。要以分散分户改造为主，危房改造比较集中并具备一定条件的村庄，可实施村庄规划、危房改造、基础设施配套一体化推进，整村整治。

（十）建设标准。农村危房改造要在满足最基本居住功能和安全的前提下，控制建筑面积和总造价。改造资金大部分由政府补贴的特困户，翻建、新建住房建筑面积原则上控制在40平方米以下，其他贫困户建房面积控制在60平方米以下。建房面积可根据家庭人口规模适当调整。农房设计建设要符合农民生产生活习惯、体现民族和地方建筑风格、传承和改进传统建造工法，推进农房建设技术进步。

（十一）村庄规划。改造户数较多的村庄，必须编制村庄规划，统筹协调整合道路、供水、沼气、环保、扶贫开发、改厕等建设项目，提高项目建设的效益与效率，以危房改造带动村庄人居生态环境改善。陆地边境一线农村危房改造重建以原址翻建为主，确需异址新建的，应靠紧边境、不得后移。

（十二）建筑节能。东北、西北和华北等三北地区农房建筑节能示范是危房改造试点的重要内容，要点面结合，同步推进。每个试点县至少要安排一个相对集中的示范点（村），有条件的县要每个乡镇安排一个示范点（村）。各地要尽可能采用当地材料和适用技术，研究开发符合农村实际的节能房设计与工法，优化采暖方式，推进可再生能源利用。对研发生产农房建筑节能材料，具有良好社会、经济、环境效益的企业，要落实好现行的税收、融资、贴息等优惠政策。要组织农村建筑工匠和农民学习节能技术和建造管理，做好宣传推广。

五、规范项目管理

（十三）资金管理。扩大农村危房改造试点资金要专款专用，分账核算，并按有关资金管理制度的规定严格使用，健全内控制度，执行规定标准，严禁截留、挤占和挪用。要定期对资金的管理和使用情况进行监督检查，发现问题，及时纠正，严肃处理。问题严重的要公开曝光，并追究有关责任人员的责任，涉嫌犯罪的，移交司法机关处理。

（十四）技术服务。地方住房城乡建设部门要组织技术人员深入农村了解情况，编制安全、经济、适用的农房设计图集和施工方案，免费发放给农户参考。要组织技术力量，对危房改造施工现场开展质量安全巡查与指导监督。要组织协调主要建筑材料的生产、采购与运输，并免费为农民提供建筑材料质量检测服务。县级住房城乡建设部门要开设危房改造咨询窗口，面向农民提供危房改造技术服务和工程纠纷调解服务。完善乡镇建设管理机构。加强农村建筑工匠培训和管理。各地住房城乡建设部门要根据实际情况组织验收。

（十五）档案与产权登记。农村危房改造要一户一档，规范管理。农户危房改造申请、政府补助审批表、改造前后住房资料等要整理归档。有条件的地区要推进农村危房改造信息化建设，不断提高规范化、制度化、科学化管理水平。改造后农户住房产权归农户所有，并根据实际做好产权登记。

（十六）信息报告。省级住房城乡建设部门要会同省级发展改革、财政部门于今年7月初将改造计划、改造进度、竣工情况、资金安排，以及于明年1月初将年度总结报告报住房城乡建设部、国家发展改革委和财政部。各地要组织编印农村危房改造工作信息，将建设成效、存在问题和有关建议等以简报、通报等形式，定期或不定期报送三部委。

（十七）监督检查。年度计划完成后，省级住房城乡建设部门要及时牵头组织对工程实施情况进行检查，并在一个月内提交检查报告报住房城乡建设部、国家发展改革委和财政部备案。住房城乡建设部、国家发展改革委和财政部将组织进行抽查。

六、加强组织领导和部门协作

（十八）落实地方责任。扩大农村危房改造试点工作，实行地方政府负责制，按属地进行管理。改造项目实行计划、任务、资金、目标、责任"五到省"，即项目工程建设的计划下达到省、任务落实到省、资金拨付到省、目标和责任明确到省。地方政府负责编制改造规划、组织项目实施、落实地方投入、监管工程质量、整合利用各方资源，合理安排工作人员和工作经费等。

（十九）部门协作。扩大农村危房改造试点工作涉及面广、政策性强、工作量大，各级地方政府要加强领导，成立由政府领导挂帅、各职能部门参与的协调工作领导小组，明确分工，密切配合。各地住房城乡建设、发展改革和财政部门，要在当地政府领导下，会同民政、民族工作、环保、交通运输、水利、农业、卫生、扶贫、残联、国土资源、监察、审计等有关部门发挥职能作用，共同推进农村危房改造试点工作。

中华人民共和国住房和城乡建设部
中华人民共和国国家发展和改革委员会
中华人民共和国财政部
二〇〇九年五月八日

关于印发《严寒和寒冷地区农村住房节能技术导则(试行)》的通知

(建村〔2009〕115号)

河北省、山西省、内蒙古自治区、辽宁省、吉林省、黑龙江省、河南省、山东省、西藏自治区、陕西省、甘肃省、青海省、宁夏回族自治区、新疆维吾尔自治区住房和城乡建设厅，北京市住房城乡建设委、农委，天津市城乡建设交通委，新疆生产建设兵团建设局：

根据农村危房改造建筑节能示范工作的需要，我部组织编制了《严寒和寒冷地区农村住房节能技术导则(试行)》，请结合本地区实际参照执行。执行中有何问题和建议，请及时反馈住房和城乡建设部村镇建设司。

联系人：王旭东、鞠宇平
电话：010-58934706
传真：010-58934713
邮箱：wangxd@mail.cin.gov.cn

中华人民共和国住房和城乡建设部
二〇〇九年六月三十日

严寒和寒冷地区农村住房节能技术导则

(试行)

目录

1 总则 …………………………………………………………………………… 589
2 术语 …………………………………………………………………………… 589
3 基本要求 ……………………………………………………………………… 591
   3.1 农村建筑气候分区 ……………………………………………………… 591
   3.2 室内热环境和节能指标 ………………………………………………… 592
   3.3 建筑布局节能要求 ……………………………………………………… 592
   3.4 能源利用和采暖通风方式 ……………………………………………… 593

4 围护结构保温技术 ················· 593
    4.1 一般规定 ····················· 593
    4.2 外墙 ························· 595
    4.3 门窗 ························· 598
    4.4 屋面和地面 ··················· 599

5 采暖和通风节能技术 ··············· 601
    5.1 一般规定 ····················· 601
    5.2 火炕、火墙、燃池 ············· 601
    5.3 热水采暖系统 ················· 602
    5.4 自然通风 ····················· 604

6 既有住房节能改造技术 ············· 604
    6.1 一般规定 ····················· 604
    6.2 外墙 ························· 605
    6.3 门窗 ························· 606
    6.4 屋面和地面 ··················· 606
    6.5 采暖设施 ····················· 607

7 照明和炊事节能技术 ··············· 607

8 太阳能利用技术 ··················· 609
    8.1 一般规定 ····················· 609
    8.2 被动式太阳房 ················· 609
    8.3 太阳能热水器 ················· 612
    8.4 太阳能供热采暖系统 ··········· 613

1 总 则

1.0.1 为贯彻落实国家节能政策，积极推广并合理选用建筑节能技术，指导我国严寒和寒冷地区农村节能住房的设计、施工及管理，加强农村住房的保温隔热效果，提高室内舒适性，促进节能技术在农村住房建设中的应用，提高农村住房建设技术人员的整体素质，制定本技术导则。

1.0.2 本导则适用于严寒和寒冷地区农村新建节能住房和既有住房的节能改造。

1.0.3 应用本导则时，应遵循国家有关节能减排的方针政策。同时，应根据当地村庄和住房改造规划、地理位置、自然资源条件、传统做法以及农民的生产和生活习惯，因地制宜地采用技术经济合理的节能技术。

1.0.4 农村既有住房节能改造应在满足《农村危险房屋鉴定技术导则（试行）》规定的房屋危险性鉴定等级 A 级和 B 级的前提下进行。

1.0.5 农村住房建筑节能除应执行本导则外，尚应符合国家现行有关标准规范的规定。

2 术 语

2.0.1 窗墙面积比　area ratio of window to wall
窗户洞口面积与房间立面单元面积（即建筑层高与开间定位线围成的面积）的比值。为无量纲因次。

2.0.2 室内净高　interior net storey height

楼面或地面至上部楼板底面或吊顶底面之间的垂直距离。

2.0.3 可再生能源　renewable energy

指从自然界获取的、可以再生的非化石能源，包括风能、太阳能、水能、生物质能（沼气、秸秆等）、地热能和海洋能等。

2.0.4 模塑聚苯乙烯泡沫塑料板(EPS板)　expanded polystyrene board

由可发性聚苯乙烯珠粒经加热预发泡后在模具中加热成型而制得的具有闭孔结构的聚苯乙烯泡沫塑料板材。

2.0.5 挤塑聚苯乙烯泡沫塑料板(XPS板)　extruded polystyrene board

以聚苯乙烯树脂加上其他的原辅料与聚合物，通过加热混合同时注入催化剂，然后挤塑压出成型而制造的闭孔蜂窝结构硬质泡沫塑料板。

2.0.6 草砖　straw brick

以干草为主要原料，经过挤压，捆绑而成的一种块状的墙体填充材料。

2.0.7 纸面草板　compressed straw building slabs

以洁净的天然稻草或麦草为主要原料，经高温高压成型，外表粘贴面纸而成的新型建筑材料。

2.0.8 火炕　heated brick bed(chinese kang)

用砖或土坯砌成，其内有孔道分别与炉灶、烟囱相通，利用烟气通过孔道进行取暖的床。

2.0.9 火墙　heated brick wall

用砖做成的长方形墙壁，墙内留许多空洞使烟火在内串通，通常用于辅助火炕进行采暖。

2.0.10 燃池(地炕)　underground brick bed

砌筑在地下的砖体方形池，混凝土燃池面板和地面保持平齐的一种火炕。

2.0.11 沼气　biogas

将人畜禽粪便、有机废弃物、有机废水、水生植物等有机物质在厌氧条件下，经微生物分解发酵而生成的一种可燃性气体，主要成分有甲烷(CH_4)、二氧化碳(CO_2)及少量的氢(H_2)、氮(N_2)和一氧化氮(NO)等。

2.0.12 沼气池　biogas generating pit

有机物质在其中经微生物分解发酵而生成一种可燃性气体的各种材质制成的池子，有玻璃钢、红泥塑料、钢筋混凝土等。

2.0.13 秸秆致密固化　straw compressed

将生物质原料破碎压缩成型以替代煤炭、木材等燃料。

2.0.14 秸秆气化　straw gasification

在不完全燃烧条件下，将生物质原料加热，使较高分子量的有机碳氢化合物链裂解，变成较低分子量的一氧化碳(CO)、氢气(H_2)、甲烷(CH_4)可燃气体。

2.0.15 太阳能热水器　solar water heater

将太阳能转换为热能来加热水所需的部件和附件组成的完整装置。通常包括集热器、贮水箱、连接管道、支架及其他部件。

2.0.16　太阳能集热器　solar collector

吸收太阳辐射并将产生的热能传递到传热工质的装置。

2.0.17　太阳能供热采暖系统　solar heating system

将太阳能转换成热能，供给建筑物冬季采暖和全年其他用热的系统，系统主要部件有太阳能集热器、换热蓄热装置、控制系统、其他能源辅助加热/换热设备、泵或风机、连接管道和末端供热采暖系统等。

2.0.18　被动式太阳房　passive solar house

不需要专门的太阳能采暖系统部件，而通过建筑的朝向布局及建筑材料与构造等的设计，使建筑在冬季充分获得太阳辐射热，维持一定室内温度的建筑称为被动式太阳房。

2.0.19　直接受益式太阳房　direct-gain passive solar house

太阳光穿过透光材料直接进入室内，维持一定室内温度的被动式太阳房。

2.0.20　集热蓄热墙式太阳房　heat-collecting and heat-storing passive solar house

通过在外墙上设置集热蓄热装置或材料，使建筑在冬季充分获得太阳辐射热，维持一定室内温度的被动式太阳房。

2.0.21　附加阳光间式太阳房　sunspaces-attaching passive solar house

在房屋主体南面附加一个玻璃温室，使建筑在冬季充分获得太阳辐射热，维持一定室内温度的被动式太阳房。

3　基本要求

3.1　农村建筑气候分区

3.1.1　严寒和寒冷地区根据不同的采暖度日数 HDD18 和空调度日数 CDD26 范围，划分为五个子气候区。严寒和寒冷地区建筑气候分区见表3.1.1。

严寒和寒冷地区建筑气候分区　　　　表3.1.1

气候分区		分区依据	气候特征	代 表 地 区
严寒地区（Ⅰ区）	严寒(A)区	5500≤HDD18<8000	冬季异常寒冷，夏季凉爽	漠河、呼玛、嫩江、黑河、孙吴、伊春、克山、海伦、富锦、通河、图里河、阿尔山、海拉尔、新巴尔虎右旗、博克图、东乌珠穆沁旗、那仁宝拉格、阿巴嘎旗、通河、西乌珠穆沁旗、锡林浩特、二连浩特、长白、乌鞘岭、大柴旦、刚察、玛多、托托河、曲麻莱、达日、杂多、若尔盖、色达、狮泉河、改则、索县、那曲、班戈、申扎、帕里
	严寒(B)区	5000≤HDD18<5500	冬季非常寒冷，夏季凉爽	安达、虎林、尚志、齐齐哈尔、哈尔滨、泰来、牡丹江、宝清、鸡西、绥芬河、多伦、化德、敦化、桦甸、合作、冷湖、玉树、都兰、同德、阿勒泰、富蕴、和布克赛尔、北塔山、理塘、丁青
	严寒(C)区	3800≤HDD18<5000	冬季很寒冷，夏季凉爽	前郭尔罗斯、长岭、长春、临江、延吉、四平、集安、呼和浩特、扎鲁特旗、巴林左旗、林西、通辽、满都拉、朱日和、赤峰、额济纳旗、达尔罕联合旗、乌拉特后旗、海力素、集宁、巴音毛道、东胜、鄂托克旗、沈阳、彰武、清原、本溪、宽甸、围场、丰宁、蔚县、大同、河曲、酒泉、张掖、岷县、西宁、德令哈、格尔木、乌鲁木齐、哈尔河、塔城、克拉玛依、精河、奇台、巴仑台、阿合奇、松潘、德格、甘孜、康定、稻城、德钦、日喀则、隆子

续表

气候分区		分区依据	气候特征	代 表 地 区
寒冷地区（Ⅱ区）	寒冷(A)区	2000≤HDD18<3800，CDD26≤90	冬季寒冷，夏季凉爽	张家口、承德、怀来、青龙、唐山、乐亭、太原、原平、离石、榆社、介休、阳城、临汾、赣榆、吉兰太、朝阳(辽宁)、锦州、营口、丹东、大连、长岛、龙口、成山头、潍坊、海阳、朝阳(山东)、沂源、青岛、日照、菏泽、费县、临沂、孟津、卢氏、马尔康、巴塘、毕节、威宁、拉萨、昌都、林芝、榆林、延安、宝鸡、兰州、敦煌、民勤、西峰镇、平凉、天水、成县、银川、盐池、中宁、伊宁、库车、阿拉尔、巴楚、喀什、莎车、安德河、皮山、和田
	寒冷(B)区	2000≤HDD18<3800，90<CDD26≤200	冬季寒冷，夏季热	兰州、太原、北京、天津、石家庄、保定、沧州、泊头、邢台、运城、徐州、射阳、亳州、济南、惠民县、德州、陵县、兖州、定陶、安阳、郑州、西华、西安、吐鲁番、哈密、库尔勒、铁干里克、若羌

注：进行建筑气候分区的主要目的是针对不同的分区提出不同的围护结构热工性能指标，表3.1.1中的建筑气候分区与即将发布实施的《严寒和寒冷地区居住建筑节能设计标准》JGJ 26的气候分区相一致，将严寒地区细化为三个分区，寒冷地区细化为二个分区。农村建筑气候分区的选择可参照附近相应的代表城市地区。

3.2 室内热环境和节能指标

3.2.1 农村住房主要房间冬季采暖室内设计计算温度为：14~18℃。

条文说明：农村住房的主要房间指卧室和起居室，该温度作为进行采暖设计的计算温度。大量农村调查结果表明，由于农民起居及生活习惯与城市有较大差别，使得对冬季采暖温度的要求也不相同，许多农户认为舒适的采暖温度为14~15℃。因此本条将采暖室内设计计算温度规定在一个较宽的范围内，便于农户根据生活习惯及经济条件自行选择。

3.2.2 农村住房应采用增强建筑围护结构保温隔热性能和提高采暖能效的措施，达到节能要求。围护结构(外墙、外门窗、屋面和地面)的热工性能应达到本导则中规定的限值要求，并且节能投资成本增量不宜超过20%。

3.3 建筑布局节能要求

3.3.1 农村住房宜布置在向南采光好的地域，避免设在不避风的高地、河边和海岸处；在山坡上新建农房时，应根据地形依山顺势而建，不要进行过多的挖土填方。

3.3.2 农村住房朝向宜采用南北向或接近南北向，主立面(外窗面积最大的立面)朝向宜向南。

3.3.3 农村住房的前后应有足够的间距，庭院里的高大树木应与住房保持适当距离，避免建筑的南立面被高大的物体或建筑遮挡导致房间内采光不好。

3.3.4 农村住房宜双拼式或联排式集中布置。

3.3.5 农村住房以单层和二层为主，当考虑占地面积时，可适当增加建筑层数。

3.3.6 农村住房的体型应简单、规整，平、立面不应出现过多的局部凹凸部位，立面不宜高度不一。

3.3.7 农村住房室内净高不宜超过3.0m，住房开间不宜大于6.0m。

3.3.8 农村住房应选择合适的房屋进深，住房最好能进行南北分区。

3.3.9 农村住房的平面设计应有利于冬季日照、避风和夏季自然通风,房间功能布局合理,起居、活动方便,节能方面应符合下列规定:

1. 房屋的平面布局宜规则,尽量避免L形、T形、U形等。
2. 外进户门应设置在能避免被冬季寒风直接吹到的位置,宜设在房屋的南侧;外门室内侧宜设置封闭的玄关或小室作为缓冲,避免冷空气直接吹入房间。
3. 卧室和起居室等主要房间宜布置在南向或靠近内墙侧,厨房、卫生间、储藏室等辅助房间宜布置在北向或外墙侧。
4. 房间的面积以满足使用要求为宜,不宜过大,卧室面积不宜超过 $20m^2$,起居室面积不宜超过 $25m^2$。
5. 门窗洞口的开启位置应有利于提高采光面积利用率,同时有利于通风。
6. 厨房和卫生间排风口的设置应考虑主导风向和对邻室的不利影响,避免强风时的倒灌现象和油烟等对周围环境的污染。
7. 考虑照明节能,单面采光房间的进深不宜超过 6m。
8. 每个房间均应设外窗,最好能形成穿堂风,以保证有良好的自然通风。

3.3.10 外窗面积不应过大,南向宜适当采用大窗,北向宜采用小窗,山墙上最好不设外窗。严寒和寒冷地区农村住房的窗墙面积比限值宜符合表 3.3.10 的规定。

严寒和寒冷地区农村住房的窗墙面积比限值　　　　表 3.3.10

朝　向	窗墙面积比	
	严寒地区	寒冷地区
北	≤0.25	≤0.30
东、西	≤0.30	≤0.35
南	≤0.45	≤0.50

3.3.11 夏季为增强自然通风效果,外窗的可开启面积不应小于外窗面积的 1/3。

3.3.12 农村住房应充分考虑利用太阳能,建设被动式太阳房。

3.3.13 农村住房屋面应优先考虑设置坡屋面,室内应进行吊顶。

3.3.14 农村住房应充分利用建筑外部环境创造适宜的室内环境。如:利用绿化防风、遮阳、蒸发降温等,提高建筑室内舒适度。

3.4 能源利用和采暖通风方式

3.4.1 农村住房建筑用能宜根据当地资源条件,优先选择可再生能源,如太阳能、沼气、秸秆利用、地热能等;可再生能源的利用应采取灵活的方式,可采用单户分散利用方式,也可采用集体利用的方式。

3.4.2 农村住房采暖宜根据当地资源条件,优先选择利用可再生能源的采暖方式,鼓励农民优先选择改良火炕、吊炕、火墙、燃池等燃用生物燃料的采暖设施,合理利用太阳能等采暖方式。

3.4.3 农村住房建筑夏季应尽可能利用自然通风。

4 围护结构保温技术

4.1 一般规定

4.1.1 严寒和寒冷地区农村住房的围护结构（外墙、外门窗、屋面和地面等）应设置保温结构或采取相应的保温措施。

4.1.2 严寒和寒冷地区农村住房围护结构的传热系数不宜超过表4.1.2规定限值。

严寒和寒冷地区农村住房围护结构的传热系数限值　　　表4.1.2

建筑气候分区	围护结构部位的传热系数 $K(W/m^2 \cdot K)$			
	外墙	户门	外窗	屋面
严寒(A)区	0.4	2.5	2.0	0.3
严寒(B)区	0.45	2.5	2.0	0.35
严寒(C)区	0.5	2.5	2.0	0.4
寒冷(A)区	0.6	2.7	2.7	0.5
寒冷(B)区	0.6	2.7	2.7	0.5

注：表4.1.2中所列出的农村住房围护结构传热系数限值是参照即将发布实施的《严寒和寒冷地区居住建筑节能设计标准》JGJ 26中对城市建筑围护结构传热系数限值的规定、农村住房现状调查和各地的节能住房示范工程的实际情况，并考虑农村的经济条件等因素综合确定。整体要求比城市建筑偏低。

4.1.3 农村住房围护结构的保温材料应尽可能选用适于农村应用条件的当地产品，严寒和寒冷地区常用的保温材料可以参考表4.1.3选用。

常用保温材料性能　　　表4.1.3

保温材料名称	性能特点	应用部位	主要技术参数	
			密度 $\rho_0(kg/m^3)$	导热系数 λ $(W/m \cdot K)$
模塑聚苯乙烯泡沫塑料板(EPS板)	质轻、导热系数小、吸水率低、耐水、耐老化、耐低温	外墙、屋面、地面保温	18～22	≤0.041
挤塑聚苯乙烯泡沫塑料板(XPS板)	保温效果较EPS好，价格较EPS贵，施工工艺要求复杂	屋面、地面保温	25～32	≤0.030
草砖	利用稻草和麦草秸秆制成，干燥时质轻、保温性能好，但耐潮、耐火性差，易受虫蛀，价格便宜	框架结构填充外墙体	≥112	—
草板－纸面草板	利用稻草和麦草秸秆制成，导热系数小，强度大	可直接用作非承重墙板	单位面积重量≤26kg/m²（板厚58mm）	热阻≥0.537 m²·k/W
草板－普通草板	价格便宜，需较大厚度才能达到保温效果，需作特别的防潮处理	多用作复合墙体夹芯材料；屋面保温	300	0.13
炉渣	价格便宜、耐腐蚀、耐老化、质量重	地面保温	1000	0.29
稻壳、木屑、干草	非常廉价，有效利用农作物废弃料，需较大厚度才能达到保温效果，可燃，受潮后保温效果降低	屋面保温	100～250	0.047～0.093

注：农村住房的建筑保温材料应因地制宜，就地取材，选择适合农村现有经济条件的保温材料。上表仅列出了目前适合在农村地区应用的几种常用保温材料。

4.1.4 农村住房建筑保温工程施工作业环境与条件，应满足相关标准和施工工艺的要求，节能保温材料严禁在雨雪天气中露天施工。

4.2 外墙

4.2.1 严寒和寒冷地区农村住房的墙体宜采用保温节能墙体材料，承重外墙宜采用非粘土多孔砖或普通混凝土空心砌块，非承重外墙宜采用非粘土空心砖、加气混凝土空心砌块、轻质复合墙板等，常用的保温节能墙体砌体材料可参考表4.2.1选用。

保温节能墙体砌体材料性能　　　　　表4.2.1

砌体材料名称	性能特点	用途	主规格尺寸（mm）	主要技术参数	
				干密度 ρ_0(kg/m³)	当量导热系数 λ(W/m·K)
烧结非粘土多孔砖	以页岩、煤矸石、粉煤灰等为主要原料，经焙烧而成的砖，空洞率≥15%，孔尺寸小而数量多，相对于实心砖，减少了原料消耗，减轻建筑墙体自重，增强了保温隔热性能及抗震性能	可做承重墙，砌筑时以竖孔方向使用	24×115×90	1100～1300	0.51～0.682
烧结非粘土空心砖	以页岩、煤矸石、粉煤灰等为主要原料，经焙烧而成的砖，空洞率≥35%，孔尺寸大而数量少，孔洞采用矩形条孔或其他孔型，且平行于大面和条面	可做非承重的填充墙体	240×115×90	800～1100	0.51～0.682
普通混凝土小型空心砌块	以水泥为胶结料，以砂石、碎石或卵石、重矿渣等为粗骨料，掺入适量的掺合料，外加剂等，用水搅拌而成。	承重墙或非承重墙及围护墙	390×190×190	2100	1.12（单排孔）；0.86～0.91（双排孔）；0.62～0.65（三排孔）
加气混凝土砌块	与一般混凝土砌块比较，具有大量的微孔结构，质量轻，强度高。保温性能好，本身可以做保温材料，并且可加工性好。	可做非承重墙及围护墙	600×200×200	500～700	0.14～0.31

4.2.2 严寒和寒冷地区农村住房外墙保温宜根据所处的气候区和当地资源状况，选择合适的产品，如模塑聚苯乙烯泡沫塑料板、草砖、草板等。严寒和寒冷地区外墙保温常见构造形式和保温材料厚度选用参见表4.2.2。

农村住房外墙保温常见构造形式和保温材料厚度选用　　　　表 4.2.2

序号	名称	构造简图	构造层次	保温材料厚度参考值(mm)			
				严寒(A)区	严寒(B)区	严寒(C)区	寒冷地区
1	多孔砖墙EPS板外保温		1-20厚混合砂浆 2-240厚多孔砖墙 3-水泥砂浆找平层 4-胶粘剂 5-EPS板 6-5厚抗裂砂浆耐碱玻纤网格布 7-饰面层	85～100	75～80	65～70	50～60
2	混凝土空心砌块EPS板外保温		1-20厚混合砂浆 2-190厚混凝土空心砌块 3-水泥砂浆找平层 4-胶粘剂 5-EPS板 6-5厚抗裂砂浆耐碱玻纤网格布 7-饰面层	90～100	80～90	70～80	55～65
3	混凝土空心砌块EPS板夹芯保温		1-20厚混合砂浆 2-190厚混凝土空心砌块 3-胶粘剂 4-EPS板 5-90厚外砌块 6-饰面层	85～100	70～80	60～70	50～60
4	非粘土实心砖(烧结普通页岩、煤矸石砖)	EPS板外保温	1-20厚混合砂浆 2-240厚非粘土实心砖 3-水泥砂浆找平 4-胶粘剂 5-EPS板 6-5厚抗裂胶浆耐碱玻纤网格布 7-饰面层	90～100	80～90	75～80	60～70
		EPS板夹芯保温	1-20厚混合砂浆 2-240厚非粘土实心砖墙 3-EPS板 4-20空气层 5-120厚非粘土实心砖墙 6-饰面层	90～100	80～90	70～80	60～70

续表

序号	名称	构造简图	构造层次	保温材料厚度参考值(mm)			
				严寒(A)区	严寒(B)区	严寒(C)区	寒冷地区
5	草砖墙		1-内墙抹灰两道，内加12号铁丝金属网 2-草砖 3-外墙抹灰两道，内加12号铁丝金属网	500	—	—	—
6	草板夹芯墙		1-20厚混合砂浆 2-120厚非粘土实心砖墙 3-草板(保温层) 4-40空气层 5-240厚非粘土实心砖墙 6-饰面层	150	130	120	100
7	草板墙		1-混合砂浆 2-58厚纸面草板 3-60×60×2mm方钢管 4-60厚岩棉 5-58厚纸面草板 6-饰面层	两层58mm草板；中间60mm岩棉	—	—	—

注：表中给出的外墙保温构造形式主要依据是各地实际的示范工程，各地可参考选用，如其他保温构造形式也能满足不同气候区外墙传热系数限值要求，也可选用。

4.2.3 农村住房宜优先选择外墙外保温技术，当外保温实施困难时，也可采用外墙内保温技术，但保温材料和厚度应经过计算确定。

4.2.4 模塑聚苯乙烯泡沫塑料板外保温的施工要求及方法参见《外墙外保温工程技术规程》JGJ 144。

4.2.5 模塑聚苯乙烯泡沫塑料板外保温的施工应符合下列规定：

1. 基层墙体应平整，无浮土和油污，墙面突出不平部分应剔除，并用水泥砂浆找平。

2. 胶粘剂应涂在聚苯板上，一般采用点框法，涂胶面积大于30%；基层墙体平整度良好时，亦可采用条粘法，板的侧边不得涂胶，粘贴聚苯板时，板缝应挤紧，相邻板应齐平，板间缝隙不得大于2mm，板间高差不得大于1.5mm，板缝隙大于2mm时，应用聚苯板条将缝填满，板条不得粘结；更不得用胶粘剂直接填缝，板间高差大于1.5mm的部位应打磨平整。

3. 抗裂砂浆中铺设的耐碱玻纤网格布，其搭接长度不小于100mm，网格布铺贴应平整，无褶皱，砂浆饱满度100%，严禁干搭接。

4. 涂料饰面层涂抹前，应先在抗裂砂浆抹面层上涂刷高分子乳液弹性底涂层，再刮抗裂柔性耐水腻子，饰面面层一般应采用弹性涂料。

5. 粘贴和涂抹作业期间及完工后的24小时内，环境和基层表面温度应高于5℃，严禁雨中施工，遇雨或雨季施工应有可靠的防雨措施，抹面层和饰面层施工应避免阳光直射和5级以上大风天气。

6. 所有外墙上的门窗框、雨水管、进户管线、墙面预埋件等，均应在保温层施工前完工。

7. 墙体外保温系统完工后，应做好保护；拆卸脚手架时，注意保护墙面免受碰撞；严禁踩踏窗户、线脚；及时修补破坏墙面。

4.2.6 草砖墙的施工应符合下列规定：

1. 草砖存放时应注意防潮，下部用砖或板等材料架高垫起，上部用塑胶防水布覆盖，在使用前需检查草砖是否潮湿、腐烂、密实。

2. 草砖墙应注意防潮，基础（基础梁）应比周围的地面高出20cm左右。草砖墙底部与基础之间必须有防潮层，防潮层做法为在基础与草砖墙之间砌20cm砖槽，里面放置炉灰渣或河卵石等填充物，在两侧砖槽上铺油毡纸。

3. 砌筑草砖时，草砖应平放，捆草砖的铁丝或绳子在草砖的上下两面；第一块草砖的摆放是最重要的，应该与基础持平；总是从墙角和固定的一端——门和窗开始砌草砖。整块的草砖应用于墙角，墙角的草砖应固定在一起；在门框和窗框旁，应用整块和半块的草砖——把塞草的部位留在墙中央；砌草砖墙时，不能通缝，每一道垂直的缝不应高过一道草砖；草砖必须一块紧挨着一块，但不能使劲挤压；要保持墙的垂直可用铁丝透过草砖墙把钢筋、竹竿或木条绑在墙的两侧，间距50cm；草砖间所有的缝隙应用草填满，防止有透气孔洞。

4. 草砖抹灰层宜选用混合砂浆，抹灰前，草砖必须保持干燥，墙面尽量要平整；不同材料接缝处，为避免裂缝，可用铁丝网覆于草砖墙表面，铁丝网需要将砖柱覆盖10～12cm，不得在5℃以下严寒结冰的天气抹灰。

4.2.7 外墙采用内保温或夹芯保温构造时，在窗过梁、外墙与屋面、地面的交接等处，仍然存在热桥，应对热桥部分采取可靠保温或"断桥"措施。

4.2.8 外墙采用夹芯保温时，内外墙体之间应采取可靠的拉结措施，保证墙体的安全性，如：镀锌焊接钢筋网片和封闭拉结件等，配筋尺寸应满足拉结强度要求，焊接网片应至少两皮砌块放置一道，封闭拉结件的竖向间距不大于400mm，水平间距不小于800mm，且应梅花形布置。

4.2.9 外墙保温材料采用草板等吸水性材料时，外墙内保温的保温层和采暖空间之间、外墙夹芯保温的保温材料和内侧墙体之间应设置连续的防潮层，防潮材料可选择塑料薄膜。草板夹芯墙体的保温层与外侧墙体之间宜设置40mm厚通气层，并在外墙上设通气孔，通气孔水平和竖向间距不大于1000mm，梅花形布置，孔口罩细铁丝网，见图4.2.9。

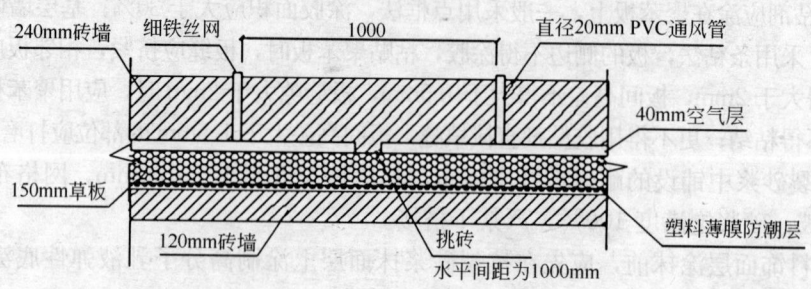

图4.2.9 草板夹芯墙体通气孔设置示意图

4.3 门窗

4.3.1 严寒和寒冷地区农村住房外门和外窗的选用分别见表4.3.1-1和表4.3.1-2。

农村住房外门选用　　　　　　　　　　　　表 4.3.1-1

门框材料	门类型	空气层厚度（mm）	传热系数 K [W/(m²·K)]	适用地区
木	双层木门（带玻璃）	—	2.5	严寒地区
塑钢	单框中空玻璃门	12	2.7	寒冷地区
金属保温门	单层	—	1.5	严寒地区

农村住房外窗选用　　　　　　　　　　　　表 4.3.1-2

窗框材料	窗户类型	空气层厚度（mm）	传热系数 K [W/(m²·K)]	适用地区
塑钢	单层窗＋单框中空玻璃窗	100～140	2.0	严寒地区
	单框三玻中空窗	6+6	2.3	严寒地区
	单框中空玻璃窗	12	2.7	寒冷地区
		16	2.6	寒冷地区

4.3.2 严寒地区农村住房南向宜采用单框三玻中空塑钢窗，北向宜采用单层窗＋单框双玻中空塑钢窗；寒冷地区农村住宅宜采用单框双玻中空塑钢窗；塑钢门窗的开启方式宜选择平开。

4.3.3 严寒地区外门宜采用双层木门或金属保温门；寒冷地区外门宜采用单框中空玻璃塑钢门。

4.3.4 严寒地区外门采用双层门时，双层门之间间距宜不小于 300～400mm；外门应向外开，内门应向内开，保证人在开启外门时，冷风不直接吹入。

4.3.5 严寒地区外门不采用双层门时，应设置门斗或设两道门等避风设施，当设置两道门时，间距不小于 800～1000mm；严寒地区冬季北向的外门宜进行封堵，外门和外窗应采取附加的保温措施，如窗户内侧或外侧加一层塑料薄膜，外门挂保温门帘；寒冷地区外门宜设门斗或挂保温门帘等减少冷风渗透和侵入措施。

4.3.6 外窗内侧应加质地厚的布料窗帘，夜间增强保温；夏季窗内侧宜加浅色窗帘等遮阳。

4.3.7 节能门窗的安装应符合下列规定：

1. 安装前应注意检查门窗的各项性能和规格是否符合要求，对不合格的应该更换。
2. 门窗宜靠近墙体的外表面安装，使墙体尽可能少遮挡进入室内的光线。
3. 门窗框与墙体间的缝隙，应采用高效保温材料填堵，宜采用施工现场灌注聚氨酯泡沫塑料或填塞聚乙烯泡沫塑料棒，再从内外侧用嵌缝密封膏（胶）密封，以减少该部位的开裂、结露和空气渗透。
4. 外墙保温层与门窗框之间的窗洞侧壁部位应做保温处理，保温材料与外墙保温材料一致，保温层厚度不小于 20mm，以减弱该部位的热桥，提高门窗的保温性能。

4.4 屋面和地面

4.4.1 农村住房的各类型屋面均应增设保温层，保温层应覆盖整个屋面范围，木屋架屋面的保温层宜设置在吊顶上，钢筋混凝土屋面的保温层应设在钢筋混凝土结构层上，以防止结构层冻裂。

4.4.2 屋面的保温材料应优先选用保温性能好的材料（见表 4.1.2），木屋架屋面吊顶内保温的保温材料宜选择模塑聚苯乙烯泡沫塑料板,也可采用稻壳、锯末、稻草以及生物质材料制成板材;木屋架吊顶层应采用耐久性、防火性好,并能承受铺设保温层荷载的构造和材料。

4.4.3 钢筋混凝土屋面的保温材料宜选择模塑聚苯乙烯泡沫塑料板或挤塑聚苯乙烯泡沫塑料板。

4.4.4 严寒和寒冷地区农村住房不同屋面保温结构常见做法和保温材料厚度见表4.4.4。

农村住房屋面保温常见构造形式和保温材料厚度选用　　　　　　表4.4.4

序号	名称	简图	构造层次		保温材料厚度参考值(mm)			
					严寒A区	严寒B区	严寒C区	寒冷地区
1	木屋架坡屋面		1-屋面板或屋面瓦 2-木屋架结构					
			3-保温层	散状或袋装锯末、稻壳等	500	400	350	200
				EPS板	150	120	100	80
			4-棚板(木、苇板、草板) 5-木龙骨 6-吊顶层					
2	木屋架平屋面		1-防水层 2-粘土 3-苇板或秸秆 4-椽子 5-檩条 6-吊顶间层 7-EPS板(保温层) 8-吊顶层		150	120	100	80
3	钢筋混凝土坡屋面EPS/XPS板外保温		1-屋面瓦 2-顺水条和挂瓦条 3-保护层					
			4-保温隔热层	EPS板	150	120	100	80
				XPS板	120	100	80	60
			5-水泥砂浆找平层 6-找坡层 7-钢筋混凝土屋面板					
4	钢筋混凝土平屋面EPS/XPS板外保温		1-防水层 2-找平层					
			3-保温隔热层	EPS板	150	120	100	80
				XPS板	120	100	80	60
			4-水泥砂浆找平层 5-找坡层 6-钢筋混凝土屋面板					

4.4.5 木屋架吊顶内保温的施工应符合下列规定：

1. 坡屋面、平屋面采用敷设于屋面内侧的保温材料作保温层时，应有防潮设施，如铺设塑料薄膜，并且下部要有吊顶保护。

2. 顶棚铺设板状保温材料时，拼缝应严密，铺设应平稳，板缝之间应用散状保温材料填缝。

3. 顶棚铺设松散保温材料时，应分层铺设，适当压实，并且应保证屋面与天花板之间具有良好的气密性，防止冬季风会将保温材料吹到一角，严重影响局部的保温效果，也可在棚板承重许可条件下，在松散性保温材料的上部利用炉渣、粘土等压实。

4.4.6 屋面外保温施工应符合下列规定：

1. 屋面外保温严禁在雨天、雪天和5级风以上施工。

2. 屋面外保温的块状保温材料，可直接干铺或采用专用的胶粘材料铺在找平层上。

3. 屋面外保温施工完成后，应及时进行找平层和防水层的施工，避免保温层受潮、浸泡或受损。

4.4.7 严寒地区，直接接触土壤的周边地面(从外墙内侧算起2.0m范围内)、建筑物外墙在室内地坪以下的垂直墙面、地下室上的楼板应增设保温层。热阻不应小于外墙的热阻，保温材料可选用聚苯乙烯泡沫塑料板；在外墙周边从外墙内侧算起2.0m范围内，地面传热系数不应超过0.30W/(m²·K)；直接接触土壤的非周边地面，不需作保温处理。

4.4.8 在做地面保温层之前，应先做一道防潮层，可选择聚乙烯塑料薄膜，薄膜应连续搭接不间断，搭接处采用沥青密封，薄膜应在保温层板材交接处下方连续。

4.4.9 保温层施工时，防潮层上方的板材应紧密交接无缺口，浇注混凝土时，将保温层周边的聚乙烯塑料薄膜拉起，以保证良好的防水性。

5 采暖和通风节能技术

5.1 一般规定

5.1.1 农村住房采暖和通风方式的设计应与住房建筑设计同步进行，并优先选用节能技术。

5.1.2 火炕、火墙等采暖设施应考虑建筑平面综合布置，占地面积要小，以不影响采光和室内家具布置为宜。

5.1.3 农村住房采用热水采暖系统时，宜以户为单位设置相应的采暖热源。

5.2 火炕、火墙、燃池

5.2.1 农村住房应优先考虑设置节能型灶连炕，如只用于采暖，也可只设置节能炕。

5.2.2 农村节能灶连炕的设置，宜符合下列节能要求：

1. 灶应设置双喉眼，一个通烟筒，一个通炕；
2. 应减少灶的拦火程度，提高灶的吊火高度；
3. 炕的尺寸宜小于房屋的开间尺寸，并宜采用吊炕；
4. 宜采用花洞炕代替直洞炕，增大烟气和炕面接触面积，促进烟气在炕内横向扩散；
5. 宜采用预制大块炕面板，减少炕洞的支撑点，加大烟气和炕面接触面积；
6. 落地炕应在炕洞土表层和靠外墙侧设置隔热层，材料可选用炉渣，减少炕向地面和外墙的热损失；

7. 宜采用后分烟代替前分烟；

8. 抹炕面时，炕面应平整，并且炕头宜比炕梢厚，中部比里外稍厚；

9. 烟囱宜与灶台相邻搭砌，烟囱宜砌筑在间壁墙上，并应进行保温和防潮处理，烟囱内外抹草泥。

5.2.3 严寒地区宜采用火墙作为室内辅助采暖设施，火墙的构造和节能设计要求，宜符合下列规定：

1. 火墙的长度宜在 1.0～2.0m 之间，高度宜在 1.0～1.8m 之间；

2. 应根据实际情况选择火墙构造形式：竖洞火墙、横洞火墙或花洞火墙等构造形式；

3. 火墙的烟道数根据长度而定，一般为 3～5 洞，各烟道间的隔墙采用立砖砌筑；

4. 火墙的砌筑材料宜选用实心粘土红砖或其他蓄热散热材料；

5. 火墙厚度宜为 240mm 或 300mm，壁厚为 60mm，火墙表面先刷泥浆，再刷白灰浆，以防从缝隙漏烟，当要求表面光滑时，也可在泥浆外抹薄薄一层白灰砂浆，再刷白灰浆；

6. 火墙应靠近外窗、外门，以便直接加热从门和窗进入的冷空气；

7. 火墙砌体的散热面尽量设置在下部，以利于室内空气对流，减少室内温度梯度；

8. 火墙砌体应有一定的蓄热能力，要求砌体的有效容积不小于 $0.2m^3$；

9. 两侧面同时散热的火墙，靠近外墙布置时应与外墙间隔 100～150mm，减少对室外的热量损失。

5.2.4 严寒地区宜采用燃池作为室内采暖设施，燃池的构造和节能设计要求，宜符合下列规定：

1. 池体的横截面积应根据需热量大小和房间的适用情况来确定，以长方形为宜，池深不宜超过 1.6m；

2. 池顶盖板应现场浇铸，保证严密性；

3. 新砌烟囱应在内壁抹 20mm 厚的水泥砂浆，已建成烟囱应采取措施保证烟囱的严密性；

4. 填料口应设在房间外或与室外连通的走廊。

5.3 热水采暖系统

5.3.1 农村住房内的热水采暖系统应优先采用重力循环式散热器采暖系统（见图 5.3.1），当采暖面积过大，热源中心与散热器中心距过小，使热水系统循环不利时，可采用机械式循环系统。

5.3.2 重力循环热水采暖系统宜采用异程式，室内采暖系统宜采用双管形式。

5.3.3 重力循环系统采暖炉出水总立管与最远端散热器立管之间水平管道长度不宜超过 20m。

5.3.4 采暖炉的选择与布置应符合下列规定：

1. 采暖炉应采用正规厂家生产的热效率高、环保型铁制炉具；

2. 应根据燃料的类型选择适用的采暖炉类型；

3. 采暖炉炉体应有良好保温；

4. 采暖炉设置位置应尽可能降低，宜低于室内地坪 0.2～0.5m；

5. 燃烧烟煤的采暖炉宜选择带排烟热回收装置；

6. 排烟温度高的采暖炉宜在烟囱下部设置水烟囱，充分利用排烟余热。

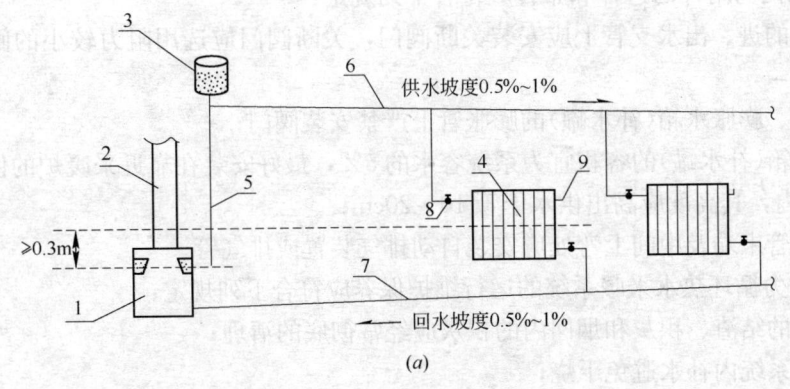

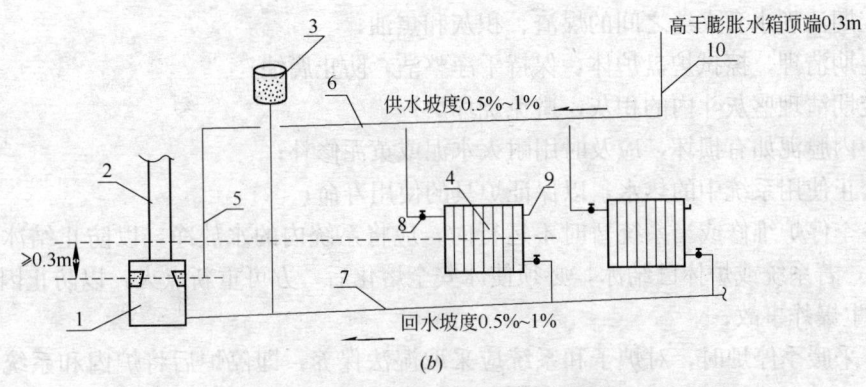

图 5.3.1 热水采暖系统示意图
(a)膨胀水箱安装在供水总立管上；(b)膨胀水箱安装在回水干管上
1. 采暖炉；2. 烟囱；3. 膨胀水箱；4. 散热器；5. 供水总立管；6. 供水干管；
7. 回水干管；8. 阀门；9. 手动排气阀；10. 末端排气口或排气装置

5.3.5 散热器的选择和布置应符合下列规定：

1. 散热器可选择铸铁散热器；

2. 散热器宜布置在外窗窗台下，当受安装高度限制或布置管道有困难时，也可靠内墙安装；

3. 散热器宜明装，暗装时装饰罩应有合理的气流通道、足够的通道面积，并方便维修；

4. 散热器安装应具有一定高度，单层建筑散热器中心比炉子水套中心高出至少 0.5m。

5.3.6 重力循环热水系统的管路布置和敷设应符合下列规定：

1. 管路布置尽可能短、管径大、弯头阀门等少；

2. 供水、回水干管的直径应相同；

3. 供水、回水干管的敷设，应有坡向采暖炉 0.5%～1.0%的坡度；

4. 供水干管宜高出散热器 1～1.5m 安装，回水干管宜沿地面敷设，当回水干管过门时，应考虑设置过门地沟；

5. 敷设在室外、不供暖房间、地沟或顶棚内的暖气管道应进行保温，保温材料宜采用岩棉、玻璃棉或聚氨酯硬质泡沫塑料，保温层厚度宜不小于 30mm。

5.3.7 阀门与附件的选择和布置应符合下列规定：

1. 散热器的进、出水支管上应安装关断阀门，关断阀门应选用阻力较小的闸板阀或球阀；
2. 排气管、膨胀水箱（补水罐）的膨胀管上严禁安装阀门；
3. 膨胀水箱（补水罐）的容积宜为系统容水的5%，最好安装在靠近采暖炉的供水总立管上，且在室内，其高度应高出供水干管10~20cm；
4. 供水干管末端及中间上弯处应安装自动排气装置或排气管。

5.3.8 重力循环热水采暖系统的运行维护保养应符合下列规定：

1. 炉膛内的结渣、积灰和烟囱内的积灰应经常彻底的清理；
2. 经常向系统内补水避免干烧；
3. 定期清理水套夹缝之间的煤渣、积灰和焦油；
4. 定期清理、擦拭炉盘炉体，保持干净整洁，防止腐蚀；
5. 定期清理盛灰斗内的积灰，避免烧坏炉；
6. 炉内膛泥如有损坏，应及时用耐火水泥或黄泥修补；
7. 禁止使用系统中的热水，以保证炉具的使用寿命；
8. 冬季停炉维修或当系统暂时不运行时，应将系统内的水放净，以防止结冰冻坏管路和炉体，若系统或炉体已结冰，必须使冰安全熔化后，方可重新点火，以防止因系统冰堵，而发生爆炸事故；
9. 非采暖季停炉时，对炉子和系统应采取湿法保养，即停炉后将炉内和系统内保持满水状态；清理炉子水套上的积尘和炉膛、灰斗内的灰渣，炉条上部放一些石灰粉，保持干燥，减少腐蚀，将烟囱内的积灰清理干净，并将烟囱出口盖住，防止下雨漏水。

5.4 自然通风

5.4.1 严寒和寒冷地区农村住房应优先采用自然通风方式，改善夏季室内热环境。

5.4.2 农村住房应利用穿堂风增强自然通风，建筑的主立面朝向宜与当地夏季的主导风向相一致，且宜设置进风口和出风口，有效组织房间的穿堂风。

5.4.3 农村住房应充分利用热压作用增强客厅、厨房的自然通风。坡屋顶房屋宜设屋顶天窗，客厅进风口侧的门窗低于出风口侧，当较重的冷空气从进风口进入室内，吸收了室内的热量后变成较轻的热空气上升从出风口排出室外，不断流入的冷空气在室内被加热后在建筑物的上部出风口排出，形成室内自然通风。

6 既有住房节能改造技术

6.1 一般规定

6.1.1 农村既有住房在节能改造前应按《农村危险房屋鉴定技术导则》进行结构安全鉴定，评价等级为C级和D级的既有住房不宜进行节能改造。

6.1.2 农村既有住房节能改造前应进行实地现场调查围护结构的热工性能、室内热环境状况等，对拟改造建筑的能耗状况及节能潜力做出评价，作为节能改造的依据。

6.1.3 农村既有住房节能改造宜同时考虑围护结构保温改造和采暖、通风、照明及炊事设施的节能改造。

6.1.4 农村既有住房节能改造应在节能诊断基础上,因地制宜地选择投资成本低、节能效果明显的方案。

6.1.5 围护结构进行节能改造时,应根据建筑的建成年代、类型、建筑现有立面形式和外装饰材料确定采用何种保温技术,一般应优先选用外保温技术。

6.1.6 外墙节能改造采用内保温技术时,应对混凝土梁、柱等热桥部位进行保温,保证整体保温效果并避免内表面结露。

6.1.7 既有住房节能改造后,各类围护结构的传热系数应符合第四章中同类围护结构的传热系数限值要求。

6.1.8 既有住房节能改造,除应符合本章规定的设计和施工要求外,尚应参照第四章和第五章执行。

6.2 外墙

6.2.1 严寒和寒冷地区,在进行既有住房外墙节能改造时,应在原有外墙基础上加设保温层,并应与建筑的立面改造相结合。外墙保温应优先选用外墙外保温技术,保温材料宜选用模塑聚苯乙烯泡沫塑料板。

6.2.2 严寒地区既有住房外墙节能改造不宜采用内保温技术,寒冷地区在外保温确实无法施工或需要保持住房外貌时,可采用内保温技术。

6.2.3 墙体保温改造的常见方法和保温材料厚度选用见表6.2.3。

墙体保温改造的常见方法和保温材料厚度选用　　　表6.2.3

序号	类型	改造措施	适用地区保温材料厚度参考值
1	实心砖墙(无保温) 面层/水泥砂浆/砖墙/水泥砂浆	EPS板外保温: 1-胶粘剂 2-EPS板 3-5厚抗裂胶浆耐碱玻纤网格布 4-饰面层 EPS板内保温: 1-饰面层 2-5厚抗裂胶浆耐碱玻纤网格布 3-EPS板 4-胶粘剂	严寒地区A区和B区490厚砖墙保温层厚度80~100mm; 严寒C区370厚砖墙保温层厚度60~80mm; 寒冷地区370砖墙保温层厚度50~60mm; 240砖墙保温层厚度60~70mm。
2	土墙(无保温) 面层/水泥砂浆/土坯或夯土/水泥砂浆	原有墙体缝隙填堵,增厚墙体,内外增加草泥抹灰层;或采用涂抹保温浆料等加强保温效果。 1-20厚水泥砂浆 2-胶粉聚苯颗粒浆料(保温层) 3-20厚水泥砂浆	严寒地区500厚土墙保温层厚度80~100mm; 寒冷地区300厚土墙保温层厚度60~80mm。

6.2.4 既有住房外墙外保温施工前应符合以下规定：

1. 外墙侧管道、线路应拆除。

2. 应对原外墙裂缝、渗漏进行修复，墙面的缺损、孔洞应填补密实。

3. 应进行基层处理：既有住房外墙面为清水墙时，原墙面用水泥砂浆做找平层；原墙面为抹面涂料面层时，如涂料起粉、起皮、剥落现象，应将原墙面凿毛，否则，应将原涂层铲除；原墙面为瓷砖面层时，应将瓷砖面灰尘清刷干净，并进行凿毛。

4. 外墙保温材料要选购合格产品，尤其是粘苯板和抹面用的专用粘结剂应选够专业生产厂家的产品（有合格证和质量保证书），外墙外保温工程应由专业施工队伍施工。

5. 外保温层应包覆门窗框外侧孔洞等热桥部分。

6.3 门窗

6.3.1 外门和外窗的改造可根据既有住房的具体情况确定，需要综合考虑安全、采光隔声、通风、气密性和节能等性能要求，具体措施见表 6.3.1。

外门和外窗改造措施　　　　表 6.3.1

序号	类型	改造前状况	改造措施
1	单层木门	门扇质量较好	改为双层木门，原外开木门在内侧加内开木门；原内开木门在外侧加外开木门。
			加棉门帘
			加门斗
		门扇质量不好	更换为平开双玻中空塑钢门
2	单层铝合金门	门扇质量、密封较好	增设一层铝合金门
			加棉门帘
			加门斗
		门扇质量、密封不好	更换为平开双玻中空塑钢门
3	单层木窗和单层铝合金窗	窗扇质量、密封较好	增设一层木窗、铝合金窗
		窗扇质量、密封不好	更换为平开双玻中空塑钢窗

6.3.2 在原有单玻木窗和铝合金窗外（或内）加建一层窗户时，两层窗户间距应为100～140mm，并应注意避免层间结露和做好两层窗间的防水。

6.3.3 更换门窗时，应对门窗框与墙之间的缝隙进行保温密封处理，以减少该部位的开裂、结露和空气渗透。

6.3.4 原有门窗不更换时，应使用密封条加强门窗的气密性，门窗框与墙面用弹性松软材料（如毛毡）、弹性密闭型材料（如聚乙烯泡沫塑料）、密封膏等密封；框与扇的密封可用橡胶、橡塑或泡沫密封条；扇与扇之间的密封可用密封条、高低缝及缝外压条等；扇与玻璃之间的密封可用各种弹性压条。

6.3.5 墙体增加保温层后，原有窗户应采取加宽加固措施，防止踩踏窗台的不安全性。

6.4 屋面和地面

6.4.1 屋面的节能改造可根据农村既有住房的实际情况选择改造方法，常见的屋面节能改造方法参见表6.4.1。

常见屋面节能改造方法　　　　　　　　　　表 6.4.1

序号	屋面类型	改造前状况	改造措施	改造注意事项
1	木屋架坡屋面	屋面无保温，室内无吊顶	在原有屋架上做龙骨吊顶，在吊顶上加块状聚苯板、散状或袋装散状保温材料，保温层的厚度参见表4.4.4中做法1	1．吊顶前应修补好旧屋面的漏水部位，清除屋面底部的杂物； 2．吊顶层应采用耐久性、防火性能好，并能承受铺设保温层荷载的构造和材料，如石膏板； 3．保温层与墙壁、支吊架间隙须填实
		屋面无保温，室内有吊顶，且吊顶承重满足保温层荷载要求	在吊顶面上开人孔，通过人孔在吊顶上加块状聚苯板、散状或袋装散状轻质保温材料	
2	木屋架平屋顶	屋面无保温，室内无吊顶	在原有屋架上做龙骨吊顶，在吊顶上加块状聚苯板、散状或袋装散状保温材料	
3	钢筋混凝土平屋面	屋面无保温，原屋面防水可靠	直接在防水层上加铺聚苯板，直接做成倒置式保温屋面，保温层的厚度参见表4.4.4中做法4	1．吊顶前应修补好旧屋面的漏水部位，清除屋面底部的杂物； 2．吊顶层应采用耐久性、防火性能好，并能承受铺设保温层荷载的构造和材料，如石膏板； 3．保温层与墙壁、支吊架间隙须填实
		屋面无保温，原屋面防水有渗漏	铲除原屋面防水层，重新做保温层和防水层	
			平屋面改成坡屋面，在原屋面上铺设聚苯板保温层	
4	草屋顶	外部破损、有渗漏	原木屋架保留或加固，上部改成瓦屋盖，室内加吊顶，保温层加在吊顶上，保温厚度和具体构造参见木屋架坡屋顶改造	

6.4.2 屋面外保温改造前应对原屋面损害部分进行修复，屋面的缺损应填补找平，屋面上的设备、管道等提前安装完毕，并预留出外保温的厚度。

6.4.3 屋面节能改造的同时宜考虑增设太阳能集热器。

6.4.4 严寒地区既有住房宜进行地面节能改造，应凿除原地面，重新作保温地面，具体节能改造做法参见4.4.7条。

6.5 采暖设施

6.5.1 将旧式的落地火炕改造成新型吊炕。

6.5.2 农村改造柴灶时，应同时改造火炕。

6.5.3 经校核利用重力循环可满足使用要求的机械循环热水采暖系统宜改成重力循环式，砌筑炉具应改造成热效率高的铁制采暖炉。

7 照明和炊事节能技术

7.0.1 农村住房应按户设置电能计量装置。

7.0.2 农村住房内应选用节能高效照明灯具及其电器附件和配线器材；避免使用白炽灯。

7.0.3 农村新建住房和既有住房的照明线路应使用铜线。

7.0.4 农村住房的电源线路应避免明装，应采用穿钢管或PVC塑料管的暗装敷设；

电线敷设于墙内、楼板内和吊顶内时应穿管敷设，严禁直接敷设在墙内，吊顶内电线应穿阻燃 PVC 电线管。

7.0.5 农村住房应优先选择节能柴灶和以秸秆等为燃料的节能炉具作为主要炊事设施，既有住房应对老式柴灶进行节能改造。

7.0.6 节能柴灶和节能炉具应能适应多种燃料、具有良好的炊事功能，最大可能地减少烟气等污染物排入室内。

7.0.7 节能柴灶的设计，应符合下列规定：

1. 烟囱应设置在房脊上，并高出屋脊 0.5m，以增强烟囱抽力；
2. 炉箅应选用通风面积大、易清灰炉箅，炉条的长方向应垂直填柴方向；
3. 适当缩小灶门，灶门的尺寸宜取 140mm（高）×160mm（宽），灶门上应设置启闭门；
4. 合理设计燃烧室，燃烧室的上口应稍有收缩成坛子状，应优先选择铸铁、耐火水泥等定型预制灶膛；
5. 利用锅底和灶膛上口沿形成间隙拦火，靠近出烟口处间隙小，靠近灶门处间隙大。

7.0.8 农村应用的电炊具应选用节能型产品。

7.0.9 在具备沼气资源条件下，优先利用沼气作为炊事能源。

7.0.10 农村户用小型沼气池的建造应满足下列规定：

1. 池型宜为圆柱型，主池面积不宜过大；
2. 严寒和寒冷地区的沼气池应作好保温；
3. 户用沼气池建造及验收应按照国家《户用沼气池标准图集》GB/T 4750 和《户用沼气池验收规范》GB/T 4751 进行。

7.0.11 沼气池的运行和维护操作应满足下列规定：

1. 备料时接种物数量以相当于发酵料液的 10%～30% 为宜，投料时浓度不宜过高，一般干物质含量占 6%（质量分数）左右。
2. 水压式沼气池中料液量应占发酵间容积的 80% 左右。
3. 当沼气压力表上的水柱达到 40cm 以上时应放气试火。
4. 户用沼气池一般每隔 3 个月左右小清一次（不包括三结合池），一年左右大清一次，大换料时要严防中毒及其他事故发生。
5. 在每次大换料时，要将池壁洗刷干净，进行气密性检查和维修。

7.0.12 户用沼气输配气系统包括输气管、导气短管、开关、管道接头和压力表等，施工及安装应注意下列内容：

1. 沼气管道硬、软管管件规格、尺寸等必须符合国标要求且为正规厂家生产。
2. 室外沼气管道一般采用聚乙烯管，室外管道应敷设在冰冻线以下且埋深不得小于 0.5m（机动车道下不小于 0.7m）；坡度不小于 1%，并坡向凝水器，凝水器应设在管道的最低点，室外输气管路与其他地下管道相交或平行时至少有 10cm 的间距。
3. 室内管道应沿墙或沿梁明管敷设，不得悬空敷设。立管距离明火不得小于 50cm，连接灶具的水平管段应低于灶面 5cm 以上。
4. 沼气管道上的开关阀应选用气密性能可靠、经久耐用，并通过有关部门鉴定的合格产品且阀孔孔径不小于 5mm。

7.0.13 沼气管道施工安装、试压、验收应符合国家标准《农村家用沼气管路施工安装操作规程》GB 7637 的相关要求。

7.0.14 沼气灶具及零部件质量均应符合国家现行有关标准。

7.0.15 秸秆气化集中供气系统的室内燃气管道、灶具和燃气表的设计和安装必须符合行业标准《秸秆气化供气系统技术条件及验收规范》NY/T 443 的相关要求。

7.0.16 秸秆气化集中供气系统在使用过程中要严格防止一氧化碳泄漏、中毒及二次污染(焦油尾气)，使用秸秆燃气的厨房应保持通风良好。

7.0.17 户内用气管道、阀门、灶具、燃气表每三个月进行一次巡查，发现问题及时检修，户内用气系统应每年检修一次。

7.0.18 太阳能充足地区，宜鼓励农民利用太阳能灶作为炊事工具。

8 太阳能利用技术

8.1 一般规定

8.1.1 本导则中农村住房太阳能利用技术是指太阳能在被动式太阳房、太阳能热水器、太阳能供热采暖系统方面的应用。

8.1.2 农村住房太阳能利用技术必须在保证安全、经济合理的情况下使用。

8.1.3 农村住房太阳能利用除遵守本导则外，还应遵守国家相关部门在太阳能利用方面的有关规定。

8.2 被动式太阳房

8.2.1 农村住房宜充分利用太阳能，建造被动式太阳房。被动式太阳房要因地制宜，遵循坚固、适用、经济、节能和美观的原则。

8.2.2 常用的被动式太阳房有直接受益式、附加阳光间式和集热蓄热墙式，应根据地区气象分区选择适宜采用的形式或组合形式，参照表 8.2.10～表 8.2.12。

8.2.3 被动式太阳房集热面应布置在南向垂直墙面上，受周围地形限制和使用习惯，允许偏离正南向±15°以内，东、西向不宜布置集热面。

8.2.4 被动式太阳房净高不宜低于 2.8m，房间进深不宜超过层高的 2.5 倍。

8.2.5 被动式太阳房外围墙体应采用重质材料，如砖、石、混凝土、土坯等，并增设保温层。

8.2.6 被动式太阳房的地面应增设保温、蓄热和防潮层，基础外缘应设深度不小于 0.45m，热阻大于 0.86m^2·K/W 的保温层。

8.2.7 为防止夏季室内温度过高，被动式太阳房应采取挑出房檐、设遮阳板或采取北墙设窗户以及绿化环境等措施。

8.2.8 被动式太阳房的南窗应设夜间保温装置，如保温窗帘等；外门在冬季应设保温帘或其他保温隔热措施。

8.2.9 为保证室内的卫生条件，被动式太阳房设计时应考虑到房间的换气要求。

8.2.10 直接受益式太阳房应符合下列规定：

1. 直接受益式太阳房适宜地区与围护结构热工参数应符合表 8.2.10-1。

直接受益式太阳房围护结构热工参数　　　　表 8.2.10-1

气象分区	综合气象因数 (kJ/(m²d℃))	地区	代表城市	窗夜间保温热阻 (m²·K/W)	窗夜间保温做法示例	传热系数(W/m²·K) 墙体	传热系数(W/m²·K) 屋面
1	25~30	西北	玉树、西宁、格尔木、银川、和田	0.00	—	0.24~0.30	0.23~0.29
				0.30	6mm厚矿棉封闭保温板	0.36~0.43	0.35~0.48
		华北	济南、狮泉河、郑州、北京、天津、阳泉、烟台	0.00	—	0.23~0.30	0.25~0.29
				0.30	6mm厚矿棉封闭保温板	0.36~0.43	0.35~0.48
		东北	锦州、朝阳、大连	0.00	—	0.25~0.27	0.25~0.28
				0.30	6mm厚矿棉封闭保温板	0.36~0.40	0.35~0.40
2	20~25	西北	西安	0.00	—	0.27~0.29	0.26~0.23
			哈密、库车、伊宁、喀什、吐鲁番、若羌、民勤、天水、阳泉、西安	0.43	12mm厚矿棉封闭保温板	0.27~0.38	0.26~0.38
		华北	那曲、伊金霍洛、呼和浩特、二连浩特	0.43	12mm厚矿棉封闭保温板	0.27~0.38	0.26~0.38
		东北	兴城、丹东、营口、阜新、黑山、鞍山	0.43	12mm厚矿棉封闭保温板	0.27~0.38	0.26~0.38
3	15~20	西北	兰州、太原、阿勒泰	0.62	胶合板填20mm矿棉封闭保温板	0.20~0.31	0.16~0.31
		东北	沈阳、长春、延吉、白城、敦化、通化			0.20~0.28	0.16~0.27
4	12~15	西北	乌鲁木齐	0.83	胶合板填30mm矿棉封闭保温板	0.18~0.20	0.12~0.16
		东北	齐齐哈尔、鹤岗、安达、绥化、虎林、讷河、佳木斯、哈尔滨				

注：综合气象因数为采暖期主要月份南向垂直面上的累积太阳辐照量与对应期间的度日数的比值。

2. 南窗面积尽量加大，减小北窗面积，取消东西窗。

3. 应增大窗户透明部分面积，以增加太阳辐射有效接收量，窗户占南立面的比例不应少于30%。

4. 宜根据当地气候条件和保温措施确定直接受益窗的玻璃层数，宜在窗上增加活动夜间保温，玻璃层数宜按表8.2.10-2选用。

直接受益窗玻璃层数　　　　表 8.2.10-2

冬季室外平均气温	玻璃层数 夜间没有保温	玻璃层数 有夜间保温(热阻R=0.86m²·K/W)
0~5	2	1
−5~0	2或3	1或2
<−5	3层以上	2

5. 应采用吸热和蓄热性能高的围护结构与家具设施。

6. 主要采暖房间应紧靠集热表面和蓄热体布置，次要房间和非采暖房间布置在其北面和东西两侧。

8.2.11 附加阳光间式太阳房应符合下列规定：

1. 附加阳光间式太阳房适宜地区与围护结构热工参数应符合表8.2.11。

附加阳光间式太阳房围护结构热工参数　　　表 8.2.11

气象分区	地区	代表城市	窗户类型/窗夜间保温热阻 ($m^2 \cdot K/W$)	传热系数($W/m^2 \cdot K$) 屋面	传热系数($W/m^2 \cdot K$) 地面
1	西北	玉树、西宁、格尔木、银川、和田	双玻0.30 单玻0.62	0.30~0.40	0.24~0.30
1	华北	济南、狮泉河、郑州、北京、天津、阳泉、烟台	双玻0.30 单玻0.62	0.30~0.40	0.24~0.30
1	东北	锦州、朝阳、大连	双玻0.30 单玻0.62	0.30~0.40	0.24~0.30
2	西北	哈密、库车、伊宁、喀什、吐鲁番、若羌、民勤、天水、阳泉、西安	双玻0.43 单玻0.75	0.25~0.35	0.22~0.27
2	华北	那曲、伊金霍洛、呼和浩特、二连浩特	双玻0.43 单玻0.75	0.25~0.35	0.22~0.27
2	东北	兴城、丹东、营口、阜新、黑山、鞍山	双玻0.43 单玻0.75	0.25~0.35	0.22~0.27
3	西北	兰州、太原	双玻0.62	0.22~0.28	0.22~0.24
3	西北	阿勒泰	不宜使用阳光间		
3	东北	沈阳	双玻0.62	0.22~0.28	0.22~0.24
3	东北	长春、延吉、白城、敦化、通化	不宜使用阳光间		
4	西北	乌鲁木齐	不宜使用阳光间		
4	东北	齐齐哈尔、鹤岗、安达、绥化、虎林、讷河、佳木斯、哈尔滨	不宜使用阳光间		

2. 阳光间的平面形式宜与建筑立面平齐，除在南向墙面设置玻璃外，可在毗连的主房坡顶部分加设倾斜玻璃，受限制时可采用凹入建筑内部或半凹入建筑内部两种类型。

3. 阳光间宜与客厅或出入口相连，进深不宜过大；单纯作为集热部件的阳光间进深不宜大于0.6m，兼做使用空间时，进深不宜超过1.4m。

4. 阳光间与采暖房间的公共墙应没有遮挡，墙面材料应选择深色、对太阳辐射吸收系数较高的材料，公共墙上的门窗开孔率不宜小于公共墙面总面积的12%。

5. 阳光间内的地面应选用深色材料，便于集热。

8.2.12 集热蓄热墙式太阳房应符合下列规定：

1. 集热蓄热墙应南向设置，严寒地区宜优先选择有通风孔的集热蓄热墙。集热蓄热墙做法参见图8.2.12。

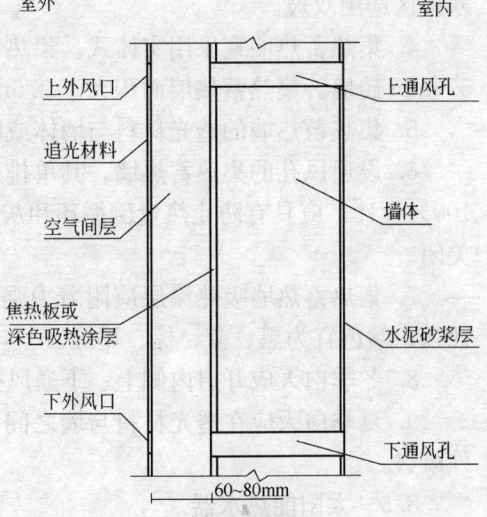

图 8.2.12 集热蓄热墙示意图

2. 集热蓄热墙式太阳房适宜地区与围护结构热工参数应符合表 8.2.12。

集热蓄热墙式太阳房围护结构热工参数　　　　表 8.2.12

气象分区	地区	代表城市	窗夜间保温做法示例	传热系数(W/m²·K) 屋面	传热系数(W/m²·K) 地面
1	西北	玉树、西宁、格尔木、银川、和田	6mm厚矿棉封闭保温板	0.36～0.43	0.35～0.48
1	华北	济南、狮泉河、郑州、北京、天津、阳泉、烟台	6mm厚矿棉封闭保温板	0.36～0.43	0.35～0.48
1	东北	锦州、朝阳、大连		0.35～0.40	0.35～0.40
2	西北	哈密、库车、伊宁、喀什、吐鲁番、若羌、民勤、天水、阳泉、西安	12mm厚矿棉封闭保温板	0.27～0.42	0.26～0.38
2	华北	那曲、伊金霍洛、呼和浩特、二连浩特	12mm厚矿棉封闭保温板	0.27～0.38	0.26～0.38
2	东北	兴城、丹东、营口、阜新、黑山、鞍山		0.24～0.38	0.23～0.38
3	西北	兰州、太原	胶合板填20mm矿棉封闭保温板	0.24～0.28	0.23～0.27
3	西北	阿勒泰	不宜使用集热蓄热墙		
3	东北	沈阳	胶合板填20mm矿棉封闭保温板	0.24～0.28	0.23～0.27
3	东北	长春、延吉、白城、敦化、通化	不宜使用集热蓄热墙		
4	西北	乌鲁木齐	不宜使用集热蓄热墙		
4	东北	齐齐哈尔、鹤岗、安达、绥化、虎林、讷河、佳木斯、哈尔滨	不宜使用集热蓄热墙		

3. 集热蓄热墙透光材料应选用表面平整、厚薄均匀的玻璃，寒冷地区选用单玻，严寒地区选用双玻。

4. 集热蓄热墙宜采用实体式。集热蓄热墙体宜采用 300～400mm 混凝土墙、240mm、370mm 砖墙。集热蓄热墙面积大于 3.6m² 时，应留活扇，以便清理积尘或维修。

5. 集热蓄热墙的透光材料与墙体或吸热板之间距离宜为 60～80mm。

6. 设通风孔的集热蓄热墙，其单排通风孔面积宜按集热墙空气流通截面积的 70%～100%设计，应具有防止热量倒循环和灰尘进入集热墙的设施，如设开关活动的风门予以关闭。

7. 集热蓄热墙吸热涂层应附着力强、无毒、无味、不反光、不起皮、不脱落、耐候性强，颜色宜为黑、蓝、棕、墨绿。

8. 冬季白天应开启内侧上、下通风孔；冬季夜间应关闭内侧上、下通风孔。

9. 夏季白天应在透光材料与墙之间设置外表面为浅色的隔热或百叶窗帘，开启上下外风口。

8.3　太阳能热水器

8.3.1　有热水需求的农村住房，宜优先选用家用太阳能热水器或集中太阳能热水系统。

8.3.2 家用热水器和自然循环热水系统中贮热水箱布置位置应高于集热器。

8.3.3 在冬季室外环境温度可能低于零度的地区，应进行太阳能集热系统的防冻设计，防冻措施宜采用自动控制运行工作。

8.3.4 太阳能热水系统安装后应作水压试验，试验压力为工作压力的1.5倍。

8.3.5 安装在建筑物上的太阳能集热器应规则有序、排列整齐。太阳能热水系统配备的输水管和电器、电缆线应与建筑物其他管线统筹安排、同步设计、同步施工，安全、隐蔽、集中布置，便于安装维护。

8.3.6 太阳能集热器安装应符合下列规定：

1. 太阳能集热器宜安装在屋面，应充分考虑其荷载（包括基座、支架）。
2. 太阳能集热器不应跨越建筑变形缝设置。
3. 轻质填充墙不应作为太阳能集热器的支撑结构。
4. 在平屋面敷设的太阳能集热器倾角应与当地纬度一致，且正南安装。
5. 太阳能集热器必须放置在专用的支墩上，严格处理屋面与支墩的整体防水构造。屋面防水层上方放置集热器时，其基座下部应加设附加防水层。
6. 应对安装太阳能集热器的部位采取防护措施，设置防止太阳能集热器损坏后部件坠落伤人的安全防护设施。
7. 太阳能集热器与贮水箱相连的管线需穿过屋面时，应予埋相应的防水套管，对其做防水构造处理，并在屋面防水层施工之前埋设安装完毕。避免在已做好防水保温的屋面上凿孔打洞。

8.3.7 平板集热器保温材料多采用玻璃棉、聚苯乙烯泡沫塑料、聚氨酯等。底部保温层厚度宜取30~50mm，边框保温层厚度宜为20~25mm。

8.3.8 太阳能热水器的最低处应安装泄水装置。

8.3.9 太阳能集热器管道配件等主要设备及部件正常使用寿命不应少于10年，且应为取得国家验证的合格产品。

8.3.10 太阳能集热系统管路设计应符合《民用建筑太阳能热水系统应用技术规范》GB 50364和《建筑给水排水设计规程》GB 50015的规定。

8.3.11 农村住房太阳能热水器应定期进行检查、清灰、排污等日常维护保养。

8.4 太阳能供热采暖系统

8.4.1 太阳能供热采暖系统应安全可靠，根据不同地区采取防冻、防过热、防雷、抗风、抗压、抗震等技术措施。

8.4.2 农村住房太阳能供热采暖系统应与住房建设同步设计、同步施工。

8.4.3 应合理布置太阳能集热系统、生活热水系统、供暖系统与贮热水箱的连接管位置，实现不同温度供热/换热需求，提高系统效率。

8.4.4 太阳能供热采暖系统应符合《太阳能供热采暖工程技术规范》GB 50495的相关规定。

8.4.5 液态工质集热器太阳能供热采暖系统可采用低温热水地板辐射、水—空气处理设备和散热器等末端供暖系统。应优先选用太阳能低温热水地板辐射采暖。

8.4.6 太阳能集热系统管道应选用耐腐蚀和安装连接方便可靠的管材。可采用铜管、不锈钢管、塑料和金属复合热水管等。

8.4.7 太阳能供热采暖系统的末端供暖系统设计应按照国家标准《采暖通风与空气调节设计规范》GB 50019、行业标准《地面辐射供暖技术规程》JGJ 142 进行。

8.4.8 农村住房太阳能供热采暖系统应配置辅助热源，宜优先选用生物质能炉、燃气炉。

8.4.9 农村住房太阳能供热采暖系统应配置贮热水箱，贮热水箱应符合以下规定：

1. 贮热箱体应具有一定的强度和刚度，一般选用铝型材、镀锌板、玻璃钢、塑料等材料制作。对于集热器与房屋一体化设计时，也可用混凝土浇筑箱体。

2. 贮热水箱应保温，钢板焊接水箱的内壁应作防腐处理，防腐涂料应卫生、无毒、长期使用耐热 80℃以上。

3. 贮热水箱和支架间应有隔热垫，不宜直接刚性连接。

8.4.10 太阳能供热采暖系统施工完成应进行水压试验、综合调试，保证水、电满足要求。

关于防范以支持新农村建设和村镇建设等名义进行诈骗活动的通知

(建办村函[2007]229号)

各省、自治区建设厅,直辖市建委(农委),计划单列市建委(建设局),新疆生产建设兵团建设局:

近年来,社会上一些组织和个人打着支持新农村建设、全国重点镇建设等幌子到各地诈骗,误导和欺骗当地干部群众,干扰地方的新农村建设和村镇建设工作,有的已经造成了恶劣影响。为贯彻落实中央精神,维护新农村建设和村镇建设的正常秩序,保障基层政府和干部群众的利益,现就防范以支持新农村建设和村镇建设等名义搞诈骗活动的有关问题通知如下:

一、充分认识以支持新农村建设和村镇建设等名义行骗造成的危害,提高防范意识。目前,社会上一些不法组织、不法分子利用农村地区信息相对闭塞的特点,打着各种支持新农村建设和村镇建设的旗号行骗,不但影响了基层对国家政策的正确理解和贯彻落实,干扰了地方的正常工作秩序,造成了不必要的财物损失,而且损害了建设部门的社会形象。此类诈骗活动往往利用现代化的传媒工具,具有手段隐蔽、欺骗性强等特点,涉及范围广,易于引发不稳定因素。各地建设部门必须高度重视,充分认识其危害性,增强政治责任感,提高主动防范意识。

二、加强宣传教育,提高识骗、防骗能力。根据各地反映的情况,当前不法组织、不法分子惯用的行骗手段主要有以下四种形式:一是伪造或篡改政府部门文件。比如,篡改建设部等六部委下发的《关于公布全国重点镇名单的通知》(建村[2004]23号),以能够提供高额贷款诱骗基层政府。二是打着受有关政府部门委托的幌子,以"投资咨询机构"、"慈善基金"等名义向地方政府发布虚假信息和指示。三是以投资建设为名、以高额回报为诱饵,违规搞开发建设。四是冒充建设部名义,以举办培训班、研讨班、编撰《中国小城镇建设年鉴》(创刊号)及各种书刊、推销书籍、项目评优、建网站、拉广告、要赞助等形式骗取钱财。各地要广泛利用报刊、电视、广播、互联网等传媒手段,及时曝光不法组织、不法分子的上述惯用行骗手段,提高基层广大干部群众对此类活动的辨别能力。

三、加强组织领导,及时查处并曝光、报告有关诈骗活动。各地要高度重视,统筹安排,周密部署,建立起群众举报、媒体监督、日常监管与严肃查处相结合的预警和处理机制。要加强与我部及相关部门的沟通,积极配合有关部门严厉打击各种以支持新农村建设和村镇建设等名义行骗的行为。各地建设主管部门要在当地党委政府的统一领导下,加强对此类诈骗活动的监控,一旦发现要立即商有关部门查处、制止和曝光,并将情况及时告我部村镇建设办公室。

再次重申，凡以建设部或我部村镇建设办公室名义举办的各类活动，须以我部或部村镇建设办公室的正式发文为准。各地在工作中发现的情况或问题，请及时与我部有关部门联系。

中华人民共和国建设部办公厅

二〇〇七年四月十二日

关于加强村镇建设抗震防灾工作的通知

(建抗 [2000] 18号)

各省、自治区、直辖市建委(建设厅)，计划单列市建委(深圳市建设局)：

我国农村地域辽阔，当前又处于地震活跃期。村镇建设因受经济发展水平的影响，很多房屋、工程设施达不到抗震设防标准，每次破坏性地震都给人民群众的生命、财产造成重大的损失。为使村镇建设具备必要的抗震防灾能力，最大限度地减轻地震造成的损失，现就加强村镇建设抗震防灾工作通知如下：

一、提高认识，加强领导，把村镇抗震防灾工作列入村镇建设的重要内容

各级建设行政主管部门要提高认识，将抗震设防区村镇建设抗震防灾工作列入村镇建设的重要内容。要根据各地的具体情况，制定出切实可行的管理办法，明确职责，落实责任，加强对村镇建设抗震防灾工作的指导和管理。

二、抗震设防区的村镇规划应包括村镇抗震防灾的内容

抗震设防区的村镇规划必须考虑抗震防灾的内容。村镇抗震防灾的内容主要包括：依据地震基本烈度与经济发展水平等合理地确定村镇抗震设防目标；依据场地与地质条件确定抗震有利、不利地段以及重要工程的选址；确定建筑物合理间距，预留抢排险道路；村镇建设的规划布局要避开断裂带的影响等。

三、因地制宜合理制定工程的抗震设防标准

村镇建设抗震设防标准应根据地震烈度、工程类别及当地的经济发展水平，区别对待。对于公共工程、基础设施、中小学校舍、乡镇企业的工程、三层以上的建筑工程以及经济发达地区的一、二层农民住宅等，均应按照现行规范进行抗震设防；对于经济欠发达地区的农民住宅，应根据当地的实际情况，采取必要的抗震措施。有关村镇建设中农民住宅等的抗震设防标准由省、自治区、直辖市建设行政主管部门根据当地实际情况制定。

四、加强对村镇建设工程勘察设计工作的管理

村镇建设的公共建筑、基础设施等工程的勘察设计工作应由持有相应资质的勘察设计单位或专项资质证书的单位承担。任何个人及资质不符合要求的单位不得从事上述工程的勘察设计。各级建设行政主管部门要积极做好培训工作，提高广大农村地区勘察设计人员的技术水平。

五、鼓励对村镇建设抗震防灾工作提供技术服务

各级建设行政主管部门应制定相关政策，鼓励有关科研、设计及大专院校等单位对村镇建设抗震防灾工作提供技术服务。通过编制推广标准图集、提供技术咨询等工作，切实提高村镇建设抗震防灾能力。

六、积极抓好村镇建设抗震防灾的示范工程

村镇建设受地域差异与经济发展水平影响较大。各省、自治区、直辖市建设行政主管部门在开展村镇建设抗震防灾示范工程时，可与村镇建设试点相结合，确定若干个村镇建

设抗震示范工程，通过示范工程，不断总结经验，制定出符合本地区情况、切实可行的抗震技术措施，推动本地区抗震防灾工作的开展。

七、加强村镇建设抗震防灾知识的普及、宣传工作

各级建设行政主管部门要认真做好村镇建设抗震防灾知识的普及、宣传工作。既要加强对村镇建设管理人员的抗震防灾专业知识的培训，又要通过各种形式向群众宣传、普及抗震防灾情况，提高广大群众的抗震防灾意识。

中华人民共和国建设部
二○○○年一月十三日

建筑工程施工图设计文件审查
有关问题的指导意见

(建设技 [2000] 21号)

根据国务院《建设工程质量管理条例》和建设部《关于印发〈建筑工程施工图设计文件审查暂行办法〉的通知》(建设 [2000] 41号文)(以下简称41号文),各地已陆续开展施工图设计文件审查工作。为全面推动此项工作的深入开展,现就有关问题提出以下指导意见。

一、全面推进施工图审查工作

《建设工程质量管理条例》已于今年1月30日由国务院第279号令发布实施。建设工程施工图设计文件审查作为建设工程必须进行的基本建设程序,有关各方都应当遵循。对施工图设计文件进行安全和强制性标准执行情况的审查是今后建设行政主管部门对建筑工程勘察设计质量进行监督管理的主要途径和方式,各地建设行政主管部门应对此项工作予以高度重视。各省、自治区、直辖市今年都应开展施工图审查工作。

二、施工图审查有关各方的责任

(一)建设行政主管部门的职责

建设行政主管部门在施工图审查工作中主要负责制定审查程序、审查范围、审查内容审查标准并颁发审查批准书;负责制定审查机构和审查人员条件,批准审查机构,认定审查人员;对审查机构和审查工作进行监督并对违规行为进行查处;对施工图设计审查负依法监督和管理的行政责任。

(二)勘察设计单位的责任

根据国家有关法规,勘察、设计单位必须按照工程建设强制性标准进行勘察、设计,并对勘察、设计质量负责。

审查机构按照有关规定对勘察成果、施工图设计文件进行审查不改变勘察、设计单位的质量责任。

(三)审查机构的职责

审查机构接受建设行政主管部门的委托对施工图设计文件涉及安全和强制性标准执行情况进行技术审查。建设工程经施工图设计文件审查后因勘察设计原因发生工程质量问题,审查机构承担审查失察的责任。

三、审查机构的设置及其审查范围

由当地建设行政主管部门组建的审查机构或建筑甲级设计单位成立的审查机构经申请批准后,均可开展施工图审查工作。各地在组建施工图设计文件审查机构时,应充分考虑当地原有的抗震审查机构和抗震审查的现状,已有抗震审查机构的地区可对抗震审查机构进行充实调整,使之同时承担包括抗震审查在内的施工图审查工作。

审查机构分为甲、乙、丙三个级别。

甲级审查机构的审查人员个人资格应符合41号文第十七条的规定，拥有结构审查人员不少于6人，勘察、建筑和其他配套专业的审查人员不少于7人；符合41号文第十八条规定的其他条件。

乙级和丙级审查机构的条件由省、自治区、直辖市建设行政主管部门确定，并报建设部备案。

甲级审查机构的审查范围不受限制；乙级审查机构审查范围为建筑工程设计分级标准规定的二级及以下工程的施工图设计文件；丙级审查机构审查范围为三级工程的施工图设计文件。

直辖市、计划单列市、省会城市不宜设置甲级以下审查机构。

甲级审查机构由建设部批准。乙级和丙级审查机构由省、自治区、直辖市建设行政主管部门批准。

县及县级市是否设置审查机构由省、自治区、直辖市建设行政主管部门视当地具体情况决定。

各地设置审查机构的数量，由省、自治区、直辖市建设行政主管部门根据当地建筑工程建设规模和施工图审查工作的需要确定，实行总量控制。

四、审查的内容

施工图设计文件审查机构审查的重点是对施工图设计文件中涉及安全、公众利益和强制性标准、规范的内容进行审查。建设行政主管部门可结合施工图设计文件报审这一环节，加强对该项目勘察设计单位资质和个人的执业资格情况、勘察设计合同及其他涉及勘察设计市场管理等内容的监督管理。

施工图设计文件中除涉及安全、公众利益和强制性标准、规范的内容外，其他有关设计的经济、技术合理性和设计优化等方面的问题，可以由建设单位通过方案竞选或设计咨询的途径加以解决。

五、审查程序规范化

施工图审查的各个环节都应实现程序规范化。

1. 建设单位向建设行政主管部门报送施工图，应有书面登录；
2. 建设行政主管部门委托审查机构进行审查，应向审查机构发出委托审查通知书；
3. 审查机构完成审查，应向建设行政主管部门提交技术性审查报告；
4. 审查结束，建设行政主管部门向建设单位发出程序性审查批准书；
5. 报审施工图设计文件和有关资料应存档备查。

以上各环节都应由省、自治区、直辖市建设行政主管部门制定统一的文本格式，并报建设部勘察设计司备案。

六、审查人员的认定和培训

根据41号文的规定，省、自治区、直辖市建设行政主管部门负责审查机构的审查人员的认定。各地应按照41号文中规定的审查人员的条件，加快对审查人员的认定，各审查机构的审查人员应该是通过认定的专业人士。各地应在完成首批审查人员认定的基础上，进行审查机构的申报工作。

所有审查人员都应进行必要的岗位培训。

七、审查机构的申报和批准

申请甲级施工图审查机构，由审查机构按照规定认真填写《建筑工程施工图设计文件审查机构申报表》（见附件），经省、自治区、直辖市建设行政主管部门初审合格，签署意见后报建设部批准。

乙级和丙级施工图审查机构，由审查机构按照规定认真填写《建筑工程施工图设计文件审查机构申请表》，经当地建设行政主管部门初审合格后报省、自治区、直辖市建设行政主管部门批准。

关于印发《建筑工程施工图设计文件审查暂行办法》的通知

(建设[2000]41号)

各省、自治区、直辖市建委(建设厅),各计划单列市建委,国务院各有关部门、集团公司,总后营房部,新疆生产建设兵团:

现将《建筑工程施工图设计文件审查暂行办法》印发给你们,请结合实际认真贯彻执行,执行中有何问题和建议,及时告我部勘察设计司。

中华人民共和国建设部
二〇〇〇年二月十七日

建筑工程施工图设计文件审查暂行办法

第一条 为加强建筑工程勘察设计质量监督与管理,保护国家财产和人民生命安全,维护社会公众利益,做好建筑工程施工图设计文件(以下简称施工图)审查工作,根据《建设工程质量管理条例》,制定本办法。

第二条 施工图审查是政府主管部门对建筑工程勘察设计质量监督管理的重要环节,是基本建设必不可少的程序,工程建设有关各方必须认真贯彻执行。

第三条 国务院建设行政主管部门负责全国的施工图审查管理工作。省、自治区、直辖市人民政府建设行政主管部门负责组织本行政区域内的施工图审查工作的具体实施和监督管理工作。

第四条 本办法所称施工图审查是指国务院建设行政主管部门和省、自治区、直辖市人民政府建设行政主管部门,依照本办法认定的设计审查机构,根据国家的法律、法规、技术标准与规范,对施工图进行结构安全和强制性标准、规范执行情况等进行的独立审查。

第五条 建筑工程设计等级分级标准中的各类新建、改建、扩建的建筑工程项目均属审查范围,省、自治区、直辖市人民政府建设行政主管部门,可结合本地的实际,确定具体的审查范围。

第六条 建设单位应当将施工图报送建设行政主管部门,由建设行政主管部门委托有关审查机构,进行结构安全和强制性标准、规范执行情况等内容的审查。

第七条 施工图审查的主要内容:

(一)建筑物的稳定性、安全性审查,包括地基基础和主体结构体系是否安全、可靠;

（二）是否符合消防、节能、环保、抗震、卫生、人防等有关强制性标准、规范；

（三）施工图是否达到规定的深度要求；

（四）是否损害公众利益。

第八条 建设单位将施工图报建设行政主管部门审查时，还应同时提供下列资料：

（一）批准的立项文件或初步设计批准文件；

（二）主要的初步设计文件；

（三）工程勘察成果报告；

（四）结构计算书及计算软件名称。

第九条 为简化手续，提高办事效率，凡需进行消防、环保、抗震等专项审查的项目，应当逐步做到有关专业审查与结构安全性审查统一报送、统一受理；通过有关专项审查后，由建设行政主管部门统一颁发设计审查批准书。

第十条 审查机构应当在收到审查材料后20个工作日内完成审查工作，并提出审查报告；特级和一级项目应当在30个工作日内完成审查工作，并提出审查报告，其中重大及技术复杂项目的审查时间可适当延长。审查合格的项目，审查机构向建设行政主管部门提交项目施工图审查报告，由建设行政主管部门向建设单位通报审查结果，并颁发施工图审查批准书。对审查不合格的项目，提出书面意见后，由审查机构将施工图退回建设单位，并由原设计单位修改，重新送审。

施工图审查批准书，由省级建设行政主管部门统一印制，并报国务院建设行政主管部门备案。

第十一条 施工图审查报告的主要内容应当符合本办法第七条的要求，并由审查人员签字、审查机构盖章。

第十二条 凡应当审查而未经审查或者审查不合格的施工图项目，建设行政主管部门不得发放施工许可证，施工图也不得交付施工。

第十三条 施工图一经审查批准，不得擅自进行修改。如遇特殊情况需要进行涉及审查主要内容的修改时，必须重新报请原审批部门，由原审批部门委托审查机构审查后再批准实施。

第十四条 建设单位或者设计单位对审查机构作出的审查报告如有重大分歧时，可由建设单位或者设计单位向所在省、自治区、直辖市人民政府建设行政主管部门提出复查申请，由省、自治区、直辖市人民政府建设行政主管部门组织专家论证并做出复查结果。

第十五条 建筑工程竣工验收时，有关部门应当按照审查批准的施工图进行验收。

第十六条 建设单位要对报送建设行政主管部门的审查材料的真实性负责；勘察、设计单位对提交的勘察报告、设计文件的真实性负责，并积极配合审查工作。

建设行政主管部门对在勘察设计文件中弄虚作假的单位和个人将依法予以处罚。

第十七条 设计审查人员必须具备下列条件：

（一）具有10年以上结构设计工作经历，独立完成过五项二级以上（含二级）项目工程设计的一级注册结构工程师、高级工程师，年满35周岁，最高不超过65周岁；

（二）有独立工作能力，并有一定语言文字表达能力；

（三）有良好的职业道德。

上述人员经省级建设行政主管部门组织考核认定后，可以从事审查工作。

第十八条 设计审查机构的设立，应当坚持内行审查的原则。符合以下条件的机构方可申请承担设计审查工作：

（一）具有符合设计审查条件的工程技术人员组成的独立法人实体；

（二）有固定的工作场所，注册资金不少于20万元；

（三）有健全的技术管理和质量保证体系；

（四）地级以上城市（含地级市）的审查机构，具有符合条件的结构审查人员不少于6人；勘察、建筑和其他配套专业的审查人员不少于7人。县级城市的设计审查机构应具备的条件，由省级人民政府建设行政主管部门规定。

（五）审查人员应当熟练掌握国家和地方现行的强制性标准、规范。

第十九条 符合第十八条规定的直辖市、计划单列市、省会城市的设计审查机构，由省、自治区、直辖市建设行政主管部门初审后，报国务院建设行政主管部门审批，并颁发施工图设计审查许可证；其他城市的设计审查机构由省级建设行政主管部门审批，并颁发施工图设计审查许可证。取得施工图设计审查许可证的机构，方可承担审查工作。

首批通过建筑工程甲级资质换证的设计单位，申请承担设计审查工作时，建设行政主管部门应优先予以考虑。

已经过省、自治区、直辖市建设行政主管部门或计划单列市、省会城市建设行政主管部门批准设立的专职审查机构，按本办法做适当调整、充实，并取得施工图设计审查许可证后，可继续承担审查工作。

第二十条 施工图审查工作所需经费，由施工图审查机构向建设单位收取。具体取费标准由省、自治区、直辖市人民政府建设行政主管部门商当地有关部门确定。

第二十一条 施工图审查机构和审查人员应当依据法律、法规和国家与地方的技术标准认真履行审查职责。施工图审查机构应当对审查的图纸质量负相应的审查责任，但不代替设计单位承担设计质量责任。施工图审查机构不得对本单位，或与本单位有直接经济利益关系的单位完成的施工图进行审查。

审查人员要在审查过的图纸上签字。对玩忽职守、徇私舞弊、贪污受贿的审查人员和机构，由建设行政主管部门依法给予暂停或者吊销其审查资格，并处以相应的经济处罚。构成犯罪的，依法追究其刑事责任。

第二十二条 城市市政基础设施工程的施工图审查工作，参照本办法执行。

铁道、交通、水利等专业工程的施工图审查办法，由国务院有关专业部门参照本办法制定，并报国务院建设行政主管部门备案。

第二十三条 本办法自颁布之日施行。省、自治区、直辖市人民政府建设行政主管部门，可结合本地实际制定具体实施办法，并报国务院建设行政主管部门备案。

建设部、中央机构编制委员会办公室、国家发展计划委员会、财政部、监察部、国土资源部、文化部、国家旅游局、国家文物局关于贯彻落实《国务院关于加强城乡规划监督管理的通知》的通知

(建规〔2002〕204号)

各省、自治区、直辖市建设厅、规划委(局)、园林局、编委办公室、计委、财政厅(局)、监察厅(局)、国土资源厅(局)、文化厅(局)、旅游局、文物局：

《国务院关于加强城乡规划监督管理的通知》(国发〔2002〕13号，以下简称《通知》)，对城乡规划建设工作提出了明确要求，各地区、各有关部门必须从实践"三个代表"重要思想的高度，认真贯彻落实《通知》精神，切实端正城乡规划建设指导思想，充分发挥城乡规划的综合调控作用，促进城乡经济社会的健康发展。各省(区)建设行政主管部门、城市规划行政主管部门(以下统称城乡规划部门)和城市园林行政主管部门要会同有关部门，把贯彻落实《通知》和《国务院办公厅关于加强和改进城乡规划工作的通知》(国办发〔2000〕25号)(以下简称国办发〔2000〕25号文件)精神作为当前和今后一段时期的重要工作抓紧抓好。现就有关问题通知如下：

一、抓紧编制和调整近期建设规划

近期建设规划是实施城市总体规划的近期安排，是近期建设项目安排的依据。各地要对照《通知》要求，依据批准的城市总体规划、国民经济和社会发展五年计划纲要，考虑本地区资源、环境和财力条件，对总体规划实施情况进行检查，调整或编制到2005年的近期建设规划，要与五年计划纲要起止年限相适应。合理确定近期城市重点发展区域和用地布局，重点加强生态环境建设，安排城市基础设施、公共服务设施、经济适用房、危旧房改造的用地，制定保障实施的相关措施。近期建设规划应注意与土地利用总体规划相衔接，严格控制占地规模，不得占用基本农田。各项建设用地必须控制在国家批准的用地标准和年度土地利用计划的范围内，严禁安排国家明令禁止项目的用地。自2003年7月1日起，凡未按要求编制和调整近期建设规划的，停止新申请建设项目的选址，项目不符合近期建设规划要求的，城乡规划部门不得核发选址意见书，计划部门不得批准建设项目建议书，国土资源行政主管部门不得受理建设用地申请。

近期建设规划应当先组织专家进行充分论证，征求同级人民代表大会常务委员会意见，由地方人民政府批准，报上级政府的城乡规划部门备案，国务院审批总体规制的城市，报建设部备案。

二、明确城乡规划强制性内容

强制性内容涉及区域协调发展、资源利用、环境保护、风景名胜资源保护、自然与文化遗产保护、公众利益和公共安全等方面,是正确处理好城市可持续发展的重要保证。城镇体系规划、城市总体规划已经批准的,要补充完善强制性内容。新编制的规划,特别是详细规划和近期建设规划,必须明确强制性内容。规划确定的强制性内容要向社会公布。

省域城镇体系规划中的强制性内容包括:城市发展用地规模与布局;区域重大基础设施布局;需要严格保护的区域和控制开发的区域及控制指标;毗邻城市的城市取水口、污水排放口的位置和控制范围;区域性公共设施的布局。

城市总体规划中的强制性内容包括:铁路、港口、机场等基础设施的位置;城市建设用地范围和用地布局;城市绿地系统、河湖水系、城市水厂规模和布局及水源保护区范围,城市污水处理厂规模和布局,城市的高压线走廊、微波通道和收发信区保护范围,城市主、次干道的道路走向和宽度,公共交通枢纽和大型社会停车场用地布局,科技、文化、教育、卫生等公共服务设施的布局,历史文化名城格局与风貌保护、建筑高度等控制指标,历史文化保护区和文物保护单位以及重要的地下文物埋藏区的具体位置、界线和保护准则,城市防洪标准、防洪堤走向、防震疏散、救援通道和场地,消防站布局,重要人防设施布局,地质灾害防护等。

详细规划中的强制性内容包括:规划地段各个地块的土地使用性质、建设量控制指标、允许建设高度、绿地范围,停车设施、公共服务设施和基础设施的具体位置,历史文化保护区内及涉及文物保护单位附近建、构筑物控制指标,基础设施和公共服务设施建设的具体要求。

规划的强制性内容不得随意调整,变更规划的强制性内容,组织论证,必须就调整的必要性提出专题报告,进行公示,经上级政府认定后方可组织和调整方案,重新按规定程序审批。调整方案批准后应报上级城乡规划部门备案。

三、严格建设项目选址与用地的审批程序

各类重大建设项目,必须符合土地利用总体规划、省域城镇体系规划和城市总体规划。尚未完成省域城镇体系规划编制的各省、自治区,要按照国办发[2000] 25号文件要求,在今年年底前完成编制省域城镇体系规划。因特殊情况,选址与省域城镇体系规划和城市总体规划不一致的,必须经专门论证;如论证后认为确需按所选地址建设的,必须先按法定程序调整规划,并将建设项目纳入规划中,一并报规划原批准机关审定。

依据省域城镇体系规划对区域重大基础设施和区域性重大项目选址,由项目所在地的市、县人民政府城乡规划部门提出审查意见,报省、自治区、直辖市及计划单列市人民政府城乡规划部门核发建设项目选址意见书,其中国家批准的项目应报建设部备案。涉及世界文化遗产、文物保护单位和地下文物埋藏区的项目,经相应的文物行政主管部门会审同意。对于不符合规划要求的,建设部要予以纠正。在项目可行性报告中,必须附有城乡规划部门核发的选址意见书。计划部门批准建设项目,建设地址必须符合选址意见书。不得以政府文件、会议纪要等形式取代选址程序。各省、自治区、直辖市城乡规划部门会同计划等部门要依照国办发[2000] 25号文件和建设部、国家计委《建设项目选址规划管理办法》(建规[1991] 583号),制定各类重大项目选址审查管理规定。

各地区、各部门要严格执行《土地管理法》规定的建设项目用地预审制度。建设项目可行性研究阶段，建设单位应当依法向有关政府国土资源行政主管部门提出建设项目用地预审申请。凡未依法进行建设项目用地预审或未通过预审的，有关部门不得批准建设项目可行性研究报告，国土资源行政主管部门不得受理用地申请。

四、认真做好历史文化名城保护工作

历史文化名城保护规划是城市总体规划的重要组成部分。各地城乡规划部门要会同文物行政主管部门制定历史文化名城保护规划和历史文化保护区规划。历史文化名城保护规划要确定名城保护的总体目标和名城保护重点，划定历史文化保护区、文物保护单位和重要的地下文物埋藏区的范围、建设控制地区，提出规划分期实施和管理的措施。历史文化保护区保护规划应当明确保护原则，规定保护区内建、构筑物的高度、地下深度、体量、外观形象等控制指标，制定保护和整治措施。尚未完成历史文化名城和历史文化保护区保护规划编制的，必须在今年年底前完成。

各地要按照文化遗产保护优先的原则，切实做好城市文化遗产的保护工作。历史文化保护区保护规划一经批准，应当报同级人民代表大会常务委员会备案。在历史文化保护区内建设活动，必须就其必要性进行论证；其中拆除旧建筑和建设新建筑的，应当进行公示，听取公众意见，按程序审批，批准后报历史文化名城批准机关备案。

五、加强风景名胜区的规划监督管理

风景名胜资源归国家所有，各级政府及其管理机构要严格履行管理职责。建设部和省级城乡规划部门、直辖市园林部门应当加强对风景名胜资源保护管理的监督。风景名胜区应当设立管理机构，在所属人民政府的领导下主持风景名胜区的管理工作。设在风景名胜区内的所有单位，除各自业务受上级主管部门领导外，都必须服从管理机构对风景名胜区的统一规划和管理。不得将景区规划管理和监督的职责交由企业承担。

要加快风景名胜区规划的编制工作。国家重点风景名胜区尚未完成规划编制的，要按国办［2000］25号文件的规定在今年底前完成编制；1990年底以前编制的，要组织重新修编；今年国务院公布的第四批国家重点风景名胜区，要在2003年6月底前编制完成总体规划。省市级风景名胜区的规划编制工作也要抓紧进行。风景名胜区规划中要划定核心保护区(包括生态保护区、自然景观保护区和史迹保护区)保护范围，制定专项保护规划，确定保护重点和保护措施。核心保护区内严格禁止与资源保护无关的各种工程建设。风景名胜区规划与当地土地利用总体规划应协调一致。风景名胜区规划未经批准的，一律不得进行工程建设。

严格控制风景名胜区建设项目。要按照经批准的风景名胜区总体规划、建设项目规划和近期建设详细规划要求确定各类设施的选址和规模。符合规划要求的建设项目，要按照规定的批准权限审批。国家重点风景名胜区内的重大建设项目规划由省级城乡规划部门审查，报建设部审批，凡涉及文物保护单位的，应按《文物保护法》规定的程序报批。总体规划中未明确的重大建设项目，确需建设的，必须调整规划，按规定程序报批。对未经批准擅自新开工建设的项目要责令停工并依法拆除。

各地要对风景名胜区内的设施进行全面检查，对不符合总体规划、未按规定程序报批的项目，要登记造册，做出计划，限期拆除。省级城乡规划部门要于年底前将清理检查结果报建设部。

六、提高镇规划建设管理水平

做好规划是镇发展的基本条件。镇的规划要符合城镇体系布局，规划建设指标必须符合国家规定，防止套用大城市的规划方法和标准。严禁高能耗、高污染企业向镇转移，各镇不得为国家明确强制退出和限制建设的各类企业安排用地。严格规划审批管理制度，重点镇的规划要逐步实行省级备案核准制度。重点镇要着重建设好基础设施，特别是供水、排水和道路，营造好的人居环境。要高度重视移民建镇的建设。对受资源环境限制和确定退耕还林、退耕还湖需要搬迁的村镇，要认真选择安置地点，不断完善功能，切实改善移民的生活条件，确保农民的利益。要建立和完善规划实施的监督机制。较大公共设施项目必须符合规划，严格建设项目审批程序。乡镇政府投资建设项目应当公示资金来源，严肃查处不切实际的"形象工程"。要严格按规划管理公路两侧的房屋建设，特别是商业服务用房建设。要分类指导不同地区、不同类型镇的建设，抓好试点及示范。要建立健全规划管理机制，配备合格人员。规划编制和管理所需经费按照现行财政体制划分，由地方财政统筹安排。

七、切实加强城乡结合部规划管理

城乡结合部是指规划确定为建设用地，国有土地和集体所有用地混杂地区；以及规划确定为农业用地，在国有建设用地包含之中的地区。要依据土地利用总体规划和城市总体规划编制城乡结合部详细规划和近期建设规划，复核审定各地块的性质和使用条件。着重解决好集体土地使用权随意流转、使用性质任意变更以及管理权限不清、建设混乱等突出问题，尽快改变城乡结合部建设布局混乱，土地利用效率低，基础设施严重短缺，环境恶化的状况。城乡规划部门和国土资源行政主管部门要对城乡结合部规划建设和土地利用实施有效的监督管理，重点查处未经规划许可或违反规划许可条件进行建设的行为。防止以土地流转为名擅自改变用途。各地要对本地区城乡结合部土地使用权流转和规划建设情况进行全面清查，总结经验，研究制定对策和措施。建设部和国土资源部要依照国务院《通知》的要求，研究加强城乡结合部规划建设和土地管理的政策措施，切实做好城乡结合部管理工作。

八、加强规划集中统一管理

各地要根据《通知》规定，健全、规范城乡规划管理机构。设区城市的市辖区原则上不设区级规划管理机构，如确有必要，可由设区的市规划部门在市辖区设置派出机构。城市各类开发区以及大学城、科技园、度假区的规划等必须符合城镇体系规划和城市总体规划，由市城乡规划部门统一管理。市一级规划的行政管理权擅自下放的要立即纠正。省级城乡规划部门要会同有关部门对市、县行使规划管理权限的情况进行检查，对未按要求纠正的要进行督办，并向省级人民政府、建设部和中央有关部门报告。

城市规划区与风景名胜区重叠地区，风景名胜区规划与城市总体规划必须相一致。各项建设项目的审批，必须符合风景名胜区和城市总体规划管理的有关规定，征求城市园林部门意见，由城乡规划部门会同有关部门统一管理。其他风景名胜区，由省(区)城乡规划部门、直辖市园林行政主管部门与所在市人民政府确定的派出机构，并会同相关业务部门，统一规划管理。

九、建立健全规划实施的监督机制

城乡规划管理应当受同级人大、上级城乡规划部门的监督，以及公众和新闻舆论的监督。城乡规划实施情况每年应当向同级人民代表大会常务委员会报告。下级城乡规划部门应当就城乡规划的实施情况和管理工作，向上级城乡规划部门提出报告。城乡规划部门要将批准的城乡规划、各类建设项目以及重大案件的处理结果及时向社会公布，应当逐步将旧城改造等建设项目规划审批结果向社会公布，批准开发企业建设住宅项目规划必须向社会公布。国家级和省级风景名胜区规划实施情况，依据管理权限，应当每年向建设部和省（区）城乡规划部门提出报告。城乡规划部门、城市园林部门可以聘请监督人员，及时发现违反城乡规划和风景名胜区规划的情况，并设立举报电话和电子信箱等，受理社会公众对违法建设案件的举报。

对城乡规划监督的重点是：规划强制性内容的执行，调整规划的程序，重大建设项目选址，近期建设规划的制定和实施，历史文化名城保护规划和风景名胜区规划的执行，历史文化保护区和风景名胜区范围内的建设，各类违法建设行为的查处情况。

加快建立全国城乡规划和风景名胜区规划管理动态信息系统。建设部应在2003年年底前实现对直辖市、省会城市等大城市、国家重点风景名胜区特别是其核心景区的各类开发活动和规划实施情况的动态监测。省（区）城乡规划部门、直辖市园林部门也要建立相应的动态管理信息系统。

十、规范城乡规划管理的行政行为

各级城乡规划部门、城市园林部门的机构设置要适应依法行政、统一管理和强化监督的需要。领导干部应当有相应管理经历，工作人员要具备专业职称、职业条件。要健全各项规章制度，建立严格的岗位责任制，强化对行政行为的监督。规划管理机构不健全、不能有效履行管理和监督职能的，应当尽快整改。要切实保障城乡规划和风景名胜区规划编制和管理的资金，城乡规划部门、城市园林部门要将组织编制和管理的经费，纳入年度财政预算。财政部门应加强对经费使用的监督管理。

各级地方人民政府及其城乡规划部门、城市园林部门要严格执行《城市规划法》、《文物保护法》、《环境保护法》、《土地管理法》及《风景名胜区管理暂行条例》等法律法规，认真遵守经过审批具有法律效力的各项规划，确保规划依法实施。各级城乡规划部门要提高工作效率，明确建设项目规划审批规则和审批时限，加强建设项目规划审批后的监督管理，及时查处违法建设的行为。要进一步严格规章制度，城乡规划和风景名胜区规划编制、调整、审批的程序、权限、责任和时限，对涉及规划强制性内容执行、建设项目"一书两证"核发、违法建设查处等关键环节，要做出明确具体的规定。要建章立制，强化对行政行为的监督，切实规范和约束城乡规划部门和工作人员的行政行为。

要建立有效的监督制约工作机制，规划的编制与实施管理应当分开。规划的编制和调整，应由具有国家规定的规划设计资质的单位承担，管理部门不再直接编制和调整规划。规划设计单位要严格执行国家规定的标准规范，不得迎合业主不符合标准规范的要求。改变规划管理部门既编制、调整又组织实施规划，纠正规划管理权缺乏监督制约，自由裁量权过大的状况。

十一、建立行政纠正和行政责任追究制度

对城乡规划管理中违反法定程序和技术规范审批规划，违反规划批准建设，违反近期建设规划批准建设，违反省域城镇体系规划和城市总体规划批准重大项目选址、违反法定程序调整规划强制性内容批准建设、违反历史文化名城保护规划、违反风景名胜区规划和违反文物保护规划批准建设等行为，上级城乡规划部门和城市园林部门要及时责成责任部门纠正；对于造成后果的，应当依法追究直接责任人和主管领导的责任；对于造成严重影响和重大损失的，还要追究主要领导的责任。触犯刑律的，要移交司法机关依法查处。

城乡规划部门、城市园林部门对违反城乡规划和风景名胜区规划案件要及时查处，对违法建设不依法查处的，要追究责任。上级部门要对下级部门违法案件的查处情况进行监督，督促其限期处理，并报告结果。对不履行规定审批程序的，默许违法建设行为的，以及对下级部门监管不力的，也要追究相应的责任。

十二、提高人员素质和规划管理水平

各级城乡规划部门、城市园林部门要加强队伍建设，提高队伍素质。要建立健全培训制度，加强职位教育和岗位培训，要不断更新业务知识，切实提高管理水平。建设部将按照国务院的要求，组织编写城乡规划、历史文化名城保护、风景名胜区保护等教材，提供市长、城乡规划和风景名胜区管理机构等领导干部培训使用，以及安排好课程教育。国家重点风景名胜区的主要管理人员，都应当参加建设部与有关部门组织的培训班，掌握必要的专业知识。各省、自治区、直辖市也要建立相应的培训制度，城乡规划部门、城市园林部门应当会同有关部门组织好对所辖县级市的市长，以及县长、乡镇长的培训。要大力做好宣传工作，充分发挥电视、广播、报刊等新闻媒体的作用，向社会各界普及规划建设知识，增强全民的参与意识和监督意识。

各地要尽快结合本地的实际情况，研究制定贯彻落实《通知》的意见和具体措施，针对存在问题，组织检查和整改。要将贯彻落实的工作分解到各职能部门，提出具体要求，规定时间进度，明确检查计划，要精心组织，保证检查和整改的落实。建设部会同国家计委、监察部、国土资源部、国家文物局等部门对各地贯彻落实情况进行监督和指导，并将于今年三季度末进行重点检查，向国务院做出专题报告。

中华人民共和国建设部
中央机构编制委员会办公室
中华人民共和国国家发展计划委员会
中华人民共和国财政部
中华人民共和国监察部
中华人民共和国国土资源部
中华人民共和国文化部
中华人民共和国国家旅游局
国家文物局
二○○二年八月二日

关于开展城乡规划监督检查的通知

(建规函[2004]5号)

各省、自治区建设厅、直辖市规划局(委员会):

《国务院关于加强城乡规划监督管理的通知》(国发[2002]13号,以下简称《通知》)、《关于贯彻落实〈国务院关于加强城乡规划监督管理的通知〉的通知》(建规[2002]204号,以下简称204号文件。)下发以来,各地认真学习贯彻文件精神,切实端正城乡建设指导思想,充分发挥城乡规划的综合调控作用,促进了城乡经济社会的健康发展。但是,一些地方特别是市县人民政府对贯彻《通知》的重要性认识不够,缺乏贯彻落实《通知》要求的具体措施,对存在的问题没有进行全面严格整改;部分市县分管领导和规划部门对《通知》以及九部委204号文件等有关贯彻文件缺乏了解;一些地方的"形象工程"、"政绩工程"问题没有从根本上纠正;对擅自设立开发区、大学城,盲目扩大园区用地规模的整改工作尚未收到实效,下放规划管理权等问题还没有得到根本解决。为进一步贯彻落实《通知》精神,切实加强城乡规划监督管理工作,促进城乡全面、协调和可持续发展,建设部决定2004年继续开展全国范围的城乡规划监督检查。现就有关事项通知如下:

一、检查重点和主要内容

此次检查的重点是地方各级人民政府贯彻落实《通知》和九部委204号文件情况。主要内容包括:

(一)国务院批复的省域城镇体系规划实施情况。主要检查重点地区和重大区域性基础设施建设选址意见书制度执行情况。

(二)2002年5月以来,地方政府利用财政资金建设的楼堂馆所以及道路、广场等基础设施情况。重点检查上述建设项目是否符合城市总体规划和近期建设规划要求;涉及拆迁的,是否在规划审批前予以公示,听取被拆迁人等利害关系人的意见。

(三)城乡规划编制和调整情况。重点检查市县人民政府是否按照《通知》和九部委204号文件要求,组织开展并按时完成近期建设规划编制或调整工作,明确各类城乡规划的强制性内容。

(四)各级人民政府及其有关部门批准设立的开发区清理整顿情况。重点检查是否按照国务院清理整顿开发区的有关规定,对省级以下开发区进行了清理和撤并;开发区建设和土地利用是否违反城镇体系规划、城市总体规划要求;对下放开发区规划管理权的,是否予以纠正并废止有关文件。

(五)2002年5月以来,城市建设用地增加以及批准和使用情况。重点检查是否认真执行《建设部关于加强国有土地使用权出让规划管理工作的通知》(建规[2002]270号),土地征用、供应及使用是否符合城市总体规划、近期建设规划和详细规划的规定,并依法定程序办理规划许可手续;招标拍卖挂牌出让土地是否由城乡规划行政主管部门依据详细规划提供了规划设计条件,并将其作为出让合同的组成部分。

(六)城乡规划执行情况。重点检查2003年7月1日后是否存在未编制近期建设规划而批准使用土地和进行建设的;2003年7月1日后,是否违反近期建设规划和强制性内容批准使用土地和进行建设;2002年5月以来批准的重大建设项目中是否存在以政府文件和会议纪要等形式取代选址程序,未取得"选址意见书"而批准立项、未取得"建设用地规划许可证"而批准使用土地等情况。

(七)历史文化名城保护情况。重点检查保护规划的执行情况和历史文化街区整体保护状况;在历史文化街区内拆除旧建筑和建设新建筑的,是否符合历史文化街区保护规划,并按要求进行公示和报批。

(八)违法案件处理情况。重点检查是否对本地发生的城乡规划违法案件包括新闻媒体报道或公众举报的案件等进行了认真核查,并依法严肃处理;对重大违法案件是否进行了公开处理,并及时向上级政府及其城乡规划行政主管部门报告。

二、检查方式和时间安排

此次检查以省和地(州)、市、县(区)自查自纠为主,省级城乡规划行政主管部门在对照检查省域城镇体系规划实施情况的同时,负责督查本行政区域内自查自纠情况并组织全面互查。建设部将选择部分省份进行抽查。检查工作分三个阶段进行。

第一个阶段,2004年1月至2004年3月底,各省、自治区建设厅对照检查省域城镇体系规划实施情况;各地(州)、市、县城乡规划行政主管部门围绕上述检查内容和重点开展全面清查和自纠,并将检查报告逐级汇总上报省、自治区建设厅。直辖市的自查自纠情况直接报建设部。

第二个阶段,2004年4月至6月,在地(州)、市、县自查自纠基础上,由省、自治区建设厅组织各地(州)、市、县城乡规划行政主管部门对自查自纠情况进行互查,并于6月底前将本地区自查自纠情况以及互查结果书面报告建设部。互查工作可以结合本地区实际情况,与省人大组织开展的城乡规划执法检查结合进行。

第三个阶段,2004年第三季度,建设部将在各地自查基础上选择部分省、自治区和直辖市进行抽查,并将检查情况上报国务院。

三、工作要求

(一)充分认识开展城乡规划监督检查的重要意义,认真开展监督检查工作

开展城乡规划监督检查,是深入贯彻《通知》精神、加强城乡规划监督管理工作的重要举措。各地要充分认识开展这项工作的重要意义,增强责任感和紧迫性,切实抓紧抓好监督检查工作。各级规划部门的一把手要亲自抓,负总责。要按照文件要求,周密部署,精心安排,做到组织落实、人员落实、任务落实和责任落实,保证按时保质完成工作。

目前,全国多数地区已经按照国务院文件要求建立了城乡规划年度监督检查制度。今后,地方各级城乡规划行政主管部门都要组织开展本地区城乡规划监督检查工作,并逐级上报检查情况。各省、自治区建设厅和直辖市规划局(委员会)应于每年12月底前向建设部书面提交监督检查报告。

(二)加强对监督检查工作的督查和指导

各省、自治区建设厅要认真做好对本地区自查自纠工作的督查和指导。要通过督查,掌握各地、市、县是否按照要求部署开展自查自纠工作,具体工作是否落实;存在的问题

是否全面清查并列出；对发现的问题是否制定了整改措施并主动纠正；解决不了的问题，是否及时向上级规划部门报告。对好的典型要公开表扬，对工作进展缓慢或工作不力的，要给予批评并责令限期改正。各省、自治区建设厅，直辖市规划局要通过媒体，将此次监督检查的结果向社会公布。

（三）切实做好整改工作，依法严肃处理一批大案要案

各市县对检查中发现的问题，要严格依据《城市规划法》等法律法规和有关政策进行纠正；自己纠正有困难的，要及时向上级规划部门报告，请上级规划部门帮助解决；对不自动纠正的，省级规划部门要责成市县人民政府及规划部门限期纠正。对自查中发现的问题，法律法规没有规定或政策规定尚不明确的，要抓紧研究处理意见。各省、自治区建设厅，直辖市规划局（委员会）要组织专门人员搜集、掌握检查中发现的此类重大问题，研究处理意见和解决措施。对特别重大的问题，可报请建设部研究决定。各级规划部门要重视规划管理制度建设，针对检查中发现的问题和薄弱环节，修改和完善现行的规划管理制度。

要抓好大案要案的查处，以震慑和遏制违法行为。对有令不行、有禁不止，或在自查自纠过程中顶风违法违纪的，要公开严肃处理。不仅要纠正错误，还要按照《通知》及有关法律法规的规定，追究有关责任人员的行政责任和刑事责任。对检查中发现的大案要案和典型案例，有关市县规划部门要进行深入调查和剖析，整理形成详细资料逐级上报省、自治区建设厅和直辖市规划局（委员会），并由其汇总后作为监督检查报告的附件书面报建设部城乡规划司。各省、自治区、直辖市规划局（委员会）每年应上报5个以上典型案例。建设部将筛选部分案例在全国范围内进行通报。请各地于2004年1月30日前，将2003年城乡规划方面典型案例书面报建设部城乡规划司。

中华人民共和国建设部
二〇〇四年一月九日

关于加强城镇污水处理厂运行监管的意见

(建城〔2004〕153号)

各省、自治区建设厅,天津市建委,重庆市市政管理委员会,北京市、上海市水务局:

为进一步加强城镇污水处理厂的监督与管理,全面提高城镇污水处理厂的运行效率和管理水平,促进水污染防治工作,努力改善水环境,现就加强城镇污水处理厂运行监管提出如下意见:

一、充分认识加强城镇污水处理厂运行监管工作的重要性和迫切性。"九五"以来,国家实施积极的财政政策,加大了以城镇污水处理厂建设为重点的环境基础设施投入,对于缓解水污染,改善水环境,发挥了重要作用。但一些地方政府监管职能不到位,监管体制不完善的问题十分突出;一些污水处理厂运行效率不高,运行管理不规范,影响了城镇污水处理厂正常功能的发挥,影响了国家环境保护目标的实现。加强监管,保证城镇污水处理厂的正常运行,不仅关系到公共财政资金投入的效益,而且直接影响到城镇的生态环境,关系到广大人民群众的切身利益,关系到城镇的可持续发展。各地要采取有效措施,切实加强城镇污水处理厂建设运行的监管工作。

二、进一步明确加强城镇污水处理厂建设和运行的监管是各级建设行政主管部门的重要职责。城镇污水处理厂是城市重要的市政公用基础设施,是城镇供水、节水、治污工作的重要方面,与城市规划、管理密不可分,各地建设行政主管部门应根据职能分工,依法行政,认真履行职责,加强对城镇污水处理厂运营单位的监督和管理,建立、健全城镇污水处理厂监管制度和目标考核制度,把各项监管工作落到实处。

三、城镇污水处理厂的运营管理必须按照政事分开、政企分开的原则,明确城镇污水处理厂运营单位的责权,使城镇污水处理厂运营单位逐步成为产权清晰、独立核算、自主经营的经营实体。城市建设行政主管部门及排水行政主管部门(以下统称城市建设行政主管部门)主要是对城镇污水处理厂运行全过程进行监管,不直接参与污水处理厂运行与作业的具体管理工作。

四、大力推行特许经营制度。城市政府要通过其授权的行业行政主管部门与城镇污水处理厂运营单位签订城镇污水处理厂特许经营协议,明确协议双方的权利与义务。对于暂不具备条件实行特许经营的城镇污水处理厂,可在核定实际污水处理量及处理成本的基础上,由行政主管部门与运营单位签订委托经营协议及污水处理厂服务合同。

五、要严格实施城市排水许可制度。城市建设行政主管部门要依据城市排水许可制度的要求,加强对排入城镇污水收集系统的主要排放口特别是重点工业排放口水量水质的监督和监测,保障各类城镇排水设施的安全运行,保证城镇污水处理厂的正常运转。

六、加快配套污水管网的建设,充分发挥污水处理设施的效益。保证城镇污水处理厂投入运行后的实际处理负荷,在一年内不低于设计能力的60%,三年内不低于设计能力的75%。

七、进一步完善城镇污水处理收费制度，特别要加强对自备水用户的污水处理费征收工作。对自备水用户，可由污水处理费征收部门核定污水排放量，按照有关规定通过协议方式委托银行直接划拨污水处理费。各地征收的污水处理费应优先用于城镇污水处理设施的运行。

八、城市建设行政主管部门应委托有资格的检测单位对城镇污水处理厂进出水水质、水量和污泥进行定期监测，并监督污水处理厂的实际运行情况。可采用委派监管员的方式对城镇污水处理厂的运行过程实行监管。在严格监管和监测的基础上，加强对污水处理厂运营费拨付的核定工作。

九、城镇污水处理厂运营单位应按规定接受城市建设行政主管部门的监管。必须在城市建设行政主管部门指定的位置安装在线监测系统对进出水量和主要水质指标进行实时监测。建立严格的取样、检测和化验制度，按国家有关标准和操作规程对进出水的水质、水量和污泥进行检测。完善检测数据的统计分析和报表制度。按期（月、季、年）向城市建设行政主管部门上报进出水的水质、水量、污泥处置情况、设备运行状况及运行成本等。

十、对于进水水质、水量发生重大变化，可能影响污水处理厂正常运行的，其运营单位应将发生的情况和采取的措施及时报城市建设行政主管部门，并同时报环境保护行政主管部门。因进行设备设施检修、维护需暂停污水处理系统运行，或导致处理能力明显下降的，运营单位必须提前报告城市建设行政主管部门，在取得同意后方可进行此类活动。对于因突发事件或事故造成关键设备停运的，运营单位必须采取措施，尽快抢修恢复正常运行，之后应及时报建设行政主管部门备案。

十一、要加强对主要管理人员的培训。污水处理厂的管理人员、技术人员和实际操作人员必须经培训后上岗。污水处理厂运营单位要进一步规范污水处理厂的运行管理，建立和完善各种规章制度。应按照《城市污水处理厂运行、维护及其安全技术规程》的要求，加强城镇污水处理厂的设备管理、工艺管理和水质管理，切实保障污水处理厂安全正常运行。

十二、对于谎报实际运行数据以及制造虚假数据的城镇污水处理厂运营单位，城市建设行政主管部门应依据特许经营协议或委托经营协议，限期整改；对情节严重的，应终止特许经营权或委托经营权，取消运营资格；对造成重大社会影响和严重经济损失的，要对污水处理厂运营单位主要责任人依法追究责任并按规定做出处罚。

十三、切实做好城镇污水处理厂污泥的处理和处置工作。鼓励结合本地区的实际对污泥进行综合利用，对不能进行综合利用的污泥，必须进行稳定化、无害化处理，防止二次污染。

十四、要逐步扩大城镇污水处理信息公开的透明度，建立健全社会和公众对城镇污水处理厂运行的监督机制，充分发挥舆论监督、社会监督和行业自律的作用。

中华人民共和国建设部
二〇〇四年八月三十日

关于贯彻《国务院关于深化改革严格土地管理的决定》的通知

(建规[2004]185号)

各省、自治区建设厅,直辖市建委、规划局(委员会),新疆生产建设兵团建设局:

《国务院关于深化改革严格土地管理的决定》(国发[2004]28号,以下简称《决定》),针对当前存在的圈占土地、乱占滥用耕地等突出问题,提出了深化改革、健全法制、统筹兼顾、标本兼治,进一步完善符合我国国情的最严格的土地管理制度的明确要求。各级城乡规划、建设行政主管部门要从落实科学发展观的高度,充分认识加强土地管理和保护工作的重要性,切实履行职责,认真贯彻落实《决定》各项部署和要求,继续贯彻《国务院关于加强城乡规划监督管理的通知》(国发[2002]13号,以下简称13号文件)。现就有关问题通知如下:

一、切实做好土地利用总体规划与城乡规划的相互衔接工作

(一)依法做好土地利用总体规划、城市总体规划、村庄和集镇规划的相互衔接工作。城市总体规划、村庄和集镇规划中建设用地规模不应超过土地利用总体规划确定的城市和村庄、集镇建设用地规模。在城市规划区内、村庄和集镇规划区内,城市和村庄、集镇建设用地必须符合城市规划、村庄和集镇规划。

(二)在城乡规划制定工作中加强基本农田的保护。城市总体规划、村庄和集镇规划要把规划区内基本农田保护范围作为强制性内容,在图纸上详细标明。今后,凡调整城市总体规划、村庄和集镇规划涉及基本农田的,调整前必须报请原审批机关认可,经认可后方可调整;调整后的规划,必须按法定程序报原批准机关审批。

(三)充分发挥近期建设规划的综合协调作用。按照13号文件和建设部等九部委《关于贯彻落实〈国务院关于加强城乡规划监督管理的通知〉的通知》(建规[2002]204号)要求,近期建设规划与经济社会发展五年规划、房地产业和住房建设发展中长期规划要相互衔接,统筹安排规划年限内的城市建设用地总量、空间分布和实施时序,合理确定各类用地布局和比例。各地要依据近期建设规划,结合土地利用年度计划,确定城市建设发展的年度目标和安排。要优先安排危旧房改造和城市基础设施中拆迁安置用房、普通商品住房、经济适用住房建设项目用地,保证近期建设规划中确定的国家重点建设项目和基础设施项目用地。

二、严格执行建设用地指标,促进土地资源的集约和合理利用

(四)加快制定建设用地指标。抓紧工程项目建设用地指标制定和修改完善工作,优先开展城市基础设施项目,教育和公共文化体育卫生基础设施项目建设用地指标的编制工作,重点做好城市规划区范围内道路等市政工程建设用地指标、城市和村镇建设用地指标的编制工作,尽快建立科学合理的用地指标框架体系。

（五）编制和审批城乡规划，必须符合国家建设用地指标。各地要严格依据国家规定的建设用地指标编制和审批城市总体规划、村庄和集镇规划，合理确定城乡建设和用地规模。凡建设用地规模超过国家用地指标的规划，一律不得审查通过，并责成有关地方人民政府按规定进行缩减。

（六）各类新建、改建、扩建工程项目必须严格执行用地指标。城乡规划行政主管部门在审批建设项目用地申请时，要依据国家规定的建设用地指标，对建设用地面积进行严格审查，对超过国家规定用地指标的，不得发放建设用地规划许可证、建设工程规划许可证。禁止超过国家用地指标、以"花园式工厂"为名圈占土地。

（七）各地要立足于本地区土地资源的实际状况，合理确定与城市发展相适应的绿化用地面积。鼓励和推广屋顶绿化和立体绿化。进行绿化建设，必须符合城市总体规划、城市绿化规划。禁止利用基本农田进行绿化。基本农田上进行绿化建设的城市，不得列入园林城市、生态园林城市考核范围。凡在基本农田上进行绿化建设的，必须立即停止并予以纠正。

（八）指导和推广集约利用土地资源的新技术、新材料。要加快城乡规划动态监测系统及监测网络建设，充分利用现代高新技术实施城乡规划动态监测。积极推进建筑节能和墙体材料革新工作，研究、开发、推广和应用新型墙体材料，替代实心黏土砖。禁止占用耕地烧制实心黏土砖。在资金、技术允许情况下，鼓励开发利用城市地下空间。

三、加强城乡规划对城乡建设和土地利用的调控和指导

（九）省级人民政府必须依据省域城镇体系规划，统筹安排本行政区域内各业和各地区用地。要充分考虑和利用现有基础设施，合理规划，避免低水平重复建设和超规模建设。

（十）加强近期建设规划实施监管。近期建设规划确定的发展建设范围，必须符合已经法定程序批准的城市总体规划。编制近期建设规划，要根据城市总体规划确定的近期发展目标，划定近期建设控制线。各类建设项目，必须位于近期建设规划确定的近期建设控制线内。要加快近期建设控制线内控制性详细规划的编制和审批工作。凡未按要求编制近期建设规划的，停止新申请建设项目和用地的规划审批；对违反近期建设规划的建设项目和用地申请，一律不予批准。

（十一）加强开发区规划管理。要严格执行13号文件的规定，开发区范围内规划制定、审批权必须集中由所在市、县城乡规划行政主管部门行使，不得下放。凡下放规划管理权的，必须立即纠正。凡存在下放开发区规划管理权且尚未纠正的，对申请扩区的，一律不予批准。申请设立开发区或扩区的，必须报经省级城乡规划行政主管部门依据规划审查，核定用地范围并出具审查意见。设立各类开发区，必须符合省域城镇体系、城市总体规划。禁止在城市总体规划确定的建设用地范围外，设立开发区。因开发区发展需要申请扩区的，新增用地范围必须位于已经批准的城市总体规划建设用地范围内。

（十二）加强对存量土地利用的规划安排，控制新增建设用地。新建建设项目凡能利用存量土地的，不得批准新增建设用地。采取有力措施，做好"城中村"改造。存量土地再利用时，应当优先保证适合中低收入家庭需要的普通商品住房、经济适用住房建设以及必需的市政公用设施建设。城市、集镇和村庄新增建设用地，必须符合城市总体规划、村庄、集镇规划。禁止在城市规划区、村庄和集镇规划区范围以外，批准城市和集镇、村庄建设用地。

(十三) 加强城乡规划对土地储备、供应的调控和引导。城乡规划行政主管部门要依据城市总体规划和近期建设规划,就近期内需要收购储备、供应土地的位置和数量提出建议。实施土地收购储备,必须符合城市总体规划、近期建设规划。存量土地收购储备涉及房屋拆迁的,应当根据《国务院办公厅关于控制城镇房屋拆迁规模严格拆迁管理的通知》(国办发〔2004〕46号),纳入房屋拆迁中长期规划和年度计划管理。土地储备机构实施国有土地上房屋拆迁的,应当按照《城市房屋拆迁管理条例》规定的条件和程序办理。实施土地供应,必须符合近期建设规划和控制性详细规划。各地城乡规划行政主管部门要将城市中心地区、旧城改造地区、近期发展地区、拟储备出让土地的地区作为重点区域,优先编制控制性详细规划,明确规划设计条件。招标、拍卖或挂牌出让国有土地使用权时,应当具备依据控制性详细规划确定的规划设计条件,并作为出让合同的组成部分。凡没有列入或者不符合近期建设规划、控制性详细规划规定用途的土地,不得办理规划手续。

(十四) 规范建设用地和项目审批程序。在城市规划区内进行建设需要申请用地的,必须持有关文件,向城乡规划行政主管部门申请办理规划许可手续。未取得建设用地规划许可证而取得土地使用批准文件的,批准文件无效,已占用的土地依法予以收回。需报请发展改革部门核准或备案的项目,必须先取得城乡规划行政主管部门出具的规划意见。

四、加强对划拨土地上开发活动和集体建设用地流转的管理

(十五) 规范原有划拨土地的房地产开发活动。经依法批准利用原有划拨土地从事房地产开发的,应按市场价补缴土地出让金,依法取得房地产开发资质,并纳入房地产开发管理。独立工矿区、困难企业可以利用自用划拨土地,在符合城市规划、土地利用总体规划的前提下,组织住房困难职工进行集资合作建房,并纳入经济适用住房建设管理,执行经济适用住房建设管理的有关规定,不得以与其他单位联合建设等形式变相进行房地产开发。

(十六) 严格集体建设用地流转管理。建制镇、村庄和集镇中的农民集体所有建设用地使用权流转,必须符合建制镇、村庄和集镇规划,由城乡规划行政主管部门依据规划出具有关流转地块的规划条件。没有编制或违反建制镇、村庄和集镇规划要求的,有关集体建设用地,不得进行流转。房地产开发企业应按照《城市房地产管理法》的规定,依法在取得国有土地使用权的土地上进行基础设施、房屋建设,禁止以"现代农业园区"或"设施农业"为名、利用集体建设用地变相从事房地产开发和商品房销售活动。

(十七) 加强对集体土地上房屋拆迁的管理。与国土资源部门共同研究制定城市规划区内集体土地上房屋拆迁补偿有关政策。

五、强化村庄集镇建设和用地管理

(十八) 加强村镇规划编制工作。省域城镇体系规划要确定重点镇的数量;县(市)域城镇体系规划要确定镇和中心村的布局;村庄集镇总体规划,要合理确定农村居民点的数量、布局和建设用地规模。要统筹规划工业用地,严禁零散安排乡村工业用地。在符合农民意愿的前提下,统筹规划农村居民点、迁村并点。尚未编制村庄和集镇规划的,要抓紧编制和报批。涉及行政区划调整的地区,要及时修编村庄和集镇规划。

(十九) 加强对农村宅基地管理。新批村镇宅基地必须位于村庄、集镇规划区内,并符合村庄、集镇规划的安排。凡没有制定村庄、集镇规划或宅基地申请与村庄、集镇规划不符的，一律不得办理许可手续。已确定撤并的农村居民点内，不得批准进行新的建设。禁止多处申请宅基地。因实施农房建设，需申请批准新宅基地的，原有宅基地应当退回。农村住宅设计，不得突破当地规定的宅基地规划、建设标准。

（二十）采取切实措施，加大对村镇规划建设管理的资金支持和技术指导，理顺管理体制，加强村镇基层规划建设管理工作。

六、依法严肃查处违法违规行为

（二十一）依法监督和查处违法用地行为。地方各级城乡规划、建设行政主管部门要开展专项监督检查，重点查处未经审批乱圈地、突破国家用地指标和规划确定的用地规模使用土地、占用基本农田进行建设等问题。对建设单位、个人未取得建设用地规划许可证、建设工程规划许可证进行用地和项目建设，擅自改变规划用地性质或扩大建设规模，违反法律规定和规划要求随意流转集体建设用地等行为，要采取措施坚决制止，并依法给予处罚。按法律规定应当没收或拆除的违法用地和违法建设，必须依法处罚，不得以罚款或补办手续取代。触犯刑律的，要依法移交司法机关查处。

（二十二）建立行政过错纠正和行政责任追究制度。上级部门要加强对下级部门的监督检查。严格执行13号文件规定，对于地方人民政府及有关行政主管部门违反规定调整规划，违反规划批准使用土地和项目建设，擅自在规划确定的建设用地范围以外批准、设立开发区，以及对违法用地不依法查处等行为，除应予以纠正外，还要按照干部管理权限和有关规定对直接责任人给予行政处分。对于造成严重损失和不良影响的，除追究直接责任人责任外，还应追究有关领导的责任，必要时可给予负有责任的主管领导撤职以下行政处分；触犯刑律的，依法移交司法机关查处。

各级城乡规划、建设行政主管部门要以邓小平理论和"三个代表"重要思想为指导，牢固树立科学发展观和正确的政绩观，切实端正城乡规划建设指导思想，依法加强监督管理，充分发挥城乡规划对土地资源集约和合理利用的调控和引导作用，落实好最严格的土地管理制度，促进城乡经济和社会的健康和可持续发展。

中华人民共和国建设部
二〇〇四年十月二十九日

关于加强村镇建设工程质量安全管理的若干意见

(建质〔2004〕216号)

各省、自治区建设厅，直辖市建委，江苏省、山东省建管局，新疆生产建设兵团建设局：

当前，我国村镇建设工程质量安全的总体水平在不断提高，但各地的状况不平衡。为加强村镇建设工程质量安全管理工作，切实提高村镇建设工程质量安全水平，现提出如下意见：

一、进一步提高认识，完善村镇建设工程管理体制

(一) 做好村镇建设工程质量安全工作，直接关系到广大人民群众的切身利益。各级建设行政主管部门要从实践"三个代表"重要思想的高度，充分认识做好村镇建设工程质量安全工作的重要意义，增强做好村镇建设工程质量安全工作的紧迫感和使命感。

(二) 各地要统筹城市建设与村镇建设，并与现行的村镇行政管理体系结合起来，进一步健全和完善村镇建设工程管理服务机构，并充分发挥村民委员会等村民自治机构的作用，制定相关政策，促进村镇建设社会化服务体系的发展。

(三) 各级建设行政主管部门应整合监管资源，特别是县级建设行政主管部门应建立对市场、质量、安全管理进行统一管理的工程管理机构。

二、加强服务和指导力度，提高村镇工程质量安全水平

(一) 各地建设行政主管部门应结合本地区实际情况，充分考虑当地的建材及习惯做法，因地制宜，并通过必要的试验，组织编制、修订本行政区域内建制镇、集镇规划区内的居民和村庄建设规划范围内的农民自建住宅标准、通用设计图或标准设计图集。住宅通用设计图或标准设计图集应符合国家现行技术标准中有关工程质量安全的规定，并向村庄建设规划范围内的建房农民无偿提供。建筑设计应注意对当地民居建筑风格的继承和保持，方案应多样化，以适应不同层次的需求。

(二) 各地建设行政主管部门要有针对性地组织设计力量开展村镇工程设计竞赛，提倡推广新型住宅设计方案，逐步引导村庄建设规划范围内的农民自建住宅由传统结构型式向符合国家标准规范的结构型式转变。同时，结合本地情况，指导农民改革自建住宅的建造模式，通过样板村镇建设活动引导新的村镇工程建造和管理模式。

(三) 各地建设行政主管部门要把大力扶持发展本地建筑劳务输出与提高村镇建设工程质量紧密结合起来，加强村镇建筑队伍的技术培训工作，并制定符合本地实际的农民自建住宅施工技术规程等地方标准以指导施工。县级建设行政主管部门对培训合格人员可发给培训合格证书。

(四) 鉴于村镇建设规划范围内的居民和农民自建住宅一般规模较小的实际情况，可由县级建设行政主管部门在村镇规划选址勘察的基础上适当增加取土孔，并在地质报告中做出基础埋深及基础形式的初步建议。

三、突出重点，分类指导，创新监督管理方式

（一）对于建制镇、集镇规划区内的所有公共建筑工程、居民自建两层（不含两层）以上以及其他建设工程投资额在 30 万元以上或者建筑面积在 300 平方米以上的所有村镇建设工程、村庄建设规划范围内的学校、幼儿园、卫生院等公共建筑（以下称限额以上工程），应严格按照国家有关法律、法规和工程建设强制性标准实施监督管理。

建制镇、集镇规划区内所有加层的扩建工程必须委托有资质的设计单位进行设计，并由有资质的施工单位承建。

（二）对于建制镇、集镇规划区内建设工程投资额 30 万元以下且建筑面积 300 平方米以下的市政基础设施、生产性建筑，居民自建两层（含两层）以下住宅和村庄建设规划范围内的农民自建两层（不含两层）以上住宅的建设活动（以下简称限额以下工程）由各省、自治区、直辖市结合本地区的实际，依据本意见"五"明确的对限额以下工程的指导原则制定相应的管理办法。

（三）对于村庄建设规划范围内的农民自建两层（含两层）以下住宅（以下简称农民自建低层住宅）的建设活动，县级建设行政主管部门的管理以为农民提供技术服务和指导作为主要工作方式。

四、采取有效措施，强化监督管理力度

（一）县级建设行政主管部门要加强本行政区域内村镇建设工程的质量安全监督管理工作，重点加强对本行政区域内，特别是城关镇以外的限额以上工程执行基本建设程序情况的监督检查，并建立相应的巡查报告制度，明确巡查人员及其职责。

（二）巡查人员若发现建制镇、集镇规划区内和村庄建设规划范围内限额以上工程未经开工批准擅自施工的项目以及在以上规划区外擅自进行建设的，应立即责令停止施工并报告县级建设行政主管部门进行处理。

（三）县级建设行政主管部门应建立相应的质量安全流动抽查与定点监督检查制度，监督重点应放在抓好工程的结构质量和施工安全上，加大对工程的地基验槽和主体结构施工过程以及预制构件等涉及结构安全的建材的监督检查力度；同时坚持监督与服务并举的原则，对工程的设计、施工提供必要的技术指导和服务。

（四）限额以上工程竣工后，建设方要组织竣工验收，并按有关规定向县级建设行政主管部门或委托的建制镇、集镇的村镇工程管理服务机构办理竣工验收备案。县级建设行政主管部门或其委托的村镇工程管理服务机构要做好工程竣工验收的监督工作。

五、加强对限额以下工程和农民自建低层住宅的指导

（一）限额以下建设工程建设方必须取得规划批准文件方可开工，并应在动土施工前到村镇建设工程管理服务机构办理报建备案手续。

（二）建设方在申请建房基地时，应与村镇建设工程管理服务机构签订建房服务协议，协议要明确双方的权利与义务。村镇建设工程管理服务机构应指导建设方选用合适的设计通用图及其配套基础形式或联系有关技术人员提供基础设计有偿服务。建房协议可作为村镇建设工程管理服务机构对其工程进行管理的依据。

（三）建设方应选择具有设计、施工承包资质的设计、施工企业进行设计、施工，也可依照有资格的建筑师、结构工程师以个人名义设计的图纸和选择有资格的建造师、监理

工程师组织的施工队伍或具有劳务资质的施工队伍，并由设计、施工单位或建筑师、建造师、监理工程师分别对设计、施工质量和安全负责。由建设方自行组织施工的，由建设方对工程质量和施工安全负责。建设方应优先考虑选择具有工程技术职称的技术人员和经县级建设行政主管部门培训合格的建筑施工人员。

（四）县级建设行政主管部门应对村民自治机构有关人员提供培训服务，并通过发放挂图、基本知识读本等方式宣传推广识图、施工管理方法等基本常识。对限额以下工程和农民自建低层住宅建设方及承建方，在开挖地基、砌筑墙体、安装预制楼板、拌制混凝土、防水层施工、安装拆卸模板、搭拆脚手架等重要工序上进行必要的技术指导。

六、加强村镇建设的抗灾、防灾工作

（一）地质环境条件是构成建设工程质量安全的重要因素之一。在村镇建设规划中的建设用地必须考虑工程建设质量安全因素。村镇建设规划中划定建设用地时，要考虑避开自然灾害易发地带，如山体滑坡隐患、地质条件不稳定、风口、有严重环境污染、不便于进行基础设施配套的地域。

（二）各地在对村镇规划、村镇建设的管理规定中，要根据本地实际增加有关抗震、抗风等防灾的要求，按照不同地区、区分不同结构形式，组织编制农房建设抗震、抗风等设防标准和标准图集；提出规模建设的村镇规划、建设中加强抗震抗风管理工作的指导意见。

（三）对基本完成的村庄规划，各地要组织专家对规划选址进行防灾评估；对存有重大安全隐患的选址，尽快进行合理调整，防患于未然。

（四）要充分利用各种手段加强对群众的抗震、抗风等防灾知识普及和安全教育，提高全民的工程质量安全意识，将灾害损失控制降低在最低限度。

中华人民共和国建设部
二〇〇四年十二月六日

关于公布第二批中国历史文化名镇(村)的通知

(建规〔2005〕159号)

各省、自治区、直辖市建设厅(建委)、文物局：

根据各地推荐，经专家评选及《中国历史文化名镇(村)评价指标体系》审核，建设部、国家文物局决定公布河北省蔚县暖泉镇等34个镇为第二批中国历史文化名镇(见附件1)、北京市门头沟区斋堂镇灵水村等24个村为第二批中国历史文化名村(见附件2)。

请你们加强对中国历史文化名镇(村)规划建设工作的指导，认真编制和完善保护规划，制定严格的保护措施，杜绝违反保护规划的建设行为的发生，严格禁止将历史文化资源整体出让给企业用于经营，进一步理顺管理体制，切实做好中国历史文化名镇(村)的保护和管理工作。

建设部、国家文物局将对已经公布为中国历史文化名镇(村)的镇(村)的保护工作进行不定期检查和监督；对由于人为因素或自然原因，致使历史文化名镇(村)已经不符合规定条件的，建设部、国家文物局将撤销其中国历史文化名镇(村)的称号。

附件：1. 第二批中国历史文化名镇名单
　　　2. 第二批中国历史文化名村名单

中华人民共和国建设部
国家文物局
二〇〇五年九月十六日

附件1

第二批中国历史文化名镇名单

01　河北省蔚县暖泉镇
02　山西省临县碛口镇
03　辽宁省新宾满族自治县永陵镇
04　上海市金山区枫泾镇
05　江苏省苏州市吴中区木渎镇
06　江苏省太仓市沙溪镇
07　江苏省姜堰市溱潼镇
08　江苏省泰兴市黄桥镇

09　浙江省湖州市南浔区南浔镇
10　浙江省绍兴县安昌镇
11　浙江省宁波市江北区慈城镇
12　浙江省象山县石浦镇
13　福建省邵武市和平镇
14　江西省浮梁县瑶里镇
15　河南省禹州市神垕镇
16　河南省淅川县荆紫关镇
17　湖北省监利县周老嘴镇
18　湖北省红安县七里坪镇
19　湖南省龙山县里耶镇
20　广东省广州市番禺区沙湾镇
21　广东省吴川市吴阳镇
22　广西壮族自治区灵川县大圩镇
23　重庆市渝北区龙兴镇
24　重庆市江津市中山镇
25　重庆市酉阳县龙潭镇
26　四川省邛崃市平乐镇
27　四川省大邑县安仁镇
28　四川省阆中市老观镇
29　四川省宜宾市翠屏区李庄镇
30　贵州省贵阳市花溪区青岩镇
31　贵州省习水县土城镇
32　云南省禄丰县黑井镇
33　甘肃省宕昌县哈达铺镇
34　新疆维吾尔自治区鄯善县鲁克沁镇

附件2

第二批中国历史文化名村名单

01　北京市门头沟区斋堂镇灵水村
02　河北省怀来县鸡鸣驿乡鸡鸣驿村
03　山西省阳城县北留镇皇城村
04　山西省介休市龙凤镇张壁村
05　山西省沁水县土沃乡西文兴村
06　内蒙古自治区土默特右旗美岱召镇美岱召村
07　安徽省歙县徽城镇渔梁村

08 安徽省旌德县白地镇江村
09 福建省连城县宣和乡培田村
10 福建省武夷山市武夷乡下梅村
11 江西省吉安市青原区文陂乡渼陂村
12 江西省婺源县沱川乡理坑村
13 山东省章丘县官庄乡朱家峪村
14 河南省平顶山市郏县堂街镇临沣寨（村）
15 湖北省武汉市黄陂区木兰乡大余湾村
16 广东省东莞市茶山镇南社村
17 广东省开平市塘口镇自力村
18 广东省佛山市顺德区北滘镇碧江村
19 四川省丹巴县梭坡乡莫洛村
20 四川省攀枝花市仁和区平地镇迤沙拉村
21 贵州省安顺市西秀区七眼桥镇云山屯村
22 云南省会泽县娜姑镇白雾村
23 陕西省米脂县杨家沟镇杨家沟村
24 新疆维吾尔自治区鄯善县吐峪沟乡麻扎村

建设部、监察部关于开展城乡规划效能监察的通知

(建规〔2005〕161号)

各省、自治区建设厅、监察厅(局、委),直辖市规划委(局)、监察局(委):

为了深入贯彻中共中央《建立健全教育、制度、监督并重的惩治和预防腐败体系实施纲要》、国务院《全面推进依法行政实施纲要》、《国务院关于加强城乡规划监督管理的通知》(国发〔2002〕13号)精神,确保政令畅通,落实国家宏观调控政策,推进城乡规划依法行政,建设部、监察部决定开展城乡规划效能监察。现将有关事宜通知如下:

一、指导思想、总体目标和基本原则

指导思想: 以党的十六大,十六届三中、四中全会和中央纪委第五次全会精神为指导,开展城乡规划效能监察工作。着力解决当前城乡规划工作中存在的滥用职权,不严格执行城乡规划的有关法律法规,规划许可工作拖沓、推诿、扯皮和违规办事,以及城乡规划实施缺乏有效事前、事中监督,失职、渎职等问题,促进依法行政,确保政令畅通,保障城市健康发展。

总体目标: 到2007年底,全面树立领导干部依法行使城乡规划管理权力意识,初步解决城乡建设指导思想不端正,随意更改规划等问题;改善城乡规划工作机制,推进规划编制的科学性,提高规划的权威性,保证规划的严肃性;改进工作作风,加强廉政建设,使城乡规划行业工作人员廉洁自律的自觉性明显增强,部门和行业风气普遍好转,预防和治理腐败取得明显成效。

基本原则: 一是坚持依法监察的原则。要在各级政府的统一领导下,依据国家有关法律法规,按照法定职责、权限和程序有计划地开展城乡规划效能监察活动。

二是坚持过程控制与重点监察相结合的原则。依据城乡规划制定、调整、实施的法定程序,对城乡规划管理进行全过程的监察。同时,把促进城乡规划的科学编制、规范行政行为和推进政务公开作为监察重点,纠正和消除影响行政效能的各种因素。

三是坚持效能监察与效能建设有机结合的原则。在实施城乡规划效能监察的同时,应注重对城乡规划主管部门效能建设的指导,逐步规范管理行为,严格依法行政,提高办事效率,建立有利于提高行政效能的城乡规划管理体制。

四是坚持及时调查、严肃查处的原则。对效能监察工作中发现和揭露出来的问题,要及时调查处理。对违纪违法干预规划或管理混乱、工作失职等造成重大损失的,要严肃追究责任;对涉嫌违法犯罪问题,要依法移送司法机关处理。

二、监察重点对象和主要内容

城乡规划效能监察的重点对象是:地(市)、县(市、区)乡镇人民政府,地(市)县(市、区)城乡规划主管部门及其工作人员,行使城乡规划管理职能的事业单位及其工作人员。

城乡规划效能监察主要内容包括：

（一）城乡规划依法编制、审批情况

是否进行了城市总体规划修编的前期研究和论证；

是否经原审批机关的认定后，开展城市总体规划修编工作；

城市总体规划修编是否委托符合资质条件的编制单位承担；

是否参照经国务院批准的《城市总体规划审查工作规则》，建立相应的城市总体规划审查工作机制；

是否建立了城市总体规划与土地利用总体规划的协调机制；

上报审批的规划编制成果是否符合法律、法规和技术标准规范要求。

（二）城乡规划行政许可的清理、实施、监督情况

是否严格按照《行政许可法》的要求清理、规范了城乡规划行政许可事项；

是否建立了完善的建设项目规划审批流程；

是否建立了城乡规划行政许可的内部监督制度；

地（市）、县（市）一级规划的行政管理权是否集中统一管理；

各类开发区是否纳入规划和管理；

是否存在以政府文件和会议纪要等形式取代选址程序，未取得"选址意见书"而批准立项、未取得"建设用地规划许可证"而批准使用土地等情况；

建立派驻城市规划督察员制度情况；

建立城市规划委员制度情况。

（三）城乡规划政务公开情况

是否建立了城乡规划公示、听证等公众参与制度；

是否建立了城乡规划主动公开和依申请公开制度；

是否建立了城乡规划信息咨询及查询制度；

是否研究制定了地方性法规或规章，逐步把政务公开纳入法制化轨道。

（四）城乡规划廉政、勤政情况

是否存在个别领导干部违纪违法干预城乡规划实施的现象；

是否违反经批准的规划和法定程序建设政府工程；

是否建立了违纪违法案件举报制度；

对违纪违法案件是否进行了认真查处。

三、工作要求

（一）成立领导小组，切实加强领导

各地要把城乡规划效能监察作为加强党的执政能力建设和改善宏观调控的一项重要措施来抓，认真组织，积极协调。

建设部、监察部共同成立城乡规划效能监察领导小组，由建设部部长汪光焘同志任组长，建设部副部长仇保兴、监察部副部长陈昌智、中央纪委驻建设部纪检组组长姚兵同志任副组长。建设部城乡规划司、监察部执法监察司、监察部驻建设部监察局负责同志为小组成员，领导小组办公室设在建设部城乡规划司。

县级以上地方各级人民政府城乡规划部门和监察机关要成立本级城乡规划效能监察领导小组，负责本地区城乡规划效能监察工作。

（二）加强宣传动员，统一思想认识

各地在开展城乡规划效能监察工作中要认真贯彻落实本通知要求，深入调研，摸清情况，找准问题，统一认识。要加强宣传和教育，通过层层动员部署，增强各级领导干部和工作人员参与的自觉性。建设部、监察部城乡规划效能监察领导小组办公室将以简报、开设城乡规划效能监察网页等方式，进行效能监察工作经验交流和成果展示。

（三）采取多种形式，务求工作实效

城乡规划效能监察是一项综合性工作，各级城乡规划主管部门、监察机关要紧密配合，受理有关举报、投诉。可采取征求群众意见、专家评议、委托城市规划督察员进行专项督察等方法，调查、检查行政机关工作人员影响、制约城乡规划行政效能的行为，并根据调查、检查情况，及时反馈给被监察单位有关领导、部门和管理人员及其上级主管领导、部门；违反党纪、政纪的行为，要依据有关法规规定，进行严肃处理。各地要正确分析、评价本县（市、区）及规划管理部门的管理现状，针对所发现的问题，通过建章立制，整改问题，堵塞漏洞，改进工作，努力提高城乡规划管理水平。

四、进度安排

第一阶段：部署阶段（2005年9月～12月）。各地要根据本通知要求，成立领导小组，制定具体的工作计划、进度表和工作规则、工作程序、考核标准、奖惩办法等，于2005年12月31日前报建设部、监察部城乡规划效能监察领导小组办公室（建设部城乡规划司）。

第二阶段：实施阶段（2006年1月～2007年6月）。各地全面开展工作，每半年对城乡规划效能监察工作进行总结，沟通情况，提出改进建议和下一步工作计划，并报省级和建设部、监察部城乡规划效能监察领导小组。建设部、监察部城乡规划效能监察领导小组将采取抽查的方式，每年抽查3～4省，每省1～2市，了解、推进工作，组织经验交流。

第三阶段：总结阶段（2007年7月～12月）。各地对本地区开展城乡规划效能监察工作中发现的问题进行分析，对经验进行总结。建设部、监察部城乡规划效能监察领导小组在各省（自治区、直辖市）总结的基础上对城乡规划效能监察工作进行全面总结，并予以通报。

建设部
监察部
二〇〇五年九月六日

关于建立派驻城乡规划督察员制度的指导意见

(建规〔2005〕81号)

各省、自治区建设厅，直辖市规划局(规委)：

为深入贯彻《国务院关于加强城乡规划监督管理的通知》(国发〔2002〕13号)要求，不断加强对城乡规划管理的监督检查，总结推广四川等地派驻城乡规划督察员制度试点工作作法与经验，规范和引导各地派驻城乡规划督察员制度的建立和完善，提出如下意见：

一、充分认识建立派驻城乡规划督察员制度的重要意义

建立派驻城乡规划督察员制度，是深入贯彻《国务院关于加强城乡规划监督管理的通知》的具体要求，贯彻落实中共中央《建立健全教育、制度、监督并重的惩治和预防腐败体系实施纲要》的重要举措，对于在城乡规划领域实践"三个代表"重要思想，落实科学发展观，构建社会主义和谐社会，维护城乡规划的严肃性，更好发挥城乡规划作用等，具有重要的意义。这项制度的建立，强化了城乡规划的层级监督，有利于形成快速反馈和及时处置的督察机制，及时发现问题，减少违反规划建设带来的消极影响和经济损失；有利于推动地方规划管理部门依法行政，促进党政领导干部在城乡规划决策方面的科学化和民主化。

二、明确建立派驻城乡规划督察员制度的基本思路

派驻城乡规划督察员制度是在现有的多种监督形式的基础上建立的一项新的监督制度。其核心内容是通过上级政府向下一级政府派出城乡规划督察员，依据国家有关城乡规划的法律、法规、部门规章和相关政策，以及经过批准的规划、国家强制性标准，对城乡规划的编制、审批、实施管理工作进行事前和事中的监督，及时发现、制止和查处违法违规行为，保证城乡规划和有关法律法规的有效实施。

建立派驻城乡规划督察员制度，应当从省级人民政府向下一级人民政府派出城乡规划督察员开始。督察工作要努力拓宽省级政府的城乡规划监督渠道，主要促进所在地实行自身有效的规划管理为目标。派出城乡规划督察员的日常管理工作应当由省级规划行政主管部门负责，不得给当地政府及其城乡规划管理部门增加负担。

城乡规划督察员有权对当地政府制定、实施城乡规划的情况，当地城乡规划行政主管部门贯彻执行城乡规划法律、法规和有关政策的情况，查处各类违法建设以及受理群众举报、投诉和上访的情况进行督察。

城乡规划督察员要重点督察以下几方面内容：城乡规划审批权限问题；城乡规划管理程序问题；重点建设项目选址定点问题；历史文化名城、古建筑保护和风景名胜区保护问题；群众关心的"热点、难点"问题。城乡规划督察员特别要加大对大案要案的督察力度。

城乡规划督察员应当本着"到位不越位、监督不包办"的原则,不妨碍、替代当地城乡规划行政主管部门正常的行政管理工作,在不违反有关法律的前提下,实施切实有效的监督。一般以参加会议、查阅资料、调查研究等方式,及时了解规划编制、调整、审批及实施等情况。当地政府及有关单位应积极配合,及时准确地提供有关具体情况。应采取公布城乡规划督察员联系方式、设立举报箱等措施鼓励单位、社会组织和个人向城乡规划督察员反映情况,检举、揭发违反规划的行为。

对于督察中发现的违反城乡规划的行为,城乡规划督察员应当及时向当地政府或有关部门提出督察意见,同时将督察意见上报省级人民政府及城乡规划行政主管部门。当地政府及有关部门应当认真研究督察意见,及时向城乡规划督察员反馈意见,做到有错必纠。对市(县)政府拒不改正的,应请求由省级人民政府及其城乡规划行政主管部门责令改正,并建议省级人民政府就城乡规划督察员反映的问题组织调查,并召开由派驻的城乡规划督察员主持的听证会,提出处理意见或直接处理。

要高度重视城乡规划督察员的选派工作。城乡规划督察员应当具有强烈的社会责任感,能够坚持原则,忠实履行职责;熟悉城乡规划政策法规,具备城乡规划建设方面的专业知识和比较丰富的实际工作经验。既可从省级城乡规划行政主管部门、规划院,也可从其他城市或当地城乡规划工作者中选派,但一般应当熟悉被派驻城市的基本情况。

城乡规划督察员应严格遵守督察纪律,不夸大、掩饰督察发现的问题,应定期向派出政府城乡规划行政主管部门书面汇报工作。对督察工作不力、违反工作纪律的城乡规划督察员,一经发现,要及时解聘。构成犯罪的,移交司法机关处理。各省(区、市)应当根据当地的实际需要详细界定城乡规划督察员的职责权限、责任。

三、加强领导,确保派驻城乡规划督察员制度健康发展

建立健全派驻城乡规划督察员制度是一项全新的工作,特别在起步阶段,面临着诸多矛盾和困难。各省、自治区建设厅、直辖市规划局(规委)要以创新的思维、改革的勇气、科学的态度、周密的安排,积极稳妥推进。要主动向省(区、市)委、省(区、市)政府汇报,同时加强与人事、财政、监察等相关部门及有关市(县)政府的协调工作,及时开展调研、沟通,摸清情况,找准问题,统一认识,争取各方面的支持。

城乡规划督察工作涉及面广,做好这项工作,需要社会各界的支持,要注意把握正确的舆论导向,组织更为有效的公众参与。同时城乡规划督察工作政策性强,要加强对城乡规划督察员的管理和定期培训,对督察工作进行及时的总结和引导。

各地要切实加强对建立派驻城乡规划督察员制度的领导。已经建立派驻城乡规划督察员制度的省(区、市),要不断总结经验,逐步完善。尚未建立派驻城乡规划督察员制度的省(区、市),要抓紧制订工作方案,向省(区、市)委、省(区、市)政府汇报,并经批准后实施。各地在建立派驻城乡规划督察员制度中遇到的问题,可及时与我部联系,并于今年年底,将本省(区、市)工作进展情况报我部。

建设部
二〇〇五年五月十九日

建设部办公厅关于建立全国村镇建设工程质量联络员制度的通知

(建办质函 [2005] 203号)

各省、自治区建设厅，直辖市建委，江苏、浙江、山东省建管局：

村镇建设工程质量，直接关系到村镇人民群众的切身利益和全面建设小康社会目标的实现。为进一步促进城镇化事业的健康发展，建立健全村镇建设工程质量监管体系，加强对村镇建设工程的监督、指导和服务，我部决定建立全国村镇建设工程质量联络员制度，以加强信息沟通和工作协调。

请各省、自治区建设厅，直辖市建委确定一名负责村镇建设质量工作的同志（原则上为主管部门内设处室负责人）担任全国村镇建设工程质量联络员，并填写联络员登记表（附后），于2005年5月15日前报送建设部工程质量安全监督与行业发展司。

村镇建设工程施工安全联络工作仍按《全国建筑安全生产联络员办法》执行。

联系人：朱长喜，苗喜梅
电　话：010-58933293
传　真：010-58934250
E-mail：zcx-912@163.net
附件一：全国村镇建设工程质量联络员登记表
附件二：全国村镇建设工程质量联络员工作办法

中华人民共和国建设部办公厅
二〇〇五年四月二十日

附件一：

全国村镇建设工程质量联络员登记表

填报单位： （盖章）

姓　名		性　别	
政治面貌		出生年月	
工作单位			
职务		职　称	
通讯地址		（邮编）	
办公电话		手　机	
家庭电话		传　真	
工　作　简　历			

附件二：

全国村镇建设工程质量联络员工作办法

第一条 村镇建设工程质量工作，直接关系到广大农民的切身利益和全面建设小康社会目标的实现。为进一步城镇化事业的健康发展，贯彻《关于加强村镇建设质量安全管理的若干意见》（建质［2004］216号），建立健全村镇建设工程质量监管体系，及时了解和掌握全国各地村镇建设工程质量情况，加强对村镇建设的监督、指导和服务，根据《建设工程质量管理条例》等法规规定，特制定本办法。

第二条 全国村镇建设工程质量联络员的工作内容：

（一）收集、整理本地区工程质量重要信息，分析本地村镇建设工程质量形势；

（二）督促本地区村镇建设工程质量事故快报、事故处罚等情况上报工作；

（三）提出改进本地区或者全国村镇建设工程质量监管工作的具体意见、建议；

（四）按时参加联络员会议，并向会议通报本地村镇建设工程质量形势和工作重点；

（五）向所在单位领导汇报联络员会议精神，提出贯彻落实会议精神的建议、措施。

第三条 各省级建设行政主管部门确定一名负责村镇建设质量工作的处级干部担任全国村镇建设工程质量联络员，报建设部安全生产委员会办公室（设在工程质量安全监督与行业发展司，以下简称部安委会办公室）审查后，予以公布。联络员工作如有变化，应及时报告。

第四条 联络员会议制度：

（一）部安委会办公室负责组织全国村镇建设工程质量联络员会议。联络员会议分为年度会议、临时会议。年度会议每年召开一次。

年度会议的内容为：分析全国村镇建设工程质量形势，总结年度工作，提出工作意见。

重大工程质量事故频繁发生，或有重要工作需要部署时，可召开临时会议。临时会议可由重大事故发生地的部分联络员或者全部联络员参加。

（二）每次会议的具体时间、地点、内容由建设部安委会办公室负责通知。

（三）联络员会议纪要，抄报建设部及省级建设行政主管部门主要领导同志，印发联络员所在单位和联络员。

（四）联络员因故不能参加联络员会议，应向建设部安委会办公室请假，并委派相关人员参加。

第五条 联络员信息传递制度

（一）各地区联络员每季度初 15 日内应向部安委会办公室书面报送上一季度村镇建设工程质量情况报告。情况报告内容可由各地根据实际确定，一般应包括村镇建设工程质量形势综述、重大措施和重要活动，典型经验与做法，主要问题的原因分析与对策、建议等。

（二）各地区联络员对本地需提交联络员会议讨论的重大事项应及时向部安委会办公室提出。

（三）部安委会办公室以工程质量安全监督与行业发展司名义，通过文件、简报、建设部网站等方式向联络员传递有关信息并保持日常联系。

（四）联络员所在单位应为联络员的工作创造条件。

第六条 本办法执行情况由部安委会办公室负责考核，考核结果在联络员会议上通报。

第七条 本办法自颁布之日起执行。

建设部、科学技术部关于印发《小城镇建设技术政策》的通知

(建科〔2006〕76号)

各省、自治区、直辖市建设厅(建委)、科技厅(委),计划单列市建委(建设局)、科技局,新疆生产建设兵团、科技局:

  为贯彻落实科学发展观,促进大中小城市与小城镇协调发展,加强对小城镇建设技术发展的指导,建设部和科技部组织编制了《小城镇建设技术政策》,为地方建设行政主管部门指导小城镇规划、建设和管理提供了政策性依据,为地方科技行政主管部门组织研究开发适用于小城镇的先进适用技术提供了应遵循的原则。现将《小城镇建设技术政策》印发给你们,请认真组织实施并结合本地实际制定政策性文件指导小城镇建设健康发展。

中华人民共和国建设部
中华人民共和国科学技术部
二〇〇六年四月五日

小城镇建设技术政策

(二〇〇六年四月)

一、实施科学合理的城镇化战略,实现大中小城市和小城镇协调发展

1. 实施科学合理的城镇化战略,实现小城镇合理有序发展

1.1 城镇化发展要适合国情,要与当地经济社会发展、工业化水平和市场发育程度相适应,与资源环境条件相协调,结合不同地区的具体条件,实现大中小城市和小城镇协调发展,形成结构合理、功能互补的城镇体系。

1.2 东部地区或经济发达地区(或大中城市郊区和城镇密集区),要发挥大中城市对小城镇和农村地区发展的带动作用,整合城镇密集区,发展重点小城镇,促进人口和产业集聚,提高建设质量。已形成城镇群的经济发达地区,应充分发挥核心城市的辐射带动功能;城镇群内部的小城镇要有合理分工,形成各自的特色。

1.3 中部地区或经济中等发达地区,发展小城镇要与发展中小城市并重,积极扩大重点小城镇规模,提高建设质量,增强辐射带动功能。

镇,更应重视发展县城和条件较好的工业镇,注意保护历史文化名镇。

2. 坚持区域协调和城乡协调,统筹规划小城镇发展

2.1 小城镇发展建设应遵循区域经济发展的客观规律，与区域经济发展水平和社会文明程度相适应，使之相互促进、相互协调、共同发展。

2.2 在区域城镇体系规划中，要明确城镇功能结构、城镇规模结构、城镇空间布局，并协调区域性基础设施和公共服务设施的建设。

城镇密集区和中心城市周边地区的小城镇，要纳入所在区域城镇体系统一规划，参与城镇职能分工和产业结构调整，与大中城市优势互补，互为依存，实现城乡统筹发展。

相对独立的小城镇要强化其为所在地区农业、农村、农民服务的功能，带动农村经济社会发展。

2.3 准确把握小城镇发展的功能定位。小城镇发展建设要立足于繁荣农村经济，切实为农业、农村和农民服务，推进城乡统筹发展，形成城、镇、村经济社会发展互动的良性循环。

小城镇应成为基层地区的经济、文化、科技与信息服务中心，带动周边农村经济和社会发展。大中城市周边的小城镇，要积极延伸城市产业链，成为产品营销和信息交流的载体，促进城乡经济繁荣。

小城镇应成为提高村镇居民生活质量、人口素质和进行精神文明建设的基地，为推动社会主义新农村建设创造条件。

3. 科学编制县(市)域城镇体系规划

3.1 实施科学合理的县(市)域经济发展战略，优化经济结构和产业结构，制定适合本地区的产业发展模式；产业布局必须合理利用资源，保护生态环境，发展循环经济，提高土地、水等资源的综合利用效率。

3.2 在省、市域(地区)城镇体系规划指导下，科学合理地编制县(市)域城镇体系规划，制定县(市)域小城镇发展战略，确定重点发展的小城镇，引导和控制小城镇合理发展方向和布局，并协调县(市)域基础设施和公共服务设施的建设。

3.3 优化县(市)域城镇体系布局。依据县(市)域的地缘关系和社会经济联系进行必要的分区，稳妥慎重调整行政区划，合理调整居民点布局。

县(市)域城镇体系规划应遵循节约土地、规模恰当、设施完善、生态健全、重点突出和发展协调的原则，形成城、镇、村结构体系，重点建设中心镇和中心村。

提升县(市)域中心城市的功能地位，增强中心镇的骨干节点功能，培育各具特色的城镇组群，建立功能清晰、分工明确、布局合理的城镇功能结构体系。

4. 实施发展重点小城镇的策略

4.1 小城镇发展的重点是县城镇和部分区位优势明显、基础条件好、发展潜力较大的建制镇，逐步按照区域规划和经济发展需要，强化小城镇的功能，使其真正成为所在地区的经济文化中心。

4.2 以产业发展为依托，发展重点小城镇。以中小企业为重点，大力发展小城镇经济，并将非农产业作为小城镇发展的重要基础，以此提升小城镇对城乡劳动力和企业的吸纳能力；培育小城镇优势产业，发挥农业产业化龙头企业的作用；逐步形成小城镇的主导产业链和主导产业集群，提升产业的竞争力。

4.3 依据不同地区条件，以市场为导向，大力培育和发展小城镇优势特色产业。发展农副产品深加工、销售基地；兴办各种服务业、旅游业等产业，加快第三产业发展，提供就业岗位，增加农民收入。

二、科学编制小城镇镇域规划，完善小城镇功能，促进农村经济社会协调发展

5. 科学合理地编制镇域规划，统筹城乡发展

5.1 规划要落实科学发展观，实现人口、经济、社会、资源和环境的协调发展，促进人口、产业向小城镇聚集，推进城乡统筹发展。

5.2 镇域规划要依据县（市）域规划，对镇域资源、经济、社会等要素进行统筹、整合，形成合理的产业和居民点布局，并与相应的土地利用规划相衔接，配套完善基础设施、生态建设、环境、防灾和文物保护等各专项规划。

6. 合理规划镇域村镇体系，优化空间布局

6.1 城、镇、村要优势互补、协调发展。统筹规划城镇、乡村居民点及各类用地，合理确定镇域居民点体系规模、等级结构、功能空间布局，达到分布均衡、有利生产、方便生活、繁荣经济、人与自然和谐发展的目标。

6.2 依据县（市）域城镇体系规划，因地制宜地把握重点小城镇的合理规模，适当减少村、镇数量。环境恶劣、生态敏感地区、贫困山区、蓄分洪区、工程开发区及村庄过于分散地区等，应结合实际需要，本着保护生态、集约用地、完善配套的原则，实施迁村并点，移民建镇、建村，改善生产和居住环境，提高防御自然灾害的能力。

7. 实现小城镇用地与其他空间资源相协调

7.1 正确处理土地利用规划与各类其他规划的关系。强化土地利用总体规划的法律效力。小城镇建设用地要纳入县（市）土地利用总体规划，在土地利用总体规划指导下，实施总量控制，合理划定禁止建设区、限制建设区、适宜建设区，明确空间和用地监管措施。小城镇镇域内的广大农村地区，空间资源规划均应与土地利用总体规划相协调。

7.2 坚持合理用地、节约用地、总量平衡的原则。村镇发展用地数量及分布，与基本农田、生态系统存在矛盾的地区，要区别情况，有针对性地制定补充耕地、退宅还耕、退耕还林、退耕还草、退田还湖等计划，保持耕地占补平衡，保护基本农田与生态环境。

7.3 促进土地利用从粗放扩张向集约综合开发和多维空间利用方向转变。严格控制分散建厂，工业应向工业园区集聚，逐步发展形成规模；通过改善小城镇人居环境质量、完善各种设施，促进小城镇周边零散居民点向镇区集中，居民向住宅区集聚。

7.4 要结合旧镇改造和土地清理，充分挖掘现有建设用地潜力，提高存量土地利用率。

7.5 创新土地利用制度，为小城镇发展提供支撑。制定和完善小城镇土地利用管理政策和法规；加强农村土地的用途管制和小城镇建设用地的审批管理。

8. 加强统一规划，优化资源配置，实现经济社会协调发展

8.1 小城镇镇域规划，要为镇人口、经济、社会、资源和环境可持续发展创造条件；优化经济结构，大力发展特色产业，提供足够的就业岗位，为农业剩余劳动力有序转移创造条件；建设设施配套的住宅区，发展社会服务事业，明确中心城镇功能定位，提高服务水平，为构建农村地域和谐社会创造条件。

8.2 遵循区域协调发展原则，促进城乡和地区间的信息和商品交流，形成良好的区域投资环境，带动周边地区共同繁荣。

8.3 按照分级配套、标准合理、规模适当、逐步完善、共建共享原则，统一配置镇

域基础设施和公共服务设施。妥善处理重大过境工程项目（如公路干线、铁路、天然气管道、水利工程等设施）与村镇的关系，并充分利用有利条件带动本地区发展；公路规划应符合国家现行有关标准，处理好过境道路与村镇物流和道路衔接的关系，新建公路应尽量避免穿越镇区或封堵镇区主要发展方向。

8.4 坚持资源合理利用与保护的原则，达到镇域内、镇域之间基础设施布局、各种资源保护和开发利用相协调。要重视制定镇域有关防灾、减灾（防洪、防地质灾害、防火、抗震等）措施，抵御自然灾害，保障城镇安全。妥善处理废水、废气、废渣，保护城乡饮用水源和生态环境。

8.5 统筹小城镇人与自然和谐发展。镇域规划要坚持以人为本的原则，对镇域的风景名胜、自然与文化遗产、生态环境要采取有效保护与合理利用措施，实现经济、社会、文化与生态环境相协调。

三、优化小城镇镇区规划，塑造小城镇特色

9. 坚持高起点、高质量、高效益原则，科学合理地编制镇区规划

9.1 运用现代规划理念、技术和方法，提高镇区总体规划和详细规划的编制水平和质量。镇区规划既要科学、合理、适当超前，又要具有现实性和可操作性，确实起到对小城镇建设宏观调控和微观指导作用。

9.2 不同地区县城镇及建制镇的镇区人口应具有合理规模，并逐步完善镇的功能。达到一定人口规模的镇区应有明确的功能分区，明确行政、科教、商业、居住、文娱、医疗用地以及工业园区和设施农业园区等功能完善的规划组织结构。

9.3 规划编制要切实贯彻节地、节水、节能、环保和发展循环经济等方针政策。对布局分散、污染严重的企业要坚决关停并转迁，污染治理到位的企业可在工业园区统一规划安排。

10. 重视小城镇建设用地选择

10.1 小城镇建设用地应根据地理位置与自然条件、占地数量与质量、现有设施利用、交通条件、建设投资与运营费用、环境质量、社会效益等择优选定。

10.2 小城镇建设用地要选择水源充足、水质较好、通风向阳、利于排水、地质条件适宜的地段；避开洪水淹没、风口、滑坡、泥石流、地震断裂带等自然灾害影响地段；避开自然保护区、地下文物埋藏区等；避免小城镇建设用地被铁路、公路、高压输电线路分割。

10.3 小城镇建设用地规模应根据人口规模和国家有关标准，结合当地土地资源条件合理确定。坚持节约用地和保护耕地的基本国策，防止盲目攀比，无序扩张，搞不切实际的超前规划，修建形象工程，杜绝浪费土地现象。要立足存量土地挖掘潜力，尽量不占或少占耕地、林地，并在此基础上提出对农田保护区和规划建设控制区的调整与界定。

11. 提高小城镇镇区规划水平，塑造小城镇特色

11.1 镇区空间布局要严格贯彻节约用地原则，用地布局要紧凑，在建筑群组合中，要充分挖掘土地利用潜力，在符合卫生、安全的条件下，适当缩小建筑间距，提高建筑密度。

11.2 镇区规划布局要坚持功能分区明确、优化布局结构的原则，处理好生产、生活、休憩、交通四大要素的关系，各功能区之间要联系方便。镇区布局要确保各组成要素

和自然要素不仅在平面布局上合理,而且达到在空间上相互协调,塑造良好的空间环境。

11.3 镇区用地应形成卫生、安全、安静的外部环境,避免污水、垃圾、噪声等污染,要采取防火、防震和防止次生灾害蔓延的规划布局措施。

11.4 对旧镇区的风景名胜、文物古迹、传统街区及民居在评价的基础上,加强保护、合理利用、适当调整、循序渐进、有机更新,避免不加评估分析,拆旧建新。

11.5 针对小城镇的不同地理环境、地形、地质条件,采取有针对性的规划布局手法。特殊地区应加强镇区工程地质条件的分析,避开滑坡、山洪对小城镇安全的影响,并要做出竖向规划设计;沿江河地区要充分考虑河道行洪、滞洪要求及防洪标准;沿海地区要注重防风暴潮;饮用水水源——河、湖、水库地区的小城镇应慎重选择工业项目,妥善处理垃圾、污水,避免污染水源保护区。

11.6 小城镇规划建设要注意保护所在地区的乡土山水资源、经济社会及人文资源,要统筹规划,突出优势,形成特色。

11.7 小城镇建筑及建筑群的建筑风格和色彩基调要体现不同民族、不同地域、不同文化背景、不同农村传统民居和自然风貌特色,形成独特的建筑景观风貌。

11.8 依据小城镇区位优势和资源条件,构筑与城镇化相适应的产业结构,培育与区域经济相适应的优势产业,找准经济发展与小城镇建设的结合点,实现经济发展与小城镇建设相互协调,双向带动,形成产业特色。

12. 加强历史文化名镇、古镇和名胜古迹保护

12.1 文化名镇、古镇要有相应的保护规划,要保护具有地方文化与传统特色的物质空间环境及与其相适应的文化内涵:独特的整体格局、风格各异的街巷、传统特色建筑群体、河湖水系、城镇色彩基调等。

12.2 文化名镇、古镇和名胜古迹保护要明确保护范围,规定核心保护区、风貌控制区、协调发展区,要明确建设控制地带范围,防止孤立性保护单个历史文物,切忌仿古重建,避免改造性破坏和建设性破坏。

12.3 文化名镇、古镇的改造和保护应采取小规模渐进方式,形成保护区与新区开发相对独立的格局,并强化对全镇整体环境的控制,使新区建设与古镇总体格局相协调。

13. 统筹规划小城镇基础设施和公共服务设施

13.1 小城镇基础设施和公共服务设施建设要坚持统一规划、合理布局、因地制宜、量力而行、分期分步实施的原则,坚持可持续发展理念,做到经济效益、社会效益和环境效益的统一。

13.2 认真做好小城镇道路交通、供水、排水、电力、电信、燃气、供热、环保、环卫、防灾等专业规划和综合管网规划,并做到相互衔接、协调统一、空间布局合理有序,为专项工程设计提供依据。

13.3 大中城市规划区范围内的郊区小城镇,基础设施和公共服务设施的配置应在城市总体规划中一并考虑;集中分布或连绵分布的小城镇,基础设施和公共服务设施应在城镇区域统筹规划的基础上,实行主要基础设施的联建共享,避免重复建设;相对独立、分散分布的小城镇,基础设施和公共服务设施应在县(市)域城镇体系基础设施规划指导下,结合小城镇经济、社会发展和实际情况做出具体安排。

13.4 小城镇基础设施和公共服务设施内容、标准和规模要与小城镇人口规模、等

级、生活水平、经济发展相协调，并可考虑适当超前；小城镇基础设施还要根据小城镇区位、产业因素和功能类型等的差异，有所侧重，与不同功能小城镇经济发展相协调。

14．强化规划调控作用，加大实施监管力度

14.1 科学编制或修订镇域、镇区规划，编制镇区详细规划及近期建设规划，确定近期建设目标、重点发展区、各类用地规模和布局以及规划实施步骤与措施等。

14.2 重视规划的调控、指导和协调作用，维护规划的严肃性、权威性，强化规划的法律地位。规划一经批准，即具法律效力，要严格按照规划组织实施。规划调整必须依照法律程序办理。要逐步建立规划的公示听证制度，加强规划实施的社会舆论监督。

14.3 制定与完善小城镇规划法规体系。制定与完善不同编制阶段的小城镇规划标准；制定与完善规划编制审批程序；建立规划设计人员培训制度，对参与小城镇规划设计人员的执业资格和小城镇规划设计单位的资质实行严格管理；建立健全保障建设按规划实施的技术法规体系；建立与完善小城镇规划建设协调与管理机制。

14.4 积极推行规划实施管理改革与创新。强化规划的严肃性，编制小城镇规划的强制性内容，严格其调整的法定程序；严格建设项目选址和用地审批程序，不得以政府文件、会议纪要等取代选址程序；镇政府投资项目应公示资金来源，严查不切实际的"形象工程"；强化"紫线管理"制度，加强对历史文化遗产的保护；建立高效的监督制约机制，实行规划编制与实施管理相分离。

四、加强基础设施建设，强化小城镇功能保障

15．加强小城镇供水排水设施建设，不断提高水资源利用效率

15.1 根据区域规划、城镇体系规划和区域经济发展水平，从区域或流域层面统筹规划水资源的开发与利用，促进水资源合理配置，推动城乡统筹供水，提高小城镇供水安全和保障水平。

15.2 根据小城镇所在区域的具体情况合理选择小城镇供水模式。对于城镇较集中的区域，可实施区域统一供水；对于较为分散或受地形、工程建设投资制约和运行费用不合理的小城镇可实施独立统一供水。

15.3 小城镇总体规划和县(市)域城镇体系规划是小城镇水厂设置的依据。较集中分布的小城镇，应统筹规划建设区域性水厂，对于不独自设置水厂的小城镇可视具体要求设置配水厂。

15.4 小城镇选择地下水为水源时，不得过量开采。当采用浅层地下水为水源时，应避免受地表或河流补给的污染；选择地表水为水源时，其枯水期流量保证率不得低于90%。

15.5 加强对小城镇供水水源的安全防护与监督，建立各种供水突发事故的报警制度，编制应急预案，采取有效措施，保证小城镇供水安全。重视提高小城镇供水水质检测装备和检测水平，保证对供水水质的监测和监督。

15.6 小城镇排水管网一般宜优先选择分流制；对于经济力量较薄弱的小城镇，近期可采用不完全分流制，有条件时过渡到分流制；某些条件适宜或特殊地区的小城镇可采用截流式合流制，并在污水排入系统前采用适当方法进行处理；对于旧镇近期改造地段、新区建设及工业开发区建设应坚持高起点、高标准，实行雨污分流制。

15.7 小城镇应结合当地实际情况选择雨水资源和污水的综合利用途径。水资源不足

的小城镇宜合理利用雨水或经处理后符合相应回用标准的再生水作为工业用水、生活杂用水、环境景观用水和农业灌溉用水等。

15.8 小城镇污水处理应因地制宜地选择处理方法。处于城镇较集中地区的小城镇宜在区域规划的基础上共建污水处理厂；经济欠发达、不具备建设污水处理厂条件的小城镇，可结合当地具体条件和要求采用简单、低耗、高效的多种污水处理方式，如氧化塘，自然处理系统，一级处理或强化一级处理，以及其他实用的污水处理技术。

15.9 小城镇污水处理厂产生的污泥，应采用厌氧、好氧和堆肥等方法进行稳定化处理，也可采用卫生填埋方法予以妥善处置。达到《农用污泥中污染物控制标准》的污泥，可用作农业肥料，但不能用于蔬菜地和放牧草地。符合《城市生活垃圾卫生填埋技术标准》的污泥，可与生活垃圾合并处置，也可另设填埋场单独处置。污泥用于填充洼地、焚烧或其他处置方法，应符合相关规定，避免污染地下水和环境。

15.10 积极推广节水新技术、新工艺、新设备，不断提高水资源利用效率，以有限的水资源保障小城镇的持续发展。结合农业结构调整和产业化建设，加强综合节水示范园区建设，将再生水作为重要水资源用于农业灌溉；大力推广节水灌溉制度，减少渠道输水损失和田间灌水损失；制定行业用水定额和节水标准，对企业用水实行目标管理和考核，促进企业技术升级和工艺、设备更新；加速小城镇工业供水管网建设，加强检漏和管网巡检力度，降低供水损失；小城镇非居民用水要实行计划用水和定额管理，居民用水逐步推行阶梯式水价制度，促进节约用水；加速小城镇供水管网的建设和技术改造，积极推广再生水利用技术和节水型用水器具。

16. 强化小城镇燃气和供热设施建设，优化能源结构

16.1 小城镇燃气建设要坚持"多种气源、多种途径、因地制宜、合理利用"的方针，根据本地区燃料资源条件，利用技术可靠、经济合理的气源，以获得较好的社会、经济与环境效益。

16.2 对于有天然气来源的小城镇，宜优先采用管道天然气或压缩天然气(CNG)供气系统；对有液化天然气(LNG)来源的地区，宜采用分布式卫星厂供气系统；对有液化石油气(LPG)来源的地区，宜采用瓶装或管道液化石油气供气系统。暂时不具备条件的小城镇，应根据当地资源和经济状况优先选择技术可行、经济合理、符合安全要求的燃气气源种类和供应方式。积极开发应用反火型煤气发生炉、秸秆气化、沼气等清洁能源技术，改善小城镇能源结构。

16.3 从实际出发，因地制宜地开发多种热源。对于位于经济发达地区城市周边的小城镇应根据城市供热规划和小城镇总体规划编制小城镇供热规划，一般以城市的热电厂(站)作为自己的主要供热热源，并辅以区域锅炉房集中供热；经济欠发达地区、边远地区可根据小城镇的规模和特点，开发利用其他热源分散供热。鼓励开发利用太阳能、风能、生物质能、地热等新能源技术。

17. 加强小城镇道路交通设施建设，构建功能明确、等级结构协调、布局合理的道路网络

17.1 构建合理的城镇空间结构和土地利用模式，优化交通需求源分布，降低交通总需求量。均衡开发土地利用强度，避免土地超强开发，在镇区规划和建设中引入交通影响分析，促进城镇发展与交通体系的有机协调。

17.2 协调过境公路与城镇内部交通结构的关系。根据公路的使用功能、性质和等级，结合小城镇发展规划，合理布设过境公路，尽量避免穿越镇区。在道路交通规划中，对既有过境公路可根据具体条件采取外迁过境公路、过境公路两侧设辅路、交叉口主道高架或下穿等不同方式，保证镇内交通与过境交通互不干扰。

17.3 充分发挥各种交通方式的优势，在满足交通需求的同时，提高交通服务水平，维护良好的交通秩序和安全，最大限度降低交通环境负效应和能源消耗。

17.4 加强城镇干、支路的建设，使其比例协调，打通断头路，改造村道，增大支路密度，建立片区道路循环系统。逐步完善人行系统，保证人行安全，减少行人对机动车道的干扰。对人车混流、布局不合理的道路系统，要逐步进行调整和改造。

17.5 通过科学合理的城镇交通管理，规范交通秩序，提高交通安全水平和道路交通设施的利用效率。逐步完善交通标志、标线和信号控制等交通工程设施，加强道路交叉口的交通组织和车流渠化管理，加强老镇区道路改造、停车场建设与管理。

18. 加强供电与通信设施建设

18.1 小城镇供电与通信设施建设应以小城镇供电工程规划和通信工程规划为依据，并遵守相关标准和规范的要求。

18.2 小城镇的供电电源，在条件许可时应优先选择区域电力系统供电，对规划期内区域电力系统不能经济、合理供电的小城镇，应充分利用本地区的能源条件，因地制宜地采用水力、太阳能、风力、潮汐等发电方式，建设适宜规模的发电厂（站）作为供电电源。小城镇发电厂和变电站的选择应以县（市）域供电规划为依据，并应符合厂、站建设条件和接近负荷中心等要求。

18.3 小城镇架空电力线路应根据小城镇地形、地貌特点和道路网规划，沿道路、河渠、绿化带架设；35千伏及以上高压架空电力线路应规划专用通道走廊，并加以保护；镇区内的中、低压架空电力线路应同杆架设，中心繁华地段、旅游地段等宜采用电缆埋地敷设或架空绝缘线。35千伏以上高压电力线路走廊的宽度应根据现行《城市电力规划规范》的要求确定。

18.4 小城镇通信工程规划应以电信工程规划为主，同时包括邮政、广播、电视规划的主要内容。

18.5 依据小城镇性质、规模、经济社会发展水平，结合小城镇用地布局和道路交通网络规划，以及相关景观规划，在用户线路网和中继线路网优化的基础上，选择通信线路路由，并因地制宜地提出经济、合理、安全的通信线路敷设方式。

18.6 小城镇的广播、电视线路路由宜与电信线路路由统筹规划，并可同杆、同管道敷设。

19. 积极推进小城镇信息化建设

19.1 小城镇信息化建设应纳入区域小城镇信息化发展规划，引导小城镇信息化建设健康有序发展。要制定切实可行的小城镇信息化发展规划，对规划目标、建设项目要进行严格审查，防止盲目建设，避免网站建成后无人维护，缺乏效益。鼓励小城镇在区域小城镇信息化发展规划框架内开展信息化建设的整合工作，提升业务应用规模，降低信息化的建设投资和运营成本。

19.2 小城镇信息化建设要注重应用和服务。要依托互联网，开发应用小城镇信息资源，积极开展网络教育与培训和产品网上流通与销售，还应为居民生活提供更多的信息服务。

19.3 加强重点小城镇的信息化建设。要选择具有代表性的重点小城镇，有计划、有步骤地开展小城镇信息化建设，积累信息化建设经验，带动其他重点镇和全国小城镇信息化建设的健康发展。

19.4 建设小城镇政务服务中心。对小城镇政府各部门的政务信息进行整合，为社会提供统一的电子政务服务，降低网络建设与管理成本，实现规模效应。

19.5 鼓励小城镇内部各类公共信息平台及地区小城镇集群的社会公共信息平台按照统一标准、资源共享原则进行横向及纵向整合，建设统一公共信息平台，提升公共信息平台的知名度和服务水平。

19.6 加快特色产业信息化建设。根据当地经济结构、特色产业和资源优势，择优开展行业和企业信息化建设，积极推进特色产业的电子商务，扩大名优产品的知名度和市场份额。鼓励龙头企业按照统一要求建立信息平台，发挥特色产业的带动作用，促进地方经济发展。

19.7 鼓励小城镇劳务信息化网站建设，建立农民工档案库、用工单位档案库，实现劳务信息化和网络化管理。

19.8 运用地理信息系统(GIS)技术，开展空间数据的应用，逐步实现小城镇基础信息(经济、人口、基础设施、水文地质等)数字化，为小城镇信息化提供可视化服务，提升小城镇信息化水平。

19.9 强化小城镇信息化建设与运营管理。信息化建设应遵循规划先行、统一标准、分步实施、注重效益、有利生产、方便生活的原则，制定符合小城镇实际的统一技术标准，规范信息资源数据集成，建立与完善网络运营管理机制，对公共信息平台实施政府和社会双重监管，加强区域信息化品牌建设，提升公共信息平台的诚信度。

五、重视环境保护与建设，实现经济与环境协调发展

20. 科学合理地编制小城镇环境保护规划

20.1 环境建设、经济建设、城镇建设要坚持同步规划、同步实施、同步发展的方针，实现环境效益、经济效益、社会效益的统一。

20.2 坚持小城镇环境保护规划服从区域、流域的环境保护规划的原则。注意环境保护规划与其他专业规划的相互衔接，充分发挥环境保护规划在环境管理方面的综合协调作用。

20.3 在环境保护规划编制中，要根据小城镇的土地、水域、生态环境的基本情况和使用功能，考虑社会经济发展、产业结构调整和生态环境保护对不同区域的功能要求，结合小城镇总体规划和其他专项规划，对具有条件分区的小城镇进行不同类型功能区(如工业区、商贸区、住宅区、混合区等)的划分并提出相应的保护要求。

20.4 各功能区应合理布局，对在各功能区内的开发、建设提出具体的环境保护要求。严格控制在城镇的上风向和饮用水源地等敏感区内建设有污染的项目(包括规模化畜禽养殖场)。

21. 加强水环境保护

21.1 因地制宜地采取水源地的保护措施。对于以地面水为水源的小城镇，避免城镇污水对水源的污染。在水源取水口附近划定一定的水域和陆域作为水源保护区，并严格执行《水污染防治法》中的有关卫生防护规定。水体的其他功能应服从饮用水水源的功能要求。在城镇密集地区，水资源的保护应从大的区域、大的流域着手，对污染源进行综合治理，对水资源进行统一规划、统一管理、统一调配。以地下水作为供水水源的小城镇要确定地下水源的保护范围，对于饮用水源要明确划定水源保护区，防止病原菌和其他污染物对水源的污染，保证水源地的补给水量和水质。

21.2 调整小城镇产业结构和布局。小城镇应根据本地自然资源优势、技术、资金及环境容量，因地制宜地发展综合效益好、技术密集程度高、能耗低、用水少、无污染或低污染的工业产品和农副产品深加工工业。对污染严重效益差的企业，采取强制整治和关停并转迁等限制性政策。改善工业布局，使污染源尽可能集中，以便集中处理和排放。

21.3 在农田和水体之间应尽量设立湿地、植物等生态防护隔离带；科学使用农药和化肥，大力发展绿色食品，减少农业面源污染。有条件的地区应建设污水收集和集中处理设施，提倡污水处理回用。地处沿海地区的小城镇，应同时制定保护海洋环境的规划和措施。

22. 加强大气环境保护

22.1 小城镇各功能区应合理布局，主要废气污染源应布置在镇区主导风向的下风向。结合产业结构和工业布局调整，改善能源结构，减少燃煤比重。大力推广利用清洁能源。推广采用低硫煤，减少二氧化硫排放。

积极开发应用工业废气处理技术，切实提高工业废气处理率和烟尘排放合格率，严格实行废气达标排放。结合当地实际，采用经济适用的农作物秸秆综合利用措施，提高秸秆综合利用率，控制露天焚烧秸秆造成的空气污染。要重视控制建筑粉尘和交通废气污染。

22.2 因地制宜地划定城镇绿化空间，建设公共绿地，形成点线面结合的绿地系统。在城镇工业区和住宅区之间，应设绿化防护带。

23. 加强声环境保护

23.1 合理规划安排小城镇的建设用地，避免工业用地与居住用地相互混杂。在非工业区内一般不得新建、扩建有噪声污染的工业企业。噪声污染严重的工厂应与住宅区、文教区隔离，可利用公共建筑或植被作为缓冲带，也可利用山岗、土坡等自然地形减弱噪声影响。

23.2 噪声高、污染大的工厂、车间或作业场所应尽量建在城镇边缘地区。对严重扰民的噪声源，可采用隔声、吸声、减振、消声等技术进行必要的治理，无法治理的要转产或搬迁。控制生产经营活动噪声和建筑施工噪声，减轻噪声扰民现象。

23.3 通过在城镇内部形成相对独立的道路系统，减少过境道路对小城镇的干扰，将噪声影响控制在最低程度。交通噪声严重超标的城镇，应视具体情况采取禁止机动车使用高音喇叭，加强公路两侧隔离绿带的规划与建设等措施。

24. 强化固体废弃物的综合整治

24.1 镇区中的广场、车站、码头、市场、主要干道等公共活动地区和住宅区应设置公共厕所和废物箱。公共厕所、废物箱等环卫设施的规划建设可参考《城市环境卫生设置标准》进行。

24.2 垃圾收集方式主要以定点收集方式为主，其他收集方式（如定时收集、特殊收集和分类收集)应根据小城镇具体情况确定。

24.3 高度重视防止和减少垃圾的产生。要限制过度包装，鼓励净菜上市，减少一次性消费品的使用，减少垃圾的产生。鼓励开展对废纸、废金属、废电池、废玻璃、废塑料等的回收利用，逐步建立和完善废弃物回收网络。

24.4 小城镇应逐步建立完善的垃圾收集、清运和处理体系，避免不同环节对环境造成二次污染。禁止生活垃圾随意倾倒和无控制堆放。严格禁止向江河湖海倾倒垃圾，防止水体污染。

医疗垃圾和其他有毒、有害废弃物，应建立独立的收集、运输和处理系统或运至专门的处理中心，严格禁止其进入生活垃圾。

24.5 工业垃圾的处理视乡镇企业的发展和工业垃圾的特点，优先选择资源化处理方式，也可采用无害化处理或其他处理方式。防止工业垃圾和建筑渣土进入生活垃圾。

24.6 要编制环境卫生专业规划，并按规划建设垃圾收集、分类和处理设施。垃圾处理设施的建设应考虑城乡统筹和区域统筹，做到资源共享。垃圾处理设施应妥善选址，防止二次污染。

24.7 建立稳定的环卫队伍，负责镇区道路的清扫、废弃物的收集、清运与处置工作，扭转镇区脏、乱、差的现象。

25. 加强生态保护与建设

25.1 将生态功能分区作为生态规划的基础。生态功能分区要有利于保持小城镇的生态平衡，促进生态良性循环，维护物种多样性，使区域的环境容量得以充分利用，又不超过环境的承载能力；小城镇及其周边农村地区应统筹考虑，促进城乡空间融合；将社会、经济、自然三个系统有机结合，实现三者的可持续发展。要根据生态功能区划要求，制定不同功能区的建设方案。

25.2 天然水体、森林、草地、湿地等应尽量保留，为城镇进一步发展提供充足的环境容量。沿海和河网地区要加强对滩涂和湿地的保护，土地开发和围海造田要适度。

25.3 制定风景名胜区、公园、文物古迹等旅游资源的环境管理措施，对大、中城市郊区和风景名胜区、重点旅游区周边生态环境较差的城镇要进行重点整治。

25.4 严格禁止在基本农田保护区、自然保护区、风景名胜区、水源保护区和滞洪区进行不符合保护目的的开发建设活动。中西部地区小城镇要做好周边水土保持，北方地区小城镇要加快建设绿色屏障，防止风沙危害。

25.5 加强小城镇园林绿地系统的规划和建设。要合理划定城镇的绿化空间，建设公共绿地、生产绿地、庭院绿地，形成绿色防护体系，提高镇区绿化覆盖率，改善生态环境质量。

26. 实施环境管理措施

26.1 加强小城镇环境保护的管理，强化环境保护的能力建设。充分发挥镇街道和村委会的作用，使当地居民积极参与涉及本镇利害关系的建设项目的审议讨论，将公众关心的环境问题提上社会舆论监督日程。

26.2 加强乡镇企业环境管理，加大对国家强制关停并转迁的企业的监督检查，限制落后的设备、工艺向小城镇转移。

26.3 将城市中行之有效的环境管理制度逐步移植延伸到小城镇，实行环境保护目标责任制度、基本建设项目环境影响评价报告制度、基本建设项目"三同时"制度、排污收费制度、限期治理制度等。

六、重视防灾减灾，保证小城镇人民生命财产安全

27. 科学合理地编制防灾减灾规划

27.1 小城镇防灾减灾应遵循"预防为主、防治结合"的方针，执行国家现行有关地震、火、风、洪水、地质灾害等不同灾种设防标准。

27.2 大中城市规划区范围内郊区建制镇的防灾减灾规划应在城市防灾减灾规划中一并考虑；较集中分布或连绵分布的小城镇的防灾减灾规划可统筹考虑，资源共享；分散小城镇的防灾减灾规划可以结合小城镇及周围农村的实际情况进行编制。

27.3 小城镇选址定点要避开洪水淹没及行洪滞洪区，并应尽量避开低劣的地基岩土（如冻土、膨胀性岩土、流塑性淤泥、地下采空堆填土等）分布区、活动断裂及滑坡、崩塌、泥石流多发的高危地区等地段。小城镇布局要考虑防灾减灾的避难空间、人员疏散地和疏散通道。

27.4 小城镇应依托受辖中心城市建立地理信息系统，建立灾害数据库与信息传输、灾害预警系统，及时进行灾害评估、灾害预案及灾害防治的咨询、指导与服务。

28. 加强地质灾害的防治

28.1 在地质灾害易发区内进行工程建设，应在可行性研究阶段进行地质灾害危险性评估，并将评估结果作为可行性研究报告的组成部分。地质灾害评估单位进行评估时，应对建设工程遭受地质灾害危害的可能性和该工程建设中、建成后引发地质灾害的可能性做出评价，并提出具体的预防治理措施。

28.2 禁止在评估确定为高危险灾害区内从事任何工程建设及其他可能诱发地质灾害的活动。县级以上人民政府建设部门应会同国土资源、水利、交通等部门加强对地质灾害险情的动态监测。

28.3 加强地质灾害易发区的群测群防工作，加强巡回检查，及时发现险情。鼓励单位和个人提供地质灾害前兆信息。

29. 加强洪涝灾害的防治

29.1 合理确定小城镇的防洪设防标准。小城镇防洪设防标准应在深入调查研究的基础上，考虑社会经济地位的重要性和居住人口数量，按照有关标准确定。

29.2 按照不同的防洪特点和防洪要求，因地制宜地制定小城镇的防洪工程规划和防洪措施。

位于江河湖泊沿岸小城镇的防洪规划，上游应以蓄水分洪为主，中游应加固堤防，以防为主，下游应增强河道的排泄能力，以排为主。

位于河网地区的小城镇防洪规划，根据镇区被河网分割的情况，防洪工程宜采取分片封闭形式，镇区与外部江河湖泊相通的主河道应设防洪闸控制水位。

位于山洪区的小城镇防洪规划，宜按水流形态和沟槽发育规律对山洪沟进行分段治理，山洪沟上游的集水坡地治理应以水土保持措施为主，中游沟应以小型拦蓄工程为主。

沿海小城镇防洪规划，以堤防防洪为主，同时应做出风暴潮、海啸及海浪的防治对策。

位于河口的沿海小城镇要分析研究河洪水位、天文潮位及风暴潮增高水位的最不利

组合。

沿江滨湖洪水重灾区小城镇应采取异地主动防洪，并应按照"平垸行洪、退田还湖、移民建镇"的防洪抗灾指导原则考虑；对地震区的小城镇，防洪规划要充分估计地震对防洪工程的影响。

30. 加强地震灾害的防治

30.1 小城镇新建、改建、扩建工程必须根据抗震设防标准进行抗震设防，不符合抗震设防标准的工程不得进行建设。建设工程必须按照抗震设防要求和抗震设计规范进行抗震设计，并按照抗震设计进行施工。小城镇建设中的公共建筑、统建的住宅及乡镇企业的生产、办公用房，必须进行抗震设防；其他建设工程应根据当地经济发展水平，按照因地制宜、就地取材的原则，采取抗震措施，提高房屋的抗震能力。

30.2 小城镇生命线工程及易发地质灾害的不稳定斜坡防护工程应按当地基本烈度提高一级设防，特别要确保交通、通信畅通。

30.3 小城镇未经抗震设防的房屋、工程设施和设备，应按现行的抗震鉴定标准和加固技术规程进行鉴定和加固，以达到应有的抗震能力。

30.4 对地震可能引起的火灾、水灾、山体滑坡、放射性污染、疫情等次生灾害源，应当采取相应的有效防范措施。

30.5 小城镇居民生活区规划布局应满足避震疏散要求，要本着就近、安全、方便和无次生灾害源威胁的原则划定避震场地。灾害地区的建筑物应在建筑体型、结构造型、建筑材料和构造节点等方面采取相应技术措施，尽量避免建筑物倒塌破坏。

31. 加强消防设施与能力建设

31.1 小城镇的消防设施与能力建设，应依据小城镇的规模、性质、类型、地理区域位置等因素，遵循因地制宜、经济实用、不拘一格的原则进行。小城镇消防安全布局和消防站、消防给水、消防车通道、消防通信等公共消防设施，应当纳入小城镇总体规划，与其他基础设施统一规划、统一设计、统一建设。

31.2 在小城镇总体规划中，必须将生产、储存易燃易爆化学物品的工厂、仓库布置在城镇边缘的安全地区，并与人员密集的公共建筑保持规定的防火安全距离。应合理选择液化石油气供应站的瓶库、汽车及大型拖拉机库、汽车加油站和煤气（天然气）调压站的位置，并采取有效的消防措施，确保安全。小城镇各种建筑之间要有足够的防火间距，防止火灾蔓延。

31.3 小城镇新建各类建筑物应遵守相关规范规定的耐火等级。

31.4 小城镇应根据具体条件，建设消防、生产、生活合一的供水管网系统。没有管网供水系统的小城镇，可以充分利用江河、湖泊、水塘等天然水源为消防供水，并修建通向天然水源的消防车通道和取水设施。

31.5 小城镇镇区内应合理规划建设和改造消防车通道。有河流、铁路通过的小城镇，应当采取增设桥梁等措施，保证消防车道的畅通。

七、优化公共服务设施配置和住宅区规划与建设

32. 优化公共服务设施配置，满足居民物质与精神生活需求

32.1 小城镇公共服务设施的配置应坚持统一规划、合理布局、因地制宜、节约用地、经济实用、分级配置、分期实施、适当超前的原则，进行科学合理地配置。

32.2 小城镇的行政管理、商业服务、金融邮电、文化体育等设施，宜按其功能同类集中或多类集中布置，逐步形成体现小城镇特色的行政中心、商业中心和公共活动中心等建筑群，提高小城镇的凝聚力和吸引力。

集贸设施用地应根据交易产品的不同特点，综合考虑交通、环境与节约用地等因素进行布置，并应符合卫生、安全防护的要求，避免造成以路为市、以街为市的现象。

32.3 小城镇公共服务设施布局、选址和规划设计，应满足防灾救灾要求，便于人员隐蔽以及人流与车流的疏散。

32.4 改建和扩建的小城镇，应注意保留原有公共服务设施的传统风貌和地方特色，尽可能保留和利用原有公共服务设施。

33. 坚持以人为本的思想，优化住宅区规划与建设

33.1 小城镇住宅区规划应符合小城镇总体规划和有关规定要求。小城镇住宅区的人口规模、规划组织结构、用地标准、建筑密度、道路网络、绿化系统以及基础设施和公共服务设施的配置，必须按小城镇自身经济社会发展水平、生活方式及地方特点合理构建。

33.2 小城镇住宅区规划、住宅建筑设计应综合考虑建设标准、用地条件、日照间距、公共绿地、建筑密度、平面布局和空间组合等因素合理确定，并应满足防灾救灾、配建设施及物业管理等需求，创建方便、舒适、安全、卫生和优美的居住环境。

33.3 小城镇住宅区的平面布局、空间组合和建筑形式应注意体现民族风情、传统习俗和地方风貌。住宅区内原有的山丘、水体、自然和人文景观以及有保留价值的绿地及树木，应尽可能将其保留利用并有机地纳入绿地及环境规划。

33.4 合理组织住宅区内部交通。车行道和人行道分开设置，如条件不允许，应采取有效措施，确保交通安全。住宅区内应避免过境车辆穿行，住宅区道路应满足地震、火灾和其他灾害的救灾要求。住宅区内的公共活动中心，应设置无障碍通道。住宅区内要考虑汽车、自行车、摩托车的停车场库。

33.5 小城镇住宅区的规划建设要顺应社会主义市场经济发展的需求，为方便住宅区建设的商品化经营、分期滚动式开发以及社会化管理创造条件。

34. 提高住宅建筑设计水平，建设节能省地型住宅

34.1 小城镇住宅建筑应根据住户的类型、结构和规模，建立多元化多层次的套型系列。

34.2 小城镇住宅建筑宜划分为基本功能空间（主要指卧室、浴厕、厨房、储藏间等）和附加功能空间（主要指客厅、书房、客卧、库房、谷仓等），并根据住户不同的人口构成、生活水平和从业需要，选定基本功能空间的数量和附加功能空间的种类和数量。

34.3 除职工户外，种植户、专业户、商业户、兼业户等住户，因其从业需要的农具储藏、粮仓、商店、作坊、库房等附加功能空间需要占用底层面积，可采用一户多层（底层为经营及生产用房）的垂直分户的布局方法。禽畜养殖，应根据卫生防疫要求适当集中并与住宅区合理分隔。

34.4 为减少住宅占地和提高土地利用率，小城镇住宅应因地制宜选用多层（4～5层）、低层（2～3层）和小高层毗连式住宅。在建筑形式上，一般应建毗连式住宅，对独立式低层住宅要严加控制。

34.5 执行建筑节能设计标准。县城镇和有条件的建制镇均应逐步执行《民用建筑节

能设计标准(采暖居住建筑部分)》、《夏热冬冷地区居住建筑节能设计标准》、《夏热冬暖地区居住建筑节能设计标准》和《公共建筑节能设计标准》。

34.6 因地制宜选择建筑物朝向,采用合理的建筑体型及窗墙类型,采用保温性能好的围护结构和节能产品,充分利用自然采光和自然通风,将建筑节能与改善室内环境相结合。积极开发应用太阳能、地热能、风能等新能源技术和设备。

34.7 根据市场需求、地方资源和房屋结构体系特点,以及各类材料的合理供应半径,制定采用新型建材的相关支持政策,鼓励应用新型墙体材料的配套产品和配套技术。要按照国家政策规定,限制使用实心黏土砖。

34.8 合理利用木材,大力推广木质原料资源的综合利用,积极开发新型无味、无毒、防火、无虫蛀的建筑用人造板材,因地制宜地开发利用竹材、植物茎、稻壳等资源,发展新型绿色建材。

34.9 重视工业废料和建筑废弃物的利用。积极开发工业废弃物(如矿渣、粉煤灰、硅灰、煤矸石、废弃泡沫塑料等)和建筑废弃物资源化利用技术,生产性能优异的建筑材料和产品。

关于印发《县域村镇体系规划编制暂行办法》的通知

(建规〔2006〕183号)

各省、自治区建设厅，直辖市建委、规划局，计划单列市建委(建设局)、规划局，新疆生产建设兵团建设局：

为进一步加强县域村镇体系规划的编制工作，我部制定了《县域村镇体系规划编制暂行办法》，现印发给你们，请认真执行。执行中的问题及建议，请及时告我部城乡规划司。

建设部
二〇〇六年七月二十五日

县域村镇体系规划编制暂行办法

第一章 总 则

第一条 为了统筹县域城乡健康发展，加强县域村镇的协调布局，规范县域村镇体系规划的编制工作，提高规划的科学性和严肃性，根据国家有关法律法规的规定，制定本办法。

第二条 按国家行政建制设立的县、自治县、旗，组织编制县域村镇体系规划，适用本办法。

县域村镇体系规划应当与县级人民政府所在地总体规划一同编制，也可以单独编制。

第三条 县域村镇体系规划是政府调控县域村镇空间资源、指导村镇发展和建设，促进城乡经济、社会和环境协调发展的重要手段。

第四条 编制县域村镇体系规划，应当以科学发展观为指导，以建设和谐社会和服务农业、农村和农民为基本目标，坚持因地制宜、循序渐进、统筹兼顾、协调发展的基本原则，合理确定村镇体系发展目标与战略，节约和集约利用资源，保护生态环境，促进城乡可持续发展。

第五条 编制县域村镇体系规划，应当坚持政府组织、部门合作、公众参与、科学决策的原则。

第六条 编制县域村镇体系规划应当遵循有关的法律、法规和技术规定，以经批准的省域城镇体系规划，直辖市、市城市总体规划为依据，并与相关规划相协调。

第七条 县域村镇体系规划的期限一般为 20 年。

第八条 承担县域村镇体系规划编制的单位，应当具有乙级以上的规划编制资质。

第二章 县域村镇体系规划编制的组织

第九条 县级人民政府负责组织编制县域村镇体系规划。具体工作由县级人民政府建设（城乡规划）主管部门会同有关部门承担。

第十条 县域村镇体系规划应当按照以下程序组织编制和审查：

（一）组织编制县域村镇体系规划应当向省、自治区和直辖市建设（城乡规划）主管部门提出进行编制工作的报告，经同意后方可组织编制。

（二）编制县域村镇体系规划应先编制规划纲要，规划纲要应当提请省、自治区和直辖市建设（城乡规划）主管部门组织审查。

（三）依据对规划纲要的审查意见，组织编制县域村镇体系规划成果，并按程序报批。

第十一条 编制县域村镇体系规划应当具备县域经济、社会、资源环境等方面的历史、现状和发展基础资料以及必要的勘察测量资料。资料由承担规划编制任务的单位负责收集，县级人民政府组织有关部门提供。

第十二条 在县域村镇体系规划编制中，应当在县级人民政府组织下，充分吸取县级人民政府有关部门、各乡镇人民政府和专家的意见，并采取有效措施，充分征求包括村民代表在内的社会公众的意见。对有关意见的采纳结果，应当作为县域村镇体系规划报送审批材料的附件。

第十三条 县域村镇体系规划经批准后，应当由县级人民政府予以公布；但法律、法规规定不得公开的除外。

第十四条 县域村镇体系规划调整，应当向原规划审批机关提出调整报告，经认定后依照法律规定组织调整。

第三章 县域村镇体系规划编制要求

第十五条 县域村镇体系规划的主要任务是：落实省（自治区、直辖市）域城镇体系规划提出的要求；引导和调控县域村镇的合理发展与空间布局；指导村镇总体规划和村镇建设规划的编制。

第十六条 县域村镇体系规划应突出以下重点：

（一）确定县域城乡统筹发展战略；

（二）研究县域产业发展与布局，明确产业结构、发展方向和重点；

（三）确定城乡居民点集中建设、协调发展的总体方案，明确村镇体系结构，提出村庄布局的基本原则；

（四）确定生态环境、土地和水资源、能源、自然和历史文化遗产等方面的保护与利用的综合目标和要求，提出县域空间管制原则和措施；

（五）统筹布置县域基础设施和社会公共服务设施，确定农村基础设施和社会公共服务设施配置标准，实现基础设施向农村延伸和社会服务事业向农村覆盖，防止重复建设；

（六）按照政府引导、群众自愿、有利生产、方便生活的原则，制定村庄整治与建设的分类管理策略，防止大拆大建。

第十七条 编制县域村镇体系规划，应根据不同地区县域经济社会发展条件、村镇建设现状及农村生产方式的差别，强调不同的原则和内容。

经济社会发达地区的县域村镇体系规划，应当强化城乡功能与空间资源的整合，突出各类空间要素配置的集中、集聚与集约，注重环境保护，体现地域特色，全面提高城乡空间资源利用的效率与质量。

经济社会欠发达地区的县域村镇体系规划，应当强化城乡功能与空间的协调发展，突出重点，发挥各级城镇的中心作用，注重基础设施和社会公共服务设施的合理配置，优化城乡产业结构和空间布局，科学推进县域经济社会的有序发展。

第十八条 编制县域村镇体系规划，应当对县域按照禁止建设、限制建设、适宜建设进行分区空间控制。对涉及经济社会长远发展的资源利用和环境保护、基础设施与社会公共服务设施、风景名胜资源管理、自然与文化遗产保护和公众利益等方面的内容，应当确定为严格执行的强制性内容。

第十九条 编制县域村镇体系规划，应当延续历史，传承文化，突出民族与地方特色，确定文化与自然遗产保护的目标、内容和重点，制订保护措施。

第二十条 县域村镇体系规划成果的表达应当清晰、准确、规范，成果文件、图件与附件中说明、专题研究、分析图纸等表达应有区分。规划成果应当以书面和电子文件两种方式表达。

第四章 县域村镇体系规划编制内容

第二十一条 县域村镇体系规划纲要应当包括下列内容：
（一）综合评价县域的发展条件；
（二）提出县域城乡统筹发展战略和产业发展空间布局方案；
（三）预测县域人口规模，提出城镇化战略及目标；
（四）提出县域空间分区管制原则；
（五）提出县域村镇体系规划方案；
（六）提出县域基础设施和社会公共服务设施配置原则与策略。

第二十二条 县域村镇体系规划应当包括下列内容：
（一）综合评价县域的发展条件。

要进行区位、经济基础及发展前景、社会与科技发展分析与评价；认真分析自然条件与自然资源、生态环境、村镇建设现状，提出县域发展的优势条件与制约因素。

（二）制定县域城乡统筹发展战略，确定县域产业发展空间布局。

要根据经济社会发展战略规划，提出县域城乡统筹发展战略，明确产业结构、发展方向和重点，提出空间布局方案，并划分经济区。

（三）预测县域人口规模，确定城镇化战略。

要预测规划期末和分时段县域总人口数量构成情况及分布状况，确定城镇化发展战略，提出人口空间转移的方向和目标。

（四）划定县域空间管制分区，确定空间管制策略。

要根据资源环境承载能力、自然和历史文化保护、防灾减灾等要求，统筹考虑未来人口分布、经济布局，合理和节约利用土地，明确发展方向和重点，规范空间开发秩序，形成合理的空间结构。划定禁止建设区、限制建设区和适宜建设区，提出各分区空间资源有效利用的限制和引导措施。

（五）确定县域村镇体系布局，明确重点发展的中心镇。

明确村镇层次等级（包括县城中心镇一般镇中心村），选定重点发展的中心镇，确定各乡镇人口规模、职能分工、建设标准。提出城乡居民点集中建设、协调发展的总体方案。

（六）制定重点城镇与重点区域的发展策略。

提出县级人民政府所在地镇区及中心镇区的发展定位和规模，以及城镇密集地区协调发展的规划原则。

（七）确定村庄布局基本原则和分类管理策略。

明确重点建设的中心村，制定中心村建设标准，提出村庄整治与建设的分类管理策略。

（八）统筹配置区域基础设施和社会公共服务设施，制定专项规划。

提出分级配置各类设施的原则，确定各级居民点配置设施的类型和标准；因地制宜地提出各类设施的共建、共享方案，避免重复建设。

专项规划应当包括：交通、给水、排水、电力、电信、教科文卫、历史文化资源保护、环境保护、防灾减灾等规划。

（九）制定近期发展规划，确定分阶段实施规划的目标及重点。

依据经济社会发展规划，按照布局集中，用地集约，产业集聚的原则，合理确定5年内发展目标、重点发展的区域和空间布局，确定城乡居民点的人口规模及总体建设用地规模，提出近期内重要基础设施、社会公共服务设施、资源利用与保护、生态环境保护、防灾减灾及其他设施的建设时序和选址等。

（十）提出实施规划的措施和有关建议。

第二十三条　县域村镇体系规划应与土地利用规划相衔接，进一步明确建设用地总量与主要建设用地类别的规模，并编制县域现状和规划用地汇总表。

第二十四条　县域村镇体系规划的强制性内容包括：

（一）县域内按空间管制分区确定的应当控制开发的地域及其限制措施；

（二）各镇区建设用地规模，中心村建设用地标准；

（三）县域基础设施和社会公共服务设施的布局，以及农村基础设施与社会公共服务设施的配置标准；

（四）村镇历史文化保护的重点内容；

（五）生态环境保护与建设目标，污染控制与治理措施；

（六）县域防灾减灾工程，包括：村镇消防、防洪和抗震标准，地质等自然灾害防护规定。

第二十五条　县域村镇体系规划纲要成果包括纲要文本、说明、相应的图纸和研究报告。

县域村镇体系规划成果应当包括规划文本、图纸及附件（说明、研究报告和基础资料等)。在规划文本中应当明确表述规划的强制性内容。

第二十六条 县域村镇体系规划图件至少应当包括(除重点地区规划图外,图纸比例一般为1:5万至1:10万):

(一)县域综合现状分析图;

(二)县域人口与村镇布局规划图;

(三)县域用地布局结构规划图;

(四)县域空间分区管制规划图;

(五)县域产业发展空间布局规划图;

(六)县域综合交通规划图;

(七)县域基础设施和社会公共服务设施及专项规划图;

(八)县域环境保护与防灾规划图;

(九)近期发展规划图;

(十)重点城镇与重点地区规划图。

第五章 附 则

第二十七条 县级市、城市远郊的区的村镇体系规划编制,参照本办法执行。

第二十八条 本办法由中华人民共和国建设部负责解释。

第二十九条 本办法自发布之日起试行。2000年4月6日建设部下发的《县域城镇体系规划编制要点》(试行)同时废止。

关于贯彻《国务院关于加强节能工作的决定》的实施意见

(建科[2006] 231号)

各省、自治区建设厅，直辖市建委及有关部门，计划单列市建委(建设局)，新疆生产建设兵团建设局：

为贯彻落实《国务院关于加强节能工作的决定》的精神，加强建筑节能和城市公共交通节能工作，实现"十一五"期间建设领域节能目标，现提出以下实施意见：

一、提高认识，用科学发展观指导建设领域节能工作

（一）指导思想

以邓小平理论和"三个代表"重要思想为指导，全面落实科学发展观，紧紧围绕实现城乡建设方式的根本转变，调整住房供应结构，引导住房合理消费，以提高能源利用效率为核心，以建筑节能和优先发展公共交通为重点，以技术进步为支撑，近期措施与建立长效机制相结合，加大标准的执行监管力度，建立和完善政策法规，实现"十一五"建筑节能、城市公共交通节能目标，促进建设事业走资源节约型、环境友好型的发展道路。

（二）工作目标

建筑节能：到"十一五"期末，实现节约1.1亿吨标准煤的目标。其中：通过加强监管，严格执行节能设计标准，推动直辖市及严寒寒冷地区执行更高水平的节能标准，严寒寒冷地区新建居住建筑实现节能2100万吨标准煤，夏热冬冷地区新建居住建筑实现节能2400万吨标准煤，夏热冬暖地区新建居住建筑实现节能220万吨标准煤，全国新建公共建筑实现节能2280万吨标准煤，共实现节能7000万吨标准煤；通过既有建筑节能改造，深化供热体制改革，加强政府办公建筑和大型公共建筑节能运行管理与改造，实现节能3000万吨标准煤，大城市完成既有建筑节能改造的面积要占既有建筑总面积的25％，中等城市要完成15％，小城市要完成10％；通过推广应用节能型照明器具，实现节能1040万吨标准煤；太阳能、浅层地能等可再生能源应用面积占新建建筑面积比例达25％以上。

城市公共交通节能：通过改善出行结构，加强设施建设，提高城市公共交通效率。到"十一五"期末，城市公共交通出行在城市交通总出行中的比重，特大城市达到20％以上，其他城市在现有基础上增加50％。特大城市中心区公共汽电车平均运营速度达到20公里/小时以上，其他城市达到25公里/小时以上，出租车空驶率控制在30％以下；提高节能环保型汽车的使用率；城市公共交通比"十五"期末节油15％以上。

二、提高城乡规划编制的科学性，从源头上转变城乡建设方式

（三）城乡规划编制和实施要充分体现节约资源的基本国策。制定全国城镇体系规划、省域城镇体系规划要从节约能源的角度，统筹考虑城镇空间布局和规模控制以及重大基础设施布局。制定城市总体规划，要根据本地区的环境、资源条件，科学确定发展目标、方

式、功能分区、用地布局，确定交通发展战略和城市公共交通总体布局，落实公交优先政策，确定主要对外交通设施和主要道路交通设施布局，限制高能耗产业用地规模。村镇规划要符合村镇体系布局，规划建设指标必须符合国家规定。严禁高能耗、高污染企业向乡镇转移，不得为国家明确退出和限制建设的各类企业安排用地。严格规划审批管理制度，重点镇的规划要逐步实行省级备案核准制度。

（四）从规划源头控制高耗能居住建筑的建设。各地应根据当地住房的实际状况以及土地、能源、水资源和环境等综合承载能力，分析住房需求，制定住房建设规划，合理确定当地新建商品住房总面积的套型结构比例。城市规划主管部门要会同建设、房地产主管部门将住房建设规划纳入当地国民经济和社会发展中长期规划和近期建设规划，按建设资源节约型和环境友好型城镇的总体要求，合理安排套型建筑面积90平方米以下住房为主的普通商品住房和经济适用住房布局。

三、建立新建建筑市场准入门槛制度，做好新建建筑节能工作

（五）建立新建建筑市场准入门槛制度。对超过2万平方米的公共建筑和超过20万平方米的居住建筑小区，实行建筑能耗核准制。建设单位应当将建设工程项目设计方案报县级以上人民政府建设主管部门进行建筑能耗核定，满足节能标准的，由建设主管部门出具建筑能耗审核意见书。城市规划主管部门在颁发《建设工程规划许可证》时，对未取得建筑能耗审核意见书的建设工程项目，不得颁发《建设工程规划许可证》，建设主管部门不得批准开工建设。组织建筑节能专项检查，对达不到节能设计标准的项目予以查处。

（六）完善对建筑节能设计、施工、监理等市场主体的监管制度。要加强建设工程节能质量的监督管理，按照《民用建筑工程节能质量监督管理办法》，进一步强化参建各方建筑节能工作的责任和义务，加强施工图审查、施工许可、工程质量检测、工程质量监督、竣工验收备案等环节的建筑节能监管工作。达不到建筑节能设计标准的工程不准开工、验收备案、销售和使用。

加强建筑维护结构保温工程、可再生能源建筑应用的市场监管力度，严格市场准入，规范企业行为。将执行建筑节能标准纳入建筑市场主体诚信行为标准，严肃查处不按照节能标准进行设计、施工、监理的企业，并记入企业不良记录；情节严重的，依法降级或撤销其资质等级，并追究有关人员的责任。

（七）发展绿色环保的施工方式。研究制定《民用建筑工程绿色施工导则》，推广应用资源节约型和环保型的施工方式，通过资源的综合利用、短缺资源代用以及二次资源回用，降低对各类资源的消耗，减少建筑废料和污染物的生成和排放，减少施工对环境的影响。

四、完善建筑节能标准体系，确保工程质量

（八）完善建筑节能标准体系。组织编制建筑节能设计、施工、验收、检测检验、评价和既有建筑节能改造、可再生能源建筑应用、建筑用能系统运行节能、节能管理等方面的标准规范。加强节能标准设计系列图集的编制，完善建筑节能技术措施。推动直辖市及严寒寒冷地区率先实施更高的节能标准，逐步提高国家建筑节能的标准。

（九）推动工业建设领域节能设计标准编制工作。加快工业建设领域节能设计标准的编制工作，"十一五"期间完成石油化工、橡胶、钢铁、有色金属加工、有色金属矿山、有色金属冶炼、水泥等高耗能行业的节能设计、施工、验收等标准规范，推动重点能耗行

业的节能工作的开展。

（十）完善可再生能源建筑应用标准。做好《民用建筑太阳能热水系统应用技术规范》、《地源热泵供暖空调应用技术规程》等标准的贯彻实施工作，编制《太阳能供热采暖工程技术规范》。积极组织生活垃圾填埋气体利用、污泥沼气利用、焚烧发电供热技术等标准规范编制的可行性研究，并及时组织制定。

（十一）积极开展建筑节能标准实施的评价工作。研究制定建筑节能标准实施评价方法，根据建筑节能发展的实际需要，及时修订或编制建筑节能标准，不断完善建筑节能标准体系。

五、抓好建筑节能重点工作

（十二）加强大型公共建筑和政府办公建筑的节能管理工作。制定印发《关于加强大型公共建筑和政府办公建筑节能工作的通知》。各地应结合实际，建立并逐步完善既有大型公共建筑运行节能监管体系，研究制定公共建筑用能系统运行节能制度。以政府办公建筑为突破口，对既有高耗能的大型公共建筑逐步实施节能改造。

（十三）制定大型公共建筑能耗限额。会同国家发展改革委研究制定公共建筑能耗限额和超限额加价制度。各地应开展大型公共建筑能耗统计工作，结合实际研究制定大型公共建筑单位能耗限额。

（十四）组织开展高能耗公共建筑评选活动。会同国家发展改革委组织专家在北京评选十大不节能建筑，并向社会披露。其他有条件的城市应比照进行。

（十五）建立和完善建筑能效测评标识制度。制定《建筑能效标识管理办法》及《建筑能效标识技术导则》，选择若干试点城市进行示范，总结经验，逐步推广。

（十六）建立建筑能耗统计制度。制定《建筑能耗统计标准》，掌握建筑能耗水平、建筑终端商品能耗结构、用能模式，积累建筑能耗基础数据，为制定政策提供依据。各地应充分认识能耗统计工作的重要性，认真组织做好相关工作。

六、加快城镇供热体制改革

（十七）尽快实行将采暖补贴由"暗补"变"明补"，加快推进供热商品化、货币化。

（十八）新建建筑必须配套建设供热采暖分户计量系统，并安装温控装置，必须实行按热计量收费；既有建筑通过节能改造达到温度可调节、分栋或分户计量的要求。

（十九）建立城市低收入家庭冬季采暖保障制度。完善供热价格形成机制，制定建筑供热采暖按用热量收费的政策，培育有利于节能的供热市场。

（二十）整合城市供热热源，充分发挥热电联产、大型锅炉效率高的优势，提高热源生产的能源利用效率。

七、组织实施国家建筑节能重点工程、重大关键技术研究项目

（二十一）全面启动可再生能源在建筑中的推广应用。积极推进太阳能、浅层地能、生物质能等可再生能源在建筑中的应用。会同财政部研究制定《推进可再生能源在建筑中应用的实施意见》、《可再生能源建筑应用专项资金暂行管理办法》及《可再生能源建筑应用示范工程评审办法》等，选择一批条件成熟的项目和城市进行示范，开展太阳能、浅层地能等在建筑中应用关键技术研究，培育和带动相关产业的发展。各地应积极配合做好示范推广工作。

（二十二）实施国家建筑节能重点工程。组织实施建筑节能工程，以新建建筑执行节

能设计标准、既有建筑节能改造、配套措施及能力建设为重点，启动更低能耗和绿色建筑示范项目及既有建筑节能改造。配合实施热电联产工程，用热电联产集中供热为主的方式替代城市燃煤供热小锅炉，扩大集中供热范围。适度超前建设城市集中供热管网，为热电联产创造条件。各地应积极配合国家做好重点工程的管理工作，并总结经验，逐步推广。配合实施绿色照明工程，按照《"十一五"城市绿色照明工程规划纲要》的要求，组织实施城市绿色照明工程，指导各地科学、节能发展城市照明。

（二十三）组织实施国家中长期科技发展规划中确定的建筑节能与绿色建筑重大项目。加快对新型建筑节能围护结构、既有建筑节能改造、长江流域住宅室内热湿环境低能耗控制技术、大型公共建筑节能控制与能量管理系统研究、降低大型公共建筑空调系统能耗研究、建筑节能设计方法与模拟分析软件开发等建筑节能关键技术研究，不断增强自主创新能力，推动节能技术进步。组织实施百项建筑节能示范工程和百项绿色建筑示范工程的"双百工程"。发布《建设部"十一五"重点推广技术领域》、《建设部"十一五"技术公告》。

（二十四）推动可再生能源在农村地区的应用。各地应结合社会主义新农村建设，加强农村地区可再生能源利用与开发情况的调研，组织太阳能、沼气、生物质能等新能源在农村地区应用技术研发，制定技术政策，编制技术手册，开展示范推广，适应农村用能增长的需要。

八、加强政策法规建设，建立健全节能保障机制

（二十五）做好节能相关法规和政策制定工作。配合国务院法制办做好《建筑节能管理条例》、《城市公共交通条例》的制定工作。积极参与《节约能源法》的修订工作。会同财政部研究制定节能省地型建筑的经济激励政策。各地建设主管部门应积极会同有关部门，做好地方建筑节能及城市公共交通的法规研究制定工作，并结合实际，研究促进建筑节能及公共交通的激励政策。

（二十六）落实优先发展城市公共交通的政策。指导各地科学设置公交优先车道（路）和优先通行信号系统，保证公共交通车辆对优先车道的使用权和优先通行信号系统的正常运转。要因地制宜地设置自行车道、步行道。争取用2年左右时间，使多数大城市建立完善的城市公共交通优先车道（路）网络，建成一批公共交通优先通行信号系统。加强对各地轨道交通规划、建设、运营、管理工作的指导和监督，抓好城市交通节能示范工程，推进快速公共汽车系统和智能交通系统建设。

（二十七）建立完善新技术、新工艺、新设备、新材料的推广、限制、禁止制度。组织编制《建筑节能推广、限制、禁止技术、工艺、设备和材料目录》。加快淘汰落后技术、工艺、设备和材料。加大建筑节能在评优评奖指标中的权重，完善评选标准，推动建筑节能工作的开展。

（二十八）做好新型墙体材料推广应用工作。组织编制国家标准《墙体材料应用统一技术规范》。推广应用保温隔热性能好、轻质、利废、环保的新型墙体材料，做好第二批城市禁止使用实心黏土砖的工作。

（二十九）逐步建立建筑节能服务体系。制定《建筑节能合同能源管理办法》，培育和规范建筑节能服务市场，促进建筑能效的提高。充分发挥行业学（协）会的积极性，协助主管部门和地方政府做好节能管理、技术推广、宣传培训等工作，为机关和事业单位、企业及居民做好节能工作提供服务。各地应积极探索，争取优惠政策，创新机制，尽快形成规范有序的节能服务体系。

九、加强国际合作，促进建筑节能实现跨越式发展

（三十）做好联合国合作开发署中国终端能效、世行中国供热体制改革和建筑节能、中德既有建筑节能改造等合作项目。积极争取国际组织、外国政府贷款，以合作、交流、技术培训、智力引进等多种方式，引进国外先进经验、技术，不断充实和完善我国建筑节能与公共交通等领域的政策、法规、标准、技术体系。

（三十一）组织召开每年一届的国际智能、绿色建筑及建筑节能大会暨新技术与产品博览会，组织好国际绿色建材博览会，打造国际化的新技术、新产品、新材料交流平台，更好地指导和推动全国建设领域节能工作，实现建筑节能的跨越式发展。

十、加强节能工作的宣传和培训

（三十二）加强建筑节能标准和技术培训。把节能标准、技能培训与执业人员的继续教育结合起来，与施工图审查和质量检查结合起来，与劳务用工岗前培训结合起来，不断提高从业人员熟练运用节能标准、熟练应用节能技术的能力。

（三十三）加大节能工作宣传力度。各地建设主管部门要充分发挥舆论的导向与监督作用，大力宣传我国能源资源现状及建筑节能、公共交通节能、城市照明节能的重大意义，积极宣传有关政策法规、技术标准、示范项目及典型做法和经验等，扩大影响，努力营造有利于节能的社会氛围。

（三十四）举办中国城市交通节能周活动。通过实行无公务车日等各类活动，宣传实施"公交优先"思想和战略。加强公共交通行业精神文明建设，加强对服务质量的监管，健全城市公共交通服务质量投诉和监督机制。组织开展创建"绿色交通示范城市"活动，鼓励地方政府积极实施"公交优先"战略，保证可持续交通发展战略的全面贯彻实施。召开全国优先发展城市公共交通工作会议。进一步发挥城市公共交通行业协会的作用，加强行业自律。

十一、加强组织领导，建立建筑节能目标考核评价体系

（三十五）加强组织领导。各地建设主管部门要成立建筑节能工作领导小组，形成协调配合、运行顺畅的工作机制。请各省、自治区、直辖市建设主管部门于2006年9月底前，将领导小组及办公室成员的名单报建设部科技司备案。

（三十六）建立节能目标责任制。各级建设主管部门要制定建筑节能专项规划，明确"十一五"建筑节能目标。要结合本地实际制定本意见的实施细则及任务分解书，并根据节能目标制定年度计划。各省、自治区、直辖市建设主管部门要在每年年末将目标和计划完成情况报建设部科技司备案。

（三十七）建立节能目标考核制度。各级建设主管部门要研究将建筑节能目标及任务落实情况纳入管理机构及人员的工作绩效考核内容中，并逐级落实。建设部将结合年度建筑节能专项检查，对各地的建筑节能工作完成情况进行评估，各省级建设主管部门也应对本地区市、县（区）建筑节能工作目标的完成情况进行考核。对工作成绩突出的单位和个人应予以表彰，对工作开展不力的通报批评。

中华人民共和国建设部
二〇〇六年九月十五日

关于公布第三批中国历史文化名镇(村)的通知

(建规〔2007〕137号)

各省、自治区、直辖市建设厅(建委、规划局)、文物局,北京市农委,新疆生产建设兵团建设局:

根据《中国历史文化名镇(村)评选办法》(建村〔2003〕199号)等规定,在各地初步考核和推荐的基础上,经专家评审并按《中国历史文化名镇(村)评价指标体系》审核,建设部、国家文物局决定公布河北省永年县广府镇等41个镇为第三批中国历史文化名镇(见附件1)、北京市门头沟区龙泉镇琉璃渠村等36个村为第三批中国历史文化名村(见附件2)。

请你们认真贯彻"保护为主、抢救第一、合理利用、加强管理"的工作方针,妥善处理好文化遗产保护与经济发展、人民群众生产生活条件改善的关系,制定严格的保护措施,加强对中国历史文化名镇(村)规划建设工作的指导。要加大对保护规划实施的监管力度,严厉查处违反保护规划的建设行为。要进一步理顺管理体制,切实做好中国历史文化名镇(村)的保护和管理工作。

建设部、国家文物局将对已经公布的中国历史文化名镇(村)保护工作进行检查和监督。对由于人为因素或自然原因,致使历史文化名镇(村)不符合规定条件的,建设部、国家文物局将撤销其中国历史文化名镇(村)的称号。

附件1:第三批中国历史文化名镇名单
附件2:第三批中国历史文化名村名单

中华人民共和国建设部
国家文物局
二○○七年五月三十一日

附件1

第三批中国历史文化名镇名单

1. 河北省永年县广府镇
2. 山西省襄汾县汾城镇
3. 山西省平定县娘子关镇
4. 黑龙江省海林市横道河子镇

5. 上海市青浦区朱家角镇
6. 江苏省高淳县淳溪镇
7. 江苏省昆山市千灯镇
8. 江苏省东台市安丰镇
9. 浙江省绍兴市越城区东浦镇
10. 浙江省宁海县前童镇
11. 浙江省义乌市佛堂镇
12. 浙江省江山市廿八都镇
13. 安徽省肥西县三河镇
14. 安徽省六安市金安区毛坦厂镇
15. 江西省鹰潭市龙虎山风景区上清镇
16. 河南省社旗县赊店镇
17. 湖北省洪湖市瞿家湾镇
18. 湖北省监利县程集镇
19. 湖北省郧西县上津镇
20. 广东省开平市赤坎镇
21. 广东省珠海市唐家湾镇
22. 广东省陆丰市碣石镇
23. 广西壮族自治区昭平县黄姚镇
24. 广西壮族自治区阳朔县兴坪镇
25. 海南省三亚市崖城镇
26. 重庆市北碚区金刀峡镇
27. 重庆市江津市塘河镇
28. 重庆市綦江县东溪镇
29. 四川省双流县黄龙溪镇
30. 四川省自贡市沿滩区仙市镇
31. 四川省合江县尧坝镇
32. 四川省古蔺县太平镇
33. 贵州省黄平县旧州镇
34. 贵州省雷山县西江镇
35. 云南省剑川县沙溪镇
36. 云南省腾冲县和顺镇
37. 西藏自治区乃东县昌珠镇
38. 甘肃省榆中县青城镇
39. 甘肃省永登县连城镇
40. 甘肃省古浪县大靖镇
41. 新疆维吾尔自治区霍城县惠远镇

附件 2

第三批中国历史文化名村名单

1. 北京市门头沟区龙泉镇琉璃渠村
2. 河北省井陉县于家乡于家村
3. 河北省清苑县冉庄镇冉庄村
4. 河北省邢台县路罗镇英谈村
5. 山西省平遥县岳壁乡梁村
6. 山西省高平市原村乡良户村
7. 山西省阳城县北留镇郭峪村
8. 山西省阳泉市郊区义井镇小河村
9. 内蒙古自治区包头市石拐区五当召镇五当召村
10. 江苏省苏州市吴中区东山镇陆巷村
11. 江苏省苏州市吴中区西山镇明月湾村
12. 浙江省桐庐县江南镇深澳村
13. 浙江省永康市前仓镇厚吴村
14. 安徽省黄山市徽州区潜口镇唐模村
15. 安徽省歙县郑村镇棠樾村
16. 安徽省黟县宏村镇屏山村
17. 福建省晋江市金井镇福全村
18. 福建省武夷山市兴田镇城村
19. 福建省尤溪县洋中镇桂峰村
20. 江西省高安市新街镇贾家村
21. 江西省吉水县金滩镇燕坊村
22. 江西省婺源县江湾镇汪口村
23. 山东省荣成市宁津街道办事处东楮岛村
24. 湖北省恩施市崔家坝镇滚龙坝村
25. 湖南省江永县夏层铺镇上甘棠村
26. 湖南省会同县高椅乡高椅村
27. 湖南省永州市零陵区富家桥镇干岩头村
28. 广东省广州市番禺区石楼镇大岭村
29. 广东省东莞市石排镇塘尾村
30. 广东省中山市南朗镇翠亨村
31. 广西壮族自治区灵山县佛子镇大芦村
32. 广西壮族自治区玉林市玉州区城北街道办事处高山村
33. 贵州省锦屏县隆里乡隆里村
34. 贵州省黎平县肇兴乡肇兴寨村
35. 云南省云龙县诺邓镇诺邓村
36. 青海省同仁县年都乎乡郭麻日村

关于印发《建设部关于落实〈国务院关于印发节能减排综合性工作方案的通知〉的实施方案》的通知

(建科〔2007〕159号)

各省、自治区建设厅,直辖市建委及有关部门,计划单列市建委,新疆生产建设兵团建设局,部机关各单位:

《国务院关于印发节能减排综合性工作方案的通知》(国发〔2007〕15号)明确提出了"十一五"节能减排工作目标、总体要求和九方面的工作任务,是指导当前和今后一段时期开展节能减排工作的指导性文件,我部对方案中要求建设领域节能减排工作进行了认真研究,提出了《建设部关于落实〈国务院关于印发节能减排综合性工作方案的通知〉的实施方案》,现印发给你们,请结合本地区实际,认真抓好落实。

各级建设主管部门要充分认识建设领域节能减排工作的重要性和紧迫性,要以高度的政治责任感和使命感,统一思想,创新机制,明确责任,采取切实措施,与相关部门密切配合,扎扎实实地开展工作,确保完成节能减排工作任务,实现节能减排规划目标。

各级建设主管部门要把节能减排各项工作目标和任务逐级分解并落实,要成立主要负责人任组长的节能减排工作领导小组,强化政策措施的执行,加强对工作进展情况的考核和监督。各省级建设主管部门要根据本实施方案,制定本地区贯彻落实的具体方案,并于2007年7月31日前报建设部,同时各省级建设主管部门每年要向建设部报告本地区节能减排工作进展情况。建设部每年对节能减排工作目标责任履行情况进行专项考核,并公布考核结果。

中华人民共和国建设部
二〇〇七年六月二十六日

附件:

建设部关于落实《国务院关于印发节能减排综合性工作方案的通知》的实施方案

目前,建筑能耗约占全社会总能耗的三分之一左右,随着工业化和城镇化的快速发展,这个比例还在不断上升。全国设市城市中约有42%没有污水处理能力,有近50%的城市尚未建立垃圾处理设施，污水直接排入自然水体，生活垃圾简单填埋，造成污染问题。做好建设领域节能降耗和污染减排工作，已经成为国家战略的重要组成部分，对于实现"十一五"节能降耗和污染减排的规划目标具有重要作用。根据《国务院关于印发节能减排综合性工作方案的通知》确定的工作目标和任务，特制定建设领域贯彻《节能减排综合性工作方案》的实施方案。

一、工作目标和总体要求

（一）节能目标。到"十一五"期末，建筑节能实现节约1亿吨标准煤的目标。其中：加强新建建筑节能工作，实现节能6150万吨标准煤；深化供热体制改革，对北方采暖地区既有建筑实施热计量及节能改造，实现节能1600万吨标准煤；加强国家机关办公建筑和大型公共建筑节能运行管理与改造，实现节能1100万吨标准煤。发展太阳能、浅层地能、生物质能等可再生能源应用在建筑中应用，实现替代常规能源1100万吨标准煤。优先发展城市公共交通，调整出行结构，提高交通效率，实现节约4亿升燃油的目标。

（二）减排目标。到"十一五"期末，全国设市城市和县城所在的建制镇均应规划建设城市污水集中处理设施；全国设市城市的污水处理率不低于70%，新增城市污水处理能力4500万吨。缺水城市再生水利用率达到20%以上，新增城市中水回用量35亿立方米。城市生活垃圾无害化处理率不低于60%。

（三）总体要求。以邓小平理论和"三个代表"重要思想为指导，全面落实科学发展观，认真贯彻落实中央关于节能减排工作的要求，紧紧围绕实现城乡建设方式的根本转变，以节能、节地、节水、节材和环境保护为重点，科学编制城乡规划，深化市政公用事业改革，推进建筑节能，落实公交优先战略，创新污水处理工作机制，提高生活垃圾无害化处理水平。以健全法规制度为基础，以经济激励政策为引导，以科技进步为支撑，以落实技术标准为保证，以加强考核评价为手段，扎实做好建设领域节能降耗和污染减排工作，确保完成节能减排约束性指标，推动城镇发展模式转变，实现城乡可持续发展。

二、主要工作措施

（一）控制增量，调整和优化结构

1. 控制高耗能、高污染行业过快增长。一是指导各地在城市规划编制中体现符合当地可持续发展要求的资源指标、环境指标，并作为强制性内容。二是各级建设主管部门要主动配合有关部门建立新开工项目管理的部门联动机制，严格执行项目开工建设"六项必要条件"，把好新上项目准入关。对不符合节能减排有关法律法规和政策规定的工程建设项目，不予发放规划许可证和通过施工图审查，不得开工建设，并建立行政审批责任制和问责制，按照"谁审批、谁监督、谁负责"的原则，对不按规定发放施工许可证的，依法追究有关人员责任。三是继续贯彻落实《国务院办公厅转发建设部等部门关于调整住房结构稳定住房价格意见的通知》（国办发［2006］37号），组织开展2006～2007年度新建住房结构比例考核工作，督促和指导地方切实调整住房供应结构，增加中小套型普通商品住房的供应比重。

2. 积极推进能源结构调整。一是继续加强2006年启动的25个可再生能源建筑应用示范项目的管理工作，示范项目所在省市建筑主管部门要认真履职，确保示范项目顺利实施，实现预期节能环保效益。二是各地建设主管部门要会同同级财政部门按照财政部、建设部下发的《关于调查核实与组织申报可再生能源建筑应用示范项目的通知》，认真组织第二批项目申报工作,今年启动200个示范推广项目。要认真研究落实可再生能源建筑应用相关配套经济政策。三是在示范基础上,形成可再生能源建筑规模化、一体化、成套化应用的技术体系和相关技术标准、配套的政策法规,带动产业发展,调整建筑用能结构,减缓建筑用能的持续增长。

(二)全面实施十大重点节能工程中的建筑节能工程

1. 进一步提高新建建筑节能水平。一是总结北京、天津等地执行节能65%标准经验,推动上海、重庆及有条件地区率先执行新建建筑65%的节能标准,进一步提高节能水平。今年上海、重庆建设主管部门要加强前期准备工作,2008年在全市范围内全面实施节能65%标准。二是开展更低能耗建筑示范和推广绿色建筑工作,今年启动30个示范项目,请各地组织相关企业积极申报,并做好项目的管理、宣传工作。

2. 深化供热体制改革。一是今年督促北方采暖地区地级以上城市完成采暖费补贴"暗补"变"明补"改革,并同步建立个人热费账户。二是完善供热价格形成机制,督促各地贯彻国家发改委、建设部印发的《城市供热价格管理暂行办法》,实行按用热量计量收费制度。北方地区各省市建设主管部门应配合同级发改、财政等部门,研究制定按用热量计量收费的实施办法。

3. 推动北方采暖地区1.5亿平方米既有居住建筑供热计量及节能改造。一是今年启动北方采暖地区既有居住建筑供热计量、温度调控改造及节能改造1.5亿平方米。根据各省(自治区、直辖市)经济发展水平、建筑总量、技术支撑能力等因素,我部对改造任务进行了分解,其中:北京2500万平方米、天津1300万平方米、辽宁2400万平方米、山东1900万平方米、黑龙江1500万平方米、吉林1100万平方米、河北1300万平方米、河南360万平方米、山西460万平方米、陕西200万平方米、甘肃350万平方米、内蒙古600万平方米、新疆(含兵团)800万平方米、宁夏200万平方米、青海30万平方米。各省级建设主管部门结合本地区市(区)的建筑情况、供热采暖情况及经济发展水平,务必在今年7月31日之前将改造目标进一步分解到各城市(区),并将分解结果报建设部。二是我部将会同财政部研究制定利用中央财政资金支持北方采暖地区既有居住建筑供热计量和节能改造工作,下发《关于推进北方采暖地区既有居住建筑供热计量及节能改造工作的实施意见》、《北方采暖地区既有居住建筑供热计量及节能改造实施指南》、《北方采暖地区既有居住建筑供热计量及节能改造专项资金管理暂行办法》、《北方采暖地区既有居住建筑供热计量及节能改造示范城市申报指南》等。各地建设主管部门应对本地区居住建筑进行建筑状况调查、能耗统计、确定重点改造区域和项目、制定改造规划和实施计划,并力求与旧城改造、建筑修缮和城市及区域性热源改造结合开展,并积极配合同级财政、发改等部门,研究适合本地实际的经济和技术政策,做好组织协调工作,确保改造目标的实现。三是配合国家发改委开展城市绿色照明工程,推广高效照明产品5000万只。

4. 建立大型公共建筑节能监管体系。一是今年将在北京市、上海市、天津市、重庆市、河北省、辽宁省、山东省、陕西省、河南省、湖北省、四川省、江苏省、福建省、广东省、海南省、石家庄市、沈阳市、济南市、西安市、郑州市、武汉市、长沙市、成都市、南京市、福州市、深圳市、厦门市、唐山市、三亚市、绵阳市、鹤壁市、常州市等32个示范省市开展国家机关办公建筑和大型公共建筑的能耗统计、能源审计工作,公示一批国家机关办公建筑和大型公共建筑基本能耗情况,在此基础上,研究制定用能标准、能耗定额和超定额加价、节能服务等制度,明后两年逐步在全国范围内推开,其中省(自治区、直辖市)、省会城市、计划单列市明年全部实行,地级城市2009年全部实行。二是我部将会同财政部制定《关于加强国家机关办公建筑和大型公共建筑节能管理的实施意见》、《国家机关办公建筑和大型公共建筑节能管理实施方案》、《国家机关办公建筑和大型公共建筑节能管理专项资金管理办法》、《国家机关办公建筑和大型公共建筑节能管理示范城市申报指南》等,各示范城市要认真做好大型公共建筑节能监管体系建设的实施方案,报我部与财政部同意后组织实施。三是会同教育部开展"节约型校园"建设工作,制定《关于开展"节约型校园"建设的指导意见》。

(三)实施水资源节约项目,加快水污染治理工程建设

1. 实施水资源节约项目。一是贯彻落实《节水型社会建设"十一五"规划》。到2010年基本完成对运行超过50年以及老城区严重漏损的供水管网的改造,全国设市城市供水管网平均漏损率不超过15%。二是在城镇全面推广生活节水器具。三是力争北方缺水城市再生水利用率达到污水处理量的20%,南方沿海缺水城市达到5%~10%。

2. 加快水污染治理工程建设。一是会同有关部门尽快编制完成全国"十一五"城镇污水处理及再生利用设施建设规划、重点流域水污染防治规划等,并按职责分工抓好相关工作的落实。二是进一步完善城镇污水处理厂污泥处理、处置的相关标准,研究制定《城市污水处理厂污泥处理处置技术政策》,强化污泥处置的管理,防止二次污染。加强城市污水处理再生利用技术政策、标准规范的贯彻实施,推进污水的再生利用,加强城镇水环境综合整治,逐步建立良好的水循环体系。三是研究制定《农村污水处理设施设计指南》、《农村污水处理设施建设与运行经济政策》,开展农村污水处理试点项目,建立农村污水处理技术研究中心。

(四)创新机制,加快发展循环经济

1. 推进资源综合利用。一是进一步提高新型墙体材料和节能、利废建材生产及应用比例,推动新型墙体材料和节能、利废建材产业化示范,配合国家发改委启动新型墙体材料及节能建材产业化生产基地建设。各地建设主管部门应结合本地的实际和国家禁止使用实心黏土砖工作的贯彻实施,积极开发和推广适合本地应用的新型墙体材料。二是配合有关部门修订发布新型墙体材料目录和专项基金管理办法。各地负责墙体材料革新工作的建设主管部门应加强对墙改基金的征收和管理,充分发挥墙改基金的引导和调控作用,推动建筑节能。三是我部将会同国家发改委、国土资源部、农业部推进第二批城市禁止使用实心黏土砖,确保2008年底前256个城市完成"禁实"目标。

2. 促进垃圾资源化利用。一是指导县级以上城市建立健全垃圾收集系统,逐步配套实施分类运输和分类处理。全面推进城市生活垃圾分类体系建设,重点宣传《城市生活垃圾管理办法》、《城市生活垃圾分类标志》等国家政策和技术标准,充分回收垃圾中废旧资源,实现垃圾减量化。二是鼓励城市生活垃圾焚烧发电和供热;2008年前,在全国372个垃圾填埋场,选择一批开展建设生活垃圾填埋气体发电利用项目,实现垃圾资源化。三是积极推进城市生活垃圾无害化处理设施建设,防止垃圾渗滤液污染地表水和地下水,新建城市垃圾无害化处理场要统筹考虑周边乡村的生活垃圾处理,实现垃圾无害化,对于未达到无害化标准的生活垃圾填埋场,要求在2008年底前全部整改达标。

(五)依靠科技,加快技术开发和推广

1. 加快节能减排技术研发。一是启动和实施"中国特色城镇化规律和模式"、"建筑节能关键技术研究与示范"以及"城镇水系统健康循环理论与关键技术"等15个"十一五"科技发展优先主题。二是组织实施国家"十一五"科技支撑计划"城镇化与城市发展领域"中"建筑节能关键技术研究与示范"、"城镇人居环境改善与保障关键技术研究"、"村镇小康住宅关键技术研究与示范"等多个项目。三是启动国家"十一五"科技支撑计划、"水体污染控制与治理"重大专项、"生活垃圾综合处理与资源化利用技术研究示范"、"城市污水处理厂的节能降耗技术"、"城市综合节水技术开发与示范"等重点项目、"村镇小康住宅关键技术研究与示范"、"城镇化与村镇建设动态监控关键技术"、"新型乡村经济建筑材料研究与开发"、"农村新能源开发与节能关键技术研究"等重大项目的研究工作。四是积极争取"不同气候区节约型建筑综合技术集成与示范"项目的立项工作。

2. 加快建立节能技术服务体系。立足建筑节能目前发展阶段和现有资源,以国家机关办公建筑和大型公共建筑的节能运行管理与改造、建设节约型校园和宾馆饭店为突破口,拉动需求、激活市场、培育市场主体服务能力。加快推行合同能源管理,规范能源服务行为,利用国家资金重点支持专业化节能服务公司为用户提供节能诊断、设计、融资、改造、运行管理一条龙服务,为国家机关办公楼、大型公共建筑、公共设施和学校实施节能改造。

3. 加强国际交流合作。一是广泛开展节能减排国际科技合作,积极引进国外先进节能环保技术和管理经验,更有效地组织实施好世行"中国供热改革与建筑节能"、中荷"中国西部小城镇环境基础设施经济适用技术及示范"、中德"中国既有建筑改造"、UNDP中国终端能效项目等国际合作项目。二是积极筹备第四届国际智能、绿色建筑与建筑节能大会暨新技术与产品博览会。三是召开2007年第六届亚太地区基础设施发展部长级论坛暨第二届中国城镇水务发展战略国际研讨会和水处理新技术与设备博览会。四是继续积极研究、多渠道筹集争取配套资金,鼓励有关单位参与国际合作项目的策划和申请,扩大合作对象,拓展合作领域。在CDM机制合作等方面,提出相应的工作思路,开展相应的工作。

(六) 强化责任,加强节能减排管理

1. 建立和完善节能减排指标体系、监测体系。一是完善城乡建设统计报表制度。强化城镇节约用水、污水处理、垃圾处理和公共交通指标,探索新的数据调查方式。二是制定并实施《民用建筑能耗统计报表制度》、《民用建筑能耗数据采集标准》、《"十一五"主要污染物减排统计和监测办法》等,改进统计办法,完善统计和监测制度。

2. 严格建筑节能管理。一是强化新建建筑执行节能强制性标准的监督管理,把好施工图审查、施工许可、工程质量监管及竣工验收等环节标准执行关,对达不到标准的建筑,不得办理开工和竣工验收备案手续,不得销售使用,建立行政审批责任制和问责制,按照"谁审批、谁监督、谁负责"的原则,对不按规定办理开工和竣工验收备案手续的,依法追究有关人员责任。二是贯彻落实《建筑节能工程施工质量验收规范》,着力抓好新建建筑施工阶段执行标准的监管力度。三是在《城市房地产开发经营管理条例》的修订中,规定新建商品房销售时在买卖合同、质量保证书、使用说明书等文件中载明耗能量、节能措施等信息。大型公共建筑建成后,必须进行建筑能效专项测评,达不到节能标准的不得组织竣工验收备案。

3. 强化交通运输节能减排管理。一是大力发展城市公共交通,加快城市快速公交和轨道交通建设。制定《城市综合交通体系规划编制管理办法》,引导城市公共交通发展政策和措施符合国家优先发展公共交通的战略部署。在相关城市规划与实施公共交通、城市轨道交通网络优化和资源共享优化。二是指导各地科学设置公交优先车道(路)和优先通行信号系统,争取用2年左右时间,使多数大城市建立完善的城市公共交通优先车道(路)网络,建成一批公共交通优先通行信号系统。三是推进快速公共汽车系统和智能交通系统建设,会同有关部门制定《关于促进大城市轨道交通健康发展的意见》,抓好示范工程。

4. 加大实施能效标识和节能节水产品认证管理力度。一是加快实施强制性能效标识制度,制定《民用建筑能效测评与标识管理办法》、《民用建筑能效测评机构管理办法》、《民用建筑能效测评标识技术导则》等,规范和引导能效测评标识行为。认真实施绿色建筑评估认证制度。二是推动节水和环保产品认证,在城市强制推广使用节水器具,到2010年,新建住宅和公共建筑全面普及节水器具,现有住宅节水器具普及率达到70%。

5. 加强节能减排管理能力建设。一是组织开展城市供排水水质监测站计量认证评审工作,编制国家计量认证城市供排水管理办法。指导并督促地方加强城市排水监测机构的能力建设,开展人员培训。二是加强节能减排统计能力建设,充实统计力量,适当加大投入。三是充分发挥行业协会、学会在节能标准制定和实施、新技术(产品)推广、信息咨询、宣传培训等方面的作用。

(七) 健全法制,加大监督检查执法力度

1. 健全法律法规。积极配合节约能源法、循环经济法等法律的制定及修订工作;积极做好民用建筑节能、城市排水和污水管理等方面行政法规的制定及修订工作;积极研究开展节约用水等方面的立法准备工作。

2. 完善节能和环保标准。一是指导各地区抓紧研究制定本地区大型公共建筑能耗限额标准。二是完善建筑节能标准体系,修订《夏热冬暖地区居住建筑节能设计标准》。制定热分配表、小流量热计量表等产品标准。三是编制完成《建筑节能施工监督导则》、《绿色施工导则》。

3. 强化城市污水处理厂和生活垃圾处理设施运行管理和监督。加强对城市污水处理设施建设和运行的检查、督促和指导,加强配套管网建设,建立并完善污水处理厂主要污染物(COD)削减量绩效评估制度。对列入国家重点环境监控的城市污水处理厂的运行情况,实行上报制度,限期安装在线监控系统,并与建设部门联网。建立城市污水处理厂运行管理数据库。对未按规定和要求运行污水处理厂和生活垃圾处理设施的城市公开通报,限期整改。严格执行《城市排水许可管理办法》,进一步加强城市排水管理,保障排水设施安全正常运行。

4. 建立政府节能减排工作问责制,严格节能减排执法检查。一是将节能减排指标完成情况列入对各级建设主管部门考核评价体系,抓紧制定具体的评价考核实施办法。二是建设部每年组织开展建筑节能、供热体制改革、污水处理厂和生活垃圾处理设施运行管理专项检查行动,严肃查处各类违法违规行为和事件。

(八) 完善政策,形成激励和约束机制

1. 积极稳妥推进资源性产品价格改革。一是配合国家发改委、财政部等部门完成《关于加快推进水价改革的指导意见》、《关于深化污水处理税费改革促进污水处理产业良性发展的意见》、《完善生活垃圾处理收费制度提高垃圾处理能力的意见》、《污水处理行业定价成本监审办法》等文件，合理调整各类用水价格，加快推行阶梯式水价、超计划超定额用水加价制度。二是全面开征城市污水处理费，征收标准要提高到补偿污水处理设施运行成本（包括污泥处理处置费用）和补偿部分设施建设成本，并使企业保本微利，并逐步做到合理盈利。三是提高垃圾处理收费标准，改进征收方式。四是对国家产业政策明确的限制类、淘汰类高耗水企业实施惩罚性水价。配合国家发改委等部门制定再生水、海水淡化水、微咸水、矿井水、雨水开发利用支持性价格政策。

2. 完善和实施有利于节能减排的财政税收政策。配合财政部、国家税务总局研究制定鼓励节能省地环保型建筑、既有建筑节能改造、可再生能源建筑中应用、节能减排设备、资源综合利用产品等方面的财政、税收优惠政策。

（九）加强宣传，提高全民节约意识

将节能减排宣传纳入重大主题宣传活动，广泛深入持久开展节能减排宣传。一是每年制定节能减排宣传方案，主要新闻媒体在重要版面、重要时段进行系列报道，广泛宣传节能减排的重要性。二是做好每年一度的全国节能宣传周、全国城市节水宣传周、中国城市公共交通周及无车日等宣传活动。开展创建节水型城市10周年总结表彰大会。

关于印发《南方农村房屋灾后重建技术指导要点》的通知

(建质函 [2008] 48 号)

各省、自治区建设厅，直辖市建委，新疆生产建设兵团建设局：

为贯彻落实国务院关于灾后重建工作的战略部署，积极支持雨雪冰冻受灾地区农村房屋重建工作，我部组织制定了《南方农村房屋灾后重建技术指导要点》，现印发给你们，请受灾地区尽快组织发送到本地区各级建设主管部门和有关单位。使用中有何问题和建议，请及时告我部工程质量安全监督与行业发展司和村镇建设办公室。

中华人民共和国建设部
二〇〇八年二月二十六日

附件：

南方农村房屋灾后重建技术指导要点

前 言

2008年1月初以来，我国南方地区大范围遭受持续性雨雪冰冻灾害，局部地区农村房屋倒塌、受损严重，给人民群众的生命财产造成重大损失。目前，根据国务院的总体部署与安排，抗击雨雪冰冻灾害工作由应急抢险抗灾已转入全面恢复重建阶段。为了积极支持做好灾后重建的技术指导工作，帮助和引导受灾地区农民建造节能省地、抗震实用的房屋，改善受灾农民居住条件，尽快恢复正常居住生活，建设部组织有关专家根据相关技术标准，编制了《南方农村房屋灾后重建技术指导要点》，以期对南方地区灾后农房重建工作提供技术帮助。

编制过程中，结合南方受灾地区的特点，吸收了湖北、福建、浙江等地区的经验，并得到北京、安徽、湖南、江苏等地区建设主管部门的支持。由于编制时间仓促，一些疏漏和不当之处在所难免，欢迎各方提出宝贵意见，以便及时更新和补充。

1. 总 则

1.1 灾后农村房屋重建要以保证农民重建房屋质量，保护农民生命财产安全，改善农民居住条件为基本原则，贯彻执行国家法律、法规及相关的标准规范。

1.2 服从村庄、集镇、建制镇总体规划和建设规划，注重将农房重建与村庄整治、人居环境改善相结合。

1.3 农村房屋重建，要因地制宜采用合格的建筑材料，鼓励应用节能环保型的新技术、新材料、新工艺。

1.4 本要点主要用于农村地区农户恢复建设的二层（含二层）以下的自用住宅及附属用房。

2. 房屋选址

2.1 房屋选址要符合规划要求。符合规划的倒房户应尽量利用原宅基地恢复建设。有条件的地方，择址新建的房屋应与生态建设紧密结合，不占或少占耕地。

2.2 房屋选址应选择稳定基岩，坚硬土，开阔平坦、密实、硬度均匀稳定的有利地段建房。避开活动断层和可能发生滑坡、山崩、地陷、非岩质的陡坡，突出的山嘴，孤立的山包地段，避开饱和砂层、软弱土层、软硬不均的土层和容易发生砂土液化的地段。

2.3 选择向阳、通风良好的地段，避开风口和窝风地段。

2.4 拟建房屋不能占压地下管线，应与各类电力线路保持安全距离（其中 1 千伏以下不小于 4 米，4 千伏以下不小于 6 米），否则必须报告电力线路管理部门采取安全防护措施。

3. 房屋的建筑设计

3.1 房屋建筑设计应围绕使用功能兼顾周围环境，鼓励建房人员采用本地区农房设计通用图集及新技术建设农房。

3.2 房屋建筑设计体现以整体环境为中心的设计理念，兼顾农村地方特色，做好房屋外部环境的整体空间布局，处理好户外交往空间，要在保护、节约耕地的前提下做到以实用为主，采取多种单元类型，系列化拼接，注意房屋建筑节能措施的实施和使用节能建材。

3.3 房屋功能布局要做到生产功能与生活功能区分，实行人畜分离，采用科学合理的农村房屋家居功能模式。

3.4 在建筑结构设计中要使用成熟的节能体系和节能环保建材；计算各结点承载力；确定窗墙比；提高门窗保温隔热性能和气密性；合理选择朝向；综合利用新能源、可再生能源。

4. 基础工程

4.1 地基处理要根据当地地质勘察设计资料和相关的地基基础施工规程进行。基础埋深不少于 500 毫米，地基处理可通过固结、晾晒、振密、夯实、换填等方法来做好地基强度及稳定性处理，对主要持力层范围内存在软弱黏性土层的地基，应设置钢筋混凝土圈梁或进行地基加固处理等，同一结构单元的基础宜设置在土性相同或相近的地基上。

4.2 基础地基选择

4.2.1 基础持力层应落在中硬土以上地质均匀的土层中,持力层地耐力应在8吨/平方米以上。

4.2.2 当基础地基出现软硬不均时,对软土部分进行处理,挖成台阶型,使地基持力层土质相对均匀一致。

4.2.3 当基础持力层落在斜面岩层上时,基槽应挖成台阶型并应有镶固,防止基础滑移。

4.2.4 在坡顶建房,基础应距边坡一定距离,具体视地质情况定。当边坡角 α 大于 $45°$、坡高 h 大于8米时,应请专业技术人员进行边坡稳定性验算,防止圆弧滑动。对于稳定的边坡,基础底面外边缘线至坡顶水平距离 L 不得小于2.5米。如所建房屋临近边坡底部,在确保边坡安全稳定的情况下,也应与边坡保持一定距离。

4.3 毛石基础施工

4.3.1 砌筑毛石基础的第一皮石块时,基底应用高强度等级的砌筑砂浆找平坐浆,石块大面向下,并选择比较方正的石块砌在各转角处。

4.3.2 应根据石块自然形状交错位置,尽量使石块间缝隙最小,然后将砂浆填在空隙中,并且铁钎插捣密实。严禁采取先放小石块后灌浆的放法。

4.3.3 基础最上一皮石块,宜选用较大的毛石砌筑。基础的第一皮及转角处、交接处和洞口处,应选用较大平毛石砌筑。

4.3.4 毛石基础的转角及交接处应同时砌筑。如不能同时砌筑又必须留槎时,应砌成斜槎。

4.3.5 毛石基础每天可砌高度不应超过1.0米。

4.3.6 毛石的砌筑砂浆厚度宜为20~30毫米,砂浆应饱满。

4.3.7 砌大放脚时,应按图纸尺寸收进台阶,每层台阶及基础顶面应找平,然后用砂浆刮抹平整,不应只用砂浆填塞形成砂窝现象。

4.4 采用砖基础时,基础砖墙应采用水泥砂浆砌筑。

4.5 基础施工完后应及时回填土方。回填时,应沿基础墙体两侧同时均匀回填、夯实。土方回填应分层夯实,且每层虚填土方高度不宜超过300毫米。回填土应是不含垃圾和其他杂质的好土。

5. 主 体 工 程

5.1 钢筋混凝土框架结构

钢筋混凝土框架结构是一种由梁、柱组成的超静定结构体系,其混凝土强度、梁柱截面尺寸及配筋必须经过设计计算。在抗震设防地区,要充分考虑抗震设防要求。

5.1.1 模板施工

(1)模板及其支架应根据工程结构形式、荷载大小、地基土类别、施工设备和材料供应等条件而定。模板及其支架应具有足够的承载能力、刚度和稳定性,能可靠地承受浇筑混凝土的重量、侧压力以及施工荷载。

(2) 在浇筑混凝土之前，应对模板工程进行全面检查。模板安装和浇筑混凝土时，应对模板及其支架进行观察和维护。发生异常情况时，应及时进行处理。

(3) 安装现浇结构的上层模板及其支架时，下层楼板应具有承受上层荷载的承载能力，未能满足要求时应加设支架；上、下层支架的立柱应对准，并铺设垫板。

(4) 模板的接缝要严密、平整，不应漏浆；在浇筑混凝土前，木模板应浇水湿润，但模板内不应有积水。

(5) 浇筑混凝土前，模板内的杂物应清理干净。

(6) 对跨度大于4米的现浇钢筋混凝土梁、板，其模板应按设计要求起拱，当设计无具体要求时，起拱高度宜为跨度的1/1000～3/1000。

(7) 模板支撑应落在实土上，并加垫板，不应支撑在松软的泥土地面上或堆起的砖墩上，防止模板支撑体系变形、位移，造成混凝土梁、板等构件不平、下挠、裂缝甚至坍塌酿成事故。模板支撑应设置水平拉结杆及设置适当的剪刀撑，确保支撑整体稳定性。采用木支撑时，木支撑稍径不得小于7厘米。梁底木支撑应做成枇杷撑"丫"，支撑拼接应采用对夹木锁紧或钉牢，接头上、下截面应锯平对齐。

(8) 底模及其支架拆除时，混凝土应达到一定强度（拆模时间可参考下表）。

拆除时的混凝土强度及时间参考表（C20～C30混凝土）

构件类别	构件跨度（米）	达到设计的混凝土立方体抗压强度标准的百分率(%)	参考天数	
			夏季	冬季
板	≤2	≥50	5～6天	7～8天
	>2，≤8	≥75	11～12天	19～20天
	>8	≥100	28天	28天
梁、拱、壳	≤8	≥75	11～12天	19～20天
	>8	≥100	28天	28天
悬臂构件	—	≥100	28天	28天

注：当夏天气温＞35℃连续3天以上时，拆模时间可提前1～2天。

5.1.2 钢筋施工

(1) 柱钢筋绑扎前，应检查下层预留钢筋的位置、数量、长度，钢筋接头宜采用搭接，若焊接可采用绑条焊、双面焊。

(2) 梁下部的受拉钢筋的接头要采用焊接，且位置应在跨中三分之一以外，负弯矩钢筋应位置正确，钢筋绑完后要横、纵两个方向拉线、排线，调整钢筋的位置。

(3) 板钢筋绑扎前在模板上画好钢筋间距，按画好的间距绑扎，边绑扎边找直、找正。负弯矩钢筋每个扣都要绑扎牢固，为确保钢筋的位置，按要求加钢筋马凳，绑扎完成后，经常上人处应铺脚手板，并注意保护，防止踩踏。

(4) 为保证主筋保护层厚度，在柱主筋、梁主筋、板底筋绑扎时，应垫保护层厚度的砂浆垫块。

5.1.3 混凝土施工

(1) 混凝土配合比必须满足设计强度要求，水和水泥比例不宜过大，砂子含泥量不大于3%，拌制应采用机械搅拌，并做到随拌随用。

(2)柱混凝土浇筑要分层进行，边下料边振捣，连续作业到顶；梁板混凝土应同时浇筑，从一端开始采用"赶浆法"浇筑；混凝土浇筑不得随意留置施工缝。

(3)混凝土浇筑完毕，应进行浇水或覆盖养护，养护一般不少于7天。

5.1.4 预制构件的安装

(1)预制构件必须采用具有合格证明的产品，预制构件出现断裂、混凝土疏松、露筋、大面积孔洞不得使用。

(2)预制构件(预制板、挑梁、门窗过梁等)安装前，搁置预制构件的墙、梁顶面应用水泥砂浆找平，安装时应座水泥砂浆。

(3)预制板的支撑长度。内外240毫米厚承重墙每端不得小于100毫米；在钢筋混凝土梁上，每端不得小于80毫米。两板间的缝隙宜控制在20~40毫米，并用细石混凝土灌缝且在六小时内浇水养护。

(4)预制板长边与墙体空隙的距离不大于20毫米，预制板长边不得嵌入墙内。

(5)门、窗预制混凝土过梁，每端搁置长度不得小于240毫米。

(6)有抗震设防要求的地域宜选用现浇混凝土楼梯，不宜使用悬臂预制楼梯。

(7)预制混凝土悬臂挑梁挑出长度，不得大于挑梁长度的2/5；挑梁上无墙时不得大于挑梁长度的1/3，并应保证其稳定性。

5.2 砌体工程

5.2.1 砌体采用的砌块、砌筑砂浆强度应达到设计要求，组砌方法正确。

5.2.2 构造柱设置

(1)混合结构提倡使用砖砌体和钢筋混凝土构造柱组合墙。组合砖墙砌体结构房屋，应在纵横墙交接处、墙端部(自由墙)和较大洞口的洞边设置构造柱，其间距不宜大于4米。构造柱可不单独设基础，但应伸入室外地坪下500毫米，或锚入浅于500毫米的基础梁内。构造柱截面尺寸不宜小于240毫米×240毫米，其厚度不应小于墙厚，边柱、角柱的截面宽度宜适当加大。

(2)柱内竖向受力钢筋配置，对中柱不宜少于4ϕ12，边、角柱不宜少于4ϕ14，箍筋配置一般宜为ϕ6，间距200毫米，楼层上下500毫米范围内宜为ϕ6、间距100毫米。若有基础梁结构的构造柱竖向钢筋应在基础梁和楼层圈梁中锚固，并应符合受拉钢筋的锚固要求，至少35天。构造柱混凝土强度等级不宜低于C20。

(3)砌体与构造柱的连接处应砌成马牙槎，并沿墙高每隔500毫米设2ϕ6拉结筋，且每边伸入墙内不宜少于600毫米。组合砖墙施工应先砌墙后浇构造柱混凝土。

5.2.3 圈梁设置

(1)组合砖墙砌体结构房屋应在基础顶面、楼层处设置钢筋混凝土圈梁。圈梁高度不宜小于240毫米，纵向钢筋不宜少于4ϕ12，并伸入构造柱内，且应符合受拉钢筋的锚固要求，圈梁箍筋宜采用ϕ6，间距200毫米。

(2)非组合砖墙砌体结构应在檐口标高处设置一道。有条件提倡每层都设。圈梁宜连续设在同一水平面上，形成封闭状。当被门窗截断时，应在洞口上部增设相同截面的附加圈梁，其搭接长度不得小于2倍错开高度或1米。

5.2.4 石砌体

(1) 石砌体是砂浆砌筑而成的料石砌体房屋，宜采用现浇钢筋混凝土楼、屋盖，其抗震横墙间距不应超过7米。

(2) 石砌体房屋的外墙四角、楼梯间四角、抗震设防烈度6度区隔开间的内外墙交接处、抗震设防烈度7度区每开间的内外墙交接处等部位，应设置钢筋混凝土构造柱。

(3) 抗震横墙洞口的水平截面面积，不应大于全截面面积的1/3。

(4) 每层的纵横墙均应设置圈梁。

(5) 无构造柱的纵横墙交接处，应采用条石无垫片砌筑，且应沿墙高每隔500毫米设置拉结钢筋网片，每边每侧伸入墙内不宜小于1米。

6. 屋 面 工 程

6.1 屋面结构提倡采用大坡屋面，宜使用轻质材料。各地应因地制宜，适当提高屋面雪荷载取值。

6.2 屋面防水工程应遵照"防排结合"、"刚柔并举"、"迎水面设防"的原则。

6.2.1 防水层选用材料应选用高聚物改性沥青防水卷材、合成高分子防水卷材、合成高分子防水涂料、聚合物水泥复合防水涂料、细石防水混凝土、平瓦等材料。

6.2.2 突出屋面结构（女儿墙、立墙、天窗壁、变形缝、烟囱等）的连接处、转角处（水落口、檐口、天沟、屋脊等），均宜做成圆弧。

6.2.3 防水层施工完成后必须及时做好保护层。保护层施工时，应采取有效的保护措施，避免破坏防水层。

6.2.4 应避免在已完工的防水层上打眼凿洞，如确需打眼凿洞时，损坏的防水层应做重点防水密封处理，并与原防水连成整体。

7. 门 窗 工 程

7.1 房屋的门窗洞口位置宜上下对齐，同一轴线上的窗间墙宜均匀，门窗安装时必须上下平直，中间距离相同。

7.2 采用木窗应在砌体砌筑时埋设木砖，埋设数量方法为上三皮下三皮，中间每500毫米左右设一个木砖，保证每边不少于3个固定点。

7.3 采用铝合金或塑钢窗应在砌体砌筑时埋设混凝土块，窗固定点四角，距边框150毫米四处，其余为每500毫米各设一个固定点。

7.4 木窗玻璃安装时，必须打坐底油灰；铝合金、塑料窗玻璃安装时，必须垫橡胶条。室外玻璃安装不得拼接。当外窗单片玻璃面积大于1.5平方米时，应使用安全玻璃。

7.5 凡安装室外窗框时，应在窗框下端预留40~60毫米的粉刷位置，以防窗台上表面抹灰时造成埋框。外窗安装后堵口应塞缝严密，防止渗透。

7.6 在风压较大的地区，门窗洞开口不宜过大。

8. 装 修 工 程

8.1 水泥砂浆、混合砂浆外墙粉刷宜设分格缝，建议优先使用外墙涂料。

8.2 外墙面砖粘贴要牢固，并用水泥浆勾缝。

8.3 室内砂浆粉刷层应分层进行，每层厚度宜为5～7毫米，厚度不宜超过35毫米。

9. 配 套 设 施

9.1 电线铺设

9.1.1 三相四线制输配电系统的零线严禁作为电器保护的地线使用。

9.1.2 电器的开关应控制相线。

9.1.3 进户线和穿墙线应用绝缘套管保护。

9.1.4 室内开关安装距地高度不小于1.30米。

9.2 自来水管安装

9.2.1 自来水管应采用无毒、无污染塑铝管或热镀锌钢管。

9.2.2 在厨房的塑料给水管，不得布置在灶台上边缘；明设的塑料给水立管距灶台边缘不得小于0.4米，距燃气热水器边缘不宜小于0.2米。

9.3 散水

建成后的房屋必须做散水，以防雨水灌入地基。

10. 安 全 施 工

10.1 施工用电安全保证措施

10.1.1 支线架设

(1) 支线绝缘好，无老化、破损和漏电。

(2) 支线应沿墙或电杆架空铺设，并用绝缘胶固定。

(3) 过道电线可采用硬质护套并作标志。

(4) 室外支线应用橡皮线架空，接头不受拉力并进行绝缘处理，架设净空满足相应要求。

10.1.2 现场照明

(1) 照明导线应有绝缘胶固定。严禁使用花线或塑料胶质线。

导线不得随地拖拉或绑在钢管脚手支架上。

(2) 照明灯具的金属外壳必须接地或接零。

(3) 室外照明灯具距地面不得低于3米；室内距地面不得低于2.4米。

10.1.3 架空线

(1) 架空线必须设在专用电杆上，严禁架设在树或脚手架上。

(2) 架空线应装设横担和绝缘胶，其规格、线间距离、档距等应符合架空线路要求。

（3）架空线一般应离地4米以上，机动车道为6米以上。

10.2　高空作业、起重、运输机械操作的安全管理措施

起重、运输等各类机械必须有专人操作，高处作业必须设置。

防护措施，操作人员高空作业时，必须正确佩戴和使用安全防护用具和用品。

10.3　脚手架的搭设

立杆间距、杆件连接、剪刀撑安设要确保脚手架的稳定、安全。脚手架拆除时，下方不得有其他人员，并按照后支先拆、从上到下的原则进行。

关于印发《房屋登记簿管理试行办法》的通知

(建住房 [2008] 84号)

各省、自治区建设厅，直辖市房地局(建委)，新疆生产建设兵团建设局：

为了规范房屋登记簿管理，保障房屋交易安全，保护房屋权利人及相关当事人的合法权益，我部制定了《房屋登记簿管理试行办法》，现印发给你们，请贯彻执行。执行中的重要情况，请及时告我部住宅与房地产业司。

中华人民共和国住房和城乡建设部
二○○八年五月六日

房屋登记簿管理试行办法

第一条 为规范房屋登记簿管理，保障房屋交易安全，保护房屋权利人及相关当事人的合法权益，根据《中华人民共和国物权法》、建设部颁布的《房屋登记办法》(建设部令第168号)，制定本办法。

第二条 房屋登记簿(以下简称"登记簿")是房屋权利归属和内容的根据，是房屋登记机构(以下简称"登记机构")制作和管理的，用于记载房屋基本状况、房屋权利状况以及其他依法应当登记事项的特定簿册。

第三条 登记簿可以采用电子介质，也可以采用纸介质。鼓励有条件的地方建立电子介质的登记簿。

登记簿采用电子介质的，应能够转化为惟一、确定的纸介质形式；采用纸介质的，应采用活页等方便增页和编订的方式编制，注明目录和页码。

第四条 登记簿有关内容发生改变的，应通过增加新的页面、界面和内容体现，不得直接在原内容上删改。

第五条 房屋登记簿应按照房屋基本单元建立。房屋基本单元应有惟一的编号。房屋分割、合并时应重新编号。

第六条 建筑区划内依法属于业主共有的公共场所、公用设施和物业服务用房，应在房屋初始登记时单独记载，建立登记簿，并与建筑区划内房屋基本单元的登记簿形成关联。

第七条 登记簿的内容应包括房屋基本状况、房屋权利状况以及其他状况部分。各地可以在本办法规定内容的基础上增加登记簿的内容。

第八条 登记簿的房屋基本状况部分，记载房屋编号、房屋坐落、所在建筑物总层数、建筑面积、规划用途、房屋结构、土地权属性质、国有土地使用权取得方式、集体土地使用权类型、地号、土地证号、土地使用年限房地产平面图等。

第九条 登记簿的房屋权利状况部分，记载房屋所有权、他项权利等有关情况。

房屋所有权的内容，记载房屋所有权人、身份证明号码、户籍所在地、共有情况、房屋所有权取得方式、房屋所有权证书号、补换证情况、房屋性质、《房屋登记办法》第四十一条规定的注销事项等。

房屋他项权利的内容，记载抵押权人、抵押人和债务人、被担保主债权的数额、担保范围、债务履行期限、房屋他项权利证书号、补换证情况；最高额抵押权人、抵押人和债务人、最高债权额、担保范围、债务履行期限、债权确定的期间、最高债权额已经确定的事实和数额；在建工程抵押权人、抵押人和债务人、被担保主债权的数额或最高债权额、担保范围、债务履行期限、在建工程抵押登记证明号；地役权人、地役权设立情况、地役权利用期限等。

第十条 登记簿的其他状况部分，记载预告登记权利人和义务人、身份证明号码、预告登记证明号、补换证情况；异议登记申请人、异议事项；查封机关、查封文件及文号、查封时间、查封期限、解除查封文件及文号、解除查封的时间等。

第十一条 登记机构每次办理第九条、第十条中涉及的各项房屋登记，都应在登记簿上记载登记时间和登记最终审核人员。

第十二条 登记机构应建立严格的录入、审查和管理制度，明确登录人员，保证登记簿的记载信息与登记最终审核结果一致。

未经合法程序，不得对登记簿记载的内容进行更改。

第十三条 登记簿应永久保存并妥善保管。纸质登记簿应配备必要的安全保护设施并可以制作副本，电子登记簿应定期备份。

登记簿有毁损的，登记机构应及时补造。

第十四条 个人和单位提供身份证明材料，可以查询登记簿中房屋的基本状况及查封、抵押等权利限制状况；权利人提供身份证明材料、利害关系人提供身份证明材料和证明其属于利害关系人的材料等，可以查询、复制该房屋登记簿上的相关信息。

有关查询的程序和办法，按《房屋登记信息查询暂行办法》（建住房〔2006〕244号）的有关规定执行。

第十五条 登记簿记载相关信息后，申请登记的原始资料以及登记机构的内部审核文件应作为登记档案归档。

登记机构应结合房地产交易与登记规范化管理要求，逐步实现房屋权属档案数字化。条件具备的地方，应通过数字化档案显示房地产交易的历史情况。

第十六条 住房和城乡建设部将逐步建立全国统一的房屋登记信息系统，实现全国登记簿基本信息共享和异地查询。

登记机构应参照有关信息系统技术规范加强房屋登记信息系统建设，为全国房屋登记信息系统预留接口。

附件：

房屋登记簿记载内容说明

【房屋编号】记载房屋登记机构编制的房屋代号。每一个房屋登记基本单元应当有惟一的房屋编号。房屋合并或分割的，应当重新编号，不得沿用原有编号。

【房屋坐落】记载房屋的具体地理位置，具体指有关部门依法确定的房屋坐落，一般包括街道名称、门牌号、幢号、楼层号、房（室）号等。

【所在建筑物总层数】记载房屋所在建筑物的总自然层数。有地下层或半地下层的，计入总层数，但应加以注明。

【建筑面积】记载按照《房产测量规范》GB/T 17986.1—2000 测量的房屋建筑面积，分别注明房屋专有部分建筑面积和分摊的共有部分建筑面积。

建筑物为多个所有人区分所有的，专有部分建筑面积为套内建筑面积；建筑物不属于多个所有权人区分所有的，专有部分建筑面积即为建筑面积。

【规划用途】记载建设工程规划许可文件及其所附图件上确定的房屋用途。

【房屋结构】分为钢结构、钢和钢筋混凝土结构、钢筋混凝土结构、混合结构、砖木结构、其他结构等六类。

【土地权属性质】记载房屋占用范围内土地的所有权性质，分别为"国有"或"集体所有"。

【国有土地使用权取得方式】记载房屋所占用土地的国有土地使用权取得的方式，包括划拨、出让、出租、作价入股等。

【集体土地使用权类型】记载房屋所占用土地的集体土地使用权的具体类型，包括集体建设用地使用权、宅基地使用权等。

【地号】记载土地使用权证上注记的宗地地号。

【土地证号】记载依法向土地使用权人颁发的土地使用权证的证号。

【土地使用年限】记载房屋占用范围内的土地使用权的起始日期和终止日期。国有土地使用权为出让的填写《国有土地使用权证》记载的土地使用年限；国有土地使用权为划拨的不填；集体土地使用权填写《集体土地使用证》上记载的土地使用年限。

【房地产平面图】是指按照《房产测量规范》GB/T 17986.1—2000 要求完成的，用于房屋权属证书附图的房屋分户图等。

【房屋所有权人】房屋所有权人为法人、其他组织的，记载身份证明上的法定名称；房屋所有权为自然人的，记载身份证明上的姓名。

法人或其他组织的身份证明为《组织机构代码证》，没有《组织机构代码证》的，可以为《营业执照》、《事业单位法人证书》、《社会团体法人登记证书》等。

境内自然人的身份证明为《居民身份证》，无《居民身份证》的可以为《户口簿》、《护照》、有效军人身份证件等（《军官证》、《文职干部证》、《士兵证》、《学员证》、《离休证》、《退休证》等）；港澳同胞的身份证明为《港澳居民来往内地通行证》或《港澳同胞回乡证》、《居民身份证》；台湾同胞的身份证明为《台湾居民来往大陆通行证》或其他有效旅行证件，在台湾地区居住的有效身份证件或经确认的身份证明；外国人的身份证明为《护照》和中国政府主管机关签发的居留证件。

【身份证明号码】记载身份证明上记载的号码。

【户籍所在地】记载房屋所有权人为自然人时，其户籍登记管理机关所在地。一般填写身份证明的填发机关。

【共有情况】记载按份共有或共同共有。不属共有情况的，填写单独所有；属于共有情况的，填写按份共有或共同共有。在附记栏中注明共有人及共有份额。

【房屋所有权取得方式】记载房屋所有权人取得该房屋所有权的方式，包括自建、买卖、互换、赠与、以房屋出资入股、分割或合并共有房屋、法人或者其他组织分立或合并、继承、遗赠、因生效法律文书取得、征收等。

【房屋所有权证书号】记载登记机构向房屋权利人颁发的房屋所有权证书的证号。

【补换证情况】房屋权属证书、登记证明因遗失、灭失、破损等原因补发或换证的，在房屋权属证书号后或附记栏中注明。

【房屋性质】分别记载经济适用住房、廉租住房、集资合作建房等由政府提供相关政策支持建设，对购买、租赁对象以及转让有限制的房屋；其他类型房屋不填此项。

【抵押权人】记载抵押合同中的抵押权人。

【抵押人】记载抵押合同中的抵押人。

【债务人】记载主债权合同中的债务人。

【被担保主债权的数额】记载被担保的主债权金额。

【担保范围】记载抵押合同中约定的担保范围，可以是主债权及其利息、违约金、损害赔偿金、保管担保财产和实现担保物权的费用等；抵押合同未约定的，记载未约定的事实。

【债务履行期限】记载主债权合同中约定的债务人履行债务的期限。

【房屋他项权利证书号】记载登记机构向当事人颁发的房屋他项权利证书的证号。

【最高额抵押权人】记载最高额抵押合同中记载的抵押权人。

【最高债权额】记载最高额抵押合同中双方当事人约定的最高债权金额。

【债权确定的期间】记载最高额抵押合同中双方当事人约定的债权确定的期间。

【最高债权额已经确定的事实和数额】因《物权法》第206条规定的情形导致最高额抵押权所担保的债权确定时，记载债权确定的原因及事实，同时注明所确定的债权金额。

【在建工程抵押权人】记载在建工程抵押合同中的抵押权人，通常为在建工程的贷款人。

【在建工程抵押人】记载在建工程抵押合同中的抵押人，通常为对在建工程享有财产权的权利人。

【在建工程抵押登记证明号】记载登记机构向当事人颁发的在建工程抵押登记证明的证号。

【地役权人】记载地役权合同中的地役权人，一般为需役地权利人。

【地役权设立情况】需役地登记簿记载供役地（房屋）坐落、供役地房屋所有权人、地役权主要内容（地役权合同中约定的供役地房屋利用目的和方法）等；供役地登记簿记载需役地（房屋）坐落、地役权人、地役权主要内容（地役权合同中约定的供役地房屋利用目的和方法)等。

粘附地役权合同的,本栏可以略写。

【地役权利用期限】地役权合同中约定的利用期限。

【预告登记权利人】记载房屋买卖合同中的购房人或者抵押合同中的抵押权人。

【预告登记义务人】记载房屋买卖合同中的售房人或者抵押合同中的抵押人。

【预告登记证明号】记载登记机构向房屋权利人颁发的预告登记证明的证号。

【异议登记申请人】记载申请异议登记的利害关系人。

【异议事项】记载利害关系人提出异议的具体内容。

【查封机关】记载依法对土地使用权、房屋所有权实施财产保全、查封等限制措施的国家机关,如人民法院、人民检察院、公安机关等。

【查封文件及文号】记载查封机关依法作出财产保全、查封等限制措施的文件及其文号。

【查封时间】记载查封事实记载于登记簿的时间。

【查封期限】记载查封文件上记载的限制措施的起始日期和结束日期。查封文件记载的限制措施的起始日期一般与查封时间一致。

【解除查封文件及文号】记载查封机关依法解除限制措施的文件及其文号。

【解除查封时间】记载查封机关解除限制措施的日期,一般是查封机关解除限制措施的文件送达登记机构的日期。

【登记时间】记载登记事项记载于登记簿上的时间。

【登记最终审核人员】记载登记机构做出最终审核决定的人员。

关于公布第四批中国历史文化名镇(村)的通知

(建规〔2008〕192号)

各省、自治区、直辖市建设厅(建委)、文物局,北京市农村工作委员会、天津市规划局:

根据《中国历史文化名镇(村)评选办法》(建村〔2003〕199号)等规定,在各地初步考核和推荐的基础上,经专家评审并按《中国历史文化名镇(村)评价指标体系》审核,住房和城乡建设部、国家文物局决定公布北京市密云县古北口镇等58个镇为中国历史文化名镇(见附件1)、河北省涉县偏城镇偏城村等36个村为中国历史文化名村(见附件2)。

请你们按照《历史文化名城名镇名村保护条例》的要求,进一步理顺管理体制,切实做好中国历史文化名镇(村)的保护和管理工作。要加强对中国历史文化名镇(村)规划建设工作的指导,认真编制保护规划,制定和落实保护措施,杜绝违反保护规划的建设行为的发生,严格禁止将历史文化资源整体出让给企业用于经营。

住房和城乡建设部、国家文物局对已经公布的中国历史文化名镇(村)的保护工作进行检查和监督;对保护不力使其历史文化价值受到严重影响的,将依据《历史文化名城名镇名村保护条例》进行查处。

附件:1. 第四批中国历史文化名镇名单
      2. 第四批中国历史文化名村名单

中华人民共和国住房和城乡建设部
国家文物局
二〇〇八年十月十四日

附件1:

第四批中国历史文化名镇名单

01　北京市密云县古北口镇
02　天津市西青区杨柳青镇
03　河北省邯郸市峰峰矿区大社镇
04　河北省井陉县天长镇
05　山西省泽州县大阳镇
06　内蒙古自治区喀喇沁旗王爷府镇
07　内蒙古自治区多伦县多伦淖尔镇

08　辽宁省海城市牛庄镇
09　吉林省四平市铁东区叶赫镇
10　吉林省吉林市龙潭区乌拉街镇
11　黑龙江省黑河市爱辉镇
12　上海市南汇区新场镇
13　上海市嘉定区嘉定镇
14　江苏省昆山市锦溪镇
15　江苏省江都市邵伯镇
16　江苏省海门市余东镇
17　江苏省常熟市沙家浜镇
18　浙江省仙居县皤滩镇
19　浙江省永嘉县岩头镇
20　浙江省富阳市龙门镇
21　浙江省德清县新市镇
22　安徽省歙县许村镇
23　安徽省休宁县万安镇
24　安徽省宣城市宣州区水东镇
25　福建省永泰县嵩口镇
26　江西省横峰县葛源镇
27　山东省桓台县新城镇
28　河南省开封县朱仙镇
29　河南省郑州市惠济区古荥镇
30　河南省确山县竹沟镇
31　湖北省咸宁市汀泗桥镇
32　湖北省阳新县龙港镇
33　湖北省宜都市枝城镇
34　湖南省望城县靖港镇
35　湖南省永顺县芙蓉镇
36　广东省东莞市石龙镇
37　广东省惠州市惠阳区秋长镇
38　广东省普宁市洪阳镇
39　海南省儋州市中和镇
40　海南省文昌市铺前镇
41　海南省定安县定城镇
42　重庆市九龙坡区走马镇
43　重庆市巴南区丰盛镇
44　重庆市铜梁县安居镇
45　重庆市永川区松溉镇
46　四川省巴中市巴州区恩阳镇

47　四川省成都市龙泉驿区洛带镇
48　四川省大邑县新场镇
49　四川省广元市元坝区昭化镇
50　四川省合江县福宝镇
51　四川省资中县罗泉镇
52　贵州省安顺市西秀区旧州镇
53　贵州省平坝县天龙镇
54　云南省孟连县娜允镇
55　西藏自治区日喀则市萨迦镇
56　陕西省铜川市印台区陈炉镇
57　甘肃省秦安县陇城镇
58　甘肃省临潭县新城镇

附件2：

第四批中国历史文化名村名单

01　河北省涉县偏城镇偏城村
02　河北省蔚县涌泉庄乡北方城村
03　山西省汾西县僧念镇师家沟村
04　山西省临县碛口镇李家山村
05　山西省灵石县夏门镇夏门村
06　山西省沁水县嘉峰镇窦庄村
07　山西省阳城县润城镇上庄村
08　浙江省龙游县石佛乡三门源村
09　安徽省黄山市徽州区呈坎镇呈坎村
10　安徽省泾县桃花潭镇查济村
11　安徽省黟县碧阳镇南屏村
12　福建省福安市溪潭镇廉村
13　福建省屏南县甘棠乡漈下村
14　福建省清流县赖坊乡赖坊村
15　江西省安义县石鼻镇罗田村
16　江西省浮梁县江村乡严台村
17　江西省赣县白鹭乡白鹭村
18　江西省吉安市富田镇陂下村
19　江西省婺源县思口镇延村
20　江西省宜丰县天宝乡天宝村
21　山东省即墨市丰城镇雄崖所村

22	河南省郏县李口乡张店村
23	湖北省宣恩县沙道沟镇两河口村
24	广东省恩平市圣堂镇歇马村
25	广东省连南瑶族自治县三排镇南岗古排村
26	广东省汕头市澄海区隆都镇前美村
27	广西壮族自治区富川瑶族自治县朝东镇秀水村
28	四川省汶川县雁门乡萝卜寨村
29	贵州省赤水市丙安乡丙安村
30	贵州省从江县往洞乡增冲村
31	贵州省开阳县禾丰布依族苗族乡马头村
32	贵州省石阡县国荣乡楼上村
33	云南省石屏县宝秀镇郑营村
34	云南省巍山县永建镇东莲花村
35	宁夏回族自治区中卫市香山乡南长滩村
36	新疆维吾尔自治区哈密市回城乡阿勒屯村

国家环境保护总局、建设部关于印发《小城镇环境规划编制导则(试行)》的通知

(环发［2002］82号)

各省、自治区、直辖市、计划单列市环境保护厅(局)、建设厅(局)，新疆建设兵团环境保护局、建设局：

为贯彻落实中共中央、国务院《关于促进小城镇健康发展的若干意见》和《国家环境保护"十五"计划》关于"加强小城镇环境保护规划"的要求，指导和规范小城镇环境规划编制工作，国家环境保护总局和建设部制定了《小城镇环境规划编制导则(试行)》(以下简称《导则》)。现印发给你们，并就有关问题通知如下：

一、提高认识，重视小城镇环境规划编制工作。环境规划是小城镇环境保护的一项重要基础工作。通过环境规划，引导乡镇企业适当集中，建立乡镇工业园区，实行乡镇工业污染的集中控制。各级环保、建设部门应高度重视，并在当地政府的领导下，积极组织开展小城镇环境规划的编制工作。

二、加强指导，积极开展小城镇环境规划编制的培训工作。为搞好小城镇环境规划的编制工作，各省环保部门应会同建设部门，积极组织对县级环保部门主管领导和有关工作人员和技术人员进行专项培训。国家环境保护总局将会同建设部组织对省级环保部门有关人员和技术人员进行培训。

三、抓住重点，搞好试点和典型示范，稳步推进。各地应结合当地实际情况，选择一批具有一定工作基础的小城镇开展试点和典型示范。在总结经验的基础上，逐步推开，不搞一刀切。当前编制环境规划的重点是县级市、县城关镇和省级重点小城镇。

四、在小城镇环境规划编制与管理工作中，各级环保部门、建设部门要加强沟通和协调，密切配合，将小城镇环境规划编制试点、示范和规划管理工作中遇到的具体问题及时报告国家环境保护总局和建设部。

附件：小城镇环境规划编制导则

国家环境保护总局
建设部
二〇〇二年五月十七日

附件：

小城镇环境规划编制导则（试行）

编制小城镇环境规划是搞好小城镇环境保护的一项基础性工作。为指导和规范小城镇环境规划的编制工作，国家环保总局和建设部制定了《小城镇环境规划编制导则》（以下简称《导则》）。

《导则》适用于各地建制镇（含县、县级市人民政府所在地）环境规划的编制。

一、总则

1. 编制依据

（1）国家和地方环境保护法律、法规和标准
（2）国家和地方"国民经济和社会发展五年计划纲要"
（3）国家和地方"环境保护五年计划"
（4）小城镇环境规划编制任务书或有关文件

2. 指导思想与基本原则

编制小城镇环境规划的指导思想是：贯彻可持续发展战略，坚持环境与发展综合决策，努力解决小城镇建设与发展中的生态环境问题；坚持以人为本，以创造良好的人居环境为中心，加强城镇生态环境综合整治，努力改善城镇生态环境质量，实现经济发展与环境保护"双赢"。

编制小城镇环境规划应遵循以下原则：

（1）坚持环境建设、经济建设、城镇建设同步规划、同步实施、同步发展的方针，实现环境效益、经济效益、社会效益的统一。

（2）实事求是，因地制宜。针对小城镇所处的特殊地理位置、环境特征、功能定位，正确处理经济发展同人口、资源、环境的关系，合理确定小城镇产业结构和发展规模。

（3）坚持污染防治与生态环境保护并重、生态环境保护与生态环境建设并举。预防为主、保护优先，统一规划、同步实施，努力实现城乡环境保护一体化。

（4）突出重点，统筹兼顾。以建制镇环境综合整治和环境建设为重点，既要满足当代经济和社会发展的需要，又要为后代预留可持续发展空间。

（5）坚持将城镇传统风貌与城镇现代化建设相结合，自然景观与历史文化名胜古迹保护相结合，科学地进行生态环境保护和生态环境建设。

（6）坚持小城镇环境保护规划服从区域、流域的环境保护规划。注意环境规划与其他专业规划的相互衔接、补充和完善，充分发挥其在环境管理方面的综合协调作用。

（7）坚持前瞻性与可操作性的有机统一。既要立足当前实际，使规划具有可操作性，又要充分考虑发展的需要，使规划具有一定的超前性。

3. 规划时限

以规划编制的前一年作为规划基准年，近期、远期分别按 5 年、15~20 年考虑，原则上应与当地国民经济与社会发展计划的规划时限相衔接。

二、规划编制工作程序

小城镇环境规划的编制一般按下列程序进行：

1. 确定任务

当地政府委托具有相应资质的单位编制小城镇环境规划,明确编制规划的具体要求,包括规划范围、规划时限、规划重点等。

2. 调查、收集资料

规划编制单位应收集编制规划所必需的当地生态环境、社会、经济背景或现状资料、社会经济发展规划、城镇建设总体规划,以及农、林、水等行业发展规划等有关资料。必要时,应对生态敏感地区、代表地方特色的地区、需要重点保护的地区、环境污染和生态破坏严重的地区以及其他需要特殊保护的地区进行专门调查或监测。

3. 编制规划大纲

按照附录的有关要求编制规划大纲。

4. 规划大纲论证

环境保护行政主管部门组织对规划大纲进行论证或征询专家意见。规划编制单位根据论证意见对规划大纲进行修改后作为编制规划的依据。

5. 编制规划

按照规划大纲的要求编制规划。

6. 规划审查

环境保护行政主管部门依据论证后的规划大纲组织对规划进行审查,规划编制单位根据审查意见对规划进行修改、完善后形成规划报批稿。

7. 规划批准、实施

规划报批稿报送县级以上人大或政府批准后,由当地政府组织实施。

三、规划的主要内容

规划成果包括规划文本和规划附图。

1. 规划文本(大纲)

规划文本内容翔实、文字简练、层次清楚。基本内容包括:

(1) 总论

说明规划任务的由来、编制依据、指导思想、规划原则、规划范围、规划时限、技术路线、规划重点等。

(2) 基本概况

介绍规划地区自然和生态环境现状、社会、经济、文化等背景情况,介绍规划地区社会经济发展规划和各行业建设规划要点。

(3) 现状调查与评价

对规划区社会、经济和环境现状进行调查和评价,说明存在的主要生态环境问题,分析实现规划目标的有利条件和不利因素。

(4) 预测与规划目标

对生态环境随社会、经济发展而变化的情况进行预测,并对预测过程和结果进行详细描述和说明。在调查和预测的基础上确定规划目标(包括总体目标和分期目标)及其指标体系,可参照全国环境优美小城镇考核指标。

(5) 环境功能区划分

根据土地、水域、生态环境的基本状况与目前使用功能、可能具有的功能,考虑未来社会经济发展、产业结构调整和生态环境保护对不同区域的功能要求，结合小城镇总体规划和其他专项规划，划分不同类型的功能区(如，工业区、商贸区、文教区、居民生活区、混合区等)，并提出相应的保护要求。要特别注重对规划区内饮用水源地功能区和自然保护小区、自然保护点的保护。各功能区应合理布局，对在各功能区内的开发、建设提出具体的环境保护要求。严格控制在城镇的上风向和饮用水源地等敏感区内建设有污染的项目(包括规模化畜禽养殖场)。

(6) 规划方案制定

1) 水环境综合整治

在对影响水环境质量的工业、农业和生活污染源的分布、污染物种类、数量、排放去向、排放方式、排放强度等进行调查分析的基础上，制定相应措施，对镇区内可能造成水环境(包括地表水和地下水)污染的各种污染源进行综合整治。加强湖泊、水库和饮用水源地的水资源保护，在农田与水体之间设立湿地、植物等生态防护隔离带，科学使用农药和化肥，大力发展有机食品、绿色食品，减少农业面源污染；按照种养平衡的原则，合理确定畜禽养殖的规模，加强畜禽养殖粪便资源化综合利用，建设必要的畜禽养殖污染治理设施，防治水体富营养化。有条件的地区，应建设污水收集和集中处理设施，提倡处理后的污水回用。重点水源保护区划定后，应提出具体保护及管理措施。

地处沿海地区的小城镇，应同时制定保护海洋环境的规划和措施。

2) 大气环境综合整治

针对规划区环境现状调查所反映出的主要问题，积极治理老污染源，控制新污染源。结合产业结构和工业布局调整，大力推广利用天然气、煤气、液化气、沼气、太阳能等清洁能源，实行集中供热。积极进行炉灶改造，提高能源利用率。结合当地实际，采用经济适用的农作物秸秆综合利用措施，提高秸秆综合利用率，控制焚烧秸秆造成的大气污染。

3) 声环境综合整治

结合道路规划和改造，加强交通管理，建设林木隔声带，控制交通噪声污染。加强对工业、商业、娱乐场所的环境管理，控制工业和社会噪声，重点保护居民区、学校、医院等。

4) 固体废物的综合整治

工业有害废物、医疗垃圾等应按照国家有关规定进行处置。一般工业固体废物、建筑垃圾应首先考虑采取各种措施，实现综合利用。生活垃圾可考虑通过堆肥、生产沼气等途径加以利用。建设必要的垃圾收集和处置设施，有条件的地区应建设垃圾卫生填埋场。制定残膜回收、利用和可降解农膜推广方案。

5) 生态环境保护

根据不同情况，提出保护和改善当地生态环境的具体措施。按照生态功能区划要求，提出自然保护小区、生态功能保护区划分及建设方案。制定生物多样性保护方案。加强对小城镇周边地区的生态保护，搞好天然植被的保护和恢复；加强对沼泽、滩涂等湿地的保护；对重点资源开发活动制定强制性的保护措施，划定林木禁伐区、矿产资源禁采区、禁牧区等。制定风景名胜区、森林公园、文物古迹等旅游资源的环境管理措施。

洪水、泥石流等地质灾害敏感和多发地区，应做好风险评估，并制定相应措施。

(7) 可达性分析

从资源、环境、经济、社会、技术等方面对规划目标实现的可能性进行全面分析。

(8) 实施方案

1) 经费概算

按照国家关于工程、管理经费的概算方法或参照已建同类项目经费使用情况，编制按照规划要求，实现规划目标所有工程和管理项目的经费概算。

2) 实施计划

提出实现规划目标的时间进度安排，包括各阶段需要完成的项目、年度项目实施计划，以及各项目的具体承担和责任单位。

3) 保障措施

提出实现规划目标的组织、政策、技术、管理等措施，明确经费筹措渠道。规划目标、指标、项目和投资均应纳入当地社会经济发展规划。

2. 规划附图

(1) 规划附图的组成

1) 生态环境现状图

图中应注明包括规划区地理位置、规划区范围、主要道路、主要水系、河流与湖泊、土地利用、绿化、水土流失情况等信息。同时，该图应反映规划区环境质量现状。山区或地形复杂的地区，还应反映地形特点。

2) 主要污染源分布与环境监测点(断面)位置图

图中应标明水、气、固废、噪声等主要污染源的位置、主要污染物排放量以及环境监测点(或断面)的位置。有规模化畜禽养殖场的，应同时标明畜禽种类和养殖规模等信息。生态监测站等有关自然与生态保护的观测站点，也应标明。

3) 生态环境功能分区图

图中应反映不同类型生态环境功能区分布信息，包括需要重点保护的目标、环境敏感区(点)、居民区、水源保护区、自然保护小区、生态功能保护区，绿化区(带)的分布等。

4) 生态环境综合整治规划图

图中应包括城镇环境基础设施建设：如污水处理厂、生活垃圾处理(填埋)场、集中供热等设施的位置，以及节水灌溉、新能源、有机食品、绿色食品生产基地、农业废弃物综合利用工程等方面的信息。

5) 环境质量规划图

图中应反映规划实施后规划区环境质量状况。

6) 人居环境与景观建设方案图(选做)

图中应包括人居环境建设、景观建设项目分布等方面的信息。

(2) 规划附图编制的技术要求

1) 规划图的比例尺一般应为1/10000~1/50000。

2) 规划底图应能反映规划涉及到的各主要因素，规划区与周围环境之间的关系。规划底图中应包括水系、道路网、居民区、行政区域界线等要素。

3) 规划附图应采用地图学常用方法表示。

附录：规划大纲

规划大纲应根据调查和所收集的资料，对小城镇自然生态环境、区位特点、资源开发利用的情况等进行分析，找出现有和潜在的主要生态环境问题，根据社会、经济发展规划和其他有关规划，预测规划期内社会、经济发展变化情况，以及相应的生态环境变化趋势，确定规划目标和规划重点。

规划大纲一般应包括以下内容：

1. 总论
1.1 任务的由来
1.2 编制依据
1.3 指导思想与规划原则
1.4 规划范围与规划时限
1.5 技术路线
1.6 规划重点
2. 基本概况
2.1 自然地理状况
2.2 经济、社会状况
2.3 生态环境现状
3. 现状调查与评价
3.1 调查范围
3.2 调查内容
3.3 调查方法
3.4 评价指标和方法
4. 预测与目标确定
4.1 社会经济与环境发展趋势预测方法
4.2 社会经济与环境指标及基准数据
4.3 环境保护目标和指标
5. 环境功能区划分
5.1 原则
5.2 方法
5.3 类型
6. 规划方案
6.1 措施
6.2 工程方案
6.3 方案比选方法
6.4 可达性分析
6.5 保障措施
7. 工作安排
7.1 组织领导
7.2 工作分工
7.3 时间进度
7.4 经费预算

城乡建设环境保护部、国务院农村发展研究中心、农牧渔业部、国家科委关于进一步加强集镇建设工作的意见

(1987年11月18日)

近几年来,我国农村经济在向专业化、商品化、现代化转变的过程中,从农业中分离出来的大批剩余劳动力转移到了乡镇企业,乡镇的工商企业逐步向集镇集中;富裕起来的农民,又迫切要求改善物质、文化条件。所有这些,都必然促进集镇的迅速发展。

集镇是联结城市和乡村的纽带,是在一定范围内组织和推动农村经济、社会发展的经济中心、文化中心、信息中心、服务中心,是促进乡村的物质文明和精神文明建设的重要基地。把集镇建设好,对于实现中央在"七五"计划建设中提出的"进一步调整农村产业结构,逐步实现农村经济的专业化、商品化、现代化"这一重要方针,对于逐步改变整个乡村面貌,缩小三大差别,建设有中国特色的社会主义,具有重要的战略意义。

一、为了实现邓小平同志提出的我国在本世纪末农村经济发展的两个目标,村镇建设将有一个较大的发展。

本世纪末村镇建设要实现的目标:

1. 调整完善村镇规划,返回耕地4000万亩;
2. 抓好集镇建设,为农业劳动力转移到其他行业,创造一个良好的就业环境;
3. 在发展农村经济的同时,注意抓好农村的社会发展工作,使农村的教育、科学、文化、卫生、环境、服务和基础设施等与农村经济协调发展,促进农村两个文明建设;
4. 组织先进、适用的科学技术下乡,促进"星火"技术燎原,提高村镇建设的科学性,合理性。

二、几点措施

1. 规划调整完善工作

村镇规划要在"六五"期间编制的基础上进一步按照节约用地,特别是节约耕地的原则进行调整,严格控制道路的宽度,要在原规划节约2000万亩土地的基础上,再节约2000万亩土地。

集镇规划要在"六五"期间编制的基础上按照商品经济发展的要求进行调整完善,包括经济和社会发展规划。要根据中长期经济发展规划和土地利用总体规划,确定集镇的合理布局、服务半径,预测能够吸引的常住人口和服务人口,确定人口规模和与此相适应的建设规模,制定出中、长期的近期建设规划,并确定实施步骤。

2. 集镇建设工作

集镇的各项建设要严格按照规划进行。

集镇建设要立足于自身的经济社会发展,其建设资金,除了收好、用好、管好集镇维

护建设税外，还可以首先在试点集镇从下列渠道筹集：成立房地产开发公司，对规划区内的建设用地实行商品化经营；也允许各种经济实体按规划建设商店、住宅、服务设施，自主经营或出租；乡镇政府可通过征收土地使用税、户口费等办法，筹集集镇房地产开发的启动资金。

集镇中的供水、供电、环卫、绿化、道路、工农贸易所等基础设施给予优先配置，使之逐步适应集镇经济和社会发展的需要。

抓好村镇建设"星火计划"示范点，有计划地组织村镇建设综合技术开发。

村镇的文化、教育、卫生和生活福利设施应分级设置，逐步建设。

根据当地条件，因地制宜发展小水电、小火电、沼气、薪炭林、太阳能、风能、地热等能源，实行多能互助，综合利用。

重视环境卫生、绿化和生态环境保护工作。

因地制宜，发展具有地方特点的各种建设体系，并取得较好的经济效益。

农民住宅建设应提倡紧凑、科学、合理、适用和安全，适合生产和生活的需要，防止片面追求宽敞。

3. 人才培训

要继续执行"普及与提高相结合，重点在提高"的方针，采取"多途径、多层次、分级培训"的办法，培养村镇建设人才。各级村镇建设管理机构技术人员要有一个合理的级配：逐步实现每个县有1～2名大专生，2～3名中专生；每个乡镇有1～2名中专生，同时要加强对县长、乡长、镇长、乡镇助理员及各类技术人员短期培训工作。

4. 城市支援农村

城市要发挥工业基础雄厚和技术人员集中的优势，积极做好支援农村的工作。城市不仅要向农村扩散工业品，支援乡镇企业的发展，还要鼓励科技人员下乡，搞好村镇的规划建设工作。城市要协助乡镇企业抓科技，上产品；抓质量，上水平；抓管理，上效益。城市文化、教育、科技、卫生也要向农村辐射，农村的精神文明建设有待于文化教育事业的发展，农村中的落后现象才能扫除。

5. 扶助贫困地区

我国目前还有4000万人的最贫困地区和6000万人的一般贫困地区，将在5～10年内得到开发，这些地区的集镇环境的改善需要各级政府给予适当帮助，主要是供水、供电和道路等基础设施的建设。

6. 各级政府要加强对集镇建设工作的领导，根据本地的实际情况，制定有关法规制度，搞好各项管理工作。为了保证集镇建设的健康发展，各级财政部门，应当在财力上给予支持，继续拨给村镇建设事业费。

国土资源部关于建立建设用地
信息发布制度的通知

(国土资发〔1998〕222号)

各省、自治区、直辖市土地(国土)管理局(厅):

为培育和规范建设用地市场,在国家宏观调控下,充分发挥市场机制配置土地资源的基础作用,加强建设用地信息服务,增加土地使用权交易透明度,促进土地管理部门廉政建设,国土资源部决定从1999年起,建立建设用地信息发布制度。现将有关问题通知如下:

一、建立建设用地信息发布制度的重要性

建立建设用地信息发布制度,是培育规范土地市场的重大举措,是土地市场成熟与否的重要标志,也是政府管理土地市场的重要手段,对于引导市场投资方向,促进土地资源、资产的合理利用有重大意义。这一制度的建立有助于政府宏观调控土地市场,合理制订土地供给和收购政策,正确引导土地需求;也有助于解决现行建设用地供应和使用交易中存在的情况不明、交易不公的问题,促进政务公开化和土地管理部门廉政建设。各级土地管理部门一定要充分认识建立建设用地信息发布制度的重要意义,把建立建设用地信息发布制度作为深化土地使用制度改革,培育土地市场的基础性工作来抓,并争取在近期抓出成效。

二、建设用地信息发布的内容

目前发布的信息主要是土地供给总量信息、已供给土地宗地信息、已供给土地综合信息、土地使用权市场交易信息、市场预测信息和政府供地限制目录等。

(一)土地供给总量信息:包括拟供给的新增和现有建设用地方案、农用地转用安排以及有关土地的规划用途和用地条件。

(二)已供给土地宗地信息:包括政府出让、出租、划拨的宗地面积、使用人情况、出让金、租金或征地补偿费、位置等内容。

(三)已供给土地综合信息:包括土地供给总面积、供给形式分类情况、用地类型、土地使用者类型、用地涉及的投资额等,不同地区的土地供给总量、各宗地概况、类别对比、用地涉及的投资额等内容。

(四)土地使用权市场交易信息:包括出让及划拨土地使用权转让、出租、抵押的宗地信息和综合信息。土地使用权市场交易宗地信息包括交易面积、交易金额、交易人的有关情况。土地使用权市场交易综合信息包括交易总面积、交易总金额、交易土地分类等内容。

(五)市场预测信息:包括对土地市场供给和需求作出的具体分析和预测,对未来土地市场价格、供给、优先方向等状况的数据指标以及有关分析、预测图表。

(六)政府供给限制目录:包括依据政府产业政策制定的划拨供地目录、限制供地目录、禁止供地目录等。

三、建设用地信息发布的要求

建设用地信息发布是土地市场管理的新工作,各地要根据具体情况,创造性地开展工作，大胆探索。目前，信息发布暂按以下要求进行：

（一）发布格式。建设用地信息发布必须采用规范的书面印刷格式，也可同时采取新闻发布和上网的形式。发布内容要以文字、表格和图形的方式表达。

（二）发布时间。省级土地管理部门每季度发布一次，市、县土地管理部门根据当地实际情况确定发布时间。市场预测信息和政府供地限制目录的发布可定期，也可不定期，但每年至少要发布一次。

（三）发布程序。土地市场管理部门按要求收集各类信息，进行整理分类，做好发布前的审核，经有关领导审查批准后，向社会公布。

（四）信息上报。建设用地信息采取逐级备案的形式上报。地方土地管理部门在土地市场信息发布之日起15日内，报上一级土地管理部门备案，省级土地管理部门将本辖区发布信息汇总后报国土资源部备案。

四、建设用地信息发布制度的实施

今年年底，各地要切实开展创建工作，力争发布今年第四季度或全年的已供给土地宗地信息和综合信息。从明年起，分两个阶段实施：

2000年之前，市、县土地管理部门要按规定格式向社会发布土地供给总量信息、已供给土地宗地信息（详见附件一）和已供给土地综合信息（详见附件二）。省级土地管理部门要按规定格式向社会发布已供给土地综合信息，并上报备案（详见附件三）。

2000年之后，各级土地管理部门要将土地供给总量信息、已供给土地宗地信息、已供给土地综合信息、土地使用权市场交易信息、市场预测信息和政府供地限制目录等信息全部向社会公布。

各省（区、市）土地管理部门要高度重视建设用地信息发布工作，并在人员、资金和设备方面给予保证，现有的点对点传输系统要优先安排建设用地信息的传输使用。各级土地管理部门必须如实发布和上报建设用地信息，不得弄虚作假和瞒报，切实做到信息发布真实、及时，逐步实现土地信息社会共享。

附件：一、土地宗地信息
　　　二、土地综合信息
　　　三、省级土地管理部门上报备案分区宗地信息

国土资源部
一九九八年十二月七日

附件一

土地宗地信息
（将已供地块列入以下类别公布）

一、国有土地使用权出让宗地信息

1. 居住用地：地块编号、项目名称、出让方、受让方、坐落、出让面积、征用耕地

面积、出让金、容积率、投资额、可建面积、土地等级、基准地价、批准机关、批准文号；

2. 工业用地：内容同上；
3. 教育、科技、文化、卫生、体育用地：内容同上；
4. 商业、旅游、娱乐用地：内容同上；
5. 其他用地：内容同上。

二、国有土地使用权划拨宗地信息

1. 城市基础设施用地：地块编号、项目名称、用地单位、用地面积、征用耕地面积、征地费用、投资额、批准机关、批准文号；
2. 公益事业用地：内容同上；
3. 能源用地：内容同上；
4. 交通用地：内容同上；
5. 水利用地：内容同上；
6. 其他用地：内容同上。

三、使用农村集体土地宗地信息

1. 乡镇企业用地：项目名称、用地单位、坐落、用地面积、耕地转用面积、批准机关、批准文号；
2. 公共设施用地：内容同上；
3. 公益事业用地：内容同上；
4. 村民住宅用地；用地单位改为用地人，其余内容同上；
5. 其他用地：内容同乡镇企业用地。

附件二

土地综合信息

一、土地供给总量：
出让国有土地使用权：宗数、面积、出让金总额
划拨国有土地使用权：宗数、面积
使用农村集体土地：宗数、面积

二、新增建设用地：
其中：耕地面积
　　　非耕地面积

三、使用现有建设用地：面积

四、出让国有土地使用权地域和分类信息

1. 居住用地；
其中：市（地区）：宗数、面积、出让金总额
　　　市（地区）：宗数、面积、出让金总额

　　　　市(地区)：宗数、面积、出让金总额
　　　　……
2. 工业用地：内容同上；
3. 教育、科技、文化、卫生、体育用地：内容同上；
4. 商业、旅游、娱乐用地：内容同上；
5. 其他用地：内容同上。

五、划拨国有土地使用权地域和分类信息
1. 城市基础设施用地：
其中：——市(地区)：宗数、面积(使用耕地、非耕地、现有建设用地)；
　　　——市(地区)：宗数、面积(使用耕地、非耕地、现有建设用地)；
　　　……
2. 公益事业用地：内容同上；
3. 能源用地：内容同上；
4. 交通用地：内容同上；
5. 水利用地：内容同上；
6. 其他用地：内容同上。

六、农村集体非农业建设用地地域和分类信息
1. 乡镇企业用地：
其中：——市(地区)：宗数、面积(使用耕地、非耕地、现有建设用地)；
　　　——市(地区)：宗数、面积(使用耕地、非耕地、现有建设用地)；
　　　……
2. 村民住宅用地：内容同上；
3. 公共设施用地：内容同上；
4. 其他用地：内容同上。

附件三

省级土地管理部门上报备案分区宗地信息

一、出让国有土地使用权宗地信息
1. 居住用地：项目名称、出让方、受让方、出让面积、出让金、可建面积
其中：——市(地区)：项目1
　　　　　　　　项目2
　　　——市(地区)：同上
　　　……
2. 工业用地：内容同上；
3. 教育、科技、文化、卫生、体育用地：内容同上；
4. 商业、旅游、娱乐用地：内容同上；

5. 其他用地：内容同上。

二、划拨国有土地使用权宗地信息
1. 城市基础设施用地：项目名称、批准机关、使用单位、划拨面积

其中：——市（地区）：项目1
　　　　　　　　项目2
　　　——市（地区）：同上
　　　　……

2. 公益事业用地：内容同上；
3. 能源用地：内容同上；
4. 交通用地：内容同上；
5. 水利用地：内容同上；
6. 其他用地：内容同上。

三、农村集体非农业建设用地信息（使用农村集体土地）
1. 乡镇企业用地：项目名称、批准机关、批准面积、使用单位、用地所在村镇

其中：——市（地区）：项目1
　　　　　　　　项目2
　　　——市（地区）：同上
　　　　……

2. 公共设施：内容同上；
3. 公益事业：内容同上；
4. 村民住宅：建房户主名、批准机关、批准面积、用地所在村镇

其中：内容同上；

5. 其他：内容同乡镇企业用地。

国土资源部关于加强土地管理促进小城镇健康发展的通知

(国土资发〔2000〕337号)

各省、自治区、直辖市国土资源厅(国土环境资源厅、国土资源和房屋管理局、房屋土地资源管理局、规划和国土资源局),解放军土地管理局,新疆生产建设兵团土地管理局:

发展小城镇,是带动农村经济和社会发展的大战略,是推进我国城镇化的重要途径,也是集约用地和保护耕地的有效途径。但是,在目前小城镇建设中,一些地方存在着布局过于分散、土地利用粗放、违法使用土地、损害农民合法权益等问题。根据中共中央、国务院关于促进小城镇健康发展的有关文件精神,现对在保护耕地和保障农民合法权益的前提下,妥善解决城镇建设用地,促进小城镇健康发展的有关问题通知如下:

一、严格执行土地利用总体规划,促进小城镇建设健康有序发展

各地在小城镇建设中,要认真贯彻"合理布局,科学规划,规模适度,注重实效"的精神,严格执行土地利用总体规划。做到县域城镇体系规划和建制镇、村镇建设规划与土地利用总体规划相衔接,建制镇和村镇规划的建设用地总规模要严格控制在土地利用总体规划确定的范围内。尚未完成县、乡级土地利用总体规划编制的,要加快编制。如果规划确需调整,必须经过法定程序。调整的规划批准后,仍必须按规划管地用地。

对已经完成县、乡级土地利用总体规划的,要优先分配农用地转用计划指标;县域范围内的农用地转用计划指标,要重点向县城和部分基础条件好、发展潜力大的建制镇倾斜。

二、立足存量,内涵挖潜,促进小城镇建设集约用地

小城镇建设用地必须立足于挖掘存量建设用地潜力。用地指标主要通过农村居民点向中心村和集镇集中、乡镇企业向工业小区集中和村庄整理等途径解决,做到在小城镇建设中镇域或县域范围内建设用地总量不增加。

县、乡级土地利用总体规划和城镇建设规划已经依法批准的试点小城镇,可以给予一定数量的新增建设用地占用耕地的周转指标,用于实施建新拆旧,促进建设用地的集中。周转指标由省级国土资源部门单列,坚持"总量控制,封闭运行,台账管理,统计单列,年度检查,到期归还"。

要鼓励农民进镇购房或按规划集中建房,节约的宅基地指标可用作小城镇发展的建设用地指标。对于集中建房或进镇购房农户的原宅基地复耕或依法转让的,可视同履行占补平衡义务。要从严控制分散建房,严禁以小城镇建设为名建"路边店"。凡是不符合土地利用总体规划的建设项目或已确定撤并的村庄不得再增加新的建设用地。

三、深化土地使用制度改革,充分运用市场机制配置小城镇建设用地

各地要大力推进土地的有偿使用,集聚小城镇建设资金。小城镇国有建设用地,除法

律规定可以划拨方式提供外，都应以出让等有偿使用方式供地。对经营性用地要以公开、公平、公正的市场方式配置，凡可竞价的，要一律以招标、拍卖方式供应。经济欠发达地区也要从本地实际出发，对经营性用地实行有偿使用，积极推广小宗地招标、拍卖出让土地的经验。

要加强集体建设用地管理。对已经列入城市土地利用总体规划确定的建设用地范围内的集体土地，必须纳入城市用地统一管理、统一转用、统一开发、统一供应；对土地利用总体规划确定的城市建设用地范围外的小城镇集体建设用地，也要统一规划、加强管理，严格控制建单门独院住宅，提倡建单元楼。对已合法取得的集体建设用地的调整、改造，要切实保障农民的合法权益。占用农民集体的土地必须真正做到依法补偿，不得人为压低补偿费用。

四、积极参与小城镇建设试点工作，提供优质服务

各级国土资源管理部门要积极参与小城镇建设试点工作，依法认真履行规划、管理保护和合理利用国土资源的重要职责。对试点小城镇的建设用地要加强指导，及时研究新情况，解决新问题。要按照法定程序审批小城镇建设用地，做到依法批地、合法用地。要切实加强小城镇的土地登记工作。要加大行政执法监察力度，依法严肃查处各类违法批地、用地行为，为小城镇健康发展创造良好的用地环境。

二〇〇〇年十一月三十日

国土资源部关于进一步规范建设用地审查报批工作有关问题的通知

(国土资发〔2002〕233号)

各省、自治区、直辖市国土资源厅(国土环境资源厅、国土资源和房屋管理局、房屋土地资源管理局、规划和国土资源管理局),计划单列市国土资源行政主管部门,解放军土地管理局,新疆生产建设兵团国土资源局:

新《土地管理法》实施以来,建设用地审查报批工作依法逐步得到规范,但在征地补偿安置、耕地占补平衡等方面仍存在一些问题。为进一步规范建设用地审查报批工作,体现实行最严格的土地管理制度,同时为经济建设必需用地提供保障,根据国务院领导同志的批示精神,现就有关问题通知如下:

一、关于征地补偿安置问题

(一)市、县国土资源管理部门拟定征用土地方案,应直接听取被征地农村集体和农民的意见。被征地农村集体和农民对征地补偿标准和安置途径有不同意见的,由市、县国土资源管理部门据实汇总,并填写在征用土地方案的备注栏中或附页。

(二)依法报批的征用土地方案须附市、县人民政府关于补偿费用标准合法性、安置途径可行性及妥善安置被征地农民生产、生活保障措施的说明材料。

(三)报国务院批准征用土地的建设用地项目,省级国土资源管理部门在审查意见中应对征地补偿标准是否合法,安置途径是否可行,市、县政府的保障措施是否能真正落实等提出结论性意见;报省级人民政府批准征用土地的建设用地项目,市级国土资源管理部门也应对征地补偿安置问题提出结论性审查意见。

二、关于耕地占补平衡问题

(一)补充耕地方案确定由建设单位自行补充耕地的,要在当地国土资源管理部门的安排指导下,按照项目管理要求,实施土地开发整理项目;建设单位没有条件自行补充耕地的,应根据当地标准足额缴纳耕地开垦费,委托市、县国土资源管理部门确定和组织实施土地开发整理项目。

(二)依法报批的建设用地项目补充耕地为边占边补的,在报批用地时,应附补充耕地责任单位与地方国土资源管理部门签订的补充耕地协议。单独选址建设项目补充耕地时限最长不得超过3年。

(三)依法报批的建设用地项目补充耕地为先补后占的,须按照土地开发整理项目管理有关规定由国土资源管理部门组织对已补充耕地进行验收,报批用地时补充耕地方案须附已补充耕地的验收文件。

三、关于集约合理用地问题

(一)各级国土资源管理部门在审查申报的建设用地时要依据有关工程项目建设用地

指标核实用地面积，超出规定标准的，应予以核减。

（二）单独选址建设项目工程设计范围内的绿化用地，随同工程用地一并依法报批；绿色通道用地按农业生产结构调整要求进行管理。

（三）依法报批的城市分批次建设用地，市、县国土资源管理部门应就该批次建设用地土地用途及拟供地情况作出说明；下半年报批城市分批次建设用地时，须对上半年已批分批次建设用地利用情况及当年农用地转用计划指标使用情况作出说明，作为建设用地项目呈报材料附件一并上报。

四、关于提高质量效率问题

（一）建设用地报批材料中土地利用现状图与勘测定界图确定的地类不一致的，市、县国土资源管理部门要以集体土地所有权登记册内容为依据，对地类情况作出专门说明。

（二）报批的建设用地项目，凡发现征地补偿标准不符合法律规定，安置措施不能真正落实，补充耕地责任、资金、地块没有落实的，不予上报，按规定将建设用地请示件退回报文的人民政府。

（三）各级国土资源管理部门在建设用地审查报批时，要严格执行部发《关于报国务院批准的建设用地审查报批工作有关问题的通知》（国土资发〔2000〕201号）中关于办理时限的要求，提高各个环节的工作效率。凡延误时间的，报批时要作出说明。

五、关于用地其他问题

（一）各级国土资源管理部门要严格执行《建设项目用地预审管理办法》有关规定，在建设项目可行性研究阶段进行用地预审。凡不按规定要求进行预审的建设项目用地，不得办理先行用地，不予受理建设用地报件。

（二）土地利用总体规划确定的城市建设用地范围内的村庄拆迁安置、乡镇企业工业小区、纳入城市规划的乡村基础设施和公益事业等需占用的集体土地，报批时原则上依法予以征用，按城市土地进行管理。

（三）城市（含建制镇）分批次建设用地报批时，由农用地、未利用地转成的新增建设用地，无论征用和使用，均须按有关规定，由市、县人民政府足额缴纳新增建设用地土地有偿使用费；超出规定时间仍未缴纳新增建设用地土地有偿使用费的，将暂缓受理该市（县）申报的城市分批次建设用地。

（四）各级国土资源管理部门要建立依法批准的建设用地跟踪检查制度。部将对国务院批准的建设用地和备案的省级人民政府批准的建设用地，按照批复要求进行实地抽查。抽查结果予以通报。

国土资源部
二〇〇二年八月一日

国土资源部印发《关于加强农村宅基地管理的意见》的通知

(国土资发〔2004〕234号)

各省、自治区、直辖市国土资源厅(国土环境资源厅、国土资源和房屋管理局、房屋土地资源管理局、规划和国土资源局),解放军土地管理局,新疆生产建设兵团国土资源局:

为认真贯彻落实《国务院关于深化改革严格土地管理的决定》(国发〔2004〕28号,以下简称《决定》)精神,切实加强农村宅基地管理,部制定了《关于加强农村宅基地管理的意见》,并经第9次部务会议讨论通过,现予印发,请各地认真贯彻执行。

各省、自治区、直辖市国土资源管理部门要按照《决定》精神和本意见的要求,结合本地实际,抓紧制定和完善农村宅基地管理的具体办法,于2005年3月底前报部备案。

国土资源部
二〇〇四年十一月二日

关于加强农村宅基地管理的意见

为切实落实《国务院关于深化改革严格土地管理的决定》(国发〔2004〕28号),进一步加强农村宅基地管理,正确引导农村村民住宅建设合理、节约使用土地,切实保护耕地,现提出以下意见:

一、严格实施规划,从严控制村镇建设用地规模

(一)抓紧完善乡(镇)土地利用总体规划。各地要结合土地利用总体规划修编工作,抓紧编制完善乡(镇)土地利用总体规划,按照统筹安排城乡建设用地的总要求和控制增量、合理布局、集约用地、保护耕地的总原则,合理确定小城镇和农村村民点的数量、布局、范围和用地规模。经批准的乡(镇)土地利用总体规划,应当予以公告。

国土资源管理部门要积极配合有关部门,在已确定的村镇建设用地范围内,做好村镇建设规划。

(二)按规划从严控制村镇建设用地。各地要采取有效措施,引导农村村民住宅建设按规划、有计划地逐步向小城镇和中心村集中。对城市规划区内的农村村民住宅建设,应当集中兴建村民住宅小区,防止在城市建设中形成新的"城中村",避免"二次拆迁"。对城市规划区范围外的农村村民住宅建设,按照城镇化和集约用地的要求,鼓励集中建设农民新村。在规划撤并的村庄范围内,除危房改造外,停止审批新建、重建、改建住宅。

（三）加强农村宅基地用地计划管理。农村宅基地占用农用地应纳入年度计划。省（区、市）在下达给各县（市）用于城乡建设占用农用地的年度计划指标中，可增设农村宅基地占用农用地的计划指标。农村宅基地占用农用地的计划指标应和农村建设用地整理新增加的耕地面积挂钩。县（市）国土资源管理部门对新增耕地面积检查、核定后，应在总的年度计划指标中优先分配等量的农用地转用指标用于农民住宅建设。

省级人民政府国土资源管理部门要加强对各县（市）农村宅基地占用农用地年度计划执行情况的监督检查，不得超计划批地。各县（市）每年年底应将农村宅基地占用农用地的计划执行情况报省级人民政府国土资源管理部门备案。

二、改革和完善宅基地审批制度，规范审批程序

（四）改革和完善农村宅基地审批管理办法。各省（区、市）要适应农民住宅建设的特点，按照严格管理，提高效率，便民利民的原则，改革农村村民建住宅占用农用地的审批办法。各县（市）可根据省（区、市）下达的农村宅基地占用农用地的计划指标和农村村民住宅建设的实际需要，于每年年初一次性向省（区、市）或设区的市、自治州申请办理农用地转用审批手续，经依法批准后由县（市）按户逐宗批准供应宅基地。

对农村村民住宅建设利用村内空闲地、老宅基地和未利用土地的，由村、乡（镇）逐级审核，批量报县（市）批准后，由乡（镇）逐宗落实到户。

（五）严格宅基地申请条件。坚决贯彻"一户一宅"的法律规定。农村村民一户只能拥有一处宅基地，面积不得超过省（区、市）规定的标准。各地应结合本地实际，制定统一的农村宅基地面积标准和宅基地申请条件。不符合申请条件的不得批准宅基地。

农村村民将原有住房出卖、出租或赠与他人后，再申请宅基地的，不得批准。

（六）规范农村宅基地申请报批程序。农村村民建住宅需要使用宅基地的，应向本集体经济组织提出申请，并在本集体经济组织或村民小组张榜公布。公布期满无异议的，报经乡（镇）审核后，报县（市）审批。经依法批准的宅基地，农村集体经济组织或村民小组应及时将审批结果张榜公布。

各地要规范审批行为，健全公开办事制度，提供优质服务。县（市）、乡（镇）要将宅基地申报条件、申报审批程序、审批工作时限、审批权限等相关规定和年度用地计划向社会公告。

（七）健全宅基地管理制度。在宅基地审批过程中，乡（镇）国土资源管理所要做到"三到场"。即：受理宅基地申请后，要到实地审查申请人是否符合条件、拟用地是否符合规划等；宅基地经依法批准后，要到实地丈量批放宅基地；村民住宅建成后，要到实地检查是否按照批准的面积和要求使用土地。各地一律不得在宅基地审批中向农民收取新增建设用地土地有偿使用费。

（八）加强农村宅基地登记发证工作。市、县国土资源管理部门要加快农村宅基地土地登记发证工作，做到宅基地土地登记发证到户，内容规范清楚，切实维护农民的合法权益。要加强农村宅基地的变更登记工作，变更一宗，登记一宗，充分发挥地籍档案资料在宅基地监督管理上的作用，切实保障"一户一宅"法律制度的落实。要依法、及时调处宅基地权属争议，维护社会稳定。

三、积极推进农村建设用地整理，促进土地集约利用

（九）积极推进农村建设用地整理。县市和乡（镇）要根据土地利用总体规划，结合实施小城镇发展战略与"村村通"工程，科学制定和实施村庄改造、归并村庄整治计划，积极推进农村建设用地整理，提高城镇化水平和城镇土地集约利用水平，努力节约使用集体建设用地。农村建设用地整理，要按照"规划先行、政策引导、村民自愿、多元投入"的原则，按规划、有计划、循序渐进、积极稳妥地推进。

（十）加大盘活存量建设用地力度。各地要因地制宜地组织开展"空心村"和闲置宅基地、空置住宅、"一户多宅"的调查清理工作。制定消化利用的规划、计划和政策措施，加大盘活存量建设用地的力度。农村村民新建、改建、扩建住宅，要充分利用村内空闲地、老宅基地以及荒坡地、废弃地。凡村内有空闲地、老宅基地未利用的，不得批准占用耕地。利用村内空闲地、老宅基地建住宅的，也必须符合规划。对"一户多宅"和空置住宅，各地要制定激励措施，鼓励农民腾退多余宅基地。凡新建住宅后应退出旧宅基地的，要采取签订合同等措施，确保按期拆除旧房，交出旧宅基地。

（十一）加大对农村建设用地整理的投入。对农民宅基地占用的耕地，县（市）、乡（镇）应组织村集体经济组织或村民小组进行补充。省（区、市）及市、县应从用于农业土地开发的土地出让金、新增建设用地土地有偿使用费、耕地开垦费中拿出部分资金，用于增加耕地面积的农村建设用地整理，确保耕地面积不减少。

四、加强法制宣传教育，严格执法

（十二）加强土地法制和国策的宣传教育。各级国土资源管理部门要深入持久地开展宣传教育活动，广泛宣传土地国策国情和法规政策，提高干部群众遵守土地法律和珍惜土地的意识，增强依法管地用地、集约用地和保护耕地的自觉性。

（十三）严格日常监管制度。各地要进一步健全和完善动态巡查制度，切实加强农村村民住宅建设用地的日常监管，及时发现和制止各类土地违法行为。要重点加强城乡结合部地区农村宅基地的监督管理。严禁城镇居民在农村购置宅基地，严禁为城镇居民在农村购买和违法建造的住宅发放土地使用证。

要强化乡（镇）国土资源管理机构和职能，充分发挥乡（镇）国土资源管理所在宅基地管理中的作用。积极探索防范土地违法行为的有效措施，充分发挥社会公众的监督作用。对严重违法行为，要公开曝光，用典型案例教育群众。

国土资源部、财政部、中国人民银行关于印发《土地储备管理办法》的通知

(国土资发〔2007〕277号)

各省、自治区、直辖市、计划单列市国土资源厅(国土环境资源厅、国土资源局、国土资源和房屋管理局、房屋土地资源管理局)、财政厅(局),新疆生产建设兵团国土资源局、财务局,中国人民银行上海总部、各分行、营业管理部、省会(首府)城市中心支行、副省级城市中心支行:

　　为加强土地管理,规范土地储备管理行为,根据《国务院关于加强国有土地资产管理的通知》(国发〔2001〕15号)、《国务院办公厅关于规范国有土地使用权出让收支管理的通知》(国办发〔2006〕100号)等有关规定,国土资源部、财政部、中国人民银行联合制定了《土地储备管理办法》。现予印发,请遵照执行。

国土资源部
财　政　部
中国人民银行
二〇〇七年十一月十九日

土地储备管理办法

第一章　总　　则

　　第一条　为完善土地储备制度,加强土地调控,规范土地市场运行,促进土地节约集约利用,提高建设用地保障能力,根据《国务院关于加强国有土地资产管理的通知》(国发〔2001〕15号)、《国务院办公厅关于规范国有土地使用权出让收支管理的通知》(国办发〔2006〕100号),制定本办法。

　　第二条　本办法所称土地储备,是指市、县人民政府国土资源管理部门为实现调控土地市场、促进土地资源合理利用目标,依法取得土地,进行前期开发、储存以备供应土地的行为。

　　土地储备工作的具体实施,由土地储备机构承担。

　　第三条　土地储备机构应为市、县人民政府批准成立、具有独立的法人资格、隶属于国土资源管理部门、统一承担本行政辖区内土地储备工作的事业单位。

第四条 市、县人民政府国土资源管理、财政及当地人民银行等部门，按照职责分工，各负其责，互相配合，保证土地储备工作顺利开展。

第五条 建立信息共享制度。县级以上人民政府国土资源管理、财政及人民银行相关分支行要将土地储备与供应数量、储备资金收支、贷款数量等信息按季逐级汇总上报主管部门，并在同级部门间进行信息交换。

第二章 计划与管理

第六条 各地应根据调控土地市场的需要，合理确定储备土地规模，储备土地必须符合规划、计划，优先储备闲置、空闲和低效利用的国有存量建设用地。

第七条 土地储备实行计划管理。市、县人民政府国土资源管理、财政及当地人民银行相关分支行等部门应根据当地经济和社会发展计划、土地利用总体规划、城市总体规划、土地利用年度计划和土地市场供需状况等共同编制年度土地储备计划，报同级人民政府批准，并报上级国土资源管理部门备案。

第八条 年度土地储备计划应包括：
（一）年度储备土地规模；
（二）年度储备土地前期开发规模；
（三）年度储备土地供应规模；
（四）年度储备土地临时利用计划；
（五）计划年度末储备土地规模。

第九条 市、县人民政府国土资源管理部门实施土地储备计划，应编制项目实施方案，经同级人民政府批准后，作为办理相关审批手续的依据。

第三章 范围与程序

第十条 下列土地可以纳入土地储备范围：
（一）依法收回的国有土地；
（二）收购的土地；
（三）行使优先购买权取得的土地；
（四）已办理农用地转用、土地征收批准手续的土地；
（五）其他依法取得的土地。

第十一条 市、县人民政府或国土资源管理部门依法无偿收回国有土地使用权的土地，由土地登记机关办理注销土地登记手续后纳入土地储备。

第十二条 因实施城市规划进行旧城区改建需要调整使用土地的，应由国土资源管理部门报经有批准权的人民政府批准，依法对土地使用权人给予补偿后，收回土地使用权。对政府有偿收回的土地，由土地登记机关办理注销土地登记手续后纳入土地储备。

第十三条 根据土地储备计划收购国有土地使用权的，土地储备机构应与土地使用权人签订土地使用权收购合同。收购土地的补偿标准，由土地储备机构与土地使用权人根据土地评估结果协商，经国土资源管理、财政部门或地方法规规定的机构批准确认。完成收购程序后的土地，由土地登记机关办理注销土地登记手续后纳入土地储备。

第十四条 政府行使优先购买权取得的土地，由土地登记机关办理注销土地登记手续后纳入土地储备。

第十五条 已办理农用地转用、土地征收批准手续的土地，由土地登记机关办理注销土地登记手续后纳入土地储备。

第四章 开发与利用

第十六条 对纳入储备的土地，经市、县人民政府国土资源管理部门批准，土地储备机构有权对储备土地进行前期开发、保护、管理、临时利用及为储备土地、实施前期开发进行融资等活动。

第十七条 市、县人民政府可根据需要，对产权清晰、申请资料齐全的储备土地，办理土地登记手续，核发土地证书。供应已发证储备土地前，应收回土地证书，设立土地抵押权的，要先行依法解除。

第十八条 土地储备机构应对储备土地特别是依法征收后纳入储备的土地进行必要的前期开发，使之具备供应条件。

第十九条 前期开发涉及道路、供水、供电、供气、排水、通信、照明、绿化、土地平整等基础设施建设的，要按照有关规定，通过公开招标方式选择工程实施单位。

第二十条 土地储备机构应对纳入储备的土地采取必要的措施予以保护管理，防止侵害储备土地权利行为的发生。

第二十一条 在储备土地未供应前，土地储备机构可将储备土地或连同地上建(构)筑物，通过出租、临时使用等方式加以利用。设立抵押权的储备土地临时利用，应征得抵押权人同意。储备土地的临时利用，一般不超过两年，且不能影响土地供应。

第五章 土地供应

第二十二条 储备土地完成前期开发整理后，纳入当地市、县土地供应计划，由市、县人民政府国土资源管理部门统一组织供地。

第二十三条 依法办理农用地转用、土地征收后的土地，纳入储备满两年未供应的，在下达下一年度农用地转用计划时扣减相应指标。

第六章 资金管理

第二十四条 土地储备资金收支管理严格执行《土地储备资金财务管理暂行办法》(财综〔2007〕17号)的规定。

第二十五条 土地储备机构向银行等金融机构申请的贷款应为担保贷款，其中抵押贷款必须具有合法的土地使用证；申请贷款的土地储备机构必须满足商业银行及其他金融机构的贷款要求。土地储备机构举借的贷款规模，应当与年度土地储备计划、土地储备资金项目预算相衔接，并报经同级财政部门批准，不得超计划、超规模贷款。土地储备机构申请贷款时，应持财政部门的贷款规模批准文件及同级人民政府批准的项目实施方案等书面材料向当地商业银行及其他金融机构申请担保贷款。商业银行及其他金融机构应严格按照商业原则在批准的规模内发放土地储备贷款。土地储备贷款应实行专款专用、封闭管理，不得挪用。

政府储备土地设定抵押权，其价值按照市场评估价值扣除应当上缴政府的土地出让收益确定，抵押程序参照划拨土地使用权抵押程序执行。

商业银行及其他金融机构应当准确、完整、及时地向人民银行建立的全国统一的企业信用信息基础数据库报送土地储备机构的土地储备贷款相关信息。在贷款发放前，商业银行及其他金融机构应当查询贷款储备机构的信息，对有不良记录的土地储备机构审慎发放贷款。商业银行及其他金融机构应当根据监管要求，合理、科学确定贷款期限。

第二十六条 土地储备机构举借商业银行及其他金融机构贷款的，必须按贷款合同约定，及时足额偿还贷款本息。

第二十七条 各类财政性资金依法不得用于土地储备贷款担保。土地储备机构应加强资金风险管理，不得以任何形式为第三方提供担保。

第七章 附 则

第二十八条 各省、自治区、直辖市及计划单列市人民政府国土资源管理部门可依据本办法规定，结合当地实际，会同财政部门、人民银行制定具体实施办法。

第二十九条 本办法由国土资源部会同财政部、中国人民银行负责解释。

第三十条 本办法自发布之日起实施。

国土资源部关于进一步加快宅基地使用权登记发证工作的通知

(国土资发〔2008〕146号)

各省、自治区、直辖市国土资源厅(国土环境资源厅、国土资源局、国土资源和房屋管理局、房屋土地资源管理局):

为深入贯彻实施《中华人民共和国物权法》,依法保护宅基地使用权人的合法权益,加强宅基地管理,促进社会主义新农村建设,部决定在当前宅基地使用权登记发证工作的基础上,进一步加大工作力度,力争在2009年底前,基本完成全国宅基地使用权登记发证工作,做到权属纠纷基本解决,农民合法使用的宅基地全部发证到户。现将有关事项通知如下:

一、提高认识,加强宣传

宅基地使用权登记涉及农村千家万户,关系到广大农民群众的切身利益。加快宅基地使用权登记发证工作,是依法保护宅基地使用权人合法权益的重要措施,是加强农村宅基地管理的重要手段,也是集体土地使用制度改革和土地统一登记的重要基础和保障。通过开展宅基地使用权登记,可以有效规范农村住宅建设,防止乱占滥用耕地,推进社会主义新农村建设,维护社会的和谐与稳定。各级国土资源行政主管部门要站在贯彻落实科学发展观、切实保护广大农民群众合法权益的高度,充分认识加快宅基地使用权登记发证工作的重要意义。采取多种形式,加大宣传和工作力度,争取广大农民群众和社会各界的理解和支持,增强各级国土资源管理部门登记发证工作的紧迫感,集中力量,克服困难,确保宅基地使用权登记发证工作如期完成。

二、认真部署,狠抓落实

宅基地使用权登记工作政策性强、涉及面广,各级国土资源行政主管部门要积极争取地方政府及相关部门的重视和支持,切实加强对本地区宅基地使用权登记工作的组织领导,把宅基地使用权登记工作作为当前一项重要工作,认真部署落实。要按照2009年底前基本完成全国宅基地使用权登记工作的要求,结合本地区实际情况,制定工作计划,明确工作目标和任务,层层落实责任制。

要采取有效措施,加快推进宅基地使用权登记发证工作。有条件的地区应将宅基地使用权的调查纳入到第二次全国土地调查工作中,查清宅基地的权属、界址和面积,为宅基地使用权登记发证提供地籍调查成果。对宅基地权属存在争议的,要依法、及时进行调处,维护社会的和谐与稳定。对新申请宅基地的,当事人在办理宅基地用地审批的同时申请土地登记,国土资源行政主管部门要做到即批即办,在住宅建成并实地检查合格后,报人民政府核发土地权利证书。对已有的宅基地,要充分利用已有宅基地权属来源材料,加快办理登记发证。

要充分发挥宅基地使用权登记结果在国土资源管理中的基础作用。在征地拆迁时，要依据宅基地使用权证书进行补偿。开展集体建设用地流转试点和集体建设用地整理工作，必须首先完成宅基地使用权登记发证工作。

要切实转变工作作风，增强服务意识，提高工作效率，积极为农民群众办理登记提供热情周到的服务。要充分发挥乡镇基层国土资源管理部门在宅基地使用权登记中的服务和保障作用，有条件的地区，可在乡镇国土资源管理所设立专门的收件窗口，方便农民群众申请办理宅基地使用权登记。要将宅基地使用权证书发放到农户手中，严禁以统一保管等各种名义扣留、延缓发放土地权利证书。要结合土地登记规范化建设，加强宅基地使用权登记发证资料的管理，保证宅基地使用权登记资料的全面、完整和规范。要严格执行宅基地使用权登记收费标准，不得通过宅基地使用权登记收费增加农民的经济负担。

请各省级国土资源行政主管部门于2008年底前将本地区宅基地使用权登记发证工作的部署和开展情况报部。部将组织人员对各地宅基地使用权登记发证情况进行检查。宅基地使用权登记发证完成情况将作为国土资源管理特别是地籍管理考核的一项重要依据。

三、明确政策，依法登记

各地应严格依照法律、法规和政策规定，切实解决宅基地使用权登记发证工作中存在的政策问题，严把宅基地使用权登记关口。

（一）严格落实农村村民一户只能拥有一处宅基地的法律规定。除继承外，农村村民一户申请第二宗宅基地使用权登记的，不予受理。

（二）严格执行城镇居民不能在农村购买和违法建造住宅的规定。对城镇居民在农村购买和违法建造住宅申请宅基地使用权登记的，不予受理。

（三）严格执行宅基地面积标准。宅基地面积不得超过省（区、市）规定的标准，对宅基地超占面积的，在办理登记时按下列情况处理：

1. 1982年《村镇建房用地管理条例》实施前，农村村民建房占用的宅基地，在《村镇建房用地管理条例》实施后至今未扩大用地面积的，可以按现有实际使用面积进行登记。

2. 1982年《村镇建房用地管理条例》实施起至1987年《中华人民共和国土地管理法》实施时止，农村村民建房占用的宅基地，超过当地规定的面积标准的，超过部分按当时国家和地方有关规定处理后，可以按实际使用面积进行登记。

3. 1987年《中华人民共和国土地管理法》实施后，农村村民建房占用的宅基地，超过当地规定的面积标准的，按照实际批准面积进行登记。其面积超过各地规定标准的，可在土地登记簿和土地权利证书记事栏内注明超过标准的面积，待以后分户建房或现有房屋拆迁、改建、翻建、政府依法实施规划重新建设时，按有关规定作出处理，并按照各地规定的面积标准重新进行登记。

国土资源部
二〇〇八年七月八日

财政部、建设部关于加强可再生能源建筑应用示范管理的通知

(财建〔2007〕38号)

有关省、自治区、直辖市、计划单列市财政厅(局),建设厅(委、局);新疆生产建设兵团财务局、建设局,财政部驻有关省、自治区、直辖市、计划单列市财政监察专员办事处:

根据《建设部、财政部关于推进可再生能源在建筑中应用的实施意见》(建科〔2006〕213号)和《财政部、建设部关于可再生能源建筑应用示范项目资金管理办法》(财建〔2006〕460号),为保证可再生能源建筑应用示范项目的顺利实施,用好、管好可再生能源建筑应用示范项目专项资金,现就加强示范工程项目管理的有关事项通知如下:

一、进一步提高对示范管理工作重要性的认识,加强对示范工作的组织领导

(一)组织实施示范将有效带动可再生能源在建筑领域的推广应用。在建筑领域推广应用太阳能、浅层地能等可再生能源,是满足日益增长的建筑用能需求,促进建筑节能,提高建筑用能效率的现实要求。组织实施可再生能源建筑应用示范;将有助于带动市场需求;促进完善集成技术体系和技术标准,从而有效地推动可再生能源在建筑中的规模化运用。

(二)资金及项目管理工作,是关系示范成效的关键。目前可再生能源建筑应用系统集成技术仍较为落后,加强示范项目的后续管理,做好技术指导与监督管理,有助于保证太阳能、浅层地能在建筑中得到合理利用,确保示范工程的效果;有助于通过工程示范,总结经验,建立当地的技术标准与技术规范。加强对示范工程财政补助资金的管理,是保证补助资金使用的安全、规范与有效的基本要求。因此,资金及项目管理工作,直接关系着示范工程的成效。

(三)加强对示范管理工作的组织领导。地方建设和财政主管部门应确定专人,对当地可再生能源建筑应用示范项目进行管理和监督,要组织做好对当地示范管理提供技术支撑的工作。各地可再生能源建筑应用示范及推广一定要加强组织领导,结合当地的地质条件,稳步推进,切实防止污染地下水等问题发生。

二、及时拨付资金,确保专款专用,切实加强补助资金监督管理

(一)地方建设部门做好施工图专项审查。《可再生能源建筑应用示范项目实施方案报告》(以下简称《实施方案报告》)和《可再生能源建筑应用示范项目申请报告》(以下简称《申请报告》)已经专家评审并通过,要保证设计环节按《实施方案报告》与《申请报告》执行。设计单位应按照相关技术标准、《实施方案报告》、《申请报告》进行设计并与检测机构进行沟通,做好检测点的预留工作。检测机构认定办法另行通知。审图机构应依据项目承担单位提供的设计文件、《实施方案报告》及《申请报告》等对可再生能源建筑应用示范项目进行专项审查,并提交专项审查报告。地方建设部门根据专项审查报告,并组织

专家对技术路线和方案等进行核查后，对达到《实施方案报告》要求的，出具审核同意意见；达不到要求的，责令示范项目承担单位重新修改施工图设计，另行组织审查。对因特殊情况，需要更改《实施方案报告》内容的，须及时报告财政部、建设部。

（二）地方财政部门组织复核，并及时拨付补助资金。对示范项目是否具备拨款条件，财政部门予以复核，复核内容包括：项目是否具备地方建设部门出具的对审核同意意见；示范项目实际采用的技术支持单位、设备服务商是否与《实施方案报告》、《申请报告》相一致；建筑设计是否达到节能标准，相关设备是否达到国家规定的能效标准等。对通过复核的示范项目，要及时拨付补助资金；补助资金要专项用于购买、安装相关设备等可再生能源建筑应用方面的必需支出。地方财政部门要将补助资金拨付情况及时报告财政部，同时抄送财政部驻当地财政监察专员办事处。

（三）项目承担单位收到补助资金后，必须专账核算，对非经营性建设项目的财政补助按财政拨款有关规定执行，对经营性建设项目的财政补助作为资本公积管理。

（四）财政部驻各地财政专员办事处（以下简称专员办）按属地原则对补助资金进行核查，核查内容包括：

1. 项目承担单位收到补助资金是否专账核算；
2. 补助资金是否专款专用；
3. 地方财政部门是否滞留补助资金；
4. 与补助资金管理、使用有关的其他事项。

对核查发现的问题，除按《财政违法行为处罚处分条例》（国务院令第 427 号）等有关法律、法规处理、处罚外，核查结果还作为拨付剩余 50% 补助资金的依据。

三、加强过程控制与管理，确保工程质量

（一）项目承担单位应组织做好工程施工及监理。项目承担单位选择具有相应资质的施工单位、监理单位进行施工和监理。施工单位应严格按照审查合格的施工图设计文件进行施工，应按照设计要求预留检测点，为后期检测评估工作做好准备。监理单位应严格按照审查合格的施工图设计文件和监理合同实施监理，对进入施工现场的相关材料、设备等进行查验，保证产品说明书和产品标识上注明的性能指标符合设计要求。

（二）地方建设、财政部门要切实加强对示范项目实施过程的监管。地方建设、财政部门应在施工过程中，组织好对节能材料质量、设备产品性能、检测点预留等方面的监督检查，要联合当地工程质量检测机构，根据示范工程的进展情况和特殊需要，对示范工程现场和资金使用情况进行现场检查。对示范项目实施过程中出现的问题要及时提出处理意见，并监督相关责任单位落实。要注意总结经验，为制定技术标准及技术规范奠定基础。地方建设、财政部门应于每年 5 月 15 日、11 月 15 日分两次向财政部、建设部报告项目实施进展情况，同时抄送当地专员办。

（三）根据示范工程进度，财政部、建设部对示范项目进行不定期的监督检查。根据需要，还将委托组织专家对示范项目进行技术指导，提出优化解决方案，帮助解决施工过程中的问题。

四、严格检测，根据评估和核查结果，实施激励与约束相结合的机制

（一）地方建设、财政部门组织做好项目检测及评估。示范工程竣工后，项目承担单位应先对项目进行预验收，在经地方程序审查后，建设部、财政部委托具备资质的检测机

构对示范工程进行现场检测，检测机构负责对可再生能源建筑应用示范工程进行能效检测，出具检测报告，并对检测报告的真实性、准确性负责。地方建设、财政部门根据检测报告，并结合技术先进、适用可行、经济合理和示范推广等方面组织验收评估，并将验收评估报告报建设部、财政部，同时抄送专员办。

（二）以检测评估和专员办对补助资金的核查结果为依据，确定拨付剩余50％补助资金。建设部、财政部将制定示范工程验收标准。财政部、建设部组织专家组对示范工程评估验收情况进行复核。项目单位应在项目竣工后3日内报告专员办，专员办应在收到报告后20日内，将对补助资金的管理、使用情况的核查结果上报财政部。财政部、建设部将根据检测评估复核结果与资金核查结果，确定拨付剩余50％补助资金。对达到有关标准要求和专员办核查没有发现问题的，财政部将全额拨付剩余50％资金；对未达到标准或专员办核查发现截留、挪用等违法违纪问题的示范项目，将核减补助额度或不予拨付剩余50％补助资金。

（三）地方建设主管部门应加强对示范工程运行能耗的监督、管理。验收评估完以后，示范工程的承担单位或其委托的运行管理单位应建立、健全可再生能源建筑应用的管理制度和操作规程，对建筑物用能系统进行监测、维护，并逐级上报建筑能耗统计报告。

五、积极做好示范工程的经验总结及推广

（一）注意总结当地经验，完善可再生能源建筑应用公共服务体系。地方建设、财政部门要根据示范工程情况，注意研究太阳能、浅层地能的地区适用性，为推广使用地下水源热泵技术等提供依据；研究形成热泵等设备的可持续维护管理模式；研究建立起具体的技术标准及技术规范等。

（二）积极探索，为在建筑领域推广可再生能源打好基础。地方建设、财政主管部门应结合工程示范对管理机制、国家激励政策等提出建议，及时报建设部和财政部，为更大范围地在建筑领域推广应用可再生能源打好基础。

中华人民共和国财政部
中华人民共和国建设部
二〇〇七年二月十三日

财政部关于村级公益事业一事一议中央财政奖补事项的通知

(财预〔2009〕5号)

各省、自治区、直辖市、计划单列市财政厅(局):

为支持地方开展村级公益事业一事一议建设财政奖补试点工作,根据《国务院农村综合改革工作小组 财政部 农业部关于开展村级公益事业建设一事一议财政奖补试点工作的通知》(国农改〔2008〕2号)、《国务院农村综合改革工作小组关于在联系村所在县(市)开展村级公益事业建设一事一议财政奖补试点的通知》(国农改〔2008〕4号)精神,现就有关事项通知如下:

一、奖补原则

(一)适当奖补,客观公平。村级公益事业建设属于地方事权,为促进村民民主建设,并考虑取消劳动积累工和农村义务工对村级公益事业建设的影响,中央财政在地方财政奖补的基础上,对村级公益事业建设一事一议予以适当支持和奖补,奖补力求客观公平。

(二)分清责任,建立机制。村级公益事业具有准公共产品的性质,要在划分事权、分清责任、分级负责的基础上开展村级公益事业建设,建立村级公益事业建设的投入分担机制。跨村以及村以上范围的公益事业建设项目投入应主要由各级政府分级负责,由现有的投入渠道解决;村内小型水利、村内道路、环卫设施、植树造林等村民直接受益的公益事业,以村民通过一事一议筹资筹劳和村集体经济组织投入为主,国家适当给予奖补;农民房前屋后的修路、建厕、打井、植树等投资投劳由农民自己负责。

(三)直接受益,注重实效。一事一议财政奖补项目必须考虑村级集体经济组织、农民和地方财政的承受能力,重点支持农民需求最迫切、反映最强烈、利益最直接的村级公益事业建设项目,适当向贫困村倾斜,提高项目效用,使农民直接受益,防止盲目攀比。

二、奖补办法

(一)奖补范围。一事一议财政奖补范围主要包括以村民一事一议筹资筹劳为基础、目前支农资金没有覆盖的村内水渠(灌溉区支渠以下的斗渠、毛渠)、堰塘、桥涵、机电井、小型提灌或排灌站等小型水利设施,村内道路(行政村到自然村或居民点)和户外村内环卫设施、植树造林、村容村貌改造等村级公益事业建设。

(二)奖补因素。考虑乡村人口、农村劳动力、试点省份规定的一事一议筹资筹劳上限标准、地方财政(包括省级、地市级、县级、乡镇财政)对村级公益事业建设一事一议奖补金额、地方财力状况等客观因素,并适当向中西部省份倾斜。对农民规定范围内的筹劳折资标准,由于各地情况不一样,统一按每个工日20元标准折算。

(三)奖补比例。政府对农民通过一事一议筹资筹劳开展村级公益事业建设按照三分之一的比例予以补助,所需政府补助资金由地方财政承担三分之二,中央财政通过奖补的方式承担政府补助资金的三分之一,并考虑地方财政困难程度调整确定各地奖补系数。中央财政对地方财政奖补资金的上限,按照规定的当地农民一事一议筹资筹劳上限标准及政府补助比例计算确定。

(四)计算公式

当地方财政安排奖补资金规模不超过按照当地农民一事一议筹资筹劳上限标准及政府补助比例计算确定数额时:

中央财政对某地区财政奖补数额＝该地区地方财政对一事一议财政奖补金额
×中央财政奖补系数

当地方财政安排奖补资金规模超过按照当地农民一事一议筹资筹劳上限标准及政府补助比例计算确定数额时:

中央财政对某地区财政奖补数额＝该地区按照当地农民一事一议筹资筹劳上限标准及政府补助比例计算确定的地方财政奖补金额
×中央财政奖补系数

三、财政奖补资金的管理和使用

试点地区要高度重视,加强财政奖补资金的管理和使用,确保村级公益事业建设一事一议财政奖补试点工作的顺利进行。

(一)实行资金预拨和清算制。为支持一事一议项目建设,上级财政可预拨部分奖补资金,实行建设和奖补并行,在项目竣工验收合格后办理清算,多退少补。村级公益事业建设一事一议财政奖补资金在"对村级一事一议的补助"科目中反映。地方财政要将中央财政安排的奖补资金用于支持村级一事一议建设,不得截留、挪用。

(二)实行报账制。试点县(市)要按照新农村建设规划和群众意愿,建立一事一议项目计划,量力而行,分步实施。要按照不同的项目实施主体和项目金额大小,分别实行县级报账制和乡镇报账制,只有在村民筹资、村集体投入、社会捐赠资金到账,具备项目开工条件后,才能由村级提出申请,由县级或乡镇财政部门按工程进度拨付资金。

(三)实行公示制。试点省份和地区要按照政府信息公开的要求,全面公开一事一议财政奖补的政策标准、实施办法、办事程序和服务承诺。一事一议奖补项目要有村民代表实施项目全程监督和管理。已建成的一事一议奖补项目,乡镇或村民委员会要将项目资金(实物)的安排使用情况向全体村民公示,得到村民认可。

(四)加大监督考核力度。财政部门要加大管理力度,加强对财政奖补资金管理使用情况的监督检查和绩效考核。对财政奖补资金管理和使用中的违法行为,依据《财政违法行为处罚处分条例》(国务院令第 427 号)等有关规定追究法律责任。

财政部

二〇〇九年一月十九日

关于加强农村消防工作的通知

(公通字 [2004] 57号)

各省、自治区、直辖市公安厅、局,社会治安综合治理委员会办公室,民政厅、局,建设厅、建委,农业厅、局:

多年来,在党中央、国务院以及地方各级党委、政府的领导下,我国的农村消防工作有了较大发展,为保护农民群众生命财产安全,促进农村经济和社会发展,维护农村社会稳定发挥了重要作用。随着党中央关于解决"三农"问题等一系列战略部署的实施,农村产业结构调整和城镇化进程加快,乡镇企业和民营经济发展步伐加大,广大农民群众对消防安全的需求日益增长,但由于多种原因,我国农村消防工作整体薄弱的状况尚未根本改善,农村消防工作与农村经济和社会发展不相适应的问题更加突出,主要表现为:农村消防安全工作责任制没有得到有效落实,农村消防安全管理机制尚未形成,村镇普遍缺乏消防规划,农村消防基础设施建设滞后,多种形式消防力量严重不足,广大农民群众缺乏消防安全意识,自防自救能力差,农村抗御火灾事故的能力十分薄弱。由此导致农村火灾形势十分严峻,重特大火灾事故时有发生,人员伤亡和财产损失严重,在一定程度上直接影响了农村经济和社会的持续、健康、稳定发展。据统计,近5年来,全国农村共发生火灾37.6万余起,造成8539人死亡,12116人受伤,直接财产损失35.3亿元,分别占同期全国火灾总数的61.2%、65.7%、62.9%和64.6%。农村消防工作是农村经济和社会发展的重要组成部分,是农村经济和社会持续、健康、稳定、协调发展的重要保障条件,事关广大农民群众的生命财产安全,事关党中央关于解决"三农"问题等一系列战略部署的顺利实施。为切实加强农村消防工作,扭转农村火灾形势严峻的局面,努力实现好、维护好、发展好广大农民群众的切身利益,为农村经济和社会发展创造良好的消防安全环境,现将有关要求通知如下:

一、建立健全农村消防安全管理机制,落实农村消防工作职责和任务

各地县(市、旗)、乡(镇)要成立由党委、政府领导负责,公安、综治、民政、建设(规划)、农业以及教育、文化、安全生产监督等部门负责人参加的农村消防安全管理组织,切实加强对农村消防工作的领导。主要职责和任务是:制定当地村镇消防规划、公共消防设施建设和多种形式消防队伍的发展目标,明确政府和相关部门在农村消防工作中的责任,把村镇消防事业建设纳入财政预算范围,建立公共消防设施建设和多种形式消防队伍发展的经费保障机制,确保村镇消防工作发展适应农村经济和社会发展的需要;定期研究部署,协调解决村镇及乡镇企业的消防安全重大问题,督促检查消防工作的实施情况,整改火灾隐患,切实将消防工作纳入社会治安综合治理考评范围。各地村民委员会和驻村企业及各种经济组织要成立消防安全工作领导小组,配备专(兼)职防火人员。主要职责和任务是:将消防安全管理要求纳入村民自治章程和村规民约,组建义务消防组织,落实消防安全措施,开展消防宣传教育,组织消防安全检查、巡查,消除火灾隐患,提高自防自救能力。各级公安、综治、民政、建设（规划）、农业等部门要密切配合，各司其职，各负其责，做到统筹规划、合理配置、统一调用消防安全涉及的水源、装备、器械、通讯、力量等各种农村社会资源。各地公安机关要加强对农村消防工作的指导协调，督促、指导农村基层组织和公安派出所落实责任，建立健全消防组织，制定工作措施，努力构建"党委政府领导、部门行业齐抓共管、村民委员会组织管理、村民共同参与"的农村消防安全管理机制。

二、加强村镇消防规划和消防基础设施建设，努力从根本上改善农村消防安全条件

各地要按照《中华人民共和国消防法》、《中华人民共和国城市规划法》、《村庄和集镇规划建设管理条例》和《村镇建筑设计防火规范》、《村镇规划标准》的有关规定，加强村镇消防的规划和基础设施建设工作。各地在镇的总体规划调整时，要特别注意补充和完善消防方面的相关内容，把消防规划作为镇总体规划的重要内容之一。凡已编制完成总体规划，但缺少消防方面内容的，要补编消防专项规划。国家重点镇以及经济发展较快的建制镇原则上要在2004年底前完成此项工作，其他建制镇原则上应在2005年完成。乡村也要将村民住宅及乡镇企业的消防安全布局、消防通道、消防水源建设纳入乡镇总体规划和村庄建设规划中，并与村容村貌的治理改造同步实施；各地对以易燃建筑材料为主体、房屋连片集中、火灾荷载大的乡村，要有计划地实施改造，从根本上改善消防安全条件和村民生活环境。要加快消防基础设施和消防装备建设步伐。乡镇消防基础设施建设应纳入公共基础设施建设之中，结合农村扶贫开发、新区开发和旧区改造以及乡镇企业工业园区、示范园区开发建设同步实施；国家重点镇和经济发展较快的建制镇要立足建设成为布局合理、功能健全、具有较强辐射能力的农村消防救援基地；农村消防基础设施要结合农村节水灌溉和人畜饮水工程、乡村道路、草场围栏、沼气工程和能源建设以及水电建设和农村电网改造，与消防水源、消防通道和消防通讯等同步实施；凡设有自来水管网的乡村要设置消火栓，配备消防器材，同时要发挥农业灌溉机械在灭火方面的作用，实现一机多能，缺水地区要修建消防水池，确保消防用水。

三、大力发展多种形式消防队伍，建立适合农村特点的灭火救援体系

建立适合农村特点的各类地方专职、乡镇企业自办及村办等多种形式的消防队伍，是统筹城乡消防力量协调发展的迫切需要，也是有效扑救初起火灾、保护农民群众生命财产安全的重要保证。各地要大力推动多种形式消防队伍的建设，力争用3年时间，在农村形成以国家重点镇以及经济发展较快的建制镇专职消防队为中心，其他乡镇、村消防力量为补充的农村消防队伍网络，提高农村抗御火灾的能力。目前未设立现役公安消防队的县（市、旗），要结合当地实际，广开思路，拓宽渠道，尽快建立地方专职消防队，配备火灾扑救必需的人员、车辆、器材和装备，以承担起区域性灭火救援任务，填补当地消防力量的空白。要充分调动和发挥各乡镇政府、村民委员会和社会各方面的积极性，大力推进多种形式的消防队伍建设。国家重点镇以及经济发展较快的建制镇，要率先建立起专职消防队，在完成好执勤灭火任务的同时，从实际需要出发，可承担起消防宣传、培训、检查以及治安巡逻、重点单位和要害部位的警卫等任务，实现一专多能，一队多用。其他乡镇要因地制宜，依托民兵、保安、治安联防等组织建立多种形式专兼职消防队，采用简易消防车、拖拉机安装水罐等形式，配备必要的灭火器材，以适应扑救农村火灾的需要。行政村、村寨要普遍建立群众义务消防队或由志愿人员轮流执勤的志愿消防队，配置手抬消防泵等灭火设施，充分利用灌溉机械作为灭火器材，以便及时扑救初起火灾。

四、广泛深入开展农村消防宣传，大力提高农民群众的消防安全意识

各地要充分发挥各级政府、村民委员会的组织领导作用，广泛发动新闻出版、民政、农业、司法、教育、文化、旅游、工会、共青团、妇联等各方面力量，做好农村消防宣传教育工作。要把农村消防宣传教育纳入"四五"普法规划和文化、科技、卫生"三下乡"以及中小学素质教育、创建文明村镇、评选文明户等活动之中，将消防宣传渗透到社会各个领域。要紧密结合农村实际，突出农村特色，对广大农民群众开展贴近实际、贴近生活、富有实效的消防法律法规和消防知识宣传教育，倡导科学的生产、生活习俗，指导农民安全用火、用电、用油、用气，增强农民群众的消防安全意识；要定期组织开展以少年儿童、老年人、妇女等群体为主要对象的消防自护教育活动，学习家庭火灾扑救以及安全疏散、逃生自救方法等，使农民群众掌握最基本的灭火和逃生技能；要在农民群众集中的学习室、活动室等场所增加消防安全常识的宣传内容，并在村内设置消防宣传栏、宣传牌和防火标志；乡村广播站要定期进行消防安全宣传，普及消防安全常识，提高人民群众识灾防灾能力；要在各乡镇普遍建立一支以文化、广播、电影、法制部门人员为基础力量，志愿和义务消防人员参加的农村消防宣传骨干力量，采取集中、分散相结合的形式，广泛开展消防宣传教育活动。年内要在每个村至少培养一名专（兼）职消防宣传员，具体负责农村消防宣传工作的开展。同时，要把消防安全教育纳入农村中小学校教学内容，达到教育一个学生、带动一个家庭、推动一个村庄的消防安全社会效应。通过3～5年的努力，在广大农村营造一个广泛开展消防宣传教育、普及消防安全常识和共同参与消防安全活动的良好氛围。

中华人民共和国公安部
中央社会治安综合治理委员会办公室
中华人民共和国民政部
中华人民共和国建设部
中华人民共和国农业部
二〇〇四年七月二十六日

民政部、中央机构编制委员会办公室、国务院经济体制改革办公室、建设部、财政部、国土资源部、农业部关于乡镇行政区划调整工作的指导意见

(民发〔2001〕196号)

各省、自治区、直辖市人民政府：

　　近年来，一些省、自治区、直辖市相继开展了以撤并乡镇、扩大乡镇区域规模为主要内容的乡镇行政区划调整工作。实践证明，根据经济和社会发展的需要，适时、合理地调整乡镇规模和布局是必要的，有利于精简机构，减少乡镇行政人员和财政开支，减轻农民负担；有利于优化资源配置，促进乡镇经济和社会事业的发展，有利于优化小城镇体系结构，促进小城镇建设。总体上看，各地对这项工作高度重视，精心组织，乡镇行政区划调整工作进展比较顺利。但是在个别地方，也出现了因调整方案不合理、政策措施不配套、组织不周密、宣传和思想工作不到位而产生种种问题，甚至引发群众集体上访，在一定程度上影响了当地社会稳定。为确保乡镇行政区划调整工作的健康、顺利进行，使乡镇行政区划调整真正起到适应和促进经济社会发展的作用，经国务院同意，现提出如下意见：

　　一、乡镇行政区划调整工作要坚持实事求是、稳妥有序的原则。乡镇行政区划调整涉及面广，政策性强，关系地方改革发展和稳定大局，有关地方政府要高度重视并从实际出发，因地制宜，分类指导。条件基本成熟并准备开展这项工作的地方，应认真借鉴其他地方的成功经验，调整撤并的标准和进度不要强求统一，防止"一刀切"、"一阵风"，积极、稳妥、有序地做好这项工作。全省性的乡镇调整撤并工作，一般应以县（市）为单位集中进行，有条件的地方应结合乡镇机构改革配套进行；不具备大范围调整撤并条件，只作少量调整撤并的地方，不要开展集中统一的行动，可以在正常行政区划调整中逐步进行调整撤并；条件不成熟的地方，不要勉强进行调整撤并。

　　二、要制定科学合理的乡镇调整撤并方案并精心组织实施。乡镇行政区划调整要立足长远，科学规划。要在深入调查研究的基础上，着眼于乡镇经济和小城镇的长远发展，在充分考虑自然地理条件、经济社会发展水平、城镇建设、行政管理以及历史沿革和群众生产生活习惯、意愿等方面因素并广泛征求各方面意见的基础上，制定科学合理的乡镇行政区划调整撤并方案，并严格按有关规定和程序报批，使乡镇行政区划调整能适应当地经济社会发展的需要，并在较长时期内保持相对稳定。从以往的经验看，确定合并后的乡镇政府驻地和名称十分重要，因此要综合考虑各方面的情况，并按照《地名管理条例》的规定，精心研究，慎重决策，合理确定合并后的乡镇政府驻地和名称。

　　有关地方政府特别是县级政府要切实加强领导，把乡镇行政区划调整作为一个时期的

重点工作,由政府主要负责同志牵头,有关部门参加,认真组织实施。乡镇行政区划调整的准备工作要充分,实施要迅速,尽可能减少人员思想波动。要有针对性地加强对干部群众的宣传教育,做好耐心细致的思想政治工作。要严格各项纪律,特别是组织人事纪律、财经纪律和廉政纪律,切实加强审计和监督,防止出现违纪违规行为。

三、做好调整撤并后的乡镇政府机构改革工作,加强基层政权建设。调整撤并后的乡镇要认真贯彻党中央、国务院关于地方政府机构改革的有关文件精神,切实转变政府职能,理顺县乡关系,全面加强基层政权建设。要大力精简机构和人员编制,减少财政供养人员,减轻财政负担和农民负担。调整撤并后的乡镇机构设置和编制核定,要按照市、县、乡机构改革的统一部署和要求进行。要切实做好人员分流工作,制定本地党政机关、事业单位人员分流的政策和办法,安置好分流人员。

四、妥善处理被撤乡镇政府驻地管理问题。要处理好合并后乡镇政府驻地建设和被撤乡镇政府驻地建设的关系,充分发挥被撤乡镇政府驻地的功能和作用。新镇域的小城镇基础建设应以新驻地为重点,同时要随着经济发展继续完善被撤乡镇政府驻地的生产、生活服务功能。要把被撤乡镇政府驻地作为新镇域的重要组成部分,采取措施,保持其经济发展和招商引资的势头,推动被撤乡镇政府驻地的发展。要按照国家土地管理的有关法律和政策,切实加强对被撤并乡镇政府驻地的土地管理,防止借机擅自非法转让或转卖土地。

乡镇调整撤并完成后,在被撤乡镇政府驻地设立的临时性办事机构,要在基本完成乡镇合并的善后和磨合工作、新乡镇的行政管理和服务已有效辐射到被撤乡镇后予以撤销,不得在乡镇和村之间长期设置一层机构。

五、妥善处理乡镇集体资产。涉及集体财产管理的重要事项要经民主讨论通过。对合并乡镇的集体财产要实行统一审计、统一并账、统一管理。对有关乡镇的财务审计和封账必须在乡镇调整撤并方案实施前进行。被撤并乡镇政府的债权债务关系应明确转移到新设立的乡镇政府,并向群众和有关方面作出承诺。要明确农村土地承包合同不变等政策,切实保护农民的合法权益。要采取切实措施,防止私分、贪污、侵占国家财产行为和挥霍公款、铺张浪费、突击花钱的现象发生,对在调整撤并乡镇过程中违反财经纪律、擅自处理集体资产的行为要严肃查处。

六、已经完成调整撤并乡镇工作的地方,根据经济社会发展的需要,在保持建设用地总规模不扩大,耕地和基本农田保护面积不减少的前提下,可以按照法定程序,修订县(市)域土地利用总体规划和城镇体系规划以及乡镇的经济社会发展规划、土地利用总体规划和建设规划,加快乡镇发展。

七、积极稳妥地做好村委会调整撤并工作。目前,一些地方从本地经济社会发展和加强基层政权及群众自治组织建设的需要出发,正在开展村委会调整撤并工作。调整撤并村委会必须切实加强领导,充分准备、严密组织。要坚持以下原则:(一)从本地实际出发,因地制宜,不搞"一刀切"。村委会调整撤并的标准和进度不宜强求统一,不能定指标、压任务。村委会调整撤并工作开展前,要认真进行调查研究,力求使调整撤并方案科学合理、符合实际。(二)一般应以村委会为单位整建制撤并,必要时也可以自然村为单位进行调整。(三)调整撤并的村委会或自然村要在地理上毗邻,以方便群众办事,有利于村民自治。(四)在村民同意的基础上依法操作。调整撤并方案应由乡镇政府按照《中华人民共和国村民委员会组织法》的规定提出,经村民会议讨论同意后,报县级人民政府批准。村民会议没有同意的调整撤并方案，不能强行实施。(五)妥善处理集体资产和债权债务等经济问题。要严格财务制度和财经纪律，实行财务公开和民主理财。对并村后的村级集体资产和村民福利待遇，要防止简单平调和拉平。(六)切实减轻农民负担。在调整过程中，各地要严格执行中央减轻农民负担的各项政策规定，不得以任何名义向农民进行集资和收费。并村后随着管理性支出的减少，农民承担的村提留等费用也应随之进行调整，确保农民的负担比并村前有所减轻。(七)加强村干部队伍建设，提高村干部队伍素质。调整撤并后的村委会应按村民委员会组织法的规定设置，并按法定程序选举产生。对村干部职数要进行必要的压缩。对分流离岗的村干部，可从实际情况出发给予妥善安置或适当补偿。

2001 年 7 月 27 日

本书主要工作人员：

李兵弟　王　涌　顾宇新

卫　琳　徐素君　吴雨冰

余　宁　高尉泷　谭津龙

马　巍　赵振士　刘济源

吴　琼　石　鑫　孙晓雯

黄万婷　姜　楠　唐　馨